武威考古研究文集

武威市文物考古研究所　编

读者出版社

图书在版编目（CIP）数据

武威考古研究文集 / 武威市文物考古研究所编；郭
祥主编. -- 兰州 ：读者出版社，2023.1
ISBN 978-7-5527-0718-2

Ⅰ．①武… Ⅱ．①武… ②郭… Ⅲ．①考古－武威－
文集 Ⅳ．①K872.423-53

中国版本图书馆CIP数据核字（2022）第231547号

武威考古研究文集

武威市文物考古研究所　编
郭　祥　主编

封面题字　蔡正矾
责任编辑　漆晓勤
助理编辑　葛韶然
封面设计　雷们起

出版发行　读者出版社
地　　址　兰州市城关区读者大道568号（730030）
邮　　箱　readerpress@163.com
电　　话　0931-2131529(编辑部) 0931-2131507(发行部)

印　　刷　深圳市国际彩印有限公司
规　　格　开本 889 毫米×1194 毫米　1/16
　　　　　印张 48.5　插页 4　字数 760 千
版　　次　2023 年 1 月第 1 版
　　　　　2023 年 1 月第 1 次印刷
书　　号　ISBN 978-7-5527-0718-2
定　　价　398.00元

序

考古工作探索未知、揭示本源。习近平总书记指出，"考古工作是一项重要文化事业，也是一项具有重大社会政治意义的工作。要高度重视考古工作，努力建设中国特色、中国风格、中国气派的考古学，更好认识源远流长、博大精深的中华文明，为弘扬中华优秀传统文化、增强文化自信提供坚强支撑。中华文明探源工程对中华文明的起源、形成、发展的历史脉络，对中华文明多元一体格局的形成和发展过程，对中华文明的特点及其形成原因等，都有了较为清晰的认识。实证了我国百万年的人类史、一万年的文化史、五千多年的文明史。"习近平总书记关于考古工作和中华文明探源工程的重要指示，为我们进一步加强考古研究工作指明了方向。

武威既有历史的长度，又有文化的厚度。境内马家窑文化、齐家文化、沙井文化等内涵丰富的古文化遗址和磨咀子五坝山墓群、旱滩坡墓群、唐代吐谷浑王族墓葬群等星罗棋布的古墓葬为开展考古研究工作提供了丰富文物资源，出土了铜奔马、仪礼简、医药简、王杖简、吐谷浑王族墓志铭、西夏木缘塔等一大批具有重大影响和价值的珍贵文物。20 世纪 20 年代，在民勤县发现"沙井文化"遗址；1945 年，著名考古学家夏鼐先生对吐谷浑金城县主和慕容曦光的墓葬进行了考古发掘；20 世纪 50—80 年代，甘肃省文管会、省博物馆、省考古所及武威文博工作者相继对皇娘娘台遗址、雷台汉墓、磨咀子和五坝山墓群、旱滩坡墓群等众多古遗址和古墓葬进行了考古发掘；20 世纪 80 年代，著名考古学家宿白先生提出石窟营建的"凉州模式"；1999 年，中国社会科学院考古研究所和甘肃省文物考古研究所组成联合考古队，对白塔寺遗址进行发掘；2003—2005 年，由甘肃省文物考古研究所、甘肃省博物馆、日本秋田县埋藏文化财中心与武威市文物考古研究所组成的联合考古发掘队对磨咀子墓群进行了考古发掘。近百年来，在武威大地上开展的这些重要考古发掘，出土了大量珍贵文物，取得了一批重大研究成果，为弘扬武威悠久历史文化和展示灿烂中华文明作出了重要贡献。

近年来，武威市委、市政府高度重视文物考古工作，加强机构队伍建设，招考引进考古专业人才，积极参与重大考古发掘项目，主动开展考古调查研究。武威市文物考古研究所配合省考古所开展西电东送、西气东输、兰张三四线铁路等重大建设工程考古调查工作，参与海藏遗址、亥母寺遗址、武威唐代吐谷浑王族墓葬群等考古发掘项目，学习了技能、积累了经验、锻炼了队伍，全市考古研究工作取得新成绩。特别是武威唐代吐谷浑王族墓葬群考古发掘项目被国家文物局列入"考古中国"重大项目，并荣获"2021年度全国十大考古新发现"，引起考古学界极大关注。

武威市文物考古研究所组织编辑的《武威考古研究文集》，内容包括武威境内近百年来考古发掘简报以及相关研究文章，主要目的是对过去考古发掘及研究工作进行阶段性回顾和总结，为读者了解武威考古发展历程和丰硕成果提供翔实资料，更重要的是以此为起点，推动武威考古研究工作取得突破，向前发展。不积跬步，无以至千里；不积小流，无以成江海。希望武威市文物考古研究所的同志们认真贯彻落实习近平总书记关于考古研究工作的重要指示和党的二十大精神，脚踏实地、勤恳努力，为建设"文化繁荣、社会文明"的新武威和文化旅游名市贡献文博力量。

武威市委宣传部副部长
武威市文体广电和旅游局党组书记、局长　　魏红霞

前　言

武威市文物考古研究所

武威历史悠久，文化灿烂，经过历代积累，武威大地上留存了十分丰富的文化遗产。因此，在很早以前就有学者在武威境内开始了考古探索活动。

第一阶段：1949 年以前学者们的考古调查与发掘

武威境内的考古活动，最早可追溯到清末。嘉庆九年（1804 年），著名金石学家张澍在大云寺发现了西夏碑。嘉庆十年（1805 年），金石学者刘青园在凉州发现西夏窖藏钱币，这是武威发现最早的西夏文钱币。同治年间，武威南营群众在挖掘山洞时发现了弘化公主墓。直到 1915 年，此墓又被当地人掘开，发现了弘化公主墓志。随后，墓志被保存在武威文庙内。

1924 年，瑞典地质学家安特生在武威民勤开展考察活动，对沙井柳湖墩遗址、沙井南墓地、沙井东墓地进行了调查和发掘，相关内容见安特生著作《甘肃考古记》，这是武威境内科学考古活动的开端。

1927 年，中国学术团体协会和瑞典探险家斯文·赫定组成的"西北科学考查团"，对武威地区进行了一系列考察活动。袁复礼作为中方主要成员，主要对沙井子、三角城、黄蒿井等地进行了考察，发现一批陶器和石器，在沙井子遗址掘得鸟纹花边的完整陶罐 7 件。

1943 年，史语所与中央博物院筹备处、中国地理研究所和北京大学文科研究所等组成"西北科学考查团"，对甘肃、新疆两地进行了考察。夏鼐、阎文儒、向达三人参与历史考古组活动，其中夏鼐、阎文儒调查时发掘了民勤三角城、柳湖墩沙井墓地、黄蒿井汉墓、金城县主墓和慕容曦光墓。

1948年夏，当时的经济部中央地质调查所组成西北地质调查队赴甘肃、青海一带考察，裴文中被派至甘肃进行考古学和地质学的调查。裴文中在武威市区西北约4公里的海藏寺河西岸发现一处遗址，根据出土器物认为齐家文化已北扩至武威地区。裴文中考察了除金川三角城以外安特生曾考察的所有遗址，还在黄蒿井附近新发现两处遗址。他认为柳湖墩、沙井东、沙井南等遗址以及其出土遗物等代表了一群特殊的文化，首次提出了"沙井文化"的命名。

"西北科学考查团"与西北地质调查队在武威地区进行了一系列考古工作，主要在安特生考察的基础上，对民勤境内的沙井遗址进行了复查，对新发现的遗址和墓葬进行调查和发掘。相关的内容和成果收录在阎文儒的《河西考古杂记（下）》、夏鼐的《夏鼐日记》、裴文中的《甘肃史前考古报告》和《中国西北甘肃走廊和青海地区的考古调查》（均载入《裴文中史前考古学论文集》）中。此后，武威境内的考古活动基本处于停滞状态。

第二阶段：1950—1979年间的考古调查与发掘

五十年代后期，国家文物局组织了第一次全国文物普查，由甘肃省博物馆承担武威境内的田野调查和考古发掘工作。中国社会科学院考古研究所和北京大学考古系也进行了一系列考古工作，本地文化局组织干部进行配合。这一阶段学者们主要对史前、汉代、西夏、魏晋时期的诸多遗址进行了调查研究，推动了武威考古工作的发展。

建国初期，河西地区的考古工作基本围绕兰新铁路的建设而展开，武威境内的考古工作亦如此。为配合兰新铁路建设工程，甘肃省文物管理委员会先后对武威——永昌路段沿线的汉代墓葬、古浪峡黑松驿董家台汉代木椁墓和磨咀子古墓群进行了抢救性清理发掘。相关的成果见甘肃省文物管理委员会发表的《兰新铁路武威——永昌沿线工地古墓清理概况》、《甘肃古浪黑松驿谷家坪滩新石器时代遗址》、《甘肃古浪峡黑松驿董家台汉代木椁墓清理概况》。

1952年，冯国瑞考察天梯山石窟，对石窟的沿革、规模、造像进行初步勘察，并进行相应的摄影和测绘工作。5月14日，冯国瑞在《甘肃日报》上发表《记武威创始北凉石窟及西夏文草书墨迹与各种刻本》，从此天梯山石窟为世人所知，引起学界重视。1954年7月，史岩在武威考察天梯山石窟，发表《凉州天梯山石窟的现存状况和保存问题》，认为天梯山石窟为北凉沮渠蒙逊凉州石窟。1958年，黄羊河水库修建开始，为保护天梯山石窟这一重要文化遗产，由敦煌文物研究所和甘肃省博物馆组成的天梯山石窟勘查搬迁工作队，历时半年多完成了搬迁工作。石窟内43尊造像、近300平方米壁画、25箱文物残片，于1960年4月运回甘肃省博物馆保存，文字、图片资料由敦煌文物研究所保存。

1956年甘肃省文管会兰新铁路文物清理组在武威新华乡磨咀子发现古墓群和新石器时代遗址。同年11月，发掘古墓8座，根据墓葬型制和随葬品推断，属于东汉初期至中期墓葬。1957年，甘肃省博物馆在磨咀子遗址复查，发现马家窑文化和马厂文化遗存。1959年5月，省博物馆发掘磨咀子6号墓，出土大批仪礼简，还有陶器、木器、铜器、漆器和其他质地的器物。9—11月，省博物馆工作人员又相继清理了31座墓葬，出土大批各类文物，包括《王杖十简》、精美木器和鸠杖等。1972年3—4月，甘肃省博物馆联合武威地区文化局在磨咀子清理了35座汉墓。出土一批重要文物，其中大型彩绘铜饰木轺车、木质仪器式盘、带铭文的漆耳杯、苇席、六博木俑、套色印花绢簏、织物残片和毛笔都令人耳目一新。

1957年至1975年，甘肃省博物馆先后四次对皇娘娘台遗址进行了考古发掘。1957年9—10月第一次发掘，揭露面积有限。1959年夏进行了第二次发掘，同年11—12月进行了第三次发掘，两次均发现铜器和卜骨，还有其他丰富的铜、石、骨、陶器等遗物。1975年4—7月，进行了第四次发掘，武威地区文教局和县文管会也参加了发掘工作。此次发掘共开探方22个，揭露面积560余平方米。发掘墓葬62座，房屋遗迹4座，窖穴23个，出土遗物包括生产工具、生活用具、装饰品及卜骨和大量的玉石璧等七百余件。

1969年9月20日，武威县新鲜公社新鲜大队十三组社员在雷台下挖地道时发现了雷台汉墓。省博物馆工作人员和武威县文化馆一同进行清理。此墓曾遭受过盗掘，但墓中所存的器物仍然很丰富。墓中所清理出文物231件，包括铜器、陶器、骨器、玉器、石器等，以及各种金、铜、铁器物残件与大量钱币。其中，形制完整的铜车马俑是雷台汉墓最重要的发现，举世闻名的铜奔马就在其中。

1972年11月，武威柏树公社小寨湾大队社员在旱滩坡兴修水渠时发现一座土洞墓，由武威县文化馆、甘肃省博物馆对该墓进行了清理。此墓为土洞单室墓，墓门前有斜坡墓道，墓中出土了陶器、简牍、鸠杖、钱币等器物。出土的简牍均为木质，整理共92枚，其中完整的有60枚，内容均为医学相关记载，其中包括了针灸、内科、外科、妇科、五官科等内容。1974年1月，又在此发现1座汉代土洞墓，武威县文化馆对此墓进行了清理。墓中出土木俑牛车（包括车、牛、二俑共4件）、残纸、彩绘木屏风架、木盒、灰陶罐、铜镯、五铢钱等。1975年6月，武威地区文化馆在原墓群又进行了发掘，共清理墓葬7座，出土了大量的铜器和钱币。

1972年1月，武威县张义公社群众发现一批西夏遗物。武威县文教局、武威地区文化馆和省博物馆的工作人员三次前往该地进行清理和整理工作。遗物大部分是西夏文、汉文和藏文的文籍，有印本和写本，还有竹笔、木刮布刀、铜钱、石纺轮、石珠、残皮片、毡片等。

1973年冬至1974年春，县文物管理委员会在城北和寨乡校东村清理汉代墓葬4座。出土陶楼院、陶马、陶羊、铜钱等文物80余件。1972年，武威县长城乡高沟堡古城附近的长城脚下发现宋代墓葬，出土陶碗、石砚等遗物。1974年，武威县和平枣园发现几座魏晋时期的墓葬，出土陶楼院等大批陶器。

1975年6月，武威市东南30公里的东河乡王景寨墓群发现1座八人合葬墓，墓中出土陶器、金器、铜器、漆器和丝织品等大批珍贵遗物。这里还是一处马家窑文化遗址，散布有绳纹粗红陶、黑色平行条纹彩陶片、灰色陶环等。

1976年5月，武威县金沙乡赵家磨村林场在南滩开荒造林时发现一座砖室墓。市文管会随即派人清理，出土各种随葬品30余件。同年6月，武威地区博物馆会同市文管会对这里的墓葬作了全面调查，发现这里在地面上分布着大小50多座墓葬，随即发掘了其中的两座，出土陶器、金器、铜器、漆器等随葬品。

1977年6月至10月，武威西郊林场在平地时发现2座有明确纪年的小型单室砖墓。武威地区博物馆对这两座墓葬进行了清理，根据出土的木板题记可知为西夏天庆年间，均属刘氏家族的墓葬，墓葬形制和随葬器物基本一致。2号墓中随葬器物有木条桌、木衣架、小木塔、木质笔架、木宝瓶、木缘塔、木版画、白瓷碗等。

1978年9月，武威地区文物普查队在南营青咀湾、喇嘛湾一带配合农田建设进行文物清理发掘。在此期间发现1座单室砖墓，原武威地区博物馆宁笃学、钟长发进行了清理，出土石制墓志一合，彩绘木俑、漆器数件。根据墓志内容可知，该墓墓主为武则天皇后侄孙女。

这一时期，文物工作者对皇娘娘台遗址、磨咀子墓群、旱滩坡墓群、王景寨汉墓群、枣园魏晋墓葬、西郊林场西夏墓、雷台汉墓等清理发掘，为武威考古研究提供了丰富的资料。同时，地方单位高度重视文物事业发展和专业人才培养，相关工作人员数量不断增加。

第三阶段：1980—2021 年的考古发现与研究

1980 年 7—9 月，武威县文管会在武威青咀喇嘛湾清理了 7 座吐谷浑王族的残墓。墓中出土彩绘木俑、木器残件、铜器、银器、玉器、象牙、漆器、丝织品、骨器、陶器、墓志等 100 多件文物。1980 年秋，武威地区文化馆文物组对古浪县裴家营乡高家滩遗址进行了调查和试掘。出土有石器、骨器、陶器等器物，遗存为马家窑文化马厂类型，同甘肃各地同一类型文化遗存相比，它反映了不同地区的差异性特征，如该遗址出土的骨器和兽骨较多，彩陶器多施橙黄彩和褐色彩。同年 8 月，武威地区博物馆对古浪县老城新石器时代遗址进行了试掘，发现灰坑 1 个，居住面 1 处，墓葬 5 座，出土石器、骨器、陶器等遗物。根据出土器物情况判断，老城遗址属马厂类型，与邻近的高家滩遗址相似。

1981 年 9 月，武威县文物管理委员会在调查文物时，由当时新华公社袁德礼上交磨咀子汉墓群发现的"王杖诏书令"木简 26 枚，这是继"王杖十简"以后，又一次王杖简册的重要发现。1989 年 7 月，武威市博物馆孙寿龄、黎大祥在磨咀子检查墓群保护情况时，发现 1 座东汉壁画墓，并进行了清理。此墓曾遭到盗掘，清理过程中未发现遗物，墓中只保留有绘制在前室墓壁和顶部的几幅壁画。2005 年 1 月，武威市文物考古研究所在磨咀子抢救性清理了 1 座汉代土洞墓。该墓中出土随葬器物 30 件，以木器为主，有少量陶器、铜器（包括 44 枚五铢钱）、漆器、丝织品及其残件。

1981 年秋至 1987 年，国家文物局组织开展了第二次全国文物普查，其规模和成果均超过第一次。此次普查基本上摸清了武威文物资源的保存状态和分布概况，为以后的文物发掘、保护和合理开发利用奠定了基础。第三次全国文物普查在 2007 年 6 月至 2011 年 12 月间进行。与前两次普查相比，此次普查规模大、涵盖内容丰富，重点对前两次普查的成果进行重新甄别和登记。并结合信息网络、GPS卫星定位等现代科技手段，普查成果更加丰富翔实。

1983年，古城镇弘化村西南500米的五坝山修建砖厂时发现古墓葬，大多为土洞墓，出土大量各类遗物。1984年5月至12月，甘肃省文物工作队在此发掘清理60余座墓葬，出土器物有陶器、铁器、铜器、木器、漆器、丝织品等560余件，其中木鸠杖、帛书、龟形陶灶是重要发现。

1984年，武威地区文物部门在旱滩坡进行了清理发掘工作。1985年5月—10月，甘肃省文物考古队在五坝山、旱滩坡墓群进行发掘，出土一批珍贵文物。为配合当地水利工程建设，甘肃省文物工作队在武威市松树乡上畦村旱滩坡清理了28座晋墓，墓葬已遭到盗掘，仅19号墓幸存下来并且出土了诸多珍贵的文物。

1985年，甘肃省文物考古研究所对旱滩坡墓群进行了发掘。墓葬时代分别为东汉、魏晋、十六国前凉。1988年8月，武威地区文物普查队在旱滩坡普查时发现1座东汉墓，并开展抢救性清理。墓中出土木简16枚，包括写有养老受王杖之制书和关于王杖授受之律令内容的木简2枚。其他随葬遗物有陶、木器和铜器等。

1985年，当地村民在亥母寺洞窟中挖出一大批西夏文、藏文文书、经卷、帛画、唐卡和绣花鞋等。1989年9月，武威市博物馆对已暴露的洞窟及窟前寺庙遗址进行了初步清理。发现洞窟3个，洞窟中均发现有泥活字西夏文佛经、残页、塔婆、瓦当等文物。特别是1号洞窟，除发现以上大批西夏文经卷、文书等珍贵文物，还有各种泥质和石质造像、瓷器、铁器、藏文石碣、残碑、各种陶范、丝织物以及壁画残片等。2016—2019年，甘肃省文物考古研究所在甘肃地质灾害防治工程勘查设计院的配合下，对亥母寺遗址进行了连续四年的考古发掘。完成4座洞窟及窟前建筑遗存的发掘工作，清理各类遗迹45处。出土遗物以文献、佛教遗物、生活用品及建筑构件四大类为主，兼有兵器、卜骨、钱币等。

1986年，宿白通过对河西石窟的系统研究，概括总结出凉州石窟的特点，提出"凉州模式"的概念。并以炳灵寺169窟为标尺，分为前后二期，还论述了凉州石窟与新疆石窟的关系以及与东方长安的关系。1994年，国家文物局委托甘肃省文物局，邀请北京大学考古系对河西早期石窟进行全面、科学地测绘，并作详细客观记录。基于国家及地方单位的重视，天梯山石窟在这一时期得到了较好的保护。

1986 年 9 月至 12 月，北京大学与甘肃省文物考古研究所对河西走廊全境进行了一次大范围的史前考古调查，调查范围涉及走廊境内 19 个县市。在武威境内调查了天祝县天堂乡大通河北岸的那威遗址，发现齐家文化、马家窑文化、马厂文化和辛店文化的彩陶等器物；在古浪县直滩乡老城村老城南 500 米的老城遗址，发现了一座史前时期的单人墓葬。随葬品有彩陶盆 1 件，还采集、征集到彩陶单把杯 1 件、彩陶双耳罐 1 件、夹砂罐 1 件以及彩陶片 1 片。另外还发现 1 处灰坑，发现有大量炭渣和动物骨骼；在凉州区调查了长城乡骆驼墩遗址、吴家井乡七星（七星三队）遗址、吴家井乡小甘沟（七星六队）遗址、新华乡磨咀子遗址等；在民勤县调查了柳湖墩、火石滩、砖井道等遗址。

1991 年 4 月，应武威专署之邀，宿白与马世长先生前往河西参观了五凉文物。在地、县相关人员和博物馆工作人员的引导下，重点考察了解了汉唐墓葬的分布、博物馆所藏重要文物和西夏蒙元遗迹。宿白在这三个方面提出了自己的看法，相关的内容以《武威行》为题发表在《文物天地》杂志 1992 年 1、2、3 期上。

1991 年 4 月，武威市凉州区新华乡红崖支渠古墓中发现三国曹魏"青龙四年"木牍 1 枚。自 1991 年以来，新华乡陆续发现古墓，曾获"升平"木牍 4 枚，其中"升平十二年"木牍 2 枚，"升平十三年"木牍 2 枚。

1991 至 2002 年，甘肃省文物局成立长城考察队，对河西走廊 23 个县（区）的长城烽燧进行考察，整理出版了《疏勒河流域汉代长城考察报告》、《河西汉塞调查与研究》等。李并成结合有关文献和考古资料，对河西走廊东部武威境内（天祝至永昌段）的汉长城遗迹做了详细的考察。详细记述武威境内长城的分布情况，结构特点，烽燧设置及长城沿线的文化遗存等重要内容；对唐代武威郡下各县城城址进行了调查和考证，根据文献和考古资料，确定了唐代时期武威郡各县城的具体位置；对民勤县西沙窝中的残存遗址实地调查，复原了西沙窝的历史概貌，并对民勤县沙漠化过程作了简要分析。

此阶段还对城址、石窟遗迹、寺庙古建筑等不可移动文物进行实地调查研究。90 年代，王宝元对位于武威城东 25 公里的长城乡高沟堡古城进行实地勘察，古城中出土器物有汉砖瓦、灰陶罐、五铢钱、石磨、碌碡，汉至宋元陶片，铜佛、珍珠、珊瑚、玛瑙等。城周围为汉墓群，多发现汉代单室砖墓。

1992 年至 1993 年，甘肃省文物考古研究所对凉州区古城镇上河村塔儿湾遗址进行了发掘，出土一批新石器时代及西夏时期的文物，包括大批西夏瓷器和作坊遗迹。工作人员在附近西夏遗址下层发现少量新石器时代遗迹和遗物，主要包括马家窑类型、半山类型、马厂类型。

1994 年 5 月，宿白对白塔寺进行了调查。1998 年 9 月，魏文斌、李明华、黎大祥、王奎、胡鼎生对白塔寺现存萨班灵骨塔等遗迹作了维修、复原前的调查工作。1999 至 2000 年，省文物考古研究所和中国社会科学院考古研究所联合对白塔寺遗址进行了全面钻探和发掘，主要清理发掘白塔寺的塔基。1999 年 8 月，武威市文体局、武威市博物馆对白塔寺遗址和流散在民间的白塔寺文物进行了摸底调查。1999 年 9 月，中国社会科学院考古研究所与省文物考古研究所联合对白塔寺萨班灵骨塔进行了考古发掘，并对白塔寺附近农户所藏白塔寺文物进行了详细调查。这次考古发掘基本探明了灵骨塔的全貌。2000 年 8 月，中国社会科学院考古研究所与省文物考古研究所再次联合对白塔寺遗址进行了考古发掘。

1999 年，省文物局、省考古所与日本秋田县埋藏文化财中心合作，联合发掘磨咀子遗址，这是自安特生进入石羊河流域进行考古之后，国外学者再次踏入石羊河流域进行考古发掘。2003 年至 2005 年，双方组成的联合考古队对磨咀子汉墓及新石器遗址进行考古发掘。此次发掘共清理墓葬 25 座，出土陶器、铜器、木器、纺织品（大多为残片）、漆器等 400 余件，钱币 486 枚。

2006 年至 2012 年，国家文物局组织开展了全国长城资源调查工作，武威境内长城调查工作由甘肃省文物局第二调查组和武威市文物考古研究所承担。2007 至 2009 年，由省文物局组成的第二调查组完成了境内明长城资源野外调查和相关资料整理工作，基本摸清了境内明长城的规模、分布、构成、走向及其时代，保护与管理现状，人文与自然环境等基础资料。2010 年至 2012 年，由武威市文物考古研究所和第二调查组完成了境内早期长城（即汉长城）资源野外调查和资料整理工作，大致摸清了境内汉长城的规模、分布、构成、走向及其时代，保护与管理现状，人文与自然环境等，为今后境内长城保护工作奠定了基础。

2018-2019 年，为配合武威海藏湿地公园建设项目，甘肃省文物考古研究所对武威海藏遗址进行考古发掘。这次发掘揭露面积约 1000 平方米，发现有灰坑，土坑墓和半地穴式屋址，以及倾倒生活垃圾的垃圾坑，共出土陶器、石器、石璧、璧芯、铜刀、骨箭镞等 500 余件。

2019 年 9 月，由甘肃省文物考古研究所、武威市文物考古研究所、天祝县博物馆组成的联合考古队，对天祝县祁连镇吐谷浑喜王慕容智墓进行了抢救性发掘。该墓是目前发现唯一保存完整的吐谷浑王族墓葬，出土包括罕见的六曲屏风、列戟屋模型、成套武备等文物 800 余件组。当年 11 月，被国家文物局纳入"考古中国"重大项目。2020 年，考古工作队在武威南山地区调查、勘探约 400 平方千米，共确认 23 座吐谷浑墓葬，墓葬依次分布于青咀湾、喇嘛湾、长岭—马场滩、岔山村 4 个区域。2021 年，工作队对武威地区新发现的长岭—马场滩区 3 座墓葬进行了发掘，出土金属器、彩绘陶器等随葬品 290 余件。近三年来关于武威地区唐代吐谷浑王族墓葬群的考古发掘和研究，创造了唐代考古的多个首次：首次发现唐代白葡萄酒实物遗存、木质胡床、成套铁甲胄、六曲屏风、大型木质彩绘床榻、笔墨纸砚、木列戟屋模型；首次确认吐谷浑文、吐谷浑篷子氏家族墓地；首次发现如此大量且保存完整、种类多样的唐代丝织品。

另外，还有一些较零散的考古发现。1979 年 5 月，武威兰州军区第十陆军医院修建家属楼时，在东北城墙脚下发现了"凉州御山瑞像因缘记碑"，出土后被搁置，直到 1981 年于竹山发现此碑，才引起学术界重视。1979 年，城南郊武威公路总段油库发现唐墓，由武威县文物管理委员会清理，出土曹府君墓志铭一合及陶器、金钗等文物 10 余件。 1984 年武威东关修污水管道时出土一批铜钱，其中拣出 3 枚凉造新泉。1989 年武威西营宏寺村出土 17000 多枚铜钱，其中发现凉造新泉多枚，1990 年又在这里出土铜钱 13000 多枚，其中发现凉造新泉 10 枚。1986 年 9 月，武威煤矿机械厂发现 1 座砖室墓，墓中出土大量陶器及铜钱，根据随葬品器物特征判断，该墓葬时代为五凉时期。1987 年 9 月，武威东大街署东巷修建行署家属楼时，发现了西夏金碗、银锭等珍贵文物。1988 年 12 月，武威市北郊金羊乡宋家园村发现唐代砖室墓葬，市博物馆进行抢救性发掘，出土唐代墓志铭一合及一批花墓砖。2006 年 4 月，武威市凉州区张义镇河湾村的村民在推土时发现 1 件大型铜鍑。据考证，该铜鍑年代为战国至汉代，其使用者可能是这个时期河西走廊地区的匈奴或者其他北方游牧民族。2007 年，甘肃省文物考古研究所等单位调查发现民勤县砖井道遗址。遗址处于荒漠地带，地表平坦，散落有沙井文化的陶片，还有汉魏及更晚的泥质灰陶和碎砖块。

整体来看，这一阶段的考古活动可以分为两个时期。前期以文物普查和河西走廊史前考古调查队的考察为主，重点对以前发现的遗址进行复查，并在此基础上又发现了不少新的遗存。后期以甘肃省文物考古工作队、甘肃省文物考古研究所、武威地区博物馆、武威市文物考古研究所和原县级武威市博物馆的考古工作为主。近年来，甘肃省文物考古研究所配合连霍高速公路建设，西气东输、金武高速公路建设等重点工程建设进行了一系列考古调查和发掘活动。武威市文物考古研究所也在武威市城乡基本建设过程中对发现的一大批汉、魏晋、唐时代的古墓葬进行了抢救性清理发掘工作，出土了许多精美的汉代和魏晋时期的文物，极大地丰富了博物馆馆藏文物的数量和种类。大部分墓葬因盗掘严重以及各种原因未能整理发表出来，但也有部分墓葬清理发掘报告发表在甘肃省博物馆主办的《陇右文博》杂志上。这一阶段发现的遗迹单位涵盖地理范围基本覆盖整个武威市。从以往主要发现遗迹的凉州区、民勤县等地扩大至天祝藏族自治县、古浪县。加上几次文物普查和河西史前遗址调查队的工作，基本摸清了武威市境内遗迹单位的分布情况。

这一时期相关著作、论文等相关资料的数量明显增多，对于考古发现资料的专门研究趋势愈加明显，对文物的研究也更为精细、严谨。前期未完成的研究也在这一阶段继续进行。学者们对雷台汉墓、西夏碑、武威汉简等相关问题的研究成为了一时热点，出现了百家争鸣的繁荣局面。

为了系统展示武威近百年来的考古成就，我们组织编辑了《武威考古研究文集》。该书重点选取了历年来有关的考古调查、发掘简报和一些重要研究文章，共计89篇，57万字，分为史前、汉代、魏晋、隋唐及宋元明清五个部分。由于这些文章出自不同时期、不同作者之手，对同一地点、同一文献、同一文物等的表述时有不同，考虑到背后代表着作者的个人认识，故编者没有越俎代庖，进行统一。希望能够起到抛砖引玉的效果，以推动武威历史和文物考古研究。

目　录

史前考古

汉代考古

魏晋考古

隋唐考古

宋元明清考古

史前

考古

甘肃古浪黑松驿谷家坪滩新石器时代遗址

甘肃省文物管理委员会

谷家坪滩在古浪县黑松驿南五里，为一距古浪河面高约 30 余米的台地，遗址在台地的东端，范围约八亩大，兰新铁路从南到北穿越遗址的中心。

1953 年 9 月，兰新铁路文物清理组党国栋同志赴古浪县龙沟堡了解施工情况，回来时顺道步查到谷家坪滩，遂发现此一遗址，地表上有彩陶器和粗红陶器的破片甚多。当时这段铁道土方尚未施工，9 月 27 日我们曾先进行一次试掘，11 月 4 日至 19 日又在遗址内顺着铁路定线打探沟七条重点了解。

第一层是农耕土和扰乱土，厚 0.10—1 米，出土物除表层的近代瓦磁碎片外，还有彩陶器碎片、粗红陶器碎片和兽骨等。

第二层是文化层（包括灰土和五花土），土质灰色，厚 0.20—1.50 米，接近生土的部分要浅些。

此层遗址发现成件的陶器很少，多是彩陶器和粗红陶器的碎片，共收集到二千二百余片，前者约有三分之一，后者约三分之二。

（1）彩陶器碎片，中以平底钵片较多，平底罐次之，还有筒状形小罐，陶质较细，表面有红黄色陶衣，有条形、斜方格形、人字形的黑花纹，纹饰不甚复杂而较粗率，都是手制的。

（2）粗红陶器碎片，陶质粗糙，有夹砂、石英石、陶碎末等羼和料，制作较彩陶粗率，其中有烧痕的碎片很多。有指纹、划纹、附加堆三角纹、绳纹、席纹等，多为大口带双耳平底罐。

成件的器物有：大粗红陶罐二件，大口双耳小平底，都已残破，一个口径 0.24 米，另一个口径 0.152 米，腹部有烧痕。粗红陶带盖陶罐一件，破碎残缺，盖上有高约 0.05 米的桥形钮，腹部有烧痕。小粗红陶杯一件，口部微缺，高约 0.03 米，口径 0.036 米，平底有烧痕。

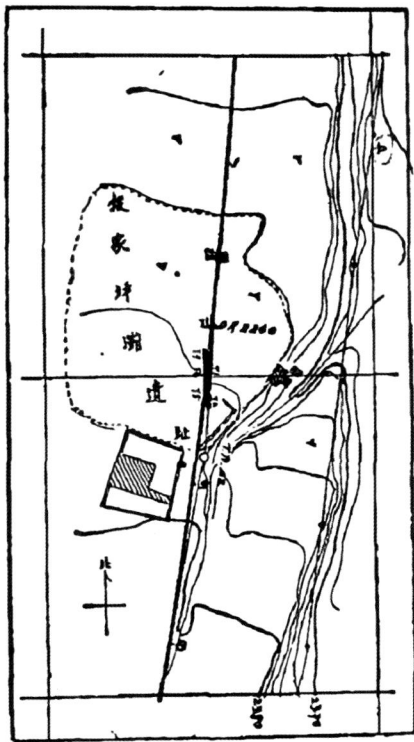

图一　古浪黑松驿谷家坪滩遗址地形图

图二　谷家坪滩遗址发现的灶台位置

图三　灶台全貌

图四　谷家坪滩遗址发现的五个灰坑全貌

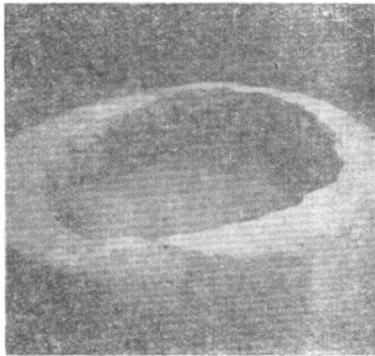

图五　灰坑之一

（3）陶纺轮二件，大半残缺。

石器共五件，其中较完整的有：残石锛一件，红砂岩质，磨制；石斧一件，较完整，石质青色，磨制，长0.094米，宽0.04米；小石球一件，扁圆形，横径0.015米，直径0.02米。

遗迹方面出土有灶台和木柱。在掘到1米左右深度，现出一火烧红色胶泥土台，椭圆形，长径0.90米，宽径0.70米，台面北部镶一破陶器口并带肩部，口径0.15米，肩部镶在台面上，高约0.03米，口内的土是烧过的，略低于台面，形为小圆坑。台的四周竖立着径0.15米、长0.35—0.50米带皮圆朽松木柱四根，四柱位置成菱形，灶台恰在菱形中央，是古代的一个棚房遗迹。

在深至1.30米发现五个圆袋形灰坑，多为椭圆形，底略大于口，其中最大的口径1—2米，底径1.10—2.10米，深0.25—0.52米。内盛的灰色土与文化层的土色一样，含的遗物甚少，有彩陶器和粗红陶器碎片，灰色陶环残件和兽骨。

其他还有红烧土碎块十多块和一百五十多块碎骨头，多数为兽骨（内有少数鹿角）。

第三层是淡黄色生土。

根据遗址出土的彩陶器、粗红陶器碎片，以及磨制的石器、袋状灰坑等，说明这是原始社会新石器时代晚期人类居住的遗址。

原文刊于《文物参考资料》1955年第8期

甘肃武威县大墩附近的两个新石器时代遗址

甘肃省文物管理委员会

　　大墩在武威东南约八十多里、古浪西北约三十多里之处，是兰新铁路经过的地区之一。兰新铁路文物清理组在 1954 年 3 月后，铁路工程未动工前，曾实地勘察过一次，因地表古代遗物甚少，结果未发现什么情况。7 月中旬，该地施工期间，掘开了两个同一时代的遗址，当时因联系不够紧密，土方工程的进程又飞速，不及对此两处遗址作详细的清理。本文介绍的只是就断崖观察的现象及出土物的概况，提供一点材料，给研究河西走廊古代文化者参考。

一、王家台新石器时代遗址

　　王家台遗址在大墩之南侧，向东是华岳墩台，向西是甘新公路及杨家沟洼，向南是杨家沟，向北是王家沟。遗址地形，由杨家沟洼斜坡而下直至华岳墩台，两旁被水冲刷成小沟，很显著的成了一块凸出的台地。台高约 20 至 30 公尺。遗址的范围约有四五亩左右，兰新铁路由中部穿过，从路基两旁断层来看，距地表 2.15 公尺深露出了灰层。灰层厚 50 至 70 公分，并显出规则的圆袋形灰坑和不规则的大小灰坑多处，灰坑下为次生黄土及更生黄土。

　　出土的遗物有：

　　（一）石刀四个，表面磨光，上有钻孔（图一）。

　　（二）彩陶罐一个，小口（口径 10 公分），短颈，颈肩间有双耳，扁腹（腹径 21 公分），腹下亦有双耳，平底（底径 7 公分）。高 19 公尺（图二）。同时还出土彩陶片 11 块，上有彩绘花纹。

图一　武威大墩王家台出土石刀

图二　武威大墩王家台出土彩绘
陶罐

（三）粗红陶罐五个：一个小口（口径14公分），短颈，圆腹（腹径35公分），腹外有刮纹并带双耳，有烧痕，高40公分，平底（底径14公分），有席纹；一个是大口（口径20公分），短颈，颈肩间有双耳，圆腹（腹径34公分），腹外两旁有乳丁各一，并有稠密的刮纹，高33.5公分，平底（底径13公分），底部无纹（图四）；一个是小口（口径7.5公分）短颈，有双耳，圆腹（腹径12公分），外有烧痕，并有图案形纹，高11公分，小平底（底径5公分）（图三）；一个大口（口径7公分），短颈，颈部有双耳，圆腹（腹径10公分），高9公分，平底（底径4公分）；一个残，小口，短颈，肩部周围有小圆形未透空孔，外有烧痕。

另外有残红陶器碎片两包，灰陶器底部碎片一块。

（四）陶纺轮一个，径7公分，厚1.5公分，一面有绳纹，中央有一孔（图五）。

图三　武威大墩王家台出土　　　　图四　武威大墩王家台出土　　　　图五　武威大墩王家台出土陶纺轮
　　　粗红小陶罐　　　　　　　　　　　　粗红陶罐

二、李家新庄的新石器时代遗址

李家新庄在大墩西北五里，遗址范围约八亩左右，兰新铁路路基断崖处露出30至60公分厚的文化层，而且还有很多灰坑。这些被打破的灰坑，大部均为规则的圆形，在路基东边断层有一灰坑，就残存部分看，口径4.45公尺，深1.70公尺，底径4.05公尺，颇为巨大，但是否是灰坑的正中直径，很难确定。除此外，在此灰坑的西北边路基正中，连续有大小不等的灰坑十个，很像一个院落或是小村庄。这块遗址的地形，是由东南向西逐渐而上，成为坡势，其整个地层情况，由地表农耕土到熟黄土与灰土交界处，深1.20公尺，灰层之下为冲积层，再下即鹅卵石层。遗址内的出土物有：石刀一个，表面磨光，上有二孔，长9公分，宽4.5公分，厚0.4公分。残石磨盘一块，彩陶罐一个，小口短颈，颈肩间有双耳，扁腹（腹径18公分），腹外有似驼峰形乳对称的横于上。口、颈、腹部均有斜方格纹，高15公分，平底（底径7公分）。残彩陶钵一个，内外均绘有斜方格纹和三角形纹（图六）。彩陶片两块，一块上有条纹，一块表面彩绘，光泽已脱落（图七）。夹砂粗红陶片6块，其中有一底部碎片，外加一层大如豆状的粗砂石粒，较为特殊。

图六　武威大墩李家新庄出土
彩绘陶钵

图七　武威大墩李家新庄出土彩绘陶片

　　上两处新石器时代遗址，虽然受了一些损伤，可是大部保存仍完好，今后如能作正式发掘，对研究河西走廊古代文化发展情况，必定有所收获。

原文刊于《文物参考资料》1955 年第 11 期

甘肃武威郭家庄和磨咀子遗址调查记

甘肃省博物馆

甘肃省博物馆最近在武威县发现两处新石器时代文化遗址。一在武威县城西北5公里的郭家庄；一在武威县城南约15公里的磨咀子。现将所得材料，分别介绍如下。

一、郭家庄遗址

郭家庄西面是一片开阔的荒地，地势很平坦。村庄附近的地面上，散布有彩陶、泥质红陶、粗砂红陶和细石器。唯遗物数量较少，且无文化堆积层发现。

（一）彩陶片

共采集14片。其形制多属于敛口的钵，喇叭口长颈壶片较少。陶质都较细腻，壁胎厚度均匀，表面打磨光亮。陶地橙黄色或淡红色，纹饰均系黑色。钵形制较小，浅腹，底小口大，唇缘上饰一道条纹或数行细线条纹，内施横平行条纹，弧线条纹或弧线三角纹。唇缘外也饰横平行条纹。总之，彩陶是以施内彩的体最多。（图一，2、3）

（二）细泥红陶片

仅采集素面，敛口窄唇的碗和平底罐破片各1块。

（三）粗砂红陶片

共采集罐片6片。红褐色。施横平行、斜行或斜行交错的方格绳纹。

（四）细石器

仅采得1件。叶状，石质坚硬，淡黄色，半透明（图一，1）。

根据上述文化遗物的形制分析，这处遗址为甘肃仰韶文化马家窑期的遗存。

二、磨咀子遗址

位于武威县城南15公里的磨咀子村。南临杂木河，西有高山环抱。遗址所处地势较高，约距杂木河水面20余米。1956年配合开荒，我们曾清理汉代土洞墓5座（《武威县磨咀子古墓清理纪要》，见《文物参考资料》1958年第11期，第68—71页），并在很早以前就已经发现有新石器时代的文化遗存。1959年7月，我们又去磨咀子遗址作了复查。这处遗址除有汉代土洞墓遗存以外，并有新石器时代的文化遗存——甘肃仰韶文化马家窑期和马厂期。现分别介绍如下：

（一）马家窑期文化遗存：遗物有彩陶片和粗砂红陶片。

1.彩陶片：共采集25片。淡红色地，黑彩，陶质细腻，表面打磨光亮。器型以碗、钵最为常见，次为喇叭口长颈壶。钵唇缘略为凹入，饰弧线条纹和细线条纹，均饰内彩。碗形器窄唇，上有黑色条纹一道，均无内彩，唇缘外有横平行细线条纹。长颈壶和罐器的唇缘内外及其肩部，均施横平行粗细条纹（图一，4—10）。

2.粗砂红陶片：共采集11片。红褐色。质地坚硬。器形均属大口罐（图一，13）。

（二）马厂期文化遗存：遗物有陶片、木炭、朽木、草绳、毛草结物和赤色颜料。发现灰层，厚0.1—0.5米。

1.彩陶片：共采集23片。陶地红色，色有深浅的不同。彩绘红黑色兼用，黑色多。陶片中有羼砂现象。其形制多属于长颈壶和罐器。纹饰比较潦草，多为宽条的几何形。施鲜艳的红色外衣的陶片，陶质细腻表面比较光亮。长颈壶的唇缘内，饰连续的三角形锯齿纹，颈内外都有横平行条纹。罐的肩腹部，有三行一粗或四行一粗的斜线条纹。此外，在灰层中发现两片马家窑期的细颈壶片，颇值得注意。

2.粗砂红陶片：共采集45片。陶地红色或红褐色。质地粗，羼和砂粒。多为素面经打磨，仅有少量的细绳纹。器形多为罐。

3.细砂灰陶片：共采集66片。陶器壁胎内多为灰白色，羼有细砂粒。外表及颈部的里

图一

1.细石器　2—10.彩陶片　11.细砂灰陶罐

12.细砂灰陶碗　13.粗砂红陶片（1—3.郭家庄　4—13.磨咀子）

面，涂抹一层细泥浆，并在未干以前磨光。均为光面，仅在底部或施以方格篮纹。器形以直颈鼓肩或圆腹双耳罐为主（图一，11）。另有敛口盆和底部凹入的小碗（图一，12）双耳罐的形制一般较小，唇缘略为外张，但斜度甚小。两耳较为宽大，其上端不与唇缘平齐。

这种陶片，在武威皇娘娘台齐家文化遗址的发掘中，也有相当的数量。

4. 木炭：保存较好的直径约有10厘米左右，系由较粗的木橡烧成，均包含在灰土层之中。

5. 朽木：松木，块状或板状，均有火烧的痕迹，当为烧造木炭所遗留的残余。

6. 草绳：系由植物细长的叶子两股并合拧成。残长7，径约0.7厘米。出土时与木炭混在一起，当为捆扎木炭的绳索。

7. 毛草结物：略为圆形，由毛和草的细根结成。外面有弧形木板。木板大部分残缺腐烂，仅留1小片，表面光滑。此物因腐朽过甚，已碎为粉末。

8. 赤色颜料：仅有1小块，质甚软。

9. 石器：采集2件。1为石斧，四面体，刃部较宽，斜形，由两面磨成。1为石刀，由砾石片打制而成。一面为砾石光面，未加磨制；劈裂面稍有磨痕，不光。这些石器，因限于地面采集，尚无法确定其所属文化性质。

三、小结

（一）郭家庄遗址是一处单纯的甘肃仰韶文化马家窑期遗存，仅见有遗物而不见有灰层。彩陶器以敛口的内外皆彩的钵为特征。粗砂红陶多为大口罐，绳纹上面往往有划纹。

（二）磨咀子遗址包含有甘肃仰韶文化马家窑期和马厂期。马家窑期遗存，也是仅有遗物而无灰层。马厂期虽有灰层，但遗存甚少，而且堆积甚薄。其中包含有大块的木炭、朽木、毛草结物、草绳，均为首见。另外，在马厂期灰层中得马家窑期彩陶2片，这是早期文化遗物混入的结果，对研究马家窑和马厂两期文化遗存的相互关系，大致提出了一个线索。其次，马厂期遗物中，有比较丰富的细砂灰陶，其形制与皇娘娘台齐家文化遗址出土的基本相同。据此，说明皇娘娘台遗址所含的细砂灰陶片，并不为齐家文化所有，而是马厂期文化遗物混入的结果。这在时间上表明马厂期是早于齐家文化。

（三）甘肃河西走廊地区的甘肃仰韶文化遗存，到目前为止，发现的为数甚少。马厂期遗存在酒泉下河清曾有发现；但马家窑期文化遗存，在武威及其以西地区，目前发现的仅有这两处。一方面是由于调查工作做得少，另一方面与甘肃仰韶文化在这一区域的遗存有所减少也有相当关系。

执笔：郭德勇

原文刊于《考古》1959年第11期

甘肃武威皇娘娘台遗址发掘报告

甘肃省博物馆

一、前言

皇娘娘台遗址西距武威县城 2.5 公里，地势很平坦。遗址南面是一片散布砾石的荒滩，甘新公路和兰新铁路分别南距 2.5 公里和 5 公里，北依海藏寺河和低洼的水草地带，东邻邱家庄，西靠公路。所谓的"皇娘娘台"，即是一座小丘式的土墩。遗址面积，东西长约 500，南北宽约 250 米。

1957 年 8 月，武威县文化馆在皇娘娘台发现并收集到一批出土的石器和陶器，即将发现的情况报告甘肃省文物管理委员会。该会即于 9 月初派人前往调查，中旬开始正式发掘。工作继续 60 余天。参加发掘的人员有张仲生、宁笃学、蒲朝龙等 5 人，并有武威县文化馆徐志信同志参加工作。这次的重要收获有铜器 11 件。但由于发掘面积有限，对其文化堆积的关系以及窖穴、墓葬、住室的形制和文化内涵等情况，都还了解得不够全面深入，因此于 1959 年夏季，由郭德勇、张鲁章、赵宝荣、魏哲华 4 人继续进行第二次发掘，工作将近 100 天。这次除发现铜器 9 件外，又新发现了卜骨 30 余片。同年 11 月下旬至 12 月中旬，甘肃省第一届文物博物馆训练班又选择皇娘娘台遗址作为发掘实习地点，进行第三次发掘。参加实习的学员共 36 人，工作人员有张学正、宁笃学和郭德勇 3 人，实习时间共 20 余天。这次除发现铜器、卜骨以外，还有一男二女的合葬墓，它的性质与一般墓葬不同，颇值得注意。

皇娘娘台是一处内涵丰富的齐家文化遗址。经过三次发掘，已揭露的面积达 750 平方米，对于该遗址已经有了比较全面的了解和认识，所获得的实物资料，不仅丰富多彩，而且甚为重要。这对甘肃甚至全国新石器时代文化的研究，具有重要价值。现将发掘的经过和收获，综合报告如下。

二、文化堆积

（一）地层情况

这处遗址的地层堆积，保存比较完整。第一次发掘过的地点，文化堆积层有为近代墓葬打破的现象；第二次发掘地点的文化堆积层，却保存得很完整，无后期扰乱的迹象。

第一次发掘了两个地点，分为 A、B 二区。A 区开探方 12 个，B 区开探方 2 个，面积共达381.5平方米。根据探方剖面和附近断崖上所显露的地层现象,第一层为黄褐土扰乱层,厚1.76—1.77米,包含有齐家文化的陶片和汉代及其以后的砖、瓦、瓷片之类,并有近代墓葬。第二层为灰土层,厚0.6—2.13米,包含物很丰富。第二层以下便是原生的硬黄土层,其中包含有大量的礓石。窖穴和墓葬的墓圹,多挖在这一层内。

A区的第二层灰土堆积,深0.76—1.77,厚0.1—0.6米。但总的分布是薄薄一层,厚度不均匀,且是断断续续的。灰土色泽单纯,呈浅灰色,无后期扰乱痕迹。其中包含物很丰富,有石器、陶片、骨器,并有铜器9件。铜器的出土深度分别由1.03—1.66米不等。B区的第二层灰土堆积,大致与A区相同,厚0.24—0.9米。在距地表下深2.05—3.15米的灰土中,发现铜器2件。并有一条中间深、两边呈坡形的"灰沟",最深处距地表3.49米。其中灰土厚1.23—2.13米,为深灰色,共分六小层。每层之间有灰土和黄土混合的浅灰土,厚度0.1—0.3米。包含物很丰富。这种情况,显然是陆续堆积成的一条"灰沟"。但由于发掘面积很小,其延展情况无法推测。

第二次发掘地点的地层情况,与第一次发掘的A、B二区大致相同,只是地层可以细分为三层:

第一层 耕土扰乱层,黄沙土,一般厚约0.3米,土质较为松软。其中包含陶片甚少,即近代砖、瓦、瓷片之类,也甚少见。

第二层 深灰土,深约0.3、厚0.4米左右。土质松软,参次分明,厚度均匀。包含物很丰富,有陶片、石器、骨器、砾石片、细石器、细石片、兽骨等。陶片中彩陶和细砂灰陶较少。这一层有T12和T16两个探方的北壁被后期打破,但缺口很小。在个别探方内,深灰土的分布不甚明显,这当是到达灰层堆积边缘的缘故。另外,在这一层内,也包含有白灰面住室的残迹和一部分长方形竖穴土坑墓葬。其中墓葬都打破了深灰土,可见它晚于灰土堆积的时间。

第三层 黄褐土,深约0.7,厚1—1.5米。土质坚硬,其中也间或夹杂有深灰土,惟数量较少,层次较薄。黄褐土中包含物最为丰富,除一般遗物与第二层相同外,并出有铜器和卜骨。陶片中彩陶和细砂灰陶较为多见,并有重唇带盖的粗砂陶器。彩陶大部分为齐家文化的遗物,但有一部分彩陶和所有细砂灰陶的形制,都比较特殊。第三层黄褐土以下,便是原生的硬黄土层。所有的窖穴和一部分长方形竖穴土坑墓的墓圹,都挖在这一层中。从地层上看,这都是较早期的遗存。其中长方形竖穴土坑墓的时间,比第二层深灰土中的同型墓葬较早(图一)。

(二)窖穴

窖穴有圆形、椭圆形、长方形几种,共发现42个,都围绕在住室的周围。圆形和椭圆形的最多,长方形的很少。它们都发现在硬黄土中,穴内满填灰土,土质此较坚硬,无层次的分别。其中包含有丰富的陶片、石器、骨器、兽骨等,还有铜器和卜骨。墓葬也有发现。窖

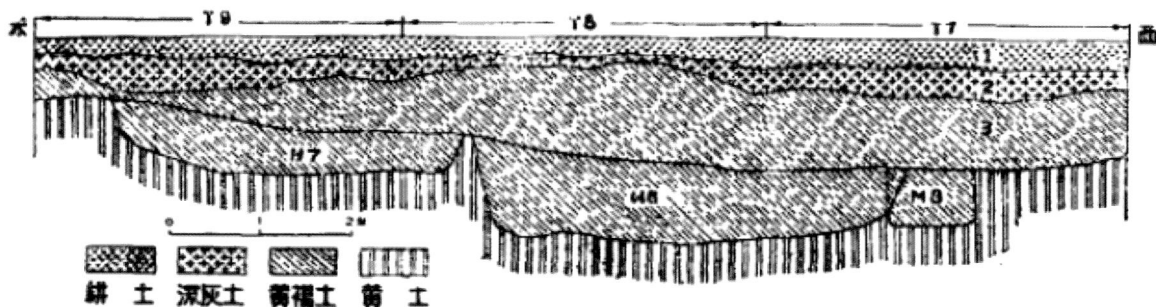

图一　T7、T8、T9 南壁剖面图

穴的形制和大小，可按不同类型分别叙述如下。

圆形窖穴　共清理了 17 个。其形制规整，大都壁直底平，保存甚好。它们的形状、大小和深度大致相同。窖穴的上口距地表深 1—1.9，口径 2—2.56，穴深 0.3—0.96 米。穴内填满灰土，包含物较丰富，有陶片、石器、骨器。在 H1 的底部，平放着一片完整的牛肩胛卜骨（图二，3），卜骨的下面，用灰土填平，这无疑是有意识埋入的。H3 在 H1 的北边，两坑相距仅有 0.15 米。H3 的上口有仰卧屈肢人骨架一副（图三，1）。H1 内的卜骨宽端正向人骨架头部两侧。我们觉得 H1 内的牛肩胛卜骨与 H3 的墓葬是有一定关系的。H2 是上口也有仰卧伸肢的残骨架一副。H14 挖得很整齐，口径 1.8，底径 2，穴深约 0.8 米。其中也有人骨遗骸，因已遭扰乱，无法判断其埋葬形式，但确为墓葬无疑。墓内随葬品甚为丰富。

椭圆形窖穴　共清理了 21 个。其口径略大于底径。底部凹入，高低不平，形如锅底状。其中有大型和小型的区别。大型的如 H6 和 H7，口径最长为 5.5、最短 3.5—4.5，穴深为 0.5—1.3 米左右。小型的有 H5、H8—H12，口径最长为 3.7、最短约 1，穴深 0.4—0.8 米左右。周壁都有人工挖掘的痕迹，形制比较整齐。H6 的底部，沿东南边缘又挖成几个相邻的小坑。H9 的底部，也被分为东西两

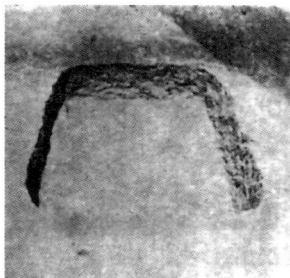

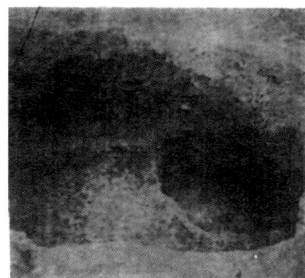

1.H4 方形窖穴　　　　2.H9 椭圆形窖穴

3.H1 及 M4 分布情况

图二　武威皇娘娘台遗址内窖穴出土情况

个小坑（图二，2）。这种挖小坑的做法，可能为分类储藏之用，在窖穴中也是比较少见的。穴内填满灰土，包含物很丰富，除陶片、骨器、石器外，并在 H6 的底部发现铜锥 1 件。H9 上口的深灰土中，也有铜锥和长条形铜器各 1 件。H5 形制比较规则，圆壁很整齐，出土卜骨 6 片；其南壁边缘的上口和西壁边缘的底部，有三副零散的人骨，均与坑内的堆积物混在一起。H10 的上口出羊胛卜骨 1 片。H11 和 H12 内部有人骨遗存。H11 内的人骨零散堆积于坑底；H12 内的则集中堆积于坑口的西边缘，骨骼中夹杂一件白色的长条形钻孔石斧，并有股骨 3 根，其余部分为一个体的骨骼。灰坑内的这些零散的人骨骼，究竟是二次葬还是乱填入的，尚难以确定。但在其他的两个窖穴的上口，却有两副人骨架是二次葬入的。

长方形窖穴　仅发现 3 个。四壁垂直，圆角平底，形制特别规则，加工很精细（图二，1）。但包含物都很少。口径长 2.1—3.6，宽 1.4—1.7，穴深 0.4—0.65 米。其中，在 H14 内有侧卧屈肢的人骨架一副，看来是利用这个窖穴作为墓圹埋葬的。

（三）墓葬

这处遗址内的墓葬也很多，有些已遭到破坏，清理的共有 26 座。这些墓葬的分布，多与窖穴和住室交错在一起，有些墓葬是利用废弃后的窖穴埋葬的，也有些窖穴打破了墓葬，显示出相互之间的关系很复杂。葬式有侧卧屈肢、仰卧屈肢和仰卧伸肢葬，并有二次葬。其中，墓 6 和墓 24 的性质很特殊，在后面另做叙述。人骨架的头像多数是北偏西，向东南或正东的很少。侧卧屈肢葬和仰卧伸肢葬，都有合葬的。

侧卧屈肢葬　共有 4 座。骨架保存一般良好，均利用废弃后的圆形或长方形窖穴埋葬，或在坑口，或在坑底。其中 3 座是单身墓（成人 2 座，小孩 1 座）；另 1 座为小孩合葬墓（图三，5），随葬陶器 5 件。AT4 之墓 3 内随葬有动物的骨骼（图三，2），可见杀畜殉葬的习俗，已经出现了。其余墓均无随葬品。墓 16 是利用 H14 长方形窖穴埋葬，为 H10 椭圆形窖穴打破，并有 H17 长方形竖穴土坑墓叠压其上。这种叠压关系，可说明侧卧屈肢葬为齐家文化早期流行的一种葬俗，同时也说明了长方形竖穴土坑墓的时间较晚。

仰卧屈肢葬　仅有 2 座。其中墓 4 即葬于 H3 圆形窖穴上口的灰土中，人骨架上身平躺，下肢向后平屈，左臂向内屈于腹下。人头骨侧面，有一段截距整齐的兽骨。另一座葬于灰土中，上身也平躺，下肢竖屈，两臂向内屈，手置于骨盆上。口内含绿松石小珠 2 枚，并有数枚白色石料置于人骨架肩部。墓内随葬陶器 4 件；在 1 件的口部，发现有半个带牙床的狗头骨，这无疑是和陶器一起随葬的。

仰卧伸肢葬　共清理 12 座。仅墓 3 葬于 H2 圆形窖穴上口的灰土中，余均系长方形土坑墓。墓坑四壁垂直，挖在硬黄土或灰土中。墓穴上口距地表深 0.7—1.55，口长 1.54—2.3，宽 0.42—0.56，穴深 0.25—0.65 米。穴内填满黄褐土，间有陶片混入。人骨大都保存完整，两臂下垂。其中有小孩和成人合葬墓 1 座（图三，4）。长方形竖穴土坑墓葬于硬黄土中的，几乎全无随葬；仅墓 8 出羊胛卜骨 1 片（图四）。但葬于灰层中的都有较多的随葬品。以陶器

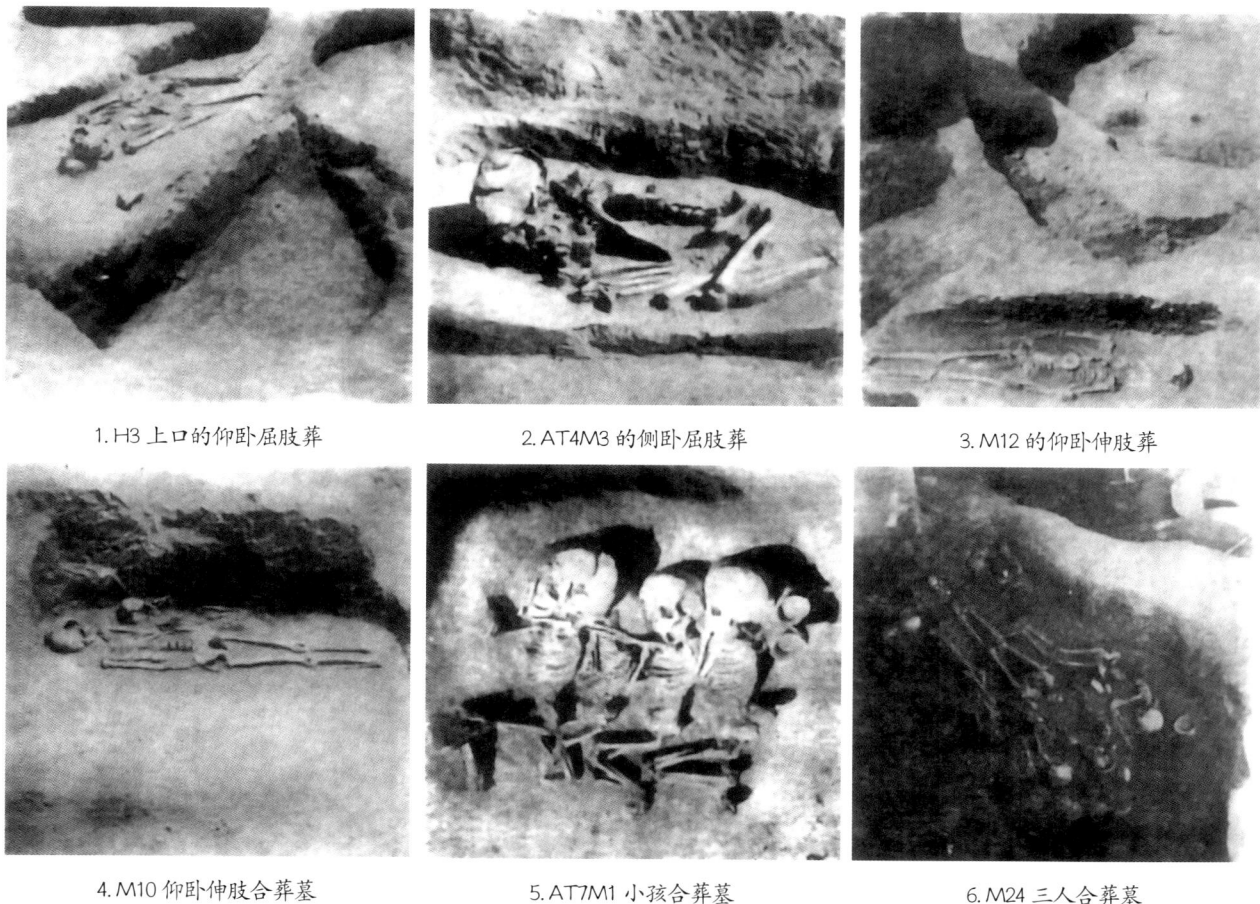

1. H3 上口的仰卧屈肢葬   2. AT4M3 的侧卧屈肢葬   3. M12 的仰卧伸肢葬

4. M10 仰卧伸肢合葬墓   5. AT7M1 小孩合葬墓   6. M24 三人合葬墓

图三　武威皇娘娘台遗址内墓葬出土情况

为主，多置于人骨架头、足两侧端，多则 10 件左右，最少也有 3 件。并有模制的陶纺轮、石器、骨锥以及白、绿色石片和卜骨等。陶器的底部，往往以砾石片垫高，并有互相叠积达三层的。石璧随葬很为普遍，多置于人骨架胸腹部（图三，3），白色和绿色石片，则多见于上、下肢骨的内外侧缘。葬于灰层中的长方形竖穴土坑墓，都居于地层的上层，有较多的随葬品，其类型也比较繁杂，它代表的时间可能较晚。葬于硬黄土中的同类型墓葬，都居于地层的下层，大都不见任何随葬品，它所代表的时间都较早。总的看来，这种类型的墓葬，都具有规则的墓圹，从中体现了一定的发展情况。

二次葬　仅有 2 座。骨骼集中堆积在窖穴的上口。1 座随葬陶罐 1 件；另 1 座无随葬品。

墓 6　葬于 H14 圆形窖穴的底部。人骨已被扰乱，葬式不明。墓内的随葬品最为丰富，有为齐家文化罕见的彩陶器 6 件，细泥（砂）红（灰）陶器 12 件，粗砂红陶器 10 件。并有长条形钻孔石斧、磨制的石刀、石镰、石枪头和大量的陶器碎片。这种多随葬品与其他少有或无有随葬品的墓葬相比较，就显得特别突出。这可反映出当时对于生活资料和生产工具的占有，已有了多少的不同。因此，我们推测墓葬的死者，可能不是一个一般的氏族成员。

墓 24　三人合葬，一男二女。头南足北，都是成年人。男性仰卧正中；左右两侧各有女性骨架一副，均为侧卧屈肢，面向正中，下肢向后屈，双手屈于面前。随葬陶器16件，横列头、足两侧。在右侧女性骨架腰间，发现残缺的铜锥1件。两侧骨架的颈项部，均佩饰钻孔的绿松石小珠数枚。右侧骨架的右臂肘部，并有石璧1件。这个墓的墓圹，东北部边缘修饰较齐整，西南部因打破了灰坑，稍不规则。墓圹大致是长方形，长2.31，宽1.23，距地表深约2.4米。这个墓葬的性质是很特殊的。从男、女人骨架的位置和形态观察，男性正中仰卧，两侧女骨架均侧身屈肢，面向男子，似有服侍和尊敬的意思。想系一夫二妻合葬（图三，6）。

（四）住室

住室内都有白灰面的遗迹。根据发现的白灰面残迹观察，住室的分布还是比较稠密的。但因久经破坏，保存完整的很少。现将保存较好的一、二号住室分别介绍如下：

一号住室　建筑在距地表深1米下的灰土中。正方形，门口向东，用白灰面铺地，共有上、下两层。上、下层白灰面之间相距0.11米。下面的一层长、宽各为4.1米。白灰面甚薄，涂抹平滑，保存比较完好。唯前端接近门口的部分已被破坏，因此门道及前壁的结构无从知

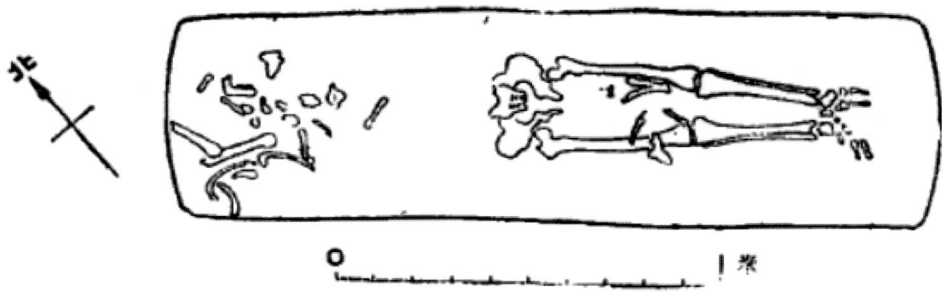

图四　T7M8平面图

悉。上面的一层白灰面，已碎成了粉末，但尚能看出其范围与下面的一层大致相同。唯西面和北面都向外略有扩展。住室的两侧壁及后壁，都保留有高度不同的竖立的白灰壁面，最高处有0.8厘米。由此可见，住室的墙壁上，也同样涂抹有白灰面。但墙壁的高度，因保存不佳，已不可计。上下两层白灰面之间，用黑灰土填平。很明显，上层的白灰面当在下面的被损坏了以后，第二次重新营造的。因此，这座住室的居住期限是相当长的。两层白灰面的下面，均无草拌泥的结构，仅以灰土填平。上层白灰面出铜刀和钻孔石刀各1件。下层白灰面出石制研磨器1件，并有比较丰富的陶片和细石片。上层白灰面上覆盖的灰土厚约0.6米，土质甚坚固，保存很完整。

二号住室　也建筑在灰土中，白灰面距地表深1米，涂抹甚光滑。其下先以草拌泥抹平，然后再铺设白灰面。住室作方形，西部下陷，边缘保存不好。白灰面以下有灰土，厚约0.5米。北壁保留有竖立的白灰壁面高约0.7厘米。北壁的中部，向外略有扩展。扩展部分的两

端，形成两个垂直的折角。在住室的中间，设有平圆形炉灶，直径1米。边缘甚齐整。炉灶的建筑，系由硬黄土夯筑而成，仅表面加水抹平。夯筑层厚约5厘米，约分五次夯成。其中尚有未经夯打的黄土，厚约0.2米。夯筑炉灶的工具，根据夯窝看是一个圆形的砾石。夯窝直径0.5、深约0.2厘米。灶面因久经火烧，已成为青灰色和红褐色的硬块，质地特别坚硬。炉灶的周缘，为白灰面叠压，因知白灰面是在炉灶筑就以后才铺设的。这座住室的面积，南北残存的长度为2.1，东西残存的宽度为2.5米。其后壁在北，因知门口向南。此外，在另一片残破的白灰面附近，发现一座正方形的平面炉灶，灶面也是夯筑的，有油黑色的火烧痕迹。白灰面已残破，结构不明。

根据白灰面观察，住室都是方形，面积比较宽广。根据现有部分推测，住室的建造都是先由地面上挖成方形的土坑，然后在底面和墙壁上涂以白灰面，构成四合壁半竖穴的形式。屋顶的结构，因坍塌不明。这些住室，有四座建筑在第二层灰土中，仅有一座是在第三层黄褐土中。在住室的周围，有窖穴和炉灶的遗迹。铜器多发现在住室的附近，也有在住室内出土的。

另外，在一大形窖穴的边缘上，有柱穴15个，很有规律的沿坑口排列着。柱穴有圆形和椭圆形两种，穴内有朽木痕迹。口径的大小和深度各有不同，最大的口径长0.56，宽0.36米；最小的口径长为0.16、宽0.12米，它们的深度由0.45—0.6米不等。有些柱穴的口径可能已遭受破坏，并非原来的形状。柱穴内填满灰土，间有砾石片、细石片和陶片混入。据此推测，可能是简单的棚房遗迹。但窖穴内无烧土和白灰面痕迹，其底部东南面地势高起，向西北倾斜略成坡状。从这些情形观察，这个设有棚房的窖穴，可能是储藏东西的地方。

关于齐家文化的住室，清理发掘的还不算多。1956年在秦安杨家沟遗址，曾清理过5座白灰面住室。那些住室的建筑形式，也都是方形的，底面与墙壁的下部，都涂有白灰面。白灰面下面，有草拌泥土。有的墙壁中，并有竹条柱穴，说明屋顶由竖柱支撑。那些住室保存都较好，形式与皇娘娘台的大致相同。

三、文化遗物

遗址内的文化遗物，类型繁杂，丰富多彩。生产工具有石器、骨器、陶器、铜器，生活用具以陶器为主，还有卜骨和装饰品。现按其不同性质，分别叙述如下。

（一）卜骨

出土的牛、羊、猪的胛骨为数甚多，墓葬、窖穴、灰层内均有发现。其中有26片为经过占卜用的胛骨，都有鲜明的灼痕。但一般都不钻不凿，仅有轻微的刮削痕。另外还有10余片出自窖穴、灰层中的羊胛骨和牛胛骨的残片，也都具有轻微的刮削修治痕迹，唯均无灼痕保留。其中羊胛骨的中心部分，有被钻穿的圆孔（图五，1）；牛胛骨的残片上，也有磨光的痕迹和"二联钻"的形式（图五，2）。钻孔的周缘均甚光滑，胛骨的两侧缘、骨臼的周围和脊的一面，大都具有明显的刮削修治痕迹，但都不保留有灼痕，因尚难确定是否为卜用胛骨。兹

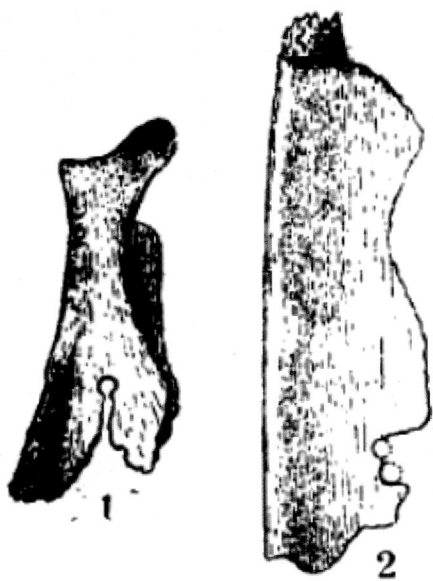

图五　钻孔胛骨

1.羊胛骨（T11（3）） 2.牛胛骨（T7 H6）

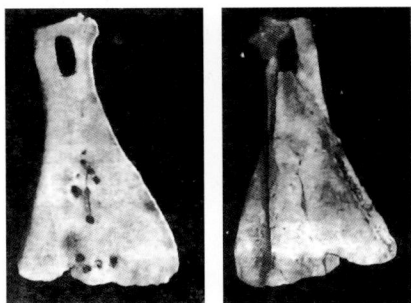

1.牛胛卜骨正面（H1）　　2.牛胛卜骨背面（H1）

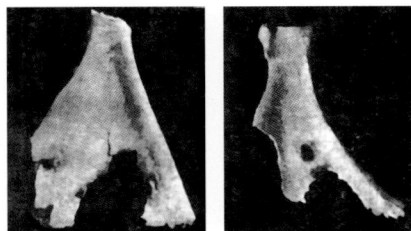

3.羊胛卜骨（采集）　　4.猪胛卜骨（采集）

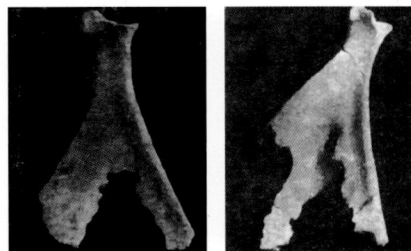

5.羊胛卜骨（T12）　　6.猪胛卜骨（H5）

图六　武威皇娘娘台遗址出土的卜骨

以卜骨的类别分述于后：

1.牛胛卜骨　仅有1片，保存完整。出于H1圆形窖穴的底部。长37、上端宽8，下端宽23厘米。骨面有灼痕12处，而不钻不凿。骨板较薄灼痕并透过背面。这片卜骨的形制很特殊，它的上端有一长5，宽3厘米的钻孔，下端沿背面磨成锐利的薄刃。刃部的磨损程度，有些部分特别显著，形成连续向内凹入的弧形，且因伤损而出现一个较大的缺口，但边缘上仍保持光滑的薄刃。骨脊被修平。脊与刃部相接的一端，破碴亦被磨平，且甚光滑。我们觉得，上端的凿孔或是下端刃部的磨痕，都表示它有可能曾被作为一个骨锄使用过（图六，1、2）。

2.羊胛卜骨　21片。大多出于窖穴和第三层黄褐土中，墓葬内仅有墓8出了1片。羊胛卜骨的中心部分大都残缺，有些已成为碎片。胛骨的两侧缘和骨臼的周围，大都具有刮削修治的痕迹。骨脊多数完整，骨面仅有灼，不钻不凿。灼痕较小，且甚轻微，圆形，多在胛骨臼下中部较凹处。边缘较规则，其中有一片胛骨的灼痕，似用圆形的片状工具烫烙而成（图六，3）。灼痕较深重者，也透过骨脊的一面。由于胛骨的中心部分保存不好，灼痕保留不多，仅见于胛骨中心部分残缺的边缘。甚残的骨片上，仅有灼痕一、二处，较为完整的骨片最多也不超过六处（图六，5）。

3.猪胛卜骨　约4片。出于窖穴和三层黄褐土中。骨脊完整，骨面的卜一般也是有灼无凿，仅有出于H5椭圆形窖穴内的一片胛骨，被灼处具有轻微的圆形钻痕。灼痕比较大，不甚规则，多在胛骨臼下中部较凹处。较深重的灼痕，也透过骨脊的一面，唯不甚明显。（图六，4、6）。

从上述牛、羊、猪胛卜骨来看，它们的制作程序都很简单，骨面的卜有灼无凿，形制原始简陋。这说明它们是较早期的遗存，与殷商时期的卜骨，具有一定的差异，这是需要加以区别的。

卜骨在新石器时代的龙山文化中，很早就有发现。现在齐家文化也发现卜骨。这个新发现，对于研究甘肃地区甚至全国境内的新石器时代各文化之间的关系，都是极为重要的资料。

（二）铜器

铜器也是首次发掘中的重要收获之一。共有23件。有刀、锥、凿、环，还有铜渣和铜器的残片。它们多出于白灰面住室近旁的灰层和窖穴中，也有出于白灰面住室和墓葬内的。现按器型，分别叙述如下。

1. 铜刀　完整的仅有2件，另2件为残片。可分为三式：

Ⅰ式：由单范铸造，长条形，表面有磨光痕迹。刃部稍凹，尖端朝上。背部的两侧端，有凸起的方形小脊，中间的略成圆形。这种凸起的背脊，即是为了便于嵌镶柄把而设置的。刀的刃口，具有使用残缺的痕迹。长10.8，宽约3厘米（图七，4）。这件铜刀是从厚灰层中发现的。与此同式的，尚有残片1件。

Ⅱ式：由锤击的方法制成，长条形，表面有磨光的痕迹。弧刃，前端宽而平斜，后端向内凹入而成的弧形柄把。其背部也微向内凹，两头较高。长11.5，宽约3厘米。（图七，3）。

Ⅲ式：由锤击方法制成，长条形，形制较宽大。刃弧形，尖端锐利朝上。尖端的背部，向内凹成弧形。表面有磨光痕迹。残存一半，现长6，宽3.9厘米（图八，2）。

2. 铜锥　12件，完整的有4件。可分二式。

Ⅰ式：四面体，圆刃口。后端锤击成较

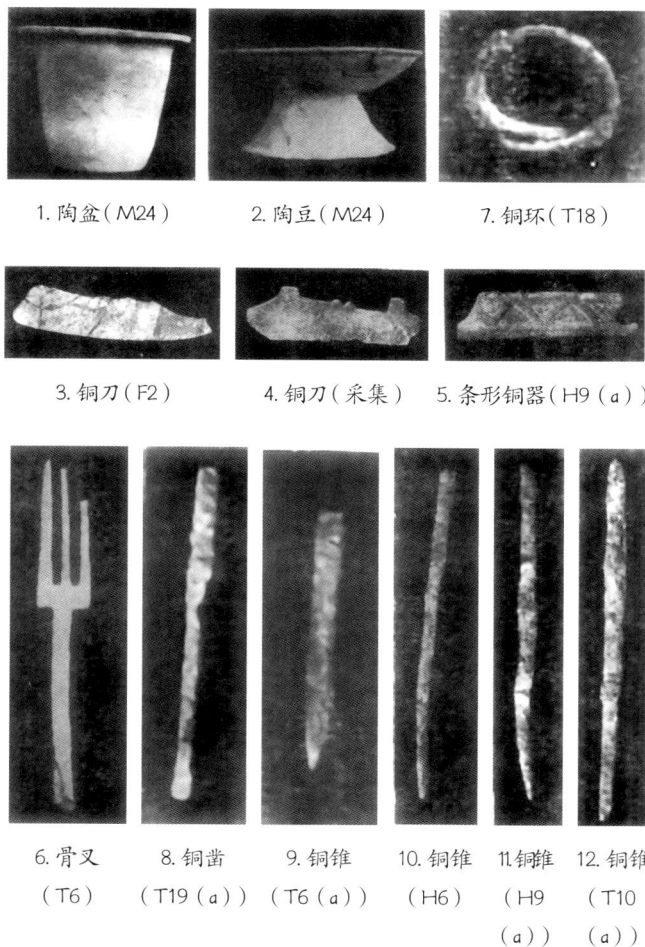

1. 陶盆（M24）　　2. 陶豆（M24）　　7. 铜环（T18）

3. 铜刀（F2）　　4. 铜刀（采集）　　5. 条形铜器（H9（a））

6. 骨叉　　8. 铜凿　　9. 铜锥　　10. 铜锥　　11.铜锥　　12. 铜锥
（T6）　（T19（a））（T6（a））（H6）　（H9　（T10
　　　　　　　　　　　　　　　　　　　　　　（a））　（a））

图七　武威皇娘娘台遗址出土的陶、铜、骨器

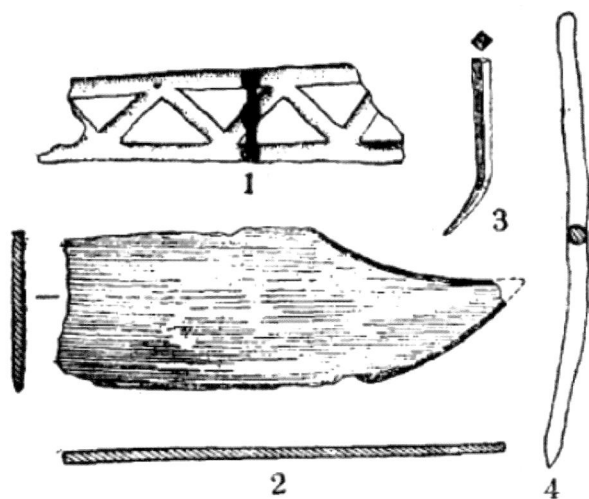

图八　铜器（2/3）

1. 条形铜器 H9（3）　2. 铜刀 AT3（2）
3. 铜锥 BT2（2）　4. 铜锥 H6

薄的扁平形状，为嵌镶柄把的部分。这式的铜锥，均出自灰层中，完整的有2件。其中小型的质地细密，长3.8厘米（图七，9）；大型的质地较为粗糙，长12厘米（图七，12）。在残件中属于这式的较多。有一残段保存较好，尖端已弯曲，长约5厘米（图八，3）。此式铜锥一般制作较精致，锤工甚细。

Ⅱ式：锥体圆形，多出于窖穴中。完整的有2件。前端有圆刃口，后端略为粗壮。由于制作不良和使用的关系，锥体都略有弯曲。其中最大的1件长达10.2厘米，质地较为粗松，锤工不细（图七，11）；较小的1件长约9厘米（图七，10；图八，4）。铜锥的残片中也有属于这式的。其制作粗糙，形制略为原始。

3.铜凿　仅1件。方形四面体，锤工精细。四面棱角分明，凿身挺直，表面光滑。一端锤击成扁平的薄刃，甚锐利。长7厘米（图七，8）。

4.铜环　仅1件。为条形铜片卷合而成。两头为活口，宽0.6，环径约2厘米（图七，7）。

5.条形铜器　仅1件，已残。长条形，两面的长边上，具有凸起的直线圆棱，中间有凸起的折线人字形纹。其形制较为粗厚，一端开有圆孔。模制。长6.7、宽约2厘米（图七，5；图八，1）。用途不明。

为了明确这批铜器的内含成份，我们请甘肃省冶金工业局化验室，用光谱定性、半定量的化学分析方法，将铜刀和铜锥各化验1件。其结果如下表：

样品 　含量　 成份	铜（Cu）	铅（Pb）	锡（Sn）	锑（Sb）	镍（Ni）
铜刀（AT5：249）	大量	≤ 0.03%	0.1—0.3%	0.01%	0.03%
铜锥（T13：1）	大量	≤ 0.03%	0.1%	无	无

从上表所列各元素在铜器中所占的份量计算，铜刀（AT5：249）所含的铜量为99.63—99.87%；铅、锡、锑、镍等元素含量的总和才是0.13—0.37%。铜锥（T13：1）所含的铜量为99.87%；铅、锡含量的总和才是0.13%。由此可见，这批铜器全是由纯铜制成的。所谓青铜，主要是铜和锡的合金。我国商代的青铜器，根据化验结果是：礼器，锡占10—20%；戈头，锡占20%；刀，锡占15%；镞，锡占17%。但武威皇娘娘台遗址出土的铜器，锡的含量仅有0.1%，最多才是0.3%。很明显，铜器中所含微量的锡的成分，绝不是人工羼杂的，而是天然混入的结果。所谓纯铜，是指没有经过人工羼杂的铜，至于天然的羼杂则几乎是不可避免的。所以这批铜器并非青铜，而是由纯铜制造的。

根据一些情况，推想这个遗址所出的铜器，其原料或采自附近。

（三）石器

1.磨制石器　质料多为砂岩。共计940余件。兹按类分述如下：

斧　可分二式

Ⅰ式：四面体，横剖面呈正方形或长方形。形制较大的，仅刃部由两面加工磨光，刃部多呈微斜状（图九，1、9）。形制小巧的，通体磨光，质地甚坚硬，制作细致精美。这种形式的石斧，质地多为砂岩，体制粗厚，可用作砍伐工具。

Ⅱ式：扁平长条形，部分的尾端钻孔。厚度均匀，形制规则，通体磨光。其质地一般都比较细致坚硬。多为绿色、黑色和白色石料制成。其中绿色的石料为玉质，白色的似为大理岩。此种石斧的制作，大都由厚石条上截锯下来的长薄条形的石片磨制而成。也有为板岩制作的，其四面磨制工整，斧刃由两面磨成，平刃的多，斜刃的较少（图九，2、3）。其中有的表面还保留有截距整齐的劈裂面和平台（图九，2）。此式石斧的制作技巧比较进步，可用于挖掘泥土。

锛　一面刃或两面刃，通体磨光。横剖面呈长方形，形制都比较小，部分的尾端钻孔（图九，6、7）。

刀　质料多系砂岩，板岩做的很少。其中多为单孔，双孔的较少，孔居中或靠近刃、背部。刃由两面磨成，有弧刃和凹刃。一般磨工都比较细致（图十，4—6）。

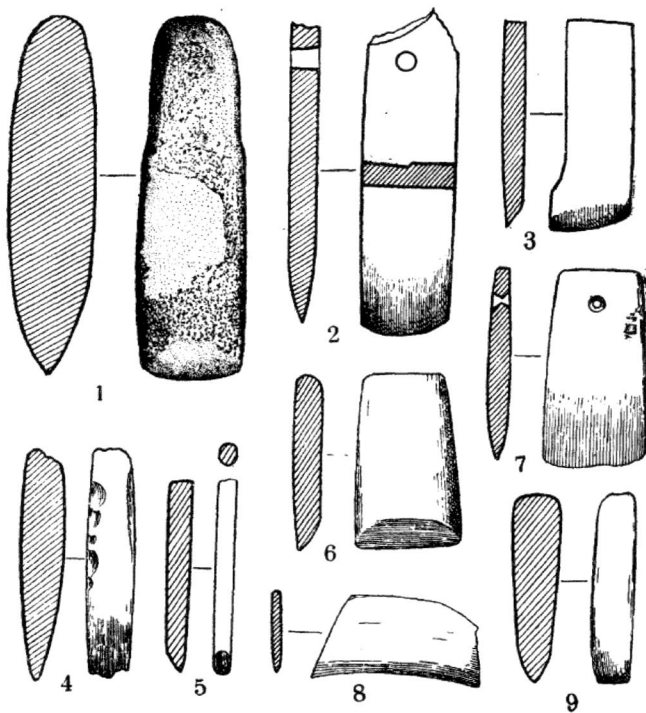

图九　石器（5/12）

1.Ⅰ式石斧（H3）　2.Ⅱ式石斧（H12）　3.Ⅱ式石斧（采集）　4、5.石凿（采集）

6、7.石锛（采集）　8.石镰（M6）　9.Ⅰ式石斧（采集）

凿 一面刃，横剖面近正方形，通体磨光，刃部磨工甚细（图九，4、5）。

镰 由板岩或砂岩制成。刃部凹入或作半月形，由两面磨成。其尾端平齐，磨工较细。形制与近代铁镰大致相同（图九，8）。

杵 圆形或椭圆形，上端细小，下端粗壮，有肩，磨制。

镞 磨制，分二式：

Ⅰ式：由板岩薄片磨成，呈扁平等腰三角形。尾端平齐，无铤（图一〇，1）。

Ⅱ式：三棱形，有铤，磨制精工（图十，2）。

纺轮 扁平圆形，磨制平滑。中间有圆形钻孔，孔壁垂直，由一面钻通（图一〇，7）。

枪头 仅1件。扁平三角形，锋刃，铤残（图一〇，3）。

磨盘 船形或马鞍形，琢制。

盘状器 圆形或椭圆形，多利用天然砾

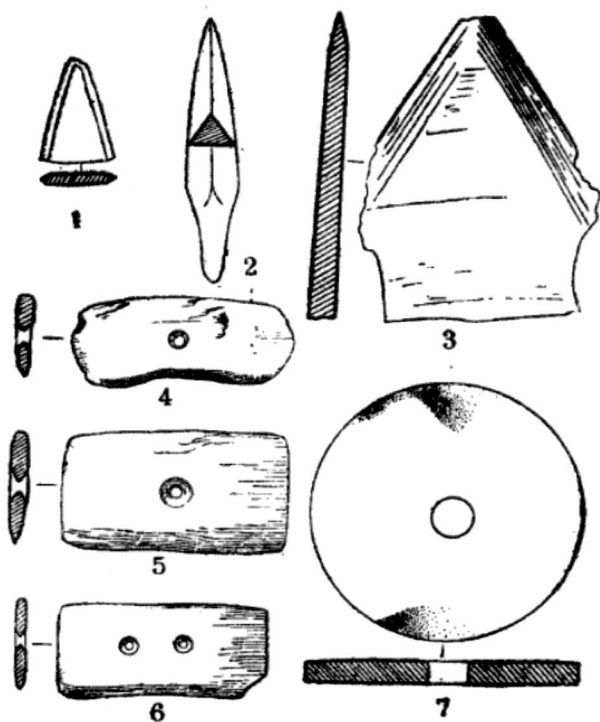

图一〇 石器（2/3）

1.镞 T2（3） 2.镞 T8（3） 3.枪头 M6（7）
4.刀 T6（2） 5.刀 T13（3） 6.刀 T10（2）
7.纺轮（采集）

石打制而成。有的一面还保留有原来的岩面，均甚残。其中有一种形体较粗大，一面琢一放拇指的圆窝，另一面琢成盛受其余四指的弧线凹槽，便于手握。这是齐家文化特有的一种打制石器。还有一种形体较小的，为平面的圆形，无凹槽，刃部由两面交互打击而成。这种形制，亦见于甘肃各地的其他文化遗址内。

石璧 多采用近玉质的彩色石料精工制成。其钻孔多是由空心的筒状工具从一面钻通。钻孔的周壁，斜度很小，有的孔壁几乎垂直。

石珠 质料多为绿松石、黑色或白色石料制成，为装饰用品。

2.细石器 在发掘出土的石器中，细石器占有相当的数量。其中细石器共有888件，石核约有200件，石片约有2000片。质料主要是半透明的燧石，玛瑙很少。现按不同类型，分别叙述于后：

镞 三角形，加工甚精，为间接修理方法制成。尾端平齐或凹入呈弧形。瘦长者形若柳叶状（图一一，1—4）。

刮削器 多为圆形的片状，采用较薄的石片制成。石片的边缘具有轻微的加工痕迹，形状不规则（图一一，10—13）。有些长条形石叶的边缘上，也有轻微的加工痕迹，唯数量甚少。

石核　圆柱状或锥形，台面较宽大，下端细小，形制一般都比较规则，沿台面剥取石片的条痕都很清楚，而且整齐。有的尖端并有加工和使用痕迹，当为石核石器（图一一，5、6）。

石片　数量甚多，大致有片状、块状、叶状几种。都无明显的加工或使用痕迹。石叶的背面，保留有打片时所形成的单脊或双脊（图一一，7—9）。片状和块状的石片，形制一般较大且不规则。

这些细石器，一般的都具有"细石器文化"的特征，它既不是细石器文化的混入，也不是受其影响。因为细石器并不单见于齐家文化，而在甘肃仰韶文化如兰州雁儿湾马家窑文化遗址和酒泉下河清马厂文化遗址中，都有发现。这种现象，在甘肃境内还是比较普遍的，尤其在河西走廊地区的更显著一些，这就说明细石器与甘肃古文化的关系。

（四）骨器

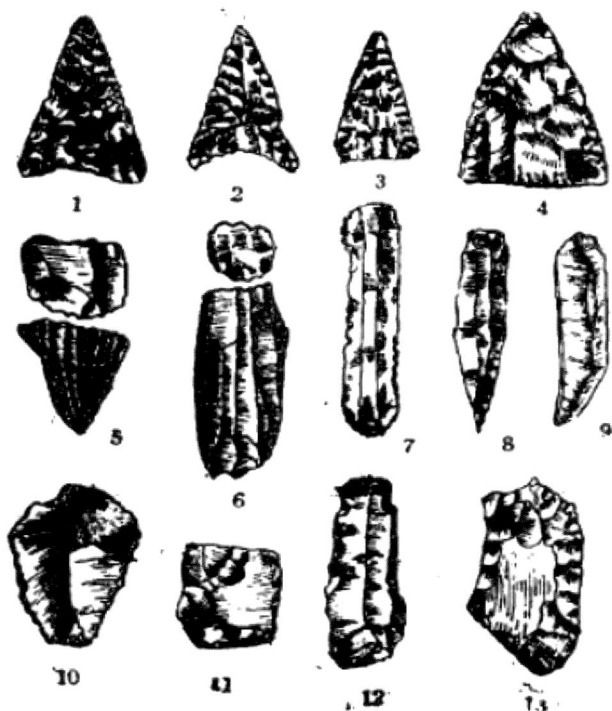

图一一　细石器（3/4）

1. 镞 T11（3）　2. 镞 AT7（2）　3. 镞 BT1（2）
4. 镞 T11（3）　5. 石核 T11（3）　6. 石核 T1（3）
7. 石叶 AT4（2）　8. 石叶 AT6（2）　9. 石叶 T8（3）
10. 刮削器 T11（3）　11. 刮削器 T9（2）
12. 刮削器 AT12（2）　13. 刮削器 T7（3）

骨器共计有 334 件，另有骨珠数枚。按器形分为下列几种：

锥　利用长骨制成。有的用完整的长骨加工，有的将长骨的一端破开后，再加磨制。锥头圆形或扁平形。有的通体磨光，也有磨工仅限刃部的。锥尖作圆形、扁圆形或三棱形（图一二，1—4）。

针　数量很多，但完整的很少。磨工精致，细长，后端穿孔。

凿　2 件，均为磨制。一件系由破开的长骨磨成，刃部较宽；另一件窄而长，扁平长条形。磨工甚细，表面发亮（图一二，5、6）。

镞　三棱形或扁圆形，有铤或无铤。无铤的尾端钻有圆孔，用以嵌入柄把。也有细小的三角形骨镞，尾端凹入而成弧形（图一二，7—11）。

叉　仅 1 件。柄窄而长，扁平长条形，前端分为三叉（图七，6）。

骨簪　仅 1 件，已残。磨工甚细，前端弧形，后端挺直。

骨珠　出土较少。有圆形、椭圆形和扁平圆形几种。都有穿孔，横穿或者竖穿，形制较小。为装饰之用。

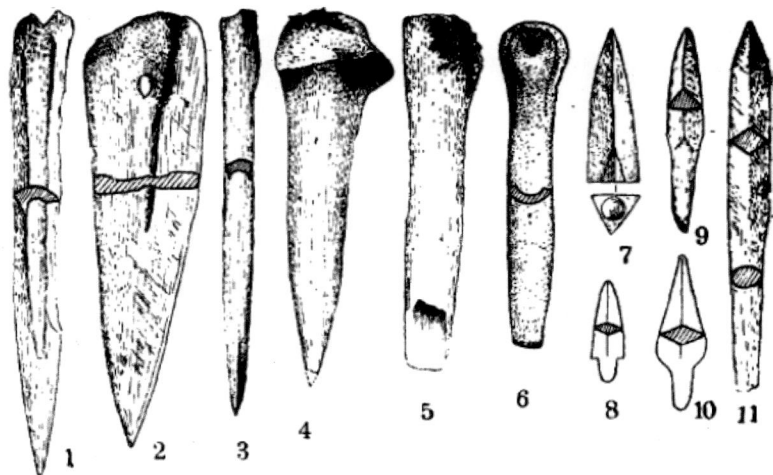

图一二　骨器

1、2骨锥H9（3）　3.骨锥BT2（2）　4.骨锥AT4（2）　5、6骨凿（采集）

7.骨镞BT2（2）　8.骨镞T7（3）　9.骨镞H6　10.骨镞T12（3）　1.骨镞T6（3）

（5、6.为1/3，其余为2/3）

（五）兽骨

兽骨遗存很多，有牛、羊、猪、狗、鹿等骨骼。除鹿为猎获的野生动物外，余都是饲养的家畜。

（六）陶器

发掘出土的陶器破片很多。从其形制分析，其中绝大部分是关于齐家文化的遗物。但也有一少部分彩陶片和灰陶片的形制，却与齐家文化的迥然不同，这当是属于另一文化系统的遗物。关于齐家文化的陶器和陶片，大致可分为泥质红陶、粗砂红陶两类。其中完整的器物约有230余件，大都是墓葬中的随葬品。灰层和窖穴中出土的尽是破片，能够复原的很少。

1.泥质红陶系　在陶片数量中所占的比例最大。陶质一般较为细致坚硬，但也有比较粗糙松软的。陶土大部分经过淘洗。制法全部是手制的。在器物的里面，有用陶垫拍成的凹痕，这是一个比较显著的特征。素面陶器的外面，多经过较为细致的打磨，或涂一层细泥浆抹光，有的表面较粗糙。其中尚有少量的素面白陶、光面或篮纹灰陶片。纹饰以竖形篮纹为主，并有划纹、镂孔和钻窝等。绳纹几乎无存，但光面和素面陶片的数量却很多。多是容器，完整的器形很少，大致有罐、瓶、壶、豆、盆，以及纺轮和陶垫等。

高领折肩罐　一般形制较大，有发达的领部，长颈侈口，腹部有两个对齐的扁平形的宽把手。肩腹之间具有显著的棱角，棱角以上不具纹饰；棱角以下，则通饰竖形篮纹，但也有被磨光的（图一三，6）。

单耳罐　长颈侈口，鼓肩，腹壁向下略往里收缩，耳宽而扁平（图一三，3）。

双耳瓶　长颈折肩，棱角显明（图一三,2）。仅少数为鼓腹（图一三,1）。双耳宽而扁平，耳部有竖形或斜行划纹，其间并有圆形的钻窝。有的在耳的上端，有三角形或叶形镂孔。镂孔的两旁，间或也有圆形的小钻窝。

单耳瓶　器形与双耳瓶类似，唯仅有一耳，耳上也有划纹。其腹部较深，颈部较短（图一三，5）。

壶　小口直颈，圆腹（图一三，4）。

豆　唇缘平齐，圈足。豆的上部为残盘形，下部为圈足（图七，2）。

盆　大口深腹，唇缘宽而平齐，向外伸展，腹壁向下往里收缩成小平底（图七，1）。

纺轮　手捏或模制，有平圆形和半球形两种，中央穿孔（图一四，2、3）。

陶垫　方形，四角较圆钝，一端宽一端窄，鼓面。背部有扁平的把柄，中间横通一孔。用作拍压陶器的内壁（图一四，1）。

除了这些完整的器物以外，在陶片中还有瓶、长颈折唇的尊形器和大口深腹盆。长颈折唇的尊形器，唇缘宽而平齐，陶质细腻，表面经过精细磨光。大口盆的唇缘外，有两个对称的口錾，通饰竖行篮纹。甑形同罐，底部有圆孔。

1. 双耳瓶（M24）　　　2. 双耳瓶（M24）

3. 单耳罐（采集）　　　4. 壶（M18）

5. 单耳瓶（M18）　　　6. 高领折肩罐（采集）

图一三　武威皇娘娘台遗址出土的陶器

另外还有一些彩陶片，陶质均属泥质红陶，质地一般较粗糙松软，火候较低。表面或涂一层细泥浆抹光，或施以纯红色外衣。彩绘的颜色多为黑色，红色的较少。彩绘多施于颈肩部分，腹部很少施彩。纹饰多采用单线条或方格条带纹组成对称的几何形图案，在布局上显得有规律，具有优美的艺术风格。保存较好和完整的器形，有双耳罐和双耳瓶两种。

大口双耳罐　保存较完整的有2件，器形相同。直颈鼓肩，在颈肩之间有圆形的小钻窝，腹壁向下往里收缩。纹饰的组织，1件的唇缘内饰平行条纹，颈外有菱形方格纹，肩、腹部饰粗细弧线条纹二组，两侧各有对称的曲折方格条纹一组，耳部有斜线交错纹（图一五，1）；另1件的唇缘内饰回字形纹，颈外亦为菱形方格纹，肩、腹部由二道粗线条相交而成四个对顶角，在左右二角处，采用方格带纹组成对称的菱形图案；在上下二角处，则由方格带纹交织而成为相互对称的、破线向上、尖端向下的三角形纹，耳部有横平行条纹（图一五，4）。

小口双耳罐　直颈，肩部较低、较宽，腹壁向下往里收缩，腹上部与耳对称的一面，有凸起的乳状小錾。唇缘内饰锯齿形纹。颈外部有两排尖端相连的三角形纹。肩、腹部正面中间有黑色菱形方格纹，两侧为菱形图案纹。耳上有竖线三道，耳的下方有斜线交错纹（图

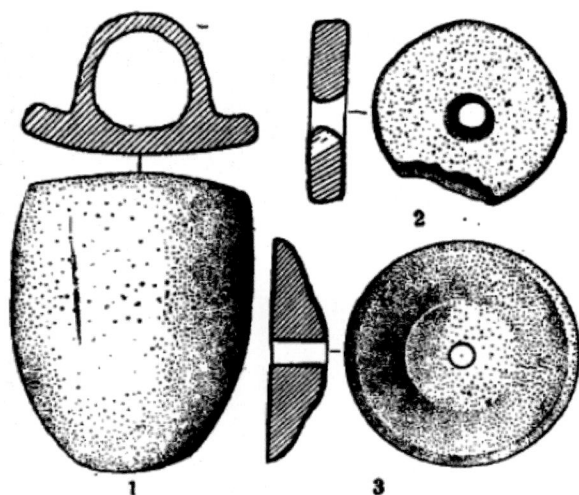

图一四　陶器（1/2）

1.陶垫　2.纺轮 T7（2）　3.纺轮 M2

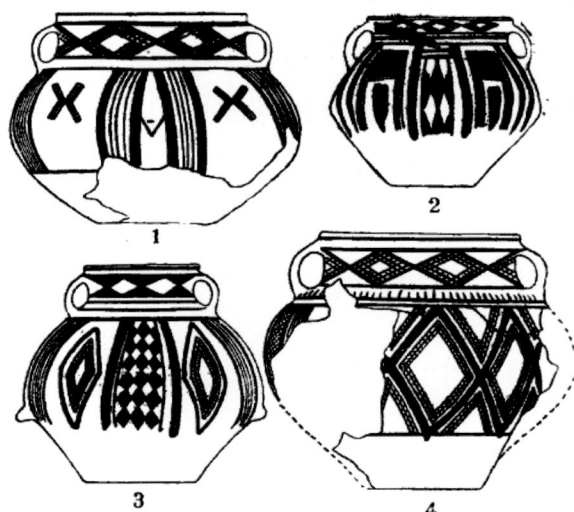

图一五　彩陶罐（2/9）

1、4 M6　2.57M1　3.57M9

一五，3）。

双耳鼓肩罐　颈较直，腹壁向下略往里收缩。唇缘内饰平行条纹二道。颈的外面有菱形方格纹，左右两侧由方格纹和弧形粗线条构成对称的图案。耳上有横平行条纹，两边又伴以竖线纹各一道（图一五，2）。

双耳带盖罐　颈较直，肩部鼓起，腹壁向下略往里收缩。颈的外面饰菱形方格纹，肩部正面中间饰竖行粗条纹二道，两侧各有对称的斜线交错方格纹二组。耳下有竖线条纹二道，中间并有斜线条纹。器盖为粗砂红陶，作草笠式。

双耳瓶　器形较小，腹部有两个对称的乳状小泥钉，一耳残缺，彩绘为红色，颈部饰平行条纹，肩部饰斜线交错的方格纹三组。

长颈折唇器　仅存口沿和颈部，唇缘宽而平齐，饰红色的三角方格纹。

2.粗砂红陶系　在陶片总数中所占比例仅次于泥质红陶，绝大部分为红褐色，灰色的几乎无存。陶质粗糙，含有砂粒。纹饰以绳纹为主，皆竖行。篮纹则几乎不见。划纹多见于双耳罐的颈和耳部，泥条堆纹仅见于个别罐器的唇缘外。素面陶器的数量也很多。粗砂陶器的外面均有烟熏火烧的痕迹。在破碎的陶片中，能够看出器形的有重唇带盖的罐、带流的壶和鬲等。重唇带盖罐的腹为纺锤形，内外唇缘之间或成凹槽，或成平台，以负器盖。带流壶的形制一般较小，饰竖行绳纹，弇口，有盖，流口斜向上，附于唇缘的外壁直通壶内。鬲的残片很多，足有实心与空心的区别。有的外面饰绳纹，有的为素面。完整的器形很少，除器盖以外，大都是属于罐的一类器物。

垂腹罐　侈口，唇缘外凸起棱角一道，颈部素面，肩腹部通饰竖行粗绳纹（图一六，4）。

大口双耳罐　侈口，一耳残缺，唇缘平齐，颈部素面，肩腹部饰竖行绳纹，耳部为素面，其上端不与唇缘平齐（图一六，3）。

双耳长颈罐 器形大致类同，侈口。有的颈部和耳部具有划纹，肩、腹部绳纹不显著（图一六，2）；有的为素面，耳的上下两端，各有圆形的小泥饼一个。

双耳短颈罐 腹部鼓起，耳上有划纹，唇缘外有泥条堆纹（图一六，1）。

单耳罐 唇缘外有粗糙的锯齿形纹饰，肩、腹部饰竖形绳纹（图一六，6）；还有一种直颈单耳罐，口沿微向外张，肩部饰竖形绳纹，颈部和腹部为素面。

侈口圆肩罐 深腹，颈部较高，素面（图一六，5）。

器盖 均为草笠式或覆碗式，素面。钮顶有一圆窝（图一七，3、4）。

另外还有人面形陶片及陶鸟，皆为残器。人面形陶片为罐的口沿残片（图一七，6）；陶鸟仅残存头部（图一七，5）。

在出土的陶片中，还有一部分彩陶片和灰陶片，其性质均与齐家文化的截然不同，当属于其他文化的遗物，另行叙述如下：

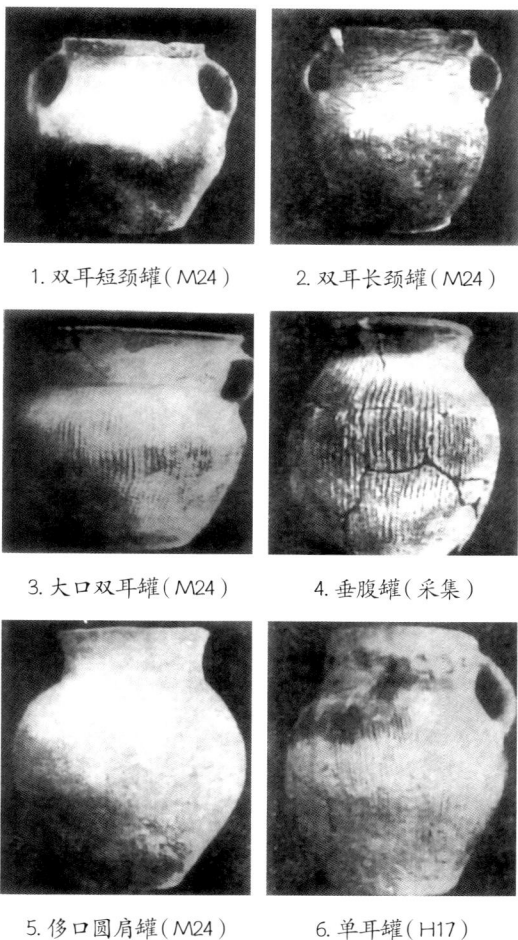

1. 双耳短颈罐（M24）　　2. 双耳长颈罐（M24）

3. 大口双耳罐（M24）　　4. 垂腹罐（采集）

5. 侈口圆肩罐（M24）　　6. 单耳罐（H17）

图一六　武威皇娘娘台遗址出土的陶器

彩陶片 陶质细腻坚硬，橙黄色或淡红色，表面打磨光亮，火候很高，彩绘多为黑色。其中，有一块橙黄色的弇口小底碗片，唇缘上有黑色条纹一道，内施横平行条纹（图一八，1）。另有数块钵片，外面和宽平的唇缘上，饰有斜平行条纹和圆点纹（图一八，3、4、7）。此外，还有一部分是长颈壶和双耳圆腹罐的残片，质地多为红褐色，表面有刮削修饰痕。双耳罐形制较小的，唇缘内有波浪纹、平行条纹，下有连弧圈带纹、竖行曲线纹，颈部有左右对称的三角形纹，腹部有宽条形几何纹；形制较大的腹部有宽条纹，下有连弧式的垂帐纹，也有宽条形几何纹。长颈壶的唇缘内施弧线条纹（图一八，2、5、6）。这些彩陶片，如质地、颜色、表面处理方法、纹饰结构以及火候和硬度等，都与齐家文化的彩陶截然不同。从其形制分析，唇缘黑色内施彩的碗片，唇缘及外面施横平行条纹和圆点纹的钵片，均为马家窑文化的典型遗物。唯数量甚少。比较多见的双耳罐和长颈壶之类的器物和宽条纹、波浪纹、连弧圈带纹和垂帐纹等纹饰，显然都是马厂文化遗物的普遍特征。尤其这些彩陶的颜色以及刮削修饰的处理方法，更为显著。

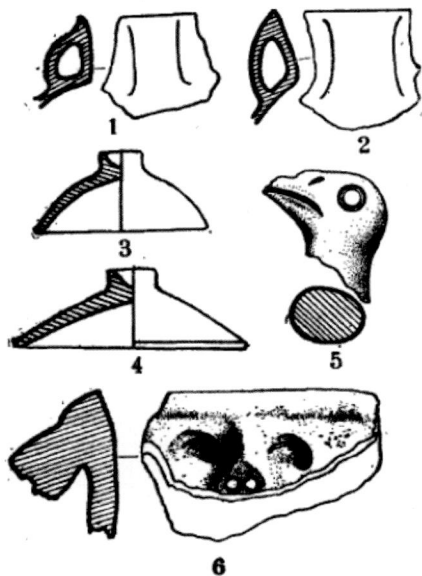

图一七　陶器

1、2 马厂期细砂灰陶片（H5）　3、4 器盖

5. 陶鸟头 T17（3）　6. 人面形陶片 AT1（2）

（5、6. 为 2/3，其余为 1/3）

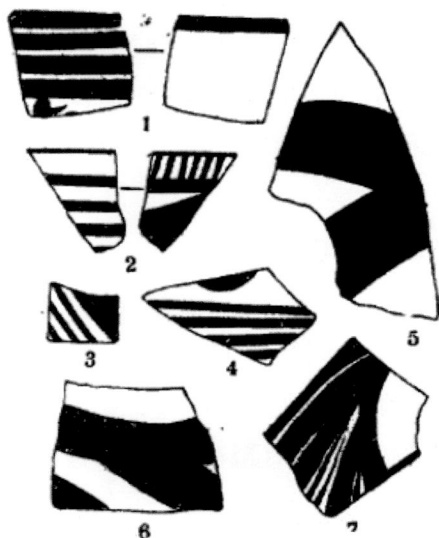

图一八　甘肃仰韶文化彩陶片（1/2）

1、3、4、7. 马家窑期 T11（3），BT1（2），
BT2（2），T8　2、5、6 马厂期 AT4（2），
BT1（2），BT1（2）

灰陶片　这类陶片的内胎，内为灰白色，羼和较细的砂粒。外面和颈内涂一层细泥条，并在未干以前磨光，灰黑色。器形一般较小，主要有双耳罐、小碗和盆形器。罐的颈部有对称的双耳，耳的上端接于唇缘外稍下方，不与唇缘平齐。颈部较直高，唇缘略向外张。肩部较高，斜度很小。皆光面不具纹饰（图一七，1、2）。这种形制的灰陶片，也不曾见于齐家文化遗址，但在酒泉下河清的甘肃仰韶文化马厂期遗址中，却曾有发现。在陶片的形制与表面的处理方面，彼此具有相同的特征。为了更进一步的证实这个问题，我们曾去武威磨咀子马厂文化遗址作了一次调查。结果在遗址的灰层中，得到了很多形制相同的灰陶片。同时，所出的彩陶片的形制与纹饰，也与皇娘娘台遗址所出马厂期的彩陶片的特征相同。由此充分说明，皇娘娘台遗址出土的这类形制的灰陶片，并非齐家文化的遗物，而是早期文化的混杂成分。这些彩陶片和灰陶片，又一次说明了马家窑期是早于齐家期的。而马厂期的彩陶和灰陶片，还是在齐家文化地层中首次获得的材料，同样证明了马厂期也是早于齐家文化的。再从混入陶片的数量上来讲，马家窑期的极少，而马厂期的却比较多，这又说明了马厂期与齐家文化，在时间上要比马家窑期更为接近一些。

四、结语

武威皇娘娘台遗址，经过三次发掘，已获得了极为重要的资料。铜器和卜骨即是两项重大的发现，为齐家文化增添了新的内容。由于齐家文化遗址发掘的还很少，因此，我们将几点认识归纳如下。

这处遗址内的陶片、石器、兽骨很多，经火烧烤的骨头、土块以及木炭碎屑等杂物，也有相当遗存。这是经过长期居住的象征。陶片中泥质红陶量最多，其中彩陶较少，粗砂红陶次之。陶器的形制和纹饰，基本上与渭河流域、洮河流域等地的大致相同。但碗、盆、钵之类的器形却很少见。石器类型比较繁杂，多为磨制，打制的粗糙石器几乎不存在。石器为当时人类从事农业生产的主要工具，农业经济在当时的生产中已占有主要的地位。陶器和石器的制作方法，有很多地方要比甘肃仰韶文化进步，这反映出生产技术水平有了很大的提高。丰富的兽骨证明当时的畜牧业也发达起来了。骨针、锥和陶、石质纺轮的数量也不少，说明纺织和缝纫手工也相当盛行。箭镞使用很普遍，可知狩猎仍是当时人类的一种辅助性生产。

铜器的铸造和使用，在当时的条件下，确是一件大事情。它的出现为当时生产力的发展起了促进作用。铜器经化学实验和分析，证明其质地均属红铜。其形制仅有锥、刀、凿之类的小工具。说明铜的冶炼还不是很普遍的，尚未大量的用于农业生产。但它的出现，却说明了当时已经能铸造和使用铜器。同时也说明了齐家文化，不但是我国新石器时代晚期的遗存，而且已进入铜石并用时代了。

卜骨在这里有相当的遗存。它的出现，说明占卜的迷行风俗，早在齐家文化的时候，就已经出现了。这批卜骨都很原始，攻治简陋，这与殷商时期的卜骨有很大区别。即是龙山文化的卜骨，也比它要进步。但齐家文化和龙山文化的陶器，在很多地方是非常相近的，这很可能是同时的共同特征。

墓葬已有了固定的形式和葬俗。从地层上看，利用废弃窖穴埋葬的侧卧屈肢葬为齐家文化早期流行的一种葬俗。仰卧伸直葬具有规则的长方形竖穴墓圹，它埋葬在晚期文化层中或叠压于侧卧屈肢葬的上面。其中随葬品的数量及其类型，也逐步增加。这除了说明它是齐家文化晚期的遗存外，又反映出晚期的生产水平得到了很大的发展和提高。从6号墓内随葬品富有的现象来看，多于一般的氏族成员，由此可见当时人与人的社会关系起了变化，对于财产的分配和占有，已有了多少的不同。

遗址中发现的白灰面住室都是方形的，面积也比较宽广，周围有圆形、椭圆形、方形窖穴环绕，并在室内或室外，筑有圆形或方形炉灶。这些不同的建筑遗存，构成了一个比较完善的居住布局。

细石器的制作，与畜牧业有很大关系。如河西走廊地区，地势辽阔，草原丰富，当时必有发达的畜牧业。皇娘娘台遗址包含的家畜和野生动物的骨骼，是很丰富的，这便是鲜明的一例。

皇娘娘台为单纯的齐家文化遗址，但在灰层中却包含有甘肃仰韶文化马家窑期和马厂期遗物的混杂成分。这无疑是早期文化的遗物混入的结果，可说明齐家文化晚于甘肃仰韶文化。此外，在历年来的普查工作中，也屡见齐家文化堆积叠压在马家窑期堆积（或仰韶文化，下同）上面的地层关系，这同样是齐家文化的证据。其次，在西汉水流域的周代遗址中，发现陶器的形制有类似齐家文化的高领折肩罐，这是周代陶器承继了齐家文化陶器特征的结果，说明齐家文化早于周代。根据列述的证据，我们认为齐家文化的上限当是甘肃仰韶文化，而下限当为商末周初。齐家文化所以有如此漫长的延续和发展历史，是因为商代势力的发展未能达到甘肃地区的原故。因此当中原地区进入商代以后，甘肃境内尚停滞在新石器时代晚期或铜石并用时代。当周族进入甘肃之后，齐家文化才逐渐衰落以至最后消失了。

甘肃境内古文化的类型及其复杂，在同一类型的文化遗存中，往往又具备一定程度的不同性质。这除了反映各类文化区域性的不同特征外，并在时间上还会有早期和晚期的差别。河西走廊地区的古文化遗存的面貌，就具有明显的地方特色。同时甘肃仰韶文化和齐家文化的遗存，都大大的减少了。齐家文化的昌盛地区，是在渭河上游、大夏河、洮河流域等地，而河西走廊地区，则是齐家文化分布的边远地带，在时间上可能要比较晚一些。1959 年，黄河水库考古队甘肃分队在临夏大河庄和秦魏家两处齐家文化遗址发掘中，也获得了铜器和卜骨。将来若能在渭河流域典型的齐家文化遗址里，也作些发掘工作，这样一来，对于齐家文化的性质、年代和早晚的分期等问题，便能获得更为全面广泛的资料，以便对齐家文化进行深入系统的比较和研究，进一步的作出更为恰当而确切的解释。

执笔：郭德勇

原文刊于《考古学报》1960 年第 2 期

皇娘娘台遗址

皇娘娘台遗址，位于武威市凉州区金羊镇宋家园村八组。遗址东西长500米，南北宽250米，总面积125000平方米。文化层厚度0.6—2.3米，内涵丰富，是甘青地区齐家文化的典型代表。

皇娘娘台遗址于1957、1959、1975年先后共进行过四次发掘，发掘面积约700多平方米，发现房子9座，窖穴65个，墓葬88座。房子多为方形，用白灰面抹地，半地穴式或地面式都有；窖穴有方形和圆形两种；墓葬为仰身直肢为主，还有屈肢葬、俯身葬、乱葬坑等。随葬器物有陶、石、铜、骨、玉、铜器等。墓葬中随葬器物有的较为丰富，有的较少，有的甚至空无一物。合葬墓比较多见，有四人合葬，三人合葬和两人合葬。特别是发现的三人合葬墓，一男子仰身直肢居于中间，两女子侧身屈肢面向男子；二人合葬墓，往往是男子仰身直肢，而女子面向男子侧身屈肢。

皇娘娘台遗址出土器物以陶器为主，器型有折肩篮纹罐、夹砂细泥红、黑陶、器形有垂腹罐、双大耳罐、鬲、豆等，还有彩陶罐、盆、豆。石器有斧、凿、刀、镰、手握痕迹盘状敲砸器、石磨盘、棒、镞、弹丸等；骨角器有刀、铲、镞、锥、针、笓、笄、骨珠等；卜骨用的牛羊甲骨普遍出现，有灼无钻；铜器有刀、锥、凿、环。出土器物显示，当时已进入铜石并用时代。1981年，皇娘娘台遗址被甘肃省人民政府公布为省级文物保护单位。

文字：编者

武威皇娘娘台遗址第四次发掘

甘肃省博物馆

皇娘娘台遗址，现属武威县新鲜公社邱家庄生产队，遗址在村西南面的台地上，皇娘娘台在遗址西南约500米处（图一）。该遗址曾经三次发掘，报告已发表于《考古学报》1960年第二期。为配合农田水利工程，于1975年4月底至7月中旬，进行了第四次发掘，武威地区文教局和武威县文管会也参加了发掘工作。

第四次发掘地点在第一、二次发掘区的东南面，在第三次的南面，距第一次发掘点（A区）约200米，距第二次发掘点约40米，距第三次发掘点约150米。这次发掘探方二十二个，揭露面积560余平方米。共发掘齐家文化墓葬六十二座（M27—88），房屋遗迹四座（F6—9），窖穴二十三个（H43—65，以上编号均接前三次顺序编排）。出土遗物包括生产工具，生活用具，装饰品以及卜骨和大量的玉璧、石璧等七百余件。

一、地层堆积

第四次发掘地点的地层堆积情况，除两座汉墓和一座近代墓打破地层外，发掘区的东北部堆积较厚，最厚处达2米以上，西北部堆积较薄，一般厚不到1米，南部因取土破坏，堆积厚仅0.15米（T1—4）。从整个地层堆积来看，与前三次发掘的情况基本一致，共分为三层（图二）：

第一层　耕土，黄褐色，厚0.25—0.55米。土质比较干燥坚硬，内含齐家文化陶片以及少量的汉代与近代的瓦、瓷片等。

第二层　厚0.25—0.80米，又分二小层：2A层，灰褐色；2B层，深灰色。土质松软，两层包含物相同，有石器，骨器，铜器以及陶片，兽骨，红烧土块等，灰陶片占一定的数量。在这层内，发现房屋（F9）的灶址及白灰面残迹，还有墓葬，但是坑口有的不甚清楚。

第三层　浅灰色土，厚0.2—1.2米，土质

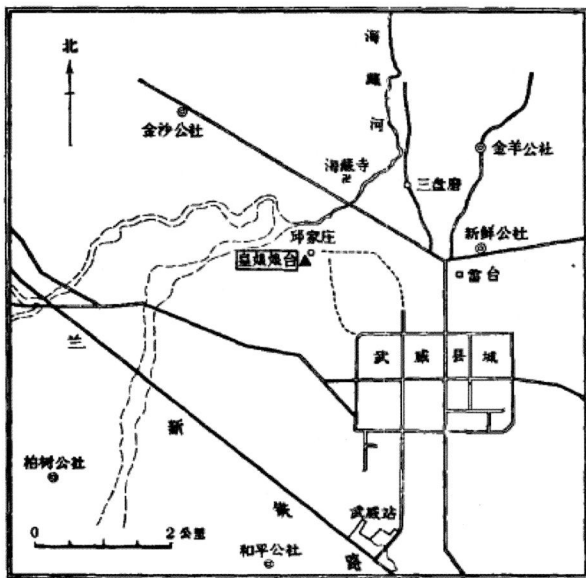

图一　皇娘娘台遗址位置图

较硬，包含物与第二层相同，但数量较少。在这层内，发现房址三座（F6—8），窖穴和大部分墓葬的坑口均在此层下部发现，都打破生土。

二、遗迹

（一）房址

房基共发现四座，其中白灰面住室三座，红烧面住室一座，都遭到破坏，保存不佳（图三）。

8号房址　保存较好，位于发掘区的北部，是一座半地穴式的建筑，住室面距地表深1.2米，平面基本呈正方形，东西宽3.5、南北长3.3米，面积近12平方米，门向西南。室内对门口处的中间有一个呈葫芦形的灶坑，灶面不涂白灰，向下凹入，坑内填满红烧土及草木灰。室内地面为白灰面，四壁还保留高度不同的白灰墙面，最高处达0.5米。白灰面下有一层草拌泥，两者粘结很牢固。地面平坦，白灰面一般厚1—1.5厘米，四壁墙面较薄，一般厚0.2—0.5厘米。门宽约0.7米，门道的结构不详，没有发现柱洞痕迹，房屋的上部结构不清楚。在室内灶坑的东西两侧发现灰陶罐，粗陶罐，敛口罐，双大耳彩陶罐，鬲足等十余件陶器，在粗陶罐和鬲足的外表都有烟熏的痕迹。在一件粗陶罐内装满红色颜料。发现的生产工具有石斧、单孔石刀各一件，骨锥四件，大型带指窝的敲砸器一件，砺石二件。这些遗物陈放在一定的位置，有的陶罐还端正地放着（图四；图二二，1）。

这座房址被M64和M71打破，M64在房址的西南角上，为单人仰身直肢葬，墓圹将房址西壁打破，骨架和随葬品恰好放在住室的白灰面上。M71在房址的西北角，为二人合葬墓，墓坑将室内的白灰面打破。

7号房址　位于发掘区的东北部，住室地面为红烧土面，距地表深1.8米，被H46和H48打破，从残存迹象观察，平面呈方形，面积约有10平方米。东、北两壁还保留一段墙面，残高0.35米，墙的内壁经火烧成红色，住室地面用红烧土及少许白灰料加水夯筑，然后再经火烧而成，地面坚硬平滑。在室内北部发现圆形柱洞一个，洞径0.2、深0.52米，洞内

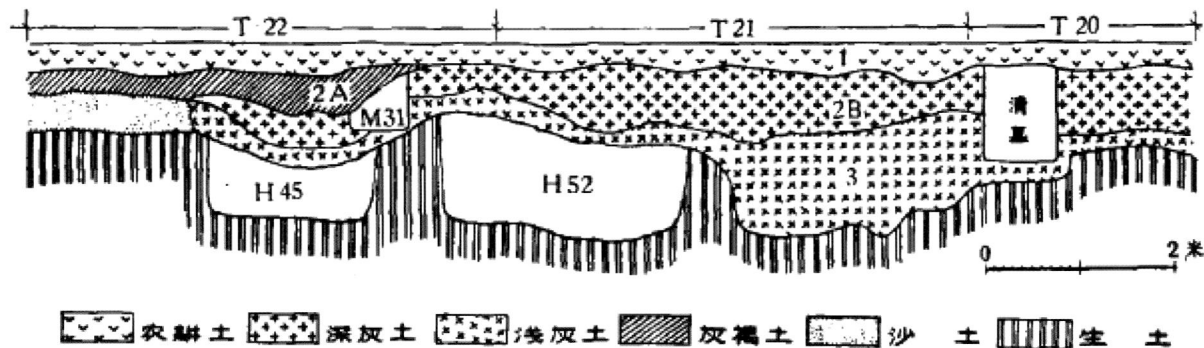

图二　T20—22　南壁剖面图

填灰土。室内东南角放置粗陶罐一件，北面墙角下有石磨盘一件。房屋的其它结构不详。

9号房址　在发掘区的南部，住室地面建筑在灰土层中，距地表深0.6米，仅存完整的灶址台面及部分白灰面残迹，白灰面之下为第三层的浅灰土，深0.8米。灶址呈圆形，直径1米，边缘很整齐，高出居住面1厘米，灶面涂白灰，厚2.5厘米，灶面经火烧成青红色。这显然是把灶造好以后，再涂居住面的白灰。

（二）窖穴

窖穴共发现二十三个。其中有的窖穴打破墓葬或房址，有的窖穴被墓葬打破或被压在墓葬的下面，也有窖穴互相打破的情况。特别应注意的是，有四座墓葬（M27、79、86、88）是利用废弃的窖穴而埋葬的，还有五座乱葬墓（M35、36、57、58、62）也是在窖穴内发现的，一般都很少有随葬品。根据窖穴的形制不同，分述如下（图三）。

1.圆形　十一个。有平底和圜底两种，圜底的有三个，其余都是平底的。平底窖穴一般形状规整，边缘整齐，底部平坦，口径一般在1.1—2.2、深0.2—1米。穴内填满灰土，出有石、骨器、卜骨、陶片以及兽骨等遗物。如H43，打破H44，是一个平底窖穴，口

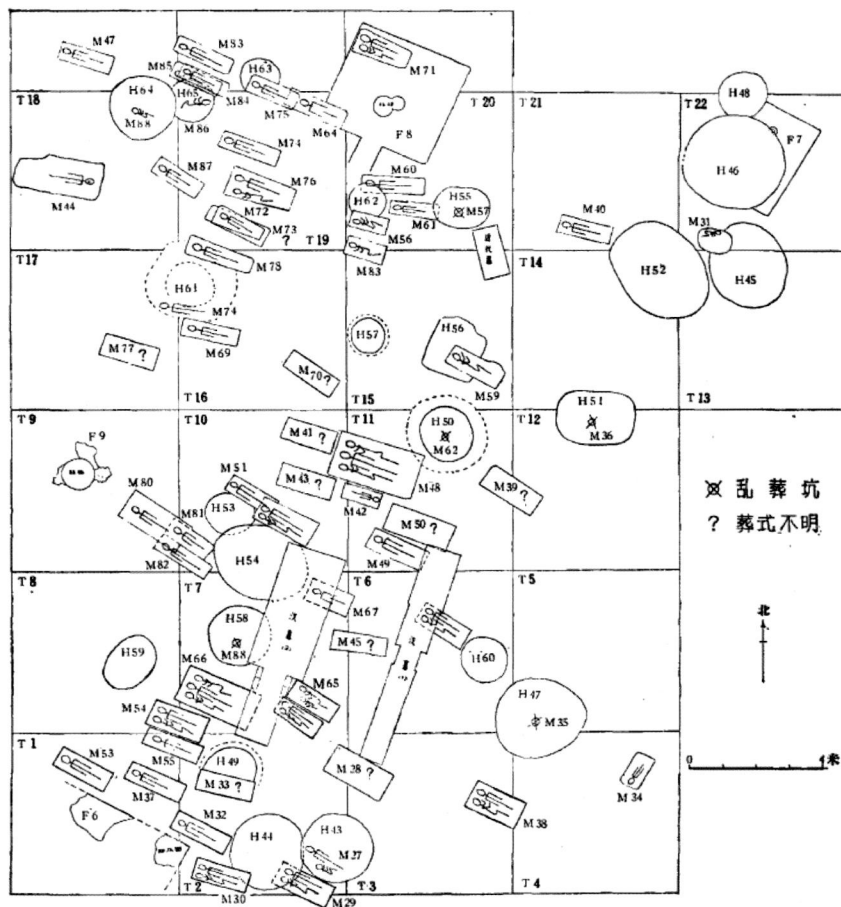

图三　皇娘娘台遗址第四次发掘遗迹平面图

径 1.86、深 0.96 米，口部略大于底部。M27 就在窖穴内，为成人与小孩合葬墓，骨架置于距坑口 0.4 米的灰土中，成人上身被扰乱，随葬品置于脚下方。穴内出石刀二件，骨锥三件，骨针一件，陶球五件，卜骨一件，骨刀一件，三角形石镞一件，以及兽骨和陶片等遗物。

2. 袋形　四个。口小底大，斜壁，平底，形状规整。如 H61，上部为直口，下部扩大，坑口西北角塌陷，口径 1.5、底径 2.9、深 1.25 米。M79 在窖穴内，骨架置于南部的灰土中，为单人仰身直肢葬。穴内出少量的陶片和兽骨等遗物。

3. 方形　一个（H56）。窖穴的北部边缘不整齐，向外伸出，东、西边长 1.5、深 0.9 米。穴内填满浅灰色土，出土遗物有石斧一件，以及篮纹、绳纹陶片和兽骨等。M59 压在坑口上。

4. 椭圆形　七个。形状一般不甚规整，口部都大于底部，底部大部分高低不平。如 H59，平底，形状规整，口径 1.3—1.9 米，深 0.9 米。出有研磨器一件，卜骨一件，还有砾石、兽骨和陶片等遗物。H51，坑口不甚规整，底部高低不平，M36 在窖穴的口部，为一成人个体，不见头骨，肢骨残断，堆放在一起，无随葬品。

三、墓葬

共发掘齐家文化墓葬六十二座（见墓葬登记表），墓葬多与窖穴和房屋交错在一起，有的墓葬互相叠压，有的被窖穴打破，有的就葬在废弃的房址和窖穴内，显示出互相之间的关系很复杂。

（一）墓葬形制

长方形竖穴土坑墓和灰坑墓两种，都没有发现葬具的痕迹，骨架头向绝大多数向西北，也有向东南或者西南的。土坑墓一般都较规整，个别也有宽窄不等的，除小孩墓外，单人墓的墓坑，一般长 1.6—1.9、宽 0.5—0.9、深 0.2—0.76 米。二人合葬的墓坑，一般长 1.9—2.2、宽 0.8—0.98、深 0.4—0.7 米。三人合葬的墓坑较大，如 M48，长 2.6、宽 1.48、深 1.15 米。

（二）葬式

这批墓葬有单人葬，二人合葬，三人合葬以及乱葬墓，其中有三座墓（M43、50、70）未见骨架。

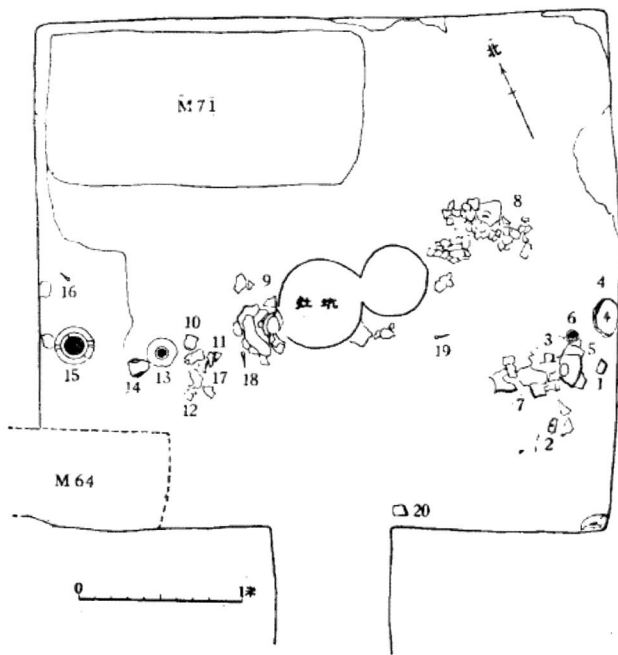

图四　F8 平面图

1. 石斧　2. 石刀　3、20. 砾石　4. 石敲砸器
5. 敛口陶罐　6、14. 双大耳陶罐　7. 单耳陶罐
8、9. 双耳折腹灰陶罐　10、13. 侈口陶罐
11. 高足　12. 双小耳陶罐　15. 双耳陶罐
16—19. 骨锥

1. 单人葬

共四十座，成人和小孩墓都有，其中仰身直肢葬二十六座，侧身屈肢葬八座，葬式不明者六座（M33、39、41、45、73、77）。

（1）仰身直肢葬，举六例说明：

40号墓　坑长1.8、宽0.6、深0.2米。头向西北，面朝上，两手垂直，下肢伸直并拢，骨架上有红色颜料。随葬器物置脚下方，有陶罐五件，陶豆一件，其中两件粗陶罐的表面有烟熏痕迹，还有猪下颚骨两具，小石子五十五颗。胸部放置石璧一件，两手旁及髋骨上各放粗玉石块一件（图五）。

83号墓　坑长1.8、宽0.51、深0.76米。头向西北，头部略高，面部微向北倾斜，下肢伸直，左手部分压在髋骨下。脚下放置陶罐四件，其中两件粗陶罐的表面有烟炱，猪下颚骨一具，小石块三十四块（内有石璧一件），腹部及右手肘部放置石璧六件，左肩旁放石璧心（璧穿孔后钻下的石钻心）一件（图六；图二二，2）。

79号墓　在H61内，灰坑剖面似凸字形，坑内填较松软的灰土，出土少量的篮纹、绳纹陶片和兽骨等遗物。在坑底南部边缘，距坑底30厘米的灰土中有人骨架一具，骨架保存完整，经鉴定，为一青年女性，头向西南，面朝南，左手垂直，右手向外微举，下肢伸直，脚旁有石片三块和绳纹陶片一块（图二二，3）。

42号墓　小孩墓，头向东南，面朝南，口含绿松石珠六枚，脚旁随葬陶罐二件，陶杯一

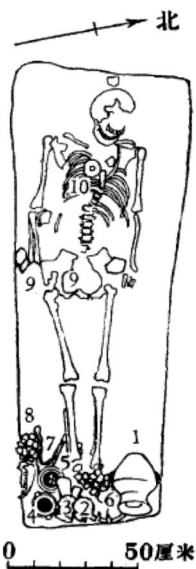

图五　M40平面图

1. 双耳折肩陶罐　2、5. 单耳陶罐
3. 双小耳陶罐　4. 双大耳陶罐
6. 陶豆　7. 猪下颚骨　8. 小石块
9. 粗玉石块　10. 石璧

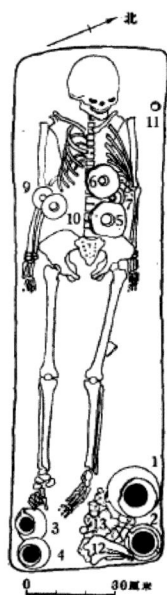

图六　M83平面图

1. 双耳折肩陶罐　2. 双小耳陶罐
3、4. 单耳陶罐　5—10. 石璧　11. 石璧心
12. 猪下颚骨　13. 小石块

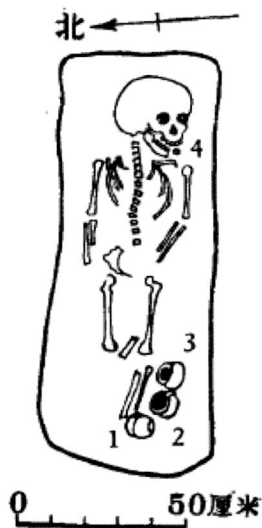

图七　M42平面图

1. 单耳陶杯　2. 单耳陶罐
3. 矮颈陶罐　4. 绿松石珠

件（图七）。

32 号墓　坑长 2.15、宽 0.7、深 0.55 米。头向西北，面朝上，上身仰卧，下肢微屈。张嘴，嘴上压着残断石斧一件。左手垂直，右手置于小腹上，脚下方随葬陶罐五件，小石子一百六十六颗，头部右侧及腰部左侧随葬石璧六件，左肩下有绿松石珠一枚，头顶右侧还堆放小石子十七颗，两胁下垫有粗玉石片三块（图八）。

84 号墓　压在 M85 之上，骨架头向西北，面微向北，脚下随葬陶罐和陶杯各一件（图九）。

（2）侧身屈肢葬，举三例：

59 号墓　坑长 1.9、宽 0.9、深 0.4 米，压在 H56 之上。头朝西北，面向北。侧卧屈肢，两手屈向胸前，左腿在前，右腿压在左腿之上。两手和小臂之间有石璧十一枚，脚下方随葬陶罐五件，猪下颚骨二具，小石块六十二颗（图一〇；图二二，4）。

63 号墓　坑长 1.45、宽 0.7、深 0.4 米。骨架上部凌乱，侧卧屈肢，两手并拢伸向腹前，手部有石刀、石凿、骨凿各一件，手旁有石珠一枚，肘部有羊头一个，脚后方随葬陶罐二件（图一一）。

86 号墓　在 H65 内，坑呈圆形，平底，被 H64 和 M85 打破。头朝东南，面向北，侧卧屈肢，两腿屈于胸前，右手压在骨架之下，手指与脚跟相接，左上臂上举，尺骨下垂于腿前。经鉴定，系成年男性，无随葬品（图一二）。

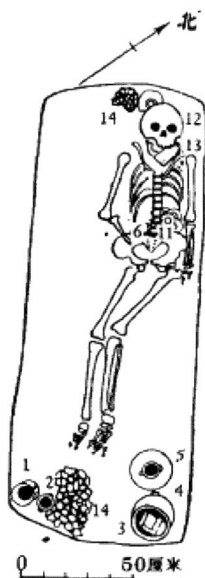

图八　M32 平面图

1、2、5. 双小耳陶罐　3. 双大耳陶罐

4. 高颈折肩陶罐　6—11. 石璧　12. 石斧

13. 绿松石珠　14. 小石块（内有石璧一枚）

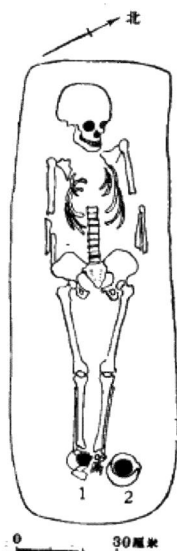

图九　M84 平面图

1. 单耳陶杯　2. 单耳陶罐

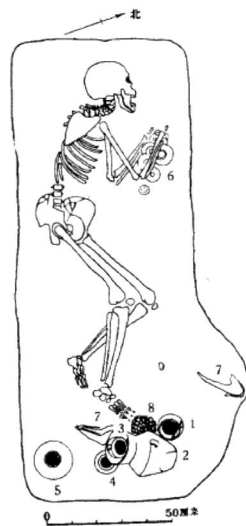

图一〇　M59 平面图

1. 单耳陶罐　2. 双耳折肩陶罐

3. 双大耳陶罐　4. 侈口陶罐

5. 直口陶罐　6. 石璧（11 枚）

7. 猪下颚骨　8. 石子

图一一 M63平面图

1. 单耳陶罐 2. 敞口陶罐 3. 石刀
4. 石凿 5. 骨凿 6. 石珠 7. 羊头骨

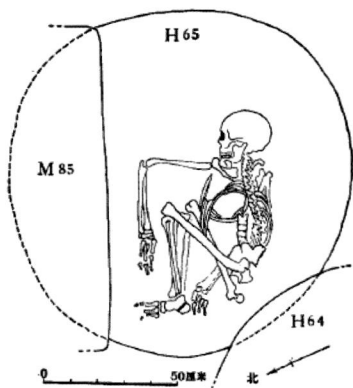

图一二 M68平面图

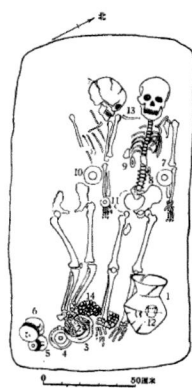

图一三 M38平面图

1. 双耳折肩陶罐 2. 陶豆 3. 陶尊
4、5. 单耳陶罐 6. 双耳陶罐
7—11. 石璧 12. 双大耳陶罐
13. 绿松石珠 14. 小石块

2. 二人合葬墓

（1）成人合葬 共十座，除M28葬式不明外，其余每墓骨架均为两具，都是居左者为仰身直肢，居右者为侧身屈肢，都有随葬品，举三例说明：

38号墓 坑长1.9、宽0.98、深0.6米。头朝西北，经鉴定，仰身直肢者系男性，侧身屈肢者系女性，男子面朝上，女子面向男子。腰部及手部分别置玉璧五件，男子身上三枚，女子身上二枚，口内各含绿松石珠三枚，脚下方随葬陶罐五件，平底尊一件，豆一件，小石子五十三颗（图一三）。

52号墓 坑长1.95、宽0.87、深1.1米。头朝西北，经鉴定，左为男性，右系女性，上身已经扰乱，两具骨架上均有红色颜料。随葬的二十件石璧全部集中在男性骨架上，脚下方随葬陶罐七件，平底尊一件，豆一件，幼猪下颚骨七具，小石子一百八十六颗，在男性骨架下还垫有粗玉石片四块（图一四；图二三，2）。

76号墓 墓坑前宽后窄，长2.25、宽0.85—1.04、深0.68米。头朝西北。居左者为男性，身首分离，两腿伸直并拢。居右者系女性，唯此墓女子背向男子，两手并拢举于前方，似捆绑所至。腰部各置石璧一件，脚下方随葬陶罐七件，小石子六十四颗，粗玉石片四块（图一五；图二三，1）。

（2）成人与小孩合葬，共二座。

27号墓 葬于H43内，坑呈圆形，口径1.86、深0.96米。骨架发现于距坑口0.44米的灰土中，成人仰身直肢，小孩侧身屈肢，居于成人右侧腿骨旁，上肢屈肘抱于面前，两腿弯屈搭在成人的小腿骨之上，成人身上有石璧二枚，脚下方随葬陶罐七件，灰陶豆一件，壶一件，在罐口旁堆放绿色小石子二十八颗（图一六；图二三，4）。

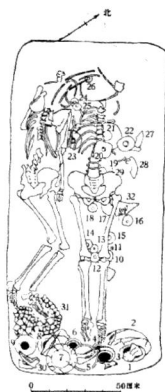

图一四　M52 平面图

1. 双大耳陶罐　2. 双耳折肩罐

3、4、6、8. 单耳陶罐

5 陶豆　7. 陶尊　9. 直口陶罐

10—29. 石璧　30. 猪下颚骨

31. 小石块　32. 粗玉石片

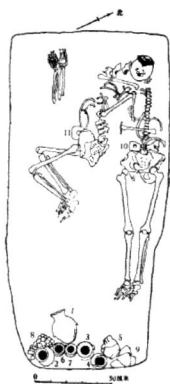

图一五　M76　平面图

1. 侈口双耳陶罐　2-4. 单耳陶罐

5、7. 双小耳陶罐　6. 侈口陶罐

8. 小石子　9. 粗玉石片

10、11. 石璧

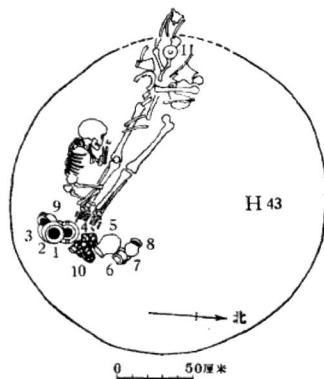

图一六　M27 平面图

1. 双大耳陶罐　2. 双耳折肩陶罐

3. 灰陶豆　4、7、9. 双小耳罐

5. 侈口陶壶　6. 偏耳陶罐　8. 单耳陶罐

10. 小石子　11. 石璧

65 号墓　被汉墓打破，骨架保存不佳，仅能辨别出两具骨架均为侧身屈肢，小孩骨架在成人骨架的右侧，脚下方随葬陶罐五件，杯一件，平底尊一件，石璧八枚（在小石子内），小石子八十四颗。

3. 三人合葬墓，共二座

48 号墓　坑长 2.6、宽 1.48、深 1.15 米，墓坑西北角打破 H50 的底部。头向西北，上身已扰乱。经鉴定，居中者仰身直肢，系男性，左右两侧的骨架为侧身屈肢，系女性，骨架上均有红色颜料，右侧女性较年青。在男子身上随葬石璧八十三件，玉璜一件，脚下方随葬陶罐七件，平底尊二件，豆一件，小石子三百零四颗（图一七；图二三，3）。

66 号墓　发现于 T7②B 层中，墓坑东部被汉墓打破，上身扰乱，骨架保存不佳。居中者为仰身直肢，左右两侧的骨架为侧身屈肢，随葬石璧十五件，主要集中在仰身直肢者身上，左侧者身上只有石璧二件。

4. 乱葬墓　共五座

都是利用废弃的窖穴放置骨架，有一个或两个

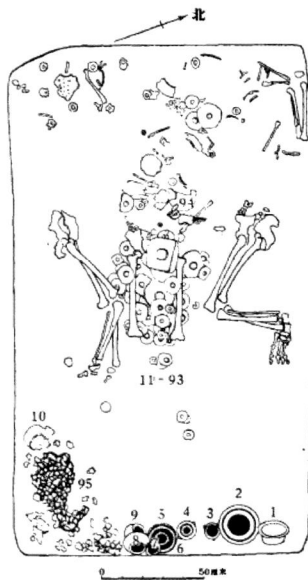

图一七　M48 平面图

1、5 陶尊　2. 双耳折肩陶罐　3. 三耳陶罐

4. 双小耳陶罐　6、7、9. 单耳陶罐　8. 敞口陶罐

10. 陶豆 11-93. 石璧　94. 玉璜　5. 小石块

个体的，均为成人，一般骨架凌乱，身首分离，肢体不全，甚至有的没有头骨，肢骨残断堆放在一起。很少有随葬品，仅 M68（在 H58 内）随葬陶罐四件，石璧一件。

（三）随葬品

在六十二座墓葬中有随葬品的共五十二座，随葬品包括生活用具，生产工具，装饰品以及玉、石璧和猪下颚骨等。

生活用具主要是陶器，随葬的陶器少者一件，最多者三十七件，一般在十件左右，陶器绝大部分放在骨架的脚下方，比较拥挤，互相叠压，往往是双大耳罐放在高领折肩罐的口部或者在其旁，在墓口填土中放陶器的仅有一例（M51）。

随葬的生产工具和装饰品都不多，如 M63，手的部位有石刀、石凿、骨凿各一件。M37，随葬的骨箭头在左手旁放置。绿松石珠有的在口内含着，有的在手腕旁放置。

有二十四座墓随葬玉、石璧，少者一件，最多者八十三件，一般都放置在髋骨及腰部上下，也有和小石子堆放在一起的，个别的在胸部、肘部、头下和手的部位。

有二十座墓随葬绿色或白色的小石子和粗玉石片，小石子一般都和陶器堆放在一起，个别的在头部上方和手旁堆放的，粗玉石片一般垫在骨架的肩、腰部之下。小石子大部分是粗玉和大理石料，都是经过人工打击的，粗玉石片一般都有截锯的痕迹，是制作石璧剩下的废料。

随葬猪下颚骨的墓有十四座，随葬羊头的有一座（M63）。随葬的猪下颚骨有成年猪和幼猪，最多者七具，少者一具，一般都和陶器放在一起，只有 M51 随葬的一具猪下颚骨放在头骨的右侧。

另外，还有四座墓（M40、48、52、66）的骨架上有红色颜料。

四、文化遗物

（一）生产工具

1. 石制工具

（1）斧　十三件，分四式。

Ⅰ式　一件，采集。器身偏平，平面呈梯形，弧刃，磨制，斧身一面琢成半月形凹槽。长 19.5、刃宽 10.6 厘米（图一八，4）。

Ⅱ式　二件。器身较短，斜刃。H56：1，斜背，刃部因使用已崩损。长 11.5、刃宽 7 厘米（图一八，6）。

Ⅲ式　一件，采集。器身长，窄背，宽斜刃，器身中部很厚，磨制。长 19、刃宽 5.5 厘米（图一八，9；图二四，1）。

Ⅳ式　九件。平面近长方形，横剖面呈圆角长方形。T6：4，背部较窄，刃部因使用已崩损，长 14.5、刃宽 6 厘米（图一八，7）。

（2）铲　六件。器身扁薄，平面呈长梯形。采集的一件制作规整，通体磨光，刃锋利，近背端穿一孔，碧绿色，玉质。长18.5、刃宽5厘米（图一八，10）。M85：11，呈乳白色，玉质，长10、刃宽4.3厘米（图二四，12）。

（3）刀　八十一件，分四式。

Ⅰ式　三十件。长方形，直背直刃，磨制，中间穿一孔。M63：3，长9.3、宽5.4厘米（图一八，1；图二四，10）。

Ⅱ式　八件。近长方形，直背，凹刃。T6：8，中间穿一孔，长8.5、宽4厘米。

Ⅲ式　三件。近长方形，凹背，穿双孔，磨制。采集的一件，长9.3、宽5.2厘米（图一八，2）。

Ⅳ式　四十件。器形不甚规整，仅刃部磨制，器身一般还保留原砾石面。T9：20，弧背，弧刃，中间穿一孔，长9.7厘米（图一八，3）。

（4）锛　九件。单面刃，分二式。

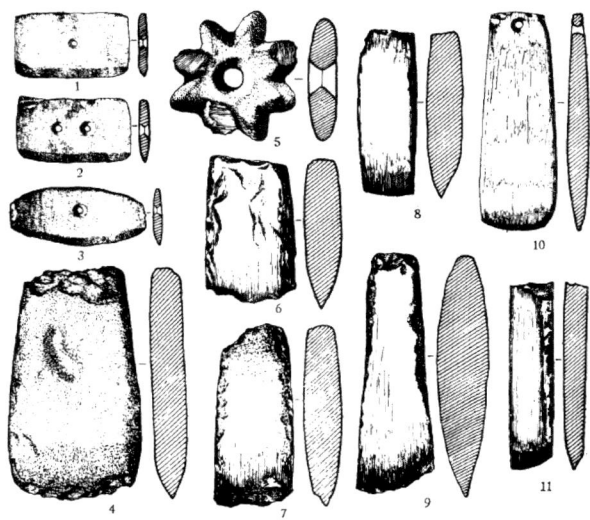

图一八　石器

1—3. Ⅰ、Ⅲ、Ⅳ式刀（M63：3、采、T9：20）

4. Ⅰ式斧（采）　5. 多头斧（T4：13）

6. Ⅱ式斧（H56：1）　7. Ⅳ式斧（T6：4）

8. Ⅰ式锛（T8：8）　9. Ⅲ式斧（采）

10. 铲（采）　11. Ⅲ式凿（T22：4）

（11.3/5，余3/10）

Ⅰ式　四件。长方形，磨制。T8：8，器身较厚，两侧外鼓呈弧形，长13.5、刃宽4厘米（图一八，8）。

Ⅱ式　五件。长方形或近方形，器形较小，磨制精致，刃锋利。T13：12，碧绿色，玉质，长4、宽3.7厘米。

（5）凿　十五件。双面刃，分三式。

Ⅰ式　三件。长条形，磨制。T6：7，长12、刃宽3厘米。

Ⅱ式　十件。近背端较窄，磨制。T15：4，凹背，长9、刃宽2.3厘米。

Ⅲ式　二件。截锯成长条形，两侧留有锯槽痕迹，近刃端较窄，斜刃，仅刃部磨制。T22：4，背端已残，残长7.5厘米（图一八，11）。

（6）纺轮　八件，分二式。

Ⅰ式　六件。扁平圆形，磨制精细，形状规整。T21：24，已残，质地为珊瑚化石，褐红色，满布白色斑点，直径4.5厘米。H48：3，淡红色，直径5.5厘米。

Ⅱ式　二件。一面隆起，一面平整。H47：9，褐红色，直径5厘米。

（7）敲砸器　一件（F8：4）。器形较大，利用椭圆形扁平砾石，将器身两面各琢成拇指和四指握持的浅窝，直径20厘米。

（8）杵　一件（T2：2）。圆柱状，杵头较粗，杵面微鼓，琢制，长14.5厘米。

（9）研磨器　一件（H59：2）。圆柱状，上细下粗，顶端呈半球形，磨面鼓起，长9、磨面径5厘米。

（10）砺石　六件。红砂岩，有磨用痕迹。

（11）磨盘　一件（F7：2）。红砂岩，椭圆形，两面因使用已凹入，长径37厘米。

（12）多头斧　一件（T4：13）。齿轮状，中间穿孔，可按柄，有八个斧头，其中有三个略残。直径10、孔径6、厚2.3厘米（图一八，5；图二四，11）。

（13）细石器　有镞和石叶。

镞　五件，分二式。

Ⅰ式　二件。三角形，加工甚精，底边凹入。T22：6，长2.4厘米。

Ⅱ式　三件。长三角形，两侧磨出刃锋。T3：12，尖锋残，尾端有一横槽，长2.6厘米。

石叶　二件。长条形，一面留有打片时形成的脊，两侧薄刃锋利。T4：11，长3厘米。

2.骨制工具

（1）锥　三十六件，分四式。

Ⅰ式　二件。利用羊的肢骨磨制而成，顶端留有关节槽。H63：1，长15厘米（图一九，1；图二四，7）。

Ⅱ式　二件。将羊的肢骨从关节缝中破开后磨制而成。T8：18，长9.5厘米（图一九，2；图二四，6）。

Ⅲ式　三件。利用动物肢骨磨成，顶部留有关节面。F8：16，长7厘米（图一九，3；图二四，5）。

Ⅳ式　二十九件。一般器身扁平，利用骨片将一端磨成尖锋。H43：4，顶端残，残长8厘米（图一九，4）。

（2）针　二十四件，分二式。

Ⅰ式　二十二件。器身细长，一般制作精致。T9：11，针眼很小，长5.5厘米（图一九，12）。

H50：6，长4.3厘米。

Ⅱ式　二件。横断面呈椭圆形，穿长孔，磨制精细。T21：29，长13.5厘米（图一九，13）。

（3）铲　一件（T8：12）。利用动物肩胛骨磨制而成，刃锋利，顶端两侧有浅缺口。长16、刃宽6厘米（图一九，5）。

（4）凿　二件。利用动物肢骨磨成，双面刃。M63：5，扁平长条形，长10厘米（图一九，六）。

（5）镞　十九件，分五式。

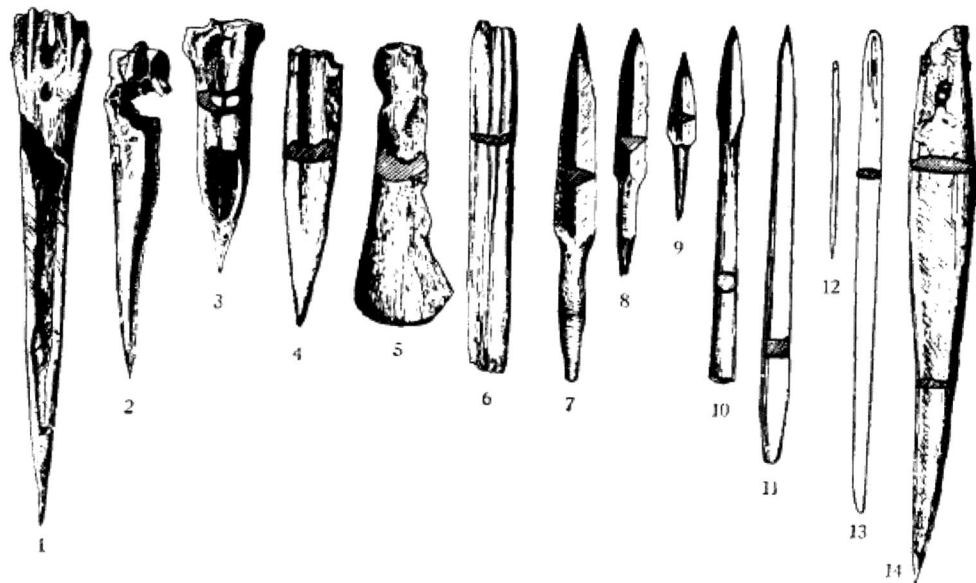

图一九　骨器

1-4. Ⅰ－Ⅳ式锥（H63：1、T8：18、F8：16、H43：4）　5. 铲（T8：12）

6. 凿（M63：5）　7-11. Ⅰ－Ⅴ式镞（H55：3、T10：7、T21：2、M37：14、T1：2）

12、13. 针（T9：11、T21：29）　14. 刀柄（T21：3）（5.1/4，余1/2）

  Ⅰ式　八件。中部起脊，横断面呈菱形，有铤。H55：3，长10厘米（图一九，7；图二四，2）。

  Ⅱ式　二件。三棱形，有铤。T10：7，长6.5厘米（图一九，8；图二四，4）。

  Ⅲ式　五件。器形较小，中部起脊，横断面呈菱形，有铤。T21：2，铤呈圆锥形，长4.5厘米（图一九，9；图二四，3）。

  Ⅳ式　三件。三棱形，圆柱形长铤。M37：14，铤残，残长10厘米（图一九，10）。

  Ⅴ式　一件（T1：2）。圆尖，长锋，四棱体，铤残，残长12厘米（图一九，11）。

  （6）刀柄　二件。器身一侧有凹槽，可装嵌石叶。T21：3，把端穿一小孔，长16厘米（图一九，14）。

  3. 陶制工具

  （1）纺轮　八件，分三式。

  Ⅰ式　一件（T6：3）。扁平圆形，斜边，中间穿孔。彩陶，一面绘直条纹间菱形方格纹，直径5.5厘米（图二〇，5）。

  Ⅱ式　二件。一面平，一面隆起。T8：13，直径5厘米。

  Ⅲ式　五件。扁平圆形，圆边。T21：28，一面饰指甲纹一圈，直径5厘米（图二〇，6）。

  （2）陶垫　三件，分二式。

  Ⅰ式　二件。近长方体，中空，一面略平，一面呈弧形。T9：18，长8.5、宽6厘米。

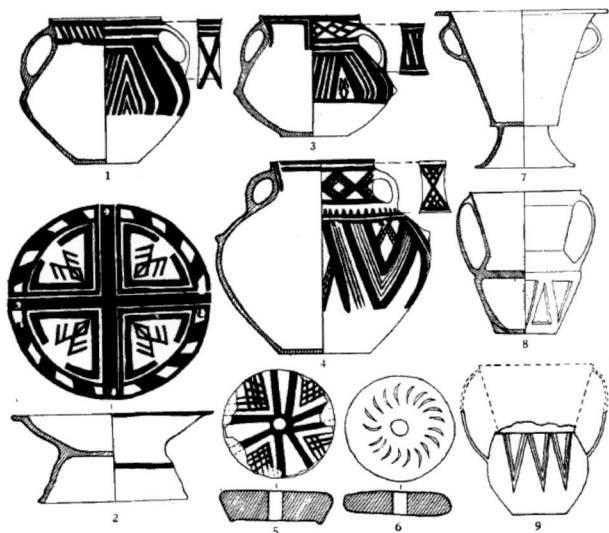

图二〇 陶器

1. Ⅲ式双小耳罐（M31：1）　2. Ⅱ式豆（M47：10）
3. Ⅱ式双小耳罐（M30：2）　4. Ⅰ式双小耳罐（M32：5）
5. Ⅰ式纺轮（16：3）　6. Ⅲ式纺轮（T21：28）
7. Ⅰ式尊〈M37：5）　8. 双大耳罐（M17：11）
9. Ⅳ式双大耳罐（F8：6）（5、6.1/2，余1/4）

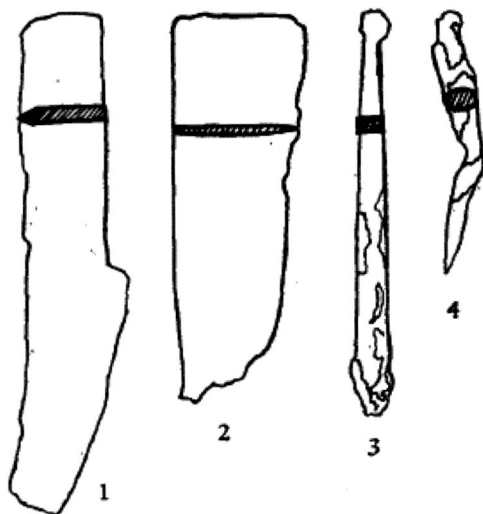

图二一 铜器

1、2. Ⅰ、Ⅱ式刀（T17：5、T18：6）
3. 钻头（T3：7）　4. Ⅱ式锥（T14：8）
（1.2/5，余4/5）

Ⅱ式　一件（T18：15）。蘑菇形，鼓面，背部有圆柱形短柄。高5、直径9厘米。

（3）陶球　二十件。大小不等，表面皆饰圆窝纹，有的表面经火烧成黑色。T8：10，直径3.5厘米。

4. 红铜制工具

（1）刀　二件，分二式。

Ⅰ式　一件（T17：5）。浇铸，有柄，弧刃，前部上翘，通长18厘米（图二一，1）。

Ⅱ式　一件（T18：6）。锻制，体扁薄，后端已残，直背凹刃，残长6.7厘米（图二一，2）。

（2）锥　三件，分二式。

Ⅰ式　二件。四棱体，圆锥尖。T17：4，长7.8厘米。

Ⅱ式　一件（T14：8）。圆锥形，已变形（图二一，4）。

（3）钻头　二件。四棱体。T4：17，钻头呈圆锥形，长5.2厘米。T3：7，钻头呈三棱形，长7厘米（图二一，3）。

（二）生活用具

各类陶制器皿，完整和复原的共二百六十多件，分泥质红陶和夹砂红褐陶两类，个别的还有灰陶。绝大部分的粗陶罐上都有烟熏的痕迹，有的陶器残破后还用钻孔缀补和粘对的方法修复，说明这批陶器是日常使用的生活器皿。

陶器都是手制的。一般器身用泥条盘筑，器物的底、耳、颈、圈足与器足等分别制成后，再按接在一起。器物先经刮削整形，然后用湿手抹平，大型器物的内壁，还留有陶垫拍压的窝痕。有的泥质红陶的表面，打磨的很精细，有光泽。

陶器除素面外，纹饰以篮纹和绳纹最常见，还有镂孔、划纹、压印纹、锥刺纹、附加堆纹和泥丁等。篮纹主要施于泥质陶罐的腹部，绳纹则施于粗陶罐等器物上。其它纹饰的数量都不多，见于各类陶器的耳、颈、腹、底、器盖和陶球。压印的窝点纹仅施于陶球表面。

彩陶数量不多，花纹有菱形方格纹、三角形纹、折线纹、粗细相间的斜线纹、变形蛙纹（？）等，纹饰一般施于器物的颈、肩、耳部或口缘内侧。

器形有碗、碟、豆、盆、罐、尊、甗以及器盖等。由于灰陶数量很少，故分别并入泥质红陶和夹砂红褐陶内叙述。

1.泥质红陶

（1）双大耳罐　十九件。高领，平底。分五式。

Ⅰ式　一件（M38：12）。喇叭口，小腹，器壁较薄，表面抹光，两耳上端有长方形穿孔。口径9.5、高9.8厘米（图二五，2）。

Ⅱ式　六件。直口，鼓腹。M32：3，磨光，两耳上端有半月形压印纹。口径8、高10厘米（图二五，1）。

Ⅲ式　十一件。直口，折腹。M60：2，两耳上端有"↑"形纹。口径9、高10.5厘米；另一件M37：13（图二五，4、3）。

Ⅳ式　一件（F8：6）。彩陶，领及耳上部残缺，鼓腹，表面磨光，肩腹部饰紫红色三角形纹，残高8厘米（图二〇，9）。

Ⅴ式　一件（F8：14）。泥质灰陶，侈口，鼓腹，颈部有凹弦纹七周，腹部饰绳纹。口径10、高10.5厘米（图二五，5）。

（2）双耳折肩罐　十七件。侈口，束颈，折肩，折棱下有两个对称的小耳。分二式。

Ⅰ式　二件。高领，斜腹，腹部饰篮纹。M38：1，器形较大，肩部磨光。口径20.5、高33厘米（图二六，3）。

Ⅱ式　十五件。矮领，腹微鼓。M29：6，口径16、高26厘米（图二六，4）。其中有七件腹壁较直。

（3）侈口双耳罐　一件（M76：1）。圆肩，深腹，肩部磨光，肩部饰篮纹。口径12、高22厘米（图二六，5）。

（4）侈口曲领罐　一件（M30：12）。斜肩，鼓腹，小平底，腹下部饰浅篮纹。口径12.5、高23.5厘米（图二七，3）。

（5）侈口罐　四件。侈口，矮领，圆肩。分二式。

Ⅰ式　二件。唇外翻，小平底。M43：4，口径12.5、高21厘米（图二八，2）。

Ⅱ式　二件。腹部浑圆，平底。M37：7，口径10.5、高21厘米（图二八，1）。

（6）单耳罐　六十六件。侈口，直领，突鼓腹。分二式。

1.F8　　　　　　　　2.M83

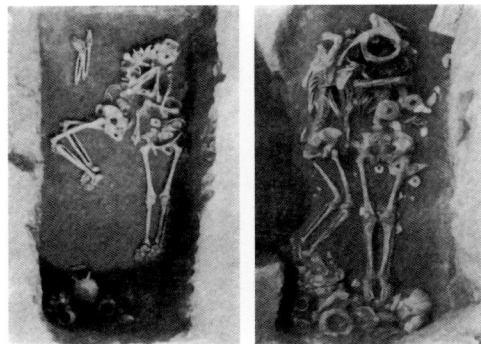

1.M76　　　　　　　2.M52

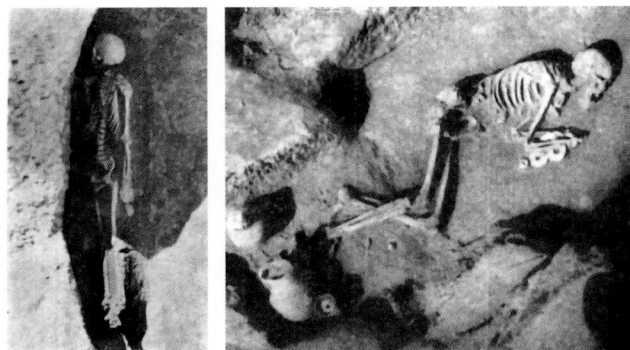

3.M79　　　　　　　4.M59

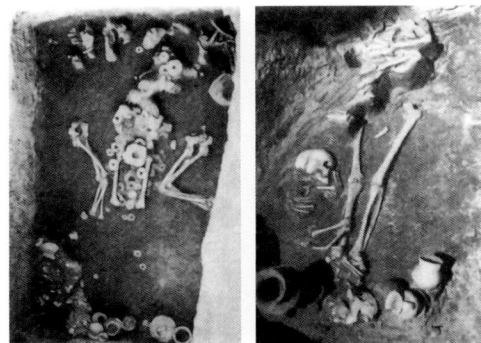

3.M48　　　　　　　4.M27

图二二　武威皇娘娘台遗址房址和墓葬　　　　　图二三　武威皇娘娘台遗址墓葬

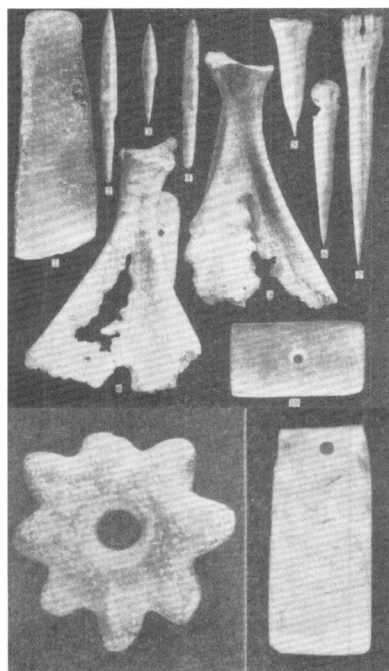

图二四　武威皇娘娘台遗址出土器物

1.III 式石斧　2.I 式骨镞　3.III 式骨镞　4.II 式骨镞　5.III 式
骨锥　6.II 式骨锥　7.I 式骨锥　8.卜骨（T10:12）　9.卜骨
（H46:1）　10.I 式石刀　11.多头石斧（T4:13）　12.玉铲（M85:11）

1.II 式双大耳罐　　2.I 式双大耳罐　　3.III 式双大耳罐
（M32:3）　　　　（M38:12）　　　　（M37:13）

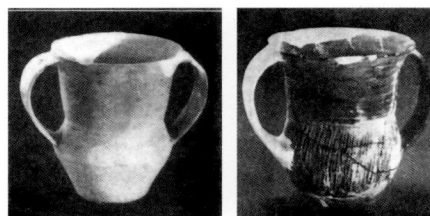

4.III 式双大耳罐　　5.V 式双大耳罐
（M60:2）　　　　（F8:14）

图二五

Ⅰ式　五件。领较矮，小平底。M88：4，磨光，耳上部有三个半月形压印纹。口径8.5、高13厘米（图二八，3）。

Ⅱ式　六十一件。高领，宽耳，小平底，磨光。M76：3，口径10.5、高12.5厘米（图二八，4）。其中五件为平底，器形较小，M64：1，口径7.5、高8.5厘米。

（7）单小耳罐　一件（M43：9）。侈口，矮领，平底，耳上部有半月形的压印纹。口径5.5、高9.5厘米（图二八，5）。

（8）双耳罐　六件。侈口，高领，小平底。分二式。

Ⅰ式　五件。斜肩，突鼓腹，两耳较宽大。M38：6，耳上端有菱形镂孔，出土时口上盖三乳钉钮的灰陶器盖。口径12、高16厘米（图二九，1）。

Ⅱ式　一件（M30：1）。圆肩，圆腹，两耳上端有小圆窝。口径12、高21厘米（图二九，2）。

（9）双小耳罐　十四件，分四式。

Ⅰ式　一件（M32：5）。彩陶，小口，矮领，圆腹，平底，耳下和腹中部各有一乳突，肩部有一圈圆形小浅窝，耳上端也各有一小圆窝。口缘内饰二道平行条纹，颈部饰菱形方格纹，耳部饰对角的三角形方格纹，肩、腹部饰粗细相间的竖条纹，中夹折线方格纹。口径8.5、高18厘米（图二〇，4；图二九，5）。

Ⅱ式　八件。侈口，高领，折腹，小平底。M30：2，彩陶，折腹处有四个对称的小乳突，口缘内饰折线纹，颈部饰菱形方格纹，耳与肩腹部饰粗细相间的条纹。口径9、高11厘米（图二〇，3；图二九，3）。

Ⅲ式　二件。侈口，曲颈，突鼓腹，小平底。M31：1，彩陶，口缘内饰二周平行条纹，中夹斜线纹，耳部饰交叉线纹，颈饰平行条纹，肩饰宽带纹及折线纹。口径10、高13.5厘米（图二〇，1；图二九，4）。

Ⅳ式　三件。侈口，高领，圆肩，鼓腹，小平底。M82：2，耳部各有三道竖划纹，口径7.5、高11.5厘米（图三〇，1）。

（10）三耳罐　一件（M48：3）。大口，高领，浅腹，大耳，耳上端有一椭圆镂孔。口径7、高7厘米（图三〇，3）。

（11）敛口罐　一件（F8：5）。折肩，小平底，腹部饰篮纹，腹上部有两个对称的乳钉，口部有三道竖划纹。此罐原来残破后，曾粘补过，在陶片上遗有黑色胶状物（？）的痕迹。口径20、高33厘米。

（12）折腹罐　二件。侈口，束颈，平底。M67：1，口径9.5、高13厘米（图三〇，4）。

（13）直口罐　三件。高领，突鼓腹，平底。M43：5，口径10.5、高13.5厘米（图三〇，2）。

（14）豆　四件，分二式。

1.I 式豆（M27:3）

2.II 式豆（M40:6）　3.I 式双耳折肩罐（M38:1）

1.I 式尊（M37:5）　　　2.II 式尊（M38:3）

4.II 式双耳折肩罐（M29:6）　5.侈口双耳罐（M76:1）

图二六

3.侈口曲领罐　　　　　4.盆（采）

（M30:12）

图二七

1.II 式侈口罐　　2.I 式侈口罐　　3.I 式单耳罐

（M37:7）　　　（M43:4）　　　（M88:4）

1.I 式双耳罐　　　2.II 式双耳罐

（M38:6）　　　（M30:1）

4.II 式单耳罐（M76:3）　5.单小耳罐（M43:9）

图二八

3.II 式双小耳罐　　4.III 式双小耳罐　　5.I 式双小耳罐

（M30:2）　　　（M31:1）　　　（M32:5）

图二九

Ⅰ式　一件（M27：3）。泥质灰陶，浅盘，喇叭形高圈足，盘沿饰四组窝纹，每组三个。口径13、高11厘米（图二六，1）。

Ⅱ式　三件。盘较深，壁弧曲，喇叭形圈足。M40：6，口径17.5、高10.5厘米（图二六，2）。

（15）尊　十八件。大口，外折沿，斜壁。分二式。

Ⅰ式　二件。平沿，喇叭形圈足，腹上部有对称的两耳，陶质细腻，制作精致。M37：5，口径12、高14.5厘米（图二〇，7；图二七，1）。

Ⅱ式　十六件。平底。M38：3，口径13、高14厘米（图二七，2）。

（16）碟　二件。大口，平底。M54：1，口微敛，口径15.5、高4.5厘米。

（17）碗　一件（M30：21）。口稍敛，斜唇，腹微鼓，小平底。口径14、高6.5厘米。

（18）盆　一件，采集。敞口，腹壁向内弧曲，平底，腹饰篮纹。口径33、高8.5厘米（图二七，4）。

（19）单耳杯　四件。器形都很小，侈口，鼓腹，小平底。M65：5，耳上端有四个直排的锥刺纹。口径6、高6厘米。

（20）壶　三件。鼓腹，平底。分二式。

Ⅰ式　二件。直口，高领。M30：15，口径7、高14.5厘米（图三〇，6）。

Ⅱ式　一件（M27：5）。侈口，曲颈。口径9、高14.5厘米（图三〇，5）。

2.夹砂红褐陶

（1）双大耳罐　一件（M47：11）。夹砂灰陶，喇叭口，高领，折肩，斜腹，平底。表面粗糙，腹下部饰对错的三角形镂孔，有两层底，上层底在折肩处，下层底中间有一小圆孔，两耳上端各有两排人字形划纹。口径10.5、高13厘米（图二〇，8；图三一，1）。

（2）侈口罐　六件。表面有烟炱。分二式。

Ⅰ式　五件。厚唇，口微侈，鼓腹，平底，饰绳纹。M67：4，口径9、高13厘米（图三二，3）。

Ⅱ式　一件（M65：6）。圆腹，小平底，饰篮纹。口径9、高12厘米。

（3）直口罐　五件。鼓腹，小平底，饰绳纹，外表有烟炱。M52：9，口径7.5、高10厘米。

（4）矮颈罐　一件（M42：3）。侈口，圆腹，外表有烟炱。口径6、高10厘米。

（5）双耳折腹罐　二件。夹砂灰陶，侈口，折腹，平底，表面有烟炱。F8：9，口径16.5、高26厘米（图三二，1）。

（6）双耳罐　二件。侈口，束颈，平底，表面有烟炱。F8：15，深腹，颈部饰锯齿形附加堆纹，腹饰绳纹。口径17、高15.5厘米。M67：6，夹砂灰陶，圆腹，两耳及底部有菱形方格纹。口径9、高17厘米（图三二，5）。

（7）双小耳罐　四十四件。器表有烟炱，分六式。

Ⅰ式　八件。大口，短颈，平底，腹饰绳纹。M46：6，口径11、高13厘米（图三二，4）。

Ⅱ式　八件。侈口，长颈，平底，腹饰绳纹。M37：3，腹饰稀疏的细绳纹，口径8.5、高14厘米（图三二，2）。

Ⅲ式　一件（M47：12）。直口，鼓腹，小平底，腹饰绳纹。口径9.5、高14厘米。

Ⅳ式　二十四件。侈口，鼓腹，小平底，腹饰绳纹。M31：3，在肩部两耳之间各划一个十字纹，口径10、高15厘米。

Ⅴ式　二件。侈口，鼓腹，平底，器身较矮。M47：6，素面，口径11、高11.5厘米。

Ⅵ式　一件（M54：9）。侈口，曲颈，直腹，平底，两耳上、下端各有四个泥丁，口径7.5、高9厘米（图三三，2）。

（8）偏耳罐　一件（M27：7）。侈口，束颈，鼓腹，平底，器身较矮，两耳偏置一侧，耳上各有一个小泥丁。口径8、高9厘米（图三三，3）。

（9）单耳罐　二十二件，分二式。

Ⅰ式　六件。直口，扁腹，平底。M82：3，肩部饰绳纹，表面有烟炱。口径9、高12厘米（图三三，4）。

Ⅱ式　十六件。侈口，束颈，腹鼓，小平底。M65：1，肩腹部饰绳纹，表面有烟炱，出土时口上有器盖，口径8、高10厘米（图三三，1）。

（10）圜底罐　一件（T11：13）。直口，外卷厚唇，深腹。唇缘外一周锥刺纹，颈部饰折线印纹，腹饰绳纹，表面有很厚的烟炱。口径9、高18.5厘米（图三三，5）。

（11）豆　五件，分三式。

Ⅰ式　一件（M64：3）。敞口，斜壁，圈足较高，口径13、高10厘米。

Ⅱ式　三件。浅盘，粗圈足。M47：10，彩陶，盘内饰十字折线纹间变形蛙纹（？），圈足饰一道粗线纹。口径18.5、高8.5厘米（图二〇，2；图三一，4）。

Ⅲ式　一件（M78：7）。夹砂灰陶，豆盘似敞口碗，喇叭形圈足。口径14、高8厘米（图三一，3）。

（12）碗　一件（M29：10）。大口，折沿，腹向里弧曲，平底，底有席纹。口径18、高8厘米。

（13）甗　二件。采集的一件，上部似侈口罐，折肩，腹部有两个对称的乳突，下接三袋状足，高裆，在交接处的内壁有沿一周可承箅，腹与足部饰绳纹。高31、口径9厘米（图三一，2）。

（14）器盖　十九件，分四式。

Ⅰ式　一件（M38：6）。夹砂灰陶，三乳突钮，表面粗糙，出土时盖在罐口（M38：6）

1.Ⅳ式双小耳罐　　　2. 直口罐　　　　3. 三耳罐
（M82:2）　　　　（M43:5）　　　　（M48:3）

1. 双大耳罐（M47:11）　　　　2. 甗（采）

4. 折腹罐（M67:1）　　5.Ⅱ式壶（M27:5）　　6.Ⅰ式壶（M30:15）

图三十

3.Ⅲ式豆（M78:7）　　　　4.Ⅱ式豆（M47:10）

图三一

1. 双耳折腹罐　　2.Ⅱ式双小耳罐　　3.Ⅰ式侈口罐
（F8:9）　　　　（M37:3）　　　　（M67:4）

1.Ⅱ式单耳罐　　　　2.Ⅵ式双小耳罐
（M65:1）　　　　　（M54:9）

4.Ⅰ式双小耳罐　　　5. 双耳罐
（M46:6）　　　　（M67:6）

图三二

3. 偏耳罐　　　4.Ⅰ式单耳罐　　　5. 圆底罐
（M27:7）　　　（M82:3）　　　　（T11:13）

图三三

上。口径 13、高 5.5 厘米。

Ⅱ式　十件。圆钮，顶面下凹。M30：12，饰成行的锥刺纹，口径 8.5、高 4 厘米。

Ⅲ式　三件。细钮较高，盖鼓起似伞状。T6：9，口径 8.5、高 4.5 厘米。

Ⅳ式　五件。平顶钮。T7：3，口径 8、高 3 厘米。

（15）鬲足　十一件。均为空心袋状足，有的饰绳纹。F8：11，素面，残高 10 厘米。

（三）装饰品

1. 玉璜　五件。扇面形，两端穿孔。M41：12，呈白色，长 8、宽 3 厘米。

2. 绿松石珠　三十二枚。呈扁圆形或长条形。M71：2，长条形，中间穿孔，长 2.5 厘米。

3. 菱形牙饰　一件（M54：13）。系将动物的牙磨成菱形，一面磨成一浅槽，两端各穿一孔，长 3 厘米。

4. 牙饰　一件（T21：35）。利用动物的牙齿制成，一端穿孔，另一端有刀削的痕迹，长 10.5 厘米。

（四）其他

1. 璧　二百六十四件。有圆形、椭圆形和方形三种，圆形的最多。一般采用玉料和大理石制作，颜色有绿色和白色。有的制作不甚精细，尚有截锯的痕迹。中间穿孔，采用管钻法，孔壁一般呈斜面，器形大小不等。M66：2，方形，边缘不甚规整，有截锯痕迹，边长 27 厘米。M38：10，圆形，表面磨光，浅绿色，直径 12 厘米。此外，还有钻孔时遗留的圆形石心十五件。

2. 卜骨　十三件。中猪肩胛骨四件，余都是羊肩胛骨。都未加整治，有灼，无钻、凿的痕迹。骨版较薄，灼痕处一般残缺，个别的在骨脊上还有灼点。T10：12，猪肩胛骨，灼痕十三处，在骨脊处还有一个灼点，长 12.5 厘米。H46：1，羊肩胛骨，灼痕五处，长 17 厘米（图二四，8、9）。

结语

皇娘娘台遗址是一处单纯的齐家文化遗址，面积约十万平方米。内涵丰富，说明齐家文化的人们在这里定居生活的时间很久。第四次发掘的面积不大，但仍获得了重要的资料。

（一）皇娘娘台遗址出土的生产工具以石器为主，还有骨器和铜器。石器多为磨制，特别在选材上已采用了硬度较高的玉料来制作，玉铲、锛、凿等制作精致，通体磨光，器形规整，刀口锋利，说明石器的制作技术有了很大提高。石斧、石铲和骨铲，是当时主要的农业生产工具。石刀是收割庄稼的工具，出土的数量很多，说明当时的播种面积在不断扩大，收获量有了增加。

生产工具是生产力发展的一个重要因素。冶铜业的出现，是齐家文化的一大成就。这里发现的铜器是红铜制作的刀、锥、凿等小型工具，但是，继皇娘娘台遗址之后，在永靖的秦魏家①、大何庄②等齐家文化遗址都发现了铜器，秦魏家遗址还发现了铜斧。因此，它显示了生产工具已经发生了革命性的变革，促进生产水平不断向前发展。

在农业发展的同时，畜牧业也有了相应的发展。兽骨的遗存相当丰富，猪和羊是当时人们饲养的动物。这次发掘的墓葬，有十四座随葬猪下颚骨，少者一具，多者七具，这是显示财富占有多寡的一种标志，说明牲畜已逐渐变成了私有财富。这时的狩猎活动也很频繁，出土各种类型的骨镞，是当时人们的狩猎工具，鹿是当时猎获的主要野生动物。

陶器是当时人们的主要生活用具。陶器的特点是颈部多样化，折角明显，器形规整，器壁薄而匀称，普通带有两耳，富有文化特征的是双大耳罐和双耳折肩罐。陶器以手制为主，纹饰较以篮纹和绳纹为主。出土的彩陶不多，花纹以菱形方格纹和折角波纹为主。出土的骨针，有的制作特别精巧，针鼻穿孔很小，说明当时人们能捻纺很细的线来缝制衣着。

由于农业和畜牧业的发展，社会生产力普遍提高，促进了手工业的专门化。这次出土了大量的玉璧和石璧，一般采用玉料和大理石制作，最大的直径达30多厘米。制作这样多的玉、石璧，应有一部分具有专门技术的人来承担。

由房址、墓葬、窖穴的打破关系和叠压的现象，略可看出墓葬早晚之间的关系。二人合葬墓早晚都有，三人合葬墓晚期才出现。晚期墓随葬大量的玉、石璧，随葬猪下颚骨的晚期墓占多数。陶器变化不甚明显，仅就具有代表性的双大耳罐和高领折肩罐而言，早期的双大耳罐以深鼓腹的占多数，晚期的则以折肩收腹的占多数。早期的折肩罐一般颈部较短，肩腹微鼓的多，晚期的折肩明显，斜肩收腹的为多。

（二）随着社会生产力的进一步发展，私有财产和贫富差别的出现，以及商品交换的发展，引起了社会内部一系列的变革。齐家文化所处的时代是氏族社会走向崩溃、阶级社会即将诞生的时代。

从墓葬来看，贫人墓与富人墓对比十分明显。如M48，墓制宏大，随葬品达九十余件，还随葬白色和绿色的小石子三百余颗；而M79的墓主人则葬于废弃的窖穴中，无任何随葬品。这种埋葬的差别，正反映了两者生前贫富的差别和所处社会地位的不同。

这次发掘的二人合葬墓十二座，其中除两座为成人与小孩合葬外，其余都是成年男女二人合葬墓，是这次发掘的新收获。成年男女合葬已有固定的葬式，均为男左女右，男子居于墓内正中，为仰身直肢葬，女子则侧身屈肢于其旁，面向男子。唯M76，女子是背向男子的。这种葬式与永靖秦魏家的成人合葬墓是一致的，所不同的是秦魏家为男右女左。这反映出一夫一妻制的婚姻形态已经确立，男子在社会上享有威望，在家中居于统治地位。而女子则屈从和依附于男子，处于被奴役和被压迫的地位。

---

① 中国科学院考古研究所甘肃工作队：《甘肃永靖秦魏家齐家文化墓地》，《考古学报》1975年第2期。

② 中国科学院考古研究所甘肃工作队：《甘肃永靖大何庄遗址发掘报告》，《考古学报》1974年第2期。

这次发掘的两座一男二女的三人合葬墓，同过去发掘的 M24[1] 是一样的，中间是男子，为仰身直肢，女子在两侧，为侧身屈肢，都面向男子。这两座墓分别打破窖穴和葬于灰层中，属于晚期才出现的。这在齐家文化一夫一妻制的原则下，不可能是一夫多妻制的反映，有可能是奴隶殉葬的一种反映。

特别值得注意的是，这次发掘的男女合葬墓中，随葬的玉、石璧，大量的集中在男子身上，如 M48 和 M52。这反映出，当时男子在社会上占居统治地位，掌握着经济大权，妇女则成为男子的附属品，这种男女之间地位的变化，完全是以经济条件为基础的，正如恩格斯指出的那样："这时谋生所得的全部剩余都归了男子；妇女参加它的消费；但在财产中没有她们的份儿。"（《马克思恩格斯选集》第四卷 158 页）

还有，从这次发掘的房址来看，其面积仅有十平方米左右，房内不但有日常生活用具的各类陶器，还有石、骨器等生产工具。这就说明，这种小型房子，也是适应以个体家庭作为社会经济单位的需要而建筑的。

随着社会分工和交换活动的发展，必然导致商品和货币的产生。这次发掘的墓葬，有二十四座随葬玉璧和石璧，共二百六十余件。璧大小不等，有的很厚重，这种璧似不能作为装饰品。石璧在永靖秦魏家等齐家文化遗址和墓葬中都有发现，而以皇娘娘台遗址最多。我们认为，它不仅仅是一种装饰品，很可能是作为一种交换手段的货币用来随葬的。商品、货币的产生和发展过程，也是私有制和阶级起源的过程，它的出现，大大加速了私有制的形成和氏族公社的瓦解。

综观上述，齐家文化的社会内部已经充满了各种矛盾，原来那种原始共产制下的共同劳动，平均分配的原则，处处遭到破坏和打击，其结果必然是以剥削与被剥削、压迫与被压迫的关系所代替。可以看出，齐家文化的社会发展阶段已进入原始社会行将崩溃的军事民主制时代的最后阶段，奴隶制社会的诞生将成为它的必然结果。

执笔：魏怀珩

---

[1]　甘肃省博物馆：《甘肃武威皇娘娘台遗址发掘报告》，《考古学报》1960 年第 2 期。

武威皇娘娘台遗址第四次发掘墓葬登记表

墓号	人骨架	葬式	头向	随葬品	备注
27	成人1小孩1	成人仰身直肢小孩侧身屈肢	西北	双大耳罐(AⅡ)、双耳折肩罐(AⅡ)、双小耳罐(AⅡ)、灰陶豆(AⅠ)、单耳罐(AⅡ)、壶(AⅡ)、石璧、小石子28	在H43内
28	成人2	不明	西北	石璧3、石凿(Ⅲ)、猪下颌骨	
29	成人2	左仰身直肢右侧身屈肢	西北	双大耳罐2(AⅢ)、双耳折肩罐(AⅡ)、碗(B)、直口罐2(B)、双小耳罐2(BⅣ)、单耳罐(BⅠ)、壶3(AⅡ)	
30	成人2	左仰身直肢右侧身屈肢	西北	双大耳罐2(AⅡ)、双耳折肩罐2(AⅡ)、尊4(AⅡ)、碗(B)、直口罐6(4BⅡ、2AⅣ)、豆(AⅡ)、单耳罐6(AⅡ)、壶(AⅠ)、罐2(AⅠ、AⅡ)、双小耳罐9(2BⅠ、3BⅡ、4BⅣ)、单耳罐(B)、石璧、猪下颌骨5、直口罐(B)	
31	小孩1	侧身屈肢	东南	双小耳罐(AⅢ)、单耳罐(AⅡ)、双小耳罐(BⅣ)	
32	成人1	仰身直肢	西北	双大耳罐(AⅡ)、双耳折肩罐(AⅡ)、双小耳罐(AⅠ)、双小耳罐2(BⅠ、BⅡ)、石璧6、石斧(Ⅳ)、绿松石珠、小石子186	
33	成人1	不明	西北	双耳罐(AⅡ)、猪下颌骨	
34	小孩1	仰身直肢	东南		
35	成人1	乱葬		石璧1	在H47内
36	成人1	乱葬			在H51内
37	成人1	仰身直肢	西北	双大耳罐2(AⅢ)、尊2(AⅠ、AⅡ)、修口罐(AⅡ)、单耳杯(AⅠ)、单耳罐(AⅡ)、双小耳罐3(AⅡ、2BⅣ)、单耳罐(BⅡ)、骨镞(Ⅱ)、猪下颌骨2	
38	成人2	左仰身直肢右侧身屈肢	西北	双大耳罐(AⅠ)、双耳折肩罐(AⅡ)、尊(AⅡ)、双耳罐(AⅠ)、豆(AⅡ)、单耳罐2(BⅡ)、石璧5、绿松石珠6、小石子53	
39	成人1	不明	西北	石璧2	
40	成人1	仰身直肢	西北	双大耳罐2(AⅢ)、双耳折肩罐(AⅡ)、豆(AⅠ)、单耳罐(AⅡ)、单耳罐(BⅡ)、石璧、猪下颌骨2、小石子55	骨架涂红色颜料
41	成人1	不明	西北	石璧11、玉璜	
42	小孩1	仰身直肢	东南	单耳杯(A)、敛颈罐(B)、单耳罐(BⅡ)、双小耳罐(BⅣ)、绿松石珠6	

续表

墓号	人骨架	葬式	头向	随葬品	备注
43	？	？	？	碟(A)、侈口罐(AⅠ)、双小耳罐(AⅢ)、单耳罐4(AⅡ)、单小耳罐(A)、敞口罐(A)、双小耳罐(BⅣ)	未见骨架
44	成人1	仰身直肢	东南	单耳罐3(AⅡ)	
45	成人1	不明	西北	双耳折肩罐2(AⅡ)、尊(AⅡ)、单耳罐3(AⅠ)、双小耳罐3(BⅠ、BⅡ、BⅣ)、单耳罐2(BⅠ、BⅡ)、石壁6(均在小石子内)、猪下颌骨2、小石子216	
46	成人2	左仰身直肢右侧身屈肢	西北	双大耳罐(B)、双耳折肩罐3(BⅡ、BⅣ、BⅤ)、敞口罐(A)	
47	成人1	仰身直肢	西北		
48	成人3	左侧身屈肢中仰身直肢右侧身屈肢	西北	双耳折肩罐(AⅡ)、三耳罐(A)、尊2(AⅡ)、豆(BⅡ)、单耳罐3(AⅡ)、双小耳罐3(AⅡ)、双小耳(BⅠ)、敞口罐(A)、石壁83、玉璜、小石子304	骨架涂红色颜料
49	成人1	仰身直肢	西北		未见骨架
50	？	？	？	石壁9、石璧心3、骨锥(Ⅰ)	
51	成人1	仰身直肢	西北	单耳罐(AⅡ)、双小耳罐(BⅣ)、绿松石珠、猪下颌骨、石片11	
52	成人2	左仰身直肢右侧身屈肢	西北	双大耳罐(AⅢ)、双耳折肩罐(AⅡ)、尊(AⅡ)、豆(BⅡ)、单耳罐3(AⅡ)、直罐(B)、单耳罐(BⅡ)、石壁20、猪下颌骨7、小石子290	骨架涂红色颜料
53	成人1	仰身直肢	西北	石壁3、小石子13、猪下颌骨	
54	成人2	左仰身直肢右侧身屈肢	西北	双耳折肩罐(AⅡ)、碟(A)、单耳罐4(AⅡ)、壶(AⅠ)、双小耳罐2(BⅤ、BⅥ)、单耳罐2(BⅡ)、侈口罐(BⅠ)、绿松石珠6、猪下颌骨、小石子5	
55	成人1	仰身直肢	西北	双大耳罐(AⅢ)、单耳罐4(AⅡ)	
56	小孩1	侧身屈肢	西北	单耳罐3(AⅠ、2AⅡ)、石壁	
57	成人2	乱葬	西北	双耳折肩罐(AⅠ)、侈口罐(BⅠ)	在H55内
58	成人2	左仰身直肢右侧身屈肢	西北	石壁2、猪下颌骨	
59	成人1	侧身屈肢	西北	双大耳罐(AⅢ)、双耳折肩罐(AⅠ)、侈口罐(AⅠ)、直口罐(B)、单耳罐(BⅠ)、石壁11、猪下颌骨2、小石子62	

续表

墓号	人骨架	葬式	头向	随葬品	备注
60	成人1	仰身直肢	西北	双耳罐（AⅢ）、单耳罐（AⅡ）、单耳罐（BⅠ）、猪下颌骨、小石子55	
61	小孩1	仰身直肢	西北		
62	成人1	乱葬	西北		在H50内
63	成人1	侧身屈肢	西北	单耳罐（AⅡ）、敞口罐（A）、石刀（Ⅰ）、石凿（Ⅰ）、骨凿、羊头骨	
64	成人1	仰身直肢	西北	单耳罐（AⅡ）、豆（BⅠ）、双小耳罐（BⅣ）、器盖（BⅡ）、小石子15	
65	成人1 小孩1	左仰身直肢 右侧身屈肢	西北	尊（AⅡ）、单耳杯（A）、侈口罐（BⅠ）、单耳罐4（BⅡ）、石璧8(均在小石子内)、小石子84	
66	成人3	左侧身屈肢 中仰身直肢 右侧身屈肢	西北	石璧15	骨架涂红色颜料
67	成人1	仰身直肢	西北	双大耳罐（AⅡ）、双耳折肩罐2（AⅡ）、尊2（AⅡ）、折腹罐（A）、侈口罐2（BⅠ）、双小耳罐（AⅡ）、双耳灰陶罐（BⅡ）	
68	成人2	乱葬		双大耳罐（AⅡ）、单耳罐2（AⅡ）、双小耳罐（BⅣ）、石璧	在H58内
69	成人1	仰身直肢	西北		
70	?	?	?	单耳罐（AⅡ）、石刀（Ⅰ）	未见骨架
71	成人2	左仰身直肢 右侧身屈肢	西北	石罐、绿松石镞4	
72	成人1	仰身直肢	西北	单耳罐（AⅡ）、双小耳罐（BⅣ）	
73	成人1	不明	西北	双小耳罐（BⅣ）、单耳罐（BⅡ）、猪下颌骨6	
74	成人1	仰身直肢	西北	单耳罐（AⅡ）、双小耳罐（VⅣ）、小石子43	
75	成人1	仰身直肢	西北	单耳罐（AⅡ）、小石子13	
76	成人2	左仰身直肢 右侧身屈肢	西北	侈口双耳罐3（AⅡ）、双小耳罐2（BⅠ、BⅣ）、侈口罐（BⅠ）、石璧2、小石子64、粗玉石片4	
77	成人1	不明	西北		

续表

墓号	人骨架	葬式	头向	随葬品	备注
78	成人1	仰身直肢	西北	尊（AⅡ）、灰陶豆（BⅢ）、单耳罐4（AⅡ）、折腹罐（A）、双小耳罐（BⅣ）、石壁、小石子11	
79	成人1	仰身直肢	西北		在H61内
80	成人1	仰身直肢	西北		
81	成人1	仰身屈肢	西北		
82	成人1	仰身直肢	西北	双小耳罐（AⅣ）、双小耳罐（BⅠ）、单耳罐（BⅠ）、小石子18	
83	成人1	仰身直肢	西北	双耳折肩罐（AⅡ）、单耳罐2（AⅠ、AⅡ）、双小耳罐（BⅣ）、石壁6、石壁心、猪下颌骨，小石子34	
84	成人1	仰身直肢	西北	单耳杯（A）、单耳罐（AⅡ）	
85	成人1	仰身直肢	西北	玉铲（Ⅰ）、石壁10	
86	成人1	侧身屈肢	东北		在H65内
87	成人1	仰身直肢	西北	双大耳罐（AⅢ）、单耳罐（AⅡ）	
88	小孩1	侧身屈肢	西北	双大耳罐2（AⅠ、AⅡ）、双小耳罐（BⅠ）、绿松石镞3	在H64内

注：随葬品凡未注明件数者皆1件，A、B分别代表泥质红（灰）陶和夹砂湘红（灰）褐陶，罗马字代表式别。

原文刊于《考古学报》1978年第4期

甘肃永昌三角城沙井文化遗址调查

甘肃省博物馆文物工作队　武威地区展览馆

永昌三角城沙井文化遗址，是 1976 年冬季发现的。武威地区和永昌县，为此先后两次派人调查了解，并对遗址采取了保护措施。甘肃省博物馆与武威地区展览馆，于 1979 年 3 月又共同派人对该遗址再次进行了复查。现将复查结果报导如下：

一、三角城遗址

三角城遗址位于永昌县双湾公社尚家沟大队第二生产队西北角约 0.5 公里处，因其形状呈不规则三角形而得名。城西北面有一条古代河道，东北角有高起的土岗。再往东去不远，就是柴湾岗和上土沟岗。这里地势较高，有许多古墓葬。

三角城略呈南北向。城内南北长 154 米，东西最宽处 132 米。城址四周墙基不甚规整，门向南开。由于这里风砂很大，西北风吹来的流沙，被墙基拦挡，故城的四周淤积砂土很厚，形成周围高，中间低的锅底状。墙基厚 6—8 米，现存高度因地势和倒塌而不一致，最高

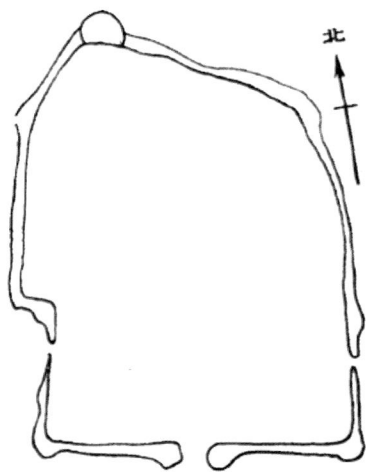

图一　三角城址示意图（约 1/2200）

处达 4 米。西壁和西北角处，都向外边突出，略呈三角，故称"三角城"。东西两面各有一个缺口，位置对称，从墙壁断面和底部观察，并非原来通道，为后期所开。墙壁高处出现红烧土块、木炭碎屑，间或还有碎陶片。在墙壁和基础上，均未发现夯打痕迹（图一）。城内的灰土堆积，以西北角为最厚。1979 年 3 月，我们开了南北长 2、东西宽 1 米的长方形探坑，在距地表 2.2 米深处采集了木炭标本。在城东北角地表下 30 厘米处，发现残铁器一件，形似臿。同时，还征集到铜镞一枚、铜刀一把和几件陶器。现将器物介绍如下：

铜刀　1 件。直刃，直背，直柄。刀身前窄后宽，刀柄比刀身窄，柄端有环。刀长 15.8、宽 1.4—1.8、背厚 0.4 厘米（图三，1）。

铜镞　1 件。三棱式镞体，横断面作等边三角形，三刃向前聚成前锋，镞体三面均有下凹之血槽，槽内互通，无铤，中空。镞长 3.4、孔径 0.6 厘米（图三，3）。

残铁臿　1 件。腐蚀严重，残成数块，按残迹尚能复原。首部两边向上折起，状如凹字

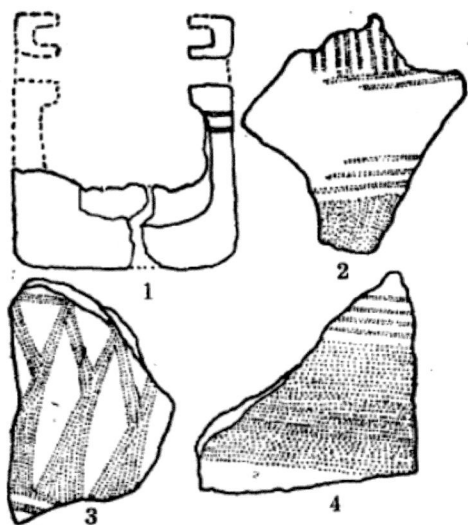

图二　三角城遗址出土器物
1.残铁臿　2—4.彩陶片
（1为2/5，2—4为4/5）

形，首部凹形内有按装木柄的深槽，刃部虽残破，但形状尚清楚可见。残长约6.8厘米，首宽、刃宽均为8厘米（图二，1）。

骨牌饰　1件。圆形，一边稍残缺。正面雕刻花纹，中间是两个圆相套，周围为相连的∽形纹一周，并间有小三角。上边有一圆孔，下边有两个小圆孔，当是系绳佩带的。直径7.1、厚0.4厘米（图三，2）。

器盖　1件。夹砂红陶，质粗胎厚，盖口作喇叭形、束腰，大平底，倒置如器座，表面涂紫红色陶衣，色泽鲜艳。口径11、底径7.6、高7.5厘米（图三，4）。

双耳红陶罐　2件。夹砂粗红陶，陶质较粗，表面有剥蚀，口、耳部微残。唇沿平齐，口稍外侈，颈部较高，宽斜肩，长腹，平底。肩上有两竖耳，表面

着红陶衣。79ys：2号罐，口径10.2、底径8.5、高22.3厘米（图三，5）。

夹砂粗红陶片　40多片。手制，质粗，胎壁较厚，陶坯内含石英、云母很多，并屑和砂粒，陶质一般坚硬。从陶片看，器形多较大。在采集的陶片中，器口部位最多，腹部陶片和鬲足次之，器底很少。此外，还有鬲裆和甑箅残片（图三，6）。

遗址中彩陶片甚少，只拣到很小的3块（图二，2、3、4）。都在橙黄的地色上，施一层粉白色陶衣，用深红色的小点连成细线纹，有的用细线绘成扁长的三角形。这种彩陶纹饰，为沙井文化彩陶的一种，在过去较少见。

另外，遗址上有极少量的绳纹泥质灰陶片，与战国秦的陶质纹饰极相似。

二、蛤蟆墩墓葬

蛤蟆墩在三角城遗址略偏西南一公里处。那里地势较高，经雨水冲刷流失，形成高低不平的土丘，因常有积水而有蛤蟆，故叫"蛤蟆墩"。1978年秋，公社农林场修建房屋时，发现了墓葬。我们对两座残墓进行了发掘。一座墓内仅存一头骨和几根肢骨，经鉴定为40岁左右的男性，其它遗物有木棒（直径4—5厘米）3根和一些芨芨草。另一座残墓从残存的

1.铜刀

2.骨牌饰　3.铜镞　4.器盖

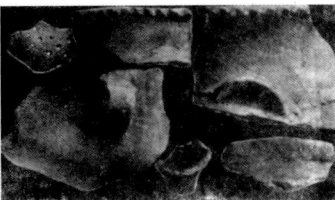

5.双耳红陶罐　6.夹砂粗红陶片

图三　三角城遗址出土器物

墓坑痕迹看，墓口距地表约 40 厘米左右，墓坑为长方形竖穴土坑，上小下大，墓深约 2 米。此墓随葬品较多，计有，铜刀一件，铜牌饰二十二件，铜泡四件，还有马头骨二、山羊头骨四。

下面介绍墓葬中的出土物。

铜刀　1 件。残为两段。弧背，弯刃，柄端有一长方形穿孔，用以固定木柄。长 12、宽 1—1.4、背厚 0.4 厘米（图四，3）。

双连珠铜牌饰　11 件。由六个圆珠纵横

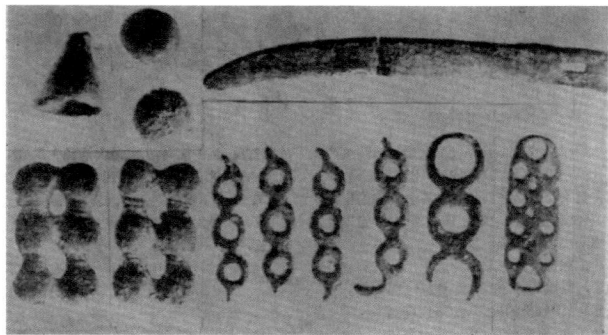

图四　蛤蟆墩墓葬出土器物
1. 喇叭形铜饰　2. 铜泡　3. 锅刀　4. 双连珠铜牌饰
5. 三连环铜牌饰　6. 多孔铜牌饰

相连作长方形，中间有两个扁孔，纵连的两珠间，有突起的三道棱线，背面呈凹状。长 4.5、宽 2.8 厘米（图四，4）。这种铜牌饰，过去曾在青海卡约和下西河的墓葬中出现过（安特生：《甘肃考古记》）。

三连环铜牌饰　8 件。为三个圆环相连呈条状形。环有大有小，大的只是三环相连，环径 1.8、长 4.8 厘米。小的两端有尖状钩形小尾。宽 1、长 4.8 厘米（图四，5）。

多孔铜牌饰　1 件。在长条形的铜牌上，穿有许多圆孔，中间的圆孔排列三行，两端的两个大孔，似是用针线连缀在衣带上的。宽 1.6、长 4.8 厘米（图四，6）。

铜泡　4 件。正面为半球形，背面作窝状形，并有一横梁式的纽，实为纽扣，直径 1.8 厘米（图四，2）。

喇叭形铜饰　1 件。作上大下小的喇叭状，内空向上穿通，出土时孔内留皮屑痕迹。说明是人们身上的佩带物。底径 2.1、高 2.5 厘米（图四，1）。

上述器物，出自一墓，除一件铜刀外，都为装饰品。特别是弧背小刀，带有鄂尔多斯式铜刀的特征。我们从墓填土中采集到一件残筒状杯，底径 6 厘米，残高 9 厘米，夹砂红褐陶，陶质坚硬，表面磨光，外有烟熏痕迹。具沙井器物的特点，它为我们判断文化性质和时代问题，提供了证据。

中国社会科学院考古研究所实验室和北京大学历史系考古专业碳—14 实验室对三角城遗址的木炭标本，进行了放射性碳素年代测定，其结果分别为距今 2675 ± 100 年（《放射性测定年代报告（八）》，《考古》1981 年 4 期）和距今 2600 ± 100 年，相当于春秋早期阶段。

调查：宁笃学　蒲朝绂　赵建龙

执笔：蒲朝绂　赵建龙

原文刊于《考古》1984 年第 1 期

沙井遗址

（瑞典）安特生　著

李勇杰　译　金昌市博物馆

陈星灿　校　中国社会科学院考古研究所

　　发源于南山山脉 [①] 的一条条河流，最终注入了西部的戈壁沙漠。其中水量最大、历史上影响最深远，也最深入西部的，当属额济纳河 [②]。在这条河流沿岸，有大量历史时期的遗址，已经有科兹洛夫 [③]、斯坦因 [④] 和最近的斯文·赫定 [⑤] 考察队（即 1927—1933 年的中瑞西北科学考古团）考察过。

　　这条在规模和重要性上或许位居第二位的河流 [⑥]，在穿过镇番 [⑦] 绿洲之后，汇入沙漠，最终消失在一个或多个盐湖之中。作为该流域重镇的凉州城（武威县），即坐落在由南山北流而下在凉州以北汇聚为镇番河 [⑧] 的几条支流的冲积扇平原上。

　　从凉州到镇番约 90 公里，沙漠的边缘距离凉州 25 公里。从那里向东看，几乎是一望无际的沙漠，向西则全部是荒漠丘陵。河流两岸分布着灌溉水渠、农田和村舍。除此之外，距镇番县城不远的河流两岸的广阔区域，是大片草场。然而，在这里到处都可以感受到沙漠的存在。确切地说，凉州 25 公里开外的区域，越是靠近沙漠，河水越少，只够勉强维系牧场或农田灌溉之用。

　　镇番城繁荣的绿洲为众多人口提供庇护。由于我几乎所有的时间都住在绿洲之外的沙井 [⑨]，我无法了解那里的地形特征，不知道何以在河流两岸的沙漠地区会涌现出繁荣的村庄来。

---

①　"南山山脉"此处特指祁连山脉。——译者注

②　"额济纳"为党项语"亦集乃"的音译，意为黑水或黑河，中国第二大内陆河。——译者注

③　彼得·库兹米奇·科兹洛夫（1863—1935），俄国探险家、考古学家。1907 年，科兹洛夫在内蒙古阿拉善盟额济纳旗境内的额济纳河下游接近居延海地方发现了西夏古城黑水城遗址，发掘文物 3000 余件，其中包括目前仅存的西夏文、汉语双语词典《番汉合时掌中珠》。——译者注

④　马尔克·奥莱尔·斯坦因（1862—1943），原籍匈牙利，犹太人，1904 年入英国籍。世界著名考古学家、地理学家和探险家。1913—1916 年第三次中亚考察期间，在黑河下游挖掘到大批有价值的文物。——译者注

⑤　斯文·赫定（1865—1952），瑞典籍世界著名探险家、地理学家。1927 年，斯文·赫定率领中瑞西北科学考察团在黑河流域进行科学考察。——译者注

⑥　这里指石羊河，系河西走廊第三大河，第二大河是河西走廊西部的疏勒河。——译者注

⑦　即民勤县。下同。——译者注

⑧　镇番河是石羊河的别称。——译者注

⑨　即镇番县沙井村，沙井文化由此得名。今属薛百乡长城村。下同。——译者注

但是，从沙井前往镇番城的路上，我看到绵
延数十里被高大树木包围着的美妙农田，看
来只要得到灌溉，沙漠土壤里的农田也能够
获得丰收。

长城（或者说西部地区的军事防御监控
设施）环绕镇番绿洲的事实本身证明，该地
区的富饶在很早的历史时期即已得到充分认
可。下面我们将通过考古遗址证明，史前人
类也曾一度在此定居。

1923 年，我的采集员白万玉 [①] 在凉州地
区考察期间，听说镇番绿洲附近的沙漠有陶
器及其他遗物。他赶赴当地，在一个名叫沙
井的小村庄，有了非常重要的发现（图一）。
接下来的 1924 年夏天，我从 8 月 8 日至 9 月 6 日一直在探究这片区域。然后，我们又把工作
向西推进到永昌县北部的三角城城址 [②] 内。

因为沙井周边的发现，充分代表了沙井期的存在。该遗址更西的黄蒿井和三角城不在这
里论述，它们即将在有关镇番区域的专刊中予以充分记述。

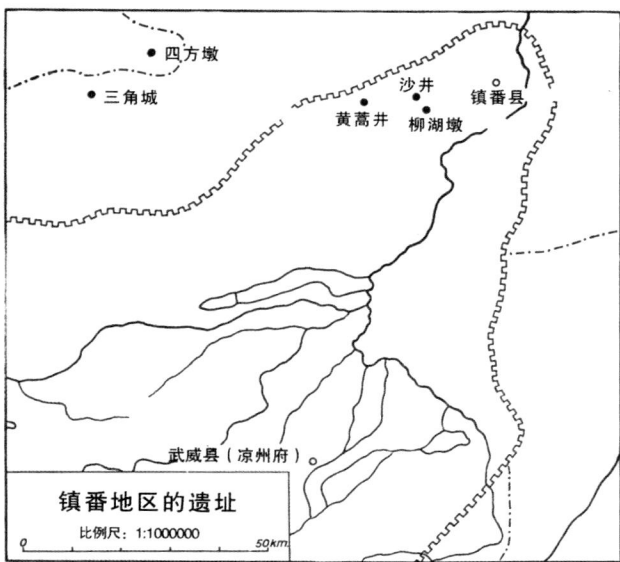

图一 镇番地区的遗址

1924 年来到镇番县，我们没有进入绿
洲即直接赶往沙井。沙井是县城以西 30 里
的一个小村庄。村庄四周是裸露的荒漠。
在几乎平坦的浅灰色黏土地面上，覆盖着
10—15 米高的移动沙丘。井水是沙井村唯
一能够维持人类以及动物生存的可用水源。
所有食物都需要双轮马车从绿洲运到沙井。
这个贫瘠小村庄的生存之道，就是作为一个
歇脚的地方，方便车队将盐池中的盐从沙漠
深处运出来。

考古发掘在沙井村的三个方向展开：西

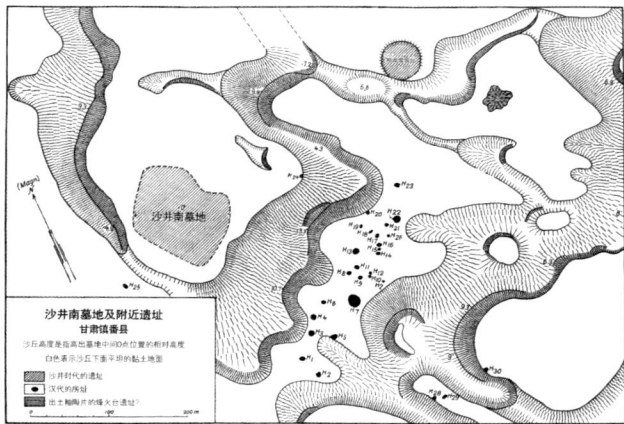

图二 沙井南遗址

---

① 白万玉（1899—1970）中国第一代田野考古专家，20 世纪 50 年代后期曾参加定陵发掘并担任现场指挥。
16 岁开始跟随安特生参加考古调查和发掘，是安特生最得力的助手之一。1923 年，受安特生派遣北上河西走廊进
行考古调查，在镇番首次发现沙井文化遗存。——译者注
② 即今金川三角城遗址，位于甘肃省金昌市金川区双湾镇三角城村，2013 年被国务院公布为第七批全国重
点文物保护单位。——译者注

北方向 3 里，有两处小的发现；向东 5—6 里，则发现重要的青铜器等；向南 5 里，也有了重要的发现。见图二。

该图显示了沙井区的典型地貌：平坦的灰色沙质黏土地上，覆盖着 10—13 米高的、西北——东南走向的流动沙丘。

研究这幅地图的时候，应该记住它只表示 1924 年 8 月的地貌特征。现如今这张地图标注的地形想必已经发生了变化，墓群可能已经被掩埋在标注为 9.3 的大沙丘之下，我看过的许多房址也可能已被掩埋，而另外一些则完全暴露在外。

在这个 800×550 米大小的区域内，我们遇到一个非常罕见的、对我们的研究非常幸运的情况。代表三个不同阶段的特征鲜明的古代遗存，分别埋藏在边界清楚的地表以下，而不是依次叠压在地层深处。

图三

时代最近的遗存是一个高数米、直径约 40 米的小山包，位于地图东部、柳湖墩以南 100 米处（这些遗存用水平线表示）。它很可能是一个已经基本损毁的烽火台的遗迹。这个地方有丰富的带釉陶片，这些陶片几乎没有在其他地方见到过。我大胆猜测，这座烽火台遗迹的年代不会早于宋代，也就是说不早于公元 1000 年。

年代更久远的遗存，是数量众多的小房址，图上以黑点标记及编号（1—30）。这些房屋是用烧过的砖垒砌的。这些砖（灰色或玫瑰红色）很可能是用本地的沙质黏土烧成。砖轻，也不是很坚硬，显然遭受过强烈的风沙侵蚀。见图三：5—7。

在这些房屋遗迹中，还发现了另一种类型的砖。砖重，深灰色，甚至往往是黑色的炉渣砖。这些黑色炉渣砖不仅发现于小房屋遗址，也广泛分布于这一地区的平坦地面。从沙井向西前往黄蒿井这一路上，我看到成千上万的此类砖块。探究这些砖的来源及其所赖以产生的金属工业的类型，将会是留给未来探险者的一项重要工作。图三：4 用原大二分之一的比例展示了一块约 1/4 大小的残砖。这块炉渣砖 4 厘米厚，另一块残砖 5 厘米厚。这些小房址的发现（连同黄蒿井和四方墩的类似发现），将会在有关荒漠发现的专刊中予以详细记述。现在只记述房址中发现的以下三种类型的器物：

1. 典型的汉代灰陶片，浅灰色居多。

2. 五铢钱。

3. 生锈的铁器，大多锈蚀严重。

这些器物发现于小房屋遗址，由此可以肯定，该遗址属于汉代。

现在，我们终于谈到第三种也是最古老的沙井期的发现了：柳湖墩城址和沙井南墓地，二者共同构成了沙井期遗存。

柳湖墩城址靠近地图的上部边缘，沙井南墓地则位于西部。

一、柳湖墩城址

这是一个圆形的直径 50 米左右的建筑（图四）。墙体用黏土修建，黏土显然取自周围平地。随着时间的推移，这种松散的泥墙已经坍塌了，泥土逐渐散开，形成一个缓坡。以至于

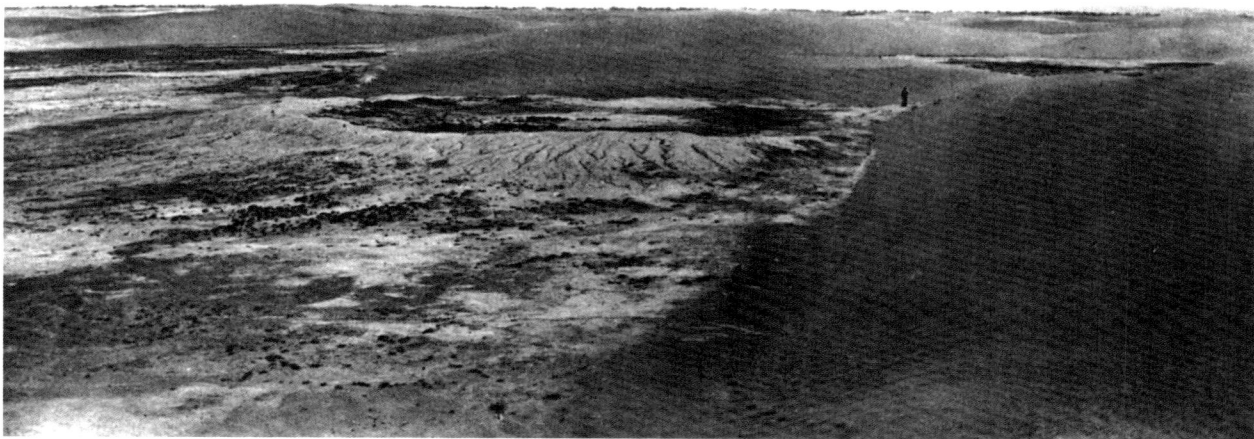

图四

很难设想它在两千多年前投入使用的时候，作为防御工事的样子。

图五是我调查该聚落及其周边区域的一个剖面。最左端是水平黏土地面，紧接着是逐渐抬高的土墙的北部侧面。城圈内部的地面比外面高出 1.5 米，这显然主要是在城堡修建时期，或使用过程中有意无意填埋的结果。同外侧一样，圆形围墙内侧也是缓坡，表明围墙可能也

图五　柳湖墩聚落遗址剖面图

曾向城内倾圮。

图示可见，我们开挖了两条探沟进行试掘。一条探沟接近围墙，掘深 2.2 米，土层是不均匀的砂质黏土，深 1.7 米以上出土沙井类型的陶器及炭屑。其下 0.5 米，没有出土物。

第二条探沟位于聚落中心，掘深 1.4 米，皆为略带沙质的褐色黏土，没有发现包含物。地表 0.5 米以下有两道深色土层，每层约 2 厘米厚，两者相距 8 厘米，下面一层更结实一些。应该强调的是，在聚落中心区域的发掘工作，没有任何收获。柳湖墩聚落中心区域出土物贫乏的情形，与 70 公里外同样属于沙井期更大也更加坚固的永昌县三角城城址[①]相比，表现出惊人的相似性。

值得一提的是，我在这个城堡北部平台的沙质黏土中采集到许多淡水类小贝壳。

二、柳湖墩城址的发掘品

（一）陶器

在这些发现中，最先要评估的是巨大的陶鬲 K6559，见图六、图七，我们将在后文中予以描述。1932 年，这件了不起的复原物被运回中国[②]，另一件标本 K6560，还收藏在这个博物馆[③]。

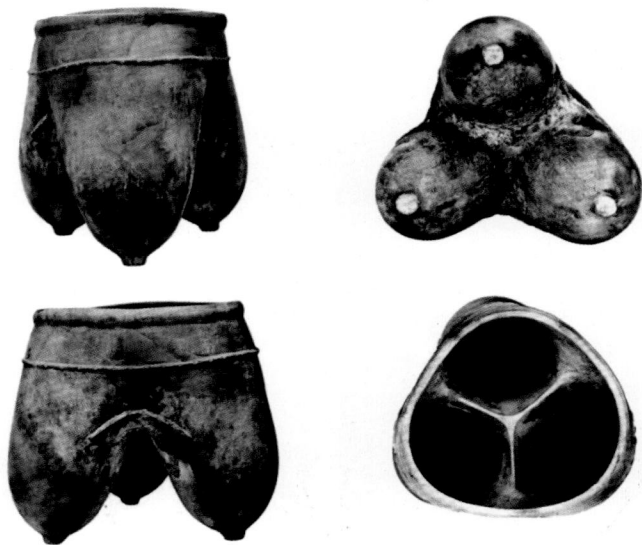

图六   图七

两个小陶鬲，K6561 和 K6558，是由出土于柳湖墩的陶片拼合修复而成的。据说它们都发现于黑色土层中，而黑土层是聚落遗址的特征。

与所有沙井陶器一样，这些陶鬲均为相似的砖红色夹砂陶。外壁呈黑色，可能是由于用于烹饪。

图八：1（K3202）钵状容器的残片。含有丰富的石英颗粒的沙井期陶器，砖红色，壁厚 7—8 毫米。裂缝两侧分布有成对的圆柱形孔洞，表明沙井时期该陶钵曾被打破且经修补。

该陶器的器底显示可能它有与图二〇：6 相似的圈足。

图八：2（K2271）与前述陶器类似的容器残片，有三角形短錾，底部有穿孔。

图一一：1（K6557）白万玉 1923 年。出土于围墙内侧。

钵腹深，有三角形短錾。

高 77 毫米，直径 138 毫米。

---

① 即今甘肃省金昌市金川区双湾镇三角城遗址内的三角城城址。——译者注

② 由于抗日战争爆发，这件陶鬲与其它先后运回中国的安特生在中国从事考古工作的发掘品一样，至今下落不明。参见陈星灿：《安特生当年发掘的文物是如何运出中国的》，《中国文物报》2007 年 6 月 8 日，另见陈星灿：《中国考古学史研究论丛》，文物出版社，2009 年。——译者注

③ 即瑞典东方博物馆。——译者注

（二）石器

图八：5（K2457：4）略微残破的滑石石锅，外壁被煤烟熏黑。可能发现于城墙之内。

（三）骨器

图八：4（K2327：13）围墙内侧地下 0.3 米深处。

圆柱形骨器，由于长期穿戴，十分光滑。有一个大的横向椭圆形孔洞。孔洞边缘，有一些小啮齿动物的牙痕。

图八：6—7，9（K2327：7，8，9）围墙内侧地下 0.2 米深处。缝纫用骨针。

图八：11—13（K2348：4，2327：2，2327：3）围墙内侧地下 0.5 米深处。

骨镞，横截面呈三角形，底部有圆柱状深孔，用于插入箭杆。

（四）金属器物

图八：3（K2327：1）围墙内侧地下 0.5 米深处。

青铜刀，手柄末端有孔。锈蚀严重。长 115 毫米。

图八：14（K2327：4）围墙内侧地下 0.5 米深处。

青铜镞，横截面呈三角形。铤长 14 毫米，总长 41 毫米。

图八：8 几乎完全锈蚀的小青铜器。

图八：10（K2327：11）围墙内侧地下 0.2 米深处。

短金丝，弯曲成马蹄形。

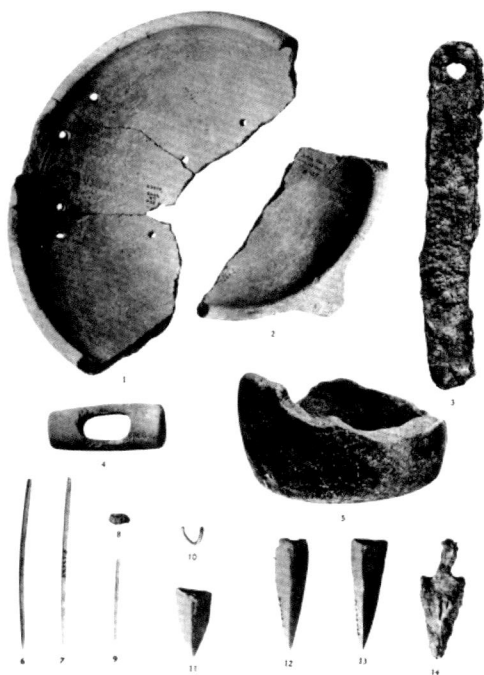

图八

三、沙井南墓地

沙井南墓地位于柳湖墩城堡以西 260 米处，区域长 150 米，宽 130 米，墓地面积大约有 19500 平方米。相比之下，柳湖墩城堡仅占地 3500 平方米。我拿这两个数字进行对比，是因为毫无疑问，生活在柳湖墩城堡的人们死后即埋葬在这个墓地。与狭小的城堡空间相比，墓地似乎出奇地大。

这个地方的地表并没有墓葬迹象，除非

图九　沙井南墓地地图

第26号人骨

第30号人骨

图一〇　沙井南墓地的两个墓葬

当罕见却强烈地降雨以及持续的狂风席卷这片土地之后，当地居民才会注意到有人骨、玛瑙珠、贝壳以及青铜小件暴露出来。正是这一情况在1923年被白万玉了解之后，才带给我们丰富的、不可思议的沙漠文化知识。

图三：1—3是从墓地地表采集的标本。标本1和2展示了两个子安贝壳的出土情况。标本3展示了一块人骨和两颗玛瑙珠。

除了1923年白万玉发掘的墓葬，1924年，我们又发掘了44具带随葬品的人骨架。这些都标注在图九上。只有头骨或骨架一部分的时候，就用一个点来表示。当整个骨架被发现时，标注符号则像一个大头针，圆点代表头部，线条代表躯干的朝向。用这种方法可以从地图上很直观地看出这些墓葬的头部一律规则地朝向北方。

图一〇显示了两个并排的墓葬。

这里只挑选有丰富随葬品的墓葬加以记述。

（一）陶器

图一一：2（K6211）第53号墓，陶器1。

筒形器，口沿略向外弯曲。单耳。

这件器物和下面那件筒状器，给人的印象是在木制容器外盘筑泥土模制而成。

砖红色器皿，粗糙而不规则。

高173毫米，直径115毫米。

图一一：3（K5432）第49号墓。

粗糙的砖红色器皿。近似于圆筒状，靠近上部筒壁略收。双小耳。

高152毫米，直径136毫米。

图一二：1（K6087）小双耳陶罐。下部呈浅灰色，上部施有紫红色陶衣。底部稍扁平。高148毫米，直径124毫米。

图一二：2（K5596）第34号墓。

器形与上一个相似，但高一些，有非常独特的口沿和稍大的双耳。底部更加扁平。砖红色，上部有紫红陶衣。

图一一　　　　　图一二　　　　　图一三　　　　　图一四

高 223 毫米，直径 161 毫米。

图一三：1（K5588）第 39 号墓。陶器 1。

非常粗糙的砖红色夹砂陶。

两耳之间有带状堆塑装饰。

高 164 毫米，直径 180 毫米。

图一三：2（K5597）白万玉 1923 年。

精心制作的夹粗砂陶罐。双耳，耳阔 55 毫米。双耳中间有乳突。圜形底部显示不规则的布纹图案。罐体上半部着紫红色陶衣。

高 223 毫米，直径 279 毫米。

图一四：2（K6176）该罐并非出自南部墓地，它来自东部一块墓地。1923 年，由白万玉发现（白万玉第 4 号墓）。正是这个陶罐与图一三：2 的对比，显示了这两块墓地的相似性。

这个由一大堆碎陶片复原起来的陶罐，器型基本上与图一三：2 那件相似。不同之处是这个陶罐的双耳更加开放。

高 220 毫米，直径 260 毫米。

图一四：1（K5598）白万玉 1923 年。

该陶罐是我们最精美的沙井标本之一，已被收录于 1925 年《甘肃考古记》图版 ⅩⅠ：1。

这个陶罐系常见的夹砂砖红陶，器型与图一四：2 相似，但更高更圆一些。圜形底部有布纹印痕。

双耳以下着棕红色陶衣，双耳底部到陶罐口沿区域绘有纹饰。纹饰图案参见图一四：1，及图一八　K5598。

高 233 毫米，直径 223 毫米。

图一五：2（K5603）白万玉 1923 年。

这是一个大单耳罐（耳长160毫米，宽65毫米）。陶耳对面有水平状三角形錾。

平底有布纹印痕。罐体下部三分之二着紫红色陶衣。口沿和陶耳用相同的颜料交替绘有正三角纹饰和倒三角纹饰。纹饰图案同样参见图一八　K5603。

高225毫米，直径191毫米。

图一五：1（K5470）第13号墓。

该容器器型与图一五：2相似，但单耳对面没有三角形錾。上部覆盖陶衣，下部用相同红色颜料绘有垂直条纹。耳部绘有两道或两道以上的红色水平条纹。

图一六：1（K5468）第21号墓。

大单耳罐（耳长120毫米，宽45毫米）。略微凹进的器底有布纹印痕。罐体下部约三分之二着棕红色陶衣。罐体上部约三分之一用相同颜料绘有纹饰（纹饰图案参见图一八　K5468）。

高171毫米，直径144毫米。

图一六：2（K5471）第43号墓。

器底凹进，有布纹印痕。下半部着棕色陶衣，上半部用相同颜料绘有纹饰（纹饰图案参见图一八　K5471）。

高194毫米，直径172毫米。

图一七：3（K5591）第36号墓。

该罐器型与图一六相似。罐体下半部着棕色陶衣，上半部用相同的颜料绘有纹饰（纹饰图案参见图一八　K5591）。

1

1

1

2

2

2

3

4

图一五　　　　　　　　　　图一六　　　　　　　　　　图一七

高 146 毫米，直径 122 毫米。

图一七：4（K6179）白万玉 1923 年。第 3 号墓。

该罐器型、陶衣及纹饰与前一个罐相似（纹饰图案参见图一八　K6179）。

高 140 毫米，直径 126 毫米。

K2349：151 第 52 号墓。

器型与前器相似，但纹饰略有不同（纹饰图案参见图一八　K2349：151）

K3209.白万玉 1923 年。

与前几个罐形状近似的大罐（直径 166 毫米）。需要特别注意陶耳上的人形图案（参见图一八　K3209），是很有趣的装饰。

图一七：1（K5605）第 30 号墓。陶器 2.

该罐与前几个罐的器形相似，但更接近杯。器身接近圆柱状，通体布满交叉印痕。

高 128 毫米，直径 93 毫米。

图一七：2（K5524）第 51 号墓。

器形与前器相似，但腹部略鼓。与图一七下部的两个陶器相比，器身略苗条一些。全身着红色陶衣。

高 129 毫米，直径 104 毫米。

K5590 白万玉 1923 年。

该罐形状与图一六：1 相似，器底有布纹印痕。器身下半部分着紫红色陶衣，上半部分用相同的颜料绘有纹饰。如图一八　K5590 所示。

高 146 毫米，直径 127 毫米。

K5602　第 24 号墓。

器形与图一六：1 相似。器身下半部分着陶衣，上半部分绘有纹饰。如图一八　K5602 所示。

高 135 毫米，直径 112 毫米。

图一九：1（K2282）陶钵残片，器形与图八：1 相似，但口沿外侧有錾。

这个标本发现于第 41 号墓附近，但也许不属于该墓。

图二〇：2—5（K3203：17，4，13，8）白万玉 1923 年。

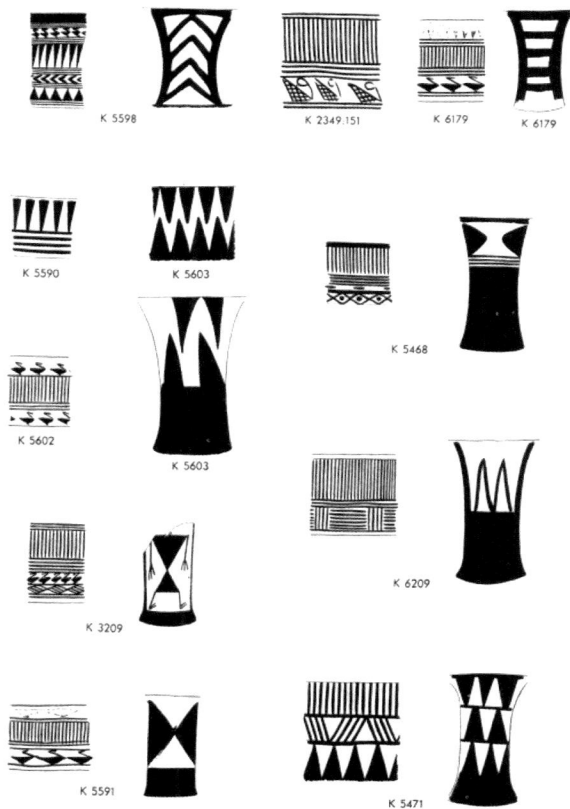

图一八　沙井陶器的彩绘纹饰

耳部碎片，其上有三角形印纹。

图二〇：6（K3201）出土地点不明。圈足钵状容器。

图一九：3（K2288：1）第 23 号墓。

陶罐耳部。

图一九：4（K2294）第 32 号墓附近。

陶器口沿残片。

四、其他沙井遗址的陶器

至于其他的沙井遗址，发现的陶器非常少，在这里再展示几件从这些地点采集的标本。

从东部墓地发掘出一件完整陶罐，图一四：2（K6176），已如上述。

K6209 沙井村东 6 里。

器形如图一六：2，但陶耳对面有三角形錾。纹饰参见图一八 K6209 所示。

高 195 毫米，直径 180 毫米。

图二〇：1（K6190）沙井村东 5 里。白万玉 1923 年。

图一九   图二〇

有三角形纹饰的陶耳部。

图二〇：7（K2293：1）沙井村以东6里。

天鹅戏水图案的陶片。

五、沙井子墓地出土的青铜器、石器等器物

（1924 年已登记墓葬）

（一）青铜器

图二一：1（K2296）

发掘第 35 号墓后，在土层中发现。

柳叶形匕首，末端有护手装置。

该器物表面显示有彩色带状纹饰，某些部分是直的，另外一些部分呈斜交叉状，说明这个青铜器曾被某种织物包裹。

长 104 毫米。

图二一：3（K2283）第 45 号墓。

箭头插入第 45 号墓墓主的脊柱。其横截面参见图二二。

图二一：4（K2276）第 45 号墓附近，地下 0.5 米。

刀柄末端的青铜环（比较阿恩[①]：《滦平和宣化的发现》）BMFEA.N:05,1933年,Taf.1,4,7,8,Taf. Ⅸ,7。

图一九：9—11（K2349：142—145）第 10 号墓。

这是属于第 10 号墓的一组青铜器。

图 10 是一把刀的尖部。

图 9 是一个青铜牌饰，正面呈扁平状三联螺旋纹，背面每个叶片的端部凸起。

与之非常相似的一件（图二三），发现于滦平墓（阿恩:BMFEA.N:05,Taf. Ⅵ,5）。

图 11 是一对青铜管，两头末端有环纹。中间部位管壁变粗，表面光滑。相同类型的青铜

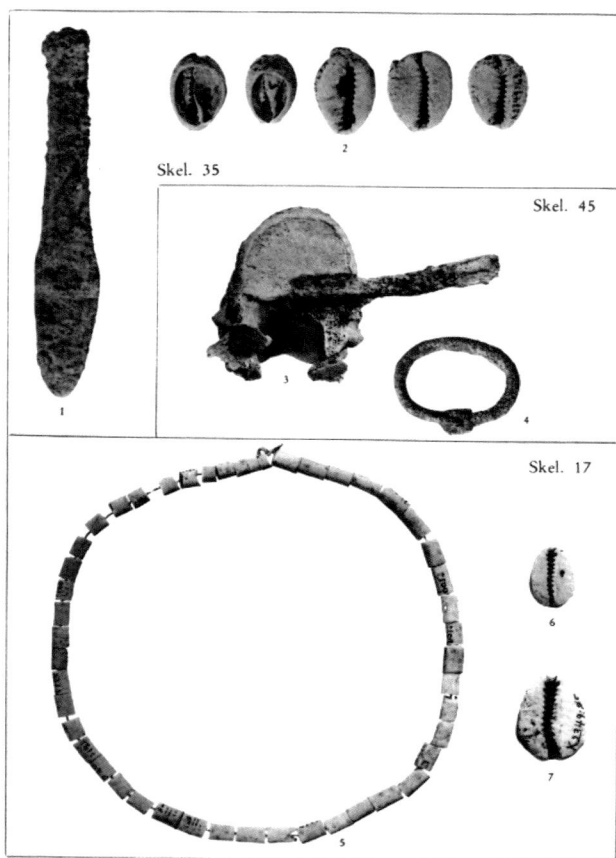

图二一

图二二　青铜镞的横剖面　图二三　滦平墓出土青铜器

[①] T.J.阿恩，又称阿尔纳，瑞典考古学家。1925 年曾在《中国古生物志》上出版《河南石器时代着色陶器》（ Painted Stone Age Pottery from the Province of Honan，China ）一书。——陈星灿注

图二四　大理石器的横剖面

管发现于 1927 年我从绥远购得的一大批鄂尔多斯青铜器当中。

图一九：6（K2349：10）第 11 号墓。

青铜泡。

（二）石器

图一九：12（K2349：12）第 14 号墓。

大理石瑗。外径 100 毫米，厚 4 毫米。

图一九：2（K2304：1，2）第 53 号墓。

中心有孔的深色板岩石器，我们不知道它们的用途。远端与石刀有点相似，但前部边缘比较钝。

图一九：5（K2349：11）和头骨在一起，距离第 39 号墓出土的陶器西南约 0.3 米。

小型大理石石器，背面有凸纽（见图二四），器型略似玉带钩。

（三）珠子

图二一：5（K2349：93—140）第 17 号墓。

白色管状珠，硬质矿物，可能属于硅酸盐类。

图一九：7（K2349：69）第 35 号墓。

豆形，稍扁平的绿松石珠。

（四）子安贝壳

墓葬中发现了一些子安贝壳，它们正面都被磨平，背部开洞。这里只展示少数几个标本。

图二一：2（K2349：62，63，64，65，68）第 35 号墓。

五个子安贝壳。

图二一：6，7（K2349：85—86）第 17 号墓。

两个子安贝壳。

图一九：8（K2349：60—61）第 33 号墓。

两个子安贝壳。

六、白万玉 1923 年在沙井南墓地发现的器物（大多数可能采自地表）

图二五：7（K4103：134）。

青铜管，与 10 号墓的发现物相似。

图二五：8（K4103：132）。

青铜双联珠。

图二五：3，4（K4103：136，126）。

青铜泡，图二五：4由8个小圆珠纹环绕着中央大圆珠。

图二五：16，17（K4103：128，127）。

青铜环。直径2毫米。近似的环在滦平和宣化的墓葬很常见。参见阿恩上引文图版Ⅵ和Ⅺ。

图二五：1（K4103：131）。

金丝，弯曲成环状。

图二五：14（K4103：159）。

砂岩石刀残片。

图二五：2（K4103：1—20）。

大玛瑙珠，颜色深浅不同。

图二五：6（K4103：122）。

16枚圆柱形珠子，白色硬质材料。

图二五：10（K4103：124）。

矮圆柱状白色珠子。

图二五

七、沙井东墓地

1923年，在沙井村以东5里，乃至6里的地方，白万玉有了非常重要的发现，特别是在青铜器方面。陶片虽然很少，但4号墓的发现，非常有益于和白万玉在沙井南墓地的发现相比较。在4号墓发现的大陶罐（图一四：2），与白万玉1923年在沙井南墓地发现的陶罐（图一三：2）惊人地相似。

图二〇：1，典型沙井陶器的器耳，发现于沙井村东5里。

图二〇：7，一块天鹅戏水图案的陶片，发现于沙井村东6里，是我们最好的带有鸟形纹饰的沙井陶器标本之一。

K6209（图一八 K6209）发现于沙井村东6里，与沙井南墓地43号墓出土的陶器（图一六：2）相似。

两个墓地出土的青铜器、珠子等等都是一样的，毫无疑问，二者均属于沙井期。

1924年，我没有时间在这一区域做细致的工作。但经过与白万玉的一次短途考察之后，我确信两个墓地相似的。

1923年，白万玉遇到一位村民，这位村民卖给他一些青铜器。如图二六所示（K4106：1—6，有两件与K4106：1相似）。

图二六：1（K4106：6）是一个大形四叶"铜泡"，或者说是一个背部有粗壮角状十字桥

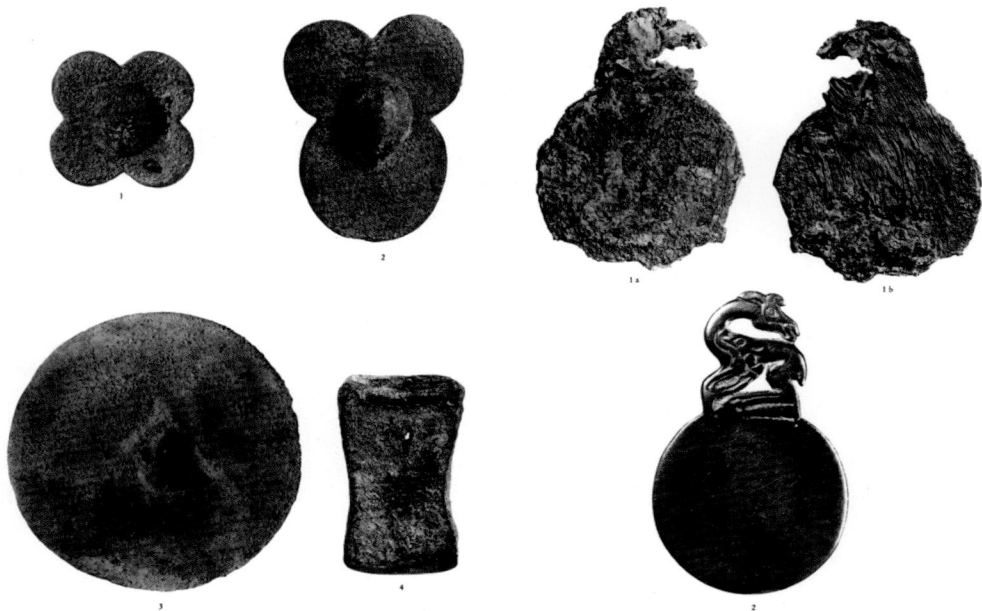

图二六　　　　　　　　　　　　　图二七

形缀饰。另外两件 K4106：4—5，器型与之完全相同。

　　图二六：2（K4106）器形与图二六：1相似，三片叶更大、更长一些。背部只有一个竖立的角状桥形凸起。

　　图二六：3（K4106：1）青铜圆盘，略微凸起一面中央有环状钮。

　　图二六：4（K4106：2）青铜锛，上下两部分略不对称。在靠近上部边沿的部位，有一个16毫米长的不太显眼的纵向孔洞。

　　那位卖给白万玉六件青铜器的人，把他带到发现这些器物的地方。白万玉在此发掘，发现了大量青铜器。见 K4105：1—37。

　　图二七：1 （K4105：37）一个高度锈蚀的青铜圆盘，直径71毫米、厚3毫米。圆盘边缘连接的第二部分，底宽35毫米，高29毫米。这部分已经完全锈蚀，只有底部的形状依稀可辨。

　　整个器物被包裹在一块布当中，两面皆可看到布纹，实际上覆盖了这个器物的大部分。如图1b所示。

　　幸运的是，我们有一件精美的收购于北京的鄂尔多斯青铜器，编号为 K10.329（图二七：2）。它大致告诉我们这件锈蚀的镇番沙漠青铜器的性质。我不是说这两个动物是一样的，但显然那个和 K10.329 上的动物相似的动物是附着在镇番铜盘上的。

　　图二八：2（K4105：13）。

一件与我的《狩猎巫术》[①]图版 XXV：10
所示类型和大小相同的青铜牌饰。我们的标
本（4件）均已高度锈蚀。但毫无疑问，它
们和我在上面谈到的《狩猎巫术》图版所展
示的那件铜器一样，都有相似的龙形纹饰。

图二八：3（K4105：17）。

青铜器残片，背部有桥状凸起。

图二八：24（K4105：18）。

青铜三联珠残片。

图二八：18、19（K4105：24，23）。

青铜管。

图二八：21（K4105：20）。

青铜泡。

图二八：30（K4105：12）。

细长的青铜器物，靠近末端有穿孔。

图二八：27（K4105：9）。

青铜环。

图二八：25（K4105：26）。

青铜环。

图二八：26（K4105：5）。

图二八

在空心骨管上的雕刻，可能代表一个猫科动物的头。

在这里，我们已经描述了白万玉发掘的 K4105：1—37 中的 10 枚铜器，它们都是从沙井
村东 5 里的地点发掘出来的，也就是村民声称发现图二六所示青铜器的地方。虽然没有足够
的证据表明所有这些器物均属于同一座墓葬，但这种可能性也不是不存在。其中的两件，如
图二七：1 和图二八：2 所示，是典型的鄂尔多斯青铜器；图二八：26 的骨管雕刻也与鄂尔
多斯青铜器风格吻合。

1924 年 8 月 27 日，在距 1923 年发现 K4105 青铜器不远的地方，白万玉发现一些器物。
一部分在地表拣拾（a），一部分发掘自胸部骨架之上（b），编号 K2321[②]。

---

① 见 J.G. Andersson, Hunting Magic in the Animal Style, in BM-FEA, No. 4, 1932.——陈星灿注。

② 原文注释：It is stated on a label that this find K2321 of 1924 was made only 8 feet from K4105 of 1923.
However, the distance from Sha Ching is 5 li for K4105 but 6 li for K2321, simply an instance of the inaccuracy of
the natives. 译文：据标签，1924 年发现的 K2321，距离 1923 年发现的 K4105 只有 8 英尺。然而，从沙井村到
K4105 是 5 里，从沙井村到 K2321 却是 6 里，说明当地人有关距离的表述是不精确的。

图二八：4（K2321：12—13b）。

青铜牌饰。

图二八：17（K2321：5b）。

青铜泡。

图二八：20（K2321：2b）。

青铜刀残片。

图二八：28（K2321：2a）。

青铜环。

图二八：29（K2321：10b）。

青铜双联珠。

图二八：9，10，12（K2321：4a，3a，1a）。

珠子。9、10属于玛瑙珠，12是白色珠子。

K4104：1—88所示器物，白万玉1923年采集于沙井东5里的地方，绝大多数可能是从地表采集的。

图二八：1（K4104：1）。

中间穿孔的大理石圆盘。

图二八：6（K4104：83）。

青铜器。

图二八：5（K4104：43）。

白色硬质管状珠子。

图二八：7，8，14（K4104：68，70，71）。

绿长石坠饰。

图二八：13，15，16（K4104：72，73，75）。

绿色珠子。可能是绿松石，但很坚硬。

图二八：22（K4104：88）。

非常小的绿松石珠子。

图二八：23（K4104：7）。

金丝制做成的戒指。

八、沙井诸地点出土的器物

图二五：11（K2313：11）。

硕大的青铜泡。

图二五：5（K2313：12）。

青铜泡，中心有凸出的圆珠纹。

图二五：13（K2313：19）。

穿孔大理石器。

图二五：15（K2313：16）。

椭圆形石器，一端穿孔。

图二五：9（K2314：3）。

灰绿色珠子。

图二五：12（K2313：43）。

各种材质的珠子。

图二〇：8（K2457：5）。

有孔石器。权杖头。

图二〇：9（K3199：1）沙井南墓地。

砂岩磨刀石。长93毫米。

图二〇：10（K2313：7）。沙井村地表。

红色细砂岩磨刀石。长88毫米。

图二〇：11（K2309：3）。沙井村东6里，人骨旁边。

红色砂岩磨刀石。长87毫米。

图二〇：12（K2295：1）。沙井村东6里。人骨旁边。

黑色细云母砂岩磨刀石。长85毫米。

以上我们描述了沙井诸遗址形色各异的出土器物。其中有些是白万玉1923年的第一次考察期间在地表采集的，有些是1924年我们发掘并仔细记录的。

虽然只有沙井南墓地经过系统发掘，但是沙井东墓地的几件随葬陶器和同墓地发掘的青铜器、珠子等等，与沙井南墓地的出土物如此相近，毫无疑问两个墓地代表同一个考古时期。

我们在该区域发现的沙井时期的唯一居址，是有城墙的柳湖墩遗址。其丧葬习俗，与我们所发现的早期各阶段皆不相同。从仰韶以来的诸阶段分析：该聚落也同其他阶段的居住址一样，地层是"黑土"，这是当地土壤和灰烬及炭屑的混合物。在这种独特的土层里，我们发现了大型陶鬲和有三角形短錾的钵，这些东西从来没有在墓地发现过。在这里，我们再次发现墓地出土陶器与聚落遗址出土陶器之间的差异，正如我们在甘肃其他史前文化遗存中的发现一样。

要确定沙井期的时代，陶器的作用不大，因为我们没有在其他地方发现类似的陶器与之进行比较。

幸运的是，青铜器为我们提供了某种校正信息。图一九：9和11，图二七：1以及图二八：2，皆属于典型的鄂尔多斯类型。

图一九：9 出自沙井南墓地第 10 号墓，与出自滦平的一件青铜器几乎完全相同。详见阿恩：1.c PI.Ⅵ，5。

虽然图一九：11 的青铜管不属于任何本地化的发现，但却毫无疑问属于鄂尔多斯青铜器范畴。这也同样适用于图二七：1 的青铜圆盘和图二八：2 的龙纹牌饰。需要特别指出的是，后两类代表了高水平的鄂尔多斯青铜器艺术。

无疑，我在我的论文《狩猎巫术》中引用的数量众多的青铜器，代表了我们所说的鄂尔多斯青铜器的各个阶段。在未来某个时候，将有可能为这些器物分期并建立一个详细的年表。但是目前，我们不得不采用高本汉[①]的结论，即将以动物风格作为一个整体的鄂尔多斯青铜器的起源，确定为最晚出现在公元前 300 年前后。但是，另一方面，这种动物风格的起源可能要早得多。殷商青铜器某些刀柄上就有这种动物头部装饰，其形状与我们熟知的北方草原动物纹青铜器上的所见并无不同。

对沙井期作出进一步明确年代判断的方法，就我们所知，是在沙井期的墓地和"黑土"中没有发现铁器，这与同地区汉代遗址中经常发现大量铁器形成鲜明对比。正如在我们的最后一章充分说明的那样，我们因此把沙井期的可能年代下限，定在公元前 500 年[②]。

本章还有一点观察需要说明。正如我们将要在第 30 章更充分看到的那样，日本考古学家在热河红山后发现了一个"石棺墓文化"，也出土了鄂尔多斯（绥远）青铜器，但是同出的陶器却与沙井陶器有较大区别。这是地理原因还是由于时代差别，我们现在还不能肯定。

原文刊于《南方文物》2016 年第 4 期，转载时根据陈星灿先生在译著《沙井遗址》中的最终核校，由译者进行修订。

---

① 高本汉（1889—1978）瑞典皇家人文科学院院长、瑞典皇家学院和丹麦皇家学院院士，欧洲著名汉学家、文字学家。1939 年接替安特生，担任瑞典东方博物馆第二任馆长，及斯德哥尔摩大学教授。高本汉执掌博物馆 20 年间，继任博物馆馆刊编辑工作，完成安特生中国考古成果系列的编辑出版。——译者注

② 20 世纪 70—80 年代金川三角城遗址考古出土铁器表明，沙井文化延续到了铁器时代。详见甘肃省文物考古研究所：《永昌西岗柴湾岗——沙井文化墓葬发掘报告》，甘肃人民出版社，2001 年 12 月。——译者注

柳湖墩遗址

柳湖墩遗址，位于武威市民勤县薛百乡薛百村西南6公里。1923-1924年，瑞典人安特生最早在此调查并发掘。1948年，裴文中带领西北地质考察队对柳湖墩及周边地区同类遗存进行了调查，首次提出了"沙井文化"的命名。柳湖墩遗址分布于沙丘间，面积约1.5万平方米，文化层厚约0.3米。现存遗址大部分已被沙丘覆盖，在沙岭间平地上暴露有大量夹砂陶片。出土陶器均为手制夹砂粗红陶，器形有单、双耳罐、单耳筒状杯、鬲等。纹饰有绳纹、条纹、三角纹或鸟纹。青铜器有刀、三棱锥、镞等，另有金耳环、绿松石、贝等装饰品。遗址保存较好，对研究沙井文化及边疆地区青铜文明有重要价值。1981年，柳湖墩遗址被甘肃省人民政府公布为省级文物保护单位。

图文：编者

河西考古杂记（下）

阎文儒　北京大学

一、安西南湖与双塔堡考察记

由敦煌城东行，十五里老爷庙。庙西有大墩，墩前有五小墩，为清时所设置。二十五里新店子，从此以东入戈壁中，无人居住。新店子东有盐池，产量丰富，就是《沙州图经》中所记的东盐池。东行疙瘩井子、甜水井子、瓜州口，到安西县城。

十二月六日，夏先生和我赴安西南湖一带，考察各旧城和榆林窟等遗址。出城南行三十里十工。由此入山，行三十里，出山入南湖界。草滩辽阔，红柳丛生。十里温家庄，住户数家，系半耕半牧。其东南为破城子，城已荒废，四周城垣尚完整。东西长一百二十六公尺，南北长二百三十四公尺，城垣高近六公尺，厚约三公尺六寸。东垣有小洞二，南垣有关口，约六、七公尺，西垣也有两处残阙，北垣有门，门外有瓮城，瓮城外有一小堡。东北角有瞭望台，为近代人所筑。城垣有的地方凡九公寸就杂有芦草一层，作法与汉烽燧相同。旧志上说是"汉广至县"，颇为接近。

由此东行，二十里至踏实堡。下榻乡公所内，特走访堡内吕金榜，询陈万里先生西行时所见到的以象牙雕刻的佛传故事。吕云早已遗失，不知下落（按：这象牙雕刻品，解放后已由当地群众交给政府，现藏安西县民教馆内）。

八日，调查踏实堡土城。城垣高约七、八公尺，每面长约二五二公尺，开东、南二门。城内没有居人，仅遗存庙宇多所。东门内路南，有鳌神庙，内系踏实仓库。壁上还贴有同治三年安西直隶州知州为纳粮不得掺青稞杂粮的告示。已废的仓房，形制与敦煌大方盘城略同。后壁有因通风而特作的洞穴。南门瓮城东垣下有小屋，前壁嵌石碑二块。南边的碑刻文如下：

踏实堡在安西新城之东南八十里。近接雪山，与石包城通。一望平衍广袤，洵街隘要区也。雍正五年奉命建造安西镇城，并立堡城。于是委员分任厥职，兴筑踏实堡。则峡口守备金荣福，洋县丞吴岠，提标千总包得宁，实董其事焉。堡城四周一里八分，有东西二门，城上有门楼、角楼，城内建置守备、把总官廨各一所，兵房四百间。自雍正五年七月督率所役经营物料，雍正六年三月筑造城垣，兹于七月告工竣焉。爰勒碑以记其事云。大清雍正六年岁次戊申孟秋月吉日立。

从这石碑文字中，可以证实敦煌建城和安西建城的年代确都是雍正三年以后的事。石碑所记安西筑城的年代，与敦煌随笔（常钧纂）所记的正合。又由碑文中可知去包石城，踏实堡是必经的道路。堡城的建造，主要是为驻兵，所以城内没有民居。

九、十两日，到榆林窟调查。十一日，由踏实堡出发，东行入戈壁。四十里平头树。十里桥子。夜宿张姓家。

十二日，赴锁阳城。文献记载叫苦峪城，北距桥子约十五里。城附近生有"锁阳草"，地下茎，当地人常掘以食，锁阳城或者因此得名。城垣残断，风穴颇多。城西沙丘累累，高与城齐。塞外流沙为风所吹，遇有小堆积物，渐积渐高，因而成丘。红柳又丛生其上，沙愈高而茎也随之上生。故锁阳城内的大沙丘，都有红柳生其上。据斯坦因测量城的遗址，北垣长二千英尺，南垣长千三百英尺，东垣二千英尺，西垣一千八百英尺。有西、北二门。东垣内，距六百英尺处有长垣一道，分为内外二城。城内稍南有土屋，建于土丘上，想系为后人所建造。

锁阳城，各书记载仅及于明。然其创建，必不自明始。踏实人韩多禄，曾于城中得"熙宁元宝"和"皇宋通宝"钱。在桥子时，张保长携由锁阳城出土的一大陶甕来，口径三十公分，腹周一公尺四十五公分，高四十七公分，外有绳纹。以形制、花纹来看，似系唐或唐以前物。城南戈壁南山下有双墩子。城西二十里戈壁有四墩子。据当地人说："每二墩成一对，墩后有四方形的围墙，墙内有沙堆。"以二处土墩的形制和围墙内沙堆的状况来看，与敦煌沙山下唐墓的情况相同。又城东近三里处，有土塔十。其一较高，近九公尺，其余九塔较小，建于大塔之北。大塔的形状，与莫高窟河东的塔形同。从其他小塔中发现以范制成的小土塔，也和三危山下塔内发见的小土塔同。又大塔南有寺院遗址，并有琉璃瓦，散乱在地上。从这些遗迹遗物推测，可能是元代的建筑物。《敦煌杂钞》上记，在此曾发见半截碑，大意记述张义潮收复河湟，大兴水利，和歌颂曹义金等语。又大慈恩寺《三藏法师传》卷第一上记玄奘法师到瓜州时，询问向西的路径云："从此北行五十余里，有瓠卢河，下广上狭，洄波甚急，深不可渡。上置玉门关，路必由之，即西境之襟喉也。"今由桥子到土葫芦村的路径，与《三藏法师传》所记的几相符。那么，锁阳城或者就是唐代的瓜州城。

十三日，由桥子起行，七、八里桥子有旧堡。附近多泉，因而水草丰美，居民多半耕半牧。东北行五十里土葫芦村。葫芦河发源在村南三里余的诸泉中。唐岑参诗"葫芦河畔泪沾巾"，不是指这条河，就是指疏勒河而说的。时朔风凉冽，透人肌骨，虽著重裘，几仍不能支持，因到土葫芦村一住户家中烘火取暖，并吃些干馍馍，然后前进。沿河西岸北行十余里，双塔堡。当晚宿于堡外居民甄姓家。

双塔堡有一土城，四面各长约一百五十九公尺。堡中无居人，只有龙王庙、昭忠祠、关帝庙等建筑。清时在此地驻千总，所以各庙中俱有千总提名。葫芦河经堡城东，折北入疏勒河。河西流三里余入乱山。河南山上有双塔，东西相距二百公尺，下方上圆，高约五公尺。双塔堡，或者就因此塔得名欤！

关于唐玉门关问题，古地志和现代都有记载或考证，但究竟在什么地方，还不能肯定。

不过今天许多人的意见，一致认为苦峪城是唐瓜州城（原因是据玄奘法师的口述，唐玉门关在瓜州城北五十里。而岑参首蓿烽寄家人诗注上也说"葫芦河上狭下广，回波甚急，上置玉门关，西域襟喉也。"关既然在葫芦河上，无论唐葫芦河是今天的疏勒河或者是葫芦河，总之不会在疏勒河北岸的北山以北。既然关在双塔堡附近，瓜州城似应在关南，玄奘之说，最为可靠）。由瓜州城向北，以慈恩寺《法师传》上说："……于是束装，与少胡夜发，三更许到河，遥见玉关。去关上流十里许，两岸可阔丈余，傍有胡椒丛，胡乃斩木为桥，布草填沙，驱马而过。"今由桥子北行五十里到土葫芦村，若昏夜出发，夜半是可以到达的。玄奘所记的里数和时间，都相当的符合。又说，去关上流十里许，有胡椒丛。今土葫芦村南河源处，有胡桐树林，不知是否为玄奘所记的胡椒丛。又土葫芦村距双塔堡约十里，若双塔堡是唐代玉门关，也是比较接近的。只是由瓜州到双塔堡的总里数，有些不符。可是在关外的里数，由于人烟稀少，是不易精确的。大致来说，唐玉门关位置，在双塔堡之说，最为可靠！

另外，还要说的是"首蓿烽"问题。斯坦因说：玄奘所记的第一烽，就是今天由安西去星星峡中途的白墩子（一九一二年《通报》发表的《玄奘沙州伊吾间之行程》）。斯的说法，与玄奘所记的里数及岑参诗中所记的情况是不相符合的。据慈恩寺《三藏法师传》上说："关外西北又有五烽，望候者居之。各相去百里，中无水草。（过瓢卢河后）……经八十余里，见第一烽。"又以岑参："首蓿烽上逢立春，葫芦河畔泪沾巾"的诗来看，首蓿烽与葫芦河是毗连的。白墩子在北山以北，距安西城西北九十余里（据陶葆廉《辛卯侍行记》）。双塔堡到安西城近一百二十里。如玉门关在双塔堡附近，其间距离约二百余里，与玄奘所记八十里相差太多。以我们考查的路径，由双塔堡西行到小湾约五十里，小湾东约五里，南山下有一大墩，既非汉时的烽，也不是清的塘汛，高约十公尺，墩基南北十二公尺，东西十一公尺，虽系建筑物，但不杂以菁草，或者是唐的烽墩。由土葫芦村到此，约六十里，又在疏勒河的南岸南山山麓下，与岑参所记的也相符合。这个烽墩，或许是第一烽——首蓿烽。与斯坦因之说，似乎相去太远。

双塔堡东有葫芦河，北有疏勒河。疏勒河北为北山，远望有大烽墩二，一在河岸，一在山上。堡西十余里，河南岸，有大墩一，小墩五。据说是清时的卡汛。三十里沙枣园，从此而西傍南山，每距十里，有烽墩一处，经安西，直到瓜州口。二十里小湾，七十二里安西城。

这次考察，主要为调查榆林窟（已另有文发表），以及三危山南，所谓安西南湖的各遗址。归时由葫芦河到双塔堡，转向安西城，对于玄奘当时由瓜州到玉门关的路径，又得一初步的认识。时届隆冬，返安西城后，即搭车转赴酒泉及永昌矣。

二、永昌及黄城滩考察记

一九四五年七月，又出河西。二十六日，抵永昌县。永昌，汉属鸾鸟县。后汉置显美县。晋永嘉中改焉支县。唐神龙中于故鸾鸟城置麟嘉县。宋时隶西凉府。元置永昌路。明为永昌卫，隶陕西行都司。清属凉州。

永昌，金石最早者为文庙成化四年碑。关帝庙，有万历四十一年参将李乘诚重修碑。城隍庙佑圣观，亦俱有明碑。而文庙则有《敬一箴》，嘉靖五年六月二十一日刻。《程氏四箴》，亦嘉靖时刻。又有康熙四十一年正月之御制训饬士子文。东门外荒冢旁有碑，刻："湟中祁将军手刃三虏孤军战胜处"。碑阴记年为："万历岁次丁巳孟夏吉旦"。《永昌县志·艺文志》有《祁忠勇公战功碑记》。其文云："将军讳秉忠，西宁人，由袭土司参镇吾泳"等语。城北二里许有金川寺。内有崇祯十六年，"重修万灯社记碑"，及康熙元年、康熙二十二年二碑、乾隆四十四年一碑。

黄城滩在祁连山中，距永昌城一百二十里。元永昌王于此筑城，故曰"皇城"。由此西越雪山，三日程，至青海亹源县。通青海之路，除甘州扁渡口外，此为极重要之隘口。

二十九日，西北畜牧公司负责人汤象龙先生代为准备乘马三匹，出永昌南门，向南山进发，远望雪山隐约可见。三十里头坝沟堡，即由黄城滩中流出之涧水，至转涧口中支流成九渠，此则头渠也。河西称渠亦曰坝，故曰头坝沟。堡建于明洪武中，为出青海入山之要路，故堡极坚固。入山沿涧水行，虽无大陡坡，然湾路起伏，亦颇困难。三十里沙沟寺，土地平广，成小冲积平原，有番民二十七、八家，俱在河东。其西岸为沙沟寺，喇嘛颇多。汤象龙先生主办之西北畜牧公司于此有牧场，因宿其处。

沙沟寺，建筑辉煌，四门外壁，画四天王像。寺内正殿为二层楼，如天主教之礼拜堂。寺中有一木杆，上有一月形圆板，悬以绳，中挂白布，印有番文经。形若旗帜，此即如佛教石幢之一种。至番氏院中，亦俱有此物。

三十日，更入山，赴黄城滩，仍沿涧水上行，地势渐高，涧水流下颇急，激荡之声大显。两岸绿柳丛生，河滩中有猎人帐幕，人行其中顿觉轻快，马兰花遍地丛生，若绿茵，若翠毡，雪山渐近，阵云成雨，非若山外之暑气逼人也，四十里黄城滩，滩颇广，东西百余里，南北二十里，土壤肥沃。惟地势高寒，不能种穀，细草如茵，诚畜牧之佳地，无怪之永昌王于此筑城。黄城亦称皇城，蒙语曰，斡尔朵城。《永昌志》云，斡耳朵古城，在县南百二十里。元永昌王筑，一名黄城兜，土人本呼为皇城，以其僭，故今从黄字也。城南距一里余，有避暑宫，其方址犹可识。由沙沟寺至黄城滩，东北端距黄城仍近二十里，故县志云：城距永昌县城一百二十里。

黄城有二，其北者曰：下皇城，南者曰上皇城。下皇城，为当日驻军之城，上皇城为永昌王宫城。下皇城东西垣长三百八十公尺，南北长四百公尺。其东北角有小城，仅可南通上皇城。上皇城南北长三百三十四公尺，东西长三百五十公尺。城中有宫殿遗址，高于地面者约二公尺，有前后二殿，中有甬道，长十五公尺。前殿柱石尚存，碎瓦颇多，间有埋于地下之琉璃瓦碎片，前殿通南门有甬道可辨。上皇城仅有东、南二门，南门外半里余，有方形土堆，不知当日为何处。又《永昌县志·古迹》条云："有永昌王墓，在县东南百二十里。其侧有墓二，俗呼娘娘坟"。今皇城南山下，西北畜牧公司垦殖场之房屋前，有大土堆，去岁于此堆中掘洞得骨骼一具，余无所获。予与夏作铭先生入洞观之，似为墓中之一隅，则此即永昌王墓欤？

皇城之东，有土山突起，其上有城垣，土人名之曰：梳妆楼，谓为永昌王妃梳妆处。实则以地形言之，筑碉堡于高山，当为瞭望防守之所，梳妆何得另筑一城，传说之失实，可见一斑。由此入南山中，东行屈折而南，初入山沟曰庙儿沟，为祁连之阴，杉柏林立，草木丛生，河西人俱以此森林，为建筑之栋梁。惜乔木极少，无人保护。

上山二十里许至庙儿嶂；宿刘姓牧场内。刘姓武威人，黄城滩中之富户。山顶颇寒，虽为仲夏溽暑，然山中仍须生炭火，著皮衣。东南望大雪山如在目前，而回望永昌之东，大河萦回皇城滩中如一带，斜阳辉映，雪山顶眩耀夺目，如水晶，如耀金，浓雾环绕翠岩间，毛牛乱草山坡上，诚祁连中之美景也。

祁连上牧场极佳，惟水较少。若庙儿嶂则由远处载水，以毛牛负之。倘有大量资金，开发林牧，此山之利正不可限。

三、民勤县（镇番县）考察发掘记

民勤县昔为匈奴休屠王地。汉置武威县。唐属姑臧县。明置镇番卫，隶陕西行都司。清因之，设镇番县。今改为民勤县。县治在武威县北一百八十里，车行三日程。八月五日，由武威出发，北行六十里钟家大门。六十里香家湾，亦名黑山堡。七十里民勤县城，遂下榻于县政府中。

民勤县城东北隅有地藏寺，为今日民勤佛教圣地。寺内有崇祯三年，武昌府通判李养才撰之《重修地藏三菩萨殿宇序》，及清康熙三十九年《移修地藏寺碑记》。南门内有圣容寺，山门题额为"天启五年，钦差分守镇番等处地方参将官维贤献"。寺中大殿，亦明代建筑，庑东有崇祯六年六月孟良胤撰之《重修圣容寺碑记》。庑西有嘉靖三十一年浔阳柳子介撰之"补建修圣容寺碑"。据道光二十三年匾额书云："成化五年重修，嘉靖三十年又重修，天启四年又重修"。正殿廊下有钟八角，曰八音钟。土人云："每敲一角有一音，故曰八音。"又有正德三年铸之铁钟。山门外钟楼上有明正统四年铸之铁钟。城东南隅有城隍庙，亦明建。有万历二十八年李茂魁撰《重修城隍庙记》。又有康熙二十四年李映业撰之《重修城隍庙碑记》城隍庙东有道德庵，内有康熙三十三年夏四月刻之《太上感应篇》。东门内东南隅，有关帝庙，大门题额，为崇祯元年冬季立。大殿建筑与圣容寺同，俱前庑起脊，成一屋形。脊梁有文云："大明天启四年岁次孟冬吉旦。钦差平羌将军镇守甘肃总兵都督金事董继舒，分守镇番等处地方参将甘州卫指挥官维贤，本卫监造委官指挥金事罗高才建立。"又有木匾为崇祯六年副总兵方懋功献。又有天启六年三月《重修镇番关圣帝君庙记》。西门外有关帝庙，内有嘉靖丁巳（三十六年）年"修关帝庙碑"。又有乾隆三十七年碑。距西门一里余有雷祖庙，内有嘉靖八年吴兹撰之《创立神霄宫碑记》。

1. 三角城发掘记

三角城在民勤城北九十里。出东门东行入沙碛中，五里吴家坟，有土墩若烽燧。登台远望，流沙满目，塞外荒凉，至此全现。十五里红沙堡。十里明边墙，断垣残壁，间立沙漠中。越边墙五里大滩堡，堡旁有三官庙，庙有天启二年四月初八日铸之铁钟。北行十里余索索台。七、八里冰草沟、复明沟。更七、八里红柳园，大庙。复东行二十里，高来旺。八里孙指挥。五里西大滩。西北折七里华寨沟，憩刘姓家。西行八百余公尺，出此庄外之田陇，入沙碛中。红柳、芨芨草、骆驼刺丛生。八里三角城。

三角城为一大土堆，高近八公尺。南北长五十二公尺。其形如三角，故同三角城。城四周俱沙丘，无水渠。土人云："为唐李克用驻军之沙陀城"，妄也。其地表有绳纹陶片及红陶片等，遂于十六日晨，率工人发掘之。

发掘所得之遗物；

（a）红陶大瓮二——于三角城遗址上，南北二端发掘，北边作探沟，未获一物。乃于城中定A、B二点；于南端距A点五公尺一寸，距B点四公尺八寸处，露大瓦瓮二。瓮质为沙土，红色。高六公寸，口直径五公寸，极薄，圆底。二瓮俱破碎，西者尤甚。于东边破瓮中，得沙井期彩陶一片。又于二瓮之间，又得碎陶器一片。

（b）长条磨石一块——距A点四公尺八寸，距上表一公尺处露出。

（c）灰陶片五块——与磨石同地发现。

（d）破灰陶碗一个——距A点七公尺八寸，距上表一公尺二寸处露出。

（e）⇧形小陶器一件——距破灰陶碗东南三公寸处露出。

（f）有漆木片一件——距A点五公尺六寸，距地表一公尺处露出。

（g）⋈形小瓦筒一件——距A点七公尺四寸五分，距地表一公尺四寸处露出。

（h）鬲足小陶器——距A点五公尺八寸，石灰层下露出。

（i）彩陶二片——一片于城下南废垣附近处拾得。一片于城东一千五百公尺处拾得。

（j）铜镞十余个——有三棱形者，有三棱形而中有孔者。于城废垣附近，及城东一千二百公尺等处拾得。

（k）五铢钱六个——于城下废垣附近拾得。

（l）贝货一个——于城东一千二百公尺处拾得。

（m）琉璃碎珠数片——于废垣内外等处拾得。

（n）绳纹陶片——在城下附近拾得。

竞二日之工，得以上所记之遗物。民国十六年十月八日，袁复礼先生至此，曾得沙井式之陶片多件。裴文中先生云：于此曾拾得陶器耳。若以出土及采集之物品言之，三角城最早应于史前末期时，有人类居住。最晚应于汉末，即成废墟。

2．连古城考察记

由三角城西南行，历沙丘，乘驴颇难行走。十里下团山，入草湖。更南行，绕沙山，至大东湖，为马营湖之一部。十五里连古城，城颇大，建草湖中。地虽沃而无水，想昔日马城河水，必引至此，东北流更至三角城。连古城成正方形，东西三百零三公尺，南北长亦相近。袁复礼先生《蒙新五年行程记》云；"城周六里。"西城垣外有外城，城垣俱为风蚀。予于外城拾"开元通宝"钱九枚。又于同处得如唐三彩黄色釉之瓷器碎片一块。又拾铁制如梅花之钉盖四枚及铁制小器物数件，灰色陶片多块。此城当为唐代遗址，惟不知究系何城。

3．沙井子发掘记

沙井子在民勤县城西四十里，出西门西行六里，戴和尚庙。内有康熙二十四年铸之钟。四里十里墩。十里头坝河。由此而西渐入流沙中，冈原起伏，红柳丛生。五里小东沟，为大坝乡二保保公所所在地。再西入沙漠中，无田畴住户，途中除二、三牧童外，余无人烟。十五里沙井子，仅有二住户。土人称此种住户曰窝铺，为采樵人及拾粪车（西北多以粪为燃料）宿住之所；故矮屋露天，灶坑相连，牛棚、人屋合而不分。予等下榻于杨家窝铺内。

沙井子为史前彩陶出土处，瑞典人安特生氏，曾于此发掘近月余。房主人杨起仑告云：安氏到此时即宿伊家，并引赴沙井期彩陶出土处之六湖墩。由沙井子东行越两重山，约三公里，至六湖墩址。于越过第一重沙山间，有已掘之沙坑，露碎砖多块，大小与阳关出土汉砖相同，可能为汉之墓葬。又东南行二百五十余公尺，得铜镞一、三棱形碎铜片一块、陶制钱一个。六湖墩为一土台，似城垣而废圮，有红陶片多块。台之西，越沙山，有汉代墓葬多所，安特生曾于此发掘。其西南附近，为远古墓葬，安特生亦于此地发掘。乡公所李千事于此得磨光新石器半片。予又得蓝色石磨成碎珠一个。远古墓葬尚多，乃决于明日起开始发掘。

八月二十四日，雇二十人，于安特生所掘之东南处，东西二十公尺，南北十五公尺之区域发掘。所掘不及五公寸之深处，即得墓葬之人骨架，及殉葬陶器。人架埋地下，无木棺痕迹。其陶器则置于头上。陶为彩陶，色红如三角城掘之大甕，上涂以深朱色纹，是日获得物品：

（1）彩陶罐两个——于此区域东，得Ａ罐，质为红陶，圆底单耳，耳有刻划人字纹，陶质与三角城之大红陶瓮相同。又于探沟西，距四十公尺处，得Ｂ罐，陶质与Ａ罐同，惟双耳平底。

（2）三棱形铜镞二个——于探沟Ｂ（即探沟之东一探沟，长宽与前者同）东边外，距九公寸处露出。其柄较长，一个铜镞即插入人骨架之肋骨中，骨与铜氧化，成为绿色。似为穿入骨中，或其人因镞穿入未能取出而死者。若此铜镞为死者随葬，或因被铜镞穿入而死，则沙井期之时代必更较晚。

（3）灰陶破罐——在第七号墓葬头上安置，有耳，耳上亦有人字纹。又有灰色小陶罐，及灰色破陶盆。

（4）彩陶片一个。

八月二十五日，雷雨大作，未能发掘。下午稍霁，夏先生与予，约杨起崙去小西湖考查。由沙井子东行，半公里余，再东北行，逾三沙冈，三公里至小西湖。小西湖者，草湖也。沙中洼处有草，余俱小沙砾。有红陶片及彩陶片。又有贝壳、红玛瑙磨成之珠、灰色绳纹陶等。民国十三年安特生氏曾于此发掘，杨起崙即当时之发掘工人。

八月二十六日，于前日所掘区域之旁，又掘南、北十五公尺，东西三十公尺之区域。于前日所掘之区域，再扩张十公尺之范围。共掘得大、小彩陶器二十个，形式不同者，可得九种。俱系红陶质，外涂以彩，其中较美丽者，为小鸟形之陶罐。惟十六号罐为白质，下涂以朱，与其它者不相同。此批陶器俱置于死者之头上，左、右五公寸处。惜人骨架俱腐，不可收拾。

八月二十七日，于昨日所掘之区域北，再掘十五公尺，横三十公尺之地区。又得彩陶器二十六个。形状大致相同，惟四十五号D彩陶器，作喇叭口式。又于四十五号D之陶器处，得绿松石珠子及红玛瑙珠子各一。午间，此区域掘毕，遂告终止。

总括此三日之发掘，共得彩陶器五十九，其形状不一，俱系史前期墓葬。以所得之铜镞等言之，为期当在战国前后。此地当非汉族栖息之所，故文明较低，然有铜镞之利用，知其能用铜器。至此次发掘地址，在六湖墩西。隔二沙冈处，其北尚有百余公尺，未从事发掘。又沙井子东南四百五十公尺处，仍有红陶片，当亦为墓葬之所。小西湖亦有红陶片，或亦系墓葬。惜来去匆匆，俱未发掘。

4. 黄蒿井子发掘记

由沙井子西行，稍南入流沙中，二十里黄蒿井子，有窝铺七家，遂宿其处。据窝铺中人云："由黄蒿井子向西南逾二重沙冈，近二公里，有一凹形之三冢突起，碎砖极多，并曾掘得整砖。有一冢曾掘下，如墓门形"并出示所得之砖，大小与汉砖同。乃决于该地发掘。

发掘情形——墓已为前人所盗发，地面上碎砖零乱，下掘至一公尺余，即得当日作墓之边缘。东西长，南北狭，墓为长方形，其西甚长，若墓道。惟墓室之砖已零乱，散于上下，不复见砌成之墓室。至人骨架，因早为人所盗，零碎混乱于碎砖中，并有碎陶俑等。掘至四公尺余，始达墓底。

殉葬品——墓既为人盗发，故殉葬品俱散乱于墓室中，有红陶胎绿釉之大块陶片、绿釉退色之陶仓、退色之圆形器物。并有刀削纹之灰陶及绳纹陶片。由陶仓明器及绿釉等明器观之，当为汉代墓葬无疑。

大墓之东南，隔一沙冈，又掘一墓，深六公尺，长二公尺六寸，宽一公尺一寸。除人骨外有红胎厚质之陶片二，与大墓相同。惟为轮制者，内有轮制时旋转之纹。虽未用砖做墓室，然以殉葬之陶器论，或亦系汉代墓葬。

黄蒿井子西北七百公尺处，四面俱沙山。中有平坦广场。灰色绳纹陶片，满布地上。一工人又拾得五铢钱二、蓝玛瑙石珠子半个。予又拾得碎铜片及铁片等。此地当亦系汉时居住遗址。

由以上发掘之汉墓及采集之汉代诸器物，可知黄蒿井子，汉时必有居民，为汉人所据。今者四面沙山起伏，荒漠凄凉，盖因无人居住而致也。

5. 昌甯堡西三角城考察记

昌甯堡距民勤县城一百里，为民勤县极西之边境。由黄蒿井西南行三十里所下沟。五里昌宁堡，有渠水，由陶湾渠流出，居民数十家。由昌宁堡西南二十里至陶湾渠，居民四、五家。渠水盈盈，田畴井然，亦一塞上之佳境也。

由陶湾渠西南行十五里，入草滩中。地属永昌县之甯远堡。有庄曰西湾。再南七里三角城。城东有红陶片，随处皆是，与沙井出土者相同。安特生曾于此发掘，得彩陶多片。城为方形，有西、南二门，城垣颓圮，间有断壁。城周四百八十四公尺，其中无房屋遗址，仅有红陶片满布地上。城南半里，戈壁上，红陶片更多。有红色大陶缸，其口露地面上，当为古墓之殉葬品。惜无工人，未及发掘。夏作铭先生又得不完整石器一件。予亦得彩陶器一件。

三角城之西五里余野马墩，有史前墓葬，出彩陶器。城东五里上家沟，居民亦多藏此器物。予等在该村时，曾购得十余件，俱系沙井期彩陶，形状与沙井子掘得者，大致相同。

陶湾渠之东十里有四方墩，墩东、西、南、北各长二十七公尺六寸，高十二公尺五寸，四角有木露出。墩以土筑成，东北角下有土坯，墩上亦有土坯，似为后代所修补。墩四周有近代陶片。土人云：此墩安特生氏曾似发掘。实则为后代建筑。故安特生未加发掘。

九月二日，返民勤城，四日抵达。又赴城东南二十里之苏武山，山即戈壁之较高处。其东通宁夏，相传汉苏武牧羊处。上有苏武祠，祠外有崇祯岁次己卯（十二年）仲春，驻劄凉州同知事务乔迁高、陕西按察司按察使旷昭、参将王鼎等所立之碑。惜清人于碑上刻"汉中郎将苏武牧羝处"，明刻毁坏，不可复辨。

由苏武山西南行四里至盐池，为民勤盐务局所开采。其东南四十里有白土井子，亦有盐池，此二池较小，俱由地中掘土露水，成小畦，畦水曝之成盐，故产量较小。民勤县城西北近百里，有雅布赖盐池，产量较大，与敦煌高台等地盐池相同。即于池中取盐，用之不竭，诚自然界之珍品。

民勤县内虽有土地而不沃腴，土多沙质，故民勤之瓜堪与敦煌者相比。盖瓜之味甘，须种于沙土中。境内水利有二大渠：一曰内河，一曰外河。内河即石羊大河，源于武威南山中，迳武威城西，东北迳小坝口，北迳民勤城；东北流迳柳林湖诸村，入白亭海。海产盐，距城约百二十里，即《禹贡》所记之"原隰底绩至于猪野"、《水经注·禹贡山水泽地》所记之"都野泽"也。唐人称为白亭海，于此地设白亭军。外河由民勤城南六十里之黑山头东端，将石羊大河分成一渠，曰大坝。北流民勤县西大坝乡，然后东北流，至红沙梁诸村，至华寨沟等处，散流而绝。民勤水利全赖此二渠，因而户口繁庶，近十二万，河西称大县焉。

四、张掖发掘记

九月十四日，由凉州乘车赴张掖。十五日，达张掖县城，下榻城外新运服务处。次日晤张掖县何县长，承为代雇马车赴城西十三公里之西城驿，今称黑水国。前筑西北公路时，于此发掘汉墓颇多，吾等遂作小规模之试掘。

十六日，趋车赴黑水国。出张掖西门，沿黑水支流，行河中者近半公里，然后入正路。五里五里墩。再西入黑水滩，滩中俱系石子，近代冢墓累累。黑水由南山中流出，东、西分流为二、三河道，至公路与下江合。由一洞流出，西北流与山丹河相会。再西北流会酒泉来之北大河曰额济纳河；然后流入居延海。黑水深不及马腹，色较青黝，故曰黑河。二十里至崖子村，遂下榻焉。

崖子西半公里余，地势较高，其上即汉代人丛葬处。前人曾大事发掘，已掘出有子母砖等。土人又藏有墓内殉葬之汉瓦灶及上有彩画、下有刀削纹之灰陶壶。丛葬处之西距崖子村约一公里半，有古城曰南古城，城垣尚未大毁，南、北、东、西各三百公尺。其东北角之雉堞完整，砖俱作子母形者。仅有一东门，其瓮垣为断砖砌成，城内满布残砖，有灰陶片及带黑色釉之瓷片。城垣以板筑，土中杂以碎砖块，足证此城为元、明后所筑，故将汉砖及碎砖块等，参入垣内。

北古城在南古城北，中间距离近一公里，距崖子亦不及二公里。南、北长约二百三十公尺，东西长近二百七十公尺。有南门，门上有汉子母砖及较小之五铢钱、小铜扁针、绳纹陶片、青瓷片、黑釉瓷片等。又于其南隅碎石陶片处得王莽圆形"泉货"钱一枚、唐"开元通宝"半枚、五铢钱五枚。以城中遗物言之，此城之筑，最晚应起于汉，直至唐时仍未废。又于附近拾得仰韶马厂式陶片及新石器数件，则此地于史前期已有人迹，非自汉时始也。

十七日，率工人于丛葬处掘汉墓一，竟三日之工始毕。

发掘情形——掘地不及五公分，遂露墓顶起券砖。扩大开掘，得长方形墓顶起券。墓深二公尺七寸，券门亦以砖砌成者。其前为外墓室，长六公尺，室内为殉葬品放置处。其外仍有一券门，门外因时间所限，未能续掘。墓道西南向，墓室长三公尺七寸，宽一公尺九寸。墓内充填黑土，已为前人所盗发。人骨架零乱，扔置南墙下。殉葬品颇多，有散乱者，有原位置不动者，约记如下：

（1）高座陶壶三——于正墓室门外东隅处露出，高三公寸八分，形若铜壶，惟下有高座。座为刀削之六面形，两边有兽面铺首。其余二壶于外墓室中露出。（2）陶灯柱二——亦于正墓门前露出。（3）陶盘一——与敦煌佛爷庙六朝初期墓中之陶盘相同，放置于正墓门外。（4）敞口陶碗一——在陶盘之南。（5）陶羽觞杯一——在陶碗内。（6）陶碟二。（7）大陶壶一——高三公寸五分，腹直径四公寸五分，有绳纹。置于墓门内七公寸处。（8）灶一——亦于外墓室中露出。（9）陶屋一。（10）尖底陶盘一。（11）圆形小灰陶壶七。（12）尖底陶碗一。

（13）带扣形铜器一件——器上有木板，板上有红漆片。不识为何物，置于正墓门外。（14）铜器一件——作半圆形，亦置于正墓门外。（15）铜刀一——于正墓室中拾得。（16）铜扣形小铜器二件——亦于正墓室内拾得。（17）五铢钱数十枚——于正墓室内拾得。（18）红色漆块数片——亦于正墓室内拾得。

以此砖室及殉葬品言之，起券砖为子母形。殉葬品中，除铜刀及小铜器外，俱系明器，无正常之日用品。又陶壶有刀削纹，则此墓时期，可能为汉代之后期墓葬。

按汉张掖郡治觻得县，《寰宇记》云："故城在今城西四十里"，以北古城及所掘汉墓言，此地即汉张掖郡治之觻得县。

张掖城中之寺院颇多，以弘仁寺为最辉煌。寺在东门内，正殿九楹，内塑佛涅槃像及诸弟子书唁者像。檐前匾额，有清顺治十一年钦差巡抚甘肃等地方赞理军务都察院右副都御史佟延年题字，及乾隆十九年，二十六年等题额。正殿后右房北壁外有一石碑，为万历甲午（二十二年）岁《河西镇守东山张公重修弘仁寺碑记》。正殿后有一殿内塑释迦坐像。其后有浮图，高十余丈，形若莫高窟河东宋代之塔婆。正殿有木联题云："塔创于西夏"。以此塔形与他地者相较，似不诬也。小东街近东门处，有木塔寺，今为张掖师范学校校址。内有木塔九层，外形以木构成，内心则仍以砖筑起。

城东北隅有二郎庙，今为张掖民教馆。内有"西夏告黑水河诸神敕之碑"。惟《西陲石刻录》云"闻碑阴有西夏文"。实则为番字，非西夏文也。又有明天顺二年前湖广遣监察御史文林郎青城山人牟伦撰之《重建二郎庙碑文》。陈列室中，列铜像六。前三者为佛像，由弘仁寺取来，以作风论，当系唐以后所铸造。又列三像，正中为释迦，以面庞衣纹论，似有唐风。北为真君像，西为韦陀像，俱唐以后作品。《甘州府志》木刻板片，亦堆北墙下。陈列室西屋图书室，有二十四史，内有明万历、嘉靖刻板，其它有《皇清经解》《通志堂经解》等书，俱前甘泉书院所藏。

东门内街北有甘泉，为甘泉书院旧址。泉在东城垣下，上构以梵字，曰观音楼。楼下有石刻曰："有本如是"，明嘉靖戊午岁秋八月巡抚都御史鄢陵文冈陈棐题。楼上有乾隆十九年，辽海王廷赞题额。北为永公祠，南为龙公祠，二人俱系清时甘州太守。甘泉北即甘泉书院，内有三台阁，乾隆时邑宰王廷赞所建。

城西北隅有湖水数十亩，内芦草丛生，上有庙曰马王庙。山门有甘肃提督杨芳题额。

街中心有钟楼，上有巨钟，悬于二层楼东南隅。高近一公尺三寸，圆形，与平凉之天圣七年钟、武威大云寺内钟，形式相同。传为合金所铸，外有花纹，上下共三层，每层有六格，每格有宝相花纹、云纹、飞天、振翼鸟、孔雀、麒麟、龙等。鸟兽之状，颇似敦煌掘出翟宗盈墓门画砖中鸟兽之姿态，以作风言，或系隋、唐所铸造。

五、马蹄寺南古城考察记

马蹄寺在张掖县南山中。九月二十二日下午四时，由张掖起行，出南门，五里龙王庙，车行渠水中。十里清凉寺。十五里，三十里店。十里，拒狄堡。时已昏黑，遂宿堡内。二十三日复行，十里朝元寺，过此入戈壁中。三十里张户号，再行入河套内。即南山流出之雪水，春、夏泛滥，秋、冬则涸。乱石满河中，车行颇难。十里彭家庄。二十里阎家城。过此分二路：东南路如去南古城者，正南经甘家店、史家河、武家庄，始达马蹄寺。而阎家城、甘家店之间，河之西岸，崖间有墓室已露棺，并已为人所盗，匆匆过此，未及发掘。

由武家庄南行入山，马蹄河从中流出。沿河上溯，三里西山，有洞窟。门外面俱凿成塔形，内作方洞，无佛像，似非造像之窟，大小不下百余。南山崖间，有石窟，为梵刹式，内有造像。其极东一洞，今日重修金碧辉煌，开凿年代，则为北魏。因有中心柱，上连洞顶，四面龛中，各塑佛像。与莫高窟、云冈石窟之魏洞形式相同。南面龛中之佛像，二菩萨在龛内左右，虽为今人彩画，然其衣裙作法，仍为北魏式。此一区之西有一大龛摩崖凿成六十度角之立佛，下段石已风化，左右二僧、二菩萨，以其面相身形衣纹，俱为唐代作风。此龛之西隔一壑，悬崖间有洞窟，造像风格为北魏式，因雨泥泞，故未攀登。

西南行三里许，至马蹄北寺。寺在山中，寺内方丈和尚所住之屋曰"法台"，方丈曰"法台和尚"。虽系喇嘛诵番经，其人则为汉人。马蹄寺亦为沿山凿洞，共上下六层，呼曰三十三天。

第一层在山根下共五窟。仅一洞凿颇深，馀四洞俱佛龛式。内无塑像，惟有画出之贤劫千佛。画多用石绿色，佛背光作椭圆形。或系宋、元时作品。第二层亦五窟可互通，龛中菩萨像，冠五智宝冠。胸著璎珞，盘膝，衣纹附贴腿上，背光旁俱有像，像上有羊，系影塑，为他处佛像雕塑所未见之形式。其北窟有石刻一块，文不可全辨，仅重修年代为"囶治十八年六月吉旦"可看出。以造像论或系元以后之风格？

第三层亦五窟，仅一窟门开启，内塑一佛、二菩萨。形式与第二层同。馀窟远隔不可见。

第四层三窟，俱未得见。

第五层二窟，仅见一观音殿，门北凿一碑记。此洞为明时开凿。内有天启五年钟及清咸丰六年碑。

第六层一窟，内有宣统四年香炉一。塑像为近代作品。山下南一大窟，内塑一大佛，系现代彩绘者。窟门外北壁，有壁画遗痕。更有数近代改修之窟。总以上之塑像，以作风论，无一似唐以前者，想系宋时西夏人所开凿。《府志》云："薤谷石室，晋郭瑀凿石窟隐居处"。若云郭瑀凿窟，想系为初入口时之千佛洞，必非马蹄寺之窟也。《重修民乐县志》曾辨之，当从其说。

马蹄北寺正殿前，有嘉靖乙丑仲夏朔四日陕西行都司儒学训导任和撰之《重修马蹄寺碑记》。末附宣德二年皇帝赐不许诸人骚扰侵占该寺敕书。正殿中有雍正十三年乙卯朔六日，张掖知县李廷桂撰之《重修马蹄寺救度观音菩萨殿碑记》。又壁上悬有光绪二十五年七月二十四日慧聪洞阔尔呼图克图护国禅师商，北沙大喇嘛李之谕行执照。至殿中设置一如喇嘛寺，俱系图像，仅殿内有一佛塑像。

马蹄南寺距北寺五里，因天雨泥泞，间有土匪八十，下帐苏愉口，恐其出山；故匆匆离去，未得窥其全貌。

南古城在武家庄东，趋车越乌蹄河，登土原。十里南古城，城有土堡，堡中居民颇多。《县志》云："南古城晋之临松郡，昔南凉秃发傉檀曾攻沮渠蒙逊至此"。今行政组织，仍为临松保，属民乐县。

堡中有隆庆寺。山门内有碑为正统六年岁次辛酉夏六月淄川刘国庭撰之《勅赐隆庆寺重建碑记》。寺为正统时太监王贵建。碑中云："曾铸铜佛像三尊，罗汉像十八尊"。而今后殿中有佛像三。仅其中者为铜像，馀为泥塑。罗汉像，殿中两边共十三，庑下左右各三，共十九。想系后世变乱百经，而有增减耶？正中铜佛像，以共面目衣纹，颇似唐造。座前案上，有一木刻像，若护法形，雕刻亦精致。前殿右庑下有康熙十年岁次甲午四月中浣王世俊撰之"重修隆庆寺暨厘正田租记碑"。碑阴为题名录。

六、武威发掘记

武威南山于清同治时发现唐弘化公主墓，经县人贾坛移《弘化公主墓志》于城中，始悉为吐谷浑国王莹地。民国以来，二次大地震，又将其他墓室震塌，遂又发现幕容明、慕容神威、幕容忠等墓志。现俱存武威民教馆中。询及武威参议会段议长，方悉俱出南山喇嘛湾内。

一九四五年十月七日，拟至南山发掘，遂出武威城南门，入河套中，车行颇颠簸。二里路左有道光二十六年，两江总督晓堂牛公《捐地修路功德铭碑记》。十里至金塔乡公所，会同乡公所事务员前往。又十里金塔寺。时日已西沉，乃憩于村内。

金塔寺，明时已为土人所崇敬，至今仍殿宇辉煌，香火极盛。殿前南廊下有宣德二年七月二十六日《敕赐金塔菩提寺之碑记》。北庑下有雍正六年六月十五日铸之钟。钟上铸有番文。殿内有佛像及二菩萨像，南壁有密宗壁画六幅。后殿于民国十六年地震时颓圮，仅馀三像已毁败。其内心支柱未倒，外以磁青纸书金字番经裹之，因泥已剥落，故露出。仅有真、草两种，乃采集数页。殿后之金塔，亦于十六年震毁。另有宣德二年碑，已移金塔乡公所内。

金塔寺以南，山路崎岖，须改乘马，十里南营儿。折西行二十里喇嘛湾。其西山上即弘化公主墓。墓门于民十六年地震时封闭，乡人云："同治时土人于此掘矿，发现墓砖，遂启之。见内有壁画，作人物等状。"即武威县志所云："公主出行图"也。更有陶俑及墓志铭等。贾坛于此建碑亭，每于正月，土人至此进香。今碑亭已圮，不复有繁盛之香火矣。

由嘛喇湾南行沿溪水上溯，五里下喇嘛湾，停萧姓家。萧家傍山为屋，其上即慕容忠墓。

墓志已由贾坛移民教馆。墓室则因民国十六年地震而陷落。墓室之形与敦煌六朝墓大致相同亦以砖砌成，其东相连处有已陷落之土坑，萧某云：亦为民国十六年所陷落者。去岁有数人，至此发掘，未及底而罢。以其墓形言之，当亦为墓室，不然何独于此陷落耶？遂作发掘之计划。前后共掘二墓，一为金城县主墓，一为慕容曦光墓。

1. 金城县主墓

发掘经过——十月九日开始发掘，因墓坑颇大，故所需工人较多。初掘仅有碎砖及涂以红、黑色画花纹之碎木片等。至三公尺三寸时，露砌成之砖，因地震而凌乱。再下至四公尺三寸时，仍未及底。次日扩大发掘，由四周取土凡墓内虚土俱掘出，至十二日始见底。墓室四周围墙，因昔日已为人所盗发，将墓砖拆去，仅极下有数行平砖。由地面至墓底，为八公尺，四面各长四公尺三寸。木棺已拆毁，惟头骨不见，仅肋骨及腰中衣裙还在。十五日，清理完毕。

墓室内部——墓室四面各长四公尺三寸，北壁前有以砖砌成之棺床，长与北壁齐。南北宽一公尺八寸，高五公寸五分。其上有棺板；因为前人所盗发，故散置于棺床上。棺板共有三层，许多殉葬品，俱在此三层木板中。头骨已不见，仅有肋骨在第三层板上。棺床之南，底有小平台，在墓室之中心。或系祭台，其上殉葬物亦颇多。又于祭台之南，正中置墓志一方，分上下两片，下片为墓志铭，上片为墓志盖，盖上有篆文。再南，东南角下，则有金平脱文马鞍等物。

殉葬品：

（1）金平脱文马鞍——于墓室东南角下掘出，样式与今日者相同。鞍木质，外涂以黑漆，鞍质已朽，共得三十八块。凑成可复原形。鞍前扶手及鞍后，俱系金平文作成之各种人物、鸟、兽、花草等形。前扶手金平脱文作成三骑士，一骑士乘马作奔状，手持击波罗毬之杖作上举状；一骑士手持击波罗毬之杖向后；一骑士一手执弓，一手执鞭，捶马作追兽状。前有野羊，又有猣猊、虎、羊、鹿，以及雁、鸭等鸟兽，及花草等植物。每一金薄片上，更有极细花纹之"毛雕"，胶粘于木上，然后再髹漆数重。此马鞍可希世之宝也。

（2）铜马镫二付，于墓室东南角拾得。

（3）马颈皮带及铜饰物等，于马鞍旁拾得。

（4）画板数块——当为棺板之拆毁者，俱画花、鸟等粉画。有一长板在棺木第三层上，由北而南、第四板：上画一猣猊，回头作跑状；一独角羊作奔状；次后一猣猊亦作跑状；后一人高鼻，类西胡，右手前举，左手持绳，作追缚状。彩色鲜艳，遒劲动人。诚盛唐时彩画之佳作。

（5）绢裙——在棺床上，第三层木板，由北而南第二块、第三块板上。绢裙为死者所著，虽肋骨等已压平，而绢裙未损。

（6）鞋二只——俱皮底，一拾于棺床上第三层棺板，由北而南第五块板上。鞋面以细布织成者。一拾之于祭台上，鞋面以金线剌成花纹，鞋头俱较尖，与今日之女鞋相同，其长则近二公寸。

（7）似口红物二筒——在绢裙之旁拾得，贮于二竹筒内，外包以绢制成之袋，袋外缝以"花边"。

（8）木屐底二个——一在棺床上，一在祭台上。

（9）锯齿形木条一个——长与棺木齐，上有图案画，及小雕刻物。

（10）开元钱一枚——在棺床上锯齿形木条旁。

（11）曲项琵琶一个——在祭台上，长近一公寸五分。

（12）瑟一具——在祭台上，长近三公寸，可数者，二十弦。

（13）木棋盘一个——在祭台上，画十八方格。

（14）黑漆木盘二个——在祭台上。

（15）女木俑头十馀个——在棺床上或祭台上，有双鬟髻、双髻、单髻等各时世粧。

（16）男木俑头数个——在祭台上。

（17）木马俑三个——在墓室东南角下。

（18）木驼俑八个——在祭台上，及东南角上。

（19）金刚力士木俑一个。

（20）镇墓俑一个。

（21）马夫俑上身一个。

（22）长颈小灰陶壶四个。

（23）长颈大腹带耳大灰陶壶一个。

（24）金条片数片——在墓室东南角拾得。

（25）有彩画一公寸长之短木条二十馀块——在祭台上。

此外墓志一方，长三公寸七分，宽三公寸五分，墓盖刻"大唐金城县主墓志铭"，四周刻"子丑寅卯辰巳午未申酉戌亥"十二字。墓志共十六行。文云：

大唐金城县主墓志铭
县主讳季英陇西人也七代祖瀛州刺史
宣简公六代祖唐宣皇帝高祖唐光皇帝
曾祖定州刺史乞豆祖开化郡王文父交
州大都督会稽郡王道恩县主即王之弟
三女也幼闻令淑早敦诗礼永徽中有
勅简宗女用适吐谷浑天子见县主体德

敦谨仁孝有闻诏曰会稽郡王道恩

第三女可封金城县主食邑四千户出降

吐谷浑国王墓容诺曷钵男成王忠为妻

永徽三年四月出降春秋廿有二抚临浑

国五十余年上副所寄下安戎落年七十

有六开元六年岁次壬午正月十七日薨

于部落至七年八月十七日合葬于凉州

南阳晖谷北岗礼也恐山移海变故勒芳

铭

（前中央研究院历史语言研究所集刊第二十本，夏鼐著有《武威唐代吐谷浑墓容氏墓志》一文详加考证。文系补志）

2. 慕容曦光墓

发掘情形——此墓与金城县主墓仅隔一壑。在县主墓之东山顶上，亦于民国十六年地震时陷落。十月十三日分工人数人至此发掘。此墓墓室除前一部塌下外，馀均完整。十五日下午，掘至置棺之棺床上，与敦煌之唐墓相同。棺除两端为盗者所毁外，馀尚完整。外涂以漆，惟人骨架散乱，头骨则扔置棺外棺床下。中为墓志放置处。其他殉葬品，俱凌乱散置棺床两旁，墓门南向，堵门者以砖，因未从墓道掘入，故未开启。

殉葬品：

（A）彩画陶壶，于墓门之内稍西，露陶壶一个，外绘以红绿白等色之图案画，绘事精巧，诚属珍品。

（B）漆碗四，木质，外涂以漆，颇精致。其一为莲叶形，口外嵌以银钿；于其面上绘以朱花，更以漆涂之。今外层漆剥落，朱花遂露。

（C）皮马具——系一皮条上，穿以三个扣，另有一金扣。惟此马具不知置马身何处。

（D）陶盘一——内有双鱼纹，涂以漆，其外底为三足。底有墨书，匆匆未能认出。

（E）石条一块。

（F）长方木块一——外涂以漆，饰以赤金花纹及铜饰物于两端。

（G）小马镫一对。

（H）木俑——在西南角，因已腐朽，未能检出。墓志一方，长宽各六公寸三分，有盖。篆书"大唐慕容曦光墓志铭"九字。四面刻十二辰相属，另刻有卷草等花纹。文云：

大唐故朔方节度副使兼知部落使金紫光禄大夫行光禄

卿员外置同正员五原郡开国公燕王上柱国慕容曦光墓志铭

王讳曦光字晟昌黎鲜卑人也。粤以周载初元年岁次戊寅七月八日生于灵州之衙，年甫三岁，以本蕃嫡孙号观乐王年十岁

以本蕃嫡子号燕王年十四去长安四年十月二十九日授游击将

军守左豹翊卫翊府左郎将至唐神龙二年七月廿六日转明威

将军行左屯卫翊府左郎将至景云元年九月廿五日转忠武将

军行右卫翊二府左郎将开元二年三月十六日封五原郡开国

公其年八月十一日加云麾将军去开元九年六州版换《夏文为"复"误矣）领所部兵马，摧破凶胡。至其年二月十四日加授左威卫翊府中郎将至开元

十年胡贼再叛，立功授左威卫将军以功高赏轻寻加冠军大将

军行右金吾卫将军至开元十一年五月廿八日加金紫光禄大

夫行光禄卿至开元十八年勅差充朔方军节度副使以

大唐开元廿六年七月廿三日薨于本衙其年闰八月五日赠持

节凉州都督归葬于凉州　　先茔春秋册有九性惟谨慎触事

平均部落欸惜，如𥦬考妣，呜呼哀哉以为铭记

大唐开元廿六年十二月九日记

叔银青光禄大夫将作大匠上柱国承福伤犹子之盛时述悲

词于志后词曰：

我之犹子，降德自天，气含星宿，量包山

川，列位于卿，分茅于燕，为人之杰，为国之贤，纯和禀性，孝道自然。

何工不习，何蓺不专，射御称善，博奕推先。其生始赉，其没何遄，名

山玉折大海珠捐，呜呼昊穹，悲哉逝水，辅仁不祐，裹吾千里。抚膺

下泣，骨惊心死，铭石记之，传乎万祀。

（夏鼐于前中央研究院历史语言研究所集刊二十本刊出"武威唐代吐谷浑慕容氏墓志"，文已发表）

七、武威文庙所藏之慕容氏先茔出土墓志（据拓本抄录）

（一）大周故西平公主墓志（志盖）志文二十五行，行二十四字

大周故弘化大长公主李氏赐姓曰武　封西平大长公主墓志铭并序

成均进士云骑尉吴兴姚略撰

公主陇西成纪坖也即大唐太宗文武壐皇帝之女也家声祖德造而坒而运阴阳履翼

握㺵礼神祇而悬Ⓢ囬大长公主诞灵帝女秀奇质于莲波托体王姬湛清仪于桂魄公宫禀

训沐胎教之宸猷姒幄承规挺珤闻之睿敏以贞观十七年出降于青海圀王勤豆可汗慕容

诺贺钵其茔也帝文命之灵苗斟寻氏之洪胤同Ⓢ碑之入侍献欸归诚类去病之辞家怀忠奋节　我大周以曾沙纫埏练石张而万物于是惟新三光以之再朗　主乃赐同璺仲改号西平光宠盛于厘媪徽高于乙妹岂谓巽风清急驰隙驷之晨光阅水分流从藏舟之夜璺以璺历元年五医三Ⓢ寝疾薨于灵州东衙之私第春秋七十有六既而延平水竭惜龙剑之孤飞秦氏楼倾随风簫而长往以璺历二年三匝十八Ⓢ葬于凉州南阳晖谷冶城之山岗礼也吾王亦先时启殡主乃别建陵垣异周公合葬之仪非诗茔同穴之咏嗣第五子右鹰扬卫大将军宣王万等痛深栾棘颓宅坥而斯安情切蓼莪慭涉屺而无逮抚幽埏而掩泗更益充穹奉泽而增哀弥深眷恋以为德音无沫思虋笔而垂荣兰桂有芬资纪言而方远庶乎千秋万岁无懃节女之陵九原三壤不谢贞姬之墓其铭曰：

（铭文不录焉）

（二）大周故青海王慕容墓志铭（志盖）

周故镇军大将军行左豹韬卫大将军青海囵王乌埊也拔勤豆可汗墓志铭并序

王讳忠阴山茊也……父诺遏钵青海囵王驸马都尉乌埊也拔勤豆可汗并军囵爪牙乾坤柱石忠勤克著异姓封王宠握弥隆和亲尚在一窐十八稀左威卫将军……后加镇军大将军行左豹韬卫大将军袭青海囵王乌埊也拔勤豆可汗……粤璺历元窐五匝三Ⓢ薨于灵州城南浑牙之私第春秋五十有一璺历二窐三匝十八Ⓢ归葬于凉州城南之山岗礼也孤子等……冀披文而颂德刊翠石于黄泉。其铭曰：

（铭文不录焉）

（三）慕容宣彻墓志（志盖篆书大唐故辅国王慕容志 志十九行，行廿字，正书）

河东阴山郡安乐王慕容神威辽奉墓志并序若夫劳喜休悲孰免归天之魄浮形幻影谁蠲瘗地之魂真金玉之可销况英奇之能久降年不久遽逝东流寂寂山丘茫茫垄路祖驸马都尉青海国王乌地可汗讳诺谒钵武冠七德业冠三冬……祖婆光化公主陇西李氏……父忠德比贞崐诞侔惟岳……追远慎终早迁奉毕左领军大将军慕容讳宣彻……以景龙三年四月十一日奉于凉州神乌县吉辰择地丧礼县仪呜呼哀哉式为铭曰……景龙三年岁次己酉四月丁亥朔十一月丁酉

（以上铭文即宣彻墓志文，神威无墓志乃迁奉之铭，但志文缺）

（四）大唐故代乐王上柱国慕容明墓志之铭（志盖）铭文十九行行二十三字

押浑副使忠武将军右监门卫中郎将员外置同正员检校阁甄府都督摄左威卫将军借紫金鱼袋代乐王上

柱国慕容明墓志铭

王讳明字坦昌黎鲜卑人也粤以唐永隆元年岁次庚辰 七 月廿七日生于灵州之南衙年五岁以本蕃号代乐王至 唐 祚再兴神龙二年四月五日制云……可古 屯卫翊 府左郎将员外置同正员至景云二年三月卅日勅摄左屯卫将军借紫金鱼袋仍充押浑副使至开元元 年 十二月廿一日制云……可上柱国至开元十年正月十一日制云……可右监门卫中郎将员外置同正员馀如故以大唐开元廿六年十一月十三日薨于本衙春秋五十 有九 归葬于凉州先茔……呜呼哀哉以名铭记大唐开元廿六年岁次戊寅十二囗 甲子朔七日庚午功就

以上数慕容氏墓志铭，俱云"昌黎鲜卑人"。昌黎者今河北昌黎也。《太平寰宇记》卷七十一营州柳城条云："柳城之北，龙山之南……筑龙城，构宫庙改龙城县……柳城县……棘城……在郡东南一百七十里。交黎城汉县也，属辽西郡，后汉改为昌黎县。"（按此昌黎应在今朝阳，义县之间。）

《元史》及《新元史》俱有昌黎。据《元史》卷五十九地理一云："永平路……中统元年，升平滦路……县四……卢龙、迁安、抚宁、昌黎。"（此昌黎即今冀东昌黎。）

虽然吐谷浑在《新唐书西域传》中云："居甘松山之阳，洮水之西南，抵白兰地数千里，有城郭不居也"。但《册府元龟》卷九六四《外臣部》云："武德十年诏曰：吐谷浑发迹东胡，窜居西域，负险自固，擅立君长"。到诺曷钵时代，"封河源郡王食邑四千户，仍授乌地也拔勤豆可汗"。如果吐谷浑之先是东胡，又是昌黎鲜卑人。昌黎即冀东辽西之昌黎，正是鲜卑的起源地。但吐谷浑何因西窜青海，史未详载。慕容之姓与十六国"燕"的统治者的姓相同，虽一在东北，一在西北，或者因十六国"燕"灭后，一部未入内地而西窜青海。但因祖籍东北，故仍称昌黎人也。

金城县主及慕容曦光之墓志夏作铭先生亦有考证，不赘述。至弘化公主、慕容忠，慕容宣彻，慕容明四墓志，余略加考释如下：

（1）弘化公主——志文中虽云："公主陇西成纪人也，即唐太宗文武圣皇帝之女"。实非太宗亲女。《新唐书》二百二十一上《西域传吐谷浑传》云："诏封诺曷钵河源郡王，号乌地也拔勤豆可汗。……乃以宗室女，为弘化公主妻之。诏道明及右武卫将军慕容宝持节送公主……高宗立以主政，拜驸马都尉。"

由上文足证弘化公主为唐宗室女，因嫁吐谷浑赐以公主号，又称为太宗女。又青海国王勤豆可汗"勤"字，唐书作"勒"，盖误也。因慕容忠慕志亦书勤豆可汗，足证唐书中"勒"字实误。

又志文"璺历元年薨于灵州"。圣历为武后纪年，因而志文中"人、圣天、地、日、月、国、年等八字，俱改用新体字也。

又"帝文命之灵苗，斟寻氏之洪胤也"。

如按此二语，既说斟寻氏之洪胤"，斟寻为羿所居地。《竹书纪年》云："帝太康元年癸未，帝即位，居斟寻，畋于洛表，羿入居斟寻"（见余文"羿居西方说"）。此"斟寻之洪胤"，就是祖居西方，因而记吐谷浑之先人，与羿拉在一起，就是吐谷浑祖先，为斟寻氏——羿之后胤也。

"同日磾之入侍，献欵归诚。奉去病之辞家，怀忠奉节"。《汉书卷六十八金日磾传》云："金日磾本匈奴休屠王太子也……以父不降见杀，与母阏氏夕伦，俱没入官，输黄门养马"。后以功封为敬侯。去病者霍去病也。见《史记》卷一百一十一《汉书卷五十五霍去病传》。以战败匈奴，死后"自长安至茂陵，为冢象祁连山。"其受宠也颇高。故曰："怀忠奋节"。

末云："薨于灵州东衙之私第"。灵州按《旧新唐书》俱云于关内道。《新唐书卷三十七地理志关内道》云："灵州灵武郡大都督府……县四：迴乐，灵武，怀远，保静"。《旧唐书》亦属于关内道。安史之乱，肃宗即位"灵武"，即此地也。

（2）慕容忠墓志

墓志铭文云："周故镇军大将军行左豹韬卫大将军青海圂王乌坒也拔勤豆可汗墓志铭"

按慕容忠在唐政府官衔为"镇军大将军"，行"左豹韬卫大将军"，《新唐书百官志十六卫》中云："武后光宅元年改左右骁卫曰左右武威，左右武卫曰左右鹰扬卫，左右威卫曰左右豹韬卫，左右领军卫曰左右玉铃卫"。而慕容忠死于武后时圣历元年。所以说初授左威卫将军。而此左威卫即武后时改名为左豹韬卫，所以志文中云：行左豹韬卫大将军。仍袭青海国王。《新唐书》记："帝又以宗室女金城县主，妻其长子苏度摸末，拜左领军卫大将军"。如按《新唐书》所记，则领军卫应系武后时之"玉铃卫"，此志中既志之为豹韬卫，必系威卫所改，与志文云：左威卫将军正相合。故《新唐书》中所云：拜左领军卫大将军，乃旧称，非武则天时改之名称也。

至于金城即出降于"成王忠为妻"。所以忠志中又记："宠握弥隆和亲尚主"，尚主者即金城县主也。

"薨于灵州城南浑牙之私茅"，"浑牙"者即吐谷浑国王牙帐之内。《新唐书卷二百十九契丹传》云："其君长常以五百人持兵卫牙中，余散山谷间"。卷二百十《罗绍威传》亦有"牙军"。此"浑牙"即吐谷浑之牙帐中以卫首领者也。

（3）慕容宣彻墓志铭

宣彻志文为景龙三年，即中宗李显纪年，而志文中文云："祖驸马都尉青海国王乌地可汗，讳诺曷钵……父忠德比贞崐，诞俅惟岳"。由志文足证宣彻为慕容忠之子也。据《新唐书吐谷浑传》云："诺曷钵死，子忠立，忠死子宣超立"。又《册府元龟》卷九六四《外臣部封册二》云："圣历三年三月，以吐谷浑青海国王慕容宣超为左豹韬卫员外大将军，仍袭父乌地也拔勤豆可汗。"

由上文可知武后末年吐谷浑国王慕容忠（金城县主之夫）已死，由其子宣超代之。与慕容忠志所云："圣历元年五月三日薨于灵州"其子宣超即位为青海国王，及圣历三年唐政府又正式任命宣超为乌地也拔勤豆可汗。而其弟兄名宣彻者，又于景龙三年四月十一日丧于凉州神乌县。宣彻必为史书所记宣超之弟兄，但慕容神威又为迁奉墓志，不知此宣彻墓志中有神威之迁奉文，而其官衔又为安乐王，似为慕容氏直系也。

至于最后之慕容明墓号志，虽其官衔有"检校阁甄府都督"。但遍查地理志每州下之府，无阁甄府，每府中之长官，有左右果毅都尉，折衔都尉，别将等，亦无"都督名称"，故是等官衔，亦私设者，与政府设置者不同也。

吐谷浑世系表（一）号，有墓志者。其余见（两唐书）

```
伏允
 │
 顺—诺曷钵 （河源郡王）— 苏度摸末        （忠）— 宣超 ┬ 曦皓—兆—复
（旧唐书          金城县主                   ├ 宣彻 └ 曦光      └ 明
 作伏允子）               阁庐摸末                  └ 承福
          弘化公主        金明县主
```

结论

此次河西考古，发掘地点，有：敦煌、张掖、武威、民勤等四处。敦煌发掘之古墓共三十，时间最早者若翟宗盈墓，可能在汉末至六朝初期；因其墓室构造及彩画作风，小陶罐之朱书词句，殉葬陶器之作法，若与内地及朝鲜各地，已发掘之汉墓言，似近于汉墓后期之手法。又因翟宗盈墓陶罐之字体朱书，并非汉隶；故推测可能为六朝初期，又翟姓为敦煌大族，晚唐五代归义军节度使曹元忠之夫人，即为翟氏。著《寿昌县地境》（石室本）之州学博士翟奉达，亦系敦煌人，由此知，此区域内之古墓，为敦煌本地之土著。

老爷庙及沙山下之唐墓，其陶俑作法，与内地者多不相同。至沙山下之唐墓砖室，以砖砌成之棱形窗棂，开以后宋代营造之法式。今日保存国内之辽代建筑，有许多砖塔，仍有此形式之窗棂。一〇五号墓之莲花砖，与西安唐大明宫出土之花砖，莫高窟唐窟之花方砖样式相同。至驼鸟砖与东北、华北各地之辽塔壶门束腰内之砖刻伎乐人形式又相同。而老爷庙墓中出土之金刚力士像，又可与莫高窟之唐造像相对照。

敦煌南湖寿昌城东西之古董滩，倘有时间应做正式之发掘，庶几阳关之位置，可得一确实之地点。

安西破城子及苦峪城，城内或附近亦应做正式发掘。不只可解决瓜州问题，同时又可了解唐代边境之军防情况。

民勤沙井期之墓葬，虽亦发掘，然黄蒿井子连古城之发掘工作，俱应有较长之时间。永昌昌甯堡以西之三角城附近，安特生虽曾发掘，然随地可见红陶及彩陶，故更有长期工作之必要。

河西佛教美术，论者俱称颂敦煌千佛洞之宏伟。敦煌石窟，固属宏大！然河西一带除千佛洞外，尚有安西之榆林窟；张掖南山中之马蹄寺；天水麦积山中之麦积崖。（麦积崖石窟另有调查报告印行）尤以马蹄寺外之北朝至唐之造像，知者极少，如能再作计划长期间之调查，所获之多，必不止于此。

宋以前之遗物国内存者颇少。敦煌莫高窟之石窟造像、壁画，为中国希世之瑰宝。至古器物方面，除了殷周之铜器流于人间者尚多，若战国、汉以后之漆器，几全为近几十年中古墓土品。至隋唐之平脱等器物，仅日本正仓院，尚有遗存，中国保存者极少。此次发掘金城县主墓，得金平文马鞍，可称为海内孤品。又有棺板彩画，及棋盘二十弦瑟等物，亦得称为希有之古器物。

总括此次调查发掘工作，时间虽短，而所获者不得云不多。以河西之宝库，若能有长时间之调查、发掘，则必有丰富之收获。此简短报告，匆匆写出，遗漏错误，自所不免，贤达君子，幸有以教正之。

满族老人述祖，写于北京大学真斋寓庐。

补记

这篇简报，是我在 1945 年冬天写出的，当时写出的用意，是把河西考古的工作报告给学校，并没有想到付梓。原来的计划，是我到南京帮夏作铭先生整理这批材料，写一个正式报告；可是后来我在东北工作，没有到南京去。夏先生一个人，仅零星的写出几篇短文。谁知夏公去岁突蹒鹤西游。只馀我古稀之老人。前我于《国学季刊》复刊后，虽写出我的《河西考古工作简报》印行，又在《文物》月刊发表一部分——今将全部简报付印。虽然我觉得十分简陋，但是全部材料都搬到台湾去，时间又隔了这么长，不能充分的把它改作一下，只有这样简陋的写出来。等到把材料搬回后，再写正式报告。这篇小文，就算作河西考古的一个报导吧。

原文刊于《社会科学战线》1987 年第 1 期

古浪县高家滩新石器时代遗址试掘简报

宁笃学　武威地区博物馆

高家滩古文化遗址在古浪县东部的裴家营公社老城生产队东南约 2 华里处。南临长林山，西傍马莲沟，东面不远即为齐家台子沟（图一），遗址现作农田，属缓坡状台地，面积南北长 300、东西宽 150 米。1980 年秋，武威地区文化馆文物组对该遗址进行了调查并作了试掘，发掘面积 20 平方米，现将试掘情况简报于后：

一、地层情况

遗址文化层堆积不厚，并较单纯，在耕土和扰乱层以下即为文化层，兹以 T1 南壁为例：

第一层：耕土，约厚 0.20—0.25 米，黄色土，质松，含有近代陶瓷片。

第二层：扰土，约厚 0.30—0.50 米，土质较硬，含有早期遗物和近代陶瓷碎片，兽骨等。

第三层：深灰土，约厚 0.80—0.90 米，土质松软，内含石器、骨器、陶器、兽骨、木灰屑等。

二、遗迹

在发掘的四个探方中，每个探方都发现灰坑。灰坑口小底大，坑壁完整，底部光平，口径一般为 0.90—3.2 米，底径 1.2—3.7 米，深 1.1—1.6 米，灰坑口部距地表 0.40—0.50 米。坑内堆积物中含有石器、陶器和碎片，骨器较多，还有数量较多的牛、羊、猪、鹿骨以及木炭屑等杂物。由于试掘面积小，未发现其它遗迹。

三、遗物

（一）石器

石刀　3 件，标本 H3：6，近方形，体扁平，打制，一面稍加工，近上部有一个圆孔。长 6、宽 6.2、厚 0.6 厘米（图二，1）。标本 H2：7，体扁平，长方形、磨制规整，靠近背部有两个圆孔。长 8.8、宽 4.7、厚 0.5 厘米（图二，2）。标本 H3：5，长方

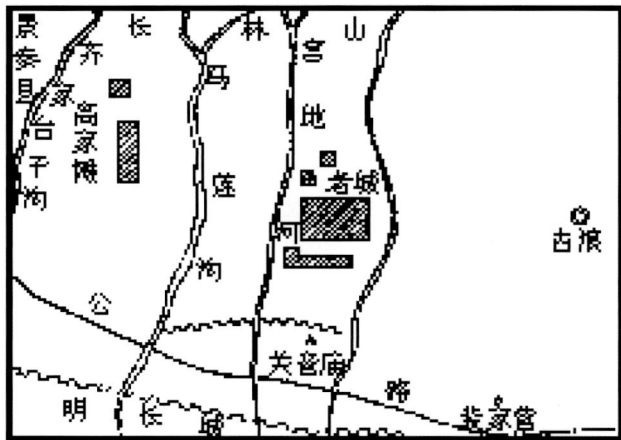

图一　高家滩遗址位置图

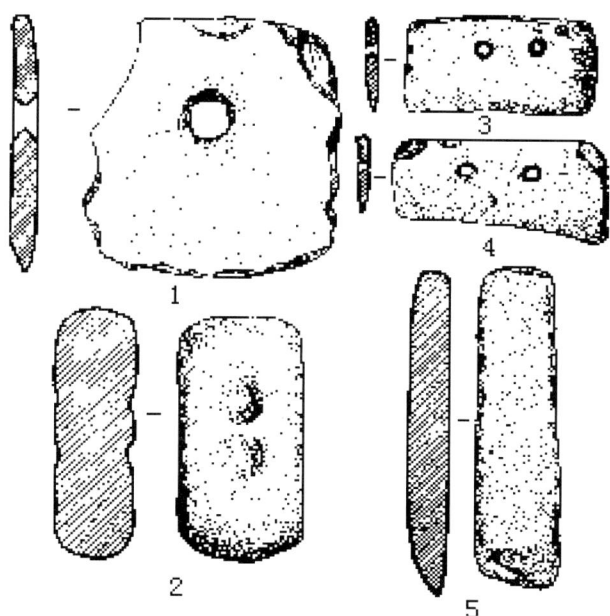

图二　石器

1. 石刀（H3：6） 2. 石刀（H2：7）
3. 石刀（H3：5） 4. 敲砸器（H2：9）
5. 石斧（H2：4）（1. 1/2，余为1/4）

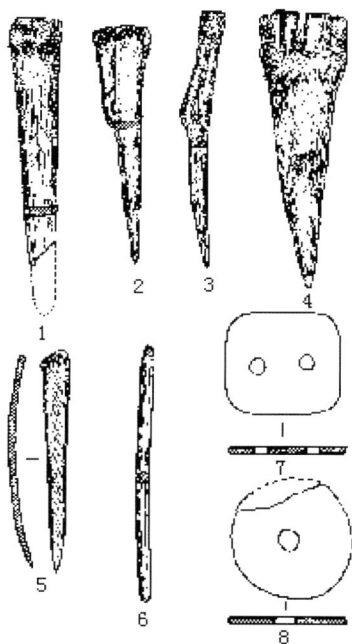

图三　骨器

1. 刀柄（T1：3） 2. 骨锥（H3：4） 3. 骨锥
（H1：2） 4. 骨锥（H2：6） 5. 骨笄（T1：5）
6. 骨笄（H2：2） 7. 骨饰（T1：4） 8. 骨璧
（H2：1）（2、4、7、8. 1/2，余为1/4）

形，磨制，刃稍凹，使用痕迹显著。长10、宽4.6、厚0.5厘米，双孔靠近背部，孔径0.5—0.7厘米（图二，3）。

石斧　1件，标本H2：4，刃部稍残，条形，琢磨规整，长15、宽4、厚2厘米（图二，5）。

敲砸器　1件，标本H2：9，长方形，圆角，两端有敲砸痕迹。通体琢磨，每面有微浅的两个凹窝，长10、宽9、厚3.5厘米（图二，4）。

（二）骨器

骨锥　4件，完整者3件，其中2件利用羊骨磨制（图三，2、4）。另一件，标本H2：6，为兽骨劈成三棱形，一端加工磨制（图三，3）。

骨刀柄　1件，标本T1：3，尖端残缺，长13.6、宽3、厚1厘米。扁平，磨制规整，两边有嵌入石片刃的凹槽（图三，1）。

骨笄　9件，标本T1：5，柄残，扁平，磨制光滑，微带弯形，长12.5、宽1.6厘米（图三，5）。标本H2：2，长15.6、径0.9厘米，断面呈圆形，一端略粗，尖圆钝，磨制精细，稍带弯形（图三，6）。

骨饰　1件，标本T1：4，片状，方形圆角，中间对称钻双孔，长3.6、宽3.2、厚0.2厘米（图三，7）。

骨璧　1件，标本H2：1，一边残缺，表面光滑，直径3.8、厚0.6、孔径0.6厘米（图三，8）。

另外，还发现少量骨针残段、骨珠以及残骨饰等。

（三）陶器

探方内出土的陶器，多为碎片，灰坑中

出土的有一部份完整的或能够复原的。按陶质可分泥质红陶和夹砂粗红陶两种。

1. 泥质红陶器

彩陶罐 1件，单耳，口略向外侈，短颈，鼓腹，平底。高9.5、口径5.8厘米，口缘内外施三角和圆点纹，肩部饰竖条纹，腹部施较细密的斜方格网纹、圆点纹、竖条纹（图四，4）。

彩陶杯 数量较多，能复原的只有2件，标本H4：5，单耳，口略向外侈，鼓腹，平底，高10.5、口径5.4厘米，口缘内有平行条纹二道，口缘外施斜方格纹，颈部三道平行条纹，腹部竖条纹和黑带纹（图四，5）。标本H4：4，直口，单耳，鼓腹，平底，高18、口径4厘米。口缘内饰平行条纹二道，口缘外饰斜方格纹，颈部施三道平行条纹，腹部饰重线三角纹（图四，1）。

彩陶钵 1件，高4.5、口径8.6厘米。敛口，曲腹，平底。唇外有对称乳状泥钉，唇外饰一道横条纹，腹部三角纹（图四，6）。

彩陶盆 1件，高10、口径14.4厘米，侈口，鼓腹，小平底，口缘内彩饰横条纹，重线三角纹，颈外彩饰等长三横纹，二道横条纹，腹外连弧纹，腹部下面有对称乳状泥钉（图四，3）。

这个遗址，彩陶盆、罐、杯形器残片较多，盆的形制基本相似，惟纹饰复杂多样，如有的颈部外饰宽带纹，口缘内饰方格、三角、圆点，连弧纹（图四，9）。有的颈部外饰等长横条纹，宽带纹以及连弧纹，口缘内饰横条纹者（图四，10）。彩陶罐残片有侈口、双耳、单耳的，双耳一般在口缘和短颈之间。器形较大者，则在腹部作对称的双

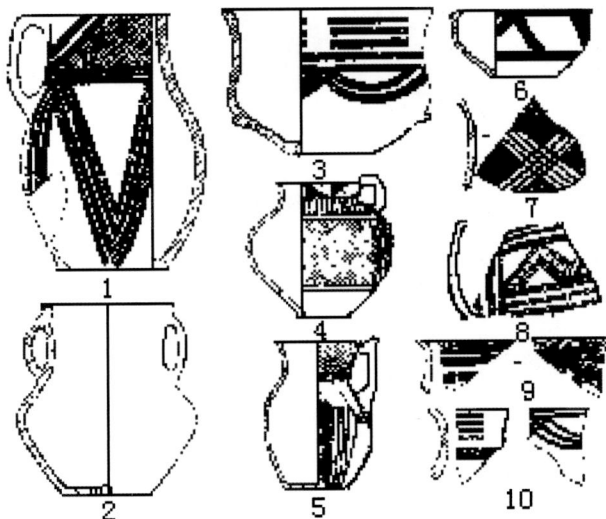

图四 陶器（1/6）

1. 彩陶杯（H4：4） 2. 素面罐（T1：10）
3. 彩陶盆（T1：12） 4. 彩陶罐（T3：2）
5. 彩陶杯（H4：5） 6. 彩陶钵（T1：11）
7. 彩陶罐（T3） 8. 彩陶罐（T2）
9. 彩陶盆（T2） 10. 彩陶盆（T2）

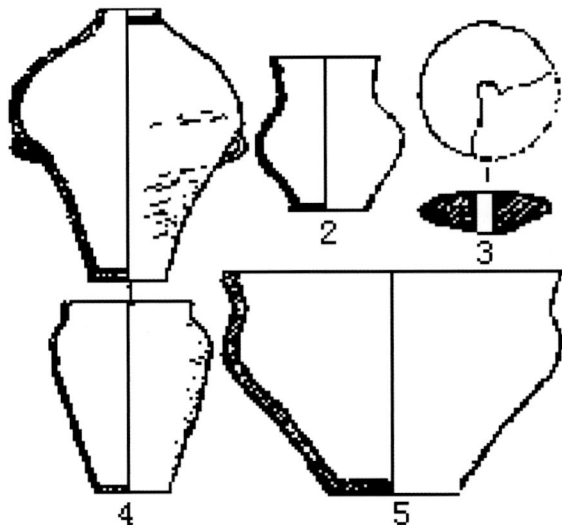

图五 陶器

1. 夹砂陶罐（T3：1） 2. 夹砂陶罐（H3：3）
3. 陶纺轮（H1：8） 4. 夹砂陶罐（H3：2）
5. 夹砂陶盆（H4：3）（1.1/30，3.1/12，余为1/6）

耳。其设色有黑和赭石二种。纹饰繁多，有横竖条纹，三角纹、圆点纹、波纹、方格纹、锯齿纹等（图四，7、8）。

素面罐　1件，高13、口径9.4厘米。陶腹细腻光滑，壁薄，口缘略向外卷，双耳，斜腹，平底（图四，2）。

2. 夹砂粗红陶　陶质粗糙，器形有罐、盆等，纹饰有绳纹，划纹，附加堆纹，素面也占相当数量。

罐　3件，标本T3：1，直口，短颈，溜肩，敛腹，平底，腹下有两个环钮，通体涂饰色陶衣，颈部有指戳纹，高80、口径18厘米（图五，1）。标本H3：3，敞口，短颈，溜肩，斜腹，平底，素面。底及下腹有烟熏痕迹。高21、口径14.8厘米（图五，2）。标本H3：2直口，高颈，敛腹，平底，素面，亦为炊器。高9、口径12厘米（图五，4）。

盆　1件，高13、口径20厘米。侈口，短颈，曲腹，平底，素面（图五，5）。

另外，还出土陶纺轮1件。正面呈圆形，中有圆孔，中间厚、四周渐薄，直径8、中间厚2.4厘米（图五，3）。

甘肃河西走廊地区古文化遗存分布甚广，类型繁多。高家滩遗址从出土物陶器的形制与纹饰来看，系甘肃仰韶文化马厂类型，同甘肃各地同一类型文化遗存相比，它程度不同的反映了区域性的特征，如该遗址出土的骨器和兽骨较多；彩陶器在其里面亦常彩绘，壶、罐、杯、盆等多施橙黄或褐色彩等。这些特点为探讨这一文化的内涵提供了新的资料。

原文刊于《考古与文物》1983年第3期

甘肃古浪县老城新石器时代遗址试掘简报

杨　福　武威地区博物馆

　　老城新石器时代遗址位于古浪县裴家营公社老城大队的南边，东接高家滩，西邻一条古河道，南靠昌灵山，北距长城约 5 华里。遗址分布在昌灵山北麓的台地上（图一）。其范围相当大，东西长约 1000 米，南北宽约 200 米，总面积达 20 万平方米左右。

　　1980 年 8 月，武威地区博物馆对此遗址进行了试掘，共开 5×5m 的探方 8 个。现将情况简述如下：

一、地层堆积

　　遗址遭到破坏，现存文化层不到一米，可分为五层，以 T2 东壁剖面为例（图二）：

　　第一层：农耕土，黑褐色。土质松软，厚约 28 厘米，无遗物。

　　第二层：灰土层。平均厚度 6 厘米，含有少量的碎陶片及木炭渣。

　　第三层：黄褐色土。土质较硬，厚约 23 厘米，含有碎石子和少量的红烧土碎块。

　　第四层：灰土层，平均厚度约 7 厘米，无遗物。

　　第五层：黄褐色土。厚 35 厘米，含有碎陶片和红烧土块，清理出居住面一处。五层以下为生土。

图一　老城遗址位置示意图

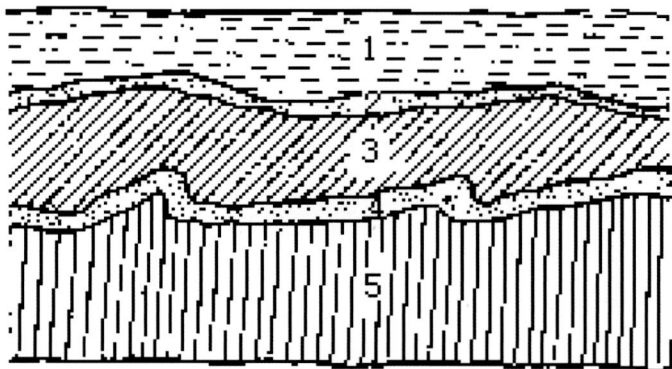

图二　T2 东壁剖面示意图

二、遗迹

遗迹有灰坑一个，居住面一处。

灰坑：在 T1 内，编号 H10，形状大小不明，深约 1 米，含有大量的草木灰和碎陶片，还有少量的红烧土块和骨器及石器。

居住面：在 T2 的第五层，编号 F1。形状大小不明，厚 4—6 厘米，呈红褐色。土质坚硬，含有小卵石和料姜石。制法是把红褐色土和河卵石等铺在地上，经压磨后平整坚实，未经火烧。在居住面上，有一块不规则的红烧土，其上有一个大柱洞，深 40、直径 12 厘米，在大柱洞的周围有 5 个小柱洞，直径约 9 厘米，深的为 7 厘米，浅的仅 4 厘米。

三、墓葬

墓葬共清理 5 座，均为土坑墓，并在同一地层上，编号 M1—M5。都是单人一次葬，但葬式和方向不一致。M1、M4 为仰身直肢，头向西；M2、M3、M5 为仰身屈肢，头向南。因长期平田整地和雨水侵蚀，除 M3 外，其余墓坑界限均不清楚。仅有三座墓有随葬品，共计 11 件，皆为陶器。

M1：仰身直肢，人骨架保存完整，头向西。随葬品有夹砂灰陶罐、彩陶罐和彩陶提梁钵各一件，都置于人骨架的头部。

M2：仰身屈肢，人骨架已遭破坏，但还可看出头向南。随葬品只有两件夹砂双耳陶罐，放置在头部。

M3：仰身屈肢，墓圹为长方形竖穴，长约 1.75、头部宽约 0.6、脚部宽约 0.4 厘米。平面呈梯形。人骨架保存完整，头向南。随葬品有一件彩陶双耳小罐，四件夹砂陶罐和一件彩绘陶钵，均置于人骨架右侧腰部（图三）。

四、遗物

墓葬出土的遗物大部分保存完好，仅有少量破碎陶片，计彩陶片 19 块，夹砂陶片 12 块，能辨认出器形的只有彩陶杯一件。彩陶片都是细泥红陶，饰黄褐色陶衣，绘黑彩，都是以宽带构成的人字纹、连弧纹、方格纹和三角纹等。夹砂陶片均为素面，有烟熏痕迹。灰坑出土的遗物有石器、骨器及装饰品等，没有完整的陶器，有破碎的彩陶片 51 块，夹砂陶片 8 块，能辨出器形的仅有一件夹砂素面陶罐，形体较大，侈口、鼓腹、颈部有一周堆塑纹。

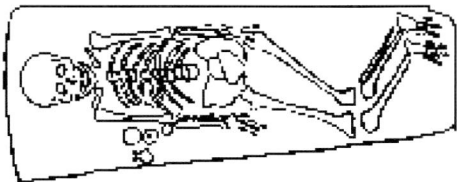

图三　M3 仰身屈肢葬平面示意图

（一）石器：2件。

一刮件为削器（H1：10），器形呈三角形，一角穿孔，便于携带。刃部及表面磨光，石质为砾石。三边的长度为2.1、4、2.8厘米，孔的直径0.1、厚0.3、厘米（图四，11）。一件为石凿（H1：9），体扁平，呈长方形，刃部磨光，顶端破裂。长6、刃宽2.1厘米、顶端宽2、顶厚0.4厘米（图四，7）。

（二）骨器：共11件，分装饰品和生活用品两类。

1. 装饰品　4件。

骨环2件，均为圆筒形，大小一样，外径1.8、内径1.5、厚0.3、高1.5厘米，通体磨光，里面略加修整（图四，9）。月牙形饰物1件（H1：7），保存完整，长4.5厘米，由一颗完整的兽牙磨制而成（图四，10）。还有1件骨器（H1：6），不知用途，器形为圆柱形，表面略加磨光，两端中空，一端的外表有一周刀削的凹线，残长4.8，直径0.9厘米（图四，8）。

2. 生活用品7件，其中骨针2件，骨锥3件，骨匕1件。

骨针一件（H1：3），已残，仅存尖端，体扁平，残长2.9、宽0.3、厚0.15厘米（图四，3）。另一件（H2：7），尖部残，有针眼，通体磨光，圆柱形，直径0.2、残长2.1、孔径0.01厘米。再一件（H1：2），细长无孔，两端尖锐，通体磨光。长3.7、中径0.09厘米（图四，2）。

骨锥一件（H1：4），保存完整，通体磨光，体呈椭圆形，略带棱。长6.5厘米，长径0.7、短径0.5厘米（图四，6）。另一件（H1：5），体扁薄，尖磨光，上端残。残长5.2、上端宽0.5、厚0.2厘米（图四，5）。再一件（H2：9），体截面呈弧形，通体磨光，刃部有使用痕，残长4.6厘米（图四，4）。

骨匕（T2：5），残、刃部弧形，磨光。残长3.5、宽1.9、厚0.4厘米（图四，1）。

（三）陶器：都是生活用具，完整和能复原的共计10件。

以泥质红陶最多，夹砂灰陶次之，泥质灰陶极少。制法全为手制，有些器物表面有修整刮削痕迹，里面也有手指抹光的迹象。彩陶大部分是在红褐色陶衣上绘黑彩，个别绘红彩。

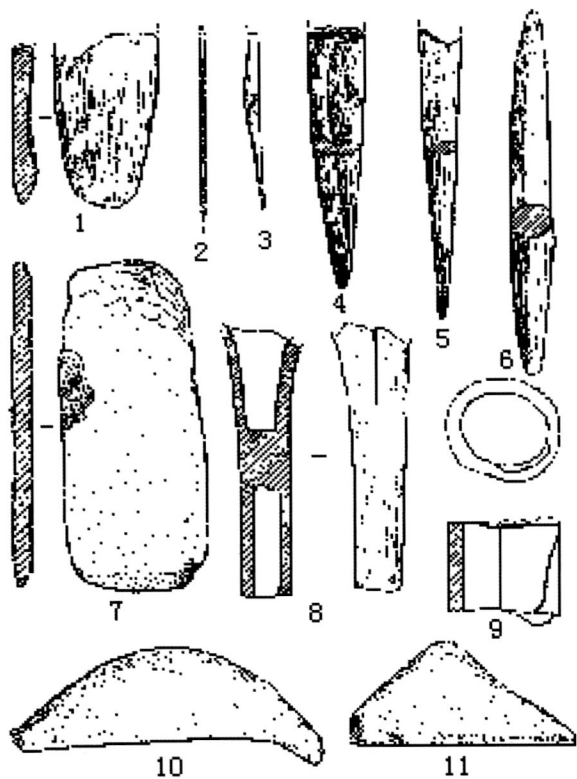

图四　出土的石器和骨器（2/3）

1. 骨匕（T2：5）　2. 骨针（H1：2）　3. 骨针（H1：3）
4. 骨锥（H2：9）　5. 骨锥（H1：5）　6. 骨锥（H1：4）
7. 石凿（H1：9）　8. 骨器（H1：6）　9. 骨环
10. 月牙形饰物（H1：7）　11. 石刮削器（H1：10）

纹饰以粗线条构成的平行带纹（图五，6）、人字纹（图五，10左）、连弧纹（图五，2）最普遍，一般都是通体绘彩。其次为方格纹（图五，5），重叠三角纹（图五，9）、锯齿纹（图五，7）、波浪纹（图五，10右）等。彩陶的共同特点是内外绘彩，有的在器物口沿内绘一道平行纹，有的绘弧线，有的器物如盆、钵等的内彩绘至腹部，纹饰有波浪纹，平行斜线间三角纹（图五，8）和连弧纹等。一般内彩都比较简单。夹砂陶器大部分为素面，有烟熏痕迹，少量器物在颈部有堆塑纹和刻画的人字纹。

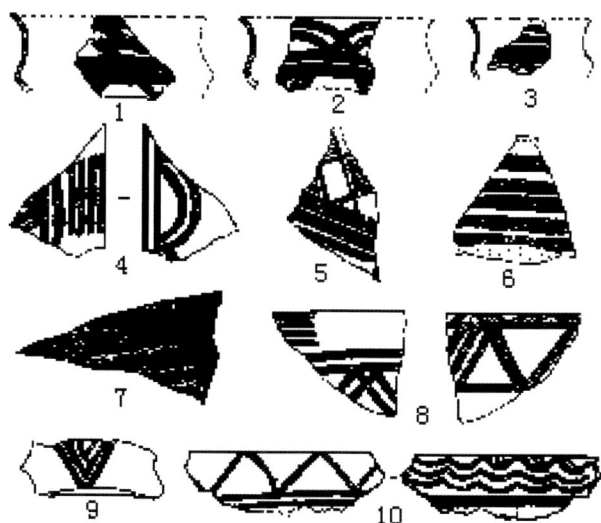

图五　老城遗址的彩陶片

陶器主要有钵、罐、盆、杯几种，现分述如下：

钵2件。皆泥质红陶，饰红褐色陶衣，内外绘彩。一件（M3：2），侈口卷唇，束颈，折腹，平底。外彩绘至底部，内彩绘至折腹处。整个器物内外都有刮削修整的痕迹，特别是在口沿下有三处刻画符号（图六）。口径11.9、腹径10.1、底径5、高7厘米。另一件（M1：2）。侈口，折腹，平底，有提梁，折腹处有对称的乳钉状钮。彩绘是以双黑线构成的连弧纹，口沿内绘单黑线连弧纹。口径11.5、腹径10.5、底径5、高12厘米（图七，7）。

盆3件，均残缺，皆系泥质红陶，内外绘彩。其中二件大小形制一样，为侈口，束颈，折腹，平底。口径19、腹径19.2厘米，底径不详。H1：1绘相互交错的连弧纹，下部绘三角纹，其间绘二道平行黑彩，内彩为二道交错的连弧纹，绘至折腹处（图五，2）。H1：2仅可看到外部残彩，内彩亦为双线连弧纹绘至折腹处，口沿有一道黑彩（图五，1）。另一件（H1：5），形制同上，而略小，口径15、腹径15厘米，底径和高不清。外彩为三道黑线构成平行纹，下部为双线三角纹，内彩为相互交错的双线连弧纹，口沿上有一道细黑线（图五，3）。

罐共8件：

彩陶罐2件，一件（M1：1），侈口，短颈，双颈耳，圆腹，平底，周身绘彩，饰红褐色陶衣，绘双线方格纹。口沿绘三角纹，口沿内以细黑线绘出连弧纹。口径10.2、腹径17.3、底径6.5、高15.5厘米（图七，9）。另一件（M3：1），侈口，双耳，鼓腹，平底。饰黄褐色陶衣，绘人字纹，颈部有两道平行纹。口径6、腹径9.6、底径4.7、高8.8厘米（图七，5）。

图六　刻划符号（1/3）

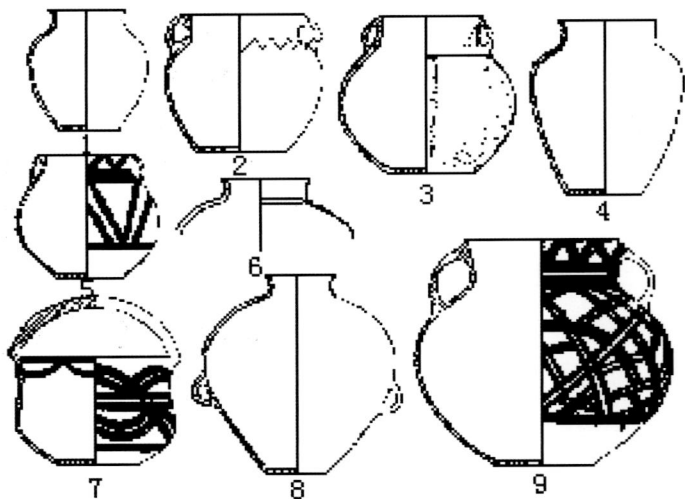

图七　出土的陶器

1. 夹砂灰陶罐（M3∶5）　2. 灰陶罐（M3∶3）　3. 夹砂红陶罐（M2∶1）　4. 夹砂陶罐（M3∶4）

5. 彩陶双耳罐（M3∶1）　6. 夹砂素面陶罐（H1）　7. 极陶钵（M1∶2）　8. 夹砂红陶罐（M2∶2）

9. 彩陶罐（M1∶1）（6 为 1/12，8 为 1/15，余为 1/6）

夹砂陶罐 7 件，一件（M3∶5），侈口，溜肩，平底，最大处在肩部。素面，有烟熏痕迹，口沿内有一道划纹。口径 5.2、腹径 8、底径 4、高 8.3 厘米（图七，1）。另一件（M3∶4）。侈口，溜肩腹壁斜，平底。素面，有烟熏痕迹。口径 6.6、底径 5.2、高 12.2 厘米（图七，4）。再一件（M2∶1），直口，双耳，圆腹，平底，腹部有对称的两道垂直棱迹，口沿有两对乳钉状钮。素面，有烟熏痕迹。口径 6.7、腹径 12、底径 5.5、高 11 厘米（图七，3）。第四件（M3∶3）。口微侈，双耳，一耳残，鼓腹，平底。口沿下有一周刻划锯齿纹。素面，有烟熏痕迹。口径 7.5、腹径 10.5、底径 6、高 9.7 厘米（图七，2）。第五、六两件（M3∶6 和 M2∶2）形制和大小相同。夹砂红陶，直口卷唇，细颈，圆肩，收腹，小平底。双耳在腹部。素面。口径 12、底径 10、高 34.5 厘米（图七，8）。另外 H1 中出土夹砂素面陶罐 1 件，仅存上部（图七，9）。

结语

综上所述，老城遗址从其陶器的形制和纹饰等方面看，应属新石器时代甘肃仰韶文化马厂类型，与相距仅二华里的高家滩遗址相似，但也有其明显的特点，如陶器皆为手制，火候不高，陶胎较厚，都是平底，未见圜底和三足器；遗物大都是生活用品，有少量的兽骨；已出现了有意识、有意义的刻划符号等等，这些都值得进一步的了解和研究。

原文刊于《考古与文物》1983 年第 3 期

古浪县大靖镇昭子山岩画考察记

王其英

杨文科　古浪县文体广电和旅游局

岩画位于河西走廊东端的古浪县大靖镇圈城村昭子山东麓、大沟峡谷西岸，发现于 2017 年 6 月。岩画分布于长约 30 米，高约 10 米的黑色石壁上，面积约 4 平方米，有羊、狗、人面等图案，初步推测为新石器时代至春秋时期的人类先民留下的文化遗产。岩画是一种石刻文化，人类祖先以石器为工具，用粗犷、古朴、自然的方法——石刻，在岩石上通过磨刻和涂画，来描绘、记录他们的生产方式和生活内容，以及他们的想象和愿望。昭子山岩画中的各种图像，构成了文字发明以前，河西先民最早的"文献"，不仅涉及原始先民的经济和社会生活，同时也是他们的精神产品，以艺术语言再现了当时的社会生活。

一、昭子山地理位置与人文环境

古浪县大靖南部为浅山区，中部为走廊平原，北部为沙漠。昭子山位于大靖镇圈城村东南 2 公里处，距离古浪县城 83 公里；地表覆盖约 1 米厚的黄土层，其下为沉积岩和火山岩，黑色岩石和青色板岩分布于昭子山东麓河谷两岸，交界十分清晰，地质构造独特，地貌复杂壮观；海拔 2020 米，属河西冷温干旱区气候，日照时间长，昼夜温差大，干燥少雨，地表植物有针茅、山蒿、猫头刺等。

大靖历史悠久，文化积淀深厚，早在四千多年前的新石器时期，就有原始部落在这里狩猎、游牧，先后有西戎、氐羌、月氏、匈奴、鲜卑、吐蕃、突厥、党项、蒙古等民族驻牧。汉设朴环县，唐为昌松县，元称扒沙，明万历二十六年（1598）松山战役后称大靖，沿用至今。在昭子山附近，分布有新石器时期遗址，周边的大靖峡、三角城，有马家窑文化马厂期、半山、辛店遗址和齐家文化遗址，出土有彩陶、红陶、玉器等。

二、昭子山岩画发现经过与基本情况

2017 年 3 月，古浪三中美术教师赵佰昌到昭子山一带写生，他在与当地牧羊老人的闲聊中，获悉在大靖镇东圈城村附近昭子山的石头上，有一些看似绘画和文字的图案。牧羊老人还说，他们从小就见过，周围的人也知道，但没有人识别这些图案。赵佰昌老师以美术专业的知识功底，敏锐的感觉到应该是岩画。

2017年5月28日，他和大靖中学的张福友老师结伴前去昭子山考察，初步判断是岩画，遂向古浪县文广局作了汇报。

2017年6月1日，武威市考古研究所张振华、沈全喜，古浪县文广局杨文科、俞学金和古浪县大靖镇张兴艳等工作人员，经考察确认了昭子山岩画。考察人员从大沟峡谷北口沿峡谷南行4公里，到达岩画所在地。岩画分布于昭子山东麓、大沟峡谷西岸的黑色石壁上，石壁对面有平坦台地，海拔1820米。此处暂编为1号岩画所在地。

2018年1月21日，兰州财经大学教授高启安、庞颖一行，在进行考察时，又分别在1号岩画东面山坡、南侧约50米处、向南约100米处3处均发现岩画，1号岩画东面山坡暂编为2号，南侧50米处暂编为3号，再向南100米处暂编为4号。2019年5月1日，四川大学教授李永宪和高启安、庞颖又考察了昭子山岩画。现将考察情况简述如下。

（一）1号石壁岩画概况

所在石壁宽30米，高10米，共有7组岩画，约有11幅图案组成。岩画从西向东依次是：

第一组（图一）位于西面岩壁，距离河谷底部5米；磨刻，上下不规则排列3个人脸形图案，共3幅，总面积约3平方米。第一幅位于画面顶部，图案0.18×0.18米，方脸，中刻竖线，左右各刻3个圆点纵向装饰；左面略下磨刻一圆形，图案剥落不清。第二幅位于画面中间略靠右，图案0.11×0.10米，圆脸，中刻竖线，穿出下颌，向右略拐，脸中左右各刻1个圆点装饰，方颌；紧靠人面左上部磨刻一圆形图案，左下部又磨刻一椭圆形图案，0.23×0.25米见方，上下略长。第三幅图案0.22×0.19米，圆脸，中刻竖线，左右各刻2个圆点纵向装饰。上述图案磨痕陈旧。

第二组（图二）位于岩壁中部，距离河谷底部4米；并排2幅图案，左面0.15×0.29米，为人脸状，中刻竖线，左右各刻2个圆点纵向装饰，中间竖线上下出头，上面左拐。右面图案亦为人脸状，中刻竖线，左右各刻1个圆点装饰，中间竖线上下出头，上面左拐，下面左右各有弧线1道。

第三组（图三）位于第二组西面约4米处，距河谷底部约4米，图案0.1×0.8米；磨刻，画面左面刻一人脸，与第一、二组类似，圆形，中刻竖线，上面出头左拐，左右各刻3个圆点纵向装饰。左旁有一人形图案，面部略呈方形，下刻四肢，有尾饰。画面中刻一人形图案，方脸，下刻四肢，有尾饰；右上磨刻蛇

图一　1号石壁岩画（第一组）

图二　1号石壁岩画（第二组）

图三　1号石壁岩画（第三组）

形图案，右下刻有圆圈，内刻井字形线条。这组画面磨痕较其他图案较浅细，相对较为粗放。

第四组位于第三组上方，磨刻不清，其画面漫漶不清。

第五组（图四）为动物图案，位于二组左下部石壁，距离河谷底部2米，图案0.26×0.28米；磨刻，有2幅图案，上下排列，上为四足动物，下有一只山羊。

第六组以山羊图案为主，位于一组左上角石壁，图案0.65×1.58米；磨刻，羊头向东，分散排列，共6只；羊头、身、足粗勒磨刻，左上角刻一鸟形图案。

第七组（图五）以山羊图案为主，紧靠东侧石崖，距离河谷底部4米，图案0.61×0.60米。磨刻，分散排列，共4只，羊头向东，头、身、足粗勒磨刻，似未完工。

（二）2号岩画概况

位于1号岩画石壁东面山坡上，有羊、狗、人脸等图案；图案较小，不易发现。

（三）3号岩画概况

位于2号岩画所在地南约50米处，靠近地面，图案为圆圈内刻画十字。其北面石壁顶部，似有岩画，漫漶不清。

图四　1号石壁岩画（第五组）

图五　1号石壁岩画（第七组）

（四）4号岩画概况

从3号岩画再向南约100米的石壁上，有几个人脸形图案，右上角有梅花鹿图案。

三、昭子山岩画的分期和年代

岩画很难断代，从昭子山岩画内容，结合磨刻痕迹陈旧程度等，初步考察认为，昭子山岩画大体分为四期。

一期为神祇图案，包括第一、三组中人脸图案，痕迹极为陈旧。二期为除人脸外，有蛇形、人形、圆圈纹图案的第三组、四组图案，其中，圆圈内有"井"字图案，出现于新石器时代晚期马家窑文化马厂期。三期为有四足动物、羊群的第五组图案，有粗略勾勒出羊形状的第七组图案；四期为有和文字类似的2个人面图案的第二组，有羊、犬的第五组。经考查，初步确定昭子山岩画年代上限为新石器时代，下限或至元明时期，其创作者疑为游牧民族。

四、昭子山岩画的文化内涵

昭子山岩画反映的内容主要是太阳神崇拜和图腾崇拜，从时间上看似应是新石器时代及以后游牧民族的创作；从地形上看，1号岩画石壁对面，有一平坦的台地，可判断为一处祭祀遗址。归纳起来，它的文化内涵有以下几个方面。

（一）反映了原始的世俗崇拜

1.神祇崇拜。第一组岩画，为3张人脸，属于自然崇拜内容的神祇图案。第二组岩画，左面一幅人脸，与第一组对比，也属于神祇。第三组中的人脸图案也属于神祇图案。

2.图腾崇拜。除第三组人形图案外，其他都是动物图案。其中，羊、犬、鸟、蛇形等图案，反映了不同部落的图腾崇拜。这些图案虽然出现在同一壁岩画中，但不同部落的作品，时间上有先有后。羊形图案，是羌族的图腾。《说文》：羌，牧羊人也。历史上游牧于河西走廊的西戎就包含以羊为图腾的氐羌部落。鸟图腾崇拜在原始人的图腾崇拜中比较普遍，在史前人类中，黄河流域和长江流域的原始遗存中都有普遍发现，越人的图腾标志主要是鸟，东夷人最初的图腾崇拜也是鸟。远古民族多崇拜蛇，往往将蛇绘于岩画上，如家喻户晓的女娲伏羲人首蛇身神话故事等。

3.巫神崇拜。第二、三组中的人形图案，属于巫的形象，与半坡彩陶人面鱼纹钵上的人面相似。原始先民认为，巫可以通神灵。巫往往也是部落酋长，在部落中享有很高的威信，所以刻画其上。

4.自然崇拜。人类离不开大自然，生产力水平决定了人类对大自然的依赖程度，大自然的日月运转、草木枯荣、山川移位、气候变化等，对人类的生产生活带来重要影响，有时会发生一些特殊现象，当时的部落认为大自然护佑着他们，不同的需求产生了不同的自然崇拜。

（二）反映了原始的经济发展形态

羊、犬、鹿形等反映了当时的经济发展形态是以狩猎为主，圆圈内井字纹的出现，与彩陶罐图案类似，反映出兼有农业；同时也反映了不同氏族间的经济水平的差异。岩画的面积大小、刻工深浅和磨刻水平，与不同氏族的原始生产力发展水平和制作时间长短有关。

（三）反映了当时的太阳变化及气候、生态环境

我们是否可以这样理解，第一幅岩画记录了一天内太阳变化的过程。最上第一幅，人脸之外的大圆圈，代表天空，太阳和太阳神注视着大地，反映的是早晨的太阳；第二幅人脸处于画面中间，头顶和左面都有一个太阳，表示中午；第三幅处于最下面，圆圈轮廓之内，椭圆形人脸，处于圆圈上部，画面之下是水和土地，代表夕阳西下。三幅画面的外圆轮廓，第一幅大于第三幅，第二幅居中；由此看来，三张人脸和圆圈图案，从上往下，分别代表早上、中午、傍晚三个时间段，太阳落到水和土地上，表示已到夜晚；再从下第一幅循环反复，代表了日复一日。三个图形的变化明显源于视觉变化，或与阴晴变化有关。这些或为太阳神的神祇图案，反映了太阳神或神祇主宰一切的观念，凿刻出的圆形岩面也或反映了原始先民天圆地方的模糊意识。鹿、羊、犬、蟒蛇等图案，反映出这一地区当时气候温暖湿润，水草丰茂，有多种动物生活在这里。

五、结语

昭子山岩画时间跨度长，初步推测从新石器时代早期至元明时期，内容丰富，由不同的古代民族部落先后磨刻，1号岩画所在地有着明显的祭祀特征，其中部分神祇形象在全国岩画中所罕见。从岩画内容看，昭子山岩画与景泰姜窝子、嘉峪关黑山岩画、阿右旗曼德拉山岩画、宁夏贺兰山岩画等可能有着渊源关系。昭子山岩画虽然数量有限，但内容丰富，是北方岩画的重要组成部分，它与凉州区莲花山、甘泉沟岩画，共同填补了河西走廊东端岩画的空白，是研究河西地区新石器时代、青铜时代等社会生活和原始宗教活动的重要实物资料。

昭子山岩画远景

昭子山岩画

　　昭子山岩画，位于武威市古浪县大靖镇上庄村南部的昭子山峡谷内。岩画分布在绵延 1.3 公里长的峡谷西崖上，共计 6 处 15 组 59 幅。画面内容丰富，造型古朴生动，大小不一，均琢磨而成。主要有三类：一是人物和动物形象，动物可辨识出羊、牛、大角鹿等；二是以圆、线、点组成类似 "瓢虫" 的抽象图案。三是类似汉字的符号图案。岩画大多分布在较低的崖壁上，部分岩画存在人为刻划、风化、雨蚀、岩体失稳、断裂等病害，保存条件较差。昭子山岩画是古代先民在岩石上记录他们生产生活内容的一种方式，也是早期艺术形式的珍贵遗存，是研究武威乃至河西地区早期社会生活及文化艺术的重要实物资料。2022 年，昭子山岩画被古浪县人民政府公布为县级文物保护单位。

　　图文：编者

甘肃武威海藏遗址考古调查简报

赵启杰　张振华　武威市文物考古研究所

海藏遗址位于武威市凉州区金沙镇海藏湿地公园内（图一）。1983—1985 年，海藏公园建设时发现玉器、石器、铜器、骨器和陶器等器物共 200 余件。2017—2019 年，甘肃省文物考古研究所对海藏遗址进行了考古勘探和发掘。2020 年，为了配合海藏湿地公园建设，武威市文物考古研究所对海藏遗址又进行了系统调查。经调查，遗存主要集中在海藏湿地公园中部偏东区域，分布面积约 2.5 万平方米。地面采集到石器、骨器、陶器、玉料、绿松石料、陶片等。现就此次调查结果介绍如下。

一、出土遗物

（一）石器

本次调查采集到的石制品有石刀、石璧、石璧芯、石片、细石核，刮削器等。

1. 石刀，11 件，均已残损，根据有无穿孔可分为两型。

A 型 3 件（图二，1—3）。刀身中央有一个穿孔。HZⅠ区：3，砂岩质，部分残缺，窄刃磨光，侧缘平直，刀身中部对钻形成一穿孔。HZⅠ区：4，砂岩质，一半残缺，直背直刃，刃缘较宽，刀背、侧缘及刃部磨光，刀身中部用对钻法开一穿孔，残长 3.7 厘米，宽 5.3 厘米，厚 0.7 厘米。HZⅠ区：24，砂岩质，部分残缺，直背磨光，中部双向对琢形成一近圆穿孔，穿孔两面布满麻点状小疤痕，残长 4.8 厘米，残宽 4.4 厘米，厚 0.45 厘米。

B 型 4 件。无穿孔，根据其刃角特征可分为三个亚型。

Ba 型 1 件（图二，4）。刃角圆钝。HZⅠ区：28，砂岩质，部分残缺，侧缘及刃部磨光，残长 5.2 厘米，残宽 3.1 厘米，厚 0.25 厘米。

Bb 型 2 件（图二，5—6）。刃角垂直。HZⅠ区：90，砂岩质，部分残缺，侧缘及刃部磨光，残长 3.6 厘米，残宽 3.2 厘米，厚 0.6 厘米。HZⅠ区：43，页岩质，

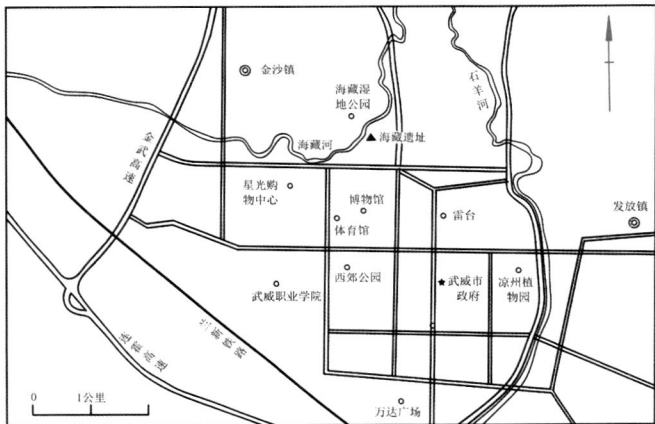

图一　海藏遗址位置

刃部略有修磨，其他部位保留石片原貌，残宽4.8厘米，长7.7厘米，厚1厘米。

Bc型1件（图二，7）。刃角呈锐角。HZⅠ区：2，砂岩质，部分残缺，刃部较宽，残长6.9厘米，残宽4.8厘米，厚0.5厘米。

另有4件残缺严重，难以进行归类。

2.石璧，4件。

3件残损，1件完整。

HZⅠ区：9，乳白色大理岩质，部分残缺，两面磨制光滑，穿孔上大下小。残长3.4厘米，残宽4.1厘米，厚0.6厘米。复原后外径为7厘米，穿孔上径为3.3厘米，下径为2.9厘米（图二，8）。HZⅠ区：78，大理岩质，部分残缺，一面磨制光滑，一面较为粗糙，内径上大下。复原后外径为11.4厘米，上内径为5.4厘米，下内径为3.4厘米，厚1.1厘米（图二，9）。HZⅡ区：1，大理岩质，部分残缺，两面及边郭磨光，穿孔上大下小。残长6.3厘米，残宽4.5厘米，厚1.2厘米。复原后穿孔上径为6.4厘米，下径为4.2厘米（图二，10）。HZⅡ区：6，大理岩质，完整，两面及边郭磨光，呈不规则圆形，穿孔上大下小。长4.4厘米，宽4厘米，厚0.4厘米，穿孔上径为1.6厘米，下径为1.4厘米（图二，11）。

3.石璧芯，共6件，1件残损，5件完整。

HZⅠ区：6，两面磨光，上小下大，底部边郭可见脱离石璧时形成的茬口。顶面直径为

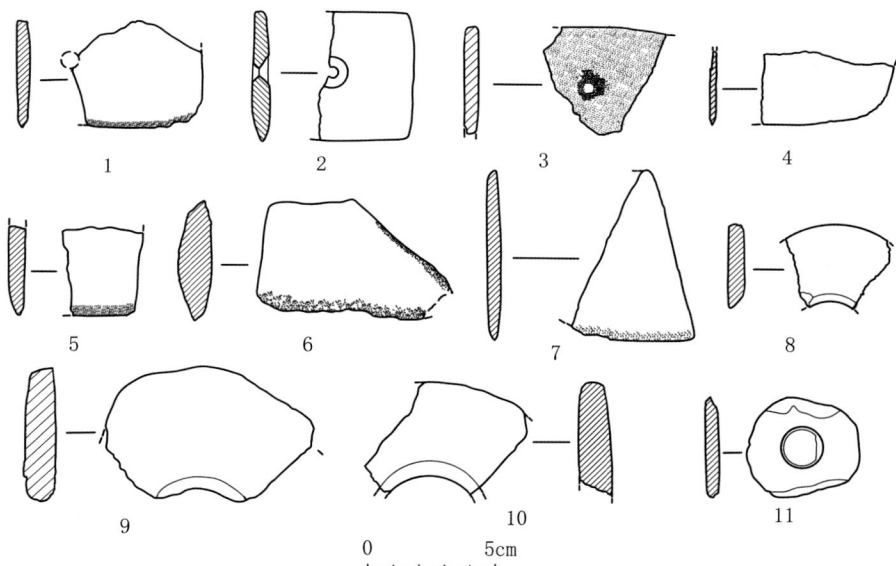

图二　石刀、石璧

1—3.A型石刀（HZⅠ区：3、HZⅠ区：4、HZⅠ区：24）4.Ba型石刀（HZⅠ区：28）

5—6.Bb型石刀（HZⅠ区：90、HZⅠ区：43）7.Bc型石刀（HZⅠ区：2）

8—11.石璧（HZⅠ区：9、HZⅠ区：78、HZⅡ区：1、HZⅡ区：6）

3.1厘米，底面直径为3.2厘米，厚0.7厘米（图三，1）。HZ Ⅰ区：7，两面磨光，顶面不平整，底部边郭也有茬口，侧面平直，直径3.2厘米，厚0.7厘米（图三，2）。HZ Ⅰ区：92，上小下大，一半残缺，顶面磨光平整，直径为4.9厘米，底面残损，直径为4.95厘米，残厚1.2厘米（图三，3）。HZ Ⅰ区：45，顶面磨光平整，底面不甚整齐，边郭可见残留茬口，侧面平直，直径1.6厘米，厚0.45厘米（图三，4）。HZ Ⅰ区：91，两面磨光平整，上小下大，底部边郭有

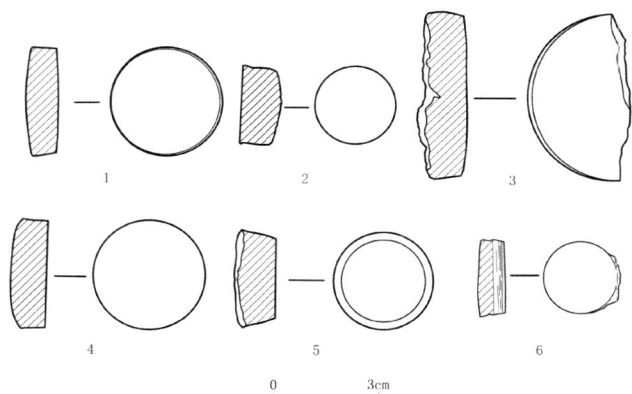

图三　石璧芯

1—6.石璧心（HZ Ⅰ区：6、HZ Ⅰ区：7、HZ Ⅰ区：92、HZ Ⅰ区：45、HZ Ⅰ区：91、HZ Ⅰ区：87）

茬口，顶面直径为2.4厘米，底面直径为2.85厘米，厚1厘米（图三，5）。HZ Ⅰ区：87，两面磨光平整，上小下大，底部边郭有茬口，侧面可见钻孔时留下的横向平行摩擦痕迹。顶面直径为2.1厘米，底面直径为2.2厘米，厚0.7厘米（图三，6）。

4.石核，2件。

HZ Ⅰ区：13，石质细腻，顶尾两端均为自然台面，四周有纵向剥片的痕迹，长2.6厘米，宽2.2厘米，厚1.3厘米（图四，1）。HZ Ⅰ区：41，呈船底状，顶端修出台面，四周纵向剥片，长4.5厘米，宽3.5厘米，厚2.5厘米。

5.刮削器，5件。

HZ Ⅰ区：86，红褐色，凹刃，石质细腻，长2.7厘米，宽2.2.厘米，厚0.7厘米（图四，2）。HZ Ⅱ区：4，肉红色玉髓质，呈斧形，顶端下凹，凸刃，器身侧边有细小疤痕（图四，3）。HZ Ⅰ区：15，玛瑙质半透明，有红褐色、白色条状纹理，台面较小，剥片明显，有半椎体，同心波纹清晰，长2.05厘米，宽1.7厘米，厚0.7厘米（图四，4）。HZ Ⅰ区：98，黑色，石质细腻，直刃，台面修成三角形，周围有纵向剥片痕迹，可见打击点、锥状体和同心波纹，长2.3厘米，宽1.9厘米，厚0.6米（图四，6）。HZ Ⅰ区：38，肉红色片状，顶端台面微小，尾端尖锐，两端都有向下纵向剥片痕迹，侧面修出双面刃，通长1.7厘米，宽1.4厘米，厚0.7厘米（图四，7）。

6.石片，3件。

HZ Ⅰ区：50，灰白色，顶部有较小的自然台面，可见打击点、半椎体和辐射线，一侧剥片后形成长条形台面，一侧形成薄而锋利的宽刃，长3.9厘米，宽4.4厘米，厚0.8厘米（图四，5）。HZ Ⅰ区：14，肉红色，顶部及两侧面为台面，刃部薄而宽大，较为锋利，可见明显的辐射线，通长4.1厘米，宽2.5厘米，厚1厘米（图四，8）。HZ Ⅰ区：47，黑色砾石质，质地细腻，顶端保留着自然台面，石片两侧及尾端都为薄刃状，个别疤痕可见同心波纹。通

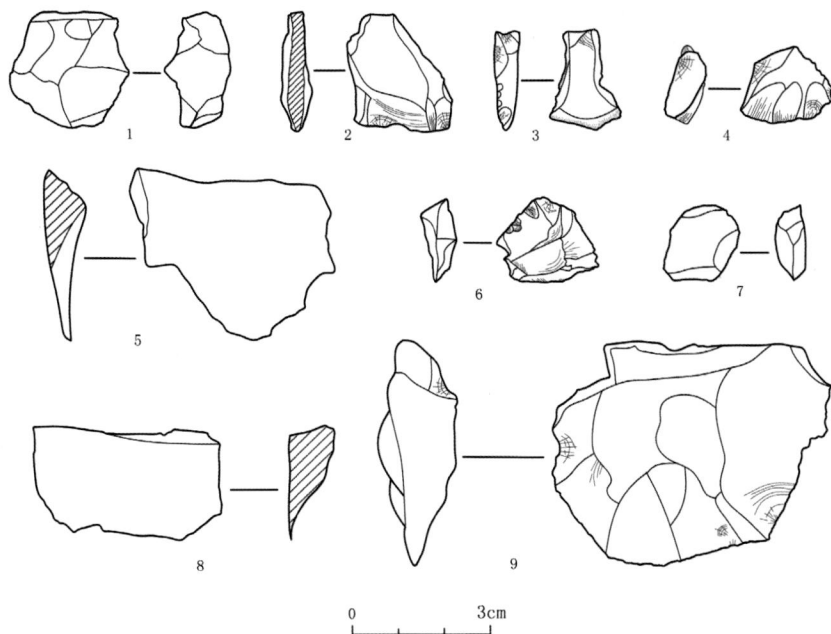

0   3cm

图四　石核、刮削器、石片

1.石核（HZⅠ区：13）2、3、4、6、7.刮削器（HZⅠ区：86、HZⅡ区：4、HZⅠ区：15、HZⅠ区：98、HZⅠ区：38）5、8、9.石片（HZⅠ区：50、HZⅠ区：14、HZⅠ区：47）

长6厘米，宽5厘米，厚1.4厘米（图四，9）。

（二）骨器

1.骨锥，1件。HZⅠ区：8，质地较硬，器表光滑，尾部残缺，尖端锐利，器身可见密集的横向磨制痕迹，残长5.5厘米，宽0.9厘米，厚0.4厘米（图五，1）。

2.圆形骨片，1件。HZⅠ区：81，呈略不规则的圆形，一半残缺，质地较硬，中间有一圆形穿孔。一面较为光滑，一面暴露蜂窝状的骨髓腔，器表打磨痕迹明显。残长4.8厘米，宽3厘米，厚0.6厘米（图五，2）。

3.圭形骨片，1件。HZⅠ区：93，呈圭形，质地坚硬，尾部残缺，器表打磨光滑，前端双向磨制成尖，残长9.9厘米，宽2厘米，厚0.3厘米（图五，3）。

（三）陶器

1.陶球，1件。HZⅠ区：21，部分残缺，红陶烧制，质地较软，表面均匀布满圆形小窝，残长3.5厘米，残宽2.9厘米（图五，4）。

2.陶纺轮，1件。HZⅠ区：5，部分残缺，灰陶质，质地较硬，夹砂颗粒粗大，中间对琢出一个不规则的圆形穿孔，外径6.8厘米，孔径1.5厘米，厚0.9厘米（图五，5）。

（四）玉器

1.玉片，2件。HZⅠ区：10，三角形，乳白色，一面磨光，一面有打磨形成的擦痕。一边有切割痕迹，切割面上半部光滑无擦痕，下半部为折断后遗留的参差不齐茬口，残长 6.8 厘米，残宽 4.5 厘米，厚 0.9 厘米（图五，6）。HZⅠ区：80，残存部分呈三角形，通体磨制，擦痕较为明显，一边呈圆弧状，残长 2.3 厘米，残宽 2.2 厘米，厚 0.5 厘米。

2. 玉璧，2 件。HZⅠ区：22，大部分残缺，青白色，通体磨光，表面有打磨时遗留的细微擦痕，残存小部分穿孔，孔壁呈斜坡状，残长 3.55 厘米，残宽 2.95 厘米，厚 0.7 厘米（图五，7）。HZⅠ区：65，深绿色，部分残缺，两面磨光，遗留打磨痕迹。残存小部分穿孔，孔壁呈斜坡状，可见钻孔时遗留的横向擦痕。残长 6.7 厘米，残宽 5.8 厘米，厚 0.8 厘米（图五，9）。

3. 玉刀，1 件。HZⅠ区：44，大部分残缺，墨绿色，通体磨光，侧面打磨痕迹较为明显，单面短刃，刃部较为锋利，刃上遗留使用形成的纵向擦痕。残长 2.9 厘米，残宽 1.7 厘米，厚 0.5 厘米（图五，8）。

4. 玉璧芯，1 件。HZⅠ区：11，部分残缺，浅绿色，表面光滑，侧面垂直，残长 3.3 厘米，残宽 2.8 厘米，厚 1.8 厘米，复原直径 3 厘米。

（五）玉料

1. 绿松石料 1 块。HZⅠ区：37，表皮为黑色，中间为浅绿色的绿松石，可见丝缕状黑色纹理，长 1.1 厘米，宽 1 厘米，厚 1.1 厘米。

2. 绿松石矿石 1 块，。HZⅠ区：36，呈褐色，表面及断面可见薄片状的绿松石，长 13.8 厘米，宽 9.3 厘米，厚 4.2 厘米（图六）。

3. 玉料。皆为碎块，以大理岩为主，有少

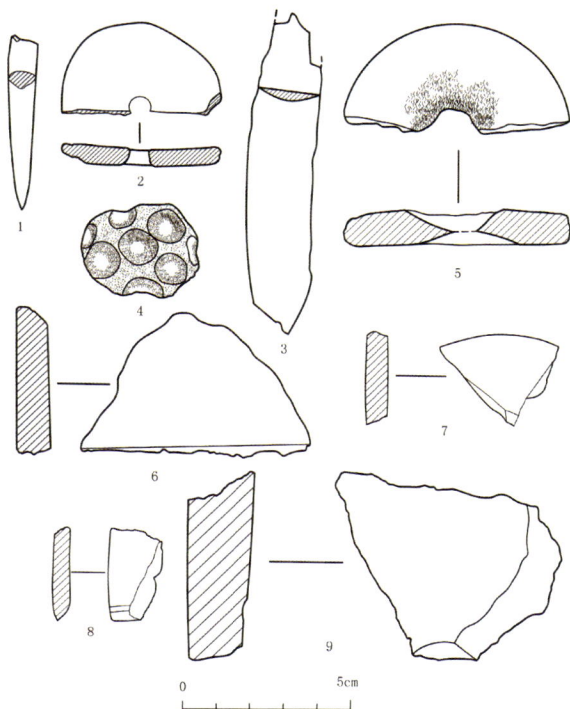

图五　骨器、陶器、玉器

1. 骨锥（HZⅠ区：8）　2. 圆形骨片（HZⅠ区：81）
3. 圭形骨片（HZⅠ区：93）　4. 陶球（HZⅠ区：21）
5. 陶纺轮（HZⅠ区：5）　6. 玉片（HZⅠ区：10）
7. 玉璧（HZⅠ区：22）　8. 玉刀（HZⅠ区：44）
9. 玉璧（HZⅠ区：65）

图六　绿松石矿石及玉料块

量蛇纹石。

（六）陶片

本次调查共采集到陶片1232片，根据陶色可以分为红陶、灰陶、黑陶、白陶四类，其中以红陶为主，灰陶次之，且多数为夹砂陶。器口以侈口、直口为主，还有少量敛口和子母口。器底以平底为主，也有圈足和袋状足。纹饰主要以绳纹、压印竖条纹为主，还有刻划纹、附加堆纹、乳钉纹、压印网格纹、镂空、戳印纹、鑽窝、篦点纹、瓦纹、席纹等。（表一、表二）

表一 海藏遗址采集陶片分类统计表

部位	形制	红陶		灰陶		黑陶		白陶		合计
		夹砂陶	泥质陶	夹砂陶	泥质陶	夹砂陶	泥质陶	夹砂陶	泥质陶	
腹片		244	221	195	59	107	9	66	26	927
器口	侈口	29	54	24	14	14	1	9	4	149
	直口	13	9	8	5	8	2	8	2	55
	敛口	1								1
	子母口	3								3
器耳		12	14	8		7		1	2	44
器底	平底	16	13	14		3	1	4		51
	圈足		1							1
	袋状足			1						1
合计		317	313	250	78	139	13	88	34	1232
总计		630		328		152		122		1232
占各陶系比例		50.00%	50.00%	76.00%	24.00%	91.00%	9.00%	72.00%	28.00%	
占总比例		51.00%		27%		12.00%		10.00%		

表二 海藏遗址采集陶片纹饰统计表

纹饰	位置	红陶		灰陶		黑陶		白陶		合计	总计	比例
		夹砂陶	泥质陶	夹砂陶	泥质陶	夹砂陶	泥质陶	夹砂陶	泥质陶			
绳纹	器腹	72	8	95	3	73		16		267	292	50.80%
	器耳	1				2				3		
	器口	10	1	3		2				16		
	器足			1		5				6		
刻划纹	器腹	1	2	2	1	1				7	13	2.30%
	器口	3	1	1		1				6		

续表：

纹饰	位置	红陶		灰陶		黑陶		白陶		合计	总计	比例
		夹砂陶	泥质陶	夹砂陶	泥质陶	夹砂陶	泥质陶	夹砂陶	泥质陶			
附加堆纹	器腹			1						1	25	4.30%
	器耳		1							1		
	器口	12	6	3					1	23		
乳丁纹	器口	3	2			3	1			9	9	1.60%
压印竖条纹	器腹	47	74	25	14	8	4		47	219	221	38.40%
	器耳	1	1								2	
压印网格纹	器腹		1	1					1	3	3	0.50%
镂孔	器耳								1	1	1	0.20%
戳印纹	器口			1	1					2	2	0.30%
鑽窝	器腹	1								1	1	0.20%
篦点纹	器腹			1						1	2	0.30%
	器口						1			1		
瓦纹	器腹				1					1	5	0.90%
	器口	2			1				1	4		
席纹	器底			1						1	1	0.20%
总计		153	98	135	21	95	5	19	49	575	575	

（1）绳纹　调查所采集的样品中，绳纹数量最多，占50.8%，常斜向施于器物腹部、肩部，为滚压而成，有粗绳纹和细绳纹两类。

（2）篦点纹　数量较少，系用带尖工具戳出均匀分布的小窝，纹饰分布于接近器底的下腹部。

（3）刻画纹　较为常见，一般施于器物腹部和口部。一般用带硬件的工具斜向划出密集的纹饰，也有交错刻划形成方格纹或者刻划后粘接器耳的例子。

（4）泥丁、压印竖条纹　仅见1例，施于器物耳部，主要起装饰作用。其做法是现用工具压出几道竖向平行的纹饰，再在其上贴上压扁的泥钉。

（5）瓦棱纹　数量较少，施于器物口部和腹部。用较粗的棍状物横压两道，形成起伏的瓦棱状。

（6）席纹　仅发现1例，位于器底，系制作陶坯时底部所垫草席的印纹，席纹的宽度与麦秸压扁的宽度大致相当。

（7）鑽窝　仅发现1例，位于器腹，系用石器在陶器表面轻琢出手指大小的浅坑，这种装饰方法在皇娘娘台墓葬出土陶器上也较为多见。

图七 钻孔工艺

1.一次成型孔 2.二次成型孔 3.琢孔 4.管钻成孔 5.侧面接近垂直并保留钻管厚度的石璧芯

（8）乳钉纹 数量较少，均发现于器物口部，系用手指捏出乳钉状装饰。

（9）压印竖条纹 较为常见，数量仅次于绳纹，占比为38.4%。一般施于器腹，用模具压印出数条平行的纹饰。

（10）压印网格纹 仅见1例，系用草席或类似器物在陶器表面压印出网格纹饰。

（11）钻孔 有一定数量，系用带硬尖的工具在陶器表面钻孔作为装饰。

（12）镂孔 仅发现1例，在陶器耳部刻出一个长方形镂孔作为装饰。

（13）附加堆纹 该纹饰形式多样，常见的装饰方法一般在器物颈部加一圈泥条用以加固器身，然后在泥条上压印、掐印、戳印出各种纹饰作为装饰，主要有以下几种形式：

A 戳印纹 数量较少，纹饰位于器物颈部，其做法是在器物颈部泥条上用扁圆型带尖工具有规律地戳出一圈较深的小洞，用来作为装饰。

B 指甲纹 仅发现1例，位于器物颈部，系在器物颈部泥条上用指甲间隔掐出纹饰作为装饰。

C 压印花边纹 有一定数量，系在器物颈部的泥条上斜向压印形成花边装饰。

D 压印X纹 有一定数量，系在器物颈部的泥条上压印出成组X纹饰作为装饰。

E 压印波折纹 数量较少，系在器物颈部的泥条上压印出连续的波折纹作为装饰。

F 附加堆X纹 仅见1例，在陶器耳部用泥条拼出X纹饰作为装饰。

二、相关问题探讨

（一）钻孔工艺

本次调查所采集的石刀、石璧、玉璧上都有穿孔。

石刀穿孔方式有两种：

1.钻孔法。一般采用双面对钻的方式，至中间位置时对穿成孔，钻孔工具可能采用质地较硬的石质、骨角质钻。根据穿孔的形成过程，又可以分为一次成型和二次成型。HZ Ⅰ区：4的一面穿孔为一次成型，上大下小呈漏斗状，截面为连续斜坡状（图七，1）。另一面穿孔为二次成型，开口较大，截面中部出现一个台面，然后继续斜向下穿透成孔（图七，2）。该孔初钻时可能采用了质地较软的钻孔工具，钻制过程中由于钻头消耗过快，无法继续下钻，穿孔截面与器表形成135°的夹角。二次更换更加坚硬的钻头后下钻直至穿透，穿孔截面与器表形成132°夹角。两次钻孔导致横截面倾斜度不同，中部过渡位置形成一个台面。

2. 琢孔法。利用带有硬尖的工具琢出穿孔的方法。HZ Ⅰ区：24采用双面对琢的方法制作穿孔，穿孔呈略不规则圆形，开口位置有密集疤痕（图七，3）。

3. 管钻法。玉石璧采用管钻法成孔。本次调查发现的玉石璧大多都残损，但是结合开孔和采集的璧芯来看都采用了单面管钻法一次成型。每个璧孔接近钻透时，直接将璧芯敲击脱离璧体，因此璧芯一面会形成参差不齐的毛边，璧孔上也会有所残留。石璧HZ Ⅰ区：6璧孔为标准的圆形，截面基本垂直，边缘可见璧芯脱离后的残留的茬口（图七，4）。石璧芯HZ Ⅰ区：87一面可见参差不齐的毛边（图七，5）。

关于玉石璧钻孔的工具，也可以从采集的玉石璧、璧芯中得到部分信息。本次调查所获玉石璧芯厚度在0.45-1.8厘米之间，顶面与底面直径差除一件为0.45厘米之外，其余均在0-0.1厘米之间，其中有三件为0厘米，说明璧芯侧面垂直或接近垂直，可见钻管硬度较大，不易磨损（表三）。石璧芯HZ Ⅰ区：87底部毛边可见钻管磨钻时形成的向下凹槽，宽0.2厘米，可知钻管管壁的厚度为0.2厘米（图七，5）。

表三　玉石璧芯厚度及顶面与底面直径差统计表

序号	名称	编号	厚度（厘米）	顶面与底面直径差（厘米）
1	石璧芯	HZ Ⅰ区：6	0.7	0.1
2	石璧芯	HZ Ⅰ区：7	0.7	0
3	石璧芯	HZ Ⅰ区：45	0.45	0
4	石璧芯	HZ Ⅰ区：91	1	0.45
5	石璧芯	HZ Ⅰ区：87	0.7	0.1
6	石璧芯	HZ Ⅰ区：92	1.2	0.05
7	玉璧芯	HZ Ⅰ区：11	1.8	0

（二）玉料切割工艺

本次调查只发现1件具有明显切割痕迹的玉料。HZ Ⅰ区：10为一件乳白色玉片，两面打磨光滑，一边经过整齐切割，切割面上半部光滑无擦痕，下半部为折断后遗留的参差不齐茬口（图八，1）。目前史前玉器常见的切割工艺有两种，一种利用硬性片状物切割，一种利用柔性线状物切割，简称片切割与线切割。（牟永抗：《良渚玉器三题》，《文物》1989年第5期，第65页。）片切割所形成的切口线条刚劲挺直，切口两侧及底缘平齐匀称。HZ Ⅰ区：10所保留的切口即为这种特征，无疑使用了片切割的方法进行加工。同样，1983—1985年海藏湿地公园出土的玉料也使用了这种切割方法。135号玉料长25厘米、宽20厘米、厚8厘米，可见两个高低不同的切割面，切割面齐整而光滑，切口底缘平齐（图八，2）。137号玉料长19.8厘米、宽16厘米，厚6厘米，切割面可见两次相向切割的痕迹，接近两切口相交处玉料直接被敲断，形成一条茬口。切割面同样整齐光滑，切口底缘齐整（图八，3）。139号玉料体型最大，长22厘米，宽19厘米，厚14厘米，重量约有20余斤，切口齐整，切面光滑（图八，4）。此外，这种片切割的方法也被用于石器的制作。249号石斧一端残存切割的痕迹，其特征与片切割相吻合（图八，5）。

从目前所见的玉料来看，片切割是海藏遗址玉器加工制作的主要切割方法，无论是玉料的初步切割还是再加工，都普遍被使用。

（三）玉料来源

本次调查发现的玉料基本为透闪石玉料碎块，颜色有带墨点深绿色、青白色、浅绿色、乳白色、黄绿色、墨绿色、翠绿色等，其中以青白色、浅绿色居多。距离海藏遗址西南1.9公里处的皇娘娘台遗址墓葬中也曾出土过大量玉器，第四次发掘的62座墓葬中24座墓出土玉石璧共264件，每座墓少则1件，多者达83件，多数墓中还随葬有粗玉片和玉料小碎块。1983—1985年海藏湿地公园建设工地也出土了大量玉料和玉制品，其中玉料有重达30余斤者。由此可见史前居民对玉料的消耗相当大。

目前，武威地区尚未发现史前时期开采的玉矿，附近地区可追溯到齐家文化时期的玉矿有甘肃临洮马衔山玉矿、敦煌旱峡玉矿、酒泉马鬃山玉矿。海藏遗址及皇娘娘台遗址所使用的玉料或许有部分来源于以上矿区，但是像重达30余斤的玉料就近开采的可能性较大。武威所依靠的祁连山脉各种矿藏资源非常丰富，相邻的青海祁连县玉石沟就出产有名的祁连玉，其最早开采时间是否能追溯到史前还不能确定。武威也有几处叫"玉石沟"的地方，说明临近的祁连山中可能有丰富的玉矿，海藏遗址及皇娘娘台出土的玉料应该就来源于附近的玉矿。

三、小结

图八　玉石料切割工艺

1.HZⅠ区：10玉片切割面　2.135号玉料切割面　3.137号玉料切割面　4.139号玉料切割口　5.294号石斧切割口

　　经过本次调查可知，海藏遗址的范围可能远远大于当前遗物的分布区域，由于大规模的人为扰动，目前遗物仅见于图二所示范围。调查发现的玉石原料表明，该遗址应该为一处重要的玉石器作坊，采集的带窝点陶球、玉石璧等遗物与相邻的皇娘娘台遗址出土的同类器物相似，二者可能为同一聚落的不同功能分区，即海藏遗址为居住生活区，皇娘娘台遗址为公共墓葬区。

　　绿松石原料及矿石是本次调查的重要发现。一方面，说明皇娘娘台遗址墓葬中发现的绿松石饰品为本地制作。另一方面，为齐家文化绿松石矿料来源提供了重要线索。目前，学术界对于齐家文化绿松石制品的研究主要集中在区域分布、类型分析及使用方式上，对于原料来源认识还非常有限，也未发现相关矿藏遗存，本次调查所获绿松石矿石，为进一步解决这一问题提供了可能。

海藏遗址

海藏遗址，位于武威市区北部海藏湿地公园内。遗址主要分布在海藏河两岸，北侧为海藏寺。遗址东西长约 300 米，南北宽约 200 米，面积约 6000 平方米。地表有泥质红陶、夹砂红陶和夹砂灰陶等残片，多为素面或饰粗绳纹、篮纹，出土夹砂红陶罐、灰陶罐和石刀等。1983-1985 年，海藏河西岸发现一批齐家文化玉器、玉料、石器、骨器、铜器，其中玉璧 37 件，石璧 47 件，最大的 1 件玉璧，直径为 15、孔径 7.5、厚 0.5 厘米。因还有大量的玉石器半成品、毛坯、原材料，该遗址被认为是一处齐家文化玉石器加工作坊。2018-2019 年，为配合海藏湿地公园建设项目，甘肃省文物考古研究所对海藏遗址进行考古发掘。这次发掘在海藏河东岸，揭露面积约 1000 平方米，发现有灰坑、土坑墓和半地穴式房址，共出土陶器、石器、石璧、璧芯、铜刀、骨箭镞等 500 余件文物。海藏遗址和皇娘娘台遗址基本相连，发现的遗物与皇娘娘台出土遗物相同，属新石器时代晚期齐家文化遗存。1987 年，海藏遗址被武威市人民政府公布为市级文物保护单位。

图文：编者

漢代

考古

甘肃古浪峡黑松驿董家台汉代木椁墓清理概况

甘肃省文物管理委员会

与古浪黑松驿陈家河台子（有汉代遗址）以北相连的董家台刘家台，为一狭长一公里左右的山麓台地，高出古浪河面约四十公尺，较陈家河台子高出三十公尺。这一带现在为农耕地，在台地中心有几个大土塚，老乡传说为"娘娘墓"，墓塚完整，其他部分亦无塌陷突起的痕迹。兰新铁路1953年冬、1954年春施工时，在这一带曾挖出绳纹灰陶器、铜镜、带钩、铜印、五铢钱等，1954年春兰新铁路文物清理组到现场了解，发现在刘家台车站挖土方与车站后面改修水沟的断层上有不少的土坑木椁墓痕迹，据谈挖出的文物即出在这一群墓中，当时因土方工程已结束，这些被挖坏的残墓已压在土方下面，未便清理，仅将出土物收集（注）。在董家台涵管北端的一段未施工土方断崖上有两座残墓痕迹，乃配合工程进行清理，自7月2日至5日共清理土坑木椁墓五座。这次清理，挖土过程中在墓坑填土层内未发现遗物。因工程进度甚快，绘图工作也来不及仔细做，这里介绍的只是初步的简单记录：

一号墓头部在冬季施工时已挖掉，现存部分，墓坑长方形，墓口距地面深0.5公尺，长4公尺，宽2.2公尺，宽底距墓口深6.8公尺，长4公尺，宽2.2公尺，填土为五花土。木椁为厚20公分的方木拼成，椁长约3公尺，宽1.6公尺，高0.9公尺，椁外周围有白灰一层，椁内有棺，痕迹不甚显著。人骨架一付，北向，头已挖掉，仰卧伸肢，男性。随葬品置放人骨左边棺外椁内处，计有：

1. 木俑1件，头部残缺，现存部分高约13公分，两袖痕迹较清楚（图一）。

2. 方石片、圆石片。方石片长15公分，宽5.8公分，厚0.3公分，一面磨平。圆石片直径2.8公分，质料与方石片同，原置方石片中央（图二）。

3. 铜带钩，通长7.5公分（图三）。

4. 木器残部，现存部分长11公分，头部卵圆形，宽约3公分，柄部宽约1.3公分，为两片合成，上涂白粉。

5. 红绸残片，已发褐色，质颇细，长约41公分。

二号墓并排于一号墓的东面，头部在冬季施工中已挖掉，现存部分：墓坑长方形，墓口距地表深0.5公尺，长3公尺，宽1.8公尺，墓底距墓口深6.3公尺，人骨架一付，头部被挖，仰卧伸肢，女性。随葬品置放人骨右边棺外椁内，计有：

1. 灰陶缶，翻口，圆身，平底，腹部以下有绳纹，并有阴旋纹四道，通高17公分（图

图一

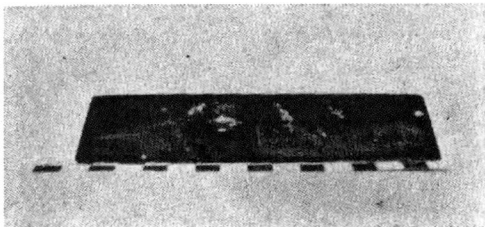

图二

图三

图四

图五

四）。

2. 灰陶罐，已残破成碎片，上有绳纹。

三号墓位于二号墓的南面，墓坑长方形，墓口距地表深 0.5 公尺，长 4.1 公尺，宽 1.5 公尺，墓底距墓口深 6.5 公尺，长宽同墓口，墓口填土为五花土。木椁长 3.55 公尺，宽 1.1 公尺，高约 1 公尺；棺长 2.2 公尺，宽 0.7 公尺，高约 0.54 公尺。人骨架一付，仰卧伸肢，男性。随葬品置放头上部棺外椁内，计有：

1. 灰陶罐，残破成碎片，有绳纹。

2. 灰陶壶，侈口，圆腹，平底，腹部以下有绳纹，并有阴旋纹三道，通高 17.5 公分，口 8.8 公分，腹径 17 公分（图五）。

3. 灰陶缶与二号墓出土的相同。

4. 黄绸子残片紧蒙人骨口部。

5. 铜带钩（残）置人骨口中。

四号墓位于三号墓的西面，墓坑长方形，墓口距地表深 0.5 公尺，长 2.5 公尺，宽 1.3 公尺，墓地距墓口深 6 公尺，长宽同墓口，填土为五花土。木椁长 2.3 公尺，宽 1 公尺，高 0.45 公尺。人骨架一付，仰卧伸肢，女性。随葬品置头上部左右边，计有：

1. 灰陶罐，残破，上有绳纹。

2. 粗红陶罐，残破，上有火烧痕迹。

五号墓位于四号墓的西面，墓坑正方形，墓口距地表深 0.5 公尺，边长 2.8 公尺，墓坑深 6 公尺，边长同墓口，填土为五花土。椁长 2.5 公尺，宽 2.45 公尺，内有二棺：南棺长 2.15 公尺，宽 0.65 公尺；北棺长 1.95 公尺，宽 0.65 公尺。人骨架两付，头均向东，南棺头侧向

图六　　　　　　　　图七　　　　　　　　图八　　　　　　　　图九

北，是男性，北棺仰面，是女性，均伸肢。随葬品大部分置于二棺中间接近人骨上部，计有：

1.灰陶坛，翻口，吊腹，平底，腹部以下有绳纹，通高 25 公分，口径 13 公分（图六）。

2.灰陶罐，残破，有绳纹。

3.在人骨下面有零散残碎的朱色花纹，其中有朵云状图案，似漆器残片遗迹。

4.木梳，背部半圆形，通高 5 公分。

5.五铢钱 20 枚，在南棺内人骨口中 9 枚，左手附近 11 枚。

（注）这一墓群地区于 1953 年冬 1954 年春施工中挖出的一批古物可与这五座墓的出土物参照研究，兹将其种类形制分记如下：

（1）彩绘绳纹灰陶壶，通高 27 公分，口径 11.7 公分，腹围 72.2 公分。腹部绳纹，腹围阴旋纹三道，颈肩交接处也有阴旋纹三道，器灰底，上涂彩绘。颈肩交接处绘红、蓝、黑三圈，肩部绘四个三角形花纹，外圈黑色，内圈蓝色，内有红色 S 形花纹，上腹部绘红、蓝、黑色线条相间纹四组，腹围阴弦纹，上绘黑色圈二道，下腹部绘蓝、黑、红三色线条组成的三角形纹一周（图七）。

（2）绳纹灰陶壶，通高 10.5 公分，口径 6.5 公分，腹径 15 公分（图八）。

（3）绳纹灰陶瓮，肩腹交接处有阴弦纹三道，腹部绳纹，并有阴旋纹十道，通高 37.1 公分，口径 13.4 公分，腹圆 110.3 公分（图九）。

（4）绳纹灰陶瓿，腹部有绳纹，并有螺旋阴弦纹七道。通高 24.8 公分，口径 20.3 公分，腹围 11.1 公分（图一〇）。

（5）粗红陶罐，手制，腹部有烧痕。通高 10.3 公分（图一一）。

（6）灰陶灶，灶面周围有突出线纹三周，并有反印的"大酺千万"四篆体字，靠灶门的一端灶面上有"吉""善"二篆字（图一二）。

（7）灰陶盆，通高 3.9 公分，口径 7.6 公分（图一三）。

（8）灰陶釜，通高 4.5 公分，口径 7.5 公分（图一四）。

（9）灰陶甑，底上有七小孔，近底部有绳纹。通高 6.2 公分，口径 9.2 公分（图一五）。

（10）灰陶小勺，有仿木制的刮削棱（图一六）。

图一〇　　　　　　　　　　图一一　　　　　　　　　　图一二

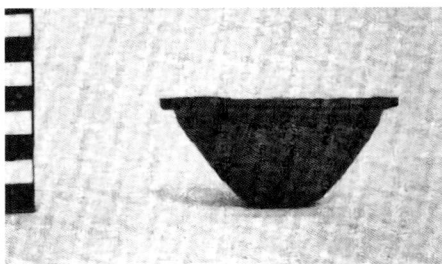
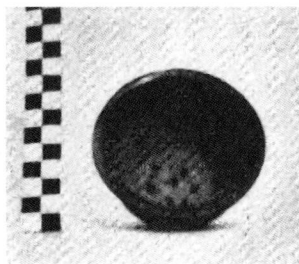

图一三　　　　　　　　　　图一四　　　　　　　　　　图一五

（11）绳纹灰陶罐，侈口，平底，腹部有绳纹，并有螺旋阴纹七道。通高29公分，口径12.3公分，腹围64.5公分，底径11.6公分。

（12）绳纹把手灰陶罐，腹部以下有绳纹。通高17.3公分，口径11.5公分，腹围54.7公分（图一七）。

（13）灰陶夌，肩腹交接处有阴弦纹及二重波浪线一周，通高13.3公分，口径8.1公分，腹围47.5公分（图一八）。

（14）灰陶盂，通高6.4公分，口径4.2公分，腹围26.6公分（图一九）。

（15）绳纹灰陶釜，圆口，大腹，圆底，腹部以下绳纹，高22公分，口径15公分。

（16）铜镜，乳钉镜的直径为10.5公分，日光镜的直径为7.3公分。

（17）铜印，正方形，通高1.7公分，印面厚0.9公分，边长1.7公分，印纽为覆瓦状，高0.8公分，上刻四阴体字。

（18）铜带钩五只。

（19）铜小刀二件。一件通长17公分，全刃呈尖形，柄端有四孔。一件通长15.5公分，全刃呈尖形，柄端有一孔。

（20）铜镶金花银圆盖形器，上有镀金铜叶花纹三圈，内有一纽。

（21）长方形铜饰件，上有透孔花纹及细乳钉，柄端有一盘龙形纹。

（22）铜盖弓帽。

图一六

图一七

图一八

图一九

（23）铎形小铜铃，顶有系环，内挂撞吊，铃两面有花纹图案，通高 3.7 公分。

（24）半两钱、货布钱各一枚。

（25）乳白色圆形玉饰片，一面凹进，有二穿。

原文刊于《文物参考资料》1955 年第 7 期

兰新铁路武威——永昌沿线工地古墓清理概况

甘肃省文物管理委员会

　　武威城西沿着祁连山至永昌南、北滩一带相距约5公里地区，兰新铁路由此通过。1953年冬我们在沿线进行步查时，发现武威城南郊、西郊等处有许多砖室墓，因被水冲塌，当地乡人会取用墓砖，挖破甚多。又在永昌南、北滩地表发现绳纹灰陶片及大小沙冢多处，因此我们选定了这两个地区为古墓葬的清理重点。1954年7月铁路土方在武威——永昌一带全面动工，我们即将人力分为武威城西8公里地的管家坡和永昌南滩两处，配合工程进行清理工作。自7月20日起至1月止，在武威——永昌一段工地共清理了20座古墓计：管家坡汉代砖室墓3座，唐代砖室墓1座；丘家小庄汉代砖室6座；二十里滩汉代砖室墓1座；罗家庄汉代砖室墓1座；支家庄汉代砖室墓2座；李家夹咀子汉代土洞墓土坑墓各1座；小儿下汉代砖室墓2座；永昌南滩汉代砖室墓2座。这些墓的填土多系卵石夹砂，残存墓冢较大，墓室多塌陷不固，为了清理施工安全起见，多数用"大揭顶"的方式取土。砖室墓的形制，一般情况是，墓在耕地下的，地表形迹不明，根据乡人经验，墓上土地多不易生长农作物，又灌溉时往往被水浸后即塌陷一坑；墓在公荒地区的，墓冢多存在，形迹甚显。因这地区土层较薄，下为砂石，凡开墓之处，冢上堆积多为砂石，与周围地表土色迥然有别。墓冢一端，有较长的沙梁一段，即为原墓道，填后仍与周围地表之土色截然分界。墓坑长方形，有时随砖室的结构形式而挖成曲折连接的、两个或三个长方形的坑。墓坑口一般接近地表。坑深3米至十数米不等。墓道为狭长斜坡形，墓宽1米多，长至10余米。墓道内接近墓门处及砖室壁外四周有用大卵石填塞的。墓室形制有单室、前后室、单前室双后室三类。墓的砖室结构综合分为墓门、前过道、外室、后过道、内室等部分，均用长方形的条砖砌成。外室有二层台（一面，两面，三面不等）。后过道有单、双两种（单后室亦有两个后过道的）。人架前后室均有，数目有多至八个的，一般的也在三个以上，除男女骨架外，尚有孩童骨架。同一墓内，有的骨架完整，方位明确，有的则成一堆，位于墓室边角、过道等处。出土物大部放在外室，有灰陶器、金银器、料珠、玉片、石刻、铁器、漆器，铜钱等。兹以管家坡3号墓、丘家庄2号墓、二十里滩1号墓为汉代砖室墓之例，管家坡4号墓为唐代砖室墓之例，简介于后：

一、汉代砖室墓

（一）管家坡 3 号墓

位置在武威管家坡以南，墓坑长方形，墓门向南，偏西六度，墓口距地表约 50 厘米，墓深 5.9 米，填土为小卵石与砂土混合筑成。墓室结构分为墓门、外室、过道、内室四部分，通长 7.57 米，宽 3.39 米，深 3.26 米，全部为条砖砌成。墓门高 1.19 米。门上券顶七层，券上又砌砖墙一堵。封门砖平排两层，中间并夹砂石一层。墓门北端券顶两层，第二层较第一层突出 5 厘米，

图一　管家坡 3 号墓出土物分布情况

与外室南壁吻合，外层东北角上端有一盗眼，用乱砖填塞。四壁底边作向心弧状，从顶到墓壁四边成四合弧形。壁砖涂黑白二色组成菱形图案。顶部二十五层砖用黑白二色逐层相间涂成，顶最上层用一块方形砖砌成，上有朱红色痕迹，已剥落不甚明显。室底长 2.89 米，宽 3.25 米，东、北、西三面均有二层台相连接（东宽 90 厘米，西宽 90 厘米，北宽 75 厘米，台高均为 27 厘米）。北壁中间第 22 层砖突出一个半块，西南角第 29 层，东南角第 28 层砖均各突出一个半块，形成三个灯台。过道有东、西两个，与外室北壁、内室南壁相接。南北两端均为二层券顶（高 1.25 米，进深 0.88 米），第二层券较第 1 层券微突出，并各与室壁相吻合。内室底长 2.92 米，宽 3.39 米，壁砖花纹、墓顶均与前室同。南壁中间第 21 层突出一个半块砖，作为灯台。墓道在墓门正前方，宽 1.67 米，为狭长斜坡形。人架六付，内室东西各一付，西过道一付，外室东西二层台各一付，东二层台下一付。头向西，过道的一架不明，余五架均向南。西过道人架头骨被移动到外室西二层台下。性别，内室的东为男性西为女性，外室二层台上的东为男性西为女性，东二层台下的为男孩，过道内的一架分辨不清。外室东二层台上之骨架四周有棺板痕迹，骨下有白灰面，内室东边骨架下有白灰面，高于室底 15 厘米，下为淤土，内室西边骨架足端有铁钉二枚（图三三—三六）。

随葬物（图一），陶器都是灰陶，计有：陶罐、陶屋、陶仓、陶碟、陶院（图二）、陶井（图三）、陶缸、陶锤（图四）、陶甑（图五）、陶鼎（图六）、陶钵、灰陶碗（图七）、陶博山炉、陶盘、陶灯（图八）、陶灶等。

铜器有：铜剑、铜镜（上有丝绸麻布遗痕）、小铜片等。有五铢钱六十五枚，货泉二枚，出于外室西二层台上人骨右手。大泉五十一枚，出于墓坑表层填土中。另有五铢钱八枚，出于淤土中。有金叶花瓣一片，径约

图二　灰陶院（院围通高 9 厘米）

图三　灰陶井
（底径 8、口径 4 厘米）

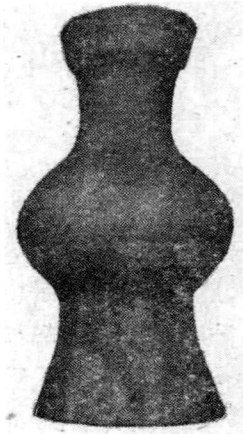

图四　灰陶锺（高 35、口径 12.5、底径 16 厘米）

图五　灰陶甑
（高 6.5、口径 9.8 厘米）

5 厘米，出于北二层台人头骨上，似为饰物。有铜兽面衔环三付，出于外室门内底部淤土中，附近有漆器痕迹（图一一）。

其他还有圆木片，出于外室东二层台上铜镜附近；麻布一小块，出于外室东二层台人骨右肩；小骨珠一串；以及在淤土中发现许多陶器碎片；并在外室淤土中发现三处漆皮残迹。

（二）丘家庄 2 号墓

位置在武威丘家小庄东北，根据当地乡人谈，原来墓上为一大土墩，土改后老乡将土墩掘作肥料，掘到底部即显出原墓冢的砂土，在砂土塘中墓道上层挖出人骨三付。清理时墓室顶部已塌毁，南后室南北二壁高约 1.65 米处均有一缺口，宽约 65 厘米，高约 75 厘米，无砌砖，可能为早年盗洞。北后室东壁北脚下有盗洞宽约 65 厘米，高约 75 厘米，斜穿坑壁。中室北壁西脚下亦有宽 35 厘米，高 25 厘米的地方无砌砖，与北后室东壁下的盗洞相通。墓坑为长宽不同的三个长方形连接构成，墓门向东偏南 20 度，墓口在地表。墓通长 11.42 米，深 3.3 米。

图六　灰陶鼎
（高 7.5、口径 18 厘米）

图七　灰陶碗（高 4.5、口径 17.5、底径 12.5 厘米）

图八　灰陶灯
（高 13、口径 8 厘米）

图九　绿釉陶锺
（高39厘米）

图一〇　绿釉陶屋
（高12厘米）

图一一　铜兽面衔环

图一二　图一三　绿釉陶摇钱树座
（高14、底径28厘米）左宽13、右宽15厘米

图一四　绿釉陶
摇钱树的顶叶

图一五　灰陶罐
（高13、口径9厘米）

图一六　灰陶罐
（口径9、底径14厘米）

图一七　铜饰件

填土为卵石夹砂，在砖室周围填大卵石。墓室结构分：墓门、前过道、外室、中过道、中室、后过道（南北两个）、内室（南北两个）七部分。墓室全部用条砖砌成。墓门顶已塌毁，现残存砖券二层。墓门底部用斜排砖堵塞三层，上填大卵石。前过道顶部已塌毁，进深90厘米，残存砌砖二层。外室顶部亦已塌毁，底宽1.66米，长2.01米，残存砌砖二层。中过道顶部亦塌毁，进深90厘米，残存砌砖券三层。中室顶部已塌毁，底宽3.6米，长3.06米，北、西、南三面均有二层台，（台高0.3米，北宽1.01米，西宽0.73米，南宽0.95米），四壁砌砖有染成菱形组图案的痕迹，后过道分南、北两组，均高1.34米，南的进深93厘米，北的进深92厘米，有二层券顶，第二层券顶较第一层券顶微突出，西端与墓室壁吻合。内室分南、北两个，顶均塌毁。南北两个长均为3.11米，宽：南边一个是2.05米，北边一个是2.24米，室壁亦有染成菱形组图案痕迹。墓道为狭长斜坡形，底宽1.66米，口宽0.96米，长6.3米，深3.3米。人骨五架，中室南北二层台各一架，南内室二架，北内室一架，头均向东，仰面伸肢，中室均男性，南、北内室为女性。各骨架均有棺，在淤土中发现有衬棺木柱痕迹。

随葬品位置凌乱，大部分集中在中室，内室、外室甚少（图三九、四〇）。

图一八　灰陶灶（高7、长17、宽14.5厘米）

图一九　灰陶壶（高17、口径10.5厘米）

图二〇　灰陶缶（高15、口径19.5厘米）

图二一　灰陶洗（高8、口径24厘米）

图二二　丘家庄4号墓出土的绿釉陶鼎

图二三　丘家庄4号墓出土的石刻座

图二四　丘家庄5号墓出土的石刻羊

图二五　永昌南滩1号墓出土的石刻座

图二六　丘家庄3号墓出土的铜俑

图二七　丘家庄6号墓出土的灰陶四足案

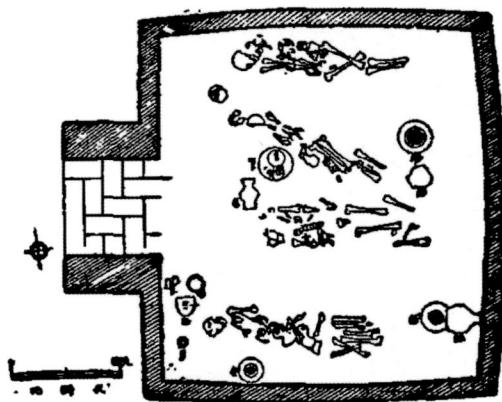

图二八　二十里滩一号墓平面图
1.博山炉　2.灶　3.甑　4、8.钵　5.壶
6.锺　7.盘　9.碟　10.羽觞
11、12、13.壶　14.缶（皆为灰陶）

绿釉陶器有：陶屋（图一〇）、陶锤（图九）、陶盘、陶碟、陶鼎、陶灶、陶井、陶耳杯、陶摇钱树（图一二——一四）、陶豆等。

灰陶器有：陶碗、陶罐（图一五、一六）以及许多陶器碎片。图一六的灰陶罐中装有残鸡骨。

铜器有：铜剑、铜弩机、小铜环、铜马蹄、残铜洗、残铜镜、铜饰件（图一七），以及许多零星的小铜片和饰件。

此外还有五铢钱、云母片、料珠、残铁锛、木柄残铁刀（上二者出于填土中）、铁钉数节等。在西二层台上发现有漆盒残迹两处。中室南棺处有白灰面残迹一片。

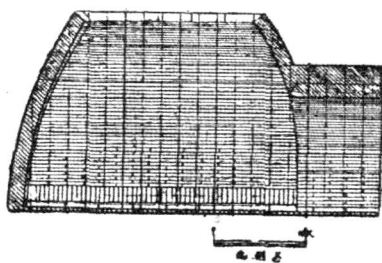

图二九

二十里滩 1 号墓纵断面图

图三〇

图三一

图三二

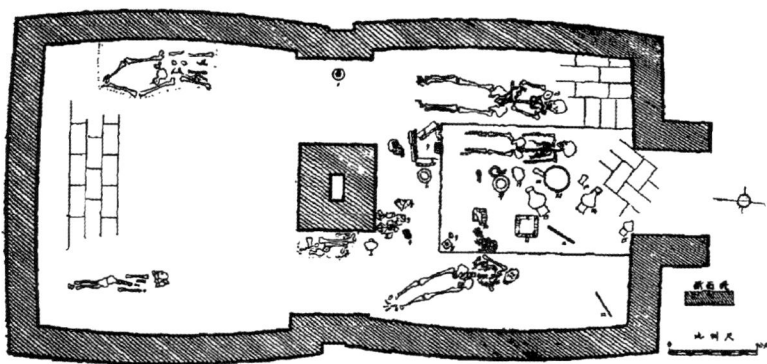

图三三　武威管家坡 3 号墓平面图

1、2.陶罐　3、5、10、11.陶屋　4.陶仓房　6.陶碟　7.陶院
8.陶井　9.陶缸　12.铜剑　13、14、15.陶锤　16.陶甑
17.陶钵　18.陶釜　19.陶碗　20.博山炉　21.陶盘
22.陶豆　23.铜镜　24.五铢钱　25.金花瓣

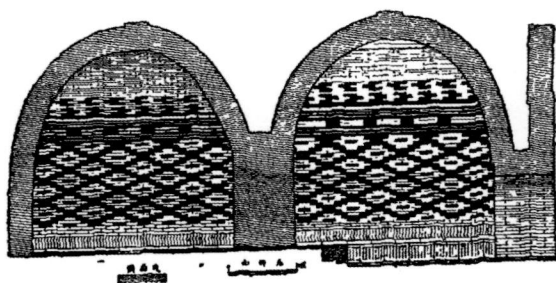

图三四　管家坡 3 号墓纵断面图

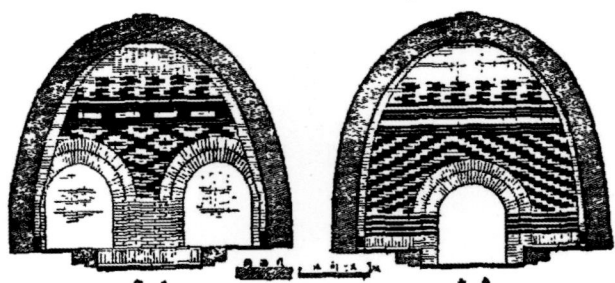

图三五　管家坡 3 号墓前室横断面图

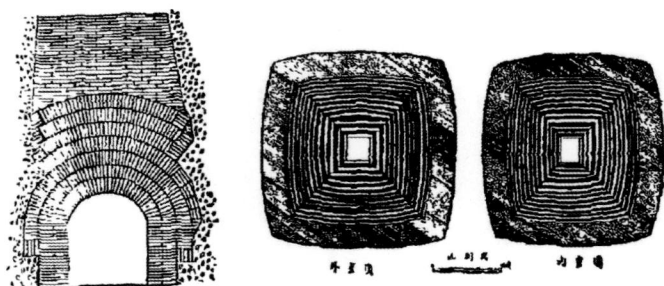

图三六　管家坡 3 号墓门平视图及室顶仰视图

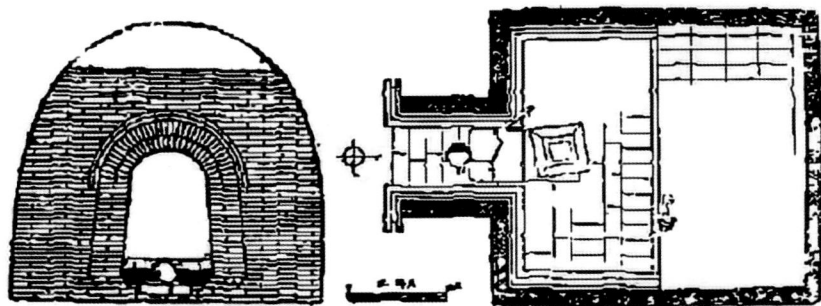

图三七　管家坡 4 号墓平面图及前视图

（三）二十里滩 1 号墓

位置在武威驿成乡二十里滩，这墓为当地民工取沙时发现，并将顶部挖毁。墓的形制为单室砖墓，墓门向东偏南 10 度。墓室结构分墓门、墓室两部分。墓门高 1.28 米，门顶有券，高 0.37 米。墓门用砖和大卵石封塞。墓室长 2.79 米，底宽 3.4 米，残存部分，高 2.26 米。墓底砖铺成丁字形。人架五付，仰身直肢，头均向南，东西二架为女性，中间三架凌乱不清（图二八、二九）。随葬品灰陶器有：陶博山炉、陶灶（图一八）、陶甑、陶钵、陶壶（图一九）、陶锺、陶盘、陶碟、陶耳杯、陶缶（图二十）、陶洗（图二十一）等。

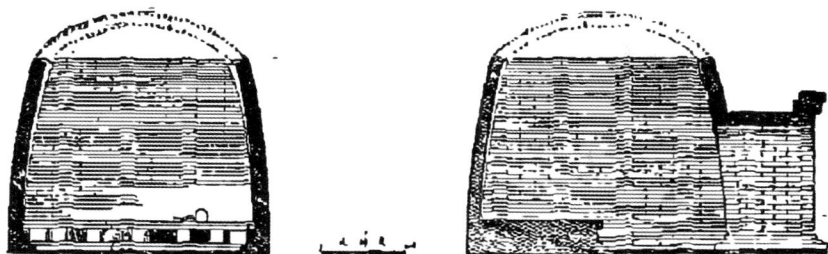

图三八　管家坡 4 号墓横断面图（左）及纵断面图

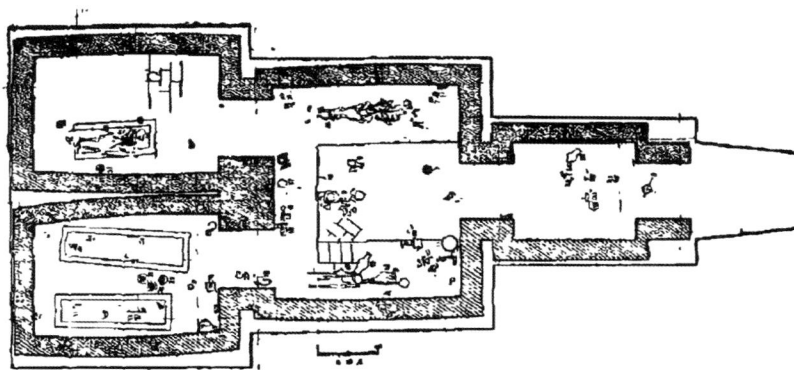

图三九　丘家庄 2 号墓平面图

1、2、30、36.绿釉陶屋　4.铜饰　5、25、26、27、37.陶罐　6、18、48、49、57.绿釉陶锺
7、8、53.小铜圆器　9.陶瓮　10、44.铜马蹄　11.绿釉摇钱树　12、23、32、33、39.五铢钱
13.铜饰　14、34、40 小佩件　15.小铜片　16、17.漆盒痕　19.绿釉陶盘　20.绿釉陶碟
21.铜削　22.绿釉陶鼎　24、55.小铜剑　28、35.釉陶灶　29、31、38.铜弩机
41.小铜环　42.铜器沿　45.铜件　46.绿釉陶豆　50.铜镜　51、52.铜镜　54.鸡骨　56.绿釉陶井

图四〇　丘家庄 2 号墓横断面图

二、唐代砖室墓

管家坡 4 号，位置在武威管家坡以西，墓室顶已塌陷，墓室西边裂塌宽 1.3 米，高 2.6 米。墓室表层塌土中发现牛骨、人骨及铁片等物。墓坑在施工中已挖掉。墓室方向正南北，墓门向南，填土为卵石夹砂，甚坚实。墓室构造分：墓门、门道、墓室三部分。全墓用绳纹条砖砌成。墓门高 1.5 米，宽 0.92 米，圆券顶。券砖四层：立砖券二层上是平砖券二层，第二层之券较第一层券突出 8 厘米，平券的二层又较立券的第二层突出 6 厘米。墓门用砖斜排封塞。门道高、宽和墓门同，进深 1.04 米，为圆券顶。墓室底长 2.94 米，宽 2.77 米。墓室北端横砌棺床，长 1.45 米，宽与墓室同，高 0.36 米，棺床前面砌成须弥座形式。从墓门底至棺床底的东西两端，沿着墓壁一周，均用砖砌成阶梯形三道。第一阶高 7 厘米，较第二阶突出 7 厘米；第二阶高 5 厘米，较第三阶突出 5 厘米；第三阶高 4 厘米，较墓壁突出 4 厘米。墓道在墓室正前方，为斜坡形。在墓室塌土中相继发现头骨三具，一男二女，其他骨片散乱，头向、面向、葬式均不清。人骨附近发现铁钉甚多（图三七—三八）。随葬品有双耳灰陶罐置门道内。在门道北端有石刻墓志一扇，正方形，边长 54 厘米，厚 10.5 厘米，已裂为三块，正体字，因石质风化，字迹大半剥蚀。在门道西北端斜置有小石刻墓志一块，宽约 15 厘米，长约 64 厘米，圆顶，顶上刻纹不清，顶背面刻串珠纹。碑面刻"大唐故刘夫人墓志铭。夫人讳三娘，彭城人，适牛氏，诞一男一女，麟德元年二月二十六日卒，春秋二十有九，其年岁在甲子三月乙酉六日甲寅，权窆于洲西南，乃为铭……"（图三二）。

在墓室南端过道口有石刻墓志一合，上扇复斗状，正方形，顶每边长 33 厘米，上刻"大周故牛府君之墓志"三行九个阳文篆体字，字周围与斜面上刻细阴线牡丹花纹。下扇正方形，每边长 53 厘米，刻正体字甚清晰。墓志铭文说死者讳绪字守业，陇西人，于长安元年卒，于长安三年与夫人彭城刘氏合葬于永丰乡之原（图三〇、三一）。在塌土中发现有铁锁一个。根据墓志，这个墓是建造于唐武瞾时。

原文刊于《文物参考资料》1956 年第 6 期

2003 年甘肃武威磨咀子墓地发掘简报

甘肃省文物考古研究所　日本秋田县埋藏文化财中心　甘肃省博物馆

2000 年甘肃省人民政府与日本秋田县签订了"十年文化交流"的协定，经国家文物局批准，对武威磨咀子遗址进行发掘。从 2003 年至 2005 年，历时 3 年。

2003 年 11 月至 12 月，历时 50 天。由甘肃省文物考古研究所、甘肃省博物馆和日本秋田县埋藏文化财中心共同组成的考古队对甘肃省武威市磨咀子遗址进行了第一次系统的野外考古发掘。本年度共发掘墓葬 25 座，部分墓葬被盗。出土器物有陶器、漆木器、铜器等。现将本次发掘的有代表性的墓葬简报如下：

一、地理位置与发现概况

磨咀子遗址位于甘肃省武威市城东南约 12 公里处，隶属新华乡缠山村（图一）。遗址位于祁连山下的杂木河西岸一块突出的台地上。汉代墓葬大都分布在二级台地上，面积约 35 万平方米。磨咀子墓地是 1956 年 3 月份甘肃省文管会兰新铁路文物清理组发现的，除此以外还有新石器时代遗址[①]。1963 年 11 月份被甘肃省人民政府公布为省级重点文物保护单位。1956 年、1959 年、1972 年、1981 年经过先后 4 次发掘，共清理西汉末至

图一　磨咀子墓地地理位置图

东汉晚期墓葬 72 座，出土木简近 500 枚及各种文物 1000 多件，其中的"仪礼简""王杖诏书令简""白马作"毛笔、木胎漆盘、彩绘木鸠杖等 20 多件文物被定为一级文物。由于农田基本建设和日益猖獗的盗墓活动，磨咀子汉墓遭到严重破坏。

二、墓葬举例

本年度发掘的墓葬均为带斜坡墓道的土洞墓，长方形墓室，多为男女双人合葬，均有木

---

① 党国栋：《武威县磨咀子古墓清理记要》，《文物》1958 年第 11 期。

棺。下面以 M3、M6、M9 为例进行介绍：

（一）M3

1. 墓葬形制

为带长方形斜坡墓道的土洞墓，墓向 160°。由墓道、墓门、照墙、甬道和墓室五部分组成（图二）。墓道平面呈长方形，长为 12.2、宽 0.84、坡长 15.3 米，坡度 32°，自东南向西北距地表深 0.3—4.38 米，墓道两壁较直，底部至墓门长 1.3 米的一段坡度变平缓。

墓道填土为花土，其中包含物有大石块、小石子、夹砂红陶片、马厂时期的彩陶片和汉代的灰陶片等。墓道填土中在不同深度的不同位置有三处石块堆积的现象。第一处石块堆积平面长 1.9 米，距离墓门 1.1 米，距地表深 0.64 米处，紧贴着墓道两壁，多由直径不到 0.1 米的中小石块组成。第二处石块堆积平面长 0.62、宽 0.56 米，距离墓门 9 米，距地表深 1.22 米处，靠近墓道西北壁，由直径约 0.2 米的 11 块鹅卵石组成。第三处石块堆积平面长 0.72、宽 0.56 米，距离墓门 9.4 米，距地表深 1.76 米处，由直径约 0.2—0.3 米的 10 块鹅卵石组成。照墙斜直，墙面较平整，宽 1.16 米。墓门顶部呈拱形，略有塌落，残高 1.28、底宽 0.97 米。墓门用两块长石板和石块封堵，石板长 0.8、宽 0.68、厚 0.1 米，两块石板大小相似，上下以石块填充，使得封门封堵严密。墓门和墓室之间由甬道连接，甬道长 1.04、宽 0.9、高 1.3 米。墓室平面呈圆角长方形，长 4.4、宽 1.9-2.15 米，底部平整。墓室顶部塌落严重，根据残留顶部推断应为拱形顶。墓室内四壁以白灰面涂抹墙皮，墙皮脱落严重，其中两壁上有残存的壁画，分两组进行介绍：第一组位于墓室后壁上，距墓室底部高约 0.5 米的位置残存墨绘的人腿，腿部残存高度为 0.25 米，人体腿部以上部分白灰面墙皮已脱落，无法辨认。双腿着长裤，裤腿宽 0.05 米，至足踝处绑腿束于靴内。第二组位于墓室西北壁上，由两部分组成，第一部分位于西南壁的中部偏南处，墨绘一白虎形象，残存头颈局部、腹部、两后肢及尾部部分。残存长度为 0.6、残高 0.3 米，距墓室底部高 0.8 米，白灰面墙皮多已脱落。第二部分位于西南壁的中部偏北处，墨绘一侍者形象，头带黑色毡帽、方形脸，着长袍，双手拢于袖中。

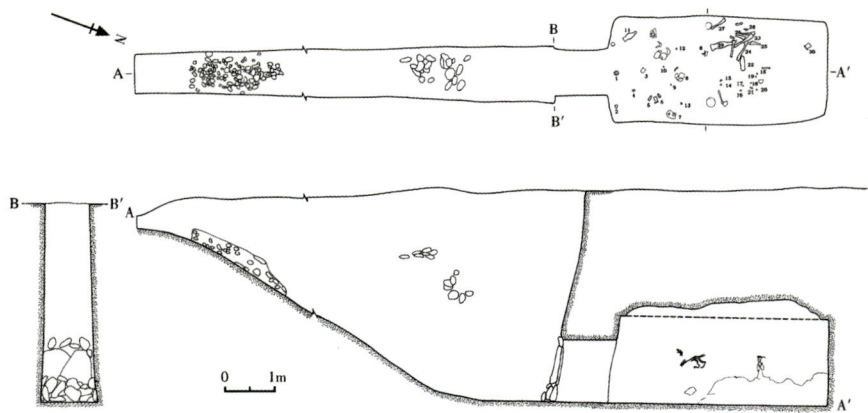

图二　M3 平、剖面图

图三

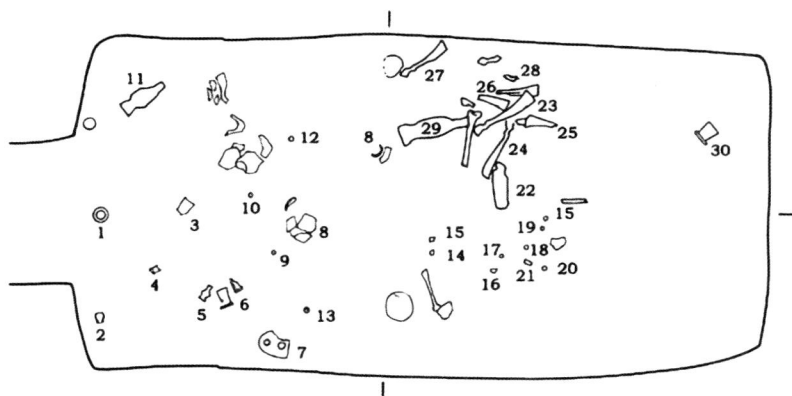

图四　M3 墓室平面图

1.陶灯　2、8.陶罐　3.陶座　4、5.陶壶　6、30.陶仓　7.陶灶　9、10、12、14、16—20.铜钱
11、29.木桶　21.骨饰品　22.木牛　23—28.木马腿　13.骨管　15.玉器　31、32.木鸟

人身高度为 0.4 米，距墓室底部高 0.6 米（图三）。墓室内有三片木棺板散置于甬道口，其中有一块板上刷红色漆，墓室内亦有零星的棺板木。双人合葬墓，人骨扰乱严重，散乱在墓室内。随葬器物有陶器、铜器、木器、骨器、漆器、玉器、铁器、马骨、残铜饰件等。

2.出土器物

有釉陶器、木器、漆器、骨器、铜钱（图四）。

釉陶器　7 件，轮制，均为泥质红陶，施绿釉。

灯　1 件。标本 M3：1，浅盘形，敞口，重唇，斜壁，折腹，平底微凹，下有亚腰柱状实心柄。底座为圆盘形，微内凹。盏内径 6.5、外径 8.2、底径 9.6、高 9 厘米（图五，1）。

罐　1 件。标本 M3：2，敞口，圆唇，斜弧肩，鼓腹，下腹斜直内收，平底。口径 2.4、最大腹径 3.9、底径 2.1、高 4.3 厘米（图五，2）。

井　1 件。标本 M3：4，敞口，圆唇，斜直肩，肩上有两扳，圆柱状腹（上细下粗），腹中间有凸棱。平底，底有三尖足，足尖微外撇。口径 2.4、底径 4.2、高 6.6 厘米（图五，3）。

壶　1 件。标本 M3：5，敛口，圆唇，竖直颈，颈上有一凹棱，圆鼓腹，腹下部内曲，大平底。通身有轮制留下的细微凸弦纹。口径 2.2、最大腹径 5.2、底径 6.5、高 9.8 厘米（图五，4）。

仓　2 件。标本 M3：30，四阿式顶，仓体呈不规则圆角三棱状，长方形仓门，仓体有仓门的一面为平面，平底上有尖圆状三足。仓檐长 11.2、宽 8.2、底最大径 9.9、高 13.6 厘米（图五，5）。

灶　1 件。标本 M3：7，灶台前方后圆，前有方形火门，灶面前后排列两眼，前大后小，前眼周围有多半圈乳钉纹。后端应有一烟囱（残）。底有三个尖圆足。长 19.3、宽 17.7、通高 4.5 厘米（图五，6）。

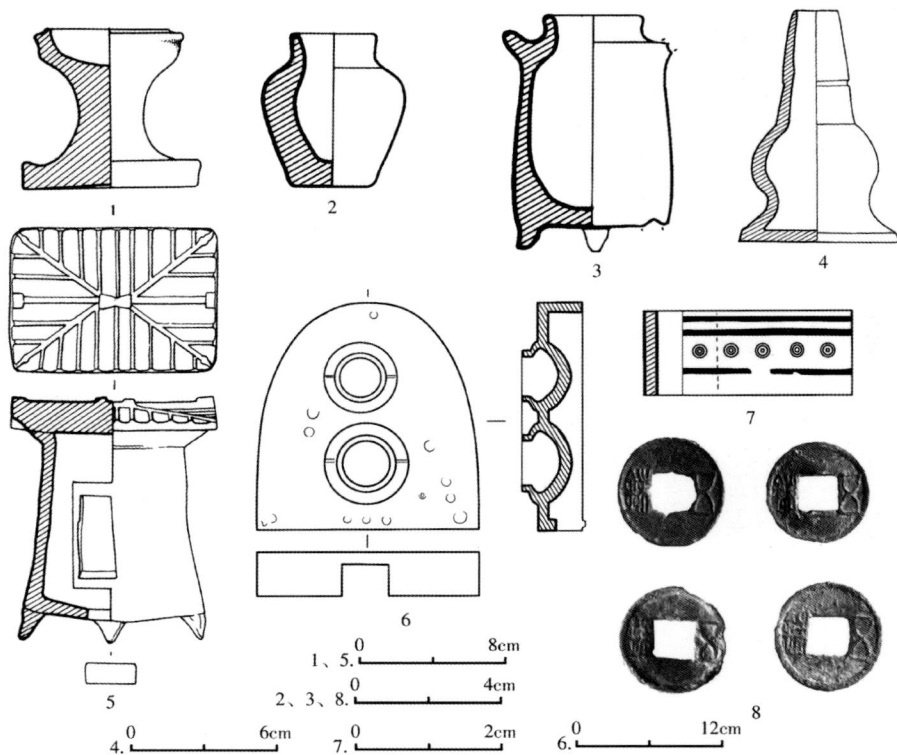

图五　M3出土器物

1.釉陶灯（M3：1）　2.釉陶罐（M3：2）　3.陶井（M3：4）　4.釉陶壶（M3：5）
5.釉陶仓（M3：30）　6.釉陶灶（M3：6）　7.骨管（M3：13）　8.铜钱

　　骨器　2件。

　　骨管　1件。标本M3：13，圆柱状，内空，似指环。最上端有一圈凹弦纹，中间均匀分布5个圈点纹，下端有两圈凹弦纹，这些纹饰凹槽中用黑色物质填充。直径2.5、高0.9、壁厚0.2厘米（图五，7）。

　　铜钱　9枚（图五，8）。均为五铢钱。圆形方穿，有内外郭，钱背平，制作较规整统一。标本M3：16，直径2.6、穿径0.9、外郭厚0.2厘米。

　　木器　残件若干。

　　木人俑　2件，均已残朽，无法复原。

　　木鸟　2件。残朽但能看出鸟的形状，出土位置未记录，标本M3：31，似麻雀，短尖嘴，圆鼓头，身体肥胖短小，墨绘出眼睛和羽毛。标本M3：32，似黄鹂，长尖咀，头小扁长，身体瘦长，赤色绘出嘴和头部（图六）。

　　漆器仅见大量的漆皮，多为黑底红彩。其中有两片漆皮上有朱书文字（图七）。玉器1件。残件，标本M3：15，应为小型玉佩饰，有一残钩，其上有浮雕和阴刻图案（图八）。

图六　M3 出土木鸟（M3：32）

1　　　　　　　　　　　2

图八　M6 出土玉器（M3：15）

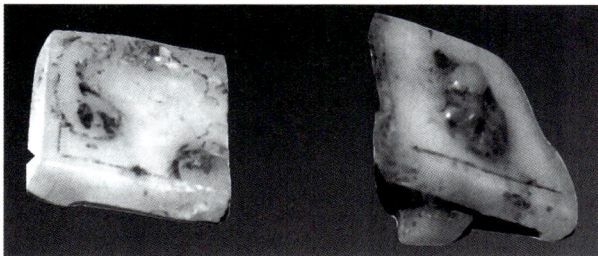

图七

（二）M6

1. 墓葬形制

带长方形斜坡墓道的土洞墓，墓向 344°。由墓道、墓门、照墙、甬道和墓室五部分组成。墓道平面呈长方形，长为 12.6、宽 1.12 米，坡长 13.1 米，坡度 23°，自东北向西南距地表深 0.1—3.4 米，墓道两壁较直，底部至墓门长 1.4 米的一段坡度变平缓。墓道填土为花土，其中包含物有大石块、小石子等。照墙斜直，墙面较平整，宽 1.1 米。照墙下面紧贴的是墓门，位于墓道底部，墓门顶部呈拱形，高 0.97、底宽 0.88 米。该墓有两道封门，第一道封门紧接着墓道，用长方形的土坯平铺垒砌而成，共有 11 层，高 1.1 米，和墓道同宽。紧接着就是第二道封门，由六层长方形的土坯组成，砌法是最下方的两层为一竖一平，以上四层为人字形交叉，和墓门同宽同高，墓门封堵严密。墓门和墓室之间由甬道连接，甬道长 0.66、宽 0.84、高 0.94 米（图九）。墓室平面呈长方形，底部平整，后壁有塌落，墓室内四壁平整。墓室横剖面呈梯形。长 3.8、宽 1.94、高 1.7—1.82 米。墓室内有两付完整的木棺，为双人合葬墓。甲棺位于墓室的东侧，棺板之间由蝴蝶榫卯连接，棺板上从北至南依次放置有丝绸、粮食颗粒、漆盒 3 个（无盖，内盛鸡骨等物）、棺盖尾部搭有一长条形竹席卷已朽；棺内人骨包裹一块竹席，露出头部，头戴帽，丝织物覆面；去除竹席后，着交领麻布棉衣，下着蓝色棉裤，穿布鞋。身体上散落有铜钱；仰身直肢葬，人骨保存完整，女性（图一〇，1）；甲棺底部铺有蒲席，有铜钱 1 枚。乙棺位于墓室的西侧，棺板上从北至南依次放置有丝绸、粮食颗粒、纱、炬、木鸡、鸡架、竹编盒 2 个（无盖，内盛有鸡骨等物）、棺盖尾部有一块竹卷已朽；棺内人骨包裹麻质裹尸布，丝织物覆面，头骨下有长条形枕（质地不明）；去除裹尸布

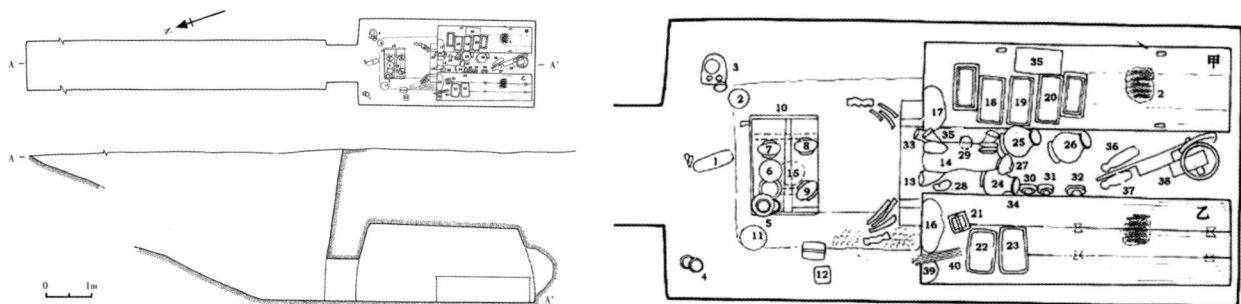

图九　M6 平、剖面图

1.独角兽　2、11、15.陶碗　3.陶灶　4、6.陶樽　5.三足陶罐　7、8、9、27.漆耳杯
10.漆盘　12.陶仓　13.几　14.木马　16、17.种籽、丝绸　18、19、20.漆盒　22、23.竹盒
24、25、26.陶壶　28.木狗　29.博山炉　30、31、32、34.木俑　35.木车挡板　36、37.木牛
38.木车　39.丝绸　40.炬　41、42.竹席卷　43、51.铜钱　44.玉耳塞　45.竹发髻　46.衣
47、52.覆面　48、54、55.麻衣　49.种籽　56.棉裤　57.棉衣　58.帽

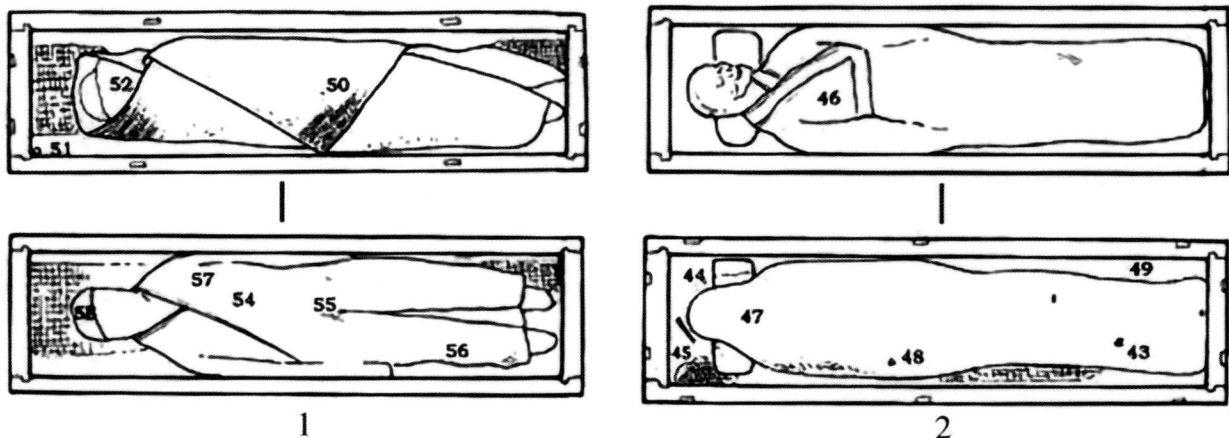

图一〇　M6 棺内人骨
1.甲棺　2.乙棺

后，着交领麻布长袍，腰间系腰带，下身着棉裤，长袍及棺内散落有铜钱若干；仰身直肢葬，人骨保存完整，男性（图一〇，2）；乙棺底部铺灰屑，灰屑上亦有蒲席，因丝织品、衣物等朽烂严重，在这里不做介绍。随葬器物摆放在两棺上、两棺的夹缝中及两棺的正前方。随葬器物有陶器、铜器、木器、漆器、玉器和竹编器等。

2.出土器物

釉陶器　14件，均为泥质红陶，施绿釉，轮制。

仓　1件。标本M6：12，"人"字形仓顶，中间起脊，两侧突出塑瓦棱，出檐较宽。圆拱形小仓门，仓门右侧立有一突出的人像，戴瓜皮帽，着交领长袍，手捧一圆桶状物。平底，有对称乳足4个。仓顶为模制，仓体为轮制，二者之间用泥条贴塑指压法粘结成一体。仓檐长13.3、宽11.2、底最大径11.2、通高14.2、仓门高1.6、人高7.2厘米（图一一，1）。

樽　1件。标本M6：6，浅盘形盖，盖顶中央有柿蒂形钮，钮外围饰三道凸弦纹。直口，方唇，筒形腹，三兽足。腹上、下部各饰两道凹弦纹，中间对称贴饰兽首衔环。盖直径15.5、口径15.5、底径14.8、通高13.8厘米（图一一，2）。

带盖罐　2件。标本M6：4，浅盘形盖，乳钉状钮，钮中间有一圆形穿。直口，圆唇，子母扣，筒形腹，腹上部有两带穿的对称乳钉扳，平底，有三乳钉足。腹上、中、下部各饰一道宽凸棱纹。盖直径8.8、口径6.5、底径8.2、通高13.6厘米（图一一，3）。标本M6：5，浅盘形盖。圆唇，敛口，子母扣，肩上部有两对称扳，溜肩，圆鼓腹，最大腹径偏上，近底处弧收，平底，有三乳钉足。腹部有细微的轮制凸棱纹痕迹。盖直径9、口径6.8、最大腹径14.2、底径9.2、通高10.4厘米（图一一，4）。

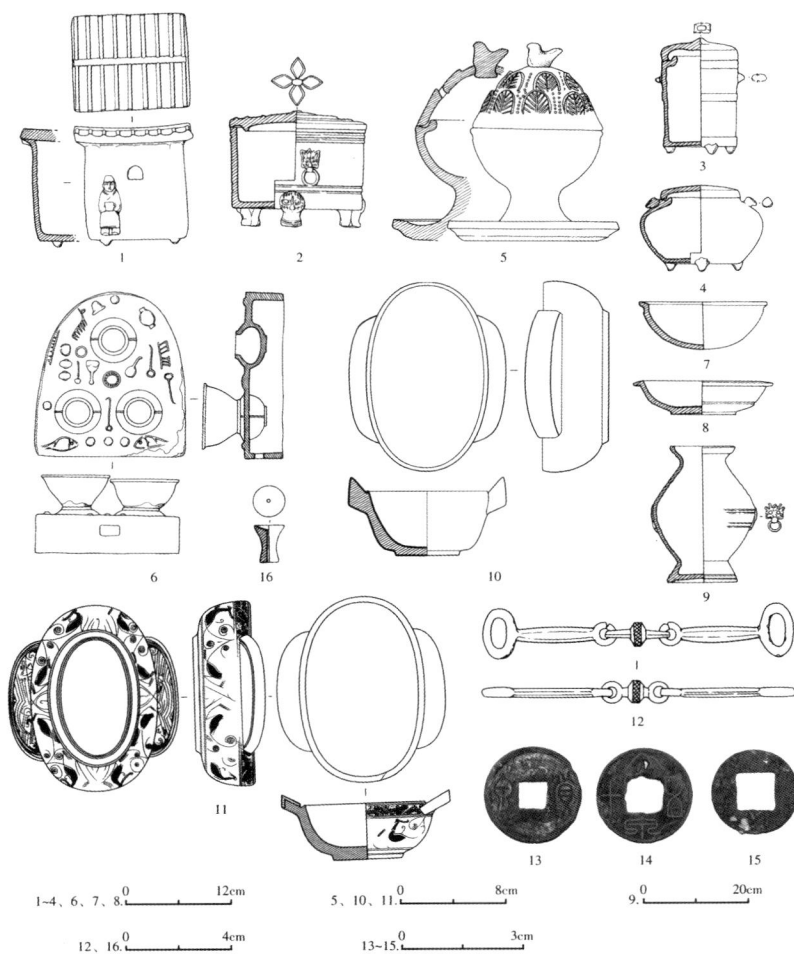

图一一　M6出土器物

1. 釉陶仓（M6：12）　2. 釉陶樽（M6：6）　3. 陶罐（M9：4）　4. 带盖釉陶罐（M6：5）

5. 釉陶博山炉（M6：29）　6. 釉陶灶（M6：3）　7. Ⅰ式釉陶碗（M6：2）　8. Ⅱ式陶碗（M6：11）

9. 陶壶（M6：25）　10. 漆耳杯（M6：7）　11. 漆耳杯（M6：27）　12. 铜衔（M6：33）　13. 货泉

14. 大泉五十　15. 剪边钱　16. 玉耳珰（M6：44）

博山炉　1件。标本 M6:29，博山形器盖，浮雕树木，各树木顶部有一镂空圆孔，每竖向排列的两颗树木为一组，每组中间用突出的小乳钉纹区分，盖顶部有一圆孔，一鸟从孔中穿出，内用泥块贴塑法使鸟固定。子母扣，敛口，圆唇，半圆形腹，平底，柱状空心柄，有浅盘形底座，底座外沿向上卷翘。盖口径 9.1、炉身口径 7.2、底径 8.2、底座直径 12.1、通高 14.5 厘米（图一一，5）。

灶　1套，共3件，分别为灶台1、釜2，标本 M6:3，灶台前方后圆，前有方形火门，灶面排列三眼，前二后一，大小相同，三眼周围模印有勺、叉、铲等厨房用具，后端模印一烟囱。灶长 21.8、宽 18.5、通高 6 厘米。有两釜，大小相同，敞口，方唇，斜直腹，平底。口径 8.8、底径 3.2、高 4.3 厘米（图一一，6）。

碗　3件。依据腹和底的变化分两式。

Ⅰ式　2件。敞口，方唇，内沿较低，深弧腹，圜底。标本 M6:2，口径 14.5、通高 5.6 厘米（图一一，7）。

Ⅱ式　1件。敞口，方唇，外沿下垂，浅弧腹，近底处弧收圈足，近底处有一道凹弦纹。标本 M6:11，口径 16、底径 7.6、通高 4 厘米（图一一，8）。

壶　3件。盘口，圆唇，外沿下垂，束颈，扁鼓腹，腹底部弧收成座，有圈足。最大腹处有两组凹弦纹，每组弦纹由两道浅凹弦纹组成，有两个对称的兽首衔环，座底部位有两道凹弦纹。通身有轮制留下的细微凹凸弦纹。标本 M6:25，口径 15、最大腹径 22.4、底径 16.2、高 32 厘米（图一一，9）。

漆木器　19件。

耳杯　4件。呈船形，椭圆形口，较宽的两侧附有半月形耳，耳与口位于同一平面，但双耳的外沿斜直高出口沿。弧腹内收，底呈假圈足，多素面，杯内壁涂赤漆，外壁涂墨漆。标

图一二

图一三

本 M6：7，长径 14.9、短径 11.6、通高 5.9 厘米（图一一，10）。标本 M6：27，两耳上套有铜耳套，外壁有褐色底赤色彩绘，最上端朱绘一圈有圆圈和双斜线组成的纹饰，中间朱绘八只对称的凤鸟，凤鸟之间由卷叶纹分割，凤鸟昂首漫步，惟妙惟肖，最下端是由两条细线条组成的两组弦纹，耳的下部亦朱绘由斜线和弧线组成的纹饰。长径 16.2、短径 14、通高 5.6 厘米（图一一，11）。

盒　3件。盒盖呈长方覆斗形，四面下垂成四阿形，子母扣。盒体呈长方体状，平底，内空。盒体木板之间用木钉连接。外壁通体饰墨底白彩绘纹饰，盖顶中央为太阳纹，5个一排，四周为四圈线绘长方形纹饰，下垂四面和盒体外壁为线状菱形纹组成，菱形每个角绘一实心圆，底和内壁未饰彩绘。标本 M6：18，长 27.2、宽 15.4、高 16.4 厘米（图一二）。

案　1件。案面呈长方形，四周有挡板，木板之间用木钉连接巩固。有蹄状四足。长挡板和几面上有墨底朱彩线条纹饰，彩色多已脱落不清。标本 M6：10，长 55.2、宽 43.1、通高 13.1 厘米（图一三）。

几　1件。几的面板呈长方形，两足为下施横枨的曲栅，每只足上装有 3 条曲栅，几面和两足粘接处脱离。通体涂墨漆，几面隐约可见赤色彩绘。标本 M6：13，几面长 87、宽 16、通高 30.5 厘米。

俑　4件。戴帽俑，3件。头戴帽，穿交领、右衽、广袖、长袍。衣帽轮廓用墨色简单勾勒而成。标本 M6：30，通高 35.3、衣袖最宽处 11.9、最厚 6.7 厘米（图一四，1）。标本 M6：31，通高 32、衣袖最宽处 11.2、最厚 5.2 厘米（图一四，2）。标本 M6：32，通高 34、最宽 10.7、最厚 5.5 厘米（图一四，3）。高髻俑，1件。标本 M6：34，面部残存简单墨绘五官，穿广袖长袍，其余部分墨色脱落。通高 18.2、最宽 5.3、最厚 2.9 厘米（图一四，4）。

鸡　1件。标本 M6：21，带座，鸡长 9、高 4.1、厚 2.1 厘米；座高 11.9，宽 11.2 厘米。鸡墨绘勾勒出头和羽毛，座上有一长方体的木板，鸡卧于此板上，下有一浅覆斗状正方体的

图一四

图一五

图一六

图一七

图一八

图一九

底座，中间用一根细圆木棍连接（图一五）。

狗　1件。标本M6：28，狗呈卧姿，头自然的搭于左前爪上。墨绘双眼。长14.7、宽8.9、高5.3厘米（图一六）。

木马　1件。由首、颈、躯干和四肢粘接组成，出土时各部件已分散。腹部及四肢涂朱色底；马鞍为白底，其上用朱、墨色彩绘图案；颈部及尾巴未饰色；头部亦未施色，但眼睛饰白色巩膜、黑色瞳孔，鼻孔及口涂朱红色。木马膘肥体壮，惟妙惟肖。标本M6：14，高86.06、宽67.5厘米（图一七）。

牛　2件。出土时位于木车辕旁，雕刻轮廓逼真，未绘出面部。通体饰墨彩。标本M6：36，长28.8、宽7.6、通高12.6厘米（图一八）。

车　1件。标本M6：35，由车轮、轴、轵、舆四部分组成。圆环形双轮由轮毂、轮辋组成，轮毂和轮辋上有安装轮辐留下的诸多小洞，但未见轮辐，四周的辐条都向车毂集中，形成辐辏。车轴是一根四棱横梁，上承车舆，两端套车轮，轮辋直径26.3厘米。轴的两端露出毂外，末端套有軎。轴头上有孔，用来纳"辖"，以防车轮脱落。木辖长7厘米。车轴横放置在舆下，没有固定。舆的四角各有一直轵，和舆为一体。前轵比后轵长，前轵16.7、后轵10.8厘米（图一九）。

独角兽　1件。残朽。

铜衔　1件。由三个两端有圆环的构件环环相扣组成，每个构件的两头分别有一椭圆形的环，两端两个构件的环一大一下，两个小环分别连接在中间构件的圆环上。环环相扣，连接在一起。标本M6：33，长11.7厘米（图一一，12）。

钱币　164枚。货泉有横排"货泉"字样，157枚。圆形方穿，有内外郭，钱背平，制作较规整统一，尺寸不等。直径2.3—2.1、穿径0.7—0.6、外郭厚0.16厘米（图一一，13）。

大泉五十　2枚。圆形方穿，有内外郭，钱背平，制作较规整统一。有"大泉五十"字样。直径2.35、穿径0.9、外郭厚0.15厘米（图一一，14）。

素面钱　5枚。圆形方穿，无内外郭，钱背平。无字。直径 1.9、穿径 0.9、厚 0.08 厘米（图一一，15）。

玉耳珰　1件。圆柱形，首大尾小，亚腰形，中间有钻孔。标本 M6：44，直径 0.8—1.4、高 1.6 厘米（图一一，16）。

竹编盒　2件。标本 M6：23，残朽易碎，长方体形，内外双层竹编器，无盖。长 27.4、宽 18.3、高 12.7 厘米。

竹席卷　2件。标本 M6：42，仅从照片上看出残朽，长条形，编制成竹席状。

竹发卡　1件。标本 M6：45，长条形，残长 23.4、宽 2.3 厘米。

炬　1把。若干根芦苇茎部束在一起，尾部用麻绳束绑，头部有燃烧痕迹。标本 M6：40，残长 26.8 厘米。

（三）M9

1. 墓葬形制

带长方形斜坡墓道的土洞墓，墓向 160°。由墓道、墓门、照墙、甬道和墓室五部分组成。墓道平面呈长方形，长为 10.9、宽 1.16 米，坡长 11.8 米，坡度 27°，自东南向西北距地表深 0.02—3.24 米，墓道两壁较直，底部至墓门长 2.1 米处坡度变平缓。墓道填土为花土，其中包含物有大石块、小石子等。照墙斜直，墙面较平整，宽 1.14 米。墓门位于照墙下面，呈平顶长方形，高 1、底宽 0.78 米。墓门以大石块封门，封堵严密。墓门和墓室之间由甬道连接，甬道长 0.65、宽 0.78、高 1 米（图二〇）。墓室平面呈长方形，底部平整，后壁有塌落，墓室内四壁平整，墓室横剖面与人字形屋顶的形制相同，"人"字形顶，长 4.06、宽 1.9、高 1.84 米。墓室顶部靠西侧上有用硬物刻画的图案，东南侧为两只回头鹿，中间为一戴尖帽者，西北侧为一人持棍状物站立于树旁。墓室内有三幅朽裂的木棺，紧挨在一起放置，为三

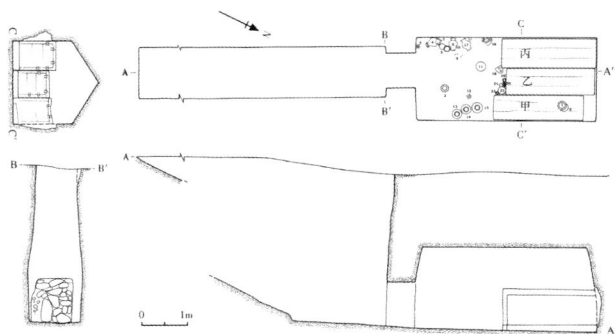

图二〇　M9 平、剖面图

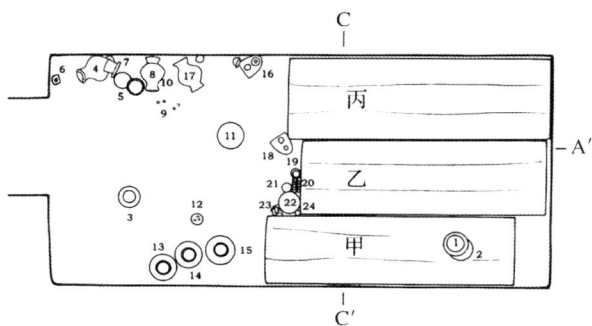

图二一　M9 墓室平面图

1、24. 铜镜　2. 奁盒　3、12、21. 陶罐
4、8、13、14、15、17. 陶壶
5、22. 陶樽　6、10、19. 陶井　7、20、23. 陶仓
9、26. 铜钱　11. 陶盘　16、18. 陶灶

人合葬墓。甲棺位于墓室的东侧，棺板之间由蝴蝶榫卯连接，棺板上尾部放置一铜镜、一奁盒（残）。揭开甲棺板后，人骨较完整，肋骨已朽，女性。乙棺位于甲棺和丙棺的中间，棺板之间亦由蝴蝶榫卯连接，棺木朽裂严重，人骨基本完整，局部有朽烂，男性。丙棺位于墓室的西侧，棺木朽裂严重，人骨基本完整，局部有朽烂，女性，人骨左足前方放置一铜镜。随葬器物有陶器、铜器、木器（图二一）。

2. 出土器物

陶器　24件，1件泥质灰陶，泥质红陶23件（其中有釉陶2件）。

仓　3件。仓顶为模制，仓体为轮制，二者之间用泥条贴塑指压法粘结成一体。仓顶较平，中间起脊，两侧突出塑瓦棱，出檐较宽。长方形仓门，仓体呈椭圆状，但仓体有仓门的一面较平，平底内凹。仓体有轮制留下的凸弦痕迹。标本M9:20，仓檐长11.4、宽8.8、底径6-8.2、通高9.6、仓门高5.4厘米（图二二，1）。

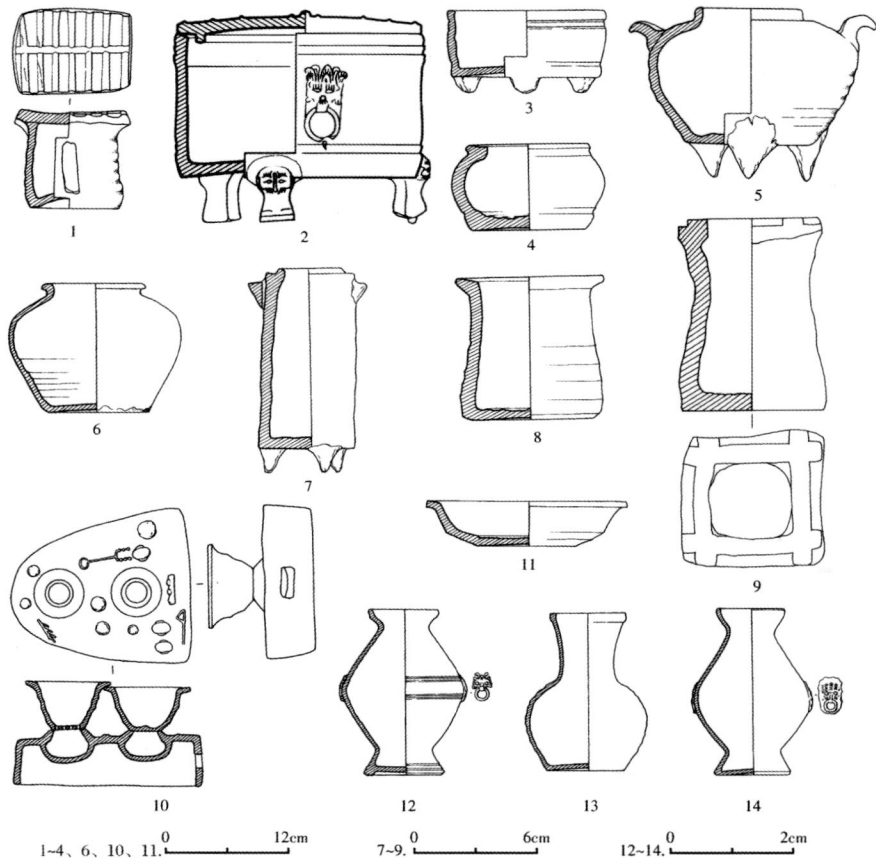

图二二　M9出土器物

1. 陶仓（M9:20）　2. Ⅰ式陶樽（M9:5）　3. Ⅱ式陶樽（M9:22）　4. 陶罐（M9:12）
5. 陶罐（M9:20）　6. 陶罐（M9:3）　7. 陶井（M9:10）　8. 陶井（M9:19）
9. 陶井（M9:6）　10. 陶灶（M9:18）　11. 陶盘（M9:11）　12. Ⅰ式陶壶（M9:15）
13. Ⅱ式陶壶（M9:8）　14. Ⅲ式陶壶（M9:4）

樽　2件。根据足的不同可分为两式。

Ⅰ式　1件。泥质红色陶，饰无色釉。标本M9：5，浅盘形盖，盖顶中央塑带环钮，钮外围饰三道凸弦纹。子母口，直口，方唇，筒形腹，腹底部有三个力士形足。腹上、下部各饰两道凹弦纹，中间对称贴饰模印兽首衔环。盖直径15.7、口径16、底径14.8、通高14.6厘米（图二二，2）。

Ⅱ式　1件。标本M9：22，直口，方唇，筒形浅腹，三对称方形足。腹上部饰两圈凹弦纹。口径15.4、底径14、通高8.4厘米（图二二，3）。

罐　3件。标本M9：12，直口，方唇，外沿较圆弧，溜肩鼓腹，肩部有两对称乳钉扳，近底处弧收，平底，腹底有三个乳钉足。腹部有轮制留下的凸棱纹痕迹。口径5.2、底径6.1、通高8.5厘米（图二二，5）。标本M9：20，直口，圆唇，溜肩，圆鼓腹，近底处弧收，平底，有一道凹弦纹。口径6、底径5.5、通高4.3厘米（图二二，4）。标本M9：3，泥质灰陶。直口，方唇，外沿下垂，溜肩，圆鼓腹，近底处弧收，平底。口径10、底径9.6、通高13.2厘米（图二二，6）。

井　3件。标本M9：10，敛口，方唇，井体上部有两带穿的把，圆柱状腹，平底，底有尖足三个，足微外撇。口径3.2、底径4.5、高10.4厘米（图二二，7）。标本M9：19，侈口，方唇，外沿向外延伸成井台，圆柱状腹。平底。口径7.4、底径6.8、高7.2厘米（图二二，8）。标本M9：6，井台面有突出的"井"字，平唇外沿向外延伸成井台，圆柱状腹（上细下粗）。平底。口径7.1、底径7.1、高10.2厘米（图二二，9）。

灶　2套共6件。每套分别由灶台、甑釜各1件组成。标本M9：18，灶台前方后圆，前有方形火门，灶面前后排列两眼，大小相同，两眼周围模印有勺、叉、铲等厨具，后端模印一烟囱。长17.4、宽15.5、通高5.4厘米。有两甑，大小相同，敞口，方唇，斜直腹，平底。口径8.2、底径3.2、高4.8厘米（图二二，10）。

盘　1件。敞口，方唇，口沿较宽，浅弧腹，平底。标本M9：11，口径19.2、底径9.6、通高4.6厘米（图二二，11）。

壶　6件。依据腹、底和兽首的变化分三式。

Ⅰ式　3件。泥质红陶，盘口，方唇，高束颈，扁鼓腹，近底处弧收，平底。通身有轮制留下的凸棱纹。标本M9：15，口径15、最大腹径23.2、底径16、高31.6厘米（图二二，12）。

Ⅱ式　1件。泥质红陶，施褐色釉，最大腹居中，盘口，平沿外斜，矮束颈，扁鼓腹，近底处弧收，平底，最大腹处有两组凹弦纹，每组由两道浅凹弦纹组成，有两个对称的兽首衔环，座底部有两道凹弦纹。通身有轮制留下的细微凸棱纹。标本M9：8，口径13.6、最大腹径22.5、底径15、高33.2厘米（图二二，13）。

Ⅲ式　2件。盘口，束颈，垂腹，近底处弧收，有座，最大腹处贴饰两个对称的兽首衔

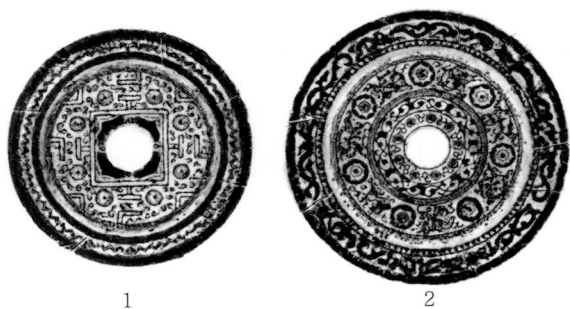

图二三　铜镜

1.M9：25　2.M9：1

环。通身有轮制留下的细微凸棱纹。标本M9：4，口径14、最大腹径22、底径14、高33.2厘米（图二二，14）。

铜器　6件。

铜镜　2件。标本M9：25，八乳规矩镜。其外缘由两道折线纹组成，钮为大圆顶形，柿蒂形钮座，座外之大方格的每条边的中心位置连接一"T"形纹，方形每个角两侧各有一带圆圈的乳钉，外圈为一组由斜线组成的弦纹，弦纹内侧对称分布四个"L"纹，每两个"L"纹之间有一个"V"字纹，纹饰之间填充卷叶蔓草纹。直径14.1、肉厚0.3、沿厚0.6厘米（图二三，1）。标本M9：1，七乳四神镜。其外缘由一道云纹组成，圆钮，钮座外围饰一圈带圆圈的乳钉纹，每个乳钉纹之间由卷叶蔓草纹填充，之外一圈变形首尾相连的鸟纹，再饰两圈短斜线纹，斜线纹之间均匀分布七个由圆圈围绕的乳钉纹，乳钉纹之间为四神，神纹之间又饰一鸟纹，但四神缺青龙。直径16.3、肉厚0.3、沿厚0.6厘米（图二三，2）。

钱币　4枚。均为五铢钱。圆形方穿，有内外郭，钱背平，制作较规整统一。标本M9：9，直径2.6、穿径0.9、外郭厚0.2厘米。

三、结语

本次发掘的25座墓葬均为带斜坡墓道的土洞墓，由墓道、照墙、墓门、甬道和墓室五部分组成。墓室平面多为长方形，个别也有圆角长方形，墓道长度在10—13、宽为0.8—1.1米之间，坡度大多为20—30°，近墓门约1米左右坡度变缓，基本和地平面平行。仅M3以白灰涂抹四壁，且有壁画，其余墓穴未见有修饰。多为一男一女双人合葬墓，仅M9一座墓葬为两女一男的三人合葬墓，每座墓的主人下葬时间有先后。均为仰身直肢葬。葬具均为木棺，棺板之间由蝴蝶榫卯连接。西汉昭、宣时期，夫妻同穴合葬已逐渐成为中原地区主要的埋葬形式。新莽前后，墓中随葬器物不论瘗埋者人数多寡，陶器往往只有一套。本次发掘出土的随葬器物多以陶器为主，木器次之，铜器极少。陶器组合多为壶、罐、灶、仓、井、盘等，木器多为盒、几、盘、耳杯、车、狗、鸡和独角兽等。其中以M6为代表，随葬器物组合较全面，墓葬形制及随葬器物多寡都符合新莽前后时期中原的墓葬特征。我国中原地区战国早期圆壶腹径的最大之处较低，至战国晚期已上移至器体的中部。西汉时的壶型与战国晚期差别不大，至西汉晚期壶型常作成假圈足状[①]。M6、M9的壶亦符合此特点。具有明确断代

---

① 孙机：《汉代物质文化资料图说》，北京：文物出版社，1991年。

意义的是 M6 出土的约 100 枚的"货泉"和一枚"大泉五十"。据《汉书·食货志》记载"王莽天凤元年，罢大小钱，改作货泉，径一寸，重五铢，文右曰货，左曰泉，枚直一。"[①]但光武建武初年亦铸此泉。说明"货泉"的流通时间为王莽天凤元年至东汉光武建武初年。《汉书·食货志》记载："王莽居摄，变汉制，更造大钱，径寸二分，重十二铢，文曰大泉五十。"荀悦《汉纪》载："居摄二年夏四月，更造大钱，一直五十，与五铢并行。""大泉五十"铸行时间仅有13 年，但其却是王莽通行货币中流通时间最长、铸量最大的货币。这两种钱币同出于 M6 中，进一步证明了 M6 的年代上限为王莽时期，下限为东汉光武建武初年。其余 12 座墓葬出有铜钱，钱面多已朽烂，无法修复，仅 M3 出土的 8 枚钱币中有一枚字迹较清晰，为"五铢"。M9出土的两面铜镜也是西汉晚期常见的样式。这批墓葬的发掘，较全面地揭示了武威地区在两汉时期，尤其是王莽时期的墓葬结构、随葬制度以及葬式、葬俗等特点，为研究河西地区两汉时期的墓葬及随葬器物的组合及演变提供了较全面的资料。

领队：王辉

发掘：王辉　赵雪野　李永宁　王琦　王勇　宁生银　大野宪司　村上义直　新海和广

执笔：魏美丽　赵雪野

原文刊于《考古与文物》2012 年第 5 期

---

① 班固：《汉书·食货志》，北京：中华书局，1972 年。

磨咀子和五坝山墓群远景

磨咀子和五坝山墓群

磨咀子和五坝山墓群，位于武威市凉州区新华镇缠山村和韩佐镇祁连山山前二级台地上，杂木河从南至北流过，磨咀子居河西，五坝山居河东，二者隔河相望，间距1千米。磨咀子墓区面积70万平方米，五坝山墓区面积120万平方米。

磨咀子墓群于1955年发现。1955—1959年，甘肃省博物馆先后进行三次发掘。2003—2005年，甘肃省文物考古研究所等再次进行了发掘。磨咀子墓群墓葬密集，出土文物丰富，尤以《王杖十简》《王杖诏令书》和大批木制精美文物为代表。此外，该遗址还发现大量马家窑文化的各类遗存。

五坝山墓群墓葬亦很密集。1984年至1987年，甘肃省博物馆先后进行过两次抢救性发掘，发现马家窑文化墓葬3座，两汉墓葬120座，晋墓5座，西夏墓葬4座。出土大量陶器、木棺、铜器、陶器等。其中3号西汉墓壁画是迄今全国发现的时代最早的山水画壁画。西夏墓及其出土瓷器为研究西夏文化提供了准确依据。

磨咀子和五坝山墓群是一处汇集多个时代、多种文化内涵的综合性大型古文化遗址，对我国考古学、汉晋史、西夏史和美术史的研究具有重要价值。该墓群出土的大批汉简，是我国简牍文献的重大发现，为研究汉代经学、版本学、校勘学、古文字学、简册制度、礼俗及养老、尊老制度提供了重要的实物资料。2013年，磨咀子和五坝山墓群被国务院公布为第五批全国重点文物保护单位。

文字：编者

摄影：王曙

甘肃武威磨咀子东汉墓（M25）发掘简报

甘肃省文物考古研究所

甘肃省武威磨咀子汉墓群位于武威市城南 15 公里，祁连山下杂木河西岸的一块突出的小山咀二层台地上，在约东西长 700、南北宽 600 米的范围内分布极其稠密。这里不仅有丰富的汉代墓葬，而且还有新石器时代遗址（图一）。1959 年曾出土过著名的《仪礼》等木简，1972 年还出土了汉代天文仪器漆式盘①。磨咀子墓地土质非常坚硬且地处丘陵台地，加之这里气候干燥，具有保存地下文物的优越条件。2003 年 10 至 11 月，对磨咀子汉墓群进行了中日联合考古发掘，共发掘东汉墓葬 25 座。现将编号为 2003WMM25 的清理情况简报如下。

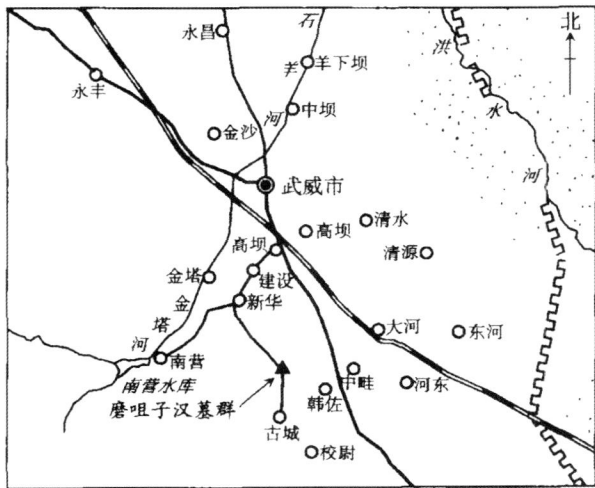

图一　墓葬位置示意图

一、墓葬形制

2003WMM25 为长条台阶形墓道的单室土洞墓，由墓道、墓门（甬道）、墓室组成。

墓道方向 166°。长 6.45、坡长 6.7、上口宽 0.8、底部宽 0.9 米。墓道口距地表 1.6、底距地表 2.78 米。墓道中填土疏松，内含小石块及陶片等，近墓门处有较大的石头 5 块，散置于填土中。墓门（甬道）以大石块堆砌，甬道内亦填充石块。墓门高 1.17、底宽 0.75；甬道长 0.66、高 1.1—1.17 米。顶为人字坡形。墓室呈长方形。长 3.04、宽 1.07、高 1.3，墓室底距

---

① 甘肃省博物馆:《武威磨咀子三座汉墓发掘简报》,《文物》1972 年第 12 期; 齐陈骏:《河西史研究》, 甘肃: 甘肃教育出版社, 1989 年, 第 5 页。

地表深 2.8 米。顶为人字坡形，略有土块塌落。室内一棺，为柏木素棺，榫卯结构，置于墓室后部偏东侧。长 2.02、宽 0.54、高 0.73 米。棺内一人，仰身直肢，面朝上，头向墓门。以麻布裹尸，并用布带将身体上下交叉相系以覆面蒙脸，外卷草席。墓主为女性，保存较好（图二、三）。

二、随葬器物

2003WMM25 随葬器物主要位于棺前方及西侧，有木器、陶器、竹草编织器等。

（一）木器

独角兽　1 件（2003WMM25:10）。长 47、宽 6、高 14 厘米。彩绘，白地，用朱黑两色彩绘（图四）。

马　1 件（2003WMM25:11）。残。长 53、宽 20、高约 14 厘米。用朱褐色涂底为马身，白色涂马鞍并用墨线勾画。马牙白色，唇朱色，足为黑色（图五）。

牛车　3 件（1 组）（2003WMM25:27）。牛 1 长 16、宽 5、高约 5 厘米；牛 2 长 20、宽约 6、高约 6 厘米。车已残。

俑　2 件（2003WMM25:28）。残高 7、宽约 2 厘米。

盘　1 件（2003WMM25:13）。长 56、宽 35、厚约 1 厘米。素面，已残。

狗、鸡、鸭等　8 件（1 组）（2003WMM25:2）。底板 1 件。长 42、宽 20、厚约 20 厘米；鸡、鸭 6 件。约长 7、高 3、宽 2 厘米；狗 1 件。长 13、宽 6、厚约 5 厘米。均彩绘，白地，朱黑两色彩绘（图六）。

木构件　2 件（2003WMM25:1）。1 件长 36、宽 6 厘米；另 1 件长 20、宽 6 厘米。

（二）陶器

盘　1 件（2003WMM25:3）。泥质红陶。素面。平沿，平底。口径 20、高约 5 厘米

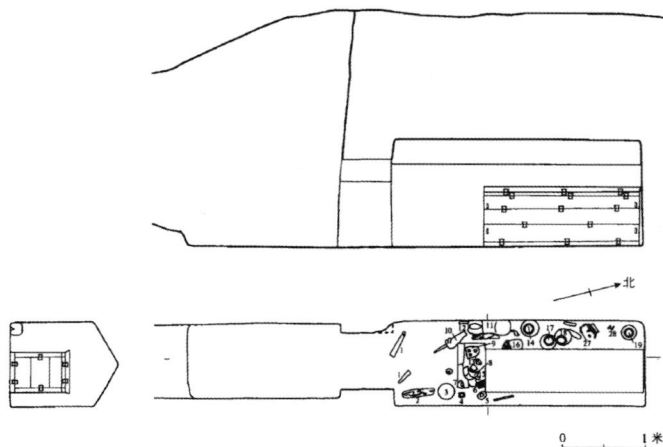

图二　20025 平、剖面图

1. 木构件　2. 木狗　3. 陶盘　4. 陶井　5. 泥灯　6. 陶仓
7. 陶三足罐　8. 陶尊　9. 陶灶　10. 木独角兽　11. 木马
12. 陶仓　13. 木盘　14、17—19. 陶壶　15. 三足桶形器
16. 竹编器　27. 牛车　28. 木俑

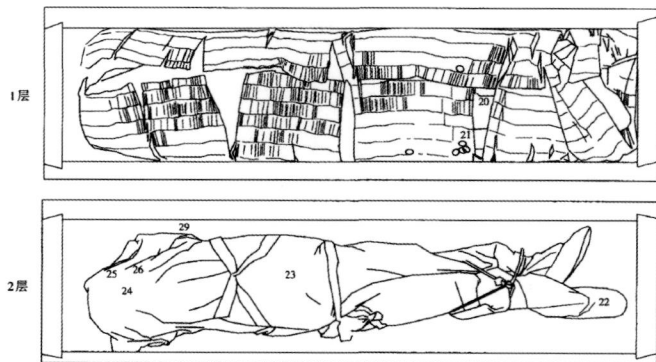

图三　20025 棺内平面示意图

20. 草席　21. 铜钱　22. 麻织鞋　23. 麻布
24. 覆面　25. 发带　26. 耳珰　29. 刨花

（图七）。

井 1件（2003WMM25：4）。泥质红陶。素面。口呈井字形，内圆，腹部为上小下大的桶形，平底。口径5、腹径7、底径约10、高约12厘米（图八）。

仓 2件。素面。顶扁平，饰有瓦楞纹。身呈桶形，平底。2003WMM25：6泥质红陶。长12、宽8、高12厘米（图九）。2003WMM25：12泥质灰陶。

三足罐 1件（2003WMM25：7）。泥质红陶。素面。束口，鼓腹，平底，三足。肩部有牛角形系2个。口径6、腹径10、高约9厘米（图一〇）。

尊 1件。（2003WMM25：8）。泥质红陶。素面。平唇，直腹，平底，三足。已残。直径18厘米。

图四 独角兽（20025：10）

图五 木马（20025：11）

壶 3件。泥质红陶。素面。钵形口，折颈，鼓腹，腹中部饰衔环铺首。平底，圈足外撇。2003WMM25：14 口径13、腹径22、高约34厘米（图一一）。2003WMM25：17 口径12、腹径19、高约34厘米（图一二）。2003WMM25：18口径13、腹径20、高约31厘米（图一三）。

灶 1件（2003WMM25：9）。泥质红陶。由1灶2碗组成。灶长18、宽16、高约6厘米。马蹄形，灶面饰有案儿、耳杯、碗、勺、瓢形勺、钩、鱼等，并开3个灶口，口径约4厘米。灶壁前开一长方形火门，宽3、高2厘米。碗素面，小平底。口径7.5、高约5厘米（图一四）。

三足桶形器 1件（2003WMM25：15）。泥质红陶。素面。直腹，上部饰两耳，平底，三足。高12、口径2.5厘米（图一五）。

图六 狗、鸡、鸭（20025：2）出土情形

图七 陶盘（20025：3）

罐　1件（2003WMM25：19）泥质灰陶。素面。鼓腹，平底。口径11、腹径17厘米（图一六）。

另有泥灯　1件（2003WMM25：5）。灯碗为一小窝。长15、宽8厘米。

（三）铜器

钱币　15枚（2003WMM25：21）。锈蚀严重，已无法辨认。

（四）竹草器

草席　1件（2003WMM25：20）（图一八）。

竹编器　1件（2003WMM25：16）。已朽（图一九）。

图八　陶井（20025：4）

图九　陶仓（20025：6）

图一〇　陶三足罐（20025：7）

图一一　陶壶
（20025：14）

图一二　陶壶
（20025：17）

图一三　陶壶
（20025：18）

图一五　陶三足桶形器
（20025：15）

图一四　陶灶（20025：9）

图一六　灰陶罐（20025：19）

图一七　琉璃耳珰（20025：26）

图一八　草席
（20025：20）

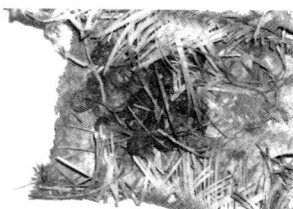

图一九　竹编器及枣
（20025：16）

图二○　麻织鞋
（20025：22）

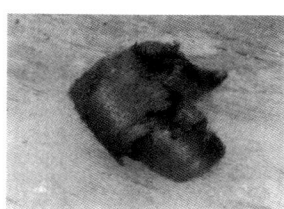

图二一　刨花
（20025：29）

（五）其他

麻织鞋　1双（2003WMM25：22）。保存完好。长约22厘米（图二○）。

发带　1件（2003WMM25：25）。为丝麻织物。

覆面　1件（2003WMM25：24）。为棉絮制成。

耳珰　1对（2003WMM25：26）。琉璃质，腰鼓形，一端稍大一些，中心穿一小孔。长2、径1.1厘米（图一七）。

刨花　1个（2003WMM25：29）。宽3厘米（图二一）。

另有枣几十颗（图一九）。

结语

武威磨咀子墓地的时代从西汉末年到东汉中期，个别还有属东汉晚期。自1957年以来，先后进行过多次发掘。从已发掘的汉墓来看，其墓葬形制、葬具和葬式基本相同。2003WMM25未被盗扰，随葬器物的摆放位置没有变动。根据该墓的陶器形制和组合情况，还有木马、牛车、狗、鸡、鸭的组合，以及从木器的制作工艺技术和方法等，再将磨咀子汉墓历次发掘出土的随葬器物的形制、组合做综合分析和比较，就会发现它们有很多共性和一致性。另外，耳珰是汉墓中常出现的妇女耳饰，2003WMM25：26耳珰和《汉代物质文化资料图说》中所选61—9号耳完全相同[1]。因此，我们断定2003WMM25的年代应属东汉中期。

发掘：赵吴成　王勇

摄影：赵吴成　赵雪野

绘图：赵吴成

执笔：赵吴成

原文刊于《文物》2005年第11期

---

[1]　孙机：《汉代物质文化资料图说》，北京：文物出版社，1991年，第245页。

甘肃武威磨咀子 6 号汉墓

甘肃省博物馆

1959 年 7 月间，甘肃省博物馆文物工作队，在武威磨咀子发现大批的竹、木简，完整的为数达 385 支，残片有 225 片。这批竹、木简出于一座土洞墓内，是中华人民共和国成立后在甘肃首次发现。这批珍贵的文物，为历史科学研究提供了重要的资料。

武威位于河西走廊东部，早在公元前二世纪中叶，汉帝国开发河西，建立四郡，武威即是河西四郡之一，为当时欧亚交通要道和中西文化交流的盛地。

磨咀子在武威县城南 15 公里，位于祁连山麓杂木河西岸。这里地势起伏，形成丘陵地带，东接沃野，田园阡陌，并有杂木河水源灌溉之利。很早以来，磨咀子就成为人类从事劳动发展生产的好地方。

最近几年来经过调查，发现在磨咀子不仅有极其丰富的汉代墓葬，而且还有更早时期的甘肃仰韶文化遗存[①]。墓葬分布稠密，从台地的东部直至祁连山麓，估计东西长 300，南北宽 200 米的范围内，均见有墓葬遗存。1957 年，配合当地开荒工程，清理了 5 座土洞墓[②]，编为 1—5 号墓。都是东汉时期的墓葬。1959 年 7 月间，发现竹、木简的土洞墓，顺序编为 6 号墓。其结构与前五座大致相同。这座墓葬发现时，已遭受了严重的破坏。遗物有陶、木、漆器，竹、木简以及木棺和人骨架，都已被扰乱。鉴于这里还有一批残破墓内的文物，需要妥善加以保护。又于同年 8—11 月间，继续清理土洞墓葬 31 座[③]。出土的器物中，有 10 支木简，并有精美的锦面草盒、浑厚的彩绘木俑、丝麻质的铭旌和木斗、铜撮、竹尺等珍贵文物。

现将 6 号墓的材料初步加以整理，简报如下：

一、墓葬结构

磨咀子的墓葬，已经陆续清理了 37 座，都是土洞墓葬。6 号墓也是建造于深厚的黄土层中。它的结构，可分为墓道、墓门、门道和墓室四部分。墓道在墓门正前方，与墓室方向一致，为北偏东 40°。上下口宽度相等，宽 1.3，长 8 米。墓道的后壁及左右壁，都是垂直的，

---

① 甘肃省博物馆：《甘肃武威郭家庄和磨咀子遗址调查记》，《考古》1959 年 11 期，第 583—584 页。
② 党国栋：《武威县磨咀子古墓清理纪要》，《文物参考资料》1958 年 11 期，第 68—71 页
③ 甘肃省博物馆：《武威磨咀子汉墓发掘报告》，正备写中。

底部呈斜坡形。墓道的后端，距墓门 0.9 米处下有一竖坑，上口长 1.7，下口长 1.3，深约 0.4 米。坑平底，前壁向后倾斜成坡形。墓门在墓室前壁中间，高宽相等，为 0.95 米。门道深 0.75 米，宽与墓门相等。墓室为长方形，长 4.35，宽 1.75，前壁高 1.65，后壁高 1.5 米，左、右两侧壁垂直高 1.1 米处，向上构成人字形墓顶，坡长 1 米。墓门全用大砾石封闭，墓道的上口近地平处，也平封大砾石两层。

墓内有木棺两口，东西顺置。男棺在左，女棺在右，为夫妇合葬。两棺大小相同，长 2.05，高、宽约 0.5 米（图一）。棺材为柏木，细腰接缝，木榫合盖。不用铁钉。

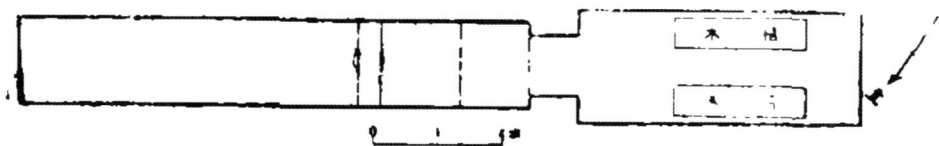

图一　6 号墓平面图

二、随葬器物

墓内的随葬器物，有陶器、木器、漆器、铜器、琉璃耳珰和大批的竹、木简。因为墓葬破坏严重，随葬器物的位置，大部分已被扰乱得凌乱不堪。根据我们访问的结果和墓内保存的痕迹推测，竹木简是顺置于男尸棺盖的前端；陶器、木器、漆器均在墓室的前端，钱币和带钩出于棺内。兹将出土器物分类叙述如下：

（一）陶器

陶器有灰陶和釉陶两类。釉陶内胎均为红色，着黄绿色釉。

釉陶壶　3 件。同式。一件残破。两件完整。圆腹，圈足，肩、腹部各有折线纹饰一道，高 28.5 厘米。

釉陶仓　1 件。拱形顶，四面出檐，深 9，高、宽均 16 厘米。

釉陶鼎　1 件。钮有横穿。敛口，圆腹，带盖，高 11 厘米。

釉陶奁　1 件。双耳带盖，盖有钮，耳有竖穿。

釉陶勺　1 件。柄残缺，勺径约 5 厘米。

灰陶罐　1 件。敛口卷唇，高肩，肩部有水波式细线划纹一周。口径 13.5，高 23.5 厘米（图二，右）。

（二）木器

木器置于墓室前端两侧，除大型的木马俑和木车外，其余小型俑置于一块木板上，放在女棺的右侧。只有木案一件置于墓室前端正中，出土的漆器置于木案之上。

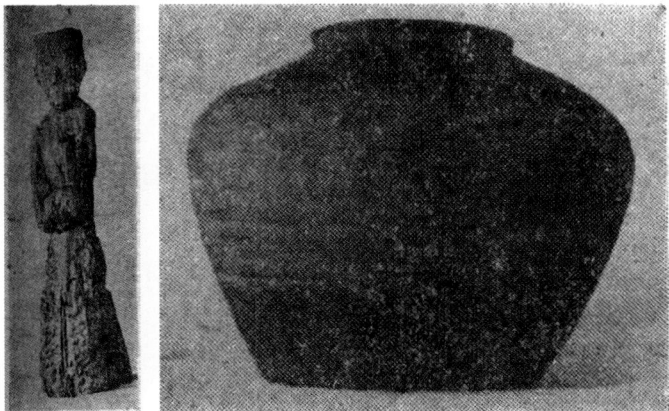

图二　木俑（左）　陶罐（右）

人俑　1件。平冠。身高25.5厘米（图二，左）。

马俑　2件。一大一小，分头、身、腿三部分组成。腿残缺。大者身长58，高19厘米；小者身长26，高8厘米。

牛俑　2件。长14.5及17厘米，高3及4.5厘米。

羊俑　4件。三件残，一件较完整。长10.5，高4.5厘米。

虎俑　1件。长15，高3厘米。

案　1件。方形，已残，长、宽约37厘米。

车　1件。已残。

钗　1件。已残。

此外，尚有一些破碎的木俑，已无法窥测其原形。

（三）漆器

漆器均为木胎，有盘、碟等，漆大都脱落，并均已残毁。

（四）铜器

铜带钩　1件。长11.5厘米。

大泉五十　共12枚。

（五）其他

在墓室内前端地面上，铺有编织细密的的芦苇，木棺内还有腐烂了的芦苇、草垫、草绳、丝麻织物、青纱、丝棉及琉璃耳珰。其中，芦苇铺在棺底，草垫用以衬托尸体，丝棉则包裹在女尸的足部。

（六）竹、木简

竹、木简完整的有385支，残简约有225片。其中，木简多，竹简很少。木简有长的和短的两种，均系松木质料。短简仅有9支，长20—22，宽1.5厘米左右，多为记述宜忌之类的迷信简书。长简大都保存完整，长54—58，宽约0.8—1厘米。简上墨书颇精。每支简上有60—80个字，以60个字的最多。简体和异体字都有，并有改削和细麻绳捆编的痕迹。捆道并列四行，具有一定的间隔。简的各端各束一道，简间适当部位再束两道。简的正面或背面，编有号码，相当于今天印本的页次。根据整理和校对的结果，这批竹、木简是古代仪礼的一部分。现存仅有七个篇名："士相见"第三，计16简；"服传"第八，计55简；"特牲馈食"第十，计49简；"少牢馈食"第十一，计45简；"有司徹"第十二，计73简；"燕礼"第十三，计39简；"大射"第十四，计101简。其中，仅有"士相见"一篇，保存完整，其余六篇均有损失，共约缺 40 余简。其他残简，亦为仪礼内容。

三、结语

　　磨咀子墓葬，已陆续清理了 37 座。这些墓葬，均系土洞结构，具有斜坡墓道，墓顶拱形或人字形。出土器物中的木器、草编器、丝织质铭旌等，均为一般汉代砖室墓内所少有的珍贵器物。尤其是 6 号墓内出土的大批竹、木简，更是不可多得的重要发现。铜币除莽钱外，绝大部分为东汉五铢，西汉的很少；铜镜有规矩镜、四乳四兽镜和日光镜。从已清理的墓葬的结构和出土器物的形制分析，磨咀子土洞墓葬的时代应属东汉时期。

原文刊于《考古》1960 年第 5 期

甘肃武威磨咀子汉墓发掘

甘肃省博物馆

一、前言

武威县即汉代武威郡，乃当时姑臧县治故地，位居河西走廊咽喉。武帝"元狩二年（公元前121年）秋匈奴昆邪王杀休屠王，并将其众合四万余人来降，置五属国以处之，以其地为武威、酒泉郡"。"元鼎六年（公元前111年）……遂分武威、酒泉地，置张掖、敦煌郡，徙民以实之"（汉书武帝纪）。河西"地广民稀，水草宜畜牧，故凉州之畜为天下饶"（汉书地理志）。而武威更是沃野数百里，南屏祁连山，积雪溶解，谷水下流，又利灌溉。所以武帝分置四郡后，即从内地大量移民开荒，这样才巩固了汉代在河西各郡的政治经济基础和统治地位，也打通了中西交通的要道。从此在经济、政治、交通、文化上即日益繁荣发达。武威郡首当其冲；土地肥沃，物产富饶，因而自然形成河西的重镇，即到近代还以物产丰富而被誉为"银武威"。

磨咀子位于武威县南15公里祁连山下的杂木河西岸，为高亢的黄土台地，高出杂木河约20—30米，地势起伏形成丘陵台地，东西长约300，南北宽约200米。1957年平整土地，曾挖出汉墓数座，我们清理了5座，出土物有漆器、木俑、毛笔、铭旌等。铭旌墨书隶体字12字，为"姑臧北乡阌道里壶子梁之［柩］"。1959年5月又发现汉墓1座，出土物除陶器木器外，还有完整的木简504简，乃是仪礼的一部分。根据以上发现情况证明，这里是一处丰富的汉代墓葬，地下文化遗物丰富，因于1959年9月10日至11月底又继续清理了墓葬31座。据现场观察，墓葬多围绕高低起伏的山丘，掘成斜坡形墓道，顺墓道向内作成土洞单、双室。我们这次所发掘的31座墓，都已经露出了墓道或墓室。此次继续前两次所清理的6座墓编号，自7号至37号，共计清理了31座。其中8、9、24、32、35、36、37等7座墓，因为扰乱严重，没有清理出什么结果，故报告中主要是介绍其余各墓的材料。

根据墓室结构和出土物，这次发掘的各墓与前次清理的6座墓，都是汉代的墓葬，不过时间上有早期和晚期的分别。这次发掘出土的随葬物品包括陶器、木器、漆器、铜器、铁器、草编器等共计610件；货币有五铢、货泉、小泉直一、大泉五十、半两等共1199枚；另有木简10枚；鸠杖13根。

二、墓室结构

发掘的 31 座墓葬，在类型和结构上都是土洞单室或双室墓，另有斜坡墓道。其中 22、31 两墓的墓道进口处，各有一台阶，27 号墓为一座仿砖造双室结构。墓室平面均为长方形，墓道长而深。有些短而浅的墓道并非原状，其上口被揭去了很多，因之较短较浅。兹将清理的 31 座墓的结构，大体分为三类，简述如下：

第一类型　11 座。斜坡墓道，在墓道后端作成土洞单室，洞顶成人字坡形。洞室底低于墓道 0.1—0.2 米，洞门多为方形。其中有耳室者一墓（墓 22）。墓室后部有土台棺床者两墓（墓 31、34）。棺床高出墓室底约 0.1—0.2 米。墓道内有台阶者一墓，台阶高约 0.5 米。

现以墓 22 为例，该墓位于台地东南边缘，洞室门向正北，与墓 23 平行排列，二墓之间相距约 2 米。该墓墓道长 8.16，宽 1.08（口底同宽），深处 5.23 米，浅处距地表约 0.82 米；洞室门方形，高 1.08，宽 0.88，进深 1.17 米；洞室长 4.70，宽 2.22，室高 2.10 米；耳室顶方形，室宽 1.23，进深 1.77，高 1.14 米（图一）。室内骨架两具，为夫妇合葬。这类墓葬夫

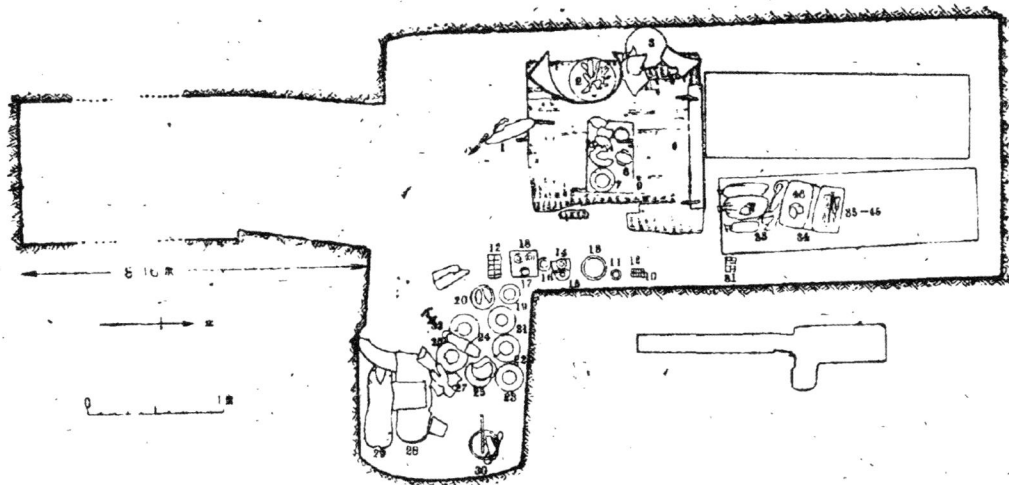

图一　墓 22 平面图

1. 木独角兽　2、3. 木圆合　4. 长方案　5、6、8. 漆耳杯　7. 漆盘　9. 漆木案

10. 红陶仓 11. 红陶井　12. 红陶桶　13. 红陶碟　14. 红陶灶　15. 红陶甑

16. 红陶锅　17. 釉陶方形灶　18. 釉陶仓　19. 灰陶罐　20. 釉陶奁

21—23. 釉陶壶　24—26. 红陶壶　27. 木俑人　28、29. 木马　30. 木车

31. 红陶屋　32. 铜马衔 33. 铭旌　34. 织锦草合　35—45. 织锦合内所装：

木锭、线板、针筒、针、玉饰、刺绣品等十件　46. 花布袋　47. 马头铜饰四

48. 残木俑人四　49. 铜带钩　50. 耳珰六　51. 料珠　52. 货币三十五枚

53. 红布帽　54. 麻质鞋　55. 布袜　56. 粮食　57. 发钗

妇合葬者有8墓，一人单葬者有2墓（男），三人合葬者（一夫二妻）仅有1墓。墓室后部置死者棺椁，随葬品大多放于墓室内棺前，也有在棺盖上的。有耳室者随葬品大部置耳室内。洞门用大砾石堵封。

第二类型 8座。斜坡墓道，在墓道后端作成长方形土洞单室墓，洞顶成拱形状。洞门有拱形和方形两种。洞室底低于单室墓道0.1—0.2米。现以墓23为例，该墓位于墓22东面，墓道与墓22平行，正南方向，长7.03，宽1.06米（口底同宽），深处3.66，浅处距地表约0.5米；洞门方形，宽0.75，高0.96，进深0，54米；用大砾石堵封墓门。洞室长3.65，宽1.42，高1.54米（图二）。这种类型的墓葬，单葬者2墓，夫妇合葬者8墓。凡单葬者木棺均斜置室后部，合葬者随葬品放棺前及其两侧，也有放在棺盖上的。

第三类型 墓27一座。仍为斜坡形墓道，其后端作土洞双室，结构是仿砖造双室墓的形式。前室洞顶呈复斗形，后室已坍塌，从残状上看室顶原为拱形。前室北壁根有二层台，高约0.16米。后室有棺床高和二层台墓道相等。此墓位于台地西边山坡下，与墓28相近。墓道正东西方向，长5.15，宽0.90（口底大体等宽），深处4.54米，浅处及地表。洞门方形，原来用大砾石堵封，封门石头已被扰乱搬到洞室内。洞门宽1.08，进深1.24，高0.92米；前室东西长2.02，南北宽2.32米；四壁高至1.74米处向内收所，构成复斗状洞顶。后室门高1.45米。因风蚀脱落，室内甚残。前室随葬品已经扰乱，多为碎片。骨架原位于后室棺床上，因曾遭扰乱，已凌乱的堆积在前室。

除以上三种类型外，其他如7、24、37三墓经扰乱甚已看不出原来结构，还有8、9、11、17、20、32、35、36等墓，虽亦为扰乱墓，但残存的墓室墓道大体与第二类型相同，不过其中17和20两墓在洞室内侧壁上各掘一偏堂。如墓17洞室已倾塌，从残状上看原来墓室

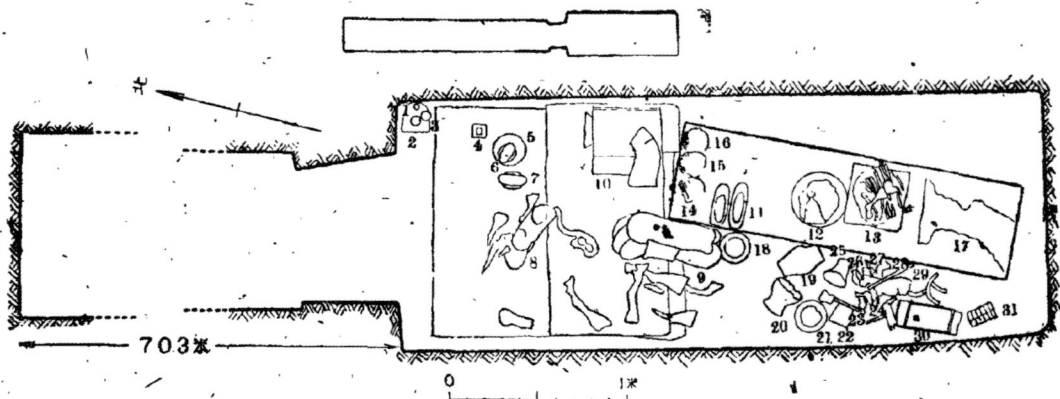

图二 墓23平面图

1.灰陶灶 2.灰陶锅 3.灰陶甑 4.灰陶井 5.漆盒 6—7.漆耳杯 8.木独角兽 9.木马
10、12、13.木盒 11.麻质鞋 14—16.粮食三包 17.铭旌 18—20.红陶壶 21.灰陶罐
22、31.红陶仓 23、24.木鸡 25—27.木羊 28.木狗 29.木牛 30.木车 32.货币二

大小：只能容一棺，但为了二人合葬，又在侧壁上作一偏堂，一女尸木棺置室中央，男棺合葬偏堂内。又如墓20原室内仅能容二棺，为了三人合葬，也同样在侧壁上作偏堂，二女尸棺置室正中；男棺合葬偏堂内。据此现象判断，二墓内的偏堂系临时为合葬而挖掘，所以它的结构与整体墓室布局很不相称。

三、葬具和葬式

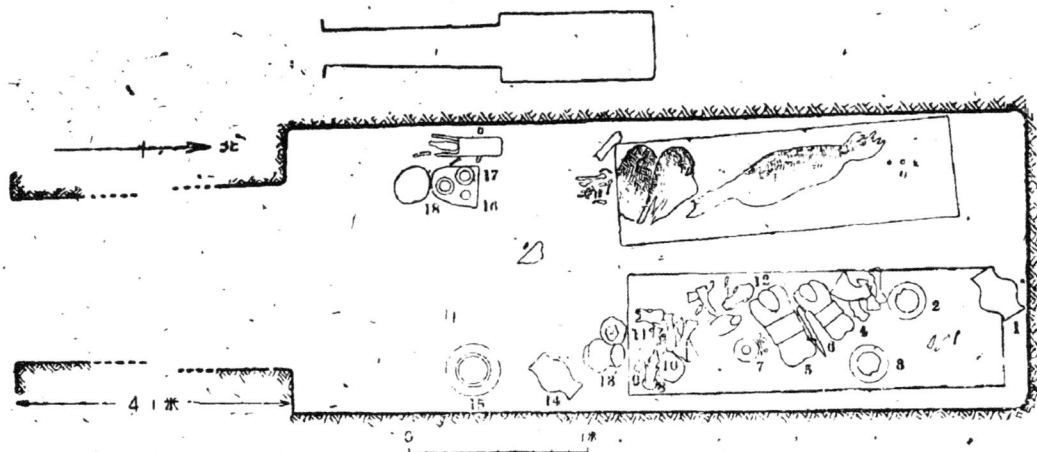

图三　墓26平面图

1—3、13、14.灰陶壶　4、5.木马　6.木剑　7.灰陶花瓶　8.木狗　9、10.木鸡　11、21.货币
12.档隔　15.灰陶罐　16.灰陶灶17.灰陶锅　18.灰陶甑　19.铜带钩　20.五铢钱十六枚
22.耳珰　23.残木器　24.粮食

葬具　31座墓内都有葬具，被扰乱墓内的葬具木棺保存不好，或被移去，或腐朽。这里仅按完整墓内的葬具和葬式介绍：木棺用松柏木料作成，长方形，前后同宽同高。棺盖两端突出1—2厘米，向下削成坡状。棺底棺盖及左右两帮都用束腰木榫接缝，不用铁钉，前后横隔用公母卯相套。棺内底部铺灰一层，灰土上铺草编席子，尸体为草席包裹；拨开草席后，有的尸身穿着长领衣服，头用丝絮包裹；有的尸身仅为草席所卷，不着衣服。在骨架下清出很厚一层蛹壳。墓26女尸木棺内除铺草席外，尸身又用草席一张裹卷，身不着衣；而男尸身除裹草席外，并穿长领衣服，腹部还清出铜带钩一件，他们的关系尚难推测。

葬式　墓8（此墓已经被扰乱）内女尸骨架为俯身葬。墓26内男骨架的上肢骨自肘部横曲起交错于腹部，手骨内各有货币数枚。除此两墓外，其余均为仰身直肢葬。其中单葬者7座，男女皆有；夫妇合葬者18座；三人（一夫二妻）合葬者2座。另外墓24、27、35、37等座，经扰乱，有的骨骼已残存几片，有的连骨骼都没有，故葬式不清楚。木棺都置于洞室后部，棺首向门端。棺多素木本色，少数的也刷淡红色。

四、随葬品

随葬品在墓室内的位置：或在墓室门口，或在棺前棺侧棺盖上，如墓 23（图二）。或在耳室内，如墓 22。陶器成组的锅、甑、灶多置于室内前部左右角上，陶壶（通常一墓三件）多置于棺前左右壁根，如墓 20。陶罐几乎每墓都有一件（也有三件的），置于棺盖上或棺前。陶制的仓、井、桶等也是许多墓所共有的。

有 6 座墓有木俑，其中仅墓 21 所出 8 个俑最完整，一排并列在室内右壁根，棺前列木羊 4 个（图四，2）。木独角兽，多放置于室门口，似用以镇墓压邪。墓 22 所出木几，位于墓室前部中央，横置两棺之前；墓 21 所出木案在棺前，漆器、铜钵之类原先应是放在几案上的。有 8 个墓出木马，墓 22 两匹在耳室内，墓 26 两匹和陶器同在男棺盖上（图三），其他的多在棺前或棺侧。有 10 座墓出木车、木牛，它们多是相随的，出土时有的牛驾着车辕，有的车箱内装有粮食。木合和草合通常在棺盖上，如墓 23（图四，1），合内盛食物等。鸠杖平置棺盖上。

各墓都有随葬的粮食，每墓约为 3 种，分别装在草合内或纱布袋内。

兹将 31 座墓葬遗物，分类、分形记述如后：

（一）陶器类。

胎质灰色者较坚硬，红色者较松软；有加釉者，胎质也坚硬。

陶壶　63 件。胎质有灰、红、釉三种。灰陶壶：20 件。喇叭口，短颈，圆腹，腹围左右常有"氺"形阴弦纹和细绳纹饰。有的外除朱、墨、粉、黄四色彩绘夹小鸟纹饰。器形大小不等，出墓 29 者口径 13，底径 14，高 28.5 厘米（图四，3）。红陶壶：37 件。短颈或长颈，鼓腹或扁腹不等。腹左右有堆饰兽面衔环。出墓 19 者高 31.5 厘米（图四，4）。釉陶壶：6 件。釉色为深葱绿，短颈，鼓腹，圜底。口缘和肩底边各有阴弦纹饰两道，腹左右各堆饰兽面衔环。墓 22 出土者高 29.5 厘米（图四，5）。

陶罐　26 件。胎质全为灰陶，形状大小不等。大型者为翻口，腹及底边缘各有细绳纹饰。墓 29 出土者高 19.5 厘米（图四，6）。小型者为敞口，腹部有简单的细绳纹。墓 15 出土者高 11.5 厘米（图四，7）。

陶灶　27 件。胎质有灰、红、釉三种，器形有马蹄形、正方形等。灰陶灶：13 件。为马蹄形，灶面上堆饰勺、铲、案、挂钩、刷、叉以及鱼和圆形食物等，灶面有二至三釜口。墓 26 出土者高 7 厘米。红陶灶：11 件。为马蹄形，灶面堆饰和釜口都相同于前式。墓 22 出土者高 4.5 厘米。釉陶灶：2 件。有正方形、马蹄形两种。深绿色釉。方形者面有品字形三釜口。墓 22 出者高 6.5 厘米。马蹄形者面有两釜口，墓 21 出土者高 4.8 厘米。

陶锅　26 件。胎质有灰、红、釉三种，出土时仰或复在灶面釜口上。灰陶锅：13 件。墓 34 出土者高 4.2 厘米。红陶锅：12 件。墓 16 出土者高 4 厘米。釉陶锅：1 件。已残。

1. 墓 23 棺盖上的圆木合及麻织鞋一双

2. 墓 21 内俑人及木羊出土情况

3. 彩绘灰陶壶（墓 29）

4. 红陶壶（墓 19）

5. 釉陶壶（墓 22）

6. 灰陶罐（墓 29）

7. 灰陶罐（墓 15）

图四　甘肃武威磨咀子汉墓出土器物

陶甑　26件。胎质有灰、红、釉三种，出土情况与锅相同。灰陶甑：14件。墓34出土者高5厘米。红陶甑11件。釉陶甑1件，墓21出土。

陶井　12件。胎质红色，井身成筒状，圆口，口缘外围堆饰正方形井圈。墓16出土者高9.5厘米。

红陶桶　8件。成筒状。墓22出土者高7.5厘米，口缘左右各一系绳的桶耳。

陶碟　10件。胎质有灰、红两种。灰陶；碟1件，高4厘米。红陶碟9件，圜底。

陶釜　8件。胎质红，小圆口，平底有三短足，肩部左右各有一柄。墓21出土者高7.5厘米。

釉陶盉　1件。小圆口，圆底有三尖状足，肩部一面有把手，一面有小嘴，腹部一边有一柄，已残。墓21出土，高8厘来。

灰陶钵　6件。敞口，宽口沿，素面。墓32出土者高9厘米。

灰陶碗　6件。质较坚硬。高约4.5厘米。

红陶案　1件。案面上有阴弦纹饰。墓27出土，径22.3厘米，底有三蹄足。

陶仓　15件。胎质为红、釉两种。红陶仓：13件。墓22出土者高9厘米。底椭圆形。墓10出土者高10厘米。釉陶仓：2件。釉彩深葱绿色，底有四蹄足。墓22出土者高15厘米。

红陶屋　11件。墓10出土者高13厘米。

陶豆　3件。胎质为红、釉两种。红陶豆：2件。火候差，制作粗糙。出墓13棺盖上，高11厘米。釉陶豆：1件。深葱绿色，出墓14，高7.5厘米。

陶奁　10件。胎质为灰、红、釉三种。红陶奁：7件。火候较差，制作粗糙，底有三蹄足，口缘外有阴弦纹饰一道。墓10出土者高7.5厘米。灰陶奁：1件。底有三蹄足，高7.5厘来。釉陶奁：2件。底有三蹄足。有盖者一件，墓22出土，大小略同于灰陶奁，已残，（图五，8）。

灰陶勺　1件。已残。质较坚硬。

（二）木器类

木俑人　26个。多出土于洞室内左右侧壁根，为脱落土所埋，出土时多腐朽。从残状上观察，有的外涂彩绘。墓21八个俑人较完整，大体有下列几种形状。

Ⅰ式：似男装服，头就帽，出墓21，身高25厘米。五官及衣纹均用墨色描绘（图五，2）。Ⅱ式：似女人装服，脑后雕饰堆状发髻，身高15厘米，余均同Ⅰ式俑人。Ⅲ式：似为女人装服，头上雕饰发髻，腰部有墨色线条缠绕，出墓21，身高20.5厘米，余状同前（图五，4）。Ⅳ式：共3个。光头，余状如前俑，出墓21，身高19厘米（图五，3）。Ⅴ式：头戴平顶帽，五官及衣纹用墨色描绘，似一老人，出墓22耳室内（图五，1）。

木马　9件。一般置于棺前或两侧，唯墓26两匹马出男棺盖上，墓22出两匹马位耳室

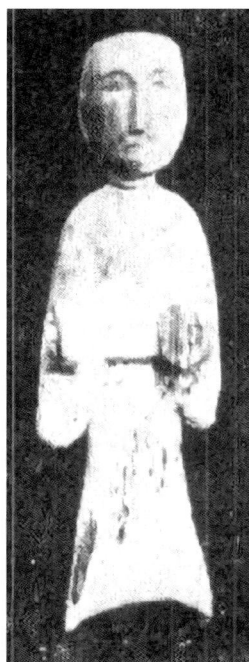
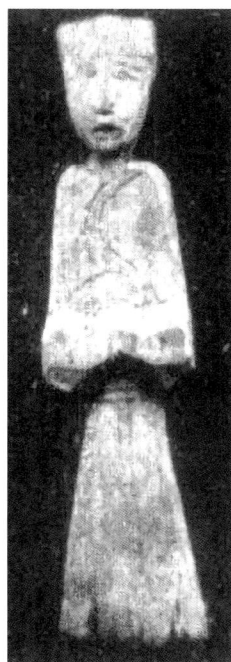

1. 木俑（墓 22）　　　2. 木俑（墓 21）　　　3. 木俑（墓 21）　　　4. 木俑（墓 21）

5. 木牛（墓 21）　　　　6. 木马（墓 26）　　　　7. 木狗（墓 26）

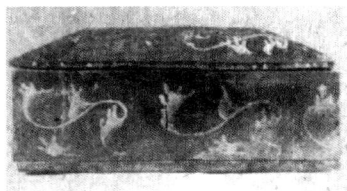

8. 木独角兽（墓 22，腿、尾、耳残）　　9. 圆木合（墓 23）　　10. 木合（墓 12）

11. 纺线木锭（墓 22）

图五

内。马的身、头、尾，耳、四蹄、腿都分别雕刻。身上雕饰马鞍，并以粉墨二色彩绘鞍饰等。有的马口内尚有铜衔。墓26出土者，长50，高20厘米；小者长37，高15厘米（图五，6）。

木牛　9件。雕刻粗糙，仅削成牛身，涂以墨、黄色，蹄腿、耳、尾部另雕制，多已腐朽。出土时牛还驾在车辕内。墓21出土者，身长26，高9厘米（图五，5）。

木鸡　18件。用木板一片削成，头昂起，无腿爪，以朱墨色描绘眼睛、羽毛、鸡冠等，长16.5，高4.5厘来。

木狗　6件。雕制粗糙，伏卧状，用黑色涂绘五官及毛片。墓26出土者，长15.5，高3.5厘米（图五，7）。

鸠仗　3根。分别出自墓13与墓18中。墓18出有2根，是长1.94米的木竿，圆径4厘米。一根已残，残长40厘米。竿端以母卯镶一木鸠。平置棺盖上，有鸠一端向棺首伸出。墓18在鸠杖上还缠有木简10枚（图一二，1—5）。

木羊　10只。羊的制作比鸡、狗更为粗糙，出土时位于木鸡附近。墓21随葬四羊位于木俑前面排成一列，高3.5厘米（图四，2）。

木独角兽　7件。制作较细致，蹄腿耳、尾等分别削制，多已腐朽，残状上还可看出当初用彩色描绘毛片。如墓22出土者高13厘米，周身及弯曲形的尾上均有黑红色的斑点纹饰。出土时多位于洞室门口，似为镇邪压胜作用（图五，8）。

木合　16件。有圆形、椭圆形、长方形和正方形四种。多出棺盖上，内盛食物、柴火、枣等。圆形合：5件。圆形成筒状，盖上有圆形阴纹四组，素面，内盛鸡骨骼。墓23出土者高14，圆径31厘米（图五，9）。椭圆形合：2件。已经腐朽甚，仅存残盖，长28，高11厘来，身已残。长方形合：7件。有盖者4件。合外用朱、黑、粉三色彩绘火焰、兰草、云纹等花纹。墓12出土者长38，宽14，高10厘米（图五，10）。

木耳杯　6件。大小形状略同于漆耳杯，已残。

木奁　1件。出墓17女棺内头侧，圆径21，高6厘米。平底，有盖，内盛铜镜、漆质粉合，已残破。

木车　9件。制作较细致，出土时多已腐朽甚，牛还驾车辕内，车上装粮食。墓23出土者，车牌连车辕长69.5，牌宽18，轮径19.5厘米，高已残（图六，2）。

木梳　6件。形如马蹄。大小相同，惟梳齿有疏密（图一二，8）。

木案　7件。长方形，底有四足，面上四边有缘，制作简单。位棺前，专陈祭器，墓13出土者高约4厘米，素面。墓22所出一案面涂朱漆，而且在案面上边称有"张孝用"三字，残长120.5，宽12.5厘米，高已不清楚。

木几　3件。长条形，两端各有曲形足。墓22出土者长97.5，宽12.5，高30厘米（图六，1）。横置棺前，上陈祭器、漆器、铜钵等。

木笄　3件。出男者头骨顶部，有的穿在鬓上。

1. 木几（墓22，足残复原）

2. 木车（墓23，复原）

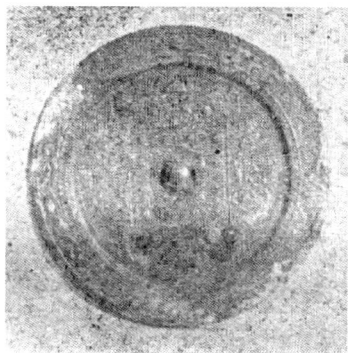

3. 规矩镜（墓17）

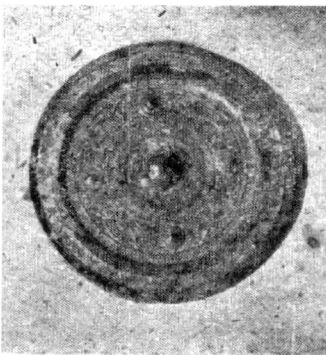

4. 四乳四兽镜（墓20）

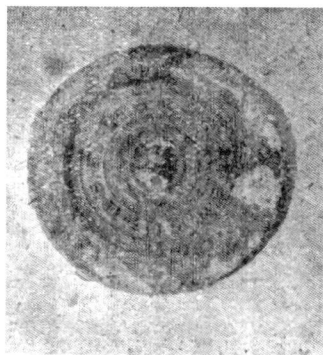

5. 日光镜（墓15）

6. 漆碗（墓18）

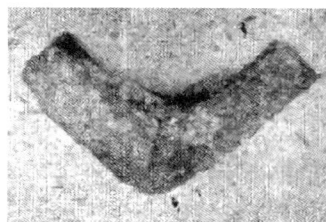

7. 铁犁铧（墓16）

8. 釉陶奁（墓22）

图六　甘肃武威磨咀子汉墓出土器物

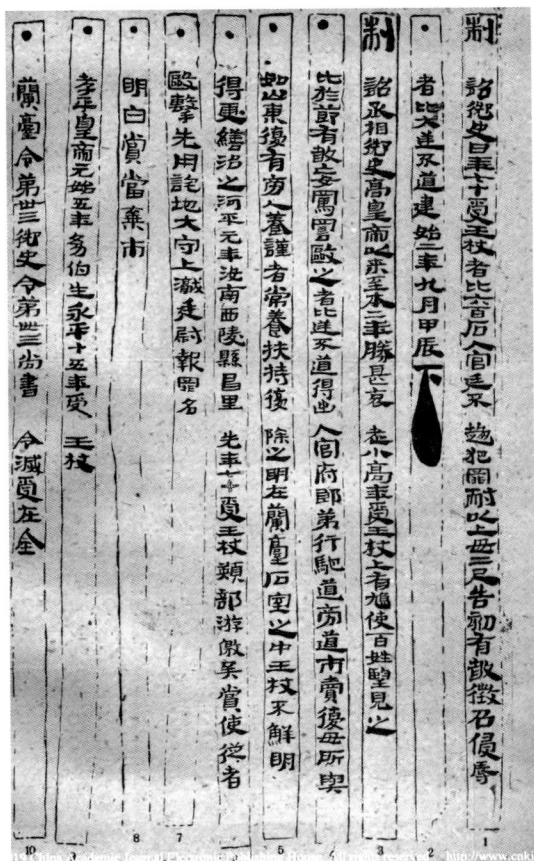

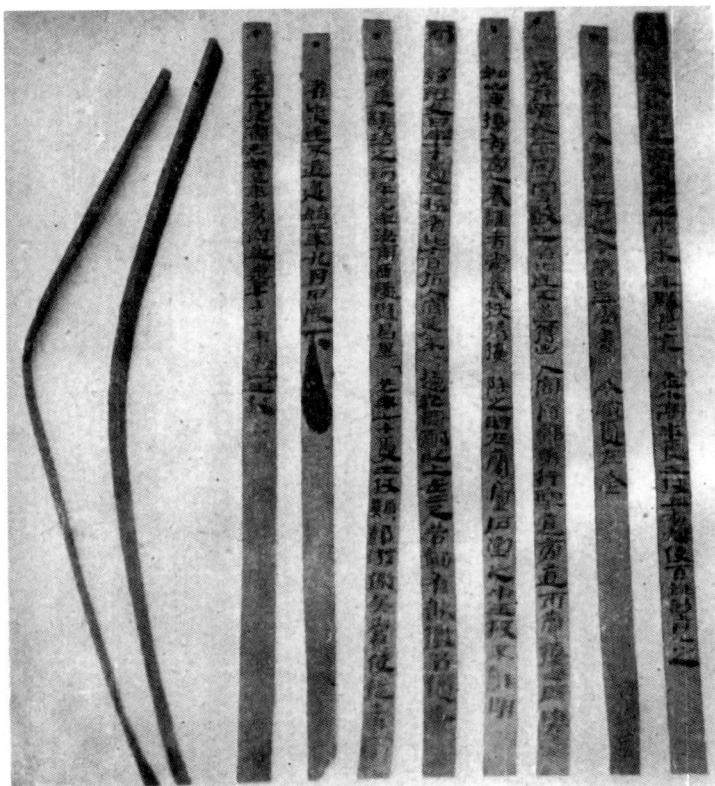

图七　墓 18 出土王仗木简摹本

图八　武威磨咀子汉墓（18）出土木简

（木简共出土十枚，其中；两枚因将折断，故未照出正面原文，简的排列次序，见图七）

木剑　2 件。用木片削成双刃剑状，出棺盖上。长 42，宽 2.5 厘米，外涂黑色，已残断。

木简　10 枚。长约 23—24 厘米，出墓 18。出土时几片还缠在鸠杖上。从残状上观察，当初 10 枚简是都系在鸠枝上端的。兹将全文摹录，供大家研究参考（图七；图八）。

关于木简，我们仅作了大概的排列，尚待深入研究。根据"后汉书礼仪志"："仲秋六月县道皆案户比民，年始七十者授之以王杖，……端以鸠鸟为饰……"而在一简上有"高年受王杖上有鸠使百姓望见之……"。又一简上有"……先年七十受王杖"。据此，木简上的"王"字即"后汉书"上的"玉"字。又"授""受"二字，在古代通用，因而证明"后汉书礼仪志"上所记和出土木简的铭文是吻合的。

木棍　2 根。长短粗细不一，均出棺盖上，有的好象是死者生前的拐杖。已残断。如墓 17 出土一棍长 71 厘米。有使用的磨痕。

木斗　1 件。其形口大底小，成梯形状。口各边缘长 19，底各边长 15.3，高 13.3 厘米。器形及大小略同今天当地老乡使用的木斗。

此次发掘中出木斗、铜撮各一件。木斗是一个截顶的正四棱锥，即正四棱锥台，它的容积按

$$V=1/3h（ab+a^2+b^2）$$

公式计算。h= 高度 =11.35 厘米，a= 上口内边长 =16.65 厘米，b= 底内边长 =13 厘米，算出容积为 2507.110958 立方厘米，也就是 2.507110958 升。王莽嘉量一升的容积是 "0.20063492 升"[①]，二者相比，此次发现的木斗容积等于嘉量一升的 12.5 倍。由此证明这是当时的木斗。又铜撮是一个截顶的圆锥体，即圆锥台，它的容积是按

$$V=1/3h\pi（r^2+r_1^2+rr_1）$$

公式计算。π= 圆周率 =3.1416，h= 高度 =0.95 厘米，r= 上口内半径 =2.4÷2=1.2 厘米，r_1= 底内半径 =1.2÷2=0.6 厘米。算出容积是 2.638944 立方厘米。今据王莽 "始建国元年正月癸酉朔日制"[②] 的铜撮上刻 "……深四分积百六十二分……" 再 "按照黄钟一仑容八百一十立方公分的说法推算，一斛的容积是二千仑"，如此一仑的容积等于始建国铜撮的五倍，也就是一斛容一万撮。再按始建国尺长 25.5 厘米，折算始建国铜撮的容积 26.86 立方厘米，此数与此次出土铜撮容积 2.638944 立方厘米约相近。又此数与木斗的容积相比，撮的容积为木斗的千分之一，为一斛容积的万分之一。

木档隔　1件。出墓 26 的棺盖上，长 14 厘米，两端各有系绳处，为牛拉车的工具。虽为明器，其形相同于今天当地使用的档隔。

纺线木锭　1件。为手工纺线工具，出墓 22 锦面草合内，似为当时实用物（图五，11）。

（三）漆器类

漆碗　3件。多出棺前木案上，内盛食物，如墓 18 漆碗出棺前木几上，残存骨骼。口径 155，底径 95，高 6 厘米（图六，6）。

漆盘　3件。其位置、用途同漆碗。口径 17.5，底径 10，高 4 厘米。

漆碟　3件。用途、位置均同碗盘。墓 14 出土者口径 11，底径 9，高 4 厘米。

漆耳杯　9件。伴漆盘等同放棺前木案或几上。高 4 厘米。

漆合　3件。似为粉合，出棺内头骨旁边，已残。

漆勺　1件。已残。

（四）铜器类

铜钵　1件。出墓 14，与漆器并列木案上，钵位于中间，底已残脱，残高 7 厘米。

铜镜　3件。1件出墓 15，铭文为 "内而青而□□四光而□失而日之月□一"，圆径 8.9 厘米（图六，5；图九，2）。1件出墓 17，铭文有 "子丑寅卯辰巳午未申酉戌亥" 十二地支文，

① 吴承洛：《中国度量衡史》，北京：商务印书馆，1993 年，第 77 页。

② 俞伟超：《一九五六年河南陕县刘家渠汉唐墓葬发掘简报》，《考古通讯》，1957 年第 4 期。

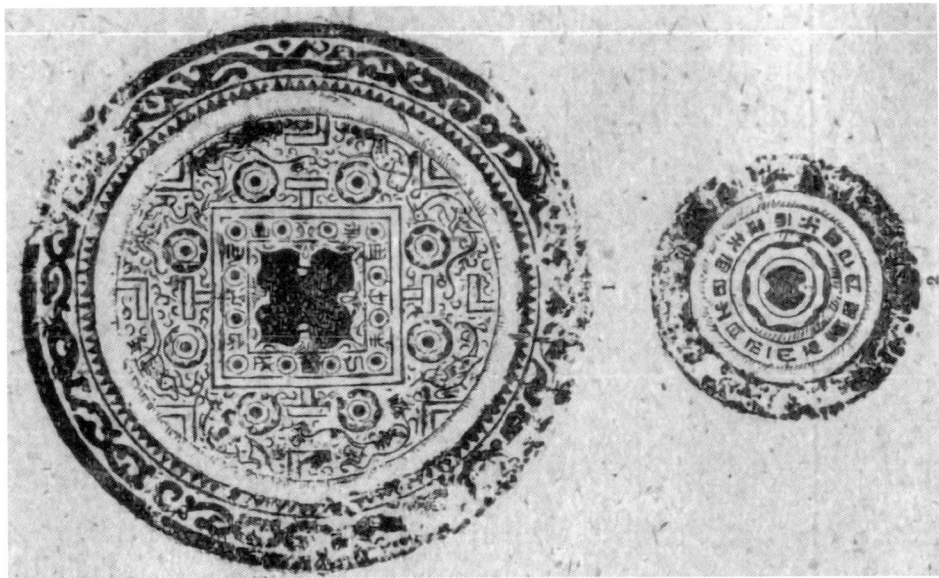

图九　1.规矩镜（墓 17）2.日光镜（墓 15）

制作精致，圆径 18.6 厘米（图六，3；图九，1）。另一四乳四兽镜，出墓 20（图六，4）。

铜带钩　2 件。出墓 22、26 两墓内男骨架腹部，素面，大端如蛇头状。长 10 厘米。

铜环　3 件。似为装饰物的耳环或戒指，小者径 1，大者径 2.5 厘米。

铜撮　1 件。其大小容积和木斗容积比较见前木斗中。

铜质马衔　4 件。出土时有的还衔在木马口内。已残。

马头饰　9 件。其形有叶状、泡儿状等。

铜盖弓帽　5 件。出淤土内。

针筒　1 件。粗径约 0.1，长约 0.5 厘米，内装针两根，出墓 22 的锦面草合内。

铜饰　1 件。已残。

（五）铁器类

铁犁铧　1 件。和残铁口同出墓 16 洞室前部右角上，已残（图六，7）。

残铁口　2 件。其形为长条形，一长边有装铧的母卯；残长 6，宽 4 厘米，和铁铧出一处。

铁刀　3 件。出棺盖上，原有皮质刀鞘，刀和鞘均已残。墓 15 所出一件，长 17.5 厘米，柄端有环。

金属针　2 件。形状和大小略和今天缝纫机使用针相同，一根已残断，出墓 22 的女尸棺盖上的锦面草合内。

铁饰　1 件。出墓 12 棺内头骨侧，已残。

（六）草编器物类

草合　5 件。长方形，有盖或无盖，编制精细，盖边缘翻卷，出土时盖半开半闭。内盛食

1.织锦所糊草合盖部（墓22）　　　2.织锦所糊草合底部（墓22）

3.草编合子（墓14）　　　　　4.麻织鞋（墓17）

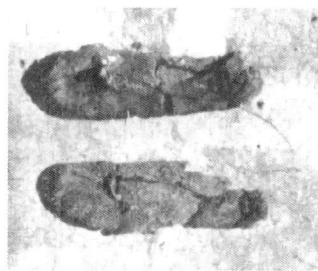

5.麻质铭旌（墓23）

6.草袋（墓23）

图一〇

物，位棺盖上。如墓14随葬3件，一盛食物，一盛柴火，一存动物骨骼。长32，宽19，高11厘米（图一〇，3）

　　草袋　2件。形如长袋状，一端收缩，长70，宽19厘米，出墓23棺盖上（图一〇，6）。

　　（七）货币类

　　半两1枚，货泉727枚，大泉五十13枚，小泉直一和五铢458枚，共计1199枚（图一一）。

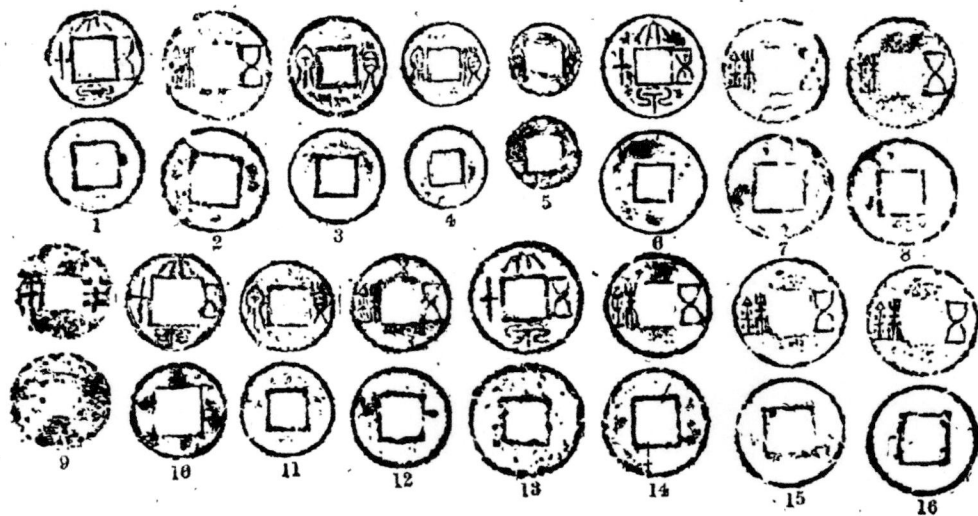

图一一　磨咀子汉墓出土铜币拓片

1. 大泉五十（墓9）　2. 五铢（墓12）　3. 货泉（墓14）　4. 货泉（墓14）
5. 货泉（墓14）　6. 大泉五十（墓14）　7. 五铢（墓18）　8. 五铢（墓15）
9. 半两（墓19）　10. 大泉五十（墓19）　11. 货泉（墓19）　12. 五铢（墓19）
13. 大泉五十（墓19）　14. 五铢（墓22）　15. 五铢（墓34）　16. 五铢（墓26）

（八）其他类

料质耳珰　23件。出头骨附近。

料珠　7件。出头骨下，有圆形、椭圆形，中有穿，色分绿、白、蓝三种。

发钗　20件。出女头骨左右及发灰内，似为竹片削成者，多已腐朽残断。

竹筒　4件。筒长8.5，圆径3.2厘米，中空。出男骨骼手内，似乎当初两手各握一件。

麻织鞋　9只。形为圆口薄底，位于棺盖上，唯墓17一双位于男棺内脚下（图一〇，4）。

布帽　1件。其形略同于今天藏族冬天所戴圆形平顶帽状，出墓22男者头骨上，已残。

粮食　23包。有黑色如豆状者，白色形如小梨状者，有糜子、荞麦、枣，还有颗粒小如芙蓉籽者。前两种和后一种，今天已经罕见。

铭旌　3张。为丝、麻质的原料。上书死者的姓名籍贯，偶有其它语。它们长于棺的长度而稍窄于棺，平铺在棺盖之上。出墓15棺盖上，丝织品，已腐烂，残片上的铭文为"姑臧北乡西夜里女子宁死下世当归冢……水社毋河留……年教如律令"等字（图一二，6）。出墓22棺盖上，丝织品，铭文脱落，细辨认为"姑臧渠门里张之枢"等字（图一二，7）。出墓23棺盖上，丝织品，铭文为"平陵敬事里张伯升之枢过所毋哭"14字（图一〇，5）。同墓出土木案上有"张孝用"三字，亦是一家之器。平陵是汉县治，任陕西咸阳西北。

皮质刀鞘　1件。长29，宽2.5厘米，出墓14棺上，和残铁刀同出一处，已残。

白粉　1包。

1. 木鸠
（墓13，身长18厘米）

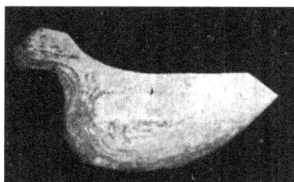

2. 木鸠（墓18，
杖残，身长12.5厘米）

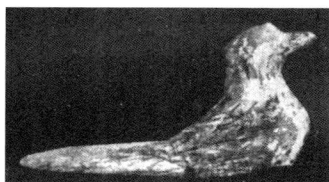

3. 木鸠
（墓18，身长19厘米）

4. 鸠杖（墓13，杖长1.81米）

5. 鸠杖（墓18，杖长1.94米）

6. 铭旌（墓15棺盖上，长59，宽45厘米）

8. 木梳（墓15）

7. 铭旌（墓22棺盖上出土，长2.15米，宽0.38米）

图一二

　　锦面草合　2件。一件为草编作底，外糊织锦花纹的红、白绸子，锦面花纹精细对称。合长34，宽22.5，高19厘米。出墓22棺盖上，内盛丝线、针筒、纺线木锭及踞齿带状形的刺绣物等。似为死者生前所使用物（图一〇，1、2）。又一件为纸底，外糊花绸子，制作粗糙简单，出墓 12 头骨侧。

布袜　1 双。出墓 22 女人脚下。

布袋　1 件。出墓 12 头骨侧。

竹尺　1 件。外涂黑漆，又以朱色划出寸的刻度，残长 22.8 厘米。每寸并不等长，制作粗糙，但刻度很清晰。

五、结语

以上我们概括的将所清理的 31 座墓，作了简要的初步的报告。可以看出，这个墓群的出现，特别是它所出的大量竹木简和保存良好的草编器物和织物，在新中国的考古学研究中增加了一份重要的资料。这对于我们研究汉代西北边郡，研究作为中西交通孔道的河西走廊，得到了许多帮助。虽然，汉代的竹木简、木器、草编器、漆器在我国广大范围内都在不断的出现，而且也都具有共同性，武威汉墓出土的也不是例外；然而由于西北气候土壤的关系，在武威出土的能够保存得如此良好，足以补足其它地区之不足。墓 6 所出 504 条竹木简，除 11 条为日忌杂占木简外，其它是十七篇“仪礼”中的九篇，简报已刊考古 1960 年 5 期 10—12 页，完整的报告已编为《武威汉简》一书，即将出版。汉代经典之成书者，得以重现，实在是很重要的一件事，这和“居延汉简”的性质，自有不同。墓 18 附系于鸠杖（即王杖）上的 10 简，都是前所未有过的新发现。从此 10 简中，得以补足史书所简略记述的有关汉代“尊老”“养老”的制度之如何具体施行。此种制度，规定满七十的老人，受王杖给以保护，得出入衙门并行走驰道的旁道，有侮辱者罪同“大逆不道”等等。但应该指出，得到此种待遇的老者，恐怕并不是一般平民而只是官吏和地主阶级，帝王的这种措施，并不从根本上解除人民的负担，而只是在形式上表现统治者的关怀高年而已。这个墓群所葬的，就其随葬品来看，似不属于上层统治阶级，而只能是普通官吏和地主阶级。这些墓的主人，有的标明其籍贯，皆属于从内地迁移而去的。因此，其葬俗与一般内地汉墓没有很大的分别。铜器只限于小件的，铁器很少，而棺木也不用钉。

这里出土的度量器，以及农作物，尚有待于进一步的作科学分析。

关于这群墓葬，其时代是有早晚之分的。大致的推定，它们皆属于东汉前期。墓 27，似可晚到东汉晚期。其它各墓，则可属之东汉中期。

发掘：张鲁章　任步云　陈贤儒

执笔：陈贤儒

甘肃武威磨咀子汉墓登记表

墓号	方向（度）	形制	结构	长	宽	封门	陶器	铜铁器	竹木类	其他类	备注
7	90	长方形，顶不明	土洞单室斜坡墓道	3.14	1.82	卵石	灶、锅、瓿、盒、碟		木牛、木偶人		扰乱
8	215	长方形，顶拱形	土洞单室斜坡墓道	3.44	1.75	同上	铼			大泉五十13（文字不清）	扰乱
9	215	长方形，顶人字坡形	同上	3.55	1.85	同上				五铼5、货泉12	扰乱
10	252	长方形，顶不明	同上	3.50	1.68	土块	灶、锅、瓿、盒、碟、壶、桶、井、仓2、釜2、屋		木偶人	料珠6	
11	346	长方形，顶人字坡形	同上	2.20	1.60	卵石			木偶人、狗、鸡、木笔	货币4	扰乱
12	32	长方形，顶拱形	土洞单室斜坡墓道	4.00	1.34	土块	灶、瓿、壶3、碗	残铁饰一包	木合2	布合2、麻质鞋1双、五铼39、剪边五铼1、货泉1、粮食5包	
13	90	长方形，顶人字坡形	同上	3.94	2.00	同上	灶2、锅、瓿2、碗2、铼2、罐6		木车、牛、独角兽、方合2、案2、鸠杖2、梳子2、猪2、鸡2、残木片	五铼20、耳珰2、红纱2片、麻质鞋1只、漆刀鞘、杯、粮食5包	
14	90	长方形，顶拱形	土洞单室斜坡墓道	4.26	1.90	卵石土块	灶、瓿、壶3、碗	铜铼2、残铁器2、刀、铁1包	独角兽、剑、俑人3、鸡2、猪2	漆碟2、耳杯2、草案3、货泉607、大泉五十1	
15	74	长方形，顶人字坡形	同上	3.30	1.36	卵石	锅、瓿、罐2、碗4、壶2、铼	残铁刀2、铜环、铜镜	车、案、俑人、竹筒2、木板	漆碟、勺、合、白粉1包、粮食1包、五铼47、货泉2	
16	32	同上	同上	3.90	1.67	卵石土块	锅、瓿、碟2、罐2、壶	残铁器2、铁铧	山、木棍、竹叉	芦草合2、五饰、粮食2、五铼14、货泉1（余不清楚者12）	
17	20	长方形，顶拱形	同上	3.84	1.94	土块	瓿、盒、仓2、釜3、井	铜镜	木合	料珠、发叉、麻质鞋1双、粮食2包	
18	90	长方形，顶人字坡形	同上	3.46	1.73	卵石	灶、锅、瓿、碟、铼、仓、罐2、壶3		鸠杖2、鸠2、狗、鸡2、案、几、车、牛、筒10、独角兽、马、山、房屋、梳、木棍	发叉3、粮食2、五铼28	
19	80	同上	同上	3.66	1.61	卵石土块	灶、锅、瓿、碟、铼、井、桶、仓、釜2、壶3、屋		木合、案	耳珰2、粮食1包、五铼57、货泉6、大泉五十4、半两1	
20	14	长方形，顶拱形	同上	3.70	2.10	卵石	灶、锅、瓿、仓、釜2、壶4、盒、屋	铜饰、铜镜	合2、案、马、牛、狗3、鸡	耳珰2、发叉、杯、五铼11、漆碗、货泉62、残器3	

续表

墓号	方向(度)	形制	结构	长	宽	封门	陶器	铜铁器	竹木类	其他类	备注
21	13	长方形、顶人字坡形	同上	3.87	1.83	同上	灶、瓿、仓、井、罐、壶3、碟、釉陶盂、桶、屋	铜饰、铜质马衔	合、独角兽、马、牛2、车、羊、案、狗、鸡8	漆耳杯、芦草袋	
22		同上	土洞单室附一耳室斜坡墓道	4.70	3.23	同上	灶、锅、瓿、碟、仓、壶3、罐、釉陶灶、壶3、桶、屋	铜铃、钩、马衔、铜筒、金属针2	圆合2、独角兽、儿、马、狗、车、案、俑人5、线板、木锭	耳珰6、料布袋、织锦草合、布花帽、麻袜1双、布质鞋、麻质结筵、发笄、粮食3包、五铢29、货泉6	
23	14	长方形、顶拱形	土洞单室斜坡墓道	3.70	1.56	同上	灶、瓿、罐、壶3、仓2、井		独角兽、马、鸡2、牛3、狗、羊、车、合2	漆合、耳杯2、麻质鞋1双、丝织铭筵1、粮食3（文字不清）、货币2包	
24	10	长方形、顶拱形	土洞单室斜坡墓道								扰乱
25	34	长方形、顶拱形	同上	3.90	1.90	土块	灶、瓿、壶3、仓、屋、井			五铢16	扰乱
26	180	长方形、顶人字坡形	同上	4.21	1.75	木板	灶、锅、瓿、壶5、罐、瓶	铜带钩	马2、剑、狗、鸡2、挡隔子、残木器2	耳珰、粮食3包、五铢16、货泉37	
27	90	前室复斗状、后室不明	土洞双室斜坡墓道	2.15	2.34	卵石土块	灶、锅、瓿、壶3、仓、五铢、井、豆、瓶、屋、圆案	铜戒指		五铢1	扰乱
28	14	长方形、顶拱形	土洞单室斜坡墓道	3.25	1.98	土块	灶、锅、瓿、壶3、彩绘		木斗		扰乱
29	70	同上	同上	3.60	1.66	卵石	灶、锅、瓿、罐、壶3、屋		独角兽、马、牛、车、案、鸡2	漆耳杯、盘、布袋、五铢	
30	276	长方形、顶人字坡形	同上	4.10	1.60	填土	灶、锅、瓿、罐、壶3	残铁器		五铢4	扰乱
31	304	长方形、顶人字坡形	同上	4.30	1.62	卵石土块	灶、锅、瓿、仓、壶3、盒			五铢4	扰乱
32	30	长方形、顶不明	同上	3.60	2.50	填土	灶、注2、瓿、勺			五铢2	扰乱
33	308	长方形、顶人字坡形	同上	3.90	2.10	土块	灶、锅、瓿、壶3、井、盘	铜镊、铜环	俑人头	五铢21、货泉1	扰乱
34	330	长方形、顶拱形	同上	4.91	2.00	卵石土块	灶、锅、瓿、壶3、罐	铜质马衔、铜饰盖弓帽5		耳珰、五铢40、大泉五十54	水 扰乱
35	70	长方形、顶人字坡形	同上	2.75	1.50	卵石	锅、瓿、罐、壶3、罐			耳珰2、五铢4	扰乱
36	70	长方形、顶不明	同上	3.74	1.52	不明	瓿、井	残铜镜			扰乱
37	90	不明	仅残存斜坡墓道	不明	不明	不明	锅、瓿、罐2、壶3、罐			五铢1	扰乱

原文刊于《考古》1960年第9期

甘肃武威滕家庄汉墓发掘简报

甘肃省博物馆

1959 年 12 月，甘肃省博物馆举办的文物、博物馆训练班在武威田野发掘实习期间，清理了一座汉代砖室墓葬。这座墓的位置在武威县城西约 1.5 公里的滕家庄以南，距村庄约 100 米。这里地势较平，为卵石层地带，东、南两面是古代和近代的丛葬区。该墓的建筑规模较大，但在早期已被盗过。地面上封土高度 1.8，直径约 10 米，为砂石土堆积，无夯打的痕迹。墓的方向为 5°（图一，1）。

一、墓葬结构

该墓距地表深 4.26 米，为斜坡形墓道的砖筑复室墓，有甬道、前室、双后室、北耳室。前室高 3.46，南北长 4.02，东西宽 3.22 米。南面的后室高 2.6，长 3.06，宽 2.1 米；北面的高 2.6，长 3.08，宽 1.96 米。北耳室高 2.34，长 3.2，宽 2.04 米。甬道长 2.34，宽 1.5，高 1.7 米。墓道长 10.16，宽 1.6 米。前室顶部呈四面攒顶的方锥形，顶部正中平镶一块方砖，作为收顶之用，并在此砖的中间（向墓内的一面），雕成突出砖面圆形瓜饰一个，是下垂状（图一，3）。砖 35 厘来见方，厚 11 厘米（包括 0.7 厘米高的圆形瓜饰部分）。双后室及北耳室顶部均为长方形四面攒顶。甬道顶部作拱形券。墓底皆有铺砖，前室底部设有台沿和院池，台沿高 0.26 米。院池大致是方形的，东西长 2.52，南北宽 2.4 米，俨若近代居家院落的形武（图一，2）。墓门、双后室和耳室的门的高度均为 1.37 米，宽度由 0.84—0.9 米（图二）。顶为拱形券，除墓门系七层券顶外，其余都是两层券顶。墓室的右前角，距墓底高 1.2 米处，设有灯台。该墓用砖规格大致一样，长 34，宽 16，厚 0.5 厘米。但以色质来看，可分为两种：一种是黑色，火候较高；另一种为灰色，火候较低，容易破损。而在砌造的方法上，它是以两种砖相间砌筑，使之牢固。此墓在清理中，发现人骨架 1 具，由于被盗关系，将骨架扰乱的相当严重，同时腐朽亦较厉害。葬具已腐朽，棺、椁乱置于前室，无法窥其结构与形制，但在木板合缝之间，都有未挖通的三角形凹榫，两块相合呈口形，再以细腰木榫嵌入，使之合缝紧密。此外，在双后室内均发现铁棺钉，且数量很多，长 0.5—15 厘米。墓内底部都有淤土。在双后室和耳室底部接近砖面铺有 3 厘米的一层灰土，但未发现完整的人骨架，仅在南面的后室里发现三节肢骨，很可能当时尸体葬于后室，后来因盗掘时将葬具及骨架搬移前室了。

1.墓室外貌

2.前室器物分布情况

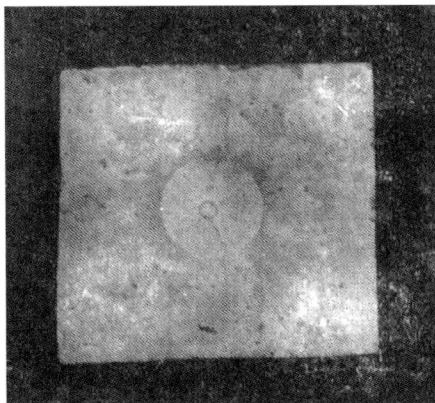

3.带瓜饰的方砖

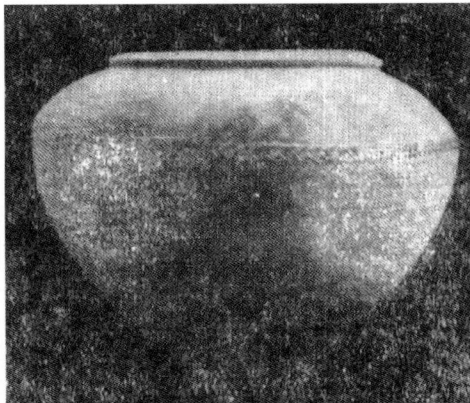

4.灰陶瓷

5.灰陶案

6.三足器

7.铜剑

图一

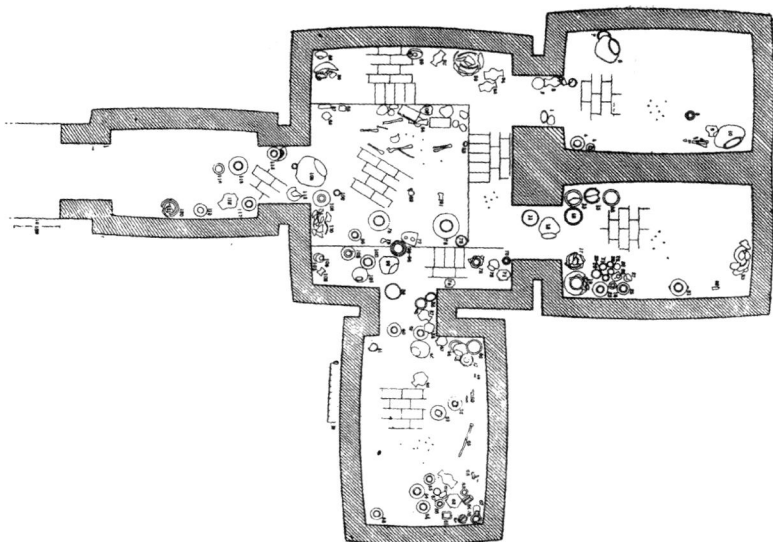

图二　武威滕家庄 1 号汉墓平面图

1—2.陶案　3、59、66.84、92、95.陶锺　4、5、8、9、12、17、18、2124、25、31、33、37—40、42、43、45.48、51—56、58、62、63、70—74、76、78、80、88、89、93、99—102、104、106、110、112—119、127.陶罐　6、10、108.陶瓮　7、13—15、34—36、47、98.陶盆　11、75.陶盘　16、44、120.陶洗　19、81、103.陶豆　20、23、28—30、41、46、57、83、96、97、105、109.陶碗　22、126、128—130.陶釜　26、77、87、123.灰陶灶　27、60.陶瓿　32、50、68、137.铜弩机　65.铜剑　67、85.陶井　65、86.陶仓　79.陶熏炉　90.三足器　91.耳杯　107.石头　132.铜镜　133.铜钱　134.铜削

二、随葬器物

这座墓的随葬品相当丰富，部分器物已凌乱残破，但大致上还保存原来的位置，并且一部分器物系成组的分布于各个墓室内，如灶、釜、碗、盘、锺、仓和罐等在一起，这样的共三组。出土的器物以灰色陶器为主，但也有少数的绿釉陶器，共计 127 件。另外有铜剑、铜削各 1 件，铜弩机 4 件，残铜镜 1 件，铜钱 132 枚。

（一）陶器

灰陶瓮　3 件。器形较大，肩部横贯附加堆纹一道。腹部饰以绳纹，腹径 55，高 40 厘米（图一，4）。

灰陶罐　56 件。泥质灰胎，素面者居多，绝大多数为敛口，口沿外卷，短颈，圆腹及鼓腹，均为平底。其中鼓腹者，一般底部较大，而器形比圆腹者稍矮。另外还有很少数的双耳罐，侈口，颈稍高，深腹，平底，腹部具两耳饰以绳纹。

陶锺　7 件。有灰陶和绿釉陶两种，但器形相同，口呈桶形，颈长而细，鼓腹，高座，平底，腹部有的有对称兽面，锺座上部表面削有棱形，高 36 厘米。

陶灶　5 件。有灰陶和绿釉陶两种，器形相似，近马蹄状，上面设有一釜或二釜。在灶台表面刻有案、叉、勺、吊钩、擀杖等炊具，尚有鱼类图案。长19，宽15厘米。

釜　5件。泥质灰胎，口沿略向内敛，浅腹平底素面。

灰陶甑　2件。口沿稍宽而平齐，圆腹小平底，底有5孔。

灰陶碗　15件。有大小两种，口沿均为圆棱形，微向内敛，浅腹平底，素面。

灰陶盆　9件。口部稍向外侈，圆腹平底素面。

灰陶洗　3件。唇沿平齐较宽，微向内敛，素面。

豆　5件。泥质灰胎，素面，底座上部较细，呈束腰状，下部逐渐扩大，有带底和圈足两种。

灰陶盘　2件。一件已残，圆形素面，浅沿平底。

陶案　2件。圆形浅沿，一件为绿釉红胎，另一件是泥质灰胎，两者均具三足，通高4.8厘米。灰色陶案内划有弦纹及波状纹饰各一周（图一，5）。

灰陶井　3件。圆桶形，其中一件，方口短颈，口沿平齐，上饰方形井架。

陶仓　3件。泥质灰胎，仓座分圆形和方形两类，正中壁间上部均有方孔，以示仓门，门下划有阶梯，斜跨于器壁上。仓顶四面有脊，上有屋瓦装饰。

灰陶薰炉　3件。顶部成圆形，上有小孔，束腰低座。平底。

耳杯　1件。出土时置于三足器内，泥质灰胎。

三足器　1件。泥质灰胎，口沿略向外侈，颈部有波形纹及稍突出壁面的带纹各一周，腹向外略鼓，底有矮足三个，高17厘米（图一，6）。

（二）铜器

铜剑　1件。原为两节接成，现从衔接处断为两段，榫子及钉眼明显，柄端带有圆环（图一，7）。长55，宽2.5，厚0.3厘米。

铜削　1件。已断为四节，长21厘米，柄端具环，腐朽较严重。

铜弩机　4件。有大小两种，大的长12，宽3.5厘米；小的长3.9，宽1.4厘米。

铜钱　132枚。五铢钱占多数，其次有少数的剪轮五铢及货泉铜钱。

三、结语

这座墓葬，建筑规模较大，虽因早期被盗过，但墓室结构很完整，陶器大致上是成组的，埋葬的尸体仅发现一具。根据出土的陶器和铜钱，为一般东汉晚期墓中所常见，如钟、灶、釜、甑、罐等。铜钱以五铢钱最多，其次有货泉及剪轮五铢，但所占的比例较少。铜镜仅发现残破的1块，由于锈蚀严重，纹饰已不清楚。这墓的年代，我们初步认为是东汉末期或者晚到魏晋时期。

执笔：宁笃学

原文刊于《考古》1960年第6期

武威磨咀子三座汉墓发掘简报

甘肃省博物馆

　　磨咀子在武威县城南15公里祁连山下杂木河的西岸，为一高低不平的山咀形黄土台地。台地最高处为荒坡，河岸一带沟渠纵横，树木成林，土壤肥沃，现为新华公社缠山大队第一生产队所在地。磨咀子汉墓群从河岸直至台地最高处，在东西约长700、南北宽600米的范围内，墓葬分布极其稠密。

　　甘肃省博物馆、文物队过去曾三次发掘该墓群。1957年7月清理了五座土洞墓；1959年7月清理了有竹、木简等重要文物的6号墓；同年8月至11月又清理了三十一座土洞墓。今年3月至4月，配合农业建设，我们又一次清理了磨咀子汉墓共三十五座，按顺序编号为38—72号墓。这次发掘工作是由武威地区文化局和甘肃省博物馆联合组成的发掘队共同进行的。

　　这次清理的墓中，出土了一批陶器、木器、漆器、丝织物及草编织物等随葬品。从墓室结构和出土物来看，这三十五座墓与前三次清理的三十七座墓一样，都是汉代的遗存。但是，由于这些墓葬中，凡是较大型的墓葬，均已早期被盗，所以，出土遗物不多，只有48、62、49号墓，随葬品还较为丰富，保存完整，出土的如大型彩绘铜饰木轺车（模型）、漆式盘、有铭文的漆耳杯、套色印花绢箧、六博俑、丝织物残片和毛笔等都是比较珍贵的文物。三墓在时间上，属西汉末—王莽—东汉中期三个不同时期。现将这三墓的情况简报如下：

一、墓室结构

　　三墓的结构大体相同，都是带斜坡墓道的长方形单室土洞墓，分墓道、墓门、墓室三部分。三墓概况参看附表一。

　　48号墓是这次清理中较大的一座，位于台地南端土丘的斜坡上（图一），墓门、墓顶为圆拱形，室内四壁通抹一层麻筋泥皮，再刷白灰。9号墓在8号墓的南侧，两墓基本平行，相距约5米，墓门、墓顶为人字坡形，室内也刷一层白灰面。62号墓墓顶圆拱形，石制方形墓门，有门额、地栿、立颊及两扇石门，左扇有门鼻，石门关闭后用黄土填塞，这是磨咀子墓群中所少见的（图二）。其他两墓墓门用大砾石和木棍、土块堵封。

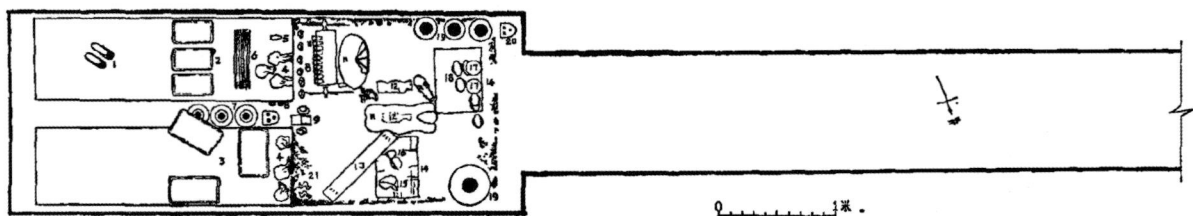

图一　48号墓平面图

1.草履　2.草筐　3.套色印花绢筐 4.粮囊 5.木羊　6.草秸　7.灰陶壶　8.木俑

9.六博俑　10.小木马　11.彩绘铜饰木轺车　12.木牛车　13.木几　14.漆案

15.漆碗　16.漆樽　17.漆碟　18.漆耳杯　19.灰陶罐　20.灰陶灶　21.木鸡

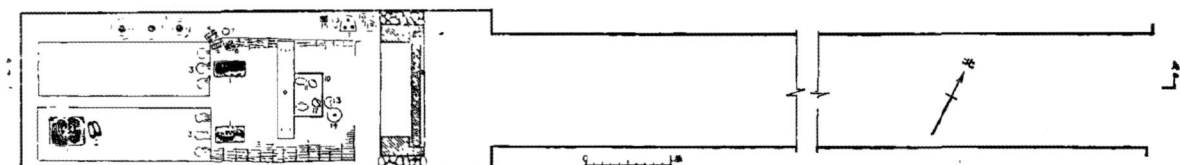

图二　62号墓平面图

1.草筐　2.草鞋　3.粮囊　4.釉陶壶　5.釉陶厕 6.釉陶仓　7.釉陶二系盒

8.釉陶博山炉　9.木几　10.漆案　11.漆耳杯　12.釉陶鼎　13.漆碗　14.釉陶樽

15.釉陶井　16.釉陶豆　17.釉陶灶　18.釉陶盘　19.釉陶钵

二、葬具和葬式

棺均置于墓室后部，头向墓门，仰身直肢葬。48、62号墓为夫妇合葬，前者男右女左，后者男左女右。49号墓为男单身葬，黑漆棺，东西斜放。棺均用柏木制，保存完好。棺盖、底及左右两边用束腰木榫接缝，前后棺椁用子母卯相套。48号墓男棺长2.11、宽0.70、高0.79米，通体裱麻布，内黑漆，外红漆；女棺稍小，无漆，表面刷红色。62号墓两棺表面亦刷红色。三墓棺内底部均铺灰一层，上衬蒲席。

尸体及衣着已腐朽，48、62号墓尚可辨认。48号墓男尸头部蒙覆丝绵的黄绢面罩（即丧礼中的"布巾"，或称覆面），外穿黄褐色绢面丝绵袍，内上身着蓝绢襦，下着绢裤，穿革履。衣硷后捆扎四道麻绳，外覆麻布单（即尸袅）。女尸半高髻，簪竹钗一枝，面罩同上，米黄色，加蓝绢边缘。外穿黄褐色麻布禅衫，腰束白绢带，带结在后。内上身着浅蓝色绢面丝绵襦，白绢袖端，下着黄绢丝绵裙。裙腰白绢，下摆蓝绢饰边（图四）。殓后扎三道丝带，无衾（图三）。这些衣饰出土时均已腐朽粉化。

62号墓男尸蒙麻布衾。头戴漆缅笼巾，内罩短耳屋形冠（图五）。边缘裹竹圈，内有巾帻抹额，抹额系由四层平纹方孔纱粘合后模压成人字纹，涂成红色。身穿红绢禅衫，腰系带，有螭首形铜带钩。内穿丝绵襦两层，已朽。足穿革履。背部置式盘一件，头左置镜囊，右腿

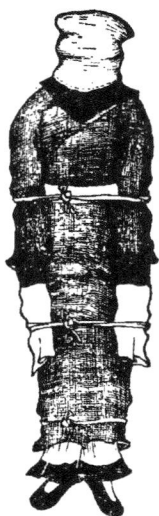

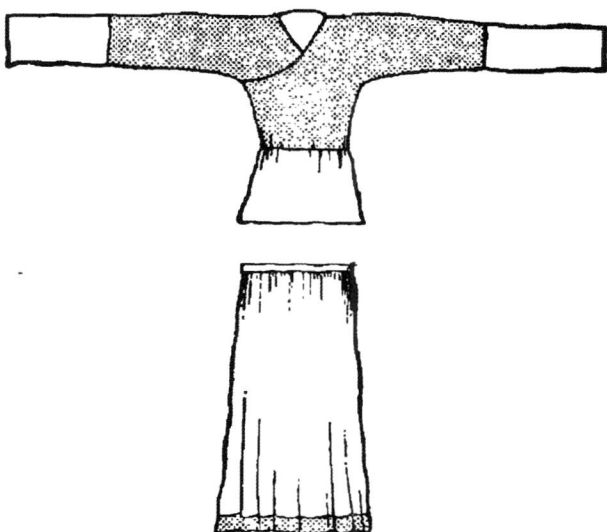

图三　女尸服式线图　　　　　图四　上：浅蓝色绢丝绵襦线图　下：黄色绢丝绵裙线图

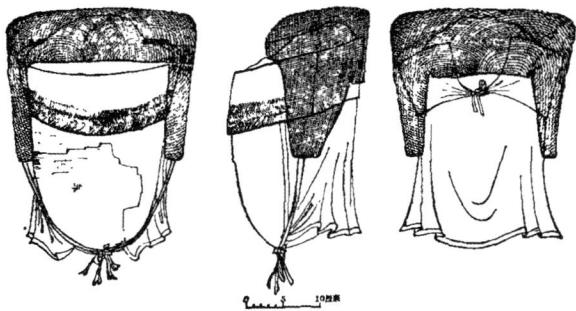

图五　男尸屋形冠复原图　　　　图六　48号墓随葬品出土时的情况

部有八棱形玉器一件，身右侧置铁刀一柄，腰以下两侧近手部各有丝绢饰握手一件。口内含玉蝉和菱形玉片各一件。女尸仅可辨认米黄绢面罩，半高髻，簪竹钗一枝，余不明。

49号墓男尸头戴漆缅菱孔纹的冠，周围一圈裹细竹筋，头顶另设一竹圈架，上搭缅片一条，像是汉代的进贤冠。其余不明。

三、随葬品

三墓的随葬品，除前述衣、冠等丝织品外，尚有三百余件（包括钱币）。按其质地可分为陶器、木器、漆器、铜器及草编织物等类别，详见附表一。随葬品的放置有一定规律，48、62号墓墓室前部铺苇席一层，棺前置几、案，案上置漆器及小陶壶等饮食器皿。陶罐、井、灶、碟、碗等炊具置于墓室左角或前方。陶壶、仓、熏炉及木鸡等随女棺；木俑、木轺车、牛车、马、羊等随男棺。男女棺头各有粮囊三个，装食物的套色印花绢筐和草筐均置棺盖上，男棺盖上皆有鞋一双（图六）。49号墓无案、几之类，壶、罐、灶、碟等物为一组，置墓室前右角，木俑置左角。棺前置漆器，陶仓及木器在棺的两侧，棺上也有粮囊，草筐和鞋；墓门有木镇墓兽和一个石灯，还发现有铭旌残迹。其他如铜镜、铁刀、弩机、漆式盘、笔、木梳、印章及货币等都放在棺内。

现分类择其主要者予以简述：

（一）陶器

48号墓为灰陶。62号墓为黄褐色釉陶，釉质晶莹，色泽鲜美。49号墓为蓝绿色釉陶。

壶（锺）9件。48号墓三壶，高23厘米，喇叭口、细颈、圆腹、假圈足。62号墓三壶，高34厘米，口、足呈喇叭口状，腹如橄榄形，口部蒙覆棕红色叠菱纹花罗。这类器形的壶，常见于磨咀子墓群王莽时期墓葬。49号墓三壶，高41厘米，盘口，长颈，圆腹及十边形假圈足，腹部二铺首，口、腹、足部饰弦纹。形状类似武威雷台东汉墓所出釉陶壶，其中二壶分别墨笔隶书："水锺""酒锺"题识（图二六）。

罐4件。均为48号墓所出，一大三小，敞口，短颈，圆腹，平底，肩饰刻弦纹，腹印绳纹。

灶4件。皆为马蹄形。48号墓二灶，三火眼，各附一釜一甑，灶面模印炊具、食物等。62号墓一灶，三火眼，灶面上模印出刀在俎上切肉的图案，其余同前49号墓一灶，仅一火眼，附釜、甑各一，素面，开灶门，下有三足。

仓3件。62号墓一仓，圆筒状，上部略有收分，悬山顶，底四足，中部开长方形门，门旁模印一守仓人双手捧圆斛。49号墓二仓，圆筒状，悬山顶。

井一件。62号墓出土，高8.5厘米，方口圆底，口作井字形，木栏状，两侧各有一孔，原可能有木井架，已朽，井边置水斗。

厕一件。62号墓出土，高12.5厘米，形如仓，正面有门，底部一圆孔，有卧槽通出壁外。门外右侧蹲一狗。

樽（图三一）、鼎、豆、熏炉（图二四）、二系筒状盒各一件，为62号墓所仅有，器形小巧玲珑，其中熏炉高13.7厘米，炉盖作层林叠峦状，顶上栖一小鸟，鸟可以转动。

耳杯、炉、案各一件。为49号墓所仅有。炉高5.5厘米，有箅和炉门。案，圆形，边沿隆起，在两侧边沿上，各有二个等距的乳钉帽为饰，下有三矮足，径2.6、高5厘米。

（二）木器

共出木器54件。大都保存完好。

彩绘铜饰木质轺车马一组。包括车、马、御奴共三件，出48号墓。原已残朽散缺，经修补复原成现状（图七、图三二）。车通高97、长80厘米，分车舆、轮、辕、槽、伞盖等部分。舆为横长方形，前轼及两軨刻出方格形栏杆（軨），轼的右部有覆瓦状伏栏，上施红彩。两軨上沿嵌矩形铜饰。舆内右侧的底部有略高起的座垫，施红彩。右軨内侧用红、白二色绘出毛、羽状彩饰。舆下垫伏兔二枚，架轴上、轴头套铜壽。轮毂为壶形，辋六块，竹辐十六根，辕后端连舆底，前端上翘如蛇首状，中部各嵌一铜环。舆前横置编结的竹槽，槽身为六角形空孔图案。伞盖柄两节，有铜箍连接，柄端按盖斗，插十六根弯曲的竹弓，弓端套铜盖弓帽，盖顶为圆形皂增，边缘裹细竹圈，固定于盖弓帽的小棘上。以上车身未标明颜色处全为黑彩。御奴跪坐，作双手持疆状，高 3.35 厘米，以黑、白两色勾出眼、鼻及冠服。马通高 89、长 78 厘米。头、颈、身、腿、尾等系分别雕制、粘合而成，红、白、黑三色彩绘，作昂首睨视状。头部有铜当卢，兽面饰衔镳一付。颈上套扼，扼的首、足皆铜饰。衡已朽完，仅余两端铜饰和铜辕环两枚。

马 1 件。49 号墓出土，高 83、长 52 厘米，黑色，制法与轺车的马相同，但雕出鞍鞘（图二五）。

牛车共三组。大小形制基本一致，黑牛绘白色络头，车内有粮食残迹。其中 49 号墓的一套牛车较为完整。牛长 22、车长 68、高 24 厘米。

木牛犁一组。出于 48 号墓。黑牛长 31 厘米，白色勾画眼、鼻；木犁长 18 厘米，犁铧头宽 3 厘米，绘黑色（图二三）。

男女木俑共 9 件。其中，48 号墓出土的 7 件，为男二女五，高 7.5—33 厘米。均拱手侍立状，以灰、白、黑色彩绘，制作较粗糙（图二〇）。

彩绘六博俑一套。出 48 号墓两棺的前方。为两男俑，高 28—29 厘米，跪坐谈话状。两俑之间有一长方形木盘，盘面平整，盘前部高起为小方形。黑彩底，棋局绘白色"规矩纹"图案；后面大方形部分施黑彩，无图案。盘左一俑，俑以白、黑二色彩绘。穿长袍，梳圆髻，蓄须，右臂向前下伸，拇、食两指握一长方形木块（应为棋子），其余三指伸直似指木盘；盘右俑造型、服饰大致与左俑相同，右手放在膝上，左手举于胸前，五指伸直。这一组木俑描绘细致，造型生动别致（图三六）。

小木剑 5 件。出于 48 号墓，薄木板削成匕首或刀形，墨绘人形轮廓，长 10—18 厘米。出土时在女棺内左侧手部，可能为压胜的迷信品（图二一）。这种东西很少发现，这次也只是这座墓仅有。

木几 2 件。出于 48 号墓及 62 号墓。62 号墓出土的木几长 117、宽 19、高 26 厘米，两端各有三条曲形足，足下弓形座（图二二）。木几表面残存有极明显的刀切痕，似木俎，但不在炊具处，而在案后。木几背面有墨笔隶书十四竖行，并刻有界格。字迹大部漫漶，现将可辨识者抄录如下：

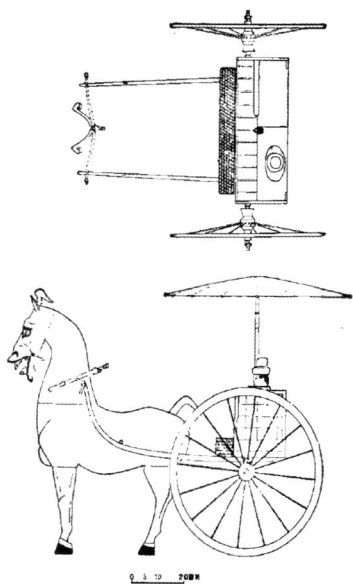

图七　木轺车复原图
上：俯视　下：侧面

□甲子时

甲子时□人告□巳□□□□□巳□巳

勺乙酉□□□□□□出入巳丑□酉□□

□□□□□□戊申□□巳酉旦车马

□□□□□□□□□目乙

甲子□□□□亩□中□□八□□在□日

正□□甲子巳□□□□在□甲□□

□□

□□□□□□□土

……

……

其余小木马、木狗、鸡房、栖鸡、独角兽、木梳等物，制作较粗糙，但造型尚生动（图三〇）。

（三）漆器

其中除一件式盘外，其余全为饮食具。分木胎和夹纻两种。

式盘。62号墓出土，原物置男尸背部，文字面朝上。木胎髹漆，深褐色。天盘圆形，径5.9~6、边厚0.2、中心厚1厘米。地盘正方形，四角稍圆，宽9厘米，中心有穿孔，与天盘的中心竹轴相联接。天盘可以转动，刻同心圆两圈，中心圈内用竹珠镶出北斗七星，其第五星是利用盘轴，各星之间刻细线相联。第二层隶书阴刻十二月神：微明、魁、从魁、传从、小吉、胜先、大一、天冈、太冲、功曹、大吉、神后。功曹、大吉之间，又刻一戊字。外层篆书阴刻二十八宿：角、亢、氐、房、心、尾、箕、斗、牛、女、虚、危、室、壁、奎、娄、胃、昴、毕、觜、参、井、鬼、柳、星、张、翼、轸。以上皆逆时针排列。地盘刻字两层，内层篆书阴刻十天干（缺戊己）、十二地支，顺时针排列：子、癸、丑、寅、甲、卯、乙、辰、巳、丙、午、丁、未、申、庚、酉、辛、戌、亥、壬，共二十字。子、卯、午、酉四字围刻界格，下镶竹珠。外层二十八宿，每边七宿，排列同天盘。盘中心有四条辐射状双线与四角相联，内各镶一大二小共三颗竹珠。凡盘上有文字处的上方，都刻一个小圆点。天、地盘边缘均刻许多小圆点为刻度，天盘边缘微残，现存150余个刻度；地盘共有182个刻度。式盘背部素面无文字（图八、图三四）。

漆樽1件。48号墓出土。木胎、碗形，径约20厘米，腹部铜兽面铺首二个（已残），朱漆底，黑漆绘垂帐纹及车马出行和舞蹈等两组图画（图三三）。

漆耳杯7件。以62号墓出土的大小形制、纹饰相同的二件夹纻鎏金铜扣耳杯最为精致（图九、图二九），耳杯长15.6、高4.5厘米，双耳镶鎏金铜壳，耳杯内朱外黑，外口沿朱绘涡纹，腹部有四对凤鸟及流云纹，耳背面几何纹。杯底近座处有半圈针刻隶书款识，一行

[]

四十七个字，字约 0.4×0.2 毫米，文曰：乘舆髹泪画木黄耳一升十六篇棓绥和元年考工：并造泪工豊護臣彭佐臣讦啬夫巨孝国守右丞臣忠守令臣豊省。

释为：乘舆，漆画木黄耳一升十六勺杯。绥和元年，考工工并造。泪工丰，护臣彭，佐臣讦，啬夫臣孝主（？）。守右皿臣忠，守令臣丰省。

其他耳杯均为木胎，朱里黑表、口沿、耳部等处朱漆绘方格、弧线纹，但制作较粗糙。其他漆器多残破，皆木胎髹漆，漆案为木胎夹纻。以朱、红、赫石色漆绘地底，或绘简单的鸟、云、同心圆、几何形、带形纹饰。

（四）铜器

弩机。出 49 号墓男尸头右侧。缺牙、键，长 10.5 厘米。

铜镜 2 件。出于 48 号墓者为昭明镜，径 8.8 厘米，半圆形钮，外连弧纹，一圈铭文："内而清而以而昭而明而光而□日月□"。出 62 号墓者为简化的四螭镜，径 8.8 厘米，钮外有四乳，饰简单蟠螭纹，无边饰，铸造较精。

货币共 203 枚。48 号墓出 64 枚，依《洛阳烧沟汉墓》的货币分型：计 I 型五铢 32 枚，II 型五诛 26 枚，余 6 枚锈蚀严重，难以辨识。62 号墓出 69 枚：II 型五株 13 枚，货泉 52 枚，锈蚀不明者 4 枚。49 号墓出 70 枚：汉半两 2 枚，II 型五株 6 枚，III 型五株 19 枚，VI 型五株 36 枚，III 型穿眼五株 2 枚，余锈蚀不明（图一〇）。

（五）其他

毛笔 1 支。出 49 号墓男尸头部左侧。杆、颖均完整，长 21.9、径 0.6 厘米，笔尖长 1.6 厘米。外覆黄褐色狼毫，笔芯及锋黑紫色，根部留墨迹。笔杆竹制，端直均匀，中空，浅褐色，包笔头处稍有收分。笔杆前端扎丝线并髹漆，宽 0.8 厘米；杆尾削尖（稍残）。中部隶书阴刻"白马作"三字（图一一）。

漆匣石砚。出于 49 号墓。长方形扁木匣，匣一端开方孔，外髹漆，已朽裂，残长 18、

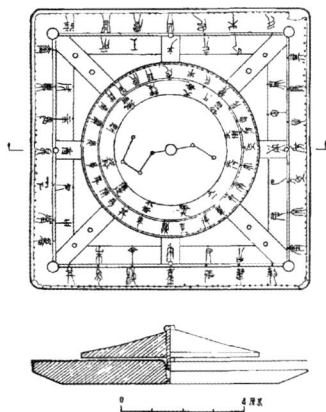
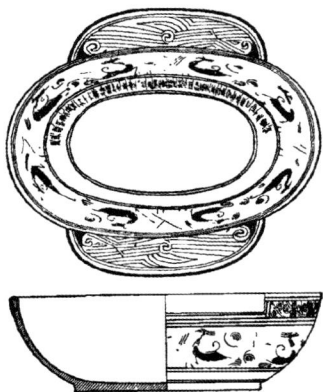
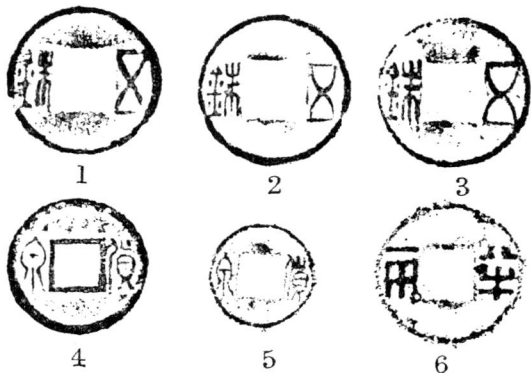

图八　漆式盘　图上：平面　　　图九　漆耳杯　　　图一〇　1—3 五铢
　　　图下：剖面图　　　　　上：俯视　下：侧面　　　4—5 货泉　6 半两

201

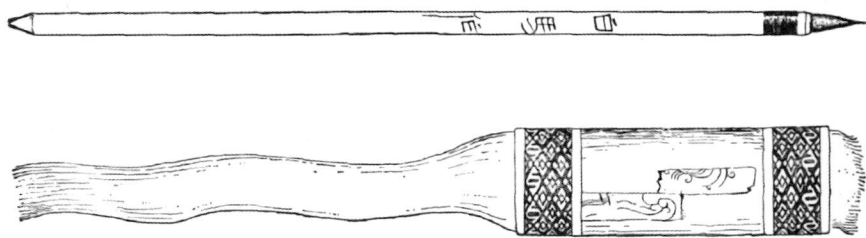

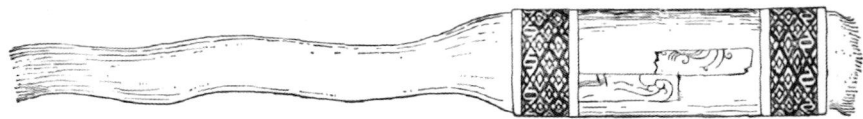

图一一　毛笔　　　图一二　丝绢饰握手　　　　图一三　素色方孔纱结构图

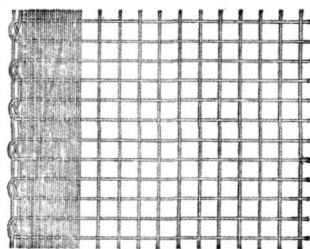

宽5.7、厚1厘米，内装规整的长方形薄石砚，厚约0.3厘米。

铁刀。出62号墓，残长约55厘米，刀首作环形，刀身大部断裂。木鞘为两半合成，外缠绕麻胚，然后髹黑漆。

套色印花绢箧3件。出于48号墓女棺盖上。长42、宽25、高14厘米，苇席胎，外裱一层绛赭色薄绢，白、绿二色套印涡云纹，但有的箧面彩绢已朽残。

镜囊1件。出于62号墓，长22、口径15厘米，口为浅绿绢做成柿蒂形。身底用方形黄色绢拼缀成，口结黄绢带两根。

丝绢饰握手2件。出于62号墓，为管状木筒，长10.2、径3.6厘米，面裱棕色菱花起毛锦、棕黄色丝带和平针刺绣黄绢，上下两端包扎丝绺，已残（图一二）。

木印章1件。出于49号墓，双面印，高0.9厘米，正面边宽1.5厘米，白文："□森（？）私印"，背面边宽1.4厘米，白文："臣森（？）"。印身中穿小孔，内有革筋残迹（图二七、图二八）。

四、几件重要文物的分析

（一）彩绘铜饰木轺车马

48号墓的一套车马，是近年来汉墓出土同类明器中较大而完整的一件，对于研究汉代车舆和封建等级制度具有一定的参考价值。也是推断墓主人身份的依据。在木轺车上有几种构件，以前未发现或未被注意。如轼上的红彩瓦状覆木，代表蒙覆车轼的鞃或幭，原物应系毛皮、巾垫之类。车輢上的白色朱描纹饰，则是代表悬在较上的毛皮。据《通志·卷48·器服略第二——车辂之制》说，皇帝的乘车是："金薄缪龙为舆倚较，文虎伏轼。"太子、王的车是：倚虎较，伏鹿轼；公卿列侯的车是：倚鹿较，伏熊轼……。这"画龙"和虎、鹿、熊等毛皮是车上标志封建统治者等级的装饰。此车为红幭轼，可能是代表丝织物。又车厢底部右侧高起，即所谓茵，是为官吏专设的坐垫；右輢内侧朱彩，可能是表示所谓朱一"轓"的象征，是官品等级的标志。

轼上的矩形铜饰，过去称矩形器，实际也是一种车轼。车行疾速，借以凭握，保持平衡。还有一种又称车耳（或軬），为坐乘而设，可凭倚，也可遮尘，类似今天的车瓦状。两辕上的长方形竹槽，可能即是筹，大约是喂马工具。汉画象石和汉墓壁画及雷台汉墓出土的铜制辎车（模型）上常见此种镂空槽。车伞盖的皂缯已朽残。柄分两节，有铜箍，即《考工记》所谓达常（上）和桯（下）。铜箍是桯的附件。伞盖的皂缯是用细竹圈绷在盖弓帽的小棘刺上，以保持圆形。

关于伞盖的等级制度，据《后汉书·舆服志》记载：二百石以下的官吏用白布盖；三百石以上为皂布盖；千石以上为皂缯覆盖；又称：六百石、千石者朱左轓；二千石朱两轓。按《舆服志》载"除吏赤画杠其余皆青云"的说法，只有官吏是红色的盖柄，其余的人都是青柄。可是这套车，伞盖为皂缯，马头、轭、衡、害、伞等有铜饰，幰、茵及右轓红色，但伞盖、柄却为黑色，看其前一部分是符合所谓皂缯盖、铜五末、朱一轓等规定，而盖柄却又不符合官吏的规定，因此估计墓主人很可能是个买爵千石左右官衔的地主士绅。封建社会里制定了一整套维护宗法统治的制度，生前死后一概不准违越。这辆辎车虽然是件冥器，但制作上依然在构件、颜色上表明严格的阶级区分，车右边彩饰属于主人，而左边无幰、无茵、无轓的黑色部分则属于御车奴，阶级对比是何等鲜明！

（二）彩绘六博俑

48 号墓的一对木俑，像是过去许多汉墓画像砖中常见的"仙人六博"图的模型。六博戏的形象，过去已屡有出现，如武梁祠前室第七石第三层的对弈图；四川新津县堡子山石棺画像石的二仙人树下对弈；河南新野汉刻像砖六博图以及浙江绍兴出土有铭文的"仙人六博"铜镜等等。但作为木俑，这还是首次发现。仔细观察木俑形象与画像上有许多不同之处，如画像上都是两块棋盘，绍兴铜镜上虽是一块棋盘但只有方盘而没有长方盘。这件木俑的棋盘则是二者连在一起，方盘高出，而且盘上的局格以及棋子的形状也不相同。固然画像上的六博棋盘的局格也不尽一样，但主要的是棋子形状完全不同。不论在那个六博像上都有六条简状的筹板，而木俑却没有这六块筹简，只在手中持一长方的棋子。因此这组木俑既似六博，又不全同于六博，今暂按六博定名。在《艺文类聚》卷七十四巧艺部的四维条称："东晋李秀四维赋曰，四维戏者卫尉挚候所造也，画纸为局，截木为棋。"但这只是文字记述，过去从来未见，又不知始于汉，还是起于晋。如从截木为棋这点来看，似与木俑所持之棋子相似，究竟是否，还有待于进一步研究。

（三）占卜用具——漆式盘

62 号墓出土的式盘，是一种推算历数或占卜的用具。据了解过去发现的式盘共有五件，其中汉代四件，南北朝时期一件。三件在国内，为传世品，二件在日本。这件式盘是我国 1949 年后通过发掘所得的第一件，也是已有式盘中比较完整的一件。上面除画有北斗和二十八宿的星象、方位外，还刻有 182 个圆点，代表周天度数的 365 会度，它是使用西汉末年的三统历法，其形制与我国早期天文学中盖天说一派的理论有密切的渊源关系，因此对于我们研究古代的天文、历法，或复原已失传的天文仪器，可能有重要的参考价值。

（四）"乘舆"漆耳杯

62号墓的两件西汉绥和元年的漆耳杯，胎骨匀薄，制作精致。款识为针刻细书，字若粟粒，笔锋劲峭，彩色图案也很精美，是一件工艺水平很高的作品。

按绥和元年是西汉成帝最后的一个建元，为公元前8年，距今整整一千九百八十年了。乘舆是封建皇帝的代称。考工，即西汉中央政权的少府卿属官考工令；护臣，可能是考工室中护理其事的官吏；佐是助理；啬夫是考工室中的小吏；围（？）可能是主持；守右丞、守令二职，以往漆器铭文也有所见，丞、令在汉代是级别稍高的官吏，东汉考工令下有左、右二丞的属官，应是考工右丞、考工令的省文。省，则是督察的意思。汉代专供所谓御用的"乘舆"漆器，一般是由设在各郡（如蜀郡、广汉、成都等）的工官主持制作的，如过去在乐浪古墓中发现的多是。而由考工室主持制做的漆器较少见。这一对耳杯，可能作于京都长安，当作皇帝的赏赐品流传到河西。杯上的涡纹、笔画匀整，大小统一，某些凸面上的涡纹只存半个，却无一点磨损涂抹痕迹，估计这些花纹图案很可能是用蘸漆的印模打印而成的，果如此，则表明西汉末年的制漆工艺，已采用简易工具印画的技术了。

（五）毛笔和漆匣石砚

笔、砚出于49号墓尸体头侧。尸戴一道梁的漆縭冠，即进贤冠。《后汉书·舆服志》云："进贤冠，……文儒者之服，……自博士以下至小史、私学弟子皆一梁"；同墓又出"臣森（？）"木印一颗，说明死者应是属于统治阶级的小吏或文人。毛笔是书写汉字的主要工具，但汉代实物保留下来的则很少。这次出土的笔和1957年磨咀子2号墓出土的一支（缺笔头）形状、制法基本相同。杆前端中空以纳笔头，扎丝髹漆以加固，笔尾削尖便于簪发。特别是笔头中含长毫，有芯有锋，外披短毛，便于蓄墨，这是汉笔的特点，比战国的毛笔进了一步。笔杆上落款，以前2号墓出土的为"史虎作"，此笔为"白马作"。大概为民间笔工的名字，与以往所传有篆题"北宫工作楷"的汉代官制赤管大笔名款不同。著《论衡》的王充说："知能之人，须三寸之舌，一尺之笔。"汉一尺约合23厘米余，过去2号墓出土的笔杆长20.9，此笔长21.9（尾尖稍缺），1931年在宁夏发现的一支汉笔长23.2厘米，可见汉笔长度确有定数，王充的说法是有一定根据的。

（六）丝织物标本分析

此次三墓出土的丝织物，除了一些仅能辨别色泽、质地的残迹外，保存较好者共采集标本八类十五种，概况见附表二。

方孔纱类共三种（标本号19、27、30），特点是平纹假纱罗组织，经纬匀整纤细，有疏稀的方孔眼，质地较薄（图一三）。标号27为62号墓男尸包发的巾帻，薄如蝉翼，经纬极细（0.033毫米），密度达到66×40，仍显出细密的小方孔。标号30，经纬细度为0.066毫米，密度则是16×13，非常稀疏。标号19的丝径0.0055—0.006毫米，低于日本原田淑人所测定的汉代丝径（见夏鼐：《我国古代蚕桑、丝、绸的历史》，《考古》1972年第2期）。无疑是一

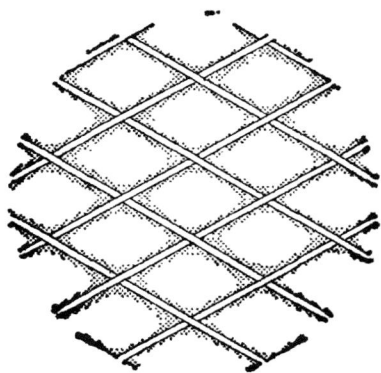

图一四　黑色漆缅冠纱结构图

图一五　黑色漆缅冠纱

图一六　标 13 湖色菱纹花罗的花样

种更优良的蚕丝。

冠纱类共两件（标本号 29、16）。标号 29 系平纹组织，经纬加拈，方孔较大，髹漆较厚重。标号 16（图一四、一五）呈菱形孔眼，经纬均斜，不像机织，可能是用纂组的办法编织，织成后两面涂漆，又加压使表面平整光洁。所以外表漆液附着均匀，毫无堆积堵塞和暴裂痕迹。以上两种冠纱，即所谓"缅"和"縰"。《后汉书·舆服志》的长冠"促漆缅为之""以竹为裹"；法冠"以缅为展筩"等，都是将方孔纱髹漆，卷缀竹圈制成冠形。这与 49、62 号墓所出缅冠是相符的。

花罗类出土两种（标本号 13、28），其组织、密度、纤度均相同，仅菱形花纹稍有变化（图一六、图一七、图一九、图三五）。标号 13 是一种美丽的菱花罗，分别用汉代罗纱组织的甲、乙两种纠经法织出花纹和地纹，（参见夏鼐：《新疆新发现的古代丝织品——绮锦和刺绣》，《考古学报》1963 年第 1 期。）与 1959 年新疆民丰和 1968 年河北满城汉墓出土的花罗织法相同，所不同的是经线每厘米 144 枚，超出民丰、满城的一倍以上，纬线加粗。花纹部分的经线排列紧密，少有空隙，使叠菱纹在疏朗的六边形孔眼的地纹上显得更鲜明突出。这种花罗使用的丝，直径为 0.0074 毫米，经径为 0.03 毫米，并列 6 根丝（居多）；纬径 0.05 毫米，并列 10 根丝（居多）。织作精巧，染色匀纯，反映出汉代丝织工艺的高超水平，不愧是丝绸中的佳作。

细丝带，汉代称绦。唐代织染署中又设专门编织组、绶和绦的作坊。标号 24、25 大约是绦、紃之类，系简单的手工编织物。

标号 22 为菱花起毛锦。系用三重三枚经线起绒的织法（图一八）。花纹由宽 0.5、高 1 厘米的两种小菱形花纹上下对称横向排列，每个菱形花纹上下之间相距 3 毫米，左右之间相距 0.6 毫米。花纹周正，排列整齐，厚实、柔软、美观。绒圈纹经略加拈，绒圈高 0.7—0.8 毫米。经丝用三组不同条份的蚕丝组成，第一组绒圈纹经，直径 0.4 毫米；第二组地纹经，直径 0.2 毫米；第三组底纹经，直径 0.15 毫米。每组经密 44 根（1 厘米），共计经密 132 根（1

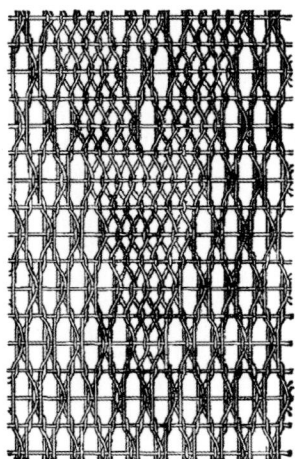

图一七　湖色菱纹
花罗结构图（部分）

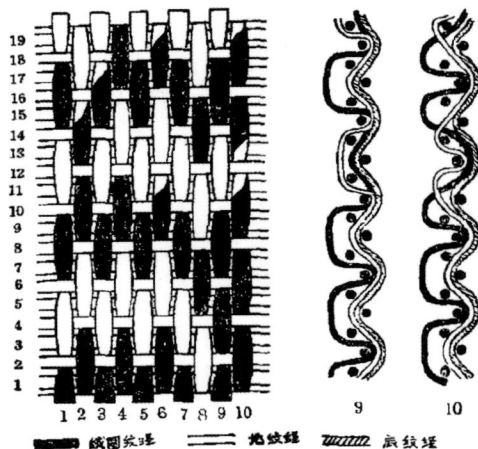

图一八　起毛锦结构图

图一九　标28（左）
标13（右）　花纹对比

厘米）。纬线分为明纬、夹纬，直径0.2毫米，纬密为46根（1厘米）。幅度如按汉锦一般的宽度以50厘米计算，每组经数为2200根，全幅三组经线共计6600根。

此墓出土的起毛锦比长沙马王堆一号汉墓出土的起毛锦的织纹更为紧密；绒圈高度基本一样，只有0.1毫米的差度。说明到西汉末期起毛锦的织造技术已有了一定的进步。估计织造这种起毛锦，除采用正织外，可能已有提花装置和两个不同张力的卷经轴，以及起毛杆等装置。

在《玉篇》上有"绒"字，谓之"刺也"。《广韵》说"绢帛纬起如刺也；汉《急就篇》中有"锦绣漫纬雕云爵"。注：绒，谓之刺也。这种起毛锦很可能就是所谓的"绒"。

标号20为套色印花绢。这种印花绢共出在三件草篓上，视其图案纹路完全相同，然而两组之间或各色之间时有叠压，各组图案位置和叠压间距不甚一致，所以，它不是手工的绘制，而是采用事先刻好三种单花镂空板，先印绿花纹，再印小的白花纹，最后印大的白色花纹，分三次套印出来的。这种涂印的技法和花纹都很新颖，为过去所少见。

标号26，暂名"轧纹绉"，是甘肃首次发现的新品种。这大约是汉代对丝织物的一种特殊处理技巧。它的制法，很可能是用两种刻有阴、阳吻合的模板对轧而成，绉纹至今保持如故。至于织物绉纹是因温度而起变化？还是借胶、浆成型？还需要进一步研究。

以上几类中的菱孔缬纱、起毛锦、印花绢和轧纹绉的发现，扩大了我们对汉代丝织物品种和织作技巧的认识，是研究汉代纺织、印染历史的新材料。

五、小结

48号62号49号三座墓葬的形制、葬式、葬具方面变化不大。解决断代问题只能就器物的异同、特征作初步的分析。

48号墓仅存西汉Ⅰ、Ⅱ型五铢，不见莽钱，所出昭明镜，一般是西汉昭帝以后的东西。该墓木轺车马的形制、构件，与长沙西汉后期203号墓、洛阳烧沟西汉末期82号墓等所见相似，应是西汉末年的墓葬。

62号墓出土了西汉绥和元年制漆耳杯，所出木式盘的制作时间也在西汉末期，出土的简化四螭镜是王莽时期遗物，货币中有西汉Ⅰ、Ⅱ型五铢和莽钱，不见东汉五铢。再男尸穿红色袍服，与王莽时期"衣绛"的规定相符。出土的釉陶壶等，与该墓群的6号墓（有河平四年纪年，出《仪礼》木简，葬于王莽时期）的陶器一样。所以，62号墓应是王莽时期墓葬。

49号墓的釉陶与中原及甘肃东汉中、晚期墓葬遗物相同，货币中有西汉半两，Ⅱ型五铢及东汉Ⅲ、Ⅳ型五铢，未见四出五铢，其时代约可定在东汉中期——顺、冲、质、桓时期（公元126—167年）。

根据三墓出土器物的分析，都是属于统治阶级的官僚士大夫阶层。出土文物种类极为丰富，特别是极易朽烂损坏的木、漆器、丝织品等，虽有一些残损，但基本上保存良好。尤其是大型彩绘轺车马、六博木俑、式盘、套色印花绢箧、绥和元年漆耳杯、毛笔、砚台以及品种较多的丝织品（残件）的出土，为研究汉代的政治、经济、科学和文化艺术，提供了很有价值的新资料。

图二〇

图二一

图二二

图二三

图二四

图二五

图二六

图二七

图二八

图二九

图三〇

图三一

图三二

图三三

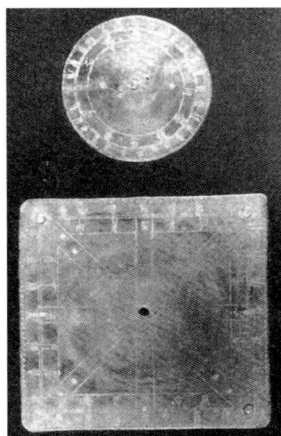

图三四

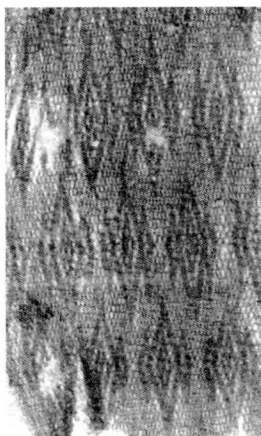

图三五

图三六

附表一　武威磨咀子三座汉墓结构及出土文物概况表

墓号	形制	方向	墓道	墓门	墓室（米）			墓顶	随葬品					备注
					长	宽	高		陶器	木器	漆器	铜器	其他	
M48	长方形单室土洞墓	墓门向西 290°	斜坡墓道长 10.61 米宽 1.04 米深 4.05 米	圆拱形高 1.36 米宽 1.04 米	4.35	1.75	1.60	圆拱形	灰陶壶 3、灰陶罐 4、灰陶灶 2	彩绘铜饰木轺车 1 组、木俑 9、小木马 11、小木剑 5、木几 1、木案 1、木牛犁 1 组、鸡 2、羊 1	樽 1、耳杯 4、碟 3、碗 1	昭明镜 1、钱币 64 枚（其中 I 型五铢 32、II 型五铢 26，不明者 6）	套色印花绢篜 3 黄绢草篜 2 麻鞋 1 双	墓门用粗木和土块堵封。尸骨有发辫存者 2。
M62	长方形单室土洞墓	正东 90°	斜坡墓道长 7 米宽 0.80 米深 4.80 米	方形石门高 1.52 米宽 0.97 米	4.20	1.50	1.60	圆拱形	釉陶壶 3、二系釉陶盒 1、仓 1、厕 1、鼎 1、熏炉 1、井 1、豆 1、灶 1、碟 1、注盘 1	木几 1	奁盘 1、耳杯 3、碗 1、案 1	简化四螭镜 1、钱币 69 枚（其中 II 型五铢 13、货泉 52，不明者 4）	铁刀 1（残、断）、玉器 3、丝绢饰握手 2、镜囊 1 双、麻鞋 1 双、草篜 4	石门关闭后陶器均釉陶、釉黄褐色，2 件漆耳杯腹底有铭文。木几底面有墨书文字数行。
M49	长方形单室土洞墓	墓门向西 290°	斜坡墓道长 10.8 米宽 0.98 米深 4.30 米	人字坡形高 0.90 米宽 0.80 米	4.19	1.88	1.58	人字坡形	釉陶壶（锺）3、灰陶罐 2、灶 1、仓 2、碟 2、耳杯 1、案 1、炉 1	木独角兽 1、马 1、牛 1、鸡 1、狗 1、鸡房 1、木俑 2、梳 1、印章 1	铢 1（残）、盘 1（残）	弩机 1、钱币 70 枚（其中汉半两 2、II 型五铢 6、III 型五铢 21、IV 型五铢 36、余者不明）	毛笔 1、玉器 1、麻鞋 1（双）、铭旌 1（残）、漆匣 1（残）、石砚 1（有研）、竹纹 1、草篜 2、石灯 1	墓门用大砾石与土块堵封。陶罐 2 件，其余陶器均为蓝绿色釉陶。二件釉陶壶（锺）上有"酒锺""水锺"的墨迹。

附表二　武威磨咀子三座汉墓出土丝织物标本一览表

标本号	墓号	名称	标本长×宽（厘米）	基本特征		组织结构等（单位：毫米）	备注
				经×纬（厘米） 厘米	枚径（毫米） 经×纬		
20	48	套色印花绢		44×18	0.25×0.11	深棕色薄绢，绸面以白、绿二色套印成组涡纹	装裱于篓表面
31	62	黄色畦纹绸	20×18	78×48	0.2×0.13	平纹组织，质地紧密稍厚。	系镜囊
32	62	茶褐色绢	30×3	66×48	0.18×0.16	平纹组织，质地薄，稍有间隙。	系冠带
33	62	红色绢		104×54	0.11×0.15	平纹组织，质地紧而薄。	巾帻抹额之
19	48	素色方孔纱	37×18	31×29	0.05×0.05	幅边宽2，由经线17根组成，最边一根在纬线回核时相纠，织物呈金黄色。	为粮囊，置棺盖上。
27	62	浅褐色方孔纱		66×40	0.033×0.033.	经过加拈，无松散撕裂状。	为粮囊，置棺盖为巾帻
30	62	棕红色方孔纱	33×17	16×13	0.066×0.066	罗纱组织，呈长六边形孔眼，花纹为叠菱形，斜方排列。	为粮囊，置棺盖上，头下等处。
13	62	湖色菱纹花罗	48×17	144×30	0.03×0.05	同上，倒菱形花纹稍有变化。	为釉陶壶覆盖物。
28	62	棕红色菱纹罗	20×13	144×30	0.03×0.05		丝穗装饰。
22	62	棕色菱纹起毛锦	14.5×2.2	50×47		为三重三枚起绒锦，正面挑起毛圈，组成叠菱形花纹，织物较厚软。	为男冠纱。
16	49	黑色漆纚冠纱	11×5	14×14	0.15×0.15	平纹组织，经纬均斜，交叉为120°、60°角，经纬等边菱形孔，板均勾整齐，外棕黄色透明薄漆一层，遂覆良好，少有破裂。	为男尸冠纱，表面残存红色颜料棕红色颜料残迹。
29	62	黑色漆纚冠纱	宽0.35	7×7	0.2×0.2	每厘米9根经线，但不规则。	丝穗装饰。
24	62	黄色丝带	宽0.5	径15		30根经线分甲、乙两组，交叉编织。	丝穗装饰。
25	62	棕黄色丝带		径30			丝穗装饰。
26	62	红色人字纹扎纹绦	30×3.2	1.78×662.? 3.42×30 4.30×24	1.0.05×0.05 2.? 3.0.08×0.08 4.0.09×0.09	由外而内共四层平纹方孔粘合而成，楼压出人字纹，断面呈波浪形，均涂红色，外观似灯芯线。	巾帻抹额之一。

武威旱滩坡汉墓发掘简报
—— 出土大批医药简牍

甘肃省博物馆　武威县文化馆

1972 年 11 月，武威县柏树公社下五畦大队在旱滩坡兴修水利工程时，发现一处汉墓。在当地党政领导的重视和贫下中农的保护下，由武威县文化馆、甘肃省博物馆对该墓进行了清理，现将具体情况，分述于后。

一、墓葬位置和墓葬结构

此墓位于武威县南二十华里之旱滩坡，紧依祁连山北麓。由此东南方向绵延五十里即为磨咀子，在这一带山坡和台地上，保留着许多汉代墓葬。1957 年和 1959 年、1973 年先后在这一带发掘了四十余座汉代墓葬，其中出土有竹、木简，织锦草篋，彩绘木俑，大型的木质轺车，完整的占卜式盘，丝麻铭旌，绚丽多样的绢帛丝织物，彩绘漆器，以及木斗、铜撮、竹尺等较珍贵的文物多件[①]。

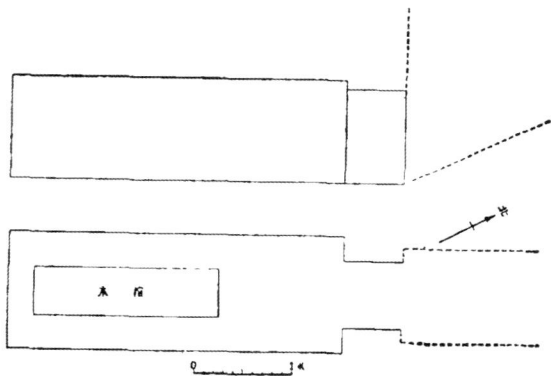

图一　武威汉墓平、剖面示意图

旱滩坡是一处较大的墓群，目前已露出墓道的汉墓就有六、七座，此墓即发现于该坡地东部一条山沟的西岸。

墓室结构系土洞单室，墓门前有斜坡墓道，墓门方向北偏东 60°，墓室东西长 3.4、南北宽 1.25、高 1.1 米；墓门高 1、宽 0.72、深 0.60 米。墓门和墓室都是平顶，墓门用大砾石封砌。墓室底部距现地表深约 4 米（图一）。墓室内东西向置一柏木棺。木棺齐头齐尾，前、后高宽度大致相等，棺板合缝全用木榫卯合。棺内仰卧一男尸，仅存骨架。随葬器物出土时位置被移动，据了解，有木质鸠杖一件竖立于棺前，鸠鸟喙略残，作蹲伏状，张口含食（图三）。杖已残损，径不及 3 厘米，残长约 1 米左右。另有陶质的壶（图七、八）、仓（图四左）、井（图四右）、灶（图五）、盘（图六）共七件，分别置于棺首两侧。棺内有五铢钱五枚

---

①　甘肃省博物馆：《武威磨咀子三座汉墓发掘简报》，《文物》1972 年第 12 期。

（图二），料珠二枚。尸体头顶有麻质囊袋一个，内包木质简牍一束，由于尸体腐烂，致部分简朽蚀残断或简文漫漶，经整理现存简牍共九十二枚（片）。初步释认，内容全是有关医学的记载。成批汉代医药简牍的发现，是此墓出土文物中极为重要的收获。

二、现存简牍情况

简现存七十八枚（片）。其中完整的约六十枚（片），少数残损较甚。其质地系松木和杨木。一般长 23—23.4 厘米。每简墨书一行，背面无字，亦无编号。根据简的宽窄和编连痕迹还可分为两种（图九、十）。

甲，简宽约 1 厘米者，现存四十一枚（片），其中完整或残存部分简文者约三十余枚（片），余为简文泐蚀的残简。每简容字一般 35 字左右。简的上、中、下编联处右侧，有用刀削制的三角形小缺口，以容编绳，使其稳固而不易脱失。简的表面颜色已变为深褐色，腐朽残损较多，可能由于卷在外面，受尸体腐朽的影响和直接与外界接触的缘故。此类简中有二空白简，正背面均未书简文，似为简册制度中所称之"赘简"，亦即是简册开头之第一、二简，或叫首简，和今天的书笺扉页、封面一样。

乙，简宽约 0.5 厘米者，现存三十六枚（片），每简容字一般 37 字左右，此种窄简片除二枚在编连处有三角形缺口外，其余三十四枚均无缺口，而上、中、下三端有明显的三道纶编痕迹。简的表面颜色变化不大，多呈浅黄色，字迹较清楚，一般保存良好，可能由于随葬时卷在内，受外界影响不大，所以基本上保存了原状。此类简中有一简题有"右治百病方"数字（图十：22），应是这批简册之尾题，标明这批简册记载的是治百病之医方，它与永元器物簿之"右破胡隊兵物""右涧上隊兵物"之尾题均相类。

汉时简册编连的方法，一为先编后写，一为先写后编，此墓出土的有编连痕迹的简，在编连处均未书文字，上、中、下三端均留有空格，应属先编后写之简册、简册编纶的数目，过去武威出土的简册，按长短不同，编数各异，有五编、四编、三编、二编者。古文献《说

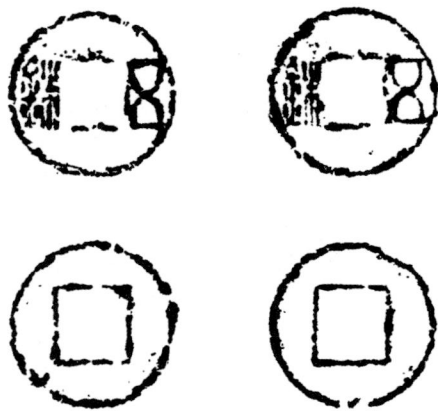

图二　五铢钱

图三　鸠杖首

图四　陶仓（左）、井（右）

图五　陶灶

图六　陶盘

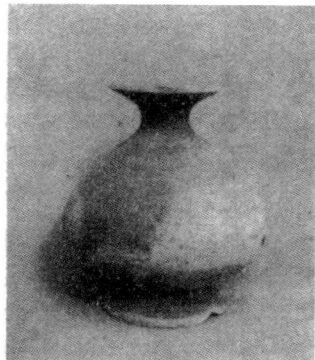
图七　陶壶

图八　陶壶

文》《独断》论列简册编连时，仅言二编，这次出土的医药简，有编连三道的痕迹，当为三编。

据汉代简册编连通例，各简的天头和地头需要等齐，而出土的宽简和窄简的编纶各成一条直线，彼此间距不等，因此，从编连情况看，这两类简应是两卷简册；但从简文内容，以及宽简有首简，窄简有尾题的情况看，似为一篇。

简册经过编连、缮写后，为了便于保存，把它收在一起，叫做收卷。汉代简册的收卷，是用卷帘或卷画式的方法，即以最后一简为中轴，有字一面在内，背在外，从左至右收卷，卷完后，使简册的首简（即第一二简）在最外一层的前面。武威简本《仪礼·士相见·第三》的收卷即是此法。出土的这批医药简中之最后一枚收尾简"右治百病方"，保存得较好而完整，说明收尾时是把它作为中轴，卷在最里面的，其卷法和武威简本《仪礼·士相见·第三》是一致的。

根据上述情况，这批医药简虽分宽、窄两类，但其形制特点和汉代简册制度是相符合的。

牍版　现存十四片，宽度由 1.1 至 4 厘米左右不等。长度为 22.7—23.9 厘米，合汉尺一尺左右，故可称为尺牍。牍版均无编连痕迹，多为两面书写，一面书写的仅有二枚。书写行数，除一枚为单行书写外，其余多为两行以上，最多至六行。每行一般容字 33 字左右，个别牍版每行有容字到 40 多字的。《春秋》序云，"小事简牍而已"，孔疏云："牍乃方版，版广于简，可以并容数行"。《仪礼·聘礼》云。"不及百名书于方"，贾疏云："方若今之祝板，不假编连之策，一板书尽，故言方板也"。出土的实物与文献记载正可互为印证（图版十一、十二）。

这批简、牍的书体为隶书，兼有草书。隶书字体与武威简本《仪礼》和王杖十简，以及《流沙坠简》中之小学类《急就》《仓颉》等篇相类似；草书与 1959 年磨咀子汉墓所出之日忌杂占诸简字体相近。

此外，简文中有"|"或"·"形状的符号，或最后一个"也"字末笔拖长加重，这些符号是

表示简文之起头、另行或结尾之意。

三、关于简牍内容

这批简牍内容均为有关医学的记载。内容丰富，范围广泛，大多在简首标列医方名称，其下连书药味、药量、治药和用药方法、针灸穴位、针刺深度和留针时刻，以及针灸和服药等禁忌；亦有对疾病理疗方法的论述。经统计，其中现存较完整的医方有三十多个，初步考订似分别属于针灸科、内科、外科、五官科和妇科等。

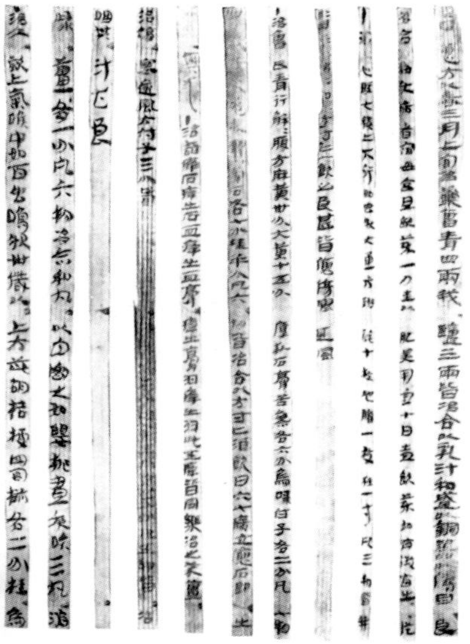

图九

治疗内科疾病的医方如："治鲁氏青行解解腹方""治久欬逆上气汤方""治久泄肠辟□□□□裹药丸□□□□□不能治皆射（即谢字）去方""治久欬上气喉中如百虫鸣状卅〔卅〕岁以上方""治痹手足雍（臃）种（肿）方""白水侯所奏治男子有七疾方""公孙君方""治心腹大积上下行如虫状大悬（痛）方""治伤寒遂（逐）风方""治大风方""□蕙（恶）病大风方""治东海白水侯所奏方""□□瘀方""治伏梁裹脓在胃肠之外方""去中今（即冷字）病后不复发月定方""□两手不到头不得卧方"……等。

治疗外科疾病的如"治金创肠出方""治□□□□□□溃医不能治禁方""治金创内漏血不出（止）方""治金创止悬（痛）令创中温方""治金创内压座（痉）创养（痒）不悬（痛）腹张（胀）方""治加（痂）及久创及马脊方""治诸瘩（癃）方""治湯（烫）火涷方""治人卒雍□方""治狗啮人创悬（痛）方"……等。

治疗五官疾病的如"治目悬（痛）方""治廪甃音□窃言方""治鼻中息肉、鼻不利、鼻中生蕙（恶）……""治喉痹、嗌悬（痛）""治齿悬（痛）、昏蚘""治气龙（即聋字）"……等。

针灸科的医方如："治寒气在胃莞（腕）腹澼肠□方"。

治妇科病的如"治奻（妇）人膏药方"。此外，还有一些其它的医方如："治千金膏药方""百病膏药方"等。

简文中所列药物名称，现存约一百味，如植物类的有桂、姜、黄芩、黄连、大黄丹（大黄）、蜀椒、弓穷（芎䓖）、厚朴、半夏、方（防）风、杜仲、石膏、细辛、远志、桔梗、茈（柴）胡、当归、人参、付（附）子、乌喙、甘草……等；矿物类的有钟乳、兹（磁）石、长石、我（戎）盐、丹沙（砂）、玄石、樊（矾）石……等；动物类的有龙骨、鸡子中黄、席（蟅）虫、乳汁、骆苏（酥）、白羊矢、白密（蜜）、班髦（斑猫）、簪（蚕）矢等。

简文中制药的方法，有"皆父且（㕮咀）""煎之三沸药成""以膏薄之""皆并冶合""丸以密（蜜）大如吾实"……等记载。《新校备急千金要方例》云："按汤法㕮咀"，注："㕮咀，各切如麻豆"。"冶，镕也"，即将药物制为散剂。可见汉代制药已有膏、汤、丸、散诸剂形。

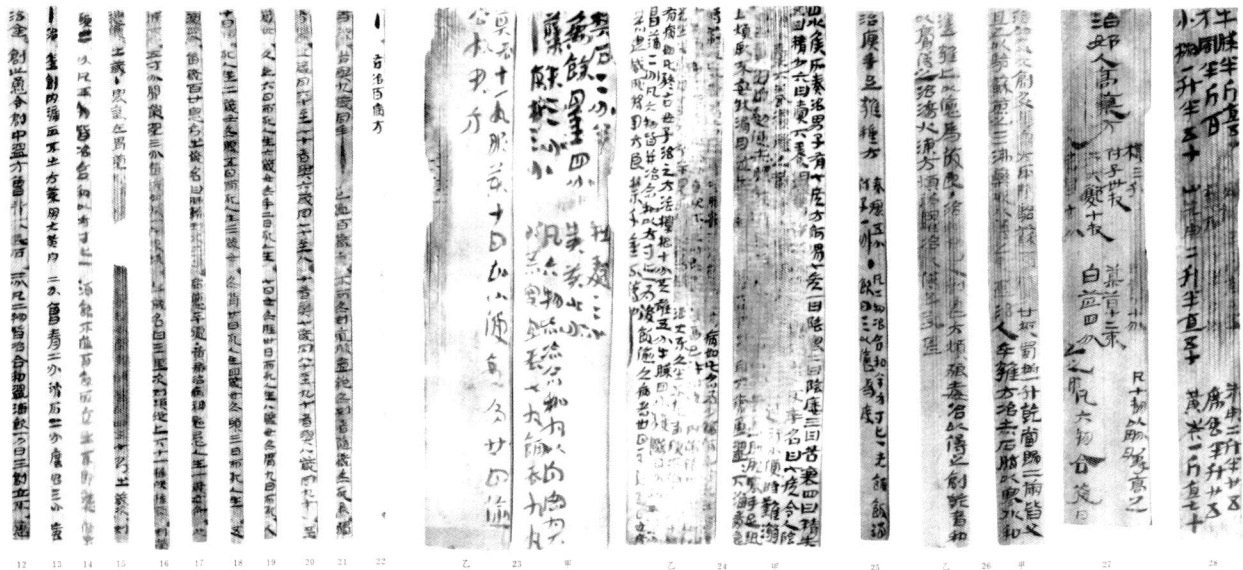

图十　　　　图十一　　　　图十二

简文中还有药价及药用重量单位如升、斤、尺、两、分、颗、束、枚、方寸匕、五分匕、一刀圭和三指撮等。其他有关针灸、服药、生活禁忌的记载也颇多。

四、结束语

武威旱滩坡汉墓出土的这批医药简牍，是我国近年来文物考古工作中很重要的发现之一。它为进一步探讨汉代简册制度提供了珍贵的实物例证。通过这批简牍的长度、编连、缮写、容字、题记、收卷、文字等各方面，不仅可以较具体地考定汉代简册制度，以补文献所未及；也为考古学、古文字学、历史学等提供了研究的新资料。

最重要的是，这批汉简在研究我国古代医药学方面具有十分珍贵的科学价值。它不仅在数量上远远超过了1949年前所发现的汉代医简的数字，而且在内容上也极为丰富，它包括了医学上的针灸、内科、外科、妇科、五官科、药价等多方面的内容，记载了各科的病名、病状、药物、剂量、制药方法、服药时辰和药量、针灸穴位、经络、针刺禁忌、药物禁忌、生活禁忌，以及药方主治名称等等，足见我国古代医学在当时已形成较完备的科学体系，这为研究我国民族医学史中的生理、解剖、方剂、病名、治疗、养生……等诸学，提供了极其重要的科学资料。这是我国医学史上的重大发现。

这批医药简就其时代推断，上限约在东汉早期。因此这些医方不仅在东汉时治病施用，东汉以前的医学经验也必然会传留在其中。简上所记的约一百味药物名称，除少数药名不识外，多数均见于《神农本草经》，张骞通西域后引入的药物，简中均不见，这说明这批医药简保存着汉代早期的医学遗产。它是我国各族劳动人民长期来在向疾病作斗争的实践中，所总结、积累的经验结晶。我国传世最古的医方书，当推张仲景所著《伤寒杂病论》，但其原书早已佚失，至晋王叔和始辑成《伤寒论》一书。因此，武威医简应是目前我国所发现的最早的比较完整的古代医方文献。

武威医简墓未见载有明确年号的出土物，其绝对年代无法断定，但与1959年我省在武威磨咀子清理的第六号东汉墓[①]及其他三十一座东汉墓[②]相比，有许多相同之处。如第六号墓墓室结构为土洞单室墓，分为墓道、墓门、门道和墓室四个部分，墓室成长方形，墓门用大砾石封闭；木棺为柏木，长方形，用细腰接缝，木榫合盖，不用铁钉。医简墓的墓室和木棺形制与之完全相同。

医简墓随葬的陶壶、陶仓与六号墓的同类器物很相似；鸠杖与磨咀子三十一座东汉墓出土的十三件鸠杖亦是一样的。

医简墓出土的五枚五铢钱，根据《洛阳烧沟汉墓》对钱币的分期断代，有一部分具有汉代五铢钱第三期即东汉早期的特征。如"五"字的交叉两划较西汉五铢钱的"Ⅹ"字稍弯曲一些，成"Ⅹ"状。"铢"字的金字边的人字头成等边三角形，如"金"状。右边的"朱"字转角处成圆形，与西汉五铢的"朱"（朱）字转角处成90°的方折有所不同。也有一部分接近汉代第二期西汉末年五铢钱的特征，朱字头成方折。但墓中没有出土具有东汉后期特征的钱币。

根据以上有关墓室、随葬品以及钱币等的特征，初步推测武威医简墓是属于东汉早期的墓葬。大约在光武或稍后的明、章帝时期，距今约1900余年。

原文刊于《文物》1972年第12期

---

① 甘肃省博物馆：《甘肃武威磨咀子6号汉墓》，《考古》1960年第5期。

② 陈贤儒：《甘肃武威磨咀子汉墓发据》，《考古》1960年第9期。

武威雷台汉墓

甘肃省博物馆

雷台在武威县城北二华里处，现在是新鲜人民公社新鲜大队第十三生产队的所在地。1969年10月，当地贫下中农在雷台底下发现了一座汉墓，武威县文化馆闻讯后作了保护工作，随后，我馆会同武威县文化馆进行了清理。在清理过程中，得到当地贫下中农的积极协助。

一、清理概况

雷台是一个高8.5、南北长106、东西宽60米的夯筑土台。夯层每层厚15—20厘米。台上有年代较晚的庙宇建筑。清乾隆时撰修的《武威县志》有"雷台，城北二里"的记载。从雷台台基中包含的瓷器残片判断，雷台台基可能是明代建造的。

1. 雷台东侧面（墓在庙前树丛下）

2. 墓门正视

3. 前室西壁下部

图一　武威雷台汉墓

汉墓发现在雷台东南部的台基下（图一，1）。墓为正东西方向。墓道距雷台台基南壁30米。雷台台基南壁的东部已破坏（约被挖掉3米）。在这里暴露出汉墓的封土。汉墓封土和台基夯土界限分明，内含物又各不同，可见后代修造雷台台基时，乃是利用了这座汉墓的封土扩建而成的。

在清理过程中，发现盗洞两处：一在中室东壁的上部；一在墓道中。中室的盗洞，直穿墓室砖壁而下，被打破的砖壁范围约长0.6、宽0.4米。盗洞直达墓底，清理时，盗洞底部尚有微量的堆土。此盗洞后来曾作过修补，仍用被盗毁的墓砖填砌，略较原壁凹入。这种现象，估计是入葬不久被盗的。墓道中的盗洞位于墓门照壁前面近1米处，略作圆形，直径1.4—1.6米。盗洞向下斜行，通至墓门，然后揭掉封门砖，进入墓室。清理时，发现盗洞洞壁上水痕斑斑，墓门和甬道东部有较多的积土，推测是被盗以后，洞壁塌陷所致。墓门和甬道的积土上部为淤土，墓门处淤塞至顶，甬道中的淤土向西斜下，至墓室底部，厚约0.2厘米左右。这种现象说明，墓内曾经积水过。积水是由墓道盗洞流入的。墓室淤土很薄，说明积水期间不长，估计也是早期的盗洞。

二、墓葬形制

此墓为带有封土和墓道的多室砖券墓。方向90°。从墓道出口处到墓后室西壁全长40多米。从现存封土顶到墓室底深8.6米。墓室部分总长（墓门口至后室西壁）19.2米，最宽处（前室附左右耳室的距离）10.3米，高（中室券顶至中室地面）4.5米。墓室面积约60平方米（图二）。

封土形式不明，现存高6米，基部方形，长宽各约40余米。封土版筑，夯层每层厚10厘米左右。土质较纯，只杂有少量的绳纹瓦片和筑墓时弃置的残砖。

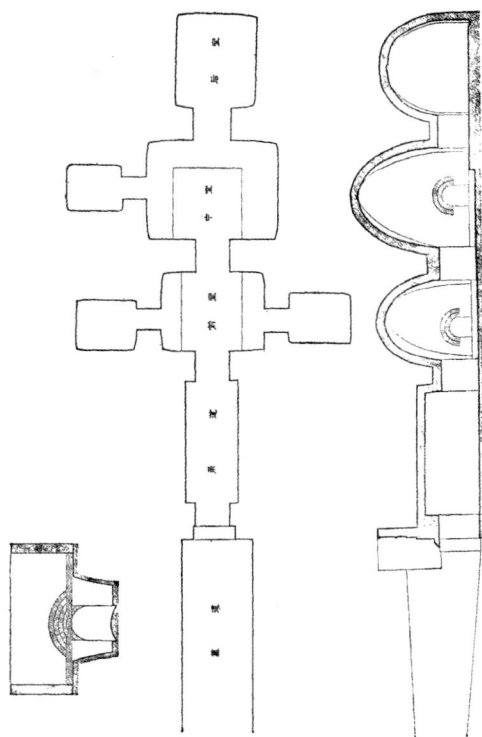

图二　墓葬平、剖面及墓门正视图（1/140）

墓道斜坡式，坡度约6度，长而平缓。墓道连接墓门处，上口宽3.65、下底宽2.44、深2.60米。我们只发掘近墓门8.5米的一段。这一段墓道的两壁表面，皆涂白灰，两壁上口沿边，再涂3厘米宽的朱红色彩带。在距离墓门6.75米、2米和紧贴墓门处的墓道两壁面上，各有朱绘的树状花纹一组。树状花纹上连沿边彩带，下抵墓道底，随墓道壁的高度不同而异，紧贴墓门处的一组高2.58米，距墓门6.75米处的一组高1.84米。树状花纹的形式大体相同。其形为一竖立的树状躯干，下插连弧状向下的山形底座。底座上的树状躯干两旁，各有向上斜伸的两个小枝。枝头上各有一个花卉状的东西。竖立的躯干中部，两旁各有扁圆形的涡状叶面两个。躯干顶托连弧状物，弧圈向上承接沿边的彩带。弧圈连躯干处，左右又旁出向下斜伸的两个小枝，枝头上各有一个花卉状的东西。整个绘画，线条粗犷简朴。画面用意，似为树灯（图三）。

砖结构部分，包括墓门、甬道、前室附左右耳室、中室附右耳室、后室。采用条砖筑砌，条砖长32、宽16、厚4厘米。墓门向东，位于墓道尽头中间稍偏南。墓门上砌照壁，高出墓道上口

图三　墓道壁画（摹本）

约 1 米。照壁正面上宽 4.66、通高 3.60 米。照壁两侧各有向东伸筑的砖墙一垛，长 1.20、高 2.24、厚 0.36 米。砖墙嵌入墓道两壁，墙面大于墓道两壁面。墓门高 1.40、宽 1.28 米。门顶券砌五层，与照壁连成一体。券砌门外，有砖构门门框，长方形，框高与券门齐，并用条砖纵向平砌，叠涩成楣。楣已破坏，尚存残迹。照壁面上涂粉墨，黑白相间。中间绘门、柱、梁、枋和斗棋，两旁绘折形花纹。构图简练（图一，2）。

墓门内是通墓室的甬道。长 4.44、宽 1.80、高 1.80 米。顶部卷篷形，中部因压力过大，发掘时已剥落一层。

墓室有前、中、后三室。中室最大，前室次之，后室较小。前室门高 1.26 米。室内长（东西）3.06、宽（南北）3.56、顶高 3.26 米。南北壁的耳室前两旁，砌有二层台，南壁台宽 70、北壁台宽 74 厘米，均高出前室地面 20 厘米，与南北两耳室地面同一水平。北耳室长（南北）2.10、宽（东西）1.80、顶高 2.44、门高 0.94 米。南耳室长（南北）1.90、宽（东西）1.80、顶高 2.04、门高 0.94 米。前室的后面（西）是中室（图一，3）。中室门高 1.26 米（图四，2），室内长（东西）3.62、宽（南北）4.56、顶高 4.50 米。北、西、南三壁沿边皆砌有二层台。北台宽 1.22、西台宽 1、南台宽 0.92 米。三台均高出中室地面 20 厘米，与前室二层台和中室耳室地面以及后室地面同一水平。中室只附一个右（南）耳室，耳室长（南北）2.10、宽（东西）1.80、顶高 2.45、门高 0.94 米。中室的后面（西）有后室（图四，1）。后室长（东西）3.40、宽（南北）2.78、顶高 2.84、门高 1.06 米。墓门、甬道、前室、中室和后室，东西顺序并列于同一轴线上。墓门、甬道地面与前室、中室的地面，纵贯一体，铺地砖作人字形铺法。墓内所有的铺地砖，都是一平一横竖一平的三层条砖筑成。铺地砖面邻近墙壁处，地面圆角下倾，与壁底相连，构成排水道。前室和中室的二层台高出该室地面 20 厘米，而与耳室和后室的地面同一水平。前室、中室、后室的顶部，皆为盝顶形式（图四，4）。顶部正

1. 中室西壁下部　　　　　　2. 中室东壁下部　　　　　　3. 后室顶部

4. 后室西壁上部

图四　武威雷台汉墓

中嵌方砖一块，用红、白、黑三色彩绘莲花藻井（图四，3）。前、中、后三室的四壁，都有用墨和白粉涂绘的菱形，折形和条带形的图案。三个耳室的顶部，皆为四面攒尖式。甬道壁和耳室壁，素面无纹饰。

墓中随葬器物，在1969年出土时，大多数已被扰动，失去原来的位置，部分小件器物和器物上的附件，出土时有所损毁。经过向当事的社员群众的调查以及事后的清理，得知葬具和随葬器物的位置大致如下：

墓门口（墓道尽头）放置铜独角兽。

甬道中散布铜钱，无其它遗物。

前室和前室南耳室内放置车马仪仗俑。前室南壁二层台上放置陶楼院。北耳室内散布铜钱，无其它遗物。

中室主要放置铜器，中室南耳室放置陶器。

后室中间有髹黑漆的木棺痕迹，东西并列，似为二具，其下有横排的垫木若干。木棺痕迹处出铁钉二十枚，龟形石垫四个。铁钉分大小两种，大钉长18厘米，小钉长11厘米。龟形石垫各高25厘米。垫座长方形，长短稍有差别：一对边长32、宽24、座高11厘米；另一对边长33、宽26、座高12厘米。座上雕出龟形，作俯伏状。龟身施红绿、白三色彩绘，惜已剥落。据发现的社员说，龟形石垫出土时系两两相背，分别支垫于两棺首尾。骨架已朽，仅发现腿骨一支。出自后室的遗物有龟钮银印四枚、铁质贴金伞股一把、鎏金铜釦的漆尊、漆盒（？）、铜弩机、玉带钩、铁镜、金镴（？）、琥珀珠，等等。

值得一提的是，此墓出土铜钱（主要是五铢钱）二万多枚，除甬道外，前、中、后三室及各耳室中都有发现，尤以后室为最多。

三、随葬器物

此墓曾遭盗掘，但遗存尚多，总计出土遗物231件。其中铜制器物达171件，特别是成组的铜车马，为以往发掘中所少见。此外有，金器2件，漆器3件，陶器25件，银印四枚，以及铁、骨、石、玉、琥珀等质地的器物。

（一）铜俑和车马行列

此墓出各种铜俑共四十五件，内武士俑十七件（附矛四、戟六），奴婢俑二十八件，其中背上有"张氏奴"铭文的八件，有"张氏婢"铭文的四件。铜马三十九件，其中有铭文的八件。铜车十四辆，其中斧车一辆、轺车四辆、"小车"二辆、"辇车"三辆、大车三辆、牛车一辆。此外，有铜牛一件，铜凳一件。

依照他们的组合关系，推测其前后行列，约如下列的次序：

1.铜武士、骑马各十七件。武士高30厘米左右。马高40—42.5厘米，身长33-35厘米。十七个武士皆着帽，穿交领服，左手执辔，右手举兵器，双腿跨坐马鞍上（图五；图六）。现

图五　武士骑马俑
（15，1/5）

1. 武士（7）　　2. 武士（1）　　3. 武士（14）　　4. 武士（15）

图六

存矛四件，戟六件。其中有二武士的帽顶上各饰有二尖状物，与他武士有所不同，可能是这批武士的领队（图六，1）。马皆仰首翘尾作嘶鸣状，头饰雄胜，尾作弧形，末端打结，四足伫立，矫健有力。背上附着马鞍，沿边有环，系结辔、鞿等鞁具。鞍下马身有荐，粉底朱彩，尚能看出脚蹬和荐的痕迹。马头上附有辔、勒、衔、镳等马具。武士的五官，骑马的眼、耳、口、鼻和鬃毛，均以朱红、粉白和墨线点绘。

2. 铜奔马一件。高 34.5、身长 45 厘米。奔马昂首扬尾，三足腾空，头微左顾，右后足踏一飞鸟。飞鸟两眼似鹰，展翅回首，尾端有穿一，当是固着托底的铆孔。奔马原有鞍具、辔勒，已失（图七，1）。这是一件罕见的古代艺术珍品。

3. 主骑、从骑主骑一匹，从骑四匹。主骑马（20）体形最大，高 51、身长 41.5 米。昂首，作嘶鸣状。鞍、辔等已失，仅存铜荐。荐面敷粉，画有奔马纹和云气纹，还有边饰（图八，1）。从骑马高 36.5—38 厘米，身长 34—36.5 厘米。体形与武士骑马相似。侧首昂视，一足提起，作奔腾欲驰状。其中三匹（19、22、26），前右足提起，头向左侧（图八，2、5）；另一匹（21），前左足提起，头向右侧（图八，3），姿态极为生动。鞍、辔等马具与武士骑马的相同，出土时已大多残缺不全。

4. 斧车、轺车这一组计有斧车一辆（33），驾马一匹；轺车四辆（29—32），驾马四匹；"御奴"五人；从婢二人。斧车和轺车的形式大小全同，差别在于轺车有华盖，斧车无。我们所以把 33 号定为斧车，是因为墓中出土唯一的一件铜斧，应为此车上之斧，故定此车为斧车（图九；图十，1）。

斧车、轺车的制作较精细，通长 36 厘米。双辕前曲，连

1. 18 号

2. 左 24 2 号，右 29—2 号

图七　武威雷台汉墓出土铜马

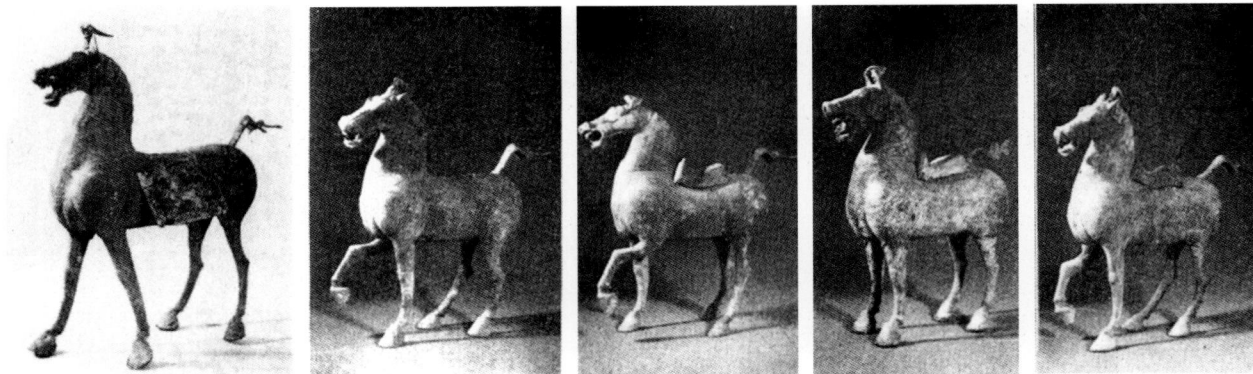

| 1. 20 号 | 2. 26 号 | 3. 21 号 | 4. 23—2 号 | 5. 19 号 |

图八

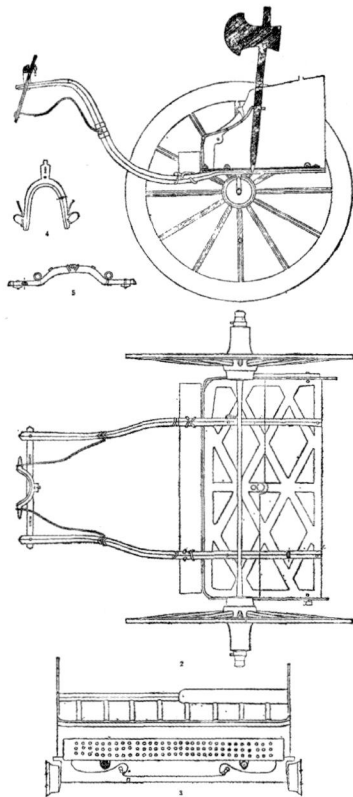

图九

横带轭有軜①，两轮重毂②，辐十二支。方舆轛较，树轼后敞，舆轴勾结有軨③。舆底镂空，成菱形纹格。双辕后部承舆，固以铆钉。紧接舆前双辕之上，系结铜笭一具。现存三笭，依其痕迹，当失二具。笭为长方形槽，前面镂孔成纹。轛较内壁及舆底上面，尚有织物残迹，当是轓帷及坐茵的遗留。四辆辂车的舆上均设置华盖，现存柄盖齐全的有三具。柄细长，下插轼舆，上连托盘以承伞盖。盖圆形。其中29号辂车的华盖最大，制作又较为规整精致。盖直径39、杠长29厘米。盖顶中心平起，盖缘向下斜伸，沿盖缘尚有十二小孔，盖内有撑支痕迹十二条，环杠连孔（图十一）。《后汉书·舆服志》有"交络帷裳"的记载，这华盖上的十二小孔，应是系结"帷裳"的遗留。这种附有特别华盖的辂车，可能是墓"主人"所乘的"安车"（图十二，1）。

驾马五匹，形式大小与武士的骑马全同（图七，2右）。

"御奴"着平顶翻边的尖帽，穿交领服，双手拱举，似执辔驾驭状，指已断缺。两膝向后屈踞，作坐状。高16—17厘米。磨咀子48号汉墓出土的木辂车，车上"御奴"坐于车舆内的左边④，这些"御奴"大概也是这样。如果推测不误，则右边空着的位置大概是留待"主人"的了。此外有"从婢"二人，与背刻"张氏婢"形态相似。唯稍肥大。我们疑此二婢为29号辂车即

① 《说文·车部》："軜，车衡载辔者"，即衡轭上面的环状物。

② 《后汉书·舆服志》："贰毂两辖"，注引蔡邕曰："毂外复有一毂抱辖，其外乃复设辖，抱铜置其中"。

③ 车子各部位的名称，参阅《辉县发掘报告》47页，图五七，科学出版社，1956年。

④ 《武威磨咀子三座汉墓发掘简报》，《文物》1972年12期，13页，图七。

1. 斧车（33）

2. 辇（24—2）

3. 辇（34）

图十

1. 轺车（29）

2. 牛车（27）

3. 凳（40）

图十二　武威雷台汉墓出土
　　　铜车马

图十三

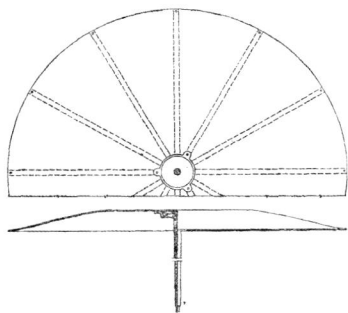

图十一

墓"主人"所乘"安车"的侍从。

5. "冀张君"及"夫人"乘骑车马计骑马一匹、"小车马"一乘、"辇车马"一乘、"牵马奴""御奴""将车奴""从婢"各一人。共三马、二车、四俑。三匹马的胸前分别刻隶体铭文（图十三，1—3）：

冀张君骑一匹，牵马奴一人。

冀张君小车马，御奴一人。

冀张君夫人辇车马，将车奴一人，从婢一人。

6. "守张掖长张君"及"夫人"乘骑车马计骑马一匹，"辇车马"二乘，"牵马奴"一人，"将车奴"二人，"从婢"三人。共三马、二车、六俑。三匹马的胸前分别刻隶体铭文（图十三，4—6）：

守张掖长张君郎君阿郲骑马一匹，牵马奴一人。（图十四，2）。

守张掖长张君前夫人辇车马，将车奴一人，从婢一人。

守张掖长张君后夫人辇车马，将车奴一人，从婢二人。

7. "守左骑千人张掖长张君"乘骑车马计骑马一匹，"小车马"一乘，"牵马奴"、"御奴"各一人。共二马、一车、二俑。二匹马的胸前分别刻隶体铭文（图十三，7、8）：

1. "将车奴"（24—3）　　2. "张掖长"（24—1）之乘骑和　　3. "张氏婢"之1—4
　　　　　　　　　　　　　　　　　"牵马奴"

图十四

守左骑千人张掖长张君骑马一匹，牵马奴一人。（图十五，1）。

守左骑千人张掖长张君小车马，御奴一人。

以上"张君"及"夫人"乘骑车马，计有：骑马三匹，"牵马奴"三人；"小车"二辆，驾马二四，"御奴"二人；"辇车"三辆，驾马三匹，"将车奴"三人，"从婢"四人。

骑马和驾马共八匹，皆体形肥壮，身高40厘米。马尾扁平弯曲，竖立臀上。出土时，马耳、马尾和雄胜已部分缺失。有的马具用朱、墨勾绘出轮廓。骑马的鞍具比武士骑马的稍大一些。

"牵马奴"三人，身长21—22厘米。直立，右臂平举，左臂曲于胸前，握拳，作牵马状。头着帽，身穿交领长袍，腰有束带。

"御奴"二人，身长15厘米。双手拱于胸前，半坐状，驾驭"小车马"（图十五，5）。"将车奴"三人，向后曲膝，平坐。驾驭"辇车马"（图十四，1）。

"从婢"四人，身长19.5厘米。双圆皆，身着长袍，直立，双手拱于胸前。背刻"张氏婢"三字（图十四，3）。

"小车"，应是一种轺车。这两辆"小车"，与轺车形式大致相同，唯制作较粗糙。轴首不设重毂，舆底菱格花纹不镂空，伞盖的柄较粗，固杠之孔铆接而不连铸。舆前有折板状物，可能是笒。华盖，一车只存伞柄，一车伞盖伞柄皆失。盖弓八支，其中四支长20厘米，四支长22厘米。顶端有盖弓帽，尾尖。弓身中间有缺口，尚留有扎缚痕迹。伞盖原来应以织品为之，出土时已腐朽无存。

"辇车"，形制较精细，通长63厘米。前辕后低。两辕作带刺的树枝状，向上弯伸。有小轭，只存一具。两轮高大，每轮辐条各十二支。车舆长方形，后方设板门，一扇可以启闭。舆外两侧面附有穿环，内壁面有织物残迹（图十，3）。

1. "左骑千人"
（25—1）之乘骑和
"牵马奴"

2. "张氏奴"之
1、2

3. "张氏
奴"之1
的背面

4. "冀张君"（23—1）
之乘骑和"牵马奴"

5. 小车上的"御
奴"（23—2、
25—2）

6. "将车奴"
（23—3）

图十五　武威雷台汉墓出土铜车马

8. 大车三辆，由三车、三马组成。车长 65—66.5 厘米，形制与"軝车"略同，唯车舆后方有栏无门。驾马形态与轺车驾马同。三辆大车舆内尚留有粟粒痕迹，因疑此大车为载粮用的"辎车"。

9. 牛车一辆，由车、牛和一"驾车奴"组成。车全长 67.8 厘米。轮较小，辐十支。两辕前端置轭。舆长方形。牛长 30.7 厘米。"驾车奴"手执赶牛棒，棒长 16.8 厘米，已掉落（图十二，2）。

10. 奴俑八件，形式大小全同，身长 22 厘米。着帽穿袍，腰束宽带，两足分立，两臂曲举似持物状（图十五，2、3）。俑背均刻隶书"张氏奴"三字。出土时，手臂部分已残失。

11. 凳一件（40），长 15.7、高 6.5 厘米，略如现在的长条板凳。出土时已残一足（图十二，3）。应是上下车踩用的脚凳，故附于此。

这批铜俑和车马行列，包括所属附件，绝大部分是用铜制作的。俑、车、马均用范模铸型；先分铸不同部位，然后焊接或铆连。如武士为身、腿、手分铸，"牵马奴"为身、臂、手分铸，"张氏奴"为身、臂分铸。轺车的车舆铸成一体。大车的舆輢、舆轸、舆底，系分铸铆接。辕、轴、轮、辐、毂分铸，采用焊接或铆连。马的头颈、躯体、四肢分铸，然后焊接而成。马耳、马尾和雄胜，分别另铸，然后在马身上打孔插入。部分马体内尚存沙内范。车轭、马鞍，皆铸成。车马鞁具，如镳、勒、衔、镳等，以及环、勾等附件，均用铜丝或熟铜片裁割造形，然后附着于车马上。正如《后汉书·舆服志》所说的："一器而群工致巧"，充分体现了当时无名工匠的高度智慧。

（二）铜器

计有壶、扁壶、案、盘、耳杯、碗、盆、碟、釜甑、釜、鑑、洗、尊、簋形器、熨斗、镳斗、薰炉、灯、连枝灯、弩机、剑、叉、削、钩、器盖和独角兽等共二十七种八十二件。

1. 壶九件，可分为四式。

I式：三件（41—43）。直口，圆腹，假圈足。腹部有三组瓦纹和对称的兽面衔环铺首二

1. I 式铜壶（42） 　　2. I 式铜壶（41） 　　3. II 式铜壶（44） 　　4. II 1 式铜壶（45） 　5. IV 式铜壶（48）

图十六

1. 铜尊（102） 　　2. 漆尊（120）复原 　　3. 铜熏炉（92） 　　4. 铜灯（94）

图十七　武威雷台汉墓出土器物

个。内八棱圈足二件，42 号高 46.5 厘米，铺首为铁衔环（图十六，1）；43 号高 47 厘米。圆圈足一件（41），腹上部篆书"巨李鍾"三字，高 44.5 厘米（图十六，2）。

II 式：一件（44）。器壁较薄，口稍外侈，圆腹，圈足。腹部有瓦纹三组和对称的兽面铺首二个，环已失。器底残破，已修复。高 43.5 厘米（图十六，3）。

III 式：三件（45—47）。长颈，圆腹，六棱假圈足。其中二件（45、46）腹部有双耳，另一件无。器高 29—29.6 厘米（图十六，4）。

IV 式：二件（48、49）。与 III 式近似，腹部有瓦纹，双耳在颈。分别高 26.2 和 26.8 厘米（图十六，5）。

2. 扁壶二件（52.53）。形式大小同，高 7 厘米。直口，扁腹，圈足。52 号圈足稍残缺（图十八，3）。

3. 案五件（76—80）。其中圆形三足案二件（76、77），高 4.4 厘米，直径分别为 32.5 和 34 厘米。长方形四足案三件（78—80），高 7、长 43.3—46.6、宽 28.5—31 厘米。案面上有放置盘和耳杯的痕迹。

4. 盘七件（82—88）。浅腹，折唇，平底。82 号最大，盘口径 28、高 4.2 厘米。余六件口径 21.4—22.8、高 3—3.8 厘米。

5. 耳杯二十三件（59—81）。杯身皆椭圆形，两侧耳半月形。分大中小三种。大形九件，高 3.3、长 12.8 厘米。中形七件，高 2.5、长 1.3—11.5 厘米。小形七件，高 2.3、长 8.5—9 厘米。内一件鎏金，已残半。

6. 碗一件（50）。器体厚重，口部微缺。口径 16、高 5 厘米。

7. 碟二件。内一件（89）折唇，口径 12 厘米。另一件（90）侈口，口径 17.5 厘米。

8. 盆三件（96—98），折沿，平底。器体厚重，腹部有凸瓦纹一道。以 96 号为例，高 8、口径 21.4 厘米（图十八，4）。

9. 釜甑二套（99、100）。上甑下釜，分铸套接。甑敞口，折唇，深腹。甑底有镂孔，圈足，以纳釜口。釜圜底，有烟炱痕，肩腹间凸棱，以便放置灶眼内。100 号甑腹部有瓦纹，附有铺首衔环一对，釜肩部有对称的贯耳二个。通高 34.5 厘米（图十八，2）。99 号釜肩有对称的铺首衔环二个，已失一环。通高 21 厘米。

10. 釜一件（54）。锻制，器壁很薄。仅存口部。直径约 16 厘米。

11. 鉴二件（105、106）。105 号折沿敛口，深腹，平底，腹部有对称的兽面衔环铺首二个。高 8.5、口径 32.3 米。106 号折沿侈口，平底，腹部有对称的倒形兽面衔环铺首二个。高 9、口径 46 厘米。

12. 洗一件（101）。折沿，平底，体薄，锻制。已残，高 6、直径 28.3 厘米。

1. 独角兽（51）

2. 釜甑（100）

5. 镰斗（93）

6. 排状器（104）

3. 扁壶（53）

4. 盆（96）

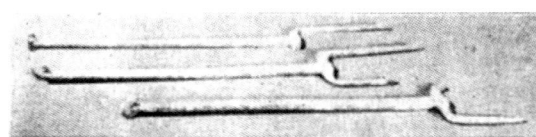

7. 叉（55—57）

8. 削（58）

图十八　武威雷台汉墓出土铜器

13. 尊一件（102）。高 14、口径 23.8 厘米。折沿，平底，三蹄形足。腹部有对称的兽面衔环铺首二个，已缺一环。兽面上镶嵌红、绿宝石，兽口涂朱。器身内外和器盖内外都以鎏金错银组成精美的花纹。口沿和腹上部为流云纹，下部为四"瑞兽"纹间以流云纹。器内底部为蟠龙纹，腹内壁为龙、虎、朱雀纹，间以流云纹。盖顶中心有钮，穿环。钮周柿蒂纹，其外为"四灵"纹，间填云纹。盖沿还有"瑞兽"间云纹一周。盖内正中饰蟠龙纹，周围饰朱雀、"瑞兽"等，间以流云纹（图十七，1）。出土时，腹下部遗留有使用磨损的痕迹。

14. 簠形器一件（103）。高 4、长 21.5 厘米。长方形，平底，折唇，侈口。用途不明。

15. 熨斗一件（91）。斗作勺形，内有灰烬迹，口径 12 厘米。有柄，长 8 厘米。

16. 镳斗一件（93）。斗作勺形，长柄，柄首龙形，斗径 14.2、柄长 21 厘米。斗底已残（图十八，5）。

17. 薰炉一件（92）。高 10 厘米。器表鎏金。下承以盘。炉身似鼎，底镂孔，三足连于盘上。炉盖镂孔，顶有小钮。器身和盖附以合页连接（图十七，3）。

18. 灯一件（94）。筒形，有盖。盖顶中心有圆孔。盖与器身以链条系结。三蟾足，上承筒身，下连托盘。通高 8.5 厘米（图十七，4）。

19. 连枝灯二件（112、113），形式近似。均由盏、叶、干枝和座等部分组成，但又略有不同。112 号为十二灯，高 1.46 米；113 号为十三灯，高 1.12 米。113 号的灯座作倒置喇叭形。座面饰"瑞兽"纹和云纹。座上竖立干枝三段，三段等长，接连而上。每段干枝的两旁有连环，环上有镂空片饰，内雕镂二人象，相对而立。每段干枝衔接处有孔，孔内插入十字形架，十字形架中空，尽头均横插透雕叶饰，作鸾凤缠枝纹。叶饰末端上托小盏灯一个，每个小盏灯的沿边上又插桃形叶饰各三个。干枝最顶端承托一大盏，大盏沿边，也插有桃形叶饰三个。合计连环镂空片饰三，鸾凤缠枝叶饰十二，上托十二盏灯，加上干枝顶的大盏灯，共十三盏灯。现存六盏，盏上的桃形小叶饰已部分缺失（图十九，1）。

112 号的灯座作覆钵形，座上亦竖立干枝三段，每段干枝的两旁亦有连环，环上镂空花

1. 十三连枝灯（左 113，右局部）　　　　2. 十二连枝灯（左 112，右局部）

图十九

片饰，但无人象。每段干枝衔接处有孔，孔内插十字形架三。每架之上有盘，盘底中心有插孔，应有三盘，现存一盘。十字形架的末端各有一孔，每孔横插透雕叶饰各一，每一叶饰上托小盏一具，每盏沿边上插有桃形叶饰各一。十二个透雕叶饰，由下而上，依次递小，即下段干枝上的叶饰最大，中段叶饰次之，上段叶饰最小。干枝的最顶端承托连环，环上又承托人骑鹿形花饰。原为十二小盏，现存八个，桃形饰已部分缺失（图十九，2）。

20.弩机二件，仅存牙和悬刀，余缺失。一件（107）郭长14.3厘米。另一件（108）郭长12.3厘米。

21.剑一件（109），已残断。残长41厘米。

22.叉三件（55—57），均稍残。两股，长柄，环首。通长26—29厘米（图十八，7）。

23.削一件（58）。直背弯刃，环首。长25.7厘米（图十八，8）。

24.钩六件（114—119），大小同。上有铆环，下垂曲钩，似为帷帐上的挂钩。通长7厘米。

25.排状器一件（104）。现存四片，似舆栏镂雕棂格，但不等长。最长16厘米。用途不明（图十八，6）。

26.器盖一件（95）。椭圆形，长10厘米。

27.独角兽一件（51），出墓门外，当为镇墓兽。独角，作低首角触状，尾向后翘，四足伫立。高21厘米（图十八，1）。或疑为古代传说中的獬豸。

（三）漆器

墓中出土漆片很多，均残碎，估计随葬漆器不少，能看出器形的仅三件：

1.尊一件（120），通体饰鎏金错银铜釦，制作精美。夹纻胎，已朽，仅存釦件。依釦件复原，高26.5、口径24厘米。筒身，平底，三兽面纹饰的蹄足，有盖。尊身上部有兽面衔环铺首三个。盖顶中心隆起，上有曲形提饰。提饰素面，外表鎏金。盖顶中心有环形釦件，线刻六格，内错蒂形花纹。盖沿线刻朱雀、玄武、青龙、白虎等纹饰，间以流云纹。盖与身的边釦和器身中部的箍釦皆鎏金，箍釦作瓦纹。尊身边釦和箍釦之间的釦件，线刻奇禽异兽，间以流云纹（图十七，2）。此件盖金错银铜釦漆尊，可与鎏金错银铜尊（102）媲美，工艺造诣很高。

2.漆盘（？）一件（121），仅存铜釦口沿和底圈。口径42、底径27厘米。

3.漆盒（？）一件（122）。胎已腐朽，只存部分鎏金铜釦，似为椭圆形、带盖、并有提梁漆盒。

（四）陶器

有灰陶釉陶两种。灰陶有碗、瓮、罐、盆，共十四件。釉陶有罐、壶、灶、楼院和仓，共十三件。

1.碗一件（123）。出土于中室。高7、口径18.5厘米。碗外下部刻有"张家奴字益宗"，

1. 楼院（147）　　　　　2. 仓（148）　　　　　3. 灶（146）

图二〇　武威雷台汉墓出土陶器

一行六字（图二一，4）。制作粗糙，当是墓"主人"家奴益宗的用碗。它和墓中出土的鎏金错银铜尊（102）形成鲜明的对比。

Ⅱ式：灰陶五件，黄釉陶六件。侈口，肩部有凸棱一道。大腹，平底。腹部大多有凹弦纹和水波纹。以130号为例，高25、口径12.5厘米（图二一，3）。

2. 瓮　二件。一件（124）卷沿，广肩，大腹，平底。表面绳纹，腹外上部有附加压印纹三道。高58、口径42厘米（图二一，8）。另一件（125）小口，短颈，颈下有凸棱一道。圆鼓腹，腹上部有压印纹一道。高36厘米（图二一，7）。

3. 罐　十六件，内灰陶十件，釉陶六件。可分两式：

Ⅰ式：灰陶五件。小口，有颈，大腹，平底。腹部有凹弦纹和水波纹。以137号为例，高32、口径12厘米（图二一，1）。个别在腹下部有绳纹，如126号，高28厘米（图二一，2）。

4. 盆一件（142）。折沿，平底。高13、口径32.5厘米（图二一，5）。

5. 壶三件（143—145）。表面绿釉，形式同，略有大小，高分别为31、34.5、36厘米。直敞口，高颈，圆腹，八棱假圈足。口部、肩部和腹部有弦纹，腹中部模印对称的兽面铺首二个（图二一，6）。

6. 楼院一件（147）。通高1.05米，施黄绿釉。平面为长方形，四周院墙，正面开门，上建门楼，已失。门侧各出一斗拱，一斗三升，承挑门楼屋檐。门左右两旁上部各开一窗。院墙内左中右三面又设复墙，每面复墙各开小门。后面复墙，中隔为二。院中建有五层高楼，每层四面出檐，正面开门设窗。院墙四隅上建角楼，高二层。各角楼之间和门楼，均架设有栏杆的天桥相通（图二〇，1）。这当是当时的楼橹坞壁建筑模型。

7. 仓二件（148、149）。均黄绿釉。大小同，器形也相似。仓身方柱形，正面开门。仓顶四面出檐。高23厘米（图二〇，2）。陶质与楼院相近，很可能是它的附属建筑。

8. 灶一件（146），黄绿釉，平面马蹄形。灶面有二圆孔，前孔置釜甑，后孔置一釜，高

1. I 式罐（137）　　2. I 式罐（126）　　3. II 式罐（130）　　4."张家奴益宗"碗（123）

5. 盆（142）　　6. 釉壶（143）　　7. 瓮（125）　　8. 瓮（124）

图二一

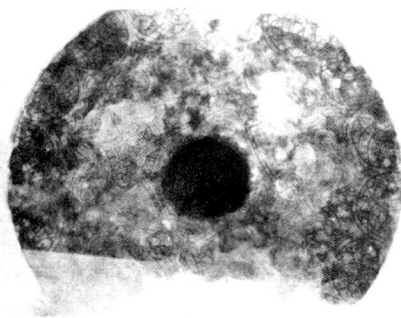

1. 铁镜出土原状　　　2. X 光透视的铁镜

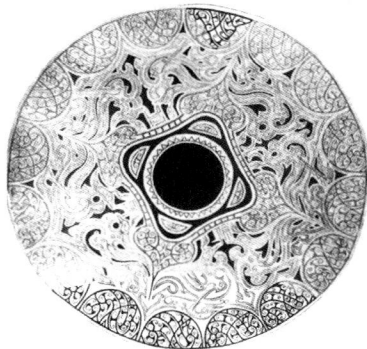

图二二　X 光透视的铁镜

图二三　铁镜复原

26 厘米（图二〇，3）。

（五）铁器

1. 镜一件（150）。直径 21 厘米，锈甚，已残。正背两面有残存的丝织物痕，当是镜绥和包裹。镜背中心有半球状钮。经 X 光透视，镜背显出精致的金银错纹。钮周围错四蒂形的蔓枝花纹。四蒂纹之间，错篆书"长宜子孙"四字。下方错鸾凤四只，两两相向。边缘错连弧状的蔓枝花十六组（图二二、二三）。金银错纹饰，繁缛秀丽，错工精致，工艺水平很高。

2. 矛二件（110.111），均残锈。銎内尚存朽木痕迹。110 号残长 13 厘米。

3. 伞橑股一件（151）。伞的杠、盖已朽失，现存橑叉三股，表面贴金，长约 74 厘米。每支股叉分制二段，环节相连，可以屈张，可以直束。股叉上段各有弓帽刺，以固伞盖。三支伞股的上端，用一些鎏金铜华蚤铆孔相连，可以屈伸。华蚤作独角兽形，四足蹲锯（图二四，8）。此外，有鎏金铜束一个，似为伞杠柄上束股叉的构件；铜帽一个，孔较大，制作粗糙，可能是杠下端的铜帽。

4.合页一件（152），残长13厘米。

（六）金、银、玉、石器及其他

1.金鎯（？）二件（153、154）。似铃，中空，上有柄环，长4.2厘米。一重30.35克，一重31.35克。《后汉书·杜笃传》："若夫文身鼻饮缓耳之主，椎结左衽鎯鍝之君。"李贤注引"《山海经》曰：'神武罗穿耳以鎯'。郭璞注云：'金银器之名，未详形制。'……案今夷狄好穿耳以垂金宝等，此并谓夷狄之君长也。"故疑这二件金器，可能就是我国古代西北少数民族的耳饰——金鎯（图二四，7）。

2.银印四枚（155—158），皆方形龟钮。二枚稍大，边长25厘米；二枚较小，边长23厘

1.龟形石垫（166）

2.石灯（162）

3.玉带钩（160）

4.琥珀珠（165）

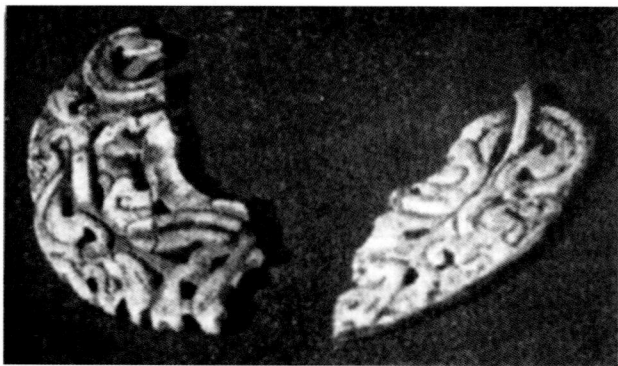

6.骨璧（163）

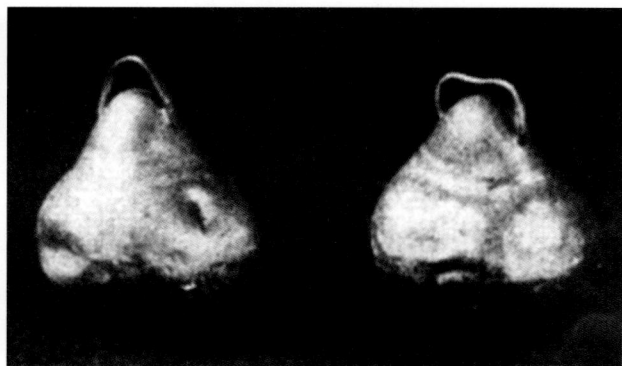

7.金鎯（153、154）

5.银印（155—158）

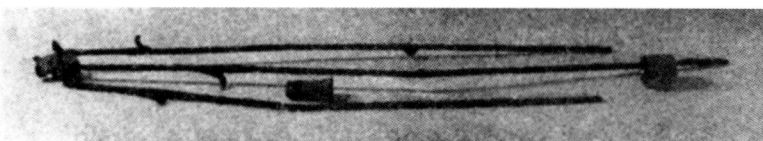

8.铁伞橑股（151）

图二四　武威雷台汉墓出土器物

米。印文已严重剥蚀，156 号印文已无存，余三枚部分可辨识，分别为"□□将军章""□□□军章"和"□□□□章"（图二四，5）。

3. 玉带钩一件（160）。青白色。钩首雕龙形，钩背有钮。长 10 厘米（图二四，3）。

4. 石砚一件（161）。片麻岩薄片磨制，已残。砚面长方形，宽 14.3、残长 13.6 厘米。砚边琢出棱线。砚池平滑，满布墨迹，中心尚有磨墨时的圆圈痕迹。

5. 石灯一件（162）。形似长把豆，座半球形，灯盘敞口。高 29 厘米（图二四，2）。

6. 骨璧一件（163），已残。一面雕蔓枝花饰，另一面无纹饰。直径约 10 厘米（图二四，6）。

7. 骨梳形笄一件（164），已残。五齿。长 17、宽 1 厘米。

8. 琥珀珠八枚，皆雕成虎形。深红色，发亮。扁圆形，中穿孔。大小不等，长 1.2—2.5 厘米（图二四，4）。

（七）钱币

出土铜钱二万一千一百二十五枚（另有残破者七千枚左右，未计算在内），其中有"半两""货泉"和大量的"五铢"钱。此外，有铁钱三枚。

"半两"十五枚。边缘无周郭，方穿，面上有"半两"二字。分大小两种，分别为直径 24 毫米和 21 毫米，皆属西汉的小"半两"（图二五，1）。

"货泉"九十三枚。方穿，缘边有郭。正面有"货泉"二字。有大小两种，直径分别为 23

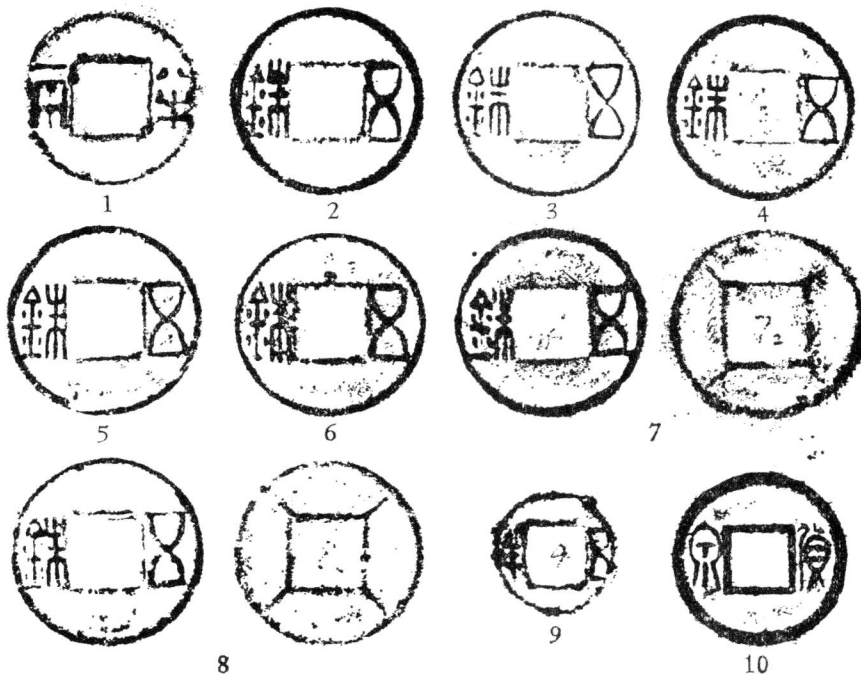

图二五　铜钱（原大）

1. 西汉"半两"　2、3. 西汉"五铢"　4—9. 东汉"五铢"　10. 王莽"货泉"

毫米和 20 毫米。皆为新莽钱（图二五，10）。

"五铢"二万一千零十七枚。其中少量是西汉五铢"（图二五，2、3）。绝大多数是东汉"五铢"，尤以剪轮和磨郭的"五铢"为多，达一万一千五百九十四枚（图二五，4—9）。此外，有"铤环五铢"一枚，"四出五铢"七枚（图二五，7、8）。完整的"五铢"钱，直径 25—26 毫米。东汉五铢钱的特征是，"五铢"二字较为宽大，"朱"字圆折；"金"字四点较长，头如一三角形；"五"字笔画比较弯曲。钱面上有一部分带有一、二、三、十、T，以及小圆点等符号。《洛阳烧沟汉墓》划分的"五铢"第三、四、五型，在此墓中都有发现。特别是"四出五铢"。更具有时代特点。对此墓断代有很大帮助。

此外，还有铁钱三枚。方穿，圆郭，无文字，直径 21 毫米。《洛阳烧沟汉墓》1035 号东汉晚期墓曾出土一枚，与此近似。

四、铭文考释和墓"主人"问题

墓中出土的三十九件铜马中，有八件马胸前刻有铭文。依铭文的内容分为三组，并分别考释如下。

（一）第一组

冀张君骑一匹，牵马奴一人。冀张君小车马，御奴一人。冀张君夫人輂车马，将车奴一人，从婢一人。

冀《玉篇》冀"同冀"。地名。西汉时，天水郡有冀县。东汉明帝永平十八年，改天水郡为汉阳郡。《续汉书·郡国志》汉阳郡下有冀县。冀县故城，据《嘉庆一统志》："在今伏羌县南"，即今日的甘谷县南。

小车马《说文·车部》："轺，小车也"。小车马，应是一种供人乘用的轺车和驾马。

輂车马《说文·车部》："輂，大车驾马也"。輂车马，应是供人乘用的大车和驾马。

（二）第二组

守张掖长张君郎君阿邮骑马一匹，牵马奴一人。守张掖长张君前夫人輂车马，将车奴一人，从婢一人。守张掖长张君后夫人輂车马，将车奴一人，从婢二人。

守 试为署理官职。《汉官仪》："汉官皆试守一岁为真。"《汉书·平帝纪》注引如淳曰："诸官初加皆守一岁，迁为真，食全奉。"

张掖长 张掖，汉武威郡属下的县（见《汉书·地理志》和《续汉书·郡国志》）。《嘉庆一统志》：张掖县故城，"在今武威县南"。清人赵元普认为即现在武威县南一百二十华里处的张义堡"。长，《续汉书·百官志》："县万户以上为令，不满为长"。

（三）第三组

守左骑千人张掖长张君骑马一匹，牵马奴一人。守左骑千人张掖长张君小车马，御奴一人。

据《续汉书·郡国志》武威郡属十四城，其中有"张掖"和'左骑千人官"的县级建置。而《汉书·地理志》载武威郡辖县十，十县之中有"张掖"县[①]，不见有"左骑千人官"。可见武威郡属的"左骑千人官"乃东汉时增置。东汉"建武六年，省诸郡都尉，并职太守"之后，有些郡仅置低于都尉的"候官"或"左骑千人官"[②]，例如《郡国志》所载的上郡，辖十城，末为"候官"；武威郡辖十四城，末为"左骑千人官"。"官"是官署，故治于"城"。《汉书·地理志》武威郡属的休屠县条下本注曰："都尉治熊水障。北部都尉治休屠城。"东汉时，武威郡仍有休屠县。据《嘉庆一统志》：休屠故城"在今武威县北"。东汉时增置的武威郡属的"左骑千人官"治所，很有可能就在西汉的都尉治所熊水障。

"左骑千人"和"张掖长"为三百石或四百石的官吏。据《续汉书·百官志五》："每县、邑、道，大者置令一人，千石；其次置长，四百石；小者置长，三百石。"

以上三组铭文，刻记了三个不同职位的"张君"，连同其夫人，合计六人。如果认为"张君"实为一人[③]，加上他的前后夫人也应有三人，这与墓中发现的棺木情况也不符合。从此墓的营建规模及其众多的随葬陈设，也不是相当于县级的三四百石的官吏所能拥有。根据墓中随葬的四枚龟钮银印以及墓制等方面推测，此墓似应为比二千石的某某将军夫妻合葬墓，理由如下：

一、两汉之制，比二千石以上的官秩才受银印。按《汉书·百官公卿表》："凡吏秩比二千石以上皆银印青绶。"颜注引《汉旧仪》云："银印背龟钮，其文曰章，谓刻曰某官之章也。"王先谦《补注》引王鸣盛曰："二千石文曰章，故朱买臣传云：'视其印，会稽太守章也。'"墓中出土的四枚银印，残存有"将军章"或"军章"字样，说明墓主人也应为比二千石以上的大官。

二、四枚银印皆龟钮，同出土的汉晋金银印的形制及官职基本一致。解放后发掘和传世的汉晋龟钮金印和银印有"滇王之印"[④]、"平东将军章"[⑤]、"晋乌丸归义侯"[⑥]、"晋鲜卑归义侯"[⑦]（以上金印）、"刘骄"[⑧]、"校尉之印章"[⑨]、"稗将军印章"[⑩]、"奉车都尉"[⑪]、"驸马都尉"[⑫]等等，都

---

① 李鼎超《陇右方言》（未刊稿）引赵元普云："武威（县）城东南百廿里有张义堡。张义，即汉武威郡之张掖县。"鼎超按："掖从夜声，夜从亦声，亦音近义而借用耳"。

② 陈梦家：《汉简所见居延边塞与防御组织》，《考古学报》1964年1期。

③ 陈直：《出土文物丛考》，《文物》1972年6期。

④ 云南省博物馆：《云南石寨山古墓群发掘报告》，北京：文物出版社，1959年，图版壹零柒。

⑤ 山东省文物管理处：《山东文物选集》，北京：《文物出版社》，1959年，第106页。

⑥ 内蒙古文物工作队：《内蒙古出土文物选集》，北京：《文物出版社》，1963年，第57页，图90—92。

⑦ 同上。

⑧ 中国社科院考古研究所：《长沙发掘报告》，北京：科学出版社，1957年，第119页，图七七，2。

⑨ 《成都发现的汉校尉银印》，《文物参考资料》1957年12期，第83页。

⑩ 1972年冬发现于酒泉县崔家南湾2号墓（魏晋时），现存酒泉县文化馆。

⑪ ［清］冯云鹏：《金石索》。

⑫ ［清］冯云鹏：《金石索》。

可为证。

三、一人拥有多枚银印的事例在文献中也能看到。与墓"主人"差不多同时的张奂，历任"安定属国都尉"、"使匈奴中郎将"、"武威太守""度辽将军""大司农"、"少府"、"太常"等职，"前后仕进，十要银艾①。死后以其本官职"印绶"随葬的也不乏其例②。

四、此墓与潼关吊桥发掘的杨震、杨彪墓③形制极为相近，说明此墓死者与杨震、杨彪的官职地位当相去不远。

五、墓中出土的车马行列，基本上符合《续汉书·舆服志》所载的官秩二千石的"导从"制度；参照墓主身分可能与此墓相当的沂南汉墓画像④、安平汉墓壁画⑤和辽阳北园汉墓壁画⑥也基本一致。《续汉书·舆服志上》：

公卿以下至县三百石长导从，置门下五吏、贼曹，督盗贼功曹，皆带剑，三车导；主薄、主记，两车为从。县令以上，加导斧车。……璅弩车前伍伯，公八人，中二千石、二千石、六百石皆四人，自四百石以下至二百石皆二人。黄绶，武官伍伯，文官辟车。铃下、侍阁、门兰、部署、街里走卒，皆有程品，多少随所典领。……

公以下至二千石，骑吏四人，千石以下至三百石，县长二人，皆带剑，持棨戟为前列，捷弓韣丸鞬。

此墓共有七辆轺车，皆用一马驾乘，与沂南汉墓的八辆轺车，一车驾一马，斧车前导者相同。七辆轺车中，包括斧车一辆，主车一辆；余五辆，当是属车。斧车也应是前导。在安平汉墓壁画中，绘有十七武士的行列：二骑并列为领，十五骑分三列为从。此墓出十七武士，内有二人着帽与众不同，象是领队。至于"张氏奴"八人，大概是以家奴充当"伍伯"四人、"辟车"四人，并列在主乘轺车之前。据上引《舆服志》，二千石"骑吏四人"，辽阳北园壁画在主车后画有骑从五人，此墓则出主骑一匹，当为墓"主人"乘骑；从骑四匹，应是前后并列的骑吏骑马。

由此我们认为此墓应为"□□将军"的夫妻合葬墓。再从墓中出有"张家奴字益宗"刻文的陶碗判断，墓"主人"应姓张。可称为"张某将军"夫妻合葬墓。有人认为四枚银印"或为其先世之官职"随葬于后世张君墓中的⑦，这种说法恐怕是值得商榷的。

三组有铭文的铜车马及其"御奴""奴婢"等造象，则可能是墓"主人"属下的三位张君赙

① 《后汉书·张奂传》。

② 杨树达：《汉代婚丧礼俗考》，上海：商务印书馆，1947年，第117—118页。

③ 王玉清：《潼关吊桥汉代杨氏墓群发掘简记》，《文物》1961年1期。

④ 南京博物、山东省文物管理处：《沂南古画像石墓发掘报告》，北京：文化部文物管理局，1956年，图版49、50。

⑤ 1972年发现，资料存河北省博物馆。

⑥ 《辽阳北园壁画古墓志略》，《沈阳博物馆筹备委员会汇刊》，1947年第1期。

⑦ 陈直：《出土文物丛考》，《文物》1972年6期。

赠的随葬物。按车马行列次序，这三组车马似应排列在主车与主骑的后面。

五、墓葬年代

在八匹铜马上的刻文中，有二匹刻"守左骑千人张掖长"字样。张掖县和左骑千人官，并见于《续汉书·郡国志》的武威郡属，上文已提及。左骑千人官的建制不见于东汉以前，也不见于东汉以后，它是东汉时代相当于县级的特有建制。此墓属东汉，自毋庸置疑。

从墓葬形制看，此墓为带有封土和斜坡墓道的多室砖券墓。这种墓制，在甘肃、陕西、河南、河北、内蒙等地都发现过，年代大都属东汉后期。随葬的铜器、陶器形式与上述地区也相类似。从出土的陶罐、陶壶、陶瓮、陶灶以及铁镜等，与洛阳烧沟"建宁三年"墓（M1037）[1] 极为接近。前、中、后三墓室皆作盝顶，顶部彩绘莲花藻井，与山东沂南汉墓[2] 相同。这些都可以证明此墓也应属东汉晚期。

此墓出土铜钱二万多枚，其中主要是东汉五铢，尤以东汉晚期流行的剪轮五铢和磨郭五铢为多。七枚"四出五铢"的发现，更带有年代特点，《后汉书·灵帝纪》：中平三年，"又铸四出文钱"，一般认为就是这种"四出五铢"钱。如果这个看法不错，则此墓的年代上限不能超过"又铸四出文钱"的中平三年（公元186年）。

综合以上的分析判断，这座墓应是东汉灵帝中平三年至献帝期间（公元186—219年）下葬的。

原文刊于《考古学报》1974年第2期

---

[1] 中国社会科学院考古研究所：《洛阳烧沟汉墓》，北京：科学出版社，1959年，第76—78页。

[2] 南京博物、山东省文物管理处：《沂南古画象石墓发掘报告》，北京：文化部文物管理局，1956年，图版23、81。

雷台汉墓一号墓正面照

雷台汉墓

雷台汉墓，位于武威市凉州区金羊镇新鲜村雷台公园内，由一号墓和二号墓组成。两座墓均在长方形夯筑土台的台基下，座西向东，南北并列，南为一号墓，北为二号墓。一号墓发现于1969年9月，由甘肃省博物馆与原武威县文化馆清理发掘。墓室全长（墓道除外）为19.34米。由墓门、甬道、前室（带左、右耳室）、中室（带右耳室）和后室组成，墓室砖砌，覆斗形顶。墓门及墓室均以黑色和白色涂绘出各种几何形图案。共出土铜器、金器、银器、陶器、漆器、铁器、骨器、玉器、琥珀等随葬品231件，铜钱2万多枚。其中出土的铜奔马仪仗俑中，有驰名中外的"马踏飞燕"。二号墓于1996年5月发现，有前、中、后三室，后室有两个墓门。因历代盗掘严重，仅出土有陶器残片、几枚五铢钱和铜马尾等少量遗物。雷台汉墓为研究汉代政治、经济、军事、文化提供了珍贵的实物资料。1993年，雷台汉墓被甘肃省人民政府公布为省级文物保护单位。2001年，被国务院公布为第五批全国重点文物保护单位。

文字：编者

摄影：黄琇

武威汉简在学术上的贡献

甘肃省博物馆

今天甘肃省的武威县，在汉代为武威郡治所在的姑臧县。自汉武帝置郡以后，迁徙内地居民，兴筑长城，设立烽燧，屯戍守望兵卒，改变了河西走廊政治上经济上和文化上的面貌；而在中西交通的关系上，它成为沟通中国内地与西域的走廊，也成为通向欧洲"丝路"的起点，在中西商业交通与文化交流上起了纽带作用。

在汉朝置郡以后，这里在经济制度、农业技术和学术文化方面也有了进步。两汉之际，河西地区，特别是姑臧，成为较为殷富的地方。尤其在西汉之末，由于地主阶级无限制的兼并，迫使农民小工商的破产，土地高度集中与农民转化为奴隶，成为当时最尖锐的矛盾，终于在王莽的统治时期爆发了全国性的大规模农民起义。在这样动荡不定的斗争局势下，河西比较可以苟安一时，在当时有不少地主豪富在这里定居或从内地迁移到这里。所以我们今天到武威等地的郊外远望，可以看到成群的汉墓群，散在田野山坡，磨咀子即其中之一。这里是河旁台地，土质坚硬，全部是土洞墓。由于河西土质干燥的有利条件，所以墓内随葬品较一般砖室墓保存得较好，这就成为磨咀子墓葬的特点，其他各县，还很少见，因此这些汉墓能较好的保存了地下的埋藏。

甘肃博物馆的文物工作队，在武威地区曾经进行了调查，从1957年到1959年曾清理并发掘了37座汉墓。1959年7月所清理的磨咀子第六号墓，出土了一大批汉代竹木简，引起了学术界的极大重视。这是我国考古界十年来最重要的发现之一，它的出现在学术研究上提供了宝贵的资料。

古代竹木简，在我国历史上曾有过三批重要的出土。西晋太康二年（公元281年）汲郡魏墓出土了战国晚期竹书十六部七十五卷十余万言；其流传至今者，有史书的纪年和小说性质的穆天子传，最为重要。1900—1916年间敦煌附近出土的汉晋木简和1930年额济纳河流域出土的两汉木简，除了极少数的杂书之外，大多数是屯戍的文书簿录和书牍。1949年以来，考古工作者在长沙、信阳等地先后四次发掘到战国竹简共二百余简，大多数是，赠送死者物事名单的"赠册"。而这次武威出土的竹木简除了少数日忌杂简以外，乃是整齐的包含九篇仪礼的一部经书，它的内容的丰富及其形式的完整是以前各批所不及的。

磨咀子第六号墓是一座夫妇合葬的小型土洞墓，出土物与其他各墓大致相同，除常见的陶器、木器外，在南棺棺盖上保存一部经书，清理前受到扰乱和散失。经过仔细整理、辍合并与书本对校，乃知这一部经书共包含了三部分。甲本是七篇仪礼，木简；乙本是一篇"服传"，它和甲本的服传是相同的钞本，但木简稍短而狭，字小而紧密；丙本是竹简写的"丧服"经。甲本木简应为 422 简，缺失 24 简，实存 398 简；乙本木简 37 简，不缺；丙本竹简 34 简，不缺。甲乙丙三本原共 493 简（今存 469 简），除 34 简为竹简外，都是木简。另外，又有日忌杂占小木简 11 简，合共 504 简，这是当初随葬的总数。今存甲乙丙三本 469 简，加日忌杂简 11 简，共存 480 简，较原初缺少了 24 简。甲乙丙三本九篇，共存字约二万七千四百余字，较之熹平石经七经残存八千数百字，多了将近两万字。

这一批竹木简的最可贵之点有三。第一，它是七篇完整的仪礼，而仪礼是构成古代经典的重要成分之一；有了西汉时代写本的出现，对于我们研究汉代经学和仪礼的版本、校勘得到了重要的启发和第一手的资料。第二，它不是散乱的残简零札，而是完整齐全具有叶数的书册，使我们第一次看到西汉经师所诵习的经书的样式，对于我们复原汉代的简册制度提供了具体的例证。第三，在所有出土木简中，它是保存最完好的，大多数的木色墨迹如新；它虽稍有残缺，但每一篇的首尾俱全，因此保存了原书的篇题、尾题、叶数和它们原来的次第。读者将从不久印刷出来的照片和临摹本上，可以一目了然的看到近于原式的西汉九篇经牒。

以下我们分别就武威汉简在经学研究上和有关简册制度的贡献，简略的叙述一下。

仪礼十七篇，在西汉立于学官，是五经博士之一，本属于今文学。现在传流的"今本"，如阮刻十三经注疏本，乃郑玄注而贾公彦疏的。贾疏本之杂糅今文古文的郑玄注本，而唐开成石经本亦略同于郑注本和贾疏本。西汉礼学，是由后仓开创的，他的弟子有大戴（德）小戴（圣）和庆普三家，这是今文学。刘向亦曾编次礼，称为古文学，马融、郑玄、王萧属于这一学派。大小戴所传的"礼记"，不能代表两戴礼，而采用大戴的熹平石经的礼又是极残缺的，因此我们今天看不到纯粹的后氏今文礼。

今文和古文的分别，表现在以下五点上。一、文字相异，如今本的埽、简本作骚，或如今本的妥、简本作绥。二，异读，包括不同的书音（字的读音）和句读（断句）。三，文词增损，包括虚字和实字或有或无。四、训诂说解的不同。五、篇次、章句的不同，包括对于一句一章在一篇中的分割和十七篇先后次第的安排。由此不同，产生了不同的师法和家法；师法主要在守同一本经，家法助表现在篇次、章句和说解上。就此种种，可以对照出简本的性质。

武威本仪礼和今本最大不同之处有二、一是编次，一是服传。简本的服传相当于今本的丧服篇，但内容上大有差别。我们在以武威简本和今本及两戴礼作比较的过程中，可以判定武威简本的家法，也可以因而看到丧服篇的如何形成，也同时说明了十七篇的如何形成。郑注本虽是今古并存，然东汉的古文礼的本质，也从其中透露；两戴礼记虽不能信以为大小戴的家法，而我们还可以依据甘露中石渠论义中所流传下来的"石渠礼论"以及大戴的"丧服变除"，这两篇都已亡佚，在唐代杜佑的通典中保存了一些。

根据郑玄"三礼目录"所述，礼的编次有三种：大戴，小戴和刘向别录的。简本和这三种都不同，如武威礼第八篇是服传（即丧服经传），大戴第一是少牢，小戴第一是士虞，刘向别录第八是聘礼。由此可知简本不是今文两戴本，也不是古文别录本。但是以简本的篇次和三家来比较，近于小戴。它和小戴不同之处，仅在于士丧、既夕两篇与燕礼、大射两篇互易其先后次第而已。

郑玄仪礼注，曾详细注出某字古文或今文作何字形，也注出在文词上古文与今文的差别。据此与简文比较，七篇之中简本同于所谓今文的有60条，同于所谓古文的有27条，又有若干条简文既不同于今文也不同于古文。在这中简，凡虚字实字的或有或无，简本皆近于今文。由此可知简本当是今文。但是在郑注之外，简本的字形和包括古文的今本对校，文字相异者有200条以上。简本和代表大戴的熹平石经也不尽同，而熹平石经近于今本。由此可知简本虽当是今文而不是两戴的今文，它可能是今文的第三家。

宣帝甘露三年诏诸儒讨论五经同异于石渠阁，参加讨论礼的是戴圣，闻人通汉、萧望之、韦玄成和宣帝的使者梁丘临五人，宣帝称制裁可。前三人是后氏弟子，代表今文后氏礼的师法。就通典所引"石渠论义"所讨论的，大部分是服传的问题。他们引用了同于丙本的丧服经，也引用了服传。后氏的弟子戴、闻人、萧三人有同意于服传的传义的，也有异义的。由于此三人引用同于丙本的丧服经，则知后氏弟子三人与简本同一师法，即同宗后氏的礼经经本，故汉书艺文志说礼"经十七篇，后氏，戴氏；"由三人不同于服传，即知服传不是戴、闻人、萧的家法。大戴未曾与议石渠，但从通典所引他的"丧服变除"来看，他的经文同于丙本丧服而它有不同意于服传之处。由此可知属于甲本七篇之一的服传，不出于两戴或闻人、萧之手。简本在师法上必须属于后氏，则家法必不是两戴和其它后氏弟子，则简本只可能是庆普的了。

今本的丧服篇本来称作"丧服经传"，因为它有所谓"子夏传"的传文。甲乙简本"服传"也有传，但它和今本有详略之异。东汉的白虎通曾四次引到"礼服传"，和简本服传大同小异；白虎通引丧服或称为"丧服经"或称为"礼服经"。据汉书，后仓与夏侯胜俱师事夏侯始昌而胜"善说礼服"，萧望之师事同县后仓而又问"礼服"于胜，可见礼服、礼服传和后仓的关系。因此，服传可能传自后仓，也可能是庆普所为。它之出现，应在宣帝甘露三年以前。后仓为博士在昭帝时而两戴、庆氏三家为博士俱在甘露三年前后。因此我们推断简本的本子是宣帝时代的，而武威简本因是钞本，它的缮写年代可能在后。

后仓同时也是传辕固齐诗的人，他的礼经中引用诗经应该是齐诗。但今本燕礼、大射所引诗的篇名，却完全同于古文学的毛诗，显然是经过郑玄辈改动过的。武威汉简，既然可能是后、庆的经文，因此它所引诗篇各有不同于毛诗的，如卷耳作縀耳，采蘋作采藻，乃是齐诗。如此，可以确定武威本是西汉时代后、庆相传下来的今文礼。

十七篇中唯丧服有传文，武威丙本是没有传的全经全记本，它和今本的经、记大致相同。甲乙本的服传不同于今本，其主要的相异点是：凡是今本附有传文的经文、记文各条，甲乙本俱有；凡是今文不附有传文、记文各条，甲乙本俱省略。由此可知服传是根据丙本一类的全经全记，删略了若干经、记，而为所录的经注作了传注解释。服传既已在甘露石渠论义时出现了，那末今本的形式乃是郑玄或其前的古文学家，拼合了甲乙本和丙本而成的。因此，今本之中既保存了后、庆的服传，也掺杂了古文的成分。武威甲本，成为未被郑玄打乱师法家法以前完全的今文礼本。武威丙本则代表未附传文以前更早的一个本子。

现在西安碑林的唐开成石经，仪礼十七篇，除了丧服，都是不分段的一连贯的分篇刻下。只有丧服分为十二段（一段是记）。甲乙丙三本，也分为十二章，而且章之下还分句。北宋本贾疏的丧服不分段，但已提到十一章经的分设。甲本其它六篇，也分了章，是用圆点或圆圈作为章的记号的。如此我们看到的简本仪礼，是有着西汉章句标识的经本。

我们推定武威礼这个"本子"，出现于西汉中期的昭、宣时代，即后、戴、庆生存活动的时代。而武威简本是根据这个"本子"而钞写的，它的时代应在宣帝以后。武威简本在入葬以前，不是为了殉葬而钞写的，乃是墓主人平日诵习所用。因为简册上有过削改和读书的记号。在简册放在一起的日忌木简背后有墓主自书的一行字"河平年四月四日诸文学弟子出谷五千余斛"这说明了墓主生存于西汉成帝时，而其人或者属于所谓文学弟子，或者是文学弟子之师。西汉所谓文学乃指经学。当时学校选举制度之一，是郡国设立学校，其教官称为"郡文学"。由皇帝征召或由郡国选送京师的文学之士，称为"郡举文学"。这些郡举的文学之士可以到太常受业于博士官如博士弟子，亦可以参加岁试，中科任官。"文学弟子"一词，汉书所未见，大约即指郡举文学赴京师受业于博士者。据成帝记，河平四年三月黄河水灾，遣博士孟嘉等十一人赈贷灾民，或即此事。无论如何，墓主当为经师。后汉时教授尚书的周磐，死前遗命写尚书尧典一篇置棺前。此墓以一部仪礼（内有三篇丧服）随葬，则墓主可以推测为教授仪礼的经师，其身分与简背题字相合。自河平至王莽称帝三十余年，而此墓中已有王莽货币，即其人之死或在新代。然墓为夫妇合葬，可能妇死于后，合葬于新代，则此经师亦可能亡于西汉之末。总之，他的活动时期可以推定在西汉晚期，这正适合于这些简册的钞写时代。

过去学者对于西汉两戴庆氏三家之学立于学官有所怀疑，对于今传郑、贾之本究竟包含了多少三家今文未能加以判别，对于三家今文的真实面貌也模糊不清。现在出现了西汉简册写本的今文礼，可以澄清上述一些问题中的某些部分，也可以推测自汉初至东汉晚期仪礼的逐渐形成今本的过程。西汉写本礼的出现，为研究西汉经学和经典的版本校勘开辟了新的途径，这是考古学资料对于学术研究的重大贡献。

在世界印刷术史中，我国的雕板印刷曾经对世界文明的传播起了很大的作用。雕板术以前，我国的书本的历史久长，也是世所罕有的。敦煌莫高窟藏书的流散，使我看到了六朝隋唐人的写本及其卷轴的形式。这次武威简本，则是第一次出现了西汉成册成部的经书写本，对于研究雕板以前的书册制度，有着重要的意义。

在纸卷尚未通行的西汉时代，上承六国旧制，以简牍绢帛为主要的书写材料，所谓"书之竹帛"。简牍实际上包括了竹简与木札（木简）所编写的简册。南方产竹，而北方取竹不易，往往以木代竹。在战国时代，简与牍应该是分别发展起来的，其编连及用途亦稍有分别。至迟到了汉初，合流混用，竹片可以削成方板的形式，而木札可以削成如同竹简一样的狭扁条，同样的加以编辑成为书册。

武威木简，看上去是用松木制成的，甲本木简和丙本竹简同长，约为 55.5—56.0 厘米，若以 23.3 厘米作为汉尺一尺，则汉尺二尺四寸为 55.92 厘米，竹木简的长度正是汉尺二尺四寸。古代以二尺四寸简，用以编写经书律令。汉制，天子策命诸侯王公所用册书长仅二尺，尚短于此。这是近世出土的最长的竹木简。除了甲本燕礼以外，其它六篇木简保存良好，出土后都是完整不折。它们的横剖面是正角长方形，边棱显著，而表面经过精细的打磨，两端的边棱也是磨平的。竹简在出土后，风化劈裂，折断成段，已不平直；但它似经在火上烤炙的"杀青"手续，所以未有虫蛀。乙本的木简长为 50.5 厘米，又较窄，多折断。但它和甲本不同之处是编绳所过之处，用刀刻了小三角形的契口，以防编绳移动。

每一篇的木简，是先编后写的。由于每根简的容字是一定的，大的为 60 字上下，所以一篇需用若干简，事先可以估计。将所需的简，用织打竹帘的方法用绳横穿其间。因简之长短而定横贯简间的编数（即几道绳）。武威所出共有四种编法：（1）长竹简用五编，第一、五两编在天头下、地头上，第三编居中。（2）甲乙本长木简用四编，第一、四两编在天头下，地头上，第二、三编与第三，四编之间隔相同。（3）王杖十简用三编，第一、三编在天头下、地头上，第二编居中。（4）日忌杂简用二编，第一、二编约在三分之一处。因为是先编后写，所以凡编绳穿过之处空着一两个字的地位。这和居延出土的永元器物薄不同，后者系五个簿子接合起来的，先写后编，所以麻绳盖过了文字。永元器物簿和上述（3）（4）两种简，都是一尺上下短简，都用两编，同于说文、独断两书所述。三编至五编，记载所无，而它实为经册所需要的编数。许慎曾经据古文字"册"的形象，以为编册的札是一长一短，独断也这样说。这和出土的简册完全相反。简册的每一简不但同长，并且编写好了以后，还要卷束起来，将天头一端等齐在平面上，而将地头一端稍有参差之处切齐，象后世切书根一样。由于叶数是写在地头书根上的，因此叶数的下一个字常有被切削去的。

简册上的文字，都写在一定的地位上。除了少数例外，只写一面，可以称为正面。在正面上，天地头的地位不写正文，天头可以写标号，地头可以写叶数。因为一简之中有了数编，它自然的把一简分为几段，如甲本木简分为平均的三段，每段容字 20 字，全简为 60 字上下。以 60 字为一简容字的定数，是和汉初小学篇章（即儿童识字书）之以 60 字为一章有关的。后来石经、唐人写佛经以及宋代刊本，每行也都有定数。乙本木简容字最多，一般在 100—110 字之间，也有一简容字 125 字，几乎是甲本的一倍。除正文外，在一篇之末有记全篇字数的一行尾题，曰"凡若干字"。在篇首第一和第二简的相当于第二编之下，分别写有篇题和篇次如"士相见之就""第三"。钞手在钞写时，也把章句号同时钞入正文之简。简背写篇题是正例，叶数记字尾题也有在背面的。

钞写过程中，有写错的则用书刀（又名削）削去重写，所以古书上"刀笔"并举，刀并不是用来刻字的。也有蘸水抹去墨迹而重写的，也偶有添写在字间字旁之例。凡失去数简或改写整简另行补钞之例。经册的主人，在诵习当中，有改动某些字而刊削的，有在字行间作钩识符号的，可见这些钞本是经师生前所自用。但它们是由书手所缮写的，因为有些篇系由三、四个人钞成的。

过去虽也有人以为简册是可以收卷成卷的，但没有证据。武威汉简本身证明了成卷是事实。（1）篇题"士相见之礼"写在第二简之背，篇次"第三"写在第一简之背，只有卷了起来，按照左行读法才成为"士相见之礼第三"，成为书笺的形式。（2）由于编写后是收卷放置的，所以出土简册，只有头上几简稍有残坏，最后诸简因卷在中心，总是保存最好。（3）由于九篇九卷依次放在棺上，燕礼和大射两篇排在最后，因地动而滚落棺侧。（4）燕礼最后一简之下部显出二个反书字迹，乃是前一简简文墨藩未干时印上的，可证写好就卷。班固汉书艺文志著录群书，多计篇而亦计卷，后人因说称篇的是简书，称卷的是帛书。班固记"尔雅三卷二十篇"，又称卷又称篇者，将何以解？诗三百篇，班志所举各家，何以只称卷不称篇，乃由于诗篇短小所以必须合若干篇为一卷，一卷乃是一册。

成卷的简册，等到发明了纸，转移成为卷轴的纸本，经过拓本和叶子至于宋代的各种形式的装本，都是一脉相承的。因此，汉代简册上若干形式，还往往遗存于后世书册中，武威汉简上的编绳已烂绝不存，偶有留下一点残余的，但每简凡编绳编过之处都留有很清楚的痕迹，每篇首尾齐全，叶数分明，每篇又有篇题篇次，因此我们若要重新仿造一部，很容易的复原原状。这不但是书版学史上的重要发现，而且对于我们理解汉代经书的如何分篇分章及其书写款式，有了实物例，对于校勘古书和编次章节有很大的用处。

这二万七千多字，都是汉代通行的隶书，所谓今文。它在文字结构和说文解字并非全同，用它可以对照汉代其它器物上的隶书。说文一书总结了先秦以来的古文字，他并不代表汉代真正通用的文字。只有在武威汉简上，我们看到西汉经师所认可的今文，也可以看出书手们力趋简易的写法，说明了解除了繁复的弯曲的篆体以外，书写者对于简易文字的要求。

以上仅就主要的两方面，加以介绍。除此以外，如同出的日忌杂简，反映了当日经师对于日辰的迷信，可以更体会王充对于当时流俗的抨击，是如何难能可贵。邻墓所出的王杖十简，历记尊老赐杖的制度；又邻墓所出枢铭，证实了武威为汉代的姑臧，并由其籍贯而知其为内地迁徙之民。凡此都只是经过初步整理后所见到的。这批材料，若加以进一步的研究，一定还有更多的贡献。

武威汉简出土于中华人民共和国成立十周年纪念的前夕，使我们深刻体会到十年来党对于考古事业的重视与关怀，觉悟了的人民对于出土遗物的作为国家遗产的珍重保护，才有可能使这批重要的典册很完好的保存下来。在各个有关部门的通力协作之下，这批资科能以很快的整理编印出来，相信它对于未来的学术研究可以起到一定的作用。

原文刊于《考古》1960 年第 8 期

甘肃武威旱滩坡东汉墓

武威地区博物馆

1989 年 8 月 11 日，武威地区文物普查队在武威柏树乡下五畦大队的旱滩坡墓群普查时，发现 1 座汉墓，这座汉墓坐落在一个小山丘下，墓道与墓门已经暴露，普查队进行了抢救性的清理。

墓葬揭开时，里面淤土厚约 80 厘米。墓葬为土圹单室墓，墓门方向正东，墓门前有斜坡墓道（未做清理，长度不明）。墓室东西长 3.7、南北宽 1.54、高 1.4 米，墓门用大砾石砌封。高 1.3、宽 0.8 米，墓门距地表深 1.4 米。墓门和墓室均为平顶。墓室内东西向并列柏木棺二具，相距 16 厘米。棺为长方形，以榫卯结合。均长 190、宽 54、高约 56 厘米，棺板厚 7、盖厚 6 厘米（图一）。

随葬品置于墓室前部的左右两侧，未扰动。木简 1 束，置于棺盖上面。鸠杖 1 件，置于棺的前部，壶、罐、仓、灶、井、盘、豆等陶器，置于棺首的两侧。铜镜及五铢钱、货泉等出自棺内墓主骨骸之下。

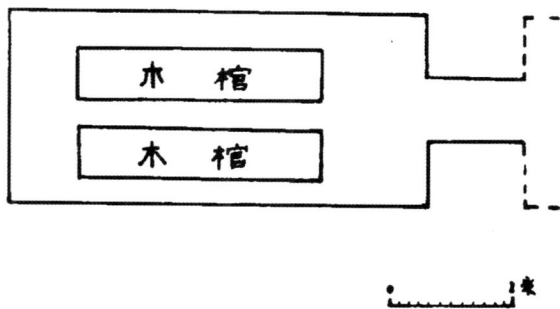

图一　墓室平面示意图

一、木简

木简出土时编缀的痕迹清楚，推知原简册由 2 道编纶缀联。经过清理，现存木简计 16 枚。木简均系松木质，与过去河西地区所出土的汉简质地基本相同。简的下端略残，有的下段残缺 1—3 字，现简的长度一般为 21 厘米左右，宽度不一，多宽约 1—1.1 厘米，只有一简仅宽 0.2—0.3 厘米（部分边残）。刮制方法基本相同。上端至中部的编距为 8 厘米，中空一字，约 0.5 厘米。木简多为淡黄色，字迹清楚。简文单行墨书，每简 11—28 字不等。

根据木简内容，初步将简分为两类：

第一类，2 枚（包括下部略残者在内）。内容为养老受王杖之制书和关于王杖授受之律令，这几枚简和以前武威磨咀子出土的王杖简内容略有不同。

简 1，长 20、宽 1 厘米，下端略残。简文 30 字（图二，1）。

"制　诏御史奏年七十以上比吏六百石出入官府不趋毋二尺告刻（劾）吏擅徵召（侵辱）"

简 11，长 14、宽 1.1 厘米，下残。简文 19 字（图二，2）。

"长安乡啬夫田顺坐徵召金里老人荣长骂詈殴☐"

第二类，内容为坐赃为盗、虫灾、火灾等刑律。

简 2，长 21、宽 0.9 厘米，下部略残。简文 26 字（图二，3）。

"变事吏上殴击之召爰书变事痛所殴以不能言变事皆大逆不道☐☐☐"

简 3，长 16、宽 1 厘米。简文 20 字（图二，4）。

"民无爵里名姓吏擅事使有行事颍川东乡佐坐论"

简 4，长 20、宽 1 厘米，下端略残。简文 26 字（图二，5）。

"诸自非九月吏不得发民车马牛给县官事非九月时吏擅发民车☐☐"

简 5，长 21、宽 1 厘米。简文 14 字（图二，6）。

"民占数以男为女辟更徭论为司寇"

简 6，长 20、宽 1 厘米。简文 21 字（图三，1）。

"吏金二两在田律民作原蚕罚金二两令在乙弟廿三"

简 7，长 12、宽 1 厘米。简文 16 字（图三，2）。

"坐臧为盗在公令弟十九丞相常用弟三"

简 8，长 13.5、宽 1.1 厘米。简文 10 字（图三，3）。

"不道在御史挈令弟廿三"

简 9（甲），长 16、宽 1 厘米，下端残。简文 13 字（图三，4）。

"赦不得赦不蚕室在兰台挈令第☐"

简 9（乙），上下端均残，简文 6 字（图四，1）。

图二　　　　　　　　　　　　　图三　木简　　　　　　　图四　木简

"法在卫尉挈令☐"

从上下简文意看，简9（甲乙）似为一简。

简10，长15.5、宽1.1厘米，下端略残。简文24字（图三，5）。

"代户父不当为正夺户在尉令弟五十五行事大原武 乡啬夫☐"

简12，长14.5、宽1.1厘米。下端残。简文19字（图三，6）。

"吏部中有蝗虫水火比盗贼不以求移能为司寇☐"

简13，长10.5、宽1厘米。下端残。简文14字（图四，2）。

"流槐丞彭祖坐辞讼以诏书示之众☐"

简14，长12、宽0.9厘米，下端残。简文20字（图四，3）。

"乡吏常以五月度田七月举畜害匿田三亩以上坐"

简15，长12、宽0.2—0.3厘米。两端均残。简文5字（图四，4）。

"☐吏召无匿人☐☐☐☐痛言☐"

简16，长8、宽1厘米。下端残。简文13字（图四，5）。

"建武十九年正月十四日己亥下"

这支简只有年月日，而无具体纪事内容，故很难归入上述的某一类。

二、其他随葬遗物

根据质地可分为木、陶、铜器以及货币等。

木鸠杖 1件。清理时置于男棺上面，杖首鸠鸟完整，作蹲伏状，张口。通体以白粉涂饰后再用墨线勾绘，出土后粉墨剥落。鸠鸟腹下凿一小方孔，以纳杖杆。纵长15.6厘米。杖杆系杨木制成。表面光滑，粗约3厘米，出土时杖杆被淤土压断成三截。残长约110厘米。看来为墓主人生前使用之物，死后随葬。

陶壶 3件。皆为泥质灰陶。轮制，磨光，表面涂黑色，现部分脱落。形制相同。均敞口，细长颈，圆鼓腹，假圈足略外撇。一件高35.5、口径10.7、底径11.3厘米。一件高27、口径11.1、底径11.5厘米。一件高27.7、口径13.8、底径12.1厘米（图五，4）。

陶灶 1件。前方后圆，灰陶表面涂以黑色，灶面设二灶眼，后置一烟囱，前灶眼右侧另设一小灶眼，上置一釜。灶面模印鱼、勺、环首刀、箸笭、食品等，长方形火门开在灶前挡正中。通高7.5、纵长23.5、宽15.5厘米（图五，5）。

陶碗 1件。出土时完整。灰陶，沿微敛，弧腹，平底。高4.7、口径12.1厘米（图五，1）。

陶盆 1件。灰陶。敞口，小平底，折腹。素面。通高8、口径21厘米（图五，2）。

陶罐 1件。灰陶，素面。圆唇微卷，束颈，鼓腹，平底。高27.5、口径12厘米（图六）。

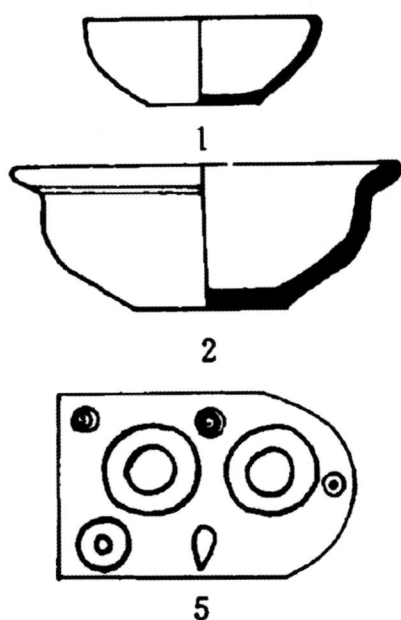

图五 陶器

1.碗 2.盆 3.甑 4.罐 5.灶

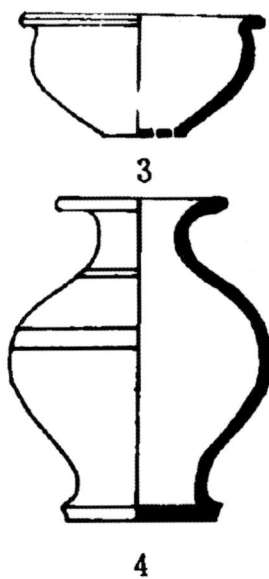

图六 陶罐

图七 铜镜拓片

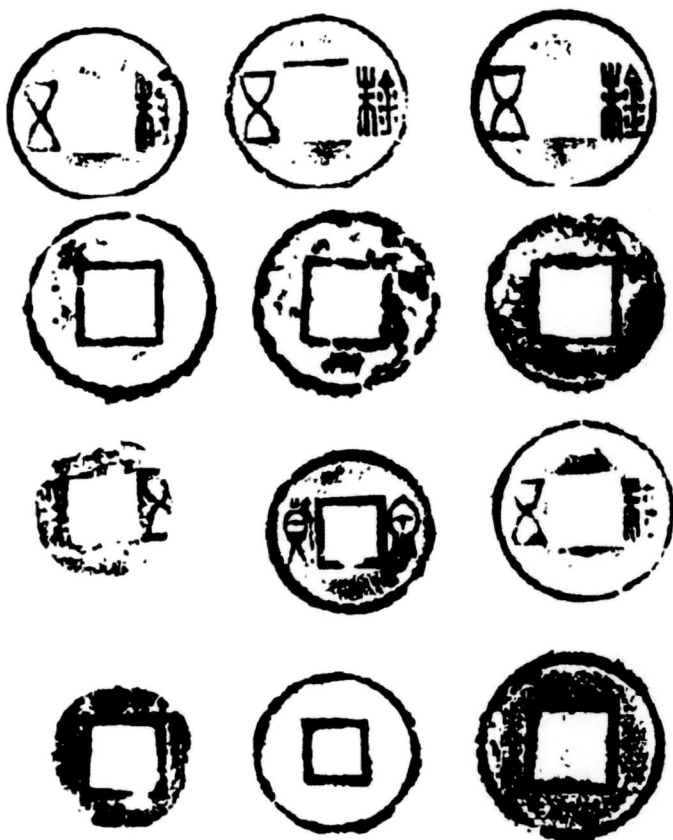

图八 铜钱拓片

陶甑　1件。清理时置于前灶眼上。高5、口径9.5厘米（图五，3）。

钱币共发现16枚，其中五铢钱15枚，货泉1枚（图八）。

日光连弧纹镜　1件。圆纽，圆纽座。座外有内向连弧纹一周。外区为铭文带，铭文间夹以符号。素宽平缘。直径6.8、边沿厚0.4厘米（图七）。

三、结语

这座墓与1975年我馆清理的旱滩坡第二号、四号汉墓有许多相似之处。均为土圹单室，墓的结构形制也分为墓道、墓门、门道和墓室四部分。墓室方形，墓门用大砾石封闭。木棺都是柏木质，长方形、齐头，棺壁、棺盖以榫卯相合。墓内出土的陶壶、盆、灶、铜镜、钱币等也与上述二墓的相似。鸠杖与武威磨咀子三十一号墓出土的鸠杖相比，使用时间更长，手执握之处磨得特别光滑，不像是明器。

出土的木简有一枚简文有"建武十九年"纪年，"建武"为东汉光武帝刘秀年号，建武十九年为公元43年。为此墓的上限提供了线索。再综合其他出土器物特征，墓葬的年代应为东汉中晚期。

关于鸠杖之制，始于汉成帝建始二年（前31年）。《后汉书·礼仪志》："仲秋之月，县道皆案户比民，年始七十者，授之以王杖，餔之糜粥。八十九十，礼有加赐。王杖长〔九〕尺，端以鸠鸟为饰。鸠者，不噎之鸟也，欲老人不噎。"汉时养老之制，始于高帝，汉成帝建始二年之诏，是为高帝以来更订之新法，具体规定受王杖者之年龄及其所享待遇与不可侵及的权利。

执笔：钟长发

绘图、摄影：钟雅萍

原文刊于《文物》1993年第10期

旱滩坡墓群远景

旱滩坡墓群

旱滩坡墓群，位于武威市凉州区西南祁连山北麓的台地上，跨柏树、松树、西营三镇，面积2000万平方米。1975年、1984年，武威地区文物部门先后进行了两次清理发掘。1985年，甘肃省文物考古研究所对发现的汉晋墓又进行了发掘。汉墓部分地表有封土，部分有圆形小土堆。大部分为带有斜坡墓道的土洞墓，砖墓较少。1972年，出土医药汉简92枚（即"武威医简"）；1988年，出土17枚王杖律令汉简及其他文物。魏晋和前凉墓地表均有封土，圆形封土顶部和墓道口均埋有石块，标志明显。墓葬结构有土洞和砖室两种，均带斜坡墓道。有单室和双室之分，规模普遍比汉墓较大。随葬器物以灰陶为主，木器次之。

旱滩坡墓群具有丰富的汉晋时期文化遗存，不仅为研究当时的政治、经济、文化以及社会风俗、丧葬制度提供了难得的实物资料，而且为河西地区的汉晋墓分期断代提供了有力依据。1993年，旱滩坡墓群被甘肃省人民政府公布为省级文物保护单位。2013年，被国务院公布为第七批全国重点文物保护单位。

文字：编者

摄影：王曙

甘肃武威磨咀子汉墓发掘简报

武威市文物考古研究所

磨咀子汉墓群位于甘肃省武威市凉州区新华乡磨咀子村，20 世纪 50—90 年代，在此进行过数次大规模发掘，共发掘清理西汉至东汉时期墓葬近百座，出土王杖诏书令册简等重要文物[①]。2005 年 11 月，武威市文物考古研究所在磨咀子村的一座山坡上，抢救性地清理了一座被雨水冲刷而且坍塌的汉代土洞墓，现将该墓（编号 M1）的清理发掘情况简报如下。

一、墓葬形制

该墓为斜坡式墓道土洞墓，南北向，墓门向南略偏东。墓道未做清理，长度不详。墓门高 1.45、宽 0.9 米，用直径 0.12—0.15 米不等的圆木封门，圆木竖向排列，共 10 根。墓室距地表约 0.8 米，室内高 1.18 米。墓室长 2.8、宽 1.9 米，平面呈长方形，前端及西壁塌陷严重（图一）。

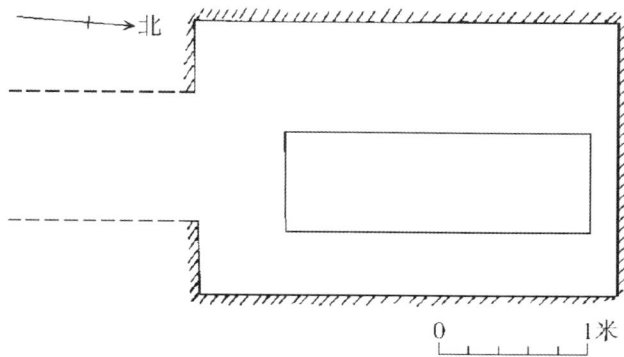

图一 墓葬平面图

墓室中后部有一木棺，棺长 2.05、宽 0.9、高 0.68 米，用厚 0.1 米的柏木板制作而成。棺底、棺盖及左右两壁均以束腰形木榫卯接，前后木板以公母榫接缝，不用铁钉。木板之间也刻挖成较浅的榫卯相接，合缝严密。木棺上放置红枣数枚。棺内有尸骨一具，底部铺一层草木灰，墓主身上有衣服和丝织物等，上盖锦被，最上面盖草席。脚前有一竹篮，头部盖丝织物。从骨架和衣物看，墓主人应为女性，头向南，仰身直肢。

随葬器物主要放置在墓室前部及左侧，包括陶罐 1 件、陶壶 3 件、陶灶 1 件、木梳 1 件、

[①] 关于武威磨咀子汉墓，主要发现参见党国栋：《武威县磨咀子古墓清理纪要》，《文物》1958 年第 11 期；《武威磨咀子汉代土洞墓清理简况》，《文物》1959 年第 12 期；甘肃省博物馆：《武威磨咀子三座汉墓发掘简报》，《文物》1972 年第 12 期；甘肃省博物馆：《甘肃武威磨咀子 6 号汉墓》，《文物》1960 年第 5 期；甘肃省博物馆：《甘肃武威磨咀子汉墓发掘》，《考古》1960 年第 9 期；党寿山：《甘肃武威磨咀子发现一座东汉壁画墓》，《考古》1995 年第 11 期。

木俑9件、木马9件、木牛2件、木鸡2件、铜镜1件、竹钗1件、丝袋1件。还有较完整的纺织品6块、织锦衣领边饰1条、残镜袋1件，以及五铢钱44枚。此外还有漆木案、漆耳杯、漆碗等，出土时木胎均已腐朽为灰，仅剩残留的漆皮。

二、随葬器物

该墓除44枚五铢钱外，共出土随葬器物30件，以木器为主，有少量陶器、铜器、漆器。此外还有一些丝织品及其残件。

（一）陶器　5件。均为泥质灰陶，包括罐、壶和灶。

罐　1件（M1:25）。侈口，卷沿，短束颈，扁鼓腹，平底。肩腹部以下饰压印绳纹，间饰6周凹弦纹。口径17.2、腹径31.5、底径15.8、高22.7厘米（图二、图一三:3）。

壶　3件。形制大致相同。喇叭口，短束颈，球形腹，下腹部内敛，平底外撇。标本M1:28，口径11.3、腹径19.2、底径12.2、高24.1厘米（图三、图一三:2）。

灶　1件（M1:27）。马蹄形，灶面有3个釜口，正面为方形火门。灶面模印面团、鱼、耳杯、勺子等。灶长23.3、宽21、高8.3厘米。灶上附两个灰陶甑，均为侈口，平沿，斜腹，小平底，底有7个镂孔。一件口径8.3、高3厘米，另一件口径8.4、高3.8厘米（图四、图

图二　陶罐（M1:25）　　　图三　陶罐（M1:28）　　　图四　陶灶（M1:27）

图五　四乳四螭纹铜镜（M1:31）　图六　白色平纹绢枕状物（M1:41）　图七　绿色素面平纹绢镜套（M1:40）

图八　A 型木马（M1 :11）

图九　B 型木马
（M1:9）

图一〇　A 型木俑
（M1:1）

图一一　B 型木俑
（M1:2）

图一二　C 型木俑
（M1:3）

一三:1）。

（二）木器　23 件。种类有人俑、马、牛、鸡、梳等。

俑　9 件。可分 3 型。

A 型　6 件。男立俑。松木质，槽朽严重，俑体表面有裂缝。面部模糊不清，五官用刀削刻而成，双手置于腹前。表面原饰彩绘，现均已脱落。标本 M1:1，通高 26 厘米（图一〇、图一四:1）。

B 型　1 件（M1:2）。女立俑。松木质，槽朽严重。面部模糊，刀刻五官，身体仅有轮廓。表面原饰彩绘，现已不存。通高 21 厘米（图一一、图一四:2）。

C 型　2 件。男立俑。松木质，槽朽严重，形制基本相同，表面布满裂纹。用刀削刻出五官轮廓，双手下垂。表面原饰彩绘，现均已脱落。标本 M1:3，通高 17 厘米（图一二、图一四:3）。

马　9 件。可分 2 型。

A 型　2 件。松木质，形制基本相同。木质槽朽严重，开裂变形。站立状，头、颈、躯干、四肢分别刻削而成，四肢朽蚀严重。表面原有彩绘，现已脱落。标本 M1:11，通长 30、残高 31 厘米（图八、图一五:4）。

B 型　7 件。松木质，形制基本相同。粗具马形轮廓，表面槽朽严重。站立状，头、颈、躯干、四肢由整木刻削而成，腿脚另制，朽蚀无存。标本 M1:9，通长 16、高 5 厘米（图九、一五:2）。

牛　2 件。松木质，形制基本相同。头、颈、躯干由整木刻削而成，腿脚另制，朽蚀无存。木质槽朽严重，制作粗简，形象质朴。标本 M1:12，通长 31.5、高 11.5 厘米（图一五:1）。

鸡　2 件。松木质，形制基本相同。由整木刻削而成，制作粗简，粗具鸡的外形轮廓。表面槽朽严重。标本 M1:6，通长 11.5、高 4.8 厘米（图一五:3）。

梳　1 件（M1:15）。柏木质，呈半圆形，一端有齿，木质槽朽严重，部分齿残缺。残长 5.5、宽 5、厚 0.6 厘米。

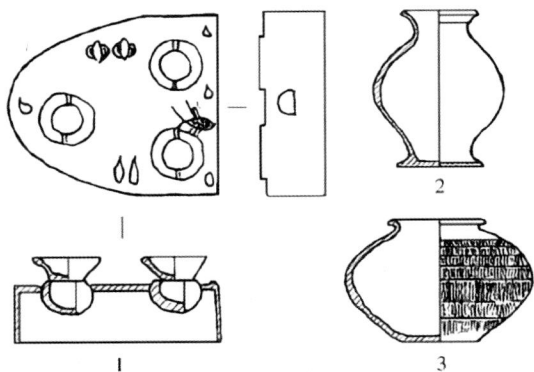

图一三　陶器

1.灶（M1:27）　2.壶（M1:28）

3.罐（M1:25）

（1 为 1/9，2 为 1/12，3 为 1/15）

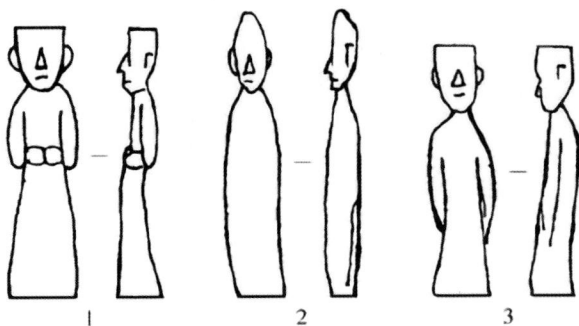

图一四　木俑

1.A 型（M1:1）　2.B 型（M1:2）　3.C 型

（M1:3）（1 为 1/8，2 为 1/7，3 为 1/5）

（三）铜器

四乳四螭纹镜 1 件（M1:31）。青铜质，圆形，桥形纽，宽缘。纽座外有一圈短竖线纹，主题纹饰为四乳与四螭纹相间环绕的图案。四螭呈钩形曲体，在螭形内外饰有动物及禽鸟图案。直径 14.2、厚 0.5 厘米（图五）。

（四）钱币　均为五铢钱，共 44 枚，置于馆内墓主头部，可分为 3 型。

A 型　2 枚。"五"字交笔略微弯曲，"铢"字的"金"字头呈三角形，"朱"字上方下圆。穿上有一横。直径 2.6、厚 0.2、穿径 1 厘米（图一六:1）。

B 型　4 枚。"五"字交笔弯曲，上下二横出头，"铢"字的"金"字头呈箭镞状，"朱"字上方下圆。穿下有星纹。直径 2.5、厚 0.15、穿径 1 厘米（图一六:2）。

C 型　38 枚。"五"字交笔弯曲，上下二横出头，"铢"字的"金"字头呈箭镞状，"朱"字上方下圆。直径 2.4、厚 0.15、穿径 1 厘米（图一六:3）。

（五）竹器

钗　1 件（M1:32）。折叠成 U 形，钗头圆弧，钗尾分成两股。已弯曲变形，表面发黑氧化。长 23 厘米。

（六）丝织品

包括墓主人随身穿戴的衣物以及身上覆盖的织物。墓主身上所穿衣物有 5 层，包括单衣、棉衣、夹衣等，上面盖锦被。纺织品多已腐朽，在揭取过程中大多变为碎末。织物的颜色有红、白、蓝、棕、青等，种类有织锦、绢、纱、丝绵等。

红色素面平纹绢　2 块。织法及颜色相同。长短不一，残缺严重。红色，平纹组织，经密 60 根 / 厘米，纬密 32 根 / 厘米。标本 M1:33，残长 115、幅宽 48 厘米（图一七）。

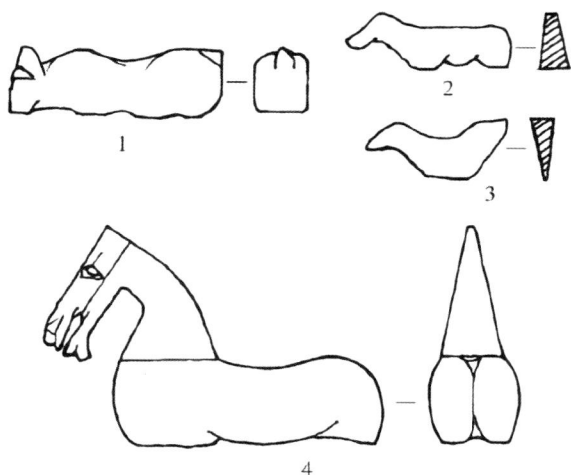

图一五　木模型
1.牛（M1:12）　2.B 型马（M1:9）　3.鸡（M1:6）
4.A 型马（M1:11）（1、4 为 1/12，余为 2/15）

图一六　五铢钱拓片
1.A 型　2.B 型　3.C 型（均为原大）

广山锦　3 块。织法及颜色相同。是墓主的覆面及覆盖物。棕色地，黄、褐、绿三色显花，经锦。经密 26 根 / 厘米、纬密 16 根 / 厘米。在变体云纹之间，织有青龙、白虎，作相对奔走状。在龙、虎纹中间织"广""山"汉字，隶书。标本 M1:35，残长 139、幅宽 49 厘米（图一八）。

白色平纹绢袋包　1 件（M1:36）。长方形，用两块素面白绢缝缀而成，两端另接同样面料的丝带两条，丝带中间有两个结。袋子四边用竹签撑起，显得棱角分明。由于年久，颜色发黄。长 25、宽 6 厘米（图二〇）。

织锦衣领边饰带　1 条（M1:37）。为上衣领口边饰。黄地，淡黄、褐、橘黄、石蓝显花，斜经组织。上下间以长方格对称，内用淡黄、褐色织出龙虎等图案，中间夹织橘黄、石蓝色间隔的长形条带。经密 60 根 / 厘米，纬密 38 根 / 厘米。长 98、宽 1.1 厘米（图一九）。

蓝地印花绢　1 块（M1:38）。蓝色绢地，上印细小碎白花。经密 60 根 / 厘米，纬密 40 根 / 厘米。破损严重（图二一）。

白色素面平纹绢　1 块（M1:39）。红色平纹组织。经密 58 根 / 厘米，纬密 38 根 / 厘米。残损严重，有缝补的痕迹（图二二）。

绿色素面平纹绢镜套　1 件（M1:40）。扁圆形，面料为绿色平纹素面细绢，内衬为蓝色印花绢，中间夹一层丝绵。正面用一块圆形面料和侧面的长条带缝缀而成，另一面开口，腐朽严重。直径 10 厘米。已残缺（图七）。

（七）其他

植物果实有红枣 4 枚，颜色发黑。除此之外，墓内还随葬耳杯、钵、案等漆器，但仅残

图一七　红色素面平绢
（M1:33）

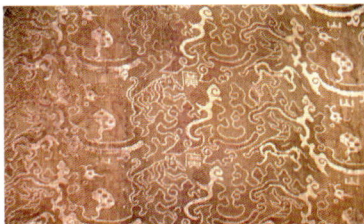

图一八　广山锦
（M1:35）

图一九　织锦衣领边饰带
（M1:37）

图二〇　白色平纹绢袋包
（M1:36）

图二一　蓝地印花绢
（M1:37）

图二二　白色素面平纹绢
（M1:37）

留漆皮，无法复原。在墓主人头部有一个用白色平纹绢包裹的枕状物（M1:41），内装黑色茶叶状物，抑或药渣（图六）。

三、结语

该墓未发现有明确纪年的器物，但是可以从墓葬形制和出土器物来推断年代。该墓为斜坡式墓道，在墓道后端做成土洞单室，洞顶呈拱形，洞室底低于墓道0.1—0.2米，这与1959年发掘的磨咀子M23相似，应为西汉末至东汉初期常见的一种墓葬形式。从出土器物看，灰陶壶、灶、四乳四螭镜均为这一时期的典型器物。五铢钱是典型的西汉五铢，这为墓葬的断代提供了进一步的证据。据此我们认为，该墓的年代应是西汉末至东汉初期。这座墓葬出土了数量较多的丝织品，其中广山锦为以往所未见，它与1980年新疆楼兰城郊墓地出土的广山锦和1995年新疆尼雅遗址出土的广山锦相似。这些丝织品的发现，为研究汉代纺织技术提供了实物资料。

发掘：朱安　张振华　韩小丰　宁生银　黎树科　冯建省

绘图：钟雅萍

摄影：韩小丰

执笔：朱安

原文刊于《文物》2011年第6期

武威市文化巷汉墓发掘简报

武威市文物考古研究所

2002 年 3 月 21 日，位于武威市文化巷的凉州区文化局住宅楼西侧施工工地上，发现一座砖室墓葬。武威市文物考古研究所（原地区博物馆）对发现的墓葬进行了抢救性发掘和清理，现将发掘清理情况简报如下。

一、墓葬结构

该墓距地表约 2 米，墓门东向，斜坡形墓道，墓室用长 35.5、宽 17.5、厚 3 厘米的青灰色条砖砌成，为夫妻合葬双室墓。墓室平面均为长方形，拱形券顶。其中南室长 3.48、宽 1.68、残高 1.53 米，墓门东偏南，高 1.42、宽 0.76、进深 1.2 米，用双层砖封堵。室内葬一男性，葬式不清，葬具为木棺，棺木已腐朽，其头骨和上身骨架已扰乱，腿骨基本完整保留，骨架下面用木炭和白灰层垫底。北室长 3.48、宽 1.63、残高 1.53 米，墓门东偏北，高 1.42、宽 0.76、进深 1.2 米，亦用双层砖封堵。室内葬一女性，葬式不清，葬具为木棺，棺木已腐朽，骨架已完全扰乱。北室顶部靠近墓门处有一盗洞。两墓室间有一小门互通，高 0.8 米，开于两墓室隔墙偏东处（图一）。由

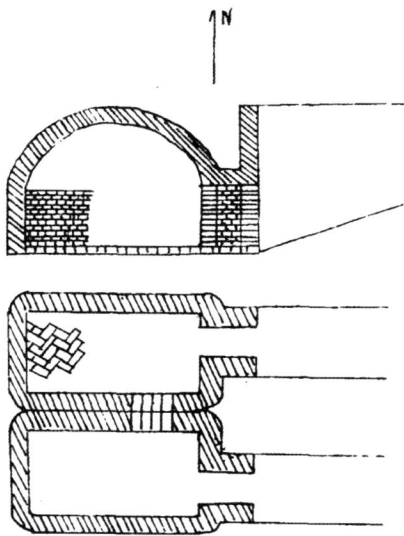

图一　墓室平、剖面图

于早年被盗，两墓室均遭渗漏水的破坏，室内十分潮湿，北室顶部早年塌陷，南室虽未塌陷，但室内淤泥达 0.5 米。由于被盗扰，随葬品已失去原来的位置，且破损严重，散处于两墓室中。其中右边的男性墓室中放置灰陶器 13 件，铁器 5 件，铜镜 1 枚。左边的女性墓室内放置绿釉陶器 20 件，红、灰陶器 4 件，铜器 13 件。两室内均发现有五铢铜钱。从墓葬的结构看，两室砌法相同，结构也一样，只是男性墓室略高于女性墓室，显示了女性特殊的社会地位。两室均有墓道和墓门的建造形式，这在武威发现的汉墓中比较少见。

二、出土随葬品

该墓随葬品较为丰富，经清洗、修复和整理分类，器物有陶、铜、铁、漆四大类，共计55件。其中陶器37件，铜器14件，铁器5件，漆盘1件（已腐朽），五铢钱16枚。这些器物大多为同期汉墓中所常见，但也有个别造型独特，纹饰不常见者。特别是铁器和漆盘在同时期墓中较为鲜见。漆盘虽已腐朽，但其出土时，表层鲜红的漆色却非常艳丽，以黑色线条描绘的图案更是十分精美，可惜仅剩镶着的铜边。随葬品多为日常生活用的明器，但也有少量为墓主人生前使用过的实物。如一件铜釜底部有焊补的痕迹，铜镜即为日常生活中的照容用具。从随葬的情况看，男性墓室多为灰陶器，女性墓室则多施绿釉和个别未施釉的红陶器。另外，铁器葬于男性墓室，铜器除一件铜镜葬于男性墓室外，其余均葬于女性墓室。现将随葬品分述如下：

（一）陶器37件。均为泥质灰、红陶器，部分施绿釉。器形有罐、壶、盆、井、仓、灶、甑、釜、博山炉、瓶、盉、尊、豆、耳杯、盘、案、奁及灰陶器底等。

罐 4件，可分三式。

Ⅰ式，1件。M1：35，泥质红陶。敛口，圆腹，平底。口径2.6、底1.8、高3.8厘米（图二，1）。

Ⅱ式，1件。M1：40，泥质灰陶，敞口，卷沿，溜肩，垂腹，平底。器表饰弦纹，腹部饰一圈水波纹。口径10.8、底径16.5，高27.5厘米（图二，2）。

Ⅲ式，2件。形制大体相同。M1：44，泥质灰陶，敛口，溜肩，圆腹，平底，器表饰弦纹和绳纹。口径12.3、底径20.3、高33.8厘米（图二，3）。

壶 8件，可分二式。

Ⅰ式，2件。形制基本相同。M1：3，泥质红陶，呈喇叭形盘口，粗高颈，圆腹，假矮圈足，大平底，肩腹部饰四道凸弦纹，腹部有对称铺首，器内外均施绿釉。口径18.4、底径18.4、高45厘米（图二，4）。

Ⅱ式，6件。形制基本相同，3件饰绳纹，3件器表素面。均为泥质灰陶，喇叭形口，短颈，溜肩，假圈足外撇，平底。M1：36，肩腹部饰有绳纹。口径10.5、底径12.5、高28厘米（图二，5）。

盆 3件，可分二式。

Ⅰ式，1件。M1：32，泥质红陶，侈口，折沿，弧腹，平底微内凹，盆内外皆饰弦纹。口径21.5，底径10.5、高8厘米（图二，6）

Ⅱ式，2件。形制相同。M1：38，泥质灰陶，敞口，平沿，直腹，平底。盆底中心有一网孔，直径2厘米，器表饰弦纹，形制与今天的花盆相似。口径27.3、底径13、高13厘米（图二，7）。

图二

1、2、3.灰陶罐　4.绿釉陶壶　5.灰陶壶　6.红陶盆　7.灰陶盆
8.绿釉陶井　9、10.灰陶井　11.绿釉陶仓　12.绿釉陶灶　13、14.绿釉陶甑
（1 为 1/2；2、3、4、6、7、12 为 1/8；5 为 1/6；8 为 1/4；9、10、11、13、14 为 1/5）

井 3 件，可分Ⅲ式。

Ⅰ式，1 件。M1：6，泥质红陶，口沿为正方形，呈"井"字形，口沿上有一小亭，亭为悬山顶，井口粘有一小红陶甑，井身为桶状，平底，外表施绿釉。口边长 6、底径 6、高 17 厘米（图二，8）。

Ⅱ式，1 件。M1：33，泥质灰陶，"井"字形口沿，方口，桶状，平底。口沿边长 6.7、方形口边长 4、底径 7、高 10.5 厘米（图二，9）。

Ⅲ式，1 件。M1：34，泥质灰陶，"井"字形口沿，圆口，桶状，平底。口沿边长 8.1—8.5、口径 4、底径 7、高 9.5 厘米（图二，10）。

仓　2 件。

形制基本相同。M1：4，泥质红陶，四阿式顶，仓身为桶状，有长方形仓门，平底，三足。仓身饰有三组栉齿纹，器表施绿釉。顶长 12.2、宽 11.2、底径 7.5、通高 18.7、仓门高

7.2、宽2.5厘米（图二，11）。

灶　1件。

M1：17，泥质红陶，马蹄形，阶梯式三足，阶梯形灶门通地。灶面中间有一圆形大釜口，灶后端有烟囱。灶面模印物有鱼、叉、案、钩、耳杯、勺等。表面施绿釉。长30、宽26、高16厘米（图二，12）

甑　3件，可分二式。

I式，1件。M1：20，泥质红陶，敞口，平沿，浅腹，束腰，平底，圈足。甑内底有5个小气孔，足部有一方形小火门。器内施绿釉。口径10.5、底径7.5、高8厘米（图二，13）。

II式，2件。形制相同。M1：24，泥质红陶，侈口，平沿，直腹，平底，底部有5个小气孔。器内施绿釉。口径10.3、底径4、高6厘米（图二，14）

釜　2件，可分二式。

I式，1件。M1：13，泥质红陶，敛口，溜肩，圆腹，平底。器表施绿釉。口径8、底径6.5、高7厘米（图三，1）。

II式，1件。M1：19，泥质红陶，侈口，平沿，圜底，器表施绿釉。口径10、高4厘米（图三，2）。

博山炉　2件。

形制相同。M1：25，泥质红陶，博山顶，圆腹，束腰，平底。器表施绿釉，高16.2、腹径8、底径7厘米（图三，3）。

瓶　1件。

M1：8，泥质红陶，直口，细长颈，鼓腹，束腰，平底，呈葫芦形。腹部和腰部饰栉齿纹。口径1.6、底径5.3、高11.8厘米（图三，4）。

盉　1件。M1：7，泥质红陶，敛口，双沿，圆腹，平底，带乳状三足，带流和柄。腹部饰栉齿纹和弦纹，器表施绿釉。口径7、底径5.3、高8.4、柄长4厘米（图三，5）。

尊　1件。

M1：9，泥质红陶，直门，筒状，平底，三足。器内外均施绿釉，器表饰弦纹和水波纹。口径14.2、底径15.2、高10.5厘米（图三，6）。

豆　1件。

M1：12，泥质红陶，敞口，浅腹，束腰，平底外撇。器表饰绿釉口径5.9、底5、高5.8厘米（图三，7）。

耳杯　1件。

M1：21，泥质红陶，椭圆形，口沿部有对称双扳耳。器内施绿釉。口长10.2、口宽7.9、高3.2厘米（图三，8）。

盘　1件。

M1：22，泥质红陶，侈口，浅腹，平底。盘内饰一道弦纹，器内施绿釉。口径18.5、底8.4、高2.8厘米（图三，9）。

案 1件。

M1：23，泥质红陶，侈口，浅腹，平底，梯形三足，案内施绿釉，器表饰水波纹、弦纹、曲连线纹等。口径34.5、底径33、高10厘米（图三，10）。

奁 1件。

M1：30，泥质红陶，敛口，双耳、桶状，平底，三足。器内外均施绿釉。口径3.7、底径5、高8.5厘米（图三，11）。

灰陶器底，1件。直径12、残高4.6厘米，用作陶豆。

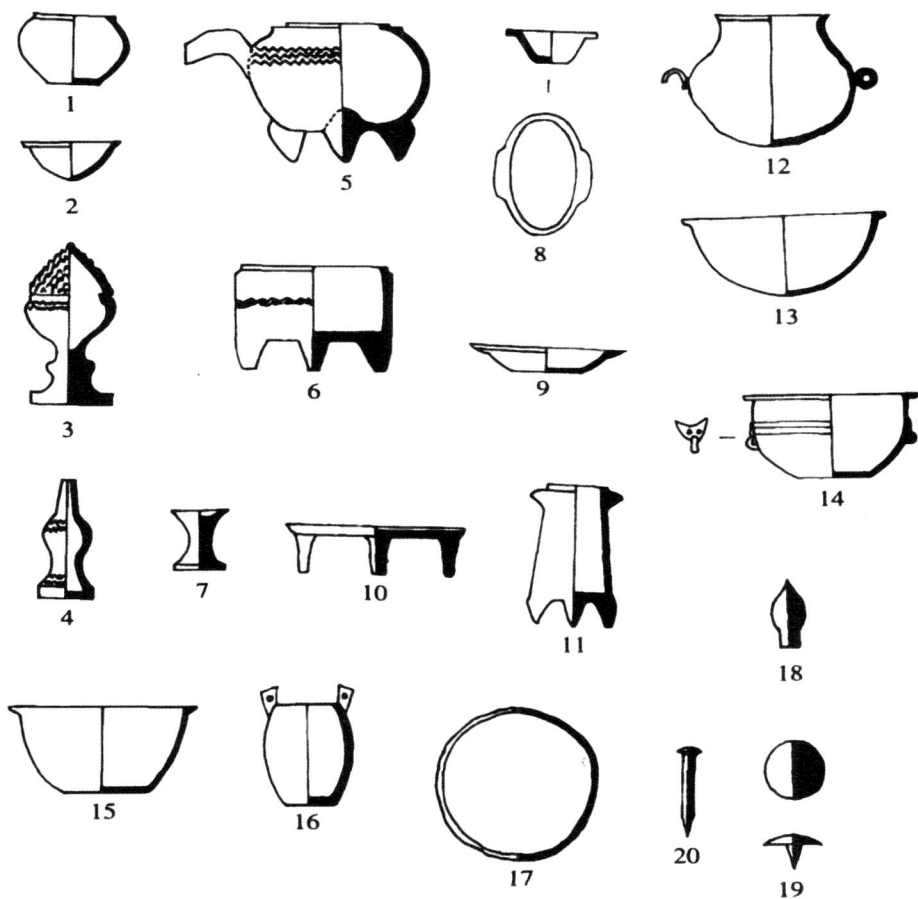

图三

1、2.绿釉陶釜 3.绿釉博山炉 4.红陶瓶 5.绿釉陶盉 6.绿釉陶尊 7.绿釉陶豆

8.绿釉陶耳杯 9.灰陶盘 10.绿釉陶案 11.绿釉陶奁 12、13、14.铜釜 15.铜碗

16.小铜桶 17.铜嵌边 18.叶形铜饰片 19.铜泡钉 20.铁钉

（1、2、3、4、6、7、17、18为1/5；5、11、15为1/3；8、13为1/4；

9、12、14为1/6；10、20为1/10；16、19为1/2）

（二）铜器14件，器形有釜、碗、镜、小桶、嵌边、叶形饰片、泡钉等。

釜　4件，可分三式。

I式，1件。M1：26，侈口，圆腹，圜底。腹部饰弦纹，有环形双耳。表面锈蚀严重，底部有使用后焊补的痕迹。口径14、腹径18.6、高16.5厘米（图三，12）。

Ⅱ式，2件。形制相同。M1：29，敞口，弧腹，圜底，表面锈蚀严重。口径16.5、高6.5厘米（图三，13）。

Ⅲ式，1件。M1：28，敞口，平沿，圆腹，平底。腹部饰有二道弦纹并有一对对称铺首，锈蚀严重。口径20.8、底径9.5、高10厘米（图三，14）。

碗　1件。

M1：5，敞口，深腹，平底。表面锈蚀严重。口径10.8、底径5.5、高5厘米（图三，15）。

镜　2件。

形制相同，均为方格规矩四神镜。M1：1，桥形钮，钮座周围饰四个柿蒂纹，内区有一方格，内有12个小乳钉，外有8个小乳钉，并有十二地支铭文（模糊不清）。方格外饰规矩纹四组，对称排列，并有四神图案，靠外区处有铭文带一圈和一圈平行短线纹带。铭文模糊不清，能辨认出的有"……巧工刻之成文章，左龙右虎辟不羊，朱鸟玄武顺阴阳，子孙备具居中中央……"外区有锯齿纹和曲连线纹。直径18.5、厚0.6厘米。

小桶　1件。

M1：2，微敛口，桶状，口部有两竖耳，平底。口径3.2、底径2.2、高4.3厘米（图三，16）。

嵌边　1件。

M1：10，环形，两边相对呈凹槽状，为漆盘的镶边。直径15.4、厚0.5厘米（图三，17）。

叶形饰片2件。桃叶形，有柄。长7、宽3厘米（图三，18）。

泡钉　3件。

形制相同，圆形钉帽，应为漆盘装饰用品。直径2.2、长1.5厘米（图三，19）。

（三）铁器5件。器形有釜、钉两种，锈蚀均十分严重。

釜　2件。

形制相同。M1：39，敛口，圆腹，平底，圈足。口径17.5，底径7.1，高20厘米。

钉　3件。

形制相同。M1：49，帽径5、长17.2厘米（图三，20）。

（四）五铢钱，较完整者16枚。锈蚀严重可分四式。

I式，4枚。字形较粗大。"五"字中间两画交笔处弯曲，与平画靠拢处呈直角状。"铢"

字金头如三角形，朱字上方下圆，穿上有横画纹。直径2.5、穿宽1厘米。

Ⅱ式，2枚。字形略小。"五"字中间交笔处略弯曲，与平画靠拢处呈直角。"铢"字金头如箭簇，朱字上方下圆。穿上有横画纹。直径2.5、穿宽1.1厘米。

Ⅲ式，1枚。"五"字两画交笔处弯曲，字形略小。"铢"字金头呈三角形，朱字上方下圆，穿下有星纹。直径2.5、穿宽1.1厘米。

Ⅳ式，9枚。"五"字交笔处弯曲，"铢"字金头呈箭簇状，朱字上方下圆。直径2.5、穿1.1厘米。

三、结语

武威市文化巷发现的这座夫妻合葬双室砖墓，从其形制和随葬品来看，其时代应属东汉中期。从形制上看，墓葬为长方形券顶墓。这种结构与武威同期汉墓的前后室墓的后室结构极为相似，只是没有前室，说明它是受到当时这种墓葬结构的影响（参看蒲朝绂《武威汉墓的分期与年代》，《西北史地》1990年第1期）。只是夫妻各居一室，两室间开一小拱门，这种做法在同期墓中很少见。从出土的随葬品看，陶器和铜器比较常见，只是铁器在同类墓中比较鲜见。陶器的组合，主要有泥质灰陶和红陶胎绿釉陶两种，以后者居多。器形主要有壶、罐、灶、釜、甑、井、豆、仓、奁、案、盘、耳杯、瓶、盉等。这种组合方式为武威发现东汉中、晚期汉墓的常见形式。另外，该墓出土两面铜镜，均为方格规矩四神镜，这种铜镜流行于王莽时期和东汉初期，在中、晚期墓葬中出土很正常。

执笔：朱安

绘图：钟雅萍

照片：周新华

原文刊于《陇右文博》2003年第1期

武威南大街汉墓发掘简报

武威市文物考古研究所

2002 年 4 月 18 日，武威市医院新建绿化设施施工现场发现一墓葬，我所对墓葬进行了抢救性清理发掘。现将该墓葬发掘情况简报如下。

一、地理位置

该墓位于武威市凉州区南大街南端西侧，武威市医院住院部楼南侧，距该医院西围墙约 10 米，距住院部大楼南墙约 50 米。

二、墓葬形制

墓室距地表约 3 米，为前后室券顶砖室墓，前后室均为长方形，南北向。墓壁用长 34.5、宽 17、厚 4 厘米的青灰条砖砌成。

前室墓门东向略偏南，墓门高 1.52 米，宽 1 米，进深 1 米，有二层券（照一）。墓室内长 4.2、宽 2.15、高 2.59 米，墓顶已坍塌，西南侧墓壁部分坍塌。墓室地砖平铺砌为“人”字纹，南侧有一长 2.15、宽 1、高 0.38 米的二层台。台上放置仓、井、甑、案、灶等器物。

该墓曾被盗扰，前室积土层内有被严重扰乱的人骨架。

前室后室有一门相通，后室门偏北，高 1.47、宽 1、进深 1 米，有二层券。后室早年坍塌，残长约 2.9、宽 2.4、残高约 2.4 米，墓室地砖平铺砌为“人”字纹，墓室内填满卵石砂砾。

三、出土器物

因该墓曾被盗扰，破坏严重，后室已空无一物。随葬品均出自前室，计有锺、井、仓、甑、耳杯、奁、灶、碟、案、铜弩机构件等，另有钱币 44 枚。

1. 陶器 9 件

均为泥质红陶，其中完整 5 件，修复 4 件，计 9 件，其他均为残片，已无法修复。

（1）锺 2 件。形制大致相同，小盘口，细长颈，鼓腹，十三棱形高足，底微凹，口沿外有水波纹，颈部弦纹、水波纹相间，腹有对称铺首。口、颈、腹、足部残裂，已修复（图一，1；照二）。标本 M1：8，口径 15、底径 18、高 41 厘米。（图一，2）。M1：9，口径 15.5、

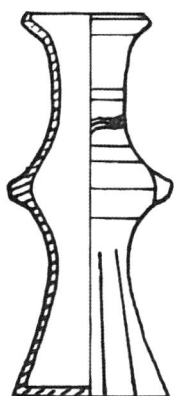

1. 陶锺

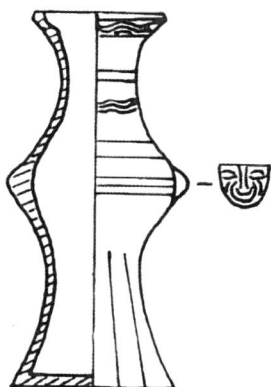

2. 陶锺

3. 陶井

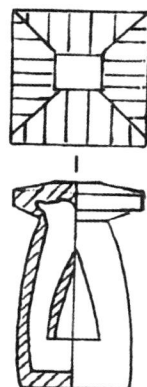

4. 陶仓

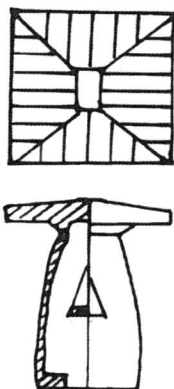

5. 陶仓

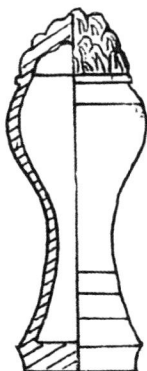

6. 陶博山炉

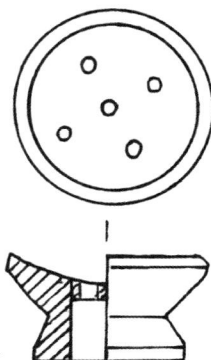

7. 陶甑

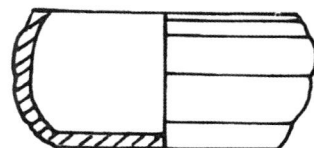

8. 陶钵

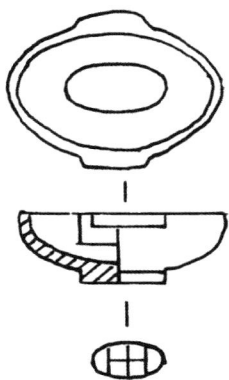

9. 陶耳杯

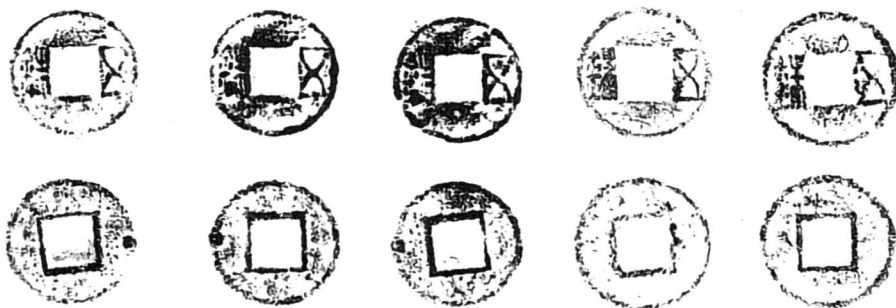

10. 五铢钱

图一　武威南大街汉墓随葬器物图

照 1　墓门

照 2　陶钟

照 3　陶井

照 4　陶灶

照 5　陶灶

照 7　陶博山炉

照 6　陶钵

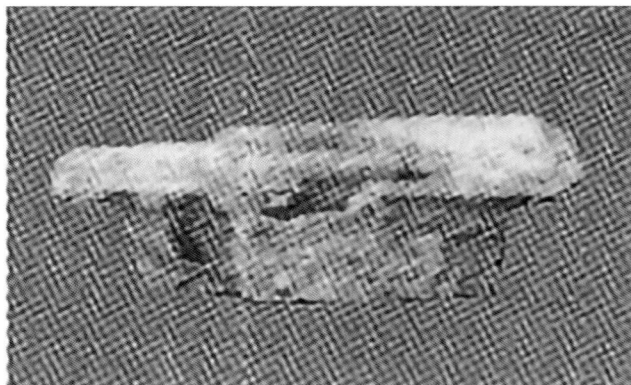

照 8　铜弩机

底径17、高45.7厘米。

（2）井1件。标本M1：3，井字形口沿，桶状，平底，口沿施绿釉。口长5、宽5、底径5.5、高9.2厘米。完整。（图一，3；照三）

（3）仓2件。形制大致相同，四阿式顶，桶状仓身，平底，三角形仓门，底有孔洞。标本M1：1，顶长7、宽6.8、底径4.2、高7.7厘米。仓底施绿釉，仓身严重残裂。已修复（图一，5）；标本M1：2，顶5.7×6.2、底径4.5、高8.3厘米。仓顶施黄釉，完整（图一，4；照四）

（4）甑1件。标本M1：5，敞口，浅腹，束腰，圆足，施黄釉。口径6.5、底径5、高3.5厘米。完整（图一，7）。

（5）钵1件。标本M1：4，敛口，弧腹，底微凹，外施绿釉。口径8.5、底径7、高4.5厘米。完整。（图一，8；照六）

（6）耳杯1件。标本M1：6，椭圆形，有扁平双耳，底有图案，内施黄釉。口长7、宽5、底长2.7、宽1.2厘米。口沿微残，一耳裂（图一，9）。

（7）博山炉1件。标本M1：7，顶为博山形，圆腹，束腰，平底，中间有洞孔，顶、腹施黄釉。通高11.8、底径4厘米。完整（图一，6；照七）

2. 铜器1件。

铜弩机郭M1：10，青铜质，长6、宽1.6厘米，残（照八）。

3. 钱币44枚。

该墓前室共出土钱币计44枚，均严重锈蚀。大多为"更始五铢"，钱径2.5厘米左右，重约3.4克，"五"字交笔弯曲，"朱"字头上折由方变圆，"金"字头呈较大正三角形，下四点排列整齐（图一，10）。另有"货泉"1枚，已严重锈蚀。

四、结语

从墓葬形制和随葬品的考证，并同武威已发掘的同期墓葬对比，该墓应属东汉晚期墓葬，随葬器物也和同期墓葬出土器物相似。该墓的发现为研究东汉晚期墓葬的形制、葬俗提供了较为详实的资料，对研究汉代姑臧城具有参考价值。

发掘：周新华　宁生银　刘茂德　韩小丰　黎树科　梁晓英　钟雅萍　杨生梅

执笔：周新华

绘图：钟雅萍

摄影：周新华　韩小丰

原文刊于《陇右文博·武威专辑》2004年

武威王景寨汉墓清理简报

武威市文物考古研究所

王景寨汉墓位于武威市东南约 20 公里的甘肃省少管所农场。1990 年 3 月，省少管所第五大队在修建果园时先后发现三座砖室墓，武威地区博物馆（现武威市文物考古研究所）接到报告后派人对三座墓葬进行了抢救性清理发掘。现将清理情况简报如下。

一、墓葬结构

M1 为长 35、宽 17.5、厚 5.5 厘米的长方形条砖砌成的前后室砖墓。该墓距地表约 0.9 米，由于地面原状破坏严重，墓道已不存在。整个墓室呈"吕"字形，方向偏东南。墓门进深 0.92 米，高 1.53 米，宽 0.88 米。前室顶部已塌陷，残高 1.95 米、东西长 2.86、南北宽 2.80 米。前后室间有一拱门，高 1.3、宽 0.88、进深 0.9 米。后室顶部基本完整，为拱形券顶，后室高 1.8、东西长 2.88、南北宽 1.88 米。墓室底部均铺"人"字形平砖。前室右侧有一台，台高 0.2、宽 0.72 米，估计是放置随葬品用的，但台上只发现一件器物，其余的都在墓室西南角。后室底与前室台同高。人骨架两具，保存完整，头向朝东，一男一女，男性骨架面向北，仰身直肢，女性骨架面朝南，侧身曲肢，葬具为木棺，已朽（图一，1；照一 ）。

M2 为长 35.5、宽 17.5、厚 4.5 厘米的青灰色条砖砌成的单室砖墓。墓室距地表约 1 米深，座西朝东，方向偏东北。墓门高 1.58、宽 0.78、进深 0.72 米。墓室东西长 3.37、南北宽 1.46、高 1.66 米。墓室地面铺"人"字形条砖。墓顶为双层拱券顶。此墓清理过程中发现人骨架 1 具，但扰乱比较严重，头骨和上肢较完整，为男性尸骨。葬具为棺木，已朽（图一，2；照二 ）。

M3 为长 35、宽 17、厚 5.5 厘米的青灰色条砖砌成的单室砖墓。该墓距地表约 1.5 米，座北朝南，方向南偏东。墓门高 1.25、宽 0.9、进深 0.72 米。墓室南北长 4.33、东西宽 2 米，墓顶已塌陷，残高 1.5 米。底部有二层台，台高 18 厘米。墓地均铺"人"字形条砖，前部为一院池，长 1.96 米，略呈方形，女性骨架，斜放于二层台上，仰身直肢，保存基本完好。葬具为木棺，已朽（图一，3）。

二、出土的随葬器物

三座墓共出土文物 67 件，钱币 76 枚，大部分器物较为完整，其中陶器 61 件，占绝大多

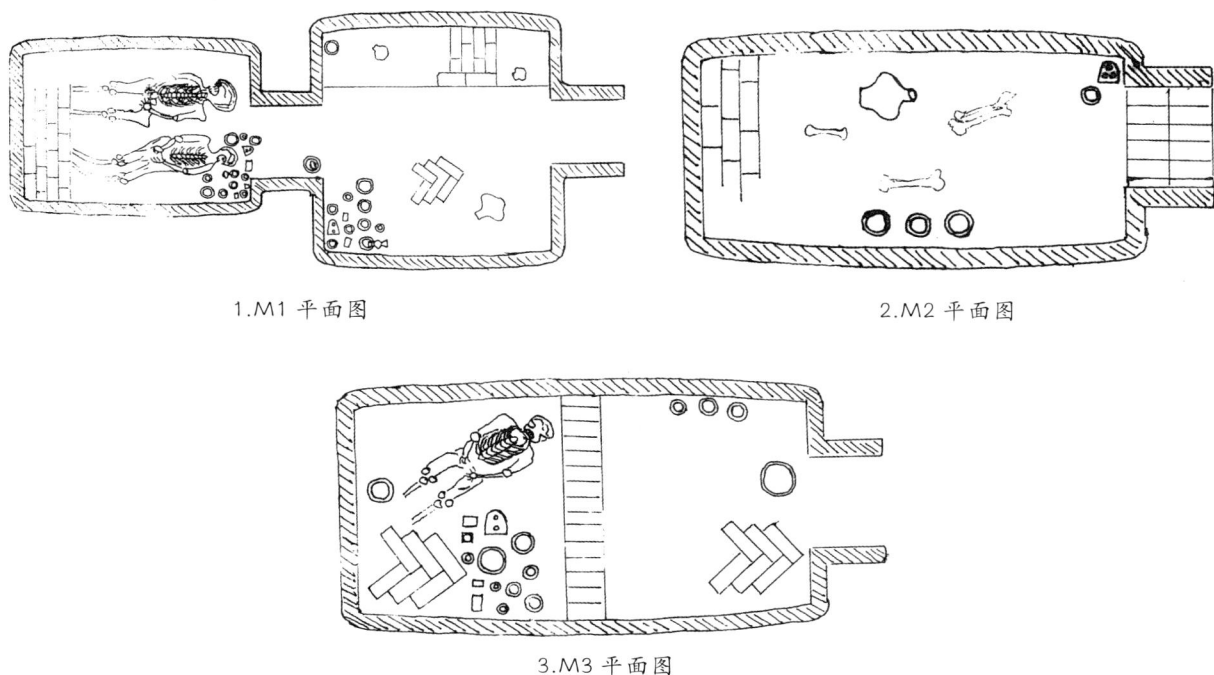

1.M1 平面图　　　　　　　　　2.M2 平面图

3.M3 平面图

图一　武威王景寨汉墓墓葬平面图

数，铜器3件，琉璃耳珰3件。

（一）一号墓出土随葬器物

M1共出土文物40件，钱币41枚。其中陶器37件，铜器3件。

1. 陶器

罐：5件，可分五式。

Ⅰ式　1件，标本M1：1，泥质灰陶，器壁较薄。敞口，卷沿，短颈，腹下内敛，腹部有双耳。耳部绘方格纹形图案，肩部有一短流，肩腹部有九道弦纹，平底。口径15.5、腹径36、底径17、高40厘米（图二，1）。

Ⅱ式　1件，标本M1：2，泥质灰陶，出土时残破，已修复。敞口，卷沿，鼓腹，平底。腹部有四道弦纹，口径25、腹径42、底径19、高30厘米（图二，2）。

Ⅲ式　1件，标本M1：3，泥质灰陶。喇叭口，短颈，溜肩，腹下内敛，平底。肩部有八道弦纹，口径13.5、腹径27、底径15、高31.5厘米（图二，3）。

Ⅳ式　1件，标本M1：4，泥质灰陶。敞口，卷沿，短颈，圆肩，圆腹，平底。肩腹部有螺旋纹。口径15、腹径24..5、底径12.5、高23厘米（图二，4）。

Ⅴ式　1件，标本M1：5，泥质灰陶。敞口，卷沿，圆肩，圆腹，腹下内敛，平底。肩腹部有弦纹，口部烧制时受压变形。口径12、腹径26.5、底径15.7、高27厘米（图二，5）。

锺　6件，可分二式。

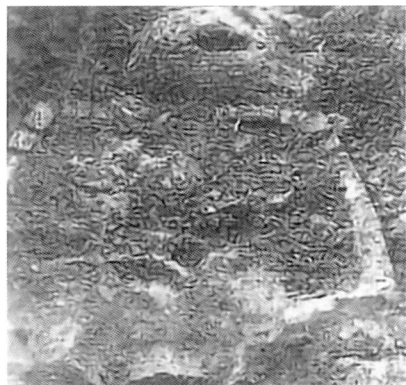

照一　M1墓室结构

照二　M2墓室结构

照三　红陶锺

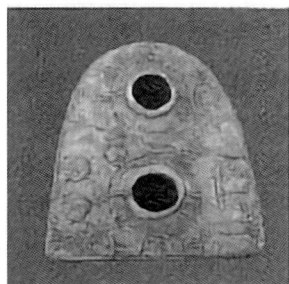

照四　绿釉陶灶

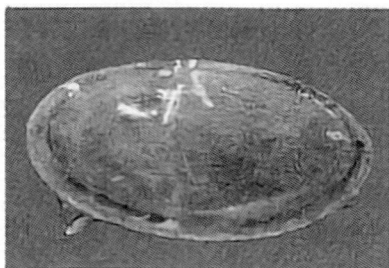

照五　绿釉陶案

照六　铜盘

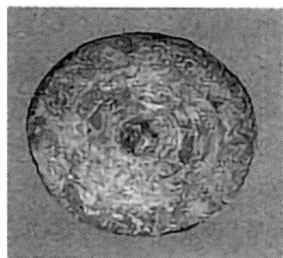

照七　铜镜

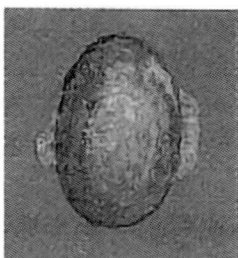

照八　铜耳环

照九　灰陶灶

照一〇　灰陶罐

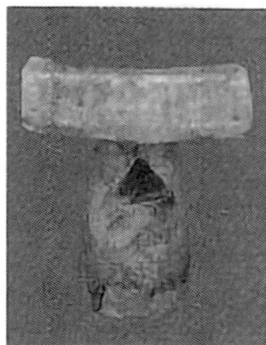

照一一　绿釉陶仓

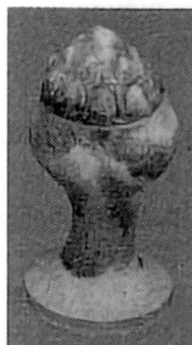

照一二　绿釉博山炉

照一三　绿釉陶锺

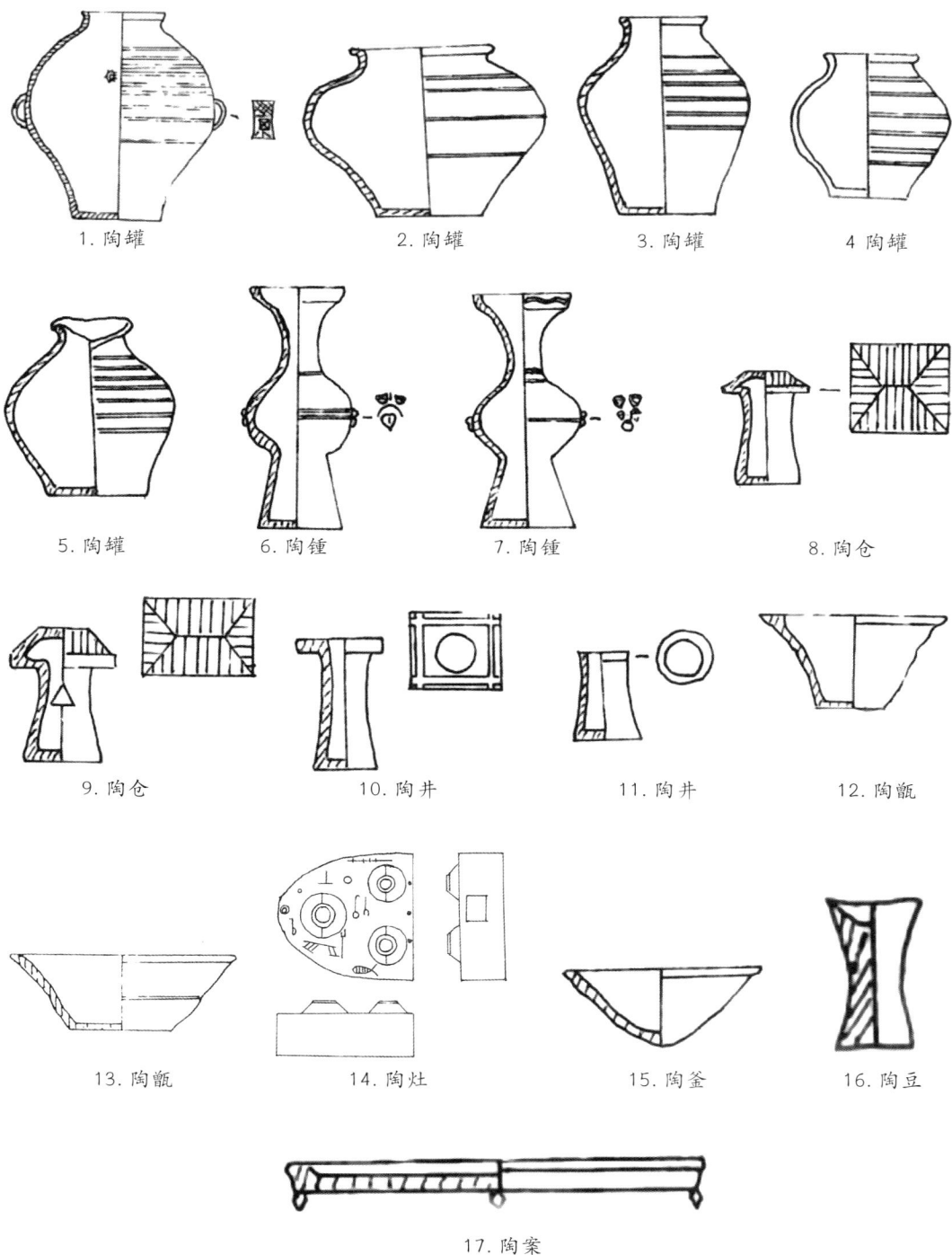

1. 陶罐　　　　2. 陶罐　　　　3. 陶罐　　　　4 陶罐

5. 陶罐　　6. 陶锺　　7. 陶锺　　8. 陶仓

9. 陶仓　　10. 陶井　　11. 陶井　　12. 陶甑

13. 陶甑　　14. 陶灶　　15. 陶釜　　16. 陶豆

17. 陶案

图二　王景寨汉墓随葬器物图

1. M1：1　2. M1：2　3. M1：3　4. M1：4　5. M1：5　6. M1：6　7. M1：9

8. M1：17　9. M1：25　10. M1：32　11. M1：24　12. M1：15

13. M1：31　14. M1：12　15、M1：20　16. M1：30　17. M1：33

Ⅰ式 3件，器形基本相同，泥质红陶。盘口，平沿，高束颈，鼓腹，束腰，多棱形高足，平底。肩腹部有螺旋纹和水波纹，腹部有对称乳钉。表面均施绿釉，釉色多已剥落。标本M1：6，口径14.4、腹径16、底径13.5、高38厘米（图二，6）。

Ⅱ式 3件，器形基本相同，均为泥质红陶。盘口，高束颈，球腹，肩腹部有螺旋纹、弦纹和水波纹，腹部有对称铺首。多棱形高足外撇，平底。表面均施绿釉，釉色多已剥落。标本M1：9，口径14.9、腹径16.4、底径14.5、高36厘米（图二，7；照三）。

仓 2件，可分二式。

Ⅰ式 1件，标本M1：17，泥质红陶，四阿式顶，仓身为筒状，平底，无仓门。顶长7、宽7.4、底径4.8、高9厘米（图二，8）。

Ⅱ式 1件，标本M1：24，泥质红陶，四阿式顶，仓身为筒状，平底，三角形仓门。顶长8、宽6、底径5.9、高10厘米（图二，9）。

井 3件，可分二式。

Ⅰ式 2件，形制相同。均为泥质红陶。口沿呈方形，"井"字形纹，筒状，平底。标本M1：25，口径3.1、口沿长6.7、宽6.2、底径5.2、高7.8厘米（图二，10）。

Ⅱ式 1件，标本M1：26，泥质红陶。口微侈，折沿，筒状，平底。口径4、底径5.5、高7厘米（图二，11）。

甑 6件，可分二式。

Ⅰ式 3件，器形大致相同。敞口，重沿，弧腹，平底。标本M1：28，泥质红陶，内施绿釉，底部有六个小气孔。口径8.9、底径3.1、高4.2厘米（图二，12）。

Ⅱ式 3件，器形大致相同。泥质红陶，口微敛，束腰，平底，底部有小气孔。标本M1：15，口径6.7、底径4.8、高3.3厘米（图二，13）。

灶 2件，形制大致相同，均为泥质红陶。呈马蹄形，三足，灶面有2釜口，半圆形灶门，灶面有模印灶具、餐具和面团等图案。标本M1：12，长19.8、宽18.7、高6.5厘米（图二，14；照四）。

釜 1件，标本M1：31，泥质红陶，侈口，弧腹，圜底。口径5.3、高2厘米（图二，15）。

豆 1件，标本M1：33，泥质红陶，敞口，尖沿，束腰细长，平底。口径3.7、底径3、高5.8厘米（图二，16）。

案 2件，泥质红陶，敞口，浅腹，盘心平坦，平底，三足，盘内有篦划纹和连弧纹、曲线纹。标本M1：29，口径20.7、底径20.2、高2.5厘米（图二，17；照五）。

碟 2件。均为泥质红陶。敞口，平沿，浅腹，平底，内施绿釉。标本M1：27，口径12、底径4.6、高2.8厘米（图三，1）。

碗 2件。均为泥质红陶。敞口，平沿，深腹，小平底，内施绿釉。标本M1：22，口径

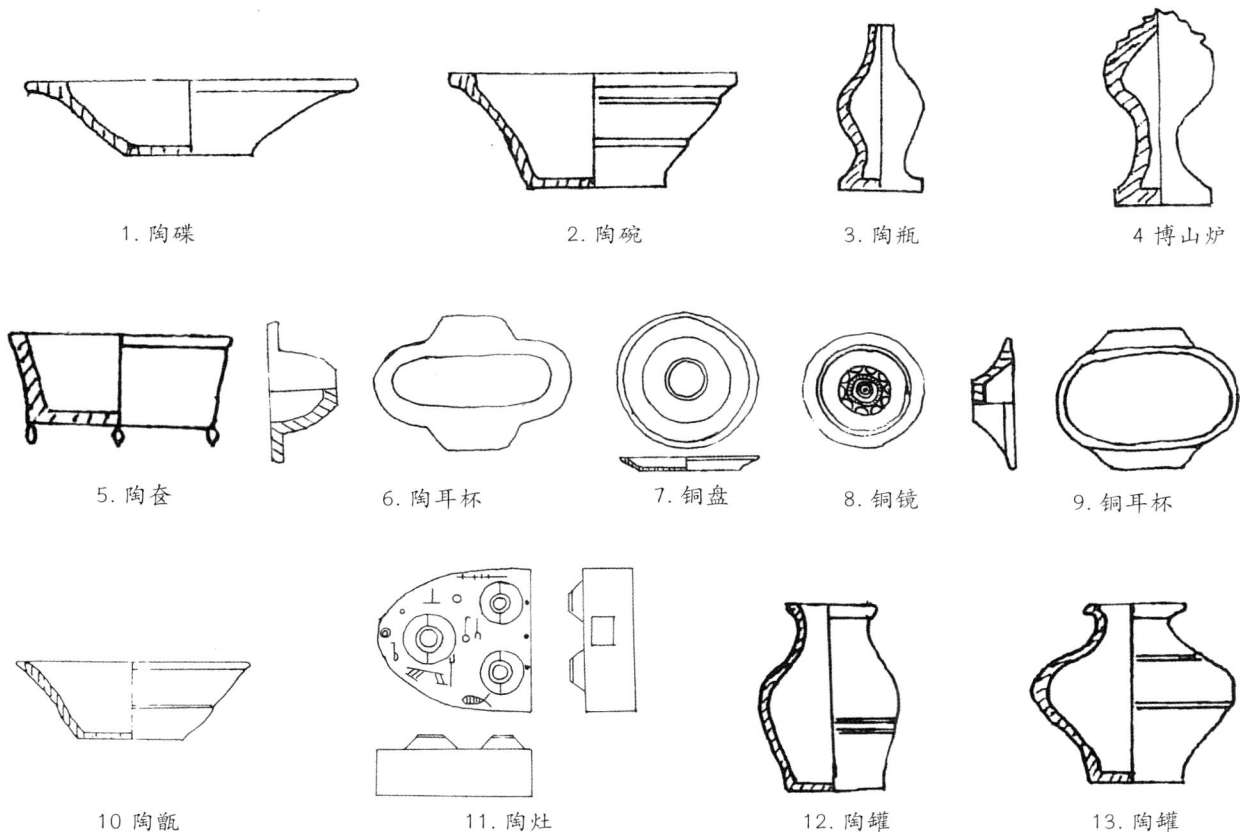

1. 陶碟   2. 陶碗   3. 陶瓶   4 博山炉

5. 陶奁   6. 陶耳杯   7. 铜盘   8. 铜镜   9. 铜耳杯

10 陶甑   11. 陶灶   12. 陶罐   13. 陶罐

图三　王景寨汉墓随葬品器物图

1.M1：27　2.M1：22　3.M1：23　4.M1：18　5.M1：21　6.M1：29

7.M1：34　8.M1：35　9.M1：36　10.M2：6　11.M2：5　12.M2：1　13.M2：4

10.2、底径5.2、高4厘米（图三，2）。

瓶　2件。均为泥质红陶。直口，细长颈，鼓圆腹，束腰，平底。标本M1：23，口径1.5、腹径6.5、底径5、高10厘米（图三，3）。

博山炉　1件。标本M1：18，泥质红陶。直口，筒状，平底，三足。口径10、底径8.5、高5.8厘米（图三，4）。

奁　1件。标本M1：21，泥质红陶。直口，筒状，平底，三足。口径10、底径8.5、高4.8厘米（图三，5）。

耳杯　1件。标本M1：29，泥质红陶。口微敞，两侧有扁平双耳，内施绿釉。口长7.6、口宽5.7、高2.6厘米（图三，6）。

2. 铜器

铜盘　1件，标本M1：34。敞口，折沿，浅腹，盘心内凹，平底。盘口沿有方格菱形纹，内壁有一圈夔纹，底部内

拓片　铜盘盘心"凤鸟"

壁施一凤鸟纹，周围饰一圈夔纹，以菱形纹相隔（见拓片）。口径15.7、底径11、高1.7厘米（图三，7；照六）。

铜镜　1件，标本M1：35，桥形钮，圆座。镜缘宽平，镜背主题纹饰为内向连弧纹，内外区分别有凸弦纹、短竖线纹等。表面锈蚀严重。直径10、厚0.8厘米（图三，8；照七）。

铜耳杯　1件，标本M1：36，椭圆形口，两侧有扁平双耳，平底，耳部绘回纹。内壁及底部有线刻花纹，线条流畅自然。口长11.6、口宽9、高2.5厘米（图三，9；照八）。

3.钱币

该墓共出土钱币41枚，均为五铢钱。钱币朽蚀严重，零散地发现于墓室底部。从其形制来看，多为东汉五铢，但也有少量西汉五铢。由于表面锈蚀严重，字迹大多已漫漶。

（二）二号墓出土随葬器物

M2共出土文物6件，钱币20枚。

1.陶器

灶　1件，标本M2：5，泥质灰陶。灶体平面呈马蹄形，圆足。灶面有三釜口，且有灶具、餐具和食物等模印图案。灶后面有乳状烟囱，灶门为长方形。长20.5、宽19、高6.5厘米（图三，11；照九）。

甑　1件，标本M2：6，泥质灰陶。侈口，平沿，深腹，小平底。整体呈喇叭状。口径8.7、底径4、高3厘米（图三，10）。

罐　4件，可分二式。

Ⅰ式　3件，器形大致相同，泥质灰陶。侈口，折沿，短颈，腹下内敛，平底，腹部有二阴道弦纹。标本M2：1，口径11.8、腹径17.5、底径12.7、高22.8厘米（图三，12）。

Ⅱ式　1件，标本M2：4，侈口，卷沿，短颈，腹下渐收，平底，肩腹部有绳纹和四道阴弦纹。口径10、腹径19.4、底径10、高18厘米（图三，13）。

2.钱币

王景寨二号汉墓出土钱币共20枚，零散地发现于墓室底部，均为货泉。可分三种，一种直径2.3、穿0.8、厚0.15厘米，有9枚，钱文清晰；二种直径2.1、穿0.8、厚0.1厘米，有7枚，残锈严重；三种直径1.9、穿0.8、厚0.1厘米，有4枚，残锈严重，为剪边钱，钱文已漫漶不清。

（三）三号墓出土随葬器物

M3共出土文物21件，钱币15枚。其中陶器18件，琉璃耳珰3件。

1.陶器

罐　1件，标本M3：1，泥质灰陶。侈口，折沿，圆肩短颈，腹以下渐收，足外撇，平底。肩部有六道弦纹和一〔 〕纹。腹部有一道附加堆纹。口径15、腹径32、底径15、高29厘米（图四，1；照一〇）。

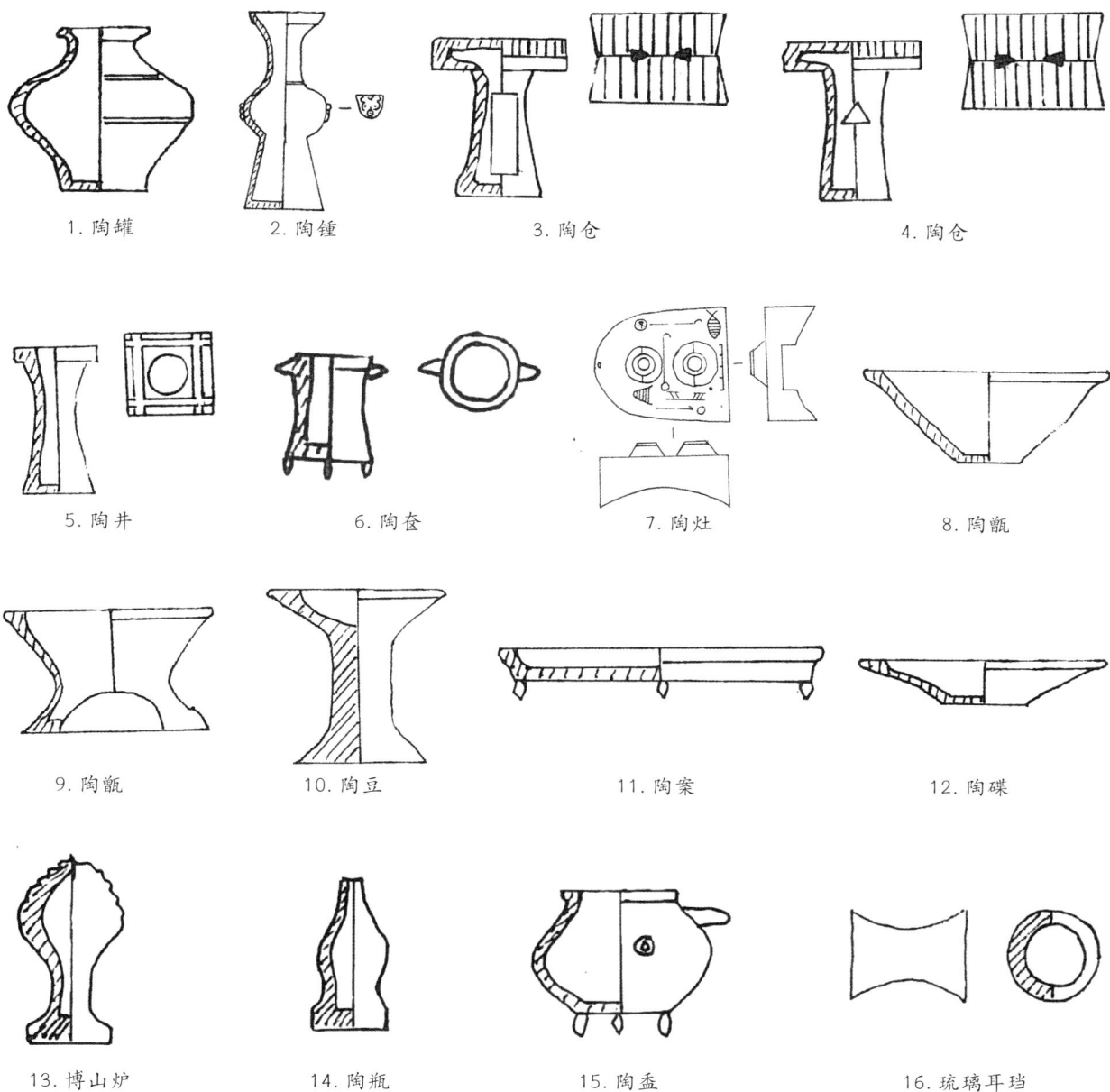

图四　王景寨汉墓随葬器物图

1.陶罐　2.陶锺　3.陶仓　4.陶仓　5.陶井　6.陶奁　7.陶灶　8.陶甑

9.陶甑　10.陶豆　11.陶案　12.陶碟　13.博山炉　14.陶瓶　15.陶盉　16.琉璃耳珰

1.M3：1　2.M3：2　3.M3：14—1　4.M3：14—2　5.M3：7　6.M3：16　7.M3：10　8.M3：11
9.M3：15　10.M3：8　11.M3：17　12.M3：6　13.M3：13　14.M3：9　15.M3：5　16.M3：12

　　锺　3件，泥质红陶，外施绿釉，器形大致相同。盘口，高束颈，球形腹，束腰，多棱形假圈虽足，平底。肩腹部有螺旋纹和水波纹，腹部有对称兽面衔环。表面均施绿釉，釉色多已剥落。标本 M3：2，口径 15.3、腹径 17.2、底径 16、高 40.5 厘米（图四，2；照一三）。

　　仓　2件，形制基本相同，泥质红陶，外表施绿釉，硬山顶，仓身为扁圆形，底略大。标本 M3：14—1，长方形仓门。顶长 9、宽 6、底径 5.5、高 10.7 厘米（图四，3）。标本 M3：14—2，三角形仓门。顶长 9.8、宽 7、底径 5.2、高 11.6 厘米（图四，4）。

　　井　1件，标本 M3：7，泥质红陶。外表施绿釉。方形口沿，口沿有"井"字形纹，井身呈筒状，平底。口沿长 5.8、宽 5.7、口径 2.3、底径 5.3、高 10 厘米（图四，5）。

　　奁　1件。标本 M3：6，泥质红陶，外表施绿釉。直口，筒状，平底，三足。口径 3.4、底径 3.9、高 5.8 厘米（图四，6）。

　　灶　1件，标本 M3：10，泥质灰陶。灶体平面呈马蹄形，灶面有两釜口，，灶面有灶具、和食物等模印图案。火门为长方形，底有三足。灶长 17.4、宽 15.5、高 6.7 厘米（图四，7）。

　　甑　3件，可分二式。

　　Ⅰ式　2件，器形大致相同。泥质红陶，外施绿釉，侈口，折沿，深腹，斜壁，小平底。标本 M3：11，口径 7.2、底径 1.9、高 2.8 厘米（图四，8）。

　　Ⅱ式　1件，标本 M3：15，泥质红陶，外表施绿釉。敞口，折沿，束腰，平底，内有五个小气孔，底部有半圆形小火门。口径 6.1、底径 5.7、高 6 厘米（图四，9）。

　　豆　1件，标本 M3：8，泥质红陶，外表施绿釉。敞口，折沿，深腹，平底。口径 7.5、底径 2.4、高 13 厘米（图四，10）。

　　案　1件，标本 M3：17，泥质红陶，外表施绿釉。侈口，折沿，浅腹，平底，三足。从口沿向内有三组水波纹，以三组弦纹相间。口径 23.5、底径 21.5、高 4.2 厘米（图四，11）。

　　碟　1件。标本 M3：6，泥质红陶，外表施绿釉。敞口，折沿，浅腹，平底。口径 7.5、底径 2.4、高 13 厘米（图四，12）。

　　博山炉　1件。标本 M3：13，泥质红陶，表面施绿釉。博山顶，弧腹，束腰，平底。腹径 5.6、底径 5.6、高 12 厘米（图四，13；照一二）。

　　瓶　1件。标本 M3：9，泥质红陶，外表施绿釉。直口，细长颈，椭圆腹，束腰，平底。口径 1.4、腹径 4.5、底径 5.1、高 10 厘米（图四，14）。

　　盉　1件。标本 M3：12，泥质红陶，外表施绿釉。敛口，重沿，圆腹，平底，三足。肩部有一小柄和流。口径 4.5、底径 3、高 4.8 厘米（图四，15）。

　　2.琉璃器

　　琉璃耳珰　3件，形制大致相同。外表呈黑色，圆柱形，束腰，中心有孔。1件残。标本 M3：5，长 1.5、直径 1.2、孔径 0.8 厘米（图四，16）。

　　3.钱币

该墓出土铜钱共 15 枚，零散发现于墓室底部，均为五铢钱。可分二种：一种直径 2.6、穿 1、厚 0.1 厘米，有 10 枚；二种直径 2.5、穿 0.9、厚 0.1，有 5 枚。

三、结语

这次王景寨清理的三座墓葬，没有发现明确纪年的文物，且由于其塌陷等原因，墓内器物扰乱严重。但从墓葬的形制和其随葬品的组合来看，这三座墓应为王莽时期至东汉中晚期的墓葬。

从墓葬的形制来看，一号墓和三号墓砖的大小和砌法基本相同，其形制与武威发现的同期墓的形制略同。二号墓砖略小，砌法与一、三号墓有所不同，时代也比一、三号墓要早。

从出土的器物来看，一、三号墓陶器和铜器一般为东汉中晚期墓中所常见。从随葬品的组合来看，两座墓中均有锺、灶、仓、井、盘、瓶等器物，且大多施绿釉。一号墓中出土的连弧纹镜，应为东汉中晚期墓中常见。两墓出土的钱币均为五铢钱，且五铢的"朱"头圆折较多。所以一、三号墓应为东汉中晚期墓葬。二号墓出土的陶器皆为灰陶，其组合为 4 罐、1 灶 1 甑，且钱币均为货泉，这些器物在王莽时期的墓中所常见。因此，二号墓应为王莽时期的墓葬。

发掘：朱安　宁生银

执笔：朱安

绘图：朱安

原文刊于《陇右文博》2003 年第 1 期

武威建国街东汉墓清理简报

武威市文物考古研究所

2003 年 4 月 23 日，武威市政通市政路桥公司在武威市城区建国街扩建马路开挖下水管道时，在建国街南端发现五座古墓葬。武威市文物考古研究所经实地勘查，发现其中 4 座破坏严重已无法清理，遂对其中 1 座保存较为完整的墓葬进行了抢救性清理发掘。现将发掘清理情况简报如下：

一、墓葬形制

该墓距地表约 1.2 米左右，是一座具有前后室结构的砖室墓。墓门东偏北，高 1.45、宽 1、深 1 米，有四层券。墓室用长 34、宽 17、厚 4 厘米的青灰色条砖叠砌而成。墓室早年被盗，墓壁破坏严重，顶部全部塌陷。前室南北长 3.3、东西宽 2.8 残高 2.35 米，底部用青灰色条砖以"人"字形平铺而成，左右两侧有高 0.25、宽 0.72 、0.77 米的二层台。前后室之间有一甬道，高 1.45、宽 1、进深 1 米，有二层券。后室东西长 2.7、南北宽 2.4、残高 2.3 米，底部用青灰色条砖平铺而成。后室有棺，棺木已腐朽，未发现人骨架，前室发现 2 个头盖骨，人骨架严重扰乱，散处于墓室各部位。

二、随葬器物

由于墓葬早年被盗、顶部塌陷等原因，墓室内所存器物不多，扰乱严重，主要分布在前室，后室有部分陶器碎片。大部分器物为陶器，且多为碎片。经修复，完整器物有 23 件，其中陶器 19 件，铜器 1 件，铁器 3 件，钱币 5 枚。

1.陶器 19 件

（1）灰陶锺 1 件，标本 M1：1，泥质灰陶，小盘口，细颈，圆腹，八棱形高足。口径 10、底径 13、高 30 厘米（图一，1；照五 ）。

（2）灰陶仓 2 件

Ⅰ型：1 件，标本 M1：2，泥质灰陶，口呈椭圆形，仓身为桶状，平底。仓身上端有一方形仓门，下刻划有梯形图案。缺顶。底径 7.7、高 13 厘米（图一，2；照八 ）。

Ⅱ型：1 件，标本 M1：3，泥质灰陶，覆钵状。顶为圆形，无底。一侧有刻划的梯形图案。顶径 10.5、底径 15、高 8.5 厘米（图一，3 ）。

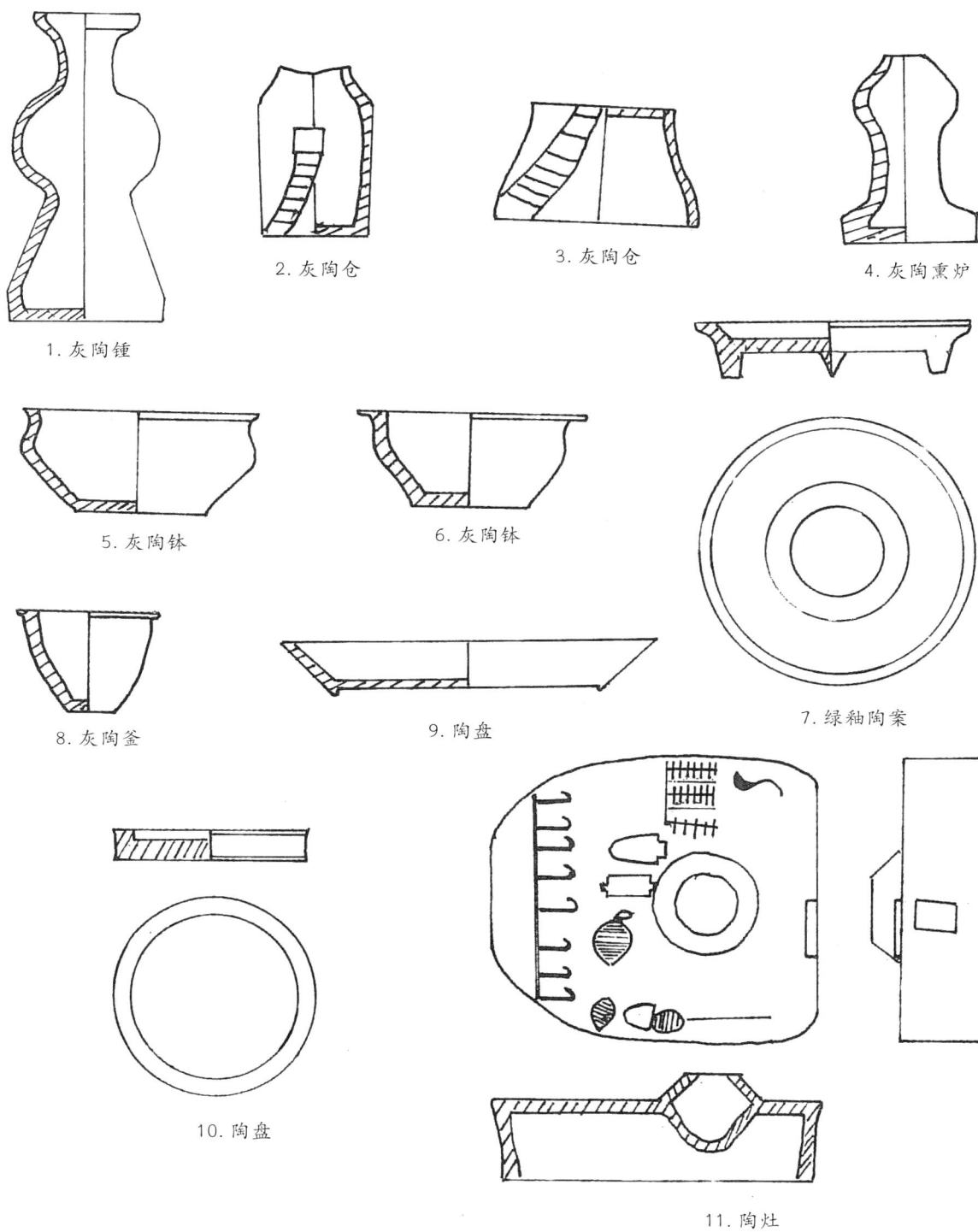

1. 灰陶鍾
2. 灰陶仓
3. 灰陶仓
4. 灰陶熏炉
5. 灰陶钵
6. 灰陶钵
7. 绿釉陶案
8. 灰陶釜
9. 陶盘
10. 陶盘
11. 陶灶

图一　武威建国街东汉墓随葬器物图
其中：1—9 为 1/5，10 为 1/10，11 为 1/5

（3）灰陶熏炉　1件，标本M1：4，泥质灰陶，敛口，圆腹，束腰，平底，腹上端有三层不规则小孔。口径2、底径9.7、高14厘米（图一，4；照六）。

（4）灰陶钵　2件

Ⅰ型　1件，标本M1：5，泥质灰陶，侈口束颈，鼓腹，平底。口径17、底径9、高7.5厘米（图一，5）。

Ⅱ型　1件，标本M1：6，泥质灰陶，直口平沿，底内敛，平底。口径16.6、底径9、高7.4厘米（图一，6）。

（5）绿釉陶案　1件，标本M1：7，泥质红陶。案面呈圆形，内有两圈凹弦纹，有三足，表面施绿釉。直径19.5、高3.5厘米（图一，7）。

（6）灰陶釜　1件，标本M1：8。泥质灰陶，敞口平沿。深斜腹，小平底。口径10.7、底径4、高7.5厘米（图一，8）。

（7）陶盘　5件

Ⅰ型　2件，器形基本相同，泥质灰陶。敞口，斜壁，浅圈足。标本M1：9，口径27.3、19.5、高4厘米（图一，9；照九）。

Ⅱ型　2件，器形基本相同。泥质灰陶，直口平沿，盘心微凹，平底。标本M1：11，口径28.5、底径21.7、高2.5厘米（图一，10；照四）。

ⅡⅠ型　1件，标本M1：13，夹砂红陶，敞口，浅腹，平底。盘内有三组细弦纹。口径25、底径24、高1.5厘米（图二，1）。

（8）红陶碟　1件，标本M1：14，泥质红陶，敞口，重沿，浅弧腹，底内凹。口径12.7、底径6.5、高3厘米（图二，4）。

（9）灰陶耳杯　2件，器形基本相同，泥质红陶，椭圆形，两侧有扁平耳，平底。标本M1：15，口长7、宽5.3、底长4、宽1.8、高2厘米（图二，5）。

（10）陶灶　4件。

Ⅰ型　绿釉陶灶，2件，器形相同。泥质红陶，灶呈马蹄形，灶面有两釜口。长方形灶门，底有三足。灶面模印灶具和餐具等图案。表面施绿釉。釜敞口，圜底。标本M1：17，灶长16、宽14、高4厘米，釜口径4.7、高2厘米（图二，3；照三）。

Ⅱ型　2件，器形相同。泥质灰陶。灶呈马蹄形，灶面有一釜口。长方形灶门，灶门上有一突起，底有三足。灶面模印勺、肉、面团、匙等图案。标本M1：19，长24、宽21.高7厘米（图一，11；照二）。

2.铜器　1件

铜耳杯　1件，标本M1：21，呈椭圆形，两侧有扁平耳，平底。口长8.7、口宽6.6、底长5.5、底宽2.5、高2.4厘米（图二，2；照一）。

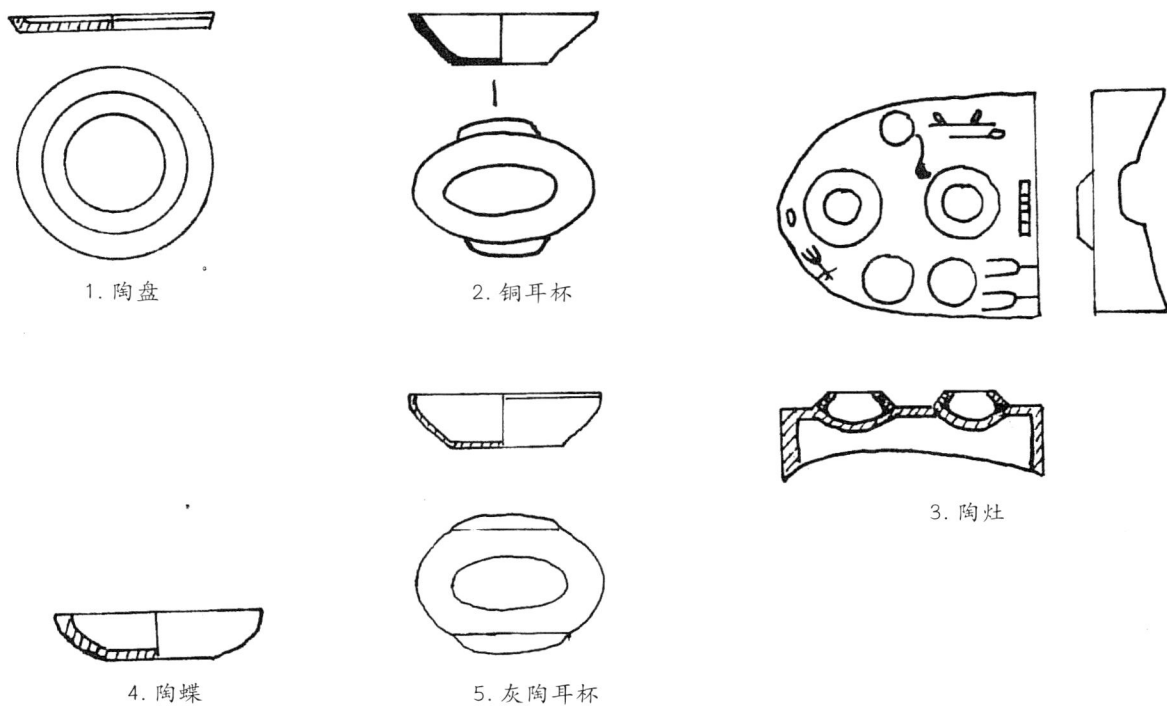

1. 陶盘　　　　　　2. 铜耳杯

3. 陶灶

4. 陶蝶　　　　　5. 灰陶耳杯

图二　武威建国街东汉墓随葬器物图
其中：1 为 1/10，2、5 为 1/13，3、4 为 1/5

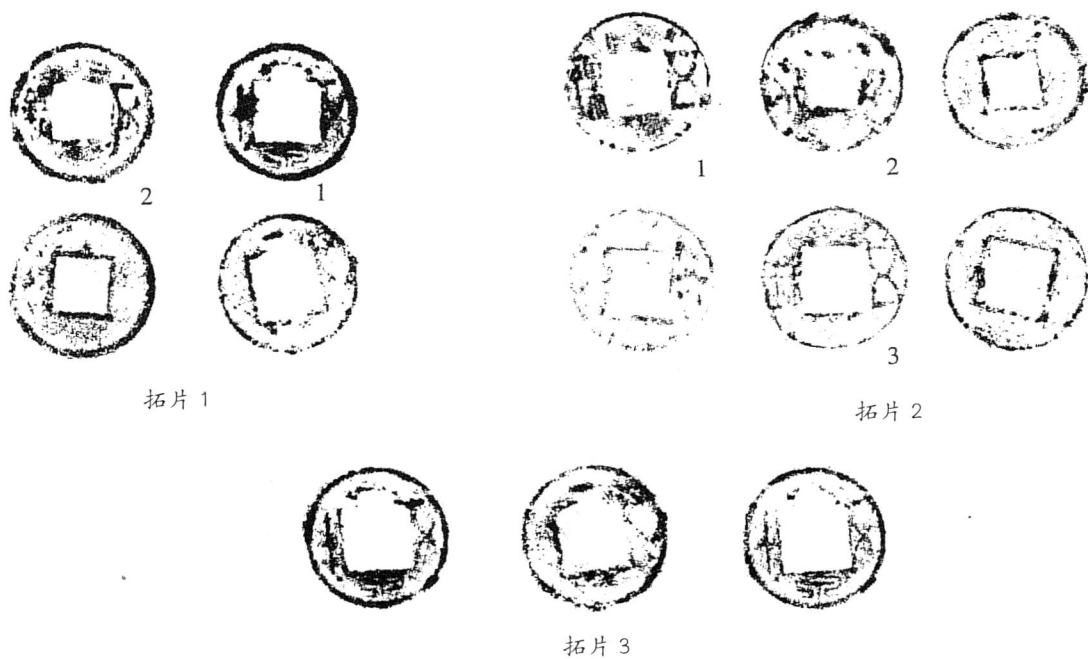

拓片 1　　　　　　　　　　　拓片 2

拓片 3

图三　武威建国街东汉墓随葬钱币拓片

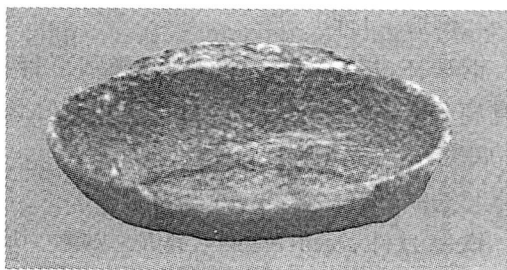
照一　铜耳杯

照二　陶灶

照三　陶灶

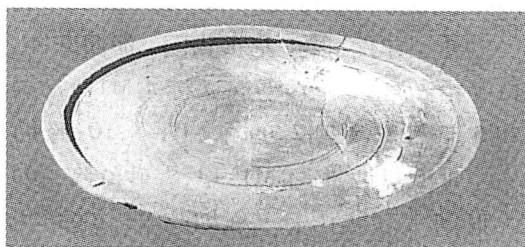
照四　陶盘

照五　陶锺

照六　陶熏炉

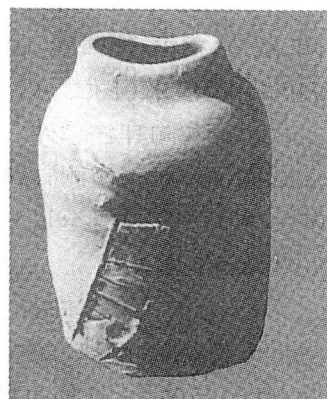
照八　陶仓

照七　铁镜

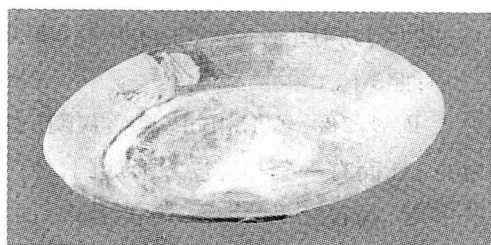
照九　陶盘

武威建国街东汉墓出土器物

3.铁器 3件

铁镜 1件，标本M1：22，铁质，圆形，圆钮，锈蚀严重。直径15、厚0.3、钮径2.5厘米（照7）。

铁钉 2件。锈蚀严重。

4.钱币 5枚

五铢钱 3枚，直径分别为1.4、2.4、2.6厘米，形制不一（拓片2，1、3；拓片1，2）。

货泉 1枚，直径1.4厘米（拓片1，2）。

大泉五十 1枚，直径2.5厘米。锈蚀严重（拓片1，1，拓片3，1，2）。

此外还出土一些灰陶罐、盆、锺等残件。由于破碎严重，已无法修复。

三、结语

建国街发现的这座墓葬，根据其形制及出土器物来判断，应为东汉晚期的墓葬。墓室的构造和砌法与武威发现同期墓葬大致相同，比如墓壁用灰、黑二色砖砌成菱形图案。随葬器物也和东汉晚期墓葬出土器物相似，比如锺为小盘口，细长颈，球形腹，底部削为多棱形假圈足、陶器底部多有用刀削切修整的痕迹。它为研究东汉姑臧城址提供了新的参考资料。

发掘：周新华 朱安 张振华 韩小丰 黎树科 梁晓英 何金兰 杨生梅 钟雅萍

执笔：黎树科

绘图：朱安

照片：周新华

原文刊于《陇右文博·武威专辑》2004年

武威热电厂汉墓清理发掘简报

武威市文物考古研究所

武威热电厂地处武威市区中心东南约4公里处，现位于凉州区高坝镇碌碡村。这里地处南营河中游绿洲平原地带，四周均为耕地，2015年，甘肃电投武威热电有限责任公司热电联产项目在此施工过程中先后发现几座汉墓。2015年9月21日和10月9日，武威市文物考古研究所在接到甘肃电投报告后在此地清理了两座汉代墓葬。现将清理发掘情况报告如下。

一、墓葬形制

两座墓均为砖室墓，两墓室相距约60米，距地表约1米多深，墓道因工程施工损毁不详，墓门均东偏南。M1损毁严重，为单室砖墓，由墓门、甬道、墓室组成。墓门坍塌破坏严重，尺寸不清，甬道进深1.80米，墓室东西长5米，宽2.6米，高约2.8米，用长35厘米、宽17厘米、厚9厘米的长方形条砖叠砌而成；前半段进深3米，后面二层台表面铺有一层生石灰，放置棺床，棺木已腐朽为灰，墓底铺人字形条砖（图一）。墓内有人骨架一具，散乱地堆放于墓室内。随葬品多数散乱地放置于后面二层台上淤泥中，因施工过程中将墓室南侧一半部分挖毁殆尽，故出土文物不多。

M2为前后室砖墓，由墓门、甬道、前室、过洞、后室组成。墓门高0.90米，甬道进深1.80米，共有六层券顶，前室南北长2.95米，东西宽2.55米；前后室间过洞进深0.80米，高0.90米，宽1.05米；后室东西长3.75米，南北宽2.95米。墓室深约2.90米，用长37厘米、宽18厘米、厚9厘米的长方形条砖砌成；前室北侧有二层台，后室墓底没有铺砖（图二）。葬具不详，人骨架一具，散乱地

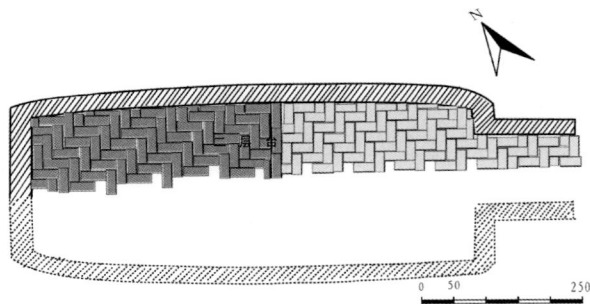

图一　热电厂M1平面图

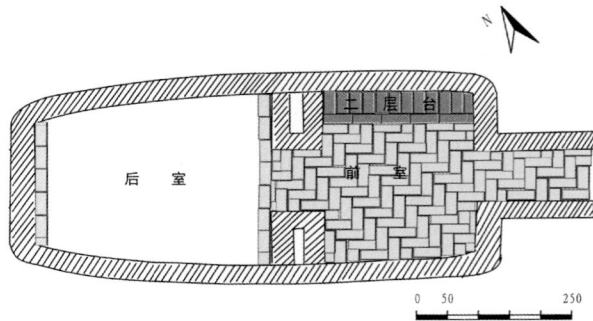

图二　热电厂M2平面图

堆放于墓室中。随葬品则大多散乱地处于前室内，墓底也有一层淤泥，厚约0.20米。两座墓室早期盗扰破坏、坍塌均很严重。

二、出土器物

两座墓共出土文物21件（套），钱币170多枚。其中陶器7件（套），铜器13件（套），铁器1件。另有少量灰陶罐和红陶壶残片出土，未能修复。

陶器7件。

碗　1件（M1：3）口径13厘米、底径6.6厘米、高5.2厘米。泥质红陶，侈口，平沿，深腹，平底。表面施褐釉，釉质莹润，足底露胎。（图三，1；照一）。

井　1件（M1：2，附小陶罐一）。口沿边长6.5厘米，底径7.6厘米，高13厘米。泥质红陶，方口，井字形口沿，井身呈桶状，平底。表面施褐绿釉。小罐口径2.5厘米、底径2厘米，高3.6厘米。敞口，沿微卷，短颈，弧腹，平底，表面施褐绿釉。（图三，2；照二）。

仓　2件。均为泥质红陶。形制大体相同，四坡式顶，仓身呈桶状，平底，一为长方形仓门，一为三角形仓门。标本M2：3，顶长6.2厘米、宽6厘米，底径7.2厘米，高8厘米（图三，3；照三）；标本M2：4，顶长6.2厘米、宽6厘米，底径6.5厘米，高9厘米（图三，4；照四）。

瓶　1件（M2：5）。口径1.1厘米，腹径厘米，底径5.5厘米，高12.7厘米。泥质红陶。

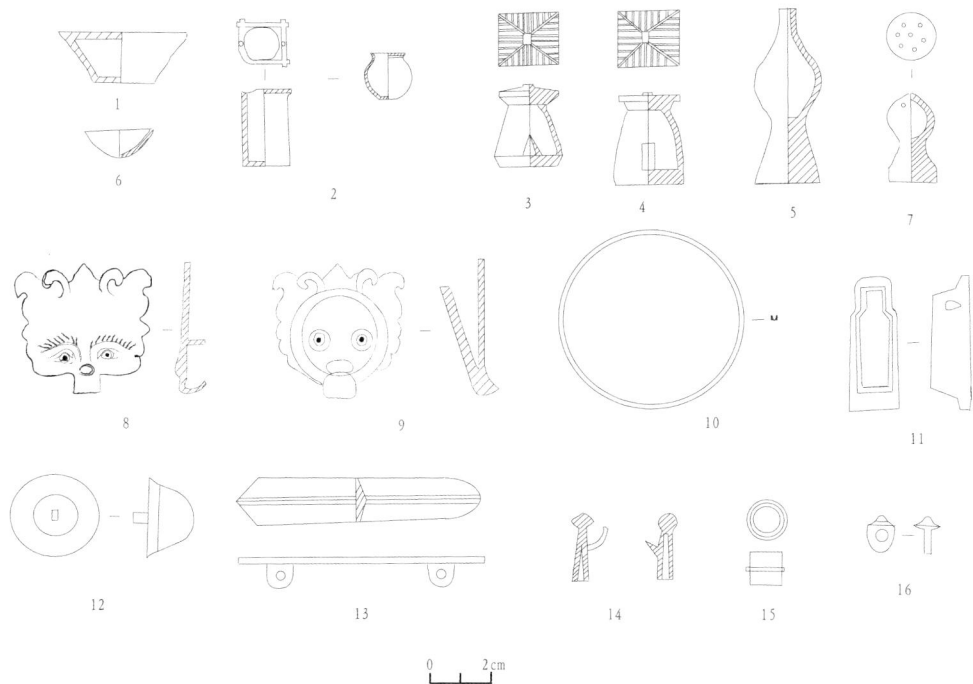

图三　热电厂汉墓器物绘图

照一 褐绿釉陶碗

照二 褐釉陶井

照三 红陶仓

照四 红陶仓

照五 铜铺首

照六 铜铺首

照七 铜弩机郭

照八 铜泡钉

照九 铜当卢

照一〇 铜车軎

照一一 铜车马器残件

照一二 铜车马器残件

小口，细长颈，鼓腹，束腰，平底。（图三，5）。

釜　1件（M2：7）。口径5.5厘米、高2厘米。泥质红陶。敞口，弧腹，圜底。（图三，6）。

薰炉　1件（M2：6）。高9厘米，底径5.1厘米。泥质红陶。小口，肩部有6个薰孔，球形腹，束腰，平底。（图三，7）

铜器13件。

铜铺首　2件（M1：1）。形制基本相同。呈扁平状。其一有衔环，长4.2厘米，宽4.4厘米（图三，9；照五）。其二，缺衔环，长4.1厘米，宽4.3厘米（图三，8；照六）。

铜镶边　2件（M1：5）。呈圆形，断面均呈"U"形，一面有凹槽。其一直径25厘米，厚0.8厘米，边宽0.9厘米（图三，10）。断为3截。其二直径18厘米，厚0.5厘米，边宽0.45厘米。断为数截。

铜弩机郭　1件（M2：2）。铜质，呈长方形，长4.5厘米，宽1.5厘米，高1.2厘米（图三，11；照七）。

铜泡钉　1件（M1：9）。铜质，伞形。盖径3厘米，长2.1厘米（图三，12；照八）。

铜当卢　1件（M1：7）。铜质，扁平状船形，一面中间有棱形突起，一面有两处突起。长8.5厘米，宽1.8厘米，厚0.3厘米（图三，13；照九）。

铜盖弓帽　1套，共14个（M1：6）。青铜质，管形，有钩，系装在车盖弓骨的末端，是车马器。长1.5—2.6厘米，帽径1.5厘米，管径0.5厘米，钩长0.5—0.8厘米（图三，14）。

铜车軎　1套，共3个（M1：8）。铜质，管状，中间有箍。管径1.1厘米，箍径1.5厘米，长1.4厘米（图三，15；照一〇）。

铜车马器部件　共6个（M1：10）。均为铜质，其中4个呈钮扣状。径0.9厘米，高1厘米（图三，16）。1个呈环扣状。径1.3厘米，长2厘米（照一一）。1个呈叉状。长5.5厘米，宽1.3厘米，径0.3—0.5厘米（照一二）。

铁器1件。

铁剑　1件（M1：11）。铁质。锈蚀严重，形制不清。残长68厘米，柄宽5厘米。

"五铢"铜钱　187枚（M1：4）。铜质，形制大致相同，圆形方孔，钱文篆书"五铢"二字，部分残缺。其中1号墓出土钱币173枚，形制大小基本相同，字体较为规整。2号墓出土钱币14枚，大小不等，字体不太规整。径2.5厘米，穿0.8厘米。

三、结　语

两座墓早年坍塌严重，加之后来施工过程中遭破坏严重，均未发现有明确纪年和断代的东西。但从墓葬形制结构和出土的随葬器物形制看，我们认为均属于东汉时期的墓葬。M1时代略早一些，属东汉早期的墓葬，M2时间稍晚一些，是东汉中晚期的墓葬[①]。

M1是单室砖墓，是长条形的，虽然坍塌严重，但可以确定它是拱券形顶，与蒲朝绂所描述的"第二型墓葬"基本是一个类型，时代大致为东汉早期。这与武威王景寨2号墓的结构和砌法也基本相同[②]，出土器物因早期盗扰破坏严重，陶器完整者只有釉陶碗和釉陶井两件，清理时也发现少量灰陶罐和釉陶壶残片，这些是同期墓所中常见。其中铜盖弓帽与磨咀子汉墓同期墓中出土的盖弓帽基本相同[③]。M1出土的"五铢"钱，字体较为规整，五铢"五"字交笔较直，铢字"山"头近似方折，应该是西汉五铢，这在东汉早期墓中出土应很正常。

M2是一座前后室墓葬，尽管坍塌严重，但从残存的部分可以推断出前室应是覆斗式顶，后室是拱形顶，墓门和前室之间有甬道，前后室间有拱门，与蒲朝绂所描述的"第三型墓葬"大致相同，时代应为东汉中晚期。这与武威王景寨1号墓形制也大致相同[④]。出土器物除有少量灰陶罐和红陶壶残片，完整器物有红陶仓、红陶釜、红陶葫芦形瓶、红陶熏炉等，也是这一时期汉墓中较为常见的东西。M2出土的"五铢"钱字体不甚规整，五铢"五"字交笔较弯曲，朱字"山"头呈半圆形，应是东汉五铢。

① 蒲朝绂：《武威汉墓的分期与年代》，《西北史地》1990年第1期。
② 武威市文物考古研究所：《武威王景寨汉墓清理简报》，《陇右文博》2004年武威专辑，第7—15页。
③ 甘肃省博物馆：《甘肃武威磨咀子汉墓发掘》，《考古》1960年第9期。
④ 武威市文物考古研究所：《武威王景寨汉墓清理简报》，《陇右文博》2004年武威专辑，第7—15页。

这两座墓出土的文物虽然不多，但 M1 出土的车马器是近年来武威汉墓中较为少见的，对研究汉代车马制度具有一定的参考价值。这两座墓葬的发现为研究武威汉代葬俗提供了新的重要实物资料。

发掘：朱安　韩小丰　沈全喜

执笔：朱安

绘图：钟雅萍

摄影：朱安

原文刊于《陇右文博》2019 年第 1 期

关于甘肃武威雷台出土铜奔马的年代

孙　机　中国国家博物馆

　　武威雷台出土的铜奔马知名度很高。但这件文物到底属于哪个朝代，一直是一个没有解决的问题，许多专家提出了不同的看法。

　　《武威雷台汉墓》报告于 1974 年在《考古学报》发表前，对于它的年代曾进行讨论，当时连夏鼐先生都认为此墓似晚于东汉。后来发掘者依据墓中所出四出五铢，将此墓定为"灵帝中平三年到献帝之世"。然而从整理洛阳烧沟汉墓的出土物时起，一直在研究汉代钱币的吴荣曾先生认为："这一说法很不妥。"吴先生以雷台墓中所出直径 1.6 厘米的小五铢钱为据，指出："这种钱在魏晋的窖藏钱币中很常见。出土于墓葬者也不少，如西安田王晋墓中曾有出土，据简报墓的年代约为元康时。敦煌祁家湾 321 号墓也出这种小五铢，墓的年代为晋惠帝泰熙元年。上述两墓的年代都在公元 290 年左右。同样出小五铢的雷台墓，其年代也应靠近西晋为合适"[①]。但何志国《甘肃武威市雷台出土铜奔马年代考辩》(以下称《何文》)认为，此墓的年代"只能是东汉时期而不会晚至西晋时期"[②]。并以 1982 年西安西汉墓出土的小五铢钱为据，断定上述雷台标本"不足使它作为西晋时期遗物的证据"。可是西汉小五铢与西晋小五铢差得太远，无论钱径、肉好的比例、钱文的书体等方面，均判然有别。《何文》举的这个例子完全不具有说服力。

　　《何文》又认为："铜奔马所代表的艺术风格绝非个别，而是具有东汉时期的时代特点。西晋时期的铜马极少发现，虽有一些陶马出土，但其形制与铜奔马不同。如山东邹城西晋永康二年刘宝墓出土陶马，身体肥硕，四肢粗短，站立，尾下垂。"其实甘肃出土的晚于东汉的铜马并不罕见。酒泉西沟晋墓、敦煌阳关晋墓、武威旱滩坡 19 号前凉墓中均曾出土身材比例相当协调的铜马[③]。似不宜只根据与河西走廊相距遥远之邹城出土的一件风格不同的陶制品，遂对西晋甚至时代更晚些的铜马一概加以否定。

　　雷台墓是一座带墓道的多室砖券墓。何双全先生曾指出，敦煌一带的东汉墓规模较小，

　　① 吴荣曾：《"五朱"和汉晋墓葬断代》，《中国历史文物》2002 年第 6 期。

　　② 何志国：《甘肃武威市雷台出土铜奔马年代考辩》，《考古》2008 年第 4 期。

　　③ a.李永平：《考古发现汉晋时期铜马及相关问题研究》，《四川文物》2007 年第 4 期。b.何双全：《武威雷台汉墓年代商榷》，《中国文物报》1992 年 8 月 9 日。

到西晋、前凉时才会有雷台那样规模的大墓[1]。对此,《何文》未提出相反的看法。但却说:"即使武威雷台砖室墓的年代为西晋时期,也不能说明该墓出土铜奔马的年代就一定是西晋。在古代,用前朝遗物随葬于墓葬之中是常见的,如商周青铜器见于汉墓之中,六朝时期的墓葬中也可见到汉代画像石用于墓葬的建筑中。"诚然,有些墓葬曾出土前代的遗物,这种情况的确不少。但所出者必然是墓主生前乐于把玩的古物,即后世通称之古玩;俑却不在内。《礼记·檀弓》说:"孔子谓:'为刍灵者善。'谓:'为俑者不仁,殆于用人乎哉!'"《孟子·梁惠王篇》说:"仲尼曰:'始作俑者,其无后乎!'为其象人而用之也。"《文子·微明篇》也说:"鲁以俑人葬而孔子叹。"表明这件事的可信程度很高。"用人"就是以人作牺牲。对此,孔子极其反对,他不仅反对用人,甚至反对用象征殉人的俑;认为只可用"刍灵",即草扎的动物模型。再者,殉葬之举虽然残酷,但墓内所殉者多为墓主的奴婢嬖幸;所以在商代,绝未见过一位贵族将旧墓中之殉人的枯骨拣来为自己随葬的。同样,由于俑是殉人的替代物,故历代古墓中亦无随葬前期之俑的可能。假使谁这样做,则不免贻笑大方。而雷台墓出土的39匹铜马(包括铜奔马和5匹拉车的马)本属同一组车马俑,故尔只能是为此墓的墓主随葬所用,只能是同时之物。至于六朝墓中偶或发现的汉画像石,不过是旧建筑材料的重复利用,有如解放前汉墓群附近的居民之以汉砖砌墙。如果援其例而改变雷台铜奔马实属当时的随葬之俑的性质,不仅与事理有悖,简直成为常识领域里的问题了。

原文刊于《南方文物》2010年第3期

---

[1]　a. 李永平:《考古发现汉晋时期铜马及相关问题研究》,《四川文物》2007年第4期。b. 何双全:《武威雷台汉墓年代商榷》,《中国文物报》1992年8月9日。

关于武威雷台汉墓的墓主问题

黄展岳　中国社会科学院考古研究所

武威雷台汉墓是一座多室砖券墓，墓中出土一百多件铜车马武士仪仗俑以及一件罕见的奔马踏飞燕铜雕而闻名于世。这座墓营建于东汉末年，而死者是谁却存在着争议。争议的焦点在于如何看待墓中出土的四枚银印和刻在铜马上的题记。为便于讨论，现将银印形制和铜马题记转述如下：

银印四枚，皆方形龟钮。二枚稍大，边长 2.5 厘米；二枚较小。边长 2.3 厘米。印文已严重腐蚀，其一印文已无存，余三枚部分可辨识，分别为"□□将军章""□□□军章"和"□□□□章"[①]。

铜马题记依文义可分三组[②]：

（一）冀张君骑一匹，牵马奴一人

　　　冀张君小车马，御奴一人

　　　冀张君夫人輂车马，将车奴一人，

　　　从婢一人

（二）守张掖长张君郎君阿郝骑马一匹，

　　　牵马奴一人

　　　守张掖长张君前夫人輂车马，

　　　将军奴一人，从婢一人

　　　守张掖长张君后夫人輂车马，

　　　将军奴一人，从婢一人

（三）守左骑千人张掖长张君骑马一匹，

---

①　甘肃省博物馆：《武威雷台汉墓》，《考古学报》1974 年 2 期，第 104 页，图版拾捌，5。又《文物》1972 年 2 期，第 16 页。

②　同①，93—95 页。

牵马奴一人

守左骑千人张掖长张君小车马，御奴一人

陈直先生根据铜马题记，认为墓主即张君。汉阳冀县人，官武威郡张掖县长，升任武威郡左骑千人官。四枚银印，与张君之身分不合，或为其先世之官职[①]。

报告编写同志偏重四枚银印。列举五条理由证明墓主是"秩比二千石的将军"，又据墓中出有粗陶碗一件，上刻"张家奴字益宗"题记，遂进一步推定为"比二千石张某将军"墓。那些带有题记的铜车马及其"御奴""奴婢"等造象，则被认为"可能是墓主人属下的三位张君赙赠的随葬物"。为便于讨论，再将报告编写同志的五条理由摘抄如下[②]：

一、两汉之制，比二千石以上的官秩才受银印。

二、四枚银印皆龟钮，与出土的汉晋银印的形制及官职基本一致。

三、一人拥有多枚银印的事例在文献中也能看到。死后以其本官职"印缓"随葬的也不乏其例。

四、此墓与潼关吊桥发掘的杨震、杨彪墓形制极为相近，说明此墓墓主与杨震、杨彪的官职地位相去不远。

五、墓中出土的车马行列，基本上符合《续书·舆服志》所载的官秩二千石的"导从"制度；此墓铜车马行列与沂南汉墓画象、安平汉墓壁画和辽阳汉墓壁画上的车马行列基本一致，说明这四座墓的墓主身分相当。

我认为，陈直先生的看法基本上可取，但意有未尽；报告编写同志的五条理由是缺乏说服力的。下面先从那五条理由讨论起。

理由的前三条，实际上是一个印章问题。按《汉书·百官公卿表》："凡吏秩比二千石以上。皆银印青绶"；《汉旧仪》又有"二千石（《初学记》"二"上有"中"字）银印龟钮"[③]的记载。这项规定，是否认真施行，终东汉之一世有无变化？我看是值得怀疑的。要判明这个问题，最好用现存的汉印检验一下。

现存的汉印。来源有二：一是发掘品，一是传世品。不论是发掘品或传世品，绶带均已不存，无从验证。质料验证也有困难。这是因为发掘品的绝大多数是用铜、玉、木、石刻画的冥印，金银印及其代用的鎏金鎏银印为数极少。传世品很复杂，旧印谱偏重印文，一般不记质料。只从著录上的印文审察，真伪往往不易辨别，从现存的传世实物看，恐怕也有相当一部分是墓中出土的冥印。因此，钮式便成为验证的主要依据了。

汉印出土不少，旧印谱著录尤多。本文不拟（也没有必要）逐一加以验证，只打算选取几

---

① 陈直：《出土文物丛考》，《文物》1972 年 6 期，39 页。

② 同①，106、107 页。

③ 见孙星衍《汉官六种》辑本，中华书局据平津馆本校刊本。下引此书，均据此辑本。

批材料作为代表。这些材料是：发掘品以长沙出土的五十八枚西汉印 [1] 和洛阳出土的十八枚汉印 [2] 为例；传世品以清汪启淑《汉铜印丛》、吴云《两罍轩印考漫存》和近人罗福颐、王人聪《印章概述》为例。因着重验证龟钮，故凡与龟钮无涉者一概略去。

秩比二千石以上的官印，龟钮居多，但也有不用龟钮的。《汉铜印丛》所见有"□扬将军章"（螭钮，11.11） [3]、"护军印章"（驼钮，7.2）；《两罍轩印考漫存》所见有"强弩都尉章"（鼻钮，1.17）、"车骑左都尉"（瓦钮，1.20）、"左大将军（坛钮，2.1）、"大司马之印"（鼻钮，3.5）、"陈留太守章"（驼钮，4.1）。

《汉旧仪》说："列侯黄金印，龟钮"，"诸侯王印黄金橐驼钮，但传世的"冠军侯印"却是铜印鼻钮 [4]；"淮阳王玺" [5]、"荆王之玺" [6] 则为盝顶钮（亦称"覆斗"钮）。

再看秩比二千石以下的官印。根据《汉旧仪》的记载，秩比二千石以下应是"铜印鼻钮"，但实物中却有很多是用龟钮的。《汉铜印丛》所见有"军司马印"（10.3）、"强弩司马"（2.11）、"军假司马"（1.5，3.2）、"假司马印"（1.13，2.3）、"别部司马"（1.9，4.1，6.13）、"军曲侯印"（9.5，9.7，12.7，12.8）、"强弩假侯"（12.5）、"建威偏将军"（8.9）、"部曲将印"（2.13，4.8，4.11）、"部曲督印"（1.12，3.11）、"副部曲督"（7.4）、"南□尉奠"（11.2）、"藩令之印"（1.9）、"桔栅长印"（9.1）、"司马史印"（10.4）、"沛祠祀长"（6.11）等。《两罍轩印考漫存》所见有"校尉左千人"（1.23）、"武威后尉巫"（5.4）、"举武子家丞"（5.6）。《印章概述》所见有"蒙阴宰之印"和"军司马丞印"，以及长沙出土的"故阤令印"（《考古》78.4.277） [7]，等等。于此可见，汉代官印钮式，并没有严格按照官秩大小区分。

汉代私印钮式是否依身分不同而异。史籍未载，从现存实物看，也应该是否定的。依上例，检验汉私印钮式如下：

秩比二千石以上、不用龟钮的私印，仅就近年出土就有"利仓"（盝顶钮玉印）、"妾辛□"（盝顶钮木印）、"曹女巽"、"姜女巽"（盝顶钮，玛瑙二、玉一，以上均见《考古》78.4.278）、"窦绾"、"窦君须"（两面铜印，《考古》72.1.17）等。

确知秩在比二千石以下，反而用龟钮的私印，长沙出土有"苏将军印" [8]、"周广"（均见

---

① 周世荣：《长沙出土西汉印章及其有关问题研究》，《考古》1978 年 4 期，271 页。

② 洛阳出土汉印见《洛阳烧沟汉墓》183、185 页，科学出版社，1959 年；中国科学院考古研究所洛阳发掘队：《洛阳西郊汉墓发掘报告》，《考古学报》1963 年 2 期，31、32 页；洛阳博物馆《洛阳西汉卜千秋壁画墓发掘简报》，《文物》1977 年 6 期，7、8 页。

③ 11.11，系十一卷，11 页的缩写，下同。

④ ［清］冯云鹏：《金石索》，金索卷五，第 4 页。

⑤ 罗福颐：《印章概述》，北京：三联书店，1960 年，第 65 页。

⑥ ［清］冯云鹏：《金石索》，金索卷五，第 5 页。

⑦ 78.4.277 系 1978 年 4 期 277 页的缩写，下同。

⑧ "苏将军印"（龟钮铜印）出长沙 60·杨·铁 M6，共出的还有"苏郢"（盝顶钮玉印）、"逃（洮）阳令印"（坛钮石印）和"洮阳长印"（坛钮石印）。知苏将军名郢，曾任洮阳令、长。其官私印的质料、钮式都不一样。

《考古》78.4.278），洛阳出土有"左克"、"郑弘私印"、"礼习"①、"郭童私印"（以上见《考古学报》63.2.31）等。《汉铜印丛》著录汉代私印1038枚，其中龟钮277枚，占私印总数四分之一强。《两罍轩印考漫存》著录汉至六朝私印64枚，内有龟钮21枚，几占私印总数的三分之一。《印章概述》列举东汉私印10枚，内有龟钮8枚，占私印总数五分之四。这些龟钮私印的所有者，恐怕都是千石以下的中小官吏或无爵庶人。

由此足以证明，印章的质料和钮式都不能作为推定墓主身分的依据。报告编写同志举例说明的那九枚龟钮银印也不是没有问题的。这九枚印章，其中有三枚是汉晋朝廷颁发给少数民族地方政权的，不宜比附②。"刘骄"、"裨将军"二印文的官秩是否比二千石，无证。报告编写同志企图以张奂"前后仕进，十要银艾"为例论证此墓墓主应是"死后以其本官职'印绶'随葬"，这种推论同样不能成立。张奂死后是否把生前的"十要银艾"埋入坟墓，无从查考；即使张奂随葬他生前的官印，也不能证明此墓墓主也是随葬他的生前官印的；何况在出土的官印实物中，至今还没有一件可以确定其为生前官印入葬的。

报告编写同志还特别强调只能勉强辨识的"将军章"三字印文。据说这四枚都应该是"□□将军章"，而"□□将军"都应该是"秩比二千石以上"。我们认为，即令印文推断属实，也不能证明"□□将军"就应该"秩比二千石"。东汉末年，战乱不息，杂号将军蠡出，加以鬻官盛行，东汉初规定的职官俸禄制度破坏殆尽，杂号将军秩体无考。曹魏时的杂号将军皆第五品，秩六百石③，似可作为此印所有者生前官秩的参考。

后两条理由一也是靠不住的。墓制和随葬车马行列与墓主有一定关系，但不能作为主要依据把墓制和车马行列分开比附，尤其不可靠。东汉晚期盛行多室砖券墓，几代人先后葬人一墓中是普遍现象，而且往往根据入葬的人数多寡视需要在后室乃至两侧加开墓室；每入葬一次还要增加一份随葬品④。截至目前为止，我们还很难就汉墓结构的繁简以及随葬品的多寡定出一个标准，以作为死者不同身分的根据。类似杨震、杨彪墓制的东汉墓还有很多，杨震、杨彪墓决不能作为比二千石以上的墓制依据，何况雷台墓与二杨墓并不尽同。此墓出土的车马行列与《续汉书·舆服志》所载不符；与沂南画象石墓、安平壁画墓、辽阳北园壁画墓中的车马行列都不同；以"张氏奴"充当"伍伯"、"辟车"，尤为不类。

还应该提到的是，有些同志赞同报告编写者的意见，但嫌"张某"不够具体。于是到《后汉书》中搞"对号"，拉出曾任"安定国都尉"、"使匈奴中郎将"、"武威太守"张奂来"入座"。这样做，距离严谨的科学态度相差就更远了。

---

① "礼习"印出洛阳西郊7039号墓，同出有"郭庆私印"，兽钮（鎏金）铜印。礼习应是郭庆号。

② 汉晋朝廷颁发给少数民族地方政权的印章，大多用驼钮、兽钮，用龟钮的不多。报告编写同志只挑选这三枚，而置其它于不顾，这就不免失之片面了。

③ ［清］钱仪吉：《三国会要·职官下》，北京：中华书局，1956年。

④ 中国社会科学院考古研究所：《洛阳烧沟汉墓》，北京：科学出版社，1959年，东汉晚期墓部分。

写到这里，使我不禁想起马王堆一号墓发掘后的一段小波折。当时有些同志无视墓中出土的大量的"轪侯家"、"轪侯家丞"题记，偏要相信清代编写的地方志上的传闻，断定马王堆一号汉墓是"长沙王刘发之母唐姬墓"，而带有"轪侯家"、"轪侯家丛"字样的器物则被说成是轪侯赗赠于唐姬的东西。有的说得更离奇，硬指为"五代马殷家族墓"；对大量器物上的"轪侯"字样，竟可以只字不提。及至二、三号墓发掘后，马王堆轪侯家族墓的问题才得到彻底解决。在探讨武威雷台汉墓墓主这一问题上，报告编写同志置铜马题记于不顾，偏信《汉书·百官志》中不尽可靠的"印绶"记述，这同样是不对的。

我认为，在探求雷台汉墓墓主这一问题上，确应着力抓住四枚银印和铜马题记这两项带有重要标志的遗物。当银印已被考古发现判明不足作为墓主身分的时候，铜马题记便成为此墓的唯一的信物了。汉人生前自营坟墓、刊石立碑之风甚盛[1]；此墓出土的车马仪仗行列，及其在铜马上的题记，只不过是刊石立碑的另一种表现形式，这是讲得通的。如果把它说成"可能是墓主人属下的三位张君赗赠的随葬品"，则不免有强作解人之感。汉人确有赗赠葬物的风俗但赗赠的数量一般总不能超过墓主自备的数量吧；把自己的两个老婆以及自己的儿子的名字一齐刻到赗品上，更是旷古未闻！试问在东汉那样的社会，会出现这种情事吗？这是不可思议的。如果要说"赗品"，墓中出土的"巨李锺"倒很可能是[2]。巨李，即大族李家[3]。

根据报导，此墓早年两次被盗，墓壁曾修补过，随葬器物在清理前已被扰动，失去原状，且有缺失。"据发现的社员事后追忆，后室有木棺痕迹，东西并列，似为两具。""骨架已朽，仅发现腿骨一支。"由这段记述，可以推知：

1. 此墓很可能不止入葬一次；

2. 入葬人数不明；

3. 这次出土的遗物，不一定都属于某一次入葬或某一死者所有。

这些问题，现在已无法弄清，这就要求我们更应该坚持实事求是的态度。如果这个解不误，则这次在墓中发现的入葬者至少有四个人，即张君及其前夫人、后夫人和他们的儿子阿郎。刻有"张家奴益宗"的陶碗，与此墓的华丽随葬品迥异，书体与铜马题记也不同，我怀疑此碗可能是作为"张家奴益宗"殉葬的象征而带入墓中的。可惜此碗出土位置不明，碗边是否有什么迹象，都已不清楚了。

至于那四枚龟钮银印，因印文严重剥蚀，要对它作出正确解释是困难的。我估计有两种可能性：

---

[1] 杨树达：《汉代婚丧礼俗考》，上海：商务印书馆，1947年，第147页。

[2] 《考古学报》1974年2期，97页，图九，图版拾，2。报告作铜壶，Ⅰ式，41号。

[3] 汉人往往在自己占有的铜器、陶器上书写或刻划自己的姓氏名号，这件"巨李锺"当不例外。《十钟山房印举》（涵芬楼影印本）十册举二十五，收有"巨李"、"巨来"、"大利巨李"、"巨苏千万"、"巨吴千万"、"巨灵千万"、"巨宋万匹"、"巨侯万匹"等姓名吉语印多枚。此墓出土的"巨李"与《印举》中的"巨李"不一定有什么关系，但说明用"巨义"以标榜自己的社会地位，应是汉人的习俗。

一、上面说过，这次出土的遗物，不一定都属于某一次入葬或某一死者所有。这四枚银印与题记上的"张君"，不一定同属一人；疑银印为张君先世的遗物的可能性也不能完全排除。

二、假定四枚银印都是官印，与题记上的张君又同属一人，可否认为，张君任"左骑千人张掖长"以后又擢升"□□将军"，因某种原因没有在铜马上补刻此官职题记，而以镌刻最后官职印入葬。

总之，关于这四枚银印的问题，目前无法明确判断，看来只有等待新资料的发现再作答案了；但这并不妨碍此墓墓主应是"左骑千人张掖长张君"的结论。

另，此墓出铁镜一面，上有铭文四字，发掘报告释"长宜子孙"，疑为"永保长寿（？）"的误释。

此墓出土的四枚银印，印文剥蚀不清，承初仕宾同志多次察看原物，孙贯文先生对汉印问题多所指教，均此致谢。

原文刊于《考古》1979 年第 6 期

武威雷台汉墓年代商榷

何双全　甘肃省文物考古研究所

　　1969 年 10 月发现并发掘的甘肃武威雷台汉墓，以规模宏大、随葬品多而精为人所知。由于没有明确纪年，所以根据结构、形制、铜器、陶器的对比研究和五铢钱的特征等，推断为东汉晚期（灵帝中平三年的至献帝，186—219 年）墓，其主人是"比二千石张某将军"，或隐附张奂其人。时隔四年后，铜奔马走俏于世，并逐渐成为文物中的国际名星。近年来，随着这位名星的不断升温，引来了更多人的关注。有关文章发表不少，但论点各异，谜团甚多。

　　墓葬年代是该墓的关键所在，一切问题由此而产生。我们提出它非汉墓而是晋墓，是基于近十年来在河西发掘汉晋墓所感悟。从 1984 年以来，我们在武威韩佐五坝山、武威市区西关、敦煌辛店台（飞机场）、武威柏树旱滩坡等地发掘了一大批西汉、东汉、晋、前凉、唐代五个时期的各种墓葬，再结合 1972、1977 年发掘的嘉峪关和酒泉丁家闸晋、十六国墓，综合对比研究，使我们认识到：尽管河西的汉晋墓比较复杂，但也有明显的时代特征，划分它们之间的界线并非难事。只要将这些资料做系统排比，可以列为：汉→晋→前凉三大段。汉墓包括西汉中晚期、新莽、东汉三段，往往同属一墓地，比较集中，未见有晋墓夹入者。如五坝山、磨咀子墓群，基本特征是：西汉、新莽时期以土洞为主，东汉出现砖室。结构相同，即单室或双室、狭长的斜坡墓道、小型耳室、土坯封门、室内多弧顶，也有人字顶。砖墓用砖大而厚重，火候不高。随葬货币，有五铢和大泉五十两种，陶器组合：罐 1、壶 2、盆 1、灶 1、奁 1、仓 1，棺木不见铁钉，榫卯套合，黑漆髹棺，棺呈长方形。墓的规模有大有小，一般为二人合葬。晋墓和前凉墓往往同属一地，多见纪年青瓷瓶和木牍文牒，故时代明确，以武威旱滩坡、西关、敦煌辛店台、酒泉晋墓（武帝司马炎咸宁至愍帝建兴）为例。其特征是：墓葬结构一改东汉葬俗，厚葬峰起，一般规模均较大，普遍用砖砌筑，地表有高大的坟堆，斜长的墓道，并竖石为志。墓室均较深，由门、甬道、前中后和耳室组成。多盝顶、穹隆顶，顶中嵌方砖藻井莲花图案，又有用黑白二色装饰室内者。墓门口上方皆构筑仿木构建筑照墙，装饰或用砖雕、或用彩画。用砖皆长条灰色，薄而坚、火候高、长 32—38、宽 16—19、厚 4-5 厘米，干砌，间夹砂土或小石子，不用草泥，主室内四角筑灯台。陶器组合，首先是成套饮具（釜、甑、壶、盆、罐、钵、碗等）置于前室左右耳室，并用砖筑成灶和案，组成了厨房场景。其次前室布置碗、盘、碟、杯、灯等日用器具，显得井然有序。后室置棺，常见铁钉封棺。随葬货币有半两、莽钱、五铢，以五铢为主，品种甚多。墓均早期被盗。前凉墓（321—368 年），以武威旱滩坡和敦煌辛店台为例，其特征是：墓葬结构、规模承袭晋代之风，高大宏伟、结构复杂，但仅仅是空架子。砖墓渐衰，以土洞为主，无装饰，随葬物少而粗糙，金属品少见，大都用木器，钱币量少质劣。由此看出，河西汉晋乃至前凉墓的盛衰与当时政治、经济形势的变化有着密切的关系，其鼎盛期在西晋一代。我们把雷台墓与之相比，完全符合这一实际。如规模、结构、形制都与上述晋墓一脉相承。甚至那些细微处也不例外，如仿木建筑照墙、藻井图案墓顶、用砖、筑墓法、室内装饰，随葬品中的陶器、铜叉、铜削、琥珀珠等与敦煌辛店台晋墓出土者基本相同。又如铜俑、铜马、铜独角兽、木牛与武威旱滩坡 19 号前凉初期墓中的木俑、木马、木牛、木独角兽，不论是造型，还是着彩都基本一致。又如所出钱币与嘉峪关、酒泉晋墓出土者亦相同。所有这些共性，明确告诉我们雷台墓非汉墓，其相对年代应在晋末前凉初，即愍帝建兴元年（313 年）以后。

原文刊于《中国文物报》1992 年 8 月 9 日

武威汉墓的分期与年代

蒲朝绂　甘肃省文物考古研究所

　　河西走廊的通道，自元朔间张骞通西域后、始为中土详知、河西四郡的建立与河西地区的开辟，乃是西汉史上的一件大事，也是汉武帝及昭、宣二朝长期对匈奴作战、并取得胜利的直接结果，它不仅把河西地纳入西汉的版图，而且对世界历史发生了重大影响。

　　汉初之西北边疆界。仅止于故塞[①]（秦昭王长城），故塞以西北至河水之东南地带。尽没入匈奴。武帝初立，凭文景殷富，国力空前强盛。为汉武帝图制匈奴，开拓疆土，奠定了物质墓础，故于元光年间，开始进击匈奴。元朔二年（公元前127年），收河南地。置朔方、五原郡[②]。陇西，北地、上郡恢复秦时规模。特别是元狩二年（公元前121年），汉廷曾两度派霍去病将万骑出陇西，过焉支山千余里，济居延，攻祁连山、逼降匈奴休屠、浑邪王。置酒泉郡[③]，《汉书·西域传》也说："其后骠骑将军击匈奴右地，降浑邪、休屠王，遂空其地，始筑令居（今永登）以西，初置酒泉郡"，酒泉郡建立后，将河水以西二千里之地，统统系于该郡之下。当时酒泉可以代河西，故《卫将军骠骑附传》、《河渠书》和《汉书·沟洫志》，均有河西酒泉的提法。酒泉郡初建，令居是最初的一个重要据点，也是河西走廊的人口要地，《史记》、《汉书》屡有其名，《史记·大宛列传》有言："而汉始筑令居过西，初置酒泉郡以通西北国。河西地入汉，即发徙民充实之，史书有"汉度河自朔方以西至令居，往往通渠置田，官吏卒五六万[④]人，以填河西地的记载。

　　元鼎六年（公元前111年），汉廷又派赵破奴率万骑、再次出令居数千里[⑤]，对河西匈奴进行最后的扫荡，同时又平定西羌。在此墓础上，复分酒泉郡东部置张掖郡，西部则置敦煌郡[⑥]。再度"徙民以实之"，以加强边郡的防御力量。以河西之广漠，此时分为三郡来管辖，说明在汉武帝中期，河西地区的军事、政治力量，已相当强大，足以控制整个河西的局势了。

　　经过三十年的经营，到昭帝始元六年（公元前81年），"以边塞宽远，取天水、陇西、张

---

①　班固：《汉书·匈奴传》，北京：中华书局。
②　班固：《汉书·武帝纪》，北京：中华书局。
③　班固：《汉书·武帝纪》，北京：中华书局。
④　班固：《汉书·匈奴传》，北京：中华书局。
⑤　班固：《汉书·武帝纪》，北京：中华书局。
⑥　周振鹤著：《西汉政区地理》，北京：人民出版社。

掖郡各二县（张掖郡取令居，枝阳），以成金城①郡"。金城郡初建时，只有六县，地域狭小，为防备羌人北上，须增加人口、设置新县。按《汉志》金城郡领县十三，比初建时增加了一倍多，这是对羌用兵的胜利，使郡境有所扩大。

天汉二年（公元前99年），汉首次击车师失利。到征和四年（公元前89年），汉又合楼兰、尉犁、危须凡六国兵共围车师、车师始降服于汉②，到昭帝时，因实行紧缩政策，对西域稍有放松。车师复失于匈奴。宣帝初。复加强对西域之经营，首先充实河西地。必须进击匈奴。初置的张掖郡，是沿袭休屠故地，而以焉支山与酒泉分野，故张掖郡领域过于廖廓。与酒泉郡大不相同。同时考虑到焉支山在匈奴民族心理上的重要性，遂于宣帝地节三年（公元前67年）、又复分张掖郡东部置武威郡③。至此，河西四郡规模具备、形势乃定，直至西汉末的六十余年，郡界无所变更。

初置的张掖郡郡治，即《汉书·地理志》武威郡所属的张掖县，因分张掖地置武威郡，张掖郡郡治西迁䁵得（今甘肃张掖市）。而原郡治便成了武威郡的张掖县了。武威郡建立后，西汉时郡治在武威（今甘肃民勤县东北），东汉时移治姑臧（今武威县）。

东汉继西汉、在对匈奴政策上、也是西汉的继续和发展。至建武二十四年（公元48年），南北匈奴分裂④、南匈奴归汉，北匈奴迁徙西北，坚持与汉对抗，不时骚扰边境，"焚烧城邑，杀略甚众"，造成"河西城门昼闭"的严重状态。和帝永元元年（公元89年），北匈奴内部发生矛盾，南匈奴与东汉共击，经过多次战争交锋，在永元三年（公元91年），被窦宪、耿夔、任尚大败于微金山⑤，在汉朝、丁零和鲜卑的打击压迫下，迫使北匈奴逐渐向西迁入欧洲。东汉帝国再度恢复在西域的统治。

河西地区，自汉武帝元狩间进击匈奴，建立四郡，断匈奴右臂开始，遂即进行屯田生产，带来了暂时的经济发展。西汉中期以后，在民得土地卖买的基础上，土地更加集中，竟到了"富者田连阡陌，贫者无立锥之地"的境地，横征暴敛，民愈贫困。在这种情况下，饥寒交迫，离乡背井，迫使广大农民的反抗斗争，愈演愈烈。在王莽做真皇帝的那年（公元8年），首都长安附近郡、县农民，以赵明、霍鸿为首，众至十余万，举行武装起义，杀贪官，烧衙门，进军京师，放出了大暴动前的信号。天凤二年（公元15年），五原、代郡二十万农民，衣食无着，接踵而起⑥，后二年，南方临淮，北方琅琊农民，相继起义，它助燃了绿林，赤眉大起义的烈火，在全国各地燃烧起来，震撼了封建地主阶级的统治，使其惊慌万状，整个内地处于动荡不安状态。

① 班固：《汉书·昭帝纪》，北京：中华书局。
② 班固：《汉书·西域传》，北京：中华书局。
③ 周振鹤著：《西汉政区地理》，人民出版社。
④ 范晔：《后汉书·光武纪》，北京：中华书局。
⑤ 《后汉书·和帝纪》，北京：中华书局。
⑥ 班固：《汉书·王莽传》，北京：中华书局。

河西地处边远，开始经营不久，尚能苟安一时。因此，窦融以"先世累在河西，知其土俗，人所敬向，图出河西"。融以"河西民俗质朴，兵马精强，仓库有蓄，民庶殷富"。因之"安定，北地、上郡流人避凶饥者，归之不绝"，汉赐融河西五郡大将军，属国都尉，凉州牧[①]，割据河西十多年，至建武十二年（公元 36 年），始为东汉所灭，东汉晚期，豪强地主武装兴起，形成地方割据局面，互相火并，人民被屠杀，村舍被烧毁，董卓、李榷、郭汜、曹操都挟天子以令诸侯。弄得人民饥饿困顿，积尸满路，形成"关中没人烟，东都变焦土"的惨象，整个内地，兵慌马乱。而凉州为马腾父子及韩遂割据[②]。至建安十九年（公元 214 年），为曹操所破，马超投蜀，韩遂被杀，河西地区的割据，遂告结束。

武威汉代墓葬的出现，是有特殊历史根源的，所以才有九篇《仪礼》和"王杖诏令"简接连出现。汉族豪霸和胡羌酋帅指挥下的凉州兵，也参与过中原混战，但作战都在关中一带。如兴平元年（公元 194 年），韩遂、马腾与董卓部将郭汜、樊稠战于长平观[③]（陕西泾阳县西南），遂、腾败绩。又兴平十六年（公元 211 年），韩遂、马超与曹操战于渭南[④]，遂、超大败走凉州。战役虽都失败，但河西境内，未遭涂炭。史书说的"中原祸乱，河西殷富"，就指此种情况。武威汉墓的时代，与两汉经营河西的历史几乎一样，由西汉晚期，经新莽直至东汉末，历时二百二、三十年，发掘的墓葬年代，与上述历史情况墓本相符。我们的祖先，为开拓疆土，用劳动的双手，遗留了许多汉代遗迹、遗物，通过考古发掘，使我们今天得以重见。

（一）墓葬概况

武威汉墓，根据地理形势和地层结构的不同，分为土洞墓和砖室墓两种。地处祁连山北麓的黄土山坡地带，为粘性、坚实的黄僵土质，土层且厚、故多为土洞墓、如磨咀子，旱滩坡、五坝山等墓地即是，在祁连山和合黎山夹峙的走廊中部平川绿洲区，地层都是上土下砂的卵石漏砂，故都是砖券墓。如邱家庄、管家坡、王景寨、滕家庄和雷台等墓便是。土洞墓的开凿形式，都是仿自砖室墓，同时又随着砖室墓的发展而变化。

武威磨咀子墓葬，因出土《仪礼》简本"王杖诏令"简，和西汉绥和元年"考工"款识纪年铭"漆耳杯"；旱滩坡墓的"医药简牍"，特别是雷台墓的"铜奔马"，而闻名全国，故磨咀子汉墓，旱滩坡汉墓和雷台墓葬，甚为重要，上述《仪礼》简，"王杖诏令"简，"医药简牍"和木雕俑及各种动物雕像，都有专著[⑤]，公诸于世，而且已有定论，这里不再赘述。他如铭旌、漆器、式盘、毛笔、针萹筐和绚丽璀灿的织锦，刺绣等珍贵文物，也都有《简报》报道。但其

① 范晔：《后汉书·窦融传》，北京：中华书局。

② 范晔：《后汉书·献帝纪》，北京：中华书局。

③ 范晔：《后汉书·献帝纪》，北京：中华书局。

④ 范晔：《后汉书·献帝纪》，北京：中华书局。

⑤ 甘肃省博物馆：《武威汉简》，北京：文物出版社，1964 年。甘肃省博物馆：《武威汉代医简》，北京：文物出版社，1975 年。陈直：《武威磨咀子汉墓出土王杖十简通考》，《考古》1961 年 3 期。张朋川、吴怡如：《武威汉代木雕》，北京：人民美术出版社，1984 年。

中对墓形结构的变化发展，很少涉及，尤其是对随葬陶器的组合，类型和演变，有的甚至只字未提，这主要是当时着眼于新的重大发现，如对《仪礼》古写本，主要阐述了在版本和校勘上的价值；"王杖诏令"简，侧重谈了两汉时期尊老养老的社会制度，"医药简"反映了近两千年前，我国医药诊疗的科学水平等等。作为墓葬分期，断代的重要依据，墓葬形制及其所出陶器的组合、演变，却被《简报》所疏忽，这不仅仅是所谓墓形、器形的纯学术何题，实际上它是当时人们生产、生活密切相关的重要问题。本文勾稽武威的土洞墓和砖室墓的全部资料，结合货币、铜镜、试图对墓葬进行相对的年代分期。由于随葬器物复杂繁多，加之篇幅有限，这里只能依据主要器物，勾勒其大要，为建立河西地区汉代墓葬年代序列，有所裨益。

武威汉墓中的土洞墓，经过正式发掘的，主要是磨咀子的72座，其次是旱滩坡的医药简墓，和另一座出东汉古纸的墓，磨咀子72座墓葬中，除早期破坏和塌陷严重未作清理的13座（墓2、3、4、5、37、39、40、43、44、47、50、60、69）外，结构明确，保存较好者为59座，加上旱滩坡两座，共土洞墓61座，平川绿洲地区的砖室墓多在铁路沿线。计有：邱家庄8座，管家坡3座，郭家庄4座，飞机场5座，王景寨4座，支家庄2座，罗家庄、小儿下、腾家庄各1座，还有雷台墓葬计30座，总上土洞和砖室墓共计91座。墓葬的分型分式，就是以这91座墓为依据的。

1985年，为配合修建工程，在五坝山和旱滩坡，又清理了一批汉代墓葬。资料现存甘肃省文物考古研究所，尚未发表，从墓葬的形制结构和出土器物的类别特征观察、与磨咀子墓葬的器物相对比，基本无殊。

（二）墓葬形制

武威汉代墓葬，无论土洞和砖室，都有斜坡墓道，墓道、墓门、墓室三者方向一致，墓室的形制，由狭窄的长方形墓室，向双室及多室发展，墓室规模愈晚愈大。兹根据墓门，墓顶的形制，甬道的有无以及单室，双室和多室的不同，分为五种类型。

第一型墓葬　土洞单室墓，墓室狭小，结构简单，以墓门形状的不同，分二式：

Ⅰ式斜坡墓道，位于墓门、墓室的正前方，墓道两壁垂直，口底同大，直通墓门，墓道长5—8，宽0.91—11，最深3.44米。墓门直接开在墓室前壁中央，门和墓道同宽，高达墓顶，门顶拱形，墓室为狭窄的长方形，低于墓道0.1—0.2米。多则前宽后窄，其宽度视单葬或合葬而定，单葬狭窄，合葬稍宽。一般长3.25—4.91、宽1.4—1.8，高1.57—1.77米。墓顶也作拱形，有的墓顶前高后低，形成坡状，方向多东北。一型Ⅰ式墓葬有：磨咀子墓28、29、30、48、71五墓。

Ⅱ式墓门脱离墓壁，不直接开在墓壁上，由墓室前壁向墓道伸入1.2—1.4米处开门，这样墓门至墓室之间，出现一段甬道。墓门结构出现两种不同情况。第一，墓门虽伸入墓道，但墓门仍和墓道同宽，墓门、甬道都和墓顶同高。第二、墓门仍向墓道伸入，墓门比墓道窄，因此在墓门两边便出现门框。墓门和甬道仍和墓顶等高。门顶、墓顶，除延续了Ⅰ式的拱顶外，新出现了人字坡形顶，和个别平顶。墓室长、宽和Ⅰ式墓基本相同。人字坡形顶，在左右两壁高至1.2米处，向内收成两流坡的人字形，一型Ⅱ式墓葬有：磨咀子墓26，31，34，，45，58，61，62，66，67，70共十座。

第二型墓葬　形制与一型Ⅱ式墓基本相同。墓道一般长9米左右，深4—4.5米。墓门伸入墓道，比墓道窄，已成定型。故墓门至墓室之间必有甬道。墓门的顶部不再高至墓顶，高多在0.95—1.15，宽0.69—0.84米。门顶多为人字坡形顶，个别有方形或方形抹角，墓室长、宽基本同前，墓顶除少数继续延用拱顶外，其余都收成人字坡形顶。这是新型由开端向成熟阶段发展，故前型还在继续延用。有些墓顶中间高，两端低，呈抛物线状。个别墓室一侧带有耳室，规模都很小。有的还是两个对称的小龛，处于由龛向耳室发展阶段，磨咀子墓17原为单葬墓，墓室狭窄，仅能容纳一棺，后因合葬，又在西壁扩一偏堂，增置一棺。墓20原是二人合葬墓，为了埋葬三人，同样在一侧壁上挖的偏洞，也增置一棺。该两墓在后掏的偏洞内，放进的都是男棺，《洛阳烧沟汉墓》把这种后因合葬又经改造的墓室，称之为"二次造墓"。第二型墓葬，除一型Ⅰ、Ⅱ式墓和磨咀子墓27外，包括旱滩坡医药简墓在内，都属于这一类型。

第三型墓葬　前室覆斗（或穹窿），后室拱顶的双室墓，墓门和前室之间多设甬道，前室方形，后室长方形，墓室分成前后不同的两个室，前后室之间有一拱门相通。

前室平面正方形，往往宽大于长。墓顶由四壁之上，采取与墓壁同样砌法，向上升起，在四角处加用楔砖，使墓顶四周逐渐内合，墓顶四角形成四缝，最后在顶端会成一点，在此一点之上，加盖一方砖，成为四面攒尖的覆斗形墓顶，室内一面或两面壁下，设有二层台，前室左右两壁上，不开耳室。

后室长方形，拱形顶，有的为土洞，虽未加砖筑，但都仿照砖券形式。此种墓室，无论土洞的开凿，或是砖券砌筑，都使前后室俨然不同，考古学上通常称"前后室墓"。据史书载，汉代的墓中就有"前堂"的名称。《后汉书·礼仪志》注献帝禅陵，引帝王世纪曰：

"不起墙，深五丈，前堂方一丈八尺，后堂方丈五尺，角广六尺"。因此，把前室称"前堂"，把停放棺柩处名作后室。属第三型的墓葬有：磨咀子墓27、郭家庄墓3、管家坡墓1、飞机场墓3、4、王景寨墓1、2、4、共八座。

第四型墓葬，为双穹窿和多穹窿墓室，墓门内多有长甬道，甬道比墓门稍宽，顶部拱形，在连接前室处，又设一拱门，整个墓室共有三道拱门。前、后室结构都采用三型墓室的前室形式，使后室顶部也成穹窿顶。前后室双穹窿顶，是第四型墓葬不同于前述三类型的典型特征，现以后室结构的不同，分三式：

Ⅰ式　墓葬由墓道、墓门、甬道、前室和后室五部分组成。墓道长的13—14米，短的也有10米左右，宽1.61、深5—6.5米。墓门拱形，发券5—7层不等，门高1.27—1.76、宽0.88—1.32米。该型墓葬多在墓门之上，有一堵高起的照壁。有的墓门在发券之外，又叠涩数层发券，向外凸出，犹如重门，为此使门顶部增宽，便于上砌照壁。

前室正方形，往往横向宽于纵向，一般长2.9—3，宽3.06—3.44、顶高3米左右。四壁微弧，墓顶局部使用楔形砖和榫卯砖收成穹窿顶。左右两壁下多设二层台，二层台也有三壁下相连的，俨若方形院落。前后室间有一拱门相通。该拱门位于前室墓顶后面，和后室墓顶的前面，以此拱门为支撑，符合后室穹窿顶四面平衔的要求。因为后室多作长方形，为使墓顶与后室后壁衔接，将穹窿顶的后面延长，形成抛物线的后坡，以便交待在后室的后壁上，使墓顶成为扁长形船蓬式。第四型墓葬有：邱家庄墓1、6、8，罗家庄墓1、郭家庄墓1、2、4，支家庄墓1、2和小儿下墓1，共十座。

Ⅱ式　双穹窿，后室双拱门。前室同前，后室设双拱门都通入后室。因有两个拱门，后室必须加宽，平面几乎成为正方形。从后室四壁止，采用同于前型的砌砖方法，使四壁升起，用叠涩和楔砖，同样收成同于前室的穹窿顶，使墓葬前后室都成为穹窿顶，故称"双穹窿墓"。第四型Ⅱ式墓葬有：管家坡墓2、3，邱家庄墓4，共三座。

Ⅲ式　多穹窿墓顶的双后室墓。前室仍同前型，后室的平面上中间加筑隔墙，平分后室为左右两室，各有一拱门相通。由于分为两室，平面就成为长方形，仍采取前型将穹窿顶的后部延长，成为抛物线后坡的办法，将墓顶收成扁长形的船蓬式顶，一墓之中就有三个穹窿顶，故称"多穹窿墓"。由此可见，墓顶之所以分船蓬式顶和穹窿状顶，是由墓室平面决定的，即平面长方形，收成船蓬式顶，方形则收成穹窿状顶，属于四型Ⅲ式的墓有：滕家庄墓1，邱家庄墓2、3、5，共四座。

雷台墓葬，系一座大型东汉晚期墓葬，随葬品丰富驰名，人所共知，兹不赘述。该墓由墓门、甬道、前室、中室、后室及三个耳室组成。建筑宏伟。在形制上虽与上述诸型墓葬，不尽相同，从它的长甬道，三面二层台，以及多穹窿顶的时代特征、与四型Ⅲ式墓葬，多则相同，据此，将它附在此型墓葬内为宜。

第五型墓葬　横前堂，单后室双棺墓。此型墓葬仅有一座（王景寨墓3）。前室为东西横列的前堂，东西宽6、南北进深3.8，高2.55米。墓壁为横平错缝，墓顶采用"横券"结构。前室后壁中央向内开双棺后室，后室比前室高出一立砖，室长3.6、宽2.6、高1.9米，墓顶拱形。此型墓葬与前型的特异，是前堂规模甚大，祭奠物陈放于前室中央，使前室既为奠室，又作棺室两用。

该墓早期被盗，器物失去原位，并多残破，前堂中央案上的耳杯和鸡骨、兽骨等祭奠品，基本未动，并有盘、樽、灶、壶等残器。后室二棺合葬，头向墓门。此外，在前堂东西壁下，各停放人骨两具，头向和墓门方向一致，骨架腐蚀无法辨认其性别。这种横列前堂墓室，为同墓伙葬提供了方便。

东汉时期，墓室增多和扩大，是和伙葬兴起，埋葬人数增多有关。特别到东汉晚期，穷奢极欲的官僚地主阶级，为死者扬名显声，埋葬时对死者进行祭奠，生人便于在墓中活动，随使墓室扩大，墓顶加高，这可能就是东汉时期穹窿墓室兴起的原因，为汉晋以来在墓中设奠开了先河。因此，墓室的结构，尤其是前室墓顶的变化，具有时代意义的特征。

（三）葬具和随葬器物的陈放

葬具　墓室中都有木棺，磨咀子有40座墓的木棺都保存下来，清理前原封未动，木棺长、宽、高、低都能量知。木棺多为柏木素棺，少数涂颜色，并有漆棺，前后同宽，前后等高。棺盖比前后左右都凸出1—2厘米，棺盖、棺底、两帮都用束腰木榫和公母卯相套，不用铁钉。棺内铺白灰，再衬蒲席。据墓48、49、62死者男女的衣着是：男戴冠、女梳髻，都蒙覆面罩。男穿袍、女系裙、足穿革履。男尸外覆麻布尸衾，衣殓后捆四道麻绳。女尸外无衾，殓后扎三条丝带，然后再以蒲席包裹，装入棺内。墓26女尸，身不着衣，只用草席包裹，而男尸除裹草席外，并穿斜领衣服。两棺并列，当为夫妻。

值得提及的，磨咀子男女木棺涂色各异。墓22三棺，中间为男棺，两帮涂红色，左右两边为女棺，两帮涂棕色。又墓26的男女两棺两帮和头尾两端的中间，都涂红色，男棺的四周亦涂红色，女棺的四周则涂黑色。这可能与当时的儒家思想重男轻女及阴阳五行说有关。如男为主居东位，女为宾处西席，传说中的西王母，东王公就是如此。又如男为阳性，东方日所出为阳，女为阴性，西方日所没为阴。又东方甲乙木，青色，为阳；北方壬癸水，黑色，为阴。上述男女木棺的同一位置，所涂颜色不同，大概就是这个缘故。

单室木棺置墓室后部，双室和多室论理人骨停放后室，前室陈列随葬品，为了多人葬的需要，一家数世，父子兄弟并葬，故有大型多室墓出现。不论单室、双室或单葬、合葬、多葬、死者头部都朝墓门。据单室单葬的26座墓的统计，有6座墓的木棺，在后部正中停放，其余20座墓的木棺都是斜置的，斜置木棺头部，多朝右壁，个别有朝左壁的。36座二人合葬墓，木棺都在室后部正中并列。辨认出性别的28座夫妻合葬墓，有20座是男左女右，其中8座男女位置与此相反。夫妻三人合葬墓，有的男性在中间，有的在左边，没有什么严格规定。多人合葬墓因多被扰，情况多不明。管家坡墓3有人骨6具，后室为墓主夫妻合葬，前室二层台上，亦为一对夫妻合葬，男左女右。后室拱门过道处为一女性，骨骼凌乱，堆成一堆。前室二层台下为一幼童。邱家庄墓3，头骨多至8个，因扰乱具体情况不明。磨咀子墓8，是两个女性合葬，左为一老妇孺，右为十五、六岁的幼女，面向下，俯卧直身葬。《汉书·哀帝纪》有："朕闻夫妇一体"、诗有"谷则异室，死则同穴"的记载。说明由西汉中期流行起来的夫妻同墓合葬风俗，到东汉晚期不仅仍在流行，而且还盛行着多人和多对夫妻的伙葬了，有的还把幼殇也理入自己亲属的墓中。

磨咀子有得天独厚保存文物的自然优良条件，许多的服饰、发髻、帽子、裙子、丝绸等，得以保存下来，墓13、19、21、22、23五墓，棺前都垂吊1—3股绸子，绸子一端包有谷物和枣子，用线扎绕，置棺盖上，一端垂吊地面。墓13的三棺和墓19的一棺，各搭一股，墓21、22、23的木棺，各搭三股，绸子有红色和白色之分。磨咀子墓1、3、4、22、23、49、

54 七墓，棺盖上都有铭旌，为长方形的丝麻织品，墨书死者姓名籍贯；墓15棺盖上有镇墓券，方形，同样墨书死者籍贯乡里，其性质与镇墓兽同，起镇墓避邪作用。

随葬品的陈放。磨咀子土洞单室墓，大部分随葬品，陈放在棺前与墓门之间。现以墓13和墓22为例说明。

墓13为三人合葬墓。三棺并列墓室后部，棺前铺芦苇席，席上置木案两件。一在中、右两棺前，上有陶钵、陶碗，漆耳杯各1（耳杯置钵内），并有肉食等。另一案置左棺前，上亦有陶钵，陶碗各1。壶、罐置案两端地面，案前有镇墓兽。俑人和灶具置门内左角处，木车、木猪、木鸡等置门内右角上，方木盒、鸠和鸠杖、陶灯分别置于棺盖上，盖上有各种豆类，三棺前各垂吊红色绸子一股。

墓22是二人合葬墓，棺前仍铺芦苇席，席正中置漆案，案边有"张孝用"三字，故张孝就是墓主人。案上有漆盘和漆耳杯3个。席上置圆木盒，内盛肉食和谷物，席前置镇墓兽。漆案后的棺前，又有长条木几，几上有漆钵。仓、井、碓房和两套灶具，置棺前左壁下。左棺盖上有针箧，内有纺锭、针筒、线板等缝纫用具，并有铭旌一幅。两棺前各垂吊三股白绸子。另外，墓15还把一串货币也摆放在案上，磨咀子墓葬，棺前、棺内都铺草席，可能是古代人们坐地卧床必须铺席之意。《淮南子》："匡床蒻席"。《檀弓》："反席未安而殁"，都是铺席的例证。我国北方犹有炕上铺席，南方有铺草的习惯，草席都是纵横编连不使散开，即《说文》所云："簀"之类。《史记·范雎列传》："魏齐大怒，使舍人笞击雎，雎佯死，即卷以簀，置厕中"。古代以人死置棺中，亦犹生人睡卧床席之上，至于席地而坐之席，则事例甚多，兹不再举。

砖室墓器物，保持原位者甚少。据支家庄墓1和邱家庄墓7的陈设来看，与磨咀子墓葬的陈放大致相同，支家庄墓1，前室中央置釉陶案，案上放釉陶樽（内有耳杯），门内左角上置釉陶灶，灶上有釜、甑、炉、灯各1，灶旁置釉陶盉。邱家庄墓7，为5人合葬墓，中央一灰陶案，案上有碟和钵，碟内有耳杯。壶、罐、洗等器，围绕在案周围，灶具置门内左角上。

关于奁和樽。奁最早在古乐浪郡的汉墓中出现，因内装梳装用具，故开始称为奁；五十年代洛阳烧沟墓1027所出者，内装一陶勺（以后多有所见），应为食器；武威支家庄墓1，磨咀子墓7和墓21所出者，内置耳杯，故称酒樽为宜。因此人们对它的用途名称，恍惚不定。现在看来，这种筒状腹，带有穿钮盖三足器，既可当作奁，又可作食器或酒樽用，它是制造陶器作坊生产的用途广泛，并非只是一种专用品。

汉代地主官僚阶级的丧礼、葬俗。中心思想是把死者当作活人看待，即所谓"谓死如生"。他们的墓室规模宏大，除后部主室外，多设前室、中室、侧室，在布局上尽量仿效他们的府第，使墓室对现实生活中居室的模仿，达到了无以复加的程度。

（四）陶器的组合及演变

墓葬中都有陶器随葬。有泥质灰陶，泥质红陶和泥质红胎绿釉陶三种。其中灰陶最多，红陶次之，绿釉陶最少。器类有壶、罐、灶、釜、甑、案、灸、盘、碟、仓、井、桶、碓房、院落、楼阁、车、马、牛、鸡、狗、俑人等三十多种。器物中绝大多数为明器，也有当时的实用器物。

陶器制法，分轮制、模制和手捏三种。轮制适于圆形器，如壶、罐、盆等；模制分单模和合模两种，单模直接脱出原形，如耳杯、仓和屋的顶，凸起纹饰的灶面等；合模制做的多属空心器物，如马、鸡、狗、俑人等。手捏主要用于轮制和模制已成器物的不便加工上，极少见单纯用手制成的陶器。

第一型墓葬陶器，都是灰陶，是壶3、罐1、灶1（含釜、甑各1）的组合，各墓规律一致，多不例外。壶的形制，有二式。

Ⅰ式形体肥胖，喇叭口Ⅰ细短颈，腹下垂，假圈足外撇，底座束腰，平底中空。肩部有弦纹，腹部多有一"水"字。另有涂黄色粉衣的，黑、红二色绘彩，两者器形相同。Ⅱ式，喇叭口，细短颈、腹部不如Ⅰ式浑圆，矮假圈足，平底。腹部有2—4周弦纹，形体比Ⅰ式略小。

罐为外折沿，短细颈，颈、肩分界不明显，圆腹，平底。肩饰栉齿纹或水波纹，腹部细绳纹被弦纹割成上下4—5层，器高30厘米左右。

灶为马蹄形，形体较大，四壁圈足，无底。灶面有品字形三釜口，正壁开半圆形火门，火门不通地。灶面模印物有勺、耳杯，有的还有扫帚和鱼。配有釜、甑各1。

上述壶、罐、灶，在器物分式中，都属同类器物的Ⅰ式，它们无疑是这类器物的早期阶段，同时都出于一型墓中。可见墓型和器型之间，在各自的发展中，彼此有着系统的一致性。这是赖以探求墓型和器型互相发展和时代先后的墓础。

第二型墓葬陶器，除保持了第一型墓葬的壶3、罐1、灶1（含釜、甑）的组合规律外，又出现了仓、井、桶和碓房之类的新东西。器物在形态上的变化，不是截然的，而是犬牙交错。如第一型墓葬的异形小壶，和与Ⅰ型灶很接近的Ⅱ型灶，都在二型墓葬中出现，说明它们在时间上接近，故将它列为第二型墓葬为宜，二型墓葬的壶有二式。

Ⅰ式　斜直喇叭口，有盘口趋势，束颈、斜肩、长圆腹，假圈足外撇，肩、腹部常有凹弦纹一、二周，腹两侧有衔环铺首、有的饰褐色铅釉，有的为灰陶素面，高30—35厘米。

Ⅱ式略带喇叭形的敞口，带盘口趋势，领、肩部有凹槽二、三周。粗高颈、广肩、扁圆腹，矮假圈足，大平底，圈足削成多棱，腹两侧多有衔环铺首。Ⅰ、Ⅱ式壶在形制上区别很大，因同出墓22中，故一度共存。在稍晚的一些墓中，只Ⅱ式壶，不见Ⅰ式壶，可能Ⅰ式被Ⅱ式所代替。盘口、高颈、球腹、多棱高圈足绿釉壶，无疑就是由Ⅱ式壶发展来的，因为它有粗高颈、矮圈足的墓本因素存在。

罐　敞口、外卷沿、短颈、最大径在肩部，平底。肩、腹细绳纹被弦纹割成上下三、四层，器高24厘米左右。

灶　马蹄形，比一型灶略小，釜口2—3个不等，除一型灶的模印物外，又增添了甑、刷、钩、铲、钗、挂钩、刀、案、鳖等22种之多，火门多为方形，有的通地。釜、甑由平折沿，多则变为圆唇外卷，底部被刀削，纳入釜口中。

第三型墓葬陶器，除沿用二型墓葬的壶、罐、灶、釜、甑、仓、井、桶、碓房外，又出现了陶案、耳杯、盘、碟、灯、葫芦等。壶为盘口、短粗颈、圆肩、圆腹、假圈足较高，削成8—10棱状。器形肥胖，腹两侧有衔环铺首。多是绿色铅釉壶，数量不多。高多在38厘米左右。

罐　大口、平唇、短颈、圆肩、近底呈筒状，平底。肩有栉齿纹，腹部绳纹被弦纹割成数段，高不到30厘米。

灶　仍为马蹄形，与前型的区别，灶面多是两釜口，模印物仍然多，又新添了三角架，盘和碟，并有刀在俎上切肉图案，半圆形或方形火门，方形火门通地着地处伸出三角形钉状足。

第四型墓葬陶器，比第三型墓葬的复杂，每墓都有壶、罐、灶，但没有前三型规范化。在大型墓葬中，出现楼阁、庭院、城楼，并有成双成对的鸡、鸭、马、牛和陶车之类，铁质工具增多，说明时代愈晚，随葬器物愈复杂多样。四型墓葬的陶壶，也有二式。

Ⅰ式　小盘口，细高颈，球状腹，8—12棱高圈足，颈、肩部有凸弦纹，腹部有衔环铺首，多为绿色铅釉壶。Ⅱ式直口，粗筒状颈，扁圆腹，斜直状圈足，削成8—12棱，颈、腹和腹与圈足间界限分明，有衔环铺首，多为绿色铅釉壶，与《洛阳烧沟汉墓》五型壶（1037：34）相类似。

罐　小口，外折沿，短颈、折肩、颈下扩大，腹径大于通高，大平底，底部多凹进。与《洛阳烧沟汉墓》"建宁三年罐"和"初平元年罐"很接近。

灶　圆形，周围作圈足状，中央为一圆形大釜口，后部有烟囱，直通地的长方形火门，制作粗糙，无模印物。个别有方形的，中央仍是一大圆釜口，方形火门、制作粗糙，无模印物。

烹饪器具在墓中随葬，早在殷周时期即盛行，但以灶具随葬，则开始于汉代，这是人们的现实生活，在墓葬中的具体反映。

第五型墓葬陶器组合，因为只有一座墓，还不能概括出规律性来，加之该墓被扰，器物不全，不能反映它的本来面貌。从陶壶说，四型墓葬中的两种壶，该墓都有所见，但都是残片。前堂中央案上的耳杯、鸡骨、兽骨的陈奠，以及陶盘、陶樽、陶灯等器，都表了晚期格局。它的陶灶，也是中央一大釜口的圆形灶，制作粗糙的晚期特征，非常明显。第五型墓葬的陶器，和第四型墓葬的基本无大区别。

根据以上墓葬器物的分析对比，可知武威这批墓葬的器物组合，早期是壶、罐、灶（附釜、甑）；中期是仓、井、桶、碓房等；晚期是陶案、耳杯、盘、灯台、火炉、狗、羊，牛、马、鸡、鸭等各种动物偶像，以及楼阁、亭台、房舍等模型，；晚期墓中随葬器物复杂多样。

武威汉代墓葬，是在中原文化直接影响下产生的，故在文化面貌上与中原文化基本相同。器物的发展演变序列，都是按关中、中原汉代墓葬的发展而发展，但在时间上要比上述两地区相对要晚。如关中地区在西汉前期，开始出现仓、灶、井等陶质明器，到西汉中期逐渐增多。而武威到西汉晚期始有灶的模型出现，仓、井等明器主要在新莽至东汉早期普遍流行。又棕黄色和绿色铅釉壶，中原在西汉中期既出现，到西汉后期逐渐增多，而武威却到东汉早期始有发现。又如楼阁、庭院和牲畜棚圈等模型，关中和中原在东汉前期就采用，而武威直到东汉晚期甚至末期，才普遍流行。这是因为地区广大，民族复杂，地理、产业以及生产条件的差异所致，使各地在不同程度上存在着地方性。

先进新型的中原高超技术和文化水平，在边远地区出现，具有重要的意义，凡一种新事物的产生、发展，到普遍形成与应用，需要一定的时间，把中原地区高度发达的文化，在边远地区普遍地反映出来，又要需要一段时间，这就是 武威汉代墓葬，要比关中、中原一带的墓葬，在时间上相对要晚一些的主要原因。从一些器物的形制看，武威的器物相比之下，和关中更接近一些。如武威早期墓中的三釜口马蹄形灶，和西安耀县一带的马蹄形灶，一模一样，而洛阳地区一直是竖井和阶梯式墓道，直到东汉晚期斜坡墓葬才出现。固然河西和关中相比下接近，但更重要的长安是西汉的国都，是当时的政治、文化中心，各地争相学习。东汉迁洛阳，由于长安在人们思想上几百年的威望和影响，不易磨灭，故仍在起它的重大作用。思想意识的转变是较为缓慢的到东汉后期，人们学习洛阳的风气盛过学习西安就是西安地区的陶灶，到此时也变成洛阳的方形灶了。这种情况在武威墓葬中，也得到了验证。

磨咀子墓葬，出土了不少铭旌，其中墓23的旌铭为"平陵敬事里张伯升之枢所过毋哭"。平陵为汉置县名，在今咸阳西北五十里处，东汉时属扶风。可知张伯升为关中人士，是汉代由关中迁徙来的，他既是中原文化的传播者，也是汉武帝建立四郡后，"徙民以实之"的例证。

（五）墓葬的时代及货币与铜镜

墓葬中都有成组的陶器出现，由于没有断定时代的铭文和纪年，货币和铜镜就成为推断墓葬时代的主要依据。汉代的货币，主要有半两钱、五铢钱和新莽钱三大类。

半两钱　通常是指战国秦半两，和秦始皇统一后的半两钱而言。据记载，吕后二年（公元前186年）铸八铢半两，文帝铸四铢半两，半两钱都是环钱，这次出土的货币中，只有3枚半两钱。钱径2.3、厚0.1、穿长、宽约0.9厘米，重2.2克。两面边缘均无周郭，穿的两面也无内郭。篆文"半两"二字，笔画粗壮，大小轻重及肉厚，都与《洛阳烧沟汉墓》第三型半两同，为西汉半两，它是早期的货币，埋葬在东汉两座墓中（磨咀子墓19、墓49）。

五铢钱　汉武帝元狩五年（公元前118年），始铸五铢钱，到东汉末年，通行330多年之久。据文献和传世的钱范来看，自武帝后，昭帝、宣帝、元帝、成帝，哀帝、平帝都铸过五铢钱，仅在王莽时期暂时间断，至东汉建武十六年（公元40年），重新铸五铢钱，建武以后，史书不见铸钱记载，可能都是五铢钱、所以不提。灵帝中平三年（公元186年），新铸五铢钱，背面四角铸四道斜纹，称"四出五铢"。因发行量少，故发现不多。初平中（公元190—193年），董卓铸一种小钱。《后汉书·献帝纪》说："董卓坏五铢钱，更铸小钱。"《后汉记》又说，袁宏也曾铸过五铢钱，钱身极小，粗制滥造，这是汉代最后一次铸钱。以上是两汉时期铸造五铢钱的大概情况。

新莽钱　王莽专政后，货币制度更混乱。《汉书·王莽传》及《食货志》记载，始建国二年实行宝货制，所谓"五物"、"六名"、"二十八品"，名目异常繁多，但按其形状，可分为泉、布、刀三种。王莽货币中，以居摄二年（公元7年）始铸的"大泉五十"，始建国元年（公元9年）始铸的"小泉直一"和地皇元年（公元20年）始铸的"货布"、"货泉"以及文献失载的"布泉"为常见。

墓葬中出土的货币，以五铢钱最多，根据钱的形制、书体、大小轻重，按照《洛阳烧沟汉墓》和《辉县发掘报告》对汉代五铢钱的分析法，进行分析。

第一型五铢，紫红色，铸造欠佳，钱面不甚规整，五字中间两画笔直，五字上下似两个三角形。有些钱的五字，中间两画稍有曲形，金字头都如镞状，朱字上下方折，并与金字平齐，有的穿上有横纹，穿下有半星，这两种钱和无记号的钱，同墓伴出。与《洛阳烧沟汉墓》中的一型五铢相同。故知，中间两画直的是武帝五铢，稍带微曲的是昭帝五铢。

第二型五铢，形制同一型，钱形略大，紫红铜，铸造比一型好，钱面平整，钱文清晰，笔画锋棱显露。五字中间两画弯曲，与平画相接处靠拢呈直状。金字头仍如镞状，朱字上下方折。也有上横纹和下半星的，但数量不多。与《洛阳烧沟汉墓》中的二型相同，应是宣帝五铢，在磨咀子墓29中，与一型五铢同出，在墓26和墓34中，又与王莽钱共出。上述诸墓中都出一型五铢。和一、二型五铢同出的，有剪轮五铢，由一、二型五铢被剪的，说明剪轮五铢在西汉中、晚期就开始了。

第三型五铢，形制与一、二型同。铜色红而不带紫，五铢二字较大，五字中间两画弯曲更大，与上下两平画相接处向外敞开，金字头呈三角，朱字上下圆折（上端也有方折的）。开始铸造稚拙，钱文愈后愈清晰，笔画秀丽，铸造规整，第三型钱的铢字写法有几种：金字头呈三角，朱字上下圆折，此钱出现较早，多与莽钱同出，应是建武十六年所铸，朱字头向外敞；朱字中间一竖格外高，后二者出现晚，约在东汉中期以后，应是桓、灵之际的货币，铸造粗劣，重量减轻，是东汉晚期社会经济崩溃，货币贬值的具体表现。

第四型五铢中，剪轮特别多。如管家坡墓3中65枚货币中，剪轮就有32枚，被剪的程度不一。有的剪去外郭的一部分，有的刚剪去外郭，有的直剪到内郭根前，只剩个方形环子。被剪的钱多是桓、灵之际的货币，在一、二型五铢中被剪的寥若无几，东汉早期五铢中被剪现象也很少。

莽钱在一型Ⅱ式墓中出现，数量很多，至二型墓中仍然很多，但被剪的少见。中间莽钱一度减少，到四、五型墓中又增多起来，并大量被剪。这反映了东汉晚期，最高统治者皇帝，多是好酒喜色，荒淫无度的青年娃娃，皇后都是年青寡妇，国家大事只靠外戚、宦官的黑暗、腐败政治，弄得社会危机，经济凋蔽。

第五型是四出五铢，见于四型Ⅱ式的滕家庄墓1、邱家庄墓1、墓5和雷台等墓中，数量都少。此钱铸造很好，比四型五铢加重、因钱背有四道斜纹，名为"出文"，也称"角饯"。它就是《后汉书·灵帝纪》所说的"中平三年，……又铸四出文钱"。

新莽钱　出土的莽钱，有大泉五十、货泉、布泉三种。其中货泉最多，大泉五十次之，布泉只有一枚。

大泉五十，有大、中、小三种，大的，郭径2.7、郭厚0.24、穿长、宽0.8厘米，穿上有内郭，紫红色铜质，书体工正，铸造精良。中的，郭径2.6、郭厚0.17、穿长、宽0.7厘米。小的，郭径2.5、2.4、2.3、2.1等几种都有，厚薄不一，紫红色铜，铸造也好。

货泉，数量最多，由一型Ⅱ式墓中开始出现，以后各型墓中几乎都有。磨咀子墓14，共出608枚，其中没有一个五铢钱。墓58有货币206枚，其中货泉105枚，大泉五十101枚，也没有一个五铢混入，说明都是王莽时期墓葬。

货泉也分大、中、小三种。大的，郭径2.3、郭厚0.15、穿长、宽0.8厘米。穿两面均有郭。中的，郭径2.27、穿长、宽0.7厘米，穿正面无郭，背面有郭，钱文粗深，铸造好。小的，郭径2.1厘米，穿两面都有郭，钱文玲珑。

另有一些小货泉，郭径2、1.8、1.7厘米不等，钱厚只有0.05厘米，铸造恶劣。周边有的有郭，有的无郭，内郭有一面的，也有两面的。周边和穿内都参差不齐，书体草率，钱文模糊。王莽货币虽很快失败了，但它的铸造在中国货币史上达到了很高水平。炼铜精，制作美，文字书法也纤细秀丽，但这种小货泉铸造极劣，重量又轻，和莽钱不相衬，可能是私铸。

布泉　只有1枚。紫红铜，郭径2.5、厚0.1厘米，两面内郭，垂针状"布泉"二字，文字纤细，制作精美，布泉文献失载。

剪边　莽钱中被剪的很多，都是货泉，特别是小货泉，没有发现大泉五十。

铤环　只有数枚，是小货泉被凿的，不仅凿去钱心，连周郭也凿伤了，只剩一个圆环。莽钱被剪的出现在王莽时期墓中，可见在王莽时代，莽钱就有人被剪了。

铜镜在年代学上有特殊意义，各个时代的铜镜都有明显特征，在20座墓葬中，共出铜镜24面，除腐蚀严重的8面外，清晰或可辨认者16面。其中变形四螭镜、日光镜、昭明镜各1面，规矩镜5面，连弧镜5面，夔凤镜和七乳神兽镜各2面。

变形四螭镜、日光镜、昭明镜，时代为西汉中、后期，出一型墓葬中。铜镜铸造之后，要经一段时间的流传，故它的下限年代往往要晚一些。

方格规矩镜、上方规矩镜、八乳规矩镜，是王莽时期先后开始流行的，一直延续到东汉初期。花纹除镜钮外圈的方格和规矩外，又有青龙、白虎、朱雀、玄武四神，以及子、丑、寅、卯等十二时辰之铭文。从此铜镜开始有纪年铭文。规矩镜多出于一型Ⅱ式墓或二型墓葬中。

连弧镜，有云雷纹连弧和长宜子孙连弧，它起源于西汉末期的日光镜和昭明镜，经过演变，一直延续到东汉中期至后期，多出在三型墓葬中。

夔凤镜，七乳神兽镜，都为青铜色。圆钮、圆座，座外有夔凤，区外边缘是连弧纹。座外铭文有"长宜子孙""君宜高官"或"位至三公"等吉祥语。出四、五型墓中。

东汉铜镜铭文，有长达几十字的。如"尚上御竟大毋伤，巧工□之成文章，左龙右虎辟不祥，朱爵玄武顺阴阳，子孙备具居中央，长保亲富乐昌"（磨咀子墓67出）。

此外，铁镜两面，分别出自郭家庄墓4和雷台墓葬。前者腐蚀严重，后者金银错纹饰，繁缛秀丽。

根据以上墓型、器型、货币、铜镜等各自演化排列，将墓葬分为五期，这里只能约略提一个大概时间范围。

第一型墓葬，西汉晚期至王莽时期。一型Ⅰ式墓葬，西汉晚期，一型Ⅱ式墓葬，王莽时期。（包括居摄和刘玄更始，直至建武十六年）。

第二型墓葬：东汉早期。

第三型墓葬：东汉中、晚期。

第四、五型墓葬：东汉末期

武威铁路沿线的砖墓和雷台墓葬的东汉年代，应不宜否定。

武威铁路沿线的邱家庄、管家坡、小儿下包括雷台墓葬在内的砖室墓葬，是否是东汉墓葬，持怀疑态度者颇多，这里利用墓葬本身的材料，简略谈点粗浅认识，以期廓清氛扰。

从墓葬结构上说，这批墓葬砖的砌法，都采用单层平铺错缝。在墓壁最下层，用一平一闸，垒砌一至三层后，其上仍是单层平铺错缝，直至近墓顶部，这种砌砖方法，乃是典型汉代墓葬的砌法。若与嘉峪关魏晋墓的砌砖方法相对比[1]，就不言而喻了。

再从出土的陶壶论。武威砖室墓，都出盘口、高颈、球腹，8—12棱的高圈足东汉典型绿釉壶，雷台墓葬不仅有此种铅釉壶，还有更多的典型汉代铜壶，它的漆樽、铜樽、熏炉、铜灯、釜、甑和宽沿盆，均系典型东汉遗物，那有一点魏晋的味道。还有方柱体四阿式顶的仓，和正作后退、而欲前冲的独角兽，和磨咀子同类器物的模式，又有什么两样。它的黄绿釉的马蹄形灶，也是沿袭了磨咀子墓葬的汉代作风。

陕西长安县206基建工地晋墓的陶灶，为方头灶，屋顶也是两面坡形顶[2]，与雷台墓的同类器物相比，大相径庭，它的瓶、罐、俑人、狗、猪、鸡等动物偶像，在风格上和汉代遗物，

---

① 嘉峪关市文物清理小组：《嘉峪关汉画像砖墓》，《文物》1972年12期。

② 《陕西长安县206基建工地汉、晋墓清简报》，《考古与文物》1989年5期。

迥然不同，这里不再一一例举。

近年我所在敦煌祁家湾清理 117 座晋至五凉墓葬其中有西晋咸宁、太康、元康、泰（太）熙，建兴纪年墓葬 [①]，在众多的器物中，没有一件绿釉壶，虽也有陶壶出现，它的圈足低矮，且都是灰陶壶。与武威砖室墓的器物相此，风格异然。

由以上种种实例，可知雷台墓葬器物，与魏晋时代器物，截然不同，雷台墓葬器物，前已说过，都是典型的汉代器物，因此，对它的东汉年代，铢庸置疑。

原文刊于《西北史地》1990 年第 1 期

---

① 《敦煌祁家湾晋至五凉墓葬》，待发。

武威县磨咀子古墓清理记要

党国栋　甘肃省文物管理委员会

　　磨咀子位于甘肃武威县城东南约三十多里，在祁连山下的杂木河岸，是一块突出的小山嘴，磨咀子台地分为二层台和最高台地，墓葬大部分布在二层台上，面积约有一百多亩。

　　磨咀子古墓群是 1956 年 3 月甘肃省文管会兰新铁路文物清理组发现的，除此以外还有新石器时代遗址。同年 11 月，该地在整地修渠中，挖出古墓八座，其中一座底部尚保存完好，经我会加以清理。其它各墓随葬品均已散失，后经收集运我会保存。因此这里仅以清理的一座墓葬为中心，并将其它各墓出土和收集的重要随葬品简单介绍如下：

　　经我会清理的一座墓位于二层台地墓群的东北角，墓门北向，是一座单室土洞墓，编号为一号。

　　1. 墓葬结构：可分为墓道、甬道、墓室三部分，墓道口为长方形，长 5.30、宽 0.65 米，底成斜坡梯形。甬道接连在墓道的后端直至墓门，底部微成斜坡，长 2.20、前宽 0.93、后宽 1.02 米，墓室平面略成长方形，前宽 1.32、后宽 1.00、长 3.80 米，顶已大部陷落，但从后端残存迹象观察，为券顶，墓壁起券处有一显著的折线。室内前高后低，形如居住的窑洞。墓门狭小早已塌毁。（图一）

　　2. 葬具及葬式：墓室后部置黑漆木棺一具，东西斜放，前端一角靠近西壁，成长方形，长 2.34、宽 0.50 米。棺内有男骨架一付，是仰卧伸直葬，大部保存尚好。（图二）

　　3. 随葬品：陶器类有：

　　（1）陶灶一件，附甑。为细泥红陶，前端开灶门，下有三矮足。长 19、前宽 17、通高 6 厘米。红陶甑破为两半，深腹，侈口有沿，底穿六个小孔，置于灶上，口径 11、底径 4.2、高 5.8 厘米。

　　（2）陶井二件，一件附桶。细泥红陶，井身为圆筒状，上小下大，通高 15 厘米。桶形似长腹罐，小口短颈，腹下表面有削痕，通高 4.5 厘米。另一件也作圆筒形，上大下小，底有

图一　墓室平面图

三矮足，通高 10 厘米。

（3）陶仓二件，细泥红陶，仓身为半圆形，在较平的一面上部有长方形门。面有隆起的屋脊和筒瓦。通高一为 17.5 厘米，一为 16 厘米，内盛谷物。

图二　随葬品出土情形

（4）陶博山炉一件，细泥红陶，盖似馒头形，通高 13.5 厘米。

（5）陶豆一件，细泥红陶，一面滴有一道深绿色釉痕，通高 7.3 厘米。

（6）陶盉一件，细泥红陶，形似葫芦，口作圆筒形，上小下大。通高 11.5 厘米。

（7）陶盘一件，细泥红陶，侈口有沿，平底。盘内底部涂有朱红色，口径 19、通高 4 厘米。

（8）陶耳杯一件，细泥红陶，底涂朱红色，置于盘内，长 8.3、通高 2.5 厘米。

（9）陶奁一件，细泥红陶，底有三矮足，一足残缺，通高 10 厘米。

（10）陶碗一件，细泥红陶，侈口有沿，深腹平底，口径 12.2、通高 5 厘米。

（11）绿釉陶壶三件，其中二件残缺不全，长颈圆腹，平底，腹部有对称的兽面衔环，底为九边棱角形。腹径各约 25.5、通高各约 38 厘米。

木器类有：

（1）木制院落一套，部分木料已腐朽，未能复原。据残存部份观察，系一所长方形院落，长 50、宽 40 厘米，院内中部有简单的房屋，其作法是用一根长方形木柱，支撑一个木板制作的悬山形屋顶，顶面另制细木条，表示屋脊和筒瓦，至部涂黑色，顶为方形，长宽各为 29 厘米，高 23 厘米。院内后部两角各竖立一个高达 34 厘米的长方形木柱，而未发现屋顶，可能是角楼一类建筑物。院门向里，开设在东南角，此处有一缺口，置一块长方形木柱，高 17 厘米，并有一块木板制作的屋顶，长 21 宽 18 厘米，顶部作法与上述屋顶同。院墙也用木板制作，外面涂白粉底，绘红色花纹。整个院落下用木板衬托。院内除有木舞俑、木坐俑、木立俑和极小的木饰外。还有许多小块零件，大部有彩绘花纹，但多已腐朽。

（2）木舞俑两个，置于木制院落内，均完整。一俑头梳髻，向左侧视，左臂举起，右臂屈至胸部，无足，身着长衣，表面施一层白色，上用黑红两色彩绘花纹，姿态生动，高 14.5 厘米；另一俑右臂向上斜举，左臂屈至胸前，颈微短，高 14.5 厘米。（图三）

（3）木坐俑二个，基本完整，表施白粉，用黑红两色描绘轮廓，头戴白色三角形帽，身着长衣，两手弯曲置于胸部，下肢作跪坐姿势。一高 14 厘米，另一高 13 厘米。（图四）

（4）木立俑一个，表施白粉，黑红两色描绘轮廓，头戴三角形白帽，作袖手状，下肢外露，中腰系带，高 11 厘米。

图三　木舞俑

图四　木坐俑

图五　木马出土时情形

（5）牵马木俑一个，置于木马前，双手和下肢另制，全部施黑色，面作长方形，有胡须，足残缺，通高52厘米。

（6）木马两匹，其身、头、颈、尾、腿均为分别制成，表面涂有一层薄泥，并染成红色。眼、鼻、口涂红、白、黑三色。口内有铜衔，身上置木鞍，并彩绘花纹，昂首举尾。一马四肢直立，通高85厘米；另一木马头部微向左斜，尾打单结，前一蹄高举，通高91厘米。（图五）

（7）木鸡笼一个，用木板制成，长方形，长37、宽34、高15厘米。盖上有木公鸡二只，用薄木板削制，无腿，举首昂视，表施白粉，上用黑红色描绘毛尾，大小相同，长9.5厘米，置于棺东侧马前车后。（图六）

（8）木牛车一套，车已大部残缺，仅存零件，其中一块木箱板长28、高10.5厘米，上有墨绘人物：一人面相凶恶，右手执刀，左手向后下垂；一人头带尖帽，一手持物，身着长衣，中腰束带，作行走状。另有车轴一件，残长20厘米。车轮残片五块，直径21厘米。木牛一只，腿残缺，表面涂黑色，身长26厘米。

（9）木兽一只，表施白粉，上用黑色绘画，长19.5、高4.8厘米，置于木牛车处。（图七）

（10）木篦一件，薄片木制，齿薄而密。长7.1、宽1.7厘米。置于人骨架头部。

（11）残木器一件，系为圆木雕制，底座成三瓣薄花形，中部微细，并有突出的三棱，顶部残缺，表面施白粉，黑红两色彩绘云纹，置于木棺前端顶部，可能是摇钱树的底座。

漆器类有：

（1）漆几一件，已残破成碎片，木胎红漆，长方形，长约60、宽约40、厚约1厘米。

（2）漆葫芦两个，一个完整，一个残破，表面涂黑红二色漆，黑漆作底，红漆描绘花纹。纹饰布局分为三部：颈部为锯齿形纹；腹部似为云纹；底部为柿蒂纹。两件作风完全相同，

图六　木公鸡

图七　木兽

图八　漆葫芦

图九　木舞俑

一件高 7.5、腹径 3.5 厘米，置于人骨架的右臂处；一件高 7.5、腹径 4.5 厘米，置于人骨左臂处。（图八）

（3）漆盆碎片一包，木胎，为黑红色漆，体形不明。

此外还有：丝织残幡片一小包，浅红色，上有墨书，字迹不清，其中一片较大，残长 90、宽 50 厘米，置于棺盖上。其他还有丝织品一小包：一块上穿有五铢钱一枚；一块为咖啡色，并织有断续的白色细条花纹。残褥子一件，丝织品面，白布里，内装棉花（？），上铺麻织品单子。现长 110、宽 45 厘米，置于人骨架下面。谷物一包，已腐朽成黑色壳皮，置于棺前东侧。五铢钱四十七枚，均为有郭五铢，"五"字中间交叉的弯度有大小之分，而无笔直的。铜带钩一件，置于人骨架腰部，长 7.1 厘米。

未经清理的几座墓　除三座小型土坑墓外，主要是四座单室土洞墓，结构形式均与一号墓相同，葬具葬式除第三号墓为夫妇合葬外，其他也与一号墓相同。四墓均被破坏，大部随葬品是收集来的。现仅把其中重要的物品简述于后：

1. 木舞俑二个，一俑头梳髻，向左侧视。右臂弯曲而向后平伸。作向左方移动状，用黑白红三色描绘，通高 15.8 厘米；另一俑也向左侧视，左手平举，右手置于腹部，身向后倾斜，面部用黑色描绘，通高 13.5 厘米，出于二号墓内。（图九）

2. 木猴两件，一件较小，左腿残缺。右前肢上屈至口角。左前肢直垂扶地作跪坐状。全部用黑红两色彩绘，制作精巧，高 11.5 厘米；一件较大，头部缩入，单肢跪坐。以白色为

图一〇　小木猴

图一一　木案

图一二　漆盆

底，黑红两色彩绘，高 32.5 厘米，出于二号墓内。（图一〇）

3. 木牛车一套，车箱为长方形，长 30、宽 14、高 11.5 厘米。车辕另制而接于车前，通长 70 厘米。车轴和车轮亦为另制，车轮大部已坏，仅一轮残存，直径 12.5 厘米，厚 1.8 厘米。据残存痕迹来看，可装置十大根辐条。木牛一只，头腿残缺，现长 14、宽 7、高 7 厘米，出于五号墓内。

4. 木案一件，长方形，边缘隆起，中心以白色为底、红边，内用黑红两色绘一朱雀，背面似为练习绘画的底稿，有朱雀、仙鹤、云纹、松鼠等。长 53.5、宽 40 厘米，出于五号墓内。（图一一）

5. 漆盆两件：一件口部残缺，木胎，铜镶边，底有三矮足（已残）。表面有二层花纹；上层绘画云纹和动物之类；下层为几何形图案。底内绘画龙形纹。口径 20、高 8 厘米。出于二号墓内。另一件完整，木胎，圆形，口镶鎏金铜边，腹有对称的铜制双耳残痕，底有三足残迹。为黑红两色漆制，表面彩绘纹饰三层：上层为云龙纹；中层为龙、凤、鹤、虎纹；下层为几何纹饰。内部近口缘绘画图案一周，底部分层彩绘云龙图案纹，口径 24.5、高 12 厘米。出于四号墓内。（图一二）

6. 漆耳杯一件，木胎，黑红漆制，一耳下用红漆书写"朱伯"三字，长 17.3、宽 10、高 5 厘米。出于四号墓内。

7. 幢幡一件，丝织，紫红色，上有："姑臧西乡阉哩壶子梁之"墨书十一字。字的两旁还有绘画，最上端两角画为圆券，券内隐约看出似为动物形，下部接续画虎，再下至为云纹，下端已残缺一部。现存长 206、宽 45 厘米。置于四号墓棺顶上。

8. 毛笔一枝，仅存笔杆，竹制，微弯曲，上端成尖形，下端有缚扎笔头和胶粘痕迹，并刻有"□年日"三个字。笔尖已损坏，杆长 21 厘米。出于二号墓内。

9. 苇席五块，已残破，制作精细，成"人"字形纹样。出于二号墓内。此外还有许多木器、灰陶器、红陶器、绿釉陶器、漆器、装饰品、残彩织品、铜镜、货币等。

从墓葬的结构来说，这种上小下大、前窄后宽的斜坡墓道和甬道，狭小的方形墓门，圆券单室土洞墓，在甘肃清理的还不多，但与汉代单室砖墓比较，却是大同小异，颇有东汉时期的作风。各墓的随葬品，绝大部与东汉砖墓出土物相同，比较特殊的是木器。这种木器，普遍出土于五座土洞墓内，从制作技巧和风格来看也是汉代的作品。总之，根据上述各墓的建筑特征，陶器的制作，木器的风格，漆器花纹的题材内容，文字的书法等各方面的综合比较，五座土洞墓应是东汉初期至中期的墓葬。

原文刊于《文物参考资料》1958 年第 11 期

甘肃武威磨咀子发现一座东汉壁画墓

党寿山　武威市博物馆

　　磨咀子在武威市城南15公里，新华、古城两乡交界处的祁连山东麓，杂木河西岸。这里是一片高低不平的丘陵台地，在东西长约700、南北宽约600米的范围内，分布有稠密的汉代墓葬。1957年7月至1972年3月，甘肃省博物馆、文物队配合农田建设，先后四次共清理发掘汉墓72座。1989年7月，武威市博物馆孙寿龄、黎大祥同志，在这里检查墓群保护情况时，又发现1座已暴露的土洞墓，随即进行清理，因墓葬早年被盗，墓内遗物无存。唯前室绘有壁画，有些剥落，部分画面受损，但大部分保存尚好。现将情况介绍如下。

（一）墓葬形制

　　墓葬规模较大，为横前室双后室土洞墓，有斜坡式墓道。

　　墓道　斜坡式，已残。现存部分长16、宽1、近墓门处深7米。坡度22.5°。

　　墓门　正东方向，开于前室正中。

　　前室　前室与墓道之间有甬道，长1、宽0.8、高1.1米。前室分两部分，前部南北长5.85、东西宽2.1、高2.04米；后部南北长3.75、东西宽1.3、高1.9米，底比前部高0.2米。四壁皆成白灰面。

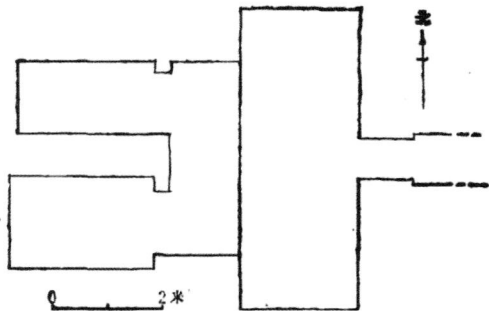

东汉壁画墓平面图

　　后室　两个，南北平行。后室与前室之间有短甬道，各长0.27、宽1.2、高1.1米。后室平面皆长方形。北后室长2.6、宽1.4米，南后室长2.7、宽1.8米。两后室高皆为1.9米。

　　后室与连接后室、前室之间的甬道底皆与前室后半部平齐。除墓道与前室之间的甬道为平顶外，其它部分的顶部两端皆呈弧形。

　　此墓因早期被盗，两后室只发现部分零乱的人骨及少量棺板，随葬品都已散失。

（二）壁画

壁画绘制在前室后半部的墓壁与顶部的白灰面上。画面总共约16平方米。

　　1.顶部　画面长3.55、宽1.3米。绘天象图，左面为太阳，太阳中立金乌；右面为月亮，月亮中有蟾蜍。日月周围的天空，衬以升腾的朵朵行云。

　　2.西壁　画面宽1.15、高1.84米。因两后室甬道口有塌落，画面已残损。整幅画面除右侧绘一小头圆眼扁嘴细长颈的鸟外，其余部分平列绘人物像，一排五人，其姿态各异。从其姿态分析，当为杂技表演场面。

3.南壁　画面宽 1.3、高 1.84 米。左侧下角剥落，图像已不完整，仅存一羊的前半部。羊旁有一人，长头长颈，头顶有向后拖卷的饰物。肩臂和腰腿间，有长长的羽毛，右腿及双臂向前伸出，右手持柔软枝条，作迈步戏羊状。此人的相貌与《山海经·海外南经》中所描述的羽民国羽人十分相似，"羽民国在其东南，其为人长头，身生羽。一曰在比翼鸟东南，其人为长颊"。羽人即仙人，古人意欲长生不死，飞升成仙。《楚辞·远游》载："仍羽人于丹丘兮，留不死之旧乡"。王逸注："《山海经》言有羽人之国，不死之民。或曰：人得道身生毛羽也"。

4.北壁　画面宽 1.3、高 1.84 米。右侧下角剥落，图面仅存一动物臀部。有短尾，躯体有羽，似为一头生翅膀的大象。大象背上似有一人骑坐，画面残损严重，形象已不可辨。1973 年在内蒙古和林格尔发现的汉墓壁画中有"仙人骑白象"墨书榜题壁画（见俞伟超：《东汉佛教图像考》，《文物》1980 年 5 期），南壁也有仙人戏羊图。所以，北壁画中骑大象者，当也是一位仙人。

（三）时代

此墓有斜坡墓道，有宽大的前室，后室与前室以甬道相通，棺木放于后室，这些特点与洛阳烧沟汉墓五型二式墓相似（见《洛阳烧沟汉墓》，科学出版社，1959 年），特别是与 1035 横前堂双后室砖券墓和 1037 横前堂双后室土圹墓接近。1035 号墓属第六期，即东汉晚期，约为桓帝至献帝（公元 147—220 年）时期。1037 号墓出有"建宁三年"朱书陶罐，也属东汉晚期。因此，磨咀子壁画墓的年代当为东汉晚期。

原文刊于《考古》1995 年第 11 期

证据与推理：铜奔马若干重要问题再思考

单继刚　中国社会科学院哲学研究所

中国的马文物，最出名的，恐怕要算是中国旅游标志原型——甘肃武威出土的铜奔马。它通高 34.5 厘米、长 45 厘米、宽 13.1 厘米、重 7.3 千克（甘肃省博物馆官网数据），体型不大，却是"文物重器"。铜奔马出土五十多年来，学术界从历史学、考古学、美学、宗教学、铸造学、畜牧学等多学科视野对之进行了研究，取得了丰硕成果。由于这些成果分散于各个领域，所以尚需进一步整合。另外，由于某些问题长期众说纷纭，例如铜奔马主人问题、身份问题、位置问题、名称问题等，所以尚需进一步探索。笔者曾就铜奔马诸问题接受中央电视台中文国际频道专访，部分内容在 2021 年 6 月 9 日《国宝·发现》之《汉马凉州》播出，限于节目篇幅，未能全部呈现，今以此文作一个"集解"。

一、铜奔马主人或雷台 1 号墓主人

研究铜奔马主人问题，或雷台 1 号墓墓主人问题，墓葬断代是关键。以往提出的"张江说""张奂说""张绣说"等，都是基于雷台 1 号墓为汉墓的基本判断。

《武威雷台汉墓》[①]一文认为雷台 1 号墓为汉墓，有三条理由：

一是铭文。出土的 39 匹铜马中，8 匹身上刻有铭文，位于前胸位置。内容分别：守左骑千人张掖长张君骑马一匹，牵马奴一人；守左骑千人张掖长张君小车马，御奴一人；守张掖长张君郎君阿那骑马一匹，牵马奴一人；守张掖长张君前夫人辇车马，将车奴一人，从婢一人；守张掖长张君后夫人辇车马，将车奴一人，从婢二人；冀张君骑一匹，牵马奴一人；冀张君小车马，御奴一人；冀张君夫人辇车马，将车奴一人，从婢一人。这里提到的"张掖长"与"左骑千人"均为东汉时期武威郡属县级官职，且"左骑千人"的建制不见于东汉以前，也不见于东汉以后，为东汉时期所独有。

二是墓制。从墓葬形制看，此墓为带有封土和斜坡墓道的多室砖券墓。这种墓制，在甘肃、陕西、河南、河北、内蒙等地都发现过，年代大都属东汉后期。随葬的铜器、陶器形式与上述地区也相类似。陶罐、陶壶、陶瓮、陶灶以及铁镜等，与洛阳烧沟"建宁三年"墓（M1037）出土文物极为接近。前、中、后三墓室皆作盝顶，顶部彩绘莲花藻井，与山东沂南

---

① 甘肃省博物馆：《武威雷台汉墓》，《考古学报》1974 年第 2 期。

汉墓相同。

三是钱币。此墓出土铜钱二万多枚，其中主要是东汉五铢，尤以东汉晚期流行的剪轮五铢和磨郭五铢为多。七枚"四出五铢"的发现，更带有年代特点。《后汉书·灵帝纪》载，中平三年（186年），"又铸四出文钱"，一般认为就是这种"四出五铢"钱。

综合以上证据，《武威雷台汉墓》一文推定，1号墓应是东汉灵帝中平三年至献帝期间（186—219年）下葬的。在此基础上，又根据龟钮将军银印、随葬品丰富与豪华程度、棺木痕迹等因素，推测此墓应为官秩二千石的某某将军夫妻合葬墓。再从陶碗刻文"张家奴字益宗"判断，墓主人应姓张。因此，雷台1号墓为东汉"张某将军"夫妻合葬墓。

1992年8月9日，《中国文物报》刊登了何双全研究员的文章《武威雷台汉墓年代商榷》。此文根据墓葬结构、形制、随葬品特征，提出了河西地区区分汉墓、晋墓和前凉墓的一般断代标准，进而认为：雷台墓规模、结构、形制都与晋墓一脉相承。此文立足于河西地区发掘汉晋墓的经验，把雷台1号墓年代明确为"晋末前凉初，即愍帝建兴元年（313年）以后"，比《武威雷台汉墓》框定的"东汉灵帝中平三年至献帝期间（186—219年）"推迟了百年左右，可谓断代方面的重大突破。

北京大学吴荣曾教授从古钱学角度得出了和何双全研究员类似的结论。《"五铢"和汉晋墓葬断代》一文指出："值得注意的是，墓中出有小型的五铢，直径为1.6厘米。五铢出现于三国早期。如直径在1.5厘米左右的，其年代似更晚一些。这种钱在魏晋的窖藏钱币中很常见。出于墓葬者也不少，如西安田王晋墓中曾有出土，据简报墓的年代约为元康时。敦煌祁家湾321号墓也出这种小五铢，墓的年代为晋惠帝泰熙元年。上述两墓的年代都在公元290年左右。同样出小五铢的雷台墓，其年代也应靠近西晋为合适。"[1] 这个证据可谓"铁证"。小五铢是东汉以后出现的货币，雷台1号墓中存在小五铢，因此，此墓绝非汉墓。

综合吴荣曾、何双全两位先生的看法，雷台1号墓的年代在"公元290年左右"到"313年以后"。那么，这个"以后"究竟到什么时候呢？似应认为，这个"以后"至少可以到前凉政权结束之际（376年）。首先，西晋、前凉墓的区别只是相对的。"前凉墓墓葬结构、规模承袭晋代之风，高大宏伟、结构复杂，但仅仅是空架子。"就一般的平民墓而言，"砖墓渐衰，以土洞为主，无装饰，随葬物少而粗糙，金属品少见，大都用木器，钱币量少质劣"[2]。但是，如果墓主人是诸侯甚至是国主级别，那西晋、前凉墓的区别就可以忽略不计了。其次，前凉沿用魏晋货币，小五铢出现在前凉墓中也是正常的。因此，我们大约可以在"290—376年"这个时段寻找一位"张姓将军"。

早在1985年，学者辛敏就提出过一个大胆假设：从东汉末直至西晋永宁初，在凉州州郡任过职的要员中，没有地位非常显赫的"张姓高级官吏"，没有人能配得上这座"王者之墓"，

---

① 吴荣曾：《"五铢"和汉晋墓葬断代》，《中国历史文物》2002第6期，第46—49页。

② 何双全：《武威雷台汉墓年代商榷》，《中国文物报》，1992年8月9日。

故应跳出这个范围另外寻找墓主人。如果雷台墓和前凉张氏有什么联系的话，它很可能是前凉第四世张骏之墓。当时，在断代问题上尚未形成突破，所以"张骏说"还只是一个猜想。现在，它的可能性陡然上升。我们先来看一下辛敏的论证[①]：

第一，张骏在位期间（324—346年），前凉处于鼎盛时期。"时骏尽有陇西之地，士马强盛"。张骏的日常生活，极力追求豪华。例如，他"于姑臧城南筑城，起谦光殿，画以五色，饰以金玉，穷尽珍巧。殿之四面各起一殿，东曰宜阳青殿，以春三月居之，章服器物皆依方色；南曰朱阳赤殿，夏三月居之；西曰政刑白殿，秋三月居之；北曰玄武黑殿，冬三月居之。其傍皆有直省内官寺署，一同方色。及末年，任所游处，不复依四时而居。"雷台1号墓墓制及随葬品无疑是当时强盛国力的反映。

第二，张骏生前曾接受过三次"将军"称号。一是太宁二年（324），他叔父张茂去世后，原晋愍帝司马邺的使者史淑正流落在姑臧，淑以晋室名义，拜张骏为使持节、大都督、大将军、凉州牧、领护羌校尉、西平公。二是太兴二年（319），东晋元帝司马睿拜骏镇西大将军；因驿道不通，直到咸和八年（333），张骏才受诏。三是咸和九年（334），东晋成帝司马衍派使者进骏大将军[②]。

第三，张骏墓被盗的历史记载与雷台1号墓现场情况吻合。《二酉堂丛书·凉州记》有一条资料说："吕纂咸宁二年（400年——引者注），胡安璩等发张骏墓，得真珠帘箔、云母屏风、琉璃榼、白玉樽、受三升、赤玉箫、紫玉笛、珊瑚鞭、玛瑙钟、黄金勒。"《二酉堂丛书》编者张澍按："《后凉录》胡安璩作胡璩，一作胡安枚。（吕）纂诛璩党五十余家，遗使吊祭骏，缮修其墓。"雷台1号墓中室盗洞曾作过修补，用原墓砖填砌，略较原壁凹入，与此记载相符合。另外，因为张骏墓内有那么多奇珍异宝，所以盗墓贼对那些铜器才不屑一顾或无暇顾及，这个解释也很合理。

张骏是1号墓最可能的主人，笔者亦秉此观点。这里再补充几条来自墓葬现场的证据。

第一，贴金铁伞橑股饰有獬豸形鎏金铜华蚤，符合张骏以诸侯国王自居的做派。华爪，或华蚤，为天子车盖四周所附的金花。张骏称臣于东晋，而使用西晋年号，"舞六佾，建豹尾"，追求诸侯国王的生活方式，后称"假凉王"。

第二，铜壶刻文"臣李锺"，可反证张骏的国王身份。《武威雷台汉墓》将一铜壶上腹正面篆文阴刻三字铭文识为"巨李锺"，张朋川研究员认为，"巨"当为"臣"，"臣"指"家

① 辛敏：《武威雷台墓主人再探》，《兰州学刊》1985年第6期，第73—75。

② 此处转引辛敏的论证。"太宁二年"（324）疑有误。根据《晋书·列传第五十六》的张骏传记，太宁三年（325），张茂去世，张骏嗣位受封。"及统任，年十八。先是，愍帝使人黄门侍郎史淑在姑臧，左长史泛祎、右长史马谟等讽淑，令拜骏使持节、大都督、大将军、凉州牧、领护羌校尉、西平公。"《晋书》张骏传记关于第二次受封的记载："太兴二年……始以访守治中御史，拜骏镇西大将军"，"访停梁州七年，以驿道不通，召还。访以诏书付贾陵……以咸和八年始达凉州。骏受诏。"《晋书》张骏传记关于第三次受封的记载："九年，复使访随丰等赍印板进骏大将军。

臣"①。根据《晋书》张骏传记"境内皆称之为王"以及"二府官僚莫不称臣"之记载，似乎也不应排除"臣"为"朝臣"之"臣"的可能。

第三，铜车马队伍中有一匹汗血马，而西域也曾向张骏进贡汗血马。"西域诸国献汗血马、火浣布、犎牛、孔雀、巨象及诸珍异二百余品。"②这匹汗血马在队伍中格外醒目。高51厘米、身长41.5厘米，尺寸明显大于其他马匹，气势上也更胜一筹。两条前腿略微错开，似有行走之意。脖颈高挺，肌肉健硕，昂首嘶鸣，霸气外漏。《甘肃武威雷台东汉墓清理简报》和《武威雷台汉墓》称为"主骥"或"主骑"。

"东汉说"有条证据，"左骑千人"官职为东汉所独有。随着断代问题上的突破，这一证据已经不再重要。张骏"所置官僚府寺拟于王者，而微异其名"，这其中是不是也包括"张掖长""左骑千人"之类的官职，尚可继续考证。初世宾、张朋川先生把全部铜俑按形象、构造、制作、铭文细分为甲、乙两型，两者差别明显，是否存在二次葬的可能性，也可继续讨论。

二、铜奔马的身份

初世宾、张朋川先生认为，雷台1号墓出土的铜车马俑——39匹马、14辆车、17个武士、28名奴仆，还有1头牛——可以按照组别"连缀成一支立体的车马出行队伍"。其中，1匹主骑、4匹从骑，还有铜奔马，构成第二组"墓主人骏马良骥"。铜奔马的造型"代表的可能是一种狩猎的场面，应称为"猎骑"③。

笔者完全同意把铜奔马放置于整个车马队伍之中加以理解的做法。考虑到以往存在着大量脱离该语境的任意想象，所以首先确认这一点就显得特别重要。但是，如果把铜奔马的身份解释为"猎骑"，仍会遭遇一些困难。事实上，没有任何一只处于飞翔状态的鸟，能够像马蹄下的那只鸟一样，翼展角度、面积如此之小，背部抬起如此之高，以及转头幅度如此之大。通过观察与比较，我们不难得出结论，在这件写实风格的作品中，鸟处于静止状态。因此，一切基于鸟的速度解读马的速度的做法都是不可靠的。

马有四种基本步法或步态：慢步（走）、快步（小跑）、慢跑（大步跑）、快跑（奔跑），速度越来越快。它们的共同点是：身体同侧的两条腿先后向前移动，或者对角的两条腿同时向前移动。区别在于：走，速度较慢，跑，速度较快；走，至少两足着地，跑，可四蹄腾空。这四种步法以外，有的马天生或通过后天训练还掌握其他步法，例如对侧步—身体同侧的两条腿同时向前移动，之后是另一侧。它可慢可快（速度可比快步马），可两足着地，亦可四蹄腾空。虽然对侧步兼有走姿和跑姿的特点，但通常被认定为走姿，在中国西北地区更是如此。

---

① 张朋川：《雷台墓考古思辨录》，《陇右文博》1999年第2期，第3—7页。
② 〔唐〕房玄龄等：《晋书》第7册，北京：中华书局，1974年，第2235页。
③ 初世宾、张朋川：《雷台东汉墓的车马组合和墓主人初探》，《考古与文物》1982年第2期。

武威市天祝县每年举行的赛马大会，将比赛项目明确区分为走马比赛和跑马比赛。走马，即以对侧步姿势行进的马（对侧步马）。

处于狩猎状态的奔马无疑会追求最快的速度，正如初、张文所引曹毗《马射赋》："遗羽不能企其足，奔电无以追其踪。"铜奔马的姿势显然并非在呈现这一意象。奔马题材的作品往往通过鬃毛的飞扬来表现其速度，而这匹铜奔马的鬃毛却处于贴伏状态。调查数据显示，天祝县岔口驿马1200公尺骑乘速度实测数据为：跑速记录为1分53.7秒，对侧步记录为2分19.9秒，两者相差26.2秒[①]。

铜奔马身份还是推定为从骑为妥。从头部、尾部造型看，铜奔马与队伍中的大部分马匹相同。头饰雄胜，面带护具，尾打飘结，状如流星（马尾有两种造型，除8匹赙赠马的马尾为"M斧形"之外，其他均为"M锥形"）。这明确表示，它是队伍中的一员。除了姿势之外，它并无其他特殊之处。

目前认定的从骑有4匹。在39匹马之中，铜奔马与它们的造型最为接近、气质最为吻合。从腿部特征看，只有这5匹马的腿部有动作。铜奔马三足腾空（亦可理解为四足腾空），4匹从骑一足提起。其中，1匹为左前足提起，3匹为右前足提起。从头颈部特征看，只有这5匹马颈部是扭动的，从而带动头部偏向一侧。铜奔马头部偏向左侧。4匹从骑中，1匹头部偏向右侧，3匹头部偏向左侧。这些身体特征表明，5匹马之间有彼此呼应、交流之意。另外，这5匹马的装束，配饰也完全相同。均有鞍、辔等马具，只是出土时已大多残缺不全。

三、铜奔马在车马队伍中的位置

《武威雷台汉墓》一文最早尝试将凌乱的车马队伍变成有意义的组合，排定的次序如下：

1.铜武士、骑马。各17件。

2.铜奔马。1件。

3.主骑、从骑。主骑1匹，从骑4匹。

4.斧车、轺车。斧车1辆，驾马1匹；轺车4辆，驾马4匹；御奴5人，从婢2人。

5.冀张君及夫人乘骑车马。骑马1匹，小车马1乘；輂车马1乘；牵马奴、御奴、将车奴、从婢各1人。共3马、2车、4俑。

6.守张掖长张君及夫人乘骑车马（实为守张掖长张君郎君阿那及守张掖长张君夫人乘骑车马——引者注）。骑马1匹；輂车马2乘；牵马奴1人，将车奴2人，从婢3人。共3马、2车、6俑。

7.守左骑千人张掖长张君乘骑车马。骑马1匹，小车马1乘；牵马奴1人，御奴1人。共2马、1车、2俑。

---

① 崔垿溪、李振武：《甘肃优良马种——岔口驿马》，《甘肃农业大学学报》1959年第2期，第26—38页。

8. 大车。3 辆。由 3 车、3 马组成。

9. 牛车。1 辆。由车、牛和 1 名驾车奴组成。

10. 奴俑。8 件。背刻"张氏奴"。

在这个队伍中，大概可以划分出四个组别。1 为第一组——武士仪仗队伍。2、3、4 为第二组——墓主人车马队伍。铜奔马被放置于该组的最前端，但身份不明。5、6、7 为第三组——臣下及亲属赙赠车马队伍。8、9、10 为第四组——后勤保障队伍。为何这样排列？《武威雷台汉墓》一文并未给出理由，只是大致解释为"依照他们的组合关系，推测其前后行列"。

《雷台东汉墓的车马组合和墓主人初探》一文根据"《后汉书·舆服志》的车马舆服制度和一些同期壁画墓的车马出行图的典型实例"对上述顺序进行了调整。变化较大的是前两个组别。原第二组的车马被调入第一组，所余主骑、从骑、铜奔马构成第二组，并且铜奔马的身份被明确为"猎骑"。四个组别依次为：墓主人的车骑导从——墓主人骏马良骥——墓主人亲属家吏的车马——粮物辎重车辆。但是铜奔马为何被放置于第二组末尾，仍然没有给出任何理由。

事实上，无论铜奔马处于何种位置，只要它在队伍之中，就不可能得到合理的解释。因为，跑动中的马很快会撞上前面的队伍。于是，不知从什么时候起，铜奔马被提到了队首位置。前面没有任何阻挡，似乎可以任性狂奔了。然而，其他的马都站着不动，它一骑绝尘。显然没有任何意义。

队前、队中都不符合逻辑。可考虑的位置还有队尾及左右两侧。本文认为，铜奔马最符合逻辑的位置是队伍的右后方。原因如下：

第一，该位置的铜奔马不会与队伍相撞，这是最基本的条件。

第二，铜奔马脖子偏向左侧，表示与队伍有所呼应。

第三，铜奔马大幅度的腿部动作以及夸张的面部表情（从右侧看最明显）说明，从实际位置到目标位置尚需跑动一段距离。

第四，铜奔马与铜牛同在前室，这意味着铜奔马在队尾附近。《甘肃武威雷台东汉墓清理简报》："这批出土器物，由于过去被盗窃扰乱，有的位置不清，但多数文物的放置部位，尚能知道。在前室右耳室中（左耳室空无器物），有铜武士骑马俑 17 个，轺车、辇车等铜车马 8 辆；前室放置铜车 6 辆及铜奔马、铜牛和铜俑等。"这里明确指出铜奔马与铜牛均放置于前室。铜牛拉的是粮物辎重车辆，出现于队尾，故铜奔马的位置也应该在队尾附近。由此也可以知道，整个队伍是朝向南方的。

至此，一个完整的有意义的故事性很强的画面呈现出来了——

一只队伍整装待发。仪仗队已经就位，眼看队长就要发出前进的指令。突然，主骑发现，一匹从骑不在队伍中。它昂首发出一声嘶鸣，呼唤同伴。其他的马也跟着嘶鸣起来。与这匹马关系最为要好的另外几匹从骑，扭动脖子，更为大声地呼唤，同时焦躁不安地刨蹄……这匹迟到的从骑非常着急，一边嘶鸣着回应，一边跨着大步迅速跑向自己的位置。你看它——双目圆睁，鼻孔奋张，左侧的两个蹄子刚刚抬起，右侧的两个蹄子正在下落，整个马处于短暂的腾空状态。忽然，右后足触碰到了一只停在路上的鸟。这只鸟全神贯注地看热闹，根本没有注意马的到来。当马蹄子与鸟接触的一瞬间，鸟儿本能地拱起后背，并吃惊地回头。马儿好像也有所感觉，将右后腿膝盖尽可能弯曲，避免重踩，同时，加速下按右前蹄，使之尽快落地，以承载整个身体的重量。它能成功吗？鸟儿的命运究竟如何？……

四、铜奔马最恰当的名称

1972年出版的《文化大革命期间出土文物》一书收录了署名甘叔勃的文章《雷台东汉墓出土的成组铜车马》，文中使用了"马踏飞燕"名称："更引人注目的是一匹奔马，此马头向前冲，前两蹄跃起，后左蹄伸出，右蹄踏着一只飞燕，尾巴翘起，作昂首嘶鸣、飞腾跳跃状，体型十分矫健，神态生动，神势若飞。"马踏飞燕"是象征快马奔腾超过了飞燕，反映了古代劳动人民丰富的想象力和高度的工艺水平。[①]"

虽然"马踏飞燕"名称至今仍然流行，但某些研究者早就注意到，马踏之鸟尾端齐平不分叉，不符合燕子尾部特征。另外，鸟的形体明显比燕子要大。比较来看，鹰隼之类的可能性更高。

《旅游报》发布中国旅游标志的消息中称铜奔马为"天马"。《天马被定为中国旅游图形标志》："天马的图形标志是根据一九六九年在甘肃武威出土的一件东汉青铜雕塑设计的。该青铜雕塑原称铜奔马。又称马踏飞燕。后经考证，该马所踏的并非燕子，面是古代传说中的龙雀（即风神），面马也非凡马而是神马，故正名为天马。"[②]《人民日报》则称为"马超龙雀"。《"马超龙雀"被定为我国旅游图形标志》："武威出土的马超龙雀，原称马踏飞燕。后经考证，所谓飞燕并非燕子，而是古代传说中的龙雀，面马亦非凡马，而是神马，即天马。早在汉代张衡的《东京赋》中，就有"龙雀"和"天马"的说法。马超龙雀是东汉时期的一件青铜瑰宝。"[③]

这两篇报道关于"天马"和"马超龙雀"的描述，反映了兰州大学教师牛龙菲的研究成果。牛龙菲把铜奔马铸像视为已被董卓熔毁的东汉平乐观"飞廉并铜马"的"副本"，并根据张衡《东京赋》中"龙雀蟠蜿，天马半汉"的记载，解释了作品的含义[④]。所谓"马超龙雀"，刻画的正是"行空天马超越风神龙雀"的瞬间景象。这个名称在牛龙菲的文章中并未出现，而是来自

---

① 甘叔勃:《雷台东汉墓出土的成组铜车马》,《"文化大革命"期间出土文物》,北京:人民出版社,1972年,第57页。

② 陈树青:《天马被定为中国旅游图形标志》,《旅游报》,1983年10月25日。

③ 李肇芬:《"马超龙雀"被定为我国旅游图形标志》,《人民日报》,1983年112月5日。

④ 牛龙菲:《说武威雷台出土之铜铸"天马"》,《敦煌学辑刊》1984年第1期,第93—99页。

《人民日报》记者李肇芬的概括。

"马超龙雀"虽轰动一时，但终未被学术界接受。约有两个原因：一是"龙雀"形象与马踏之物形象严重不符。"龙雀"（飞廉，风神）据汉末学者注释，龙身豹尾，双翼似足，兼有龙蛇、鸟雀之形。二是"龙雀蟠蜿，天马半汉"中的"龙雀"与"天马"并无直接关系。由三国薛综及唐人李善、吕延济的注解可知。"龙雀""天马"是由西汉中央官署铸造、分属不同宫殿建筑单元、历经西汉末年战乱劫余的两件精关铜铸艺术品，表现龙雀蜿蜒太空、神马邀游云汉之意，而不是同一件艺术品的两个组成部分。

"马超龙雀"名称不恰当，是否意味着"天马"名称也不恰当呢？对此问题不能一概而论。"天马"除了指神马外，也可以指良马、骏马。在后一种意义上，称铜奔马为"天马"，毫无问题。汉武帝曾作《西极天马歌》："天马来兮从西极，经万里兮归有德。承灵威兮降外国，涉流沙兮四夷服。"这里的"天马"指的是大宛马。此外，汉武帝还以"天马"称呼过渥洼马、乌孙马。它们都是良马、骏马，而非神马。

"铜奔马"是文物界和学术界广泛使用的名称。这个名称虽短，但包含质地，特征、器形信息，符合文物定名规范[①]。它的缺陷在于，对特征的概括不太准确。"奔"是马的一种步法，有严格的定义。"对侧步"也是如此。对侧步可以是"跑"，但绝不可能是"奔跑"。1982年3月，丹麦Pas.klubbenVAKUR赛马协会主席金斯·伊伏生（Jens Iversen）在看了武威县文物管理委员会编的一本介绍铜奔马的小册子后，给管委会写来一封信，专门谈"对侧步跑"和"奔跑"的区别，并由此质疑铜奔马命名的合理性："在我们看来，对侧步和奔的区别很明显，所以，我们非常想知道，你们为什么把这尊铜像称为奔马，而不是对侧步马。"[②]

无独有偶。"铜奔马"名称的制定者初世宾也意识到它的局限性。"雷台铜奔马问世后，最初称'马踏飞燕'，后经笔者改订为'奔马'。但其步法为同侧二足一齐进退，两侧交替，驯马术称之为'对侧步'，与通常所谓'飞奔'（Flying gallop）不同。称'奔'不甚确切，今据情节、形象拟改此名（"猎骑"——引者注）。[③]但"铜猎骑"这一名称显然并没有流传开来。

无论是"马踏飞燕""天马""马超龙雀"还是"铜奔马""铜猎骑"，以及目前见到的几乎所有名称，讲述的都是关于速度的故事，其要义无非是通过所踏之物的速度之快反衬马的速度更快而已。就这一点来说，这些名称没有实质性的区别。但是，正如笔者所分析的那样，此鸟并非处于飞行状态，面是处于静止状态；马的对侧步姿势，不可能跑出太快的速度；马的速度越快，与整个队伍的矛盾就越大。所以，一切强调速度的故事均不成立。

关于铜奔马的年代，前文已作过考证，判为前凉时期。关于质地和器形，并无争议，分

---

① 初世宾：《也说说铜奔马的名称》，《中国文物报》，2018年6月19日。

② 笔者根据英文原件翻译。英文原件见党菊红《武威文物及其背后的故事》，甘肃教育出版社2016年版，第190页。

③ 初世宾、张朋川：《雷台东汉墓的车马组合和墓主人初探》，《考古与文物》1982年第2期。

别为（青）铜和马。制名的关键在于准确概括铜奔马的特征。与出行队伍中的其他马匹相比，铜奔马有两个最明显的特征，一个是"对侧步"，另一个是"踏鸟"。"对侧步"不仅是此马区别于队伍中其他马匹的核心特征，也是区别于同类作品中其他马匹的核心特征，具有强烈的指向性和标识性，所以必须在命名中加以体现。对于"踏鸟"特征，我们也可以这样说。本文不拟深究鸟的具体类型和名称，主要基于以下两点考虑：

一是仅凭鸟的形状无法作出准确判断。鹰隼类似乎最有可能，但也不能排除鸠鸽类以及乌鸦、喜鹊等的可能性。

二是鸟的主要功能是支撑。也就是说，鸟首先是个底座，然后才是一只鸟。铜奔马四足腾空，需要一个支撑物（鸟的存在使它看起来更像是"三足腾空"）。底座扩大了铜像的受力面积，有助于保持平衡和稳定，而铜像铸造的年代，恰好流行奔马与鸟形底座的组合。当然，这种搭配很合理。在绘画作品中，之所以看不到马足踏鸟的自然构图，原因其实很简单——不需要。马既不需要借助鸟表现四足腾空，也不需要借助鸟保持平衡和稳定。这是由二维艺术与三维艺术，或者说平面艺术与立体艺术的区别造成的表现方式差异。

上述两个特征中，"对侧步"更为关键，属于马的"本体特征"。作为限定词，"对侧步"的位置应该比"鸟座"更靠近中心词。

综上，本文为铜奔马制的新名为：前凉鸟座对侧步铜马。其中，"对侧步铜马"是主平部分，可单独使用。根据武威本地称呼"对侧步"的习惯，可以将该马简称为"铜走马"。

五、铜奔马的原型

从秦始皇登基到汉武帝崩逝，中间仅百余年。在如此短暂的时间内，中国马的形态发生了很大的变化。从秦代陶俑来看，那时的马普遍四肢粗短，躯干短，脖子也短。这种体型的马偏向輓用（拉车），但并不适合拉战车。虽然可以骑乘，但速度不快。为了抗击匈奴以及彰显汉朝的文治武功，也为了自己的兴趣爱好，汉武帝派人到处寻找良马，甚至不惜为此发动战争。正是通过两次战争，李广利将军在大宛国（今费尔干纳盆地，位于乌兹别克斯坦、吉尔吉斯斯坦交界地区）获得"善马数十匹，中马以下牡牝三千余匹"[①]。可惜归国途中损折大半。

根据《史记》所载，大宛的"善马"以"汗血"为特征。马为什么会"汗血"呢？关于这个问题，现在已经有了比较明确的答案。它其实是由某种寄生虫所致的病理现象。寄生虫钻入马的皮下组织后，该区域会出现往外渗血的小包，当马奔跑时，血就顺着小包上的毛孔流出来，与汗调和，成沫状，浸染皮肤，形成"汗血"现象。马的汗血部位，实际上也就是寄生虫所在部位。当然，也有别的观点。例如，一种观点认为，马出汗后局部毛色会显得更加鲜艳，

---

① 〔汉〕司马迁：《史记》第 10 册，北京：中华书局，1959 年，第 3177 页。

给人造成汗血的感觉，实际上是一种视觉误差①。无论如何，汗血马并不是马的一个品种，而只是根据"汗血"特征对大宛良马的一种称呼。杜甫有诗赞大宛马："胡马大宛名，锋棱瘦骨成。竹批双耳峻，风入四蹄轻。所向无空阔，真堪托死生。骁腾有如此，万里可横行。"从这首诗中，我们除了可领略到大宛马快意驰骋、凌厉奔腾的风采，还可以了解到大宛马的一些体貌特征，例如，体型瘦削，骨相外露，两耳尖耸、状如斜劈的竹片，等等。

如今，在中亚一带仍生存着汗血马，它的学名为"Akhal-Teke Horse"，译作"阿哈尔捷金马""阿克哈塔克马""铁克马"等，主产地为土库曼斯坦。近年来，土库曼斯坦先后三次向中国国家领导人赠送汗血马。根据相关资料，铁克马有如下特征：躯体精悍而瘦削，肌肉和筋腱发达面凸起；头部线条清晰，比例十分和谐，侧影垂直，额头宽而略有突起，眼睛大而灵活；耳朵通常比阿拉伯马的更长。颈部高高抬起，健壮有力，背部垂直而健壮，臀部长，经常略显瘦削，尾巴贴身。四肢精悍而比例和谐，相比之下比阿拉伯马的更长；脚趾有时太长。脚上有短丛毛，蹄子小而坚硬。与纯血阿拉伯马相比整体略显粗野，美感次之；但是，它通常躯体更大。铁克马以鬃毛非常短和体大为特征，通常体高在 1.60 米以上②。

有观点认为，铜奔马的原型是来自大宛国的天马或汗血马。通过比较，我们不难发现，两者的体貌特征并不吻合。铜奔马体型近似于岔口驿马。"岔口驿马头正直，中等大，额广，眼大而亮，颈形良，长中等；鬐甲长，高中等，背长，宽中等，腰宽而有力，前胸宽，胸廓深而有适度的广和长，尾广，稍斜，腹部充实；四肢等长，肢势端正，后肢微外向。"③岔口驿马体高、身长与大宛马相比均相差较大，但肌肉更厚实、身躯更粗壮，也可以说，"集速度和力量于一身"。在所有铜马之中，只有那匹堪称"高头大马"的主骑与汗血马的体貌特征是吻合的。

甘肃农业大学崔堉溪教授认为，铜奔马之形体兼有西域马和蒙古马种特征，乃汉武帝以来引进西域马杂交改良之结果④。这种改良马有以下两个较为明显的特点：

一是輓乘兼用、军民两用。"一个是进行拉车，进行农耕活动，一个就是拉战车，还有武士骑乘，进行行军打仗。"崔泰保教授介绍，铜奔马原型，就是根据輓乘两方面的需要，把两种在体型上完全不相同的马结合在一起面培育出来的典型的中国马，它代表着中国古代育马的最高成就⑤。

二是善于走对侧步。岔口驿马有走对侧步的遗传稳定性。马驹生下来，自然会走这种步

①　侯丕勋：《汗血宝马研究：西极与中土》，兰州：甘肃文化出版社，2016 年，第 73—79 页。

②　［俄］雷奥尼德·德·西蒙诺夫、让·德·莫尔戴著，张放译：《世界良马》，北京：商务印书馆，2017 年，第 64 页。

③　李国智、崔堉溪、杨再、门正明：《甘肃青海相连祁连山东段地方品种马的种质生态种源的研究：下》，《家畜生态》1990 年第 3 期。

④　同上。

⑤　CCTV—9. 地下仪仗队［EB/OL］.（2012-08-20）［2020-10-28］.

伐，当地百姓称之为"胎里走"。"武威东汉墓出土著名的'踏飞鹰铜奔马'以及唐'昭陵六骏'之一'特勒骠'模型都表现出这种步伐，说明该性状的马古代已有遗传至今。"[①]"它骑上以后，人不是上下颠簸的，人是左右摇摆。左右摇摆的情况下，牧民有一句话说，'骑马走路如睡觉'，有些人说'骑马走路如上轿'，是非常舒服的。边关将士骑着走对侧步的马的时候，他甚至可以在马上自然而然地睡着了。他就可以休息。所以这种马非常适合当时骑乘的需要。"[②]

六、铜奔马制造工艺蠡测

《武威雷台汉墓》介绍："俑、车、马均用范模铸型；先分铸不同部位，然后焊接或铆连。如武士为身、腿、手分铸，'牵马奴'为身、臂、手分铸，'张氏奴'为身、臂分铸。轺车的车舆铸成一体。大车的舆骑、舆軨、舆底，系分铸铆接。辕、轴、轮、辐、毂分铸，采用焊接或铆连。马的头颈、躯体、四肢分铸，然后焊接而成。马耳、马尾和雄胜，分别另铸，然后在马身上打孔插入。部分马体内尚存沙内范。车轭、马鞍，皆铸成。车马鞁具，如辔、勒、衔、镳等，以及环、勾等附件，均用铜丝或熟铜片裁割造形，然后附着于车马上。"[③]从这一介绍可知，铜奔马与其他马匹的制造工艺是一样的，采用范模铸造法。范模铸造法，简称"范铸法"，因为范的材料主要是陶土，所以也称"陶范法"。由于外范往往分为若干块，所以陶范法的主体又是"块范法"。

根据《中国青铜器》[④]《雄奇宝器——古代青铜铸造术》[⑤]等文献介绍的工艺流程，推测铜奔马制造过程如下：

第一步：分铸。由制模、制范、合范、浇铸等多道工序组成。现以马头铸造为例略作分解。

（1）制模。以陶泥（含沙，植物纤维及其他材料）做成马头的模型，阴干及烘干。

（2）制外范。在模型上敷以陶泥，压实，这样马头的形状及细部特征就会反印在陶泥上。待陶泥半干，将其分为两块，取下，阴干及烘干备用（必要时可补刻花纹）。

（3）制内范。内范是比马头模型小一号的泥芯，可将泥模削去一层而得，同样需要阴干及烘干。内范与外范之间的空隙即为马头铸件的壁厚。

（4）固定内外范。在内外范之间设置支钉或垫片，把两者固定为一个整体。另外，通过

---

① 李国智、崔堉溪、杨再、门正明：《甘肃青海相连祁连山东段地方品种马的种质种态种源的研究：下》，《家畜生态》1990年第3期。

② CCTV—9.地下仪仗队［EB/OL］．（2012-08-20）［2020—10—28］．

③ 甘肃省博物馆：《武威雷台汉墓》，《考古学报》1974年第2期。

④ 马承源：《中国青铜器（修订本）》，上海：上海古籍出版社，2003年。

⑤ 吴来明、周亚、廉海萍、丁忠明：《雄奇宝器——古代青铜铸造术》，北京：文物出版社，2008年。

捆绑、围泥等方法加固外范。

（5）浇铸。将熔炼好的铜液浇入内外范之间的空隙。

（6）去范。待铜液冷却后，去除内外范以及固定内外范的多余支撑物，得到马头铸件。

第二步：连接。将铸造、锻打好的其他部件，躯干、四肢、马耳，马尾、雄胜、底座等，通过焊接、铆接或打孔插入的方式连在一起。

第三步：后期加工。包括打磨、整形、抛光、彩绘等。从残痕来看，包括铜奔马在内的所有铜马"身上都用朱、白黑色加以涂绘，如口腔、鼻孔涂朱，牙涂白，眼内周角涂朱，眼珠涂白，黑墨点睛，并用墨线勾勒唇、须、鼻、目、眉、鬣等处，然后视部位施彩以增强神态之生动效果；在马腹鞍边亦残存有朱、白彩绘痕，似为画鞯的残迹"[①]。鸟尾上的未透之孔，臀部的两块印记，怀疑是固定内外范的垫片之类留下的痕迹。

虽然同为陶范法制造，但铜奔马（以及主骑和其他从骑）相对其他铜车马俑而言制作工艺更精良，这也是毫无疑问的。正因为铜奔马特别精致，所以也有观点认为，它为"失蜡法"铸造。此观点不足信。若为失蜡法铸造，应该为浑铸，一次成型，不应存在焊接痕迹。我们以肉眼即可以观测到铜奔马脖子、躯干、四肢间的连接痕迹，可知它并非采用失蜡铸造工艺，而是采用陶范铸造工艺，但却达到了这种工艺的顶级水平。它器形简洁，各部分比例恰当，平衡稳定面充满张力。器壁厚薄均匀，外表光滑面富有质感，接缝处过渡自然。身体丰满圆实，神态生动传神，细部特征准确清晰，可谓"形神兼备，气韵生动，形妙而有壮气"（常书鸿语）。

七、铜奔马的制造者或监制者

在雷台 1 号墓出土的铜器之中，有铜壶四式九件。其中三件，直口、圆腹、假圈足，腹部有三组瓦纹和对称的兽面衔环铺首两个，造型相类，列为一式。三件之中又唯有一件，腹上部刻篆书"臣李锺"三字，不仅使它区别于其他铜壶，也使它区别于其他所有铜器。这是唯一一件以"臣某某"留名的铜器。如果是朝臣、家臣赠赠之器，为何仅此一件留名？此物原本平常，为何不为"奴"所献，面以"臣"名刻之？

这三字的字体与其他铭文全然不同，为篆书。东汉时期，篆书基本被隶书所取代。雷台 1 号墓年代更晚，大部分铭文已呈现出由隶书向楷书过渡的特点。这些文字写得比较随意，"张家奴字益宗"更是如此，堪称潦草。它们与"臣李锺"的工整与严谨形成了鲜明对比。字体的差异性也可以说明，铜车马并非出自一人之手，而是由百工完成。"臣李锺"绝非普通工匠，而应是百工之长（工师大匠）或这批铜器的监造者。作为落款，篆书含有正式、恭敬之意。"臣"有可能是张骏的"朝臣"，专司营造之务。

---

① 甘博文：《甘肃武威雷台东汉墓清理简报》，《文物》1972 年第 2 期，第 16—24 页。

在祭器、冥器上镌刻监造官员、主造官员、工匠姓名的做法，并非个案，可以看作秦汉以来"物勒工名"制度的延续。《吕氏春秋·孟冬纪》："物勒工名，以考其诚。工有不当，必行其罪，以穷其情。"秦朝对制作兵马俑的工匠实行"物勒工名"制度，要求工匠在自己制作的陶俑身上刻名。这本是统治者稽查陶工制作陶俑数量和质量的手段，结果却让一大批艺术匠师青史流芳。前凉晚期宫中所用之物金错泥筩底部即刻有"灵华紫阁服乘金错泥筩升平十三年十月凉中作部造平章墼帅臣范晃督臣綦毋务舍人臣史融错匠邢苟铸匠王虏"47字长文，不仅有平章墼帅、督、舍人之名，甚至有错匠、铸匠之名，可见"物勒工名"制度仍在延续。

由于李锺是所有器物刻名中唯一有可能与铜器制作有关的人物，且镌刻此名的器物与同类相比更为精致，由此联想到此物可能为李锺所造，又由此联想到那些做工最为精细的铜器——包括主骑和铜奔马等其他从骑——也可能为李锺所造，恐怕不能算是毫无道理的臆测吧。即便不是亲手制作，至少也是监制吧。无论铜奔马的制造者和监制者是谁，他（们）都一定是有着丰富生活阅历和实践经验，以及敏锐观察力、丰富想象力和强大创造力的浪漫现实主义艺术家。

原文刊于《哈尔滨工业大学学报（社会科学版）》2021年第6期

姑臧故城地理位置初探

梁新民　武威地区博物馆

史籍记载，今武威城最早为匈奴族所筑的盖臧城，后人音讹为姑臧[①]。姑臧故城在什么地方呢？《甘肃建置志》说"姑臧旧城远不可考"。《读史方舆纪要》"姑臧废县"条下说"（凉州卫城）东北二里，又有姑臧旧城遗址"。乾隆《五凉全志·武威县志》说："姑臧，（武威）县东北二里"。《嘉庆重修一统志》引《明统志》说"姑臧废县在（凉州）卫东北二里，唐凉州治遗址尚存"。由于这些记载，姑臧故城遗址的地理位置一直是一个未解之"谜"。多年来，考古工作者曾留心县城东北二里处究竟有无故城遗址，然而迄今没有发现有什么迹象。

笔者接触了一些史料，形成了这样一个概念：姑臧故城遗址就在今武威城内。推测的依据主要有以下几点：

一、两汉武威郡治姑臧、东汉武威郡官署遗址就在今武威城内的行政公署院内

据陈梦家先生《汉简缀述·河西四郡的设置年代》一文考证，武威郡置于地节三年至元唐四年间（公元前67—前62年）。又据《水经注疏·都野泽》及谭其骧先生主编的《中国历史地图集》1975年版记载，武威置郡后，郡治武威县，在今民勤县东北。谭先生的《中国历史地图集》1982年版，又把西汉武威郡治标在了姑臧县（今武威市）。《汉书·地理志》将姑臧列为武威郡首县，按常规，首县即为郡治。据此推断，西汉武威郡治，很可能初在武威县，后移姑臧县。

据《后汉书·郡国志》和《中国历史地图集》，后汉武威郡治姑臧县。对此，清代旻学家张澍有一条重要考证。张澍于嘉庆十五年（1810）夏天回武威闲居时，写过许多《闲居杂咏》，其第五首云"南宫旧井最甘香，安国寺前今冽凉。可惜澄华碑已失，未探修绠一秤量。"作者自注"前凉张骏南宫内，井水清冽，异于他井。今安国寺井水，视他井较重，且在城南隅，疑南宫旧井也。又，道署内有井，康熙初，井中掘出石碣，镌'澄华井'三字，系张芝隶书，并有铭。某观察迁任，载之去。"[②]关于"澄华井"石碣，张澍本人没有见过，这些情况是他间接听到的。真正亲眼看了这块石碣的是张澍的同里好友张美如（？——1834）。他看后曾作《澄

---

①　张澍：《二酉堂丛书·西河旧亨》，甘肃：甘肃人民出版社，1992年。
②　张澍：《养素堂诗集》卷十。

华堂观张芝古井碣阴残字》七律四首。其第一首云"斯邈鸿文播艺林，伯英健笔自森森。奇峰怪石云离合，春蚓秋蛇草浅深。妙道欲仙思汉武，精能入圣忆王愔。二千年后搜遗迹，碑卧枯槐数尺阴。"①张美如是清代著名书画家，他看了张芝书"澄华井"石碣，从书法艺术的角度考察，感受自然异常丰富、深刻和亲切。

张芝是张奂的长子。张奂约在东汉延熹五、六年任武威太守，政绩显著，"百姓生为立祠"。建安（196——220）中，张奂的次子张猛亦任过武威太守。猛死于建安十一年（206）七月武威太守任上。张芝（？—约192）字伯英，少持高操，以名臣子勤学著名。与其弟昶并善草书，时人称他为"草圣"②。张芝书写"澄华井"石碣，当时其父任武威太守期间。

张澍说"澄华井"石碣被其道员盗去，这是一场误会。澄华井遗址，在今武威地区行政公署办公大楼南侧小花园内机井旁边。1962年初，笔者和一些同志，曾在此机井旁看见过这块石碣，"澄华井"三字犹依稀可辨。时隔二十多年，石质严重风化，字迹全无，现由武威地区博物馆收藏。张美如诗中提到的"枯槐"，传说为"宋槐"，现藏武威市博物馆内。张澍的考证说明了一个重要问题：东汉武威郡机关驻地，即在今武威城内东大街靠近大什字北侧的武威地区行政公署院内。也就是说，东汉姑臧县城即今武威市城。直到清代张美如看"澄华井"残碑时，道署内还有沿用了将近一千七百年的"澄华堂"这样的建筑物名称。

二、前凉张氏"大城姑臧"，一些重要遗址在今武威城内

据冯绳武先生《甘肃的历史文化遗迹》（载《西北史地》1982年第3期）一文考证，黄初元年（220年），魏文帝置凉州，州治姑臧。这是世称武威为凉州的开始，这时，姑臧城曾进修过较大的修建。（见王国维《水经注校》卷四十"都野泽"条引王隐《晋书》）但王隐《晋书》的资料并不能说明姑臧城的位置所在，说明姑臧城地理位置的资料，主要是前凉张氏"大城姑臧"。《晋书·张轨传》说，张轨于西晋永宁元（301年）出任护羌校尉、凉州刺史。当时凉州治姑臧（今甘肃武威市）。永兴二年（305年）六月③，鲜卑族若罗拔能寇凉州，轨遣司马宋配反击，斩拔能，俘十余万口，威名大震。晋惠帝给他加封安西将军，封安乐乡侯，邑千户。接着，有一段关于张轨修姑臧城的记载：

于是大城姑臧。其城本匈奴所筑也，南北七里，东西三里，地有龙形，故名卧龙城。初，汉末博士敦煌侯瑾谓其门人曰"后城西泉水当竭，有双阙起其上，与东门相望，中有霸者出焉。"至魏嘉平中，郡官果起学馆，筑双阙于泉上，与东门正相望矣。至是，张氏遂霸河西。

所谓张轨"大城姑臧"，就是把匈奴族所筑的古老的姑臧城，在汉、魏不断整修的基础上，又进行了规模较大的整修。张轨整修之后，他的子孙又进行过更大规模的整修。

---

① 李鼎文：《谈东汉张奂张芝父子》，《甘肃文史丛稿》，甘肃：甘肃人民出版社，1986年。
② 范晔：《后汉书·张奂传》，北京：中华书局。
③ 司马光：《通鉴》卷八十六"永兴二年"。

《晋书·张茂传》说，东晋太兴三年（320），前凉王张寔遇害，州人推其弟张茂为使持节、平西将军、凉州牧。一年以后，张茂筑灵钧台，周轮八十余堵，基高九仞。武陵人阎曾夜叩门对张茂说："武公（"武公"系张轨的谥号——引者）遣我来，曰：'何故劳百姓而筑台乎？'"姑臧令辛岩以曾妖妄，请求杀之。张茂说"吾信劳人。曾称先君之令，何谓妖乎！"太府主簿马鲂也建议不必急于办这些奢侈的事。张茂采纳了这些意见，立即停工。但是，过了不久，"茂复大城姑臧，修灵钧台"。

张茂"复大城姑臧"的具体情况，史无记载。其所筑灵钧台，遗迹尚存。今存武威海藏寺明代建筑"无量殿"就建在灵钧台上。此事前人多所考证，虽与说明姑臧故城地理位置无关，但有必要顺便交代一下。清代武威著名学者李云章（铭汉）先生游海藏寺等名胜古迹后，写过题为《立夏日偕友人郊游》的七律二首，其第二首的前四句是："灵钧台畔草萋萋，欲话前朝夕照低。箫吹紫玉人何处，帘挂真珠苑已迷。"这是采用前凉张氏的典故。《太平御览》："（后凉）吕纂咸宁二年，胡安琚等发张骏墓，得真珠廉箔，云母屏风，琉璃槅，白玉樽，受三升，赤玉箫，紫玉笛，珊瑚鞭，玛瑙锺，黄金勒。"清乾隆《五凉全志·武威县志》载沈翔《凉州怀古十首》，其八自注："海藏寺即灵钧台，凉王张茂筑。"清光绪三十四年（1908），安肃兵备使者摄甘凉道事廷栋（满族）在台上立石碣，题"晋筑灵钧台"，至今犹存。

《晋书·张骏传》说，太守三年（325）[①]，张茂卒。适逢晋愍帝使者史淑流落在姑臧，他以晋室名义拜张骏为使持节、大都督、大将军、凉州牧、领护羌校尉、西平公。张骏"赦其境内，置左右前后四率官，缮南宫"。据张澍考证，张骏修缮的"南宫"，其遗址即清代的安国寺。《嘉庆重修一统志》："安国寺，在武威县东南隅。"乾隆《五凉全志·武威县志》："安国寺，东南隅。"安国寺遗址即今武威城内东大街东端南侧市供销社所在地。

张轨是前凉的奠基人，张寔、张茂是前凉立国和创业的阶段，到了张骏执政，才是前凉的鼎盛时期。《晋书·张骏传》说：

时骏尽有陇西之地，士马强盛，虽称臣于晋，而不行中兴正朔。舞六佾，建豹尾，所置官僚府寺拟于王者，而微异其名。又分州西界三郡置沙州，东界六郡置河州。二府官僚莫不称臣。又于姑臧城南筑城，起谦光殿，画以五色，饰以金玉，穷尽珍巧。殿之四面各起一殿，东曰宜阳青殿，以春三月居之，章服器物皆依方色；南曰朱阳赤殿，夏三月居之；西曰政刑白殿，秋三月居之；北曰玄武黑殿，冬三月居之。其傍皆有直省内官寺署，一同方色。及末年，任所游处，不复依四时而居。

前凉"大城姑臧"，为其后一千多年对这座城市的利用奠定了基础。其众多的建筑物，大部分遗址至今已无所考，一部分遗址根据史乘记载可以找到它的位置。除前面说到的"南宫"以外，今武威城内东北隅和平街小学一带，也是前凉的宫殿区，相对地说，这可能就是"北

---

① 司马光：《通鉴》为"太宁二年（324）"。

宫"遗址。这南、北两处宫殿遗址的位置，今天看来仍很对称。

何以证明今和平街小学一带是前凉"北宫"遗址呢？请看以下资料：明代翻刻的唐景云二年（711）《凉州卫大云寺古刹功德碑》（原碑现藏武威市博物馆，《陇右金石录》等书有著录）说："大云寺者，晋凉州牧张天锡昇平之年所置也，本名宏藏寺，后改为大云。"[①] 凉州大云寺延续了一千二百多年，直至新中国成立以后，才在寺址建立了和平街小学。寺内悬挂大云晓钟的古钟楼，至今还屹立在和平街小学围墙外的东南角。这一条资料说明大云寺的前身是前凉最末一个国王张天锡修建的宏藏寺。然而宏藏寺并不是建筑在一块原来的空地上，而是前凉政权"舍宫建寺"，就是毁掉了他的宫殿才修建了寺院。下面的资料正可以说明这个问题。

西夏《重修护国寺感应塔碑》（简称《西夏碑》，原碑现藏武威市博物馆，《陇右金石录》有著录）说，昔阿育王"起八万四千宝塔，奉安舍利"。"今武威郡塔即其数也。自周至晋，千有余载，中间兴废，经典莫纪。张轨称制凉（缺十七字）"。张轨治宫室后，"宫中数多灵瑞，天锡异其事。时有人谓天锡曰：'自昔阿育王奉佛舍利，起塔遍世界中。今之宫乃塔之故基之一也。'天锡遂捨其宫，为就筑地建塔"。关于"阿育王起塔遍世界"说，我们尽可以不必相信：而前凉张氏"舍宫建寺"，可能还是事出有因。此碑原藏武威县城东北隅清应寺中，碑亭四面封闭，'耆老亦不知为何碑，但言不可启，启则必有风雹之灾"。张澍于清嘉庆九年（1804）偶与友人游至清应寺，想打开碑亭看看，和尚坚决不肯。张澍给和尚说了许多好话，并且保证"若有祸祟，我辈当之，与住持无预"。这才是封闭已久的《西夏碑》重见天日，为后人所利用。

西夏护国寺感应塔在今何处，目前尚无确凿资料以考证。《西夏碑》在清代置于清应寺内，西夏护国寺可能和清应寺有关，例如或者它是清应寺的前身，或者它在清应寺附近。而清应寺和大云寺紧紧相连，大云寺在东，清应寺在西。据记载，这两座寺院的所在地，原来都是前凉张氏的宫殿区。《嘉庆重修一统志》："大云寺，在武威县东北，有塔。又，西有清应寺。"乾隆《五凉全志·武威县志》："大云寺，东北隅，有塔，晋张天锡建。""清应寺，大云寺西，有塔，名姑洗。考《藏经·宏明记》（即《广弘明集》——引者）：周敬王时阿育王所建之一。"康熙十一年孙思克所撰的《重修清应寺塔记》说："清应寺本名北斗宫。北斗宫之有姑洗塔，盖始于晋张重华舍宫内地，建寺立塔。今此塔与大云寺塔并峙，镇塞水口，而摩穹碍日，光耀非常，盖凉州一胜概也。"关于清应寺的创建年代，明万历十六年（1588）袁宏德撰《敕赐清应禅寺碑记》有一段记载："凉州为西域襟衽之地，而番僧杂出乎其间。其城之东北隅，旧有北斗宫遗址，相传始于至正时兵火残爇。永乐间，敕为清应禅寺。"

---

① 《陇右金石录》说："《新唐书·武后纪》'天授元年七月，颁《大云经》于天下。'《长安志》：'怀远坊东南隅大云经寺，式太后初，此寺沙门宣政进《大云经》，经中有女主之符，因改为大云经寺。遂令天下每州里一大云经寺。'凉州之有大云，始于此也。"

三、后凉时期姑臧城内的罗什寺及罗什寺塔在今武威城内

西域高僧鸠摩罗什于东晋太元十年（385）九月到姑臧。其在姑臧住了十六年整。今武威城内大北街北端西侧有罗什寺塔。相传罗什寺为罗什在姑臧停留期间居住过的地方。关于罗什寺的始建年代，康熙二十八年（1689），《罗什寺碑》说"凉地建塔，始自于秦符坚僭号关中，于建元十八年九月，遣骁将吕光率师七万伐龟兹国，而敦请罗什入我中国。比及旋师回凉，而符坚已为姚苌灭，光遂窃号河西，改元大安，建都凉城。而兹寺即为罗什初入内地卓锡之所（僧人在某地居留称"卓锡"——引者）。"《嘉庆重修一统志》："罗什寺，在府城内北街，有碑记。相传为罗什祖师初入内地卓锡之所。有塔，秦符坚建元十八年建"后凉吕氏建都姑臧。后凉时期，鸠摩罗什住在姑臧城内的罗什寺内。迄今罗什寺塔的存在，可证明姑臧故城遗址即在今武威城内。

四、关于李轨筑城

今武威城传说系隋末李轨所筑，明代屡经重修和加固，一直延续到建国以后。这话确有道理。唐武德元年（618）十一月，李轨自称河西大凉王，在姑臧即皇帝位，改元安乐。武德二年（619），轨被缚至长安，斩首弃市。李轨筑姑臧城，是在他割据期间①。

李轨筑城的历史背景是，隋末天下大乱，群雄割据。薛举在金城起事后，李轨便自称河西大凉王后，薛举派兵入侵，幸亏李轨有备，遣将拒战于昌松（今古浪县地），"斩首二千级，悉虏其众"②。正是主要为了军事防御的需要，李轨才有筑城之举。前凉以前的姑臧城，南北七里，东西三里，是一座长方形的城池。前凉张氏"又增筑四城箱各千步"，变成了一座很不规则的城池。李轨筑城，就是沿着这座不规则的城市的外围，筑起了高高的城垣，把姑臧旧城和张氏增筑的四城箱都包在了里头。《通监》卷219有一条史料，完全证实了这一推测。史料说，唐肃宗至德二载（757）春正月，"河西兵马使盖庭伦与武威九姓商胡安门物等杀节度使周泌，聚众六万。武威大城之中，小城有七，胡据其五，二城坚守。支度判官崔称与中使刘日新以二城兵攻之，旬有七日，平之。"胡三省注："武威郡，凉州，治姑臧，旧城匈奴所筑，南北七里，东西三里。张氏据河西，又增筑四城箱各千步，并旧城为五。余二城未知谁所筑也。"《元和郡县志》说，更形象生动；凉州城"城不方，有头尾两翅，名为鸟城。"因姑臧旧城本为长方形得张氏又增筑四城箱各千步，确是一只鸟形轮廓。《宋史·外国列传》的记载说明，李轨筑城三百八十二年之后也就是说，历经唐朝和五代之后，姑臧城仍保持原貌。文说："咸平元年（998）十一月，河西军左厢副使、归德将军折逋游龙钵来朝。游龙钵四世受朝命为酋，虽贡方物，未尝自行，今始至，献马二千余匹。河西军即古凉州，东至故原

① 司马光：《通鉴》卷114、116。
② 宋祁、欧阳修等：《新唐书·李轨传》，北京：中华书局。

州千五百里，南至雪山、吐谷浑、兰州三百五十里，西至甘州同城界六百里，北至部落三百里。周回平川二千里。旧领姑臧、神鸟、番禾、昌松、嘉麟五县，户二万五千六百九十三，口十二万八千一百九十三。今有汉民三百户。城周回（"回"疑为"四"字误——引者）十五里，如凤形，相传李轨旧治也。皆龙钵自述云。"《续通监》亦有类似的记载，如至道二年七月，北宋朝廷"以丁惟清知西凉府。凉州周回二千里，东界原州南界雪山、吐谷浑、兰州，西界甘州，北界吐蕃，领姑臧、神鸟、番禾、昌松、嘉麟五县，户二万五千有奇，城周四十五里，李轨所筑，久不内属，至是请帅，从之。"《读史方舆纪要》说"至道二年，丁惟清知西凉府，言凉州周回二十（据《宋史·外国入》和《续通监》，"十"为"千"字误）里，东界源州，南界雪山、吐谷浑、兰州，西界甘州，北界吐蕃。城周四十五里。又有融明观，亦前凉所建，在广夏门内是也。"这条资料中，关于"融明观"的记载极为重要，它说明，到了至道二年（996），不仅李轨所筑的姑臧城原貌尚在，而且六百多年以前的张氏遗物犹存。

根据上述记载，我们试将李轨所筑的姑臧城复原成如下平面示意图：

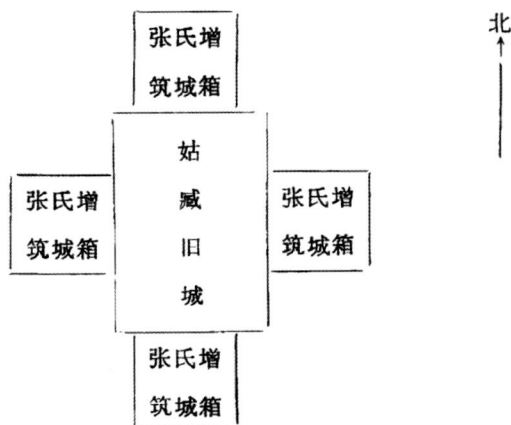

《甘肃建置志》"武威县"条说："今城为隋末李轨所筑，周十五里，高四丈八尺。明洪武十年，都指挥濮英增高三尺，周减三里许，为十一里一百八十步，厚六尺。"万历二年（1574），以砖砌大城"。"清乾隆三年（1738），凉庄道阿炳安补修。民国十六年地大震，城楼尽倾，谍垣多坍，尚未补修。"从今城轮廓可以看出，洪武十年将原来李轨所筑的所谓"鸟"城，改造成了一座东西略长的长方形城池。

原文刊于《敦煌学辑刊》1987 年第 1 期

武威雷台墓年代新探

杨　福　武威市博物馆

位于甘肃省武威市金羊镇新鲜乡新鲜村的雷台，因在高 8.5 米的筑土台上曾建有以雷祖殿和三星殿为主的建筑而得名。雷台始建年代不详，据清乾隆三年立《雷台观碑》记载，雷祖殿为大明天顺年间（1457—1464 年）因"冰雹伤禾、敕建重修"。顺治七年（1650 年）刘友元任甘肃副总兵后再进行了维修，恢复原貌。到康熙初年进一步扩建，增修了廊房、斗阁。1927 年，由于大地震殿宇被毁，1933 年，进行了重建。1982—1986 年，武威市有关部门对雷台建筑进行了大规模的加固维修，1987 年，武威市人民政府将雷台公布为市级文物保护单位，1993 年 6 月，公布为省级文物保护单位，2001 年 5 月，被国务院公布为全国重点文物保护单位，现为武威重要的旅游景点之一。

1969 年 10 月，在雷台下发现了一座当时被定为东汉晚期的砖室墓，出土了以铜奔马、铜车马仪仗俑为主的一批珍贵文物，引起了国内外考古研究者和有识之士的关注。学者们对雷台墓相关的问题做了大量的探讨、研究。但由于雷台墓曾遭数次盗掘，许多文物已经流失，有的文物遭到严重破坏，给研究工作造成一定的困难，尤其是在对墓主人的探讨方面。

数十年来，许多专家、学者对雷台墓主人的身份及相关的问题进行了深入的研究，但迄今无定论。探讨研究雷台墓主人的身份等有关问题，是形势发展的迫切需要，而研究墓主人的身份，最关键的首先是确定墓葬的年代。甘肃省博物馆编写的发掘报告《武威雷台汉墓》，根据出土的铜马俑身上刻有"守左骑千人张掖长"、"守张掖长张君"等铭文，结合史书记载，认为"左骑千人"官的设置不见于东汉以前，也不见于东汉以后，因而将雷台墓确定为东汉时期墓。根据出土的七枚"四出"纹五铢钱，认为墓葬属东汉晚期，其上限不会超过"又铸四出文钱"的东汉中平三年（186 年），进而断定属东汉灵帝中平三年至献帝期间（186-219 年）的墓葬。由于这一断定，使对墓主人的研究也受到了局限，鉴于墓中出现"守张掖长张君、守张掖长张君张夫人"等铭文，明确指出墓主人姓张，为此，研究者提出墓主人可能是曾在东汉晚期任过武威太守的张奂甚至还有人认为是东汉初年的张江。但这些说法都很牵强附会，证据不足。现在有人对雷台墓"东汉晚期"说提出了不同看法，本文就此阐述一些个人认识，以期引起专家、学者的进一步研究、探讨。

根据近十年来对武威韩佐乡五坝山墓群、柏树乡旱滩坡墓群、金塔乡藏家庄墓群、金羊乡赵家磨墓群、新华乡磨咀子墓群、武威师范学校墓葬的清理发掘及对清源镇十三里铺墓群、东河乡王景寨墓群、清水乡狼洞子滩墓群的调查，结合古浪县土门镇青石湾子、泗水乡铁门墓群、永昌县乱墩子汉墓群、嘉峪关魏晋壁画墓、酒泉丁家闸墓的发掘资料研究，雷台墓的时代应是魏晋时期，而不是东汉晚期。通过与全国较大型的墓葬清理发掘资料的对比研究可以表明，在河西地区，汉代和魏晋时期墓葬的时代特征有许多不同之处。首先东汉时期的墓葬有土洞墓和砖室墓，较大型的墓都是砖室墓，小型的为斜坡墓道的土洞墓。墓葬比较集中，形成墓葬区，如武威市新华乡的磨咀子、柏树乡的旱滩坡、清源镇的十三里铺、清水乡狼洞子滩、东河乡王景寨、永昌县乱墩子滩、古浪县土门镇青石湾子等墓葬群，这些墓群少者数十座，多者一千多座，分布范围广而密集。魏晋时期没有了土洞墓。墓葬都是砖室，有单室墓、前后室墓和多室墓。墓葬基本上以家族葬为主，形成了一个家族为一墓葬区，比较分散的特点。如经过清理发掘的武威师范学校、武威针织厂、金塔乡藏家庄、金羊乡赵家磨等魏晋墓葬，或四、五座集中于一区，或一、二座为一区。其次，汉代墓都是用单色砖砌壁建墓室，建筑形式有前堂横列双后室墓、前后室墓和单室墓，前后室墓为前室穹窿顶，后室长方形券顶，前室一侧有砖砌的二层台，前室封顶用四块竖砖，没有出现绘有莲花图案的藻井砖封顶。墓门用三、五、七层砖券，没有门阙式的照墙，墓门较小，高约1.2米左右，没有甬道，进墓门即为前室。到魏晋时期，砖室墓有前、后室墓，前、中、后室墓和多室墓，极少有双后室墓，前、后室墓为前室方形覆斗式、后室长方形券顶，前室封顶出现彩绘有莲花图案的方形藻井砖。汉代常见的二层台变成了四面有二层台的院池，多室墓都有甬道。墓室起壁都用灰、黑二种颜色的砖砌成水波纹、"工"字纹、菱形纹、"丫"字纹等图案。武威师范学校清理的一座魏晋墓，前室的四壁分别用灰、黑二种颜色的砖砌成青龙、白虎、朱雀、玄武四神图案。这时期在砖券的墓门上方出现砖砌的门阙式照墙，墓门较高，一般为1.4米左右。一些较大型的墓内绘有以出行、宴乐、牛耕等为内容的壁画，嘉峪关魏晋壁画墓就是这一时期河西墓葬的代表。再者，就随葬品相对比，汉代和魏晋时期的各自特征都很明显。汉代墓随葬的陶器多为绿釉陶、黄釉陶和黄褐釉陶，器物有锺、马蹄形灶、仓、灯、井、瓶、豆、案、博山炉、奁、盉等，灰陶器较少，基本上只有罐一种。陶器制作较精细，小件器物都施釉，常见而具有特征的有锺、灶、博山炉、盉、仓。锺，通体施釉、盘口、高颈、球形腹、腹部两兽头铺首、十六棱高圈足、器体较大；灶为马蹄形、施全釉、灶面上开两锅口、四周堆塑有鱼、叉、案、面团、耳杯、肉架等图案；博山炉为盘座、高足、半圆形腹、博山式盖、盖上有出烟孔、通体施釉；盉器小而精致、有盖、有流、有鋬；仓，通体施釉、屋脊式盖、梯形体，仓门有长方形和三角形。随葬的货币均为五铢钱，类型较一致，没有剪边、磨廓五铢、布泉、货泉等。到魏晋时期，随葬陶器大多为灰陶，釉陶减少，灰陶器有罐、仓、灶、井、豆、耳杯、案、灯等，釉陶只有锺、瓶等。到晋朝晚期，釉陶绝迹，陶器全部为灰陶。汉代墓葬中常见的博山炉到这时期极少发现，锺由汉代的釉陶变成了灰陶，由十六棱形圈足变成了喇叭形足，且型制较小；灶，除马蹄形，新出现圆形灶，灶面只有一个锅口，无鱼、案、叉、耳杯等堆塑。这时期新出现的随葬品有鼓腹平底碗、钵、陶楼院及牛、马、羊、鸡等灰陶动物俑，器物制作粗糙。随葬货币类型较多，有不同类型的五铢、剪边五铢、磨廓五铢、布泉、货泉、大泉五十等。特别值得注意的是，魏晋时期墓葬中开始出现以牛车骑马为中心的仪仗俑群和在墓道中出现天井，这在汉代较大型的墓葬中还没有出现过这种现象。

《武威雷台汉墓》记述，雷台墓室起壁用灰、黑二种颜色砖砌成菱形、折形、条带形的图案，前、中室覆斗顶封顶嵌有以黑线勾边，红、白、黄等色绘成莲花图案的方砖藻井。墓门券砖上砌有高出墓道上口约1米的照墙，券砌门外，有砖构门框，并用条砖纵向平砌，叠涩成楣。照壁面上涂粉墨，黑、白相间，中间绘门、柱、梁、枋和斗拱，两旁绘折形花纹。墓道两壁表面，皆涂白灰，各有朱绘的树状花纹一组。随葬品中灰陶器较多，货币有"半两"、"货泉"和大量的"五铢"钱。五铢钱有东汉五铢，西汉五铢，铤环五铢，四出五铢，另外还出现三枚铁钱。具有明显特征的是，出现了陶楼院和铜车马仪仗俑群。雷台汉墓出土铜人俑45件，铜马俑38件，铜车14件，铜牛1件及铜奔马1件，这在河西地区乃至全国发现的较大型的同时期墓葬中是极其少见的。这不仅显示出当时墓葬典型的时代特征，而且反映了墓主人的特殊身份和地位。这些特征充分说明，雷台墓应属魏晋时期墓葬。尽管有诸多特征说明雷台墓的时代属魏晋时期，但就以上所述还不能定论，要达到共识，还需要做大量的考古研究和发掘工作。值得注意的是继在1969年发现一号墓后，又于1996年发现了二号墓。尽管二号墓出土遗物极少，对进一步研究一号墓不能提供有力的佐证，但提出了一个重要的问题，那就是雷台下面到底有几座墓？这个问题，越来越引起人们的关注。带着这一问题，笔者经过实地测量，认为雷台下面除现已发现的两座墓外，可能至少还有两座墓。雷台南北长106米，东西宽60米，一号墓中轴线距台南边24米，墓内南北总宽10.3米；二号墓中轴线距台北边20米，墓内南北宽4米；这样一号墓中线与二号墓中线相距62米，两墓间距离52米，以平均每一座墓南北宽以10米计算，墓与墓之间5米计算，在52米的距离内应该还有三座墓。再从现已发现的两座墓分析，这是一处家族墓地。再者，据《武威雷台汉墓》报道，雷台墓封土顶距墓底高8.6米，正好与现存台高8.5米相符，这就说明当时修建墓室不是以传统的方式在地面挖出墓坑，再用砖修建墓室，而是直接在地面修建，之后从周围运土堆积成墓葬封土堆，因此，形成了现有的"雷台湖"，这种修建方式，是非常独特的。这种独特的建墓方式一则可以使墓与墓之间缩小距离，使墓葬更集中，另一方面说明墓主人的身份特殊，与众不同，我们认为很可能与前凉政权张轨家族有着密切的联系。

原文刊于《陇右文博·武威专辑》2004年

武威出土的大型青铜鍑

王　奎　武威天梯山石窟管理处

2006年4月27日，武威市凉州区张义镇河湾村三组村民在承包地搭建温棚，用推土机推土时，在距地表深1米左右处发现了青铜器。当地村民随即报告市、区文物管理部门。凉州区文体局主管领导及文物办公室随即前往现场，市文物局派市博物馆专业人员也赶到工地，发现青铜器已被群众挖出。在凉州区公安局张义镇派出所的配合下，当天下午7时将文物安全运回市文物考古研究所库房保存。此后，市博物馆、市考古所及天梯山石窟管理所专业人员再次赴发现文物的现场，调查了解此处是否为一处古代遗址。在调查中，据推土机司机介绍说："在推土时，铜器上面放一块石头。"随后在出土地旁边找到了这一椭圆形的扁平石头，用水洗后，发现刻有"符号"。根据现场情况和调查了解，这里地处黄羊河上游的北岸，青铜器按顺序平整放置，底部距现地表有2米多深，在当时放置时，最底地下铺一层青沙粒石，器物放好填满土后，上面放着刻有"符号"的椭圆形扁平石头。可能这块石头是作为标记放在铜器上面的。

武威出土青铜文物和刻字石头的消息传出后，一些新闻媒体做过报道，引起社会各界的极大关注。5月11日甘肃省文物局组织文物鉴定专家组，到文物出土现场进行了专门考察，随后又对出土文物进行了初步鉴定。经测量，器物整体为圆球形。下面为喇叭形圈足底，底侧开3小孔，肩部有3虎耳，中部有4环扣。通高1.18米，其中底高0.19米，底径0.38米；上端口径0.87米，深0.97米，腹周3.42米；虎耳长0.19米，高0.07米；重约150多公斤。底外部表面有明显的烟熏痕迹。从器物表面看，4环扣以下外面有一圈铸缝，4环扣以上外面，上下有3道铸缝，内壁光滑无缝。因此，整个器物除了3虎耳外，其它为一次铸成。根据文物的器型特征，具有北方及草原文化鄂尔多斯式铜、铁器风格，与甘肃礼县大堡子山春秋时青铜鍑以及山西、陕西北部和内蒙古所出战国釜有相似。又与中亚细亚、西伯利亚等处草原地带出土青铜、铁釜形状十分接近。具有单纯而强烈的北方草原民族特点。耳（鋬手）的虎形乃典型鄂尔多斯样式，腹型、环扣为战国中晚期特有和多见之形式。结合出土地背景，专家组认为这是战国晚期至西汉初放牧于河西和武威一带的匈奴王公贵族使用器物，不排除为乌孙和月氏使用器物的可能。由此推断，该青铜器最晚年代应在西汉武帝（公元前140年）以前，是一件罕见的秦末汉初匈奴铸造的大型青铜镬。镬，釜属，似瓮。在《汉书》卷94下《匈奴传》记载："胡地秋冬甚寒，春夏甚风，多赍鬴镬薪炭，重不可胜。这件铜镬从器形重量和用途上看与史书记载相吻合。"刻字石头"，长0.43米，宽0.3米，厚0.05米。两面均有刀刻痕迹，象似文字，又象记事符号，是否匈奴使用的符号，有待进一步研究。

匈奴是我国古代历史上的一个民族，长时间活动于我国北方地区。公元前3世纪以前，匈奴游牧于阴山、河套地区，公元前3世纪后半期，在社会经济发展的基础上，各部族联合起来，头曼自称单于，在五原一带（今内蒙古包头西北）修建了头曼城。头曼后被秦军击败，北退七百余里。秦筑长城，主要是防御匈奴南下侵扰。秦末，匈奴重占河套地区。公元前201年，头曼的儿子冒顿从月氏逃回，杀父夺权，自立为单于，加强政权建设，使匈奴迅速强大起来。冒顿、老上、军臣三个单于时期（前209—前216年），匈奴把领土扩张到蒙古高原、新疆和河西走廊。河西走廊是中西交通、商贸的要道，宜农宜牧，又靠近羌人，可以联合羌人对汉朝形成威胁。公元前201年，匈奴围汉高祖刘邦于白登山（今山西大同市东北）。汉文帝十四年（前166年）老上单于率兵攻入萧关（今宁夏固原东南）、彭阳（今甘肃镇原），派奇兵到泾川烧了回中宫，直接威胁到汉朝首都长安的安全。汉武帝元朔二年（前127年）武帝派车骑将军卫青、将军李息率4万大军，从云中塞出发，击败匈奴白羊王和楼烦王，收复了河南地，解除了匈奴对首都长安的威胁。嗣后，汉政府与匈奴开展了对河西的争夺。

武威一带是河西的门户，当时为匈奴休屠王所据。这里地势平坦，水草丰美，是发展农牧生产的理想之地。休屠王在距今武威市城北六十里石羊河西岸上，筑了一座休屠城，作为王宫；又在今武威市城所在地修建了"盖臧城"。"盖臧"是匈奴语，也许是翻译的关系，后人误读为"姑臧"。据《河西旧事》记载：姑臧城呈方形，南北长七里，东西宽三里，周长二十里，规模之大。由此可见，当时匈奴经济势力的强大。出土的青铜镬，当为这一时期的遗物。如此巨大的青铜镬在国内发现的匈奴青铜器中所罕见，就是在国内发现的其它青铜器中也不多见，反映出了当时匈奴国力强盛，杜会经济的发达和高超的青铜铸造工艺。

原文刊于《陇右文博》2006年第2期

从考古发现浅析武威汉代墓葬的特点

何金兰　武威市文物考古研究所

武威，古称凉州，位于河西走廊东部，由于其特殊的地理、气候、产业、民俗等的差异，造就了其特殊的墓葬特点。武威汉墓延续时间从西汉末—王莽—东汉中晚期。多以墓群的形式出现。墓葬分布的面积广，在单位面积内墓葬分布稠密。至今发掘数量最多的是磨咀子汉墓群。截止1982年，已发掘的汉墓编号已至72号，加上1989年7月发现的一座土洞壁画墓共73座墓葬。在以后的时间内又不断进行清理发掘，尤其是2003—2005年中日联合对磨咀子墓群进行清理发掘，共清理发掘汉代墓葬约二百多座。本文根据历年来的考古发现，仅对武威汉代墓葬的特点作一浅析。

一、武威汉墓的分类

武威汉墓，根据地理形势和地层结构的不同，可分为土洞墓和砖室墓两大类型。

（一）墓室结构

在祁连山脚下的黄土地带，为粘性、坚实的黄礓土质，土层厚，适宜造土洞墓。土洞墓可分为单室墓和双室墓。在平川，因其地为上土下沙的卵石漏砂，不宜造土洞墓，所以为砖室墓。砖室墓有单室墓、双室墓、多室墓（带耳室）皆由青灰色条砖砌成，墓砖与铺地砖大小相等。没有中原地区常见的空心砖、子母砖和小砖。

中原地区的石室墓、崖墓在武威汉墓中也未曾发现，这与武威特殊的地理环境有关。

土洞墓内不见砖，砖室墓内无洞穴，这也是武威汉墓与中原汉墓的不同之处。像洛阳火烧沟汉墓的那种前室为土洞，后室用小砖砌筑或用小砖铺地的形式在武威汉墓中没有发现。

武威汉墓，无论土洞墓还是砖室墓，墓室多为长方形，有斜坡墓道，没有中原地区常见的竖井或竖井附阶梯墓道。墓室大小、结构完全根据墓主人的身份与社会地位所决定，而且时代越晚墓室越大。墓内装饰，砖室墓有彩绘与素面两种；土洞墓有素面、刷白灰面、彩绘壁画三种。墓顶有拱形顶、人字坡形顶、覆斗顶、券顶、方形顶、平顶、盝顶、攒尖顶等形式。封门有大砾石、土块、砖、木板以及填土。

1989年7月，在磨咀子发现的东汉壁画墓规模较大，为横前室双后室土洞墓。前室分两部分，四壁皆涂成白灰面，壁画绘制在前室后半部分的墓壁与顶部的白灰面上[①]。两后室南北平行。比黄河流域和北方地区的横穴式土洞墓规模要大，构造要复杂。

（二）封门和墓道

封门多为大砾石或者砖。磨咀子 M62 石制方形木门，有门额、地袱、立颊及两扇石门，左扇有门鼻，石门关闭后用黄土填塞，这是武威汉墓中所少见的[②]。

墓道多为斜坡墓道。磨咀子 M1 墓道口为长方形，底呈斜坡梯形。甬道连接在墓道的后端直至墓门，底部微呈斜坡，墓室平面略呈长方形，券顶室内前高后低，形如居住的窑洞，墓门狭小[③]。这种圆券单室土洞墓，狭小的方形木门，在甘肃还不多见。

汉代，统治阶级的墓已普遍筑有坟丘，在坟丘之前往往设祭祀用的祠堂。武威雷台汉墓夯筑一大型土台代替坟丘，却没有祠堂，东汉时盛行在墓前建石阙，并置人物和动物的石雕像；还流行在墓地上立石碑，记述墓主人的死亡日期、家族世系及生平事迹。包括擂台汉墓在内的武威汉墓没有这一切建筑。

二、葬具与葬式

葬具为木棺，很少有木椁墓。木棺皆用松柏木制成，木棺棺底、棺盖及左右两帮都用束腰木榫和公母卯相套，不用铁钉（雷台汉墓除外），棺为长方形前后同宽同高，棺盖两端突出1—2cm，向下削成坡状。棺木都置于墓室后部，棺首向门端。棺多素木本色，少数也刷淡红色，有漆棺。在棺底内部一般铺灰一层（洛阳烧沟汉墓为白灰），灰土上铺草席，尸体为草席包裹；有的尸体身着长领衣服，头用丝絮包裹；有的尸体仅为草席所卷，不着衣服。磨咀子 M62 女尸木棺内除铺草席外，尸体又用一张草席裹卷，身不着衣。

在磨咀子、旱滩坡、王景寨汉墓里都没有发现铁钉的痕迹，只有雷台汉墓的棺木上使用了铁锭。洛阳烧沟汉墓从宣帝－新莽时期就开始有铁棺钉出现，到东汉晚期木棺普遍使用铁棺钉。而磨咀子、旱滩坡墓群却从未发现过铁棺钉。由此可见，在东汉晚期，使用铁棺钉在武威这个小范围内还未广泛流传开来，只有雷台墓主人，因其特殊的身份和地位，使用了铁棺钉（现在关于雷台墓的时间争议诸多，有观点认为，雷台墓为魏晋时期）。

葬式有单人葬、双人葬、三人葬及多人葬。凡单葬者木棺均斜置室后部。葬式多为仰身直肢，偶有侧身屈肢与俯身葬。

三、随葬器物

大多为明器，也有当时的生产、生活器物和工具，还有成组的铜车马仪仗俑。

---

① 党寿山：《甘肃武威磨咀子发现一座东汉壁画墓》，《考古》1995 年第 11 期，第 1052—1053 页。
② 甘肃省博物馆：《武威磨咀子三座汉墓发掘简报》，《文物》1972 年第 12 期，第 9—23 页。
③ 党国栋：《武威磨咀子古墓清理纪要》，《文物参考资料》1958 年第 11 期，第 68—71 页。

随葬器物主要有陶器、木器、铜器等。陶器有灰陶、红陶、釉陶三种。其中灰陶最多，红陶次之，釉陶最少。器类有壶、罐、灶、釜、甑、案、奁、盘、碟、仓、院落、车、马、牛、羊、狗、俑人等，没有中原地区常见的礼器—鼎。器物绝大多数为明器。

武威汉墓出土的陶灶多为马蹄形，一至三釜口，上有釜、甑。灶门为方形，位于前壁正中稍上方。灶面有素面的，还有的上面有面团、鱼、叉、勺、铲、案、挂钩、刷等模印物。比起河南博物院收藏的画像灰陶灶、楼阁式烟囱灰陶灶、悬山顶壁橱灰陶灶、带壁橱灰陶灶，武威汉墓出土的灰陶灶要逊色一些。1984 年，在武威五坝山汉墓中出土的一件龟形铜灶，巧妙的利用龟的头和颈做烟囱，龟身为灶面，上置锅、甑、勺等，龟尾为灶门，四足为灶底。如此铜灶在武威不多见。

在器物组合方面，武威汉墓的器物组合分为三期：早期是壶、罐、灶（附釜、甑）；中期是仓、井、桶、碓房等；晚期是陶案、耳杯、盘、灯台、火炉、狗、羊、牛、马、鸡、鸭等各种的动物偶像，以及楼阁、亭台、房舍等模型。晚期墓中随葬器物复杂多样。[①]

武威汉代墓葬，是在中原文化直接影响下产生的，故在文化面貌上与中原文化基本相同，器物的发展演变序列，都是按关中、中原汉代墓葬的发展而发展，但在时间上要比上述地区相对要晚。如关中地区在西汉前期，开始出现仓、灶、井等陶质明器，到西汉中期逐渐增多。而武威到西汉晚期开始有灶的模型出现，仓、井等明器主要在新莽至东汉早期普遍流行。又棕黄色和绿色铅釉壶，中原在西汉中期即出现，到西汉后期，逐渐增多，而武威却到东汉早期始有发现。又如楼阁、庭院和牲畜棚圈等模型，关中和中原在东汉前期就采用，而武威直到东汉晚期甚至末期，才普遍流行。这是因为地区广大，民族复杂，地理、产业以及生产条件的差异所致，使各地在不同程度上存在着地方性。[②]

雷台 M1 出土的灰陶楼院通高 1.05 米，施黄绿釉。整个楼院形成一个严密的守卫体系，是当时的楼橹坞壁建筑模型，也是东汉后期豪族世家庄园壁坞的缩影，尽显其威武和防御设施的严密。磨咀子 M1 的木制院内包含了木舞俑、木坐俑、木立俑、牵马俑、木马、木鸡笼、木公鸡、木牛车、木猫[③]，尽显出一幅歌舞升平、安定祥和的生活场景。

以各种木俑作为随葬，与中原地区的木俑、陶俑无大差别。武威汉墓之所以能出现这样祥和的生活场景，与当时的"中原战乱，河西殷富"有关。虽然汉族豪霸和胡羌酋帅指挥下的凉州兵，也参加过中原战乱，但作战都在关中一带。战役虽然都失败，但河西境内未遭涂炭。

雷台 M1 出土的鎏金错银镶宝石铜尊，造型、纹饰均甚精致，为一般汉墓所罕见，该器出土时，腹下部遗留有使用磨损的痕迹，应为当时的实用器皿。汉墓内出土的钱币有五铢、货泉、半两、大泉五十、小泉直一等。还有各种铭文的铜镜，如日光镜、昭明镜、规矩镜等，

---

① 蒲朝绂：《武威汉墓的分期与年代》，《西北史地》1990 年第 1 期。
② 蒲朝绂：《武威汉墓的分期与年代》，《西北史地》1990 年第 1 期。
③ 党国栋：《武威磨咀子古墓清理纪要》，《文物参考资料》1958 年第 11 期。

都是当时的实用器物。银印、木印、毛笔、漆匣石砚、简牍等也为当时的实用器物。

四、竹木简牍

武威汉墓出土的汉代仪礼简、医药简、王杖简为三件"国宝"，成为简牍学中最有保存价值和历史研究价值的文物。

到目前为止，国内出土的汉简主要有敦煌简、居延汉简和武威汉简。从数量上讲，居延汉简的总数量多，近两万枚，内容绝大部分是汉代边塞上的屯戍档案。一小部分是书籍，历谱和私人信件等。敦煌汉简总数为 2190 枚，内容大部分是汉代敦煌郡玉门都尉和中部都尉及其下属各烽燧的文书档案，有一小部分是属于宜禾都尉的。武威汉简总数为 582 枚，内容除 11 枚为日忌杂占简外，469 枚为仪礼简，10 枚王杖诏令简，92 枚医药简。武威汉简数量不多，但内容却有别于敦煌汉简和居延汉简[1]。

《仪礼简》共有三本。甲本木简共 7 简:《士相见》、《服传》、《特牲》、《少牢》、《有司》、《燕礼》、《泰射》；乙本木简只《服传》一篇；丙本竹简仅《丧服》一篇。简与今传郑玄注本和贾公彦疏本比较，可以看出是未经打乱师法家法未糅合今古文以前的西汉后（仓）氏本，从篇次上看则不同于大戴（德）、小戴（圣）的家法，可能是庆（普）氏之学。从三本不同的《服传》和《丧服》篇的比较中，还可以看出经、记、传的发展变化。这是目前所见《仪礼》的最古写本，在版本校勘上有较高的价值[2]。

王杖十简记东汉永平十五年（公元 72 年）幼伯受王杖事，并录西汉建始二年（前 31）九月"年七十授王杖"的诏书和河平元年（前 28 年）殴击王杖主当弃市的令。1981 年出土的 26 简，内容包括建始二年九月诏令，元延三年（前 10 年）正月诏令和汝南郡王安世等皆坐殴辱王杖弃市的令。这些诏书令都被编入兰台令中[3]。

医药简内比较完整的医方有 30 余个，包括内科、外科、妇科和五官科等，处方中所列的药物近百种。有些医方中还记录了病状，制药的方法、服药的时间及禁忌等。还有记录用针灸治疗的方法。医药简中所抄录的都是当时的验方也有将同一病症的不同医方并抄在一起的。这些医药简是研究汉代临床医学。药物学和针灸学的重要资料[4]。因此，武威汉简在简牍学研究中占有很重要的地位。

---

① 中国大百科全书总编辑委员会《考古学》编辑委员会:《中国大百科全书·考古卷》，台北，锦绣出版事业股份有限公司，1993 年 2 月，第 112、246 页。

② 中国大百科全书总编辑委员会《考古学》编辑委员会:《中国大百科全书·考古卷》，台北，锦绣出版事业股份有限公司，1993 年 2 月，第 553 页。

③ 中国大百科全书总编辑委员会《考古学》编辑委员会:《中国大百科全书·考古卷》，台北，锦绣出版事业股份有限公司，1993 年 2 月，第 553 页。

④ 中国大百科全书总编辑委员会《考古学》编辑委员会:《中国大百科全书·考古卷》，台北，锦绣出版事业股份有限公司，1993 年 2 月，第 553 页。

五、漆器

汉代漆器制作精巧，色彩鲜艳，花纹优美，装饰精致，是珍贵的器物。汉代宫廷多用漆器为饮食器皿，贵族官僚家中亦崇尚实用漆器。雷台 M1 出土的漆尊，通体饰鎏金错银铜扣，夹纻胎，筒身，平底，制作精美，工艺造诣很高，可与同墓所出的鎏金错银铜尊相媲美，为汉代漆器中的精品。磨咀子 M48 出土的器尊，绘有车马出行和乐舞彩色图像，堪称西汉晚期的漆工精品。M62 出土的两件绥和元年（公元 8 年）"考工"款识的纪年铭鎏金铜扣漆耳杯，是少府考工作坊的制品，为中国仅有的发现[1]。这些发现，对研究汉代漆工和工官制度有重要价值。

汉代的竹木简、漆器、木器在我国广大范围内都在不断出现，而且也具有共性。尽管如此，武威汉墓出土的竹木简、漆器、木器却有与众不同之处。

六、畜牧业

汉代重视养马业。早在景帝时（前 154 年），已在西北边地设马苑 36 所，直到东汉和帝永元五年（93 年），甘肃西北部养马达 30 余万匹。据《汉书·食货志》载："众庶街巷有马，阡陌之间成群"，马匹之多可见一斑。因此，在武威磨咀子、旱滩坡汉墓内出土了大量的木马，雷台 M1 出土成批的铜车马仪仗队，也都是汉代武威养马业发达的真实写照。据《史记》载："天子（汉武帝）发书《易》云：神马当从西北来。"说明汉武帝认识到西北的马质量甲于全国，于是便在甘肃北部大力发展养马业，使得这一地区成为军马的主要产地之一。这里出产的战马质量优数量多，至今山丹还有军马场。雷台 M1 出土的规模庞大的铜车马仪仗队不仅与墓主人身份相符，而且也是西北出产良马的有力证明。

武威汉墓出土的木牛车，其高大的车轮，适宜在沙漠戈壁行进，不致深陷停滞，是河西走廊特有的样式。在随葬木制家畜中有马、牛、羊、鸡、狗等，表现出了明显的地方特色。

七、造纸业

1972 年 11 月，旱滩坡木牛车舆外侧栏杆上装订的东汉纸，是一种质量优良的单面涂布加工纸，纸质细薄，其上文字墨迹清晰可辨，说明当时的纸张已可取代简帛成为书写材料。

由于西北气候土壤的关系，在武威出土的器物能够保存的如此完好，也是武威汉墓的一大特点。

---

[1] 甘肃省博物馆：《武威磨咀子三座汉墓发掘简报》，《文物》1972 年第 12 期，第 9—23 页。

八、纹饰精美的丝织品

2005年11月，在武威磨咀子汉墓出土了汉代丝织品，有红色素面平纹绢、白色素面平纹绢、白色平纹绢带包、织锦衣领边饰带、蓝底印花绢、广山锦等丝织品。①

九、武威汉墓多以墓群的形式出现，墓主人身份复杂多样。

武威汉墓延续时间从西汉末—王莽—东汉中晚期。多以墓群的形式出现。墓葬分布的面积广，在单位面积内墓葬分布稠密。磨咀子墓群在东西长700米，南北宽约600米的范围内，墓葬分布稠密，从台地的东部直至祁连山麓，均见有墓葬遗存。经调查清理发现，磨咀子不仅汉代墓葬丰富，而且还有更早时期的仰韶文化遗存。截止1982年，已发掘的汉墓编号已至72号，加上1989年7月发现的一座土洞壁画墓共73座墓葬。在以后的时间内又不断进行清理发掘，尤其是2003—2005年中日联合对磨咀子墓群清理发掘清理的汉代墓葬约二百多座。

在这些墓葬里，上至普通官吏、地主阶层，下至贫民百姓，其中也不乏从内地迁移至此地的人士，均葬于此地。据磨咀子M23铭旌铭文"平陵敬事里张伯升之柩过所毋哭"平陵是汉县治，在陕西咸阳西北，东汉时属扶风，可知张伯升为关中人，是由关中迁徙来的。又据铭旌"姑臧北乡西夜里女子□宁死下世当归塚次……水设毋□河留……年教如律令"，表明墓主生前在外地，死后归葬于本地，有返祖归宗之意。

从已发掘墓葬中，没有发现有明显的标识各墓主人之间有什么直接关系。

王景寨墓群分布面积约在6.5平方公里的范围内，地面有明显的土冢。还发现有规模较大且较少见的8人合葬墓。

旱滩坡墓群分布面积约在20平方公里的范围内，沿祁连山北麓的一片台地上，墓葬分布稠密。

综上所述，武威的汉代墓葬与其他地区的汉代墓葬，既有共性也有其独特的个性及特点，了解这些特点，将会对深入研究汉代墓葬有极大帮助。

---

① 武威市文物考古研究所：《甘肃武威磨咀子汉墓发掘简报》，《文物》2011年第6期，第4—11页。

魏晋

考古

甘肃武威南滩魏晋墓

武威地区博物馆

1976年5月，武威市金沙乡赵家磨村林场在南滩开荒造林时发现一座砖室墓。市文管会即派人清理，出土各种随葬品30余件。同年6月地区博物馆会同市文管会对这里的墓葬做了全面调查。南滩是一个古河床，在东西约1公里、南北约3公里的地面上分布着大小50多座墓冢。我们发掘了其中的两座，编号为一号、二号墓，出土一批陶器、金器、铜器、漆器等随葬品。现简报如下。

一号墓

一号墓为砖室墓，上有封土。墓向90度。有墓道、墓门、甬道、前室、后室。清理过程中发现盗洞两处，一处在甬道顶部，另一处在后室底部。

墓道为斜坡式，坡度8度。墓门用砖砌成斜人字形，高1.45、宽1.26米。甬道长2.51、宽1.7、高1.8米，顶部起券。墓室西、北、南壁中部稍向外弧凸。分前、后两室，前室长5.4、宽4.8米。左、右两壁沿边砌二层台，台高0.21米，与后室地面平。墓顶涂绘黑、白二色图案。顶部正中嵌条砖两块，用红、白、黑三色彩绘莲花藻井，色彩已大部分脱落（图一）。四壁砖上用黑、白色粉涂绘菱形、折带形和条带形的图案（图二）。后室在门的中间砌高1.4、宽0.4米的砖柱，然后分砌二券门，但内部仍为一室（图三）。后室与前室大小一样，

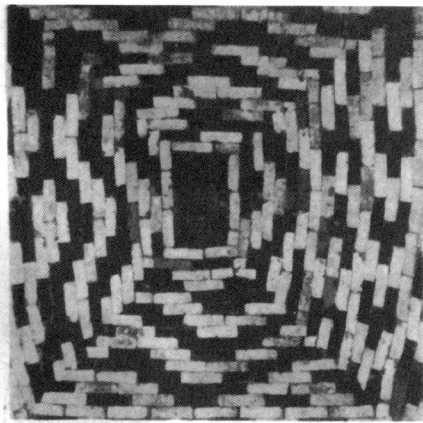

图一　一号墓前室顶部图案　　　　图二　一号墓前室墓壁彩绘砖图案　　　　图三　一号墓后室双门

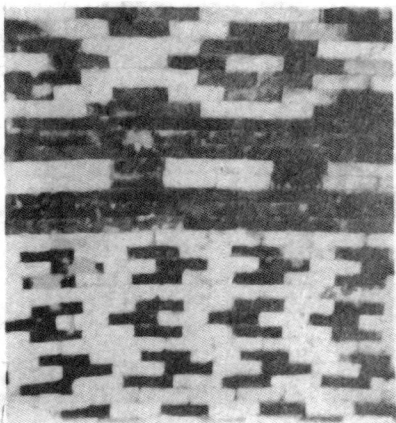

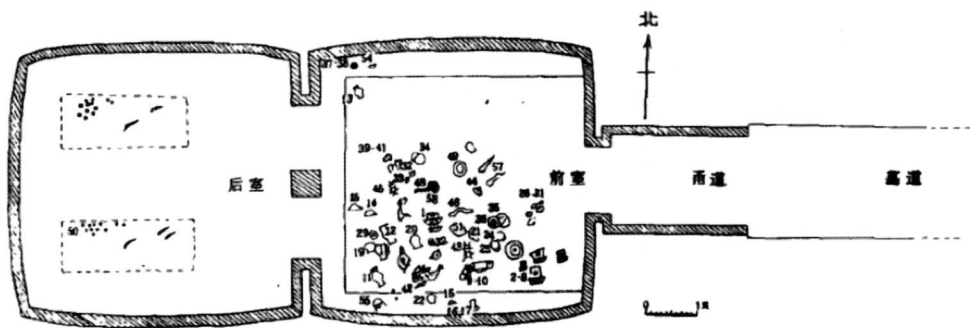

图四　一号墓平面图

1.陶楼　2—8.陶仓　9、10.陶灶　11—13.陶锺　14、15.陶盆　16、17.陶豆　18—25.陶罐　26—31.陶耳杯　32、33.陶碟　34.陶碗　35、36.陶案　37、38.陶井　39—41.陶灯座　42.铜连枝灯　43.铜车辕　44、45.铜饰　46.铜马鞍　47.铜戈　48.铜车件　49.铜镜　50.铜钱　51.漆盒　52.漆碟　53.铁镜　54.铁马蹬　55.木梳　56.铁饰

墓壁砌法相同，唯顶部正中嵌条砖藻井呈井字形。后室中间残留髹黑漆的木棺痕迹，原来似有两具棺木并列。骨架已朽，仅在前室发现腿骨2根，肋骨4条，后室发现肋骨3条。在木棺的残迹处发现铁钉5枚（图四）。

此墓曾两次被盗，所遗随葬品多被扰动，已失原位。计出土遗物50多件，大多放在前室内和二层台上。

陶器，31件，多为灰陶质：

楼　1件。明器。平面为正方形，四周有院墙，正面开门，上建门楼。院中起三层楼，每层四面出檐，第一层正面开门，第二层开方形窗二，第三层开方形窗一。通高35厘米（图五）。

仓　7件。明器。可分二式。

Ⅰ式5件。仓身呈椭圆形，正面有门两扇，一扇开，一扇闭。仓顶起脊，四面出檐。高20厘米（图七）。

Ⅱ式2件。仓身上小下大，呈圆台形。上部有门两扇，一扇开，一扇闭。仓顶呈四面坡形，均出檐（图六）。

灶　2件。明器。一件为马蹄形。灶面开两火眼，前面置釜甑，后面置釜。灶面上放一小陶瓢，并刻鱼、面、肉、刀等图案。前宽8、后宽14、高10厘米（图八）。另一件也呈马蹄形，前面开方形灶门，灶面上有火眼。左侧放一陶碗。前宽9、后宽13、高12厘米（图一一）。

锺　3件。分二式。

Ⅰ式2件。碗形口，细长颈，圆腹，假圈足。素面。一件口径13、腹径18、底径16、高38厘米（图一二）。另一件口径11、腹径15、底径14、高37厘米（图一三）。

Ⅱ式1件。盘状口，高粗颈，圆腹，八楞状假圈足。腹部饰四道凹弦纹。口径18、腹径

图五　陶楼　　　图六　Ⅱ式陶仓　　　图七　Ⅰ式陶仓　　　图九　陶豆　　　图一〇　陶豆

  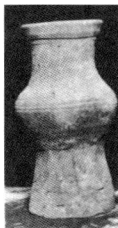  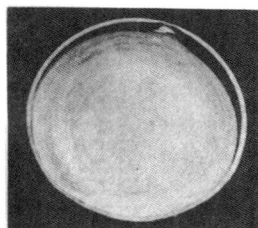 

图一二　　图一三　　图一四　　　图一六　陶罐　　　　图一七　陶案　　　图一八　陶罐
Ⅰ式陶锺　Ⅰ式陶锺　Ⅱ式陶锺

图八　陶灶　　　　　　图一一　陶灶　　　　　图一五　陶盆

16、底径13、高31厘米（图一四）。

盆　2件。形状相似。一件高14、口径26、底径12厘米。另一件高10、口径23、底径7厘米（图一五）。

豆　2件。一件为喇叭口，深盘厚壁，喇叭状假圈足上起棱十道。口径9、高16厘米（图九）。另一件浅盘口，喇叭状圈足。口径8、高13厘米（图一〇）。

罐　8件。器形相似。卷沿，短颈，广肩，大腹，平底。其中一件在肩及下腹饰弦纹两组，上面五道，下面两道，中间饰水波纹。口径11、底径15、高22厘米（图一六）。两件腹部饰弦纹和竖线纹。其中一件口径13、底径10、高24厘米（图一八）。除此两件外，还有一件口径14、底径10、高27厘米。

耳杯　6件。椭圆形杯身，两侧出半月形鋬耳。大小相同。均长8、高4厘米。

碟　2件。方唇，折沿，平底。大小相同。口径8.5、高4厘米。

碗　1件。器体厚重，敞口，圈足已残，口沿下部饰弦纹一道。口径17厘米。

案　2件。器形相同。口沿微凸，浅盘，案面划同心圆二周。制作精细。一件较大，下附三个尖状足。直径38.5、高0.7厘米（图一七）。另一件案面中心划一圆，无足。直径22.7、

图一九　陶井　　　图二○　陶筒形器

图二一　铜连枝灯（残）

图二二　陶罐　　　图二三　陶案

高0.4厘米。

井　2件。明器。一件圆形井台，八棱形井身，上细下粗。口径7、高21厘米（图一九：左）。另一件圆形井台，上另设井字形框架，细颈，广肩，斜直身，上起数周凸棱。口径6、高10厘米（图一九：右）。

灯座　3件。明器。器形相同，座呈十字形，上立灯柱，已残。最高一件残高24厘米。

铜器：

连枝灯　1件。已残。仅剩连枝灯叶5片、桃形叶饰3片、灯盏7个（图二一）。每片连枝叶长9.5厘米，上面透雕猴和鸾凤缠枝图案。桃形叶饰长8.5厘米。其中一片透雕一猿猴，作摘桃状。灯盏直径5厘米。从出土情况看，连枝灯叶端承托灯盏，灯盏沿上插桃形叶饰。

直行铭文双凤镜　1件。已残。素宽缘，中区花纹为双凤，直行铭文残存"高"字。直径10厘米。

铜钱　31枚。2枚为"布泉"。其余为"五铢"钱。另有残马鞍模型、红铜戈、铜饰件等。

漆器，墓中出土很多残碎漆片，能看出器形的仅两件。

盒　1件。胎已腐朽，呈椭圆形。根据残片推测，应有盖和提梁。

碟　1件。圆形。口径15、高4厘米。

其他：

铁镜　1件。锈蚀严重。直径11厘米。

木梳　1件。马蹄形，长6.1、宽4.6厘米。

另有铁马蹬及铁饰件各1件，均残甚。

二号墓

二号墓为砖室墓，位于一号墓北面13米。墓向95度。由墓道、墓门、甬道、墓室组成，清理时在墓室北壁上面发现盗洞一处。

墓道为斜坡式，上宽1.8米，门宽2米。墓门斜砌人字形砖墙封堵。甬道长2.1、宽1.5、高1.7米，券顶。砌法与一号墓相同。

墓室为单室，平面呈长方形，四壁中部稍向外弧凸。长、宽均为5.5米。四壁在高2

米时开始向内斗合收砌成顶。高4.5米。墓室的南北和墓门两侧有二层台，高0.21米（图二四）。墓室置放八具棺木，清理时棺木完整，但棺盖已打开，并挪离原位。其中一具棺木的外部两侧用彩漆绘龙、虾、水波等图案。棺内均不见骨架，只有一些被破坏后的衣物。棺底清理出一些金耳坠残片、金镂孔纽扣、残陶器、漆片等。在二层台上散布一些随葬品碎片。大部分被扰，完整的器物很少。部分器物分述如下。

罐　3件。灰陶。折沿，圆腹，平底。腹部饰绳纹和弦纹。口径7、底径9、通高28厘米（图二二）。

案　1件。灰陶。圆形，下附三足。案面刻三周同心圆。直径38厘米（图二三）。

筒形器　1件。灰陶质。圆唇，口沿稍向里收。口径14、高25厘米（图二〇）。

另有金耳坠25片，已残，只留柳叶形片。镂孔金纽扣2枚。琥珀珠5枚，扁圆形，大小不一，有红、绿、黄等色。

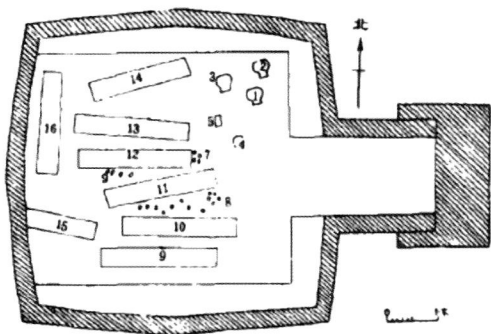

图二四　二号墓平面图

1—3.陶罐　4.陶案　5.陶筒形器　6.金耳坠　7.镂孔金纽扣　8.琥珀珠　9—15.棺木

结语

武威南滩的墓葬，左、右、后三壁中部稍向外弧凸，这种形制与酒泉、敦煌等地的魏晋墓相近。所出的陶灶、陶盘、铜镜、连枝灯等也均与上述墓内出土的同类器相似。故这两座墓的时代应属魏晋。

一号墓后室门中间砌砖柱，上面分砌两个券门，这在甘肃地区魏晋墓尚属首次发现。墓室顶部及四壁砖上用黑白两色绘菱形、折带和条形图案，与武威雷台汉墓相同，似可看作魏晋壁画的雏形。

执笔、摄影：钟长发

绘图：钟雅萍

原文刊于《文物》1987年第9期

武威藏家庄魏晋墓清理简报

武威地区博物馆

藏家庄位于甘肃省武威市金塔乡西北方向，东距武威市城区 5 华里，距武威地区教育学院 2 华里，北距甘新公路 2 华里，兰新铁路环绕西、南两面。这里地势较平坦，为卵石层地带。以藏家庄为中心的方圆数里之内有墓葬，大多数虽已辟为耕地，但现仍存有明显的封土堆，当地群众在历年的平田整地、浇水灌溉过程中，经常发现墓葬迹象，并有数座墓已被破坏（图一）。1988 年 5 月，藏家庄村民滕发德同志在植树时，发现了一座砖墓，当即向文博部门做了汇报，实地考察、了解后，武威地区博物馆组织力量对其中两座墓进行了清理，现将清理情况简报如下。

一、墓葬形制

清理的两座墓都是砖室墓，分别编号为 M1、M2。M1 由墓门、前室和后室组成，墓门向东开，墓向 85°，上为卵石封堆，封堆残高 150 厘米，直径 500 厘米。墓室底距地表 580 厘米，斜坡式墓道。墓门起六层砖券，高 145 厘米，宽 90 厘米，深 100 厘米，砖封门，封门砖砌成竖波浪形，六层砖券以上用平砖错缝砌成门楼形式的照墙一堵。照墙的砌法是：在六层券砖之上砌五层平砖，然后起门阙，两阙柱之间用砖砌出对开式假门，假门上砌一层出沿平砖，象征门楣，之上再平砌出一堵完整的照墙（图二）。墓门底部至照墙残存顶高 436 厘米。进入墓门即前室，无甬道。前室南北长 320 厘米，东西宽 280 厘米，高 327 厘米。后室门高 143 厘米，宽 95 厘米，深 90 厘米，后室东西长 305 厘米，南北宽 240 厘米，高 267 厘米。前室平砖错缝砌成覆斗式，后室为拱形券顶。前、后室起壁都用灰、黑二色砖砌成菱形图案。前室北部地面砌有长 320 厘米、宽 102 厘米、高 22 厘米的二层台，二层台与墓门及后室铺地砖砌成"人"字形（图三）。在前室的东南角和后室的东北角距墓底高 120 厘米处各用砖砌出灯台。在清理时封门砖早已

图一　藏家庄墓葬分布示意图
（比例 1：5000）

被起取一半，前室北面顶部已塌落。在前室的底部和乱石层中，零乱分布有人骨，腐朽严重，仅有两头骨保存较好，无棺椁葬具。随葬品散置在前室中，仅在前室二层台上发现 4 根铜筷子，后室无任何遗物。在清理前室塌落堆土时，发现一件铁镬，这些迹象说明此墓早已被盗掘。因此，随葬品已失原来位置而且破坏严重，出土遗物有铜器、陶器、货币、雕刻石座等。

M2 位于 M1 的正北面，两墓的封土堆相距 880 厘米，卵石封堆，残高 130 厘米，直径 700 厘米，墓葬形制与 M1 基本相同，不同在于 M2 墓门到前室之间有甬道。墓门向东，墓向 85°，斜坡式墓道，墓底部距地表深 540 厘米。墓门用六层券砖砌成，门高 145 厘米，宽 100 厘米、深 115 厘米。六层券砖以上平砖砌出宽 180 厘米、高 125 厘米的照墙一堵，照墙的砌法是在六层券砖以上平砖错缝砌八层砖，再上以砖的宽面采用四平四竖砌起墙，中间用砖一平一竖砌出突出于照墙平面的"T"字形装饰，墓门用砖砌成波浪形封堵（图四），封门砖外堆满大石。进墓门为甬道，甬道东西长 190 厘米，南北宽 140 厘米，高 174 厘米，拱形券顶。前室东西宽 285 厘米，南北长 340 厘米，高 336 厘米，覆斗式顶。后室东西长 320 厘米，南北宽 190 厘米，拱形券顶。前室门高 145 厘米，宽 100 厘米，深 90 厘米；后室门高 137 厘米，宽 100 厘米、深 100 厘米。前室北面砌有长 285、宽 120、高 22 厘米的二层台，与甬道和后室的地面砖成一平面，构成前室、甬道和后室的铺地砖都砌成"人"字形。前室的东北角距墓底 120 厘米高处突出砌有砖角，似为灯台；后室无灯台。整个墓室保存完好，墓壁的砌法与 M1 相同，都是用灰、黑二色砖砌成菱形图案（图五）。在清理时发现封门砖被起取一半，随葬品大部分遭到破坏，有些器物被人为打碎，只有个别小件器物保存基本完好，但都已扰乱不在原位，说明此墓早已被盗。没有发现棺椁葬具，人骨架零乱散布在前室，腐朽严重，头骨发现一颗，随葬品散布在前室，后室只发现五枚货币，无其他遗物。出土随葬品多为灰陶器、绿釉陶器，有少量的铜器残件和货币。

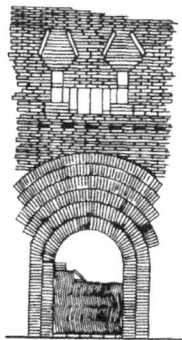

图二　M1 正视图
（1:50）

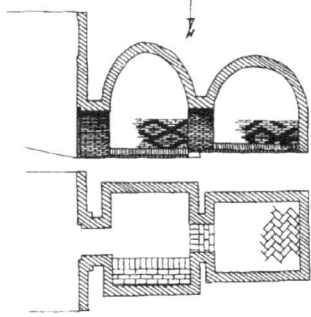

图三　M1 平、剖面图
（1:100）

图四　M2 正视图
（1:50）

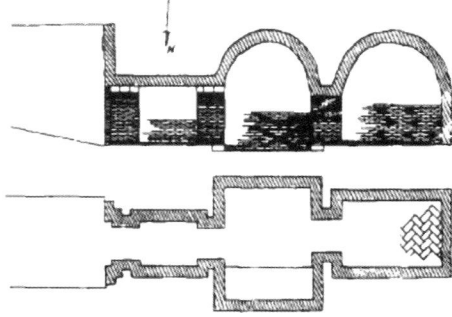

图五　M2 平、剖面图
（1:100）

二、随葬器物

这次清理的两座墓因都经盗掘，破坏严重，没有盗走的遗物又多被打碎，残存的随葬品都集中在墓葬的前室，出土器物不多，经修复成件和完整的遗物计铜器13件、陶器24件、铁器1件，石雕刻器座1件，货币174枚。现按器物质地分述如下：

（一）陶器

绿釉陶仓　2件（标本M2：2、M1：2）。均为泥质红陶，仓顶施绿釉，仓身未施釉。仓为四阿屋顶，顶面四边塑以数量不同，长短不一的瓦状棱，仓身呈圆台形，底部平整。M1：2开三角形仓门、顶边长7.3、底径5.5、高9厘米（图六，2）；M2：2开梯形仓门、顶边长6.5、底径4.5、高7.2厘米（图六，1）。

陶灶　2件，分二型。

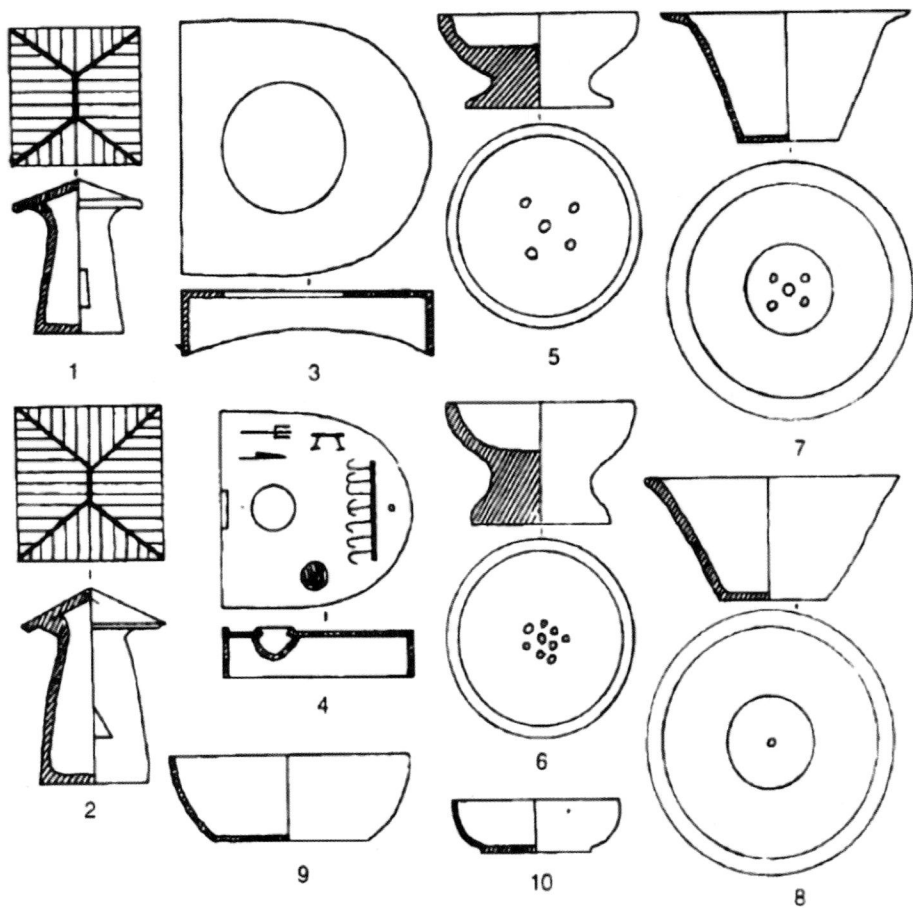

图六　出土器物

1、2.绿釉陶仓　3.绿釉陶灶　4.灰陶灶5—8.绿釉陶甑
9、10.灰陶碗（1、2、5、10为1/3；3、4为1/7；6—9为1/2）

Ⅰ型1件（M1：1）。泥质红陶，表面通体施绿釉。呈马蹄形，光亮无雕塑物，灶面中间开一直径13.7厘米的锅口。无灶门，正面底部呈凹弧形，灶长28.6、宽27.5、高7.1厘米（图六，3）。

Ⅱ型1件（M2：10）。泥质灰陶，呈马蹄形，前沿塑有高0.8、宽3.2厘米的灶墙，前部开有一口径3.2厘米的锅口，周围塑有案、鱼叉、挂肉钩架、刀等灶具图案。灶面后部开一小孔象征烟囱，无灶门，灶长21.5、宽20.5、高4.9厘米（图六，4）。

陶甑　5件，分二型。

Ⅰ型2件。标本M1：3，泥质红陶，盘口、浅腹束腰、平底，口沿及内壁施绿釉，底部有5个箅孔，口径6.6、底径5、高3.5厘米（图六，5）；另M2：6型同M1：3，仅底部开9个箅孔（图六，6）。

Ⅱ型3件。标本M1：7，泥质红陶，敞口折沿，直腹，平底内壁施绿釉，外壁有修整时留下的凹弦指痕，口径8.2、底径3.5、高4厘米，底部有5个箅孔（图六，7）。

陶碗　2件。泥质红陶。M2：8，侈口，深腹微鼓，平底，壁较薄，口径7.9、底径5.1、高2.6厘米（图六，9）。M2：15，敛口，深腹微鼓，带矮假圈足，制作较精细，口径8.3、底径5.3、高2.5厘米（图六，10）。

陶灯　3件、分二型。

Ⅰ型1件（M1：6）。泥质红陶，盘口平沿，浅腹束腰，平底，口内壁施绿釉，制作较精细，口径5、底径4、高5厘米（图七，1）。

Ⅱ型2件。泥质红陶，标本M2：7为喇叭口，深腹束腰，高假圈足，平底，制作精细，口径5.7、底径4.9、高5厘米（图七，2）。

陶碟　1件（M1：5）。泥质红陶，内壁施绿釉，重唇折沿，敞口，平底，制作较细，口径10.8、底径5.3、高2.4厘米（图七，3）。

陶案　2件，分二型。

Ⅰ型1件（M1：4）。三足圆案，泥质红陶，内壁施绿釉，口沿凸起，中心饰以四条实

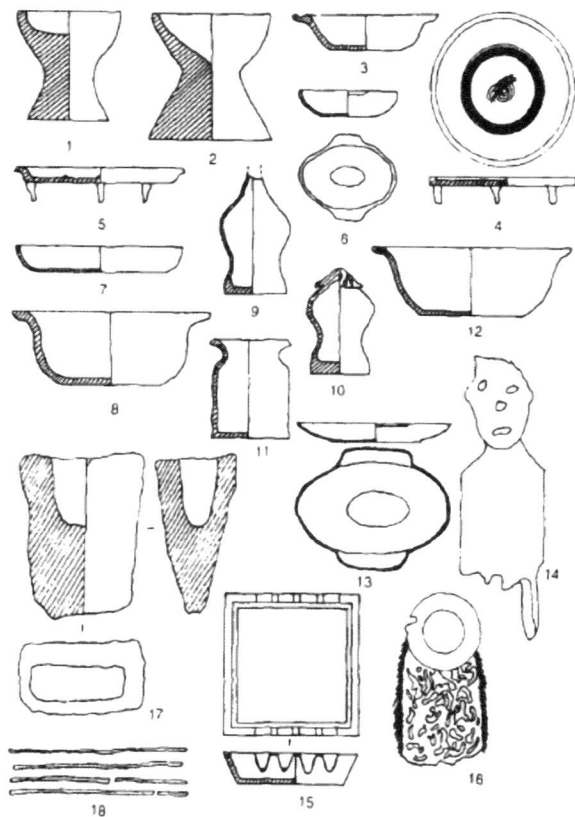

图七　出土器物

1、2.泥质红陶灯　3.绿釉陶碟　4.绿釉陶案
5.灰陶案　6.灰陶耳杯　7.灰陶盘　8.灰陶钵
9.泥质红陶瓶　10.博山炉　11.陶井　12.灰陶碗
13.铜耳杯　14.铜俑　15.铜器　16.铜叶饰　17.铁镢　18.铜筷（1、13、14、17、18为1/2；4为1/5；5为1/7；15为原大；16为1/4；余皆为1/3）

线组成的"๕"形图案，再围以六条同心圆弦改，底三足呈长方柱状。直径17.8、高3.3厘米（图七，4）。

Ⅱ型1件（M2：12）。泥质灰陶，器型较大，制作精细，口沿稍外折，平面中心凸起，周围有一圈凸脊。底部三足，呈兽蹄形，直径28.8、底部25、高5.5厘米，（图七，5）。

陶耳杯　1件（M2：13）。泥质灰陶，椭圆口沿，曲腹，椭圆形平底，沿两边有对称的小平耳，制作粗糙，器壁厚，表面留有修整刀痕。口沿长7.3、宽6厘米，底长3.8、宽1.9厘米，通高4.3厘米（图七，6）。

陶盘　1件（M2：11）。泥质灰陶，侈口平沿，器壁较薄，制作较细。口径12.3、底径9.6、高1.8厘米（图七，7）。

陶钵　2件，均为泥质灰陶。标本M2：14，侈口平沿，直腹微鼓，平底，器壁较厚。口径14.4、底径7.2、高5.1厘米（图七，8）;M2：5，侈口平沿，卷唇，平底。口径14.8、底径7.8、高4.8厘米（图七，12）。

陶瓶　1件（M2：4）。泥质红陶，小口长颈，口部微残，斜肩鼓腹，平底。口径1.2、腹径5.2、底径4.5、高8.2厘米（图七，9）。

博山炉　1件（M2：3）。泥质红陶，博山形炉盖口小，斜肩鼓腹，平底、器壁较厚，制作精细。口径2.2、腹径5.6、底径4.4、高7厘米（图七，10）。

陶井、1件、M2：1，泥质红陶，侈口折沿，束颈，直腹，平底，整体呈筒形体，制作粗糙。口径6、底径5.8、高6.8厘米（图七，11）。

（二）铜器

铜俑　1件（M1：11）。制作简单粗糙，头部部分锈蚀，面目不清。俑身大致呈长方体，无臂膀等细部的刻化，整体残损，锈蚀严重。现存残高13厘米。体宽4.2、体厚2.2厘米（图七，14）。

铜耳杯　1件（M1：16）。制作精致，器壁薄，椭圆状口沿，沿侧有对称的小平耳敞口，曲腹，椭圆平底，保存完整。长7.6、宽4.4、高1.8厘米；小平底长4.4、宽2.9、高0.2厘米（图七，13）。

铜筷　4根（M1：12—15）。其中两根保存完整、两根断为四段，粗细长短相同，长17.6、直径0.4厘米（图七，18）。

铜刀　1件（M2：17）。锈蚀严重、残留刀柄和一段刀刃，刀柄为椭圆形，中间有一椭圆形孔，孔的一半残缺，刀刃的尖端残缺，现存残长17.8、刃宽2.2、厚0.3厘米（图八，1）。

其他铜器　8件，大部份为残件，用途不明，有待进一步考证。

标本M1：22。为斗形器，平面呈正方形，剖面呈梯形，浅腹，正方形平底，底部较小。边缘相对两边齐沿，另两边呈三锯齿状对应。器表通体鎏金，现大部分已脱落。边长2.3、底边长2.6、高1.1厘米，制作精细（图七，15）。

M1：18、M1：19，共2件。牛角形、有弯度，粗端带有长0.6厘米的正方形柄，从器形看似为嵌接在铜牛头上的牛角，由此可推测墓中原有铜牛头状器物，盗墓者盗走时牛角脱落。牛角通长6、中部直径0.6厘米（图八，2）。

M1：20、M1：21，马鬃饰2件。横断面呈三角形，头部大而圆、尾部小、下面带有嵌接的柄，通高4.5、长3.5厘米。整个形状与雷台墓出土的铜奔马的鬃饰很相似，应为马鬃，推测此墓曾随葬有铜马俑（图八，3）。

标本M2：10为圆柄圆孔，柄端连枝花纹，锈蚀严重，连枝花纹不明显，圆柄直径7厘米、孔径3.8厘米、通长8.8、宽8.5、厚0.2厘米（图七，16）；M2：11、锈蚀严重，残存局部，有明显的半圆形连枝花卉枝骨，一端带头，用于安插，残长12、宽8.5、厚0.2厘米（图八，4）；M2：12的形制与M2：10相同，锈蚀严重，残存局部、残长12、宽7.3、厚0.2厘米（图八，5）。此三件铜饰物，尽管锈蚀严重，但仍可看出其制作精致，造型独特，从器形分析，可能为连枝灯残件。

（三）铁器

此墓仅发现铁镬1件、（M1：10），锈蚀严重，出土于M1前室塌落的堆土顶部。平面呈梯形，开銎，銎端大，刃部略小，横剖面为三角形，双面刃。通长7、宽6厘米、刃部宽5厘米，銎端厚3.7厘米，开有长方形銎，銎长4.8、宽1.8、深3厘米（图七，17）。此铁镬从出土位及再没有发现铁器分析，铁镬可能是盗墓者遗留，而不是随葬物品。

（四）石器

雕虎石座 1件（M1：23）。出土于M1前室紧靠台阶处。上小下略大呈圆台形，台壁周围分上、中下三层雕刻，上层刻三角形图案5个围成一圈，每个三角形内刻平行斜线；中层刻菱形图案一圈，下层刻三角形图案5个，无平行斜线纹。三层图案由上到下一层凸出一层，形成博山状。距底面3.5厘米刻弦纹，顶部平面偏中心凿有一个边长3、深6.7厘米的正方形孔，围绕方孔雕刻一只卧虎，虎势为前两爪抱头、后两爪弯曲在腹下，虎尾绕方孔，前肩和后股各刻有两翅膀，雕刻生动逼真。石座平面直径15、底径22、高17.5厘米（图八，6）。

（五）钱币

共出土174枚，完整者135枚算，其中M1出土106枚，M2出土29枚，种类有五铢、货泉、布泉、大泉五十。

货泉 5枚。字迹清楚、保存完好，正面左右篆书"泉货"二字，有大小两种，大者径2.3厘米，穿0.75厘米，背内外周廓，廓较宽；小者径2.1厘米，穿0.65厘米，面有外廓无内廓、背内外有廓（图九，2）。

大泉五十 1枚，面、背有内外廓、锈蚀较重，正面上下右左篆书"大泉五十"四字，钱径2.7、穿宽0.8厘米（图九，1）。

布泉 1枚。面、背有内外周廓，正面穿右左篆书"布泉"二字、"布"字清楚、"泉"字

图八　出土器物

1. 铜刀　2. 铜角形器　3. 铜马饰　4、5. 铜叶饰
6. 石雕座（1 为 1/3；2、3 为 1/2；4、5 为 1/4；
6 为 1/5）

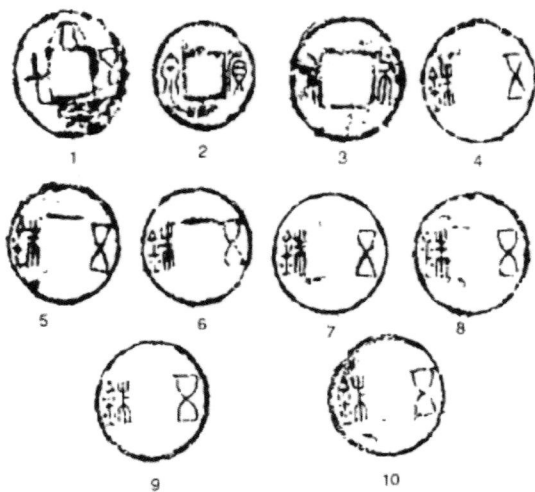

图九　铁币拓片

1. 大泉五十　2. 货泉　3. 布泉　4. Ⅰ式五铢钱
5、6. Ⅱ式五铢钱　7. Ⅲ式五铢钱　8. Ⅳ式五铢
钱　9. Ⅴ式五铢钱　10. Ⅵ式五铢钱

较模糊，穿较大，钱径 2.65 厘米、穿宽 1 厘米（图九，3）。

五铢　128 枚，分六式：

Ⅰ式 20 枚。"五"字中间交叉两笔较直，"朱"字头方折，下部方折微圆，折笔上下相称，面有外廓无内廓，背内外周廓，廓较细，钱径 2.5、穿宽 1 厘米（图九，4）。

Ⅱ式 13 枚。"五"字中间交叉两笔较直，"朱"字头方折而短，下部圆折而长，"金"旁头较大，角尖狭似箭镞，四点呈长方形，字体大、笔画粗，面穿上横画。径 2.5、穿宽 1.05 厘米（图九，5、6）。

Ⅲ式 9 枚。"五"字中间交叉两笔微曲，"朱"字头方折，下部圆折而长，"金"字头为三角形，四点呈长方形，面有外廓无内廓，廓细而垂直。制作精细，保存较好，径 2.6、穿宽 1 厘米（图九，7）。

Ⅳ式 34 枚。"五"字中间交叉两笔弯曲，"朱"字头方折较短，下部方折微圆，"金"字四点为方形，笔体粗而宽放，字迹清晰，面无内廓，外廓较宽而直，径 2.6、穿宽 1 厘米（图九，8）。

Ⅴ式 48 枚。"五"字中间交叉两笔弯曲，上下两横出头，"朱"字上下圆折，上部折笔短，下部折笔长，"金"字头较大，四点为长方形，字体宽放，笔画较细，面有外廓无内廓，径 2.5、穿宽 0.9 厘米（图九，9）。

Ⅵ式 4 枚。"五"字中间交叉两笔弯曲，上下两横出头，"朱"字头方折、下部圆折，"金"

字头较大，四点为长方形，穿下左边有月牙形终身，字体宽放、面外廓宽而浅、无内廓，径 2.6、穿宽 0.9 厘米（图九，10）。

三、结语

藏家庄清理的两座墓从墓葬形制和出土随葬品的特征结合历年在武威境内发现清理的汉晋时期的墓葬特征相对比，我们认为这两座墓是属于同一时期的魏晋墓，其根据是：

第一，两座墓都是由前、后室组成的砖室墓，前室近方形，四面砌成穹窿顶，后室长方形券顶，这种形制出现于东汉中期，流行于东汉晚期和魏晋时期。

第二，整个墓室用长 34、宽 17、厚 5 厘米的灰、黑二色砖砌成菱形图案，这种修筑方式在当时的魏晋墓中很普遍。几乎所有经清理的魏晋墓都是采用灰、黑两种砖修筑、图案有菱形纹、水波纹、梯形纹、"工"字纹等，1987 年武威地区博物馆在武威师范学校清理一座魏晋时期墓，前室四壁用灰、黑二色砖砌成青龙、白虎、朱雀、玄武四神图案。尤其是前室四边起顶，顶部用彩绘莲花图案的正方形砖封顶，是出现于魏晋时期墓葬的特征，在藏家庄清理的两座墓前室顶部都是用绘有彩色莲花图案的"藻井"封顶。

第三，历年在本地区清理、发掘的墓葬资料反映出在墓门上修建门楼或门楼式的门阙，是魏晋墓的特征，两汉时的墓没有门楼式的门阙。

第四，出土的陶器多为灰陶，绿釉陶次之；随葬品的组合为锺、罐、灶、仓、井、盘，这种组合在当地的魏晋墓中很常见。锺已经由东汉时的喇叭口、八棱形高圈足、器壁厚重演变为盘口、矮圈足、器壁较薄。陶罐由汉代的平沿高领演变为卷唇、短领。汉代陶器制作精细，绿釉陶、褐釉陶居多，红陶次之，灰陶较少；魏晋墓陶器以灰陶占主要地位，且制作粗糙，绿釉陶较少，到魏晋后期，绿釉陶几乎绝迹。锺也由灰陶壶所代替。以前所述特征，足以说明藏家庄清理的两座墓属魏晋时期墓葬。

执笔：杨福

原文刊于《陇右文博》2001 年第 2 期

武威九条岭魏晋墓清理简报

武威市博物馆

2001 年 3 月 25 日，武威市城西九条岭煤矿办事处家属院内修建楼房挖掘基础柱坑时，在距地表 3 米多处发现一座魏晋砖室墓，市文体局及博物馆闻讯立即组织专业人员对此墓进行清理发掘，现将清理情况简报如下。

一、墓葬形制及概况：

该墓坐西向东，前后双室，保存完好。墓内积有大量淤泥，清除后发现室内地坪全部用方砖铺砌，墓室四壁全部采用条形青砖错缝叠砌而成，前室长 3、宽 2.3、高 3.5 米，砖长 35、宽 16.5、厚 4 厘米。穹窿形墓顶，条砖砌成，正方形藻井用素面方砖，室内西南侧放置 3 件陶器及一些灰陶残片，另有零星尸骨。四壁转角距地面 1.5 米处有灯台，墓门为二层侧立拱券砖砌，用较大的卵石封门，墓门高 1.2、宽 0.7 米。后室长 3.6、宽 3、高 3.5 米。墓门口发现两枚钱币，室内放置一件铜削。

二、随葬品

此墓因进水，室内随葬品的摆放位置可能有所变动。前后室共出土随葬品 8 件。

灰陶罐　2 件。均泥质灰陶，素面，侈口，卷沿圆唇，束颈矮领，圆肩，鼓腹，平底，外壁有轮制平行凹弦痕（图一）。口径均为 9、高 17、底径 9、腹径 24 厘米，完好。其中一件陶罐腹部有朱书印记，模糊不清，分辨不出是纹饰还是文字。

灰陶罐　1 件。泥质灰陶，素面，侈口，圆唇，最大径在中部，束颈，斜肩，鼓腹，腹下部弧收，平底，腹部有宽凹弦纹。口径 10、高 19、底径 10、腹径 69 厘米（图二）。

灰陶锺　1 件。泥质灰陶，素面，口残，长颈，圆腹，束腰，平底。口径 6、高 25、底径 15、腹径 52 厘米（图三）。

藻井砖　一块。正方形，素面，长宽均 31 厘米。

铜削　一把。长直刃，环首，通长 62 厘米，宽 2.3 厘米，厚 0.3 厘米。削身、环

图一　灰陶罐

   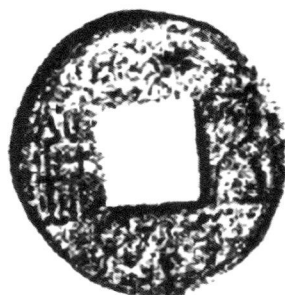

图二 灰陶罐　　　　　　图三 灰陶锺　　　　　　　　图四 铜钱

首一次铸成,通体锈蚀呈绿色。

铜钱　二枚。钱文"五铢",其中一枚钱径 2.4、郭厚 0.1、穿宽 1.3 厘米(图四)。

三、结语

近几年来,我市已先后发掘了几处魏晋墓,已有过详细报道。这次发掘的墓葬中没有发现有明确纪年资料,但从出土的器物和古币以及墓的形制为断代提供了证据。它的发掘为考证和研究武威在魏晋时期的政治、经济、文化、科技及民俗、葬制等方面补充了新的实物资料。

执笔:胡爱玲

原文刊于《陇右文博》2001 年第 2 期

甘肃武威十六国墓葬清理记

武威市博物馆

1986 年 9 月，甘肃武威煤矿机械厂在基建中发现一座砖室墓，市文管会随即派人前去清理。现将情况简报于下。

一、墓葬结构

墓葬为砖室结构，由墓道、墓门、甬道和前、后室组成。墓道斜坡式，原长度不详，实际挖掘 4 米，宽 1.3 米。墓门向东，宽 0.9、高 1 米，上砌照墙，长 2、高 1.5 米。甬道与墓门等宽，进深 1 米。墓室平面呈吕字形：前室平面为横长方形，前后长 3、左右宽 3.8 米，残存墓壁高 1.8 米。室内设砖砌二层台，呈回形，两侧宽度 1.1、正面宽 0.65、高 0.16 米。前室与后室由 2 个甬道勾通，甬道各长 1.2、宽 0.8、高 1.1 米。后室略呈方形，前后长 3、左右宽 3.6 米，残存墓壁高 1.6 米。前、后室的四角均出半砖为灯台，地面以单砖铺成人字纹（图一）。因墓葬早年被盗，墓顶已塌，形制不清，清理时墓室内填满砂石，随葬品已被扰乱，并且大部分被砂石压碎，部分木器、漆器以及葬具、人骨等已腐朽，但部分被埋入泥沙内的小型陶器则保存较好。

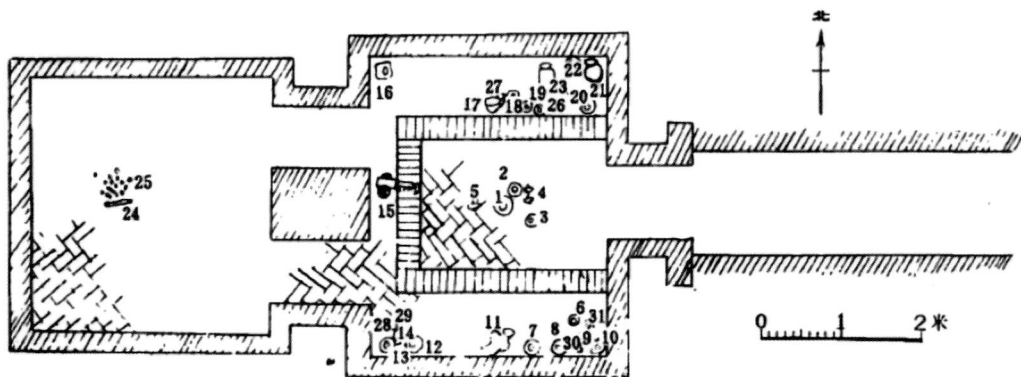

图一　墓葬平面图

1、2.盘　3.碟　4.耳杯　5.漆耳杯铜扣　6、7.薰　8.井　9、30.甑　10.灶　11.锺
12.盂　13、14.壶　15.牛车　16.圈厕　17、27.盆　18.钵　19、26.豆　20、21、23.罐
22.仓　24.铜削　25.铜钱　28、29.瓶　31.盒（未注明质料者为陶器）

二、出土器物

出土器物经整理复原，基本完好的以陶器为主，除部分压碎不能修复的外，尚有30余件。器种大多为壶、罐、盘、盆等生活用品，也有灶、仓、井、牛车等模型明器。

1.陶器

盘　2件。圆形，盘面饰指甲纹1—2周。直径30—35、厚2.3—2.5厘米。

碟　1件。平底，面饰指甲纹2周。口径1.5、底径8、高3.2厘米。

豆　2件。形制相同。豆盘盏形，弧腹下附喇叭形高柄，平底。口径8.5、底径9.5、高10.5厘米（图二）。

仓　1件。略呈喇叭形，方口，腹部阴刻2仓门。上口边长6、底径15、高16.5厘米（图三）。

井　1件。圆筒形，井口出沿。底径9.5、口径8、高14厘米（图四）。

盆　2件。一件口部残，底部阴刻横线。底径8、残高9厘米。另一件宽沿，深腹，平底。口径26、底径13.5、高13厘米（图五）。

钵　1件。敛口，浅腹，平底。口径23、底径15、高7厘米（图六）。

壶　2件。形制相同。小敛口，圆肩，直腹，平底。口径2.5、底径10、高12厘米（图七）。

耳杯　2件。形制相同。口长9、高3厘米。

盂　1件。宽沿，敞口，束颈，扁圆腹，平底。口径16、底径9.5、高8.5厘米（图八）。

锺　1件。菱形平底，杯形口，长颈，扁圆腹，束颈，敞口。口径11、底径17、高38厘米（图九）。

灶　1件。略呈椭圆形，单灶眼，方形灶门，后有烟囱，灶眼上置一釜。径17、高8厘米（图一〇）。

甑　2件。出沿，腹内收。一件底有6孔，口径18、高6厘米；另一件底有5孔，口径12、高9厘米。

图二　陶豆　　　图三　陶仓　　　图四　陶井　　　图七　陶壶　　　图九　陶锺

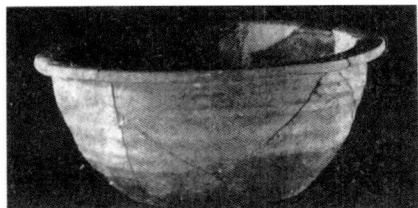
图五　陶盆

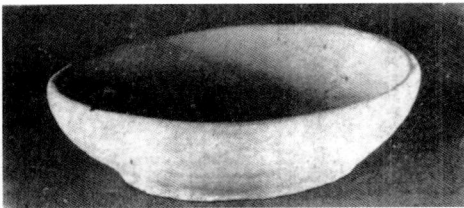
图六　陶钵

图八　陶盂

图一〇　陶灶

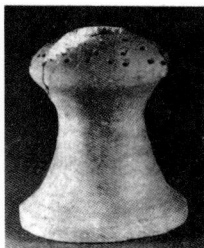
图一一　陶薰

图一二　陶薰

图一三　陶罐

图一四　陶罐

图一五　陶圈厕

图一六　陶盒

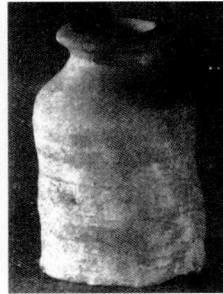
图一八　陶瓶

薰　2件。一件蘑菇形，上部镂空，平底，底径9、高11.5厘米（图一一）；另一件外有圆形盘，平底，中心凸出部分镂空，底径8、通高5厘米（图一二）。

罐　3件。一件为小口，短径，圆肩，鼓腹，平底。口径11、底径15、高21厘米（图一三）。两件侈口，束领，直腹，平底。口径7—9、底径10—15、高19—32厘米（图一四）。

瓶　2件。形制相同。小口，束颈，直腹，平底。口径4、底径8、高12厘米（图一八）。

盒　1件。宽平沿圆筒形，平底。口径13、底径11、高9.5厘米（图一六）。

牛车　1件。车为卷棚式顶，两轮各有辐条8根，车由一牛牵引，牛尾下垂，作低头拉车行走状。车棚长25、宽18.5、高14；车轮直径19；牛身长23、高14.5厘米（图一七）。

圈厕　1件。略呈方形，有底，在一边上沿处置一方形无顶无底小屋，另一边用一柱支承，小屋外侧开一小门，内支两根横杆。底边长18、通高15厘米（图一五）。

2.其他

铜削　1件。环形柄首，直刃。刃长12、通长18、宽1.2厘米（图一九）。

图一七　陶牛车

图二〇　铜钱
1~5、9、10.五铢钱　6、7.大泉五十　8.货泉　11、12.
无文钱　13.直百五铢（均为 4/5）

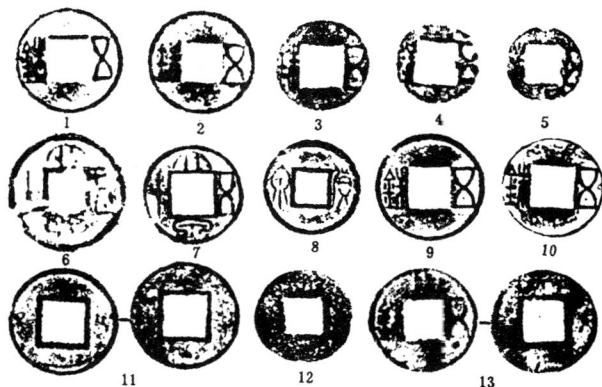

图一九　铜削

漆耳杯铜扣　1件。长8.5、宽0.5厘米。

铜钱　100余枚。均放置在后室。锈蚀严重，经整理可知有新莽时期的大泉五十、货泉，东汉时期各种类型的五铢钱，以及东汉末年至三国初铸造的无文钱和直百五铢（图二〇）。

三、小结

墓葬中没有发现有明确纪年资料，但出土的铜钱及随葬器物为断代提供了证据。在百枚多铜钱中发现有三国时蜀国铸币"直百五铢"。墓中出土的陶牛车，造型与安徽马鞍山佳山东吴墓出土的牛车相似[①]。陶灶、甑、钵、罐、盘以及其他随葬品等都与敦煌佛爷庙湾五凉时期墓葬出土的器物非常相似[②]，因此武威煤矿机械厂发现的这座墓葬的时代也应为十六国的五凉时期。

五凉时期，武威曾是前凉、后凉、南凉、北凉的都城所在，尤其前凉，在武威建都长达76年（301—376年）之久。这座墓葬的发现为研究这一时期的生产、生活、经济以及丧葬习俗等提供了实物资料。

发掘：孙寿龄　黎大祥

摄影：党万武

绘图、执笔：黎大祥

原文刊于《文物》1993年第11期

---

① 安徽省文物考古研究所：《安徽马鞍山市佳山东吴墓清理简报》，《考古》1986年第5期。

② 甘肃省敦煌县博物馆：《敦煌佛爷庙湾五凉时期墓葬发掘简报》，《文物》1983年第10期。

武威新青年巷魏晋墓清理简报

武威市文物考古研究所

2003 年 6 月 12 日至 13 日，武威市第二建筑工程公司在武威市新青年巷市中心血站家属楼工地发现一座砖室墓。武威市文物考古研究所接到报告后，对该墓进行了抢救性清理发掘。现简报如下。

一、墓葬结构

该墓距地表 2.5 米左右，是一座由青灰色条砖和红色条砖交错叠砌的前后室结构的砖室墓。墓门向南，高 1.33、宽 0.9、进深 1 米，用红色条砖和较大的卵石封门。前室墓顶已塌陷，残高 1.73、宽 2.3、长 2.8 米，底部用红色条砖"一"字形错缝平铺而成。墓室内有厚约 0.5 米的淤泥。前后室之间有一拱门相通，可惜后室和甬道已被挖掘机破坏殆尽。

二、出土器物

该残墓共清理出土文物 29 件，其中有陶器 18 件、铜器 2 件、金饰片 2 件、古钱币 7 枚。这些文物大多集中在前室西北角，由于墓内进水，器物被冲得失去原来位置，墓内还发现漆盒的残留物，出土时，表面的漆色鲜红艳丽，但木胎已腐朽，仅剩一铜嵌边，出土的铜器锈蚀严重，2 枚铜镜已成碎片，无法复原。

1. 陶器

18 件，皆为泥质灰陶。

罐　4 件，分四式。

Ⅰ式 1 件（标本 M1：1）。口腹残缺已修复，敞口，束颈，溜肩，直腹，平底。口径 7、底径 10.3、高 10 厘米（图一）。

Ⅱ式 1 件（标本 M1：2）。口、腹底严重残缺已修复，敞口，短颈，圆腹，底微凹。腹部有数道凸弦纹。口径 11、底径 10.4、高 19.2 厘米（图二）。

Ⅲ式 1 件（标本 M1：3）。口、腹部残缺已修复。敞口，短颈，鼓腹，底微凹。口径 10、底径 12、高 13 厘米（图三）。

Ⅳ式 1 件（标本 M1：4）。口、腹部严重残缺已修复，敞口，束颈，溜肩，直腹，平底。口径 7、底径 9.5、高 6 厘米。

仓　2件，分二式。

Ⅰ式1件（标本M1：5）。泥质灰陶。小口短颈，折肩，直腹，平底，上端有一长方形仓门，下刻画梯形图案。口径3.7、底径9、高14.7厘米（图四，照一）。

Ⅱ式1件（标本M1：6）。仓身呈桶状，平顶，无底，仓身上端有一小门，下刻梯形图案。顶径18.3、底径12、高10.2厘米（图五，照二）。

锺　2件。形制基本相同。小盘口，细颈，鼓腹，十一棱形，高足底微凹。标本M1：7口径10.5、底径16.5、高16厘米（图六，照三）。

车　2件，分二式。

Ⅰ式1件（标本M1：9）。车身残，缺轴、辕，已修复。车身为长方形带篷，篷顶为拱形，车轮高大，有八根辐条组成。轮径18.5、厚1.5厘米，车身长22厘米（图七，照四）。

Ⅱ式1件（标本M1：10）。一轮残断，一轮残缺严重，缺辕。车身呈长方形，左右后方有栏板，两轮高大，由八根辐条组成。轮径18.5、厚1.5厘米，车身长20.5、宽13.5、高19.5厘米（图八，照五）。

钵　1件（标本M1：12）。底有一裂缝，敞口，平沿，弧腹，底微凹。外壁有四道凸弦纹，内底有四道凸弦纹。口径14.5、底径16.5、高4.8厘米（图九）。

壶　1件（标本M1：13）。口小直口，溜肩，直腹下微敛，底微凹。径5.5、底径21.5、高17.5厘米（图一〇，照六）。

井　1件（标本M1：14）。直口，平沿，底部微外撇，桶状，平底。高10.8、口径8、底径7.7厘米。

灶　1件。标本M1：15，泥质灰陶。呈马蹄形。灶面有一釜口，上有钩、勺、案、肉、面团等模印物。方形灶门，灶门上端微凸。长25.5、宽21.5、高6.5厘米（图一一，照七）。

照一　陶仓　　照二　灰陶仓　　照三　灰陶锺　　照四　灰陶车　　照八　连枝灯　　照一二　陶楼院

  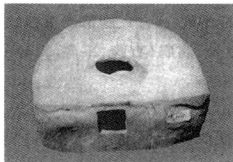   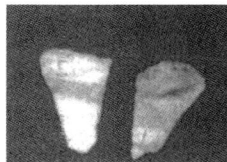

照五　灰陶车　　照六　灰陶壶　　照七　灶　　照九　铜尊　　照一〇　铜镶边　照一一　叶形金饰片

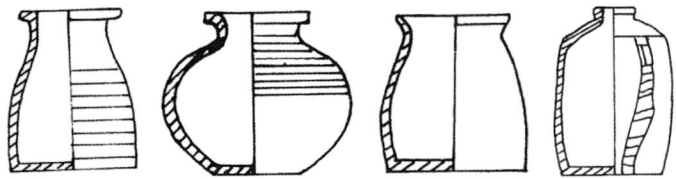

图一　陶罐　　图二　陶罐　　图三　陶罐　　图四　陶仓

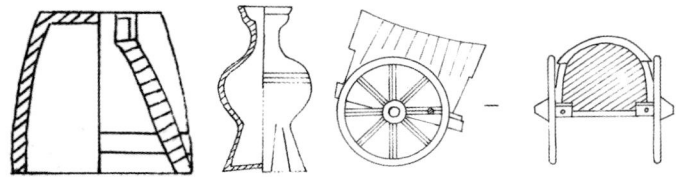

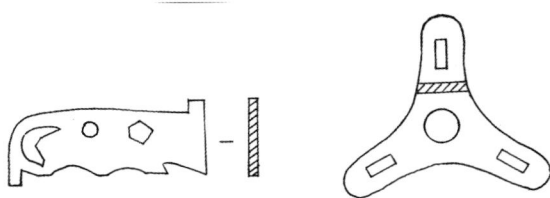

图一二　连枝灯
1.叶片　2.底座

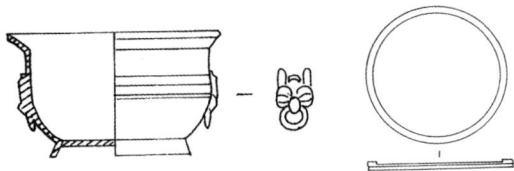

图五　陶仓　　图六　陶锤　　　图七　陶车

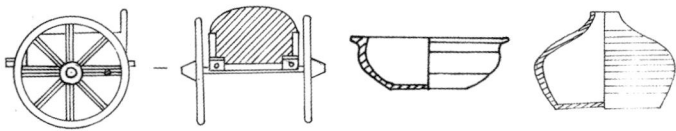

图一三　铜尊　　　图一四　铜镶边

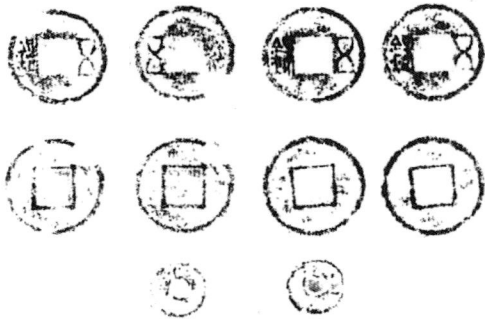

图八　陶车　　　　图九　陶钵　　图一〇　陶壶

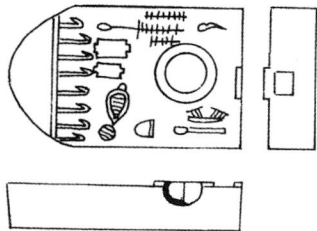

图一一　陶灶

拓片一　武威新青年巷魏晋墓随葬钱币拓片

盘　1件。标本M1：16，泥质灰陶。敞口，平沿，浅腹，平底。口径29、底径28、高1.7厘米。

盆　1件（标本M1：17）。敞口，重沿，底微凹。口径19.2、底径16、高5.4厘米。

陶楼院　1件（标本M1：18）。院楼部分残缺，已修复。四合院式，一边开门，中间有四层楼，院外四角有圆形碉楼，四阿式顶。长51.5、宽50、院高24、通高80.5厘米，碉楼高18厘米（照一二）。

连枝灯　1件（标本M1：19）。部分已残缺，已修复。插座呈三角形，中间有一圆形支柱插孔，三个角端有长方形插孔。叶片扁平，有一镂空鸟形图案。叶长18.5、宽10、厚1.5厘米，插座边长16.5、厚1.5厘米（图一二，照八）。

2.铜器

2件。

铜尊　1件（标本M1：20）。口、腹残缺严重，锈蚀严重。缺一衔环，底微残，撇口、束颈，鼓腹，圈足微外撇，腹有四道凸弦纹，有对称铺首衔环。口径25、底径16、高16厘米（图一三，照九）。

铜镶边　1件（标本 M1：21）。残断为七截，锈蚀严重。环形，为漆器的边。直径 23、边宽 1 厘米（图一四，照一〇）。

3. 金器

2件。

叶形金饰片　2件。金器，叶形，形制大致相同，标本 M1：22。残长 2、宽 1 厘米。（照一一）

钱币　7枚。五铢钱 6 枚，其中 2 枚残缺，径 2.7、穿 0.9 厘米（拓片一）；小钱 1 枚，径 1、穿 0.4 厘米，因锈蚀严重，字迹已不可辨（拓片一）。

三、结语

武威市新青年巷中心血站家属楼魏晋墓位于武威旧城东南隅旧城墙根下。该墓早年墓顶已坍塌，加之墓葬后室在工程施工过程中被破坏，没有发现较为明显的断代的东西，但根据前室的形制及砌法和出土的随葬器物，我们初步断定该墓为魏晋时期的墓葬。

从墓葬形制和墓砖的砌法看，该墓与武威武师及武威金塔藏家庄墓室的结构和砌法基本一致，它用红、灰二色砖砌一些菱格形图案，具有明显的晋墓的特点。

从出土的随葬器物来看，大部分均为灰陶且出土的灰陶车（应为牛车，遗憾的是由于墓顶塌陷及后室被毁，没有发现陶牛）、灰陶楼院多为魏晋时期的墓葬中所常见。尤其是灰陶楼院、仓、井、锺与武威金沙赵家磨南滩魏晋墓中出土的器物相似，叶形金饰片也与赵家磨南滩魏晋墓中所出的金饰片大致相同，因此我们将该墓定为魏晋时期。

该墓出土的灰陶车及陶楼院是近年来武威清理出土的文物中较有代表性的重要文物，它为研究武威这一时期的墓葬增添了新的实物资料。同时该墓的发现也为研究武威姑藏故城的变迁提供了新的参考资料。

发掘：周新华　朱安　张振华　韩小丰　黎树科　梁晓英　何金兰　杨生梅　钟雅萍

执笔：何金兰

绘图：钟雅萍

照片：周新华

原文刊于《陇右文博·武威专辑》2004 年

武威市西关魏晋墓发掘简报

武威市文物考古研究所

2004 年 5 月 31 日，位于武威市西关河西装潢公司综合楼施工现场发现一座砖室墓，当即由我所对墓葬进行了抢救性发掘和清理，现将该墓葬发掘清理情况简报如下。

一、地理位置及墓葬形制

该墓位于武威市凉州区西大街南端西侧，武威纺织厂南侧约 200 米处。墓向正东，距地表约 4 米，由墓门、前室、双后室和耳室组成多室砖墓。墓壁均用长 35、宽 17.5、厚 4.2 厘米的青灰条砖砌成。（图一）

前室，墓门高 1.30、宽 0.95 米，顶部起二层券，墓室西、北、南壁中部稍向外弧凸。（照一）前室长 2.94、宽 2.43、高 2.36 米。左右两壁沿边砌二层台，台高 0.27 米，与后室地面平。墓顶涂绘黑、灰、白三色呈折带形图案，为覆斗式，正中嵌边长 47.5、厚 5.5 厘米的方砖一块，用红、灰、蓝、黑、橙色绘制莲花藻井封顶。（照二）四壁砖上用黑、白、灰色粉涂绘菱形、折带形和条带形的图案。前室右侧有耳室，耳室门砌二层券，高 1.27、宽 0.94 米，南北长 2.90、宽 1.70、高 2.36 米，拱券式顶。

后室，右门的中间砌高 1.27、宽 1.90 米的砖柱，然后分别砌二券门，为左、右二室，（照三）左室较右室稍大一些。左室墓壁砌成大小的菱形和条形纹，拱券式顶。（照四）右室墓壁砌水波纹，拱券式顶。（照五）左右二室残留黧黑红漆的墓棺痕迹和几根股骨、肋骨，在淤泥中还发现有腐锈的铁钉和散落的"半两"冥钱，右室壁角中部残留金叶饰片。这些现象表明，此墓早年被盗掘时遭到人为破坏，又遭淤土掩埋的扰乱，随葬物可能已失去或不在原位。

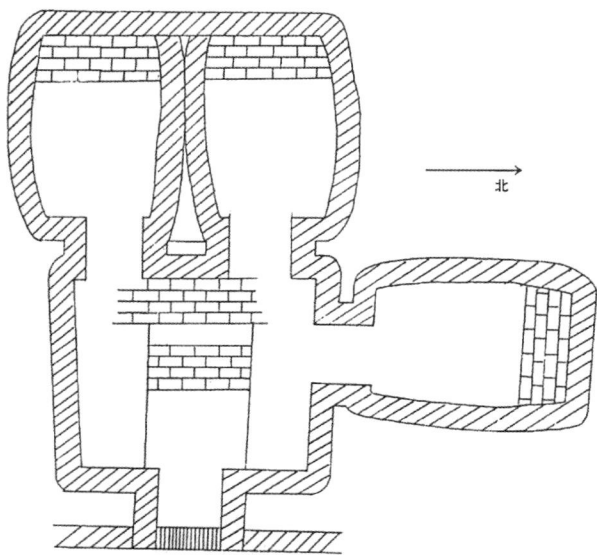

图一　武威市西关河西装潢公司综合楼墓葬平面图

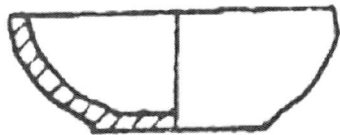

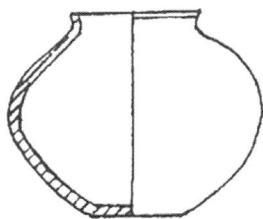

图二　M1：1 灰陶豆　　　　图三　M1：2 灰陶罐　　图四　M1：3 灰陶罐

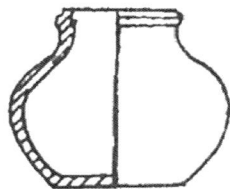

二、随葬器物

因该墓曾被盗扰，破坏较严重，现仅清理出随葬品有：灰陶豆、灰陶罐、莲花藻井砖、花瓣形金饰片及铜弩机构件，另有冥钱 280 枚。

1. 陶器

4 件，均为泥质灰陶，其中完整 2 件，残缺已修复 2 件。

陶豆：敞口、弧腹、平底。完整，M1：1，口径 7.8、底径 4.5、高 2.8 厘米，灰陶质。（图二，照六）

陶罐：敞口、平沿、短颈、鼓腹，腹部下内敛，底微凹。口、腹残缺，已修复。编号 M1：2，口径 14.8、腹径 27.9、底径 11、高 21.6 厘米，灰陶质。（图三，照七）

陶罐：敞口、重沿、短颈、圆腹、底微凹。残裂，已修复。编号 M1：3，口径 9.3、腹径 18.4、底径 13.1、高 15.9 厘米，灰陶质。（图四，照八）

照一　前室墓门　　　　　照二　莲花藻井砖　　　　　照三　后室墓门

照四　左室墓壁菱形和条形纹　　照五　右室墓壁水波纹　　照六　灰陶豆

照七　灰陶罐

照八　灰陶罐

照九　莲花藻井砖

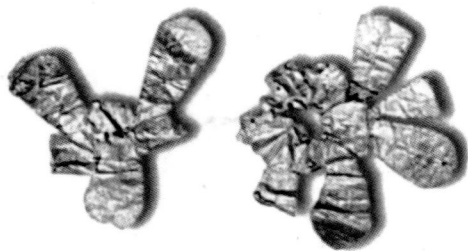

照一〇　花瓣形金饰片

照一一　铜弩机

莲花藻井砖：平面方形。以红、灰、蓝、黑、橙色绘制复瓣莲花图案，花心内有九个红色圆点，莲花外有一圆圈勾勒。完整，画面稍有色彩脱落。编号 M1：7，边长 47.5、厚 5.5 厘米，灰陶质。（照九）

2. 金器

2 件。形制大致相同，呈八瓣花叶形，花中有一小孔。其薄如纸，系金片剪成，重仅 0.6—0.9 克。残缺。编号 M1：5，残瓣长 2.8、宽 1.1 厘米。M1：4，残瓣长 2.6、宽 1 厘米。（照一〇）

3. 铜器

1 件。铜弩机郭，青铜质。编号 M1：6，长 6.4、宽 1.9、厚 1.5 厘米。残缺，锈蚀严重。（照一一）

4. 冥钱

共计 280 枚，多为"半两"钱。另有"剪边五铢"1 枚，锈蚀严重。

三、结语

从墓葬形制和出土随葬品的特征，结合历年在武威境内发现清理的汉晋时期的墓葬特征相比较，初步判断这是一座魏晋时期的墓葬。其根据是：

1. 这座墓是由前、后及侧室组成的砖室墓，前室近方形，四面砖砌起券成窟窿顶，后室、侧室呈长方形券顶，这种形制出现于东汉中期，流行于东汉晚期和魏晋时期。

2.整个墓室用青、灰二色砖砌成菱形纹、水波纹、条形纹、"工"字形纹等图案，这种修筑方式在魏晋时期墓葬中很普遍。尤其是前室四边起顶，顶部用彩绘莲花图案的正方形砖"藻井"封顶，是魏晋时期墓葬中最有代表性的一大特征。

3.随葬器物也和同期墓葬出土器物基本相似。陶器由汉代的多样化演变为单一化，且制作粗糙。冥钱"半两"的出现，在同时期墓内比较少见。

该墓的发掘为考证和研究武威在魏晋时期的政治、经济、文化及民俗、葬制等方面补充了新的实物资料。

发掘：周新华　朱安　张振华　宁生银　冯建省　韩小丰　杨生梅　梁晓英　何金兰　梁继红　钟雅萍

执笔：钟雅萍

绘图、摄影：朱安

原文刊于《陇右文博》2006 年第 2 期

武威市第一粮库魏晋墓发掘简报

武威市文物考古研究所

2004 年 8 月 6 日，位于武威市凉州区第一粮库施工现场发现一座砖室墓，我所组织专业人员对该墓葬进行了抢救性发掘清理，现将此发掘成果简报如下。

一、位置及形制

墓葬位于武威市城区民族街粮食巷，为砖室结构墓，由墓室和墓门组成。墓门东向，用青灰条砖起两层券，门高 1.28 米，宽 0.97 米，进深 0.96 米。墓室距地表层深约 4 米，东西长 3.78 米，南北宽 3.20 米，高 3.30 米。覆斗式顶，墓壁用白、黑、灰三色条砖砌成菱形、飞燕形、条带形和水波纹图案。墓室东北角和东南角分别用条砖砌起灯台。墓室底部淤泥约 0.50 米。

二、出土器物

由于墓室早年多次被盗，随葬器物散处于墓室各部位并破损较严重。出土器物经整理、修复，共计 22 件。

1. 彩绘灰陶马

彩绘灰陶马 2 件。泥质灰陶。形制相同，马身用白色打底，背塑鞍鞯，墨线描绘马鞍饰等，眼睛阴刻，呈三角形，均作昂首嘶鸣状，双耳耸立，体格雄健。马腿、尾缺失。标本 M：1，身长：29.2—40 厘米，身高 17—26.5 厘米，身宽 16.7 厘米。（照一，图一）

2. 彩绘灰陶女俑

泥质灰陶。模制，立姿，高发髻，面容端庄、和善，双手交叉握于胸前，双乳高挺，着交领上衣，下着长裙。俑身用白色打底，发髻、眼睛、嘴部均用墨线勾勒。裙上模印鱼刺纹饰。颈部断裂，已修复。标本 M1：2，高 24 厘米，宽 7.5 厘米，厚 4.7 厘米。（照二，图二）

3. 灰陶牛

泥质灰陶。素面，捏塑，站立，神态逼真，体格略瘦，造型古朴简洁。右角残缺，已修复。标本 M1：3，长 22.5 厘米，宽 9.5 厘米，高 12 厘米。（照三，图三）

4. 灰陶牛

泥质灰陶。素面，捏塑，站立，神态逼真，体格健壮，造型古朴厚重。右耳残缺，已修

照一　彩绘灰陶马　　　　照二　彩绘灰陶女俑　　　　照三　灰陶牛

图一　彩绘灰陶马　　　　图二　彩绘灰陶女俑　　　　图三　灰陶牛

复。标本 M1：4，长 24.5 厘米，宽 9.5 厘米，高 11.3 厘米。（照四）

5. 彩绘灰陶壶

泥质灰陶。小直口、细颈、溜肩、垂腹、大平底微内凹。白色打底，在口沿、颈、腹部有数道凹弦纹，用墨线在壶腹绘制柳条纹饰。完整。标本 M1：5，口径 5 厘米，腹径 21.7 厘米，底径 21.5 厘米，高 11.5 厘米。（图四）

6. 彩绘灰陶车身

泥质灰陶。车身呈长方形，后栏板外用单阴线刻画有网状车窗和方格纹护栏。白色打底，用墨线勾勒轮廓。缺车表。标本 M：6，长 22.5 厘米，宽 14.2 厘米，高 13.4 厘米。（照五，图五）

7. 彩绘灰陶鸡

泥质灰陶。圆形底座下有插孔，作展翅欲飞状。白色打底，用墨线勾勒羽毛、眼珠。鸡嘴残缺，已修复。标本 M1：7，通长 10 厘米，宽 10.5 厘米，通高 10.5 厘米。（照六，图六）

8. 灰陶灶

泥质灰陶。素面，呈马蹄形，灶面有两釜口，灶前端有一灶墙，后端有一烟囱，长方形火门，灶面模印有挂钩、叉、案、勺、鱼、面团等图案。完整。标本 M1：8，长 22 厘米，宽 20 厘米，高 7.5 厘米。（照七，图七）

9. 灰陶罐

泥质灰陶。素面，敞口、平沿、束颈、圆腹、平底微内凹。口、腹部残缺，已修复。标

照四　灰陶牛

照五　彩绘灰陶车身

照六　彩绘灰陶鸡

图四　彩绘灰陶壶

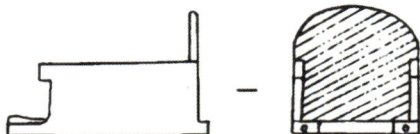

图五　彩绘灰陶车身

图六　彩绘灰陶鸡

本 M1：9，口径 8.5 厘米，腹径 18.6 厘米，底径 11 厘米，高 17 厘米。（图八）

10. 灰陶仓

泥质灰陶。素面，截面呈椭圆形，平顶，仓身呈梯形，上小下大，仓身有数道凸弦纹。方形仓门，门边刻画有攀登粮仓的斜梯纹样。完整。标本 MI：10，顶径 9.5 厘米，底宽 15 厘米，高 9.5 厘米。（图九）

11. 灰陶罐

泥质灰陶。素面，敞口、短颈、圆腹、平底。口、腹残缺，已修复。标本 MI：11，口径 9.7 厘米，腹径 18 厘米，底径 10 厘米，高 16.7 厘米。

12. 灰陶耳杯

泥质灰陶。素面，呈椭圆形。两侧有扁平耳，平底，浅圈足。完整。标本 M1：12，口长 8.2 厘米，口宽 7.5 厘米，底长 4.1 厘米，底宽 2.6 厘米，高 2.5 厘米。（图一〇）

13. 灰陶豆

泥质灰陶。素面，敞口、圆唇、弧腹、平底。完整。标本 M1：13，口径 6.2 厘米，底径 4.4 厘米，高 2.4 厘米。（图一一）

14. 灰陶豆

泥质灰陶。素面，敞口、圆唇、弧腹、平底，浅圈足。口、腹部残缺，已修复。标本 M1：14，口径 6.8 厘米，底径 5 厘米，高 2.8 厘米。（照八）

15. 灰陶盘

泥质灰陶。素面，敞口、浅腹、平底。残裂，已修复。标本 M1：15，口径 28.5 厘米，底径 28.6 厘米，高 2.3 厘米。（图一二）

照七　灰陶灶

照八　灰陶豆

照九　灰陶车轮

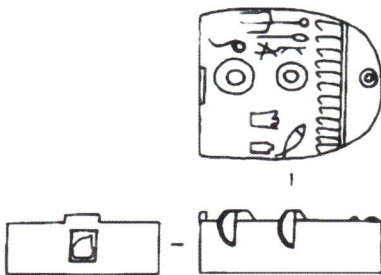
图七　灰陶灶

图八　灰陶罐

图九　灰陶仓

16. 灰陶车轮 2 件

泥质灰陶。素面，车轮有 8 根辐条，形制相同。残缺，已修复。标本 M1：16、M1：17，直径 21—21.2 厘米，厚 1.3—1.8 厘米。（照九，图一三）

17. 彩绘灰陶马腿

泥质灰陶。单独模制，呈弓形，为左前腿，白色打底，单阴线刻画有三角、曲线纹饰。完整。标本 M1：19，长 22.5 厘米，宽 4.5 厘米。（照一〇，图一四）

18. 彩绘灰陶马腿

泥质灰陶。单独模制，呈弓形，为右前腿，白色打底。单阴线刻画有三角、曲线纹饰。完整。标本 M1：20，长 18.5 厘米，宽 5 厘米。（照一一）

19. 彩绘灰陶马腿

泥质灰陶。单独模制，直立状。白色打底，单阴线刻画有三角、曲线纹饰。蹄微残。标本 M1：21，长 23 厘米，宽 5.5 厘米。（图一五）

20. 陶楼残件

泥质灰陶。素面，方柱形，下边开两门，呈长方形，上有四个窗户，呈正方形。缺顶。标本 M1：18，上边长 7.5×8.5 厘米，下边宽 9.8×9.6 厘米，高 21 厘米。

照一〇　彩绘陶马腿

照一一　彩绘灰陶马腿

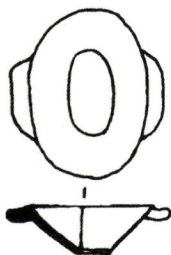

图一〇　灰陶耳杯

图一一　灰陶豆

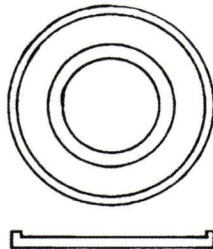

图一二　灰陶盘

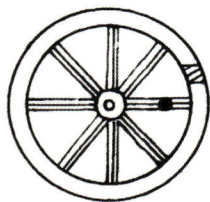

图一三　灰陶车轮

图一四　彩绘灰陶马腿

图一五　彩绘灰陶马腿

三、结语

从墓葬形制和出土的随葬品特征来看，断定为魏晋时期的墓葬。墓室的结构和砌法与武威境内发现同期墓葬基本相同。随葬品也较丰富，但可惜破坏较严重。在出土的器物当中有陶牛车、陶俑、陶马、陶楼院等丰厚的陪葬品，此墓主人应为当时武威区域的豪强地主。这座墓的发现为研究魏晋中期墓葬的形制、葬俗提供了较为翔实的资料，对研究河西地区魏晋时期墓葬制度和社会风光具有一定的意义。

发掘：张振华　朱安　宁生银　冯建省

执笔：钟雅萍

原文刊于《陇右文博》2009 年第 2 期

武威市凉州区辛家河滩魏晋墓发掘简报

武威市文物考古研究所

2004 年 6 月 14 日，位于武威市城东约 15 公里处的辛家河滩采石厂施工现场发现一座墓葬，武威市文物考古研究所接到报告后，立即派人对墓葬进行了抢救性的清理发掘，现将发掘清理情况简报如下。

一、墓葬位置与墓室结构

该墓位于采石厂正中，墓室距地表深约 3 米，为拱形券顶单室砖墓，坐西向东。墓室高 3.2、东西长 2.72、南北宽 2.45 米。墓门进深 1.5、宽 0.8、高 1.3 米。甬道拱形，有二层券。铺地砖横行排列。该墓用砖规格大致一样，砖长 32.5、宽 16、厚 5 厘米，从色泽来看，可分为两种：一种是黑色，火候较高；另一种为灰色，火候较低，容易破损。在砌造的方法上用两种砖相间砌筑，使之更加牢固。

此墓仅有两颗头骨及零散的残骨。因早年被盗，墓葬扰乱相当严重，葬具已腐朽，无法得知其结构与形制，另外发现铁棺钉 9 枚，钉长 0.5—13 厘米。墓室底部有淤泥厚约 30 厘米，放棺处均有凝固的白灰块。该墓为夫妻合葬墓。

二、随葬器物

由于早期被盗扰乱，随葬器物放置零乱，破损严重，出土器物主要以灰陶为主，另有铜器、银器及少量铁器等。完整可修复的共计 15 件。其中陶器 7 件，铜器 3 件，铁器 1 件，银器 3 件，另外有钱币 2 枚。

（一）陶器

1. 灰陶罐

泥质灰陶，敞口，重沿，短颈，溜肩，深腹，平底。口径 10、腹径 13、底径 12.5、高 19.5 厘米。口腹残裂，已修复。

2. 灰陶罐

泥质灰陶，口微侈，圆腹，圆肩，腹下内敛，腹有 6 道凸弦纹，器形完整。口径 17.7、腹径 30、底径 13.5、高 24 厘米（图一）。

图一　灰陶罐　　　　　图二　双耳灰陶罐　　　　　图三　灰陶罐　　　　　图四　灰陶罐

3. 双耳灰陶罐

泥质灰陶，重沿，敞口，短颈，溜肩，圆腹内敛，平底。下腹有6道凸弦纹，肩部有对称双耳，耳中间有凹槽。口径18、腹径31、底径13.5、高29厘米。腹残缺已修复（图二）。

4. 灰陶罐

泥质灰陶，敞口，短颈，鼓腹，小平底，腹下有弦纹数道。口径5.5、腹径10.7、底径5.3、高8.5厘米，完整（图三）。

5. 灰陶小罐

泥质灰陶，敞口，短颈，鼓腹，小平底，素面。口径4.4、腹径8.5、底径4、高6.5厘米，完整。

6. 灰陶罐

泥质灰陶，敞口，卷沿，短颈，圆腹，腹下内敛，腹部有10道凸弦纹。口径10.8、腹径24.5、底径12、高23.5厘米。

7. 灰陶罐

泥质灰陶，敞口，折沿，短颈，圆腹，腹部有数道凸弦纹，底部微内凸，素面有隶书文字，已无法辨认。口径0.9、腹径20、底径13、高17.5厘米，完整（图四）。

（二）铜器

1. 位至三公铜镜

表面微有锈蚀，重量77.1克，圆形，圆钮，三角缘，背有隶书"位至三公"四字铭文，字两侧有宽竖线边框，左右两侧有对称凤形图案，外区有一圈矩竖线纹，直径9.8、厚0.25厘米，完整（图五）。

2. 四神规矩铜镜

圆形，圆钮，柿蒂形钮座，钮座外双线双方格纹，外有"四神"纹和"规矩"纹，为主题纹饰，外区有一圈短竖线纹，镜缘有一圈双折线纹，表面微有锈蚀，直径8、厚0.25厘米，重量120.7克，完整（图六）。

3. 铜小勺

微有锈蚀。呈勺形，勺敞口，平沿，浅腹，小平底，四棱实心手柄。长4、高1.2、勺口径2.4、勺底径1.6厘米，完整（图七）。

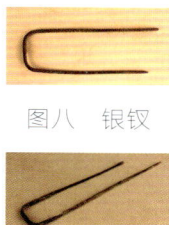

图五　位至三公铜镜　　图六　四神规矩铜镜　　图七　铜匕勺　　图八　银钗　图九　银钗　　图一〇　银发卡

（三）铁器

铁镫，直颈 11.5、残厚 0.5 厘米。扁圆形，残锈严重。

（四）银器

1. 银钗

呈 U 字形，残断为三截。残长 14.6、宽 2.4 厘米。锈蚀严重，重量 6 克，素面（图八）。

2. 银钗

呈 V 字形，微残。长 7.6、宽 2.5 厘米，重 3.5 克，素面（图九）。

3. 银发卡

呈较窄的 V 形。锈蚀严重。残长 13、宽 0.6 厘米，重 5.9 克，残断为四截，素面（图一〇）。

（五）钱币

2 枚，锈蚀严重，字迹不清（图一一）。

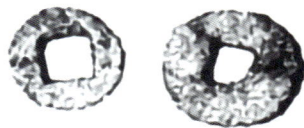

图一一　钱币

三、结语

该墓葬建筑规模较小，虽因早期被盗，但墓室结构完整，从出土的随葬器物来看，陶器大致为成组的陪葬。根据出土的器物及墓葬的形制来推断，此墓的年代，我们初步认定为魏晋时期。

墓内随葬器以陶器为主，且均为灰陶，其特点与武威同期墓中出土的陶器相近，皆为素面，底部有切削的痕迹。其次，此墓出土"位至三公"铜镜和 1985 年甘肃省考古工作者在敦煌市祁家湾魏晋墓出土的"位至三公"铜镜相似，主要为三角缘，纹饰为夔凤纹，是魏晋时期流行的样式。另外出土了一个铁马镫。马镫最早出现于西晋，最初为一个马镫，到东晋时演变为两个马镫。墓砖的砌造方法是用两种砖相间砌筑，墓室结构和武威师范学校、金塔乡臧家庄、金羊乡赵家磨、新青年巷魏晋墓葬相似。据此，可以断定该墓的时代为魏晋时期，为研究武威同一时期的墓葬和随葬器物，提供较为翔实的资料。

发掘：朱安　宁生银　冯建省　韩小丰　黎树科

执笔：宁生银

照片：朱安

原文刊于《陇右文博》2005 年第 2 期

凉州石窟遗迹和"凉州模式"

宿　白　北京大学考古系

一

　　佛教艺术从新疆向东传播，首及河西地区。河西的政治、经济、文化中心，魏晋以来在武威，即凉州。西晋译经大师竺法护往来河西、长安、洛阳间[①]，东晋中原地区的名僧道安（314—385 年）谓其译经"寝逸凉土"[②]。"凉州自张轨以来，世信佛教[③]。四世纪中期，邺都有凉州博学沙门。"[④] 其时张氏在凉州东苑置铜像[⑤]。373 年，前凉统治者张天锡延揽月支人、龟兹人组织凉州译场，并亲自参加译经工作[⑥]。374 年，道安在襄阳撰《综理众经目录》时，其《凉土异经录》中，已收凉州译经五十九部、七十九卷[⑦]。376 年，前秦陷凉州，所遣凉州刺史杨弘忠崇奉佛教[⑧]。之后，武威太守赵正亦崇仰大法，忘身为道[⑨]。379 年至 385 年，道安在长安译经，译场的主力竺佛念是凉州沙门，佛念洞晓梵语，"苻姚二代为译人之宗"[⑩]。这时，凉

----

　　① 参看《出三藏记集》（以下简作《祐录》）卷 13，《竺法护传》；《高僧传》卷 1，《竺昙摩罗刹传》；汤用彤：《汉魏两晋南北朝佛教史（以下简作《佛教史》）第七章《两晋之名僧与名士》。

　　② 见《祐录》卷 7，释道安《合放光光赞略解序》。

　　③ 见《魏书·释老志》。

　　④ 参看《祐录》卷 9，《渐备经十住胡名并书叙》。

　　⑤ 《太平御览》卷 124，引《十六国春秋·前凉录》：张天锡"三年（365 年），姑臧北山杨树生松叶，西苑牝鹿生角，东苑铜佛生毛"。

　　⑥ 参看《祐录》卷 7，《首楞严后记》；《开元释教录》卷 4，《总括群经·前凉录》。

　　⑦ 参看《祐录》卷 3，《新集安公凉土异经录》和《佛教史》第八章《释道安》。

　　⑧ 《高僧传》卷 5，《释道安传》：道安"既达襄阳，复宣佛法，……四方学士竞往师之。时征西将军桓朗子镇江陵，要安暂住。朱序西镇，复请还襄阳，安以白马寺狭，乃更立寺，名檀溪，即清河张殷宅也，大富贵者并加赞助，……凉州刺史杨弘忠送铜万斤，拟为承露盘。安曰，露盘已托汰公营造，欲迴此铜铸像，事可然乎。忠欣而敬诺"。按朱序西镇之年为 377 年，其前一年，前秦下凉州，379 年道安离檀溪西入关，因知弘忠刺凉，即在 376 年以后不久。

　　⑨ 参看《高僧传》卷 1，《昙摩难提传附赵正传》。正字文业，《祐录》卷 9，道安《增一阿含序》："外国沙门昙摩难提……以秦建元二十年（384 年）来诣长安……武威太守赵文业求令出焉，佛念译传。"同书卷 13，《昙摩难提传》作赵政。

　　⑩ 见《祐录》卷 15，《佛念法师传》。

州僧人多西行求法，明确见于记载的有：竺道曼之去龟兹[①]；智严随法显西行，后又泛海重到天竺[②]；又有宝云曾抵弗楼沙国，东归后南渡江，"江左练梵莫逾于云"，晋宋之际翻传诸经多云所刊定[③]。四世纪末，龟兹高僧鸠摩罗什居凉州十七年（385—401）[④]，长安僧肇远来受业[⑤]。其后，罽宾高僧佛陀耶舍亦来姑臧，后秦末，耶舍还国犹托贾客寄经与凉州诸僧[⑥]。凉州佛教渊源久远，412年，沮渠蒙逊入据之前，已大有根基了。

"沮渠蒙逊在凉州亦好佛法"[⑦]。刘宋何尚之《答宋文帝赞扬佛教事》记蒙逊"末节感悟，遂成善人"[⑧]。《高僧传》卷二《昙无谶传》亦记："沮渠蒙逊素奉大法，志在弘道。"蒙逊子牧犍（亦作茂虔）亦重佛教[⑨]。故《魏书·高崇传附子谦之传》谓"凉国盛事佛道"，高谦之撰《凉书》记沮渠"国寺极壮，穷海陆之财，造者弗吝金碧，殚生民之力。"[⑩]沮渠时期西去求法的北凉僧人，见于著录的多达十余人，其中有蒙逊从弟沮渠京声[⑪]。在北凉译经的僧人，见于著录的亦多达十余人，有名的中天竺沙门昙无谶于421年到达姑臧，主持译场，道俗数百人，参与讨论[⑫]，沮渠时期的凉州，遂成为当时中国的译经中心之一。因此，沮渠藏经亦为时人所敬重，

---

① 《祐录》卷11，《比丘大戒二百六十事》："卷后又记云，秦建元十五年（379年）十一月五日，岁在鹑尾，比丘僧纯、昙充从丘慈高德沙门佛图舌弥许。得此授大比丘尼戒仪及二岁戒仪……凉州道人竺道曼于丘慈因此异事，来与敦煌道人……。"

② 参看《高僧传》卷3，《释智严传》。

③ 见《祐录》卷15，《宝云法师传》。

④ 参看《高僧传》卷2，《鸠摩罗什传》。

⑤ 《高僧传》卷6，《僧肇传》："后罗什至姑臧，肇自远从之，什嗟无极。及什适长安，肇亦随入。"

⑥ 参看《祐录》卷14，《佛陀耶舍传》。

⑦ 见《魏书·释老志》

⑧ 见《弘明集》卷11。

⑨ 《太平御览》卷124，引《十六国春秋·北凉录》记："（沮渠茂）虔为酒泉太守，起浮图于中街，有石像在焉。"蒙逊卒，茂虔嗣位后，凉州闲豫宫中译事犹盛，事见《高僧传》卷三《浮陀跋摩传》："浮陀跋摩，此云觉铠，西域人也……宋元嘉之中达于西凉。先有沙门道泰志用强猱，少游葱右，遍历诸国，得《毗婆沙》梵本十有万偈，还至姑臧，侧席虚襟，企待明匠，闻跋摩游心此论，请为翻译。时蒙逊已死，子牧犍袭位，以犍和五年岁次丁丑四月八日，即宋元嘉十四年（437年），于凉州城内闲豫宫中，请跋摩译焉，泰即笔受，沙门慧嵩、道朗与义学僧三百余人考正文义，再周方讫，凡一百卷。沙门道挺为之作序。"

⑩ 见《广弘明集》卷7，《列代王臣滞惑解》。

⑪ 见于著录的北凉西去求法僧人有：沮渠京声，见《祐录》卷14，《沮渠安阳侯传》；道普，见《高僧传》卷2，《昙无谶传》；道泰，见《祐录》卷2，《新集经论录》和《高僧传》卷3，《浮陀跋摩传》；僧表、法盛，见《名僧传》卷26，（据日释宗性《名僧传抄》，下同）；惠榄（览），见《名僧传》卷20；法惠，见《名僧传》卷25；昙学（静泰《众经目录》卷1、《大唐内典录》卷三皆作昙觉）、威德等八人，见《祐录》卷8，《贤愚经记》。

⑫ 见于著录的北凉译僧有：昙无谶，见《祐录》卷14，《昙无谶传》；浮陀跋摩、道泰，见《高僧传》卷3，《浮陀跋摩传》；僧伽陀，见《历代三宝记》卷9；道龚、法众、昙学、威德见《祐录》卷2，《新集经论录》；智猛、昙纂，见《祐录》卷14，《智猛法师传》；法盛，见《开元释教录》卷4；慧嵩，见静泰《众经目录》卷1；沮渠京声，见《祐录》卷14，《沮渠安阳侯传》。此外，《祐录》卷2，《新集经论录》另记有出于凉州敦煌的《决定毗尼经》，未审译经人名。又《开元释教录》卷4，《总括群经录·北凉录》录北凉新旧诸失译经有五十三部合七十五卷之多。

南齐竟陵文宣王肖子良撰《净住子净行法门》，其第二十六章《敬重正法门》所举敬礼对象中列有"沮渠国大乘十二部法藏"①。重禅定，多禅僧，是北凉佛教的另一特点②，此后，南北习禅者多受北凉影响③。习禅多觅僻静之地，水边崖际开凿窟室更是禅行观影之佳处④，所以，佛教石窟之兴多与禅僧有关⑤。北凉既弘佛法，又聚禅僧，文献记载新疆以东最早的较具规模的开窟造像，始于沮渠蒙逊在凉州南山兴凿的凉州石窟，并非偶然之事。关于凉州窟像事迹，见录于七世纪道宣（596—667年）撰《集神州三宝感通录》卷中⑥：

> 凉州石崖瑞像者，昔沮渠蒙逊以晋安帝隆安元年（397年）据有凉土二十余载，陇西五凉，斯最久盛。专崇福业，以国城寺塔修非云固，古来帝宫终逢煨烬，若依立之，效尤斯及。又用金宝终被毁盗。乃顾眄山宇可以终天，于州南百里，连崖绵亘，东西不测，就而斲窟，安设尊仪，或石或塑，千变万化。有礼敬者惊眩心目。中土有圣僧可如人等，常自经行，初无宁舍，遥见便行，近瞩便止，视其颜面如行之状。或有罗土垄地，观其行不，人才远之，便即踏地，足迹纳纳，来往不住。如此现相，经今百余年，彼人说之如此。

蒙逊所斲窟，可能是以佛像为主的佛殿窟。六世纪慧皎《高僧传》卷二《昙无谶传》记蒙逊为母造丈六石像云：

> 伪承玄二年（429年），蒙逊济河，伐乞伏暮末于枹罕，以世子兴国为前驱，为末军所败，兴国擒焉。后乞伏失守，暮末与兴国俱获于赫连勃勃，后为吐谷浑所破，兴国遂为乱兵所杀。逊大怒，谓事佛无应⑦。即欲遣斥沙门，五十已下皆令罢道。蒙逊为母造丈六石像，像遂泣涕流泪，（昙无）谶又格言致谏，逊乃改正而悔焉。

此事与道宣同时的道世在《法苑珠林·敬佛篇·观佛部感应缘》中，另有较详记录：

---

① 见《广弘明集》卷27。

② 参看《佛教史》第十九章《北方之禅法净土成戒律》。

③ 参看《佛教史》第十九章《北方之禅法净土成戒律》。

④ 参看佛陀跋陀罗译：《佛说观佛三昧海经》卷3、卷7和沮渠京声译《治禅病秘要法》卷上。僧人习禅之窟或名定窟，定窟一辞最早见于昙无谶译《大般涅槃经》卷30。

⑤ 参看刘慧达：《北魏石窟与禅》，《考古学报》1978年3期。

⑥ 此事又见道宣：《广弘明集》卷15，《列塔像神瑞迹》。

⑦ 兴国重佛事，见《祐录》卷9，《优婆塞戒经记》："太岁在丙寅（426年）夏四月二十三日，河西王世子抚军将军录尚书事大沮渠兴国与诸优婆塞等五百余人共于都城之内。请天竺法师昙摩谶译此在家菩萨戒，至秋七月二十三日都讫。秦沙门道养笔受。愿此功德令国祚无穷，将来之世值迂弥勒，初闻悟解，逮无生忍，十方有识，咸同斯誓"。

图一　武威天梯山石窟第一窟

1.第一窟平面、立面示意　2.最下层边饰

北凉河西王沮渠蒙逊为母造丈六石像于山寺，素所敬重。以宋元嘉六年（429年）遣世子兴国攻枹罕大败，兴国遂死于佛氏。逊恚恨，以事佛无灵，下令毁塔寺，斥逐道人。逊后行至阳述山，诸僧候于路侧。望见发怒，立斩数人。尔时，将士入寺礼拜，此像涕泪横流，惊还说之。逊闻往视，至寺门，举体战悸，如有犯持之者，因唤左右扶翼而进，见像泪下若泉，即稽首礼谢，深自尤责，登设大会，信更精到，招集诸僧还复本业焉。

慧皎、道世所记的"丈六石像"，大约即是道宣所记斳窟安设的"凉州石崖佛像"。按蒙逊自张掖迁姑臧，《资治通鉴》系于东晋安帝义熙八年冬十月。义熙八年即412年。兴国大败于枹罕的宋元嘉六年即429年。因此，可推断蒙逊开凿造像在412年至429年之间。蒙逊窟像的所在，从道宣记录知"于州南百里"。可是七世纪以后，此处窟像即不再见于著录。直到本世纪四十年代初，向达等先生才怀疑是武威东南九十多里的张义堡天梯山大佛寺[1]。1952年，甘肃冯国瑞等先生曾去调查。1954年，史岩先生又去勘查，确定了那里即是沮渠蒙逊创凿的凉州石窟的地点，但蒙逊所斳窟已不存在，可能毁于大地震（据云隋以来陇西一带平均每六十年有一次大地震）。天梯山现存石窟十三座，其中编号第1窟和第4窟是北朝式的塔庙窟[2]。五十年代末，天梯兴建水库，甘肃省文管会对现存的石窟中几座重要洞窟进行拆迁保护。在拆迁过程中，发现上述两座塔庙窟最下层壁画比敦煌莫高窟现存早期洞窟的壁画为早，因此怀疑它是北凉的遗迹。这个怀疑是有道理的，这两座洞窟应予以特别重视。

两窟没有发表实测图，现依据史岩先生的记录试作第1窟的示意图（图一，1）。第1窟宽4.78、高5.15米。中央有方形塔柱，塔柱基每面宽2.27米。塔凿三层，每层各面各开一大龛，龛内各置后代补塑的坐佛一尊。塔柱前面和窟左右壁前端已崩毁，左壁残长4.48米，右壁残更甚，其全部长度已无法估计。该窟是否尚有前室亦不便推测。塔柱和窟右壁上方残存部分壁画。第4窟除塔柱凿出二层塔和壁画残存更少外，形制、布局均略同第1窟。此两窟

---

[1]　参看向达：《西征小记》，刊《国学季刊》7卷1期（1950年）。后收入《唐代长安与西域文明》论文集，三联，1957年。

[2]　参看史岩：《凉州天梯山石窟的现存情况和保存问题》，《文物参考资料》，1955年第2期。

的开凿时间，似应在蒙逊所创窟之后。第 1 窟的最下层壁画，据敦煌文物研究所保存的几幅摹本观察，供养菩萨的自由姿态和发髻、服饰的形式，与酒泉、敦煌、吐鲁番出土的北凉石塔基座所雕的供养菩萨有相似处。摹本中还有一幅两方连续的化生忍冬边饰，这是早期石窟纹样的罕见实例（图一，2）。

二

酒泉、敦煌、吐鲁番所出北凉石塔，现知有十座[1]。其形制皆八角基座，圆形塔身；从其中保存较完整者可知塔身之上，尚雕有相轮和宝盖。细部情况记录如下：

酒泉高善穆石塔承玄元年（428 年）建。高 44.6、基座底径 15.2 厘米。八面基座每面雕供养人一身，左上端刻八卦符号。圆形塔身下部刻发愿文与《增一阿含·结禁品》，共三十六行。塔身上部（复钵）雕七龛佛像，一龛菩萨像。佛像皆着通肩服装，作禅定相，后有项光、身光。菩萨着有缯饰的宝冠，袒上身，有颈饰、臂钏，下着裙，交脚坐，后有项光和"靠背"。佛座为矮平莲座。圆拱龛，有龛柱，无龛楣。相轮之上有宝盖，盖顶刻北斗七星（图二）。

图二　酒泉高善穆石塔

酒泉田弘石塔 承玄二年（429 年）建。残高 41、基座底径 21 厘米。八面基座雕刻与高善穆石塔同。塔身下部所刻经文亦同，残存二十三行。塔身上部残存三龛，皆佛像，服饰、姿态和龛式俱同高善穆塔。无佛座。圆形塔身以上部分佚。

酒泉马德惠石塔 承阳二年（430 年？）建。残高 34、基座底径 16 厘米。八面基座雕供养人物，中有武士装者；八卦符号刻在每面上端；供养人物右侧各刻有易卦象榜题。塔身下部刻经文同上两塔，共三十三行。塔身上部雕七龛佛像。其中四龛着通肩服装，作禅定相；三龛服装右袒，作说法相。七佛皆只具项光。一龛菩萨，着宝冠，袒上身，垂帔帛，有颈饰、臂钏和璎珞，下着裙，交脚坐，背后只具项光。佛为须弥座，菩萨坐藤座。尖拱龛，有龛柱、龛楣。自相轮以上佚。相轮下部的方柱上雕飞天八身。

敦煌南沙山石塔 修建年代不详。八面基座刻供养人物。中

---

① 　其中酒泉、敦煌所出八座，见录于王毅《北凉石塔》，刊《文物资料丛刊》（一），1997 年版。吐鲁番所出两座，本世纪初为德国人勒柯克（Lecoq）劫去，宋庆石塔见 "Chotscho"，图版 60，1913 年版。此塔与另一小石塔 1982 年曾运美国展览，见 "Along the ancient silk routes"，图版 7、8，1982 年。

有武士装者。八卦符号刻在每面上端。塔身下部雕刻同以上诸塔。发愿文泐，行数不详。塔身上部仅残存龛中坐佛，服装姿态和龛式与马德惠塔同。无佛座。相轮三重以上佚。

酒泉白双且石塔　缘和三年（434年）建。残高46、基座底径21厘米。八面基座刻发愿文与《增一阿含·结禁品》，存十七行。塔身下部雕八龛，六龛禅定佛像，具项光、身光。一龛交脚菩萨，一龛思惟像，后两龛像后皆有"靠背"。塔身上部雕七龛禅定佛像，具项光、身光。一龛交脚菩萨，有项光和"靠背"。佛坐须弥座。火焰龛。圆形塔身以上佚。

酒泉程段儿石塔　太缘二年（436年）建。高42.8、基座底径12厘米。八面基座刻供养人物八身，无八卦符号。塔身下部刻发愿文和《增一阿含·结禁品》，共二十六行。塔身上部雕七龛佛像，只具身光，服装通肩与垂领相间排列，皆作禅定相。另一龛情况不详。佛坐矮平座。火焰龛，有龛柱。相轮之上的宝盖较宽大。

吐鲁番宋庆石塔　修建年代不详。高66厘米。八面基座刻供养人物八身，上端各刻八卦符号。塔身下部刻经文同程段儿塔，但经文标题作《佛说十二因缘经》，共三十五行。塔身上部雕刻和龛式同程段儿塔。佛坐莲座。圆式塔身以上佚。

吐鲁番小石塔　修建年代不详。高27.7厘米，基座底径不详。八面基座雕刻和塔身下部经文均同宋庆塔，但经文行数不详。塔身上部雕刻七龛佛像，形式同宋庆塔。另一龛交脚菩萨亦作禅定相。佛坐莲座。火焰龛，有龛柱。圆形塔身以上佚。

敦煌三危山石塔　修建年代不详。高40厘米。八面基座刻供养人物八身，右上端各刻八卦符号。塔身下部刻发愿文与《增一阿含·结禁品》，存十八行。塔身上部与吐鲁番小石塔同。佛坐须弥座。火焰龛。宝盖顶刻复莲。

敦煌岷州庙石塔　修建年代不详。残高46、基底直径48厘米。塔身下部刻模糊的立像一列，其上为《增一阿含·结禁品》，再上为婆罗谜字经文。塔身上部存五龛，四龛为禅定佛像，服装通肩与垂领相间排列。一龛为交脚菩萨，有"靠背"。各龛间各雕一供养人像，现存三身，有比丘和著交领大衣的男供养人像。佛坐须弥座。圆形塔身以上佚。

这批北凉石塔，最重要处是可增补天梯山1、4两窟已不存在的主要形象。石塔列龛中的主像是过去七佛坐像与弥勒菩萨交脚坐像，434年石塔出现思惟菩萨像。佛的姿态，428、429年两石塔都作禅定相，430年石塔出现说法相。佛的服装，通肩、右祖出现较早，436年石塔出现双领下垂内着僧祇支的服装。较早的佛座是矮平的莲座，434年石塔出现须弥座。弥勒菩萨皆作着宝冠、祖上身的交脚坐式，430年石塔弥勒菩萨已装饰璎珞。428、429年石塔无龛面装饰（龛楣）。430年石塔出现了尖拱龛面，434年石塔出现了火焰龛面。绝大部分石塔基座上的供养人物附刻有八卦符号；430年石塔在供养人物右侧还刻出与易卦象结合起来的榜题，例如"☰乾、父""☶艮、仲男"之类。最早的一座（428年）石塔，宝盖顶上还刻出北斗七星。这些东方传统的因素在北凉石塔上出现是值得注意的。它应与魏晋佛教形象杂有黄老道术的内容，有一定的联系①。

史岩先生在记录天梯山 1、4 两窟的中心塔柱时说它："每层上宽下缩，此种样式与敦煌千佛洞略有不同，而在酒泉文殊山、民乐金塔寺则有同样的发现。"酒泉文殊山、肃南金塔寺，还有张掖马蹄寺共有十多处塔庙窟。这批塔庙窟，保存较好的早期洞窟，可以肃南金塔寺东窟、西窟和文殊山前山千佛洞为例②。

肃南金塔寺东窟　平面宽 9.7、高约 6 米。窟内正中凿方形的中心塔柱。现因前壁崩毁，塔柱已暴露在外。残深 7.65 米。原有无前室不详。中心塔柱每面宽约 4.5 米。基座之上，每面各三层，每层皆有龛像。下层每面各开一尖拱龛，龛楣尾塑反顾的龙头。龛内塑一右袒坐佛坐于矮莲座上。龛外两侧，除北面塑二比丘外，其余三面均为二菩萨。龛上部影塑大型飞天。中层每面开圆拱浅龛三，龛内塑一着通肩或右袒的坐佛，西面中龛坐佛为交脚式。龛间各塑一菩萨，唯北面龛间塑千佛。上层东、南、北三面各塑一坐佛，佛后塑半身菩萨，间罅处塑千佛或菩萨，或飞天。西面只左右侧存飞天一身。前壁与窟口已崩毁。左、右、后壁残存壁画有三层，里面两层内容不详，最外层画千佛。

肃南金塔寺西窟　平面略同东窟，但规模较小。中心塔柱基座以上，每面各三层，每层皆有龛像。下层除龛外无比丘、有武士外，大略同东窟。中层东、南两面正中塑通肩坐佛，西面正中塑思惟菩萨。东、南、西三面两侧各塑菩萨坐像四身。北面正中塑右袒交脚坐佛，两侧上部各塑两菩萨，下部各塑两比丘坐像。上层每面塑千佛或菩萨。前壁与窟口已崩毁。左、右、后壁残存壁画有三层，最里层画千佛。窟顶绕中心塔柱画供养菩萨，外侧绘满飞天。

酒泉文殊山千佛　洞平面近方形，宽 3.94、深 3.8、高 3.6 米。窟内正中凿方形中心塔柱。有前室，宽略同于主室，深不详。中心塔柱每面宽 2 米。基座之上每面各两层，每层皆有龛像。下层每面各开尖拱龛一，龛内原塑坐佛一，龛外两侧各塑一菩萨。上层略同下层。前壁正中的窟口高 1.68、宽 0.53 米。西、北两壁尚存壁画。北壁分上下两部分，上部画着通肩服装的千佛，下部画通肩或右袒服装的立佛十身。西壁中部画阿弥陀佛及观世音、大势至两菩萨。阿弥陀两侧上部画千佛，下部画供养人行列。窟顶绕中心塔柱画飞天与伎乐天。

上述所列三窟皆无纪年题记。肃南金塔寺东西两窟，据董玉祥、岳邦湖等同志描述其窟顶壁画和窟内塑像云："菩萨与飞天均高鼻深目，体高肩宽，其画法是以朱色线条准确而又简练地勾出人物形体，衣饰部分施以石绿、浅黄或纯白等色，与敦煌早期壁画毫无共同之处。

---

① 《太平御览》卷 124，引《十六国春秋·北凉录》记沮渠茂虔任酒泉太守时在酒泉中街起浮图，其形制可据上述诸石塔推测。茂虔任职酒泉在 420 年至 433 年之间，其建浮图时正与石塔年代相若。北凉诸石塔以高窄的基座和粗壮的相轮为其特征。此种塔式与英人斯坦因（A.Stein）从若羌、焉耆劫去的小木塔极为近似（前者参看："Serindia"，Ⅳ，图版 32；后者见同书、卷，图版 128），因知是当时新疆中部以东以南流行的塔式。敦煌、酒泉靠近该区，再东即未见实例。

② 参看甘肃省文物工作队：《马蹄寺、文殊山、昌马诸石窟调查简报》（董玉祥、岳邦湖执笔），《文物》1965 年 3 期。史岩：《酒泉文殊山的石窟寺院遗迹》，《文物参考资料》1956 年 7 期。

不仅壁画如此，其两窟内塑像，无论在人物形体或塑作手法上，也自成一格。在衣纹雕作上，多采用凹凸线条或圆线条，更增加了一种立体感和衣服的质感。另外，两窟造像大量采用高塑的方法，使一些造像贴壁而坐或凌云飞翔。""金塔寺东、西两窟内所造菩萨与飞天的装饰，就各有六七种之多，如东窟中心柱中层东、西、南三面各龛外之菩萨服饰，就很少有两个是相同的。这些新的形式出现，将为研究我国早期石窟艺术造像方面，提供了新的资料。"由此知与敦煌莫高窟现存早期洞窟的绘塑不同。他们描述酒泉文殊山前山千佛洞的壁画云："佛与菩萨其面像都体格魁梧，具有早期作品的特征。布局概括简练。用色以土红、赭石、石绿、纯白、蓝、黑等几种颜料为主。其画法的特点，先以土红或白色刷出人物基本形象，再用较深的宽线在颜面和肢体边缘勾出轮廓，然后以红线或黑线勾勒，使其定形之后，用鲜艳而又浓厚的色彩，涂其衣裙和帔巾等饰物，裙纹除用黑线勾画外，又在其边缘用一种比底色较深的颜色，晕染一道，使其明暗分明，增加了强烈的体积感。与新疆克孜尔千佛洞以及敦煌272、275、254、259等早期洞窟内之壁画，有着不可分割的渊源关系。"似乎也表示了文殊山前山千佛洞早于敦煌莫高窟现存早期洞窟的看法。此外，值得注意的还有千佛洞阿弥陀、观世音和大势至这组为敦煌莫高窟现存早期洞窟中所没有的题材；而这种题材，却以不同的译名——"无量寿佛"，出现在刘家峡市炳灵寺的西秦龛像中[1]。敦煌莫高窟现存早期洞窟的年代，我认为还以维持北魏时期的旧说为稳妥[2]。因此，早于敦煌莫高窟现存早期洞窟的这三座塔庙窟的开凿，有可能出自北凉时期；或是北凉亡后，这里沿袭了凉州佛教艺术的系统而开凿的。无论前者抑或是后者，这三座塔庙窟是考虑凉州式样的重要参考对象，应该是无可怀疑的。

综合武威天梯山1、4两窟，酒泉敦煌吐鲁番所出北凉石塔和肃南金塔寺酒泉文殊山前山这三座石窟的资料，我们初步考虑在我国新疆以东现存最早的佛教石窟模式——凉州模式，其内容大体可包括为以下几项：

1. 有设置大像的佛殿窟，较多的是方形或长方形平面的塔庙窟。塔庙窟内的中心塔柱，每层上宽下窄，有的方形塔庙窟还设有前室，如酒泉文殊山前山千佛洞之例。

2. 主要佛像有释迦、交脚菩萨装的弥勒。其次有佛装弥勒、思惟菩萨和酒泉文殊山前山千佛洞出现的成组的十佛（十方佛）、阿弥陀三尊。以上诸像，除成组的十佛为立像外，皆是坐佛。

3. 窟壁主要画千佛。酒泉文殊山前山千佛洞中现说法图，左壁说法图的主像是阿弥陀三尊；壁下部出现了供养人行列。

4. 边饰花纹有两方连续式的化生忍冬。

5. 佛和菩萨的面相浑圆，眼多细长型，深目高鼻，身躯健壮。菩萨、飞天姿态多样，造

---

[1] 参看甘肃省博物馆、炳灵寺石窟保管所：《炳灵寺石窟》，图版24，1982年版。

[2] 参看拙著：《两汉魏晋南北朝时期的敦煌》，刊丝绸之路考察队《丝路访古》，1982年。

型生动。飞天形体较大。

三

距离凉州较近的早期佛教遗迹，还有刘家峡市的炳灵寺石窟。炳灵寺第169窟第六龛发现西秦建弘元年（420年）题记和"□国大禅师昙摩毗之像"的榜题①，知道这里最早龛像始于西秦。西秦411年迁都枹罕，即今临夏，炳灵寺位于枹罕之北约八十余里，其地古称唐述山，《水经注·河水》记其地云：

> 每时见神人往还矣，盖鸿衣羽裳之士，炼精饵食之夫耳。俗人不悟其仙者，乃谓之神鬼，彼羌目鬼曰唐述，复因名之为唐述山，指其密堂之居，谓之唐述窟。其怀道玄宗之士，皮冠净发之徒亦往托栖焉。

西秦禅师选此地造龛像，正是取其幽密，便于禅行。《高僧传》卷十一《玄高传》云：

> （西秦乞伏）炽槃跨有陇西，西接凉土，有外国禅师昙无谶（或即上述之昙摩毗——引者）来入其国，领徒立众，训以禅道。

又记关中禅僧玄高也为乞伏炽槃所尊崇：

> 尊（玄高）为国师，河南（指西秦——引者）化毕，进游凉土，沮渠蒙逊深相敬事。

西秦高僧或从凉州来，或向凉州去，可见西秦佛教与凉州关系密切，而西秦于炳灵兴建龛像之时（420—431年），也正与北凉沮渠蒙逊在凉州南山斲窟安置佛像的时间（412—428年）相近，因此，参考炳灵西秦龛像，推测凉州石窟或许没有大误。

炳灵寺西秦龛像主要有1窟通肩立佛一身和169窟中的若干龛像②。两窟皆利用天然洞罅，并未斲崖开窟。现将上述两窟西秦和较西秦为晚的重要龛像，试分两期，简记其内容如下：

一期（属于420年或稍后）：

窟龛号169：6 平面横长方形龛。龛内塑右袒禅定坐佛和二菩萨，有榜题："无量寿佛""□观世音菩萨""得大势志菩萨"。右壁上方画十方佛，其下画"弥勒菩萨"立像。弥勒

---

① 参看：《炳灵寺石窟》，图版17、24。
② 参看：《炳灵寺石窟》，图版5—7、13—32。

之右画"释迦牟尼佛"立像，像下有供养人行列。释迦立像右上方为建弘元年（420年）题记，共二十四行。题记下方列供养人两行，上行第一身榜题"□国大禅师昙摩毗之像"，其后供养人榜题中有"乞伏□罡集之像"。

龛号1　贴崖罅处塑通肩立像一身。现存二菩萨为明代塑像。

龛号169：7　贴崖原塑二立佛，现存左侧通肩立佛一身。下方绘壁画八铺，自上：立佛二，通肩禅定坐佛及二菩萨，通肩禅定坐佛一，通肩说法坐佛及二菩萨，右袒说法"无量寿佛"坐像，"维摩诘之像"及"侍者之像"，通肩禅定坐佛一，以塔为背景的"释迦牟尼佛""多宝佛"相对倚坐像。左下方绘壁画多铺，其中有右袒说法坐佛、二菩萨及胡人供养像一铺，该铺左上端有后来补绘的交脚菩萨坐像。

龛号169：9—11　贴崖塑三立佛，一右袒，二通肩。左下方绘壁画多铺，有右袒坐佛及菩萨，通肩禅定坐佛。

龛号169：17　西壁贴崖原塑一佛、二菩萨，现存右侧菩萨。右下方有思惟菩萨像一身。

龛号169：18　西壁贴崖塑右袒立佛一身。

二期（较一期为晚）：

龛号169：22　贴崖原塑右袒立佛及二菩萨，现右侧菩萨佚。

龛号169：？　位第22龛上方，贴崖原塑通肩禅定坐佛七，现存五身。

龛号169：3　平面横长方形龛。龛内塑通肩禅定坐佛一，右塑菩萨，左塑力士。坐佛上端有飞天壁画。

从上述可见西秦在炳灵尚无凿窟的作法，除贴崖塑绘，即作横长方形平面开口形式的浅龛。龛像布局皆以一铺为单位，各铺间没有联系，这显然比若干单位有系统地组合在一起的洞窟设计更为原始。第一期各单位的主要佛像有释迦坐像、立像，二立佛，三立佛和无量寿佛，其次有十方佛，弥勒菩萨立像和思惟菩萨像，还有与较晚的其他地点形式不同的维摩诘卧床和侍者像及释迦多宝相对倚坐像等。第二期出现了七佛、交脚菩萨坐像和一菩萨一力士组成的胁侍像。这后一种胁侍组合既见于肃南金塔寺东窟、西窟，又见于敦煌莫高窟现存早期洞窟之一的257窟。而这种胁侍组合在炳灵第二期最晚的一组龛像之中。看来，炳灵第一期龛像比肃南金塔寺、酒泉文殊山前山千佛洞为早，是无可置疑的。因此，我们考虑凉州样式似可分为两个阶段：早期可参考天梯山残存的遗迹，酒泉等地出土的北凉石塔和炳灵第一期龛像；晚期可参考肃南金塔寺、酒泉文殊山前山千佛洞和炳灵第二期龛像。炳灵第二期龛像中最晚的如169窟第三龛的时间，大约已到了凉州式样的尾声阶段。

四

凉州系统的窟龛造像，大多来源于今新疆地区。凉州节制西域由来已久，西晋末，中原战乱，四世纪中期，位于塔里木盆地北沿的龟兹和南沿的于田，这两个西域的重要佛教据点都诣姑臧朝贡[①]。384年，前秦吕光一度攻占龟兹后，经龟兹东来凉州和自凉州西去龟兹的僧人，日益增多，东来凉州的有名高僧有鸠摩罗什[②]、佛陀耶舍[③]、昙无谶[④]、昙摩密多[⑤]；西去龟兹的有僧纯、昙充[⑥]、竺道曼[⑦]。此时，凉州佛教也和于田关系密切。约在三、四世纪之际，已有凉州道人在于田城中写汉译的《时非时经》[⑧]。此后，昙无谶到凉州后又亲自去于田求《涅槃中分》[⑨]，沮渠蒙逊从弟安阳侯京声亦去于田取经[⑩]。此外，凉州僧宝云[⑪]、僧表[⑫]、惠揽[⑬]西去于田，智猛、昙纂也西历龟兹、于田后，东返凉州[⑭]。文献记录北凉僧人去于田者，尚有昙学、威德等八人[⑮]。其时，龟兹盛小乘，于田习大乘；龟兹多凿石窟，于田盛建塔寺。这两个系统的佛教及其艺术，于新疆以东首先融会于凉州地区。上述凉州式样的窟龛造像，正如实地反映了这个事实。沮渠蒙逊设置丈六大型佛像于石窟之中，炳灵贴塑大像于崖壁和天梯、肃南金塔寺、酒泉文殊山前山千佛洞等处的方形或长方形塔庙窟，应都与龟兹有关[⑯]，北凉石塔和凉州系统各窟龛所雕塑的释迦、交脚弥勒、思惟菩萨等，也都见于龟兹石窟[⑰]；文殊山前山千佛洞内壁面上下分栏的布局和中部以下壁面绘供养人行列的作法，也是龟兹石窟所习见[⑱]，值得注

---

① 《晋书·张轨传附孙骏传》"至骏境内渐平，又使其将杨宣率众越流沙伐龟兹、鄯善，于是西域并降。……焉耆、前部、于田王并遣使贡方物。"《通鉴》系此事于咸康元年（335年）末。同书《四夷·龟兹传》："惠怀时，以中国乱，遣使贡方物于张重华。"

② 参看：《高僧传》卷3，《释智严传》。

③ 参看：《祐录》卷14，《佛陀耶舍传》。

④ 参看：《祐录》卷14，《昙无谶传》。

⑤ 参看：《高僧传》卷3，《昙摩密多传》。

⑥ 参看：《祐录》卷15，《佛念法佛传》。

⑦ 参看：《祐录》卷15，《佛念法佛传》。

⑧ 《开元释教录》卷2，《总括群经录·西晋录》："沙门若罗严外国人也，译《时非时经》一部。经后记云："外国法师若罗严手执胡本，口自宣译。凉州道人于田城中写记。房等皆云法矩译者，误也。既莫知于帝代，且附西晋录中。"

⑨ 参看：《祐录》卷14，《昙无谶传》。

⑩ 参看：《祐录》卷14，《沮渠安阳候传》。

⑪ 参看：《祐录》卷15，《宝云法师传》。

⑫ 参看：《名僧传》卷26。

⑬ 参看：《名僧传》卷20。

⑭ 参看：《祐录》卷14，《智猛法师传》。

⑮ 静泰见：《众经目录》卷1。威德见《祐录》卷8，《贤愚经记》。

⑯ 参看拙著：《克孜尔石窟部分洞窟的类型与年代》，《中国石窟·克孜尔石窟》Ⅰ，日文版，1983年。

⑰ 参看拙著：《克孜尔石窟部分洞窟的类型与年代》，《中国石窟·克孜尔石窟》Ⅰ，日文版，1983年。

⑱ 如克孜尔石窟189窟主室左右壁，参看：《中国石窟·克孜尔石窟》Ⅲ，图版64、75，日文版，1985年。

意的是凉州模式中保存较为完整的一处壁面——肃南金塔寺东窟中心塔柱西面的布局：下层为坐佛龛，上为交脚弥勒这一组形像，与拜城克孜尔石窟第80窟中心塔柱正面的设计极为相似[①]。文殊山前山千佛洞中心塔柱龛外与窟顶绘画或影塑大型飞天，前者多见于龟兹大像窟[②]，后者在塑像大部被毁的龟兹石窟中，虽然没有可以对比的资料，但在龟兹西南境外今巴楚东北的脱库孜萨来依发现的佛寺遗址中，出土了内容丰富的影塑，其中即有姿态类似的大型飞天形像[③]。炳灵寺和文殊山塑绘的立佛列像，既见于龟兹石窟[④]，又发现于时间略晚的和田北拉瓦克塔院遗址中[⑤]。金塔寺、文殊山壁画满绘千佛。千佛在龟兹石窟流行较晚[⑥]，但为于田寺院流行的形像[⑦]。此外，文殊山所绘的阿弥陀和炳灵寺的无量寿、释迦多宝、维摩诘等形像，目前虽不闻于田有相同的遗迹，但都出自大乘佛典，且都可在于田找到有关情况。和田东北丹丹乌里克和阿克特勒克等寺院遗址多出莲花化生形像[⑧]。按莲花化生，出于众生随九品行业，经过化生于莲花之中，始可往生极乐世界的信奉[⑨]，因知于田曾流行《无量寿经》或《阿弥陀经》。三世纪末，于田沙门直祇多罗译《维摩诘经》[⑩]；约为八世纪祥公所辑的《法华经传记》卷一引《西域志》记："昔于田王宫有《法华》梵本六千五百偈。"又记于田："东南二千里有国名遮拘槃国[⑪]。……王宫亦有……《法华》《大涅槃》等五部大经，并十大偈。……又东南二十余里，有山甚崄难，峰上有石窟，口狭（狭）内宽，其内……《法华》凡一十二部，皆十万偈。

---

①　参看：《中国石窟·克孜尔石窟》Ⅱ，图版43，日文版，1984年。

②　如克孜尔石窟47、48窟和新1窟窟顶壁画，参看：《中国石窟·克孜尔石窟》Ⅰ，图版152，158—160。又同书Ⅲ，图版171。

③　此寺址，1906年曾被法人伯希和（P.Pellict）盗掘，所出大型飞天影塑见法人韩伯诗（L.Hambis）编辑的"Toonmchdur"Ⅰ图版68：170，74：180—181，1961年。

④　参看：《中国石窟·克孜尔石窟》Ⅰ，日文版，1983年。

⑤　此塔院址，1900年英人斯坦因（A.Stein），1928年德人特灵克勒（E.Trinkwer）等皆曾盗掘，所出列像参看斯坦因"Ancieni Khotan"（以下简称"斯坦因书"）Ⅱ，图版13—15、17、18、40，1907年；德人格罗甫（G.Gropp）编辑的"Archioiogische Funde aus Khoian. Chinesisch-ostturkestcn"（以下简称"格罗甫书"）图93、99、105，1974年。塔院的年代，斯坦因推定为六世纪，时间虽略晚，当源于该地区或其附近的早期形像。

⑥　见上揭《中国石窟·克孜尔石窟》Ⅰ。

⑦　如1900年斯坦因在丹丹乌里克盗掘的寺址，参看斯坦因书Ⅰ，图29、同书Ⅱ，图版3。又如特灵克勒在达玛沟北巴拉瓦斯特盗掘的寺址，参看格罗甫书，图76。

⑧　丹丹乌里克所出化生形象，参看斯坦因书Ⅱ，图版56、83、87。阿克特勒克所出化生形像，参看格罗甫书，图129。

⑨　参看支娄迦谶译：《无量清净平等觉经》卷3、康僧铠译：《无量寿经》卷下、畺良耶舍译：《观无量寿经》。

⑩　《历代三宝记》卷7，《东晋录》录西域沙门祇多蜜译经中有《维摩诘经》四卷。此祇多蜜即《祐录》卷7，释道安《合放光光赞略解序》所记泰康七年（286年）赍《放光经》来洛阳之于田沙门祇多罗。参看日人羽溪了谛：《西域之佛教》第四章《于田国之佛教》（贺昌群译本，1956年）。

⑪　遮拘槃又译作遮拘迦，羽溪：《西域之佛教》谓即斫句迦。斫句迦，斯坦因考其位置当在今若羌一带，参看斯坦因书Ⅰ，89—92页。

国法相传，防护守掌^①。"看来，凉州系统的石窟中的大乘形像，应与于田及其以东关系密切。凉州系统的大乘形像，以最东边的炳灵寺为最突出。这一点，我们考虑还可以和当时长安佛教联系起来。四世纪末五世纪初，即沮渠佛教兴隆之前，东方佛教盛行关中。402年，鸠摩罗什在长安译《无量寿经》《贤劫经》；406年，又重译《法华》《维摩》^②，后又注解《维摩》。罗什译经时，广集四方义学参与研讨者，多至三千人^③，其高弟道融^④、昙影^⑤、慧观^⑥各疏解《法华》，僧肇^⑦、道融^⑧、道生^⑨各注释《维摩》，因此，当时长安对《法华》《维摩》之研讨论述，影响广远。我们怀疑炳灵壁画中出现早期形式的释迦多宝和维摩形像，很可能和这样的历史背景有关。如果上述推测无大差误，那么，距长安较近的炳灵窟龛出现较多的大乘图像，除了西方于田及其以东的影响外，很可能比凉州系统的其他石窟更多地受到来自东方长安的影响。至于五世纪前期的长安佛教及其造像，既有向西影响凉州的迹象，又有南下影响南方的文献记录，此饶有兴趣的问题，已超出本文研讨凉州模式的范围，容将另文讨论。

原文刊于《考古学报》1986 年第 4 期

---

① 《法华经传记》：引《西域志》所记遮句檗王宫事，应是 442 年鄯善王西奔且末以前的情况。参看冯承钧：《高车之西徙与车师都鄯善国人之分散》，《辅仁学志》十一卷一、二合期（1942 年），该文后辑入《西域南海史地考证论著汇辑》（1957 年）。

② 参看：《历代三宝记》卷 8，《前后二秦符姚世录》。

③ 见：《高僧传》卷 2，《鸠摩罗什传》。

④ 见：《高僧传》卷 6，《道融传》。

⑤ 见：《高僧传》卷 6，《昙影传》。

⑥ 见：《高僧传》卷 7，《慧观传》。

⑦ 参见：《高僧传》卷 6，《释僧肇传》。

⑧ 参见：《高僧传》卷 6，《道融传》。

⑨ 见：《高僧传》卷 7，《竺道生传》。

武威行

宿　白　北京大学考古系

　　1991 年 4 月，应武威专署之邀，与马世长同志西去河西参观古凉文物。滞武威四整天，承专署、市和博物馆诸同志的引导，重点了解了汉唐墓葬的分布、博物馆所藏重要文物和西夏蒙元遗迹。现就这三方面的资料，结合部分文献，按时代顺序，写些有关武威历史遗迹的不成熟看法，希望得到批评指正。

一

　　武威自汉武设郡不久即以"凉州之畜为天下饶"（《汉书·地理志下》）闻名。后汉之初，又以"仓库有蓄，民庶殷富"（《后汉书·窦融传》）见称。汉末魏晋虽多丧乱，但河西安谧，"中州避难来者日月相继"（《晋书·张轨传》），故两晋之际"国亦完富"（《晋书·张轨传赞》）。前凉以还，饥馑争战频仍，然"地居形胜"，仍是"河西一都之会"（《晋书·秃发利鹿孤载记》），迨北魏陷凉，"徙凉州民三万余家于京师"（《魏书·世祖纪上》），凉州乃渐萧条。此汉晋以来之河西重镇，其具体位置，乾隆时修《武威县志》即云："武威置自汉武，城郭基址不可考。"（《建置志》"府城"条）修志迄今又二百四十余年[①]。寻觅旧迹更非易事。唯自 20 世纪 50 年代起，武威城建工程中，不断发现汉晋墓群，根据这些墓群的所在，大体可以推定汉晋时武威居民集中地区的方位。因为在一般情况下，墓葬特别是墓群不会距离死者生前居住点太远。洛阳烧沟汉墓群位汉河南县城东北 1—2.5 公里，广州西汉墓群距推定的汉南海郡城的中心 1—4 公里；东汉后期墓地东西相距最近 8 公里，南北相距最远为 18 公里[②]。以河西地区言，张掖西北䂮得故城西 5 公里有许三湾汉墓群；酒泉东南皇城故城西 2.5 公里有下河清汉墓群；酒泉旧城即汉晋福禄城址，其西北 7.5 公里为丁家闸魏晋墓群。武威地区发现汉晋墓葬最多的地点，即是今武威旧城内外及其周围的四郊，值得注意的是：旧城北 1 公里雷台以南、城内东南隅文庙（即今市博物馆）以北、城内北大街西侧以东、城东北 3.5 公里大柳乡马儿村和城东南清水乡十三里堡以西的地区，没有发现汉墓。汉时武威居民集中的

---

　　① 《乾隆武威县志》是《五凉全志六德集》之第一种。张之浚《五凉全志前序》谓"是志肇于丙寅（乾隆十一年，1746 年）之春，成于己巳（十四年，1749 年）之夏"。

　　② 参看广州市文物管理委员会等：《广州汉墓》，文物出版社，1981 年。第一章第二节"墓葬分布及墓型概述"。

所在，大约即在这个范围之内。魏晋墓葬的分布也在这个范围之外。

武威旧城西北7.5公里金沙乡赵家磨魏晋墓地中，曾发现一件前凉晋昌太守梁舒的石刻墓表，墓表记梁舒"以建元十二年十二月卅日葬城西十七里杨墓东百步，深五丈"[①]。建元十二年（376年）秋九月前凉为前秦所灭，所以墓表用了前秦纪元。据墓表所记葬城西8.5公里的距离，可推知当时武威西城垣正位于今北大街、南大街一线附近，与上述汉墓公布的西界极为相近，因知从旧城南北大街附近向东迄发现汉墓的地点——马儿村、十三里堡，其间约有6.5—7公里。魏晋墓南北距，即城北300米二一二大队魏晋墓和城南1公里和平枣园魏晋墓之间距，也略同于汉墓分布的南北距离，其间1.5公里有余。按《水经注》卷四十《禹贡山水泽地所在·都野泽》引《王隐晋书》曰："凉州有龙形，故曰卧龙城，南北七里，东西三里，本匈奴所筑也。"所记凉州城东西、南北里数，不知是否由于传抄而出现差误？如为"南北三里，东西七里"之讹，则既可容纳于上述没有发现汉晋墓葬的范围之内；又符合河西城市因东西干线是主要交通线而自然形成南北窄、东西长的布局；同时卧龙城一名，似乎也有该城作横长形制的形象含义。《水经注·都野泽》引《王隐晋书》又记："凉州……（前凉）张氏之世居也。又张骏增筑四城厢各千步。东城植园果，命曰讲武场。北城植园果，命曰玄武圃，皆有宫殿[②]。中城内作四时宫，随节游幸。并旧城为五，街衢相通，二十二门。"此事又见《晋书·张轨传附子骏传》，唯只记筑南城及于旧城作四时宫："（张）骏尽有陇西之地……又于姑臧城南筑城。起谦光殿……殿之四面各起一殿。东曰宜阳青殿，以春三月居之，章服器物皆依方色。南曰朱阳赤殿，夏三月居之。西曰政刑白殿，秋三月居之。北曰玄武黑殿，冬三月居之。其傍皆有直省内官寺署，一同方色。及末年，任所游处，不复依四时而居。"张骏所筑凉州之四城厢，当是从军事考虑，于凉州城四面兴建之小城堡。此诸小城堡大约在前凉亡后即渐废毁，故不见于唐以后记录，其遗址亦不得踪迹，但上述汉晋凉州居民集中地区与四周墓地之间，确有容纳"周千步"之四城厢的位置，则是应予注意者。

武威汉代墓地时代较早的，分布在西南郊，傍祁连山北麓，即从地跨柏树、松树、西营三乡的旱滩坡墓群，向东南延展，迄于新华、古城二乡的磨咀子墓群。这一带多西汉、新莽和东汉中期以前的土洞墓，曾出《仪礼简》[③]、《王杖简》[④]、医药简牍[⑤]和大批丝织品、木器；有

---

① 参看钟长发等：《武威金沙公社出土前秦建元十二年墓表》，《文物》1981年2期。此墓表现陈列于市博物馆石刻馆中。

② 《王隐晋书》前记"张骏增筑四城厢"，但下文只记东、北两城，因知"皆有宫殿"之前，脱去南、西两城的记录。

③ 参看甘肃省博物馆：《甘肃武威磨咀子6号汉墓》，《考古》1960年5期；《武威汉简在学术上的贡献》，《考古》1960年8期。

④ 参看甘肃省博物馆：《甘肃武威磨咀子汉墓发掘》，《考古》1960年9期。

⑤ 参看甘肃省博物馆等：《武威旱滩坡汉墓发掘简报》，《文物》1973年12期。

绥和元年（前8年）铭乘舆考工铜扣漆耳杯等①重要文物的墓葬，也发现在这里。时代较晚的墓地分布在城北、城东，即从城西北洪祥乡洪祥滩墓群，向东南延展，经下双乡西沙滩墓群，以迄城东长城乡狼墩滩墓群和城东南河东乡王景寨墓群，这大片地区的墓葬多砖室墓，时代多属东汉中晚期，随葬多木器和釉陶器，其中以城北1公里雷台发现大批铜车马和一组陶楼院的东汉晚期张姓将军的多室砖墓最为著名②。魏晋墓葬多分布在城北、西北、西南和城内西半。魏晋墓，内地除洛阳及其附近外发现很少，十六国时期的墓葬更少。近年，河西各地的发现，既可为河西历史增加实物资料，又为系统的墓葬研究填补了重要空白。武威师范学校和赵家磨发现的大型魏晋砖室墓，皆具前后室。前者后室又明确隔成二内，该墓多次被盗，清理时出有二孔陶灶和铜马足残件③。

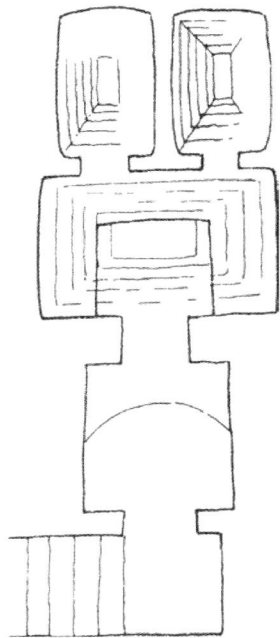

武威师范学校魏晋墓平面示意图

赵家磨墓出有陶楼院和雕镂精致的十二枝铜灯④。地区博物馆院内发现的魏晋土坑墓，出有五铢钱和一内彩绘日（内有三足乌）、月（内有蟾蜍和兔）、云气等图像的灰陶盆⑤。因知其时随葬器物仍上沿汉制。此外，许多魏晋十六国中小型土洞墓所出陶器、木器和木俑，工艺虽嫌简略，但其形制亦多袭自汉墓；而褐釉小罐、叉形铜饰件和位至三公铭铜镜等，则是中原魏晋墓中所习见者⑥。磨咀子北新华乡缠山村土洞墓出有魏青龙四年（236年）木牍⑦和前引赵家磨所出前秦建元十二年（376年）墓表，皆是罕见的纪年文物。

后者在现知自名墓表的石刻中，年代为最早。1926年，洛阳北郊高家岭村曾出土仅雕有"晋故虎牙将军王君表"，九字的小石刻一方⑧，则知墓表之原始亦滥觞于中原。又据发表的赵家磨魏晋墓报告云，一号墓前室出有铜残马鞍模型、铜车件和"铁马镫及铁饰件各一件，均残甚"⑨。此残甚的一件铁马镫如未误认，即与过去所知最早的马镫——湖南长沙西晋永宁二年（302年）墓所出三件陶骑吏俑的马镫，也仅备一只的情况相同⑩，而此墓的年代应比永宁二年

① 参看甘肃省博物馆：《武威磨咀子三座汉墓发掘简报》，《文物》1972年12期。
② 参看甘肃省博物馆：《武威雷台汉墓》，《考古学报》1974年2期。
③ 此墓现保存在武威师范学校操场原地。
④ 参看武威地区博物馆：《甘肃武威南滩魏晋墓》，《文物》1987年9期。
⑤ 参看钟长发：《甘肃武威出土一件魏晋时期彩画灰陶盆》，《考古与文物》1986年4期。
⑥ 参看武威地区博物馆：《甘肃武威南滩魏晋墓》，《文物》1987年9期。
⑦ 参看黎大祥：《武威发现三国墓》，《中国文物报》，1991年9月22日。
⑧ 参看郭玉堂：《洛阳出土石刻时地记》，大象出版社，2005年。
⑨ 参看武威地区博物馆：《甘肃武威南滩魏晋墓》，《文物》1987年9期。
⑩ 参看湖南省博物馆：《长沙两晋南朝隋墓发掘报告》，《考古学报》1959年3期。

为早①。汉以来，凉州骑兵即为世所重，"凉州大马，横行天下"（《晋书·张轨传》）由来已久，武威马镫出现较早，当非偶然。

赵家磨发现的梁舒墓表（素描）

二

北魏灭北凉不久，吐谷浑、柔然困扰河西，凉州犹是军事要镇。西魏大统"十二年（546年），凉州刺史宇文仲和据州不受代，（周）太祖（宇文泰）令（独孤）信率开府怡峰讨之。仲和婴城固守，信夜令诸将以冲梯攻其东北，信亲帅壮士袭其西南，值明克之，擒仲和，虏其民六千户送于长安"（《周书·独孤信传》），此凉州城当是因前凉之旧。北周建德三年（574年）"凉州比年地震，坏城郭，地裂涌泉出"（《周书·武帝纪上》），凉城始遭毁坏。隋兴，贺娄子干、宇文庆、独孤罗、樊子盖相继御吐谷浑、突厥于凉州，凉州城防自应强化。从武威旧城西北1公里孙家园发现隋墓群［其一出仁寿二年（602年）成□墓志］和城西发现刘和墓志②，俱远离汉晋墓地而与唐墓毗邻，因可推知隋时武威居民集中区域应与唐居民集中区域接近。唐武威城据《乾隆武威县志·建置志》"府城"条记载："府城……旧志③：唐李轨筑，周一十五里，高四丈八尺。明洪武十年（1377年），指挥濮英增筑三尺共高五丈一尺，厚六尺，周围减去三里余，止一十一里零一百八十步。"此明武威卫城即清武威府城址，亦即今日武威旧城区，即应在"周围减去三里余"的唐武威城范围之内。李轨，隋唐之际割据河西，《隋书·炀帝纪下》记："［大业十三年（617年）七月］丙辰，武威人李轨举兵反。"《旧唐书·李轨传》又记："轨自称河西大凉王，建元安乐，署置官属，并拟开皇故事……［武德元年（618年）］攻陷张掖、敦煌、西平、枹罕，尽有河西之地……［二年（619年）李轨倡言］昔吴濞以江左之兵，犹称己为东帝，我今以河右之众，岂得不为西帝，彼（唐）虽强大，其如予何。"在这种情况下，轨筑城自固，当是情理中事，县志据旧志所云，约非虚语。前引刘和墓志所志之刘和即卒于李轨时，该志前面标题和官职，志末录和之卒年、葬地云："凉故仪同三司尚药奉御刘君墓志并序。君讳和，字善□……安乐元年（618年）岁次丁丑……葬于神鸟

① 赵家磨1号墓，武威地区博物馆定为魏晋墓，但所出遗物皆近东汉，墓室砖砌顶、壁上彩饰之图案与武威雷台汉墓所绘极为接近。因此，此墓的年代可能早到东汉晚期。若然，所出马具的重要性应更值得注意。

② 本文所引石刻未注明存地者，现皆陈列于市博物馆。

③ 此旧志即天启初刊、顺治重修之《凉镇志》，见张玿美：《五凉全志序》："凉自前明改为卫所，旧有镇志，经始于蒲坂杨公［俊臣，天启二年（1622年）任西宁道］、陈留王公［顺行，天启六年（1626年）任］，草创之初，规制未备。国朝顺治丁酉［十四年（1657年）］中水苏公（铣）重修，亦多阙略。"《凉镇志》，北京图书馆、四川省图书馆入藏，待查。

县建昌乡通明里。"凉安乐纪年遗物，似仅此一例，殊可珍视。武威唐城与今武威旧城区的关系，还可据现存唐代遗迹证之。旧城区西北1公里孙家园有唐墓群，曾出永徽四年（653年）郭永生墓志，可证唐城西、北两面与明清武威城西、北两面接近。旧城区南半公里余公路段曾发现唐砖墓，又旧城区南15余公里青咀慕容氏墓群东部发现的开元二十四年（736年）慕容公（曦皓）妻武氏墓志记"迁窆于凉城南卅里神鸟县阳晖谷之西原"，志云"卅里"，盖取其整数，是唐城南面亦与明清武威城南面接近。明清城东五里墩出有贞观十七年（643年）晁大明墓志和大唐上仪同康阿达墓志。五里墩因西距城五里而得名，其地是明清武威城东最近城区的唐墓分布点。唐岑参《凉州馆中与诸判官夜集》："湾湾月出挂城头，城头月出照凉州。凉州七里十万家，胡人半解弹琵琶。"（《岑嘉州诗》卷二）所咏州七里，应指当时凉州最宽的东西距离。明清武威城东西四里，若向东延伸三里，东距城东唐墓分布区尚有二里，因可推知明初减缩唐城部分，可能主要是唐城东部。唐代遗迹现存于旧城区内，较可靠的只一大云寺址。《大明一统志》卷三十七《陕西行都指挥使司·甘州左卫》"寺观"条记："大云寺在凉州卫治东北，唐景云中（710—711年）建。"该寺位明清城内东北隅，尚存唐铸铜钟一口[①]和景云二年（711年）《凉州卫大云寺古刹功德碑》一通，碑题"凉州卫大云寺古刹"，知是明迄清雍正三年（1725年）改卫为府以前所重刻者[②]。

前引康阿达墓志，系记录昭武九姓粟特人东来的一件重要文献。1943年，张维刊《陇右金石录》卷二有录文，兹据原石并参考张氏所录，移抄墓志全文如下：

大唐上仪同故康莫息阿达墓志铭┘ 公讳阿达，西域康国人也。其先盖出自造化┘ □□藤苗，大唐之始，公□皇帝之胄┘ 胤也，蟠根万顷，玉叶千寻，宗祚皇基┘ 枝连帝业。祖扶达，□使持节骠骑大将┘ 军开府仪同三司凉甘瓜三州诸军事┘ 凉州萨保，当官□任，水镜无以近其怀┘ ；处逝公途，石膺不之方其志。诏赠武威┘ 太守。父莫，同葬安乐里。呜呼哀哉┘ 乃为铭曰┘ ：哀哉夭寿，丧此勋功，伤兹英喆，往投琼银┘ ，生形易圮，梦影难通，阇城独立，野马众屯┘ ，河坦桂隐，月落雺昏，一辞冠冕，永闭泉门┘ 。

康志未记年代，但据志文可推知康阿达之夭逝在初唐。其祖扶达任职凉州当在魏周之世，约略早于《元和姓纂》卷四所记"后魏安难起至孙盘娑罗居凉州，为萨宝"之安盘娑罗[③]。1948年。张维撰《陇右金石录补》因《夏鼐札记》[④]的启示，对康志进行补考。夏、张两先生

---

① 《乾隆武威县志·地里志》"古迹"条："钟楼，城东北隅（钟）相传五代时铸。"从该钟形制上考察，可推断为唐制。

② 参看张维：《陇右金石录》卷二"大云寺碑"条。

③ 《新唐书·宰相世系表五下》："（安）婆罗周隋间居凉州武威，为萨宝。"

④ 《夏鼐札记》未刊。夏鼐《咸阳底张湾隋墓出土的东罗马金币》中曾提及此墓云："作者于1945年在河西走廊做考古调查时，曾到武威出土过康国人康阿达墓志的地点调查。据该地的居民说，这墓除墓志石之外，还曾出土过一枚金币，发现人拿它去银行兑换了现钞，后来大概是被熔化了，无法追踪，没有看到原物，不知道属于哪一国的金币……"《考古学报》1959年3期。

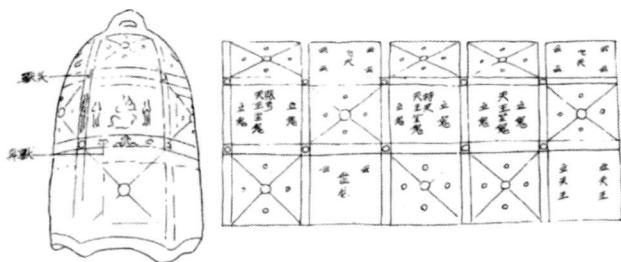

武威大云寺唐钟和钟面铸出的纹饰布局（速写）

考释主要讨论萨宝系祆教官职。按20世纪30年代初，西安出土天宝三载（744年）米国大首领米萨宝墓志[1]，近年固原发现咸亨三年（672年）史诃耽墓志记诃耽"史国公之苗裔也……曾祖尼，魏摩诃大萨宝、张掖县令。祖思，周京师萨宝、酒泉县令"[2]。

安、米、史俱属昭武九姓，其国王或"与康国王同族"，或"康国王之支庶"（《北史·西域传》），盖昭武九姓奉火祆，自北魏以来即任其上层人物为萨宝，周齐继之以迄隋唐。昭武九姓于河西既膺宗教职，又任地方官，甚至如康扶达者更掌握了河西军事大权，可见昭武九姓于唐以前，即在"地多关塞，俗杂华戎，秋月满而胡骑嘶，朔风动而加笳咽"［开皇十九年（599年）凉州刺史独孤罗墓志］[3]的河西，拥有较大的势力。《旧唐书·李轨传》记李轨起兵命"（安）修仁夜率诸胡入（凉州）内苑城，建旗大呼，轨于郭下聚众应之，执缚隋虎贲郎将谢统师、郡丞韦士政……（轨谋主梁）硕见诸胡种落繁盛，乃阴劝轨宜如防察……谢统师等隋旧官人为轨所获，虽被任使，情犹不附，每与群胡相结，引进朋党，排轨旧人……初，安修仁之兄兴贵先在长安，表请诣凉州招慰轨……兴贵对（高祖）曰……臣于凉州奕代豪望，凡厥士庶，靡不依附，臣之弟为轨所信任……高祖从之。兴贵至凉州……知轨不可动，乃与修仁等潜谋，引诸胡众起兵图轨，将围其城，轨率步骑千余出城拒战"。安兴贵、修仁皆前引《元和姓纂》所记安盘娑罗之子，因疑此《李轨传》中之"诸胡""群胡"，主要即是昭武九姓。昭武九姓在河西之衰微文献无征。武威行署前专员刘尔能同志告我："武威粮食局党委书记安殿钺，城南喇嘛湾人，彼曾谓喇嘛湾安姓，相传即从前自西域迁来者。"喇嘛湾沿冰沟河，位冰沟河与大水河交汇处之青咀湾西南，两地北山即有名之慕容氏墓地所在。往访两村，知现有安姓十余户，石姓六户。石姓亦在昭武九姓中，不知此两地之安石两姓是否是昭武九姓之孑遗。武威多旧户，彼地现今犹谓人事纷杂为"天宝大乱"。此俗语之产生，疑即出自对天宝末年变乱印象深刻的陷蕃后幸存之凉民及其后裔。此诸幸存之凉民后裔中，自可包括久住凉州的昭武九姓之苗嗣，然则今日僻远之南山谷地，犹传有源出昭武之安姓，或许并非虚辞。

武威历年所出石刻，多存市博物馆，内以唐志为多[4]。其中少数民族墓志除康阿达、慕容氏诸志外，尚有纥单府君墓志一合，颇值留意。该志盖镌"大唐故牛夫人墓志"，志文则作：

唐故明威府队正纥单府君墓志

---

[1] 参看向达：《唐代长安与西域文明》第二节"流寓长安的西域人"。

[2] 承宁夏回族自治区博物馆韩同志见告。

[3] 墓志拓本发表于《咸阳底张湾隋墓出土的东罗马金币》论文之末。

[4] 武威市博物馆所藏唐志开元以后者极为罕见，可证武威衰落，天宝时期即已开始。

君讳端，阴山人也，出自国族，拓跋归晋因而命氏，所以载于竹帛传之终古。曾祖显，隋凉益蒲广四州刺史、大都督、武威郡守、永平郡开国公、食邑二千六百石……祖贵袭爵……君秉性倜傥……授明威府队正。终于私第，春秋五十八。夫人牛氏以垂拱元年六月十六日终于寝室。

合葬于州南十八里□□山之原胡村之界……

纥单即《魏书·官氏志》所记内入诸姓之阿单氏，属鲜卑部落[①]，故志云纥单端"阴山人也，出自国族"。纥单端曾祖显与袭爵之祖贵，俱不见著录。明威府为凉州开威郡六军府之首[②]，军府之制五十人为队，队有正。《新唐书·百官志四上》记每府"队正二十人，正九品下……每队正领兵五十人"，纥单端受任明威府兵官职，联系其曾祖官武威郡守，因知最迟在武周之世，占籍凉州之少数民族中尚有来自东北的鲜卑纥单一族。又此志出土于武威旧城南约十六七里之高坝乡境内，志云"葬于州南十八里"，两者之距城里数相若，此亦唐凉州城南壁约在今武威旧城南壁附近之一证。

三

唐末以还，凉州为吐蕃阻隔。五代后汉任吐蕃折逋嘉施为河西军节度留后。宋初置西凉府，属陕西路。咸平元年（998年）折逋游龙钵入觐，介绍凉州情况。《宋史·外国传八·吐蕃传》记其事云："咸平元年十一月，河西军左厢副使、归德将军折逋游龙钵来朝。游龙钵四世受朝命为酋，虽贡方物，未尝自行，今始至，献马二千余匹。河西军即古凉州……旧领姑臧、神乌、蕃禾、昌松、嘉麟五县，户二万五千六百九十三，口十二万八千一百九十三。今有汉民三百户。城周回十五里，如凤形……皆龙钵自述云。诏以龙钵为安远大将军。"[③] 其时凉州城周回十五里，当是仍唐城之旧。景德初（1004年），西凉陷于西夏，《续资治通鉴长编》熙宁六年（1073年）夏四月记夏人修筑凉州，"河东经略司言，有陷蕃卒二人逃归言：夏人恐我大兵至，修筑凉州……上因谓执政曰：向因五路出兵，西人潜筑城邑，为伏藏之所，今凉州去河州不远，如诸路将帅得人，表里相应，则西人自此多窜归者"。此夏人修筑之凉州城，应是就凉州旧城新加修葺者，所以今武威旧城内多西夏遗迹。

1. 天祐民安五年（1094年）《凉州重修护国寺感通塔碑》原竖在今武威旧城内东北隅大云

---

① 参看姚薇元：《北朝胡姓考》，中华书局，1962年。第三内入诸姓"单氏"条。

② 《新唐书·地理志四》：陇右道凉州武威郡："有府六，曰明威、洪池、番禾、武安、丽水、姑臧……姑臧（县），中下，北百八十里有明威戍。

③ 《宋史·吐蕃传》：所记凉州情况，约源于《宋会要》。《宋会要辑稿》录此段于一百九十五册"方域二一西凉府"下（按《辑稿》引自今已佚失的《永乐大典》卷六六二五凉字韵"西凉府"条）。此条又见《续资治通鉴长编》卷四十三。两书与本文所引《宋史》有关的文字似无重要差异（两书均记河西府城"城周回五十里，如凤形"，疑误），因不具录。

寺西北的清应寺内，其地应是西夏护国寺位置①。1927 年，武威地震后，移陈文庙，即今市博物馆。碑一面汉文，另面西夏文，两侧各线雕饰伎乐一。

2.东大街中部偏西路北署东巷兴建专署家属大楼时，发现西夏窖藏一处，内藏金碗二、金钵一、银锭二十等物，当是因避乱逃亡而埋藏者。埋藏的时间约与蒙人来侵有关②。

3.东大街中部偏东路北水电局院内发现的西夏窖藏，内出铜钱一百二十斤，多宋钱，有少量的西夏钱③。

西夏墓葬则皆发现于旧城之外，距旧城最近者，是 1977 年于旧城西北隅外约半华里处，即今林场区内清理的天庆元年至八年（1194—1201 年）两座任职西路经略司的刘姓官员墓④。两墓皆火葬，墓内各出八面单层木塔两件，约是用以盛骨灰者。值得注意的是：木塔顶做出一典型藏传佛教流行的噶当觉顿式小木塔；其一木塔顶板还书有藏传佛教习见之唵、嘛、呢、叭、咪、吽六个梵字，因可据以推知至迟于西夏后期藏传佛教已传播到武威地区。

武威地区于西夏时期已有藏传佛教的传播，武威城南两处石窟中的发现，更提供了充分的物证：一处是小西沟岘石窟西夏中晚期遗物中，发现高 7 厘米的模制小陶塔，塔下部印有梵文和藏文，这类小陶塔藏语"擦擦"，是藏传佛教常见的装藏物⑤；另一处是承市博物馆胡宗秘馆长见告的亥母洞石窟⑥，该窟出土有分格式的佛像、本尊像唐卡五件，坛城唐卡一件，这类唐卡是藏传佛教所特有的供养画像。据和这批唐卡同出文书上的西夏纪年推断，其时代也是西夏中晚期。

武威城西林场西夏刘姓墓
所出木塔（速写）

四

1227 年西夏亡，其前一年西凉即为成吉思汗所陷。1235 年窝阔台封次子阔端于西夏故地。1243 年，阔端承制得专封拜开府西凉，此西凉城即仍夏时之旧。现存凉州一带的元代遗迹，即以与阔端一系和与之关系密切的藏传佛教萨

① 参看陈炳应：《西夏文物研究》，宁夏人民出版社，1985 年，第三章《西夏的碑刻》。
② 参看黎大祥：《武威出土的西夏银锭》，《中国文物报》1996 年 4 月 21 日。
③ 承武威市博物馆胡宗秘同志见告。
④ 参看宁笃学等：《甘肃武威西郊林场西夏墓清理简报》，《考古与文物》1980 年 3 期。
⑤ 参看甘肃省博物馆：《甘肃武威发现一批西夏遗物》，《考古》1974 年 3 期。
⑥ 亥母洞，《乾隆武威县志》作"孩母洞"："孩母洞，城南三十里，山上有洞，深数丈，正德四年（1509 年）修。"参看《藏传佛教寺院考古》所收《武威蒙元时期的藏传佛教遗迹》的"亥母洞"节和《后记》所录的有关部分。

迦派上层人物有关者最为重要。

凉州著名的四座藏传佛教寺院：白塔寺（武威城东南 20 公里）、海藏寺（城西北 5 公里）、金塔寺（城西南 15 公里）、善应寺（城西 10 公里莲花山），相传皆为萨迦第四祖萨迦班智达贡噶坚赞（以下简称萨班）所建。后两处闻已荒废，此次走访者仅为前两寺。

白塔寺原为凉州最大的藏传佛教寺院，其范围据云：东西二里半，南北一里半，原有围墙，有若城垣。《乾隆武威县志·建置志》"寺观"条记此寺名"百塔寺"，云以"内有大塔，四环小塔九十九，因得名"。该寺近年屡遭拆毁，现仅残存大塔自覆钵以下部分，大塔相传即萨班塔，最下建方形基座，其上为十字折角塔座，塔座宽约 8 米。塔座之上为覆钵。自基座至覆钵残高约 5 米余。

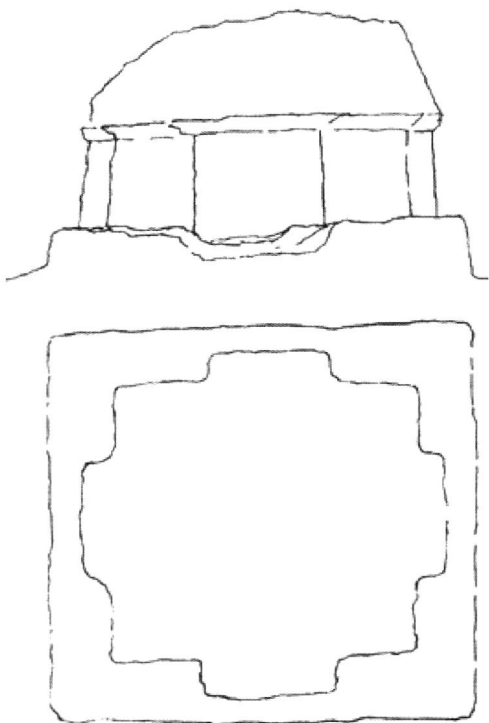

白塔寺残存大塔立面与平面图（速写）

全部皆夯筑，但基座、塔座都残存砌砖痕迹，知塔毁之前外表包饰青砖。覆钵内曾出有大量模制小塔，又出明宣德五年（1430 年）《重修凉州白塔志》、宣德六年（1431 年）《建塔记》两小碑，承市博物馆孙寿龄馆长之介，得睹两碑拓本，宣德五年碑正面镌文十四行，录文如下：

重修凉州白塔志┘凉州为河西之重镇，距城东南四十里有故寺，俗名白塔，不知┘起于何代，原其本乃前元之煇火端王重修，请致┘帝师撒失加班支答居焉。师后化于本寺，乃建大塔一座，高百┘余尺，小塔五十余座，周匝殿宇非一，元季兵燹，颓毁殆尽，瓦砾┘仅存。宣德四年，西僧妙善通慧、国师琐南监参因过于寺，悯其┘无存，乃募缘重修寺塔，请命于┘朝，赐寺名曰庄严。宣德五年六月，塔先成，所费甚重。┘肃王殿下捐泥黄金，特命琐南监参等缮写《大般若经》一部，凡一十┘四函，计三百卷，不月而成，施赍无量，仍造小塔十万，实于大塔┘之心。及┘钦镇甘肃太监王安、平羌将军都督刘广、都指挥吴升及诸檀善等┘由是书此志于塔中，俾后之君子知其所自，千百载后同善之┘士幸勿毁之，必与存之，共布福惠，岂不美乎。谨志┘。大明宣德五年岁次庚戌六月吉日┘。

所记之"煇火端王"，即阔端；"撒失加班支答"即萨迦班智达。碑阴横镌藏文二十五行。此碑圆首，据拓本测通高 50 厘米、宽 29 厘米。宣德六年碑正面碑首镌篆书"建塔记"三字，碑面镌汉文十三行：

清信奉┘佛┘肃府内臣黄潮宗法名福聚，感戴四恩覆荫┘三宝维持，无由答报，谨发诚心喜舍赀财于凉州重兴┘白塔寺，内命工起建┘菩提宝塔一座，所集福利专为祝延┘圣寿┘肃王千秋，更祈风调雨顺五谷丰登┘，国祚绵长，边疆宁谧，军民乐业┘，四恩普报，三有均资，法界有情同圆种智者」。大明宣德六年岁次辛亥六月初吉日立石」肃府内臣黄潮宗」化主妙善通慧国师伊尔吉锁南监参」。

碑阴首镌梵文三，碑面镌汉文四行："献陵尊阳生刘硕书丹」古杭儒士沈福镌字」石工贺进」泥水匠作头李常」。"

此碑扁圆首，据拓本测，通高 42.8 厘米、宽 26 厘米。大塔东侧耕田中竖有清康熙壬戌（二十一年，1682 年）《重修白塔碑记》一通，碑额篆书《重修塔院碑记》，碑面镌文二十五行：

重修白塔碑记」昔阿育王造塔八万四千，而震旦国□□□□□六座。甘州之万寿塔与凉之姑洗塔居其二焉。若白塔不知创自何代，近翻译」番经知系果诞王从乌斯藏敦请」神僧，名板只达者来凉，即供奉于」白塔寺，时年已六旬矣。后六载即涅槃，沐浴焚化，空中见祥云五色霞光万道，于口上坎骨显出」西天字，即哑字也。于顶骨显出文殊」菩萨、喜金刚佛二尊。于囟门骨显出典勺佛。于后脑骨显出释迦佛像。于两耳上显出尊圣胜塔二座。于两膝盖显出观音菩萨、救度」佛母二尊。于手指上显出弥勒佛、不动怒佛。于胸前显出金刚杵。于中间显出西天 字，即吽字也。兼舍利无数，光彩照耀，王与众」等靡不踊跃赞叹，合掌恭敬，缘建白塔，将」板只达金身灵骨装入在大塔内，其余众塔俱有舍利。缘板只达原系金刚上师化现流传，经二十五转身，故显化灵异一至于此」，予于康熙十一年间延请净宁寺法台魏舍喇轮真同弘济寺罗汉僧罗旦净从番经译出，而始知白塔之源流也。无此塔摄受」极大，据经典云：若有人观想或手摸眼观，并绕道一转，添泥一把，培土一块，赞谈经咒真言，功德无量，永不堕三途之苦。□塔土或」落在飞禽走兽身上，亦得解脱。在我中土众生或未深知，若西番之喇嘛高僧来绕塔者络绎弗绝，诚知此塔之功德实与阿育王」所造之姑洗、万寿两塔等，而我中国之人特未知耳。粤考河西自汉武帝元狩二年始行开辟，而前此，周为西戎地，秦初为月氏国」，后为匈奴浑邪、休屠二王所据，若果诞王则在浑邪休屠王之前，毋论周秦即夏商，亦不可得而考也。此塔之创建不知经几千年」，而重修加土添灰经此番才四次，大塔无甚剥落，惟小塔大多淋漓坍塌，今得三韩」都督复斋孙公与莲华山弥勒院绰尔只顾屈鉴璨首先捐资合力缮修，而予得率男芳联亲董其役，经今八载，工始告成，亦以知前」人缔造之艰难，而后来之修葺者亦非易事也。其塔院三楹即供奉」板只达与宝贝尚师并达赖喇嘛。外僧寮三间系予新建，重其所自始也，盖河西未入版图，原系西藏，若凉州之西莲华寺与」南之金塔寺、北之海藏寺并东之白塔寺俱系」圣僧板只达所建，以镇凉州之四维，俾人民安居乐业永享太平之福，获免兵革之惨，我」佛之慈悲仁覆垂示无穷，而特人阴受其福庇而莫知所自始也。予固翻译经典爱珉诸石，要知此塔当与天地同其不朽矣」。靖逆侯靖逆将军标下随征同知古勾章颜翼超薰沐撰」。时」龙集康熙壬戌年菊月□□吉旦立」。

所记果诞王即阔端，板只达即班智达。番经云云应是藏文记录。此类藏文记录或可于西藏萨迦寺求得之[①]。宣德九年（1434 年）达仓宗巴·班觉桑布撰《汉藏史集》，其下篇《具吉祥萨迦世系简述》据萨迦历代祖师传记萨班塔建于凉州幻化寺："萨迦班智达护持法座三十五年，于七十岁的阴铁猪年（辛亥，1251 年）十一月十四日，在诸种神异兆伴随下，在凉州幻化寺[②]去世。在该地建有纪念他的佛塔，并经常祭祀。"[③]因疑此白塔寺或即藏文文献中之幻化寺。又阿旺贡噶索南《萨迦世系史·萨迦昆氏家族之世系》记该塔建成后，由"上师八思巴前去凉州，为法王（萨班）之灵塔开光"[④]。

　　海藏寺位武威旧城西北郊，相传萨班曾驻锡此寺，但该寺现已无确切的元代遗物。寺内最早的建筑是最后的大殿——无量殿。殿面阔三间，进深二间，周绕副阶，外观歇山重檐，斗栱疏朗，五铺做出双假昂，殿身无内柱，用四椽栿，脊槫下有康熙三十年（1691 年）重修梁记。副阶前廊左侧立《海藏寺藏经阁碑》记"明成化间（1465—1487 年），太监张睿因其旧而庀材鸠工……康熙三十六年（1697年），少保孙公东莅五凉，悲庙貌之凌夷，捐赀而葺之"，碑阴镌雍正三年（1725 年）钦命执照。右侧有乾隆五十四年（1789 年）邑人孙撰修葺碑记。因知此殿原为藏经阁，创建于成化，入清屡经修葺，故结构虽多明制，而细部已杂清式。

　　无量殿前为天王殿，殿基原为一高台，殿门上悬"灵均古台"匾，传说此高台筑于前凉张茂[⑤]，验台版夯层薄厚不匀，薄者 8 厘米，厚有超过 13 厘米者，因疑其夯筑时间似不在西夏之

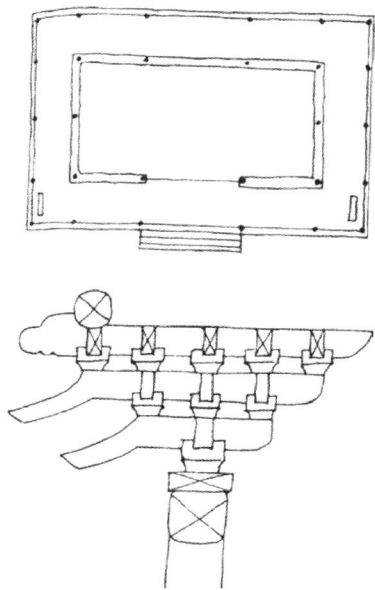

海藏寺藏经阁平面图及现存
斗栱速写

---

①　达钦阿美夏·阿旺贡噶索南：《萨迦世系史·萨迦昆氏家族之世系》记萨班火化后云："（辛亥，1251 年）阴历十一月十四黎明时分，曾出现各种宝幢、妙音、供赞和地震，法王萨班圆寂矣。阴历十一月二十五日，火葬遗体之青烟幻变为彩虹，众生听见各种妙音。法王（萨班）大部分遗骸变为无数的自现舍利和佛像。要赞颂法王萨班利众生之事迹，正如雅垅巴扎巴坚赞所云：顶之胜髻为喜金刚，美丽无垢之文殊身，额相似如总摄轮群，后颈部位藏薄伽梵，肩骨长有喀萨巴尼，脚掌乃属观世音，背脊有密宗四佛母，双膝下跪见救度母。右手指向那伽森林，弥勒法转之大手印，十幻化乃依止此身。梵天音是空性狮声，无生意赞刻有'阿'字，二耳上有一尊胜塔，誓言金刚见名为'吽'，纯洁思想生自成法身，亦有无数各种舍利。"似与此碑所记之灵异有关。《萨迦世系史》撰就于明崇祯二年（1629 年），译文据陈庆英等汉译本，西藏人民出版社，1989 年，97—98 页。

②　《萨迦世系史》记此幻化寺云："（阔端）请魔术师们在一前所未有的地方幻变一座奇有之寺庙，此后阔端对法王萨班说：你是被我召请来的一位贤者……现在幽静地方有一圆满寺庙，特赐与你，请前往……当到达此地时，法王一看即知悉此为幻变之寺庙，遂被除许多怖畏守门之鬼魔，并把开光之花撒向其他尊者身上。据传当时未破除之幻术，现在还能看到，故称之为幻化寺。"陈庆英等译本，91 页。

③　据陈庆英等译本，西藏人民出版社，1986 年，202 页。

④　据陈庆英等译本，118 页。

⑤　张茂建灵均台见：《晋书·张轨传附子茂传》。谓灵均台在今武威城北，始于《大明一统志》。该书卷三十七"陕西行都指挥使司甘州左卫宫室"条："灵均台在凉州卫治北，晋明帝太宁初张茂主姑臧时所筑，遗址尚存。"

原火神庙大殿内塑像

前，而与萨班时代接近。

又近年迁建于大云寺后的原火神庙大殿内，陈列铜头铁身藏僧坐像一尊，等身大小，面部表情严肃，原供奉于城东南15公里大河驿之铜佛寺。据传过此之西藏喇嘛多认定即萨迦坐像。果是，此像应是萨班逝世后不久所铸。

萨班事迹主要著录于藏文文献，中国社会科学院民族研究所王森先生曾辑录整理，所撰《西藏佛教发展史略》第五篇《萨迦派》中，有对萨班较全面的评述，现摘其有关部分："1240年，阔端派他的将官达尔汗台吉多达率军进藏，发现藏地由各个地方势力割据，不相统属，难于单靠武力进行控制。多达建议阔端选用当地领袖，协助蒙古人进行统治。在当时的（西藏）各教派中，他见到噶丹派寺庙最多，分布最广；达垄塘巴戒律清整，最有德行；萨迦派的班智达学富五明，声誉最隆。他建议阔端召见萨班。萨班在1244年受阔端召，他就在当年带着他的两个侄子八思巴和恰那，以及随从等从萨迦动身。到拉萨以后，他让他的两个侄子八思巴、恰那和一部分随从先去西凉，他个人沿途逗留。看起来，这可能是他和卫藏各个地方势力对于归顺蒙古进行磋商。1246年，萨班才到达凉州，当时阔端为推选可汗不在凉州。1247年，阔端回凉州后，才和萨班见了面。阔端和萨班议妥了卫藏归顺蒙古的条件后，由萨班写了一封公开信，劝说卫藏僧俗各个地方势力接受条件归顺蒙古。卫藏地区从此归蒙古统治，实际也从此时加入祖国版图，同时萨班也为萨迦派取得了它在卫藏地区的政治、宗教领袖地位。""萨班个人此后就一直住在西凉……萨班在西凉曾经为阔端治愈过一次比较严重的病，因此，更得到了阔端对他的信任。相传他在西凉也讲授过佛法，在讲经时有四个人为他做翻译，分别把他的话译为蒙古语、畏兀儿语、汉语和当地的藏语。萨班又曾为蒙古语采用古畏兀儿文字母的字形，创制过一套蒙文字母。他的两个侄子，遵从阔端的命令，八思巴仍继续学习佛法，恰那则改着蒙古族服装，学习蒙语。1251年，萨班死于西凉……阔端、萨班相继逝世。同年，蒙哥即位于库腾政敖拉，将汉族地区和藏族地区划为其弟忽必烈的分地。藏族地区原为阔端领地至是易主。"萨班来凉，促成了蒙藏、藏汉民族间的团结，维护了祖国的一统。其后驻锡凉州，卒后又即西凉建塔，盖其时藏族地区隶属阔端，萨班居凉正是不断加强与内地联系的一项重要措施；而白塔寺和萨班墓塔于以后年代仍在发挥维系民族团结的作用[1]。因此，萨班的功绩值得永久纪念，其寺、塔应酌予修复；前述萨班造像亦当作为重要历史人物形象予以保护，不应仅视为艺术品陈列而已。

---

[1]　萨班精通显密佛法和五明诸论，学识渊博，当时即闻名于世。主要著作有《三律仪论》、《正理藏论》和《萨迦格言》。萨迦派失势后，盛名不衰，为噶举、格鲁等教派僧人所尊重。"文革"前，青藏僧人过凉多谒塔礼拜。

阔端一系的遗迹在凉州境内有墓地、斡耳朵城址和永昌路城址。阔端墓地见录于《乾隆甘肃通志》卷二十五"凉州府陵墓"条："永昌王阔端墓，在永昌县东南一百二十里斡耳朵城，其西又有妃墓。"斡耳朵城见同上书卷二十三"凉州府古迹"条："永昌县斡耳朵古城，在县东南一百二十里，俗传为永昌王牧马城，地名广（黄）城儿。有永昌王避暑宫，遗址尚存。"阔端墓地情况不详。位于黄城儿（现写作皇城）的斡耳朵古城，甘肃文物研究所戴春阳同志曾往调查，云确有遗迹可辨。永昌路城见《大明一统志》卷三十七"陕西行都指挥使司甘州左卫古迹"条："永昌城，在凉州卫城北三十里，元永昌路治此。"该城之建，《元史·世祖纪四》云至元九年（1272 年）阔端子"诸王只必帖木儿筑新城成，赐名永昌府"，寻改府为路，至元十年（1273 年）七月"省西凉府入永昌路"。《元史·地理志三》又记："至元十五年（1278 年），以永昌王宫殿所在立永昌路，降西凉府为州，隶焉。"永昌路城明清置永昌堡，现名永昌镇。镇内王宫遗址近代犹存[①]。元城遗迹，据市博物馆胡宗秘馆长谈：夯筑城垣尚完好，方形，海面约长 0.5 公里。城南 2 公里石碑沟，有火州畏兀儿（高昌回鹘）君臣墓葬，墓冢已不显露，但遗有丰碑多座，现存原地的有至正二十三年（1363 年）《西宁王忻都公神道碑》[②]，有名的至顺三年（1332 年）《亦都护高昌王世勋碑》于 1927 年武威地震后移陈文庙，即今市博物馆[③]。

《亦都护高昌王世勋碑》，《乾隆武威县志·文艺志》"碑记"条曾录全文，知其时碑尚完整无损。1942 年，向达先生于武威民众教育馆（今市博物馆）见此碑仅存下段[④]，是碑石之毁当在移馆之前。该碑详记火州畏兀儿王室入属蒙古后，因海都、都哇东侵逐次移居永昌[⑤]和与蒙古皇室世为婚姻事：

至顺二年（1331 年）九月□日，皇帝若曰：予有世臣帖睦儿补花，自其先举全国以归我太祖皇帝……至帖睦儿补花佐朕理天下，为丞相，为御史大夫……昔其父葬永昌，大夫往上冢，其伐石树碑而命国史著文而刻焉……太祖皇帝龙兴于朔漠，当是时，巴而术阿而的斤亦都护在位，知天命之有归，举国入朝，上嘉之，妻以公主曰也立安敦，待以子道，列诸第五……次子玉古伦赤的斤嗣为亦都护……薨。弟乌木剌的斤嗣为亦都护……薨。至元三年（1266 年），世祖皇帝用其子火赤哈儿的斤嗣为亦都护……十二年（1275 年）都哇、卜思巴等

---

① 《陇右金石录》，卷 2，记武威关帝庙落成碑："按此碑……在武威永昌堡先师庙，题为大明崇祯辛巳（十四年，1641 年）三月庙宇落成虔赞碑有云：武威郡之北三十里有遗址曰永昌堡，乃元亦都护高昌王建都也。我太祖乘六御天，诞受万夏，内修关庙，年深颓坏，重为修葺……盖原就高昌王宫建庙，崇祯时又复重修。清时又改为先师庙。"所云高昌王建都、高昌王宫皆因涉永昌镇石碑沟有《亦都护高昌王世勋碑》而致误。

② 危素撰文，《陇右金石录》，卷 5，有录文。

③ 除以上两碑外，尚有实物已佚的虞集撰至顺二年（1331 年）《孙都思氏世勋之碑》，《道园学古录》，卷 16，录有该碑全文。

④ 参看向达：《西征小记》，《国学季刊》七卷一期（1950 年）。

⑤ 《西宁王忻都公神道碑》亦记畏兀儿移居永昌事："（中书平章政事斡栾）大父讳阿台不花……从亦都护火赤哈儿宣力靖难……仍封答融罕之号。亦都护来朝，挈家以从，跋履险阻，行次永昌，相其土地沃饶，岁多丰稔，以为乐土，因之定居焉。"

率兵围火州……其后入朝，上嘉其功，锡以重赏，妻以公主曰巴巴哈儿，定宗皇帝之女……还镇火州，屯于州南哈密力之地，兵力尚寡，北方军猝至，大战力尽遂死之。子纽林的斤方幼，诣阙请兵北征，以复父仇。上壮其志，锡金币钜万，妻以公主曰不鲁罕，太宗皇帝之孙女也。主薨，又尚其妹八卜义公主，遂留永昌焉……（武宗皇帝时）嗣为亦都护……仁宗皇帝始稽故实，封为高昌王……八卜义公主薨，尚公主曰兀剌真，阿难答安西王之女也。领兵火州，复立畏吾而城池。延祐五年（1318年）十一月二十一日薨。子二人，长曰帖睦儿补花，次曰篯吉，皆八卜义公主出也。次曰太平奴，兀剌真公主出也。帖睦儿补花大德中（1297—1307年）尚公主曰朵儿只思蛮，阔端太子孙女也。至大中（1308—1311年），从父入觐，备宿卫……出为巩昌等处都总帅达鲁花赤，奔父丧于永昌……嗣为亦都护高昌王……天历元年（1328年）十月，拜开府仪同三司上柱国录军国重事知枢密院事。明年正月……让其弟篯吉嗣为亦都护高昌王。篯吉尚公主曰班进，阔端太子孙女也。主薨，又尚其妹曰补颜忽礼……"①

所记帖睦儿补花、吉所尚公主皆阔端孙女，即诸王只必帖木儿或其兄弟行之女。出嫁纽林的斤的两公主皆太宗孙，疑即阔端女，故纽林的斤以"北方军"势盛，"遂留永昌"，后"丧于永昌"，并"葬永昌"。永昌者，其岳家欤？阔端父子以婚姻维系邻近的地方权势，亦施之于其南邻藏族地区。1244年，阔端召萨班，同年萨班的两侄八思巴和恰那多吉即抵西凉，此后，恰那长期住在凉州，《汉藏史集·具吉祥萨迦世系简述》记恰那事迹云："上师八思巴的弟弟恰那多吉生于其父（桑察·索南坚赞）五十六岁的阴土猪年（己亥，1239年）。他六岁时，作为法主萨迦班智达的随从前往凉州……他从萨迦班智达和八思巴那里学习了灌顶和许多经咒。王阔端让他穿蒙古服装，并把公主墨卡顿嫁给他。他朝见薛禅皇帝后，薛禅皇帝封他为白兰王，赐给金印，并为他设置左右衙署，委派他治理整个吐蕃地区。在整个吐蕃和萨迦派中，他是最早得到王的封号和职位的人。"②阿旺贡噶索南《萨迦世系史·昆氏家族之世系》记恰那后期事迹云："恰那多吉在凉州等地住了十八年，二十五岁时返回萨迦大寺。此后三年中，他努力修行，引领众生成熟解脱。二十九岁时即阴火兔年（丁卯，1267年）七月一日于廓如书楼示寂。"③《汉藏史集·具吉祥萨迦世系简述》又记恰那子达玛巴拉合吉塔在凉五年："恰那多吉（后来）娶了夏鲁万户家的女儿玛久坎卓本为妻，她于恰那多吉去世后六个月的阴土龙年（戊辰，1268年）正月生下达尼钦波达玛巴拉合吉塔。由八思巴护持此遗腹子……达玛巴拉十四岁时到了朝廷，他虽然只受了沙弥戒，但继承了上师八思巴的法座……后来，达玛巴拉娶了诸王启必帖木儿的公主丹贝为妻，住了五年，受命返回吐蕃，到了朵甘思。"④启必帖木儿即只必帖木儿。达玛巴拉滞凉时期约在至元晚期。至正二十三年（1363年）成书的蔡巴·贡

---

① 据黄文弼复原的碑文，参看《亦都护高昌王世勋碑复原并校记》，《文物》1964年2期。
② 陈庆英等译本，206页。
③ 陈庆英等译本，171页。
④ 陈庆英译本，207—208页。

噶多吉《红史》的《萨迦派世系简述》中，还记录了达玛巴拉的堂弟、八思巴异母弟达尼钦波桑波贝之子索南桑布年轻时也曾居凉："达尼钦波桑波贝……住在蛮子地方时，所生的儿子为索南桑布大师，年轻时在凉州被封为国公。格坚皇帝在位时还俗，娶公主门达干，被封为王，返回蕃地，在朵甘思去世。"① 达尼钦波桑波贝居蛮子地方的时期，是自至元十九年迄元贞元年（1282—1295 年）②，依此推算索南桑布年轻时，约当成宗大德年间，其时诸王只必帖木儿尚健在③。由上可见阔端父子不仅结亲畏兀儿，亦联姻萨迦，且又肩负安抚、卫护两方之重任。在元一代，特别是元朝前期，阔端一系镇抚河西，在维系西部与西南诸族和安宁边境等方面都起了重要作用。因此，有关他们的遗迹、遗物，亦应进行系统的调查，予以重视④。

原文刊于《魏晋南北朝唐宋考古文稿辑丛》，2011 年

---

① 据陈庆英等译东嘎·洛桑赤列校注本，西藏人民出版社，1988 年，44—45 页。

② 据《萨迦世系史·萨迦昆氏家族之世系》的叙述推算。陈庆英译本，173—175 页。

③ 《元史》最后一次记录只必帖木儿见《武宗纪二》："［至大三年（1310 年）八月］己巳，以诸王只必铁木儿贫，仍以西凉府田赐之。"知其逝世当在此事之后。

④ 阔端子辈与萨迦除联姻关系外，八思巴与阔端第二子蒙哥都、第三子只必帖木儿关系密切。1251 年，阔端、萨班相继去世后，八思巴写给以后为其授比丘戒的堪布法主札巴僧格信最末的文句；"阴水鼠年（壬子，1252 年）二月三日，写于凉州王宫之佛殿，祝愿吉祥"（《萨迦世系史》，陈庆英等译本，121 页）。其时，蒙哥都嗣王位。《红史》记 1253 年"当忽必烈汗驻在六盘山之时，凉州大王蒙哥都与上师（八思巴）一起前去会见，十分欢喜。王子忽必烈赠给凉州大王蒙古马军一百去迎萨迦人（指八思巴）……"（陈庆英等译东嘎校注本，43 页）。《萨迦世系史》又记八思巴"为同辈人及后代写了无数语言流畅易于理解的著作书信和教诫等，其中……传授给皇帝的教诫及其要义类的有《给启必帖木儿所写的珍宝串珠》……《给启必帖木儿的信》……《给王子启必帖木儿的信》……为写造佛经而作的赞词有……《为王子启必帖木儿写经而作之赞词》……回向及赞颂吉祥方面的有……《为启必帖木儿父母写的四行诗》"（陈庆英等译本，152—155 页）。以上八思巴写给启必帖木儿的教诫、赞词等，内容虽不得其详，但从数量多、方面广，可以推知他们的关系远非一般施主与福田的往来。启必帖木儿即只必帖木儿。他们往来时间，据八思巴或称启必帖木儿为王子这一点考察，似应在阔端末年和蒙哥都嗣王时代，亦即自 1251 年迄八思巴于上都参加 1258 年僧道辩论前后。

凉州天梯山石窟的现存状况和保存问题

史　岩　浙江美术学院

　　北凉王沮渠蒙逊在其国都凉州（今名武威）首先开凿的石窟，由于唐代佛教经典中曾经有过一段记述，并经一再转载，因此在河西走廊各地的石窟群中，这凉州石窟是最为人所共知的。但是凉州石窟之名虽为人所共知，而其所在地点，经典中却未明确交代；到了唐代以后的文献中就连这个石窟的名称也无提及的了，因此窟址在哪里从来就不知晓。过去美术史上谈到两晋南、北朝的佛教艺术，一定根据经典把凉州石窟提上一笔，而其遗址在哪里，内容怎样，艺术成就如何，以及现存情况如何，则多空缺，美术史家向来对此认为一大憾事。在反动统治时期，对于历史文物的调查和保管从来是极不重视的，当然美术史家也无法进行调查以解决这一哑谜。

　　我于1943年去敦煌途中，往返两次经过武威时都想进行探索，但是武威南部的祁连山区域辽阔，站在城内大云寺钟楼南望，峰峦相接，白雪皑皑，徒增浩叹，询之当地人士也没有知其处所的，真是毫无线索可寻。当时曾有这样的不正确看法，认为武威接近地震中心地区，石窟想已早经毁灭，或被崩岩掩埋了，美术史上有名的凉州石窟只好让它成为空白的一页。实际上凉州石窟群虽然在一千数百年中间饱受人为的和自然的，尤其是地震的破坏，但是仍有部分石窟依然兀立于人间，只是当地人民不知它的历史，而考古家却也无人访问罢了。

　　只有人民掌握了政权才能对古代劳动人民所创造的伟大历史文物关心，才能发展考古事业。大约是1952年，甘肃省人民政府邓宝珊主席到武威，曾向唐榴亭副县长问及凉州石窟遗址。唐副县长根据自己的推测，认为武威县南百里张义堡天梯山的大佛寺便是，但没有肯定。当时参加土改工作的冯国瑞先生也适由兰州到武威，闻此消息，即偕朱祖鳌同志前往作试探性的踏查，后来回返兰州后曾在《甘肃日报》发表了一个简单的报道，因此开始引起考古界的重视。据说后来兰州和武威两地曾派干部两度前往调查，都因石壁峻峭，洞窟过高而通路断绝，未能攀登最高洞窟，因此对天梯山石窟群的洞窟内容、现存状况及其在艺术史上的价值等问题还是无法了解。也正由于未能了解这些，因此对这石窟是否就是北凉王所创凿，它包含哪些时代，也就无从确定，而这些正是我们迫切期待明了的问题。

　　去年3月我参加中央美术学院敦煌文物考察队去西北，7月由敦煌东归途中，抱了彻底了解石窟现存内容解决美术史上一大问题的决心到了武威，得到唐副县长多方面的协助，派遣文物保管所干部郝在中同志和李通信员伴同前往，到了张义堡又得到区人民政府和当地小学老师们及水利工程处各方面的协助，发动当地青年农民中的积极分子，并开会讨论如何攀登悬崖等问题，由他们担任开路、架梯、挂绳索等工作，因此在先后共计六天中间得到顺利地攀登了每一洞窟，完成了初步的调查工作，总算了解到了石窟现存内容。但由于没有充分时间，加之攀登悬崖危险性极大，所以每洞仅进出一次，而每洞的停留时间平均不到一小时。对于题记的抄录和发现文物的搜集、整理都由郝在中同志负责，调查、记录、测绘、摄影都只能由我一人动手，工作虽极紧张，可是自觉调查极不周密。关于这点，至今还认为是莫大的遗憾。

一、天梯山石窟的地理环境和破坏情形

天梯山在县南约 45 公里处，这是一条从祁连山分出来的由东南向西北的山脉，他的东北坡峰峦起伏，山路崎岖，西南面更为峻峭，登临之难犹如上天梯，因而有此山名。解放以后，由于当地农民的集体劳动，已把此路修筑得宽广平坦，骑马驰骋都无问题了。以大佛寺著称的石窟群，便是在山的西南面一个山峰的岩壁间。石窟群面临着张义堡的狭长小盆地，四周群山抱合，中一大平原，川流曲折其间，因此土壤极为肥沃，林木翁郁，农作丰茂。这条水流便是黄羊川（旧作黄样川），水源出于南方雪山，经过磨脐山麓流向张义堡盆地，所以灌溉极为便利；至天梯山前折而西北流，出水峡口，又东西分流，各有六七道坝渠，武威水利主要依靠此水。但反动派时期不顾农业生产，对水利事业久经废弛，现在水库工程便是想很好地解决这一水利。在盆地的西南面有一高山，距石窟约一日程——40 公里左右，远望顶部平广如削，便是磨脐山。当地农民有句老话称"张义堡，水湖滩，大佛手指磨脐山"，所以这一石窟寺院的形势是极为优越的。我们从山的北面翻越七公里起伏不平的乱山，升达前山的高峰，山势忽然开朗，远望西南有祁连山雪峰，下瞰盆地但见山环水绕，在一片绿色中川流曲折如带，景色的确宜人，"振衣千仞曾寻梦，一览晴川绿树低"，当地清代诗人张珝美歌颂此地美景是很恰当的。

武威到天梯山石窟约 50 公里，由武威南门循甘新公路向东南的古浪方向行约 35 公里，抵黄羊镇（旧称靖边驿）附近，折向西南行小道，通过黄羊川的主流和支流数道，到天梯山的山口（当地称坡沟口）约 7 公里，再曲折上坡行山中，翻越峰峦数重，计行 7 公里，便到天梯山路的最高处，自此下一峻坡，降至山麓，向右穿过一村，便达窟下。

这个石窟群是开凿在红砂岩的崖壁半腰，岩层是红砂土夹石片相互黏合而成的，所以岩质不很坚实。山高处离平地目测约 70—80 公尺，洞窟较为集中，多作西南、南的方向，大体上可分为上中下三层，最高窟距地面约 60 公尺。现今窟群的东南端为一大佛窟，划在喇嘛教性质的广善寺范围，有土墙隔开，其余各窟都在寺的西墙之外。明正统十三年刘永诚的"重修凉州广善寺碑铭"告诉我们："广善"的寺名直到明正统年间才有，寺里先后住过"伊尔畸"及其弟子"销南黑叭"等，由此可知至迟从明代就是喇嘛教性质的寺院了，同时还可知道张义堡

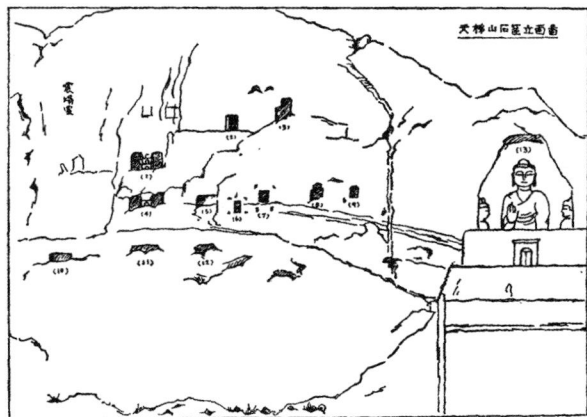

图一　天梯山石窟立面图

图二　释迦头像（石雕）　　图三　菩萨头像（塑造）

附近过去是藏族人民活动地区，到清代那里还是麦力干部落畋牧之地，现在却都是汉族的农村，连寺里的喇嘛也是汉人了，这转变可能发生于清代末期。又寺的东邻，现为天梯小学，校舍宽敞，是就寺院改建而成。

洞窟数，据碑铭所载，明代正统九年（1444年）时还有龛窟二十有六，又据李喇嘛称："1927年大地震以前尚存十八窟，地震时西北端摇落十窟，这些洞窟上下分布成四层。"想是山腰部开凿得过分空虚，而上面重量过重，压力过大，因此经受不了地震的动摇而崩坍了。现存洞窟把残缺不全的合计在内，也只有十三窟（图一），实际上较为完整内存壁画或塑像的只有八窟。

甘肃东部是我国经常发生地震的地区之一，地震的破坏性很大的，而对具有一千五百年历史的天梯山石窟可说更为严重。明代的二十六窟，可能还不是天梯山洞窟数的最高纪录，因为地方志上可以看到在正统以前还有过无数次大规模的地震，无疑是有一定数量的洞窟被毁灭了的，可惜没有记录可查。1927年的大地震所遭受的破坏痕迹，现在还明显地可以看出，西部岩壁坍塌处，自山顶至山麓形成高40余公尺、宽30余公尺的凹陷面：山麓变成许多高低不平的土石堆，广达70—80公尺。在这土石堆里喇嘛曾找到石雕佛头数个，我所见：一为唐代，早由冯国瑞交存武威文管所；一为魏作，我在大佛窟发现（图二、图三），现也送交文管所。由此可见：造像被深埋在土石中的谅不在少数，还有待将来清理发掘。

1927年地震对天梯山石窟的损失还不止此，大佛窟的左邻（即窟群的东南端），原来还有喇嘛教四合头式的寺院一所，紧依岩壁建筑，内有经堂一座，中藏西藏式金铜佛像、玉雕像、佛画、佛具、舞乐用具和金银泥书藏文经典部帙等喇嘛教文物相当丰富，由于那年地震时后面岩壁崩坍，全院建筑和财产都被深深压在土石之下，且曾死伤数人，至今未经发掘。此外，像大佛窟释迦倚像的佛头，也同时摇落。由此推想现存各窟内部塑像倒毁于那次地震的也一定很多，今已无法调查了（图四）。

除了地震的灾害之外，人为的破坏也经常有之，同治年间回族因受清统治者的残酷压迫起而反抗时，附近居民曾避居于中层各洞，推想同治以前当地遇到战乱，都把洞窟当做避难所，因此洞内都遗有土坑、土灶、打壁洞、通烟囱等遗迹。由于这样，不仅把壁画塑像熏黑了，且遭遇到严重的破坏和损失。最近两三年内又发生过另一种破坏行为，那便是 1952 年春土改时期曾有无知的小学生和牧童爬上山去把洞内的佛像抬出抛弃山下，第六号唐窟空无一像，便是他们所为。我在山麓坡地荒草间发现不少黄土泥堆，大块小片，几乎随地都有，把他翻过身，色彩犹新，衣褶手法都像唐宋作风而经后代补修的。这种破坏情况和玉门县赤金峡石窟造像被毁情况大体相类，我在甘凉等地喇嘛口中听到很多同此类似的事，如山丹县发塔寺据说是鸠摩罗什时所建，内有遗物极多，民乐县东二十里洞子寺据说有北朝式洞窟二个，都在 1952

图四　天梯山石窟外景

年上改时被毁。由这种破坏的事，使我们进一步认识到保护历史文物的必要性，今后宣传工作还得深入民间每一个角落，尤其是河西等边远地区，更应加强教育，并且还得把保护文物遗产的重要意义配合到儿童教学中去。

但可引为欣幸的，是这石窟从未经过帝国主义文化间谍的盗窃，因而也未引起国内唯利是图的古董商人的窃取；可是此地也并非绝对没有过外人的脚迹。据老乡见告：抗日战争以前，曾有日本人骑马到过窟前，在马上用望远镜探查窟内情况，徘徊一阵，方才离去。足见帝国主义分子是无孔不入的。

二、石窟内容简报

编号次序，大体上是根据现存状况分为三层，先自上层，经中层而达下层；每层自西北至西南。（可参看洞窟立面图）

本文内容专介绍其大概的现存情况，对于艺术方面在此不拟作深入的探讨。

第一窟　北凉窟

位置——在现场窟群最上层的西首，适处崖壁的半腰，地位极为优越，证明这是较早的洞窟。

建筑——为北朝式洞窟，在性质上属于制底（haitya）即"塔院"类型，因为中央有方柱形式的塔婆，自窟底直达窟顶（一般称这种方形舍利塔为"中心柱"，是不符佛教建筑原义的）。塔基每面阔各 2.27 公尺，上部分作三层，每层上宽下缩，此种样式与敦煌千佛洞略有不同，而在酒泉文殊山、民乐金塔寺则有同样的发现，这是值得注意的。每层的四面中央各开一龛，龛各一坐佛；龛外左右无胁侍像，疑是原作毁失而未经后世补加的。

中央方塔的前面自窟顶至左右壁前段都已崩失，想是地震时上部巨岩摇落时所压毁的。

因此窟内地面满积岩块和土砂达一公尺以上高度。这崩失部分没有人字披，也已无从考见。窟高5.15公尺，广5.78公尺，左壁残存4.48公尺，右壁残存更少，据此推定其平面当是长方形。

造像——中央方塔四面各龛现存佛像多非北朝原作，从作风上考察，疑是西夏重塑并经明代重装的。

壁画——左右后三壁和顶部的泥皮大半不存，露出已风化的岩壁。壁画仅在右壁上部遗留一小块，泥皮有三层之多；又中央方塔的基部表层破缺处，也显出有壁画遗迹。在左壁中部和中央方塔上各面的龛外壁间残存有粘贴的贤劫千佛。

这种千佛实际上是印版加彩的版画，用来粘贴于壁面以代替壁画的。这种方法很是别致，不仅为他处石窟所未见，即在天梯山也仅此窟有之。

其制造法是在纸上用木版排印千百一律的佛像，每像通光座高17公分；印后在墨色线条内涂上简单的色彩，再用糊壁纸的方法把佛像并列着贴于石灰地的壁面。从艺术上来看，他的绘画与雕版的技巧都极平凡，风格上如背光的样式和佛像的开相都接近于密宗造像，当是明代重修时所加。应用这种印版千佛画纸以代替壁画，一方面说明印刷术的发展，另一方面说明佛教壁画的没落，这样简陋的办法非至佛教衰退的明代是不会出现的。

时代——综合以上各方面的观察，本窟当是开凿于北朝，后经历代补修，现存塑像是西夏重作并经明代重妆的。

第二窟　初唐窟

位置——在第一窟的左上方，由第一窟左侧崩口边沿攀登高达十余公尺壁立如削岩质极松且里侧以生裂缝的岩角，其上仅可容双足，再跨越一道缺口转上两个弯，再跪下爬过一道宽仅40公分、长达80—90公尺、下临将近60公尺高的悬崖的小径，始达洞口。

建筑——窟的平面大体成正方形，广3.73公尺，深3.93公尺；顶作覆斗形，高4.30公尺，壁高3.30公尺，入口广1.33公尺；正壁和左右壁各开圆拱形佛龛，地面四周设有狭长的低坛，正坛较宽，达1.14公尺。里端自顶经左右两壁而达地面都有通连的裂缝。（图五、图六）

造像——正龛本尊已因地震倒毁，疑是立像，龛外低坛上左右各一供养菩萨跪像，下承以高式莲座，通座高1.68公尺。此种跪式作两膝着地的长跪形式，高式莲座是仰覆莲束腰式，均为他处所未见。左龛中尊为佛倚像，通座高1.73公尺，其左右有胁侍菩萨立像各一躯，通座高1.63公尺；右龛中尊为佛坐像，

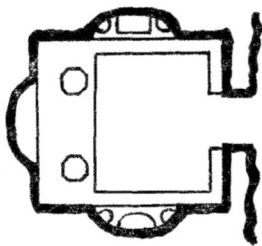

图五　第二窟平面图　　图六　第二窟侧剖面图

全跏，通座高1.72公尺，两侧胁侍菩萨立像各一躯，通座高1.63公尺。盛唐作风，惟经后世

补修。左右龛中尊头胸等肉体部分均涂金，后世曾重妆，略走样。

壁画——有二层，部分剥落。由左里角残存的壁画来看，底层是在白地上用白描的手法绘制的菩萨像，线条极为秀劲细致，手法很是挺拔熟练，实为壁画中不可多见的作品。表层画较为粗健，多于白地上绘制，无底色，描线亦佳，用色恶劣，多变色或消褪，从样式和表现手法上看当是元代所加。

表层所描写的主题：在覆斗形顶部中心和四围梯形部分都是坐佛，前壁左右是二天王，入口上方是坐佛，左右壁佛龛前方各绘菩萨立像，正壁龛侧多已剥落。

题记——前壁左方天王像侧有后人墨书题名一则：

"山西汾州客人党彦升郭严黎

嘉靖十二年九月到此拜佛"

遗物——窟内地面在泥沙鸟粪中还狼藉着倒毁的佛像碎片和木条等，并在其中捡到褙子本明版和抄本的佛道经典十余种，以及梵夹本银书藏文写经一帙，但都残缺不全了。

时代——即从洞窟形制、塑像的体型、容相、衣褶以及壁画的主题内容和风格等各方面看，当是盛唐开凿而经元代重修的。

第三窟

位置——在第二窟的左邻稍上，这是天梯山现存洞底中最高的一窟，约离地平面60公尺。由第二窟口外左方紧靠石壁匍匐爬行宽约40公尺、长约5公尺略向上升的小径，便可进入窟口。又两窟间的耳龛里壁，因壁薄，早有一洞相通，也可以爬过去。

建筑——正方形窟，顶作覆斗形，而顶心作长方形，这是和第二窟不同之点。正壁和左右壁也各开一龛，龛形和第二窟同。

此窟遭受地震的浩劫最为惨烈，震后的惨状还依然呈现在我们的眼前，因为震后从未有人进去过。窟口左半壁已崩毁过半，里端自窟顶通过左右两壁直至地面已发生宽达6—7公分的裂缝，所以窟内砂土积存高达1公尺，都是从顶上裂缝中落下的。而且这个裂缝很长，并不限于本窟，自第一窟前部左壁塌毁处起，通过第二窟里端而达本窟，形成一直线的纵状裂缝，本窟向东裂到哪里？还无从探测，想是过去大地震时所震开而当时未摇掉的。今日能看到这一石窟和窟内的遗物，确实使人庆幸；可是现今前壁已失去垂直，向前倾侧十分显著，他的危危欲倒的情势，使得入内工作都感到提心吊胆，所以他的严重性是很大的，希望负责文物管理的机关能积极想法营救；否则，今后如再来一次剧烈的地震，两窟的不保是可以预料的。

造像——正龛释迦三尊像，本尊已因地震向前仆倒于地，仅存半倾的须弥座，两胁侍菩萨立像还完整。左龛的三尊像幸保存良好，中尊结跏趺坐于悬裳莲座，两胁侍菩萨有等身大，各具不同委态，表现手法接近写实。右龛也是三尊一铺，中尊已和莲座脱离，坠落于地，像背后岩壁和第二窟左龛里壁成一洞穴，壁厚不到一公寸，左胁侍菩萨头部也掉落。（图七、图

图七　第三窟左龛三尊像　　　　　图八　第三窟右龛三尊像　　　　　图九　第三窟右胁侍菩萨立像

八、图九）

壁画——窟顶和四壁泥皮剥落露出岩壁，仅左右两龛内存有立体型背光等，其上的彩绘是经后世重妆的。

遗物——我们在工作中曾将仆倒于地的尊像略加整理，在把卧伏着的本尊扶起后，在积土中发现梵叶本银书藏文写经一帙和喇嘛教式模制小泥佛像二个，带有背光的木质雕花小佛座一座，都由郝在中同志经手带归武威文管所保存。将来清除积土时，可能还有其他遗物出现。

时代——从窟龛的规制、莲座的样式、造像的配置和表现手法等各方面来看，无疑是唐代的遗作；可是对精神的表现不够充分，形象的刻画比较机械，动作姿态也不够自然，因此造作年代要比地二窟（盛唐）略后。武威地区于唐广德二年（764年）陷于吐蕃，直至大中五年（851年）才收复，在这动乱时期，造窟的可能性极少。因此本窟不会是中唐所建造，而是晚唐后期即第九世纪后半所建。同时从崩落的本尊断裂处，可以看到其表层有经西夏或元代局部补修的痕迹，加上的泥皮有些地方厚到6—7公分，但主要部分如头面、上肢等处修补迹象较少，大体未走失原来风格。泥皮剥落处所显露出来的原作，图案色彩依然鲜艳，晚唐期那种富丽的妆銮技法是很明显地可以看出。

第四窟

地位——在西部第一窟的直下而前出约三分之二，成为编号上中层洞窟最西端的一窟。此为遭受震灾最为残酷的洞窟之一。攀登第一窟便须从本窟的破壁崩岩间向上爬升一个峻坡，始能到达。

建筑——和第一窟同样是一个北朝式制底性质的石窟。正由于他的地位突出在第一窟的前下方，地震时由第一窟上方崩落下来的大块岩石，以排山倒海之势通过第一窟前部的空间，像泰山压顶似的坠落于本窟的顶上，由于震动过剧，压力过重，因此把本窟也压毁了。现今窟顶仅留里端十分之一，左壁前壁完全毁失，右壁也仅留下半，中央方塔成了一个秃顶的土疙瘩，且塔基也已震裂，故塔身已向前倾。窟内满地堆塞着岩块和土砂，高达2—3公尺。

造像——中央方塔四面开龛，每面上下各二龛，遗存龛像多已断首折臂，模糊不清。塔的正面自上而下第二龛内尚存一个较为完整的塑像，却又风化得很严重，且只能在山麓高瞻，无法登达其前近看。塔的左面第二龛有三分之二埋没土中，中尊的头部尚露出土面，据此佛头观察，已不是北朝原作，而是后世——大约是西夏或元代重修的。

壁画——仅右壁里端上部残存壁画一块，部分色彩尚显，也是后代重绘。

时代——北朝时代所凿，西夏或元代重修。

第五窟

地位——在第四窟的左邻。

建筑——原为深 4.71 公尺、广 4.80 公尺覆斗形窟顶的大型方窟，现今成为前右半崩落，里左半虽存而无壁画塑像的残破洞窟，窟地塞满岩石和砂土。

时代——按洞窟形制，当是唐代所凿。

第六窟

位置——在第五窟的左邻，略前。从东南端大佛窟墙外一条半毁的开凿于崖腰的上坡小径，可以通达窟下二公尺处，较易攀登。

建筑——方形窟，顶作覆斗形，和千佛洞唐式小窟形制无异。

造像——今已空无一存，原因是 1952 年上改时期给小学生全部投出窟外，现今散播在山麓坡地上的零星黄泥块便是，泥面富丽的彩绘还有残存的。

壁画——有二层，表面一层是清康熙五十八年（1719 年）所重绘，底层不明。现壁画全部被烟熏得漆黑发光，部分剥落，想是同治以后居民屡次进洞避难所造成的。但画迹还隐约可辨，左右壁似为四天王，正壁存佛背光，窟顶梯形部分各绘坐佛尊，作风都受有喇嘛教艺术的影响。

题记——正壁本尊背光内左边墨书题记：

"黄五坝信弟子杨俊□室人冉氏佛壹尊半施银贰两三小米面一斗康熙五十八年十月"正壁本尊背光内右边墨书题记：

"黄二坝信弟子杨殿与室人黄氏佛壹尊半施银贰两三小米面一斗康熙五十八年十月"

时代——唐代开凿，清代重加妆绘。

第七窟

位置——在第六窟左方，稍上。由大佛窟墙外半山小路达窟下，再架设长梯，始能通达。

建筑——长方形窟，覆斗形顶，正壁开有佛龛，当是创窟时所凿。现存状况：左前角设有土坑，右前角有灶，当是附近居民避乱时的遗迹。地面积满鸟粪，厚约十余公分，证明避乱后又已久无人迹。

窟深 3.40 公尺，广 3.70 公尺，高 3.64 公尺，入口宽 1.50 公尺。

造像——现存塑像五尊，佛坛设于正壁前方而绕到左右壁的五分之二处，成门形，坛高仅

25公分，阔98公分。五尊像便配置于这低坛上，本尊释迦坐像在正中，后背半镶入里壁旧龛内。莲座作覆瓣形，异常宽大而极低，和造像很不配称，通座高1.45公尺。其左右各二胁侍像，通座高1.03公尺，都是半跏坐式，而这半跏坐式也不合常规，且有不自然感觉，衣褶作法尚佳。（图一〇）

图一〇　第七窟右胁侍菩萨坐像

壁画——窟顶完全剥落，里壁和前壁的上部也都剥落，从残存部分可以发现其断面有三层，表层都经烟火熏黑，画已不辨。最里层露出处所绘是贤劫千佛，大型，每像高达35公分。

时代——从覆斗形窟顶，正壁设龛和底层壁画作千佛各点来看，本窟可能是隋代或隋代前后所创凿，对现存的造像从体型、容相和表现手法以及半跏的姿势、低矮的佛坛、宽大的莲座等各方面来看，说明不是纯粹的汉式，而是反映着佛教艺术的没落，并掺杂有密宗的成分，因此疑是西夏或元代初期所补塑。

第八窟

地位——在第七窟左方。无路直达，须在岩半的小路上用几个长梯相互连接，依靠于悬崖上，然后攀登，但危险性极大。

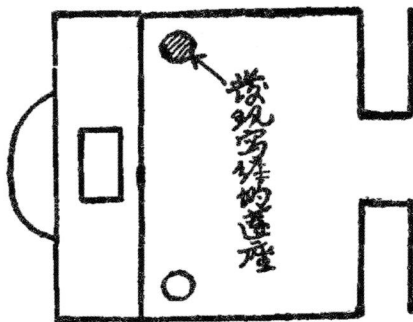

图一一　第八窟平面图

建筑——窟作横长方形，顶作覆斗形，正壁中央开有佛龛。窟深3.60公尺，广3.96公尺，高3.70公尺。（图一一）

造像——里壁正龛原有佛坐像，石胎，现今剥蚀不堪，面目不辨，当是造窟时原作。其前另设一低坛，两端直达左右壁下，阔一公尺，而于中央（即正龛前）建方形座，上塑释迦如来坐像，通座高二公尺。坛前左右胁侍菩萨立像，通座高1.84公尺。这三尊像当是后世因龛像剥落不堪，岩质包含湿度过多，不适于重加妆塑，因而在其前面另塑新像的。

从本尊的发式、肉髻前的舍利子、二重颐、耳垂的外屈和两胁侍的高髻、头发掩盖着耳轮等特殊容相来看，是具有宋代作风的特征，和麦积山石窟宋塑同一类型，可是进一步从发的厚度、衣褶作法和容相的细部等表现手法方面看，却不够宋代标准，疑是西夏时代的塑作。

壁画——窟顶和里壁都已剥蚀不堪，其余残存部分亦似有三层泥皮。表面一层已被熏黑，画无所见。表层剥落处所露出的最里一层，所画为北朝末期或隋代的作风，惜已洞孔斑斑，形象极不完整。大致上左右壁面的正中是说法图，其外围是大型贤劫千佛。前壁露出底层部分，在入口左侧是毗卢舍那立像，有全身光；入口右侧壁也是大型千佛。线条生动，技法熟练，色彩如土红等犹很鲜丽，其余均已变色。这种千佛都有宝盖，每一佛通盖高36公分，敦煌千佛洞同时代的千佛都不及此处的大，而麦积山同时代的千佛却有此种大型的，样式手法也大体一致，这说明此次的艺术在某些地方是和东部诸石窟群同一体系的。

时代——创凿时代当在北朝末期至隋代之间，西夏时代后经重修。

遗物——窟内鸟粪积满，厚达数公分，左胁侍菩萨立像由于地震，横倒于地，像体内木骨架的中心柱将下端的莲座裂成数块。就在这莲座的破泥块中发现写经和绢画等遗物，（表一）又在窟内地面捡得梵叶本银书藏文写经数十页，和莲座发现物同时请郝在中同志整理并带归武威文管所暂行保管。

表一　写经和绢画等遗物明细

品名	时代	现存长度	行数	备注
一、（经名待考）	唐	48公分	28行，行17字	残存中部，无首尾，背面有藏文写经
二、（经名待考）	唐	65公分	41行，行17字	无首尾，背面有藏文写经
三、金刚般若波罗密经	唐	48公分	28行，行17字	缺首尾
四、（经名待考）	唐	95公分	未详，行17字	缺首尾，书法至佳
五、金光明最胜王经	唐	95公分	未详，行17字	缺首尾，天地和背面均有藏文写经
六、回向轮经	宋初（？）	高13.0公分，广6.5公分	面6行，行17、18字不等	尾页（第五十五页）两面书写
七、维摩诘经问疾品	北朝末期	447公分	行数未详，行15、16字不等	缺首尾，纸质极薄
八、释迦说法图	隋或初唐	高24公分，广27公分		绢本残存右上角，内有本尊上半身的右半面，胁侍菩萨上半身，飞天下半身，宝盖下缘。中有破裂和蛀眼颇多

从此类发现物的时代上，更对造像的造作时代提供了证据，其为西夏所塑更无问题。遗物在莲座里的放置情况，是把经卷卷紧并排地铺于座底，绢画残片则如字纸那样搓成圆球塞入泥中，所以里外都有泥土粘着，质地极为脆弱，舒展不易。据我观察此类遗物还有不少，此次仅因莲座被毁而被发现，其他无法窥见而已。关于此点，保管机关应该特别重视。

绢画说法图，疑是破裂了的幡的一角，从风格和表现手法方面——即从两尊像的头型、开相、手的姿态、发式、简素的头光、飞天和宝盖的样式以及色调等各方面考察，无一处不显示隋和初唐的特征（第7世纪初期）。（图一二）

此画在艺术上的主要价值，在于他是绢本的真迹。我们知道壁画一般都比较粗率，绢画在制作上有其特殊的优点，因此这帧说法图的重要性，至少在目

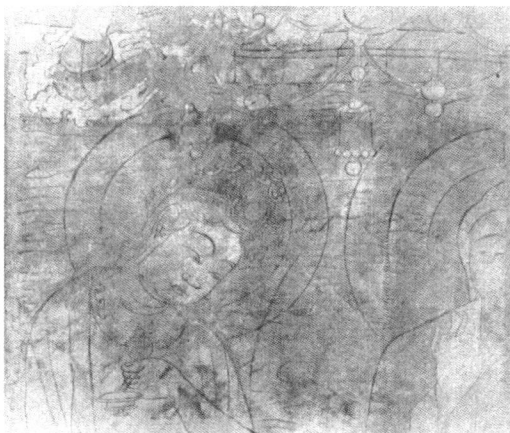

图一二　释迦说法图残片（绢本着色）

前是不可忽视的。此画在傅彩上用的原是重色，由于历经风日和泥水的浸蚀，现已变成淡彩了，可是色彩仍极鲜明，变色之处极少。正由于变成了淡彩，因此显露出底地上原始的勾勒线条，我们不仅可以清楚地看出生动活泼的游丝细描的工夫，同时还可以帮助我们了解隋唐绘画的表现手法和制作过程。所以此帧残画在古代绘画的研究上有很大参考价值的。

第九窟

地位——在第八窟的左邻，为第二列东南端最后一窟，离平地约30公尺，窟的前下方峭壁上有许多凸出的岩块，因此也是最不易攀登的洞窟之一。

建筑——方形窟，覆斗形顶，有裂缝极深。地面鸟粪厚约10公分，曾经住人，有灶坑痕迹。

造像——原为三尊像，现仅存正壁本尊，亦已残缺不全；左右胁侍菩萨像都已毁灭。本尊是坐像，下为悬裳式高座，亦属西夏至元代期间所塑，风格和麦积山宋塑同一体系。

壁画——无，四壁泥层都已脱落。

时代——窟为初唐开凿，造像是西夏或稍后重塑。

第十窟

地位——在石窟群西北端的崩岩下方，为下层洞第一窟，大半破毁，深埋土中，仅露出洞的上缘。造像壁画无存。

第十一窟

位置——在第四窟直下第十窟的左邻，破毁情况同第十窟。

第十二窟

地位——在第五窟直下第十一窟的左方，破毁程度同前二窟。

第十三窟

地位——在石窟群东南端，其前现为广善寺范围，筑有土墙和西北诸窟隔开。

建筑——现成穹窿形大龛样式，高度目测约三十余公尺。据"重修凉州广善寺碑铭"称：明正统十年至十三年（1445—1448年）刘永诚曾加重修，筑楼八层，高十有六丈，现已不存。龛顶裂痕纵横错杂，危险万分。

造像—— 一铺七尊，中央本尊为释迦如来倚像，高度目测约二十六公尺，所谓大佛寺，就是因此大佛而得名。龛左右里端分立罗汉和菩萨各一，碑铭称"为菩萨者四"，误。左右外侧天王立像各一，碑铭称"为金刚者二"，误。这些巨像都是于造窟留出山岩雕成石胚，再外加泥塑的。（图一三）

壁画——原迹无存，现今龛壁高处的壁画是清代所绘，恶劣不堪。

时代——诸像屡经历代补修，因此现存形像臃肿异常，不再有艺术价值。根据碑志和口头的传说，大致是西夏重修，明正统时再修，清乾隆年间又重修，光绪二十五年又再修，1927年地震，大佛头被摇落，1936年又经补塑。我们从像身泥层的堆积层次，也可以看出这种再三修补的情况来。据说当地曾有人在大佛腹部泥层中发现西夏文写经残片，当是极为可能的事。但是关于他的创始年代却无人知晓，假使从尊种的组成、群像的配置、造型的姿态和大体的轮廓等方面加以观察，他的创凿时代当为晚唐。

图一三　第十三窟全景

三、关于天梯山石窟是否是北凉王首先创凿的问题

从十三个洞窟的现存内容来看，其中有两个是北朝式窟，其余都是隋唐规制而经后世重修的，因此根据现存洞窟情形还可以确定天梯山石窟群是从北朝至隋唐这一段时期内陆续都有兴造，宋元以后直至清代继续有过重修，他的年历不算不悠久；但是洞窟的最初出现是在哪年？是否就是十六国时北凉王沮渠蒙逊创凿的呢？这还是值得研究的问题。

沮渠蒙逊是十大国中最善于利用佛教来对人民进行思想统的最典型的人物，他曾优礼接待过许多西方来的高僧，翻译了许多佛经；但当魏的拓跋焘遣使向他索取由中印度来的昙无谶，否则就要用兵的时候，他怕为魏所谋，便设计派刺客把昙无谶暗害了。所以他的信仰佛教是假的，他的振兴佛教是含有政治意义的。他曾为母造过丈六石像于山寺，他在凉州开凿石窟也是可能的。他的造窟年代虽不可考，也总在他这个封建小王朝最兴隆的时候，他是于公元412年由张掖迁都凉州，到公元433年死亡了的，在这时期内虽然大同云冈等地还未出现石窟，可是敦煌莫高窟早在五十余年前已有兴造，西域地方更不消说了；加之，中印度和西域等国的高僧纷纷到他那里行教，所以蒙逊为了宣传佛教进一步麻醉人民，因而追踪敦煌和西域各国的办法开凿石窟寺院，当然是极为可能的事。

关于沮渠蒙逊的凉州石窟，《法苑珠林》卷十四《集神州三宝感通录》卷中等书都有如下的记载：

"凉州石崖塑像者，昔沮渠蒙逊以晋安帝隆安元年拥有凉土三十余载，陇西五凉斯最久盛，专崇福业，以国城寺塔终非久固，古来帝宫终逢煨烬，若依立之，效尤斯及；又用金宝，终被毁盗。乃顾眄山宇，可以终天，于州南百里，连崖绵亘，东西不测，就而斫窟，安设尊仪，或石或塑，千变万化，有礼敬者，警眩心目……"

从这个记录，我们可以了解：一、蒙逊所造石窟是在凉州南百里。二、造像有石雕也有塑作。天梯山石窟在凉州城南正有一百里，造像虽以塑作为主，但是也有石雕的，与记载正相符合；同时据我们调查，凉州城南百里一带再也找不到有其他石窟遗址了，所以也可以肯定他所造石窟确是在天梯山。正由于这个封建领主首先在这里崖壁创凿了石窟，所以后来的贵族、地主们也相继仿效，陆续造了许多石窟，遂形成今日这样一个集群。

至于蒙逊的石窟，现今是否还存在的问题，经过这次实地调查和口头访问也已得到了一些线索。现在的两个北朝式石窟已经毁损不堪，同时经过后世再三重修，原迹已不存在，而且规模极小，照此情形推测，绝不会是不愿在平地建造寺塔的威武一世的蒙逊的业绩。据从小出家现已五十一岁的李喇嘛亲口见告：在 1927 年大地震时，在石窟群西北部崩落的十窟中，有一个位于最高处的大窟，中有与第一窟构造样式很近似而规模更大的中央方塔，上面开龛，窟内四隅都有假柱（此种假柱在麦积山北朝洞窟中也有之），且有两个入口，在两入口之间的外壁，且有造像数尊；又说在窟内壁面有密排的影塑等装饰，地面堆有无数小型泥塔和模制泥佛等，壁画有四五层之多，厚达一寸；又说他在幼年曾上去过两次，所能记忆的就是这些。李喇嘛是能作西藏式佛画的，他说时并在泥地上画出洞窟形像来补充他的说明。

据此来看，这个大型制底窟，地势选得如此优越，规模又如此宏大，方塔、影塑都是北朝早期洞窟的特征，这个石窟是否就是蒙逊所创，当然不能加以肯定，但是也不能完全加以否定。因此我们只能得出这样的结论：蒙逊的石窟应该是在天梯山，换句话说，天梯山石窟是由蒙逊首先创凿的，可是他所创凿的石窟现在已不存在了。

四、关于保管方面的意见

在调查时期，我们虽然随时随地对当地的农民、小学生和老师进行过爱护和保卫历史文物的口头宣传；在工作过程中，我们虽然在洞窟里做了一些初步整理；当工作结束时，我们更把通路阻塞，并嘱广善寺喇嘛和天梯小学老师负责切实保管，暂时禁止人们攀登；返武威后也曾向有关方面报告情况，并请对区政府发出指示，加强保管，但这些仅是临时的处理，不是基本的管理办法；固然像第 2、3 和第 7、8 较为重要各窟，根本无路可上，非有绳索和长梯不办，可是加强保管还是应该置视的。

但是目前保管上的主要任务，还不是在开通道路，清理洞窟，修缮洞窟和开放管理等方面，成为当前严重问题的，是如何解除石窟本身存在的危险性，和怎样配合水库建设解决石窟的保存等问题。

天梯山石窟在国内现存石窟中是遭受破坏最为惨烈的石窟之一。对于人为的破坏，毫无疑问，今后加强管理，必然可以防止；但是对于自然的破坏，今后如何避免，却成极大问题。对天梯山石窟破坏性最厉害的是地震。陇西一带是我国最著名的大地震区域之一，以六盘山脉西北部的靖远、海原、会宁、西吉诸县为中心的地震，自隋唐到现在这一千三百数十年间，计有大地震 22 次之多，平均每 60 年就有一次，几乎每年都有的小地震，当然更无法计算了。据说 1920 年那次以海原县为震源的地震，死亡就达 15 万人，当时山崩地裂，河流为之堵塞。天梯山东距靖远仅二百多公里，属于震中地区的外缘，每次地震这里也十分剧烈，所以洞窟大量崩毁。这次调查，见上部洞窟已发生纵深数十公尺、横长难于揣测的一条与悬崖并行的危险性极大的纵状裂缝，他就是产生于前数次大地震，而在未来的大地震里会引起外层悬岩崩塌的现象。要是他崩塌了，首当其冲的将是精华所在的第2、3窟，而第7、8、9窟和第13窟也有随之倾倒或被压毁的可能。这种发生于石窟本身的严重性，是进行保管工作时首先应该考虑到的。

在天梯山石窟还有一种破坏性较次于地震的，那便是雨雪。此地属于在祁连山脉北缘。雨量较武威北面的平原为多，估计每年平均20—30公厘总是有的。他对洞窟的破坏作用也很大；因为这里的红砂岩渗透性极强，遇到雨水极易融化，每年雨水的冲刷剥蚀和冰雪的冻裂风化，都有促成洞窟倾倒的危险。根据此次调查了解，各洞壁画所以大半剥落的原因，便是由于岩质经常湿润；其未剥落的，也由于岩壁表面起了风化，已与泥皮脱离不相粘接了。关于这种不坚实的岩质所引起的破坏性，这也是保管上值得特别重视的。

水库工程的建设，对天梯山石窟遗址的如何保存也是值得研究的问题。关于这，文管部门应与有关单位联系，共同研究，很好地作出妥善的决定。

此外，还有附带提到的：西北坡地和大佛窟东首的崩岩下埋藏有无数文物，前已提及，喇嘛曾在西北部坡地捡得几个石雕头像，北朝和唐代都有，这都是极为宝贵的遗产，必要时应加以清理和发掘。如能进一步扩大范围，把张义堡地区作一次普通的周密的勘察，虽然不一定有远古的文物遗存，但至少唐宋以后的墓葬是有的。我曾听到人家告诉我，天梯山南有古墓群，希望地方文管机关能注意调查，可能有一定的收获。

原文刊于《文物参考资料》1955年第2期

天梯山石窟远景

天梯山石窟

天梯山石窟，亦称凉州石窟，位于武威市凉州区张义镇灯山村小坡东北800米。始凿于北凉沮渠蒙逊时期（412—439年），距今约1600余年。天梯山石窟自北凉大规模开凿后，北朝至隋唐陆续都有兴造，西夏至明清仍有重修。1927年，武威发生大地震，造成窟前寺院建筑和部分石窟损毁，至解放初期，仅存第18窟。天梯山石窟几乎包含了所有洞窟形制，主要有中心塔柱窟、大像窟、佛殿窟、佛坛窟、僧房窟、小型禅窟等。1959年，黄羊河水库开始修建，为保护天梯山石窟这一重要文化遗产，由敦煌文物研究所和甘肃省博物馆组成的天梯山石窟勘查搬迁工作队，历时半年多完成了搬迁工作。1960年4月，石窟内43尊造像、300平方米壁画、25箱文物残片均运回甘肃省博物馆保存，文字、图片资料则由敦煌文物研究所保存。1986年，著名考古学家宿白先生提出了我国石窟寺营建史上著名的"凉州模式"，并指出天梯山石窟是我国石窟寺营建史上"凉州模式"的起源地，与河西走廊的其他中小型石窟共同组成了"凉州石窟"群，对研究我国佛教石窟建筑、佛教艺术渊源、发展脉络等都有重要的意义。2006年1月，天梯山石窟搬迁的文物回归武威。2001年6月，天梯山石窟被国务院公布为第五批全国重点文物保护单位。2021年12月，被评定为AAAA级旅游景区。

文字：编者

摄影：蔡建宏

甘肃武威旱滩坡出土前凉文物

田　建　甘肃省文物考古研究所

　　旱滩坡位于武威市西南约 12 公里处。墓葬分布于祁连山北的山间冲积扇土，北 0.5 公里处为松树乡三畦村，西 0.5 公里处为松树乡林管站，地表为砾石覆盖。部分墓葬顶部残存有 70 至 80 厘米高的封土，封土顶部置石数块。1985 年 7 至 8 月，甘肃省文物考古研究所在此进行了发掘。

　　这次发掘共清理西晋至五凉时期的墓葬二十八座。其中以十九号墓保存最为完整，这是一座前凉时期的双人合葬墓，墓中出土了一批较为精致的、颇具研究价值的文物。下面将介绍其中的几件文物。

　　1. 毛笔及笔筒（见图一）（M19：59）

　　毛笔套于笔筒内，出在男尸头部左侧，完整无损。笔杆用松木制成，长 25、口径 2 厘米，笔杆从笔端向笔尾逐渐收分，笔端中空笔头长 4.9 厘米，用狼毫制成，先将狼毫理顺，用丝线扎紧并髹漆，剪理整齐，纳入笔杆前端中空处，用胶粘合，笔用后未经濯洗，留有墨迹。笔筒长 25、口径 3.4、底径 2.4、筒壁厚 0.4 厘米。系用松木从中剖开后、分别掏空，然后再用胶粘合，笔筒底部有少量墨迹（图二）。

　　1957 年和 1977 年，在距旱滩坡东南 18 公里处的磨咀子，曾分别出土了两支汉代的毛笔。竹杆、端直修长、笔头短小，杆尾削尖[1]。这一类型的笔在敦煌等地也有发现，这种笔除可以书写外，还可以做簪子用。这种以笔为簪的做法始于战国，晋时"笏者，有事则书之，故常簪笔"[2]，这种传统一直延续到了唐代，"七品以上，以白笔代簪"[3]。十九号墓中所出的毛笔，笔头大、笔锋长、笔杆粗，显然不是那种用于牍书写简牍的簪笔，这种笔当以书写大字为宜，说明当时的制笔技术较之汉代有很大的进步。六朝是我国书学史上的极盛时期，六朝书家又以晋人为最盛。河西地区在汉末有"草圣"张芝、晋

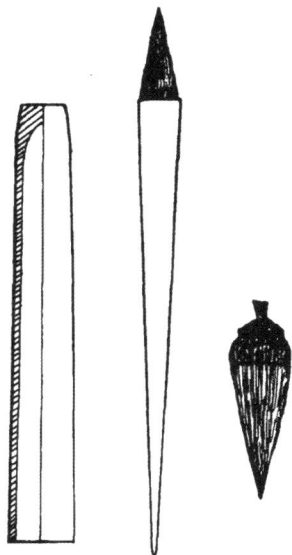

图一　毛笔和笔筒

---

① 《武威磨咀子三座汉墓发掘简报》，《文物》1972 年第 12 期
② 《晋书》卷 25《车服志》
③ 《新唐书》卷 24《舆服志》

时有索靖，俱为当时之大家，说明晋时河西地区的书法艺术是十分繁荣的。各种书体已经形成，为了适应这种发展，制笔技术也随之改进，可以说十九号墓出土的毛笔就是这种改进的产物。

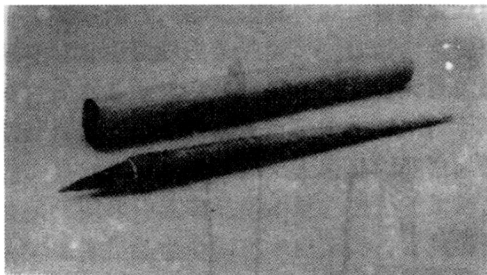
图二

2. 女侍俑（M19：5）

用松木削制而成，作站立状，通高 21 厘米，通体施以白色为底色，黑色绘出眼、鼻、嘴，高发髻。内着皁缘领袖中衣，外着兰色短襦，两手互插于袖内，环抱于腹前，双臂缠绕黑色飘带，下着兰色短裙，黑带束腰至腹前打结。腿部稍有残损。（图三、左）

3. 男侍俑（M19：4）

用松木削成站立状、通高 23.2 厘米。以白色为底色，用黑色勾勒出眼、鼻、嘴和胡须，头戴青帕，双臂均残，内着皁缘领袖中衣，外着兰色曲裾深衣，黑带束腰至腹前打结，腿部稍有残缺。（图三、右）

4. 男侍俑（M19：3）

整体用松木削成，作站立状，通高 22.4 厘米，通体施以白色为底色，面部用黑色绘出眼、鼻、嘴及唇下短髭，双臂均残，内着皁缘领袖中衣，外着兰色曲裾深衣，黑带束腰至腹前打结，腿部稍残。

图三

以上三件彩绘木俑均出于男棺左侧，制作手法完全相同。木俑头身比，女侍俑为 1：3.5，其他的木俑为 1：3，测得墓中男尸和女尸的头身比均为 1：5，显然在制作木俑时将头部过分夸张。除侍女俑制作时以整块松木一次制成外，其余木俑的手臂均以薄木片制成，然后用胶粘于肩部。所有木俑的中心点均在腰部。彩绘以白、兰、黑三种颜色为主，在描绘人物面部时，没有单纯地按某种固定的模式去完成，而是尽量地用一些局部的变化去表现人物的特征。总的来说，这些木俑在制作方面还略显粗糙，人物表情十分单调，显得过于呆板。

5. 建兴四十三年本郡清行板（M19：60）

板长 28.7、宽 10.4、厚 1 厘米。出于男尸胸部正中，其文为：

　　"武威圝瑜今察本清白异行
　　建兴四十三年十二月廿七日起抚军将军西曹"

汉安帝元初六年诏"光禄卿与中郎将，选孝廉郎宽博有谋、清白行高者五十人，出补令、长。丞、尉"①。又据《后汉书·谢该传》载："少府孔融上书荐之曰：（臣）窃见故公车司马令谢该体曾史之淑性，兼商偃之文学，博通群艺，周览古今，物来有应，事至不惑，清白异行，敦悦道训，求之远近，少有畴匹。"这里所谓的"清自行高"和"清白异行"皆指个人品德而言，是被举荐的一个因素。《晋书·庾衮传》"于是乡党荐之州郡，交命察孝廉，举秀才、清白异行，（衮）皆不降志，世遂号为'异行'"。到了晋代，"清白异行"已经与"孝廉""秀才"并列，成为察举制度的一个重要内容。

前凉察举制度文献无征，但前凉以晋为正朔，其制多依晋制，而晋制又因袭前代，变动不大，所以从汉代察举制度中可窥其一斑。汉武帝时规定：郡国二十万人以上，岁察一人。四十万二人。六十万三人。八十万四人。百万五人。不满二十万，二岁一人。不满十万，三岁一人，其有秀异，不拘户口。据《晋书·地理志》记载"武威郡，汉置，统县七，户五千九百"，若按每户五口计，则武威当时人口仅三万人。前凉时，武威郡统县已达到九个，计有姑臧、祖厉、宣威、揖次、仓松、显美、骊靬、鹯阴、番和②。在"秦川血没腕，唯有凉州倚柱观"的情况下，不少的中原居民纷纷迁至河西，《十六国疆域志》记载：仅咸和初，就有"陇西、南安人二千余家"徙于姑臧。据估计，"前凉时期，姑臧有居民五万户以上"。加上政府官员及驻军，人口当在三十万以上③。那么按当时武威郡的情况来说，每岁察举为二人，或者更多。

西晋在河西地区进行的察举，在《晋书·索紞传》中有所记载："索充初梦天上有二棺落于充前，以问索紞，紞曰：'棺者，职也，当有京师贵人举君。二官者频再迁。'俄而司徒王戎书属太守使举充。太守先署充功曹而举孝廉。"索紞，字叔微，墩煌人，"知中国将乱，避世而归，乡人从紞占问凶吉，门中如市"④。索充亦为敦煌人，故得从紞占问。王戎，西晋名臣，两度为司徒，第一次为元康七年九月至永康元年，历时三年，第二次在太安元年至永兴二年，时间也是三年，但是在第二次任职内时，晋王室已发生内乱，王戎已不再掌有实权，其身安危难保。所以，索充得举孝廉当在王戎第一次任职司徒期间。

至于前凉察举制度的情况，在崔鸿所著《前凉录》中有部分记载："张斌当举孝廉，梦竖竿中天，（索）紞曰：'此"未"字也。'斌果停。"⑤索紞卒于前凉初期，张斌以举孝廉事问索紞，其时当在前凉早期。又："（索）绥，字士艾，敦煌人。绥家贫好学，举孝廉、为记室祭酒。母丧去官，又举秀才，为儒林祭酒。张骏命西曹掾集阁内外事付绥，著《凉春秋》五十卷。"⑥此当为前凉中期事。又："索苞有文武材，举孝廉，除郎中，每征伐克敌，勇冠三军，

---

① 《后汉书》卷5《安帝纪》
② （清）洪亮吉《十六国疆域志》《丛书集成》本
③ 《十六国时期姑臧建都的自然和人口条件》《西北史地》1987年第三期
④ 《晋书》卷95《索紞传》
⑤ 《太平御览》卷397崔鸿《十六国春秋·前凉录》
⑥ 《太平御览》卷124引崔鸿《十六国春秋·前凉录·张骏传》

时人比之关羽。"① 索苞举孝廉大约是在前凉中晚期。以上三条材料说明，前凉虽是地在割据势力，但是察及举制度并没有被废止，而是作为一种选拔官吏的制度长期保持了下来。

建兴是西晋愍帝司马邺的年号，西晋在建兴五年便灭亡了。东晋元帝司马睿即位于建业改年号为建武。张实虽派人至建业奉表劝尊，但"犹称建兴六年，不从中兴所改"。这种现象一直持续到张祚篡位自称凉王后，才改建兴四十二年为和平元年。一年后张祚被杀，张玄靓继任后"复称建兴四十三年"。此板正是在七月张玄靓任凉州牧后写的。

抚军将军一职是在魏黄初六年魏文帝所设，以司马懿为之，此后司马师、司马炎均任过此职。司马氏代魏后，此职多由亲王宗室担任。前凉此职也多由张氏一门担任，"建兴二年，朝廷以（张）轨年老多病，拜子实行抚军，副凉州刺史"②。同年张轨去世，张实继任凉州刺史。又据《晋书·张茂传》："（张茂）以兄子骏为抚军、将军、武威太守、西平公。"③ 在张茂卒后张骏遂代茂为凉州牧。张耀灵时，其"伯父长宁侯祚，与重华宠臣赵长、尉缉等结异结兄弟，长等矫称重华遗令，以祚为持节督中外诸军，抚军将军，辅政"。此后不久，祚便废耀灵、自立为凉王。据《晋书职官志》："骠骑、车骑、卫将军、伏波、抚军、都护、镇军、中军、四征、四镇、龙镶、典军、上军、辅国等大将军，开府者皆位从公""骠骑以下及诸大将军不开府、非持节都督者品秩第二"。骠骑以下及诸大将军不开府者，其属有"长史，司马各一人，秩千石。主簿、功曹史、门下督，录事、兵、铠、士、贼曹、营军、刺奸、帐下都督、功曹书佐、门吏、门下书吏各一人"。其中并无西曹这一机构。诸公及开府位从公者则置"长史一人，秩千石。西、东阁祭酒，西、东曹掾，户，仓、贼曹令、史各一人"。前凉具备这一条件的只有历任最高统治者，据前文，张骏曾命西曹掾集阁内外事以付索绥。前凉抚军将军属府有西曹，则地位应仅次于最高统治者，是前凉的主要执政大臣之一。

西曹，据《后汉书·百官志》记载：太尉府西曹，是"主府吏署用"。三国时期，西曹掾则负责选举，《三国志·毛玠传》："太祖为司空、丞相，玠尝为东曹掾，与崔琰并典选举"。而崔琰在"太祖为丞相"时"复为东、西曹掾"④，由此看来，丞相府东、西曹都是负责选举的机构。前凉的抚军将军西曹则可能是前凉典选举的主要机构。

7. 驸马都尉板（M19：60）

板长27.8、宽5.8、厚1厘米，出于男尸头部左侧。其文如下：

　　　　有

令武厉将军都战帅武威姬瑜今拜驸马都尉建兴四十四年九月廿五日戊子下起

① 《太平御览》卷437引崔鸿《十六国春秋．前凉录》
② 汤球《十六国春秋辑补》卷68《前凉录》
③ 《晋书》卷86《张耀灵传》
④ 《三国志》卷12《魏志·崔琰传》

东曹

姬瑜为十九号墓主人名字，武厉将军为魏晋以来诸杂号将军之一，起于何时无考，《宋书·百官志》中记载有武厉将军一职，无定员，为第八品。

永和三年，前赵凉州刺史麻秋进攻凉州，张重华"以谢艾为使持节、军师将军，率步骑三万，进军临河。秋以三万众距之。艾乘辂车冠白帢，鸣鼓而行。秋望而怒曰：'艾年少书生，冠服如此，轻我也。'命黑矟龙骧三千人驰击之。艾左右大扰，左战帅李伟劝艾乘马，艾不从，乃下车距胡床指麾处分，贼以为伏兵发也，惧不敢进"①。左战帅估计是一个带兵的中下级军官。姬瑜为都战帅，其地位要比左战帅高一些。

驸马都尉为汉武帝设置，掌驸马，秩比二千石。晋武帝以"宗室、外戚为奉车、驸马骑三都尉而奉朝请焉""奉朝请，奉朝会请召而已"。驸马都尉一般由中央政府任命，地方政府不设此职，也不能任命。前凉奉晋为正朔，在初期是比较循规蹈矩的。到永和元年，张骏称"假凉王"之后，才设置了"祭酒、郎中、大夫、舍人、谒者"等官职。据《前凉录》载："张璩（一作掌璩）、字元琰。年十四，拜奉车都尉。从梁肃征陇右，与王擢遇于邢岗，相距十余日。璩衔枚密击，大破之，由是显名。"②王擢为前赵石虎之将军，于永和二年入侵陇右，八年降于前凉。因此张璩拜奉车都尉的时间，应在永和元年之后。前凉置驸马都尉也应在这一时期。建兴四十四年，是张玄靓第二年，距张骏置驸马都尉时已有三十余年。东曹的设置如上文而言，只有诸公和开府位从公者才可设置，前凉符合这个条件的只有张玄靓。《后汉书·百官志》载：太尉府"东曹，主二千石长吏迁除及军吏"。张玄靓自称大都督、大将军、凉州牧、西平公。由于前凉无太尉一职、则东曹应属于大将军府。

姬瑜被察清白异行至拜驸马都尉为时仅九个月，其间不可能再拜什么官职，所以，武厉将军，都战帅是姬瑜被察举前的职务。在晋代由下级官吏通过察举得到升迁是很普遍的。如山涛"年四十始为郡主簿、功曹上计掾，举孝廉，卅辟部河南从事"③。魏舒"年四十余，郡上计掾，察孝廉，除涠池长"④。

8.建义奋节将军长史板（M19：61）

板长 27.8、宽 5.2、厚 1 厘米，出于男尸头部左侧。文如下：

有
今圕圕军议掾武威姬瑜今建义奋节将军长史

① 《晋书》卷 86《张重华传》
② 《太平御览》卷 357 引崔鸿《十六国春秋·前凉录》
③ 《晋书》卷 43《山涛传》
④ 《晋书》卷 41《魏舒传》

建兴四十八年四月廿九日辛未下起东曹

军议掾一职在《魏略》中有记载，魏明帝景初元年，司徒军议掾河东董寻曾上书魏明帝[①]。胡三省认为"汉公府无军议掾，此官魏置也"。建义将军为诸杂号将军之一，始于建武元年，汉光武帝以偏将军朱佑为之。《魏书·官氏志》记载，建义将军与建忠将军等众多杂品将军同为第四品。奋节将军不见于文献，亦系杂号将军之一。

长史：始于秦。汉制，三公置长史，秩千石，第六品，品秩不高，但职任颇重。此外在将军幕府和与少数民族邻接各郡太守属官也有长史。晋制，诸公及开府位从公者，皆置左右长史各一人。一部分带兵的郡守也可置长史。到了十六国时期，长史的职权达到了高峰，一些长史实际在行使丞相或尚书令的职权。永和三年，谢艾为使持节、军师将军，在打败麻秋后，迁升太府左长史。长史一职原在军师将军之下，但是太府是前凉的最高权力机关，其左长史之职几乎就是丞相之职，其实际地位远大于军师将军。由于建义、奋节将军在前凉的实际地位不明确，所以其长史职权是什么也无法考察。

7、8两枚木牍的行文格式与新疆阿斯塔那墓群M177所书之"追赠且渠封戴敦煌太守木表"[②]相一致，内容均与官吏的迁除有关。"版授"以前虽有讨论、但无实物。此次十九号墓所出木牍，除形制大小与程大昌《演繁露》中不一致外，从内容和形式上来说均与文献相对应。

前凉时期的墓葬在河西地区屡有发现，但是出土文物并不丰富。这次姬瑜墓的发掘，为研究前凉时期的经济、文化、职官制度提供了十分珍贵的资料。由于笔者学识疏浅，文中错误甚多，祈请专家、学者批评指正。

原文刊于《文博》1990 年第 3 期

---

① 《三国志》卷三《魏志·明帝纪》引《魏略》注
② 《新疆考古三十年》图录，112

武威十六国窖藏出土凉造新泉

钟长发　武威地区博物馆

1989 年 10 月，甘肃武威地区文物普查队在本市西营乡宏寺村三队南约五百米水渠附近清理古钱窖藏一处，共清出古钱币约 90 余斤。

窖穴略呈不规则的圆形直筒状，坑口距地表深 0.8 米，直径约 1.2 米。钱币在穴内层层互交叠压，呈不规则的排列，窖坑没有任何防潮的措施。整个钱币保存较好，锈蚀不太严重，钱面文字基本清晰，各朝代钱币约一万余枚，八十多个品种。这批窖藏最早的钱是先秦一化，最晚的钱是成汉汉兴钱。因此这批钱埋藏的时间大约在十六国中期，也就是成汉六年到嘉宁二年（343—347 年）。尤其是发现了西晋永康二年（301 年）住凉州（今甘肃武威）刺史张轨所铸的凉造新泉大、中、小三种。现分别介绍如下：

先秦一刀（一化）1 枚。方孔圆钱，面文篆书对读，面有内外郭，背平素，径 1.95，穿孔 0.6 厘米，重 1.8 克（图一）。

秦半两钱 25 枚。钱径、大小、薄厚重量不一，最大的径 2.5，穿 0.8，钱茬 0.7 厘米，无内外郭（图二）；最小的钱径 1.9，穿孔 0.7 厘米，重 1.4 克，无钱茬，无内外郭（图三）。

秦半两钱，面文呈篆书，钱文高挺，周边较圆，字体渐方，"半"字下平划及"半"字上平划较长，"两"字中间两个"人"字上都竖笔长。

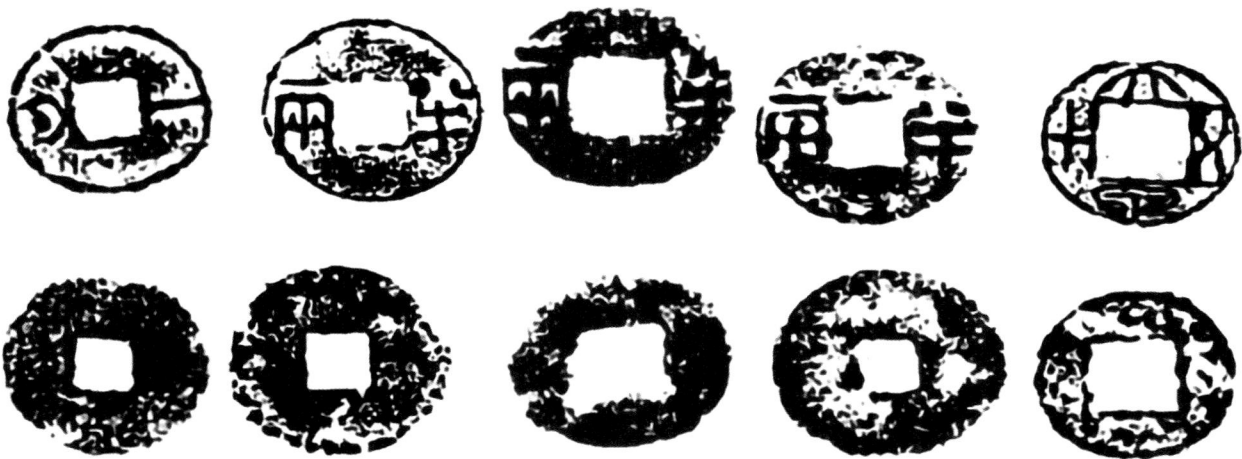

图一　　　　图二　　　　图三　　　　图四　　　　图六

图五　　　　　　　　　　　　　　　　　　图七　　图八

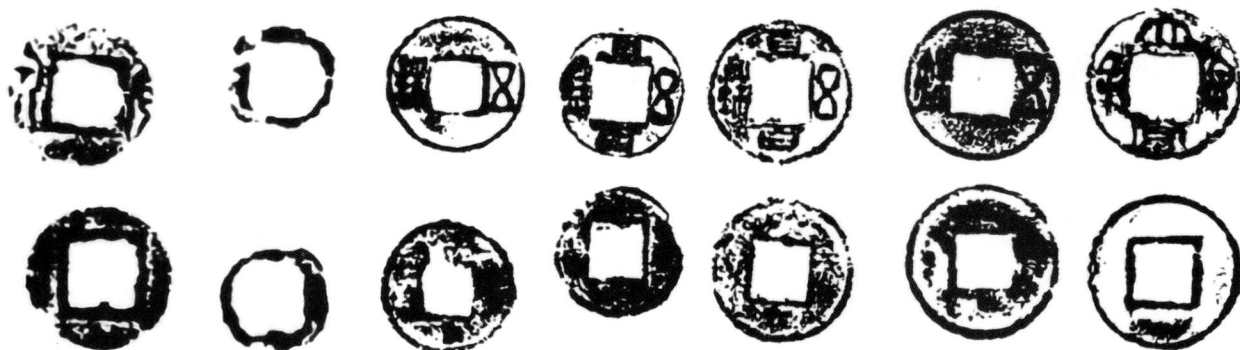

图九　　图十　　图十一　　　　图十二　　　　图十三　　图十四

两汉钱币有：

西汉半两钱种类杂，数量多，约有六个品种，80余枚。这些钱最大的钱径2.4，穿孔0.9厘米，重2.1克，无钱茬，无内外郭。最小的钱径2.1，穿孔1.2厘米，重2.2克，无钱茬，无内外郭（图四）。

五铢种类较多，有穿上一横画和剪边，綖环、对文、传形、四出等，还有无字小钱。最大的钱径2.5，穿1.3厘米，重3.5克，有外郭、内郭。最小的钱径是剪边"五铢"，径仅1.8，穿0.9厘米，重1克，无内郭（图五）。这些钱币占整个窖藏钱币的90%以上。

新莽钱有大泉五十、货泉、布泉共25枚（有些是剪边钱）。大泉五十最大钱径2.6，穿0.9厘米，重2.9克。有内外郭，郭厚0.2厘米。最小的钱径1.8，穿孔0.7厘米，有内外郭，钱小而薄，重0.7克（图六）。布泉最大钱径为2.6，穿1.1厘米，有内外郭。最小的钱径为2.1，穿1厘米，剪轮较多，很薄，有内郭，重1.2克（图七）。货泉这次出土有大小六种，有的剪轮。未剪轮的货泉最大钱径2.4，穿0.7厘米，重2.6克。正背均有内外郭，钱文外郭肉较宽。最小的钱径1.6、穿0.8厘米，钱体小而薄，重0.7克，正背均有内外郭，字体大小，肥瘦不一（图八）。剪轮货泉最大的钱径2.1，穿0.7厘米，重1克。正背均有内郭，两字较平夷，不太清楚，为柳叶篆，较肥。最小的钱径1.3，穿0.7厘米，重6克，正背均有内郭，

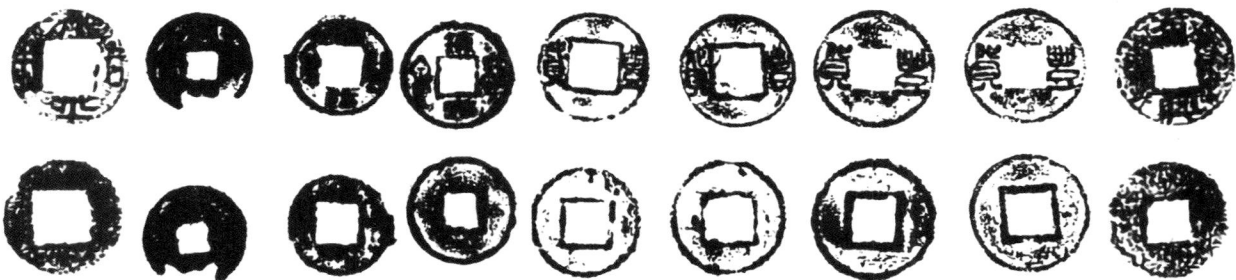

图十五　　　　　　　图十六　　　　　　　　　　图十七　　　　　　　图十八

两字部分被剪去（图九）。

董卓小钱这次发现千枚以上（图十）。

三国时钱币，有蜀五铢、直百五铢，曹魏五铢，孙吴大泉当千、太平百金。蜀五铢8枚。钱径2.1，穿0.8厘米，重7克，面文有郭，字较平夷，铢字头偏斜，笔划较粗（图十一）。直百五铢2枚。有两种，一种钱径2.5，穿0.9厘米，重12克。钱文对读，字体较粗，有内外郭；另一种钱径2.2，穿0.8厘米，重10克，有内外郭（图十二）。曹魏五铢6枚。钱径2.6、穿1.0厘米，重9克。面无郭，字较平夷，"朱"字漫漶（图十三）。大泉当千1枚。钱径2.5，穿1.1厘米，重15克。字体较粗和平夷漫漶，轮郭厚重，面背皆无郭。此钱应为孙权赤乌元年春铸大泉当千（图十四）。太平百金（钱）1枚。此钱径1.4，穿0.8厘米，重8克，钱文漫漶，对读，面背无郭，面背外郭稍宽。此钱应为三国太平年间所铸（图十五）。

十六国钱币有前凉张轨铸的凉造新泉，后赵石勒铸丰货钱，成汉李寿铸的汉兴钱。

凉造新泉共8枚三个品种，钱径2.1、1.5、1.3、穿0.65、0.5、0.6厘米。重1.9、1.8、1.5克不等。分有内外郭和有内郭无外郭和内外郭都无三种，字为悬针篆书，对读（图十六）。丰货2枚，钱径2.5，穿0.8，厚0.2厘米，重2.1克。字为篆书。有外郭（图十七）。汉兴1枚。钱径1.6，穿0.6厘米，小而薄，字为隶书。有内外郭（图十八）。

武威西营宏寺十六国中期窖藏钱币在武威境内近百年里是数量、种类最多的一次，其中发现的凉造新泉也是近百年来数量、品种最多最好的一次，而且，相当于这期间发现数量的总和。

原文刊于《中国钱币》1996年第1期

武威出土陶奔马

张振华 武威市文物考古研究所

1969 年武威雷台汉墓出土的铜奔马，因其造型精美，构思奇妙，引起世界瞩目，被确定为中国旅游标志。无独有偶，2007 年 5 月 15 日至 5 月 19 日，武威市文物考古研究所在城区西郊抢救性清理发掘了一座魏晋时期墓葬，出土了一批珍贵文物，经整理修复，其中的一件陶奔马造型与铜奔马很相似，格外引起考古工作者和社会各界人士的高度关注。

这座墓葬位于武威市城区新建路武威职业学院一建筑工地。墓葬距地表约 5 米，座西朝东，由照墙、墓道、甬道、前室、双后室组成。其中照墙、墓道已被毁。墓门为二层券顶，甬道高 1.58 米，宽 1.40 米，进深 2.00 米，前室长 2.87 米，宽 2.80 米，高 3.10 米，墓顶呈覆斗式，中间有莲花藻井砖，因渗水严重，图案已模糊不清。右后室长 2.01 米，宽 1.95 米，高 2.10米，墓顶为拱券式。左后室长 2.50 米，宽 2.01 米，高 3.10 米，墓顶为覆斗式。墓门因被水冲开，整个墓室内沉积约 1.3 米厚的淤泥。经清理，前后室均有早期被盗迹象，出土器物均为陶器，集中于甬道和前室北侧，有罐、灯、仓、井、灶、牛车、马、男女俑、陶楼院等器物 22 件。

陶奔马长 58.5 厘米，高 42 厘米，泥质灰陶。由马身、四腿及足踩的飞燕分别雕塑烧制后组装为一体。马作奔跑状，头微左偏，顶饰雄胜，双耳耸立，双目为阴刻，圆睁。鼻孔偾张，作张口嘶鸣状。马的躯干、前胸和后臀浑厚，造型朴拙，形体稳健。马背饰鞍，长尾飘举，三足腾空，右后足踏一展翅飞翔、回首惊顾的飞燕。飞燕双目突出，展翅回首。双翅微翘，伸展的燕尾平铺于地，恰好稳稳地支撑住凌空飞驰的马身。为了保持马踏飞燕一瞬间的

整体平衡，燕背有一与马身腹部相连的陶柱，使陶奔马全身着力点集中于陶柱与踩与燕尾的右后足上。蹄踏飞燕，表现出马行迅疾，在惊燕回首的刹那间，已经超越了流星般飞行的燕。陶奔马造型虽比不上铜奔马精美，但构思却与铜奔马有异曲同工之妙，就其造型、动态、腾空的三足及踏于飞燕背上的右后蹄均与铜奔马如出一辙。这匹陶奔马朴拙的造型，巧妙的构思，写实的风格，是继铜奔马出土之后在武威乃至全国又一次重要的考古发现，是同类马文物中较罕见的艺术珍品。

武威古称凉州，是古丝绸之路的必经之地和中原政权治理西域的军事后勤基地，战略位置极其重要。汉设河西四郡后，通过大规模的移民屯田开发政策，出现了"河西殷富""凉州之畜为天下饶""牛马布野"的景象。据史载，汉武帝在河西等地广设牧场，大肆养马，使河西的养马业形成规模并走上正规，成为当时重要的养马基地。尤其是地处河西走廊东端的凉州，在汉代设置了最大的军马场，培育了大批良马。到魏晋时期，凉州畜牧业进一步发展，有"凉州大马，横行天下"之说，马被广泛用于劳作、交通、军事等各个方面。由于马与古代武威人民生活息息相关，因此，在武威西汉至魏晋时期的出土文物中，就发现了不少以马为题材的雕塑文物。这件陶奔马与雷台汉墓出土的铜奔马，以其写实的风格，将凌空飞腾的骏马与展翅飞翔的燕完美地结合在一起，塑造出一匹横空出世、风驰电掣般飞速前进的"天马"形象，使古代武威人民对马的热爱和崇拜达到了一个前所未有的高度和全新的境界，这在全国范围内是独一无二的，具有极高的审美和艺术价值。此外，从这匹陶奔马的发现，说明了当时借助飞禽来塑造快马形象的塑造艺术风格已在凉州乃至河西地区广为流行。因此，陶奔马的发现，对于研究铜奔马的文化内涵、造型工艺提供了重要的实物资料。

出土的陶楼院，为泥质灰陶，院四周筑围墙，略呈方形，正面开门，门檐建一层门楼。陶楼前面左右两角各有一座角楼，院中央矗立四层重檐高楼，每层均四面出檐。中央阁楼及角楼之外壁均设雕刻人形纹和虎纹的透窗，以便对外瞭望，或在必要时发射箭弩。这座陶楼院是魏晋时期豪强地主庄园坞壁的真实写照。魏晋时期，士族豪门在政治，经济上享有种种特权，他们在疯狂掠夺农民土地的同时，为维护对农民的统治，各自建立了家族庄园。在庄园周围筑起坞壁、营垒，强迫一部分依附农民充当"部曲""家兵"，又豢养大批的"剑客""死兵"，组成一支支地主武装，平时用它看家护院，农民暴动时镇压起义军。而失去土地的广大农民，被迫接受控制和奴役，以自己的血汗维持着贵族们穷奢极欲的生活。墓主人生前享用的这种戒备森严的塔楼亭阁，就真实再现了当时庄园主们淫奢无度的腐朽生活，他们极力要把这种生活带到死后的世界中去，反映到墓葬制度与习俗中，便是这一时期期越来越严重的厚葬之风。士族世家的墓葬除了大量陪葬生活用品和奇珍宝物外，还制造许多明器以象征他们所希望的死后生活，陶制碉楼院，便是众多明器中最具时代特色的一种。

在武威的汉、魏晋墓葬中曾多次出土这种塔楼模型的陶楼院，如雷台汉墓、武威和寨汉墓、武威枣园村魏晋墓、新青年巷魏晋墓均有出土于此类似的陶塔楼，它突出地反映了塔楼建筑在这一地区的盛行。因此，这座陶楼院的发现，不仅是魏晋时期豪族世家庄园壁坞的缩影，是时也为我们研究古代建筑史提供了第一手极为珍贵的资料。

早在汉代的武威，水草肥美，畜牧业非常发达，史称"凉州之畜牧为天下饶"。特别是河西四郡的设立，武威成为中西往来的交通要道。到魏晋时期，随着畜牧业、农业生产的发展和经济的繁荣，交通运输业也有了进一步的发达，同时武威又是丝绸之路上的重镇。特别是魏晋时期，由于牛车行走缓慢而平稳，且车厢宽敞高大，便于铺席设几，可任意坐卧，受到了那些养尊处优、肆意游荡的士族大姓的青睐，乘坐牛车不再是低贱的事，而且已成为当时社会一种时髦的风尚，因此牛车普遍成为当时交通运输和人们乘坐的主要工具之一。这次出土的两辆陶牛车，一辆带拱形车篷，牛驾于辕中，车旁有一车夫，是一种专门供人乘坐的牛车；另一辆形制同前，只是不带车篷，也有一人驾驭。这两辆陶牛车与武威矿机厂发现的十六国时期墓出土的陶牛车形制相似，应为同一时期器物，它们虽作为明器随葬在墓中，但它从一个侧面反映了魏晋时期武威的社会经济和交通运输的一些状况，为研究这一时期的社会经济、文化、交通运输等提供了珍贵的实物资料。

出土的器形大体相似、大小不一的9件陶罐应为墓主人生前日常生活用具。而其它如前面介绍的陶奔马、陶楼院、陶牛车以及灶、井、案、仓、豆等器物均为明器，是专门随葬而制作的并无实用价值的各种器物的模型。以明器随葬乃是古代丧葬习俗的一种表现形，人们幻想人死之后依然过着生前一样的生活，故仿制一些生前所用的生活用品，甚至房屋，土地，家畜，侍从等进行随葬，以满足死者冥世生活的需要。封建社会地主官僚阶级的丧礼和葬俗的主导思想，是把死人当作生人看待。汉代桓宽在《盐铁论》中说："今厚资多藏，器用如生人"，即所谓"事死如生"。所以，墓室随葬生人所用的器具和物品，还将房屋、水田、猪圈、灶、仓、井、磨、楼阁、池塘、男女侍佣、各种家畜家禽等模型明器纳人墓中，以供死者享用，反映了当时那种"池鱼牲畜，有求必给"的庄园经济实况。因此明器成了象征墓主身份和社会地位的见证物，它集中反映了墓主人生前的生活场景。因此这些器物的出土，对于研究当时的社会经济状况、生产生活状况、人们的思想信仰以及当时的制陶工艺的发展具有重要的价值。

墓葬中没有发现有明确纪年的资料，但出土的随葬器物为断代提供了证据。出土的陶器均为灰陶，其中出土的陶牛车造型与武威煤矿机械厂十六国墓出土的牛车相似；灰陶楼院多为魏晋时期的墓葬中所常见，这座墓出土的灰陶楼院与武威和平乡枣园魏晋墓及武威新青年巷魏晋墓出土的器物相似。因此，我们将该墓定为魏晋时期。

同时，从这座魏晋墓的构造规模，以及出土的陶牛车、陶楼院等丰厚的陪葬品来看，此墓主人应为魏晋时期武威境内的豪强地主或河西大姓。从墓葬结构及出土器物的时代来看，要略晚于铜奔马出土的雷台墓葬。武威铜奔马的出土，曾引起史学界的很多争议，特别是对它的命名和时代争议很大。因此，该墓葬及其文物的发现对我们研究铜奔马的命名、时代以及魏晋时期的葬俗、社会经济、雕塑艺术等方面都具有很高的价值和重要的意义。

浅析武威魏晋时期墓葬的特点

梁晓英　朱　安　武威市文物考古研究所

魏晋时期，中原地区动荡不安。西晋末年相继出现了"八王之乱""永嘉之乱""建兴之乱"。河西地区地处西北边陲，远离中原，受战争影响小，局势稳定，经济相对而言比较发达。因此，关西一带华族避难于河西，带来了中原的文化和风俗，与西域以及当地的文化风俗相结合，形成了一次大规模的文化交融。

武威市近年先后发现的魏晋时期墓葬有：赵家磨魏晋墓群、臧家庄魏晋墓墓群、武威师范魏晋墓，交警支队综合楼魏晋墓、血站家属楼魏晋墓、昌兴房地产公司综合楼魏晋墓、河西装潢公司综合大楼魏晋墓、第一粮食仓库魏晋墓、武运司家属楼魏晋墓、辛家河滩南桥采石场魏晋墓、农机公司魏晋墓等。现将这些墓葬情况简单介绍如下：

一、武威臧家庄魏晋墓

1. M1 形制

位于武威市凉州区金塔乡西北。已清理两座，均为砖室墓。

M1 由墓门、前室和后室组成。墓门东向开，墓向 85°，上为卵石封土堆，封土堆残高 150、直径 500、墓底距地表 580 厘米。斜坡式墓道。墓门起六层砖券，高 145、宽 90、深 100 厘米。条砖封门，封门砖砌为竖波浪形，六层砖券以上用平砖错缝砌成门楼形成的照墙一堵。墓门底部至照墙残存顶高 436 厘米，进入墓门即前室，无甬道。前室南北长 320、东西宽 280、高 327 厘米。后室门高 143、宽 95、深 90 厘米，后室东西长 305，南北宽 240、高 267 厘米。前室平砖错缝砌成覆斗式。后室为拱形券顶。前、后室起壁均用灰、黑二色砖砌成菱形图案。前室北部地面砌有长 320、宽 102、高 22 厘米的二层台。二层台与墓门及后室铺地砖砌成人字形。前室东南角与后室东北角距墓底高 120 厘米处用砖砌出灯台。

2. M2 形制

M2 形制与 M1 基本相同。不同之处是 M2 墓门到前室之间有甬道。墓门向东，墓向 85°，斜坡式墓道，墓底距地表深 540 厘米。墓门用六层券砖砌成，门高 145、宽 100、深 115 厘米。六层砖券之上以平砖砌成宽 180、高 125 厘米的照墙一堵。墓门用砖砌成波浪形封堵，封门砖外堆满大石。进入墓门为甬道，甬道东西长 190、南北宽 140、高 174 厘米，拱形券顶。前室东西宽 285、南北长 340、高 336 厘米，覆斗式顶。后室东西长 320、南北宽 190 厘米，拱形券顶。前室门高145、宽100、深90厘米，后室门高137、宽100、深100厘米。前室北面砌有长285、宽120、高22厘米的二层台，甬道和后室的铺地砖都砌为人字形。墓壁均用灰、黑两色砖砌成菱形图案。

3.随葬器物

两座墓均被盗掘，出土器物经修复完整的有铜器13件，陶器24件，铁器1件，石雕钱树座1件，货币174枚（详见《武域臧家庄魏晋墓清理简报》一文，（载《陇右文博》2001年第2期）。

二、赵家磨魏晋墓

位于武威市凉州区金沙乡赵家磨村。已清理两座，均为砖室墓。葬形制及出土器物详见《文物》1987年第9期（照一为该墓出土的叶形金饰片，照二为该墓出土的金镂孔小球饰）。

三、交警支队综合楼魏晋墓

位于武威市西关二环南路东侧。砖室墓。

1.形制

墓葬由墓门和前后室组成，墓门东向偏北，墓砖长34、宽17、厚4.5厘米，斜坡式墓道，长度不详。墓门高140、宽80、深100厘米。墓底距地面高590厘米。前室南北长348、东西宽290、高342厘米。前室内有一院池，左、右及靠近后室门处有二层台，宽86、高25厘米。后室墓门高138、宽85、深120厘米。后室南北长398、东西宽298、高365厘米。前、后室均用平砖错缝砌为覆斗式顶，顶中央各有一莲花藻井（见照三、照四）。墓室墙壁用黑、灰二色砖砌出菱形图案。墓室底部铺人字形砖。墓室早年被盗，墓门打开，底部有一层10厘米厚的淤泥。

2.随葬器物

莲花藻井砖2件，略呈正方形，灰色，图案分二式。一件以白色打底，其上用墨线勾勒单瓣莲花，然后以黄、白和黑色填花瓣及花蕊，方砖长34、宽33厘米。其二以黑色作底，在其上用墨线勾勒复瓣莲花，然后用黄、白、黑色填花瓣及花蕊。长33.5、宽33厘米。钱币3枚，锈蚀严重。

四、血站家属楼魏晋墓

位于武威市建国街新青年巷。砖室墓。

1.形制

该墓由墓门和前、后室组成。距地表250厘米，由青灰色条砖和红色条砖交错叠砌而成。墓门向南，高133、宽90、进深100厘米，用红色条砖和较大的卵石封门。前室顶已塌陷，残高173、东西宽230、南北长280厘米，墓底铺红色条砖，平行错缝铺成。墓室内有厚50厘米的淤泥。前后室间有一拱门相通，但后室被挖掘机破坏殆尽。

2. 出土器物

该残墓出土文物大多残损，经修复完整的有29件，其中陶器18件，铜器2件，金饰片2件，古钱币7枚（详见《武成新青年巷魏晋墓清理简报》，载《陇右文博》2004年武威专辑。见照五、照六为陶车，照七为陶楼院，照八为陶莲枝灯，照九为灰陶灶，照一〇为灰陶壶，照一一为叶形金饰片）。

五、昌兴房地产公司综合楼魏晋墓

位于武威市西关街二环南路东侧，砖室墓。

1. 形制

由墓门、前室和双后室组成。墓砖长47.5、宽18、厚5厘米。墓门东向，整底距地表520厘米，双层拱券，上有照墙。墓门和照墙均已遭破坏。前室南北长305、东西宽298、高300厘米。墓顶为覆斗式，已遭破坏。墓壁用黑、白二色砖相间砌出。从墓底起第47层砖上用红、白、黑色绘有凤鸟头形图案，绕墓壁一周，绘于每块砖的侧面。前室西壁后室墓门上方左右两侧绘有似人非人、似兽非兽面形图案两个，其上部几层砖上绘有钩曲纹图案。西壁第七层砖左右两端砖的侧面绘有凤鸟形图案。后室墓门高138厘米。左后室门宽98、右后室门宽94、进深100厘米。双后室亦被破坏，无法进行清理。无随葬品出土。

六、第一粮食仓库魏晋墓

位于武威市民族街粮食巷。砖室墓。

1. 形制

由墓门和墓室组成。墓门东向，起两层券，门高128、宽97、深96厘米。条砖封门，封门砖砌为竖波浪形。墓室东西长378、南北宽320、高330厘米。墓顶为覆斗式。墓壁用白、黑二色砖砌为菱形、燕形图案。墓室东北角和东南角分别用砖砌出灯台。墓室早年被盗，发现时顶部也遭破坏，底部有50厘米的淤泥。

2. 随葬器物

灰陶马2件（见照一二）。泥质灰陶。长40、宽16.7、高26.5厘米。作昂首嘶鸣状，背塑鞍鞯，用白色打底，墨线描绘马鞍饰等，眼睛用刀刻出呈三角形，双耳高耸，造形健壮有力。

灰陶牛2件（见照一三）。泥质灰陶。形制基本相同，长22.5—24.5、宽9.5、高12厘米。捏塑，立姿，造型古朴简洁，神态逼真，体形健壮。

灰陶女俑1件（见照一四）。泥质灰陶。高24、宽7.5、厚4.7厘米。模制，立姿，高发髻，面容端庄，鼻梁高挺，双手交叉握于胸前，双乳高挺，着交领上衣，下着长裙。发髻、眼、嘴等部位用墨线勾勒。裙上模印鱼刺纹。

灰陶壶1件，泥质灰陶。口径5、腹径21.7、高11.5、底径21.5厘米。小直口、细颈、溜肩、垂腹、大平底微内凹。用白色作底，用墨线绘树形纹饰。

灰陶车身1件。泥质灰陶。缺辕。长22.5、宽14.2、高14.2厘米。车身呈长方形。后栏板外刻画有网状车窗和方格护栏（见照一五）。白色打底，墨线描绘轮廓。

灰陶鸡1件（见照一六）。泥质灰陶，通高10.5、宽10.5、长10厘米。圆形底座有插孔，作展翅欲飞状。白色打底，用墨线勾勒羽毛、眼珠等部位。

灰陶灶1件。泥质灰陶。长22、宽20、高7.5厘米。马蹄形，灶面有两釜口，后端有烟囱，前端有一灶墙。长方形火门。灶面模印钩、叉、案、勺、鱼，面团等图案。

灰陶罐2件。一件口径8.5、底径11.5、高17厘米，敞口、平沿、束颈、圆腹、底微内凹。一件口径9.7、底径10、高16.7厘米，敞口、短颈、圆腹、平底。

灰陶仓1件。顶径9.5、底宽15、高9.5厘米。截面略呈椭圆形，平顶，仓身呈梯形，上小下大，仓身有数道弦纹。方形仓门，划刻有斜梯形纹。

灰陶耳杯1件。口长8.2、宽7.5、底长4.1、宽2.6、高2.5厘米。呈椭圆形，两侧有扁平耳，平底，浅圈足。

灰陶豆2件。形制相同。敞口，尖圆唇，弧腹，平底。口径6.2—6.8、底径4.4—5、高2.4-2.8厘米。

灰陶盘1件。口径28.5、底径28.6、高2.3厘米。敞口、浅腹、平底。

灰陶车轮残件2件（见照一七）。形制相同。径21、厚1.5厘米。车轮有8根辐条。

灰陶马腿3件（见照一八）。一为左前腿，长22厘米，模制，呈弓形，白色打底，刻画有纹饰。一为右前腿，长18.5厘米，模制，呈弓形，白色打底，刻画有纹饰。一为后腿，长23厘米，模制，直立状，表面白色作底，刻画有纹饰。

七、武运司家属楼魏晋墓

位于武威市南关东路南侧。砖室墓。

该墓为前后室砖墓。墓门东向。墓门及前室早年塌陷且上面为公路，无法清理。后室位于楼基下。后室有两门，左侧一门宽80、高128、进深100厘米，二层拱券。右侧一门宽60、高128、进深100厘米。后室南北长305、东西宽282、高310厘米。墓壁用条砖错缝叠砌而成，墓顶为拱券式，墓底用条砖人字形平铺而成。后室内有厚220厘米的淤泥。没有随葬品出土。

八、辛家河滩南桥采石场魏晋墓

位于武威市凉州区辛家河滩工业开发区，砖室墓。

1. 形制

由墓门和墓室组成。墓砖长 34、宽 17、厚 4.5 厘米，墓门东向，起为二层拱券。高 135、宽 88、进深 105 厘米。条砖和卵石封门。整室东西长 245、南北宽 225、高 217 厘米。墓壁用平砖错缝叠砌为黑、白二色菱形图案，顶为拱券式。墓底左侧平行平铺一层条砖，宽 78 厘米。其余不铺砖。墓底有 10 厘米厚的淤泥。人骨架两具，已扰乱。

2. 随葬器物

陶罐 7 件。可分四式。

Ⅰ式 1 件。泥质灰陶，敞口、折沿、短颈、圆腹，腹部有数道弦纹，底微内凹。口径 9、底径 13、高 17.5 厘米。

Ⅱ式 3 件。泥质灰陶，形制大同小异。敞口、短颈、圆腹、腹下内敛，平底，腹部有数道弦纹不等。标本 M1：3，肩部有对称双耳。口径 18、底径 13.5、高 29.5 厘米。

Ⅲ式 1 件。泥质灰陶，敞口、重沿、短颈、溜肩、垂腹、平底。口径 10、底径 12.5、高 19.5 厘米。

Ⅳ式 2 件。泥质灰陶，形制基本相同。敞口、短颈、鼓腹、小平底。标本 M1：4，口径 5.5、底径 5.3、高 8.5 厘米。

"位至三公" 铜镜 1 件（见照一九）。径 9.8、厚 0.25 厘米。圆形、圆钮、三角缘。竖书 "位至三公" 四字，字两侧有宽竖线边栏，左右两侧有对称凤形图案，外区有一圈短竖线纹。

四神规矩纹铜镜 1 件（见照二○）。径 8.8、厚 0.25 厘米。圆形、圆钮、柿蒂形钮座。钮座外依次有双线方格纹、四神和规矩纹。外区有一圈短竖线纹，镜缘有一圈双折线纹。

铜小勺 2 件（见照二一）。长 4、高 1.2、勺径 2.4 厘米。勺敞口、平沿、深腹、平底，四棱实心手柄。

银钗 2 件。呈 U 字形，长分别为 7.6、14.2，宽为 2.4 和 2.5 厘米。

银发卡 2 件（见照二二）。残长 15.5、宽 0.6 厘米，呈较窄的 U 形。

铁镜 1 件。残锈严重。径 11.5、厚 0.5 厘米。呈圆饼形。

九、河西装璜公司综合楼魏晋墓

位于武威市西关二环南路西侧。砖室墓。

1. 形制

由墓门、前室、双后室和耳室组成。墓门东向、墓底距地表 598 厘米。墓门起双层拱券，高 130、宽 95、进深 100 厘米。条砖封门，前室南北长 346、东西宽 294、高 330 厘米。墓壁用黑白二色砖砌为菱形、燕形图案。顶为覆斗式，有莲花藻井图案（照二三）。前室底部南、西、北三面分别有宽112、73、90、高27厘米的二层台。前室右侧有一耳室，门起双层拱券，高125、宽94、进深90厘米。耳室南北长290、东西宽170、高236厘米。四壁用黑、白二色砖砌为菱形、燕形图案。左后室门起二层拱券，高125、宽96、深94厘米。东西长287、南北宽195、高236厘米。右后室门起二层拱券，高127、宽96、深93厘米，东西长287、南北宽190、高236厘米。后室四壁用黑、白二色砖砌为菱形、波浪形、燕形图案（见照二四、照二五），顶为拱券式。整个墓室底用条砖平行平铺而成。墓葬早年被盗，底部有厚10多厘米的淤泥。

2. 随葬器物

陶罐2件，均为泥质灰陶。一件口径14.8、底径11、高4.6厘米，敞口、平沿、短领、鼓腹、腹下内敛、底微凹；一件口径9.3、底径13.1、高15.9厘米。

灰陶豆1件。泥质灰陶。敞口、圆唇、浅腹、平底。口径7.8、底径4.5、高2.8厘米。

莲花藻井砖1件。边长47.5，厚5.5厘米。砖平面正方形。以白色打底，用红、灰、蓝、黑、橙色绘复瓣莲花图案，花心有九个红色小圆点。

铜弩机廓1件（见照二六）。青铜铸造。长6.4、宽1.9、厚1.5厘米。

花瓣形金饰2件（见照二七）。纯金捶揲面成。一件残径4.6、瓣残长2.6、宽1厘米。一件重0.6克，瓣残长2.8、宽1.1厘米。

"半两"冥钱280枚。径0.8、孔径0.4厘米，铜铸。面文"半两"，应为冥钱。

剪边五铢1枚。锈蚀严重。径1、宽0.5厘米。

照一　叶形金饰片

照二　金镂空小球饰

照三　莲花藻井砖

照四　莲花藻井砖

照五　陶车

照六　陶车

照七　陶楼院

照八　陶连枝灯

照九　灰陶灶　　　　　照一〇　灰陶壶　　　　　照一一　叶形金饰片　　　　照一二　陶马

照一三　陶牛　　　　　照一四　陶俑　　　　　照一五　陶车身后视图　　　　照一六　陶鸡

照一七　灰陶车轮　　　　　照一八　灰陶马腿　　　　　照一九　位至三公　　　照二〇　四神规矩纹
　　　　　　　　　　　　　　　　　　　　　　　　　　　　铜镜　　　　　　　　　铜镜

照二一　　　　照二二　　　照二三　莲花藻井砖　　　照二四　右后室　　　　　照二五　左后室
铜小勺　　　　银发卡

照二六　铜弩机廓　　　　　照二七　花瓣形金饰

451

十、武威师范魏晋墓

位于武威市胜利街武威师范院内。砖室墓，有前、后室。前室四壁以黑白两色绘青龙、白虎、朱雀、玄武四神图案，后室绘水波纹。出上器物有铜马腿、绿袖陶甄、灰陶井、绿釉陶井、灰陶豆、绿釉陶盘等。墓葬后室塌陷，早年被盗。

十一、农机公司魏晋墓

位于武威市西关二环北路西侧农机公司院内。属砖室墓，有前、后室。施工破坏严重，无随葬品。

通过对上述墓葬情况的介绍，笔者认为武威魏晋时期墓葬有以下几个特点：

（一）墓葬规模大。武威已发现的魏晋时期墓葬中绝大多数为砖室墓，砖室墓中大多数有前、后室，有的带耳室。

（二）墓葬中的随葬品丰富。这可以从两个方面说明，一方面，武威已发现的魏晋时期墓葬中绝大多数早年被盗，说明墓主人随葬品相当丰富，当时就有盗掘的价值；另一方面，早年被盗后有的墓葬随葬品还相当可观。如第一粮食仓库魏晋墓、血站家属楼魏晋墓、赵家磨魏晋墓等。随葬品丰富充分体现了曹魏以后提倡的薄葬风俗在河西地区并未实行，仍旧以厚葬为主。

（三）独具特色的墓葬绘画。武威发现的魏晋时期墓葬中有相当一部分在墓室四壁上有绘画，大部分以黑白两色绘成。绘画内容既不取材于佛教、也不取材于现实生活，而是具有自己的特点，除武师魏晋墓绘有青龙、白虎、朱雀、玄武外，其余的都是菱形、波浪、燕形、草叶纹等图案。

（四）反映时代特征的随葬品——陶楼院。陶楼院在武威发现的魏晋时期墓葬中屡有出土。东汉时在中原地区兴起了豪强地主势力、地主庄园、地主武装等，他们既是官吏，又是豪门大族；既有政权，又是庄园主。他们占有大片土地，居住在四周有高墙碉楼的坞堡中，过着自给自足的生活。庄园内人身依附关系严重，有武装组织。墓葬中的陶楼院就是豪强地主庄园的缩影。它的出土说明在魏晋时随着关西华族迁入河西，豪强地主势力、地主庄园、地主武装等在河西也兴盛起来。

（五）随葬品由生活器皿转向明器。武威发现的魏晋时期墓葬的随葬品中，生活器皿占少数，大多数是明器，制作随意，做工粗糙，有的随葬品只做大概模样，局部特征仿照生活用品的样子在明器上进行刻画。例如，在河西装潢公司综合大楼魏晋墓中出土了280枚半两冥钱，铜制；血站家属楼魏晋墓出土的灰陶楼院、灰陶车、灰陶罐与第一粮食仓库魏晋墓出土的灰陶楼院、灰陶车、灰陶罐等，不论从颜色还是从质地、制法以及形状上等都非常相似，如同出自同一个工匠之手，所以笔者认为当时出现明器专卖作坊。

原文刊于《陇右文博》2005年第2期

试论五凉时期佛教在凉州地区兴盛的原因及影响

张辉军　武威市文物考古研究所

佛教起源于古代印度，是一种高度理性化的宗教。自诞生后，这一宗教不断向外传播，并逐渐跨越了国家和民族的界限，演变成为一种世界性的宗教。

汉代以来，佛法东渐。由于其蕴涵丰富的思想文化内涵和无穷的大智慧，佛教逐渐在华夏文化的土壤中找到了切入点，从此扎根发芽，得到了迅速持久的发展，最终汇入中华文明的历史长河，成为中华文化不可或缺的一部分，对中国文化的发展产生了深远的影响。

作为丝绸之路重要组成部分的河西走廊，是沟通中原和西域的交通要道。中原的丝绸、茶叶、瓷器等通过这里走向了西域诸国，同时也将西域佛教文明的曙光引到了中原大地。地处河西走廊东端重镇的古凉州，因其特殊的地理位置，在中原和西域国家之间的经济和文化交流方面，曾经起到过枢纽和货运中转站的作用，佛教文化亦是如此。从西域传来的佛教，从河西走廊的凉州，二次辐射到了中原各地。因此，河西走廊的古凉州可以称作佛教的第二故乡。东晋十六国时期，在河西走廊先后有五个割据政权出现。它们势力所及大体相当于以往凉州管辖的范围，后世分别将它们称为前凉、后凉、南凉、北凉和西凉，简称"五凉"。除西凉外，其他四凉均定都凉州。五凉时期，凉州地区的佛教传播已拥有广泛的群众基础，佛教传播及评述活动相当活跃，民间纷纷建塔立寺以表明虔诚热烈的信仰，佛教教义日益深入人心，有"世信佛教"的传统。

一、五凉时期凉州佛教兴盛的原因

首先，凉州为东西交通必经之地，五凉时期东西文化的交流促进了凉州佛教的发展。凉州位于河西走廊东端，是古丝绸之路的咽喉重镇，自古就处"通一线于广漠、控五郡于咽喉"的战略地位，汉武帝攻破匈奴、设置河西四郡、经营西域之后，陆路交通十分畅通，商业贸易兴旺发达，使者来往非常频繁，为佛教的传播创造了条件。佛教入华，或由西域僧人东来传教，或由中土僧人西行求法，这一时期必经凉州。因此，凉州成为中西文化交融和中转的据点，佛教的传播和发展因而也就深深打上了凉州文化的烙印。不仅西域高僧首先要驻锡凉土，熟悉华语，接受汉文化的熏陶，如鸠摩罗什、昙无谶、觉贤、昙摩密多、师贤等，译经授禅，当时及后世均备受称道；而且中原的佛经传播、禅法戒律的流行，也直接受益于凉土，如道安在襄阳所获《光赞》等四经，传至南方的《涅槃》，蜀地、江南乃至北魏盛行的禅律等都是如此。这一时期，凉土僧人西行求法、东下传道者人数之多、作用之大、影响之巨，可以说是空前绝后的。

其次，凉州偏安一方，环境相对宽松，为佛教的传播和发展提供了空间和条件。十六国时期，南方的东晋王朝内忧外患、动荡不安；北方更是混乱不堪，到处战乱纷争，百姓流离失所、无家可归，文人僧侣居无定所，文物典籍惨遭破坏、流失殆尽。唯有偏居一方的凉州地区，社会比较安定富足。因此，南方、北方及中原的一些文人学士、宗教僧侣纷纷涌入凉州避难，而西域诸国的使者及文人僧侣乃至中亚地区的僧徒，又纷纷经过或驻足凉州，从而使五凉政权统治下的凉州成为当时本土文化、宗教文化、东西文化交融、汇合的生成地，客观上促成了凉州佛教文化的传播、发展和繁荣。

再次，五凉政权的统治者大都崇信佛教，促进了佛教的繁荣兴盛。五凉的统治者皆非正统建号，他们为了维护、巩固自己的统治地位，纷纷借助宗教，特别是利用佛教神化其统治。

前凉张轨信奉佛教，张寔继其父大业后，也以佛教为国教，广招名僧，建寺译经，使凉州有了"世有佛教"的记载，从而繁盛一时。后凉吕光请西域高僧鸠摩罗什来凉州译经传经达17年之久。各地僧人慕鸠摩罗什大名前来拜访和求教者络绎不绝，西域和中原高僧也常来凉州交流学习。一时间，凉州信奉佛教、翻译佛经蔚然成风。北凉统治者沮渠氏对佛教更加笃信崇拜，邀请名贯西域、号为"大咒师"的著名高僧昙无谶在凉州主持大规模的译经活动，涌现出了一批优秀的佛学翻译家。据统计，北凉公元401—439年，译经数比其余四凉总和还要多，使当时的译经传经活动达到了高潮。除拜僧译经外，沮渠蒙逊还在凉州南山开始进行了大规模的凿窟造像活动，使河西石窟林立，居全国之冠。

随着佛事活动的兴盛，凉州境内也出现了不少高僧，如竺佛念、智严、宝云、道泰、道朗、慧崇等，加上大量寓居或过往僧人，他们跋涉西行，携经回国，聚众弘法，从事译著，使凉州成为当时中国禅法最盛之地，为佛教在中国的传播、兴盛，产生了深远影响。

最后，凉州为多民族杂居之地，各族群众为摆脱苦难，寄希望于佛教，促使佛教传播兴起。凉州作为边塞地区，古时民族成分复杂、众多，胡汉杂居，传统的一元文化格局根基不固，又是佛教东传必经之路，所以非常有利于佛教的传播。加之佛教经西域传到内地后，其内容大多宣扬"众生平皆苦""轮回报应"等思想，可以使下层深受压迫苦难的各族百姓心甘情愿地接受统治者的奴役。饱受战乱之苦的各族群众又把对美好生活的向往寄托在佛祖的身上，他们渴望过上幸福安宁的生活，认为只有佛教才是自己的精神家园。因此，佛教在凉州地区得以迅速传播和兴起。凉州及河西一尊又一尊神秘大佛的出现及雕塑、绘画、建筑、书法（写经、石刻）艺术的同步发展，既是五凉时期凉州佛教兴盛的实证，也推动着凉州佛教及五凉文化的进一步发展。

二、五凉时期凉州佛教的传播及影响

自五凉时期兴盛起来的凉州佛教，千百年来经久不衰、广为传播，一直影响着人们的思想和生活，成为五凉文化甚至中国文化不可分割的一部分。

作为丝绸之路上的一个重要枢纽，凉州也是沟通中原和西域的交通要道，西域文化和中原文化在这里得到了融合与发展。特别是十六国后，在佛教向中原的传播和推广中，凉州佛教完成了向南线和北线的大转移。

西晋以后，凉州至江南的交通，多经巴蜀、江陵。由于凉州僧人的南下，巴蜀、江陵、建业成为禅法流行的区域，特别是蜀地，接近凉州，禅法甚盛。凉土僧人贤护、法绪于永嘉之乱后即至蜀，法成等于刘宋时至蜀。京兆人智猛，西行求法返至凉州，停留10余年，译出《泥洹经》20卷，后于永嘉十四年（320年）自凉入蜀授禅。在建业，由于觉贤南下（约410年），禅法得以弘扬。觉贤、智平、宝云在建业各有译经的记录。觉贤参与或独立译出《僧祇律》40卷、《泥洹经》6卷、《华严经》50卷，还有《文殊师利发愿经》等；智严、宝云共译《普耀》《四天王》《广博严净》三经；宝云还独译了《无量寿经》《佛本行赞》等。经书北凉灭亡后，沮渠京声南奔刘宋，在建业也译有禅经。

北魏灭北凉后，统治者派遣凉州著名高僧昙曜、师贤等及3万多户凉州工匠到北魏都城山西平城开凿云冈石窟，他们之中很多是开凿了天梯山石窟的工匠，他们带到平城的除经卷、锤子、凿子外，还有大量佛教经典和历史文化典籍。北魏将都城南迁洛阳后，开凿了云岗石窟的僧侣、工匠又随之南下，将佛法带到了洛阳，为北魏统治者开凿了后世称之为"世界十大石窟寺"之一的龙门石窟。从此，凉州僧众和凉州佛教文化在之后的百年间迅速渗透到了广大中原地区。由凉州到平城的玄高、慧崇、昙曜、师贤，对北魏佛事的影响很大。玄高在凉州即受沮渠蒙逊父子恩宠礼遇，入魏后又受太武帝敬重，太子晃事玄高为师；慧崇做了尚书韩万德的老师；师贤在文成帝即位后任道人统；昙曜为太子晃知礼，后继师贤任北魏沙门统，掌管北魏全国的宗教事务。可见，凉州僧人的地位十分显赫。

凉州佛教文化不仅完成了在中国南线、北线的传播，而且对中国佛教艺术的发展也有很大贡献。其中最大的贡献就是开创了一种文化上的融合之风，使佛教艺术达到了真正融洽。正如日本学者长泽合俊评价所说，凉州的佛教文化深受犍陀罗美术的影响，创造出了绚烂的佛教艺术，然后由北凉的工匠带到云冈，这一佛教美术史，基本上概括了佛教东传的全部历史。正是由于凉州僧众、学者对佛教的传播和推广，使佛教在中原和江南一带能够迅速传播并为人们所接受，对北魏社会产生了难以估量的影响，不仅加速了以鲜卑族为主的少数民族的封建化进程，同时包括佛教文化在内的独特凉州文化为后来的隋唐文化奠定了基础，成为隋唐盛世各种典章制度的主要渊源。

原文刊于《丝绸之路》2011年第22期

对十三年衣物疏木牍的再释读和相关问题的探讨

卢　朝　武威市博物馆

十三年衣物疏木牍为两枚，于 1991 年 10 月在武威市新华乡头坝村墓葬中被盗掘，后由公安部门追回。两枚木牍，一枚长 38 厘米，宽 4.3 厘米，厚 0.3 厘米，正面墨书三行，字迹清晰，背面没书写文字。另一枚长 41 厘米，宽 4.1 厘米，厚 0.4 厘米，下端有劈裂痕迹但文字内容无缺损，正面上端墨绘一符号，紧靠其右侧有墨书文字一行，下面文字分为四列四行。梁继红先生及何双全先生曾对这两枚木牍进行过初步的释读，并对木牍的年代进行了简单的考证论述[①]，但两位先生的文章论述均较为简略，因此笔者便想在此基础上对这两枚木牍做进一步的研究。

一、释文

第一枚：十三年五月廿一日，主人父母与乌独浑十九种衣物，生时所着所衣，/山川、谷郭、黄泉、河津、桥梁不得妄荷脱梦，荷妄遮脱，/持此券，上诣仓天，叩头，如律令。（图一右）

第二枚：干粮万斛，旐幕一枚，青褶一领，单衫一领，刀一枚，青布腹褶一领，故牡绔一领，/罽绔一领，巾一枚，弓箭卅枚，故腹褶一领，/白布绔二领，尖一枚，步叉带自随，/裲裆一领，刀带自随，鞋一量，各十九种衣物聼随身行。（图一左）

二、考释

《玉篇·勺部》："与，赐也，许也，予也。"《说文·勺部》："与，赐也，一勺为与，此与和舆同也。"故木牍首句意应为：乌独浑的父母给予他十九种衣物，都是他生前所穿。

第二句中的"郭"为外城之意，古代在城外加筑的一道墙。《释名·释宫室》：郭，廓也，廓落在外城也。谷郭即为城墙之意。黄泉，原为地下泉水之意，如《荀子·劝学》："上食埃土，下饮黄泉。"这里指人死后埋葬的地穴，亦指阴间。如《左传·隐公元年》："不及黄泉，无相见也。"妄：胡乱、随意之意。《庄子·齐物论》："予尝为女妄言，女亦妄听之。"荷：通苛，

---

① 　a. 梁继红：《武威出土的汉代衣物疏木牍》，《陇右文博》，1997 年，第 127 页；b. 何双全，狄晚霞：《甘肃省近年来新出土三国两晋简帛综述》，《西北师范大学学报》（社会科学版），2007 年第 5 期。

琐细、烦扰之意。《晏子春秋·内篇·谏上八》："执法之吏，并荷百姓。"脱：出，此处应通托。《管子》："言脱于口，而令行天下。"尹知章注：脱，出也。此句意为：山川、谷郭、黄泉、河津、桥梁不要让死者随意托梦来烦扰他的亲人，也不要阻拦死者魂归黄泉，让死者顺利到达阴间。

"持此券上诣仓天，叩头，如律令。"券：凭证、信物，此处应指这枚木牍。《后汉书·祭遵传》："丹书铁券，传于无穷。"李贤注：《前书》："高祖与功臣剖符作誓，丹书铁契，金匮石室，藏于宗庙。"仓：通苍，青色之意。《说文通训定声·壮部》："仓，假借为苍。"此句意为：将此木牍上的内容向上天汇报，希望上天能同意，并获得保佑。

第二枚"干粮万斛，旃幕一枚。"斛：斗，量词。万斛应为虚数，干粮是给死者准备的粮食。旃：通"氈"，毛织物。幕：帐幕、帐篷。《广雅·释器》："幕，帐也。"《晋书·祖狄传》："遂入垒，拔戟大呼，直趣狄幕，军士大乱。"可见旃幕应为毡制的帐篷。

图一 十三年衣物疏木牍

"青布腹褶一领，故牡绔一领。"腹，为厚实之意。《说文·肉部》："腹，厚也。"褶有两种解释：一为夹衣，《改并四声篇海·衣部》引《搜真玉镜》："褶，衣有表里而无絮也。"一为上衣，《仪礼·士丧礼》："襚者以褶，则必有裳。"此处应为上衣。青布腹褶一领即为青颜色布做成的比较厚实的上衣一件。绔：套裤。《说文·系部》："绔，胫衣也。"段玉裁注："今谓套裤也，左右各一，分衣两胫。"故牡绔一领为旧牡丹色套裤一件。

"罽绔一领。"罽：毡类毛织物。唐代玄应《一切经音义》卷一引《通俗文》："织毛曰罽。"罽绔一领即为毛质的套裤一件。

"尖一枚，步叉带自随。"尖，可能为平民阶层中的男性绾住发髻的工具，是否是簪不能确定。叉：歧头的工具或兵器。《说文解字注·又部》："凡歧头皆曰叉。"带：应为系住器具的带子。步叉带意为系住步叉这种工具的带子，与下文的刀带相同。随：随从、跟随。《说文·辵部》："随，从也。"自随应为顺便带上之意。

"裲裆一领，鞋一量。"裆：坎肩、背心。《玉篇·衣部》："裆，裲裆也。"裲裆一领即坎肩一件。量：用同"纳"《字窦补·里部》："量，与纳同，双履也。"鞋一量即鞋一双。

三、相关问题讨论

1.年代问题

木牍上记载的时间是"十三年五月廿一日"而没有书写明确的朝代年号。梁文认为这"十三年"应为前凉升平十三年（369年），原因是在这座墓不远处发现了一座墓，其出土的木牍明确记载为升平十二年（368年），加之两墓中出土随葬品有些类似，笔者认为这一判断有一定的道理，但理由略显牵强。

这两枚木牍的字体和没有干支的纪年法反映这两枚木牍应是东汉以后的随葬品，而木牍作为连续的书写载体在十六国后便很少见了，所以这两枚木牍的大致时间应是魏晋十六国。在这段时间中使用年号超过十三年，而在武威又有行政管辖权的仅有前凉政权。前凉忠于晋室，沿用过西晋的建兴年号，"（张玄靓）即立，自号大都督、大将军、校尉、凉州牧、西平公，赦其国内，废和平之号，复称建兴四十三年"[①]。前凉张天锡时又沿用东晋的升平年号，"天锡既克邕，专掌朝政，改建兴四十九年，奉升平之号。[②]"前凉张祚篡逆时所采用的和平年号仅用了三年便被张玄靓废除。所以这两枚木牍大概书写时间可能是建兴十三年或升平十三年，但是十三年衣物疏出现的道符在升平十二年衣物疏上却没有，而且升平十二年衣物疏中的一枚木牍采用的是朱书[③]，如果十三年衣物疏的确切年代为升平十三年，那么两者的差别不应如此之大。因此笔者认为十三年衣物疏的确切年代应为建兴十三年（325年）。

2.木牍上的符号

梁文认为木牍上的符号为道符，笔者认同梁文的观点。但梁文并未提出这个符号为道符的理由，因此笔者想做一些补充。

笔者认为这个符号是道符的理由首先是，在另一枚木牍上出现了"持此券，上诣仓天，叩头，如律令"的字样。这些文字在现代道教的符咒经常出现。其次"（张玄靓）太始二（年），右将军宋熙请取天龟观坏以为宅[④]"天龟观应为道教的场所，可见当时的武威确有道教存在。再次，这个符号远观为一人形，与现在道教中的罩鬼符[⑤]有些相似。还有，这一人形符号在最底端和中间共有三个圆圈，笔者认为这是日月的象征，因为在1999年于甘肃省高台县出土的木棺板画所绘的伏羲、女娲人首蛇身交尾图中，伏羲、女娲腰部各绘一圆圈书左日右月[⑥]。而日月是道教符咒的必要元素之一。"又以木为印，刻日月星放于其上。吸气执之，以印疾病多

---

① a.梁继红：《武威出土的汉代衣物疏木牍》，《陇右文博》，1997年，第127页；b.何双全，狄晚霞：《甘肃省近年来新出土三国两晋简帛综述》，《西北师范大学学报》（社会科学版），2007年第5期。

② （唐）房玄龄等：《晋书》卷86《张玄靓传》，北京：中华书局，1974年，第2248页。

③ （唐）房玄龄等：《晋书》卷86《张玄靓传》，北京：中华书局，1974年，第2249页。

④ 梁继红：《武威出土的汉代衣物疏木牍》，《陇右文博》，1997年第2期。

⑤ （清）汤球：《十六国春秋辑补》，北京：中华书局，1985年，第516页。

⑥ 张振国，吴忠正：《道教符咒选讲》，北京：宗教文化出版社，2006年，第211页。

有瘾者……凡诸符有治病消灾辟邪等类，及诸祈禳禁劾之术不具记"[1]，综合以上依据，这一符号为道符无疑，其表达的应是为生者祈福，保佑死者承利到达阴间之意

3.墓主人身份问题

墓主人应为木牍上所书的乌独浑无疑。木牍上所记载陪葬品有毡制的帐篷和毛织的裤子加上墓主人的名字，让人很自然地联想到这是一位少数民族的墓葬；另一方面，木续上所书的道教文字和所绘的道符又让人对墓主人为少数民族这一身份产生了怀疑，难道当时河西羌族、匈奴、鲜卑等少数民族信奉道教或他们中的部分人信奉道教？笔者认为这种可能是存在的。因为魏晋南北朝是民族大融合的时期，贯穿武威历史的主线之一也是民族融合。前凉政权为汉人张轨所建且前凉历代统治者十分重视文化、宗教的发展。陈寅恪先生认为前凉文化宗教、政治制度是隋唐文化和制度的重要来源[2]，可见前凉文化的繁荣与兴盛，在这种情况下，前凉统治下的少数民族可能受到较深的汉化，从而信仰道教，接受汉族的丧葬礼仪，因此笔者认为，墓主人的身份是汉化较深的少数民族。

4.所反映的社会文化、经济状况

首先，木牍上出现的道教文字和道符说明前凉时道教在河西地区有一定程度的传播。其次，从木牍上记载的衣物来看既有毛织物又有麻布衣物，和当时被公安部门追回的一件丝织衣物成为反映前凉时手工纺织业发达的重要证物。再次，有关毡制帐篷、弓箭和刀等物品的记载，还有当时追回一捆长约80厘米的箭，这些物品在当时可能被用来进行狩猎活动，显示出当时前凉境内一些少数民族还把狩猎作为获得生活来源的一部分，同时也从侧面反映了前凉彪悍的民风和良好的生态环境。最后，两枚木牍的内容反映了在前凉境内的少数民族逐渐与汉族融合的情形，充分印证了魏晋南北朝时期民族融合这一重要特征。

原文刊于《华夏考古》2014年第4期

---

① 甘肃省文物局编：《甘肃文物菁华》，北京：文物出版社，2003年，第186页。
② 傅加勤：《中国道教史》，上海：上海书店，1984年，第122页。

隋唐

考古

甘肃武周时期吐谷浑喜王慕容智墓发掘简报

甘肃省文物考古研究所　武威市文物考古研究所　天祝藏族自治县博物馆

2019年9月27日，甘肃省天祝藏族自治县自然资源局在祁连山区进行土地整备时发现一座墓葬。经国家文物局批准，甘肃省文物考古研究所在武威市等相关单位的配合下对该墓葬进行了抢救性发掘。

该墓位于天祝县祁连镇岔山村浩门组所在的山顶之上，东距武威市约35千米，GPS坐标为N37°40′51.7″，E102°22′54.3″，H2672米（图一）。墓葬地处祁连山北麓，为顶部较为平缓的山地和纵谷结合地貌（图二）。经发掘，该墓为武周时期吐谷浑喜王慕容智墓，现将发掘情况简报如下。

图一　慕容智墓地理位置示意图

一、墓葬形制与结构

墓葬为长斜坡墓道的单室砖室墓，由墓道、壁龛、封门墙、墓门、甬道和墓室组成，平面呈近刀形，方向170°。墓葬是先挖带长斜坡墓道的刀形竖穴土圹，再在土圹内砌筑砖室，形成单室砖室墓（图三、七）。

（一）墓道、壁龛

墓道　位于墓室南部，南端略低，北端略高，高差0.8米。开口平面呈长方形，通长17.5、南端开口处宽1.25、北端宽1.55米。两侧壁面竖直，墓门前1.5—2米段，由底向上高2米处涂抹一层草拌泥，表面光滑。底面呈斜坡状，南端开口段较陡，坡度约15°，中间至墓门处较平缓，坡度约10°。墓门前坡底距现存地表深3.8米。墓道内填红胶泥与砂砾混

图二　慕容智墓远景

图三　墓葬俯视图

合土，较为疏松，土中包含有碎砖块、木块等。墓道中段填土在距开口 0.6—1.3 米处发现一踩踏面，踩踏面呈南高北低的斜坡状，其上南北向放置一根长 4.6 米的墨绘木杆（疑为旌旗杆）。墓道底部中部和南部散见有木构件、墨绘残砖、调色砖（红色）和调色石（黑色），北端（墓门前）见有殉牲，因遭破坏，具体情况多已不明，现仅残留有未经扰动的少量马腿骨、肋骨及脊椎骨，骨骼保存较好，周围残留有黑色皮革残片。从扰动后回收的骨骼判断，计有整马 2 匹，另散见有羊骨。

壁龛　位于墓道底部墓门前，东、西两侧各一。拱形顶，龛外均使用青砖封堵，共 13 层，砌筑方法为三平一丁一组，其上用砖错缝平砌 9 层。封龛墙均高 1.12、宽约 0.7 米。东、西壁龛内壁及底皆涂抹一层 0.3—0.5 厘米厚的草拌泥。其中西龛门宽 0.62、进深 0.55、高 0.96 米。龛内随葬彩绘陶仪仗俑和木俑，共计 43 件组（图四）；东龛门宽 0.6、进深 0.53、高 0.9 米，龛内随葬彩绘陶俑，共计 27 件组（图五）。

（二）封门墙、甬道、照墙

封门墙　位于墓道与甬道之间。底部用碎砖及泥块垫底，上砌筑封门墙，共 4 道。第一、二道墙由墓道东、西壁龛前封龛墙及中间的砖墙组成，东西总宽 1.4、进深约 0.7、高 1.12 米，其中中间砖墙前、后由两道砖墙砌筑而成，宽、进深均为 0.7 米，前后两道墙砌筑方式相同，均为 15 层砖。砌筑方法为：底部用青砖纵、横相间平铺 4 层，后三平一丁砌筑两组，再上用青砖纵向平铺两层，最上横铺一层。第三道封门墙紧贴甬道口，宽 1.4—1.5、进深 0.34—0.36、高 2 米，共用砖砌筑 18 层。砌筑方法为：最底用砖横向错缝平砌 3 层，后侧立砌筑一层，即三平一丁一组，其上一平一丁砌筑四组，再上与底部相同，为三平一丁一组，最上错缝平砌两层。第四组砌筑方法与第三组相同，唯里侧（北端）已进入券门内，地势较低，底部较第三组多出平砌的两层砖后与第三组墙底部平齐，顶部进入券门内，较第三道墙少两层砖，亦共计 18 层砖。由底向上第 11、12 层之间靠东、西券门壁处各有一向券门内伸出的方木杆，木杆长 34 厘米，向内伸出约 20 厘米，从其位置看应与券门口处的木门有关，

图四　墓道西侧壁龛内仪仗俑群　　　　图五　墓道东侧壁龛内仪仗俑群　　　图六　甬道及木门

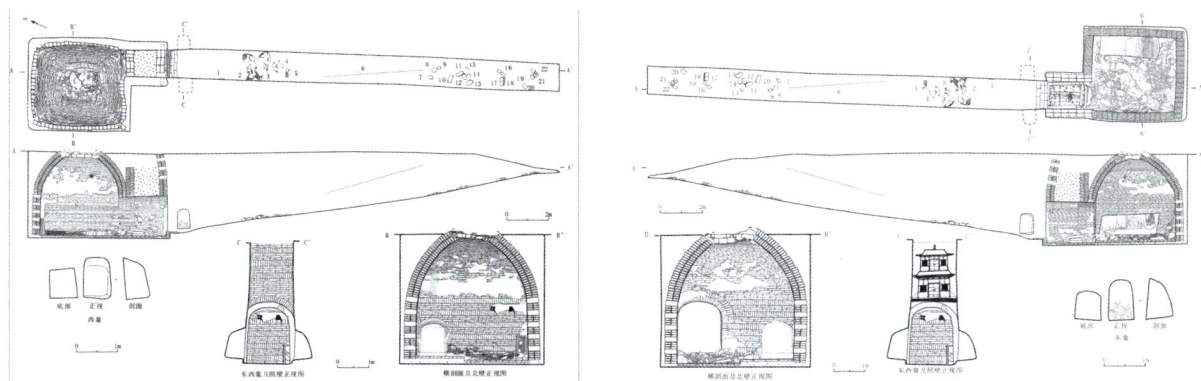

图七　墓葬平、剖面图

1、7~14、19.碎砖块　2~5.殉牲骨骼　6.墨绘木杆　15~18、22.木构件　20.调色砖　21.调色石

应具有拉固木门柱的作用（图八）。

封门砖墙里侧、券门口内约20厘米处安设有木门，由门柱、门轴、门槛、门楣、门额及双扇门扉组成，门扉四边各用一条形铜片包饰，正中边沿处各镶嵌一鎏金铜衔环泡钉，上安一鎏金铜锁。扉面上对称钉有排列整齐、大小相同的鎏金铜泡钉5排10列，共计50个。因木门柱底部部分腐朽，门整体由南向北坍塌，平铺于甬道内（图六）。

甬道　位于墓道北侧，为拱形券顶结构。土圹宽2.28、进深2.1、底距地表3.8米。砖结构平面呈长方形，甬道内南端宽1.26、北端宽1.3、进深2.1、高1.9米，于1.53米处起券。其砌筑方法为：东、西两壁用并排青砖纵向紧贴圹壁错缝平砌10层，其上横向立砌砖一层，再上用并排青砖纵向错缝平砌11层后，再纵向起双层券顶。甬道底部垫一层厚约5厘米的沙土，上用青砖错缝横铺一层。

照墙　系在墓门券顶以上用条砖叠砌而成。自券顶最高处自下而上依次为：八层错缝横砌平砖、一层顺砌立砖、三平一丁砌筑两组、两层错缝平砌横砖砌至与地表基本平齐。照墙表面先抹有一层厚0.3—0.7厘米的草拌泥，再于其上涂白灰一层，以白灰层为底，绘有彩绘壁画（图八、九）。

（三）墓室、葬具

墓室　土圹呈近方形，东壁较甬道微向东宽出0.1米左右，砖室结构宽4.1、长4.2、深3.9米。土圹内用青砖砌筑墓室，平面呈方形，顶部遭破坏，从残存情况判断，应为四角攒尖式穹窿顶（图一〇——二）。砌筑方法为：四

图八　封门墙及照墙　　图九　墓门及照墙

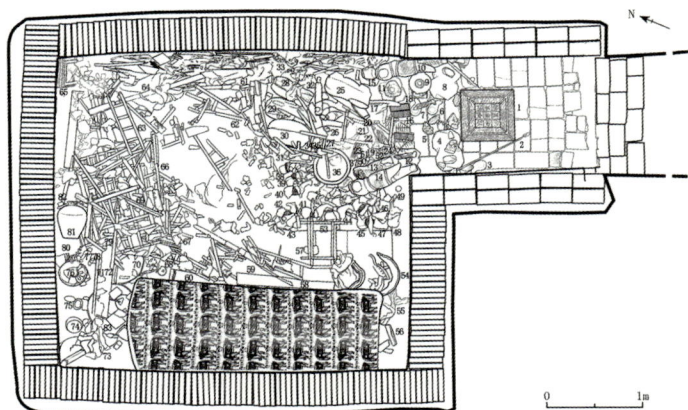

图一〇　墓室随葬品分布图

1.石墓志　2、3、5、6.武士俑残件　4、8.武士俑底座　7.镇墓兽残件　9、74、76、81.陶罐　10、14.武士俑俑身　11.镇墓兽（带底座）12.镇墓兽底座　13.镇墓兽俑身　15.武士俑头　16.木屋残件　17、19.镇墓兽残件　18、49.陶狗　20、67、80.木俑残件　21~24.木风帽俑　25.木马俑身　26.木马车　27.木厨具　28、29.木俑　30.木骆驼俑身　31.木骆驼俑残件　32.木马残件　33.木俑残件　34、35.木朱雀　36.陶盆　37、52.陶鸡　38~48.陶骑马俑　50、51.陶羊　53.木胡床　54.马鞍　55、61、64.丝织品　56.木器残件　57.皮盒　58.胡禄　59.木弓　60.铁甲　62、63、66、69.木床榻构件　65.木六曲屏风　68.铁胄　70.漆盘（内有漆碗、银筷、银匙、核桃、面食等）71.木玄武　72.木朱雀残件　73.谷物袋　75、82.罐盖　77、78.木俑残件　79.嵌金腰带　83.漆盘（内有羊骨架、木朱雀尾、铜饰件、木器残件、丝织品残块等）

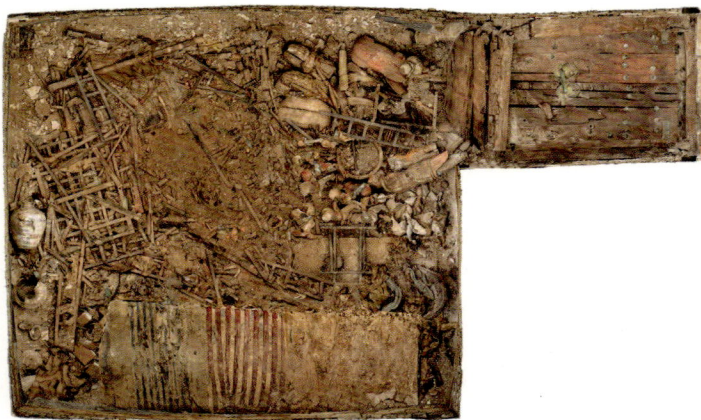

图一一　墓室及甬道正射影像图

图一二　墓室侧视图（由东向西）

面砖墙底部紧贴土圹底壁错缝平铺四层，后横向立砌一层，形成四平一丁一组，其上三平一丁砌筑四组，再上开始错缝平砌内收，共35层。砖室内长3.6、宽3.4、残高3.7米。墓室底用砖纵向错缝平铺一层。西侧设棺床，宽1.5、高0.13米。棺床上用砖错缝横向平铺一层，铺底砖上均铺有一层白灰，厚0.5—1厘米，白灰层上再铺一层草席，草席多已朽，从残片看，厚仅为0.2厘米左右。草席上铺有一层丝织品，其上靠西侧南北向顺置一木棺。

葬具　为木棺，保存较好，头北尾南，由弧形棺顶盖、箱式棺和棺座组成，其中弧形棺顶盖置于箱式棺上，由7块长木条板使用榫卯结构拼接而成。箱式棺平面呈梯形，由左右侧板、前后档板、底板和盖板组成。其中箱式棺长 2.43、头端宽 0.87、高 0.76、尾端宽 0.74、高 0.7 米。棺座为平面呈"目"字形的框架结构，上置箱式棺。棺顶盖与箱式棺使用铁钉加固，头、中、尾边沿各一颗，共用钉 6 颗。棺木总长 2.55、头端宽 0.94、总高 1.19、尾宽 0.76、总高 1.05 米。棺木已整体提取至实验室进行清理。

相关资料正在整理中，将另文报告。

二、壁画

共两处，一处位于甬道口上端的照墙上，从甬道顶开始，直至墓葬开口处，另一处壁画位于甬道及墓室中。

照墙上壁画宽 1.25、高 1.65 米。壁画以白灰为底，上用红、黑线条勾绘出双层门楼结构，似与其下甬道口的木门形成了三层门楼结构。

甬道及墓室内壁画从现存状况可判断出，墓室内壁均满绘壁画，现多数已经脱落，从残存部分看，砖室内壁壁画内容共分上下两部分：甬道东西两壁及墓室内由底至高 1.86 米处以白灰为底，用墨线勾绘男女人物画像，并在人物的脸部、嘴部、发式及手部等施红、黄等彩，因壁画剥落，具体内容已不详（图一三）。墓室顶部以白灰为底，上涂一层青灰色颜料，再于其上绘天象图。具体为：墓室东壁近正中涂圆形红色区，在其内墨绘一三足乌，从位置及形象判断，该红色圆形区域代表太阳（图一四）；在其对面的西壁上，亦见有一圆形白色区，内墨绘一桂树，树下墨绘一正在捣药的玉兔，从出现的位置及形象判断，其应代表月亮（图一五）；由墓室西北角起直至东南角有一条带状白色区域，应表示银河；在墓室四面穹顶上散见有直径为 3—5 厘米的红色点状物，应代表星辰。

三、随葬器物

墓葬内随葬品较为丰富，包括陶器、漆木器、金属器、石制品、革制品及丝织品等。

（一）陶器

种类有罐、盆等生活用器及数量较多的彩绘陶俑群。

图一三　墓室北壁壁画　　图一四　墓室东壁顶部壁画（日）　　图一五　墓室西壁顶部壁画（月）

图一六　陶罐

1. 双耳罐（MS：14）　2. 彩绘陶罐（MS：78）

3. 彩绘双耳罐（MS：73）

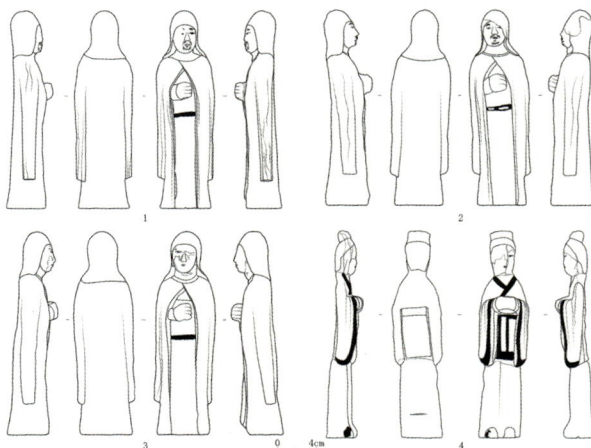

图二〇　人物俑

1~3. 风帽男俑（MDK1:34、MDK1:40、MDK1:41）

4. 双髻女俑（MDK2:27）

图一七　陶双耳罐　　图一八　彩绘陶罐　　图一九　彩绘双耳

（MaS：14）　　　　（MS：78）　　　　罐（MS：73）

1. 生活用器

主要有彩绘陶罐、双耳罐、陶盆等。以轮制为主，多为泥质灰陶，个别为红陶。部分陶罐配有木质器盖。

双耳罐　标本 MS：14，盘口，微卷沿，束颈，溜肩，鼓腹，下腹斜收成小平底。腹部饰两道凹弦纹，腹正中对称附桥形耳，器物表面有杂乱的刮划痕迹。口径 9.3、最大腹径 22.4、底径 11.3、高 29.5 厘米（图一六，1；图一七）。

彩绘陶罐　标本 MS：78，由罐、盖两部分组成。罐为方圆唇，鼓腹，平底。表面覆一层白色陶衣，再于其上施加彩绘，大部分均已脱落。在颈部、腹部正中和下腹部各装饰有一圈红色纹饰带，腹部正中隐约可见有垂鳞纹装饰，腹部下方至底部相间绘有黑色竖纹。内口径 9.3、外口径 11.6、腹径 20、底径 10.9、高 16.8 厘米。器盖为木质，圆形，宽平沿，子口内收，盖面平整。以白彩为底，再于表面施加彩绘，彩绘脱落严重，所绘图案模糊不清。盖面直径 13.6、内直径 6.4、高 5 厘米（图一六，2；图一八）。

彩绘双耳罐　标本 MS：73，由罐、盖两部分组成。罐身为侈口，圆唇，束颈，溜肩，鼓腹，下腹斜收，小平底。口部略有残缺。腹部正中对称附粘一对器耳，器耳残缺。肩腹交汇处饰两道凸弦纹，腹部下方饰一道凸弦纹。通体施白色陶衣，肩部至腹部以黑彩勾绘出垂鳞纹，肩及下腹部各饰一圈红色纹饰带。彩绘脱落严重，大部分已露出灰色胎体。口径 7.8、腹径 28.8、底径 15.7、高 39.1 厘米。器盖为木质，圆形，宽平沿，子口内收，盖面平整。以白彩为底，再于表面施加彩绘，大部均已脱落，所绘图案模糊不清。盖面直径 10.2、内直径 5.2、高 6.2 厘米（图一六，3；图一九）。

2. 陶俑

主要有人物俑和动物俑两类，人物俑有文官俑、武官俑、男侍俑、女侍俑、骑马俑；动物俑主要为家畜，有羊、狗、鸡。以泥质红陶为主。陶俑多为合模制作而成，内部中空。骑马俑马身上的人物和马匹系单独制作而成，后拼合粘接在一起，组成完整的造型。现将保存较好的陶俑介绍如下：

风帽男俑　造型、大小基本相同。呈站立状，身材魁梧。头戴披肩风帽，脸庞丰满，面颊处施以橘红彩。五官轮廓清晰，弯眉细目，宽鼻小口，双唇紧闭，八字胡下撇。外披交领窄袖大衣，袖长及膝；内着窄袖长袍，腰系宽带。双手拱于胸前，交抱处留有小孔，原当持物。标本 MDK1：34，头戴蓝色披肩风帽，外披蓝色交领窄袖大衣，内衬朱红色长袍，腰系黑色宽带。彩绘基本完整。

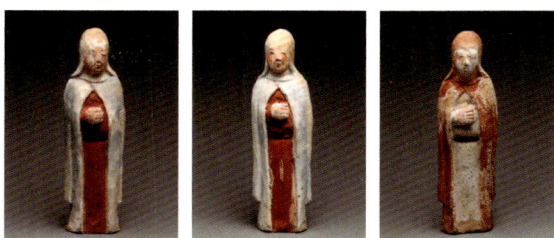

图二一　风帽男俑（MDK1：34）　图二二　风帽男俑（MDK1：40）　图二三　风帽男俑（MDK1：41）

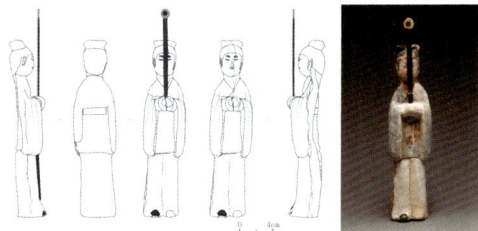

图二四　双髻女俑（MDK1：15）

通高 23.3 厘米（图二〇，1；图二一）。标本 MDK1：40，头戴蓝色披肩风帽，外披蓝色交领窄袖大衣，内衬朱红色长袍，腰系黑色宽带。彩绘基本完整。通高 23 厘米（图二〇，2；图二二）。标本 MDK1：41，头戴朱红色披肩风帽，外披朱红色交领窄袖大衣，内衬蓝色长袍，腰系黑色宽带。面部彩绘剥落，依稀可见五官轮廓，大衣和长袍处部分彩绘脱落，露出白色陶衣。通高 22.9 厘米（图二〇，3；图二三）。

双髻女俑　形制、大小基本一致。呈站立状，身躯瘦削，亭亭玉立。头束黑色双发髻，面部较为丰满，面颊处涂橘红彩。以黑色颜料绘出眉眼，五官清晰可辨，弯眉细目，小鼻小口，朱唇微启。上半身着交领阔袖衫，袖长及腰；下半身着束腰露足长裙。双手交置胸前，中间有一小孔，原当持物。两腿分立，足尖从长裙中露出，涂黑。标本 MDK2：27，上半身着蓝色交领阔袖衫，内衬黄色衣物；下半身着白色束腰露足长裙。面部残缺严重，仅见左眼和唇部，彩绘基本完整，手中持物已失。通高 24.7 厘米（图二〇，4）。标本 MDK1：15。上半身着蓝色交领阔袖衫，内衬黄色衣物；下半身着白色束腰露足长裙。右侧发髻稍有残缺，彩绘完整。双手握木质仪刀，刀身通体施黑彩，刀首为圆饼形，通体施黄彩，中心涂黑，表示环形。因陶俑和木仪刀分开制作，仪刀尺寸与陶俑手中所预留的小孔并不相配，仅刀鞘尖部分可以插入孔内。女俑通高 24.5 厘米（图二四）。

戴笼冠骑马击鼓俑　标本 MDK2：13，通体以白彩为底，再于表面施加彩绘。头戴黑色笼冠，脸庞丰满，面颊处涂橘红彩。五官轮廓清晰，弯眉细目，宽鼻小口，八字胡下撇。身穿白色阔袖长袍，脚蹬高鞴靴，骑坐于马背之上。左右手皆向前平伸，怀抱一木质圆鼓，右手中有小孔，持木质鼓锤。枣红色马昂首直立于长方形托板之上。头向右方微倾，眼眶高凸，圜眼圆睁，小叶形双耳直立，鼻孔圆张，嘴巴宽扁，前伸紧闭。颈部粗壮宽阔，鬃毛经过修剪，短齐平整，涂棕红彩。腹部微鼓，四肢细短，四蹄涂黑，宽大厚重。臀肌饱满，尾巴右弧弯曲，末端打结，半悬于空中。鞍、鞯处施以黑彩，并以黑色颜料绘出眼睛、鼻孔、络头、镳、攀胸、鞍鞯等。通高39.5、长36.4、踏板长21.3、宽13.8、厚1.8厘米；木鼓直径5.95、厚2.7厘米（图二五）。

陶羊　标本MS：27，昂首，弯角，两眼圆睁，双耳下垂。四肢弯曲跪卧在长方形平托板之上，体态较肥。通体施白色陶衣，吻部略涂红彩。以黑色颜料描绘出眼睛、嘴巴、鼻孔以及耳部内侧、颈部至腹部两侧的毛发。通高9.3、座长12.7、宽8.6、厚0.8—1厘米（图二六，1；图二七）。

陶狗　标本MS：15，昂首，长嘴，双眼圆睁，双耳下垂。前肢向前，后肢弯曲，卧于长

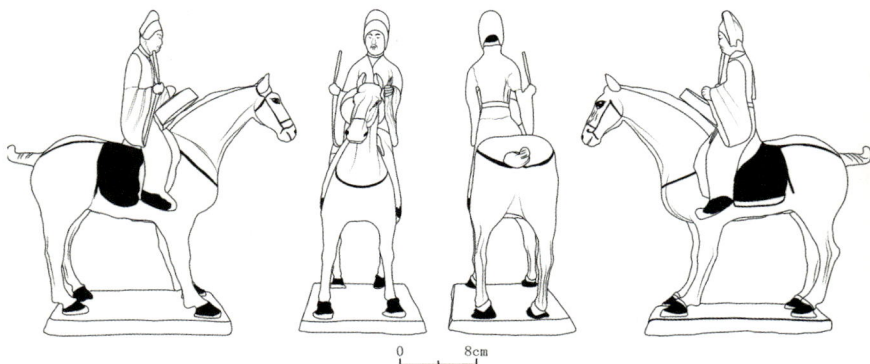

图二五　戴笼冠骑马击鼓俑（MDK2：13）

图二六　动物俑

1.陶羊（MS：27）　2、3.陶狗（MS：15、MS：45）

图二七　陶羊（MS：27）

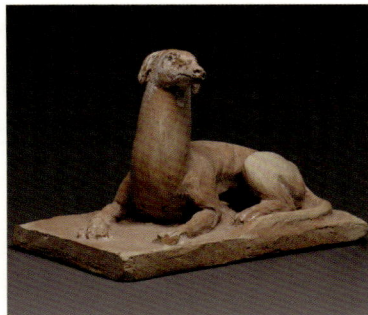

图二八　陶狗（MS：15）

图二九　陶狗（MS：45）

方形平托板之上，体态细长，腹部肋骨突出。通体施白色陶衣，吻部略涂红彩，以黑色颜料描绘出眼睛、嘴巴、鼻孔以及耳部内侧、颈部至腹部两侧的毛发。通高10.1、座长15、宽9、厚0.8—1.2厘米（图二六，2；图二八）。标本MS：45，昂首，双耳直立，前肢直撑，后肢弯曲，蹲坐于长方形平托板之上，长尾向左弯曲盘在身旁。通体施白色陶衣，外涂枣红色彩，以黑色颜料描绘出眼睛、嘴巴、鼻孔以及耳部内侧、颈部至腹部两侧的毛发。通高13.2、座长12、宽9、厚1—1.2厘米（图二六，3；图二九）。

（二）漆木器

木器有彩绘镇墓兽、武士俑、彩绘立俑、侍女俑及带帷帐的床榻、门、胡床、马鞍、朱雀、玄武、羽人、凤鸟等，部分髹漆，见有漆盘、漆碗等。

1. 木俑

主要有武士俑、镇墓兽、男侍俑、女侍俑等。以木头雕刻而成，表面施有彩绘。可分为小型木俑和大型木俑两种，小型木俑由一整块木头圆雕而成，大型木俑则是将各部位分别雕刻，最终组合粘接而成。

武士俑 2件。均木质。身躯、胳膊、底座等部位分开雕制，后拼合粘接而成，再整体在其表面上一层灰，后髹漆彩绘。标本MS：11，尚未完全修复，俑身通体彩绘，保存较为完整。呈站立状，身躯略向右扭。胸前挺，腹微鼓，双肩后耸，右腿直立，左腿屈膝上抬。身着软袍，外套明光铠，领部正中着一固项，其下束一甲带，自胸部正中向下垂至腹部，后呈横向分束到背后，将胸甲分为左右两部分，上面各有一菱形胸护。固项、胸护贴金，甲带及胸护周边施蓝彩，甲带上再绘有黑色花纹。腹部微鼓，腹上部绘缠枝卷草纹，腹下部绘有一半圆形护脐圆护。背部直挺，自背部至臀部皆穿虎皮，以黑黄彩绘出虎皮纹。腰部系一周粗绳，涂黑彩。腰下系膝裙鹊尾护住大腿。膝裙边缘贴金，内部描绘有缠枝卷草纹，双腿股骨外侧绘出两片椭圆形区域，以贴金和蓝彩相间的条纹为地，其上再以黑色颜料描绘有铠甲纹。膝裙边缘下方雕刻出软质鹊尾，并施以蓝灰、绿灰相间的彩绘，以突显立体。膝裙下衬飘垂的软质长袍，软袍前短后长，后部自左膝斜向右胫处，袍角下垂。裆部有三角形软袍垂下，其上可见层叠褶皱，施橘红彩。小腿缚有吊腿，两侧以黑黄彩绘有虎皮纹。高76.5厘米（图三〇、三一）。标本MS：10，形制与MS：11基本相同。站姿为左腿直立，右腿屈膝上抬。胸甲处绘缠枝卷草纹，固项及甲带皆贴金。通高76厘米（图三二）。

镇墓兽 2件，均木质。头、身躯、四肢、底座等部位分开雕制，后拼合粘接而成，再整体髹漆彩绘。标本MS：13，尚未完全修复，通体彩绘，保存较为完整。人面兽身，呈蹲踞状。圜眼圆睁，睫毛外翻，鼻翼宽大，鼻孔圆张，鼻毛外露，阔嘴厚唇，双唇紧闭，下颌内含。嘴唇一周长满络腮胡，面目狰狞。上身直挺，胸部肌肉发达，边缘一周贴金，内部装饰有缠枝卷草纹。腹部紧收，内侧以赭色为地，黑色颜料描绘出虎皮纹；外侧以黄色为地，黑色颜料描绘出虎皮纹。后肢粗壮，屈蹲，描绘有黄黑相间的虎皮纹。后足呈蹄状，和臀部一

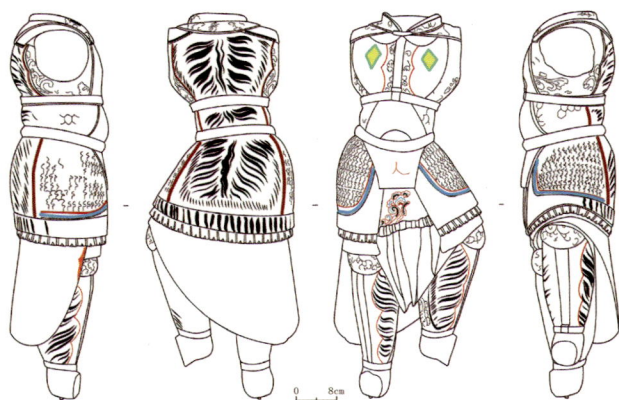

图三〇　武士俑（MS：11）　　　　图三一　武士俑　图三二　武士俑　　图三三　镇墓兽
　　　　　　　　　　　　　　　　　　　　（MS：11）　（MS：10）　　（MS：13）

起蹲坐于云团状的底座之上。背部呈弧形，描绘有橘黄、黑色相间的豹皮纹。镇墓兽高39.6、底座高6—6.7、长27.5、宽23.2厘米（图三三、三四）。

尖顶风帽俑　造型大小基本一致。木质。整木圆雕而成，呈站立状，身材魁梧。头戴披肩风帽，脸庞丰满。浮雕出鼻部、唇部，并以黑色颜料画出眉目、胡须。五官清晰可辨，弯眉细目，宽鼻小口，双唇紧闭，八字胡下撇。外披窄袖大衣，袖长及膝；内着窄袖长袍，腰间系带。双手拱于胸前，交抱处留有小孔，原当持物。标本MS：21，头戴橘红色尖顶披肩风帽，外披橘红色窄袖大衣，内衬黑色窄袖长袍，腰间刻出一道凹槽，以表示腰带。面部涂白彩，彩绘基本完整。通高20.8厘米（图三五，1；图三六）。标本MS：23，头戴橘红色尖顶披肩风帽，外披橘红色窄袖大衣，内衬黑色窄袖长袍，腰间刻出一道凹槽，以表示腰带。仅右手从大衣中露出，抱于胸前。面部涂红彩，彩绘基本完整。通高21厘米（图三五，2；图三七）。标本MS：24，头戴橘红色尖顶披肩风帽，外披橘红色窄袖大衣，内衬黑色窄袖长袍，腰间刻出一道凹槽，以表示腰带。面部涂白彩，彩绘基本完整。通高20.8厘米（图三五，3；图三八）。

平顶风帽俑　造型大小基本一致。木质。整体形制与尖顶风帽俑相同，只不过头戴平顶披肩风帽，且腰间未刻画出腰带。标本MS：22，头戴橘红色平顶披肩风帽，外披橘红色窄袖大衣，内衬黑色窄袖长袍，无腰带。面部涂白彩，彩绘完整。通高20.8厘米（图三五，4；图三九）。

2. 生活用具

主要有胡床、床榻、漆盘、漆碗等。皆由木头加工而成，部分表面髹漆或铆钉有金属片作为装饰。

胡床　标本MS：19，整体形制与现在的"马扎儿"或"折凳"相似，由四根横向的木棍和四根纵向的木棍组成。四根纵向木棍呈"X"形两两交叉，交叉点以铜钉固定，可以扭转折

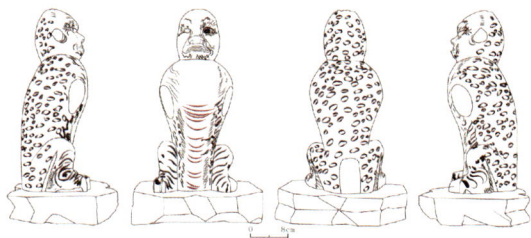

图三四　镇墓兽（MS：13）

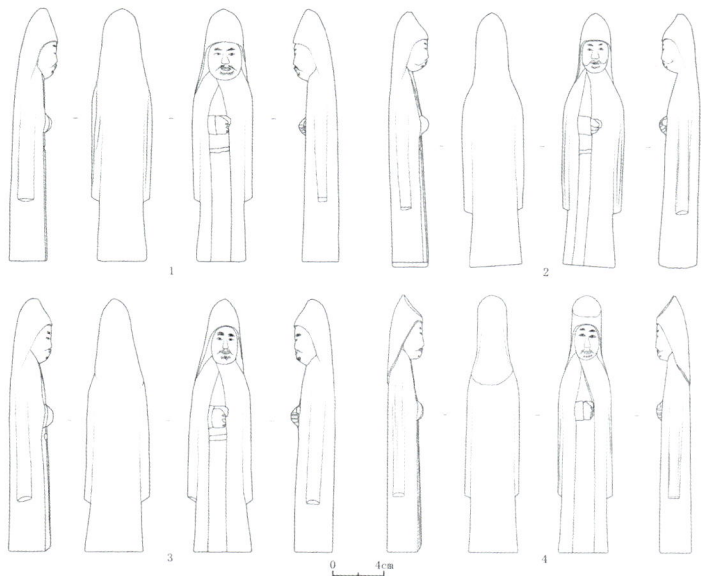

图三五　彩绘木俑

1~3.尖顶风帽俑（MS:21、MS:23、MS:24）　4.平顶风帽俑（MS:22）

图三六　尖 图三七　尖 图三八　尖 图三九　尖
顶风帽俑 顶风帽俑 顶风帽俑 顶风帽俑
（MS：21）（MS：23）（MS：24）（MS：22）

叠。其两端连接有四根横向的木棍，横木两两平行，一面横木列有穿孔，孔内穿有绳缘，撑开可作床面之用。在横木的两端以及横木纵木的交接处，包裹有素面铜片，以加固胡床。在交叉纵木的内外两侧，铆以数枚小铜钉，铆钉有连枝卷草状铜片作为装饰。胡床折合尺寸，长50、宽43厘米（图四〇）。

漆盘　1件。标本MS：81，木胎。敞口，折沿，圆唇，深弧腹，腹部外侧正中有一圈外凸。内外皆髹黑漆，盘内放置有7件漆碗、1件银匙、1件银筷，组成一整套用具。口径56、腹径51.8、底径45、高8、外凸高4、厚0.6厘米（图四一，1）。

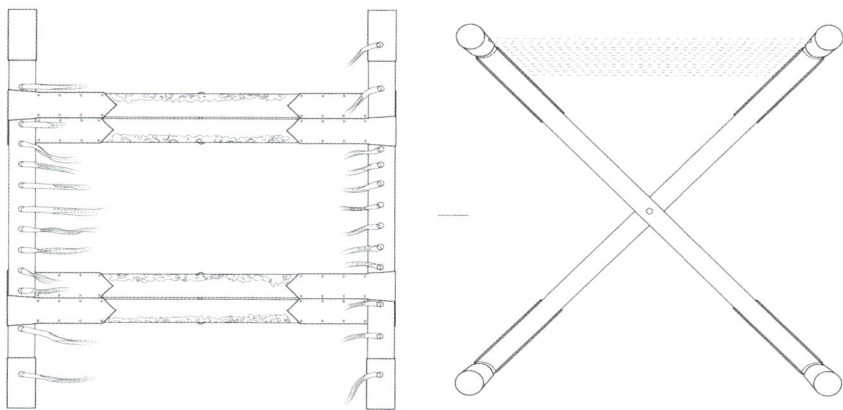

图四〇　胡床（MS：19）

银扣木胎漆碗　7件。形制皆相同，放置于漆盘当中。木胎。侈口，弧腹内收，腹部饰一圈凸弦纹。平底，下接矮圈足。内外皆髹黑漆，在口沿、凸弦纹以及圈足边缘各镶有一圈银扣边。依据大小的不同，可分三型。

Ⅰ型　5件。体形较小。标本MS：81-7，口径11.7、底径6、高5.2厘米（图四一，2；图四二）。

Ⅱ型　1件。体形中等。标本MS：81-2，口径14.6、底径7、高9.2厘米（图四一，3；图四三）。

Ⅲ型　1件。体形较大。标本MS：81-3，口径17、底径9.4、高7厘米（图四一，4；图四四）。

（三）金属器

主要有金、银、铜、铁器等，金银器主要为餐饮器具、腰带饰及马具等。铜器有锁、泡钉、各构件上的饰件及铜钱等。铁器有甲胄、马具及铁钉等。

鎏金银马具　1套。标本MS：85-2，保存完整。包括革带、带饰、带扣、带箍、节约等，除革带以外皆为银质，表面鎏金（图四五、四六）。现根据用途的不同分述如下。

革带　为黑色皮革质地，中心穿有铁丝，已断裂为多段。

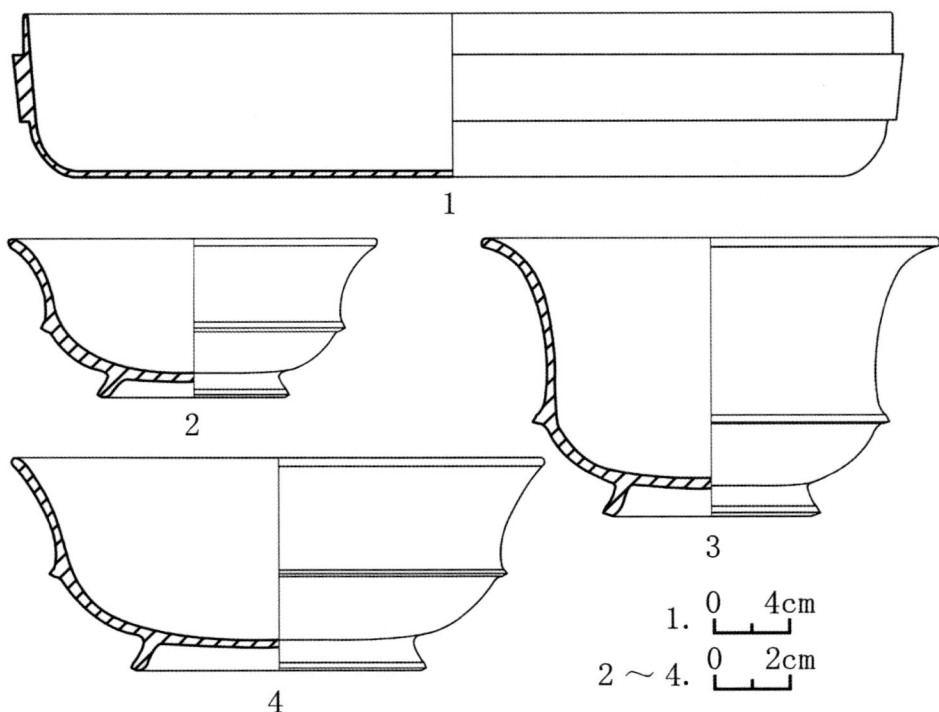

图四一　漆木器

1.漆盘（MS:81）　2~4.银扣木胎漆碗（MS:81-7、MS:81-2、MS:81-3）

图四二　Ⅰ型银扣木胎漆碗（MS：81-7）

图四三　Ⅱ型银扣木胎漆碗（MS：81-2）

图四四　Ⅲ型银扣木胎漆碗（MS：81-3）

三叶花形鎏金银节约　5件组。大小、形制相近，其中2组连接有鎏金银杏叶。节约的平面略呈弧边三角形，三角装饰有叶形纹饰，旁边各有一月牙形穿孔。节约正面中间呈花朵状，边框装饰有花瓣纹，中心鎏金，饰一昂首前扑的母狮。母狮獠牙外露，双爪前伸，尾巴高高翘起。背面较为平整。长3.2、宽3.2厘米（图四八）。附带的鎏金银杏叶大小、形制相同。上部有圆环，与节约一端相连。正面边框内饰11朵卷云纹，中心鎏金，饰一跃起的雄狮反身噬鹿，雄狮颈部有卷曲的鬃毛。背面较平整。长5、宽4.1厘米（图四五，1；图四七）。

圭形鎏金银带饰　2件。大小、形制相同。略呈圭形。正面边框内装饰有波浪纹，中心铸有雄狮食鹿图案，表面鎏金。雄狮颈部有卷曲的鬃毛，狮尾上竖，正张开大嘴向一只鹿扑去。鹿前肢弯曲，后肢蹬地，作跃起状，欲逃脱狮口。圭形带饰分三层，上层为浮雕花纹的鎏金银片，中间为皮质革带，下层为素面银片。边框的三角有3枚小银钉，将上下两银片铆钉在革带之上。长4、宽2.4—2.6厘米（图四五，2；图四九）。

鎏金银带扣　2件。大小、形制相同。扣环呈扁圆状，扣身略呈三角形，扣环宽度略大于三角形扣身。扣针、扣环通过转轴与扣身相接。三角形扣身素面，与革带相连，上下层连接方法与圭形带饰相同。长3.7、宽1.6—2.4厘米（图四五，3）。

银带箍　1件。平面呈圆角长方形。长3.2、宽2.3、厚0.2—0.6厘米（图四五，5）。

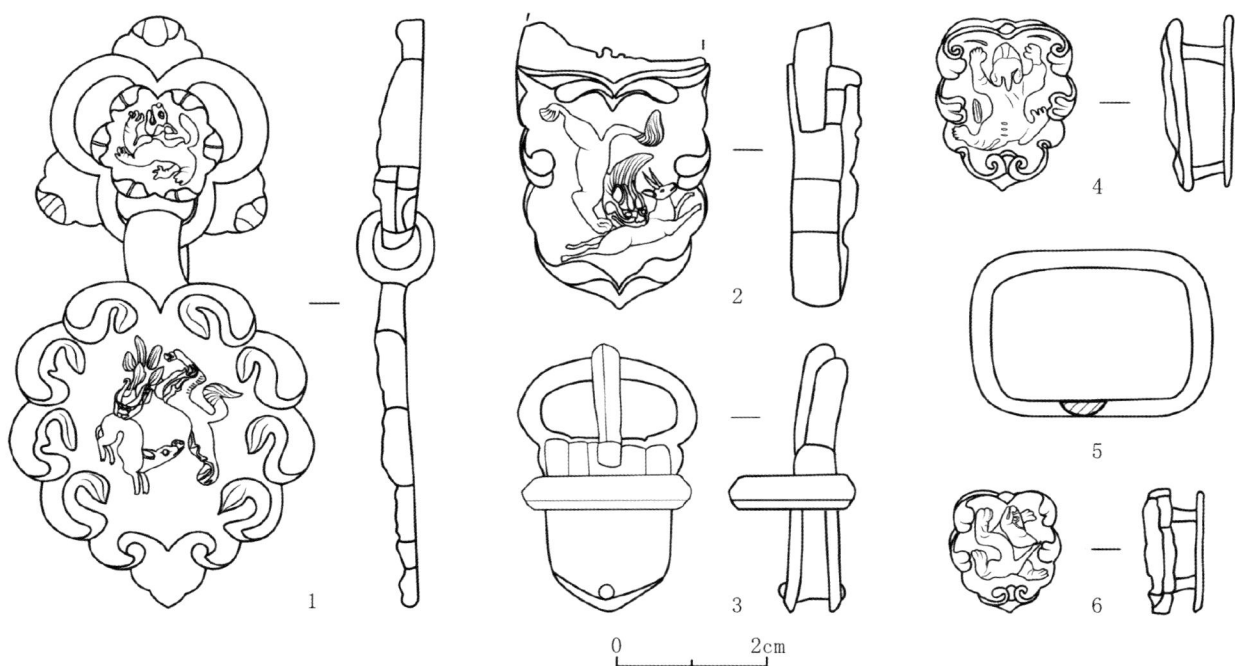

图四五　鎏金银马具（MS：85-2）

1.三叶花形鎏金银节约及鎏金银杏叶　2.圭形鎏金银带饰　3.鎏金银带扣　4.三角形鎏金银带饰

5.银带箍　6.桃形鎏金银带饰

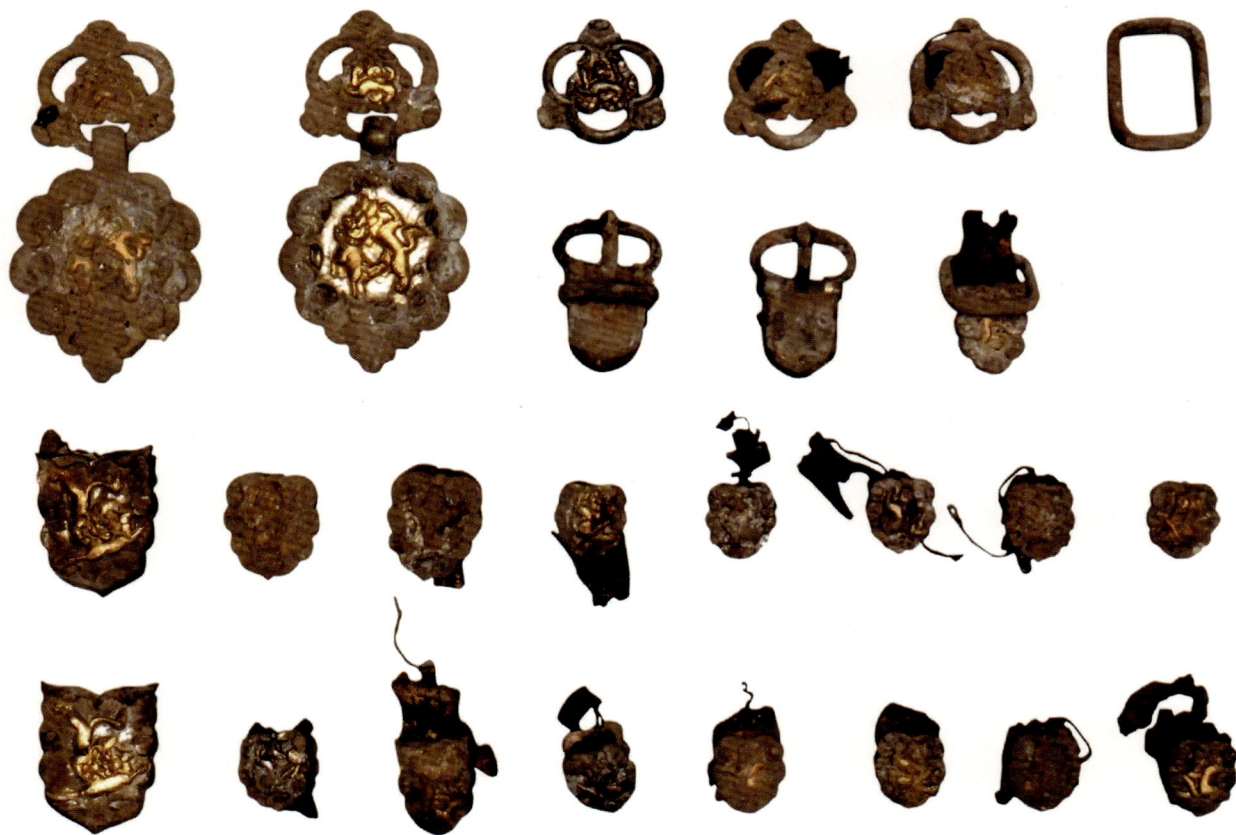

图四六　鎏金银马具（MS：85-2）

桃形鎏金银带饰　12件。大小、形制相同。正面边缘为花瓣纹，中心鎏金，饰一昂首前扑的母狮。上下层连接方法与圭形带饰相同。长1.7、宽1.5厘米（图四五，6）。

三角形鎏金银带饰　3件。大小、形制相同。略呈三角形，边缘为花瓣纹，中间饰一趴着的母狮。上下层连接方法与圭形带饰相同。长2.4、宽1.9厘米（图四五，4）。

银匙　1件。标本MS：81-9，置于漆盘当中。匙面微凹，呈椭圆形。勺柄扁长，弯曲，末端近弧形，柄端作鸟首状。锈蚀严重。通长21、匙面长6.9、匙面宽4.2、匙柄宽0.45—1、匙柄厚0.25—1厘米（图五二，1；图五〇）。

银筷　1根。标本MS：81-8，置于漆盘当中。呈细长圆棍状，表面无花纹，锈蚀严重。长23.3、直径0.25—0.4厘米（图五二，2；图五一）。

铜钱　均为开元通宝，圆形方孔，正背面皆有郭。标本MS：97，直径2.57、厚0.21厘米（图五三，1；图五四）。标本MS：103，直径2.54、厚0.18厘米（图五三，2）。

（四）革制品

主要有嵌金腰带、方盒等。

图四八　三叶花形鎏金银节约

图四七　三叶花形鎏金银
节约及鎏金银杏叶

图四九　圭形鎏金银带饰

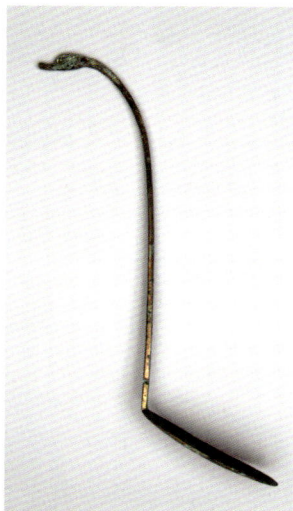

图五〇　银匙
（MS：81-9）

图五一　银筷
（MS：81-8）

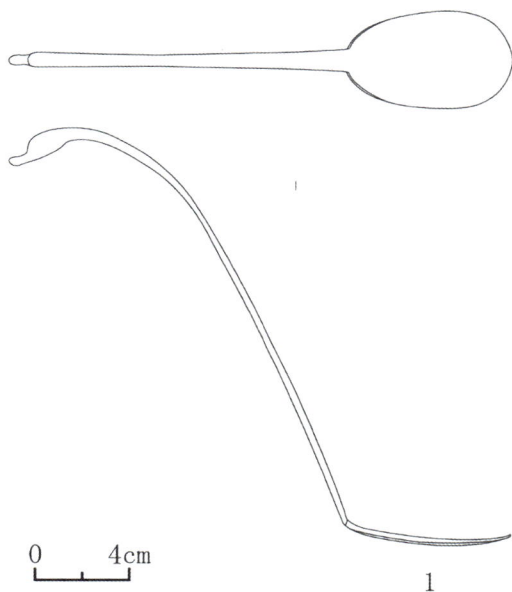

0　　4cm

图五二　银匙及银筷
1.银匙（MS:81-9）2.银筷（MS:81-8）

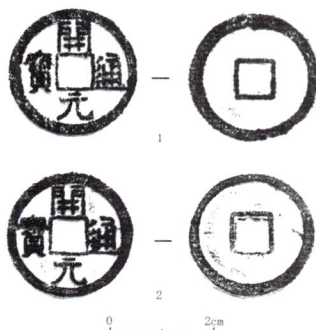

0　　　　2cm

图五三　铜钱
1.MS:97　2.MS:103

图五四　开元通宝
（MS：97）

嵌金腰带　1套。标本 MS：75，带鞓、带扣、带銙、铊尾皆较完整，断为7节（图五五、五六）。除带鞓以外均为金质。根据功能的不同分述如下。

带鞓　为黑色皮革质地，已断裂为多段，厚0.3厘米。

带扣　1件。带扣是与一略呈圭形的带銙连在一起的，扣环呈扁圆状，宽度略大于圭形銙。扣针、扣环通过转轴与扣身（圭形銙）相接。圭形銙正面饰一花朵，三重花瓣，花蕊处为一圆形凹槽，原镶嵌有宝石，现已脱落。圭形銙分三层，上层为浮雕花纹的金片，中间为

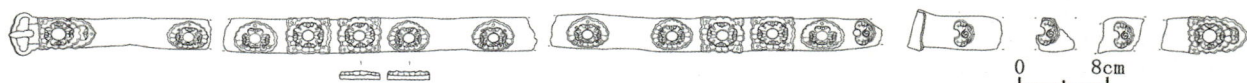

图五五　嵌金腰带（MS：75）

图五六　嵌金腰带（MS：75）

皮质带鞓，下层为素面金片，边框的三角有三枚小金钉，将上下两金片铆钉在带鞓之上，金钉和素面金片的连接处衬有铜银合金垫片。扣孔宽4.6、长1.5厘米；圭形銙底边长4.65、高5.19厘米。

方銙　4件。均呈长方形，大小、形制相同。正面纹饰与圭形銙一致，为花蕊处镶嵌有宝石的花朵图案。在花朵的四角，装饰有三瓣状的树叶纹饰。四片树叶处有四枚金钉将方銙与带鞓连接在一起，连接方式与带扣扣身相同。长3.5、宽3.39厘米。

桃形銙　7件。大小、形制相同。略呈桃形。纹饰与方銙和圭形銙相同，上下层连接方式亦相同。底边长3.39、高3.9厘米。

扣眼　5件。大小、形制相同。略呈桃形，尾部带有一圆形缺孔，用以给带鞓穿孔，固定带扣。表面同样浮雕有花朵纹饰，但是花蕊处未装饰宝石，而是以三瓣状的涡旋纹代替。连接方式与带銙不同，下层未出现素面金片，直接用三枚呈等腰三角形分布的小金钉与带鞓相连。底边长2.3、高1—1.5厘米。

铊尾　1件。略呈圭形，纹饰与圭形銙相同，上下层连接方式亦相同。底边长3.6、高5.19厘米。

（五）石器

有调色石、石构件及墓志等。

墓志　1合。标本MS：9，由盖、志两部分组成，青石质，正方形，志盖较志石略大。志盖盝顶，底边长54.5、宽54.2、顶边长39.6、宽39.6、厚8.8厘米，正面中间阴刻篆书"大周故慕容府君墓志"，周围饰以缠枝卷草花卉纹。墓志边长53.7、高9.2厘米。正面楷书志文，20行，满行21字，共刻392字。左侧面纵刻两行文字，文字字形结构具有与汉字类

图五七　墓志盖

图五八　墓志盖

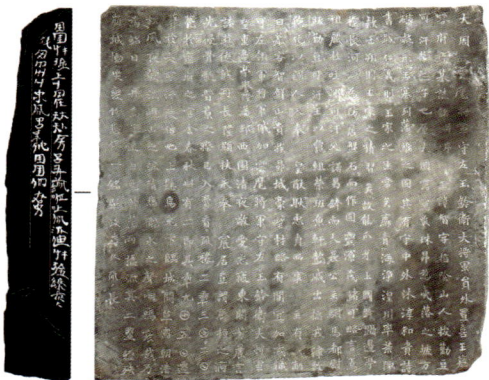

图五九　墓志及志侧文字

似的偏旁、笔画和部首，部分字体直接用汉字偏旁部首合成，初步判断为失传的吐谷浑文[①]（图五七—五九）。

四、结语

（一）墓主身份、墓葬年代

根据出土墓志记载，该墓墓主为"大周云麾将军守左玉钤卫大将军员外置喜王"慕容智，因病于天授二年（691 年）三月二日薨，终年 42 岁，并于"其年九月五日迁葬于大可汗陵"。其"祖丽杜吐浑可汗。父诺曷钵，尚大长公主，驸马都尉、跋勤豆可汗"，为"可汗第三子也"。慕容智，史无传，其父诺曷钵为吐谷浑国末代统治者，年幼嗣位，大臣争权，国中大乱。唐太宗遣军援之，封为河源郡王，授乌地也拔勒豆可汗。贞观十四年（640 年），太宗以弘化公主妻之。高宗时，拜驸马都尉。龙朔三年（663 年），为吐蕃所袭，遂与弘化公主领数千帐奔凉州（今甘肃武威地区），吐蕃并其地，吐谷浑亡国。唐徙其部众于灵州（今宁夏吴忠）之地，置安乐州，以其为刺史。垂拱四年（688 年）卒，子忠嗣立[②]；慕容智母为弘化公主，是唐朝远嫁周边少数民族首领的第一位也是唯一一位回长安省亲的公主。据慕容智墓志及史书有关其父母的记载，我们大致可知，慕容智于永徽元年（650 年）生于吐谷浑王城（伏俟城），在其 14 岁时国中巨变，随父母逃亡至今武威地区，在武威生活一段时间后，与其父母部族移居今宁夏吴忠。大约在武威生活的少年时代或成年后，至唐都长安，入侍宫廷，担任禁卫军职，宿卫皇帝，因出生高贵且尽忠职守，官至"守左玉钤卫大将军"。慕容智其人，智勇双全，望重边亭，誉隆藩邦，其在吐谷浑族中封号为喜王。691 年三月，因病在宁夏吴忠病逝，同年九月灵柩运至武威，归葬于其父诺曷钵的"大可汗陵"区[③]。

---

① 刘兵兵，陈国科，沙琛乔：《唐〈慕容智墓志〉考释》，《考古与文物》，2021 年第 2 期。
② 刘昫等：《旧唐书·西戎传》（第 198 卷），北京：中华书局，1975 年，第 5300—5301 页。
③ 刘兵兵，陈国科，沙琛乔：《唐〈慕容智墓志〉考释》，《考古与文物》，2021 年第 2 期。

（二）墓葬特征

从墓葬形制看，该墓为长斜坡墓道的单室砖室墓，与唐封慕容智正三品级别相符[①]。甬道顶照墙上绘门楼图，墓室内绘各种人物图，墓室顶绘星象图，在唐代早、中期高等级壁画墓中较为常见。墓内随葬品基本组合为镇墓兽、武士俑、仪仗俑、动物俑以及日常生活实用器和模型器，具有典型的唐早、中期高等级官员墓随葬特征。但是从墓葬选址及葬俗来看，其采用依山而葬的形式，"牛岗僻壤，马鬣开坟"，地形北依山岗，坐北朝南，独具特色。墓道内随葬整马、整羊等殉牲，墓室内随葬马具、马饰、弓、胡禄、铁甲胄等成套作战装备，又与中原唐墓随葬特征明显不同。其木质葬具由弧形棺盖、箱式棺及棺座组成，前宽后窄、前高后低，具有北朝以来慕容鲜卑葬具的典型特征，亦与青海都兰血渭墓群、德令哈郭里木乡夏塔图墓群彩绘木棺的部分特点相似，带有明显的吐谷浑文化特质[②]。从上述墓葬特点来看，慕容智墓在政治礼制、文化面貌上已整体纳入了唐王朝的统治体系当中，汉化明显，同时也保留了部分本民族文化特征。

（三）"大可汗陵"及初步认识

墓志载，慕容智死后"迁葬于大可汗陵"。"大可汗陵"系首次出现，其所指为何？陵区布局、范围及文化内涵等又为何？这需要引起高度重视，且是亟需解决的问题之一。在墓葬发掘期间及发掘结束后，我们对墓葬周边区域进行了调查和勘探工作，在该墓东五公里范围内发现有数座与之时代接近、形制特征相同的墓葬（马场滩墓葬、长岭墓葬）。这些墓葬是否属于"大可汗陵"的一部分，还需要进一步开展相关工作予以确认。

同时，在距慕容智墓东北约15千米的武威市凉州区青咀湾和喇嘛湾一带，曾于20世纪20至80年代发现了金城县主墓、慕容曦光（承袭"可汗"位）墓、弘化公主墓、慕容忠（承袭"可汗"位）墓、武氏墓、李深墓等9座唐早、中期吐谷浑王族成员墓葬[③]。这些墓葬分布于青咀湾和喇嘛湾的一个个小山岗之上，坐北朝南，与慕容智墓特征相同。故可以认为，沿青咀湾、喇嘛湾向西南至慕容智墓一带的武威南山区，为唐早、中期吐谷浑王室家族的大茔区。其中青咀湾和喇嘛湾一带在出土墓志中被称之为"凉州城南之山岗""凉州南阳晖谷北岗""凉州神鸟县界""神鸟县阳晖谷之西原"，可以确认这一带在唐时的地名为"阳晖谷"。

① a.齐东方：《试论西安地区唐代墓葬的等级制度》，《纪念北京大学考古专业三十周年论文集》，北京：文物出版社，1990年，第286—310页。b.宿白：《西安地区唐墓的形制》，《文物》，2002年第12期，第41—49页。

② 木棺及其文化特征相关论述见仝涛：《木棺装饰传统——中世纪早期鲜卑文化的一个要素》，《藏学学刊（第3辑）》，成都：四川大学出版社，2007年，第165—170页。关于都兰血渭墓群、德令哈郭里木乡夏塔图彩绘木棺墓族属及文化特征的研究见周伟洲：《青海都兰暨柴达木盆地东南沿墓葬主民族系属研究》，《史学集刊》，2013年第6期，第3—24页。

③ a.夏鼐：《武威唐代吐谷浑慕容氏墓志》，《考古学论文集》，石家庄：河北教育出版社，2000年，第210—252页。b.闫文儒：《河西考古杂记（下）》，《社会科学战线》，1987年第1期，第130—148页。c.黎大祥：《武威青咀喇嘛湾唐代吐谷浑王族墓葬》，《武威文物研究文集》，兰州：甘肃文化出版社，2002年，第185—207页。

该地区出土的墓志信息显示，这批墓葬中年代最早者为葬于 699 年的弘化公主墓及其长子慕容忠墓，这两座墓葬在时间上均晚于慕容智墓，故慕容智墓提及的"大可汗陵"，应为卒于 688 年的其父慕容诺曷钵之陵，时间上较"阳晖谷"陵区早，当属武威地区第一个吐谷浑王族陵区。自弘化公主始，如其墓志载，吐谷浑王族又"别建陵垣"于"阳晖谷"，形成了新的陵区。至于吐谷浑王族陵区为何在短时间内发生变迁，应与武周时期唐蕃相互征伐的特殊历史背景有关①。

从发掘情况看，慕容智墓为目前发现和发掘的时代最早、保存最完整的唐代吐谷浑王族墓葬，墓葬形制基本完整，墓葬年代及墓主人身份明确，随葬品丰富且极具特色，不仅出土了唐墓中常见的彩绘俑群、模型器等，还发现了罕见的大型彩绘木质床榻、屏风、胡床、列戟屋模型、成套武器装备（包括铁甲胄、马鞍及各种鎏金银马具、弓、胡禄等）以及种类丰富的精美丝织品等，不仅为研究唐代吐谷浑王族谱系、吐谷浑王族墓葬及相关问题提供了重要材料，也为研究和复原唐代高等级墓葬及其葬制葬俗等提供了重要借鉴，是唐墓、吐谷浑墓葬考古的重要发现。该墓的发掘还丰富和拓展了丝绸之路物质文化资料，对推动唐与丝绸之路沿线民族关系史、交通史、物质文化史、工艺美术史等相关领域的研究具有重要价值。

墓葬发掘期间荆州文物保护中心、陕西历史博物馆就漆木器和纺织品现场保护与提取、壁画现场加固与揭取给予了支持，武威市委市政府、武威市文体广电和旅游局、天祝藏族自治县委县政府、天祝藏族自治县文体广电和旅游局、天祝藏族自治县人民武装部、天祝藏族自治县祁连镇委镇政府对发掘工作给予了大力协助，一并致谢。

执笔：陈国科　沙琛乔　刘兵兵　张伟　王山

领队：陈国科

发掘：陈国科　刘兵兵　王山　赵亚君　王晨达　杨清风　王振宇　朱安　韩小丰　张渊民　刘德春

文物保护：张伟　谢欣芮　魏彦飞　王佳

摄影：刘兵兵　赵亚君

绘图及三维数据采集：赵亚君　王晨达　陕西十月文物保护有限公司

---

① 沙武田，陈国科：《武威吐谷浑王族墓选址与葬俗探析》，《考古与文物》，2021 年第 2 期。

甘肃武周时期吐谷浑喜王慕容智墓发掘简报

1、墓室内随葬彩绘女骑马俑

2、戴笼冠骑马击鼓俑（MDK2:13）

3、戴笼冠骑马击鼓俑（MDK2:13）

原文刊于《考古与文物》2021 年第 2 期

慕容智墓远景

唐代吐谷浑王族墓葬群

武威唐代吐谷浑王族墓葬群，位于甘肃省武威市西南，地处祁连山北麓，主要分布于武威南山区冰沟河与大水河中下游北岸的山岗之上，通过近年以来持续的考古工作，已确认吐谷浑王族墓葬共计23座，墓葬依次分布于青咀湾、喇嘛湾、长岭—马场滩、岔山村4个区域。初步将武威吐谷浑王族墓葬群分为以慕容智墓为代表的岔山村区（"大可汗陵"区）、以弘化公主和慕容忠墓为代表的青咀喇嘛湾区（"阳晖谷"陵区）和以党氏墓为代表的长岭—马场滩区（"白杨山"陵区）三大陵区。墓群整体呈现出"大集中、小分散"的分布特征和"牛岗僻壤、马鬣开坟、地踞龙堆"的墓葬选址特征。

青咀喇嘛湾墓群，位于武威市凉州区新华镇青咀村东北1公里，东靠南营水库，南靠牛祁公路，西、北背靠祁连山脉，墓群分布面积约100万平方米。自清朝末年起，该墓葬群被人发现，1945年夏鼐、阎文儒等先生对其进行了考古发掘与研究，自民国至1980年清理发掘出葬墓9座。先后发现弘化公主、代乐王慕容明、辅国王慕容宣彻、青海王慕容忠、政乐王慕容熬鬼、金城县主、燕王慕容曦光、元王慕容若夫人、大唐故武氏夫人墓志九合，墓志铭年号从圣历二年(699年)至乾元元年(758年)。出土有灰陶碗、木器、丝织品等各类珍贵文物数百件。

岔山村喜王慕容智墓葬，位于武威市天祝县祁连镇岔山村浩门组所在的山顶之上，东距武威市区约35千米，地处祁连山北麓。该墓为带长斜坡墓道的单室砖室墓，是目前发现唯一保存完整的吐谷浑王族墓葬。墓内出土大量精美的随葬品，包括武士俑、镇墓兽、风帽俑等木俑；木质列戟屋、叉、排箫等模型器具；木质胡床、六曲屏风、木质床榻等生活实用器及随葬明器；铁甲胄、金银马具、弓、胡禄等成套武器装备。其中如胡床、大型床榻、六曲屏风、列戟屋模型、成套武备等，皆为国内同时期相关文物首次或罕见的发现。甬道正中出土墓志一合，墓志首次提及武威南山区"大可汗陵"的存在，墓志左侧面还刻有两行利用汉字偏旁部首合成的文字，初步判断为吐谷浑本民族文字。该墓葬的发现为研究后期吐谷浑王族谱系、葬制葬俗等相关问题提供了重要材料，是吐谷浑墓葬考古的重大发现。

长岭—马场滩陵区，位于武威市天祝县祁连镇马场滩村北侧的山岭上，2021 年新发现 3 座墓葬。三座墓自西向东分别被命名为长岭 1 号墓、马场滩村 1 号墓和马场滩村 2 号墓，出土了马具、金银饰品、木俑和《冯翊郡太夫人党氏墓志》等 290 余件文物，首次确认吐谷浑篷子氏家族墓地白杨山陵区。

唐代吐谷浑王族墓葬为研究唐代吐谷浑家族谱系、吐谷浑墓葬及相关问题提供了重要材料，对研究吐谷浑史、唐代历史、唐与丝绸之路沿线民族关系史、交通史、物质文化史、工艺美术史等具有重要价值。该墓群的发现为推动武威地区吐谷浑王族大遗址群的可持续发展和保护利用提供了重要基础，为丝绸之路文化系统的丰富和完善提供了新的研究方向。

文字：编者

摄影：刘兵兵

甘肃武威市唐代吐谷浑王族墓葬群

甘肃省文物考古研究所　武威市文物考古研究所　天祝藏族自治县博物馆

唐代吐谷浑王族墓葬群位于甘肃省武威市西南，地处祁连山北麓，主要分布于河流北岸的山岗之上。此墓葬群自 20 世纪初至 20 世纪 80 年代，已发掘墓葬 9 座，出土墓志 9 合及各类随葬品数百件。前辈学者包括张维、夏鼐、阎文儒、周伟洲等先生，皆对此墓葬群出土墓志进行过详细的研究，成果丰硕[①]。2019 年，甘肃省文物考古研究所等对位于天祝县祁连镇岔山村的吐谷浑喜王慕容智墓进行了抢救性发掘。该墓保存较完整，出土遗物丰富，其中所出墓志首次提及武威南山地区"大可汗陵"的存在。慕容智墓的一系列重要发现，为吐谷浑王族墓葬群及相关研究提供了新的视角和契机。2020 年，"唐代吐谷浑王族墓葬群考古"项目组对武威南山地区冰沟河与大水河流域进行了较大规模的考古调查和勘探，共发现吐谷浑王族墓葬 23 座，集中分布在 4 片区域。2021 年，项目组在东距青咀湾、喇嘛湾约 10 公里的祁连镇长岭—马场滩村发掘吐谷浑墓葬 3 座，确认该处为吐谷浑蓬子部的部落首领及其家族墓地。近 3 年来的考古工作，有许多发现刷新了我们以往的认知。现将这一阶段性考古发现及收获简要报道如下。

一、慕容智墓的发掘

2019 年，甘肃省文物考古研究所联合武威市文物考古研究所、天祝藏族自治县博物馆对吐谷浑喜王慕容智墓进行了抢救性发掘。经发掘可知，该墓为带长斜坡墓道的单室砖室墓，由墓道及壁龛、封门墙、墓门、甬道及墓室等几部分组成，平面近瓦刀形，方向 170 度[②]。墓道内随葬整马及木质旌旗杆、调色石等，底部东、西两侧壁龛内随葬仪仗俑群。甬道正中放有墓志，墓志北侧为木质武士俑和镇墓兽。方形墓室内分东、西两部分，其中东侧偏南随葬陶骑马仪仗俑、家畜家禽和木建筑模型、胡人俑、马、骆驼等，偏北侧为 1 件大型彩绘木床榻，东北角随葬 1 件木六曲屏风（图一）。

---

① 此前学界对于武威唐代吐谷浑王族墓葬群的研究主要是以出土墓志为核心，就涉及吐谷浑王室家族的诸多历史问题进行深入探讨。相关研究史及各家观点参见濮仲远：《唐代吐谷浑慕容氏王室墓志研究述评》，《青海民族大学学报》（社会科学版），2013 年第 3 期。

② 关于慕容智墓的具体情况参见甘肃省文物考古研究所等：《甘肃武周时期吐谷浑喜王慕容智墓发掘简报》，《考古与文物》，2021 年第 2 期。

　　墓室西侧放棺床，棺床从下至上依次铺有白灰、桦树皮、丝织品各一层，丝织品上再置棺木及随葬品。棺床东南侧放置铁甲胄、马具、胡床等，东北侧放置漆盘、陶罐、谷物袋等。棺床西侧中部头北尾南放置梯形木棺一具，木棺由弧形棺顶盖、箱式棺和棺座三部分组成，总长 2.55、宽 0.76—0.94、高 1.05—1.19 米。其中弧形棺顶盖置于箱式棺之上，与箱式棺之间用 6 枚铁棺钉固定。棺顶盖两端各有一半圆形木板，以榫卯结构与下方的箱式棺相连。箱式棺整体密封，由盖板、侧板、挡板和底板组成，除盖板与侧板间横木用 8 枚铁棺钉连接以外，其余部分皆用榫卯结构套合而成。箱式棺总长 2.43、宽 0.74—0.87、高 0.7—0.76 米。箱式棺下为"目"字形框架棺座，棺座四边由 4 块厚木板相互榫卯套合而成，内部卯接有 3 根横木条，四角斜向各卯接 1 根短木条。棺座总长 2.49、宽 0.65—0.79、高 0.15—0.16 米。

　　棺顶部覆盖有三层丝织品。第一层为 4 件丝织衣物，第二层为 4 件丝织衾被叠压覆盖全棺，第三层为 1 件黄地大象纹锦荒帷覆盖全棺。棺顶盖与箱式棺之间未见遗物，南、北端的半圆形木板上贴覆有自棺内延伸出的丝织品，表面分别绘玄武、朱雀图案。箱式棺内顶部整体悬挂 1 件丝织品，上绘银河、日、月、星辰图案；东、西侧板各挂有 1 件丝织品，其上分别绘青龙、白虎图案。棺内墓主人遗骸上还覆盖三层遗物，第一层为 1 件米黄色绢及纸钱串等，第二层为 1 件棕地鸾鸟纹锦，第三层为 1 件红、黄相间条纹状丝织物。棺内第三层衾被之下为墓主人遗骸及各类随葬品（图二）。

图一　慕容智墓墓室及甬道正射影像图

墓主人仰身直肢，头北足南置于棺木中央。头戴帽，枕鸡鸣枕，面盖覆面，身着十三层服饰，胸部东侧放置象牙笏板，腰系金蹀躞带，足穿靴。各类随葬品摆放于墓主身边，自北向南，墓主头部西侧有银胡瓶、罐、盘等金银餐具及漆文具盒、皮质手套等；头部东侧有谷物袋和漆梳妆盒；身体西侧有豹皮弓韬、贴金花黑漆胡禄，东侧有一抱婴女俑；足部西侧有银碗1件、绣花鞋1双，东侧有丝织网络1件。除此之外，还有数层丝织衣物叠压置于墓主人周边。棺内墓主人遗骸下铺一层丝织衾褥，其下依次铺桦树皮、石灰和木炭各一层。

墓内出土随葬品数量较多，种类丰富，包括陶器、金属器、木器、漆器、丝织品等800余件（组）。

（一）木器

种类有镇墓兽、武士俑等镇墓神煞俑，胡床、马鞍等生活用器，木质床榻及其组件，列戟屋等建筑模型，马、骆驼等动物，以及胡人俑等人物俑和碓、磨等生活用具模型。

1. 木质床榻组件　彩绘木质床榻共分上、下两层，已坍塌。上层见有朱雀、玄武、仙鹤等，下层见有各类人物俑、乐器模型、条几等。

双髻女俑　MS：77，直立状。头束双髻，弯眉，凤眼，小鼻，丹唇。上身着墨绿色阔袖长袍，下身着长裙，足部呈半球形。高13.2厘米（图三，1）。

半身男俑　L：86[①]，头戴黑色幞头，面庞丰满，浓眉，细眼，圆鼻，丹唇下撇，细颈。高12.6厘米（图三，2）。

图二　慕容智墓室棺内墓主人遗骸及随葬品

半身高髻女俑　L：88，头束高髻，面容丰腴，粗眉，细目，小鼻，小嘴，颊饰圆靥。头侧以金、白色颜料绘出发饰。下部连接方柱形木杆。高17.5厘米（图三，3）。

玄武　MS：83，由一龟一蛇组成。龟首昂起，匍匐爬行，龟背扁圆，四肢粗短。一蛇蜷

---

① 由于半身木俑及乐器模型等皆为大型彩绘木质床榻的一部分，因此其编号均为临时编号。此外，长岭—马场滩墓群3座墓葬被盗扰严重，除马场滩M2石墓志外，其他遗物均被扰乱，已不在原位，因此所出遗物均按采集品进行编号。

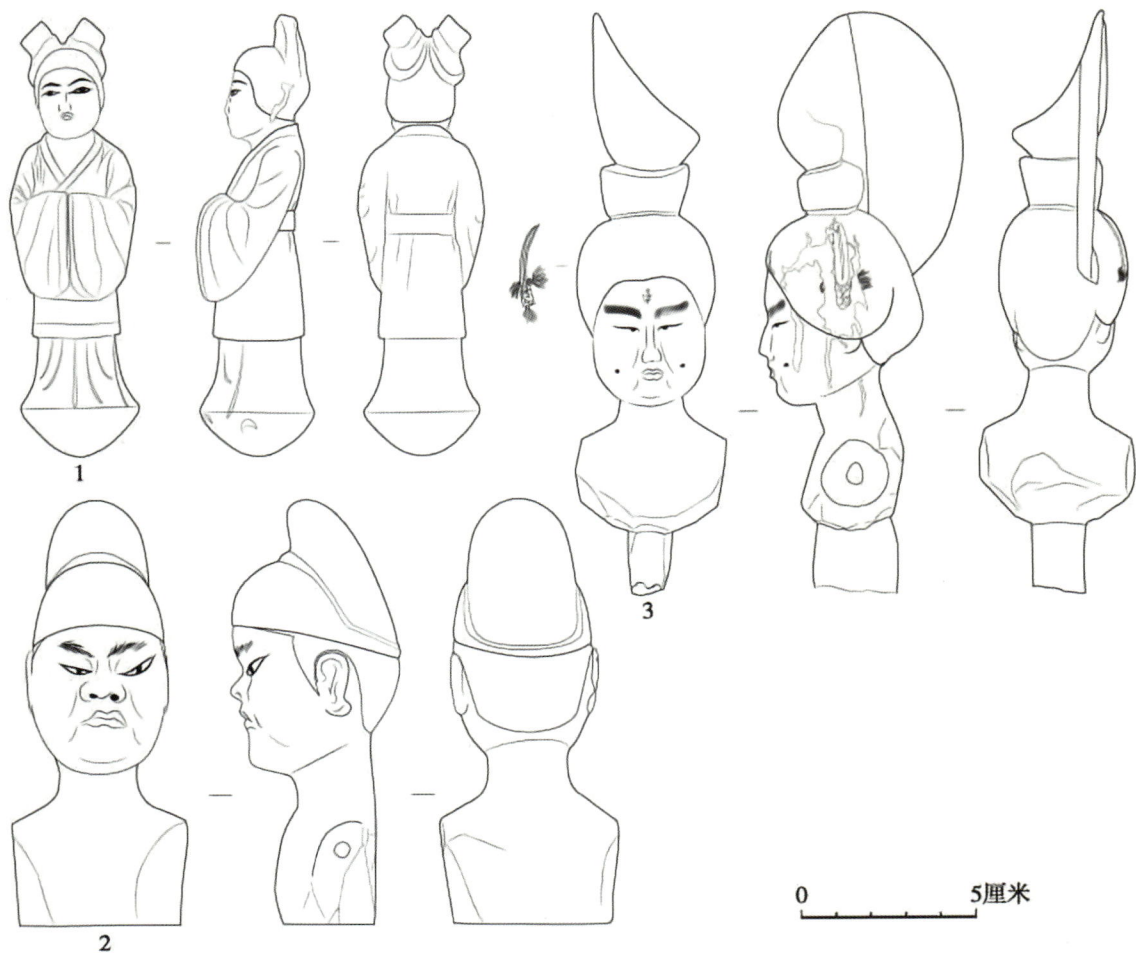

图三　出土木俑

1. 双髻女俑（MS：77）　2. 半身男俑（L：86）　3. 半身高髻女俑（L：88）

曲缠绕于龟体之上，尾部及头部抬起，相会于龟背上方。长 13.5、高 10.7 厘米（图四）。

2. 建筑模型　MS：25，下部有两块长方形底座，之间卯接一根木条。底座上各有立柱两根，立柱间卯接平梁，立柱及平梁上共卯接三根木樽，形成面阔一间、进深一间的建筑。底座及木条皆涂黑，立柱、平梁及木樽皆涂红。宽 19.8、高 14.4 厘米（图五）。

3. 人物俑及其组件包括胡人俑、胡禄等。

胡人俑　MS：33，立姿。头戴黑色尖顶帽，面庞丰满，粗眉，圆眼，双唇紧闭，八字胡下撇。上身着青灰色翻领窄袖长袍，内衬朱

图四　木玄武（MS：83）

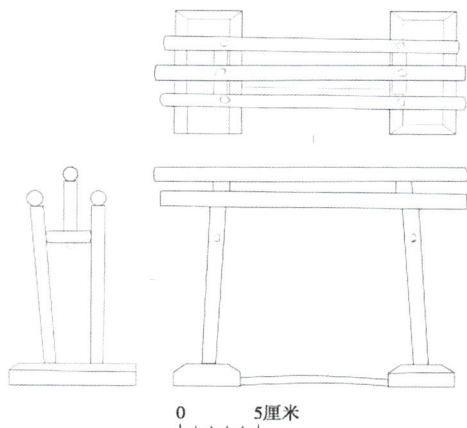

图五　出土木建筑模型（MS：25）

图七　木碓（MS：29-1）

图六　出土木器
1.胡人俑（MS：33）2.胡禄（MS：43）

红色圆领窄袖衣，下身穿朱红色长裤，足蹬黑色高勒靴。身体略后倾，右臂微屈，左前臂前伸，双手握拳，挺胸站立。高56.7厘米（图六，1）。

胡禄　MS：43，横截面呈扁圆形，一端微束腰。主体以黑色颜料绘虎皮纹。长19.5厘米（图六，2）。

4.生活用具模型　包括木碓、磨等。

碓　MS：29-1，平面呈长方形，由底座、附架与长杵组成，底座上带臼窝。长杵接在附架的横挡上，前端下方凸出一根击棒。击棒及臼窝涂有石绿色颜料。长19.8、宽5.8厘米（图七）。

（二）陶器

种类有罐、盆等生活用器，彩绘立人俑、骑马俑等仪仗俑群，以及狗、羊、鸡等家畜家禽。

1.仪仗俑群　主要由风帽俑、双髻女俑、文官俑、骑马俑组成。以泥质红陶为主，内部多夹铁芯。

骑马俑　MDK1：2，头戴黑色笼冠，身形消瘦，五官轮廓不清。身着橘红色阔袖长袍，双手抱于胸前，骑坐于马背上。青灰色马直立于长方形托板之上，勾首直颈，宽胸阔臀，目视前方。通高38.5厘米（图八，1）。

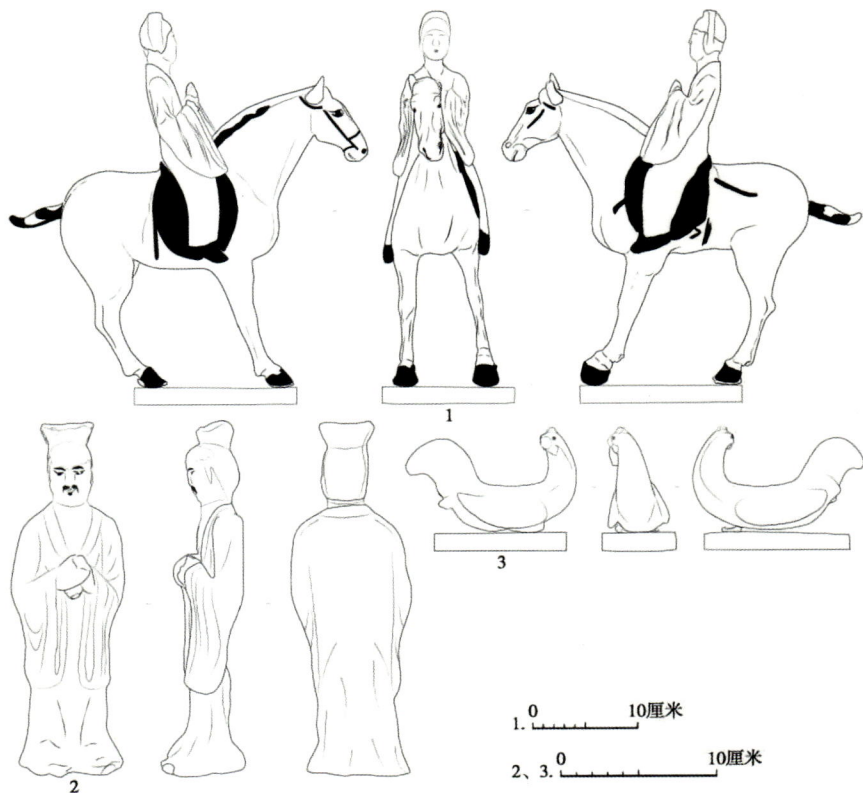

图八　出土陶器

1.骑马俑（MDK1：2）　2.文官俑（MDK1：7）　3.鸡（MS：42）

文官俑　MDK1：7，直立状。头戴平巾帻，面庞丰满，蹙眉低眼，丹颊红唇，唇边有一圈胡须。身着淡蓝色阔袖袍，内着白色圆领衫，黑色靴头露出。双手拱于胸前，交抱处留有小孔，原当持物。高23.5厘米（图八，2）。

2.家畜家禽　包括鸡、羊、狗三类。

鸡　MS：42，卧姿。昂首，弯颈，双翅微张，尾部上翘，卧于长方形托板之上。周身以黑、红彩涂饰。长11.2厘米（图八，3）。

羊　MS：38，卧姿，体态较肥。昂首，无角，两眼圆睁，双耳下垂，卧于长方形平托板之上。长15.5厘米（图九）。

（三）金属器

材质包括金、银、铜、铁等，种类可分生活用器和武器装备两类。其中金银器主要为餐具、腰带饰及马鞍上的节约、革带饰，铜器包括锁、各类木构件上的铜饰件等，铁器有刀、箭、甲胄等。

1.生活用器　包括餐饮器具、发钗、腰带饰等。

金银餐饮器具　1组（G：10—12）。包括银罐、盘和

图九　陶羊（MS：38）

图一〇　金银餐饮器具（G：10—12）

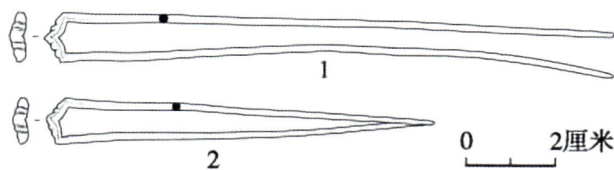

图一一　出土金发钗
1、2.G：71-2、

图一三　幞头（G：16-1-5）

胡瓶。银盘内放置1件素面金碟、2件折腹银碗、3件素面银碟、1件凤鸟纹银碟和银勺、匙各1只以及银筷1双（图一〇）。

金发钗　1组2件（G：71-2、3）。一长一短，形制相同。钗首呈"冂"字形，云头状，连接两条圆柱形钗尾。长12.7、8.7厘米（图一一，1、2）。

2.武器装备　包括铁刀、箭、甲胄及鎏金银马具等。

铁甲胄　MS：88，由胄、身甲、裙甲等几部分组成，平铺放置。为大小不同的数种甲片以丝线编缀而成。甲片长4.2—6.4、宽1.3—3厘米（图一二）。

（四）丝织品

种类包括幞头、袍、半臂、衫、裤、护膝、鞋、袜、靴等丝织品服饰，以及被、褥、荒帷、镜衣、物垫等丝织物品。

幞头　G：16-1-5，长方形，深褐色碎花纹罗制成。长99、高47厘米（图一三）。

袍　G：29-1，右衽，长袖。主体为紫色团窠对凤纹绮，袖口为黄地团窠对狮纹锦，内衬黄绢。衣长135、通袖长243厘米（图一四；图一五）。

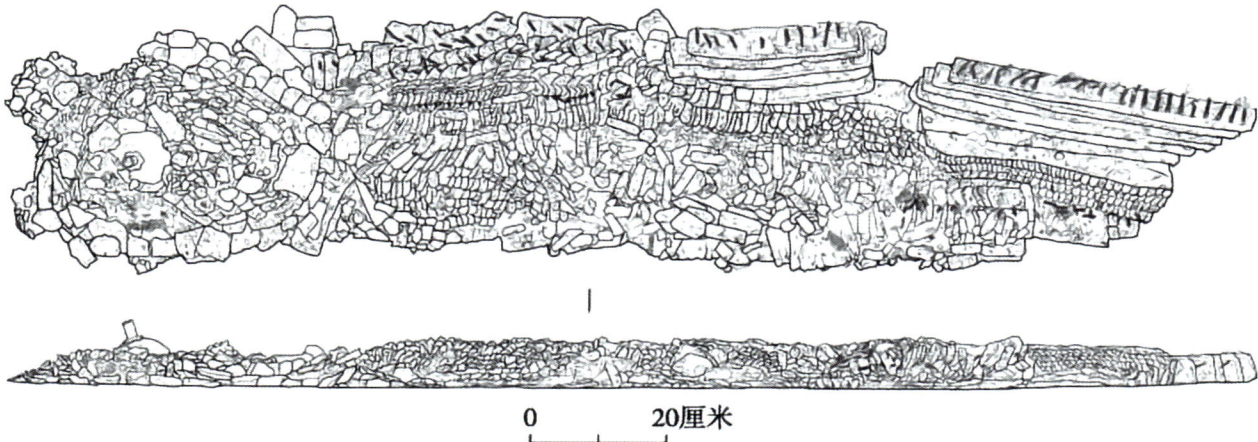

图一二　出土铁甲胄（MS：88）平、立面图

正面　　　　　　　　　　　　背面

图一四　袍（G：29-1）

图一五丝织袍（G：29-1）复原图

图一六丝织半臂（G：44）正面　　　　　图一七丝织半臂（G：44）背面

正面　　　　　　　　背面

图一八　半臂（G：44）复原图

　　半臂　G：44，右衽，半袖状。上半部为深黄地缠枝团窠鹿纹锦，下半部为深蓝色菱格纹罗，内部整体衬有灰绿色重格菱形纹绮。长 93、宽 86—57 厘米（图一六，图一七，图一八）。

护膝　G:57，圆形。正面中间为黄地团花纹锦，四周以土黄色罗作缘，背面整体衬有黄绢。直径30厘米（图一九）。

裤　G:66，短裤，单层散点菱花纹罗缝制。长70厘米（图二〇）。G:55，，长裤。外为土黄色散点菱花纹罗，内衬黄绢。长93厘米（图二一）。

鞋　G:24，尖头船形，鞋头微翘。鞋面及鞋帮均为灰绿色罗，其上以黄、绿两种丝线绣出缠枝花卉。边沿以浅黄色绮作缘并制成鞋带。鞋头及鞋帮内部以浅黄色罗作衬，鞋跟处内衬为浅黄色锦。鞋垫为浅黄色菱形纹绮，并缝有绿地方胜纹织金缂丝带。鞋底用浅黄色绮制作，并用深黄色丝线分三段螺旋状纳底。长27.5、底宽约8.5、高约6厘米（图二二）。

袜　G:33-1，土黄色团窠纹绮缝制。长25厘米（图二三）。

靴　G:53，长筒状。上半部为黄地团花纹锦，下半部为黄色菱花纹绮。长90厘米（图二四）。

镜衣　G:16-1-2，圆形。正面呈四瓣状，中心连接纽襻。正面主体为深紫地花瓣纹锦，四瓣边沿、镜衣边缘及背面主体为明黄地团花纹锦；内衬黄绢。直径12.5厘米（图二五）。

丝织物垫　G:16-1-13，圆角长方形，黄地碎花纹锦缝制而成。长24.5厘米（图二六）。

丝织物袋　G:16-1-11，圭形。土黄色碎花纹罗缝制而成，表面以黄、绿色丝线刺绣花鸟纹饰。长14厘米（图二七）。

二、考古调查与长岭—马场滩墓群的发掘

（一）考古调查

2020年，为确认大可汗陵的具体范围及墓群布局方式，项目组对冰沟河与大水河流域约400平方公里的范围进行了全面的考古调查、勘探工作。在青咀湾、喇嘛湾、长岭马场滩、岔山村4片区域共发现吐谷浑王族墓

图一九　丝织护膝（G:57）正面、背面

图二〇　丝织短裤（G:66）

图二一　丝织长裤（G:55）

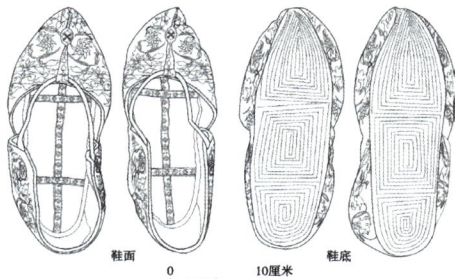

鞋面　　　　　　　　　鞋底
0　　　　10厘米

图二二　出土丝织鞋（G:24）

图二三　丝织袜（G ：33-1）

图二四　靴（G：53）

图二五　镜衣（G：16-1-2）

图二六　丝织物垫（G：16-1-13）

图二七　丝织物袋（G：16-1-11）

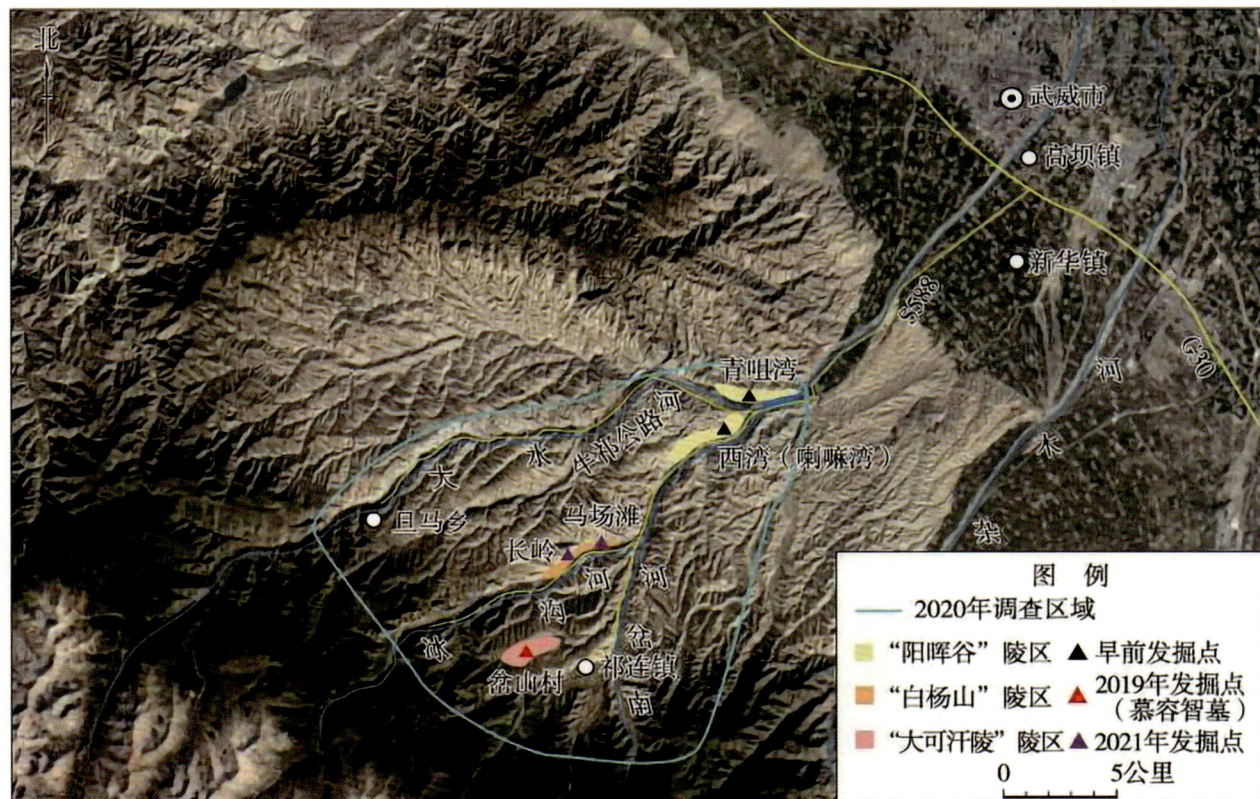

图二八

葬23座（图二八）。

1.青咀湾墓群　位于冰沟河与大水河交汇处西侧，大水河北岸的黄土山岗上。面积20万平方米。发现墓葬8座，弘化公主墓位于最东端，其余7座墓葬位于西侧（图二九）。墓葬皆营建于南北向山岗的中前部，一条山岗上建一座墓葬。墓葬均为带斜坡墓道的单室砖室墓，其中7座墓葬的墓室已清理，地面现留有大坑，墓道均保存完好。勘探发现墓葬1座，地面见有方形盗洞1个。

2.西湾（喇嘛湾）墓群　位于西湾村北侧、冰沟河下游北岸的黄土山岗上，东北距青咀湾墓群2公里。面积约45万平方米。调查、勘探确认吐谷浑王族墓葬11座，其中慕容忠墓、金城县主墓、慕容曦光墓于1945年由夏鼐、阎文儒先生确认，并发掘了金城县主墓、慕容曦光墓[1]，两墓上方现有未完全回填的土坑。新发现墓葬9座，其中4座墓室破坏严重，1座被盗，墓道均保存完好。

3.长岭—马场滩墓群　位于冰沟河和南岔河交汇处西侧、冰沟河北岸的黄土坡地上。面积约10万平方米。发现墓葬3座（图三〇），其中长岭M1、马场滩M1已遭盗掘，现地表留有一个较大的土坑；马场滩M2地表无明显迹象，周围偶见青砖碎块。墓道均保存完好。

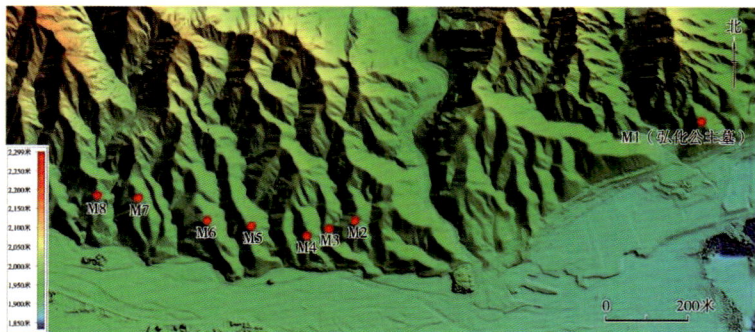

图二九　青咀湾墓群墓葬分布图　　　　图三〇　长岭-马场滩墓群墓葬分布图

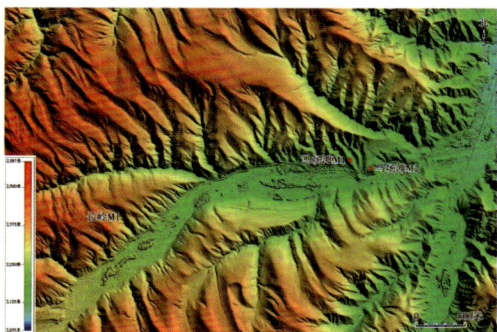

4.岔山村墓葬　该地区仅慕容智墓1座，周围暂未发现其他墓葬。

除吐谷浑王族墓葬以外，我们还在这一片区域发现半山—沙井文化时期遗址4处，沙井文化时期城址1处，明清时期冶铜遗址2处、烽燧7座，以及较多的史前和西夏时期的墓葬。为进一步开展考古发掘及该地区遗址保护规划等相关工作奠定了基础。

（二）长岭—马场滩墓群的发掘

2021年，对西距岔山村5公里的长岭—马场滩墓群3座墓葬进行了发掘。此次发掘的长岭M1(2021TQCM1)、马场滩M1(2021TQMM1)、马场滩M2(2021TQMM2)，均位于祁连镇马场滩村北侧，地处祁连山北麓，选址于南北纵向分布的山岗顶中部靠前的位置，南北临河倚山，

---

[1]　阎文儒：《河西考古杂记（下）》，《社会科学战线》，1987年第1期；夏鼐：《河西地区考察工作日记（1945年6月28日—11月11日）》，见《夏鼐西北考察日记（上）》，社会科学文献出版社，2018年，第405—411页。

东西两侧为沟谷（见图三〇）。

1. 地层堆积　墓葬所在区域的地层堆积基本一致，现以马场滩 M1 的地层剖面为例介绍如下（图三一）。

第 1 层：表土层。浅黄色土，土质松软细腻，草根较多，厚 0.2—0.25 米。包含有碎砖块和史前时期陶片。

第 2 层：垫土层。分布于墓葬上方及周围，墓葬叠压于该层下。红褐色土，土质松软，内含灰黑色土颗粒和碎砖屑等，最厚 0.22 米。该层应是回填墓葬时将开挖墓圹内剩余土依地形平铺于墓葬及周围而形成。

第 3 层：马厂文化层。黄褐色土，土质较硬，内含较多的红褐色土颗粒，厚 0.4—0.8 米。偶见夹砂红陶片。

2. 墓葬形制　3 座墓葬均为带斜坡墓道的单室砖室墓，由墓道、甬道、封门、照墙和墓室几部分组成。墓葬整体北高南低，墓道朝南。营建方法为在山岗上依地形先挖出带长斜坡墓道的竖穴土圹，再在土圹中用青砖砌筑甬道和墓室。墓葬均已被盗掘，砖室顶部已坍塌，

图三一　马场滩 M1 所在区域地层剖面图
1. 浅黄色土　2. 红褐色土　3. 黄褐色土

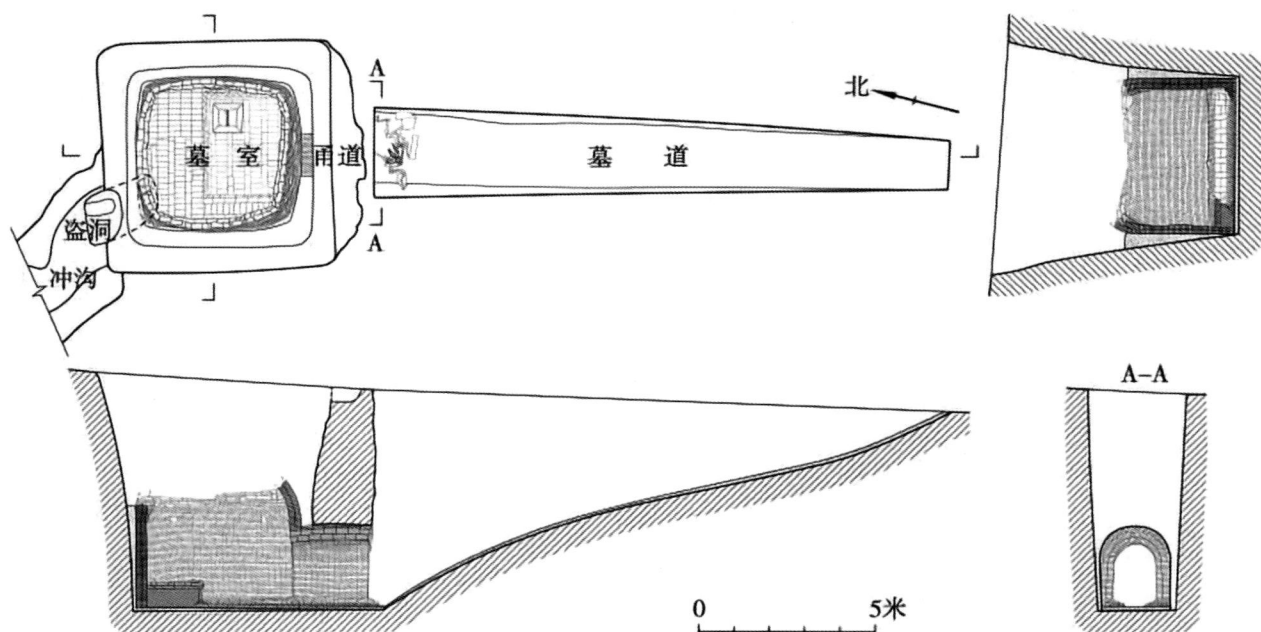

图三二　马场滩 M2 平面、剖视图
1. 石墓志

结构不明。墓室内北侧设棺床，人骨散乱于墓室中，单人葬，葬式不明。以马场滩 M2（图三二）为例。

该墓方向 164 度。通长 23.5 米。墓道位于墓葬南部，开口平面呈梯形，口长 16.33、口宽 1.5—2.55、底宽 1.5—2.09 米。斜壁，长斜坡底，坡度 12—35 度，北端底部距开口 6.25米。墓道填土内含碎砖块、动物骨骼、木炭等。墓道底面有一层厚 0.1—0.15 米的垫土，其上有明显的踩踏面。近墓门处踩踏面上殉马 1 匹，马骨下垫土中包含大量炭粒。

甬道位于墓道北侧，是在墓道底部向北掏挖一个与墓室土圹相通的拱形过洞，用砖铺底，其上紧贴洞壁用砖砌双券顶结构，东、西两壁底部为三层侈出的砖和一层菱角牙子结构。甬道进深 2.12、宽 1.25、高 1.87 米。

生土照墙位于甬道口之上，直至墓葬开口处，直壁，壁面较平整，宽 2.5—2.75、高3.87 米。

墓室土圹平面呈方形，斜壁。土圹外西北角有一冲沟延伸至土圹内，冲沟与土圹交界处为盗洞，自西北角向下进入墓室。砖室位于土圹正中，平面呈方形，顶部已坍塌。砖室内 4.1米见方，残高 2.44—3.4 米。砖室南壁底部、甬道口两侧残留有少量壁画，画面模糊不清，底部四周为侈出的三层砖和一层菱角牙子结构。砖室北侧设棺床，棺床西端南侧为置物台，两者侧面皆有砖砌壶门，棺床宽 1.6、高 0.67 米，置物台宽 0.78、高 0.52 米。

另两座墓葬结构与马场滩 M2 相近，其中长岭 M1 在墓道北部殉马 2 匹（图三三），马场滩 M1 在墓道内殉马 3 匹。两墓照墙均由土坯砌筑而成，马场滩 M1 墓室东侧还带一个 3 米见方的侧室（图三四）。

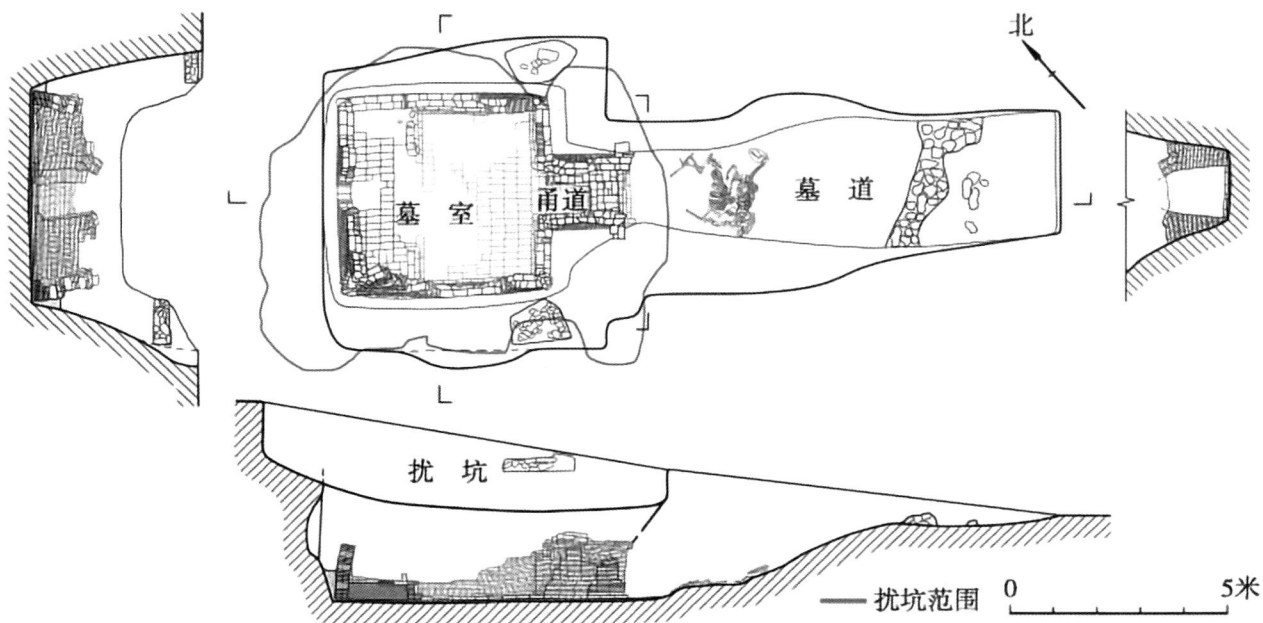

图三三　长岭 M1 平面、剖视图

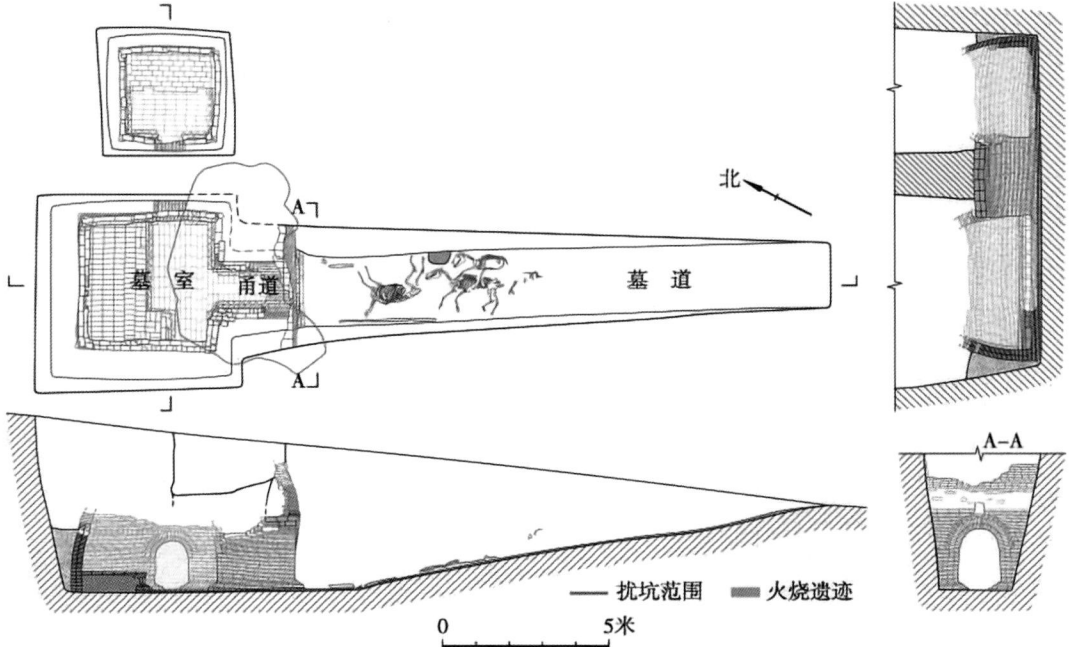

图三四　马场滩 M1 平面、剖视图

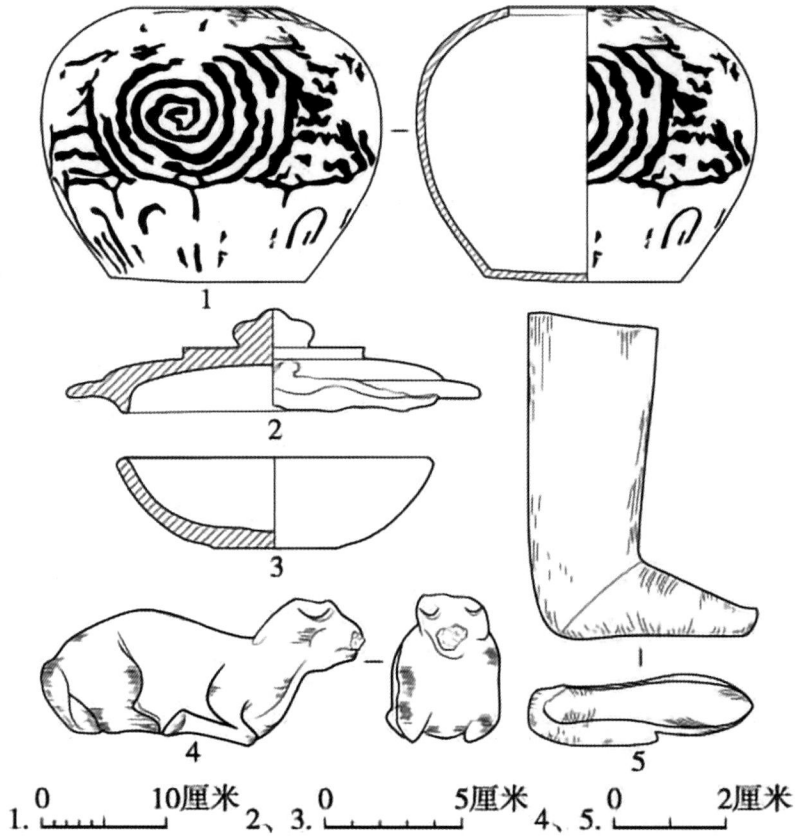

图三五　出土遗物

1.彩绘陶罐（马场滩 M2 采：42）　2.釉陶器盖（马场滩 M2 采：40）　3.陶钵（马场滩 M1 采：39）

4.木羊（马场滩 M1 采：12）　5.木人物俑残件（马场滩 M1 采：10）

3. 随葬器物　此次发掘共出土陶器、金属器、漆木器等随葬品 290 余件。由于 3 座墓葬被盗扰严重，所出器物除马场滩 M2 石墓志以外，均被扰乱，已不在原位。

（1）陶器　包括钵、彩绘罐及釉陶器盖等。

钵　马场滩 M1 采：39，泥质灰陶，轮制。敞口，圆唇，弧腹，假圈足。素面，器表有烟熏痕迹。口径 11、底径 4.6、高 3.4 厘米（图三五，3）。

彩绘罐　马场滩 M2 采：42，泥质红陶，轮制。敛口，鼓腹，最大腹径偏上，平底。通体施白彩，以黑彩在腹部绘同心圆纹，同心圆之间以曲线纹连接，腹部以下绘莲瓣纹。口径 11.8、底径 15.8、高 23 厘米（图三五，1）。

釉陶器盖　马场滩 M2 采：40，泥质红陶，轮制。顶部有钮。表面施绿釉。口径 15.2、高 4 厘米（图三五，2）。

（2）漆木器　包括人物俑残件、羊等。

人物俑残件　马场滩 M1 采：10，人物俑下肢和足部，整木削制而成。足尖上翘。通体施黑彩。底长 3.8、底宽 0.5—0.8、残高 6.2 厘米（图三五，5）。

羊　马场滩 M1 采：12，整木雕刻而成。微残。平首，弯角，两眼圆睁直视前方。四肢弯曲跪卧，体态较肥。通体施白彩，吻部及耳部以黑色颜料描绘。长 5.8、宽 2.1、高 2.7 厘米（图三五，4）。

（3）铜器　包括马具、发钗等。

马具　1 组（马场滩 M2 采：48）。包括铜带饰、带扣、带箍、杏叶、铃等，附着在革带上，整体残长 67.6 厘米（图三六，1）。革带为黑色皮革质地，已断裂为多段，残宽 1.7 厘米。带饰呈圆角菱形，内侧左、右各有一铆钉，固定于革带上，长 3.5、宽 1.9 厘米。带扣扣环呈扁圆形，扣身略呈圭形，扣环宽略大于扣身，扣针、扣环通过转轴与扣身相接，扣身素面，与革带相连，长 3.3、宽 1.7 厘米。带箍呈圆角长方形，长 2.3、宽 1.3 厘米。杏叶呈心形，上部焊接一小铜环，附于革带上，素面，长 8.4、宽 6.9 厘米。铜铃整体呈圆形，铃身中部饰一圈凸棱，上部焊接一小铜环，附于革带上。长 3.2、宽 3.3 厘米。

发钗　马场滩 M2 采：83，钗首呈"并"字形，连接两条圆柱形钗尾，一条已残，一条弯曲变形。钗脚尾端圆，弯曲状。长 7.1、宽 1.8 厘米（图三六，2）。

（4）金银器　包括金坠饰、耳坠、饰片及波斯萨珊银币等。

金坠饰　马场滩 M2 采：81，整体呈球状。主体由上、下两个半球拼接而成，表面锤揲卷草纹。顶部焊接小金环，底部镶嵌珍珠，珍珠周围焊接一圈小金珠。直径 2.2、通高 2.7 厘米（图三六，4）。

金饰片　马场滩 M1 采：66，圆形。纹饰为锤揲而成，主体为格里芬（Griffin），头部有云雷纹，边缘饰一圈联珠纹。直径 3.4 厘米（图三六，3）。

金耳坠　马场滩 M2 采：56，金丝弯曲成环状，上、下两端各串一颗珍珠。通长 3.7 厘米

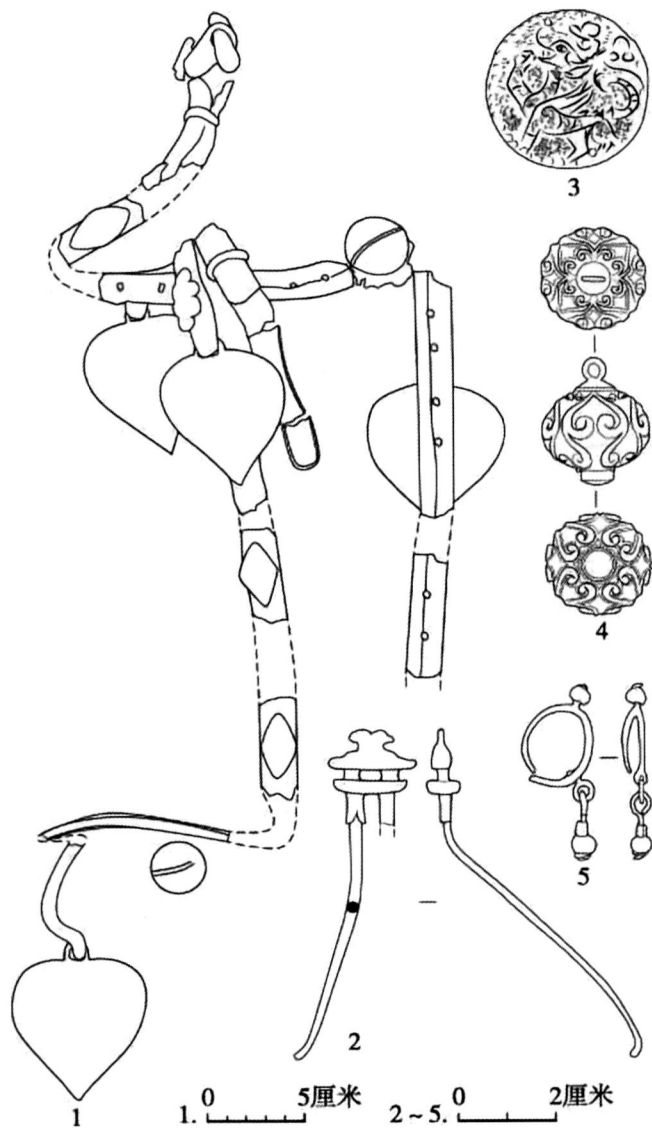

图三七　波斯萨珊银币背面（马场滩 M1 采：27）

图三六　出土遗物

1. 铜马具（马场滩 M2 采：48）　2. 铜发钗（马场滩 M2
采：83）　3. 金饰片（马场滩 M1 采：66）　4. 金坠饰
（马场滩 M2 采：81）　5. 金耳坠（马场滩 M2 采：56）

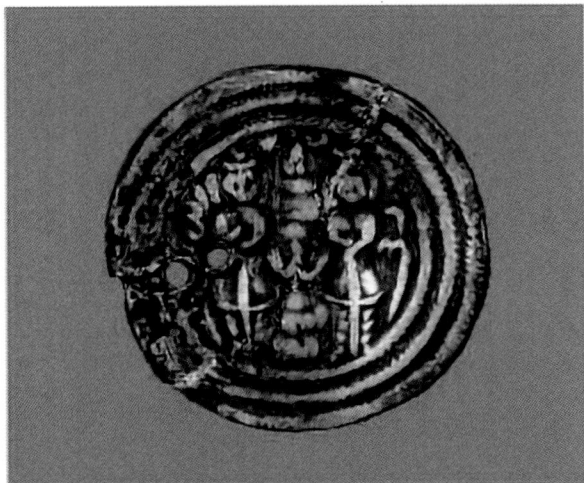

图三八　出土石墓志（马场滩 M2：1）

（图三六，5）。

　　波斯萨珊银币　马场滩 M1 采：27，圆形，一侧有两个穿孔。正面图案模糊不清，背面
正中铸祆教祭祀图案，边缘饰三周锯齿纹。直径 2.7 厘米（图三七）。

　　（5）其他　主要为石墓志（马场滩 M2：1）。青石质。方形，由志盖、志石两部分组成
（图三八）。志盖盝顶，底边长 59.5、顶边长 33、厚 6.5 厘米。四刹中部分别阴刻四神图案，
四神两侧饰缠枝卷草花卉纹。盖面正中篆书"大唐冯翊郡故太夫人墓志铭"12 字。（图三九）。
志石边长 61.3、厚 6 厘米。正面楷书志文，20 行，每行 16—20 字，计 391 字。

三、结语

（一）陵区分布

目前可知武威南山地区吐谷浑王族墓群主要集中分布在青咀湾—喇嘛湾、岔山村、长岭—马场滩三片区域。其中最早被发现的青咀湾—喇嘛湾墓区是目前所知墓葬分布最集中的区域，已出土墓志9合。据墓志记载，可知葬于此地的主要为公元699年以后至安史之乱期间归葬的吐谷浑慕容氏家族成员，在唐代这一地区被称为"凉州南阳晖谷"或"凉城南卅里神鸟县阳晖谷"[①]。鉴于吐谷浑王族归唐以后的第二代"青海国王"慕容忠即葬于此，因此可将青咀湾—喇嘛湾墓区称为"阳晖谷"陵区。

图三九 石墓志（马场滩 M2：1）志盖

2019年，位于祁连镇岔山村的慕容智墓被发现。据所出墓志的记载，慕容智于"其年（691年）九月五日迁葬于大可汗陵"。既言大可汗陵，说明吐谷浑王族归唐以后的第一代"青海国王"慕容诺曷钵可能葬于此处，因此可将岔山村墓区称为"大可汗陵"陵区，葬于此地的应为公元699年之前归葬的慕容氏家族成员[②]。

2021年发掘的长岭—马场滩墓区3座墓葬，从墓葬年代看，马场滩M2所出墓志记载墓主党氏下葬时间为唐开元二十七年（739年）。由于马场滩M1与M2相距较近，墓葬形制、墓室构筑方式基本一致，出土随葬品种类及形制相似，两墓年代应接近。长岭M1出有武德开元通宝铜钱，用砖规格及模印纹饰与慕容智墓相似，时代应与慕容智墓接近，大致属武周时期或略早。从墓葬形制看，3座墓葬皆为带长斜坡墓道的砖室墓，墓室面积4米见方，为唐代三品或以上官员（或官员家属）较典型的墓葬规格。从出土随葬品看，墓葬所出墓志、各类彩绘木俑及漆盘、陶罐等，与中原地区高等级唐墓所出相似。整体来看，墓葬均依唐制建造，同时亦在墓葬选址、形制及葬俗上存在一些独特性。就墓主人身份而言，3座墓葬的选址、形制及殉牲等情况，与已发现的武威唐代吐谷浑王族墓葬非常一致，墓主人应为归唐后的吐谷浑人。马场滩M2出土墓志表明，墓主"冯翊郡太夫人党氏"，先祖原属"西戎别族"，后"屈膝称臣"归附唐朝。党氏"义以和亲"，与"蓬子氏"联姻。结合墓葬形制、随葬品特征并对照相关文献，娶墓主党氏的蓬子氏，应为公元663年随诺曷钵一同迁至武威并定居的吐谷浑蓬子部的部落首领。鉴于马场滩M1和M2在各方面所表现出的密切关系，马场滩M1、M2墓主人之间可能存在亲属关系。推测该处墓群为吐谷浑蓬子部的部落首领及其家族的墓地，使

---

① 相关志文记载参见周伟洲：《吐谷浑资料辑录》，北京：商务印书馆，2017年。

② 慕容氏家族为何会在武威南山地区存在一前一后两处陵区，我们认为可能与这一时间段内唐蕃之间的相互攻伐有关。参见刘兵兵等：《唐〈慕容智墓志〉考释》，《考古与文物》，2021年第2期。

用时间为诸曷钵归唐以后至安史之乱期间。

梳理相关文献可知蓬子氏是吐谷浑民族内部很有名望的氏族，党氏之夫及其子孙皆为蓬子氏族首领，在唐朝官居高位，身份显赫。关于吐谷浑内部不同部族与慕容氏家族之间的关系，目前学界基本能达成共识，认为吐谷浑主要是以部落联盟为基础，采取了分封子弟或各族首领为王分而治之的形式进行统治[1]。如慕容氏家族内部的高昌王慕容孝隽、政乐王慕容宣昌、喜王慕容智等，当然也有很多不同姓氏的部落首领被封王，如婆周国王、贺罗拔王、龙涸王莫昌、赵王他娄屯、名王拓跋木弥等，史书中就常有"夸吕遣其广定王、钟留王拒战"[2]"其（伏允）仙头王率男女十余万口来降"[3]等类似的记载。这种形式"与中原封建分封制实质相同"[4]，慕容氏家族主要统领吐谷浑国核心地带青海湖及其周边区域领土，其他分封王各自镇守一方，并听命于慕容氏可汗调遣。因此我们认为蓬子氏家族首领也应属于吐谷浑内部的某一王系，党氏墓志中记载这一地区在唐代名"白杨山"，可暂将长岭—马场滩墓区称为"白杨山"陵区。

"阳晖谷""大可汗陵"和"白杨山"三大陵区的廓清给我们一些启示。首先，可以明确大可汗陵的分布范围或许不大。其次，根据史书记载，吐谷浑内部还有拓跋、乙弗、赫连等多部族，这些部族成员都可能跟随诸曷钵或在其后陆续归唐。因此在武威南山地区广大范围内，可能还有不同部族首领的家族墓区，作为一种另类的陪葬方式埋藏在慕容氏墓区周围，并最终组合成一整个庞大的陵区。这有待于今后更加细致的工作深入了解。

关于陵区的整体分布，周伟洲在总结青海地区吐谷浑民族墓葬时提出了"大集中、小分散"的概念[5]。随着考古工作的进展，我们认为武威吐谷浑王族墓葬群的情况与之有相似之处，墓葬分布与吐谷浑内部的政治结构紧密相关，以慕容氏家族墓地为核心，广泛地集中于武威南山地区这一大范围之内。各墓区之间分布较分散，墓区内又以家族为单位聚族而葬，细节上如夫妻、母子、父子等亲属之墓葬，存在并列分布或分布于相邻山梁之上的情况，相互之间存在呼应。因此武威地区吐谷浑王族墓葬群的分布情况应当具备"广集中、大分散、小聚集、有呼应"的分布特征（见图二八）。

（二）葬制葬俗

虽然武威地区吐谷浑王族墓葬群的人群族属确为吐谷浑，但是作为归唐以后的吐谷浑人，逐渐走向汉化是不可避免的历程，而且这些王族成员大多官爵加身，唐廷对于官员的丧葬流程又有严格限定。因此这批墓葬总体以中原唐代葬制为主，并混杂有吐谷浑、吐蕃、北方草

① 周伟洲：《吐谷浑史》，北京：商务印书馆，2021年。
② 《周书·异域下》，北京：中华书局，1971年，第913页。
③ 《旧唐书·西戎传》，北京：中华书局，1975年，第5298页。
④ 周伟洲：《吐谷浑史》，北京：商务印书馆，2021年，第104页。
⑤ 周伟洲：《青海都兰暨柴达木盆地东南沿墓葬主民族系属研究》，《史学集刊》，2013年第6期。

原等多民族文化因素，还在一定程度上体现出河西地区的地方文化特色。这批墓葬复杂的文化特征，也使其成为综合了解唐代中原葬制和吐谷浑民族葬俗的重要资料。

如果将这批墓葬当中唐代葬制的部分揭离，就可看到较为纯正的吐谷浑民族丧葬习俗。之前我们提出吐谷浑人在墓葬选址上存在"牛岗辟壤、马鬣开坟"的基本特征[①]，近年来的考古发掘让我们深刻认识到，武威唐代吐谷浑墓葬所反映出的吐谷浑民族丧葬习俗绝非是一蹴而就，而是存在明显的发展演变规律。从根本上来说吐谷浑葬俗源自于古老的鲜卑民族传统，到青藏高原以后受到吐蕃、突厥、羌戎等民族的影响，丧葬习俗产生了一些变化，等进入唐朝境内受到汉文化的影响则丧葬情况又有变化，并最终呈现在武威吐谷浑墓葬当中。

我们认为吐谷浑传承自鲜卑传统的丧葬习俗包括以下几点。其一，吐谷浑墓葬一般不起封土，而且还刻意将墓葬填土散布开，以起到潜葬的效果。这正与史书记载鲜卑"死则潜埋，无坟垄处所"[②]的情况相对应，类似肃南大长岭[③]、都兰哈日赛沟[④]等地的吐谷浑墓葬也具备相似特征。其二，墓葬当中普遍存在殉牲。其三，在墓葬中使用前高后低、前宽后窄的梯形棺葬具。其四，在承放葬具的棺床上、葬具内大量铺就桦树皮。其五，"牛岗辟壤、马鬣开坟"的墓葬选址特征。其六，存在烧殉及烧物现象。

到达青藏高原以后吐谷浑丧葬习俗所产生的变化包括：其一，由于自身生业模式的转变，以及受到北方草原民族特别是吐蕃系民族的影响，殉牲情况由头蹄葬改为以殉葬整只牲畜为主，特以整马殉葬最为常见；其二，受到北方草原民族影响，存在"以刀劖面、毁肤失容"的丧礼传统。进入唐朝境内之后吐谷浑丧葬习俗产生的变化是墓葬坐北朝南设置及在长斜坡墓道内殉牲。

（三）出土遗物

武威唐代吐谷浑王族墓葬群考古，特别是慕容智墓的考古发掘，集中出土了一大批如木胡床、木六曲屏风、大型木质床榻、成套武器装备、列戟屋模型、笔墨纸、白葡萄酒实物、完整棺木等珍贵遗物，皆为国内同时期相关遗物首次或罕见的发现，还首次发现吐谷浑文字，这对于吐谷浑史和唐代物质文化史的相关研究具有重要价值。在发现的珍贵遗物中，又以大批量丝织品的出土最为难得。这批丝织品绝大多数保存相对完整，时代明确，类型多样，形制清晰。其中绢、绮、绫、锦、罗、缂丝等传统丝织品种类兼备，团窠纹、对狮纹、翼马纹、对鹿纹、孔雀纹、麒麟纹等纹样兼备，扎染、刺绣等丝织品制作工艺兼备，幞头、袍、衫、裤、袜、靴等服饰兼备，被、褥、荒帷、镜衣、覆面等制品种类兼备。为国内外考古发现所罕见，甚至可说是唯一，是极为难得的初唐丝织品类型标准器群，在考古、艺术、文化、科

① 沙武田、陈国科：《武威吐谷浑王族墓选址与葬俗探析》，《考古与文物》，2021年第2期。
② 《宋书·索虏传》，北京：中华书局，1974年，第2322页。
③ 仝涛：《甘肃肃南大长岭吐蕃墓葬的考古学观察》，《考古》，2018年第6期。
④ 许新国：《连珠纹与哈日赛沟吐谷浑古墓发掘》，《青海民族大学学报》（社会科学版），2011年第4期。

技等方面具有极高的研究价值。

总之，近年来武威唐代吐谷浑王族墓葬群的考古发掘和文物保护工作，通过多学科合作、系统区域调查和科学考古发掘，使人们对该墓葬群分布、结构、体系、内涵方面有了全新的认识。其中出土的大量精美遗物和墓志文字，为研究唐代吐谷浑王族谱系、吐谷浑墓葬及相关问题提供了重要材料，也为研究和复原唐代高等级墓葬及其葬制葬俗等提供了重要资料，还丰富和拓展了丝绸之路物质文化资料，对推动唐与丝绸之路沿线民族关系史、交通史、物质文化史、工艺美术史等相关领域的研究具有重要价值。

附记：本文为国家社会科学基金重点项目"武周时期吐谷浑喜王慕容智墓出土资料整理研究"（项目编号 20AKG007）和国家文物局"考古中国——唐代吐谷浑王族墓葬群考古"项目的阶段性成果。

领队：陈国科

发掘：陈国科　刘兵兵　张奋强　沙琛乔　陈强　邢睿莹　黄飞翔　阎松　卢朝　付建丽　靳生俊

摄影：刘兵兵　张奋强　仇梦涵　陕西十月文物保护有限公司

文物保护：魏彦飞　张伟　谢欣芮　邓天珍　李明珂　常煜花

插图：卢斐斐　张奋强　常煜花

执笔：陈国科　刘兵兵　沙琛乔　张奋强　魏彦飞

原文刊于《考古》2022 年第 10 期

武威唐代吐谷浑慕容氏墓志

夏　鼐　中央研究院历史语言研究所

一、绪言

吐谷浑发迹东北，徙居西陲。永嘉之乱，乘机兴起。当其盛时，东抵洮水，西兼鄯善、且末，辖境广袤数千里。及贞观中，唐太宗遣李靖、侯君集等大举兵戎，战败之，其势始衰。割据凡三百五十年。龙朔三年，吐蕃遂取其地。然其后徙居凉州、灵州，犹袭可汗号，为唐蕃屏，百有余年。至贞元后，其封嗣始绝。历时虽久，惜史传记述，殊嫌疏略。1944 年考古西北，於武威文庙获观近年出土吐谷浑慕容氏志石四方，颇有足以补订《两唐书吐谷浑传》之阙失者。翌年秋，与友人阎文儒赴武威南山，从事发掘，得金城县主及慕容曦光二志，如获瑰宝；并得殉葬珍品多种，洵为考古发掘之奇遇。归来后，乃将二志写影精拓，以飨当世，并参稽史传，略加考证。又综合前后六志，作为年表，俾言吐谷浑失国前后之史事者考焉。异日志石更有续出者，当再理而董之。

二、新获二志考释

金城县主墓志（唐玄宗开元六年）。

此石出武威县南六十里喇嘛湾第二号墓中。石高 37、宽 35 厘米。志文十六行，行十六字，正书。石面於写刻前，先以朱书方罫，有如棋枰，朱痕尚宛然可辨。志盖篆文。中央为"大唐金城县主墓志铭"九字，分三行书；周围篆书十二地支，唯"午"字作"马"；四隅有花卉图案各一。石质系灰黑色细质砂岩。

> 大唐金城县主墓志铭
> 县主讳季英陇西人也七代祖瀛州刺史
> 宣简公六代祖唐宣皇帝高祖唐先皇帝
> 曾祖定州刺史乞豆祖开化郡王文父交
> 州大都督会稽郡王道恩县主即王之第
> 三女也幼闻令淑早敦诗礼永徽中有
> 敕简宗女用适吐谷浑天子见县主体德

敦谨仁孝有闻　　诏曰会稽郡王道恩
第三女可封金城县主食邑四千户出降
吐谷浑国王慕容诺曷钵男成王忠为妻
永徽三年四月出降春秋廿有二抚临浑
国五十余年上副所寄下安戎落年七十
有六开元六年岁次壬午正月十七日薨
於部落至七年八月十七日合葬於凉州
南阳辉谷北岗礼也恐山移海变故勒芳
铭

　　按金城县主"和番"事。见《新唐书》卷二百二十一吐谷浑传。志称"县主陇西人也"，按
唐代汝南兰陵诸公主碑（见王昶《金石萃编》卷四十四及卷五十二），皆书陇西狄道人也。王
芑孙《碑版文广例》云："唐代重门阀，碑版所书某地人，或其族望所出，不必皆实隶郡贯。
相沿习惯，遂有施之亲懿者耳"（卷九）。其说是也。史传仅谓金城县主为唐宗室女，据《志》
知其裔出懿祖光皇帝，为唐太宗之再从堂妹，可以备史之阙。

　　《志》中详叙世系，可补《新唐书宗室世系表》；但《志》亦有误；考史须参稽各种史料，
加以抉择，不能专以碑志为正也。懿祖光皇帝志作先皇帝，当由於书写或传刻之讹。瀛州刺
史宣简公即宣皇帝，今乃误分为二人，殊不可解。《新唐书高宗本纪》："上元元年……八月
壬辰……追尊六代祖宣简公为宣皇帝。五代祖懿王为光皇帝"（《旧唐书》卷五及《唐会要》卷
一亦同）。《新唐书宗室世系表》云：李重耳为后魏恒农太守，安南将军豫州刺史；生献祖宣
皇帝熙，后魏金门镇将；生懿祖光皇帝讳天赐，字德真；三子，长曰起头，次曰太祖，次乞
豆，定州刺史房（卷七十）。宣皇帝之父为弘农太守李重耳，即《新唐书礼乐志》所谓弘农府
君者也。《宗室世系表》称恒农者，以后魏时避显祖献文帝讳，曾改弘农为恒农（见《魏书地
形志》）。弘农府君以世远未得追封爵位。册府元龟云："武德元年六月追尊皇高祖瀛州府君
曰宣简公，皇曾祖司空曰懿王"（卷三十）。又云："重耳归魏，拜弘农太守，赠豫州刺史；天
赐仕魏为幢主，大统时追赠司空"（卷一）。颇疑李熙之瀛州刺史，亦为追赠之官号，故《两
唐书》皆不载（后读陈寅恪《李唐氏族之推测后记》，文中亦疑《光业寺碑》所载李熙瀛州刺史
之号为后来所追赠者也。见《史语所集刊》三本四分页五十五）。叙世系者或以弘农府君未有
爵位，不足以夸耀外族，故遂分宣简公与宣皇帝为二人欤？唐人通例称高祖之父为五代祖（参
阅岑仲勉《贞石证史》，见《史语所集刊》八本四分页五四二）。此《志》高祖之上称六代祖七
代祖，如非笔误，则当由于误依唐高宗自述之世系，以高宗较金城县主为低一辈也。《志》称
祖开化郡王文为定州刺史乞豆之子。按《宗室世系表》，定州刺史乞豆长子贞封开化郡公，当
即其人。《志》与《表》封爵相同而人名互异；查唐人常有改名之事，宗室尤数见不鲜，岂一

为初名一为改名耶？《新唐书》卷二《太宗本纪》云："武德九年十一月降宗室郡王非有功者爵为县公"（《旧唐书》卷二亦同）。吴缜谓县公乃郡公之误，引《旧唐书道彦传》"于是宗室率以属疏降爵为郡公"一语为证（《新唐书纠谬》卷三）。其说是也。《宗室表》称乞豆之子为开化郡公，乃降爵后之封号。《志》从旧爵称郡王，其用意当亦为夸耀於外族。《志》中之交州大都督会稽郡王道恩，《宗室世系表》失载，此可补其脱漏。按唐宗室中广甯郡王道兴，贞观九年为交州都督，卒于官（见《新唐书》卷七十八），又贞观十二年"明州山獠反，交州大都督李道彦败之"（《新唐书》卷二）。李道彦亦为唐宗室，曾封膠东郡王，后降封郡公（《新唐书》卷七十八）。唐太宗数以宗室任交州都督，道恩之受任交州都督，当亦在太宗时。但不知较之道兴、道彦，先后如何？金城县主为道恩第三女，取名季英，或为其最幼之女欤？兹将上述之世系，综合之，作表如下：

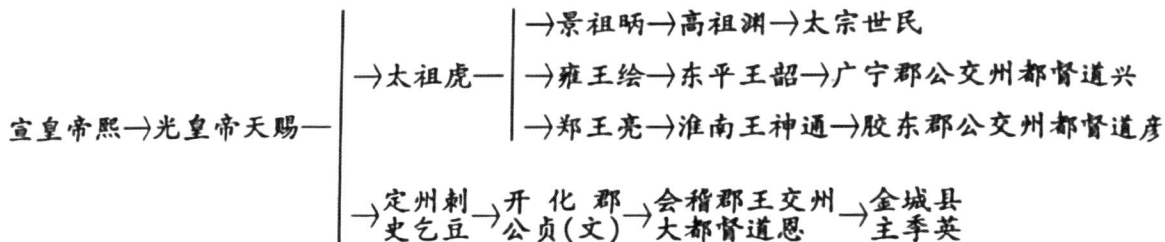

```
                              ┌─→景祖昞→高祖渊→太宗世民
              ┌─→太祖虎──────┼─→雍王绘→东平王韶→广宁郡公交州都督道兴
宣皇帝熙→光皇帝天赐─┤           └─→郑王亮→淮南王神通→胶东郡公交州都督道彦
              └─→定州刺史乞豆→开化郡公贞(文)→会稽郡王交州大都督道恩→金城县主季英
```

《志》中所引永徽中"金城县主出降"之诏，似即节录原文。宋敏求《唐大诏令集》卷四十三收录唐代郡县主"册封"及"出降"之制诏颇多，可以知当时此类诏册之格式。《唐会要》卷六，引显庆三年九月十九日诏曰："古称厘降，惟属王姬，比闻县主适人，皆云出降。……深乖礼经。其县主出嫁宜称适"（《唐大诏令》卷四十三亦录此诏，惟年月作显庆二年九月）。《志》称出降，盖永徽中出嫁尚在显庆诏之前也。杜佑《通典》云："皇姑为大长公主（原注：后亦谓之长公主），姊为长公主，女为公主，皆封国，视正一品；太子女为郡主，封郡，视从一品；亲王女为县主，视正二品"（卷三十一）。按公主之封，不仅限於"国"名（如郇国、代国、霍国），亦有以郡名者，平阳、宣阳、东阳是也，亦有以美名者，太平、安乐、长宁是也（见《唐会要》卷六）。惟县主之封，似限于当时之县名，如《唐大诏令》所提及之华亭、安吉、东光、寿昌、仙源、永年诸县主皆是（卷四十三）。虽其中有郡县同名。然"县主"所封者，当指县名而言。唐中宗时出嫁吐蕃者为金城公主，其取此郡名之故，似由於吐蕃所夺取吐谷浑故地之东部（即今青海省境内西宁以东之地），在汉时原隶属於金城郡也。刘宋泰始五年，吐谷浑拾寅奉表献方物，以弟拾皮为平西将军金城公（《宋书》卷九十六《吐谷浑传》），亦取义于此。故余初以为金城具之封邑，当即金城郡属之金城县。后查《新唐书地理志》（卷四十），兰州金城郡领县二：五泉县（原注：咸亨二年更名金城，天宝元年，复故名)、金城县(原注:本广武县,乾元二年更名。(按《旧唐书地理志》亦同,但未言及广武改名金城事,元和郡县志则于二县更名金城,皆未提及)。唐代县主之封邑,如上文所述,似限於当时县名。永徽中兰州金城郡所属之二县既皆未更名金城县,则其取名之来源,或另有所在。考《新唐书地理志》(卷三十七)延州延安郡有敷政县,本名因城,武德二年更名金城,天宝元年改曰敷政(《旧唐书》卷三十八及《元和郡县志》卷三皆同)。《新唐书吐谷浑传》云:高宗以金城县主妻诺曷钵之长子,后又以金明县主妻其次子(卷二百二十一)。金明县亦属延州延安郡,见《两唐书地理志》。公主及郡县主所封之地,并不一定与其和亲之国有关。如出嫁诺曷钵者为弘化公主,弘化郡治在今甘肃东北之庆阳县,与吐谷浑并无关系。故疑金城县主之封邑,实指延州之金城县,以当时兰州金城郡属下并无金城县也。惟唐室封县主以此邑名,或受金城郡一名之影响,亦未可知。唐代皇女封邑户数,初制公主三百户,长公主加三百户有至六百户,高宗及武后时,食封逾常制,有至千余户者。开元以后,皇女为公主者五百户,又诸皇女(萧按:疑当作皇妹)为公主者例加一千户(见《唐会要》卷五)。金城县主为宗室女,爵仅县主,较诸皇女为公主者为远逊,乃食邑达四千户;当由于远适盖域,并非实封;仅假借虚名以夸耀耳。

《志》称县主出嫁与诺曷钵男成王忠为妻。《新唐书吐谷浑传》则谓以县主妻诺曷钵长子苏度摸末拜左领军卫大将军;久之,摸末死(卷二百二十一)。二者当即一人,苏度摸末为吐谷浑名,忠为汉名。此汉名当由于赐名,以嘉其忠顺;犹之突厥右贤王阿史那泥孰之赐名为忠也(《新唐书》卷二百十五突厥传),杜光简《慕容忠墓志考释》以为弘化公主有子三人,长苏度摸末,次闼卢摸末,次即忠也(见《责善》半月刊二卷十三期),今得《县主志》,知杜说实误也。慕容忠之墓,即在金城县主墓之侧,其墓志於1927年出土,现存武威文庙(见本篇附录二)。忠志谓"年十八授左威卫将军,戚承银牓,弱岁求郎;宠溢金貂,童年入侍,后加镇军大将军,行左豹韬卫大将军,袭青海国王乌地也拔勤豆可汗"(张维《陇右金石录》卷二页七)。可与史传互相补阙。忠初封为成王,乃本蕃嫡子之封号。吐谷浑王子多童年封王(见本篇第三节年表)。据《新唐书百官志》,诸卫将军为从三品,诸卫大将军为正三品,镇国大将军为武散阶,从二品。慕容忠初入侍时,其官职当依忠《志》为左威卫将军。《旧唐书职官志》及杜佑《通典》皆云:左右屯卫,唐初仍隋之旧名,龙朔二年(公元662年)始改为左右威卫(《新唐书百官志》谓武德五年改左右屯卫为左右威卫,龙朔二年又改为左右武威卫。其说实误,观其后改左右威卫为左右豹韬卫一语,可证其中间并未有改为左右武威卫一事也),慕容忠授左威卫将军,依志文"年十八"推算,当在麟德二年(665),适在龙朔二年更改官名之后。其晋级为左领军卫大将军,则更在其后。《两唐书》及《通典》皆谓龙朔二年改左右领军卫曰左右戎卫,咸亨元年(670)改左右戎卫曰左右领军卫,光宅元年(684),改左右领军卫曰左右玉钤卫。然则忠之拜左领军卫大将军当在咸亨、光宅之间(670—684)。至于行左豹韬卫大将军,则当在光宅元年之后,以是年始改左右威卫为左右豹韬卫也。凡此皆可用官名以考定其所历各职之先后者也。突厥右贤王阿史那忠，亦以十八岁入侍，以功擢左屯卫将军，娶宗室女定襄公主，后擢右骁卫大将军，宿卫四十八年，卒赠镇国大将军（见《金石萃编阿史那忠碑跋》及《新唐书》卷百十本传）。其事迹殊与慕容忠相类似。唐室常令各蕃国遣子弟童年入侍，此与和亲政策，同为对待蕃国之重要策略。开元十年五月"诸番充质宿卫子弟并放还国"之敕令，见《旧唐书本纪》及《唐大诏令集》卷一百二十八。

《志》称永徽三年（652）四月县主出嫁吐谷浑，按《册府元龟》云："永徽三年八月，吐谷浑弘化长公主表请入朝，遣左骁卫将军鲜于济往迎之。十一月，弘化长公主来朝"（卷九百七十九）。《新唐书吐谷浑传云》："〔弘化〕长公主表请入朝，遣右骁卫将军鲜于匡济迎之。十一月，及诺曷钵至京都。帝又以宗室女金城县主妻其长子苏度摸末，拜左领军卫大将军"（卷二百二十一）《旧唐书》亦谓弘化长公主来朝在永徽三年十一月（卷四）。《志》作永徽三年四月，如字句无误，则四月乃下诏许婚之年月，成婚应在其后。十一月弘化长公主来朝，或带有迎婚或定婚之使命。苏度摸末即慕容忠，上文已加考定。据忠《墓志》，永徽三年忠仅五岁，金城县主亦仅十岁。如非童婚，则是年订婚之后，或更经十余载后始行成婚。《志》称金城县主之出嫁时年二十有二，"抚临浑国五十余年"，开元六年卒，年七十六。若然，则出嫁应在麟德元年（664）。又据忠《志》，年十八授左威卫将军，由其卒年推算，乃麟德二年（665）之事，与金城县主二十二龄出嫁之岁前后相差仅一年。颇疑慕容忠以麟德元年入京成婚，即封卫官，宿卫京师。忠《志》所谓"戚承银牓，弱岁求郎；宠溢金貂，童年入侍"是也。吴会《能改斋漫录》"阙门银牓"条云："杜诗：曲江翠幕排银牓。按《神盖经》，东方有宫，青石为墙，高三仞左右，阙高百文，书以五色，门有银牓"（卷六）。然此处之"戚承银牓"一语，乃指娶皇女而言。《唐大诏令集》内《乐安郡主适杨守文制》云："乐安郡主承规银牓，毓彩铜楼"（卷四十三）。《弘化公主志铭》云："帝女爰降，五姬下姻，燕筐含玉，门榜题银"（张维《陇右金石录》卷二页六）皆其证也。唐室以皇女和亲，许嫁后并不立即遣嫁，故屡有悔婚之事，如中宗、玄宗之于默啜（《新唐书突厥传》），即其例也。又如《旧唐书中宗本纪》云："神龙三年夏四月辛巳，以嗣雍王守礼女为金城公主，出降吐蕃赞普"。粗心读之，似为是年出嫁。实则事后二年（景龙三年）吐蕃始遣入来逆女；又次年（景龙四年）正月中宗"幸始平送金城公主归吐蕃"（《新唐书本纪》亦同）。此吐蕃赞普为叶隶蹜赞，即位时仅七岁；其父卒年，据《册府元龟》为神龙元年（卷九百六十六），据《旧唐书吐蕃传》为长安三年（卷一百九十六）。神龙三年许婚之时，吐蕃赞普仅九岁或十一岁。故知此《志》所云永徽三年四月，乃许嫁制诏之颁发年月，其时金城县主仅十岁，慕容忠仅五岁。及出嫁时金城县主年已二十有二，当在麟德元年。《志》误合为一事，谓永徽三年出嫁，年二十有二，以致前后自相抵牾。

《志》称开元六年岁次壬午正月十七日卒于部落，至七年八月十七日合葬于凉州南阳晖谷。按开元六年岁次戊午，此作壬午，误也。其时吐谷浑已北徙，《志》称卒於部落，当指灵州之本衙。《志》称合葬，据实地踏查；慕容忠墓在金城县主墓东数武，并非同穴。二墓平行排列，墓门皆南向。其地今名喇嘛湾，一小河发源山中，经此村向东流。南北两岸数百武外即岗峦起伏。墓在北岗上，高出水面约百余米，《志》中所谓"阳晖谷北岗"是也。弘化公主之墓在其东数里以外之另一山岗上，《公主志》称为"阳晖谷冶城之山岗"。僻乡荒丘，乃得考定其千余年前之古地名，亦一快事也。

《志》末称"恐山移海变，故勒芳铭"。然《志》至此即截然而止，并无有韵铭文，但《汉闻熹长韩仁铭》，乃令牒无韵语，而谓之铭。唐宋诸家所撰墓志铭，别无铭辞而称铭者亦甚多，（见梁玉绳《志铭广例》卷一《志铭解》）。知古时志文即可称铭也。

慕容曦光墓志（唐玄宗开元二十六年）。

此石出武威城南六十里喇嘛湾第一号墓中。石高宽61厘米。志文共二十三行，行廿五字。志石四侧各刻石像三人，乃十二辰像，兽首人身，披长袍，首向右，执笏端坐。志盖中央为方圆，篆书"大唐慕容府君墓志铭"九字，分三行书。方圆之外，花纹密布，四神之像（青龙白虎朱雀玄武）各占一方，杂厕于花纹图案中。盖石四侧，为云气纹。此志雕镂花纹，颇为精致，有如组绣。至于石质，亦系灰黑色之细质砂岩，与《金城县主志石》相同。

> 大唐故朔方军节度副使兼知部落使金紫光禄大夫行光禄
> 卿员外置同正员五原郡开国公燕王上柱国慕容曦光墓志铭
> 王讳曦光字晟昌黎鲜卑人也粤以周载初元年岁次戊寅七月
> 八日生於灵州之南衙年甫三岁以本蕃嫡孙号观乐王年十岁
> 以本蕃嫡子号燕王年十四去长安四年十月廿九日授游击将
> 军守左豹韬卫翊府左郎将至唐神龙二年七月廿六日转明威
> 将军行左屯卫翊府左郎将至景云元年九月廿五日转忠武将
> 军行右卫翊二府左郎将开元二年三月十六日封五原郡开国
> 公其年八月十一日加云麾将军去开九年六州叛复领所部兵
> 马摧破凶胡至其年二月十四日加授左威卫翊府中郎将至开
> 十年胡贼再叛立功授左威卫将军以功高赏轻寻加冠军大将
> 军行左金吾卫将军至开元十一年五月廿八日加金紫光禄大
> 夫行光禄卿至开元十八年　　敕差充朔方军节度副使以
> 大唐开元廿六年七月廿三日薨於本衙其年闰八月五日赠持
> 节凉州都督归葬於凉州　　先茔春秋册有九性惟谨慎触事
> 平均部落欢惜如丧考妣呜呼哀哉以为铭记
> 　　　　　　　　　　　大唐开元廿六年十二月九日记
> 叔银青光禄大夫将作大匠上柱国承福伤犹子之盛时述悲

词於志后词曰　　我之犹子降德自天气含星宿量包山
川列位于卿分茅于燕为人之杰为国之贤纯和禀性孝道自然
何工不习何艺不专射御称善博弈推先其生始贵其没何谴名
山玉折大海珠捐呜呼昊穹悲哉逝水辅仁不祐丧吾千里抚膺
下泣骨惊心死铭石记之传乎万祀

　　《志》盖称慕容府君。按王芑孙《碑版文广例》云："汉惟守相称府君，降及六朝魏晋，犹沿其例，故称府君者至少。此例自唐而变……唐一代碑版在今传世者至多，不论其人文武大小贤愚贵贱，通谓之府君。今世俗所称，皆唐人之遗风也"（卷七）。慕容氏为鲜卑族。《晋书载记》，谓其始祖莫护跋好冠步摇冠，诸部因呼之为步摇，后音讹为慕容，或云慕二仪之德，继三光之容，遂以慕容为氏（卷百零八）。胡三省《通鉴注》驳之云："余谓步摇之说诞，或云之说，慕容氏既得中国，其臣子从而为辞"（卷八十一晋太康二年条）。白鸟库吉赞成胡氏之说，以为慕容二字原系鲜卑语，欲以汉语解释之，势不得陷於附会也。因推测慕容二字原读当为ba—yu，其义为富，以今日蒙古语及通古斯语为证。盖本为一酋长所用之美称，后乃变为部落名也（《慕容氏考》，见方壮猷译《东胡民族考》页60—64）。吐谷浑为莫护跋之曾孙，其弟若洛廆别以慕容为氏，吐谷浑后嗣叶延以王父字为氏，南北朝史传记载浑主，姓名连举时，其姓皆为吐谷浑。《梁书》云："天监元年河南王吐谷浑休留代进号征西将军"（卷二），即其一例也。《梁书》又云："河南王者，其先出自鲜卑慕容氏。……吐谷浑孙叶延……以王父字为国氏，因姓吐谷浑，亦为国号"（卷五十四）。隋唐时又复以慕容为姓。《新唐书吐谷浑传》云："隋时其王慕容伏允号步萨钵"。《旧唐书本纪》："贞观九年李靖平吐谷浑于西海之上，获其王慕容伏允，以其子慕容顺光降封为西平郡王"（卷三）。唐时史传及墓志所载浑部王族，皆以慕容为姓，不复姓吐谷浑矣。

　　曦光之名，不见於史传。《两唐书吐谷浑传》仅有慕容曦皓，《册府元龟》卷九百六十七作希皓，乃慕容忠及金城县主之嫡长孙，宣超（一作宣赵）之嫡长子，继袭"青海国王"位者也。或疑曦光即曦皓，然《志》不应漏载袭封"青海国王"事，当为二人。《志》称曦光以本蕃孙号观乐王，年十岁以本蕃嫡子号燕王，以其生卒年岁推算，曦光十岁时乃武后圣历二年，适当慕容忠卒后一年（忠之卒年见忠《志》）。知《志》主曦光当即袭封"青海国王"慕容曦皓之昆仲也。《志》云：曦光字晟。同地出土之曦光族人代乐王慕容明《墓志》，谓明字坦，似为其同辈。唐人多有复名单字者，如柳公绰字宽（《新唐书》卷163），杨元琰字温，子仲昌字蔓（卷120），李叔明字晋，兄仲通字向（卷147），房玄龄字乔（卷96）（《旧唐书》作名乔字玄龄，但褚遂良书房玄龄碑与《新唐书》相同，今从之），皆其例也。《志》称昌黎鲜卑人也。昌黎指其族望，鲜卑言其种族。吐谷浑之先居昌黎郡棘城之北，其父徒河涉归，晋时封昌黎公（《册府元龟》卷九百六十七）。其弟为慕容廆，《晋书载记》亦谓廆"昌黎棘城鲜卑人也"（卷

108）。晋及后魏之昌黎，在榆关以东，即今辽宁省锦义二县地；至於今河北省之昌黎，乃金世宗时所设置，金毓黻氏曾详考之（见《东北史纲》上篇，页170—178）

《志》称曦光生於载初元年。按是年九月改元天授，岁次庚寅，《志》作戊寅，误也。是时吐谷浑部落已移徙於灵州，唐室为之设安乐州以处之。浑部子弟，所封王号，多有"乐"字，如慕容明号代乐王，慕容宣徹号安乐王，曦光号观乐王，或即由安乐州之名而来。《志》称年十岁以本蕃嫡子号燕王。按是年为圣历二年，前一年慕容忠死，子宣超嗣，曦光由本蕃嫡孙一跃而为嫡子，其爵位亦由观乐王升为燕王。观乐王及燕王，当为本蕃之封号；二者似与唐室之郡王及亲王相埒。杜佑《通典》云"唐初定制，皇兄弟皇子，皆封国之亲王，太子男封郡王，其庶姓卿士功业特盛者亦封郡王（卷31）。观乐王似为郡之流，爵位较国之亲王为低。辽及元代有所谓一字王者，袁枚《随园随笔》云："《辽史》有一字王之称，盖如赵王、魏王类，皆国王也；若郡王则必二字，如混同郡王兰陵郡王之类较一字王为卑"（卷八）。乾隆敕撰《续文献通考》云：元制，封一字者最贵，皆金印兽纽；其次二字封号，皆金印螭纽（卷207）。唐时虽无"一字王"之名，然其实际则相同，较两字王者为高贵也。慕容氏初居昌黎，古属燕国，故五胡十六国时，慕容氏所建之四国，皆号称为燕。诸曷钵未继袭为吐谷浑王以前，亦号燕王（见《新唐书吐谷浑传》），《志》又云："年十四，去长安四年十月二十九日授游击将军"。按武后长安四年时，依据曦光之生卒年岁推算，其年龄应为十五岁，《志》作年十四，疑为字讹，但长安四年或为三年之误，亦属可能，否则或为年十四赴京，次年授官。"去"字用于年号之前者，唐及五代墓志中常有之。例如《范彦志》云："去显庆年任集州符阳县主簿"（《芒洛冢墓遗文》三编）；《李实及夫人王氏墓志》云："府君去开连三年正月内归於私地，享年七十有四。……夫人去长兴四年十月内归於大夜，享年七十有一"（《山右冢墓遗文》卷下）。此《志》下段亦有"去开（元）九年"之语。其字当作"往昔"解。游击将军，明威将军，及忠武将军，皆系武散阶，其品级为从五品下阶，从四品下阶及正四品上阶。诸卫左郎将为实职，其品级为正五品上（皆见《新唐书百官志》）。杜佑《通典》云：龙朔二年制，诸王子嫡者封郡王，任职从四品下叙；其众子封郡公，从五品上叙（卷31）。慕容曦光虽为王子嫡者，其任职仍为五品而非四品，当由於蕃离之王，与唐室皇族亲王不同，封爵虽高而职事较卑。《旧唐书职官志》云：《贞观令》，以职事较散阶高者为守，职事卑者为行，仍各带散位，其欠一阶依旧为兼（卷四十二，又见杜佑《通典》卷十九）。曦光授游击将军时，其官衔为"守"诸卫左郎将，及转明威将军后，改称"行"诸卫左郎将，即由此故也。《旧唐书职官志》及杜佑《通典》，皆谓隋代之左右屯卫，龙朔间改为左右威卫；光宅元年改为左右豹韬卫，神龙元年复旧（《旧唐书》云复为威卫），则曦光初任职之左豹韬卫与其后之左屯卫，实为同一卫府；若据《旧唐书职官志》则此时屯卫似应称威卫，不当称屯卫。然查《旧唐书中宗本纪》云：神龙元年二月甲寅，复国号依旧为唐，…台阁官名，并依永淳已前故事，又云睿宗景云二年八月庚午，改左右屯卫为左右威卫（卷七）。知神龙元年到景云二年八月之间，其名称为屯卫而非威卫，以其为时仅七年，故《旧唐书职官志》略之，以为神龙中由左右豹韬卫即迳复名为威卫，其说实误。《旧唐书》（卷七）《中宗本纪》，景龙二年七月癸巳条，张仁亶之官衔为左屯卫大将军，慕容明墓志中神龙二年授左屯卫翊府左郎将，景云二年三月授左屯卫将军，亦皆作屯卫，足以订正《旧唐书职官志》等之阙误。到于景云二年以后，直至唐末则皆作威卫（如《旧唐书哀帝本纪》天祐三年二月壬子以卢彦威为左威卫上将军，时距唐亡仅二年）；屯卫之名，不复见矣。《志》又云：开元二年封五原郡开国公。按唐制，封爵凡九等；一曰王，食邑万户，正一品；二曰嗣王郡王，食邑五千户，从一品；三曰国公，食邑三千户，从一品；四曰开国郡公，食邑二千户，正二品。（见《新唐书》卷四十六），曦光童年时已号观乐王及燕王，此时反封等级较卑之开国郡公，当由於此郡公乃唐室所赐之爵，而童年时之封王，乃本蕃所号也。云麾将军亦为武散阶，品级为从三品上阶，此时上溯长安四年（704）曦光入侍宿卫，已逾十年，故得转阶封爵，以酬其劳也。

《志》称"去开九年，六州叛，复领所部兵马，摧破凶胡"，按"去开九年"即"去开元九年"之省文。"去"字之解释，已见上文。"六州胡叛"，《两唐书》及《通鉴》皆有记载。先是，高宗调露元年，于灵夏南境，以降突厥置鲁州、丽州、含州、依州、契州、塞州，以唐人为刺史，谓之六胡州。长安四年，并为匡、长二州；神龙三年，置兰池都督府，分六州为县（见《新旧唐书地理志》宥州条）。至是"胡叛"攻陷六州。《册府元龟》卷九八六及九九二，《两唐书本纪》及《王晙、郭知运、张说》各传，《通鉴》卷二一二，皆有记载。兹录《旧唐书》卷八原文于下（依《百衲廿四史》本），并加校注于括弧中：

开元九年四月庚寅，［按陈垣《二十史朔闰表》，是月十四日为庚寅。《册府元龟》云：九年四月兰池州叛胡康待宾等据长泉县，攻陷六胡州。又云："五月壬申兰池州叛胡显首伪称叶护康待宾伪称叶护安慕容以叛，敕曰"云云（卷986）。此盖出自《唐实录》。司马光《通鉴考异》云："《实录》曰：四月庚寅康待宾叛，命王晙讨平之，斩於都市。五月丁巳既诛康待宾，下诏云云。壬寅叛胡康待宾伪称叶护安慕容以叛"。是年五月无壬寅日，当为壬申之误；又安慕容为人名，与康待宾皆伪称叶护，《通鉴》所引《实录》原文使人易误认安慕容为康待宾所伪称之官号。五月壬申为下诏悬赏擒斩康待宾之日，并非始事之日期，原文字句殊欠明晰，易引误会。《通鉴考异》亦以为当从《旧唐书本纪》作四月庚寅为是］。兰池州逆胡显首伪称叶护康待宾安慕容，为（疑为伪字之讹）多览杀大将军何黑奴，伪将军石神奴、康铁头得蒙贡泉县。［按《册府元龟》卷九八六作"康铁头等据长泉县"，当依之校改。唐时无贡泉县。据《两唐书地理志》宥州条，开元二十六年以故兰池州之长录县置归仁县，即其地也。《旧唐书张说传》、《新唐书王晙传》亦皆云"康待宾据长泉县叛"。多览杀将军为回纥官名，《旧唐书武宗纪》，会昌二年五月，回鹘大将嗢没斯与多览将军将吏二千六百人请降（卷十八上），仅称多览，无杀字，岑仲勉云：杀一作设，为突厥官名，乃别部领兵者，见《两唐书·突厥传》，多览及多览葛，九姓之一部］。攻陷六胡州，［六胡州之名，见以前。《旧唐书王晙传》述其起因云："兰池胡苦于赋役，诱降虏余烬，攻夏州反叛"]。王晙发陇右诸军及河东九姓讨之。[据《新唐书王晙传》，及《郭知运传》，晙是时适以兵部尚书为朔方军大总管；郭知运时为陇右节度使羽林将军，诏令二人相知讨之。又据《新唐书张说传》，张说是时检校并州长史兼天兵军大使，亦相闻经略。按王晙所统率者多为番兵，以河东九姓为主；郭知运所统率者为陇右兵。《张说之集都督郭君碑》谓郭知运"统陇右之骑，济河曲之师"（卷十七），《册府元龟》引五月壬申诏书云："朕今发陇右诸军马骑掩其南，徵河东九姓马骑袭其北，三城士卒截其后，六郡骁骑击其前"（卷986）。今据《曦光墓志》，知吐谷浑慕容氏之众，亦隶属王之部下。此外可考者，尚有朔方道防御讨击大使王毛仲，见《通鉴》及《两唐书王毛仲传》；朔方节度副大使论弓仁，见《张说之集论弓仁碑》，左威卫将军兼腾州都督东受降城大使臧怀亮，见《文苑英华李邕》撰《臧公神道碑》（臧后亦拜朔方军副大使）灵州康植，见《新唐书康日知传》；皆参预征讨康待宾之役者也。所谓"河东九姓"者，即居于河曲之铁勒九姓（包括九姓回鹘）部落（参考羽田亨论九姓回鹘之文，见《东洋学报》第九本）。贞观间突厥颉利可汗败亡，回纥等内附，置羁縻府州（《新旧唐书回纥传》）。此铁勒九姓部落，即寄居灵州界内（《新唐书地理志》分列各部落之名，《旧唐书地理志》则总称之曰九姓）。开元四年正月命朔方军大总管薛讷等伐突厥默啜可汗，即令其与九姓部落计会共伐之（制诏见《唐大诏令集》卷百三十），是年默啜即为铁勒九姓中拔曳固所杀（见《两唐书突厥传》及《旧唐书本纪》）。盖开元盛时，即已感觉有借兵之必要。此次平康待宾之役，不过承袭开元四年伐突厥之策略而已。]

七月己酉，王晙破兰池州叛胡，杀三万五千骑。[按《旧唐书张说传》云："时叛胡与党项连结攻银城连谷，以据仓粮，说统马步万人出合河关，……追至骆驼堰，胡乃西遁入铁建山，余党溃散"（参阅《新唐书张说传》）。至於康待宾本人，则为王晙部下所执，故《新唐书本纪》云：王晙执康待宾（卷五）。生擒待宾者疑即灵州康植。《册府元龟》引五月壬申诏书有"其番汉军将以下，战士以上，若生擒及斩获康待宾等一人，自身授五品；先是五品以上，授三品"之语。《新唐书康日知传》云："日知，灵州人，祖植，当开元时缚康待宾，平六胡州，玄宗召见，擢武卫大将军，封天山县男"（卷148）。按武卫大将军为正三品武职官，开国县男为从五品封爵；康植盖以生擒康待宾而受赏；《本纪》归功於王晙，以其为主帅也。至於就缚之月日，己酉为七月初四日。但《册府元龟》云："九年五月，既诛康待宾，下诏云云"（卷986），与此歧异。盖系根据《唐实录》司马光《通鉴考异》云："实录曰：'五月丁巳，既诛康待宾，下诏云云，……七月巳酉（岑仲勉谓，《四部丛刊》影印宋刊本《考异》作己酉；元刊本胡注《通鉴》引《考异》误刊作癸酉）。王晙擒康待宾至京师，腰斩之'。前后重复。交错相连，今从旧纪"。今按丁巳为五月十一日，然《册府元龟》所载五月二十六日壬申之诏书，尚悬赏以擒斩康待宾等（卷986）。六月二十三日己亥下诏招抚北州，虽述及"官军才及，一鼓而溃"尚未提及康待宾被诛事。《两唐书本纪》皆作七月巳酉，《通鉴》从之是也。岑仲勉谓"五月丁巳乃七月丁巳之误，即将诛康待宾前所下之诏书，史官误七月为五月，故错编于此也"。又按唐崔令钦《教坊记》云："两院人……貌稍胡者，即云康太宾阿妹"（《古今说海》本）。"太"和"待"二字音近，当即指康待宾，以其为当时极著名之"胡人"也］。

辛酉，讨诸酋长，斩康待宾［按辛酉为七月十六日，《通鉴》从之。又《通鉴考异》引《实录》作七月癸酉，较《旧唐书》所载者晚十二日，不知孰误。《旧唐书》"讨"字疑误。《通鉴》云："集四夷酋长，腰斩康待宾於西市"。岑仲勉告以罗士琳等所著《旧唐书校勘记》卷四已校出此处之"讨"字当为"集"字之误］。

以上为开元九年"六州胡叛"之经过。《志》述此事后，又云："至其年二月十四日加授左威卫翊府中郎将"。若年月不误，则在此役以前；若年月有误，则当由於此役立功酬赏。然由正五品上阶晋级为正四品下阶，所赏亦轻，故下文有"功高赏轻"之语。此当由於"群胡再叛"，王晙贬官，遂受影响也。

"六州胡再叛"事，起事於开元九年八月，平定於十年九月。今钩稽群书，略为排比，述其事於下：

先是玄宗诏陇右节度使郭知运与王晙相知讨康待宾，"晙奏朔方军自有余力，其郭知运请还本军。未报，而知运兵至，与晙颇不相协。晙所招抚者，知运纵兵击之。贼以为晙所卖，相率叛走"（《旧唐书》及《新唐书王晙传》）。"康待宾余党庆州方渠降胡康愿子自立为可汗，谋掠牧马，西涉河出塞"（《旧唐书》及《新唐书张说传》）。"九年八月，兰池州胡康愿子寇边。"（《新唐书玄宗本纪》）。"上以晙不能遂定群胡，丙午（按长历为初二日）贬晙为梓州刺史"（《通鉴》卷二百十二。胡三省注云："王晙贬官，未必离任也；如娄师德以素罗汗山之败贬，亦此类也"）。开元十年"四月已亥，张说持节朔方军节度大使。闰五月壬申，张说巡边"（《新唐书玄宗本纪》）。"九月，张说擒康愿子于木盘山，诏移河曲六州残胡五万余口于许、汝、唐、邓、仙、豫等州，始空河南朔方千里之地"（《旧唐书玄宗本纪》。同书《张说传》云："进兵讨擒之，并获其家属于木盘山，送都斩之，其党悉平。获男女三千余人"。又参《新唐书玄宗本纪》及《张说传》）。

据《志》则曦光亦参预是役，"立功授左威卫将军；以功高赏轻，寻加冠军大将军，行左金吾卫将军"。按诸卫将军为从三品武职官，冠军大将军正三品上阶武散阶（《新唐书百官志》）其职事较散阶为卑，故称"行"，上文谓曦光以明威将军行左屯卫翊府左郎将，亦此类也。《志》称十一年五月二十八日，加金紫光禄大夫行光禄卿。按金紫光禄大夫为文散阶正三品，光禄寺卿为文职官从三品，其散阶较职事为高，故亦称"行"。此《志》开端署衔，有"光禄卿员外置同正员"一语。按唐制内外官有定员，光禄寺卿员额仅一员，然各官可有员外。杜佑《通典》云："员外官其初但云员外。至永徽六年，以蒋孝璋为尚乐奉御员外特置仍同正员。自是员外官复有同正员者。其加'同正员'者，唯不给职田耳，其禄俸赐与正官同。单言员外者，则俸禄减正官之半"（卷十九）。曦光其时当仍统兵於朔方，惟身带京职而已。《旧唐书王晙传》又云："开元十一年追录破胡之功，加金紫光禄大夫，仍充朔方节度大使"

（卷九十三）。曦光隶属于王晙部下，其加冠军大将军及金紫光禄大夫，当亦由于追录"破胡之功"；其为时当与晙事相去不远也。"六州胡叛"乃当时一大事。慕容曦光躬预其役，曾立战功。惟以位在偏裨，史书失载，其名字遂湮没无闻。今此《志》出土，足以补史之阙，殊可贵也。

《志》又云：开元十八年敕充朔方军节度副使，死后赠持节凉州都督。按《唐会要》朔方节度使条云："开元元年十月六日敕，朔方行军大总管，宜准诸道例，改为朔方节度使。十五年除王晙，带关内支度屯田等使"（卷七十八）。但《新唐书方镇表》及《通鉴》，皆以为开元九年置。查《册府元龟》、《旧唐书》及《通鉴》三书中关于朔方诸条，其系年于开元元年至九年者，皆称朔方军大总管，无称朔方军节度使者（见《二十五史补编本》吴廷燮《唐方镇年表》卷一朔方条）。《册府元龟》所录之开元九年征讨康待宾诸诏，亦称王晙为朔方军大总管，郭知运则称陇右节度使（卷986及卷992）。自当以开元九年设置之说为是，盖即平定康待宾乱后之一新设施也。开元中凡八节度使（见《通典》卷三十二），朔方为当时重镇之一，其节度使多为钜藩将相。开元十五年唐宗室信安王祎为朔方节度使。二十四年牛仙客"代信安王祎为朔方行军大总管"（《新唐书牛仙客传》又《本纪》称牛仙客为朔方军节度副大使）。"冬十月仙客为工部尚书同中书门下三品，领朔方节度如故"（见《通鉴》）。至二十八年十一月"牛仙客停遥兼朔方河东节度使"（《旧唐书本纪》。《通鉴》作二十九年）。节度使之制，据《通典》云："分天下州县，制为诸道，每道置使，理於所部。其边方有寇戎之地，则加以旌节，谓之节度使。自景云二年四月，始以贺拔廷嗣为凉州都督充河西节度使。其后诸道，因同此号，得以军事专杀。行则建节府，树六纛。外任之重莫比焉。……有副使一人（副贰使），行军司马一人（申习法令）……"（卷三十二）（关于节度使之沿革，可参阅岑仲勉《续贞石证史越州参军李堂造像龛》专条，见《史语所集刊》第十五本）。牛仙客以宰执遥领节度使；曦光为副贰居灵州本衙（灵州为朔方节度使理所，见《新唐书地理志》及《元和郡县志》卷四灵州条），与长史等躬理诸务，以总其事。惜其以英年早逝，否则天宝之时，必有以自见也。凉州为中都督府，其都督为正三品（《新唐书地理志》及《百官志》）。《通典》云：都督多遥领其任，亦多为赠官，长史居府，以总其事（卷三十二）。如郭知运立功西陲，卒后赠凉州都督，薛仁贵卒后赠幽州都督（见《新唐书》列传），其例甚多，盖为当时武将之饰终荣典也。

《志》末标明作记年月，另行书写，上空十格，半截而起。铭文更在其后，亦提行起，上空一格。先举撰铭人名，后接铭辞，以"词曰"二字发端。铭辞首行，蝉联直下，惟上空三格；其后四行，皆顶格书写，此种格式，乃属变例。铭辞四言，共二十六句。前十八句用先韵，自"呜呼昊穹"句以后，改用纸韵。王芑孙云："唐碑一人为叙一人为铭者甚多"（《碑版文广例》卷七，参叶昌炽《语石》卷六，《两人合撰一碑》条），此《志》前半之记事，不知与铭文是否同出於一人之手。慕容承福之名，不见于史传。将作大匠为从三品文职官，银青光禄大夫为从三品文散阶（见《通典》及两《唐书》）。职阶相垺，故不须另加"行""守"等字。

将作大匠员额仅一人（殿本《新唐书》误刊作二人，然宋本未误，见商务影印《百衲本》），开元二十五年诏毁东都明堂时将作大匠尚为康𬀩素（见《新唐》卷十三《礼乐志》，《旧唐书》卷二十二礼仪志），此志铭撰于二十六年，承福之就任此职，当即在开元二十五六年间，盖即代康为将作大匠者也。铭辞典雅，若非有人捉刀，则慕容承福当为一受汉化极深之吐谷浑人。

《志》盖正面及《志》石四边，其图象花纹皆极佳。叶昌炽《语石》论志盖花纹云："梁开平四年《穆君宏志》盖，真书九字，方围居中，四面各列石像三人，共十二人。峨冠方袍，执笏拱立，如今墓上翁仲象。四角各有云气"。所谓十二象，疑即代表十二辰。又云："《唐雷询志》盖，四围刻十二辰，自北面正中起，夜半子，鸡鸣丑……每三字之前，各书十二辰象，如子鼠丑牛之类，直格以界之。四隅又分刻花纹，极为工致"。又论《志》石四边花纹云："志石正面四边，亦间有雕镂花纹，略与盖同。…中和二年《王府君志》每面三象，祗露半体，皆峨冠执笏，间以水浪花纹"（皆见卷四）。其所述图象，皆与此志相类似。惜乎历来著录墓志之书，多仅采志文，罕及图纹。故比较研究之材料，甚为缺乏。近年国内对于三代青铜器之研究，已渐放弃专重铭文之成见，逐渐注意各器之花纹。今后碑版之学，亦应扩充范围，兼及花纹。传世碑碣之四周及碑额，墓志志盖及志石四边，其雕镂花纹，常极精致。若能勤加搜罗，不仅可以窥见当时艺术之风尚及其造诣，且亦可以作为断代之标准，实为此学之一新途径也。

三、年表

新获之金城县主及慕容曦光二志，既已详加考释矣。先是，武威慕容氏唐代茔墓曾陆续出土四石，皆移存武威文庙。其中弘化公主及慕容明二志，闻村人云系民国初年出土。陈万里于1925年途经武威时曾抄录其文，发表于《西行日记》中（页一六九至一七一）。其后杜光简（《跋慕少堂先生所赠唐人墓志二种》，见1940年12月《责善半月刊》第十九期），罗振玉（《石交录》页十七至十九，1941年刊），张维（《陇右金石录卷二页五及页二十二，1943年印行）亦皆曾根据拓片，著录全文。慕容忠及慕容宣彻二志则系1927年武威大地震后出土，知者较少；忠《志》曾著录于《责善半月刊》（杜光简《乌地也拔勤豆可汗墓志考释》，见《责善》二卷十三期）及《陇右金石录》（卷二页七）《宣彻志》则仅一见于《陇右金石录》（卷二及页十四）。兹综合六志，并参证史籍，作成年表如下：（此四志之全文，见本篇附录）。（补注：解放后又有《慕容宣昌志》出土，见本篇篇末补记。有关之史料，已分别补入各年份下。）

贞观十三年十二月己丑，吐谷浑河源郡王诺曷钵来逆女（《旧唐书》卷三《本纪》，参《通鉴》卷百九十五）。［按诺曷钵，《公主志》作诺贺钵，《忠志》作诺遏钵，《宣彻志》作诺褐拔，（［补］《宣昌志》作那何拔）与《册府元龟》及《两唐书》不同，盖由于音译歧异也。此事年月明刻补片善堂清刊本《册府元龟》卷九九九误作十二年，明崇祯初印本及前史语所藏明钞本未误。］

贞观十四年（公元639年）二月庚辰，淮阳王道明送弘化公主归於吐谷浑（《旧唐书本纪》，参《两唐书浑传》）。此事《册府元龟》记载较详："十四年吐谷浑乌也拔勤豆可汗诺曷钵，入朝请婚。先是帝即位初，吐谷浑王伏允为子尊王求婚。帝责其亲迎以羁縻之，尊王称疾不朝，有诏停婚。至是遂以弘化公主妻诺曷钵，资送甚厚"（卷九七八）。[按勤豆可汗，《两唐书浑传》皆作勒豆，《公主志》及《忠志》则俱作勤豆，与《册府元龟》此卷相合（但《册府卷九六四亦作勒豆）。今按《两唐书突厥传》之特勒，清末和林出土唐碑作特勤，且有回鹘文碑附作 Tegin（义为首领）为证，知《唐书》作特勒实误（张星烺《中西交通史料汇篇》第五册，页二二九。岑仲勉云，特勤之义为可汗子弟，见《两唐书突厥传》，张说非也）。此处疑亦当依《志》作勤豆。公主许婚在十三年，出嫁在十四年，《新旧唐书》，《册府元龟》，《唐会要》及《通鉴》，皆无异辞。惟《公主志》独云："贞观十七年降吐谷浑"，罗振玉疑志文或有误，而杜光简偏信贞石，以为其他诸说皆不可信也。慕寿祺亦以墓志作十七年，足微史册作十四年之非也（《唐弘化公主墓志跋》，见《责善半月刊》二卷十四期）。今按上述各史书，皆系根据当时《实录》，年月不应有误。志文出於后人，追记五六十年前之事，未暇深考，自易致误。前节考释《金城县主志》时，已论及轻信碑志之非，杜慕二氏之误，即由此也。《公主志》称其为唐太宗之女。《新唐书宗室列传》云：淮阳王道明送弘化公主於吐谷浑，坐漏言主非帝女，夺爵（卷七十八）。唐室和蕃，常取宗室女为公主，伪言帝女。诸蕃亦知之，如突厥默棘连为请婚事谓唐使者曰："且公主亦非帝女，我不敢有所择；但屡请不得，为诸国笑"（《新唐书》卷二一五下）。《新唐书浑传》及《唐会要》卷六皆云弘化公主为宗室女。《志》文盖尚沿袭遣嫁时之伪言而未改也。弘化，《宣彻志》作光化；其志作于景龙三年。考中宗时曾以太子弘祔大庙，号义宗，故避讳而改。张维《陇右金石录》以为避章怀太子讳。按章怀太子名贤，乃弘之弟；张氏之说，当由于一时失考。]

贞观十五年（641）。诺曷钵所部丞相王专权，阴谋作难。将徵兵诈言祭山神，因欲袭击公主，劫诺曷钵，奔於吐蕃，期有日矣。诺曷钵知而大惧，率轻骑走鄯善城。其威信王以兵迎之，鄯州刺史杜凤举与威信王合军击丞相王，破之，杀其兄弟三人。遣使言状。太宗命民部尚书唐俭持节抚慰之（《旧唐书浑传》）。[按《新唐书浑传》及《通鉴》，丞相王作其相宣王，鄯州刺史杜凤举作果毅校尉席君买。《通鉴》击宣王事於四月丁巳，《考异》云"从《唐实录》"。又按弘化公主第五子万，后亦封宣王，见《公主志》。]

贞观十六年至二十一年，吐谷浑每年皆曾朝贡一次（《册府元龟》卷九百七十）。

贞观二十二年正月及十二月，吐谷浑皆曾朝贡一次（同上）。

是年，慕容忠生（《忠志》）。张维云："考忠即诺曷钵之子；以铭文证之，盖即西平（弘化）公主所生"（《陇右金石录》卷二页八）。

贞观二十三年（649）六月，高宗嗣位。以诺曷钵娶公主，拜驸马都尉，赐物四十段（《旧唐书浑传》）。

八月慕容诺曷钵献马牛（《册府元龟》卷九百七十）。

高宗永徽三年（652）正月，遣使朝贡（《册府元龟》卷九百七十，又《唐会要》卷九十四）。

八月，遣使献名马（《册府卷九百七十》）。（《新唐书浑传》云："高宗立……，又献名马。帝问马种性。使者曰：国之最良者。帝曰：良马人所爱。诏还其马"。《传》系此事于弘化公主表请入朝之前，疑即此次事）。

八月，吐谷浑弘化长公主表请入朝，遣左骁卫将军鲜于济往迎之。十一月（《旧唐书本纪通鉴》皆作十一月庚寅，是月无庚寅，疑误）弘化长公主来朝（《册府》卷九七九，参《新唐书浑传》）。

帝以宗室女金城县主妻其长子苏度摸末，拜左领军卫大将军（《新唐书浑传》）。[按《县主志》谓是年四月出嫁，疑误，当依《新唐书》作十一月来朝以后事。是年似仅许婚，并未出嫁；此四月或指麟德元年四月出嫁。说见下。苏度摸末即慕容忠，又拜左领军卫大将军一事，当在是年之后，皆见上节考释。]

永徽四年七月，吐谷浑献名马（《册府》卷九百七十）。

永徽五年九月，吐谷浑遣使贡献（同上）。

龙朔三年（663）六月，吐蕃攻吐谷浑。诏凉州都督郑仁泰为青海道行军大总管，率将军独孤卿云等屯凉、鄯；左武候（应依《苏传》及《册府》作左武卫）大将军苏定方为安集大使为诸将节度，以定其事（《新唐书吐蕃传》及《本纪》，又参《册府》卷百七十及《通鉴》）。先是，吐谷浑与吐蕃相攻，上书相屈直，并来请师。天子两不许。既而吐谷浑大臣素知贵奔吐蕃，言其情。吐蕃出兵捣虚，破其众黄河上。诺曷钵不支，与公主引数千帐走凉州。吐蕃遂有其地。诺曷钵请内徙。……吐谷浑自晋永嘉时有国，至龙朔三年吐蕃取其地，凡三百五十年（《新唐书浑传》）。[《旧唐书浑传》误置苏定方为安集大使事于咸亨元年败绩之后。沈炳震云："按《苏定方传》，定方卒於乾封二年，不当在咸亨后，当从《新书》在前"（《新旧唐书合钞》卷二百五十八），今按《册府元龟》卷一千亦同《旧唐书》之误，但卷百七十，则系苏定方受命事于龙朔三年六月戊申，其说是也。]

麟德元年（664）是年金城县主年二十二[据《县主志》中卒年推算。《志》又云："永徽三年四月出降，春秋二十有二"疑为麟德元年四月之误。《志》作永徽三年，乃误将许嫁之年作为出嫁之年。永徽三年县主年仅十岁，不得云春秋二十有二。详见前节考释。]

麟德二年正月丁卯，吐蕃遣使来朝，请与吐谷浑复修和好，并请赤水地以为牧野。帝不许（册府卷九九九，《通鉴》卷二百一，又参《新唐书吐蕃传》）。

是年，慕容忠年十八，授左威卫将军（《忠志》）。[按改左右屯卫为左右威卫系龙朔二年事，见杜佑《通典》及《旧唐书职官志》。]

乾封元年（666）五月，更封河源王诺曷钵为青海国王（《册府》卷九六四，参《新书浑传》）。

总章二年（669）九月丁丑朔，诏徙吐谷浑就凉州南山。群臣议难之。议久不决，竟不果徙（《通鉴》及《册府》卷九九一，又参《新唐书吐蕃传》及《浑传》）。

咸亨元年（970）四月辛亥高宗遣右威卫大将军薛仁贵等总兵五万击吐蕃［按《两唐书吐蕃传》皆作"师凡十余万"］，且纳诺曷钵於故庭。六月戊子王师败於大非川，举吐谷浑地皆陷。诺曷钵与亲信数十帐才免（《新唐书浑传》，参《旧唐书浑传》，《两唐书本纪》及《吐蕃传》，《通鉴》，及《册府元龟》卷六百七十，卷九八六）。

是年改左右戎卫为左右领军卫（《新唐书百官志》）。［按苏度摸末（即慕容忠）拜左领军卫大将军（见《新唐书浑传》），当系是年或以后事。］

咸亨三年二月庚午，吐谷浑徙治鄯水南。诺曷钵以吐蕃威势不抗，而鄯州地狭，又徙灵州。帝为置安乐州，即拜刺史，欲其安且乐云（《新唐书浑传》，参《通鉴》及《旧唐书浑传》）。［按《新唐书》卷三七《地理志》威州条云，以灵州之故鸣沙县地置安乐州。］

上元二年（675）正月辛未，吐蕃遣大臣论吐浑弥来请和，且求与吐谷浑修好。帝不听（《通鉴》及《新唐书吐蕃传》，参《旧唐书本纪》。）

仪凤二年（677）十二月，下敕讨吐蕃。敕略曰："蕞尔吐蕃，僻居僻裔。吐浑是其邻国，是乃夺其土宇。往者暂遣偏裨，欲复浑王故地。义存拯救，事匪称兵。辄肆昏迷，僭相掩袭。既无备预，颇丧师徒"（《册府》卷九九一）。［按此指咸亨元年败绩事。］

永隆元年（680）七月七日慕容明生於灵州之南衙（《明志》）

［补］开耀元年（681）慕容宣昌生。宣昌名煞鬼，乃慕容忠之子（《宣昌志》）。

武后光宅元年（684）改左右威卫曰左右豹韬卫（《新唐书百官志》）。［按《慕容忠志》所云加镇国大将军行左豹韬卫大将军一事，当系是年或以后之事。］

是年慕容明五岁，以来蕃号代乐王（《明志》）。［补］宣昌封政乐王，疑亦是年事。《志》仅称："年未一纪，封为政乐王"（《宣昌志》）。

垂拱四年（688）诺曷钵卒，（［补］《宣昌志》谓其卒后赠洮国王），子忠嗣（《旧唐书浑传，参《新唐书浑传》）。忠袭青海国王乌地也拔勤豆可汗（《忠志》）。

载初元年（690）七月八日，慕容曦光生於灵州之南衙（《光志》）。约是岁前后，弘化公主赐姓曰武，改封西平大长公主（《公主志》）。［按《志》於此事未系年月。考《通鉴》云：是年八月，武后大杀唐宗室及亲党，惟千金长公主以巧媚得全，自请为太后女，仍改姓武氏。太后爱之，更号延安大长公主。疑弘化公主改号赐姓，亦为是年左右之事。又按是年九月始废皇帝为皇嗣，太后自加尊号曰圣神皇帝。九月以前太后仅称制，睿宗尚在位，弘化公主为帝姑，故依朝制，自应称大长公主。杜光简云：弘化公主与高宗为同辈，不应称大长公主，而当称长公主（《责善》半月刊第十九期），其说实误。］

长寿元年（692）曦光三岁，以本蕃嫡孙号观乐王（《光志》）。

长寿三年二月，西平大长公主（按即弘化公主）还蕃。公主者太宗族妹，贞观中吐谷浑［按《册府》原文作吐蕃盖涉上文还蕃一语致误］遣使请婚，至是来朝，设归宁之礼焉（《册府卷九七九）。［按武后改封弘化为西平］，史传失载。《唐实录》此条又误以吐谷浑为吐蕃。故宋初王钦若等依《实录》收入此条於《册府元龟》时，即会加校语云："按《唐书》太宗贞观十五年文成公主出降吐蕃弄赞］，至高宗永隆元年（按明刊本《册府》永隆误作来降，史语所藏《明钞本》未误），公主卒。《实录》所载西平大长公主，检和亲事迹未获"。今幸此志出土，知西平即弘化公主，遂得以解决此千年未破之谜。又按《旧唐书德宗本纪》，兴元元年八月己酉西平长公主死（卷十二），其时上距贞观末年已百三十五年。乃代宗之女，系另一人。］［又按本篇写就后，曾求正于岑仲勉先生。岑先生以其大作唐史余瀋稿本见示。其中有《西平大长公主》一条，於未见《公主志》之前，即疑《元龟》之西平大长公主即弘化公主。补注：岑书已於1960年由中华书局出版，此条见卷一，页四九。］

圣历元年（698）五月二日，弘化公主死於灵州东衙之私第，春秋七十六（《公主志》）。同日，慕容忠死於灵州城南浑牙之私第，年五十一（《忠志》）。［按张维《陇右金石录》卷二（页八）云："母子同日而死，此事之未必有，殊可疑也"。杜光简《慕容忠墓志考释》亦云："忠与其母同年同月同日死，又同年同月同日而葬。后者固不足怪，前者殊云巧矣"。然亦不能谓其事之必不能有也。］

忠卒，子宣赵嗣。［《旧唐书浑传》，但《新书浑传》作宣超。弘化公主之次子为左武卫大将军梁汉王闼卢摸末，高宗时曾与公主同来京请婚，帝以宗室女金明县主妻之（《新唐书浑传》），此时当已先死。据《公主志》，公主死时，第五子右鹰扬卫大将军宣王万等仍在世。《公主志》系成均进士吴兴姚略所撰。］

圣历二年三月十八日，弘化公主葬于凉州南阳晖谷冶城之山岗（《公主志》）。同日，其子忠归葬於凉州城南之山岗（《忠志》）。

是岁，曦光十岁，以本蕃嫡子号燕王（《光志》）。曦光盖宣赵之嫡子也。

圣历三年三月，以吐谷浑青海国王慕容宣超（一作宣赵）为右豹韬卫员外大将军，仍袭父乌地也拔勒豆可汗（《册府》卷九六四）。［按是年五月始改元久视，此诏颁於三月，故仍称圣历。《新唐书浑传》作宣超，《旧唐书》作宣赵；赵超二字，形音皆近似，用以译胡名，或可互通，惟勒豆可汗似当依志石及《册府》卷九七八作勤豆；说已见前贞观十四年条。］

是年或翌年，吐谷浑余部诣凉甘肃瓜沙等州降。宰相张锡与右武卫大将军唐休璟议徙其人於秦陇丰灵间，令不得叛去。凉州都督郭元振以为当甘肃瓜沙降者，即其所置之。岁遣镇遏使者与宣超兄弟抚护之，无令相侵夺。诏可（《新唐书浑传》）。［按此事《新书》系之于圣历三年宣超拜命之后，未明叙年月。张锡系是年闰七月拜相，次年三月即罢。虽景云时曾再相，但郭元振於神龙中即由凉州都督迁安西大都护（见《新书郭传》）。知当为是年或翌年春之事也。］

长安四年（704）十月廿九日，曦光年十四，授游击将军，守左豹韬卫翊府左郎将（《光志》）。［按是年曦光十五岁；志文疑有误字。见前节考释。］

中宗神龙二年（706）春正月，吐谷浑遣使来朝（《册府》卷九七○）。［补］宣昌亦随使来朝，染病卒於京师。权殡三辅，迁奉凉州，于是年九月十五日葬於凉州神鸟县天梯山野城里阳晖谷之原（《宣昌志》）。

四月五日，慕容明授左屯卫翊府左郎将，员外置同正员（《明志》）。［按《旧唐书中宗本纪》云：神龙二年四月，大置员外官，自京诸司及诸州佐，凡二千余人（卷七）。慕容明盖亦在其列也。］

七月廿六日，慕容曦光转明威将军行左屯卫翊府左郎将（《光志》）。

景龙三年（709）四月十一日，慕容宣彻迁葬於凉州神鸟县（《宣彻志》）。［按此志之盖题"大唐故辅国王慕容志"，志文前题河东阴山郡安乐王慕容神威；志称其为慕容忠之子，讳宣彻，拜左领军大将军。张维《陇右金石录》以为宣彻即宣赵，《两唐书浑传》所载宣赵官衔，与志文不同，或系后有封移而史文省略；其以宣彻为宣赵，当为史误（卷二页十五）。按宣赵或作宣超，见上文圣历三年条。若宣彻即为其人，则志中历举诸官，不应漏去其所袭封之青海国王一衔。《新唐书浑传》述郭元振之议，有"与宣超兄弟抚护之"一语（见上文圣历三年条），则宣超原有昆弟，且掌兵权；宣彻当即其兄弟辈也。］

约是岁左右，慕容宣赵（一作宣超）死，子曦皓（一作希皓）嗣（见《新旧唐书浑传》及《册府》卷九六七）。

睿宗景云元年（710）九月廿五日，曦光转忠武将军行右卫翊二府左郎将（《光志》）。

景云二年（711）三月三十日，慕容明摄左屯卫将军借紫金鱼袋，仍充押浑副使（《明志》）。［杜光简跋语云：据《新唐书地理志》，关内道有吐谷浑羁縻州二：曰宁朔州；曰浑州，志中所谓押浑副使，即押吐谷浑或浑州之副使也（《责善半月刊》十九期）。今按《新唐书方镇表》，开元二十年朔方节度使增押诸蕃部落使，大中六年陇右秦成两州经略领押蕃落副使，贞元十一年剑南西川节度增领统押近界诸蕃及西山八国云南安抚使。所押者皆为诸蕃部落而非州名，则押浑副使自当指吐谷浑部落，并非浑州。］

玄宗开元元年十二月廿一日，慕容明转上柱国（《明志》）。

开元二年（714），三月十六日，曦光封五原郡开国公（《光志》）。

八月十一日，曦光加云麾将军（《光志》）。

开元三年八月，吐谷浑大首领刺史慕容道奴降，诏授左威卫将军；员外置，兼刺史，封云中郡开国公（《册府》卷九六四又卷九七四）。［按此当为其别部。］

开元六年（718）正月十七日金城县主薨于部落，年七十六（《县主志》）。

开元七年八月十七日，金城县主葬于凉州南阳晖谷北岗（同上）。

开元九年二月十四日，曦光加授左威卫翊府中郎将（《光志》）。［按志文置此事於平"六州胡叛"之后，若非序次颠倒，则必月日有误。］

四月，六州叛，曦光领所部兵马，"摧破凶胡"（《光志》）。［按此即康待宾之乱，已详上节考释中。]

开元十年（722）正月十一日，慕容明授右监门卫中郎将，员外置同正员（《明志》）。

是年"胡贼再叛"，曦光立功，授左威卫将军；以功高赏轻，寻加冠军大将军，行右金吾卫将军（《光志》）。［按此即康愿子之乱，是年九月平定。详见上节考释中。］

开元十一年五月廿五日，王晙持节朔方军节度大使（《新唐书本纪》）。廿八日，曦光加金紫光禄大夫行光禄卿，员外置同正员（《光志》）。

九月壬申，吐谷浑别部师众诣沙州降，河西节度使张敬忠抚纳之。先是，吐谷浑别部畏吐蕃之缰，附之者数年，至是来降（《通鉴》，参《册府》卷九七七）。

开元十八年（730）曦光充朔方军节度副使（《光志》）。是时朔方节度使为唐宗室信安郡王祎（吴廷燮《唐方镇年表》）。

开元廿四年（736）牛仙客代信安郡王祎为朔方节度使。冬入相，遥领节度如故（《新唐书牛仙客传》及《通鉴》）。

开元廿六年（738）七月廿三日，曦光薨于本衙，年四十九。闰八月五日赠持节凉州都督，归葬凉州先茔（《光志》）。

十一月十三日，慕容明薨於本衙，年五十九。归葬于凉州先茔（《明志》）。［按志文题衔，除上文已述及者外，尚有忠武将军，检校阁甄府都督。杜光简跋语云：志中之阁甄府，当是羁縻州府之类。唯《两唐书地理志》中皆无此府名。盖羁縻州经制不一，《地理志》所录者本不完全也（《责善半月刊》十九期）。

十二月七日，慕容明之墓，功就（《明志》）。

十二月九日，曦光之叔将作大匠承福作曦光之志铭（《光志》）。

约是年左右，曦皓卒，子兆嗣（《新旧唐书浑传》）。［若曦光与曦皓为一人之异名，则慕容兆之袭封，即在是年。惟上节考释中已论及二人恐为兄弟，并非一人。］

肃宗至德（756-757）后，安乐州没吐蕃（新唐书地理志威州条）。吐蕃复取安乐州，吐谷浑残部徙朔方河东，语谬为退浑（《新唐书浑传》参阅《旧唐书浑传》）。

德宗贞元十四年（798）十一月（《旧唐书》作十二月），以朔方灵州同节度副使左金吾卫大将军同正，兼详太常（明崇祯刻本避明光宗讳，改刊作尝）卿慕容复袭长乐府都督，青海国王，乌地野拔勤豆可汗。未几卒，其封嗣逐绝，（《册府》卷九六五，卷九六七。参《两唐书浑传》）。

贞观十三年以后吐谷浑慕容氏之事迹，略如上表。贞元中封嗣既绝，年表即以此为断限。其后吐浑残部之各小首领，史籍中尚可考见数人，如唐末吐谷浑有首领赫连铎、拓拔思恭；五代后唐有白承福、念公山、薛荤堆，各有部落（《册府》卷九六七）。白承福曾赐姓名李绍鲁（《续通志》卷六三七），庄宗同光三年（公元925年）敕吐浑宁朔奉化两府都知兵马使检校司徒李绍鲁，可授光禄大夫检校太保竭忠建策兴复功臣；其麾下宁朔府都督赫连公德，敕授光禄大夫检校右仆射赐忠义正卫功臣（《册府》卷九七六）然《册府元龟》云：后唐庄宗时，吐浑微弱，聚居蔚州界，皆授中国官爵。又云：后汉高祖初，屡诛吐浑酋长，其种遂衰（卷九五六）。以其势力衰微，又不能确定其为慕容诺曷钵之后裔，故不赘述。1948年1月25日初稿。

本篇原载（《历史语言研究所集刊》第二十本，1948年）

附录

武威文庙所藏之慕容氏先茔出土墓志（据拓本抄录）

（一）大周故西平公主墓志（志盖）。（志文二十五行，行二十四字）。

大周故弘化大长公主李氏赐姓曰武改封西平大长公主墓
志铭并序　　成均进士云骑尉吴兴姚略撰
公主陇西成纪人也即大唐太宗文武圣皇帝之女也家声祖
德造天地而运阴阳履翼握哀礼神祇而悬日月　　　大长
公主诞灵帝女秀奇质于莲波讬体王姬湛清仪于桂魄公宫
禀训沐胎教之宸猷妫幄承规挺琁闱之睿敏以贞观十七年
出降于青海国王勤豆可汗慕容诺贺钵其人也帝文命之灵
苗斟寻氏之洪胤同日磾之人侍献款归诚类去病之辞家怀
忠奋节　　　我大周以曾沙纫地练石张天万物於是惟新
三光以之再朗　　　主乃赐同圣族改号西平光宠盛于厘
妫徽猷高于乙妹岂谓巽风清急驰隙驷之晨光阅水分流徙
藏舟之夜壑以圣历元年五月三日寝疾薨于灵州东衙之私
第春秋七十有六即而延平水竭惜龙剑之孤飞秦氏楼倾随
凤箫而长往以圣历二年三月十八日葬于凉州南阳晖谷冶
城之山岗礼也吾王亦先时启殡主乃别建陵垣异周公合葬
之仪非诗人同穴之永嗣第五子右鹰提卫大将军宣王万等
痛深栾棘颠宅壮而斯安情切蓼莪慙陟屺而无逮抚幽埏而
掩泗更益充窮奉遗泽而增哀弥深眷恋以为德音无沫思载
笔而垂荣兰桂有芬资纪言而方远庶乎千秋万岁无慙节女
之陵九原三壤不谢贞姬之墓其铭曰
瑶水诞德巫山挺神帝女爰降王姬下姻燕筐含玉门傍题银
珈珩棉舄轩佩庄鳞其一　　　与善乖验竟欺遐寿返魄无征神
香徒有婺彩潜纪翳电光非久脸碎芙蓉茄悽杨柳其二
牛岗闢壤马鬣开墳僘柏含雾苍松起云立言载笔纪德垂薰

颠承荣於不朽底传芳於未闻甚三。

（二）大周故青海王墓志铭（志盖）。志文二十三行，行二十四字。

周故镇军大将军行左豹韬卫大将军青海国王乌地也拔勤

豆可汗墓志铭并序

王讳忠阴山人也自云雷降雹开大国之王基日月成文握中

原之帝业天启阚马率众西迁地据伏龙称孤南面祖特丽度

许符别可汗父诺遏钵青海国王附马都尉乌地也拔勤豆可

汗并军国爪牙乾坤柱石忠勤克著异姓封王宠渥弥隆和亲

尚主王平承显烈特禀英奇至若兰台芸阁之微言丘山泉海

豹略龙韬之秘策长短从横莫不披卷而究五车运筹而决千

里逸才天假休德日新接物尽君子之心事亲备文王之道年

十八授左威卫将军戚承银膀弱岁求郎宠溢金貂童年入侍

后加镇军大将军行左豹韬卫大将军袭青海国王乌地也拔

勤豆可汗象贤开国策固誓河拜将登坛任隆分阃坐金方而

作镇出玉塞而临军朝廷无西顾之犹猃犹罢南郊之祭将军

有勇期胜气於千年壮士云亡惜寒风之一去粤圣历元年五

月三日薨於灵州城南浑牙之私第春秋五十有一栋梁折矣

远近凄然以圣历二年三月十八日归葬於凉州城南之山岗

礼也孤子等痛昊天之莫诉恐高岸之行迁冀披文而颂德刊

翠石于黄泉其铭曰　寿丘茂绪黎邑雄藩龙兴北盛马关西

奔代传龟纽邠降鱼轩积庆隆矣生贤在焉甚　自家形国资孝

为忠爰辞柳塞入卫兰宫青海纂业西隅毕通玄郊坐镇北漠

恒空甚三　夷夏以安搢绅之望树善无忒辅仁何旷营罢真军星

亡上将义深悼往　　思隆治葬甚三　青乌剋北精驾言廻墳

崇马鬣地据龙堆云愁垄树月钓泉台式刊翠琬永播清埃甚四

（三）慕容宣彻　墓志（志盖篆书"大唐故辅国王慕容志"，志文十九行，行廿字，

正书）

河东阴山郡安乐王慕容神威迁奉墓志并序

若夫劳喜休悲孰免归天之魄滔形幻影谁躅瘗地

之魂真金玉之可销况英奇之能久降年不永遽逝

东流寂寂山丘怅怅垅路祖附马都尉青海国王乌

地可汗讳诺褐拔武苞七德业冠三冬开颖不羁神

谋独断溢从风烛早迁奉毕祖婆唐姑光化公主陇

西李氏孕彩椒房含辉兰闺入洛川而回雪遡巫岭
以行云不为脩短悬天芳姿淹彩早定安历又迁奉
毕父忠德比贞崐诞侔惟岳落落耸长与之斡汪汪
澄叔度之陂追远慎终早迁奉毕左领军大将军慕
容讳宣彻擢秀清流风麈不杂光五侯之封传万石
之荣夙奉忠贞承芳　　帝戚朝参鸾驾夕卫丹
墀不为疂起两楹梁摧淹及以景龙三年四月十一
日奉於凉州神鸟县界吉辰择兆丧礼具仪呜呼哀
哉式为铭曰
朝露旋晞夜台何酷九泉幽壤埋兹盛德不朽飞声
昭章望族讵勒燕岑流芳圣脱古之遗爱方斯令则
何以铭勳树兹镌勒
景龙三年岁次已酉四月丁亥朔十一月丁酉

（四）大唐故代乐王上柱国慕容明墓志之铭（志盖）。志文十九行行二十三字。
押浑副使忠武将军右监门卫中郎将员外置同正员检
校阇甄府都督摄左威卫将军借紫金鱼袋代乐王上
柱国慕容明墓志铭
王讳明字坦昌黎鲜卑人也粤以唐永隆元年岁次庚辰 七
月廿七日生於灵州之南衙年五岁以本蕃号代乐王至 唐
祚再兴神龙二年四月五日
制云沙朔雄姿穹庐贵种远暨声教式被恩荣可左屯卫翊
府左郎将员外置同正员至景云二年三月卅日
敕摄左屯卫将军借紫金鱼袋仍充押浑副使至开元元年
十二月廿一日
制云凤柱驰声兽贲标袟赤墀近侍紫极分晖既覃邦惠宜
峻戎章可上柱国至开元十年正月十一日
制云凤申诚款久职戎旃勤劲既深授兹戎宠可右监门卫
中郎将员外置同正员余如故以
大唐开元廿六年十一月十三日薨於本衙春秋五十 有 九
归 葬 於 凉州　　先茔志性敦质淳和孝友参简能 易 勿
勿 亲 宗族推嘘是称名行呜呼哀哉以名铭记
（第十字起）大唐开元廿六年岁次戊寅十二 月
甲子朔七日庚午功就

补记　慕容宣昌墓志铭

此石於解放后出土於武威城南天梯山，承甘肃文管会惠寄拓片。原石高约58厘米，广约57厘米半。志文二十五行，行二十五字，正书。志盖中央为"大唐故政乐王墓志铭"九字，分三行书，篆文；周围作团花及云纹。志文如下：

大唐故政乐王慕容君墓志铭并序

王讳煞鬼字宣昌阴山人也曾祖融吐浑可汗随尚东化公主拜

驸马都尉祖觝何拨　制封河源郡王尚大长公主薨赠洮国王

父成王忠尚金城县主青海国王可汗并简在　帝心袭嗣王位

钦明异域藻镜殊方谅藩屏之任隆寔边维之寄重庶谐捌表光

赞万邦忠贞沐奉国　之恩孝梯烈家声之誉爱婚　帝子媛以

王孙金柯奕叶於宗盟琼萼舒花於戚里王子维城作固盘石开

基五潢分派於尧年九族流芳于舜日等山河自作镇同嵩峤而

铭祈寔谓冠盖明时领岫当代顾年未一纪封为政乐王属

圣道昌期　明王驭历　皇图启录表　唐化而中兴　紫极君

临廓乾坤而重洽　恩制司袟泽及万方　九重怀扑曜之欢百

姓喜讴谣之颂惟王凤承　帝戚朝贺申诚表谢　阙庭恩加赏

锡内崇奉榱外援君储企望保录余年不意俄婴疢瘵忽焉倾逝

奄　所天权殡於京三辅春秋廿有六别　敕雍州迁奉凉府粤

以神龙二年九月十五日葬於凉州神鸟县天梯山野城里阳晖

谷之原礼也王禀质温恭素怀贞操绥强以礼抚弱以仁敬谓清

慎覃流风神肃物岂期英声未振盛德长捐令誉灭闻奄归泉壤

悷悷孤垅同逝水而无追冥冥夜台与丘山而永固乃为铭曰

派流青海族茂　皇亲婚连　帝戚媛结王孙凤承　圣造垂裕

后昆其二仪交泰两曜齐明君侯养德王子挺生沐兹　圣泽镜

彼提衡怀青拖紫而人莫争其爱濯草缨素籍家声簪裾代袭轩

冕烈名维城靡固梦疾两楹魂归嵩遂质瘗松扃其盛德无依雄

风靡扇琼萼霜凋金柯露法代有谢兮千秋人无由兮百战其地

久川长自古何常天高路远人而何方生涯未极死独奚伤空游

魂而无托终名灭而靡彰其

武威吐谷浑王族墓选址与葬俗探析

沙武田　陕西师范大学历史文化学院

陈国科　甘肃省文物考古研究所

武威南山地区是唐代吐谷浑内徙之后归葬的先茔所在，在武威南山青咀湾和喇嘛湾曾发现有吐谷浑王族墓葬 9 座，出土墓志 9 方。以夏鼐[①]、周伟洲[②]等为代表，以墓志资料为中心，学术界对吐谷浑相关问题进行了深入的讨论，涉及吐谷浑历史的诸多方面，研究颇为充分。但是，由于这批墓葬的发现多非科学考古之故，加上墓内文物被盗严重，学术界对这批墓葬的诸多考古信息并不清楚。2019 年 10 月武威南山岔山村吐谷浑喜王慕容智墓的考古发现，开启了我们认识吐谷浑王族墓的新篇章。该墓没有被盗，保存完好，因此考古信息完整而准确。另一方面，之前的研究，由于受墓葬基本信息和出土文物严重缺失的制约，对墓葬特征和民族属性的判断多以纯正的唐墓而论，对其中是否包含有吐谷浑本民族的习俗特点关注有限。鉴于此，对该墓包含的吐谷浑丧葬习俗作些探讨，不当之处，敬请方家教正。

一、吐谷浑凉州先茔的形成

武威南山一带是龙朔三年（663 年）吐谷浑王族一支内徙之后的先茔所在地。从龙朔三年吐蕃灭吐谷浑国，"吐谷浑可汗诸曷钵与弘化公主帅数千帐弃国走依凉州，请徙居内地"[③]，到咸亨三年（672 年）唐廷将吐谷浑诸曷钵部"寻徙于灵州之境，置安乐州"[④]，诸曷钵带领族人在凉州生活了 9 年（663—672 年），其间应葬死者于凉州南山，初步形成灭国之后吐谷浑王族的一个"祖茔"地。同时，需要注意的是，在"走依凉州""寻徙灵州"之前，在吐谷浑故地青海原也应有其先茔。

吐谷浑王族一支被唐政府安置到灵州后，便认定凉州南山为其"先茔"，显然也是不得已而为之，故国难返，于是选择了与吐谷浑旧地接壤，又在这里短暂居住的凉州南山完成归葬

---

①　夏鼐：《武威唐代吐谷浑慕容氏墓志》，《考古学论文集》，石家庄：河北教育出版社，2000 年，第 210—252 页。

②　a.周伟洲：《吐谷浑资料辑录》，北京：商务印书馆，2017 年，第 62—76 页。b.周伟洲：《吐谷浑墓志通考》，《中国边疆史地研究》，2019 年第 3 期，第 65—79 页。

③　司马光：《资治通鉴：唐纪一七》（第 228 卷），北京：中华书局，1956 年，第 6336 页。

④　王钦若等：《册府元龟：帝王部》（第 170 卷），北京：中华书局，1989 年，第 2052 页。

先茔的习俗和愿望。对此周伟洲有精辟论述："凉州南山（祁连山）离原吐谷浑中心青海较近，隔祁连山即其原领地，葬于此处，既可受到唐朝的保护，免除吐蕃破坏，又因靠近故乡，以抒发眷恋故土之情。从目前在青咀喇嘛湾发现的慕容氏墓葬来看，均系墓门向南，建于山岗之上，大有望乡的意味。"①

吐谷浑王族慕容氏选择凉州南山为其"先茔"，除了有"望乡"之意，同时也要考虑凉州一带一直有吐谷浑人生活的情况，凉州在历史上不仅是丝路交通的重镇，也是诸多民族共同生活的地方，吐谷浑即是其中之一。周先生也强调"慕容氏虽然迁至安乐州，但该地仍然有吐谷浑部落游牧"②，这一问题颇为关键，但后来论者多不作重视。我们拟在先生基本观点的指示下，做些梳理。

自北魏时期开始，由于中原王朝的强大和西进战争，已有许多吐谷浑人作为战俘或降附者入迁魏境。这批内附的吐谷浑人数量很大，仅见于记载的有七万人左右，其中一部分被安置于西北沿边诸郡，凉州自然是其入迁的目的地之一③。隋代时，吐谷浑常与突厥联手发兵凉州，抄略边民，"突厥犯塞""吐谷浑寇边"之事时有发生，凉州亦是首当其冲，在这样的境况下，吐谷浑和凉州接壤，有吐谷浑部落在凉州南山游牧则完全可以理解。更何况吐谷浑被吐蕃占领，诺曷钵和弘化公主选择"帅数千帐弃国走依凉州"，应该是有所考虑的，或许此时凉州已有吐谷浑人生活于此，相互接应。事实上，高宗"乾封初，更封青海国王。帝欲徙其部众于凉州之南山，群臣议不同，帝难之"，后想通过战争助其复国但没有成功，又徙其于鄯州"浩亹水南"，最后"又徙灵州，帝为拜安乐州"④。高宗之所以想把诺曷钵部众安置在"凉州之南山"，应该是有所依据的，从中也似说明凉州南山与吐谷浑的密切关系。

武周时期朝廷在面临如何安置投唐的吐谷浑部众时，郭元振在给武则天的上书《安置降吐谷浑状》中强调河西各地对"吐浑所降之处皆是其旧居之地，斯辈既投此地，实有恋本之情。若因其所投之地而便居之，其情易安；因数州而碟裂之，则其势自分。顺其情、分其势，而不扰于人，可谓善夺戎狄之权矣"⑤。明确说明河西走廊祁连山一带是吐谷浑的"旧居之地"。

据英藏敦煌吐蕃文书 Vol.69, fol.84《吐谷浑国编年史》所记，吐谷浑可汗诺曷钵在唐朝灵州地区延续国祚，而在吐蕃统治下的青海、甘肃祁连山南部地区仍存在着一个吐谷浑汗国，

① 周伟洲：《武威青咀喇嘛湾出土大唐武氏墓志补考》，《丝路访古》，兰州：甘肃人民出版社，1982年，第202页。

② 同①。

③ a. 周伟洲：《吐谷浑史》，桂林：广西师范大学出版社，2006年，第41—46页。b. 李文学：《吐谷浑史研究》，北京：科学出版社，2020年，第164—167页。

④ 欧阳修，宋祁：《新唐书·西域上》（第221卷），北京：中华书局，1975年，第6227页。

⑤ 杜佑：《通典》，北京：中华书局，1988年，第5166—5167页。

其活动时间是 705/706 年至 714/715 年之间[1]。残卷记载当时吐蕃统治下的吐谷浑王国疆域在青海至甘肃祁连山以南地区，国中设有可汗对国内各吐谷浑部落征收赋税，吐蕃在吐谷浑王国中派有大臣对之进行监视控制[2]。其可汗夏宫所在地 se tong，即敦煌汉文文书中的西同，在今甘肃省阿克塞哈萨克族自治县苏干湖一带，紧邻青海[3]。这一事实说明河西走廊祁连山一带在龙朔三年（663 年）吐谷浑灭国前后到武周前后一直是吐谷浑人活动的重要区域。

《旧唐书·地理志》记载凉州境内有两个吐谷浑羁縻府州，即吐浑部落和阁门府[4]。《新唐书·地理志》延州注下云："又仪凤中，吐谷浑部落自凉州内附，置二府于金明西境，曰羌部落，曰阁门。"也就是说延州有阁门、羌部落等吐谷浑的羁縻府州[5]。这些吐谷浑人都是从凉州而来。说明仪凤年以前，凉州除了诺曷钵部外，至少还有两个吐谷浑部落投唐。虽然唐政府把这些吐谷浑部落主体内迁安置，但凉州在这一时期作为吐谷浑各部落内附的首选地，除了武威所处的地理位置之外，推测也应该和凉州南山地区一直作为吐谷浑人游牧地或者说是其"旧居之地"有一定的关系。

另，在吐谷浑灭国后其青海故地一直由吐蕃论氏家族统治，后来吐蕃王室与论氏家族发生冲突，论氏噶尔家族在吐谷浑故地的统治地位受到威胁并动摇。武则天圣历元年（698年），吐蕃王室与论氏家族斗争日趋激烈，对论氏家族率军讨伐，论钦陵自杀[6]。圣历二年（699 年），其弟赞婆和论钦陵子论弓仁率所部吐谷浑归朝[7]。《资治通鉴》圣历二年十月条云："丁亥，论赞婆至都，太后宠待赏赐甚厚，以为右卫大将军，使将其众守洪源谷。"胡三省注云："洪源谷在凉州昌松县界。"[8]可知，唐把这两次归投的吐谷浑部落约 4 万人安置在河西一带，其中凉州昌松县界位于武威南山，和吐谷浑王族先茔所在的神鸟县相连接[9]，这里是防御吐蕃的要地。

之后据《新唐书·吐谷浑传》记："宣超立，圣历三年，拜左豹韬卫员外大将军，袭故可汗号，余部诣凉、甘、肃、瓜、沙等州降。"学界有认为这次吐谷浑归降，即是吐鲁番文书记载

---

① 杨铭：《关于〈吐谷浑纪年〉残卷的研究》，《吐蕃统治敦煌研究》，台湾：新文丰出版公司，1997 年，第 152—155 页。

② 山口瑞凤：《吐蕃王国成立史研究》，东京：岩波书店，1983 年，第 576—581 页。

③ 陆离：《敦煌吐蕃文书中的色通（setong）考》，《敦煌研究》，2012 年第 2 期，第 66—72 页。

④ 刘昫：《旧唐书·地理志》，北京：中华书局，1975 年，第 1641 页。

⑤ 欧阳修，宋祁：《新唐书·地理志》，北京：中华书局，1975 年，第 971 页。

⑥ 关于论钦陵的自杀年份，藏文文献记载为狗年冬季（698 年），汉文文献记载为圣历二年（699 年）初，目前学界多以 698 年为准。a. 索朗平措：《吐蕃大相论钦陵考述——兼论噶尔氏家族的衰亡》，《西藏研究》，2019 年第 5 期，第 33—41 页。b. 林冠群：《武则天时期李唐反击吐蕃之探讨》，《西藏民族大学学报（哲学社会科学版）》，2016 年第 3 期，第 21—30 页。

⑦ 司马光：《资治通鉴·唐纪一七》（第 228 卷），北京：中华书局，1956 年，第 6540 页。

⑧ 司马光：《资治通鉴·唐纪一七》（第 228 卷），北京：中华书局，1956 年，第 6542 页。

⑨ a. 郝树声：《敦煌悬泉里程简地理考述》，《敦煌研究》，2000 年第 3 期，第 102—107 页。b. 李并成：《汉代河西走廊东段交通路线考》，《敦煌学辑刊》，2011 年第 1 期，第 58—65 页。

武周时期瓜沙地区吐谷浑归朝事件，和前述郭元振上《安置降吐谷浑状》为同一事件[①]。但也有学者不同意此说，认为吐鲁番文书所记吐谷浑可汗十万众归唐计划，因为唐蕃关系的变化和吐蕃的阻拦，最终没有实现，其所记当是《通鉴》记载的圣历二年（699年）四月和七月先后归唐的七千帐和一千四百帐吐谷浑部[②]。

从以上吐谷浑各部的归唐历史及吐蕃之后青海旧部吐谷浑在祁连山的活动，结合吐谷浑的历史可知，祁连山区域一直是吐谷浑人游牧的地方，是他们的"旧居之地"。又据《旧唐书·地理志三》河西道凉州中都督府条称"吐浑部落……寄在凉州界内"[③]。因此凉州南山一直是吐谷浑人生活的地方，诺曷钵一支把此地作为先茔，有充分的历史依据和民众基础。

据新出土的慕容智墓志可知，该墓位于"大可汗陵"之中。此处"大可汗陵"应是慕容诺曷钵之陵，加上先前已知的发现于青咀湾、喇嘛湾一带的弘化公主墓、慕容忠墓、慕容明墓、金城县主墓、慕容若墓、慕容宣彻墓、慕容宣昌墓、慕容曦光墓、李氏夫人墓等，这些在灵州生活的吐谷浑王族死后均迁葬于此，除把凉州南山作为其先茔之外，也应该是充分考虑到这一带当有未迁走的吐谷浑部落生活，他们是守护这些王族墓园和"大可汗陵"的基本人群。

目前在凉州南山发现的吐谷浑墓虽然均属其王族慕容家族墓葬，但数量有限，结合目前在这一带进行考古调查的情况，墓葬数量整体较少，原因之一是肃宗至德年间（756—757年）安乐州没于吐蕃，吐谷浑残部徙朔方、河东，之后不久的764年，凉州亦没于吐蕃，诺曷钵部已无法归葬。因此，凉州先茔使用的时间也就百年左右。至8世纪中叶，迁到安乐州的吐谷浑王族成员死后基本上已不再归葬凉州先茔，而是葬在长安，目前可知的有慕容曦轮墓、慕容曦晧墓、慕容相墓、慕容瓖墓等。更加有趣的是，部分慕容氏家族成员不再满足于"昌黎"或"阴山"的籍贯，直接把长安作为新的籍贯。尽管如此，凉州南山作为"大可汗陵"的所在地，在吐谷浑各部落中应当有重要的影响，目前的考古发现仍然十分有限。

因此，吐谷浑王族慕容氏凉州先茔的选择，虽然属不得已的临时举措，却也是"祖茔"选择方面的基本规律，即这里应该在较长历史时期内属于吐谷浑人游牧生活的"旧居之地"。这一地区虽属唐王朝管辖区域，但仍是他们祖先或族人活动的传统区域，作为王族先茔符合其"归葬"的传统和习俗。

吐谷浑慕容氏选择凉州南山作为家族先茔，也有可能受到其祖先鲜卑人丧葬观念的影响。《三国志·魏书乌丸鲜卑东夷传》及《后汉书·乌桓鲜卑列传》均记载言语习俗同乌桓的鲜卑葬俗中，有使其灵魂归赤山的传统[④]。

①　濮仲远：《唐前期吐谷浑归朝事迹考述》，《河西学院学报》，2017年第6期，第38—43页。
②　陆离：《吐鲁番所出武周时期吐谷浑归朝文书史实辨析》，《西北民族论丛》（第16辑），北京：社会科学文献出版社，2018年，第93—111页。
③　刘昫：《旧唐书：地理志》，北京：中华书局，1975年，第1641页。
④　a.陈寿：《三国志：魏书东丸鲜卑东夷传》，北京：中华书局，1982年，第832页。b.范晔：《后汉书：乌桓鲜卑列传》，北京：中华书局，1965年，第2980页。

学者们认为赤山即是鲜卑人的发祥地,是他们的神山,是其民族精神寄托之宝地,每年都要举行盛大的祭山活动,人死之后魂归鲜卑山为第一要事。鲜卑人从辽东向大西北迁徙时,也把这种习俗带到了青海高原。当他们在某一地区稳定地居住下来后,就要认定一座雄浑大山为鲜卑山[①]。有学者指出:"大兴安岭北段的大鲜卑山与西北地区的阿布干鲜卑山分别属于拓跋部和吐谷浑部。"[②] 又据《水经注·河水注》引东晋释道安《释氏西域记》的记载:"牢(楼)兰海东伏流龙沙堆,在屯皇(敦煌)东南四百里有阿布干鲜卑山东流,至金城为大河。"据考证此阿布干鲜卑山即是青海与河西交界处大通河源的祁连山[③],大体位置与凉州南山相合。因此这里有可能是吐谷浑王族在特殊的历史背景下选择的鲜卑山,把祁连山认为是其祖先发源地鲜卑山,当然也是其族人死后灵魂回归之赤山了。

二、墓葬选址特点

目前在凉州南山发现的吐谷浑王族墓葬主要集中在青咀湾和喇嘛湾,墓志中称此地为"阳晖谷"。慕容智墓所在的岔山村一带,即墓志所记"大可汗陵",属新发现的陵区。此外,在慕容智墓东北约4公里的祁连镇马场滩村长岭组发现古墓1座,约5公里的祁连镇马场滩村发现古墓2座,均已遭严重破坏,从散见墓砖分析,应同样为吐谷浑王族墓葬。这5处地点在具体的墓葬选址上虽有细微差别,但其共同特点就是墓葬均为南向,散布于一个个背山面河的小山梁上。

我们知道,汉唐以来的墓葬,特别是家族墓,都尽可能选择在平坦的地方,至少墓区是可以连成片的,尤其是唐代墓葬。在中原内地发现的唐墓群,极少有如此单个分布在一个个小山梁之上的选址形式,即使是同属一个区域的河西地区唐墓,就目前已知的敦煌佛爷庙湾、郭家堡、瓜州锁阳城、酒泉西沟、山丹及武威其他唐墓,均在距城区不远的戈壁或农田之中,与武威地区吐谷浑王族墓葬选址有本质区别。唐墓中与之类似葬于山上的似乎只有渭北帝陵,但仔细观察就能发现,唐代帝陵与吐谷浑王族墓葬在选址上亦有明显差别。唐代帝陵多依高大的主峰而建,穿山构置,"因山为陵",在陵墓周围设置陵园、楼阙、神道等配套设施[④]。而武威地区的吐谷浑王族墓葬准确来说并非是"因山为陵",应属"靠山为坟",将坟墓设置于东西向山脉延伸出的一条条南北向山梁之上,且未发现陵园、神道、石像生等配套设施。如此选址方式,用我们今天已知的唐墓常识,很难理解。但对于当初选址者而言,他们一定是清楚的,是有所本。

---

① 程起骏:《一位吐谷浑可汗的盛大葬礼——青海省德令哈市郭里木乡出土彩绘棺板画B板研读》,《群文天地》,2012年第1期,第30—36页。

② 龙华:《对鲜卑源流关系的文化考察》,《贵州师范大学学报》,1990年第6期,第32页。

③ 陈连庆:《鲜卑山考》,《社会科学战线》,1982年第3期,第209页。

④ 张建林:《唐代帝陵陵园形制的发展与演变》,《考古与文物》,2013年第5期,第82—90页。

《大周故西平公主墓志》记"葬于凉州南阳晖谷冶城之山岗","牛岗辟壤，马鬣开坟"；《大周故青海王（慕容忠）墓志铭》记"归葬于凉州城南之山岗","坟崇马鬣，地据龙堆"；《大唐故政乐王（慕容宣昌）墓志铭》记"葬于凉州神鸟县天梯山野城里阳晖谷之原"；《大唐故武氏墓志之铭》记"迁窆于凉城南卅里神鸟县阳晖谷之西原"；《大唐金城县主墓志铭》记"合葬于凉州南阳晖谷北岗"。

这些墓志所载其基本的选址地点即在"阳晖谷"（青咀湾、喇嘛湾）之"山岗""北岗""原"或"西原"之上，也就是我们考察时所见葬于山梁上的基本地貌特征。在志铭当中，这种极具特点的选址方式被形象地称之为"牛岗辟壤""马鬣开坟""坟崇马鬣""地据龙堆"。

通过检索古籍我们注意到，用"牛岗"和"龙堆"来形容墓葬较为少见，而以"马鬣"来形容墓葬的例子却很多。以与其同时代的《全唐文》为例，其中用"马鬣"来形容墓葬的约有数十条，大多出现在志铭或碑铭当中，包括"马鬣裁封""马鬣无封""马鬣初封""高坟疏马鬣""马鬣开隧""马鬣成封""封为马鬣""系甲车分马鬣封"等[1]。能够看出，主要是用"马鬣"一词来表达坟墓上封土的形状，或者引申以"马鬣"来代指封土或坟墓。其典故最早见于《礼记·檀弓上》，子夏言，孔子从前讲到，见过四种封土的不同样式，其中一种如斧头刃部一般两旁向上尖削，形状好似马鬣，故称之为"马鬣封"[2]。

所以，后人在志铭当中就常用"马鬣"来指代封土或墓葬。值得注意的是，弘化公主墓志和慕容忠墓志当中的表达与传统说法并不相同，是将墓葬选址描写为"马鬣开坟"或"坟崇马鬣"。此处之"马鬣"显然非指封土，即特指在整体形状似马的小山上，在其颈（鬣）上破土建坟，这一点正是我们在凉州南山吐谷浑王族墓群所看到的实际地理现象（图一—三），因此，吐谷浑王族墓志中所谓之"牛岗""龙堆"等词语，应与马鬣地形相似，是对墓葬选址特征形象性的描述，即以整体如牛、马、龙等动物形状的小山上，在其特定的位置构筑墓葬。

当然，这种地形选择应与风水学有一定的关系，还需再探讨。

这种独特的墓葬选址方式在内地和河西的唐墓中很少见到，但考虑其吐谷浑王族墓的属性，追溯吐谷浑墓葬传统，或许可以找到其历史渊源。

首先，在已知的吐谷浑人墓葬，或吐蕃统治下的吐谷浑人墓葬当中，这种葬于山梁上的做法较为常见。如张掖肃南裕固族自治县大长岭墓葬，即位于距西水乡二夹皮村"村委会

图一　青咀湾吐谷浑王族墓地环境于与墓葬分布

---

① 董诰等：《全唐文》，北京：中华书局，1983年，第1478，1578，1633，1747，2963，3154，6071，11106，12926页。

② 阮元：《十三经注疏》，上海：上海古籍出版社，2007年，第1292页。

图二　弘化公主墓环境与位置

图三　长岭墓葬环境与位置

10公里处的大长岭山坡上"①，仝涛认为该墓葬属于吐蕃在河西的高级将领，很可能与吐蕃化的吐谷浑人有关②。青海都兰县香加乡哈日赛沟两座古墓处于"哈日赛沟内山梁之上"，发掘者通过类型学分析后得出这两座墓葬"大体相当于6世纪晚期至7世纪早期，其墓主人只能是吐谷浑人"。③新近发掘的乌兰县泉沟一号墓，同样位于"一座独立山丘的东侧斜坡之上"，其周围还存在大量吐蕃时期的墓葬，也大多"分布于坡梁之上"，由于墓葬中有王冠出土，发掘者推测，这座墓葬可能与吐蕃统治下的吐谷浑王室有关④。

另据周伟洲提示，要注意青海都兰一带之前发现的所谓吐蕃墓葬吐谷浑系属和都兰墓葬群是吐谷浑人在青海地区的先茔的可能性⑤。我们不妨把观察的视野转移到青海都兰的这批墓葬中来。

对于青海都兰柴达木盆地东南沿墓葬的考古发现，已引起考古界、藏学界的广泛关注，学术界对这些墓葬吐蕃文化属性的意见基本上是一致的，但在民族属性上有两种完全不同的观点，或吐蕃，或吐谷浑，我们比较倾向于仝涛⑥、周伟洲⑦的观点，即属吐谷浑人的墓葬。

那么，都兰柴达木盆地东南沿吐谷浑墓葬在选址上有什么特点？据已经作过考古发掘的

---

① 施爱民：《肃南西水大长岭唐墓清理简报》，《陇右文博》，2004年第1期，第14—19页。

② 仝涛：《甘肃肃南大长岭吐蕃墓葬的考古学观察》，《考古》，2018年第6期，第94—104页。

③ 许新国：《连珠纹与哈日赛沟吐谷浑古墓发掘》，《青海民族大学学报（社会科学版）》，2011年第4期，第89—91页。

④ 中国社会科学院考古研究所，海西蒙古族藏族自治州民族博物馆，乌兰县文体旅游广电局：《青海乌兰县泉沟一号墓发掘简报》，《考古》，2020年第8期，第19—37页。

⑤ 周伟洲：《青海都兰暨柴达木盆地东南沿墓葬主民族系属研究》，《新出土中古有关胡族文物研究》，北京：社会科学文献出版社，2016年，第159—204页。

⑥ 仝涛：《青海都兰热水一号大墓的形制、年代及墓主人身份探讨》，《考古学报》，2012年第4期，第467—488页。

⑦ 周伟洲：《青海都兰暨柴达木盆地东南沿墓葬主民族系属研究》，《新出土中古有关胡族文物研究》，北京：社会科学文献出版社，2016年，第159—204页。

墓葬[1]，都兰的吐谷浑墓葬所在地理环境以及山形特征和武威南山颇有几分相似。对于都兰的墓葬选址现象，许新国总结："都兰吐蕃墓葬讲究对葬地的选择，一般均'倚山面河'，有的葬在山顶上，有的葬在山腰，有的葬在山梁与平地的结合部，与山梁连为一体。有的则葬在两山之间的平地上。"[2]血渭一号大墓所在位置，可认为是在一个小山包的顶部。热水河南岸的 4 座墓葬则是在三面环山的山腰部位。

可以看出，之前被学术界称为都兰吐蕃墓葬的选址地形，总体上和凉州南山吐谷浑墓葬极为相似，以山顶、山梁为主，个别位于山腰处。从这个角度来讲，凉州吐谷浑王族墓葬的选址还是有较为明显的吐谷浑墓葬传统。只不过凉州南山的选址更加强调在"山岗"的位置，说明作为内迁的吐谷浑王族，其丧葬习俗必须要遵守唐人的基本制度，完全按本民族丧葬习俗实行会有一定的困难和阻力，因此在墓葬的选址上既非完全的唐人习俗，也没有完全遵从吐谷浑人的做法，而是选在一个个小山岗上，非常符合其"望乡"的心理需求。

同时，我们也注意到，在墓葬选址方面，凉州南山吐谷浑人墓葬和都兰"往往几座或十几座集中在一起，一座大墓的周围也往往埋有小型墓葬数十座"而形成的"聚族而葬"制度有所不同，也与都兰"有的中小型墓葬数座连成一排，或集中在同一条沟内"的"家族葬"制度不完全一致[3]。但如果考虑到整个青咀湾、喇嘛湾、长岭、马场滩、岔山村一带作为慕容家族墓地的选址，则可以认为是"大集中、小分散"下聚族而葬的家族墓情况，故也还可看作是吐谷浑墓葬传统作法的延续。

另一方面，把墓葬选址在一个个不同的小山岗上，相互之间无法构成寻常意义上的墓茔，从现今地面上也看不到有相关墓葬地面建筑的遗存，又不专门起封土，利用山梁地形，有大隐于山形之中的意味。这种墓葬的分布和选址有明显的"大集中、小分散"的特点，似乎有特殊的设计意图在其中。就目前的资料，还无法给出准确的答案，仅作一个大胆地推测，考虑到其"大集中、小分散"的特点，加上每个墓葬均没有专门的道路可供上下出入，位置又高，不易到达，似乎有故意隐藏所在位置的意涵，防止被人发现或盗挖。

鉴于被唐王朝安置在安乐州的慕容氏有流亡政权的性质，他们被吐蕃人赶出青海故地，虽然在唐人的管辖地凉州找了一块先茔地，但其紧邻吐蕃，因此不得不做些特殊的考虑，最终展示给我们一个特殊的墓葬选址和分布特点，实是有趣的历史现象和考古疑案。

① a. 许新国：《连珠纹与哈日赛沟吐谷浑古墓发掘》，《青海民族大学学报（社会科学版）》，2011 年第 4 期，第 89—91 页。b. 北京大学考古文博学院，青海省文物考古研究所：《都兰吐蕃墓》，北京：科学出版社，2005 年。

② 许新国：《连珠纹与哈日赛沟吐谷浑古墓发掘》，《青海民族大学学报（社会科学版）》，2011 年第 4 期，第 89—91 页。

③ 许新国：《连珠纹与哈日赛沟吐谷浑古墓发掘》，《青海民族大学学报（社会科学版）》，2011 年第 4 期，第 89—91 页。

图四　喇嘛湾吐谷浑王族墓地环境与墓葬分布

三、独特的夫妇合葬形式

夫妇合葬是中国墓葬的常见现象，早在商周时期已经出现，到了南北朝隋唐时期更为常见。夫妇同穴合葬是唐墓较常见的葬制，虽然也存在夫妇异穴合葬的现象，但数量远不如前者。凉州南山的吐谷浑王族墓目前所知全为单人葬，未见夫妇同穴合葬的情况，说明吐谷浑王族基本上实行的是夫妇异穴合葬。不仅如此，凉州的吐谷浑王族墓并不像中原内地或河西其他唐墓一样，夫妇各自的墓葬在同一墓园内比邻而眠，而是各自完全在不同的山岗上，各自为葬。其中最具代表性的是诺曷钵大可汗陵所在的岔山村和其妻子弘化公主墓所在的青咀湾直线距离约15公里，相距甚远，正是弘化公主墓志所记各自"别建陵垣"。另像慕容曦光和武氏为夫妻，慕容曦光葬于喇嘛湾，而武氏葬于青咀湾，处于两个完全不同的山湾当中。

较为特殊的是慕容忠和金城县主夫妇墓，经考察发现，两墓位于同一条山脊之上，但是慕容忠墓位于山脊上端，而金城县主墓位于慕容忠墓东南的山脊下端，两者之间相距约70米，周围未见有明显的墓园或茔园建筑（图四）。

唐代虽然有夫妇异穴合葬的情况，但并不普遍，且夫妇各自的墓是在同一茔园之内[1]。

弘化公主墓志志文在表述传统的"周公合葬之仪""诗人同穴之咏"时，各自又加"异""非"二字，强调了其与汉唐墓葬夫妇合葬传统和上古礼法的不同。"周公合葬之仪""诗人同穴之咏"的传统，在唐人的墓志中有很多记载，"合葬非古，始自周公""合葬非古，肇乎姬旦，积习生常，因为故实""合葬非古，行自周年，遵礼而循，流之唐日"[2]"合葬非古，取周公制焉礼也""依周公之制，遵孔子之典"[3]。至于"诗人同穴之咏"，以白居易诗为代表，"生为同室亲，死为同穴尘""义重莫若妻……誓将死同穴"[4]。唐代夫妇合葬被社会所普遍认同，唐人诗词和墓志对夫妇合葬记载颇多，"生则移天，死惟同穴""生乃宜家，死则同穴"[5]。

所以凉州南山吐谷浑王族墓地的夫妇合葬，在形式上明显有别于唐人流行的夫妇同穴合葬制度，慕容家族是知道这一点的，因此在弘化公主墓志中强调通过"别建陵垣"的形式来表达"异周公合葬之仪""非诗人同穴之咏"，这里似乎既有强调吐谷浑慕容氏对汉人传统礼法

---

① 万军杰：《唐代多娶习俗之下的夫妇丧葬实态》，《武汉大学学报（人文社科版）》，2008年第6期，第773—777页。

② 周绍良，赵超：《唐代墓志汇编》，上海：上海古籍出版社，1992年，第1078，967，506页。

③ 周绍良，赵超：《唐代墓志汇编续集》，上海：上海古籍出版社，2001年，第630，443页。

④ 白居易：《白居易集》，北京：中华书局，1979年，第15，464页。

⑤ 周绍良，赵超：《唐代墓志汇编续集》，上海：上海古籍出版社，2001年，第631，1367页。

的某种遵从，但以"别建陵垣"和异穴合葬的形式实行合葬，显然又非唐人丧葬习俗和制度，当另有原因。

据目前已知青海地区的吐谷浑墓葬由于盗扰严重，墓葬内是否有夫妇合葬并不十分清楚，但从遗存的人骨等考古信息判断，单人葬应属主流。这似乎是吐谷浑人丧葬的基本观念，也是目前已知吐蕃人墓葬的常见现象[①]。

另外，我们从已知的武威以外地区出土的其他多方吐谷浑王族慕容氏墓志可知，凉州以外的慕容氏也不流行夫妇合葬[②]。

《宋书·索虏传》记鲜卑葬俗时说："死则潜埋，无坟垄处所，至于葬送，皆虚设棺柩，立冢椁，生时车马、器用皆烧之以送亡者。"[③]吐谷浑的先人们如此埋葬死者，颇有几分秘葬的意味，似乎不大可能会流行夫妇合葬。因此，凉州南山的吐谷浑王族墓实行夫妇异穴合葬，且不在同一茔园，其实是吐谷浑本民族的习俗，并没有延续唐人习俗和制度。

考虑到目前已知的凉州南山吐谷浑王族墓地所葬几代吐谷浑王，均娶唐人女子为妻，属于政治婚姻，"和亲尚主"。大可汗诺曷钵尚弘化公主，大可汗子慕容忠尚金城县主，次子闼卢摸末娶金明县主；慕容忠嫡子慕容宣超娶姑臧县主，又一子慕容宣彻娶博陵崔氏；慕容忠族弟娶李氏深，宣超子慕容曦光娶武周宗室武氏，宣彻子慕容威娶武氏。作为唐人宗室或唐人大族女子，以政治婚姻的形式出降或远嫁吐谷浑慕容氏，应该在具体对待身后丧事方面存在文化、观念和制度上的差异，因此不会同埋一室，而弘化公主的"别建陵垣"，考虑到她和其子慕容忠同一天死亡于灵州私第，又是同一天归葬于凉州南山先茔，显然非历史的巧合，定是政治事件，所以没有葬在"大可汗陵园"之内，似有隐情。但就目前我们已知的凉州南山慕容家族夫妇合葬的独特现象，似乎又是他们本民族的传统作法，具体原因仍需进一步相关的考古工作。

四、结语

吐谷浑在青海地区建国 300 余年，以青海都兰墓地为代表的吐谷浑墓葬，多属吐蕃统治时期，深受吐蕃文化影响。武威南山作为吐谷浑王族在 663 年灭国内徙之后的先茔地，虽然已有 10 座墓葬发现，但之前均遭盗挖，所以考古和历史信息并不十分明了，更谈不上对吐谷浑民族丧葬习俗的研究。因此，保存完好的慕容智墓的考古发掘，为研究吐谷浑丧葬习俗提供了第一手考古资料，弥足珍贵。通过对凉州先茔形成历史、墓葬选址特点及渊源关系、夫妇异穴合葬习俗的分析，可以感受到吐谷浑慕容氏虽然灭国归唐，生活在唐文化圈中，但其丧葬习俗上在遵从唐人基本制度的基础上，仍然保留有较为明显的鲜卑文化习俗。慕容一族

---

① 霍巍：《西藏古代墓葬制度史》，成都：四川人民出版社，1995 年，第 88 页。

② 周伟洲：《吐谷浑墓志通考》，中国边疆史地研究，2019 年第 3 期，第 65—79.

③ 沈约：《宋书：索虏传》，北京：中华书局，1974 年，第 2344 页。

作为吐谷浑的族群代表，通过不同的方式保留其先祖的丧葬习俗，彰显本民族的文化属性。认识到这一点，对我们研究武威地区的吐谷浑墓葬有重要的指导意义，也对日后开展青海吐谷浑墓葬考古有一定的借鉴价值。

原文刊于《考古与文物》2021年第2期

唐《慕容智墓志》考释

刘兵兵　　陈国科　　沙琛乔　甘肃省文物考古研究所

2019 年 10 月，甘肃省文物考古研究所在武威发掘了一座唐墓。该墓保存较完整，随葬品丰富，出土墓志一方。由志文内容可知墓主系吐谷浑王室成员喜王慕容智。该墓志为研究吐谷浑王族世系、慕容氏家族归葬之地变迁等相关问题提供了重要材料。现对《慕容智墓志》作初步考释，不当之处，祈请方家教正。

一、慕容智墓志基本信息

墓志青石质，方形，由盖、志两部分组成。志盖盝顶，底边长 54.5、宽 54.2、顶边长 39.6、宽 39.6、厚 8.8 厘米，正面中间阴刻篆书"大周故慕容府君墓志"，周围饰以缠枝卷草花卉纹。墓志边长 53.7、厚 9.2 厘米。正面楷书志文，20 行，满行 17 至 21 字，除 4 处与皇帝相关称谓的词前各留一空格外，共刻 392 字，其中"天""地""日""月""年""授"等为武周新字。左侧面纵刻两行文字，约 36 字，其中部分字体具有和汉字相同的偏旁部首，或偏旁部首的合成字，暂无法释读。

为便于研究，兹录正面志文如下：

大周故云麾将军守左玉钤卫大将军员外置喜王慕容府君墓志铭并序

王讳智，字晢，阴山人。拔勤豆 / 可汗第三子也。原夫圆穹写象，珠昴为夷落之墟；方 / 礴凝形，玉塞列藩维之固。其有守中，外沐淳和，贵诗 / 书，践仁义，则王家之生常矣。廓青海，净湟川，率荒陬，/ 欨岳朔，则主家之积习矣。故能爪牙上国，跨蹑边亭，/ 控长河以为防，居盘石而作固。灵源茂绪，可略言焉 ：祖丽杜吐浑可汗。父诺曷钵，尚大长公主，驸马都尉、/ 跋勤豆可汗。王以龟组荣班，鱼轩懿戚。出总戎律，敷 / 德化以调人；入奉皇猷，耿忠贞而事主。有制 / 曰：慕容智，鲜山贵族，昂城豪望，材略有闻，宜加戎职 / 可左领军将军，俄加云麾将军，守左玉钤卫大将军。望重边亭，誉隆藩邦。西园清夜，敬爱忘疲，东阁芳晨，言 / 谈莫倦，诚可长隆显秩，永奉宸居！岂谓齐桓之痾 / 先侵骨髓，晋景之瘵，已入膏肓。天授二年三月二日，/ 薨于灵府之官舍，春秋卅有二，即其年九月五日迁 / 葬于大可汗陵，礼也。上悬乌兔，下临城阙，草露朝清，松风夜发。泣岘山之泪，隋悲陇水之声，咽呜哀哉！乃 / 为铭曰：

　　丹乌迅速，白兔苍茫，两楹流奠，二鉴经殃。/ 崩城恸哭，变竹悲伤，一铭翠琰地久天长。

二、祖籍与世袭

志文云"王讳智，字哲，阴山人"。阴山为今内蒙古中部山脉，是吐谷浑先祖率众西迁的第一站。据史籍记载，4世纪初，慕容廆继位单于，与其兄长吐谷浑不合。吐谷浑遂率部西迁至阴山一带，牧猎多年后，又经枹罕（今甘肃临夏）、陇山抵达白兰（今青海湖西南地区），逐步将势力范围固定在青海地区，并建立了自己的政权。对吐谷浑族人而言，阴山意义重大，从武威地区已发现的吐谷浑王族墓志看，以诺曷钵开始的第二、三代家族成员墓志中，常以阴山人自居。

志文又云："慕容智，鲜山贵族，昂城豪望。"此处"鲜山"即"鲜卑山"，为鲜卑一族的发源地，在今大兴安岭一带[①]。《太平御览·地部十》曰："慕容廆先代居辽左，号曰东胡，其后雄昌，与匈奴争盛。秦汉之际，为匈奴所败，分保鲜卑山，因复以山为号。"[②] 此处又写道慕容智为"昂城豪望"，昂城为羌地古城名，又作昂城，是吐谷浑部西迁白兰途中的初据之地，在今四川西北阿坝一带[③]。昂城一词虽然在吐谷浑王族墓志中提及不多，但在吐谷浑历史中，却占有非常重要的地位。《魏书·吐谷浑传》载："吐谷浑遂从上陇，止于枹罕。自枹罕暨甘松，南界昂城、龙涸。"[④]《宋书·鲜卑吐谷浑传》亦载，晋成帝咸和四年（329年），吐谷浑长子吐延"为昂城羌酋所刺，剑犹在体，呼子叶延，语其大将绝拔渥曰：'吾气绝，棺敛讫，便远去保白兰。地既险远，有土俗懦弱，易控御。'"[⑤]。在此次"昂城事件"后，吐谷浑部便在叶延的带领下退往白兰，并且以白兰地区为中心正式建立吐谷浑国。因此，"昂城"既是吐谷浑西迁过程中的初据之地，也象征着吐谷浑部建立政权的开始。

志文载慕容智"为可汗第三子也"，同时还明确提到"父诺曷钵，尚大长公主，驸马都尉"，说明慕容智的母亲应当就是弘化公主，则慕容智应该是诺曷钵的嫡三子。结合之前学界

---

① a.陈连庆：《鲜卑山考》，《社会科学战线》，1982年第3期，第209页；b.马长寿：《乌桓与鲜卑》，桂林：广西师范大学出版社，2006年，第198页。

② 李昉，李穆，徐铉等：《太平御览：部地十》（第45卷），石家庄：河北教育出版社，1994年，第403页。

③ 周伟洲：《吐谷浑史》，桂林：广西师范大学出版社，2006年，第8页。

④ 魏收：《魏书：吐谷浑传》（第101卷），北京：中华书局，1974年，第2233页。

⑤ 沈约：《宋书：鲜卑吐谷浑传》（第96卷），北京：中华书局，1974年，第2370页。

对诺曷钵世系的研究，其子嗣至少应有五男二女[①]，嫡长子为慕容忠，嫡次子为闼卢摸末，嫡五子为慕容万，二女为成月公主。加上本次发现的嫡三子慕容智，大致可明确诺曷钵四子一女之关系。根据墓志生卒年的相关记载，嫡长子慕容忠生于贞观二十二年（648 年）[②]，嫡三子慕容智生于永徽元年（650 年），则其嫡次子闼卢摸末应当在此期间出生，我们认为贞观二十三年（649 年）的可能性较大，但也不能排除其与慕容忠或慕容智存在孪生的情况。则嫡四子和嫡五子应在永徽元年（650 年）之后出生。

特别是对嫡次子闼卢摸末生年的确定，使我们可以对史书记载金明县主出适闼卢摸末的情况加以重新考量。《新唐书·西域传上》记载："久之，摸末死，主与次子右武卫大将军梁汉王闼卢摸末来请婚，帝以宗室女金明县主妻之。"[③] 由于推定闼卢摸末出生的年份大致在贞观二十三年（649 年），所以在其兄长慕容忠圣历元年（698 年）去世时闼卢摸末已经 49 岁，在其父亲诺曷钵垂拱四年（688 年）去世时闼卢摸末也已 39 岁，其不可能在此期间才去请婚，所以闼卢摸末请婚的时间至迟也应该在垂拱四年（688 年）之前。则《新唐书》中"摸末死"的记载可能有误，或者说此处的"摸末"并非指慕容忠（苏度摸末）或者诺曷钵，而是另有其人。同时也说明，在为闼卢摸末请婚时弘化公主并未去世，此处所载"主"应当就是指弘化公主而非金城县主。值得注意的是，《新唐书》中在闼卢摸末请婚的这段记载之后，紧接着便写道："既而吐蕃相攻，上书相曲直，并来请师，天子两不许。""既而"一词的出现说明两个事件之间似有承接关系，正是由于吐谷浑内附唐朝为闼卢摸末请婚，引起了吐蕃的不满，才导致吐蕃与吐谷浑之间爆发战争[④]。关于"吐蕃相攻"事件发生的时间，史籍记载是明确的，即高宗显庆五年（660 年）八月，双方相互攻伐，并都向唐朝请兵，唐高宗两不许。这也就是说，弘化公主为次子闼卢摸末请婚的时间，应当是在"吐蕃相攻"事件之前，同时又在金城县主许婚慕容忠之后，即永徽三年（652 年）—显庆五年（660 年）。由于此时闼卢摸末尚小，所以金明县

① a. 李浩：《新见唐代吐谷浑公主墓志的初步整理研究》，《中华文史论丛》2018 年第 3 期，第 1—26 页；根据林梅村的最新研究，敦煌古藏文《阿柴纪年》残卷（S.T.vol.69.fol.84），其年代应在 633—642 年之间，实乃《松赞干布本纪》抄本，其中记载贞观十四年（640 年）诺曷钵之妃生下一名女婴"阿丽芳迪"，贞观十五年（641 年）诺曷钵之吐蕃妃生下一名女婴"属庐……媺"。但是关于该残卷的具体内容及年代划分目前学界仍存争议，因此本文暂以出土墓志中的相关记载为准，讨论诺曷钵的子嗣问题，至于《阿柴纪年》残卷中的相关记载，待研究进一步深入之后再做详论；b. 林梅村：《相逢在青藏高原——敦煌古藏文〈松赞干布本纪〉残卷人物与葬地之一》，《敦煌研究》2020 年第 6 期。第 78—87 页；c. 周伟洲、杨铭：《关于敦煌藏文写本〈吐谷浑（阿柴）纪〉残卷的研究》，《吐谷浑资料辑录》，北京：商务印书馆，2017 年，第 348—362 页。

② 周伟洲：《吐谷浑资料辑录》，北京：商务印书馆，2007 年，第 64—66 页。

③ 欧阳修，宋祁：《唐书》卷 221《西域传上》，北京：中华书局，1975 年，第 6226 页。

④ 自西汉解忧公主远嫁乌孙王以来，周边少数民族君主无不以迎娶汉公主为荣，汉公主出嫁于某国，同样具有很强的政治意味，因迎娶汉公主而引发战争的情况亦不乏其例，如弘化公主出适诺曷钵即引起吐蕃发兵攻打吐谷浑，金明县主出适闼卢摸末的情况也可能与此有关。

主出适的具体情况，应该和金城县主出适慕容忠的情况相似[①]，显庆五年（660年）以前只是许婚，具体的成婚时间应该是在闼卢摸末成年以后。

关于闼卢摸末封号的记载也可以从侧面佐证这一观点。由文献和墓志记载来看，闼卢摸末长兄封号"成王"，三弟封号"喜王"，五弟封号"宣王"，皆为一字王。而《新唐书》中却记载闼卢摸末请婚时的封号是梁汉王，为二字王。据研究，吐谷浑王族封号随着年龄和职位的增加，可以由"二字王"晋升为"一字王"，"一字王"较"二字王"身份高[②]。如《慕容曦光》墓志记载："（曦光）三岁，以本藩嫡孙号观乐王。年十岁，以本藩嫡子号燕王"。文献中记载闼卢摸末封号梁汉王，说明弘化公主为其请婚时，闼卢摸末很可能年纪尚小，还未从"二字王"升级为"一字王"。

三、入侍宫禁

志文云："王以龟组荣班，鱼轩懿戚。出总戎律，敷德化以调人；入奉皇猷，耿忠贞而事主。"这表明慕容智曾经入侍宫廷，宿卫皇帝且担任戎职。隋唐时期，由于中央王朝实力强大，周边游牧民族常常会为了博取朝廷的信任，派遣子弟入质京城。在慕容智以前，吐谷浑王室成员就早有入侍之先例，慕容智的祖父慕容顺和父亲诺曷钵就曾先后入侍隋朝和唐朝[③]。至吐谷浑灭国以后，其王室成员入侍的情况变得更为普遍，甚至皆以入侍为荣。慕容智的兄长慕容忠，后辈慕容宣彻、慕容曦光、慕容曦皓等人，都曾先后入侍[④]。从志文来看，慕容智也应当是入侍行列中的一员。

唐代时入侍质子多宿卫于皇帝身边，常被授予禁卫军郎将、将军和大将军等职。志文记载慕容智先后"可左领军将军，俄加云麾将军，守左玉钤卫大将军"。据两《唐书》和《通典》记载，左领军卫为唐十六卫之一，"置大将军一员，正三品，将军两员，从三品……其职掌，大朝会则被青甲铠，弓箭刀盾旗等，分为左右厢仪仗，次立威卫之下"[⑤]。武德五年（622年）改左御卫为左领军卫，龙朔二年（662年）改左戎卫，咸亨元年（670年）复；光宅元年（684年）又改左玉钤卫，神龙元年（705年）再复。慕容智最初被授予的是左领军将军，由于永徽至龙朔年间（650—662年）慕容智尚小，担任左领军将军的可能性不大，其担任左领军将军的时间应当在咸亨、光宅之间（670—684年）。光宅元年以后左领军卫改名左玉钤卫，慕容智

---

① 金城县主墓志载，其于永徽三年（652年）出降。经夏鼐先生考证，永徽三年（652年）金城县主只有十岁，慕容忠只有五岁，所以此时只是许婚，真正的出嫁年龄应当在麟德元年（664年）。夏鼐：《武威唐代吐谷浑慕容氏墓志》，《考古学论文集》，石家庄：河北教育出版社，2000年，第148页。

② 靳翠萍：《唐与吐谷浑和亲关系始末考》，《敦煌学辑刊》1999年第1期，第217—219页。

③ 关于吐谷浑王族成员入侍情况的具体考证可参看，濮仲远：《唐代吐谷浑质子考——以唐代吐谷浑王室慕容氏墓志为中心》，《河西学院学报》2014年第4期，第30—34页。

④ a.同②；b.同③.

⑤ 刘昫等：《旧唐书》卷24《官职三》，北京：中华书局，1975年，第1901页。

又晋级为正三品的"守左玉钤卫大将军"。至于云麾将军，是唐代武官之散阶，高祖武德七年（624年）置，品级为从三品上阶[①]。

值得注意的是，据夏鼐考证，慕容智兄长慕容忠于麟德二年（665年）十八岁时入侍，授左威卫将军，咸亨、光宅之间晋级为左领军卫大将军，光宅元年（684年）后行左豹韬卫大将军，后袭青海国王[②]。也就是说，咸亨、光宅之间慕容智担任左领军卫将军时，左领军卫大将军的担任者正是其兄长慕容忠。光宅元年（684年）唐廷改左右威卫为左右豹韬卫，左右领军卫为左右玉钤卫，慕容忠行左豹韬卫大将军，而慕容智则接替其兄长之位，守左玉钤卫大将军。

志文记载慕容智在入侍以后尽职尽责，"诚可长隆显秩，永奉宸居"，但因不治之症，返还灵州，于"天授二年（691年）三月二日，薨于灵府之官舍，春秋卅有二，即其年九月五日迁葬于大可汗陵"。

四、归葬之地的变迁

自龙朔三年（663年）吐谷浑灭国，诺曷钵率领王族一支迁往唐朝境内，到安史之乱以后吐蕃军队相继攻陷凉州及安乐州，共八十余年，吐谷浑王族一支就一直以凉州南山地区为先茔之所在。因此，自民国初年至1978年，在武威南山青咀喇嘛湾一带出土《弘化公主墓志》《慕容明墓志》《慕容忠墓志》《慕容宣彻墓志》《金城县主墓志》《慕容曦光墓志》《慕容宣昌墓志》《李深墓志》和《武氏墓志》共9方吐谷浑王族成员墓志，志文皆载其先茔为"凉州南阳晖谷冶城之山岗""凉州南阳晖谷北岗"或"神鸟县阳晖谷之西原"，所以，之前学界均认为"阳晖谷"为吐谷浑王族在唐前期的唯一归葬地。

但从最新发现的《慕容智墓志》来看，其与之前出土墓志在归葬之地方面的记载存在很大区别，首先，慕容智墓葬的发现地点在岔山村，而其他墓葬的发现地点在青咀喇嘛湾，两地距离相差15公里以上；其次，《慕容智墓志》中记载的归葬地为"大可汗陵"，而其他墓志中记载的归葬地为"阳晖谷"；最后，慕容智的入葬时间为天授二年（691年），而其余墓葬的入葬时间皆在圣历二年（699年）之后。能够看出，慕容智墓与青咀喇嘛湾一带的其他吐谷浑王族墓葬，在入葬时间、墓葬地点和归葬地名上，均存在明显差别。

同样值得注意的是，几乎所有吐谷浑王族成员墓志在记载归葬之地时，皆有"归葬""迁奉""合葬"等字眼，只有《弘化公主墓志》中，直接记载弘化公主"葬于凉州南阳晖谷冶城之山岗"。这样的记载显然与其他墓志不同，实属特例，说明弘化公主所葬之地可能并非先前家族之祖茔，而是另葬于他处。因此，后续志文中对这一情况进行了说明，言"吾王亦先时启

① 张政烺：《中国古代职官大辞典》，郑州：河南人民出版社，1990年，第105页。

② 夏鼐：《武威唐代吐谷浑慕容氏墓志》，《考古学论文集》，石家庄：河北教育出版社，2000年，第216页。

殡，主乃别建陵垣；异周公合葬之仪，非诗人同穴之咏"①。解释了弘化公主与诺曷钵，既非合葬于同一墓室，也非合葬于同一陵园，而是另寻他处"别建陵垣"，以后发现的吐谷浑王族成员墓志中，便再也没有类似记载，仅言归葬阳晖谷或归葬凉州先茔。

结合此次《慕容智墓志》中"迁葬于大可汗陵"的记载，让我们对慕容氏家族的归葬情况有了更为深入的理解。既然慕容智入葬时间早，其他成员入葬时间晚，而且弘化公主墓志中明确记载其"别建陵垣"，这说明"大可汗陵"应当是慕容氏家族在阳晖谷之前的先茔所在，自弘化公主始，慕容氏家族建设了新的陵园"阳晖谷"。之后归葬于凉州地区的慕容氏家族成员，便皆以阳晖谷为先茔之所在，大可汗陵就逐渐荒废。

这种舍弃祖坟改建陵园的情况，在古代并不多见，诚如陈寅恪所言："吾国中古士人，其祖坟住宅及田产皆有连带关系……故其家非万不得已，决无舍弃其祖茔旧宅并与茔宅有关之田产而他徙之理。"②再结合墓志记载弘化公主与其子慕容忠同年同月同日去世，似乎颇显可疑。张维在《陇右金石录》中即提到："母子同日而死，此事之未必有，殊可疑也。"③杜光简《乌地也拔勤豆可汗墓志考释》亦云："慕容忠与其母同年同月同日死，又同年同月同日葬，后者固不足怪，前者殊云巧矣。"④说明天授二年（691年）至圣历二年（699年）之间，或许发生了某种变故，致使慕容氏家族作出"别建陵垣"的决定。

我们认为，慕容氏家族墓志中所反映出的诸多不合常理之事，可能与当时唐蕃相互征伐的历史大背景有关。683年唐高宗驾崩后，武则天开始掌国政，其一改高宗时期懦弱被动的防御姿态，采取了一系列反击吐蕃的政策，于垂拱元年（685年）和长寿元年（692年）先后命韦侍价和王孝杰西击吐蕃，收复安西四镇⑤。迫于压力，吐蕃大论论钦陵已无法安坐逻些，自693年始便亲自前往"吐谷浑地方"前线督阵，直到698年一直待在当地。在此期间唐蕃两国在边境地区摩擦不断。万岁通天元年（696年）论钦陵就曾亲自率军与唐军在洮州界之素罗汗山发生大战，并取得胜利，蕃方史料记载："大论论钦陵赴吐谷浑，于达拉甲都尔（素罗汗山唐人坟）与唐将王尚书（王孝杰）作战，杀死许多唐人。"⑥

吐蕃人既言此地为"唐人坟"，可见当时战况之惨烈。同年九月，吐蕃乘胜"寇凉州，都督许钦明为贼所执"。次年正月（697年），吐蕃又挟许钦明寇灵州，钦明在灵州城下大呼"贼中都无饮，城内有美酱乞二升，粱米乞二升，墨乞一梃"，事实上是想假借乞物暗示城中

---

① 周伟洲：《吐谷浑资料辑录》，北京：商务印书馆，2007年，第62—64页。

② 陈寅恪、陈美延：《论李栖筠自赵徙卫事》，《金明馆丛稿二编》，北京：生活·读书·新知三联书店，2001年，第2页。

③ 张维：《陇右金石录》，兰州：甘肃省文献征集委员会，1944年，第6页。

④ 杜光简：《乌地也拔勤豆可汗墓志考释》，《责善半月刊》1941年第3期。

⑤ 林冠群：《武则天时期李唐反击吐蕃之探讨》，《西藏民族大学学报（哲学社会科学版）》，2016年第3期，第21—30页。

⑥ 黄布凡、马德：《敦煌藏文吐蕃史文献译注》，兰州：甘肃教育出版社，2000年，第44页。

守将"冀有简兵练将，候夜掩袭"，然而"城中无晤其旨者"，许钦明遂遇害[①]。巧合的是，吐蕃于 696 年和 697 年先后寇略之地，皆为吐谷浑王族逃往唐朝时的所居之地，蕃军的进攻路线是否对其有特别的针对，很难确定。但是就慕容氏家族此后搬迁陵园的情况来看，吐蕃在 696 年寇凉州期间，有可能对"大可汗陵"进行了破坏，才导致慕容氏不得已作出搬迁祖坟的决定。同样巧合的是，在慕容忠去世的这一年，吐蕃内部也发生了重大变故，吐蕃赞普墀都松乘论钦陵外出督战之际举兵讨伐噶尔氏家族，论钦陵自杀。"钦陵方提兵居外，赞普托言猎，即勒兵执其亲党二千余人杀之，发使者召钦陵、赞婆，钦陵不受命，赞普自讨之。未战，钦陵兵溃，乃自杀，左右殉而死者百余人。赞婆以所部及兄子莽布支等款塞。"[②]

论钦陵的自杀，使吐蕃对外扩张的脚步有所放缓，对唐朝边境的寇略也相对减少。在这样的历史背景下，慕容氏家族选择在论钦陵死后的一年，将先茔迁往阳晖谷并安葬慕容忠和弘化公主。于此看来，慕容氏家族墓地位置的变迁似与唐蕃之间势力的消长存在某种间接且必然的联系。

五、志侧文字蠡测

此次出土的《慕容智墓志》志石侧面纵刻有两列不知名的文字，两列文字之间还专门划有界格线，显然是时人有意将其刻于志侧，以表达某种特定的含义。从字体来看，这些文字如汉字一样单个分开，具有与汉字类似的偏旁、笔画和部首，已经具备较为成熟的文字书写规范。通过对比多种现今已知的文字和符号，我们发现，志侧文字从字形上来说与契丹大字最为接近，如《慕容智墓志》"朿"字与契丹大字《北大王墓志》"求"字一致，都是据汉字"求"字减笔而来[③]。《慕容智墓志》"围"字和"仉"字与契丹大字《多罗里本郎君墓志铭》"囙"字和"仉"字相似，也似汉字减笔而来[④]。就字意来说，志侧文字似乎也与契丹大字有相似之处。据目前研究可知，契丹大字的一部分是在汉字的基础上删减或添加笔画而成，一字仅表达一个含义，与汉字一样属于表意文字；也有一部分和契丹小字一样，是创造出若干类似字母一样的原字，然后将原字拼写在一起来表达具体含义，属于表音文字[⑤]。如此反观志侧文字能够看出，类似"吕"字"卅"字，与汉字的"吕"字和"五"字有相近之处，可能属于表意文字。

① a. 刘昫等：《旧唐书》卷 6《则天皇后》，北京：中华书局，1975 年，第 125 页；b. 杜佑：《通典》卷 190《边防》，北京：中华书局，1988 年，第 5173 页；c. 王钦若等：《册府元龟》卷 425《死事第二》，北京：中华书局 1960 年，第 5443 页。

② 欧阳修、宋祁：《新唐书》卷 216《吐蕃传上》，北京：中华书局，1975 年，第 6080 页。

③ 刘凤翥、马俊山：《契丹大字〈北大王墓志〉考释》，《文物》1983 年第 9 期，第 23—30 页。

④ 丛艳双、刘凤翥、池建学：《契丹大字〈多罗里本郎君墓志铭〉考释》，《民族语文》2005 年第 4 期，第 50—55 页。

⑤ a. 刘凤翥：《契丹大字和契丹小字的区别》，《内蒙古社会科学》1981 年第 5 期，第 105—112 页；b. 张少珊：《关于几个契丹大字的拟音》，《北方文物》2018 年第 3 期，第 98—99 页。

而类似"　　"字"　　"字又明显是由两个文字拼写而成的，可能有表音的含义在。联系到契丹语本是基于东胡—鲜卑—乌桓语体系发展而来的[①]，且吐谷浑所用语言即为鲜卑语，两种文字在形制上的接近是否在昭示，《慕容智墓志》侧面的文字属于失传已久的鲜卑系文字？

从史籍记载来看，古代的鲜卑语民族是创造有本民族文字的。

首先，学界讨论最多的是北魏拓跋鲜卑部所创之鲜卑文字。据《魏书》记载，北魏道武帝拓跋珪天兴四年（401年）曾经"集博士儒生，比聚经文字，义类相从。凡四万字，号曰众文经"[②]。此时所聚的四万字应当就是汉字，聚文四万字编纂《众文经》的活动，很可能是在为后续创造鲜卑文字做铺垫。此后，魏世祖拓跋焘于始光二年（425年）"初造新字千余，诏曰：在昔帝轩，创制造物，乃命仓颉因鸟兽之迹以立文字。自兹以降，随时改作，故篆隶草楷，并行于世。然经历久远，传习多失其真，故令文体错谬，会义不惬，非所以示轨则于来世也。孔子曰，名不正则事不成，此之谓矣。今制定文字，世所用者，颁下远近，永为楷式。"[③]

这段记载表明至迟在拓跋焘时期，拓跋鲜卑已经创造了属于本民族的文字，并且开始与"篆隶草楷"等汉字形式一起"并行于世"。因此，《隋书·经籍志》中记载，包括《国语》《鲜卑语》《国语物名》《国语真歌》《国语杂物名》《国语十八传》《鲜卑号令》等数十种书籍，皆是由鲜卑文书写而成[④]。

其次，据《洛阳伽蓝记》载："唯吐谷浑城左右暖于余处。其国有文字，况同魏。"[⑤]以往认为当时的北魏统治者已经汉化，基本上通用汉字，故此处之"文字"，可能系指汉文[⑥]。现在看来，记载中特意强调吐谷浑"其国有文字"，且此文字"况同魏"，表明吐谷浑慕容鲜卑也应自创有本民族文字，这种文字的基本情况与北魏拓跋鲜卑所创之鲜卑文应非常相似。以文献中的相关记载为依据，包括周伟洲[⑦]、林幹[⑧]、逯耀东[⑨]等众多学者都认为，历史上曾有鲜卑文存在。遗憾的是，在此前的考古发掘中始终未有鲜卑文实例出现，这也使学界一度质疑鲜卑语是否真的有文字留存。

以《慕容智墓志》侧面所见文字为依据，重新审视边疆游牧民族文字的创造史，能够看出，大多数新兴游牧民族的文字，都是在引用和借鉴先进民族文字的基础上形成的。如回纥在创造自己的文字时借鉴了突厥人的文字，而突厥人的文字又和日耳曼人的卢尼文有很多相

---

① 朱学渊：《鲜卑民族及其语言（上）》，《满语研究》2000年第1期，第54—63页。
② 魏收：《魏书》卷2《太祖纪》，北京：中华书局，1974年，第39页。
③ 魏收：《魏书》卷4《世祖纪上》，北京：中华书局，1974年，第70页。
④ 魏征等：《隋书》卷32《经籍志一》，北京：中华书局，1973年，第945页。
⑤ 杨衒之撰，范祥雍校注：《洛阳伽蓝记校注》，上海：上海古籍出版社，1978年，第251—252页。
⑥ 周伟洲：《吐谷浑史》，桂林：广西师范大学出版社，2006年，第131页。
⑦ 周伟洲：《敕勒与柔然》，上海：上海人民出版社，1983年，第158页。
⑧ 林幹：《中国古代北方民族通论》，呼和浩特：内蒙古人民出版社，2007年，第192页。
⑨ 逯耀东：《从平城到洛阳—拓跋魏文化转变的历程》，北京：中华书局，2006年，第69页。

似之处 ①。如果将这种活动放置在古代东亚的历史大背景下思考，周边区域内似乎再没有比汉字更加完备的文字系统可供借鉴了。因此，之后崛起的诸如西夏、女真、契丹等民族都选择在借鉴汉字的基础上，创造了属于本民族的文字。据此，我们有理由相信，《慕容智墓志》侧面发现的文字，应是吐谷浑慕容鲜卑所创本民族文字，或可称之为"吐谷浑文"，这也是目前所见依据汉文所创造的年代最早的游牧民族文字，这一发现能够为整个鲜卑语系以及中古至近古时期游牧民族造字系统的研究提供很大的探讨空间。

至于为何在墓志侧面刻这两列文字？以及这两列文字具体所表达的含义？还需要学界对文字进行破译，做更深入的探究。

六、小结

慕容智墓志主要介绍了墓主人的姓氏、籍贯、先祖、世袭、入侍为官情况、逝世时间、迁葬之地等，其中使用了大量典故和溢美之词，概括了慕容智入侍宫禁到灵州病逝的一生。更为重要的是，该墓志出土信息明确，首次提到慕容氏除"阳晖谷"之外的又一陵园"大可汗陵"的存在，这也为下一步的考古工作指明了方向。同时，值得注意的是，志文最后的"铭"中的"丹乌迅速，白兔苍茫"，与慕容智墓墓顶东、西壁画内容相对应，而"二鉴经映"，亦与墓主棺前随葬的两件黑漆盘相吻合，"一铭翠琰"，亦即甬道中随葬的墓志。上述诸语，可与慕容智墓中的部分设置相对应，具有一定的写实功能，这应引起我们的重视。因此，将墓志记载与其他随葬器物、墓葬形制等相结合，不仅能够为研究吐谷浑历史提供资料，而且也能够为唐墓构建、明器神煞、吐谷浑葬俗等方面的研究提供有力支撑。

本文写作过程中得到陕西师范大学周伟洲和沙武田的指导。谨此致谢。

原文刊于《考古与文物》2021 年第 2 期

---

① 杨圣敏：《回纥史》，桂林：广西师范大学出版社，2008 年，第 130 页。

甘肃武威唐代吐谷浑王族墓葬群殉牲习俗初探

沙琛乔　陈国科　刘兵兵　甘肃省文物考古研究所

　　甘肃武威唐代吐谷浑王族墓葬群位于甘肃省武威市西南，地处祁连山北麓，主要分布于武威南山区河流北岸的山岗之上。该墓群自民国初年被发现直至上世纪80年代，共发掘墓葬9座，出土墓志9合以及各类文物百余件[①]。虽然墓群的发现时间很早且出土文物众多，但由于之前发现的多座墓葬均未经过科学的考古发掘，因此包括夏鼐、周伟洲、濮仲远等学者多以出土墓志为核心，对涉及吐谷浑王室家族的诸多历史问题进行了深入探讨[②]。至于墓葬本身所反应出的墓葬形式、葬制、葬俗等考古学方面的研究以及文化交流史、交通史、工艺美术史等物质文化方面的探讨还相对匮乏。直至2019年，吐谷浑喜王慕容智墓的科学发掘，才为该墓葬群的考古研究提供了新的契机[1]。2020年，我们对冰沟河与大水河中下游地区进行了系统的考古调查和勘探，新发现唐代吐谷浑王族墓葬数十座，并从墓葬选址及葬俗方面对该墓群所反映出的民族文化属性进行了初步探析[2]。2021年，项目组又在祁连镇马场滩村新发掘3座唐代吐谷浑王族墓葬。经考古发掘可知，这批墓葬皆有在墓道内殉牲之传统，这在同时期唐墓中极为罕见，当属吐谷浑民族所特有的丧葬习俗。本文试以此考古新发现为中心，对其中所传递出的文化内涵作些探讨，不当之处，祈请方家教正。

一、武威地区唐代吐谷浑王族墓葬殉牲形式

　　目前为止，我们共在武威南山区新发掘唐代吐谷浑王族墓葬4座，分别为慕容智墓、长

---

　　① 相传最早在民国初年，《弘化公主墓志》和《慕容明墓志》即在武威南山青咀湾被人掘出，1927年武威大地震，毗邻青咀湾的喇嘛湾（现称西湾）又出《慕容忠墓志》、《慕容宣彻墓志》两合，详见夏鼐《夏鼐西北考察日记》，社会科学文献出版社，2018年，第405页。1945年夏鼐、阎文儒两位先生在西湾发掘了金城县主墓和慕容曦光墓，出土大量珍贵随葬品及《金城县主墓志》和《慕容曦光墓志》，详见阎文儒《河西考古杂记（下）》，《社会科学战线》1987年第1期第130页。新中国成立后这一地区又出《慕容宣昌墓志》、《李氏墓志》两合，1978年武威文物普查队在青咀湾清理残墓一座，出土彩绘木俑、漆器数件及《武氏墓志》，详见宁笃学《甘肃武威南营发现大唐武氏墓志》，《考古与文物》1981年第2期第111页。1980年武威文管会在青咀湾清理残墓7座，出土漆木器、陶器、丝织品、金属器等各类文物百余件，详见黎大祥《武威青咀喇嘛湾唐代吐谷浑王族墓葬》，《武威文物研究文集》，甘肃文化出版社，2002年，第185页。

　　② 有关甘肃武威唐代吐谷浑王族墓葬群出土墓志研究史及各家之观点，可参见濮仲远《唐代吐谷浑慕容氏王室墓志研究述评》，《青海民族大学学报（社会科学版）》2013年第3期，第42页。

岭一号墓（2021TQCM1）、马场滩一号墓（2021TQMM1）和马场滩二号墓（2021TQMM2）^①，4
座墓葬皆为长斜坡墓道砖室墓^②，墓道内都有殉牲，现将四座墓葬的殉牲情况简述如下。

1. 慕容智墓[1]

该墓葬为带长斜坡墓道的单室砖室墓，由墓道、壁龛、封门墙、墓门、甬道和墓室等几
部分组成。墓道位于墓室南部，南高北低，两侧壁面竖直，底面呈斜坡状，通长17.5米。墓
道中部填土内发现一根长4.6米的墨绘旌旗杆，底部中部和南部散见有木构件、墨绘残砖、
调色砖和调色石，底面北端靠近墓门处见有殉牲，因遭破坏，具体情况不明。从扰动后回收的
骨骼判断，计有整马两匹，另散见有羊骨，马、羊葬姿及头向不明（图一）。

2. 长岭一号墓

该墓葬为带斜坡墓道的单室砖室墓，由墓道、甬道和墓室等几部分组成（图二，1）。墓
道位于墓室南部，南高北低，两侧壁面倾斜，底面呈斜坡状，通长10.04米。底面甬道口向

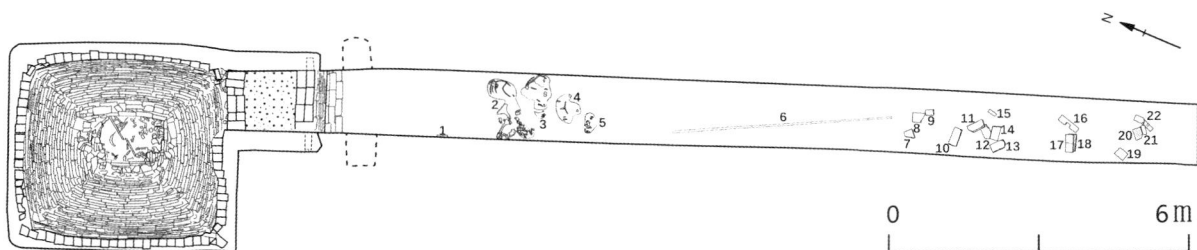

图一 慕容智墓平面图

1、7—14、19.碎砖块，2—5.殉牲骨骼，6.墨绘旌旗杆，15—18、22.木构件，20.调色砖（红色），21.调色石（黑色）

南约0.68—2.96米处殉有整马两匹，骨骼保存完好，葬姿明确。其中南侧马在上，马头向东，
北侧马马头叠压于南侧马臀部之下，马头向西，两马皆侧卧，作奔走状（图二，2）。在将马
骨提取之后，向下继续清理约0.1米即可见墓道底部踩踏面。在清理马骨下垫土的过程中，
在墓道东北角垫土内发现有少量炭粒，未见红烧土遗迹（图二，3）。

3. 马场滩一号墓

该墓葬为带斜坡墓道的双室砖室墓，由墓道、甬道、主室、侧室等几部分组成。墓道位
于主室南部，南高北低，两侧壁面略倾斜，底部呈斜坡状，通长15.5米（图三，1）。墓道
内共殉整马3匹，分两层殉葬。自照墙向南约9米，深1.5米处，殉第一层马骨，见有肋骨、

---

① 马场滩二号墓出土《大唐冯翊郡故太夫人墓志铭》一合，根据墓志记载结合墓葬形制可知，位于长岭、马
场滩的三座墓葬皆为吐谷浑人墓葬无疑，而且三座墓葬的墓主人可能都属于吐谷浑篷子氏家族成员，墓志具体内
容待刊。

② 2021年发掘的三座墓葬历史上曾被多次盗掘，砖室顶部均已坍塌。

图二　长岭一号墓殉牲遗迹

1.墓葬全景图（东南—西北），2.墓道殉马（西北—东南），3.墓道东北角炭粒

椎骨、坐骨等（图四，2）。第一层马骨之下深约0.3米的范围内，有一片长4.33、宽1.59米的土坯层，土坯均为残块，铺设杂乱无章，间有少量碎砖块（图四，1）。土坯层之下，自甬道口向南约2—7.7、深2.2—3.3米处，殉马3匹。其中1、2号马位于南侧，四蹄向西，1号马前蹄叠压在2号马腹部，缺失椎骨、坐骨等部分，与第一层马骨吻合，应是将1号马分割之后分别殉葬的。3号马位于北侧，四蹄向东，颅骨于近代被破坏。三匹马头皆向北，作行走状（图三，2）。在3号马后腿骨南侧清理出一片红烧土，平面近呈长方形，长0.68、宽0.46、

图三　马场滩一号墓殉牲遗迹

1.墓葬全景图（东南—西北），

2.墓道第二层殉马（东南—西北）

图四　马场滩一号墓殉牲遗迹

1.墓道填土内土坯层（西北—东南），2.墓道第一层殉马，

3.墓道东南侧火烧遗迹

图五　马场滩二号墓殉牲遗迹

1. 墓葬全景图（东南—西北），2. 墓道殉马
（西北—东南），3. 墓道北端马骨下木炭

图六　马场滩二号墓墓道填土内木炭及兽骨

1. 墓道西北角木炭，2. 墓道西北角木炭，
3. 墓道中部烧骨，4. 墓道中部烧骨

厚 0.1 米（图四，3）。3 号马骨两侧分别清理出一根旌旗杆，旗杆 1 位于马骨西侧，颈骨顶部，已朽，残长 2.7、直径 0.05—0.07 米；旗杆 2 位于马骨东侧，前蹄骨北端，已呈泥土状，残长 0.7，直径 0.07 米。

4. 马场滩二号墓

该墓葬为带斜坡墓道的单室砖室墓，由墓道、甬道、墓室等几部分组成（图五，1）。墓道位于墓室南部，南高北低，两侧壁面略倾斜，底部呈斜坡状，通长 16.3 米。墓道自地表向下约 0.6—2.3、自照壁向南约 6 米处的填土内，散见有大量木炭碎块和烧过、未烧过的兽骨，木炭位置整体偏北，兽骨位置靠南（图六）。在墓道底部甬道门前 1.05 米处，殉葬有整马一匹，骨骼保存完整，葬姿明确，马头朝西，马蹄朝北放置（图五，2）。在马匹肋骨之下，甬道门前约 0.5 米处，清理有碎木炭遗迹，未见红烧土（图五，3）。此外，在该墓墓室内随葬有大量

图七　马场滩二号墓墓室出土马具

1. 墓室南侧出土铜杏叶、铜铃、革带等，2. 墓室西侧出土铜杏叶、革带，3. 墓室西南角出土铁马镫

精美的马具，从马镫的数量判断，至少应有四套马具存在（图七）。

除以上四座墓葬以外，另有张掖肃南县大长岭墓葬，也有类似的殉牲现象存在，有很大

可能属于中唐时期河西地区的吐谷浑人墓葬[1]，因此也将其纳入参照对象加以介绍。此墓为木石结构前后双室墓，甬道（可能为墓道的一部分）位于墓葬东南侧，内殉整马两匹，北侧马马蹄向南，南侧马马蹄向北，头皆向东南，呈侧卧状。

通过以上总结能够看出，武威这批吐谷浑人墓葬的殉牲位置皆在墓道之内，殉牲种类主要包括马、羊两种，特以马最显重要。马匹均为整体殉葬，部分在马骨旁放置有旌旗杆，也有烧葬和烧殉的情况存在。

二、青海地区吐谷浑人墓葬殉牲形式

武威唐代吐谷浑王族墓葬群，是龙朔三年（663）吐谷浑国为吐蕃所灭之后，逃往唐朝境内的吐谷浑国末代统治者及其后至少四代王族成员的归葬之地。与之相对应，在吐谷浑民族统治多年的青海地区，必然也有吐谷浑人集中埋葬的茔域存在。由于青海地区的这批墓葬与武威吐谷浑王族墓葬在民族归属上皆为吐谷浑，而且很多墓葬在时代上也较为接近，因此，青海地区吐谷浑人墓葬殉祭动物的相关情况，对我们了解武威地区的类似葬俗具有很强的借鉴意义，故也将其纳入我们的讨论范畴之内。

从目前的考古情况来看，在今青海北部，特别是吐谷浑国统治核心的白兰地区（柴达木盆地东南沿），有大量5—10世纪的墓葬发现。但由于这批墓葬的年代很多会晚至663年以后，并且明确表现出受到吐蕃葬俗的强烈影响，因此关于这批墓葬的具体族属，学界一直存有争议，出现了包括吐蕃人墓葬[3]、吐谷浑人墓葬[4]、"吐蕃属文化"墓葬[5]等多种不同的观点。近年来，随着2018血渭一号墓"外甥阿柴王之印"的出土[6]，以及乌兰泉沟一号墓鎏金王冠的出土[7]，我们认为"吐谷浑人墓葬或吐蕃王朝统治下的吐谷浑人墓葬"这一观点更为可信。以下对目前已知的青海地区吐谷浑人墓葬相关殉牲情况做简单介绍。

1. 乌兰泉沟墓葬[7]

目前公布有乌兰泉沟一号墓。此墓为带墓道的砖木混合结构多室墓，墓道位于墓圹中部偏东。在墓室门外侧发现有一段鹿角和一处火烧祭祀遗迹，前室东壁外侧发现一段鹿角。在距离墓圹口部深3.08米的墓圹北侧填土内发现一处殉葬遗迹，包括一具仰身直肢葬式的殉人，其脚底部有殉葬羊骨遗迹。在此殉葬遗迹下方约0.5米的填土中，又发现一处祭祀遗迹，包含炭化的烧骨残块。另在东侧室地面堆放有大量木炭块，木炭层底部放置有15节羊寰椎骨。

2. 都兰热水墓葬群

（1）都兰热水一号墓[8]。该墓为带封土的木石结构多室墓，墓道向北。在距离封土顶部

约 4.5m 处，有一座长方形动物殉葬坑，坑内埋葬有牛、羊、狗、鹿、马等七十余个动物个体，多为整体殉葬。墓葬南面平地上有组合殉葬遗迹，包括五条殉葬沟居中东西横列，殉整马 87 匹，东西两侧另有 27 个圆形殉葬坑，其中 13 个殉牛头、牛蹄，8 个殉整狗，其他的埋有巨石、砸碎的镀金银器碎片等。

（2）2018 血渭一号墓[6]。该墓为带封土的木石结构多室墓，墓道向东。墓道内发现有殉马坑（K3），内殉公马 6 匹。墓圹中部填土内殉人 1 具，墓圹东南隅填土内有殉牲坑（K5），内殉肢解的绵羊、山羊、牦牛、黄牛等。墓葬东北方石砌房址（F1）内发现有羊肩胛骨及祭祀遗迹。墓园外北侧发现有殉牲坑（K4），内殉肢解的骆驼、马、狗、山羊、鹿、鸡等。

（3）热水 00DRXM11[9]。该墓为中型墓葬，由墓道、墓室、封土堆、殉葬坑组成，斜坡式墓道位于墓室北侧，在墓道口有一方形殉葬坑，坑内殉葬一成年男性和一匹整马。

（4）察罕乌苏河南岸 99DRNM1[10]。该墓为砖木结构多室墓，在墓室中部上距封土顶部 3.75 米处有六块砖，砖上堆放散乱羊骨，后室上方距封土顶部 8.4 米处，殉整狗 1 只。

（5）察罕乌苏河南岸 99DRNM2[10]32。该墓为木石结构单室墓，封土中心距封土顶部 3.15 米处有狗头骨。墓室内有大量凌乱的动物骨骼，包括牛骨、羊骨、鸟类骨骼等。

（6）察罕乌苏河南岸 99DRNM3[10]58。该墓为木砖石混合结构多室墓，在墓葬东室散见有羊骨、牛骨若干。

3. 都兰哈日赛沟墓葬[11]

目前已知哈日赛沟发掘吐谷浑墓葬两座，均位于哈日赛沟内山梁之上，为竖穴土坑木椁墓，其中一座带有长方形斜坡式墓道，墓道内殉整马两匹。

4. 德令哈郭里木乡夏塔图木棺墓[12]

两座墓葬均为带斜坡墓道的竖穴土坑墓，一座墓葬在木椁两侧殉整马、整驼各 1 匹，另一座墓在封顶的柏木上放有零散的羊骨。

5. 乌兰大南湾墓葬[13]

（1）M1 为带封土的竖穴土坑墓，封土层土坯之下有厚约 10 厘米的灰烬层，内含有少量牛骨、马骨等。

（2）M3 为带封土的土坯垒砌结构单室墓，墓底有厚约 5 厘米的烧土层，内含牛、羊骨骼。

（3）M4 为带封土的竖穴偏洞墓，墓顶见有马骨。

（4）M5 墓室已被破坏，墓葬周围见有马的下颌骨及肢骨。

通过以上梳理，我们能够大致总结出青海地区吐谷浑人墓葬殉牲情况主要包括以下几个特点。其一、殉葬动物包括马、牛、羊、狗、鹿等多个品种，特以马最为常见；其二、大型墓葬常在墓道、墓葬前方、墓葬封土内专门设置殉祭坑；其三、多将零散的动物骨骼置于墓室，特别是耳室或侧室内；其四、存在烧殉、烧葬现象；其五、大型墓葬存在殉人。

三、武威吐谷浑王族墓葬殉牲习俗之意义探讨

通过以上对考古材料的梳理，我们大体上对吐谷浑墓葬的殉牲情况有了一个整体的归纳。总的来说吐谷浑墓葬以殉马为主，也有殉羊、牛、鹿、狗等动物的情况出现，武威吐谷浑王族墓葬多在墓道内殉葬整马，而青海吐谷浑墓葬的殉牲形式则显得更为多元。下面我们就结合相关文献记载，对考古发现所体现出的文化内涵作一些初步探析。

（一）殉马所体现出的经济形态背景

从考古发现中能够看出，在吐谷浑墓葬的殉祭动物中，马占多数，这与吐谷浑民族本身的生存环境和生业方式不无关系。吐谷浑民族原属辽东慕容鲜卑的一支，为典型的游牧民族，在不断西迁的过程中，又吸纳融合了羌、戎等游牧人群，最终以青海北部草原地区为中心建立国家，其俗"有城郭不居，随逐水草，庐帐为屋，以肉酪为粮。"[14]因此马、牛、羊等牲畜对于吐谷浑人而言极为重要，特别是马，是他们日常生活和外出争战的必须品，吐谷浑人对其极为珍重，其法律规定"杀人及盗马者罪"等同，可"至死"，而其他犯罪只是"征物以赎"[14]2538。

同时，在吐谷浑民族的整个发展过程中，马有不可替代的重要作用。相传最初吐谷浑部与慕容廆部分家，即因"二部马斗"所起，甚至吐谷浑本人在最终定夺部落迁徙命令的时候，也以马的走向为决策依据。"诸君试驱马令东，马若东还，我当相随去……拥马东出两千骑，辄悲鸣而西走。"[14]直至在白兰地区建国以后，马已不只是吐谷浑人赖以生存的生活物资，甚至成为吐谷浑国引以为傲的特产。史载"青海周回千余里，海内有小山。每冬冰合后，以良牝马置此山，至春收之，马皆有孕，所生得驹，号为龙种，必多骏异。吐谷浑尝得波斯草马，放入海，因生骢驹，能日行千里，世传青海骢者也。"[15]因此，历史上吐谷浑人每每向中原王朝贡献方物之时，马为必备项之一。

[东晋咸安元年（371）]吐谷浑碎奚以杨纂既降，惧而遣使送马五千匹。[16]

[（刘宋）大明五年（461）]拾寅遣使献善舞马，四角羊。皇太子、王公以下上《舞马歌》者二十七首。[17]

[梁天监四年（505）]河南国献舞马，诏率赋之，曰：……河南国又献赤龙驹，有奇貌绝足，能拜善舞。[18]

[西魏大统初，夸吕]再遣使献能舞马及羊、牛等。[15]3187

[隋开皇十六年（596）]得二国（突厥、吐谷浑）所赠马千余匹。[19]

[唐高宗时期]（诺曷钵）献名马，帝问马种姓，使者曰："国之最良者。"[20]

[唐永徽三年八月（652）]吐谷浑遣使献名马。[21]

[唐永徽四年七月（653）]吐谷浑献名马。[21]

鉴于马匹在吐谷浑人生产活动中所占据的重要地位，武威吐谷浑王族墓葬当中殉马的大量出现，显然是受到本民族生产、生活背景的影响，并最终转变为固定的丧葬习俗。类似羊、牛、狗等殉牲在吐谷浑墓葬当中的出现，也是同样的道理。

（二）烧物和葬马所体现出的信仰内涵

依前所述，在武威以及青海地区的吐谷浑墓葬当中，都有烧物以及焚烧动物骨骼的情况出现，这在很大程度上可能是受到鲜卑传统丧葬观念的影响。类似现象最早见载于王沈《魏书》，书中明确记述了乌丸的相关葬俗及其内涵：

> 贵兵死，敛尸有棺，始死则哭，葬则歌舞相送。肥养犬，以采绳婴牵，并取亡者所乘马、衣物、生时服饰，皆烧以送之。特属累犬，使护死者神灵归乎赤山。赤山在辽东西北数千里，如中国人以死之魂神归泰山也。至葬日，夜聚亲旧员坐，牵犬马历位，或歌哭者，掷肉与之。使二人口颂咒文，使死者魂神径至，历险阻，勿令横鬼遮护，达其赤山，然后杀犬马、衣物烧之。敬鬼神，祠天地日月星辰山川，及先大人有健名者，亦同祠以牛羊，祠毕皆烧之。[22]

另据史载鲜卑"言语习俗与乌桓同"，《宋书》亦言鲜卑人："死则潜埋，无坟垄处所，至于葬送，皆虚设棺椁，立冢椁，生时车马器用皆烧之以送亡者。"[23]说明鲜卑与乌桓一样，也盛行类似的烧物、烧殉葬俗。

从考古发现中也能够看出，烧物葬在鲜卑墓葬中非常流行。如朝阳十二台乡砖厂88M1、辽宁北票房身村二号墓等慕容鲜卑墓葬当中，就发现有木炭灰烬及焚烧过的痕迹存在[24]。内迁以后的拓跋鲜卑统治者对于烧物习俗也是一仍如旧，如磁县湾漳北朝墓M106、茹茹公主墓和宣武帝景陵等北朝墓葬，亦有烧物熏黑墓室的情况存在[25]。吐谷浑作为慕容鲜卑的一支，在墓葬殉牲过程中间杂有烧物现象，显然是对本民族丧葬传统的延续。

此外，就烧物、烧骨以及葬马的内涵来说，其用途应是护送亡者灵魂魂归故里。只不过依文献所载，乌桓人死后受犬马所护，最终灵魂会"归乎赤山"，此处所谓之赤山即乌桓人起源之乌桓山，同理，鲜卑人死后灵魂归依之地当为鲜卑人起源之鲜卑山。鲜卑山是鲜卑族信仰中的圣山和精神寄托之宝地，正因如此，鲜卑人每迁至一处定居，就会认定周边一座雄浑的大山为鲜卑山，如拓跋鲜卑认定嘎仙洞所在的大兴安岭北段为其"大鲜卑山"，东部鲜卑认定之鲜卑山则指大兴安岭南段中央一带[26]，伴随着慕容鲜卑吐谷浑部的西迁，这一习俗也被带到青海高原。《水经注》载"在屯皇（敦煌）东南四百里有阿步干鲜卑山东流，至金城为大河。"[27]此阿布干鲜卑山即是位于青海、河西交界处大通河源的祁连山，是定居青海之后的吐谷浑人所认定之鲜卑山[28]。之所以以阿步干鲜卑山为名，全祖望在注阿步干条时曾解释道："阿步干，鲜卑语也，慕容廆思其兄吐谷浑，因作《阿干之歌》，盖胡俗称其兄为阿步干；

阿干者，阿步干之省也。"[27]69

因此，武威吐谷浑王族墓葬中所见焚烧车马器用以及葬马的传统，应是对鲜卑传统丧葬观念的延续，是为了护送墓主人灵魂归依民族起源之鲜卑山。只不过吐谷浑人归依之鲜卑山并非是东北地区的鲜卑山，而正是这批墓葬所朝向的阿步干鲜卑山，也就是祁连山。

（三）殉牲过程中的丧葬礼仪

应当说我们现在通过考古手段所能够见到的殉牲遗迹，只是殉牲仪式结束后所遗留下来的实物遗存，属于整个殉牲仪式中的一小部分，更多的仪式活动是在墓葬外进行的，很少有相关实物留存，因此人们对殉牲礼仪的整体认识还相对较少。幸而我们此次发掘的数座吐谷浑墓葬，保留有一些零散信息，通过与文献记载相结合能够让我们对吐谷浑殉牲礼仪进行一些初步的探索。

了解吐谷浑殉牲礼仪的突破口出现在墓志记载当中。2021年发掘的马场滩M2出土《大唐冯翊郡故太夫人墓志铭》一合，墓志在表达悲痛之情时采用了"哀恸过礼，毁肤失容"这样的描写，就是说吐谷浑人会采取毁坏脸部肌肤的形式来表达对逝者的哀思。这种做法显然不符合中原礼节，在大量史籍记载中一般被称之为"以刀劙面"，主要流行于匈奴、突厥、回鹘、粟特、女真等古代少数民族当中，在片治肯特、克孜尔石窟、莫高窟的壁画当中也有相关图像流存[29-30]，此次墓志中的相关记述表明，类似习俗也曾在吐谷浑民族当中流行。关于以刀劙面在殉牲仪式中的应用，《周书》在记载突厥葬礼时有一段较为详细的描述：

> 死者，停尸于帐，子孙及诸亲属男女各杀羊马，陈于帐前，祭之。绕帐走马七匝，一诣帐门，以刀劙面，见哭，血泪俱流，如此者七度，乃止。择日，取亡者所乘马及经服用之物，并尸俱焚之，收其余灰，待时而葬……葬之日，亲属设祭，及走马劙面，如初死之仪。[31]

大体来说除了"走马劙面"、"并尸俱焚"等细节以外，突厥葬礼与前述乌桓鲜卑葬礼有很多相似之处，其中能够与考古信息相对应值得我们注意的是，在"杀羊马"之后又有"绕帐走马"的记述出现。似乎说明并非所有参加丧葬仪式的马都被宰杀殉葬，而是保留有一部分马作为"殡马"，只协助完成相关的殡葬仪式而未被杀殉。我们在清理马场滩M2时就发现有类似情况，此墓算上墓道内殉葬的一匹整马和烧殉的一只牲畜（可能是马），最多只有两匹马存在，而在墓室内却出现了至少四套马具。较为合理的解释是，有多匹身着华丽鞍鞯的马参加了丧葬仪式，在仪式结束后一部分马匹被杀殉或烧殉，另有部分马作为殡马，仅将身着马具取下葬入墓室，马匹本身未被宰杀。

关于丧葬仪式中马的形象，芝加哥普利兹克基金会藏吐蕃对马纹鎏金银牌饰为我们提供了较为明确的图像表达。图中两匹马身着华丽的马具，背插旌旗，各由一跪坐的吐蕃贵族牵引，头相对而立，马的四蹄均被绳索捆绑，说明两匹马很可能是在丧葬仪式中被用于殉祭的马匹（图八）。与考古发现相对比能够看出，精美的马具在武威发掘的几座吐谷浑墓葬当中皆有发现，可能是从殉马或殡马身上取下放入墓室随葬的，另在慕容智墓和马场滩 M1 墓道填土内还发现有长短不一的旌旗杆，这些旗杆可能是举行丧葬仪式时马匹身上所带之物，在仪式结束后与马匹一起被埋入墓道填土之中。

如此我们能够对吐谷浑人殉牲仪式进行一个简单的还原，其主要流程包括。在下葬之日聚亲朋到场，并牵装饰华丽的马匹，随后举行以刀劙面、血泪歌哭、讼咒语、歌舞相送等丧葬仪式。再将马匹身着马具取下随葬入墓室并宰杀部分马匹殉入墓道之中，也有将死者生前

图八　对马纹鎏金银牌饰
采自《丝绸之路上的文化交流：吐蕃时期艺术珍品》

车马器用在墓道内或墓葬外进行焚烧；最后将焚烧后的木炭、烧骨及马匹身上的旌旗杆一同埋到墓道填土内，封闭墓葬，殉牲仪式结束。

四、武威吐谷浑墓葬殉马习俗所体现出的差异及特点

如前文所论，武威唐代吐谷浑王族墓葬在墓道内殉牲的葬俗，与吐谷浑民族自身的生产方式以及古老的鲜卑族信仰有关，然而在墓葬中大量出现殉马的现象，却有其独特的一面，值得我们进行更为深入的探讨。

首先，武威吐谷浑墓葬这种整马殉葬的形式，与东北地区慕容鲜卑墓葬中的殉马情况并不相同。有关慕容鲜卑墓葬遗存的研究，包括宿白、马长寿、张柏忠、陈雍、乔梁、韦正等先生皆有详细且精彩的论述[①]。总体而言，慕容鲜卑墓葬的分布时间集中于汉末至魏晋十六国，分布地点是以辽西为核心东北地区。在殉牲方面"存在着以牛、马、羊和犬为殉牲的现象，一般是肢解牲畜的头足作象征性殉葬"[32]。

也就是说，在东北地区慕容鲜卑的传统殉牲习俗中，流行的是以肢解的牲畜头足作象征性殉葬，而且马的殉葬比例相对较低，更鲜有整马殉葬的情况出现。以不同时期、不同等级的慕容鲜卑墓葬为例，如科右中旗北玛尼吐鲜卑墓葬群，包括 M7、M17、M36、M41、M31

---

① 关于慕容鲜卑墓葬遗存的考古学研究，韦正先生有详细的综合整理，韦正《鲜卑墓葬研究》，《考古学报》2009 年第 3 期，第 349 页。

五座墓葬在墓主人腰部和头部附近，殉有羊矩骨和狗头骨[33]；北燕冯素弗夫妇墓，1号墓墓道西龛内殉有牛肋骨和腿骨，2号墓在墓室西端殉狗骨大小2具[34]；安阳孝民屯晋墓154号墓棺外西北部发现有马头骨1个、狗头骨1个、狗爪4只、牛腿骨1节，其余4座墓葬皆在小龛内殉葬零散的牛骨[35]；朝阳北燕石室壁画墓八宝M1殉牛腿1条[36]；朝阳十二台砖厂墓地，发现多座竖穴土坑墓，前壁有龛，内置零散牛骨[37]。无独有偶，张国文先生在对拓跋鲜卑墓葬的殉牲习俗进行了详细梳理以后也得出了类似结论，早中期拓跋鲜卑墓葬的殉牲情况也是以殉葬动物的头、蹄、距骨为主，马的殉葬比例不高，至北魏时期则多以陶质模型代替动物实体殉葬，更少有整马殉葬[38]。

由此来说，武威吐谷浑墓葬当中大量出现的整马殉葬情况，与鲜卑族的传统殉牲习俗存在差异，表达出本民族在殉牲习俗上的一些特点所在。当然这种殉葬整马的习惯并非为吐谷浑所特有，而在整个内亚草原民族当中存有一定的共性[39]，因此从宏观的时代背景来说，吐谷浑类似习俗的产生显然是受到整个内亚草原民族文化的影响。但如果从吐谷浑民族发展史的细节入手，大致能够判断，对吐谷浑丧葬习俗产生较大影响的主要包括以下三类民族。一为吐谷浑西迁过程中吸纳融合的西北诸羌族；二为河南道建立以后与吐谷浑交往密切的西域诸胡族；三为与吐谷浑国山水相接的吐蕃民族（或可称吐蕃属民族）。

以羌族而言，吐谷浑国本就是在"兼并氐羌地区数千里"的基础上建立的，因此吐谷浑人与西北杂羌具有不可分割的联系。吐谷浑二代首领吐延即为昂城羌酋所刺，三代首领叶延建国之白兰地区，亦为白兰羌人所据之地，因此在史籍所载的吐谷浑民族姓氏当中，氐羌姓氏即占有较大的比例[40]，甚至可以说吐谷浑民族本身，就是鲜卑族在吸收融合西北地区氐羌民族的基础上产生的。但是从殉牲习俗上来说，以目前学界较为认同可归属为羌族的考古学文化，四坝文化、卡约文化和白兰羌族之诺木洪文化为例，其墓葬殉牲中还是以殉葬羊、牛、马等牲畜的头骨和肢骨为主，很少有整马殉葬的情况出现。即便是将视野放大，西北地区齐家、辛店、寺洼、沙井等考古学文化也大都是延续当地头蹄殉葬的习俗，且马的殉葬比例不高，更少有整马殉葬的传统出现①。

与西北氐羌不同，在墓葬内殉葬整马的形式，在以突厥为代表的阿尔泰语系北方草原民族中却颇为盛行。鉴于吐谷浑自河南道建立以后与西域诸民族之间存在较为频繁的往来，因此吐谷浑本民族殉牲习俗的产生，在一定程度上应当是受到了北方草原民族的影响。但是考虑到与吐谷浑更为亲密的吐蕃也很早就存在殉葬整马的传统，而且从武威以及青海地区吐谷浑墓葬的其他方面能够看出，吐蕃对吐谷浑的丧葬习俗产生了较为强烈的影响。因此我们认为，吐谷浑独特的殉牲习俗是其在延续鲜卑族传统的基础上，受到多方面影响而逐渐形成的，其中吐蕃对吐谷浑所产生的影响显得尤为重要。

---

① 关于夏商周时期西北地区考古学文化的殉牲情况，可参见包曙光《中国北方地区夏至战国时期的殉牲研究》，吉林大学博士学位论文，2014年。

五、吐蕃殉马传统对吐谷浑殉牲习俗所产生的影响

有关吐谷浑墓葬的殉马问题，许新国先生早年在探讨都兰吐谷浑墓葬与西藏山南、藏北地区的吐蕃墓时即已提出，"殉牲习俗两地都有发现，特别是殉完整的马两地惊人的一致"[41]，说明两个民族墓葬在葬马形式上存在一定程度的相似性。

关于吐蕃民族的殉马习俗，学界已有较为充分的讨论。总体而言，西藏高原在史前时期，以马作为献祭杀殉的习俗就已经开始流行，在拉萨曲贡遗址晚期遗存中，即发现有殉葬整马的祭祀遗迹（J2）[42]。至前吐蕃时期（吐蕃部落联盟时期），动物殉葬习俗开始出现变化，特以西藏西部的羊同地区为代表，受到西藏本土起源的本教丧葬仪轨的影响，此时墓葬通常会在墓室内外设置专门的"腰坑"、殉葬坑等殉葬区域，有规律的殉葬动物头骨或整只动物，其中就有整马殉葬的情况出现[43]。如曲踏2014M2正对墓室入口随葬有一匹整马；曲踏2014M4墓室地面左侧放置一匹整马[44]；故如甲木2012M4墓上动物祭祀遗址殉祭有整马一匹[45]。至吐蕃王朝时期，延续此前的本教葬俗，马匹殉葬开始占据较为核心的地位，并以一种固定的表现形式出现，《隋书》即载："其（吐蕃）葬必集亲宾，杀马动至数十匹"。[46]根据霍巍先生的研究可知，吐蕃王朝时期殉葬马匹时一般会以殉葬整马为主，多以墓葬前的殉马坑形式出现，有些也在墓葬封土、墓道及墓室内。如乃东县切龙则木墓群在G组1号墓前发现两座殉马坑，殉葬整马8匹；查邬岗墓地发现有殉马坑数十座，坑内各殉整马1匹；朗县列山墓地殉葬坑K25内殉葬整马9匹[47]。

总之，在西藏本土的本教丧葬仪轨当中，以活人献祭和以马殉牲是最为核心也最为突出的。敦煌古藏文写卷所记述的本教丧葬仪轨中，就有殉葬"香马""大宝马""小宝马"等的相关记述[48]，可以说马在吐蕃葬礼中占有极为重要的地位。从内涵及功能上来讲，吐蕃墓葬中殉葬马匹的作用主要包括以下几点：其一，它能够作为死者的坐骑，为死者引路抵达"极乐世界"；其二，马能够作为死者的替身，护佑死者不受地下精灵伤害；其三，葬马是为了给死者提供来世之牲畜[49]。

吐谷浑作为吐蕃在青藏高原之上的近邻，在葬俗方面受到吐蕃的影响，自属情理之中。从文献及考古材料所展现出的情况来看，吐谷浑和吐蕃两个民族之间长时间存在这较为密切的往来，即便是诺曷钵663年逃往凉州之前，两民族之间相互影响、联姻的情况就已非常常见。

《新唐书·吐蕃传上》载咸亨三年（672），吐蕃大臣论仲琮入朝唐朝时，唐高宗曾指责其"吐谷浑与吐蕃本甥舅国，素和贵叛其主，吐蕃任之，夺其土地"，[50]高宗既言在吐谷浑灭亡前，两国本甥舅国，这从侧面说明，吐谷浑与吐蕃之间的和亲很可能在松赞干布去世的650年之前就已开始。藏文典籍《贤者喜宴》亦载，松赞干布之子恭松恭赞曾迎娶吐谷浑蒙洁墀噶为妃[51]，《藏王世系明鉴》同样记载此事，云松赞干布之孙莽论莽赞的母亲为吐谷浑公主[52]。除和亲以外，《西藏王臣记》还曾载松赞干布曾祖父时期，吐蕃王子就已为吐谷浑王治

疗眼疾。

在吐蕃王朝强大之后，其扩张的雄心逐渐显露，表现为对吐谷浑国的连年争战。638 年，松赞干布即借口吐谷浑破坏吐蕃向唐朝的请婚，出兵青海。649 年，"吐蕃闻突厥、吐谷浑皆尚（唐）公主"产生不满再度发兵，"吐谷浑不能支，遁于青海之北，民畜多为吐蕃所掠"。[53] 敦煌本吐蕃历史文书中甚至宣称此次战争吐蕃"首次将吐谷浑人收归辖下"。[54] 656 年吐蕃大相噶尔·东赞击破与吐谷浑国关系密切的白兰残部，为进一步攻击吐谷浑本部打下基础。也正因如此，史学界曾有人提出吐谷浑在 663 年彻底灭亡以前，已经在吐蕃强势的攻击下分为两支，西支以鄯善为中心，首领可能为伏允次子尊王，亲吐蕃，东支以诺曷钵为可汗，亲唐[55]。此说现在看来似乎缺乏坚实的依据，但总体而言，在 663 年以前吐蕃对吐谷浑的影响已体现的非常明显。敦煌本吐蕃历史文书 P.T.1288《大事记年》中，对于 663 年之前几年吐蕃两国之间的关系有更为详细的记述：

……赞普墀松赞巡临北方，吐谷浑与汉属之……与吐谷浑二地纳赋。

及至羊年 (659)，赞普驻于"札"之鹿苑，大论东赞前往吐谷浑（阿豺）。

及至猴年 (660)，赞普驻于墨竹·吉介。大论东赞（仍）在吐谷浑。是为一年。

及至鸡年 (661)，赞普驻于美尔盖。大论东赞在吐谷浑。是为一年。

及至猪年 (663)，赞普驻于"南木东"，大论东赞在吐谷浑境。是为一年。[56]

应当来说，在 663 年诺曷钵逃往凉州之前，吐谷浑尚属独立之国家，但此时的吐蕃大论禄东赞却能够带兵长期在吐谷浑地活动，吐蕃对吐谷浑所产生的强烈影响，甚至可以说是间接统领，已不言而喻。

如此反观青海地区吐谷浑墓葬当中的相关殉牲情况，能够明显看出，其在很大程度上受到吐蕃丧葬习俗的影响。如都兰热水一号墓、2018 血渭一号墓在墓前、墓道以及封土内设置殉葬坑的传统，以及整马殉葬的情况，与吐蕃民族的殉牲形式非常相似；乌兰泉沟一号墓墓前的殉人，则与吐蕃君长首领以"共命人"殉葬的习俗相关[57]。武威这批墓葬的墓主人作为 663 年以后迁入唐境的吐谷浑人，已经有很多方面长期受到吐蕃文化影响，其在墓道内殉葬整马，也与吐蕃墓葬颇为相似。因此我们认为，武威唐代吐谷浑王族墓葬当中殉葬整马，在很大程度上应是受到吐蕃丧葬习俗的影响。

六、小结

通过以上论述能够看出，武威地区唐代吐谷浑王族墓葬的殉牲习俗，以殉马为主，既有整马殉葬的情况出现，也有鲜卑族特殊的烧葬传统，亦有"毁肤失容"等丧葬礼仪活动。在殉牲内涵上体现出鲜卑族"祀毕皆烧之"和"魂归鲜卑山"的信仰传统，在整马殉葬的形式上，又受到吐蕃殉牲形式的影响，殉牲位置则是唐墓当中常见的长斜坡墓道。也就是说，该墓群的殉牲情况具有很强的融合性，是在典型的中原式唐墓中，以吐蕃民族殉葬整马的埋葬形式，来表达吐谷浑民族所特有的丧葬信仰。仅从墓道殉牲中，就能够看到吐谷浑、吐蕃、汉等不同民族文化的融合与交流，这一情况无疑是对中华民族共同体意识的物化体现，是从实物端对中华文明"多元"与"统一"概念的完美诠释，这种多元文化融合交汇的基本面，也是我们探讨武威地区唐代吐谷浑王族墓葬群的基本抓手。

参考文献：

［1］甘肃省文物考古研究所、武威市文物考古研究所、天祝藏族自治县博物馆、陕西十月文物保护有限公司：《甘肃武周时期吐谷浑喜王慕容智墓发掘简报》，《考古与文物》2021年第2期。

［2］沙武田、陈国科：《武威吐谷浑王族墓选址与葬俗探析》，《考古与文物》2021年第2期。

［3］阿顿·华多太：《论都兰古墓的民族属性》，《中国藏学》2021年第4期。

［4］周伟洲：《青海都兰暨柴达木盆地东南沿墓葬主民族系属研究》，《史学集刊》2013年第6期。

［5］霍巍：《论青海都兰吐蕃时期墓地考古发掘的文化史意义——兼评阿米·海勒〈青海都兰的吐蕃时期墓葬〉》，《青海民族学院学报》2003年第3期。

［6］中国社会科学院考古研究所、青海省文物考古研究所：《青海都兰县热水墓群2018血渭一号墓》，《考古》2021年第8期。

［7］中国社会科学院考古研究所、海西蒙古族藏族自治州民族博物馆、乌兰县文体旅游广电局：《青海乌兰县泉沟一号墓发掘简报》，《考古》2020年第8期。

［8］仝涛：《青海都兰热水一号大墓的形制、年代及墓主人身份探讨》，《考古学报》2012年第4期。

［9］肖永明：《树木年轮在青海西部地区吐谷浑与吐蕃墓葬研究中的应用》，《青海民族研究》2008年第3期。

［10］北京大学考古文博学院、青海省文物考古研究所：《都兰吐蕃墓》，北京：科学出版社，2005年，第3页。

［11］许新国：《连珠纹与哈日赛沟吐谷浑古墓发掘》，《青海民族大学学报（社会科学版）》2011年第4期。

［12］许新国：《郭里木吐蕃墓葬棺板画研究》，《中国藏学》2005年第1期。

［13］青海省文物考古研究所：《青海乌兰县大南湾遗址试掘简报》，《考古》2002年第12期。

［14］房玄龄等：《晋书》卷97《四夷传》，北京：中华书局，1974年，第2537页。

［15］李延寿：《北史》卷96《吐谷浑传》，北京：中华书局，1974年，第3186页。

［16］房玄龄等：《晋书》卷113《苻坚载记上》，北京：中华书局，1974年，第2894页。

［17］沈约：《宋书》卷96《鲜卑吐谷浑传》，北京：中华书局，1974年，第2373页。

［18］姚思廉：《梁书》卷33《张率传》，北京：中华书局，1973年，第475—476页。

［19］魏徵等《隋书》卷47《柳机附睿之传》，北京：中华书局，1973年，第1275页。

［20］欧阳修、宋祁：《新唐书》卷221《西域传上》，北京：中华书局，1975年，第6226—6227页。

［21］王钦若等：《册府元龟》卷970《外臣部·朝贡三》，北京：中华书局，1960年，第11401页。

［22］陈寿著，裴松之注：《三国志》卷30《魏书·乌丸鲜卑东夷传》，北京：中华书局，1959年，第832—833页。

［23］沈约：《宋书》卷95《索虏传》，北京：中华书局，1974年，第2322页。

［24］金成淑：《慕容鲜卑随葬习俗考》，《人文杂志》2005年第3期。

［25］沈睿文：《中古中国祆教信仰与丧葬》，上海：上海古籍出版社，2019年，第206—222页。

［26］陈连开：《鲜卑山考》，《社会科学战线》1982年第3期。

［27］郦道元著、陈桥驿校：《水经注校证》，北京：中华书局，2009年，第51页。

［28］龙华：《对鲜卑源流关系的文化考察》，《贵州师范大学学报（社会科学版）》1990年第2期。

［29］潘玲：《剺面习俗的渊源和流传》，《西域研究》2006年第4期。

［30］雷闻：《割耳剺面与刺心剖腹——从敦煌158窟北壁涅槃变王子举哀图说起》，《中国典籍与文化》2003年第4期。

［31］令狐德棻等：《周书》卷50《异域下》，北京：中华书局，1971年，第910页。

［32］许倬云、张忠培：《中国考古学的跨世纪反思》，香港：商务印书馆，1999年，第483—508页。

［33］李逸友、魏坚：《内蒙古文物考古文集》，北京：中国大百科全书出版社，1994年，第397—406页。

［34］黎瑶渤：《辽宁北票县西官营子北燕冯素弗墓》，《文物》1973年第3期。

［35］中国社会科学院考古研究所安阳工作队：《安阳孝民屯晋墓发掘报告》，《考古》1983年第6期。

［36］朝阳地区博物馆、朝阳县文化馆：《辽宁朝阳发现北燕、北魏墓》，《考古》1985年第10期。

［37］李宇峰：《辽宁朝阳两晋十六国时期墓葬清理简报》，《北方文物》1986年第3期。

［38］张国文：《拓跋鲜卑殉牲习俗探讨》，《南方文物》2017年第2期。

［39］沈睿文：《中古中国祆教信仰与丧葬》，上海：上海古籍出版社，2019 年，第 370—385 页。

［40］胡小鹏：《论吐谷浑民族的形成及其特点》，《西北师大学报（社会科学版）》1992 年第 4 期。

［41］许新国：《西陲之地与东西方文明》，北京：燕山出版社，2006 年，第 132—141 页。

［42］中国社会科学院考古研究所、西藏自治区文物局：《拉萨曲贡》，北京：中国大百科全书出版社，1999 年，第 189—191 页。

［43］余小洪：《前吐蕃时代西藏西部丧葬习俗的考古发现及其特征》，《西北民族大学学报（哲学社会科学版）》2017 年第 1 期。

［44］中国社会科学院考古研究所、西藏自治区文物保护研究所、阿里地区文物局、札达县文物局：《西藏阿里地区故如甲木墓地和曲踏墓地》，《考古》2015 年第 7 期。

［45］中国社会科学院考古研究所、西藏自治区文物保护研究所：《西藏阿里地区噶尔县故如甲木墓地 2012 年发掘报告》，《考古学报》2014 年第 4 期。

［46］魏徵等：《隋书》卷 83《西域》，北京：中华书局，1973 年，第 1858 页。

［47］霍巍：《吐蕃时代墓葬的动物殉祭习俗》，《西藏研究》1994 年第 4 期。

［48］褚俊杰：《吐蕃本教丧葬仪轨研究（续）——敦煌古藏文写卷 P.T.1042 解读》，《中国藏学》1989 年第 4 期。

［49］四川大学中国藏学研究所：《藏学学刊（第 9 辑）》，北京：中国藏学出版社，2014 年，第 1—17 页。

［50］欧阳修、宋祁：《新唐书》卷 216《吐蕃传上》，北京：中华书局，1975 年，第 6076 页。

［51］巴卧·祖拉陈哇著，黄颢译：《贤者喜宴》摘译（三），《西藏民族学院学报》1981 年第 2 期。

［52］张琨：《敦煌本吐蕃纪年之分析》，中国社会科学院民族研究所历史研究室资料组：《民族史译文集：9》，1981 年，第 42—109 页。

［53］司马光：《资治通鉴》卷 195《唐纪十一》，北京：中华书局，1956 年，第 6139 页。

［54］王尧、陈践：《敦煌本吐蕃历史文书》，北京：民族出版社，1992 年，第 165 页。

［55］王尧、陈践：《敦煌古藏文文献探索集》，上海：上海古籍出版社，2008 年，第 87—88 页。

［56］黄布凡、马德：《敦煌藏文吐蕃史文献译注》，兰州：甘肃教育出版社，2000 年，第 39 页。

［57］曾丽容：《吐蕃赞普殡葬仪礼中的"共命人"——论古代藏地之人殉》，《西藏民族大学学报（哲学社会科学版）》2015 年第 6 期。

原文刊于《敦煌研究》2022 年第 4 期

武威青咀喇嘛湾唐代吐谷浑王族墓葬

黎大祥　武威市博物馆

　　青咀喇嘛湾位于武威市城南15公里的祁连山麓。这里有冰沟、大水两河发源于山中，向东流去，形成了两道河湾，中间隔一道山梁，北湾即青咀，南湾即喇嘛。唐代吐谷浑王族慕容氏墓葬群就分布在两湾的一个个小山岗上（图一）。从民国初年以来，这里先后发现有吐谷浑王族的墓志9方，即大周故西平公主墓志（即弘化公主墓志），青海国王慕容忠墓志、金城县主墓志、代乐王慕容明墓志、辅国王慕容宣彻墓志、政乐王慕容宣昌墓志、燕王慕容曦光墓志、夫人李氏墓志、夫人武氏墓志。除金城县主和慕容曦光2方墓志由南京博物院保存外，其它7方均藏武威市、地博物馆。

　　这个墓葬群，除金城县主和慕容曦皓（光）二墓1945年由夏鼐先生发掘外，其他墓葬始终没有清理，但被人盗过，加上自然的破坏，墓葬及文物遭到了严重的损失。1980年7至9月，武威县文物管理委员会以调查保护、摸清文物底子为目的，根据当地群众提供的线索，清理了7座残墓，其中2座，（编号为M1、M2）由于损坏严重，只发现有陶片和砖砌的痕迹，不必介绍。其它5座墓葬，均为单室砖券墓。保存较完好的，墓壁高约2米左右，破坏严重的只能看到墓室底边或平面位置。这些墓葬排布在一个个小山岗上，背靠北面高大的石山，墓门及墓道朝南，面向流经的小河。埋葬最深的墓，墓底距现地表11米左右，最浅的也距现地表6米以下。从清理的情况看，随葬器物非常丰富。但由于历史上被盗以及破坏，随葬器物损失严重，葬品摆放位置、木棺、骨架都经挠乱，无法辩别原来的葬式。还有几座墓葬木棺已摔在山角下，室内铺地砖被揭取，部分随葬器物被埋在墓穴的填土内。

　　这5座墓葬中，具有明确墓主人身份及纪年的有3座：编号为M5、M6、M7。其余2座，

图一

墓主人身份不明，也没有明确的纪年，编号为 M3、M4。出土文物主要有彩绘木俑、漆器、丝织品、木器残件以及铜、陶器等，现将这些墓葬分别介绍如下：

一、3 号墓（M3）

1. 墓葬形制

南北向单室砖券墓。墓砖长 31.5、宽 15.5、厚 5 厘米。方向 180°。由墓道、甬道、墓室三部分组成。

墓道斜坡式，原长度不详。实际挖 1.5 米，宽 1.2 米，墓底最深处距地表为 6.3 米。

甬道位于墓室南壁中偏西处，南接墓道，北接墓室，呈过洞式，长 1.2、宽 0.9 米，高度不详。

墓室平面呈长方形，墓壁用平砖叠砌。室长 3.15、宽 3.1、壁残高 0.88 米；墓室后面有龛台，为放木棺处，宽 2.15 米，高度平砌四层砖，即 21.5 厘米，墓壁角四周二层重台下，砖砌狗牙花，下面突出一层，再用条砖铺地，为人字形。由于墓室被盗，墓顶及壁大部分砖被揭取，墓穴内填满淤土，木棺与骨架腐朽。随葬品被埋在淤土内，大部分已朽。

2. 随葬器物

（1）彩绘木俑

武士俑身 1 件，高 36 厘米，左臂已残，右手握掌空中；腰系带，两腿开叉，挺胸，神态威武。

胡人半身男侍俑 4 件。形制大同小异，两件面部已残。头戴幞头，深目高鼻，红嘴唇，形象逼真，神态自然，通高 14 厘米（图二）。

武士俑头 1 件，头部残，面部肌肉凸起，嘴大张，两眼大瞪，威武有力，高 16 厘米（图四）。

半身女侍俑 3 件，均已残，形象各不相同。

Ⅰ式：半月形高发髻隆起，正面看为螺旋式，侧面看呈扇形，神态逼真，面容丰腴，高 15 厘米（图三）；

Ⅱ式：双高髻，呈"十"字形，神态安祥，面貌清秀，高 12 厘米；

Ⅲ式：扇形发髻，面部残，高 13 厘米。

（2）彩绘木雕残件

骆驼俑残件，有腿、颈、尾巴等，用棕色和墨色彩绘。

动物尾巴 3 件，彩绘，各不相同。其它残件朽腐，已看不出形状。

二、4 号墓（M4）

1. 墓葬形制

南北向单室砖券墓。墓砖长 32、宽 15.3、厚 5 厘米。方向 155°。由墓道、甬道、墓室三部分组成。

图二　　　　　　　图三　　　　　　　　　　图四　　　　　　　　图五

墓道为斜城式，实际长度不详，发据 1.5 米，宽 1.2 米，底深处距现地表 7 米。

甬道位于慕南壁中偏西，南接墓道，北连墓室，呈过洞式，长 1.3、宽 0.96 米，高度不详。

墓室平面呈长方形，东西 3.49，南北 3.66 米，残墓壁高 1 米，用条砖平砌，墓底条砖铺为人字形。墓顶及墓壁大部分砖被揭取，室内因被盗，随葬品原位置全已扰乱，木棺及骨架仅存痕迹，基穴内填满淤土、仅存的部分文物埋在室内填土中。

2. 随葬器物

（1）彩绘木俑

大型残俑身 4 件，形制大体相同，身着长袍，大方领，腰系带，有节，高 36 厘米。

男侍俑 7 件，大体相同。2 件身部已残，2 件腿部残，1 件头部残。用一块整木雕成，头戴风帽，身披大领风衣，内衣系腰带，右手举于胸前，脸涂红色，目视前方站立。通高 28—30 厘米（图五）。

半身童俑 2 件，男女各一。通高 11 厘米。男、女侍俑头 6 件，均已残，高 6—7 厘米。

（2）彩绘木雕残件

马俑，残，3 件，形制大体相同，残存马身、鞍、骑人（下部和马腿残）。

骆驼俑，残存腿 5 条，各不相同，彩绘。

狗俑，残存腿 2 条和尾巴等。

其它木器残件若干，朽腐已不成形。

三、弘化公主墓（M5）

1. 墓葬形制

墓道向南，方向160°，由墓道、甬道、墓室三部分组成。

墓道为斜坡式，原长度不详，实际挖2米，宽1.4米，墓底最低处距现地表11米。

甬道呈过洞式，在墓室南壁中略偏东。长2.54，宽1.8，高1.6米。甬道用平砖叠砌，砖缝相错。道内填满淤土，墓门前底层有封门砖。

墓室平面呈长方形，顶已塌，在墓壁东面有盗洞，盗洞内、外塞满卵石，可能为盗墓时所用，盗后又用卵石堵盗口。墓室东西4.58，南北4.4米，现存墓壁残高2.05米。四壁用长方形条砖（砖长31.5、宽16、厚6厘米）砌成。砌法：墓底到下四层用六平一竖砖，以上为四平一竖砖，平竖相间；墓顶用六瓣莲花墓砖（长31、宽16、厚5厘米，）封顶，由于墓顶已塌，无法看出封顶的形式。墓底用边长36厘米的方砖平铺。墓室原用白灰粉壁，彩画，因多次被盗，壁画全已剥落。墓室内填满淤土，木棺，骨架都已扰乱。唯存50多件彩绘木俑、木器残件和丝织品残片。据当地群众说，在1958年拆砖时，部分木器被取出、损坏。

2. 随葬器物

（1）彩绘木俑

男侍俑1件，由头、身、四肢几部分雕刻后组合而成。站立，两手握拳举于胸前，身着方领大衣，长至膝下，腰系带，长头发梳后，目光注视前方。通高64厘米（图六）。

男侍俑11件。其中两件头已残。用一块整木雕成。头戴风帽，身披风衣，内衣系腰带，一手举于胸前站立。按手式分有两类：一类右手举于胸前，有9件；一类左手举于胸前，有2件。右手举于胸前的按彩绘的颜色分有四种：其一，有2俑，帽及内衣用蓝色彩，风衣用玫瑰色彩；其二，有3俑，帽及内衣用木质自然色，腰带墨色，风衣蓝色彩，蓝色中又用红色彩花；其三，有2俑，帽用赭色，风衣用蓝色彩；其四，2俑，全用蓝色彩。左手举于胸前的2俑，风帽用赭色，风衣为蓝色彩。整个木俑形制、大小基本相同，通高25—27米（图七）。

男侍俑2件，形制相同。头戴幞头，身穿宽袖长袍、腰系带，有节，两手举于胸前，头下垂，站立。通高27厘米。

女侍俑5件，形制相同，面部残损，梳高髻，宽袖长袍，腰系带，两手举于胸前，头向下垂，站立，通高26—27厘米（图八，1、3）。

女侍俑7件，其中2件头残。分两类：一类3件，两发髻下垂两耳旁，其中两俑发髻残，一俑一边发髻残，身着窄袖长袍，腰系带，两手后背，站立；另一类2件，高发髻，头向下垂，身穿长袍，系腰带，两手后背站立。通高26—28厘米（图八，2、4）。

站立俑身20件，分两类，一类雕刻较细，颈、肩都雕出，穿长裙，彩绘，高22—24厘米；另一类，雕刻较粗，未彩，高24—26厘米。

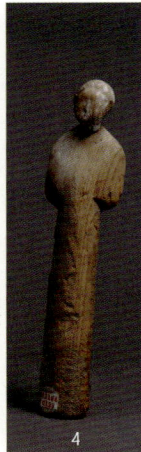

图六　　　　　　　图七　　　　　　　　　　　图八

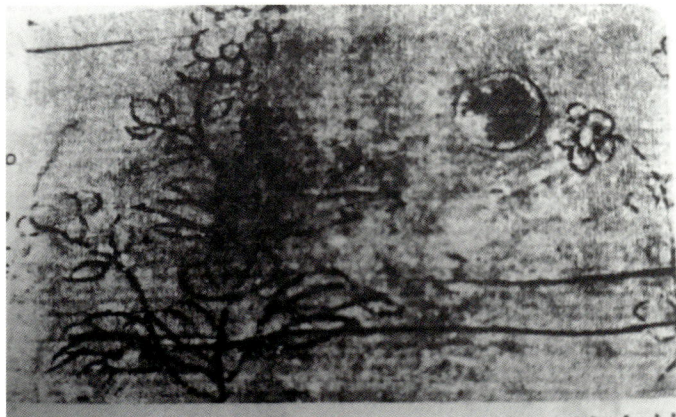

图九　　　　　　　　　　　　　　　图一〇

男侍俑头1件，头戴幞头，立眼高鼻，面目英俊，雕刻生动，高13厘米。

半身高髻女侍俑7件，两件面部残，形制大同小异。发髻分为三类：一类发髻朝前，两边发较长，后发下垂；二类发髻朝前，两边发较短，后发翘起；三类发髻朝前，两边及后发较长，往下披。高为8—10厘米。

木俑的头、身、胳膊、腿多件。残不成形。

（2）彩绘木器残件

马俑残件马头2件，保存较好，雕刻生动，嘴张开，长9厘米；大小不一的马腿、耳、尾多件，已不成形，彩绘。

骆驼俑残件大型骆驼头1件，保存完整，形象逼真，长20、高7.5厘米；小型骆驼头3件，长8厘米；大小不等的腿、尾残件多件，已不成形。

彩绘木器残片多件，辨不出形状，上绘花卉，色泽鲜艳，画面清晰开朗，每片画面大小为8×10厘米（图一〇）。

（3）漆器残件

圆漆盘，残，直径 38、厚 1 厘米，木胎，内、外皆漆黑色。

漆方盘，残，长度不详，宽 36 厘米，木胎，内、外皆黑漆。

其它漆器残件，木胎，黑漆，中间有嵌银的飞燕、鸽、鸭及花卉图案。

（4）丝织物残片

织锦残片经线赭色，纬线淡黄色，双经单纬，纬线提花，韧性强，具有厚软之感。制作精良。

印花绢残片绿底色，黄花，组织细密，质地较厚。

黄色菱纹绢残片，遍地小型菱花，质地较厚。

黄色人字纹绢残片，经纬线较粗，质地厚而纹饰显（图九）。

绿色菱纹绢残片，菱纹浮在绢面上，图案较大。

红色菱纹绮残片，色泽鲜艳，遍地小型菱花。

黄色菱纹绮残片，质地厚，组织细密，菱形花纹较大而不显。

红、绿色纱残片：色泽鲜艳，细薄透亮。

（5）墓志一合于民国初年出土。保存完整，呈方形。志厚 6，边长 57 厘米，志文 25 行，满行 24 字，楷书。志盖厚 7，边长 60 厘米，正中篆书 3 行 9 字"大周故西平公主墓志"，周围刻以连枝卷叶花卉图案。碑文由成均进士云骑尉吴兴姚略撰。碑文记载：公主陇西成纪人，大唐太宗文武圣皇帝之女也。贞观十七年出降于青海国王勤豆可汗慕容诺曷钵。以圣历元年五月三日寝疾于灵州东衙之私第，春秋七十有六。以圣历二年三月十八日葬于凉州南阳晖谷治城之山岗[①]。

四、武氏墓葬（M6）

1. 墓葬形制

南北向单室砖券墓。墓砖长 33、宽 16、厚 5 厘米，方向 145°，由墓道、甬道、墓室三部分组成。

墓道在甬道之南，为斜坡式，原长度不详，实际发掘 2 米，宽 1.2 米，在与甬道交界处有封门砖，最深处距现地表约 8.5 米。

甬道呈过洞式，长 1、宽 1.1、高 1.16 米，甬道入口在墓室南中偏西。

墓室东西长 3.36、南北宽 3.25、高 4.02 米。墓壁全用平砖叠砌而成，四壁曾涂白灰一层，上施彩绘。墓室后有龛台，宽 157、高 40 厘米，用平砖直缝铺地，木棺置于龛台正中上，棺已朽，从朽痕测量得棺长 2.5、宽 0.75 米，高度不详。因墓葬被盗，骨架散乱，大部分已朽，在龛台中间发现象牙雕刻的棋子 10 余件，西边发现阮咸琵琶及其它乐器残件，牛角

---

① 夏鼐：《武威唐代吐谷浑慕容氏墓志》，《考古学论文集》，北京：科学出版社，1961 年，第 95—116 页。

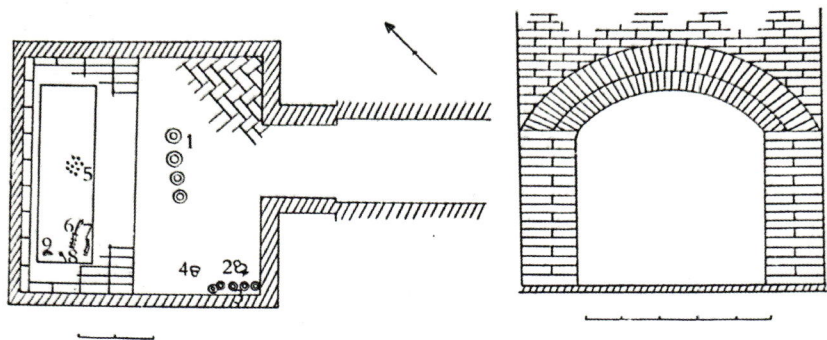

图一二

图一三

图一一 （武氏墓葬）平面及墓门图

1.漆盘　2.白瓷樽　3.灰陶碗　5.莲花银碗　6.阮咸琵琶　7.乐器残件　8.骨簪　9.牛角梳

梳，骨簪等生活用品。墓室前面部分用平砖人字形铺地（见图一一）。主要随葬品有木俑、漆器、陶器、铜器等，室内雨水进入，潮湿，大部分木器朽腐。

2.随葬器物

彩绘木雕女侍俑2件，形制各异，其一，双髻垂于两耳旁，穿长袍，系腰带，两手合掌，举于胸前，站立。通高22厘米。其二，高髻，扇形，穿长袍，系腰带，右手举于胸前，左手下垂略往前，站立。通高25厘米。

木俑残件，头、身多件，朽腐不能复原。

马俑残件，头、腿多件，朽腐不能复原。

象牙雕刻的棋子22个，分大、小两种，各一半。雕以各种花卉、朱雀、玄武等图案。平底，半圆球状，上有小纽。刻工精细，体现了盛唐高超的雕刻工艺。底径1.5—1.6、高1.6—1.8厘米（图一三）。

阮咸琵琶1件，音箱已残。全长28.5厘米，其中柄长12.2厘米，弦槽长6.5、上宽0.5、下宽1.2厘米。前后、左右镶嵌骨制梅花，大小相间。有四根弦轴，螺旋式，长7.2厘米，轴头有拴弦小孔。木质较硬，做工精致。

另一乐器，全长13.4，杆长10.8厘米，前、后、左、右镶嵌骨制梅花；弦轴四根，每根长6.5厘米，轴头开有栓弦的小孔。从现存的残件看出，为一四弦乐器。木质硬，制作精美。

骨簪1件，长8厘米，一头宽1厘米，开10孔，排两行，每行5孔。

石猪1件，张嘴、竖耳，长6.8、高2.5厘米（图一二）。

石制装饰器1件，长7.5，宽1厘米。平底，一头大，一头尖细，长有四槽。

皮带一条，残长40、宽1.8厘米，动物皮革。间有铜饰件，长3、宽1厘米，两头固定在皮带上。

莲花纹银碗 1 件。圈足底，足边为齿形，喇叭口，腹饰以八瓣莲花，底饰水波纹和三条金鱼（图一四）。

图一四

白瓷樽 1 件。平底，扁圆腹，短颈，喇叭口，通高 8、口径 4.5、底径 5 厘米（图一五）。

彩绘陶罐 1 件。平底，深腹，敞口。底径 11、高 24、口径 14 厘米，白色作底。上下用墨线勾勒云纹。

灰陶碗 5 件，形制相同。平底，敞口，素面，无纹饰，底径 5、口径 11、高 4 厘米。

漆器

高足盘 4 件，残，形制相同，木胎、黑漆、素面。高圈足底，底径 13、高 5 厘米，口径 20 厘米。

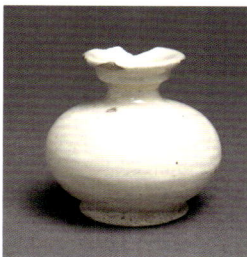

图一五　　　　图一六

盘 7 件，残。形制大同小异，木胎，黑漆；在盘底面用红漆写有文字，分别竖写"稔廿"、"稔二"、"实芯"、"卍"、"王元"、"长年"等。书写"实芯"二字的有 2 件，盘均为圈足底，底径 10，盘口深 2，口径 18，通高 4 厘米。

碟 4 件，残。形制大同小异。木胎、黑漆。碟底面红漆书写文字，除一件看不清外，三件分别为"石竹"、"谦"、"卍"。碟底径为 8，口径 17，高 4 厘米。

碗 1 件，圈足底，喇叭口，碗底面红漆书写"生生"二字。底径 9，口径 15，高 7 厘米。

镶银花漆盘 4 件，残木胎、黑漆，在盘底面镶嵌

图一七

银花，盘大小径寸不详，银花为一组团花，周围有梅花及叶片（图一六）。

漆纱罩形状、大小不详。出土时罩在镶银花的漆器上，分两类，一类纱眼较大，另一类纱眼较小。胎为芦苇草编织，上施黑漆，做工细密。

牛角梳 1 件，梳齿细密，梳背上面饰以螺钿镶嵌的蝴蝶花卉，五颜六色，光彩夺目。制作精良，工艺水平高。梳长 10，宽 5.5 厘米（图一七）。

石墓志一合。于 1978 年 9 月出土，保存完整。为正方形，边长 58，厚 6 厘米，志文 20 行，满行 20 字，用楷书写成。志盖边长 60，厚 7 厘米，正中篆书 3 行 9 字"大唐故武氏墓志之铭"。周围饰以缠枝卷叶纹图案。碑文记载：夫人太原人也，则天大圣皇后之侄孙女。祖武承嗣，为周朝中书令，魏王。父武延寿，皇朝卫尉卿。十九岁（722 年）与唐朔方军节度副使、金紫光禄大夫、行光禄卿、上柱国、五原公燕王慕容公成婚，开元二十三年十月二日死于京兆长安延福里第，终年 33 岁。开元二十四年十月三日迁葬于凉城南三十里神乌县阳浑谷

之西原[①]。

五、李氏夫人墓（M7）

1、墓葬形制

南北向单室砖券墓，方向195°，由墓道、甬道、墓室三部分组成。

墓道为斜坡式，原长度不详，实挖2米，宽1.2米，墓底最深处距现地表6.2米。

甬道为过洞式，长2.05、宽0.87米，高度不详甬道入口在墓室中略偏东处。

墓室平面略呈长方形，南北2.95、东西2.88米，墓室用平砖叠砌，高度不详，铺地砖为条砖，平铺人字形，慕葬多次被盗，随葬品已扰乱，木器已朽，棺木及骨架仅存痕迹。

2、随葬器物

彩绘木俑残件，有头、身，因朽不能复原。

木器残件若干，朽不能成形。

灰陶碗5件，形制基本相同，平底，敞口。底径5、口径10、高5厘米。

石墓志一合。1958年5月出土。保存完整，为正方形。志厚5、边长30厘米，志文12行，满行12字，楷书。志盖厚5、边长30厘米，正中篆书3行9字："大唐故夫人李氏墓志"，周围刻十二辰肖兽。碑文记载：夫人讳深，陇西成纪人也，祖李正明，任灵、原两州都督，永康郡开国公；父李志贞，朝议大夫、延州司马。二十二岁出适元王慕容若，景云元年五月五日死，终年四十三岁，开元六年十二月廿六日迁葬于凉州[②]。

武威出土的其他六方墓志，夏鼐先生已介绍过，不再赘述[③]。

结语

一

吐谷浑王族墓志已出土十方，除墓容威墓志发现于宁夏同心县韦州外[④]，其余九方均发现于武威。根据墓志记载，从弘化公主到慕容曦皓（光）[⑤]四代的墓，都葬在武威。从墓主人的身份及关系看，弘化公主为诺曷钵（青海国王）妻；慕容忠为诺曷钵之子，袭青海国王，娶金城县主为妻；政乐王慕容宣昌和辅国王慕容宣彻，系同胞兄弟，为慕容忠之子；燕王慕容曦皓为宣赵（宣赵与宣昌、宣彻为同胞兄弟）之子，娶武氏为妻。此外，还有代乐王慕容明，李

---

① 宁笃学：《甘肃武威南营发现大唐武氏墓志》，《考古与文物》1981年第2期。

② 党寿山：《武威县南山青咀喇嘛湾又发现慕容氏墓志》，《文物》1965年第9期。《考古与文物》1983年第2期，钟侃同志在《唐代慕容威墓志浅释》一文中说未发表为误。

③ 夏鼐：《武威唐代吐谷浑慕容氏墓志》，《考古学论文集》，北京：科学出版社，1961年，第95—116页。

④ 钟侃：《唐代慕容威墓志浅释》，《考古与文物》1983年第2期。

⑤ 周伟洲：《武威青咀喇嘛湾出土大唐武氏墓志补考》，《丝路访古》，兰州：甘肃人民出版社，1982年。周认为"曦皓"与曦光为一人。

深丈夫元王慕容若。根据目前所掌握的资料，虽血源关系不明，但从发现的墓志和墓地所葬的情况看来，当视为一个家族，是无可非议的。据墓志所载，墓主人绝大部分都是死后从异地归葬于此地。由此推测，吐谷浑王族死后都归葬于此。那么，尚未发现的弘化公主丈夫慕容诺曷钵和慕容煞鬼、慕容宣彻、慕容明夫人、陇西郡夫人李深丈夫元王慕容若等人的墓，也应该都在这里。只有慕容神威墓葬在宁夏同心韦州，这是因为他去世时，凉州已被吐蕃攻陷，无法归葬凉州。

我们知道，唐龙朔三年（663年），吐谷浑被吐蕃所灭，其王慕容诺曷钵及妻弘化公主率千余帐逃至凉州（今武威），唐曾于咸亨元年（670年）派薛仁贵带兵击吐蕃，并护送诺曷钵还国，可是，薛仁贵等被吐蕃大败于大非川（今青海南惠渠切吉旷原），唐军几乎全军复没，吐谷浑复国的希望破灭。咸亨三年，唐朝将诺曷钵迁到鄯州（治今青海乐都）浩门河（今青海大通河）南。诺曷钵惧吐蕃来逼，不安其居，唐又将其徙于灵州（治今宁夏吴忠附近），置安乐州（今宁夏同心一带）。如上所述，吐谷浑在凉州居住不到十年，为什么死后都要归葬于此呢？周伟洲在《武威青咀喇嘛湾出土大唐武氏墓志补考》一文中考证："凉州南山（祁连山）离原吐谷浑中心青海较近，隔祁连山即其原领地，葬于此处，既可受到唐朝的保护，免除吐蕃破坏，又因靠近故乡，以抒发眷恋故土之情。从目前在青咀喇嘛湾发现的慕容氏墓葬来看，均系墓门向南，建于山岗之上，大有望乡的意味"[①]。其次，慕容氏虽迁到安乐州，但此地仍有吐谷浑部落游牧。基于以上原因，这里才成为唐吐谷浑王族慕容氏的先茔。

二

吐谷浑是我国古代的少数民族之一，原居于东北辽东一带，公元四世纪初，从辽东迁徙到阴山（今蒙古阴山）游牧，不久由阴山经陕北，向西南过陇山，定居于今甘肃南部、四川北部及青海一带。至其孙叶延（329—351年），建立了吐谷浑王国，唐龙朔三年（663年），其地为吐蕃所取，徙居凉州、灵州，犹袭可汗号，为唐藩屏一百余年，至贞元后，其封嗣始绝。吐谷浑虽然历史悠久，但史传记述疏略，因此，武威南营青咀喇嘛湾吐谷浑王族墓出土的这些墓志、文物，是研究吐谷浑历史及补订史籍、碑志的可贵资料。从墓主人埋葬时间看，弘化公主、慕容忠为圣历二年（699年），慕容宣昌为神龙二年（706年），慕容宣彻为景龙二年（708年），慕容若之妻李深为开元六年（718年），金城县主为开元七年（719年），慕容曦皓之妻武氏为开元廿四年（736年），慕容曦皓、慕容明为开元廿六年（738年），连续近四十年，也就是说，墓志铭记载了开元26年之前吐谷浑王族的历史。夏鼐先生曾对这些墓志（除李深和武氏墓志外）详加考释，刊于《考古研究论文集》，并广征史籍，作出了自贞观十三年（638年），至贞元十四年（798年）吐谷浑的年表，为我们研究唐代吐谷浑的历史提供了方

---

① 周伟洲：《武威青咀喇嘛湾出土大唐武氏墓志补考》，《丝路访古》，兰州：甘肃人民出版社，1982年。周认为"曦皓"与曦光为一人。

便。①武氏墓志出土后，也由宁笃学、周伟洲同志进行过详细的考证，这里不再赘述。但夏鼐先生在考证作出唐代吐谷浑慕容氏族年表时，元王慕容若夫人李深、慕容曦皓夫人武氏、慕容神威等墓志都未发现，现在这些墓志的发现，在夏鼐先生考证作出的唐吐谷浑慕容氏族年表上又可增加以下新内容：

武后永昌元年（689年），元王慕容若与朝议大夫，延州司马李志贞之女李深成婚（李深志）。

长寿三年（694年），慕容神威生。慕容神威拜左武卫郎将，迁左领军卫大将军，仍充长乐州游奕副使（神威志）；河东阴山郡安乐王（宣彻志）。

圣历（698年）初，辅国王慕容宣彻拜左领军卫大将军（神威志）。

景云元年（710年）五月五日，元王慕容若夫人李深死，年四十三岁（李深志）。

开元六年（719年）十二月廿六日元王慕容若夫人李深迁葬于凉州（李深志）。

开元二十三年（736年）十月二日，慕容曦皓妻武氏死于京兆长安延福里第，春秋卅有三（武氏志）。

开元二十四年（737年）十月三日武氏迁葬于凉城南卅里神鸟县阳浑谷之西原（武氏志）。

至德元年（756年）正月五日，慕容神威死于长乐州私馆，春秋六十有二（神威志）。

乾元元年（758年）七月十日慕容神威妻平阳郡夫人死于私第，同年十月十日同葬于州南之原（神威志）。

李深墓志②中，说到其祖李正明，父李志贞以及夫元王慕容若，但两唐书均无记载。根据墓志，李氏夫人于景云元年（710年）五月五日死，享年四十三岁的记载，李氏生于乾封二年（667年）。若按夫妻二人年龄相仿来推算，元王慕容若出生年月应在麟德、乾封（665—668年）年间，这时吐谷浑被吐蕃灭亡，慕容诺曷钵与弘化公主率千余帐逃至凉州。目前慕容若的血统关系虽然不明，但应为一个家族无疑。为此，从时间上推算慕容若可能生于凉州。与李氏成婚在武后永昌元年（689年）。是年，诺曷钵已死，其子慕容忠袭封青海国王乌地也拔勤豆可汗。

武后光宅元年（684年），慕容氏以本蕃号封有两个王，即慕容明为代乐王（《明志》），慕容宣昌为政乐王（《宣昌志》）。所有这些，可补史籍的漏载，为研究唐代吐谷浑的历史增加了不少新资料。

三

从墓志中反映出，唐与吐谷浑关系密切，唐王朝与吐谷浑王室之间几乎是一直通婚的。贞观十七年（643年），太宗以宗室女弘化公主（武周时封西平大长公主）与"河源郡王"，

---

① 夏鼐在此条中考证，宣赵即宣超。

② 党寿山：《武威县南山青咀喇嘛湾又发现慕容氏墓志》，《文物》1965年第9期。《考古与文物》1983年第2期，钟侃同志在《唐代慕容威墓志浅释》一文中说未发表为误。

"乌地也拔勤豆可汗"（后又改封为"青海国王"）慕容诺曷钵成婚；诺曷钵之子慕容忠袭父爵，与"交州大都督会稽郡王道恩"第三女金城县主成婚；忠死后，弟闼卢模末与唐宗室女金明县主成婚①；慕容宣赵之子慕容曦皓与"武则天侄孙女"武氏成婚；元王慕容若又与"朝议大夫，延州司马"李志贞之女成婚；辅国王之子慕容神威与"太仆卿燕国公"武延寿之女成婚②。总之，从诺曷钵至慕容兆五代之中，除慕容宣赵，慕容兆目前还不清楚之外，其他均娶唐朝宗室女或外戚女。正如政乐王慕容宣彻墓志中这样记载："青海族茂，皇亲婚连，帝戚媛结，王孙夙承"。由于联姻频繁，唐与吐谷浑的关系更加密切，同时也从一个侧面反映出唐王朝对少数民族政策的一个特点。

四

从这里发现的墓志，出土的随葬品以及墓葬的结构，形制等，可以看出吐谷浑民族的丧葬制度。墓葬都是单室砖券墓，有墓道、甬道、墓室三部分，墓道为斜坡式，甬道及墓室呈过洞式，以条砖叠砌。室内有棺床。随葬器物多以木器雕刻为主，兼有漆器、陶、瓷器、骨器、铜器以及大量的丝织品，在木器雕刻中，马、驼、家禽之类的随葬器物较多，反映了吐谷浑民族"有城郭而不居，随逐水草，庐帐为室，以肉酪为粮"③的游牧生活。墓葬内一般都有墓志铭随葬。葬法也与其他民族有所区别，都为单葬。弘化公主墓志中记载的"别建陵垣，异周公合葬之仪"，"牛岗阚壤，马鬣开坟，鼠柏含雾，苍松起云"概括了吐谷浑民族的丧葬仪式。慕容忠与金城县主为夫妻，根据金城县主墓志铭记载："开元廿六年八月十七日合葬于凉州南阳晖谷北岗礼也。"但实际并非合葬，两座墓都在一地即喇嘛湾，但慕容忠墓在金城县主墓东侧，相距不远。慕容曦皓与武氏为夫妻，慕容曦皓葬于喇嘛湾，而武氏葬在青咀湾。李深以及清理的其它几座墓葬，也均为单葬。此外，从发现的墓志铭中记载，他们死后都归葬在一起。这为我们研究吐谷浑民族的丧葬仪式提供了重要的资料。

五

在众多的随葬品中，引人注目的是一批彩绘木俑，漆器镶嵌，丝织物残片以及乐器等。这批随葬器物，无论是从造型上，还是从工艺上，都是精湛的手工业品和艺术品，凝结着我国古代工匠的非凡技艺，饱含着古老民族文化的高深造诣，对研究唐与吐谷浑民族的物质文化史，工艺美术史和中西交通史是不可多得的实物资料。

出土的一大批彩绘木俑，造型生动，神态逼真，为研究唐代的雕刻艺术增添了新的实物资料。关于唐代的木雕，全国除新疆、陕西等地出土较多之外，其它地方保存不多。作为吐谷浑彩绘木俑，从保存数量、人物造型、衣着、发式等方面都是全国仅有的。三号墓出土的半身女侍俑，体态丰腴，发型奇特；胡人半身俑形象栩栩如生；武士俑头像，神态逼真，威

---

① 《唐书·吐谷浑传》。

② 见《慕容威墓志》。

③ 《旧唐书·吐谷浑传》。

武雄壮，雕刻艺术水平高。五号墓出土的站立男侍俑，头戴风帽，身披风衣，风尘仆仆，举手站立，好似出征归来的卫兵；头戴幞头，身穿长袍，两手举于胸前；头下垂站立的男侍俑以及发髻独特，身着长袍，两手后背；头向下站立的女侍俑，低头聆听，恭候站立，好象随时都在等待主人的吩咐。这些木俑，都是难得的艺术珍品。

五号和六号墓出土的一批漆器以及镶嵌银花的漆器，虽大部分已残，但从部分残件上可以看出高超的手工工艺水平。整个漆器漆底较厚，用色自然。镶嵌银花，有动物、植物，还有团花图案等，品种多，做工精细，在手工工艺上堪称佳品。在漆盘、碟、碗底面上用红漆书写的文字，从书体看，并非出自一人之手；从内容看，有"石竹"、"生生"、"实芯"、"王元"、"长年"、"稔廿"、"二稉"（应为"授"，武后造字），"卍"（"卍"为"万"，武后造字），"谦"等。"石竹"、"生生"、"实芯"、"王元"当为人名。从漆器的胎、色和文字的颜色来看，用料相同，当为一工匠同时所做，而漆器上所写的人名又非一人所写，根据这些情况，漆器上的人名不是工匠之名，应为送葬家人或亲友的名字。"长年"、"卍"、"稔廿"、"授二"、"谦"有表示祝寿、稔知、授予、尊敬、吉祥之意。

五号墓出土的一批丝织物残片，有纱、绮、绢等，色泽鲜艳，纹饰复杂，薄细透明；各种图案的织锦，提花准确，锦面细密，质地牢固，反映了唐代精湛的丝织技艺。由于吐谷浑长期居住在青海并统治今新疆的若羌（鄯善）、且末之地，地处中西交通要道，在"丝绸之路"上对中西交通贸易曾发挥过巨大作用。这些丝织品虽已成残片，但它是唐代丝路贸易发达的实物见证。

六号墓出土的阮咸琵琶以及乐器残件，更是难得的珍品。在武氏墓志中记载："琴瑟怆断，馆舍悲凉，红闺閟其遂空，翠羽惨其无色"。这里的"琴瑟"是唐代的一种弦乐器，用乐器随葬，可以推断墓主人生前擅长乐器，能歌善舞，出土的乐器为墓主人生前所用、喜爱，死后又葬入墓穴。成为研究唐与吐谷浑乐器和文化交流的珍贵实物资料。

阮咸琵琶是我国古代一种拨弦民族乐器，是由秦时琵琶演变而成的。魏晋时竹林七贤中的阮咸，是一位音乐家，精通音律，善弹琵琶，常常把乐器当作消烦解忧的工具。他曾把秦时流传下来的琵琶加以改制，而成为一种新型的乐器，这就是后人所说的"阮"，即阮咸。这在《通典》、《太平广记》有详细记载。《出国史异纂》中也说：唐武则天时，蜀人蒯朗从古墓得到一铜物，似琵琶而身正圆，没有人能识别，太常少卿元行冲以为是阮咸制造的，并且让匠人们改成木制的，声音特别清雅。1975年春，在扬州市邗江县杨庙乡蔡庄发现一座五代杨吴时期的墓，出土了保存较完好的两件曲颈琵琶，一大一小，大的为实用器，系用拨子弹奏的四弦曲颈琵琶。

出土的阮咸琵琶，对研究我国古代阮咸琵琶的演变，具有重要的价值，是一件极难得的珍贵文物。

六

在九方墓志中，有两方（即弘化公主、慕容忠墓志）葬于圣历二年，圣历为武则天的年号。在武则天统治时期，曾创造了一些新字。在这两块墓志和武氏墓葬出土的器物上反映了出来。

1. 𡕀—人：如"公主陇西成纪𡕀也"（《公主志》）；
2. 而—天：如"逸而才假休德"（《忠志》）；
3. 坔—地：如"我大周以曾沙纫坔，练石张"（《公主志》）；
4. 囗—国：如"父青海囗王"（《忠志》）；
5. ⊙—日：如"神柢而悬⊙匜"（《公主志》）；
6. 匜—月：如"云愁垄树，匜钓泉台"（《忠志》）；
7. ○—星："营真军，○亡上将"（《忠志》）；
8. 藳—载：如"立言藳笔，纪德垂薰"（《公主志》）；
9. 墅—圣：如"文武墅皇帝之女也"（《公主志》）；
10. 㞌—年：如"圣历元㞌三月十八日（《公主志》）；
11. 稄—授："年十八左稄卫将军（《忠志》。）

此外，在武氏墓葬中出土的漆盘与漆碟底面上还有"卍"万等字。

从这里可以看出，武则天所创造的文字，能在边疆少数民族吐谷浑的墓志及墓葬的随葬器物上反映出来，足以说明，在她统治期间，她所创造的文字已在全国普遍使用。然而，在她被迫退位后的第一年即神龙二年（706年）的政乐王慕容宣昌的墓志铭和以后的几方都未反映出来，这又说明，她退位后这些字不再通用。从而，从一个方面反映了唐王朝王室之间的政治关系。后来在开元廿四年武氏的随葬器物上又出现，这当与墓主人是武则天侄孙女有很大关系。

七

在九方墓志中，提及到"神鸟县"，"阳晖谷"，"阳晖谷冶城"，"天梯山野城里阳谷之原"。记载了唐代凉州与现武威南营青咀喇嘛湾相对的地理位置。

据《新唐书·地理志》记载：唐初凉州武威郡辖姑臧、神鸟、昌松、天宝、嘉麟五县。"神鸟县为武德三年置，贞观元年省，总章元年复置，曰武威，神龙元年复故名"。"神鸟"与"神乌"相差一笔，但墓志中有三方提及"神鸟县"，其中最早提到的为慕容宣昌墓志，慕志载"以神龙二年九月十五日，葬于凉州神鸟县天梯山野城里阳谷之原"。神龙二年即公元706年，正是唐书所记载复置神鸟县的第二年。同时，另外两方墓志慕容宣彻葬于景三年，即公元709年，武氏墓志葬于开元廿四年，即公元736年，相隔时间都是很近的。据此，墓志中记载"神鸟县"应该是正确的。唐书的"神乌"应是"神鸟"之误。又武威市博物馆保存隋末唐初的一块《刘和墓志》记载：安乐元年二月六日葬于神鸟县大昌乡通明里"。"安乐"是李轨的年号，李轨，隋书有传，据记载，隋朝末年，天下大乱，公元617年（隋大业十三年），武威郡鹰扬府司马李轨，占领了河西，自称河西大凉王，公元618年（唐武德元年），继皇位，建元"安乐"，墓志记载的"安乐元年"，正是李轨称王的第一年，也是唐高祖李渊称帝的第一年，即武德元年。这样《新唐书·地理志》所载的唐武德三年置神乌县，也不正确。神乌县的设置时间也应在唐武德元年即公元618年2月6日之前。

"天梯山"，是对武威南山之称，北凉时（397—439年），其王沮渠蒙逊在武威城南百里的山中开凿了石窟，名曰"天梯山石窟"。"冶城"与"野城"，音同而字不同，当为一地之名。据《唐六典·户部尚书》载：唐时县以下的基层组织是乡、里、保、邻（四家为邻，五邻为保，百户为里，五里为乡）。"野城里"，当为唐时神乌县某一乡下设的里。"阳晖谷"为山名，指今喇嘛湾与青咀湾之山岗。这几方石志的记载，为考证唐代凉州武威郡辖县的名称，补正史书记载的不足以及误记提供了可靠的证据。

原文刊于《武威文物研究文集》，2002年

武威大唐上柱国翟公墓清理简报

黎大祥　武威市博物馆

1997年5月12日，甘肃省武威市高坝镇农民在建日光温棚修水井时，在地下4米多深处发现了一座唐代砖室墓，市文物主管部门组织专业人员进行了抢救性的清理发掘，现将情况简报如下：

一、墓葬形制

墓葬为单室砖砌墓，由墓道、墓门及墓室三部分组成。墓道斜坡式，原长度不详，实际挖掘长2米，宽1.2米。墓门向南，宽0.64，高0.9，深1.2米。墓室为正方形，边长3.4米。墓室后墙正中设有龛台，长2.4，宽1.25，高0.61米，放置棺床。龛台正面砖墙镶有五幅精美的砖雕人物图，姿态各异，栩栩如生，每幅砖雕均为正方形，大小相等，边长32厘米。因墓葬所在地早已被垦为农田，所以墓顶坍塌。墓室残高约2.2米，室内木棺朽腐，墓葬早年被盗，墓主人骨架已被扰乱。墓室用平砖叠砌，地面以条砖平铺，墓壁四边底部出二层台，第一层为砖角出"狗牙花"，第二层用平砖出台，宽6厘米。墓顶部用莲花图案的墓砖收顶。

翟公墓志铭底拓片

二、出土器物

此墓因早年被盗，雨水渗漏，室内随葬品被泥沙所淤；墓顶坍塌时，较大的器物损坏；其他完好。从器物摆放的位置可以看出，随葬品基本未被扰乱。出土器物经整理修复，主要是唐三彩，保存完好和基本能修复的有60多件。其中有三彩人物俑、骆驼俑、马俑、镇墓兽、壶、盘等。另外还出土墓志铭一合和铜钱一枚。分别介绍于下：

1.三彩人物俑

站立男侍俑23件。其中一件缺头，其他保存完好。头戴风帽，身披风衣，内系腰带，一手举于胸前站立。按手式分有两类：一类左手举于胸前，一类右手举于胸前。从三彩的颜色看，有绿釉、黄釉等几种，釉色仅涂于肩下前面部分，头部及身后无釉色，用红色或白色、黑色勾勒面部。俑身及四肢、头部为一个整体，形制大小基本相同，通高约25—27厘米，后宽6.5厘米（见图一）。

站立女侍俑3件，分3式，形象各不相同。

Ⅰ式，双高髻，长衣宽袖，两手举于胸前，双脚对立，系腰带。肩以下前后均施黄釉，头部用红、白、黑色勾勒，神态逼真，保存基本完好，通高31厘米（见图二）。

Ⅱ式，高发髻向前突起，长衣宽袖，左手举于胸前，双脚对立。肩以下前后均为黄釉，面部有黑、白色涂抹勾勒，作恭候静听状。保存较好，通高28.5厘米。

Ⅲ式，平发髻，长衣宽袖，双手举于胸前，站立，肩以下为黄釉，头部已残，面部涂白色，用黑色涂抹勾勒发髻，通高24厘米。

捧酒葫芦站立女俑2件。高发髻向前隆起，长衣宽袖，两手抱一葫芦举于胸前，站立。系腰带，肩以下施绿釉彩，面容清秀，体态丰满，面部及头部用红、白、黑色勾勒，保存较好，通高42厘米，肩宽16厘米（见图四）。

捧瓶站立女俑1件。高发髻，穿长衣，腰系带，两手抱一大酒瓶站立，身施绿釉彩，面部和头部用白、黑两色涂抹勾勒，通高28厘米，肩宽11.5厘米（见图三）。

带座男立俑2件。其中一件头部残缺，双手捧物，穿长袍，宽袖，足着如意履。身绿釉，座黄釉，前后开孔，残高65.5厘米；另一件，保存基本完好，施黄釉彩，双手捧物，长袍宽袖，头戴官帽，足着如意履，一足残。通高66厘米（见图五）。

童子俑2件，基本相似，保存完好。童子坐在莲花座上，左腿平放，右腿侧立，怀抱一凤鸟，形象逼真。通高29厘米（见图六）。

武士俑2件，均残，一件缺两臂，头部残。通高75.7厘米（见图七）；另一件缺头。通高63厘米。均带座，前后开孔，身着盔甲，面部肌肉突起，两手举起，威武雄壮。

半身女侍俑7件，保存完好，脸涂白色，发髻涂黑色，通高11厘米，分二式：

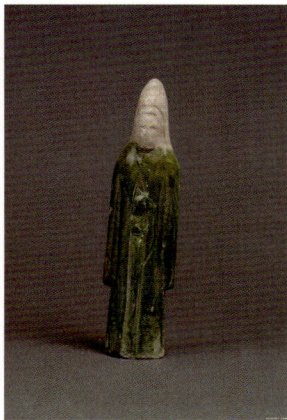    

图一　　　　　图二　　　　　图三　　　　　图四　　　　　图五

图六　　　　　　　　图七　　　　　　　　图八　　　　　　　　图九

Ⅰ式，半月形高发髻隆起，正面看为螺旋式，侧面看呈扇形。

Ⅱ式，高发髻向前卷起，侧面看呈扇形（见图八）。

2.镇墓兽2件，分二式

Ⅰ式，人面兽形，蹲坐在前后开孔的底座上，施黄釉彩，身施绿彩，头部涂朱红色，长胡须，猪耳朵，其中一耳残，细高发式。左右两肩后饰飞翼，面貌狰狞，通高66厘米（见图九）。

Ⅱ式，为兽形，蹲坐在前后开孔的黄釉底座上，头部涂红色；嘴大张，长触角，其中一角残。左右两肩饰飞翼，面貌狰狞，通高51厘米。

3.驼马俑

骆驼俑4件，保存完好，施黄釉彩，通高47厘米，分二式。

Ⅰ式2件，昂首站立状，前峰偏左，后峰偏右。

Ⅱ式2件，昂首站立，前峰偏右，后峰偏左（见图一○）。

马俑2件，均头部残，绿釉彩，躯体高大健壮，昂首站立，高43厘米（见图一一）。

4.女骑马俑

女骑马俑7件，女俑绿釉，头部红彩，马黄釉，通高38厘米，姿态各异，分七式。

Ⅰ式，女俑短发，左手握马缰，右手赶马，身体向前，作行走状；马头残（见图一二）。

Ⅱ式，女俑高髻，左手勒马，右手向后，身体向后倾斜，作勒马停止状；马颈部残。

Ⅲ式，女俑高发髻，左手握缰，右手赶马，身体向左前方倾斜，作行走状；左手及马身部分残。

Ⅳ式，女俑头戴橘红色风帽，左手拉缰勒马，右手抚马，马头高昂，作回头状。

Ⅴ式，女俑头戴橘红色风帽，左手向上举起，作准备停止状；马身部分残损。

Ⅵ式，女俑头戴橘红色风帽，左手握缰，马四蹄站立，作停止状。

Ⅶ式，女俑头部已残，左手握缰，作行走状。

 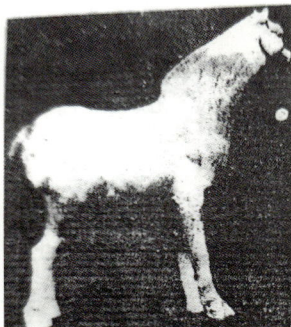  

图一〇　　　　　　　图一一　　　　　　　图一二　　　　　　　图一三

5.其他

三彩高足盘1件，绿釉彩，口径18.5、高7厘米。

三足带盖壶3件，红陶，上涂一层白粉，高26厘米（见图一三）。

三彩靴5只，高6.5厘米。

"开元通宝"铜钱1枚。

6.墓志铭一合

墓志铭一合，青石质，正方形，边长47厘米，置于墓室正中。志盖呈方盝式，盝顶边长25厘米，正中阴刻篆文"大唐故翟君铭"三行六字，四边杀面上雕刻十二生肖图案，制作精致。志底真书21行，满行21字（见拓片），全文录下：

　　大唐上柱国翟公墓志铭并序

　　公讳舍集，姑臧人也。代禀粹气，人包灵精，西平膏壤右地名族。曾祖呼末，周历内散都督，隋赠甘州刺史；祖文殊，父沙，并上柱国。公，生蕴奇志，长负大才。国家命金方之师，证铁闲之右。公，躬擐甲胄，率先艰苦，授上柱国。于是乐道知命，居常待终，而攒疾弥留，游魂莫返，久视年五月八日卒于私第，年六十四。夫人安氏，凉国公之孙也。出自名家，宜于贵室。夫也先卒，心平靡他。义切恭姜，训成诸子。三从一德，良不愧于金夫；子贵母尊，竞登荣于石崿。湟川叛逆，青海纷拿，元子勇冠三军，功加五品，因授姑臧县太君。开元十四年八月廿八日卒，年七十六。其岁景寅子月十一日合葬凉东南七里志公乡原茔，礼也。长子游击将军，安善府果毅元节，删丹之役死于王事。次子征士元哲、柱国元开、翊卫元璲，并早卒。季子翊卫元礼，嫡孙勋、卫、琼、怀等，家宝国珍，闻诗习礼，茹荼兴慕，至性崇于二连，剪棘开茔，遗烈旌于九壤，托铭于仆，□拙为词云：

　　金方望胄，兑野淳精。爰曾爰孝，令德令名。育才奉国，奋勇遄征。进有荣秩，居而退耕。夫殁妻志，母因子贵。庆绪蕃滋，金阶禄位。彼苍如何，吞恨逾多。藏舟遂荡，巢驹仍过。幽塗寂寂，高坟峨峨。埋铭地户，托体山河。

三、结语

1. 墓志铭较详细记载了墓主人的家世及生平，可补史书之缺，为研究古代历史及地方史增加了珍贵资料。

墓主人翟舍集，为姑臧（今甘肃武威）人，史书虽没有记载，但墓志中明确记载为"大唐上柱国"。上柱国为唐代武官的最高勋级，视为正二品。从墓志可知，其曾祖翟呼末，北周任内散都督，隋赠甘州（今甘肃张掖）刺史；祖翟文殊，父翟沙，均为上柱国，可以看出，其家四代均为历代官宦世家，三代均在军事方面任职。墓主舍集更是"生蕴奇志，长负大才""躬摆甲胄，率先艰苦"，因军功授上柱国。久视年（700年）5月8日卒于私第，享年64岁。

墓志载："其夫人安氏，凉国公之孙也。""安氏"据《新唐书》载，是隋唐时"昭武九姓"中的安姓。"国公"为封爵名，第三等爵，从一品，食邑三千户。从墓志记载安氏死于开元十四年（726年），享年76岁来推算，安氏生于公元650年，因此，可以肯定，祖凉国公应在唐初任职。在唐初任凉国公的安氏，史书没有明确记载。唯《唐书·李轨传》记载：公元618年，李渊在长安建立唐朝，封李轨为凉州总管，加封为凉王，但身为隋武威鹰扬府司马的李轨，对此感到不满足，自称河西大凉王，建元安乐，要与唐争天下。李渊对此很感不安，派在长安做官的凉州人安兴贵到凉州，与他在李轨手下做官的弟弟安修仁，联合附近少数民族，起兵打败李轨，并由安兴贵把李轨送到长安，杀之，凉州才正式归唐所有。安兴贵、安修仁是否任凉国公？史书未载。但唐初能获封爵为"凉国公"的安氏，也仅有他们。又据1972年12月陕西省从昭陵陪葬墓（即安元寿墓）出土的"大唐故右威卫将军上柱国安府君墓志"，有这样一条记载：安元寿，字茂龄，凉州姑臧人，"父兴贵，皇朝右骁卫将军，左武卫将军，冠军将军，上柱国凉公"[①]。从上述情况可以肯定，墓主人的安氏夫人应为安兴贵之孙女，这为研究唐代历史，特别是这一时期少数民族史及地方史增加了珍贵的资料。

墓志中还记载：翟舍集死后，其夫人教子有方"义切恭姜，训成诸子"湟川叛逆，青海纷拿，元子勇冠三军，功加五品，夫人安氏因授姑臧县太君……墓志提到的"姑臧县太君""游击将军""安善府果毅""征士""柱国""翊卫"均为唐代置官。"湟川叛逆，青海纷拿"，"删丹之役"为唐代发生的战争。这都为研究唐代的官职及少数民族间的战争提供了难得的资料。

2. 翟舍集及其夫人安氏先后下葬相隔26年之久，其间正处"开元盛世"，也是唐三彩工艺盛行时期，墓中出土的文物，再现了盛唐时期的三彩雕塑烧制工艺。

这座墓葬出土的文物，以唐三彩为主，其数量、器物造型、姿态、服饰、发式、多种

---

① 昭陵博物馆：《唐安元寿夫妇墓发掘简报》，《文物》1998年第12期。

多样；人物造型准确，形象逼真，反映出了各种人物的不同性格和特点。特别值得指出的是那两件捧酒葫芦的站立女侍俑，不论是造形还是釉色，都体现了盛唐时期三彩工艺的高水平——釉色均匀自然，没有任何流痕，衣纹清晰流畅。面部曲眉丰颊，丰腴之中又见秀气，是唐代妇女丰肌为美的体现，是唐代女侍俑的精美之作。

唐三彩在甘肃河西地区发现不多，解放前在武威南营青咀喇嘛湾吐谷浑王族墓葬中曾有出土。但保存下来的极少，这座墓葬一次出土60多件，在武威乃至河西走廊都是第一次，为此，这批三彩文物的发现，是研究这一时期雕塑、三彩烧制技术的珍贵资料。同时，这些文物在墓葬中形成了一个强大阵容，是墓主人生前生活的一个真实写照，这为我们研究唐代的丧葬仪式提供了难得的实物资料。

3.武威高坝镇高坝村二组所在地是隋唐时期姑臧县翟氏家族的墓地。

《隋书·地理志》载：隋大业三年（607年），隋炀帝改凉州为武威郡，下属姑臧、昌松、番和、允吾四县，郡治姑臧县。《新唐书·地理志》也载：唐初武威郡辖姑臧、神鸟、昌松、天宝、嘉麟五县，郡治姑臧。墓志中明确记载此墓在凉东南七里志公乡。准确真实地记载了唐代凉东南七里志公乡与今高坝镇高坝村二组相对的地理位置。墓志中虽未提到唐代志公乡属县，但从隋唐时武威郡治姑臧县的记载和墓志中墓主人为姑臧人的记载，可以肯定，凉东南七里志公乡应属姑臧县。同时，志文中明确提到"合葬原茔"，说明高坝镇高坝村二组是隋唐姑臧县翟氏家族的墓地，这为研究隋唐时的建置以及地名的演变提供了重要的资料。

原文刊于《陇右文博》1998年第1期

武威近年来出土四合隋唐墓志

朱　安　武威市文物考古研究所

近年来，在武威新城区建设过程中，先后出土了四合隋唐时期的墓志，为研究隋唐时期武威历史变迁提供了新的实物资料。墓志现藏于武威市文物考古研究所，现介绍如下。

一、隋王贤墓志

2005 年 4 月，出土于武威市凉州区宋家园村河西成功学校。一合，砂石质，由盖、铭组成。志盖，盝顶式，边长 49-50 厘米，中间刻楷体阴文"王府君之墓志"3 行 6 字，四刹面局部有线刻卷草纹饰（照一）。志铭，正方形，边长 50 厘米，刻楷体阴文 17 行，满行 17 字。由于石质粗劣，且表面打磨不平，个别字较难辨认（照二）。

照一　隋王贤墓志——志盖　　　　照二　隋王贤墓志——志铭

现将志文抄录如下：

君讳贤，并州太原人也。仰承帝喾之苗裔，后」稷之后，王季之胤。祖乐，平东将军、蒲州主薄，」立性清德，蒙授安邑县令。君起家出仕魏朝，」蒙授统军。少年武毅，寻加殄寇将军、左银青」光禄。再转河右，宅住姑臧。□大隋光有天下，」蒙□授巴西、张掖二郡守。乡居敬其信，邑里」称其仁。归心三宝，意存十善。未尽生年之巅，」春秋八十有九，卒于家。亲，南阳白水张雍周」女。上天不祐，年逾八十，奄从迁化。粤□以大」隋开皇十八年岁次戊午十月戊戌朔廿三」日庚申，合葬于建昌乡甘泉里。孝子举号，毁」不灭性。亲宾追慕，邻里哀悼。惧陵谷无常、丘」垄难定，镌石泉门，乃为铭曰：藉冑开东，翻」居河右。千人之统，诏除二守。识古知今，称其」英秀。岁持三长，六斋未闲。忽从风烛，火宅难」越。二鼠邀年，终同落月。金鸡未叫，玉犬难鸣。」□经窀穸，去似流萤。泉门既闲，永就乾城□！

从志文可知，墓主人王贤，祖籍并州太原（即今山西太原）人。其祖父王乐，为北魏平东将军、蒲州主薄，曾担任过安邑（今山西夏县附近）县令。王贤在北魏时被授统军，不久加封珍寇将军、左银青光禄大夫。后来迁转河西，落户姑臧。隋朝建立后，又被授于巴西（今四川境内）、张掖二郡太守。后返归姑臧乡居，信奉佛教，年89岁去世。夫人张氏为南阳白水张雍周之女，卒年80岁，隋开皇十八年（598年）合葬于姑臧县建昌乡甘泉里（即今河西成功学校）。

二、唐徐州长史王义康墓志

2006年8月，出土于武威市凉州区金沙乡水坑村一组（赵家磨）一座唐代墓葬中。一合，砂石质，由盖、铭组成。志盖，盝顶式，边长78厘米，厚11厘米，微有裂隙，四刹无纹，中间减地雕缠枝忍冬纹栏框，栏四角线刻宝相花，栏内减地九格内刻篆体阳文"大唐故王府君墓志铭"9字（照三）。志铭，正方形，边长78厘米，厚11厘米，刻楷体阴文35行，满行36字。左下角残，字迹剥落严重（照四）。

照三　唐徐州长史王义康墓志——志盖　　照四　唐徐州长史王义康墓志——志铭

现抄录如下：

大唐徐州长史朝请大夫上护军故王府君墓志」
窃闻：紫气烟飞，龙剑于焉发锐；黄云欝起，宝鼎之质斯彰。物既与代标奇，人亦应时间出孝□。」公讳义康，字孝友，太原人也。曾祖德，周司马。祖贵，皇朝太原县令。父经，玉门县令。并学」茂淹中，声驰稷下。广财勇义，雪白霜清。三异飞芬，四知先慎。公禀川岳之秀气，资皇象之精灵。」器宇与溟渤同深，志调共烟霞俱远。幼而风范贞简，有异常童。纨绮鸠车之间，凤有成德；谈天」辩日之岁，卓尔不群。既礼闻趋庭，资训断织，爰在志学，乘襟自晓。虽倪宽带经于农事，路氏编蒲」于枚野，以古况今，尝何等级。暨车师背诞，朝觐有愆，天子虑轸闻鼙，龚行吊伐。贞观十四」年，俾吏部尚书、陈国公平高昌，起家授儒林郎，守安西都护府参军事。恪勤莅职，清誉有闻。六」艺该通，五射穿札。以破石城处月之功，廿一年恩诏授上护军。其年遭祖父忧解职，丧纪」逾制，殆将灭性。廿三年，丁内艰，隶情切。慕义悲经，风树饐溢，过礼毁瘠。逾年，亲宾见者，谁不下」泪？昔曾参七日不食，高诸往册；子春数月不出，看在前经。以类推之，固无惭德。以先公早亡，未」遑究兆。植松营墓，合葬尽仪。吏部尚书、河间公李义府，文锋壮丽，名重一时，为制碑文，以传不」朽。至孝寔感，墓侧服终，虽麻葛外除，心婴荼蓼。因欲辞荣，无心入仕。季久诏起，固请不免。永徽」三年，选任通直郎，行韩王府法曹，参军事。誉冠僚采，凤夜在公。显庆二年，转任奉义郎，行灵州」都督府仓曹，参军事。龙朔二年，应诏被举射策甲科，然则词林笔海，陋方朔之三冬；博」涉艺文，嗤公孙之辞繁。三年，恩诏擢授朝散大夫，行岐州麟游县令。于时驾幸」九宫，百司臻腾。三秦□□之地，人物殷繁，自非英才俊悟，难当斯任。又能精通五听，不枉三赦。」□□钥，固□扉，竟皆□冠之设，遂使耕人有让，斑白不提，女绝妆姿，士无游手。是以一同欢悦，」□□□歌。麟德元年，恩诏迁任胜州都督府司马，赞务有条，百城仰德。所以正释高谢，」□□远离。国家六兹五帝，四彼三皇，封日观石，禅梁山，勒鸿名而崇微号，庆覃率土，泽被遐方。」□封元年，蒙恩诏加授朝请大夫，从班例也。总章二年，恩诏迁任徐州长史。既」□，忧公忘私，劬劳日积。因兹遘疾，解任归家。岂期祸经梦竖，崇在膏肓。名医尽绿秩之工，上药」穷丹经之妙，如何不愁，大渐弥留？永隆二年三月十三日，卒于私第，春秋六十有五。惟公含章」迥秀，藻林天庭。森森标梁栋之材，琅琅怀礼乐之器。升堂睹奥，弘量无涯。孝性纯深，□」树先落之木；友于笃睦，非因枯悸之□。扬名显亲，斯之谓矣！逝川闗水，俄归于东璧；隐驷□□，」驾升于西山。夫人，陇西牛公校尉隆之女。凤智早成，无劳傅母之训；行合规矩，不待女史之□。」及结缡辞□，□□人英。□琴瑟之克和，在闺门而雍睦。□偕老莫从，先秋罢秀。咸亨五年□□」十四日，寝疾，终于徐州之公馆，春秋卅有八。即以永隆二年岁次丁巳十月景寅朔□□□□，」合葬于先公之茔，礼也。□承德、承俭等并绝浆泣血，孝合典仪。嗟□□□□无□于□□□□□。」敬猎遗范，式族公户。其词曰：」苍运降祥，峻山麟起。丹书入户，赤乌戾亡。都声邑酆，武功继□。□□□□，□□□□。□□□」成，爰逮祖父。维岳降神，生申司马。司马方统，大原歌□。□□名德，远□邪楚。公之□□，□□」俱在。冠冕既袭，珪璋攸佩。良□□□，善价斯待。□□□□，名邦称□。□□入仕，登高□□。□」替蕃维，阐化成俗。多闻□□，□公□欲。万顷□□，一丘易足。真□迈魂，无验辅仁。空设松亭，□□」先秋。兰灭容□，□□□□。□□□□，□□□芳，不绝五谷」

从志文可知，墓主人王义康，字孝友，唐朝太原人。曾祖父王德，北周时任司马。祖父王贵，任唐太原县令。父王经，任唐玉门县令。王义康"幼而风范贞简，有异常童。……卓尔不群。"贞观十四年（640年），跟随陈国公侯君集平定高昌起家，被授儒林郎，任安西都护府参军事，"以破石城处月之功"于贞观二十一年（647年）授上护军。永徽三年（652年），选任通直郎，任韩王（李元嘉）府法曹，参军事。显庆二年（657年），转任奉义郎行灵州都督府仓曹，参军事。龙朔二年（662年），应诏被举射策甲科 ① 。龙朔三年（663年），擢授朝散大夫，行岐州麟游县令。麟德元年（664年），迁任胜州都督府司马。据《旧唐书·本纪第四》卷四记载，高宗在这年两次驾至九成宫（当时改称为万年宫），"麟德元年……（二月）戊子，幸万年宫""秋八月丙子朔，至自万年宫，便幸旧宅"。志文中所说"驾幸九宫"应就是指此事。乾封元年（666年），加授朝请大夫。总章二年（669年），迁任徐州长史。永隆二年（681年）三月十三日卒于私第，享年65岁。其夫人牛氏，为陇西校尉牛隆之女，咸亨五年（674年）病逝，享年48岁。永隆二年（681年），子王承德、王承俭等将其合葬。

三、唐故徐州长史王君夫人冯氏墓志

2006年8月，与前唐徐州长史王义康墓志同出土一座唐代墓葬中。一合，砂石质，由盖、铭组成。志盖，盝顶式，边长59.3厘米，厚7厘米，中间十二辰栏内的九宫格中刻篆体阴文"大唐故冯夫人墓志铭"9字，栏四角线刻宝相花；四刹面线刻对凤纹图案，四侧边线刻如意云纹图案（照五）。志铭，正方形，边长59.3厘米，厚7厘米，刻楷体阴文20行，满行20字，个别字迹模糊难辨，四边线刻卷云状枝蔓纹（照六）。

现抄录如下：

大唐故徐州长史太原王君夫人冯氏墓志铭并序」

夫人讳伍，赵郡人也。汉车骑都尉唐二十六代孙，隋」冀州司功柳祚第二女。

之子淑质贞天，慈和寔性。严」父异其高德，所以配于君子。年未三五，居室有行。

---

① 甲科：汉代开始的一种以经术为内容的考试方法。主试者提出问题，书之于策，覆置案头，受试人拈取其一，叫作"射"；按所射的策上的题目作答。射是投射之意。按照难易程度分为甲、乙、丙三科。

肃」穆闺门，含章贞吉。咸亨之岁，公在徐州，缘昆季云亡，」独坐愁苦。哭泣无度，遂至缠痾。于时又奉」墨制，命公佐薛大将军，除鸡林道副大总管。为患恐」违军限，密王具状奏闻，恩敕哀衿，降使赐」药。为彭城卑湿，就京兆访医。十数年间不能瘳搜。夫」人朝夕侍奉，形容顇顇。延至薨日，寝不解衣。誓已□」赤，泣同崩塞。自丧夫之后，即转法花经月。六年三斋」心洗，有珍奇锦绣，讵佩于身，兼服余资，皆所布施。何」□天不报德，□善无徵。病起膏肓，奄至沉痼。开元元」年癸丑十一月辛卯一十六日景午，薨于私第，春秋」六十有七。孤子岩等，泣有高柴之血，形有何曾之毁，」开元二年甲寅闰二月己未二日庚申，合葬于天台」旧茔，礼也。乃为铭曰：」薛国市义，汉朝献忠。苗裔寔子，德行备躬。闺门雕穆，」亲戚和融。时以尽忠，丧夫誓已。何期今善，忽终辰祀。」雾填咽于松门，烟断绝于蒿里。」

照五　唐故徐州长史王君夫人冯伍墓志——志盖　照六　唐故徐州长史王君夫人冯伍墓志——志铭

从志文可知，墓主人冯伍，唐代赵郡（今河北赵县）人。汉车骑都尉冯唐二十六代孙，隋冀州司功冯柳祚第二女。咸亨年间，王义康在徐州因兄、弟的死亡而"独坐愁苦，哭泣无度，遂至缠痾"，得了重病。当时王义康正在辅佐薛仁贵大将军，被任命为鸡林道（唐新罗地）副大总管。高宗曾降诏赐药，并允许他到京城寻医问药。咸亨五年（674年），王义康前夫人牛氏病逝，可能是在这段时间，冯伍嫁给了王义康。冯夫人随丈夫"朝夕侍奉，形容顇顇，延至薨日，寝不解衣"，但终未能医治。丧夫后，她诚心向佛，"珍奇锦绣，讵佩于身；兼服余资，皆所布施"。开元元年（713年）十一月十六日病逝于私第，享年67岁。开元二年（714年），其子王岩等将其与丈夫和其前夫人合葬。

四、唐凉州阴神护墓志

2013年，出土于武威市凉州区南湖三号公馆工地。一合，青石质，由盖、铭组成。志盖，盝顶式，边长50.5厘米，厚6厘米，中间镌刻篆书"凉州故阴府君墓志铭"3行9字，四刹线刻如意卷云纹（照七）。志铭，正方形，边长49.9厘米，厚5.5厘米，镌刻行楷阴文20行满行20字，共383字。（照八）。

现抄录如下：

大唐故昭武校尉番禾府校尉阴公墓志铭并序」

公讳神护，武威郡人也。高祖庄，隋任左卫中郎将，励」节戎麾，志怀骁勇。雄心饮海，壮气负山。剑动星迴，弓」摇日落。加以摧凶狼野，殄寇蚩山，功绩有闻，品秩斯」著。祖才，唐岚州刺史，借紫金鱼袋。恢岸英伟，邕容绰」约。万顷之量，清浊不渝；四海之情，夷险无革。复迁胜」州都督。未经釐任，终于京兆。魂惊万里，魄散九原。礼」返故乡，哀恸何已！父德，右威卫番禾府校尉，操兼霜」雪，志重干戈。展效边垂，勋及朝典。公，英灵特达，袭」贵前踪。不终千载之心，溘捐七尺之质？春秋六十有」三，终于私第。乌呼哀哉！珠露晞于旰日，玉霜犯于劲」秋。邈光阴之忽忽，旷岁月之悠悠。以开元十三年岁」次乙丑十一月辛巳朔廿二日壬寅，葬于州西永固」原，礼也。怀墓门之寂寂，想泉路之幽幽。朝不识昼运，」夜莫辩更筹。均漏水之改箭，共夜壑之迁舟。何以甄」志，勒颂嘉声。何以示后，刻石纪铭。乃为铭曰：」嗟乎孔川，涓流不息。伤我祖宗，游魂阒识。昔时壮气，」是谓英灵。播随落日，化逐流星。乌呼哀哉！暂辞兰室，」长归夜台。视听无及，心伤已摧。天地本固，日月难止。」隽石刻铭，传于万祀。」

照七　唐凉州阴神护墓志——志盖

照八　唐凉州阴神护墓志——志铭

根据志文可知，墓主人阴神护，武威郡人。高祖父阴庄，任隋朝左卫中郎将。祖父阴才，任唐岚州刺史。父亲阴德，任右威卫番禾（今甘肃永昌县）府校尉。他承袭了父亲的番禾府校尉一职，终年63岁。开元十三年（725年）岁次乙丑十一月辛巳朔廿二日壬寅葬于州（今武威市）西永固原，即今武威市凉州区南湖3号公馆。

五、小结

（一）以上四合墓志铭的发现为研究隋唐时期武威地方建置提供了珍贵的实物资料。隋王贤墓志铭记载墓主人王贤死后葬于姑臧县建昌乡甘泉里（即今凉州区金羊镇宋家园村河西成功学校，已开发为新城区），这是研究隋代武威姑臧乡里制度的珍贵资料。唐徐州长史王义康和夫人冯伍墓志出土于同一座墓中，墓主人王义康和其两位夫人死后也都葬于姑臧，志文中提到"先公之茔"和"天台旧茔"应该就是现今武威市凉州区金沙乡水坑村一组（赵家磨，已开发为新城区），这说明王义康祖上可能已是姑臧人。第四块墓志铭提到墓主人阴神护为武威郡人，死后葬于"州西永固原"（今武威西城区南湖3号公馆），这为研究唐代姑臧城变迁和武威阴氏家族历史提供了珍贵的实物资料。

（二）为研究隋唐时期历史提供了参考资料。隋王贤墓志和唐王义康墓志为研究凉州王氏来历提供了重要的实物资料。王姓有诸多家族望地，据《广韵》记载，王氏家族较为著名的有21处，其中尤以太原（今山西）和琅琊（今山东省）两地最为显著。关于凉州王氏，其源出太原王氏，隋唐时期以"太原"为郡望。太原王氏据传出自姬姓，《通志·氏族略》称"若太原、琅邪王之王，则曰周灵王太子晋，以直谏废为庶人，其子宗恭为司徒，时人号曰王家"[1]。而王贤墓志称"仰承帝喾之苗裔，后稷之后，王季之胤"，后稷和王季都是周人的祖先，与此一致。

王义康，先后担任安西都护府参军事、上护军、麟游县令、胜州都督府司马、徐州长史、鸡林道副大总管等职。贞观十三年，高昌国遮断丝路，太宗命侯君集为交河道行军大总管、契苾何力为葱山道副大总管，率军讨伐。十四年，攻下高昌都城。王义康墓志载"贞观十四年，傔吏部尚书、陈国公平高昌"，与《唐书》所载相符[2]。安西都护府的设立在平高昌后，治地就在高昌旧都。而王义康从军正是此年，时年约24岁，"起家授儒林郎"，担任"守安西都护府参军事"。在安西都护府任职期间，有"石城处月之功"。处月，又名沙陀、朱邪，原是西突厥的一部[3]。石城的位置在交河城北，徐松《汉书西域传补注》认为石城即兜訾城，王樾考证交河即兜訾城[4]。贞观十六年西突厥乙毗咄陆可汗扣留唐朝使者，进攻唐伊州（今哈密），遣处月、处密二部围天山军。此年，郭孝恪出任凉州都督、安西都护、西州刺史[5]。九月，郭孝恪率唐军连续击败乙毗咄陆，西突厥属部处密降唐。贞观二十二年，西突厥阿史那贺鲁降唐，处月也内属于唐。王义康当在贞观十六年至二十一年间，跟随郭孝恪参加打击西突厥的军事行动中立有战功。冯氏墓志提到王义康于咸亨初年曾受命以"鸡林道副大总管"的身份佐薛仁

---

① 郑樵：《通志·氏族略》，北京：中华书局，1987年。
② 《旧唐书·侯君集列传》，北京：中华书局，1975年。
③ 《新唐书·沙陀传》云："处月居金娑山之阳，蒲类之东，有大碛，名沙陀，故号沙陀突厥云。"
④ 王樾：《汉车师兜訾城考》，《西域研究》1999年第2期。
⑤ 《旧唐书·郭孝恪列传》，北京：中华书局，1975年。

贵于经略高丽之事。薛仁贵"咸亨元年……仁贵坐除名。寻而高丽众相率复叛，诏起仁贵为鸡林道总管以经略之"①。这件事可能发生在咸亨元年唐军败于大非川之战后不久。而此时，王义康奉命"佐薛大将军，除鸡林道副大总管"，也就是说成为薛仁贵的副手。惜病而未能赴任，经密王李元晓"具状奏闻，恩敕哀衿，降使赐药"。墓志所涉及重大历史事件，均于史有证。

（三）为研究隋唐时期的书法和文学艺术提供了新的实物资料。这四块碑铭文均为楷体，书法值得称道。王贤墓志以魏碑为基础，书体峻正疏朗，而又秀美典雅，既保留了六朝遗风，又体现了时代精神。王义康墓志及冯氏墓志则沉稳厚实，用笔劲健多力，稳健工整，体现了唐初的书风。阴神护墓志的行楷体清秀流畅，在楷书结构基础上融入行书的连带笔法，变端庄严肃为活泼跳动，反映了唐代中期书法艺术的变化。从文学艺术角度看，这几块碑文行文均采用骈文的形式，使用整齐对称的句式、丰富含蕴的用典和严整的声律等，达到叙事生动形象、抒情感人肺腑的目的，因此具有一定的文学价值。

原文刊于《陇右文博》2017 年第 3 期

---

① 《旧唐书·薛仁贵列传》，北京：中华书局，1975 年。

武威新出唐代墓志三种

马振颖　兰州大学

朱　安　武威市文物考古研究所

近年来，唐代墓志大量出土，如甘肃酒泉就曾出土三方唐代墓志（范晓东《新出〈唐李礼墓志〉释略》，《档案》2017年第1期，第50—53页；王锋朝、马振颖、赵世金《酒泉市博物馆新入藏两方唐代墓志浅释》，《敦煌学辑刊》2019年第3期，第183—187页），地处河西走廊东段的武威也不例外。朱安《武威近年来出土四合隋唐墓志》一文，就武威新城区近年出土的四合隋唐时期的墓志进行了初步解读（朱安《武威近年来出土四合隋唐墓志》，《陇右文博》2017年第3期，第3—11页）。此外，武威市还出土或征集了数方唐代墓志，即本文所要讨论的对象，主要包括《王迁墓志》《苟白女墓志》《崔怀珍墓志》等三种及《龙夫人墓志盖》，现藏武威市文物考古研究所与武威市博物馆，为研究唐代武威历史及河西史地提供了新的文献资料。

一、唐王迁墓志

王迁墓志一合，2016年10月出土于武威市西北新城区武威一中新校区工地，现藏武威市文物考古研究所。志盖为盝顶形，高46.5厘米，宽47厘米，厚10厘米。盖文楷书，3行，行3字，"大唐故／王府君／墓志铭／"。盖面四周刻卷云纹，四刹刻卷草纹。（图一）志石高49厘米，宽48.5厘米，厚8厘米。志文共19行，满行19字，正书。（图二）现将志文迻录如下：

图一　王迁墓志盖　　　　图二　王迁墓志石

大唐故征士王府君墓志铭并序／

君讳迁，字大运，太原人也。至德晖映，簪胄承芳。征／感上玄，降织郭于巨孝；爱深人主，割袖表于弘仁。/岂惟学贵三余，文精百遍而已。君禀质琳琅，抱贞/松之秀；蕴灵杞梓，含翠竹之风。汪汪焉澄万顷之/波，肃肃焉挺三冬之榇。聪睿明哲，非唯公干之称；/孝友温恭，何止曾参之誉。故得闾栏敬仰，里闬钦/贤，岂谓辅仁无验，掩臻佳城。粤以垂拱元年岁次/乙酉六月乙亥朔廿五日己亥，终于私第，春秋六/十有一。遂使绝相四邻，兴哀五里。惟君容仪挺特，/襟岸□□，墙仞难窥，波澜罕测。讵止懐崩，实惟栋/折。□□七月五日，葬于州西北明德，礼也。哀哀父/母，悲玉树之摧；切切孔怀，痛明珠之碎。嗣子怀恪/等，孝禀天经，痛慈颜之永谢；穷心靡诉，恐盛范之/湮流。敬勒芳猷，式镌贞石。其词曰：

哀哀父母，五情/分裂。切切友朋，百牙琴绝。花萼？眺，孔怀呜咽。愁/云罢兴，悲风遂结。其一。玉碎荆山，珠摧合浦。月落高/棟，日倾悬鼓。镇掩佳城，长埋扃户。万载无春，千/秋永古。/

从志文可知，墓主王迁，望称太原。垂拱元年（685年）六月二十五日卒，享年六十一岁，同年七月五日葬于凉州城西北明德，可知其生于武德八年（625年）。对于墓主父祖等先辈的情况，志文没有记载，我们推测他们可能与志主一样身份不高，或者并未入仕。但志文对墓主的德行描述较多，可见其为乡里德高望重之士。武威近年还出土《隋王贤墓志》和《唐王义康墓志》，墓主均为王姓，著望均为并州太原。王义康生于隋大业十三年（617年），卒于永隆二年（681年），其生活年代与王迁相近，因此这几方隋唐王氏墓志，可以结合起来作进一步考察，对研究隋唐时期太原王氏家族的迁徙及任职具有一定的意义。志主的葬地"明德"，当为"明德里"或"明德原"，其地在今武威西北新城区武威一中新校区附近。志文虽未言其夫人的情况，但言及子嗣，或许志主下葬时，其夫人尚在世。

二、唐苟白女墓志

苟白女墓志一方，2016年10月出土于武威市西北新城区武威一中新校区工地，现藏武威市文物考古研究所。仅存志石，且断为六块，中间缺一块；志盖佚。志石高49厘米，宽51厘米，厚7厘米。志文共21行，满行21字，正书。（图三）因墓志缺损等原因，部分文字漫漶难辨。现将志文迻录如下：

大唐故河内人苟氏墓志/

夫人讳白女，字贤行，怀州河内人也。隋朝秦州司马苟/玙之女。远祖魏朝沙州刺史。基缔崑峦，屡启琼瑶之莹；/业承霄朗，光韬□□之玭。致芳馥于前经，誉懿芬于后/史。庭昆佩玉，室胄□金，门赖箕裘，家声孝表。夫人□□/风记，辑洽闺闱，四德聿修，义驰姻族。冰情内洁，□亏金/瓶之心；蕙响退宣，莫逸璧车之志。年笄六位，禽口鸳口，/口口俄口，痛伤鸾只。风口鲦淑，殊嬉洛浃之妃；素质犹/妍，晖灌江濒之媛。言谐女口，口道昭彰，龄口口口，行标/王族。良人武安府校尉、上口口口甲汗马，阅口兵机，口口惊三军，武口四口。遂使抟口口口口口口口口口口爰俟/锋钧口口之口徒口口刿首，口口口口塞外口口茂德/昭然，口口远勷。夫人肃恭妇口，口敬齐于庭榭口荚秾/花落口口垂拱三年九月十七日，遘疾终于私第，春秋/八十有三，葬于武水之原，礼也。呜呼哀哉！口可嗟怆。嗣子/长口，口口厚地，门列寒泉，稽口口口怀驭口口口口/之情口口口口响逾深，痛口口口口口慕义而茂/颂灵口口兆口口开茔，图口口口幽，口垂不朽。其词粤：/

芳兰增化，蕙苣口口。口口口口，口口口口。心存妆镜，语/瑟垣委。明宣仪则，昭晰口仪。其一。口口口口，口口相晖。椿楸/幽隧，密影口口。其二。/

从志文可知，墓主人苟白女，唐垂拱三年（687年）九月十八日卒，享年八十三岁，可推知生当大业元年（605年）。墓志云志主为怀州河内（今河南沁阳）人。远祖魏沙州刺史、父隋秦州司马苟玙，均不见载史籍，可补阙。苟白女其夫为武安府校尉，不知姓名。武威出土的《唐晁大明墓志》载志主曾任"武安府兵曹、仓曹"；《唐郭长生墓志》载志主曾任"武安府队正"，刘志华据郭长生、晁大明的生卒年及生平推断武安府为隋代折冲府（刘志华《隋唐时期的武威郡（凉州）

图三　苟白女墓志

军府考证》，《档案》2017年第11期，第44—50页）。《陇右金石录》著录有《唐武安校尉杨文才碑》，碑主讳文才，字口茂，弘农华阴人。碑今佚（张维《陇右金石录》卷2，甘肃省文献征集委员会校印，1943年，第32页）。此外，甘肃靖远出土的《唐汜山琮墓志》载志主之子汜知宪，天宝十五载（756年）时为"左武卫武威郡武安府折冲"。（张启芮、张启荣《五方隋唐乌兰墓志考释》，《敦煌研究》2017年第2期，第118—124页）垂拱三年由其子长口葬于凉州"武水之原"，此地即在今武威市西北新城区武威一中新校区附近。

除这两方墓志之外，在武威一中新校区工地同时出土的还有有龙夫人墓志盖一方（图四），唐代（618—907）葬。（志盖中未刻年代信息，但据该地出土大量唐代前期墓志可推测，此志应为唐前期）志石佚。现藏武威市文物考古研究所。志盖为盝顶正方形，底面边长50厘米，厚7厘米。四刹刻卷草纹图案。盖文篆书9字，共3行，行3字："大唐故/夫人龙/君之铭。"盖文虽字数不多，却提供了重要信息。龙姓，其主要来源有：一汉姓，《通志二十略·氏族略》载："龙氏。舜臣也，龙为纳言，子孙以名为氏。……今望出天水，武陵。"（郑樵撰，王树民点校《通志二十略·氏族略第四》，北京：中华书局，1992年，第125—126页）二焉耆王姓，《晋书·四夷传》"焉耆国"条载："武帝太康中，其王龙安遣子入侍。"（房玄龄

图四 龙夫人墓志盖

等《晋书》卷97《四夷传》，北京：中华书局，1974年，第2542页）荣新江结合传世史籍及出土文献，对焉耆王国的历史进行简要梳理，认为焉耆的王族和一般民众大多以"龙"为姓。并列举敦煌文书中的三条材料，说明敦煌的龙姓人，大多数似是很早就来到敦煌的焉耆人后裔，在文化上早已与敦煌本地的汉人无异（荣新江《龙家考》，陈高华、余太山主编《中亚学刊》第4辑，北京：北京大学出版社，1995年，第144—160页）。武威出土的这方龙夫人墓志盖，志主龙夫人应当也是焉耆人后裔。但因没有具体年代信息，加之志石已佚，还无法判断其是唐前期焉耆王族后裔，还是九世纪后半叶以后河西走廊龙家部落的成员。总之，该志盖为研究唐代焉耆人后裔在凉州的活动提供了新的文献资料。

三、唐崔怀珍墓志

崔怀珍墓志一合，近年出土于武威城南，现藏武威市博物馆。志盖为盝顶正方形，高56.5厘米，宽56厘米，厚5.5厘米。盖文篆书，3行，行3字："大唐故 / 崔府君 / 墓志铭 /"。（图五）四刹刻团花图案。志石高57.5厘米，宽57厘米，厚6厘米。志文共23行，满行24字，正书。（图六）现将志文迻录如下：

唐故天水郡成纪府别将上柱国崔公墓志铭并序

颖川陈令庄撰 /

公讳怀珍，其先博陵人也。汉长岑令骃廿代孙，盖贤德之后，达 / 人间出。崔氏至公乃见之矣，今为京兆奉天人也。曾祖及，/ 皇初安西都护。祖衍，鲁郡太守。父行德，安西都护府仓曹参军 / 事。公祖考垂训，闺门有德，始以忠贞许国，负羽从军。河西节度 / 使、兵部尚书萧嵩擢自行间，立之麾下。时金方骤警，玉关多难，/ 公奋击戎阵，亟摧首级。开元十七载，以功授上柱国。廿六载，又 / 除南充郡岳门镇副兼留赤水军统押。天宝三载，转天水郡成 / 纪府别将，依前统押驱使。公以岁逾知命，脱略时荣，却扫闲居，/ 高尚不仕。少游款段，高谢公卿，伯厚鸡栖，自娱乡里。临风对月，/ 实谓羲皇上人；听鸟观鱼，即是嚣尘外物。而温凉失侯，服饵乖 / 和，罕遇西山之药，遽从东逝之水，以天宝六载七月九日终于 / 神鸟县武安城孝悌里之私第，春秋五十有五。呜呼哀哉！公器 / 宇魁吾，风仪颖拔，承家以孝，奉上资忠，进登禄仕，退守园迳，卒 / 以无子，时人叹嗟。夫人秦氏，前安西都护府户曹参军仁范之 / 长女也。训仪成德，桃李媲华，令淑素高，温柔克备。爰罄重产，聿 / 崇丧事。□命女婿浔阳郡庞承祖卜宅兆，为棺椁，荐于时物，哀 / 以送之。即以其岁丁亥八月廿九日壬申，葬于武威郡东南二 / 里姑臧县志公乡原，祔先茔，礼也。

陵谷难常，曦舒易远。故旌芬/烈，用志泉扃。命仆弹毫，略刊铭曰：/

伏龙疏野兮大鸟仪城，达士云亡兮高原瘗精。逶迟輀驾兮窈/窕铭旌，萧素幽泉兮何时重明。/

阴阳人天水赵简。/

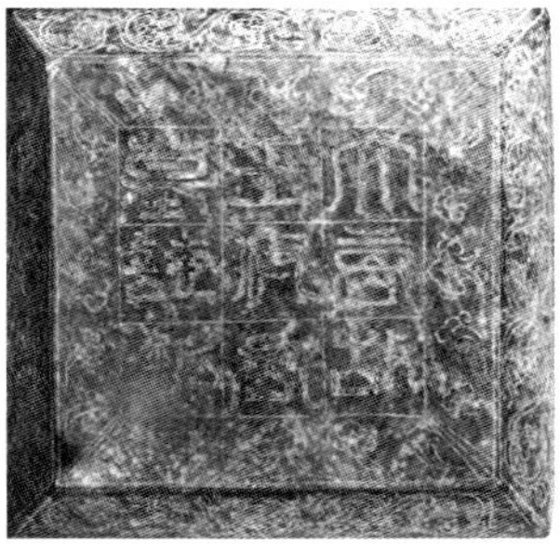

图五　崔怀珍墓志盖

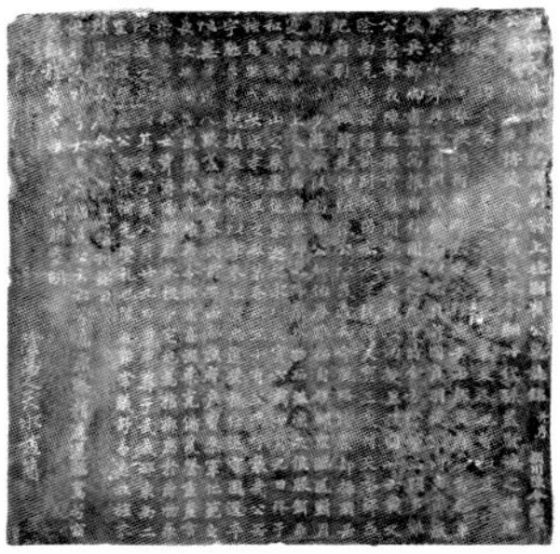

图六　崔怀珍墓志石

墓主人崔怀珍，天宝六载（747年）七月九日卒，同年八月二十九日葬，享年五十五岁，可推知生当武周长寿二年（693年）。据墓志所云，著望博陵，后迁至京兆奉天（今陕西乾县）。曾祖崔及，唐初任安西都护；祖父崔衍，鲁郡（兖州）太守；父崔行德，安西都护府仓曹参军事。他的父祖等三人，正史均未载，特别是其曾祖、祖父，都官至刺史，可补唐代刺史相关条目。志主青年从军，开元十五年前后，被河西节度使、兵部尚书萧嵩招入麾下。而开元十五、十六年，正是唐蕃交战频繁的阶段，即志文所称“时金方骤警，玉关多难”。《旧唐书·玄宗纪》载：“（开元十六年）秋七月，吐蕃寇瓜州，刺史张守珪击破之。乙巳，检校兵部尚书萧嵩、鄯州都督张志亮攻拔吐蕃门城，斩获数千级，收其资畜而还。……（八月）辛卯，萧嵩又遣杜宾客击吐蕃于祁连城，大破之，获其大将一人，斩首五千级。”（刘昫等《旧唐书》卷8《玄宗纪上》，北京：中华书局，1975年，第192页）我们推测，崔怀珍很有可能参加了开元十六年攻打吐蕃门城或祁连城之战，并颇有战绩，故志文称“公奋击戎阵，亟摧首级”。正是因为在唐蕃战争中的出色表现，崔怀珍在开元十七年因功授上柱国。开元二十六年，他又任南充郡岳门镇副兼留赤水军统押。南充郡即果州，天宝元年改南充郡。赤水军，在凉州城内，官兵三万三千人，马万三千匹。天宝三载，志主任天水郡成纪府别将，仍兼留赤水军统押。成纪府为唐代秦州（天水郡）折冲府之一，张沛认为“成纪府因县得名。唐初成纪县治所在今甘肃静宁县西南，府疑在县境”。（张沛《唐折冲府汇考》，西安：三秦出版社，2003年，第227—228页）但从志文“却扫闲居，高尚不仕”来看，其可能并未就任或任职时间较短。志主夫人秦氏，安西都护府户曹参军秦仁范长女。无子，丧事由女婿庞承祖负责操办，葬于姑臧县志公乡原，其地在今凉州区高坝镇高坝村二组。武威出土的《唐翟舍集墓志》载“合葬凉东南七里志公乡原茔”（黎大祥《武威大唐上柱国翟公墓清理简报》，《陇右文博》1998年第1期，第3—9页），可大致推测志公乡的地理范围。志文最后提到的“阴阳人天水赵简”，阴阳人为精通风水卜筮的人，赵氏为天水望族，赵简其人待考。

原文刊于《敦煌学辑刊》2020年第4期

甘肃武威发现的《骊靬县令成公府君墓志铭》

黎 李 甘肃省博物馆

1988 年 12 月，甘肃省武威城郊修地下水管道时，在市北郊金羊乡宋家园村发现了一方隋代开皇四年（584 年）的墓志铭（见《文物》1993 年 10 期），志盖呈方盝顶形，边长 51 厘米，厚 6 厘米，盝顶上部边长 27 厘米，厚 9 厘米。正中刻真书"成公府君墓志"三行六字。志石方形，边长 50 厘米，厚 6 厘米；志文 20 行，满行 22 字。对研究这一时期河西地区的历史地理具有重要的价值。

其一，志文称：墓主人成公，讳蒙，字永锡，为东郡人，卒于开皇四年（584 年），享年 74 岁。祖康长，都督、州主薄。父，凉城郡平正。成蒙"少而聪敏，禀自生知；志气纵横，盖资天性"。释褐皂服从事，转户曹参军事，复从法曹参军。后迁武威郡，曾任大城、力乾（骊靬或犁轩）二令。大城县见于《十六国疆域志》卷七，凉州刺史张轨在 301—314 年间收秦、雍二州流民在姑臧西北置武兴郡，郡领八县，大城即其一。后凉、南凉时，均为武兴郡辖县。大城县在北凉、北魏、西魏、北周统治期间，均不见记载。此墓志中明确记载成蒙授大城、力乾二令，这为考证及确定大城县的建置沿革提供了依据。

其二，骊靬县为汉初设，前后隶属张掖、武威二郡，是河西建置较早的古县之一。《汉书》卷二十八下《地理志第八下》载："张掖郡，故匈奴昆邪王地，武帝太初元年开。莽曰设屏。户二万四千三百五十二，口八万八千七百三十一。县十：角乐得、昭武，删丹、氐池、屋兰、日乐、骊靬，莽曰揭虏（注）。"《后汉书补注》载，骊靬县为"骊靬降人而置"；《晋书·志第四·地理上》载："汉设酒泉、敦煌、张掖、武威郡。武威郡晋初统七县，户五千九百：姑臧、宣威、揾次、苍菘、显美、骊靬、番禾。"《晋书》还载"凉王张祚遣将和昊伐骊靬戎于南山，大败而还"，以上均提到了骊靬县的设置。之后《隋书·地理志》卷二十九也曾提到："武威郡旧置凉州，后周置总管府，大业初废，统四县，即姑臧、昌松、番和、允吾。"又云："后魏置番和郡，后周郡废，置镇，开皇中为县，并力乾、安宁、广城、障、燕支五县入焉。"此外，《大清一统志》《五凉志》等对骊靬县的设置及方位都有记载。

从史料记载来看，骊靬县经东汉、三国、魏、晋、南北朝诸代，至隋文帝开皇中（590 年左右）并入番禾县，置县时间约 600 余年。骊靬县令墓志铭的发现为研究这一时期河西地区的历史地理提供料了新的实物资料。

其三，唐人颜师古所校注《汉书》载："犁轩即大秦国也，张掖骊靬县盖取此国为名耳。"

骊靬县令成公府君墓志铭

清人张穆在《后汉书集解》中提到："骊靬本西域国，汉以其降人置县，有定音，无定字，故《张骞传》作犛靬，《西域传》作犁靬，与此作丽，协同音也。"甘肃永昌县城西南 10 公里还保留了骊靬城遗址，2000 年，该县将其改设为骊靬行政村。此遗址地处祁连山折兰河沟口，地势险要，北与北武当山相峙，隘关狭道，为河西走廊"蜂腰"地带，南出祁连山鸾鸟口，平羌口通青海门源县，北越龙首山可达内蒙古阿右旗，实为古今走廊咽喉，军事要冲。近年来，对骊靬故县和骊靬人的研究引起了国际、国内有关方面的关注，海内外考察和研究骊靬故县和骊靬人形成了一股强劲的浪潮，随着旅游业的升温，人们再度将目光聚集到甘肃永昌县的"中国罗马城"——骊靬遗址，2000 年，由中央电视台等媒体组成的"西出阳关大探险"活动，对甘肃永昌县进行了考察，随之形成了骊靬文化，现已成为国内独具特色的文化现象，为古老的骊靬增添了耀眼的光彩。历史上关于骊靬县的记载较多，但是对于骊靬县令却没有记载，而武威出土的这块墓志中明确地记载了墓主人成蒙曾担任过力乾（骊靬）县令。根据志文考证，成蒙任力乾（骊靬）县令的时间，最早也只能在北周设置力乾县（557 年）之后，隋开皇中并力乾人蕃和县之前（584 年），这为研究骊靬县的历史提供了实属难得的极为珍贵的第一手资料。

另外，据史料记载，从东汉开始到三国、两晋，显美一直为武威郡的一个属县。隋朝废武威郡，置凉州总管府，大业初，废总管府，复置武威郡，辖姑臧、昌松、番和、允吾四县，从此，显美县由县降为乡。但是显美县具体地理位置及范围史书却很少有记载，使以后史学界看法有所不同。这块墓志明确提到"显美"，即墓主人夫人死后与其"以大隋仁寿元年太岁辛酉三月甲申朔廿十六日己酉合葬于姑臧县显美乡之药水里"。对准确确定古代显美县的地理位置以及地名的演变提供了可靠的实物依据。

原文刊于《陇右文博》2008 年第 1 期

武威出土的一批唐代佛教石造像

黎树科　武威市文物考古研究所

　　唐代是我国封建社会发展的鼎盛与繁荣时期。社会的稳定、经济的繁荣、文化的发达、中西经济文化交流的加强，为佛教的发展提供了一个比较有利的环境。同时由于唐朝统治阶级的大力扶持与推动，佛教得到了空前的传播，达到了中国佛教兴盛与发展的巅峰。当时，作为丝绸之路的重镇，中西交通枢纽和经济、贸易、文化交流中心的武威，佛教及佛教艺术也在这里得到了广泛的传播与发展，修寺、建塔、开凿石窟造像之风方兴未艾，留下了众多的寺庙石窟遗址及石雕造像。建国以来，当地文物考古工作者通过收集、野外发掘，征集了这一时期的一批石雕佛像，为研究唐代佛教文化的传播及佛教造像艺术的发展提供了重要的实物资料，现将这批佛教造像介绍如下：

　　这批造像按来源可分为三部分：

　　1.1976—1986 年，由文物考古工作者在武威市城区东大街安国寺清理出土。主要造像有：

　　石雕菩萨像　通高 38 厘米，面宽 15 厘米。青石质。高肉髻上阴刻大波褶纹，额有一白毫，面相圆润，双目半闭，鼻梁平直，厚嘴唇，嘴角内收，双唇紧闭，表现出恬静、温柔的性情（照一）。

　　石雕佛头像　通高 40 厘米，面宽 20 厘米。青石质。高螺髻，广额丰颐，弯眉长目，面相圆润，目光下垂，厚嘴唇，嘴角内收，双唇微闭，浮现出一丝自然恬静的微笑，下巴圆润，神态自然，手法洗练（照二）。

　　石雕佛头像　通高 30 厘米，宽 16 厘米。细岩石雕成。高螺髻，面相方圆、丰满，双目微闭，眼帘低垂，鼻梁与额头平齐，双唇较厚，上唇呈花瓣状，神情安详自得。雕刻有棱有角，技法十分娴熟，比例恰当（照三）。

　　2.1999 年 8 月 10 日，在武威市羊下坝三沟村二组赵象章家院内出土一批石佛头像。出土文物 13 件，其中唐代造像有 6 件：

　　石雕迦叶头像　高 8.8 厘米，面宽 7.3 厘米，厚 7.3 厘米。青石质，圆雕。光头，面部清瘦，深目，浓眉突出，鼻梁高挺，双唇紧闭，两耳下垂，额部有几道皱纹，表情深沉，一副苦行僧像（照四）。

　　石雕阿难头像　高 8.5 厘米，面宽 7.5 厘米，厚 7 厘米。青石质，圆雕。光头，圆形脸庞，鼻梁平直，嘴唇轮廓分明，上唇呈花瓣状，两耳下垂，双目微闭，略带微笑（照五）。

照一　　　　　　　　照二　　　　　　　　照三　　　　　　　　照四

照五　　　　　　　　照六　　　　　　　　照七　　　　　　　　照八

石雕阿难头像　高 11 厘米，面宽 8.5 厘米，厚 7.48 厘米。青石质，圆雕。光头，后脑略扁，圆形脸庞，两耳下垂，梁梁高挺，双目微闭，嘴唇轮廓分明，上唇呈花瓣状，神态自然，面带微笑。表情刻画得淋漓尽致，形象十分传神（照六）。

石雕观音头像　高 19.8 厘米，面宽 9.3 厘米，厚 8 厘米。青石质，圆雕。菩萨头顶有螺旋髻，发髻正中镌刻一坐佛。菩萨脸丰满，略长，两耳下垂，鼻梁高直，嘴唇薄而略微上翘，双目微闭，面目慈祥和善，雕刻技法娴熟，线条细腻流畅（照七）。

石雕菩萨头像　高 10.8 厘米，面宽 7.8 厘米，厚 7.8 厘米。青石质，圆雕。菩萨头顶的高发髻残缺。面相方圆，两耳下垂，双目微闭，鼻梁高挺，双唇紧闭。菩萨面部安详，神情超脱自若（照八）。

石雕观音头像　高 17.7 厘米，面宽 7.8 厘米，厚 6.8 厘米。青石质，圆雕。观世音头发呈螺旋髻，发髻正中镌刻一净瓶。菩萨脸丰满，略长，两耳下垂，鼻梁高直，嘴唇薄而略微上翘，双目微闭。面部表情安详，雕刻技法娴熟，线条流畅（照九）。

3. 武威城乡出土、征集：

石雕力士像　高 34 厘米，座宽 17 厘米，厚 10 厘米。沙石质，半圆雕。力士高发髻，双目圆睁，右手上举，手持杵，左手握拳于腹部，上身全裸，肌肉突出，下身着短裙，赤脚立

照九

照一〇

照一一

照一二

照一三

照一四

于一卷云状晕座上，呈张口怒目状。1996年12月9日，武威市和平街海子巷出土（照一〇）。

石雕弟子头像　灰砂岩石。长脸，大耳，双眉紧锁，闭目沉思，双唇紧闭，人物形象生动。1982年6月，甘肃武威清源镇刘广村齐威茂处征集（照一一）。

石雕观音头像　细岩石雕成。高螺髻，发丝清晰，脸庞丰满圆润，细长的双眉似弯月，秀眼微启，平视，棱鼻，大耳垂肩。1982年，甘肃武威赵家磨徐双处征集（照一二）。

石雕佛头像　灰砂岩石质。高肉髻，上阴刻大波褶纹，面相方圆，广额丰颐，弯眉长目，厚鼻梁与额头平齐，唇角内收。1980年2月，甘肃省武威市新鲜十三队文光生处征集（照一三）。

无头石雕造像　残高137厘米，肩宽48厘米。立姿，身着通肩式袈裟，跣足，立于椭圆莲花座上。衣着轻薄柔软，褶纹均衡疏朗流畅，肉感透露明显，体态丰满，再现了唐代造像"薄衣贴体"的艺术特色。武威天梯山石窟征集（照一四）。

由武威出土、征集，并保存在市博物馆的这批唐代石雕造像，均散布于城乡古代寺庙、石窟遗址及其周围，是武威早期寺院及石窟中所供奉和佛教信仰的石刻造像。随着历史的变迁和佛教寺院的兴衰颓废，寺庙变为遗址，石刻造像埋之地中，不同程度遭到破坏。今天又重新出土，绝大多数造像保存已不完整，但它对研究唐代佛教文化的传播、兴盛，佛教寺院的分布以区造像雕刻艺术仍具有重要的价值。

一、确定武威唐代寺院遗址的第一手资料

安国寺，具体始建年代不详。位于武威城区东南隅。据清康熙六年（1667年）《敕建重

修古刹安国寺功德碑》记载："而凉之安国寺尤称古刹□□，唐、宋、元以□□暨明代□经重建，经藏森布，法句昭垂，洵五凉□观也哉。"由此碑可以推断，安国寺在唐朝已经存在。其后宋、元、明各朝进行了重建或维修。清顺治五年（1645 年）二月被毁。清康熙六年进行了重修，使之"甲于凉之诸禅林焉"。清乾隆三十七年（1772 年）又进行了重修，使之"甲于凉之诸禅林焉"。清代武威籍著名学者张澍《闲居杂咏》诗有云："南宫旧井最甘香，安国寺前今冽凉。"自注："前凉张骏南宫内井水清冽异于他井，今安国寺井水视他井较重，且在城南隅，疑南官旧井也。"到民国时期，香火仍呈兴盛景象，20 世纪 50 年代改做他用，直到 1970 年被拆除。在此出土的 3 件石雕头像，当为唐代所雕刻，反映了当时高超的佛教造像艺术水平，同时世说明了安国寺当时佛教活动的盛兴。

和平街海子巷为唐大云寺遗址所在地。大云寺，据明代重刻唐《大云寺古刹功德碑》记载，始创于前凉张天锡升平年间，原名宏藏寺。唐武则天天授元年（690 年）敕京诸州各置大云经，凉州遂将宏藏寺改名为大云寺。武则天临朝之日，改名天赐庵。唐景云二年（711 年），对大云寺进行维修，遂有《大云寺古刹功德碑》。西夏时又改名为护国寺，著名的《重修护国寺感应塔碑》（西夏碑）记载了当时重修的有关情况。明洪武十六年（1383 年）日本高僧沙门志满曾募捐修缮此寺。民国十六年（1927 年），武威大地震时，全寺震坍，独存古钟楼及大云铜钟，出土的石雕力士像当为大云寺唐代遗物。

赵家磨为唐尹台寺遗址所在地。尹台寺，于城西五里许。东汉时，在此处修筑窦融台。北凉灭西凉后，将李歆母亲尹夫人囚禁于此。唐时，将窦融台改名为尹夫人台，在台上修建寺院，叫尹台寺。唐代边塞诗人岑参《登凉州尹台寺》诗云："胡地三月半，梨花今始开。因从老僧饭，更上夫人台。清唱云不去，弹弦风飒来。应须一倒载，还似山公回。"反映了唐代尹台寺的规模及佛教盛况。明初，为纪念凉州千户刘林因抵抗蒙古残余势力人侵而战死尹夫人台下的事迹，改名为刘林台。此寺毁于 1927 年大地震。出土的石雕观音头像，应是唐代尹台寺的遗物。

天梯山石窟，位于城南约 50 公里处的天梯山，开凿于北凉沮渠蒙逊时。北魏到隋、唐时均有扩建，现存 18 窟，其中第 2 窟、第 3 窟为唐代所开凿。无头石雕造像也为唐代雕刻。

此外，凉州区羊下坝乡三沟村与清源镇刘广村等虽然没有史料记载，但周围肯定也有寺院遗址。

由此看来，这些遗址在唐朝曾是武威以及河西著名的佛教寺院遗址，佛教的兴盛，必然大兴佛教造像。而在这些遗址出土的佛教造像，真实再现了当时佛教寺院兴盛和佛教艺术繁荣的场面，它为确定当地唐代寺院遗址提供了第一手实物资料。

二、反映了唐代高超的雕塑艺术

唐代是社会进步和经济文化高度发展与繁荣的时代，促使当时的佛教艺术，无论就其题材的广泛和对雕塑作品个性的突出等方面，都有长足的进步与发展，使佛教雕塑艺术产生了质的飞跃，达到了新的高度。唐代雕塑，以其形象的饱满富丽、神情的热情奔放和制作的生动活泼，在中国雕塑史上有相当突出的地位。这种风格的形成与发展，在某种程度上体现了一种意气风发、蒸蒸日上的时代精神和社会风尚，达到了佛教艺术的鼎盛时期。

从武威出土的这批石造像来看，除无头石雕立佛是 20 世纪 50 年代从武威天梯山石窟发现，其应属于盛唐时期天梯山石窟造像遗物。其余石造像的艺术风格与天梯山石窟及敦煌莫高窟、炳灵寺石窟中的唐代造像风格相似，也应是唐代佛教造像遗物。其造像形象特性明显，石雕佛头像造型和谐，面相丰腴，额宽颐丰，眉目修长，鼻挺唇厚，神态静穆端详，着力表现佛的健康丰润，端庄慈祥，和蔼可亲，从而塑造出一种佛家思想和世俗追求完美结合的形象。石雕菩萨头造像比例均匀，脸庞丰满，弯眉细目，形貌秀丽，面部表情安详，神情超脱自若，着力表现出一种恬静、温柔的性情，给人一种可敬可亲的亲近感。石雕弟子头造像不再注重过去瘦削严肃的特色，面庞趋于丰满，双耳下垂，表现出一种老成持重形象。这些石造像已不再是那种超凡脱俗的形象，而是代之以更多的人情味与亲切感。在艺术表现手法上，这批石造像善于通过面部表情，特别是眼眉的微妙动态来表现其内心丰富的情感，达到以形写神的效果。如佛头像面部表情自得，凝重微微下视的双眼，表现出佛的庄重、慈祥、和蔼。菩萨神情安详，双目微闭，给人一种温柔可亲的感觉。在雕刻技艺方面，概括洗练、制作精纯、技法圆熟、线条流畅自然、造型逼真自然。无头石雕立佛，全面再现了唐代造像衣着轻薄柔软，褶纹均衡，疏朗流畅，肉感透露明显，体态丰满的"薄衣贴体"的艺术特色。这批造像在整个雕刻过程中，采用写实的手法，把人物的个性和高度的写实性紧密结合起来，使造像更趋于世俗化、人格化。

总之，这批造像从它的造像形象、艺术表现手法和雕刻技艺方面，均具有明显的唐代造像艺术特色，为我们全面展现了唐代佛教造像艺术的高超技艺。

三、为研究唐代武威佛教及佛教艺术的发展提供了重要的实物依据

唐代的武威不仅是西北地区重要的军事要塞和重镇，还是东西方经济文化交流的重要商埠和都会。唐玄奘西行经此地说"凉州为河西都会，襟带西蕃、葱右诸国，商旅往来，无有停绝"。经济的发达，文化的繁荣，对外交流的频繁，使武威成为中西文化融合较早的地区和佛教及其他外来宗教东传的必经之地，也使这一地区的佛教及佛教文化达到了空前繁荣的局面。修寺造塔开窟译经等佛教活动非常活跃。凉州在当时既是军事重镇，又是河西殷富之首，还是河西的佛教中心。大云寺、罗什寺、安国寺、尹台寺等著名寺院就是在这一时期得到修建或修缮。在这些寺院中，讲经说法，弘扬佛法，香火极为兴盛。著名的唐玄奘法师西行取经，往返途经凉州，滞留数月，谒寺拜佛，设场说法，盛况空前，就连西域各国的商人也来听讲，说明佛教在当时的凉州地区较为盛行。到唐武则天天授元年（690 年）"令诸州各

置大云寺""并颁《大云经》于天下"，佛教在凉州得到了进一步的发展。据唐景云二年《凉州卫大云寺古刹功德碑》载，大云寺在唐景云二年修缮后，"法城之侣，朝夕来游，行事之徒，瞻仰为辍，诚西极之慈航，而五凉之胜事"。说明当时大云寺是凉州地区佛教动比较兴盛的寺院之一。佛教活动的兴盛，必然使佛教艺术也在这一地区得到了进一步的发展。现存天梯山石窟第 2、3 窟及 13 窟的造像、壁画均是在唐代雕刻的，它再现了唐代武威佛教造像的高超技艺。天梯山石窟内唐代造像全部都是泥塑，它在表现佛的深沉庄重、菩萨的丰满秀美和对造像细致入微的感情和性格刻画上，有着非常高的成就。这批征集或出土的佛教造像，均为石质，它通过丰富的面部表情，着力表现造像其内心丰富的情感，使造像更趋于世俗化、人格化。但由于种种原因，现存的能够反映当时武威佛教发展盛况的只有大云寺铜钟及古钟楼、天梯山石窟第 2、3 窟造像，罗什寺地址石碣等很少一部分遗迹遗物。这批石造像的出土，进一步丰富了武威当时佛教文化及艺术的内容。此外，这批造像损坏程度非常严重，除一尊石雕力士像比较完整，其余都是佛头像或无头立佛，说明它们是在遭受了重大变故后被遗弃的，这其中包括与自然灾害、人为因素及全国性灭佛事件有关。

参考文献：

[1] 胡同庆、安忠义：《遥望星宿——甘肃考古文化丛书·佛教艺术》，兰州：敦煌文艺出版社，2004 年。

[2] 杨重琦等：《陇上珍藏》，兰州：敦煌文艺出版社，2001 年。

[3] 梁新民：《武威史地综述》，兰州：兰州大学出版社，1997 年。

[4] 王其英：《武威金石录》，兰州：兰州大学出版社，2001 年。

[5] 欧阳修、来祁：《新唐书》，北京：中华书局，1975 年。

[6] 董玉祥：《梵宫艺苑——甘肃石窟寺》，兰州：甘肃教育出版社，1997 年。

原文刊于《陇右文博》2007 年第 1 期

宋元明清

考古

甘肃武威市白塔寺遗址 1999 年的发掘

中国社会科学院考古研究所　甘肃省文物考古研究所

　　白塔寺，又名百塔寺[①]，位于甘肃武威市东南 20 公里的武南镇百塔村，东临兰新铁路，西近 312 国道线（图一）。寺院创建年代不详。1247 年初，镇守凉州的蒙古窝阔台汗之子阔端与西藏萨迦派第四任法王萨迦·班智达在凉州举行了有历史意义的会谈，就西藏归属问题达成协议，这是西藏归属中央王朝统治的重大历史事件，史称"凉州会谈"[②]。会谈结束后，阔端将白塔寺重修供萨班居住。萨班将其改建为萨迦派寺院，称为"东部幻化寺"。1251 年萨班逝世于凉州，阔端为其修建规模宏伟、仿西藏噶当觉顿式的灵骨塔。塔建成后，萨班侄子八思巴作开光安神仪规。该寺塔元末毁于兵火，明宣德年间重修，并赐名"庄严寺"。但直至清代仍习称"白塔寺"。清康熙年间又重修塔院。1927 年白塔寺及白塔毁于大地震，"文化大革命"期间又遭拆除破坏，现仅存其基座及台基部分。

　　为了配合具有重要历史意义的白塔寺遗址保护工作，根据李铁映同志 1996 年"关于修复元朝帝师八思巴及其伯父班智达的纪念碑"来函上的批示和国家文物局文物保护函（1999）427 号文"关于武威白塔寺遗址保护设计方案的意见函"中对遗址进行全面勘探和重点发掘的指示，1999 年 8—11 月，中国社会科学院考古研究所和甘肃省文物考古研究所组成联合考古队，对该遗址进行了发掘和清理工作。这次发掘的重点是寺院内的白塔塔基（即萨迦·班智达

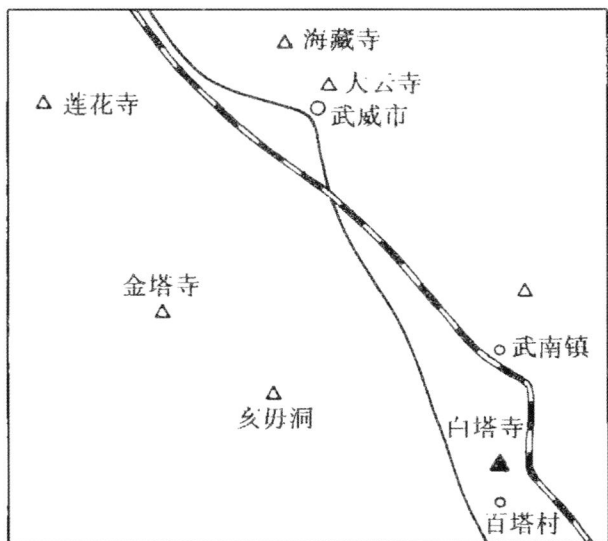

图一　白塔寺位置示意图

---

　　① 因寺院萨班灵骨塔外表涂抹白灰，俗称"白塔"，寺因塔名。又因原寺有塔林，传有 108（或 100）座塔，又称"百塔寺"。乾隆《武威县志·建置志》"寺观"条云以"内有大塔，四环小塔九十九，因得名"。《大清一统志》："百塔寺，在武威县城东南二十里，有塔。"

　　② 樊保良等：《阔端与萨班凉州会谈》，《凉州会谈的始末》，甘肃人民出版社，1997 年。

灵骨塔），同时我们也对寺院内其他部分遗迹作了小面积的钻探与试掘。发掘总面积1527平方米，清理出元明两代的塔台基及清代重修塔院的残存遗迹，基本探明了白塔寺的布局（图二）。发掘出土了大量的建筑构件以及少量的瓷器残件等，并收集了许多白塔寺早年出土遗物的资料。现将发掘情况简报如下。

一、地层堆积

白塔寺遗址塔基周围的地层堆积较为简单，基本由西向东略为倾斜分布。以T115、116南壁剖面为例说明（图三）。

第1层：耕土层，厚25—30厘米，呈黑褐色。F101及许多灰坑开口于此层下。

第2层：黑褐色土，厚20—30厘米，内含大量白灰面碎片及少量炭渣、碎砖块、瓷片等。此层遍布各方，为塔台基外的废弃堆积。白灰面碎片为塔身坍塌后外表白灰的碎片。H119等灰坑开口于此层下。

第3层：黄褐色土，厚15—18厘米，分布于T117东南部。土质较为纯净，内含少量白灰面碎片、炭渣。

二、塔基及其他遗迹

（一）萨班灵骨塔塔基

位于白塔寺遗址西南部，现残存部分台基和基座，残高5.9米（图四，图五）。

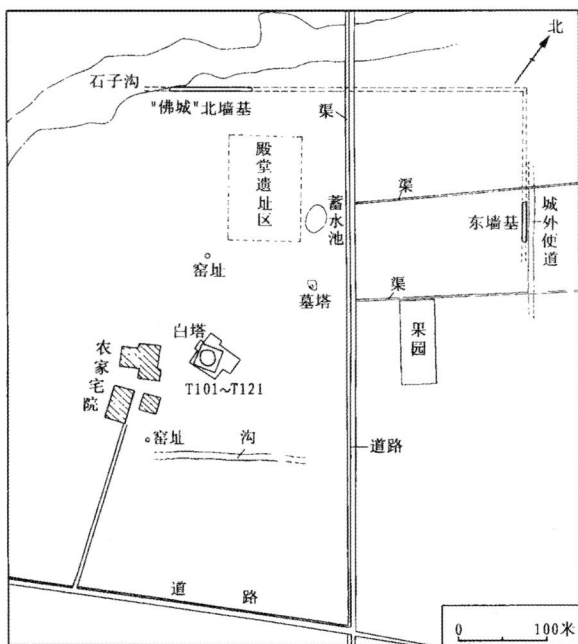

图二　白塔寺遗址平面图

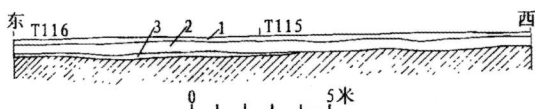

图三　白塔寺1区T115、T116南壁剖面图
1.耕土层 2.黑褐色土 3.黄褐色土

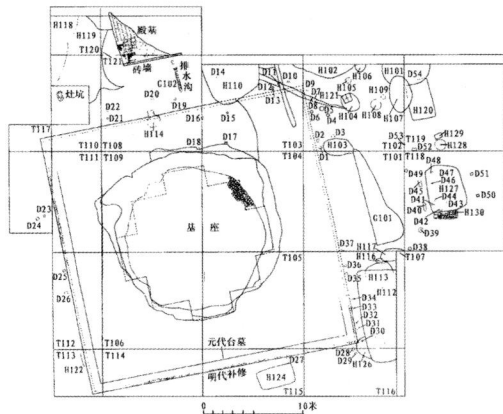

图四　萨班灵骨塔塔基平面图

1.台基 分上下二层。下层平面呈正方形，保存略好，东面因耕地取土破坏，基本没有保留。塔基有内、外两重。内部边长 24.7、残高 0.2 米，为较纯净的黄土垫筑。外部是在内缘的基础上加宽 1、加高 0.05 米，外壁砌砖。加宽部分为灰褐色土分层垫筑，土质坚硬，内含较多红胶泥块、白灰面碎片和少量炭粒、碎砖等。砌砖多数为碎砖，少数为整砖，均一砖错缝叠砌，齐整面向外，破损面朝内，其间用白灰勾缝，内侧空隙处以小碎砖填充。砖为青灰色素面条砖，大小不一，大砖长 37、宽 18、厚 7 厘米，小砖长 28、宽 14、厚 7 厘米。台基外缘砌砖毁坏严重，北面仅存两块，东面南端残长 2.6 米，西面断续残存 6.7 米，南面断续残存约 14.4 米，相对保存较好，最高处残存三层砖。台基外部为坚硬、平整的活动地面。地面略向外倾斜，有利于散水，其上堆积含大量白灰面碎片等杂物的黄褐土。

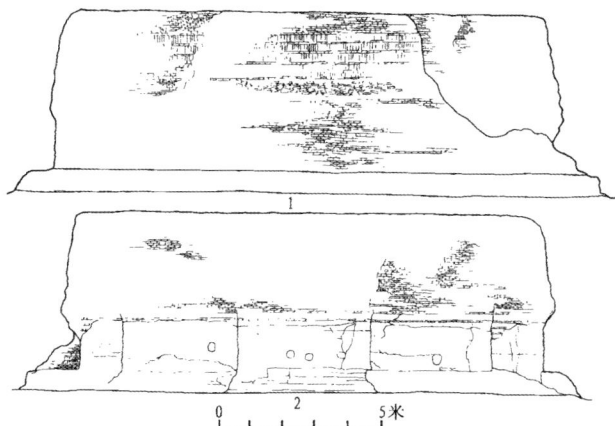

图五　萨班灵骨塔塔基立面图
1.北立面 2.南立面

上层台基大部分已毁，仅在基座北面保存一部分，形制不清。上层台基高 0.6 米，夯土板筑，夯层厚约 0.3 米，夯土呈黄色，土质坚硬、纯净。台基表面抹有一层厚约 0.3 厘米的白灰面，白灰面已被后期修补的外围包砖压碎。

2.基座 现存基座略呈圆台形，顶面南北长 14.3、东西宽 13.8、残高 3.4 米，为夯土砖表结构，夯土保存较好，包砖毁坏严重。东、南、西三面下部包砖均毁无存，已露出夯土，北面及各面上部尚残存部分包砖。

夯土平面呈十字折角形。每面凸出部分宽 4.15—4.5、高 1.65 米，黄土板筑，夯层厚 0.3 米，土质纯净、坚硬。东、西面正中各有 1 个小洞，南面共有 3 个小洞。小洞略在同一个平面上，洞口呈圆形，直径约 0.25、深约 0.35 米，洞内装铜钱、经卷等物，外抹草拌泥封堵。现暴露的小洞均被掏空，其内遗物也已流失。

包砖与台基外壁砌砖相似，也为青灰色素面条砖，有长 38、宽 18、厚 7 厘米等多种规格，大部分为残砖和碎砖，整砖极少，砌法多为一砖平铺或竖砌，不太规整。下部每两层砖之间有厚 10—20 厘米的夯土，上部每两层砖之间垫一层较薄的土，夯土和垫土均呈黄色，内含较多白灰面碎片及少量碎砖、炭粒、小石子。现存顶部较平整，推测其为覆钵形塔身的下缘。

（二）萨班灵骨塔周围遗迹

在萨班灵骨塔周围还发现有殿基、灶坑、灰坑、排水沟、柱洞等遗迹。

1.殿基 1座（F101）。位于塔基北面，其上为废弃的碎砖、瓦堆积。现残存部分砖墙、

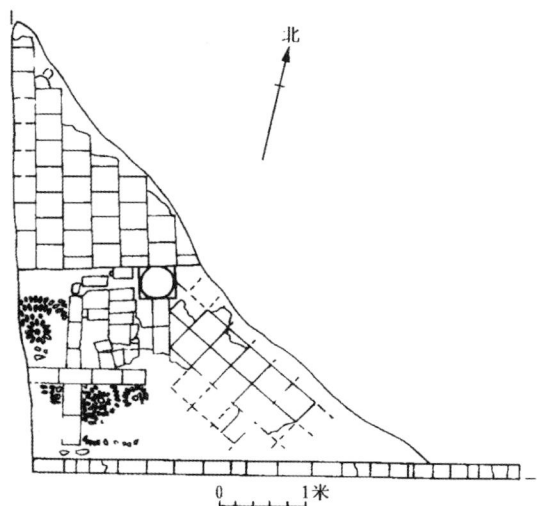

图六　F101 殿基平面图

活动地面和砖铺地面（图六）。

砖墙与塔台基边缘平行，方向为79度，南距台基5.5米，残长5.8、高0.38米，西端保存较好，尚存五层砖，南端仅存最下一层砖。砖为青灰色素面条砖，长32、宽15、厚7厘米，错缝平砌，其间以白灰胶结。

活动地面位于砖墙南面与塔台基之间，是在塔台基外侧地面上用两层厚约0.15米的黄褐土垫成。垫土较为杂乱，内含较多碎砖块、白灰面碎片、烧土粒等。活动地面较平整，较坚硬，与砖墙基在同一平面上。

砖铺地面高于活动地面约0.4米，距地表约0.2米，南面紧贴砖墙，东、西、北三面均被破坏，南北残长5.5、东西残宽4.7米。砖墙北部2米处有一圆形柱础，直径30、高20厘米，下有方座。柱础以北，与砖墙垂直方向错缝平铺方砖，现存7排，最长的一排残存方砖7块。方砖边长30、厚7厘米。柱础东南与砖墙之间45度方向齐缝平铺方砖，现存4排，残存最多的一排有方砖6块，方砖尺寸与北面相同。柱础西南用条砖铺成十字形，十字的四个方框内用小鹅卵石镶砌成圆形花纹图案。十字图案的东北角为条砖平铺，小鹅卵石和小碎砖填充其间，较杂乱。十字形条砖地面较北面和东南面的方砖地面高出约0.1米。砖铺地面之下为厚约0.3米的垫土，垫土较为干净，仅含少量白灰面碎渣。

2. 灶坑　1个（Z1）。叠压在第2层之下，开口于F101的活动地面，距地表深0.55米，方向为168度。整砖和残砖砌壁，底铺残砖，内部直壁，平底，平面呈"T"字形，外部南北通长1.05、东西宽0.56米，南面凸出部分为烟道或火道，内缘南北长0.45、东西宽0.12、深0.48米。坑内上层为灰褐色填土，填土较疏松，内含较多碎砖头等杂物，下部为厚约0.2米的灰烬。

3. 沟　2条（G101、G102）。G102位于塔基北面，F101砖墙壁南面，叠压于F101活动地面之下。方向为166度，南北长2.55、口宽0.12—0.15、深约0.1米，沟两侧用残砖竖立作壁，沟内用残砖平铺为底，东壁残存砖5块，西壁残存砖8块，底残存10块。沟南端尽头处有一凹坑，深0.24、直径0.3米，内垫一圆形石块。沟内填土呈灰褐色，土质疏松，含少量白灰面碎渣、炭粒等。推测该沟为一条排水沟，且为暗沟（图七）。

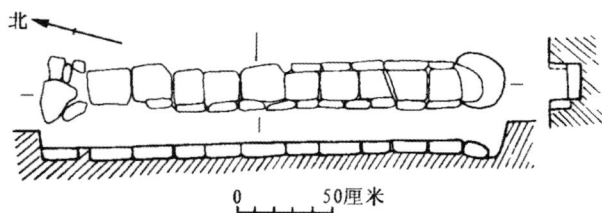

图七　G102 平、剖面图

G101 位于塔基东面，平面作长条形，北端窄，南端宽，南北通长9.8、东西宽0.5—3、深1—1.3米，沟西壁较平直，其余作斜坡状。沟底北高南低，较平缓。沟内堆积为黄褐土，内含大量白灰面碎块及少量炭粒、碎砖等，土质较疏松，出土有兽面瓦当、兽面滴水、黄砂岩质莲花瓣柱础等遗物（图八）。

4.灰坑 共32个（H1—32）。平面有长方形、椭圆形和圆形等多种形状，以直壁平底和斜壁平底为主，有些具有特殊用途，现举例说明。

H119 位于塔基北面，开口于第2层下，距地表深约0.75米，叠压于H118和F101下，为一大型取土坑。平面呈葫芦形，已清理部分南北最宽为8.8、东西最长为7.3米，坑底距地表深2米。坑底东、西部又各下挖一椭圆形取土坑。东部坑南北长6.3、深0.6—1.03米，斜壁，平底，南面留有一宽1、高0.25米的台阶。西部坑南北长5.5、深1.81米，斜壁，底部较平整。两坑间为上下道路，最窄处宽3.5米。坑内填土呈黄褐色，土质疏松，内含大量碎砖块和一些红和黄、绿釉砖及白灰面碎渣等（图九）。

H120 位于塔基东北面，平面为长方形，敞口，斜壁，平底。坑口长3.8、宽2.2米，坑底长3.5、宽2米，坑深0.8米（图一〇）。坑内堆积为灰土，较疏松，内含白灰面碎渣、炭粒、烧土粒及大量砖、瓦等，出土灰陶滴水、瓦当、花纹砖等建筑构件和陶狮等遗物。

H121 位于塔基东北面，平面为长方形，直壁，平底。南北长0.8、东西宽0.7、残深0.2米。底部用4块方砖平铺，四壁和底部均抹厚约2厘米的白灰面。坑内填土为黄褐色，较疏松，内含少量白灰面碎渣、烧土粒等杂物（图一一）。

H130 位于塔基东面，现存平面略呈长方形，直壁，平底。现存东、西、南三壁均用残砖砌筑，底以残砖平铺，底、壁均抹厚1—2厘米的白灰面。坑南壁长2.1、东壁残宽0.9、西壁残宽0.5、残深0.2米，其内堆积为白灰面碎片，并有少量草拌泥，质地较疏松（图一二）。

H114 位于塔台基北面边缘，打破塔台基和台基外缘的F101活动面。为椭圆形袋坑，坑口长径1.35、短径1.1、深

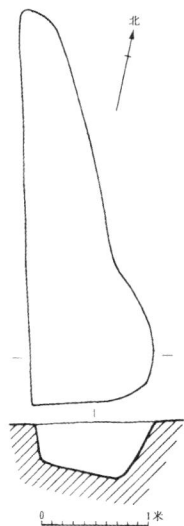

图八 G101平、剖面图

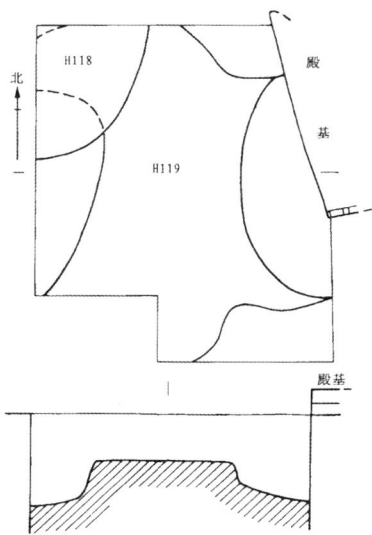

图九 H119平、剖面图

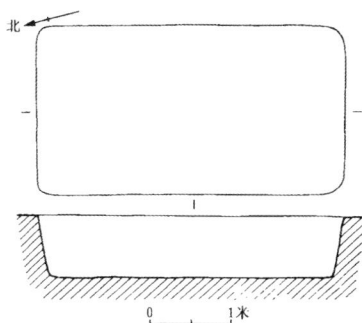

图一〇 H120平、剖面图

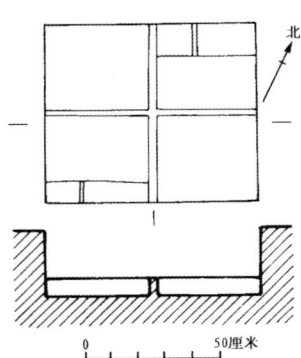

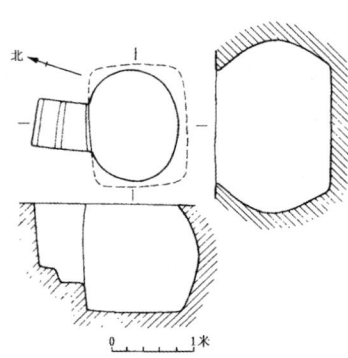

图一一　H121平、剖面图　　　　图一二　H130平、剖面图　　　　图一三　H114平、剖面图

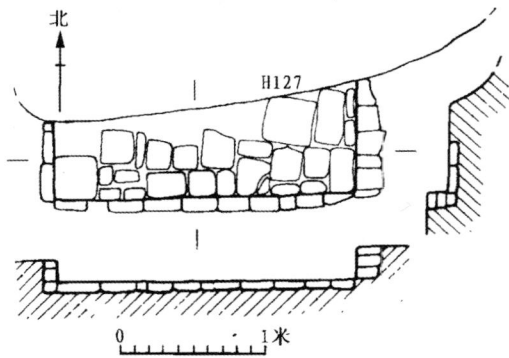

1.34米，坑底长径1.5、短径1米，坑底近圆角长方形。坑口北部凸出，有两级台阶，可供上下。坑内填土呈灰褐色，较疏松，内含较多碎砖块、白灰面碎渣、瓦当、瓦片等杂物。出土铜钱一枚。此坑为一储物窖穴（图一三）。

5.柱洞　54个，其中4个分布于塔下层台基上，33个分布于塔台基外缘附近，其他则集中分布于塔东面T118和T119内。柱洞平面有圆形、方形或长方形，多为直壁，平底，斜底和尖底者较少。圆形柱洞一般直径0.2—0.3米，个别达0.35—0.45米；正方形柱洞一般边长为0.2—0.3米，个别达0.35米；长方形柱洞一般长为0.2—0.35、宽0.15—0.35米，少数长度达0.75米。柱洞残深一般在0.07—0.35米，个别深度达0.4或0.6米。洞内填土多为灰褐土，内含少量白灰面碎渣，边缘较硬，个别柱洞中央有一直径约5厘米的圆形朽木。

在这些柱洞中，D1—14、D19—37分布于台基外缘附近，一般距离台基外缘0.05—1.9米，个别达2.45米。其中D1—13、D28—37较集中地分布于塔东面台基外缘附近。D1和D37之间为一开阔地，相距10.3米，推测此处有建筑。

D15—18位于塔东面台基上，间距2.6—3.2米，距离台基外缘1.2或4.2米。其中D17、D18位于塔上层台基拐角处，残深0.25米，由迹象观察其深度要比塔台基高度大。

D38—54分布于塔基东面约15—20米处，D39—40和D45—49分布密集，且有规律，基本上是南北对称分布，推测此处为山门位置。

（三）寺院其他遗迹

该遗址内还发现有寺院围墙、殿基、蓄水池、窑址、小墓塔等遗迹。

1.寺院围墙　北墙位于萨班灵骨塔北约300米。方向为55度，现残存部分墙基，残长约80、宽3.1米。夯土版筑，夯层厚约0.1—0.12米，夯土坚硬、纯净，夯窝清晰，直径约5厘米。另在果园之东勘探到东墙遗迹，白塔之南勘探到一条与北墙平行的深沟。但西面未探到围墙的遗迹。根据这些迹象，可以初步确定，围墙平面呈方形，南北长约430、东西宽约420米。可知寺院面积达18万平方米（参见图二）。

2.殿基　在南距萨班灵骨塔130—270米处是寺院建筑较集中的区域。其中发现一殿基的南墙，为青灰色条砖一砖错缝平砌，砖长38、宽18、厚7厘米，但形制不清。

3.蓄水池　1个。位于萨班灵骨塔东北约200米，平面为椭圆形，长径32、短径24米，据钻探显示，为锅底状，周壁及底部用石块铺砌，深1.8米。为寺院供水所用。

4.窑址　2座（Y1、Y2）。Y1位于萨班灵骨塔西北约120米，残。窑室平面呈圆形，直径约4.5米。窑壁因长期烧烤而成青灰色，厚约0.4米。窑室内发现有边长0.33米的方砖和残砖。Y2位于萨班灵骨塔西南115米，埋藏于耕土层下，直径约4米。

5.小墓塔　位于萨班灵骨塔东北约142米处，残存5座，其中4座已坍塌成小土包，另一座存部分基座，为土坯砌筑，残高0.4米。当地村民曾于塔中部掏出长方形木盒，内盛骨灰。

以上遗迹尤其是寺院内殿基的详细布局、结构待进一步发掘证实。

三、出土遗物

此次发掘出土遗物以各类建筑构件为主，主要有青灰色素面条砖、方砖、花纹砖、红色琉璃砖、瓦当、滴水、脊饰、石质塔顶饰等，并有少量的瓷器、泥塔婆等。

（一）瓷器

主要有碗、缸、灯等，现择典型器物介绍如下：

碗　9件。G101：6，残存底部。灰胎，胎质细腻，施褐色釉，釉色明亮。器壁由上向下逐步加厚。底径6、残高4厘米（图一四，1）。H104：1，残。直口，圆唇，弧壁，圈足。灰胎，胎夹砂，施深绿色釉，器外壁施半釉，足不施釉。口径19.2、足径6.8、高7厘米（图一四，4）。T116②：3，残存口沿。圆唇，斜壁。白胎，胎夹砂，施白釉，釉下有化妆土，外壁釉施至口沿下。残宽4.5、残高3厘米（图一四，7）。H119：1，残存底部，矮圈足。白胎，黑釉，内底一圈不挂釉，中心刻一藏文。足径7.2、残高3.8厘米（图一四，8）。T202①：1，残存底部。弧壁，圈足。器白胎，外施透明釉，外壁以青花绘出图案。圈足较宽内削，外壁有两道弦纹。足径4.3、残高2厘米（图一四，3）。

缸　5件。H112：1，残存口沿。弧壁，平唇。夹砂灰胎，内外施茶色

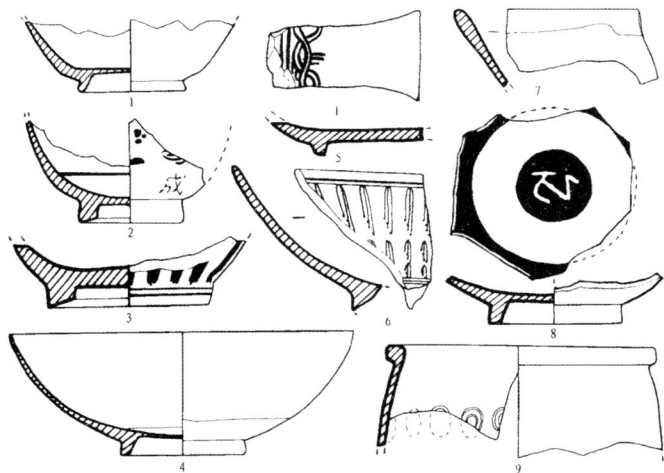

图一四　出土瓷器

1.褐釉碗（G101：6）2.青花盅（H113：1）3.青花碗（T202①：1）4.绿釉碗（H104：1）5.青花盘（T203②：2）6.青花碟（T115②：1）7.白釉碗（T116②：3）8.黑釉碗（H119：1）9.茶釉缸（H112：1）（1、4、8约1/3，其余约7/10）

釉，口沿不施釉。内壁有两周同心圆纹。口径30、残高12厘米（图一四，9）。

灯 2件。T116②：1，残存底部及灯柄。灯碗中心有一圆形小孔，小孔附近粘有砂。白胎，施豆绿色釉，釉不及底。底径5.2、高4.5厘米。

碟 1件（T115②：1）。青花瓷。敞口，圆唇，斜壁，圈足，足已残。白胎，胎质细腻洁白，胎外施透明釉，釉色泛青，有细小气泡，内壁口沿以青花料绘弦纹两道，以下又绘三层类似梵文的图案，其下又有三道弦纹，底心纹饰不明。外壁口沿下亦有弦纹两道，圈足外壁及底部各有一道弦纹。残宽3.5、器高5.5厘米（图一四，6）。

盅 4件。H113：1，青花瓷，口残。斜壁，圈足。白胎，外施透明釉，胎釉均泛青。器内近底部以青花料绘两道弦纹，内底心绘点状纹饰。外壁绘草纹等，近底部有一"成"字。外壁与底相接处绘一道弦纹。圈足外壁施釉，内不施釉，有火石红。青花料积釉处泛黑。足径3、残高2.9厘米（图一四，2）。

盘 1件（T203②：2）。青花瓷，残存底部。弧壁，平底，圈足。白胎，胎外施透明釉，内底以青花料绘出纹饰，纹饰不明。底不施釉，圈足边缘有火石红。残宽2.6、残高1.1厘米（图一四，5）。

（二）建筑构件

以材质可分为陶质、琉璃质和石质，以用途又可分为砖、瓦、瓦当、滴水、脊筒、脊饰等。

1.陶质建筑构件 有砖、瓦、瓦当、脊筒、脊饰等。

（1）砖 有素面条砖、素面方砖、楔形砖等。

素面条砖 均为青灰色，多较粗糙，火候较高。规格有以下几种，33厘米×17厘米×7厘米、36厘米×18厘米×7厘米、30厘米×15厘米×6厘米、28厘米×14厘米×6厘米。

素面方砖 青灰色，火候高。规格为33厘米×33厘米×9.5厘米。

楔形砖 共4种。H120：12，青灰色，火候较高。将一条砖的一侧边棱打磨为斜边，横截面呈直角梯形，一端已残。残长16、宽9.2、厚4.2厘米（图一五，2）。H120：19，青灰色，火候较高。将一条形砖的两侧边棱打磨为斜边，横截面呈梯形，一端已残。残长24.4、宽19.6、厚4.2厘米（图一五，1）。H120：15，青灰色。先将一条形砖的两侧边棱打磨，使截面呈梯形，再在上底面磨出两条高、宽各1厘米的凸棱，其下底面与两侧斜边磨成圆弧形。残长18.8、上底宽5.2、厚5.8厘米（图一五，6）。H120：14，

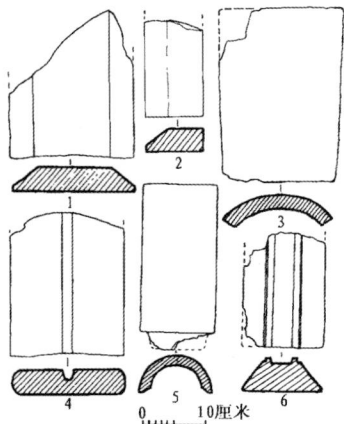

图一五 出土砖、瓦

1、2、4、6.楔形砖（H120:19、H120:12、H120:14、H120:15）3.板瓦（H120:18）5.筒瓦（T107②:6）

青灰色。将一条砖的两侧四条边棱打磨成圆弧形，再在上面中心沿纵方向磨出一宽、深均为1.6厘米的浅槽。残长23.6、宽18、厚4.4厘米（图一五，4）。

（2）瓦　有筒瓦、板瓦。

筒瓦　共3件。灰陶，素面。均残。T107②：6，长28、舌长2.5、宽11.5、厚1.5厘米（图一五，5）。

板瓦　3件。灰陶。一端宽，一端窄。内壁有布纹。H120：18，长28.8、大头宽18.8、小头宽15.6、厚2.4厘米（图一五，3）。

（3）瓦当　主要为兽面纹瓦当，另有花纹和龙纹瓦当。兽面瓦当共11件，兽面形象均类狮。

连珠纹兽面纹瓦当　1件（H120：21）。灰陶。模制。连珠纹圈中心为一兽面，浓眉环眼，牙外突。残。直径12、厚2.5厘米（图一六，1）。

兽面瓦当　10件。灰陶。模制。均为圆形，外一圆圈，中心为一大兽面，兽面形象各不相同。H114：4，宽边轮，兽面两耳竖立，圆眼，长鼻，大嘴，不见外露的獠牙，脸上长满长毛，形似猫头。兽面外为两周凸棱。直径10.2、厚2、边轮宽1.1厘米（图一六，2）。

（4）滴水　5件，饰有菊花纹、兽面纹、龙纹等。

菊花纹滴水　3件。H112：5，灰陶。模制。中心为一盛开的菊花，两侧有茎叶。宽16、高10、带瓦通长27.5厘米（图一七，1）。

兽面纹滴水　1件（H117：1）。灰陶。模制。中心为一夸张的兽面，眼睛、耳朵均作叶状，周围有一圈凸棱。宽17、高8.5、带残瓦长19厘米（图一七，2）。

龙纹滴水　1件（T107①：1）。灰陶。模制。周围有宽约1厘米的边框，中心雕一龙。厚2、残宽8、残高6厘米。

（5）脊筒　4件。H120：2，略残。灰陶。脊筒呈方形，正面模制出植物茎叶纹，其主体纹饰为一从茎上伸出的盛开的花朵。筒背面为两条宽4.8、高7.2厘米的条形砖，在条砖内侧有宽1.2、深1.6厘米的浅槽。边长30.4、厚11.2厘米（图一八，2）。H120：11，残。灰陶。正面为模制的植物茎叶花纹，背面为一高7.2、宽3.6厘米的凸棱。残长12.8、宽12.8、厚10.4厘米（图一九，1）。

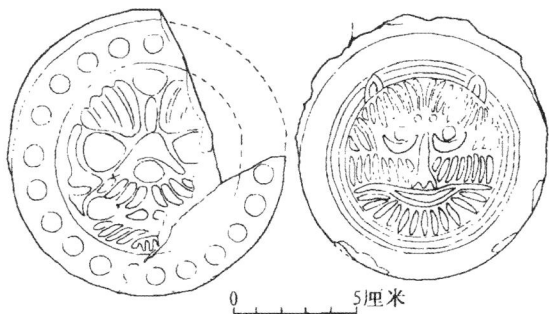

图一六　瓦当

1.连珠纹兽面瓦当（H120:21）2.兽面纹瓦当（H114:4）

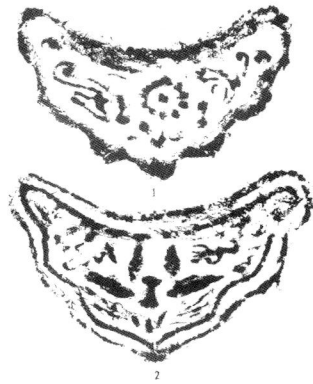

图一七　滴水拓本（2/5）

1.菊花纹滴水（H112:5）2.兽面纹滴水（H117:1）

（6）脊饰 5件，有陶狮、套兽、兽面饰。

陶狮 3件。灰陶。模制。均残损，为建筑屋脊上的蹲狮。H120：6，狮子两腿蹲踞，前腿支起，头上仰，嘴微张，两目突鼓，鬃毛整齐地披至背部，尾巴上扬。下有中空的底座。带残座高19厘米，狮高15.8、宽7.4厘米，座高7、宽14.6厘米（图一八，1）。T107②：7，狮子口张开，头微扬，颈下悬挂铃铛，鬃毛平整地向后披开，项及脸颊上均饰连珠纹。残高13.5、宽9.5厘米（图一八，3）。

套兽 1件（H120：4）。灰陶。模制。眼睛圆睁，眉毛后扬，圆形耳朵上翘，嘴微张，伸出一巨牙，鼻上挑，头的下部及项部有半圆形鳞角。残高11.8、长18.4厘米（图一八，4）。

兽面饰 1件（T116②：5）。灰陶。模制，表面涂黑。眼睛以条状弧纹构成，鼻中心及相当于耳的部位各有一贯通的方形小孔。背平整，有白灰残留。残宽17、残高19.5、厚3厘米（图一八，6）。

2.琉璃建筑构件 有瓦当、滴水、龙头、莲瓣形建筑构件等，瓦当、滴水在前面已介绍，此处不赘述。

琉璃龙头 T107①：2，残存龙上腭及鼻部，上腭微微扬起，鼻孔微张。通体施绿釉，上腭的底部施浅绿釉，残长14.5、宽7.6、高7厘米（图一九，4）。

莲花纹构件 3件。H120：8，为连续覆莲纹，中为莲瓣，表面施绿釉。残长12、残高10、厚2厘米（图一九，2）。H120：10，与H120：8基本相同，但在莲瓣中并未装饰花卉，外施绿釉。残长12、残高6.4、厚3.4厘米（图一九，3）。H120：9，莲瓣下垂，莲瓣中心为从下侧下垂后向上卷起的条带状纹饰，外施绿釉。残长9.6、残高10.4、厚3厘米（图一九，9）。

3.石质建筑构件 有塔刹等。

塔刹 1件（T104：1）。灰白色砂岩质。是一圆形宝顶的一部分，平顶，弧壁，表面粗糙，残存藏文六字真言中的二字。残宽24、残高27、厚24厘米（图一九，7）。

覆莲构件 2件。砂石质，均残。G101：8，表面残存两个覆莲瓣。直径63.6、厚14厘米（图一八，5），G101：9，表面残存一覆莲瓣，柱下面为圆形榫。残长27.6、残宽19.5、残高24厘米（图一九，8）。

（三）佛教遗物

塔婆 2件。均为红色胶泥模制。平面为圆形，覆钵塔形，中部有一周莲瓣，上为一周藏文，再上为一周造像，尖圆顶。T121：1，底径2.4、腹径3.2、残高3.2厘米（图一九，5）。T121：2，底径2.4、腹径4.1、残高4厘米（图一九，6）。

经卷 均出于大塔内，有汉文、藏文两种，均为印经。汉文为朱砂色楷体，纸为白色，柔软，上下有界栏，纸宽6.3厘米，文面宽5.6厘米。从残存的片断看有《大悲观自在菩萨总持经咒》《佛顶尊胜总持经咒》《圣妙吉祥真实名经》《佛顶大白伞盖楞严论》及《无量寿佛真言》《文殊菩萨五字心咒》《金刚顶经五字真言》等经的经文和咒语。每两经之间绘一佛像，

图一八　建筑构件

1、3.陶狮（H120:6、T107②:7）2.陶脊筒（H120:2）4.陶套兽（H120:4）5.石覆莲构件（G101:8）6.陶兽面饰（H116②:5）（2约1/7,5约1/15,其余约1/5）

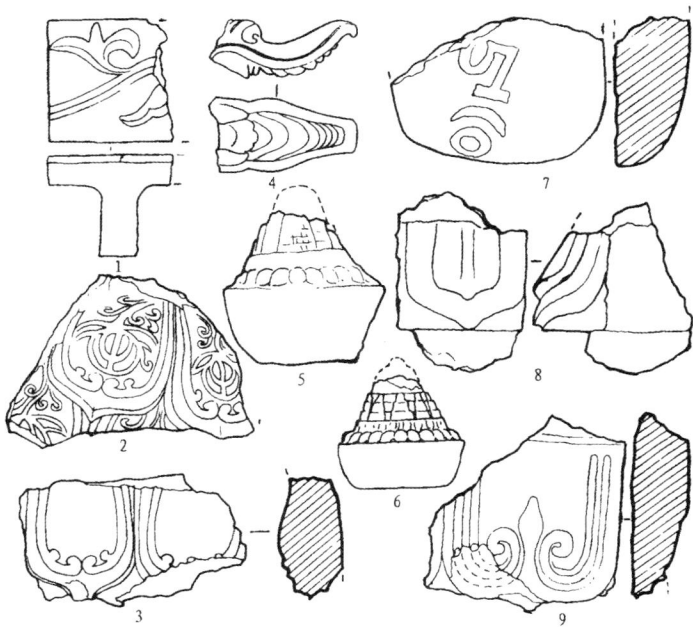

图一九　建筑构件及其他遗物

1.脊筒（H120:11）2、3、9.琉璃莲花纹构件（H120:8、H120:10、H120:9）4.琉璃龙头（T107①:2）5、6.泥塔婆（T121:1、T121:2）7.石塔刹（T104:1）8.石覆莲构件（G101:9）（1、4、7约1/7,5、6约3/5,8约1/10,其余约1/3）

有的经终末尾绘法器。其中《大悲观自在菩萨总持经咒》的经文与咒语之间有"永乐十年五月初六日"题款，知此批经印于明永乐十年（1412年）。藏文佛经亦为藏传佛教密宗经典中的咒语，也属明代。它们是明宣德五年（1430年）重修大塔时的装藏品。

（四）白塔寺现存碑刻

现存石碑共5件，分别介绍如下。

1.明宣德五年《重修凉州白塔志》碑　青石质。圆首，碑阳汉文楷书15行，最长一行26字，碑阴藏文25行。碑左、右侧及底侧均有刻文。高51.8、宽31、厚6厘米（图二〇，图二一）。

2.明宣德六年《建塔记》碑　青石质。圆首，四周有单线边框。碑阳额篆"建塔记"三字，碑文汉文楷书13行，最长一行21字。碑阴藏文书额"建塔记"，汉文楷书4行，最长一行9字。高42、宽25厘米（图二二，图二三）。

3."仝立"碑　砂石质。断为两截，周边刻忍冬纹。碑文为汉文，楷书，残存字8行。残高40、残宽28.5、厚26厘米。

4."塔院"碑　砂石质。残存两块，碑阳为正文，碑阴为题名，汉文楷书。碑阳存字7行

图二〇 《重修凉州白塔志》
碑 碑阳拓本

图二一 《重修凉州白塔志》碑 碑阴
拓本

图二二 "建塔记"碑 碑阳
拓本

图二三 "建塔记"碑 碑
阴拓本

图二四 "塔院"碑 碑文拓本

图二五 《重修塔院
碑》碑文拓本

31 字，碑阴存字 8 行，刻 19 位人名。碑阳残为 21 厘米 ×26 厘米，厚 17.5 厘米（图二四）。

5."凉庄道"碑 砂石质。存字 1 行 7 字，汉文楷书，残高 18、残宽 13、厚 8 厘米。

6.清康熙壬戌《重修塔院》碑 灰砂岩质。立于塔基东北侧，圆首方趺，周边阴刻忍冬纹，碑首额题两侧线刻二龙，碑额篆书"重修塔院碑记"，碑阳首题"重修白塔碑记"。碑文楷书 24 行，最长一行 52 字，碑阴楷书刻人名。通高 280 厘米，其中碑身高 140、77、厚 20 厘米，首高 80、厚 27 厘米（图二五）。

四、塔基及其周围遗迹的年代

塔基现存基座和台基。塔基较纯净的黄土夯筑，与基座十字折角形的夯土结构为一体，属于同一时期。因此，基座夯土结构及台基应是1252年竣工的萨班塔的遗迹。基座外部和上部的砖包不太规整，砌砖零乱，许多是废弃的碎砖填充进去的。基座北面的包砖压碎了塔基面上的白灰面，台基亦有明显的重修迹象，即将台基加宽1米，并在外缘包砖，砖的尺寸规格与基座外部所包的砖相同，因而基座与台基是同一时期修补的。根据白塔寺所存的碑刻记载，大规模的重修仅有一次，即刻塔在元末毁于兵火以后，到明宣德四年（1429年）明肃王朱瞻焰捐资，由西僧妙善通慧国师锁南监参主持重修，宣德五年（1430年）竣工（《重修凉州白塔志》）。因此，现存包砖应是明代重修的遗迹。1927年武威大地震，塔严重塌毁，又遭"文化大革命"期间拆除破坏，因为这些比较零乱的砖是砌在里面的，其外部包砌的砖是现代破坏的。需要指出的是，宣德六年（1431年）的《建塔记》碑中提到的"于凉州重兴白塔寺内命工起建菩提宝塔一座"应是萨班灵骨塔附近的另外一座新建的塔，与萨班灵骨塔不是同一座塔。传该碑亦出于萨班灵骨塔塔身内有误，因为萨班灵骨塔是宣德五年六月重修完工的，而新建的"菩提宝塔"则完工于次年的六月。因而可以断定《建塔记》碑并非出于萨班灵骨塔塔身内，而可能出于新建的"菩提宝塔"内。二塔的主要功德主同为肃王府和国师锁南监参。

塔基周围经发掘清理有许多灰坑、殿基等遗存。就其形状、包含物等判断大部分为时代很晚的干扰坑，多属清代或更晚，与白塔、塔院并无直接的关系。其中H119、F101、H114、H120等较为重要。

H119叠压于F101殿基之下，因考虑到保留F101等遗存而未清理完整。坑内出有大量的青灰色碎渣块，其规格与明代重修塔外表包饰的砖相同，另有刻"六""七""八"等编号的建筑用红色大砖及碗底刻有藏文的黑釉瓷碗、泥塔婆等遗物，此坑年代在明宣德五年（1430年）至清康熙二十一年（1682年）间，形成于清康熙年间重修塔院之前。该坑为一不太规则的取土坑，西部坑底有明显的制作土坯的较硬的土块，因此推测该坑为当时修筑塔院内其他舍利塔时所挖并是制作土坯的场所。

H114为口呈"凸"字形的袋状窖穴，底平面为圆角长方形。它正好打破塔下层台基的边缘，在其口沿东侧尚残留两层明代重修台基边缘的青砖，又打破清代殿基（F101）的活动面，因而可以推断它晚于清康熙二十一年（1682年）。坑内包含物有较多的碎砖块、塔身外表的白灰面碎渣，其下限当在1927年地震之前，塔倒塌后塔身的包砖及白灰被填充于此坑内。该坑与现当地农民所挖窖穴的形制基本相同，应为一储藏物品的窖穴。

F101殿基位于白塔北侧台基外部。因破坏严重，仅残存很少一部分，该殿基为砖铺建筑地面，而且有石子镶嵌的图案。该地面的南侧紧邻有一道砖砌墙基，应为原建筑的墙基。在墙基以南的活动面上有砖砌排水沟、灶坑等，它们应与北侧的砖铺地面同时。据现存于塔东北侧的"重修白塔碑"记载，白塔"重修加土添灰，经次番才四次，大塔无甚剥落，惟小塔大多淋漓坍塌"，知康熙年间的此次重修对白塔无太大的改动重修，或许只对局部残缺之处加以补修或对塔身外表重抹白灰，发现的 H121、H130 等砖筑小型池子可能是专门为塔外表抹白灰而特制的。康熙年间的重修主要是对塔院的重修，碑文称"其塔院三楹，即供奉板只达与宝贝尚师并达赖喇嘛，外僧寮三间，系予新建，重其所自始也"。"板只达"即班智达。这里说明当时重修塔院时并建有其他一些建筑，这些建筑现均毁，白塔北侧的 F101 殿基等即可能是此次新建的。

五、结语

1. 根据这次钻探和发掘，我们对白塔寺的规模和形制有了基本的了解，寺院平面略呈方形，南北长约 430 米，东西宽约 420 米。整个寺院外围有围墙，俗称"佛城"，四角均有高大的角墩，开四门，围墙中部又有类似于马面的建筑，与同时期城址的结构与布局相仿。这种结构似于城址、防卫严密的寺院规制，与内地寺院明显不同，但在西藏萨迦派寺院中却有实例，如元至正五年（1268 年）所建的萨迦南寺即有围墙（城垣）、角楼、城门、城壕等设施[1]。这种具有防卫措施的寺院当与西藏地区政教合一、宗派林立的历史背景有关。因此，白塔寺这种寺院规制与萨班将原寺院改为萨迦派寺院是有关联的。

寺院的中心区域在北部正中，原有大殿、擦擦殿、僧房等建筑遗迹，其布局大体与汉传佛教寺院相仿。另外，还有供饮用蓄水的涝池等。塔院则位居寺院的西南侧，为一相对独立的单元。塔院内、外有佛殿等建筑。塔院门向东，发掘发现大塔东面有排列规整的柱洞（坑），可能为塔院门的位置。

2. 根据发掘结果，萨班塔原有的形制为：下为边长 24.7 米的方形台基，台基上面无铺砖，而直接在夯土面上抹白灰面，台基四壁不见包砖，估计原来也是直接涂抹白灰的。台基之上为十字折角形塔座，夯筑，高 3.4 米。由于东、西、南三面仅保留夯土，且夯土上亦未发现白灰的痕迹，北面则为明代包砌青砖所掩，故原有塔座是否也为青砖包砌已很难判断。不过从台基原无包砖的迹象看，塔座或许亦是夯筑的。上部覆钵大都已毁，仅存其下缘一小部分。虽然原塔损毁严重，但塔的形制还是比较清楚的，即该塔为西藏噶当觉顿式，其形制与北京元代尼泊尔工匠阿哥尼设计、八思巴之弟益邻真主持修建的妙音寺白塔寺大体相似[2]。发掘中在上层台基的拐角处发现较深的方形柱洞，这与妙音寺白塔台基转角处立柱的形式也相同。明宣德年间重修白塔寺时，将塔的台基加宽，塔座加厚，并外用青砖包砌，虽然在形制上仍保留了原塔的样式，但塔的形体已较原塔增大了许多。

---

① 宿白：《西藏日喀则地区寺庙调查记》图 3—17，见《藏传佛教寺院考古》，北京：文物出版社，1996 年。
② 刘敦桢：《中国古代建筑史》图 149-1、149-2、149-3，北京：中国建筑工业出版社，1980 年。

3.除萨班灵骨塔仿自西藏噶当觉顿式灵塔而建造外，根据发掘出土及寺院遗址内暴露的大量建筑构件看，白塔寺的其他建筑应为砖木结构，青瓦或琉璃瓦覆面。瓦当多为兽面瓦当，滴水的类型有兽面、花卉及绿琉璃飞天滴水，这些均反映出内地传统的建筑风格，而不同于藏式特有的民族风格，这也是内地与藏地佛教寺院建筑最大的不同之处。该寺与内地许多藏传佛教寺院一样采用中国传统的建筑式样。

白塔寺即萨班灵骨塔是西藏正式归入中央王朝统治的历史见证，因而具有非常重要的历史意义。对该遗址及塔基的发掘可以揭示该寺的布局特征，从而为研究元代藏传佛教寺院的布局及形制特征提供科学的资料。

在发掘过程中我们收集到的历年白塔寺范围内出土、现藏于当地村民家中的遗物资料，种类较多，保存较完整，包括碑刻、瓷器、建筑构件、佛像模、佛经残卷等，它们对于研究白塔寺的历史及其沿革同样具有重要的价值。

领队：安家瑶　王辉

发掘：王辉　李裕群　李明华　刘瑞　黎大祥

插图：李明华　刘瑞　赵吴成绘制

摄影：王辉　李裕群　魏文斌

执笔：魏文斌　李明华　王辉　李裕群　刘瑞

原文刊于《考古》2003 年第 6 期

萨班灵骨塔遗址

白塔寺遗址

白塔寺遗址位于武威市凉州区武南镇白塔村刘家台庄，寺院座北向南，北依白塔寺杂木河流，南临祁连山脉，东部兰新铁路经过，西为312国道，交通十分便利。白塔寺建于西夏以前，元、明、清重修、续建，为西藏喇嘛教名僧萨班的圆寂之处，是西藏纳入中央王朝管辖的历史见证地。公元1239年，元太宗窝阔台的皇子阔端驻凉州，邀西藏藏传佛教萨迦派四世祖萨迦·班智达来凉和谈。公元1247年，萨班作为西藏代表与阔端举行了具有历史意义的"凉州会谈"。至此，西藏归顺于元，正式纳入祖国版图。此后，萨班居凉州白塔寺，并将其改建为藏传佛教寺院，使之成为凉州四寺之首，名"东部幻化寺"。萨班圆寂后，阔端为其在寺内建灵骨塔一座，俗称白塔，寺因塔名，称"白塔寺"。萨迦派五世祖八思巴续建。元末，毁于兵燹。明、清重修。原寺院有佛城、灵骨塔及塔院、塔林等建筑，大多毁于1927年地震，现仅存白塔塔基、殿基、几座小型墓塔、萨班铜像等。1999—2000年，中国社会科学院考古研究所与甘肃省文物考古研究所联合对白塔寺萨班灵骨塔进行了考古发掘，并对白塔寺附近农户所藏白塔寺文物进行了详细调查。这次考古发掘基本探明了灵骨塔的全貌。出土有陶器、瓷器、钱币、藏文和汉文写经、泥塔等遗物，另存有明碑两通及清碑一通。2001年，白塔寺遗址被国务院公布为第五批全国重点文物保护单位。

图文：编者

甘肃武威发现一批西夏遗物

甘肃省博物馆

1972 年 1 月，甘市省武威县张义公社的社员群众在小西沟岘挖药材时，发现一批西夏遗物。武威县文教局、武威地区政治部、文化局和甘州省文化局都非常重视，先后三次派县、地区文化馆和省博物馆的同志前往了解、收集，并在群众发现遗物的地方进行了清理。张义公社党委也召集干部会议，进行保护文物的动员教育，给收集、清理工作以极大的支持和鼓励，使这一批西夏遗物能够比较完整地保留下来。现将有关情况简介如下。

一

小西沟岘北距武威县城 75 公里，黄羊河的支流从这里流过。东南与张义公社相距 3 公里，东北有天梯山石窟。

在这群山耸峙中，有一条水沟由北向南倾泻而下，把群山劈为平行对峙的两列山峰。

在东北山上，向着西南面的山坡，有一个因山坡塌陷而形成的山隙。山隙的中部有一个洞（下称 1 号洞），窄而深，又不规则。在洞的地面上，发现少量的遗物，遗物上面只覆盖着一层薄薄的"五灵脂"及沙土混合物。1 号洞的上面，又有一个封闭的小洞（下称 2 号洞），发现更多的遗物。

1 号洞是天然的山洞，地上只发现少量的遗物。而 2 号洞是人工的，不但发现较多的遗物，且有佛座、泥塔、佛像等不易移动的东西。2 号洞又在 1 号洞上面，所以我们认为，这一批西夏遗物原是保留在 2 号洞的，后来有一部分流散到下面 1 号洞中。

二

这批物大部分是西夏文、汉文和藏文文籍，有印本和写本。

（一）西夏文印本

1. 字书　残存两个半页，每半页八行，行十二字。四边双栏，框高 18.4、宽 13.5 厘米。行与行之间有界线，行距 1.7 厘米。这是西夏识字课本"杂字"的一部分。（图一）1908 年，沙俄帝国主义分子科兹洛夫在我国甘肃省黑城盗走大批珍贵的西夏遗物，其中就有题为"杂字"的字书残本（见《国立北平图书馆馆刊》西夏文专号，99—104 页）。这种字书按事物分类，如"菜"字下面罗列各种"菜"的名称。每二字为一组，便于记诵。我们这次发现的西夏文字

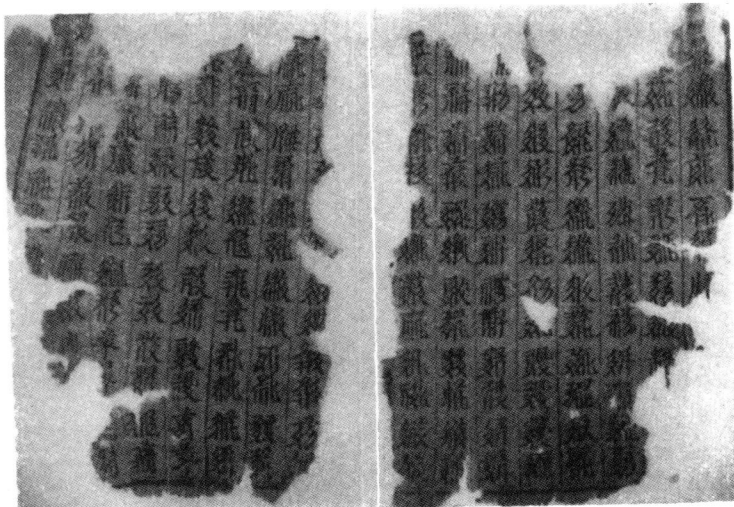

图一　印本字书"杂字"两页

图二　乾祐十六年印本"施经愿文"

书，内容为嫁娶、生育等方面。

2.佛经　皆残页。最多的一种存二十四个半页，每半页六行，行十三字。梵夹本，上下框单栏，高 16.3 厘米。内容为《佛说观弥勒菩萨上生兜率天经》的后半部。此残经的纸质是这批纸本中最好的，现在看来仍相当洁白、柔软、细密，可能是夏仁宗（1140—1193 年）统治时期，大力推行佛教，曾刊印十万册的"上生"经。也有只残存上半页的，上下框单栏，最后有施经时间夏仁宗"天盛己……"和施经人的姓氏"施者荣……"。另有残"施经愿文"一页（图二），上下框双栏，高 9 厘米，是这批印本中雕版最小的。最后一行小字是"乾祐乙巳年二月日施"，即夏仁宗乾祐十六年（1185 年）。除此之外，还有画小千佛的残页，可能是千佛名经之属。

（二）西夏文写本　有楷体和行草

1.楷体

药方　残。上下有墨划的单栏框，残存八行，右边和下边都已残损，内容为治疗各种冷病的药方。（图三）

题记　残，只剩下一行字："换身弟子㼈（·）菩（ ）菩势等"。说明 2 号洞原是有佛像的，后来经过了修整。

佛经　残存二片，正反两面都写字；上下划有单栏框。内容：一片是"圣观自在菩萨说法和称颂圣观自在菩萨的颂语"另一片题为"文殊师利行愿经一卷"。最后有施经的纪年夏仁宗"天盛己巳元年（1149 年）""七月二十日"。另有蝴蝶装写经一本。装订方法是把一张纸上下、左右各对折一次，成为两个半页，都可写字。每张纸的左右对折线作为版心，版心与版心相叠，用细羊毛绳装订。这个本子有 32 个半页，其中有 10 个半页空白；两个半页各只写"上面"和"下面"二字。每页都有用墨笔勾画的单栏框和界线，框高 9.5、宽 8.3 厘米。每半

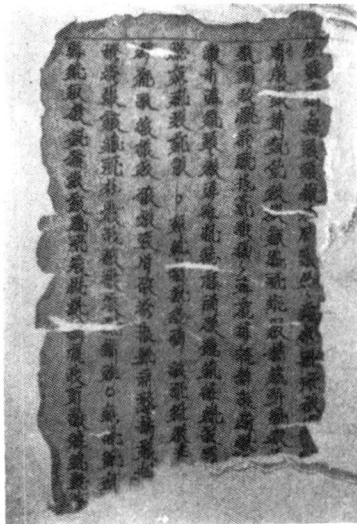

图三　写本药方残页　　　图五　写本"会款单"　　　图六　占卜辞残页　　　图七　草书残页

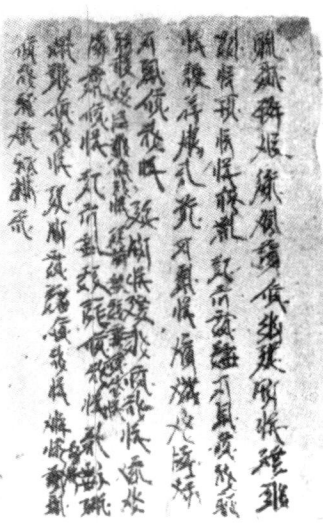

图四　蝴蝶装写经本

页七行，行九字或十字不等，内容为"妙法莲花经心"。（图四）

在这批遗物中，还有一本没有用过的蝴蝶装本子，只有六个半页。与上不同的是每张纸只左右对折一次。

2. 行草

"会款单"，内容是西夏桓宗天庆虎年（1194年），正月七五目，有十个西夏人，有的出150钱，有的出100钱，有的出50钱，共计750钱。没有写明干什么用，暂名为"会款单"。（图五）

古卜辞　两件，均残。一件存四整行（图六），另一件只留三行多。此类皆每行三句，句五字。

另外还有许多西夏文草书（图七），有的还有官印朱痕，可能都是文书，因字迹太草，不易辨认。

（三）西夏文木简　已残。长20.7、宽5.7厘米。正反面皆有楷书（图八）。内容是"施食"情况和咒语。

（四）藏文印本和写本　皆为佛经残页，其中印本一片（背面还是写的），写本五片（两面皆写）。

（五）汉文文书等

布告　残，板印，剩下西夏官印印记一方。官印下面是"刘"字，"刘"字下是墨笔签写的"迁"字。

文书　楷体。残，剩下大小字各一行：……经略司"……计料通判白……"。

光定二年西路乐府公文　楷体。残，剩下最后五行。第一行存一"者"字；第二行"……

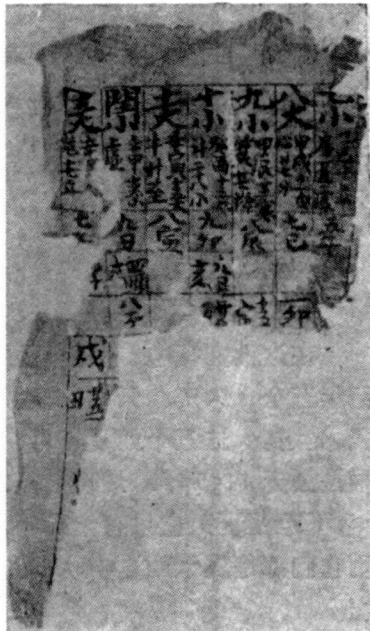

图八　西夏文木简　图九　请假申请书　　　　图一〇　欠款单　　　　图一一　西夏人庆二年日历

右谨具申"：第三行"……西路乐府□勾官所"，第四行"光定二年九月日监乐官府"；第五行"监乐官府□□□礼"。光定是西夏神宗年号，光定二年即公元1212年。

请假申请书　楷体。一页，已残破为二。一件剩下二行（图九）"……今申本卡先差司吏高践苟一名本人告称或有……遣及诸处驱赶请假今目下见……"；另一件剩下三行："……患伤寒行履不能本卡并无□□手力不……乐人……惜……文目行送之……"

欠款单　楷体。残，只存两行（图一〇）"李伴朝欠钱叁吊伍佰文""刘的夕欠钱式吊式佰伍拾文"。

便条　行体。残，只有"依中□各乡以属行遣"等字。

日历　楷体。残，剩下七至二月（图一一）。根据闰十一月和每个月朔日的干支，可以推知是西夏人庆二年（1145年）的日历。这个日历每月的朔日干支写得比较准确，可以纠正其他史书上（如《宋史》《建炎以来系年要录》等）这方面的一些错误。

（六）其他

竹笔　2件。是将竹子的一头削出一个斜面，斜面下削尖，并将笔尖分裂成两片，如现在的沾水笔一样。一支没有用过，长13.6厘米；一支笔尖有墨迹，略残，长9.5厘米（图一二）。

木刮布刀　1件，略残。长60、宽9.5厘米。刀刃和靠近织机的刀面，因长期碰撞、摩擦而留下明显的经线痕迹。

铜钱　7枚。西夏"乾祐元宝"三枚；北宋"景德元宝"一枚（背面有"陕"字）、"宣和通宝"一枚，其他两枚已锈蚀不清。一般径长 2.5 厘米，只有一枚"乾祐元宝"略小些，径长 2.4 厘米。

泥塔婆　模印，均作圆锥体。一种在塔婆的顶部和最下层有梵文和藏文，高 7 厘米；另一种没有文字，高 5 厘米。另有石纺轮、小石珠，泥塑及铜的苦修像以及牛皮鞋、残皮条、毡片等。

三

在这批文籍中，共发现西夏纪年五个：人庆，天盛、乾祐、天庆、光定。这五个西夏年号，最早是公元 1145 年，最晚是 1212 年，下距西夏灭亡只有十几年，说明它们都是属于西夏中晚期的遗物。

在西夏统治时期，河西一带一直比较安定。那么这个佛洞的废闭大概是在蒙古灭西夏的时候。张义在当时是交道要地，为蒙古灭西夏的必经之地。此洞可能就是在这次战乱中被封闭的。正是因为如此，在洞中才没有发现元代的遗物。

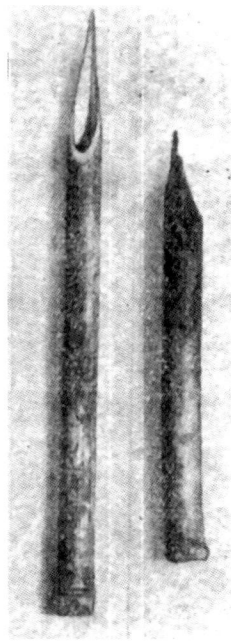

图一二　竹笔

这个佛洞的发现，特别是许多印本佛经的发现，正反映了西夏统治者大力推行佛教的情况。他们为了巩固统治、愚弄欺骗人民，不惜工本印制佛经，企图以此来麻醉人民的反抗意志。

另外，在这批文物中，西夏文、汉文、藏文的文籍同时发现，说明在当时我国各族民间的文化交流是很密切的，甚至在这个山区里也不例外。

原文刊于《考古》1974 年第 3 期

武威西关西夏墓清理简报

武威地区博物馆

1997 年 3 月 29 日，甘肃武警总队武威武警支队在武威西关修建家属楼挖地基时发现一座古墓。由于民工们发现墓砖时及时报告，使墓葬没有受到大的破坏。武威地区博物馆在接到报告后及时派考古人员到现场，对该墓葬进行了抢救性清理发掘，经清理发现这是一座西夏乾祐十六（1185 年）的墓葬。现将清理情况公布如下：

一、墓葬形制

该墓没有被盗掘、破坏的迹象。墓室保存基本完好，为砖结构单室墓。规模较小，墓门向北偏东约 10°。墓顶圆锥形，由墓室、甬道、墓门和照墙组成。墓室长 1.4 米，宽 1.3 米，高 1.5 米。墓门高 0.71 米，宽 0.62 米，进深 0.9 米。甬道长 1.2 米，宽 0.6 米，高 0.8 米，上有高 0.8 米的照墙，以平砖叠砌。墓门为单层砖拱形顶，以较大的卵石封门，墓底距地表约 2 米，墓室内四壁用平砖叠砌，底铺一层平砖，清理时墓室内有厚约 2 厘米的淤土。

二、随葬品

该墓共清理出土文物 9 件，古钱币 7 枚。主要为木器和瓷器。

木器　5 件。

1. 木板买地券。1 件。长 38、宽 25.5、厚 2 厘米。长方形，松木质，自左至右竖写朱红色汉字楷书题记，共 15 行，232 字。内容如下：

> 维大夏乾祐岁次乙巳（应为"巳"之误）六
> 月壬子朔十九日庚
> 午直祭主曹铁驴以乙巳（巳）年四月内殂殁父亲龟筮
> 协从相地袭吉宜于西城廓外安厝宅兆谨用钱九万
> 九千九百九十九贯文兼五彩信币买地一段东西柒
> 步南北玫步东至青龙西至白虎南至朱雀北至地真武内
> 方勾陈分擘掌四域丘承墓伯封步界畔道路将军斋
> （齐）整阡陌千秋万岁永无殃咎若辄犯河禁

者将军亭长收付河伯今次性牢酒饭百味香

新共为信契财地交相分付工匠修营安厝己

（应为"已"之误）后永保吉利

　　知见人岁月主

　　保人今日直符

或气邪精不得忓恠先有居者永避万里主人

内外存立悉皆安吉急急如五帝使者女青

律令

　　木板上端字迹略有浸蚀，其余保存完好。券文书体流畅，行笔稳健，字形朴实大方。木板背面有"▢"形墨绘图案。

　　2. 彩绘人物木版画（图一）。长 54 厘米，宽 24 厘米，厚 2 厘米。长方形，松木质，下端略有残朽，木板上面先用淡白色打底，然后用淡墨淡彩绘制四男一女不同形象的侍者。人物相貌和服饰均具有西夏民族特色。画面自左至右第一为男性，微侧身站立，短披发，两辫垂于肩上，目视前方，络腮胡，身着圆领束袖长袍，腰系丝带，双手拱举胸前。第二人为男性，正面而立，头发蓬松，有中缝。长辫垂于身后，目视前方，八字胡，身着圆领束袖长袍，腰系丝带，双手拱举胸前。第三人为男性，侧身而立，披发，两辫垂于肩上，昂首挺胸，目视前方，八字胡。身着圆领束袖长袍，腰系丝带。第四人为女性，微侧身站立，头发束于脑后，插一朵白花，两条长辫垂于肩上，目视前方，身着圆领束袖长袍，双手捧于下腹，似为孕妇。第五人为男性，短发，长辫垂肩，目视前方，八字胡。身着圆领束袖长袍，腰系丝带。双手握于胸前。

图一　彩绘人物木版画

　　3. 小木棺（图二）。盖长 83.5、底长 67、前宽 36.4、后宽 29 厘米，通高 45.5 厘米，松木质。圆弧形顶盖，由五块木板组成，用木楔和铁钉（已锈）固定在棺板上，前部雕为云头，后部为连弧形。棺身从前至后逐渐缩小，底板已腐朽。棺身外面下部有一小桲，围在四周，左右两侧用两块木板穿撑棺身。桲下部雕有两个镂空叶形图案，上端施凹形线一道。该木棺形制小巧独特，应是盛放骨灰的灵匣。

图二　小木棺

　　4. 小木案（图三）。长 60.3、宽 26、高 7.4 厘米。形制简单，做工粗糙。案面为一块长方形木板，用两小块长方形木条作腿。案面腐朽严重，上面供放瓷碗、碟、木瓶等器物。

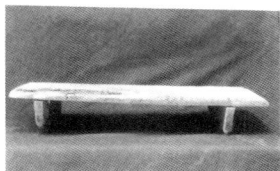

图三　小木案

　　5. 小木瓶（图四）。2 件，一件口径 3.3、底径 3.1、高 8 厘米。松

图四　木瓶与瓷碟

 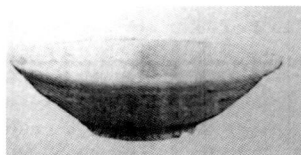  

照一　　　　　　照二　　　　　　照三　　　　　　照四

木质，唇口，平沿，细颈，折肩，垂腹，平底，小圈足。一件残破严重。

瓷器　4件。

1.白瓷碗（照一）　口径15.9、底径6.8、高8厘米。侈口，深腹，平底，圈足。内外均施白釉，外壁近底部及足部不施釉。

2、瓷碟（照二）　口径14.2、底径5.7、高3.2厘米。侈口，浅腹，平底，圈足。内外均施白釉，近底部及足部不施釉。

3、瓷碟（见照三）　口径12.7、底径5.6、高3.2厘米。侈口，浅腹，平底，圈足。内外均施白釉，近底部及足部不施釉。

4、瓷碟（照四）　口径12.7、底径5.7、高3.2厘米。侈口，浅腹，平底，圈足。内外均施白釉，近底部及足部不施釉。

古钱币　7枚。除1枚为开元通宝外，其余均为北宋钱币，分别为楷书治平元宝，皇宋通宝，天圣元宝，禅符通宝，天禧通宝各1枚，及行书祥符元宝1枚。钱币均为小平钱，锈蚀较为严重。

结语

这次清理的是一座西夏晚期的墓葬，有明确纪年。该墓距1977年发现的西郊林场的两座西夏墓约1公里左右，在其西北方，其葬式大体相同。墓内发现的小木棺应为盛放骨灰的"灵匣"。看来火葬是西夏的重要葬俗，其中包含有羌人葬俗、佛教葬俗和古老的鬼神崇拜的习俗。同时也有中原地区汉族传统道教的痕迹，这从木板买地券内容可以看出。

武威是西夏时期重要的政治、经济、文化中心，该地区发现的西夏文物遗存十分丰富。尤其西郊公园一带应该是西夏时期武威内官一个重要墓葬区，这一代已先后发现墓葬十余处，出土了一批重要文物，这为我们研究西夏政治、经济、文化、宗教和社会生活等提供了重要的实物资料。该墓的发现为研究西夏宗教、葬俗、绘画艺术及凉州姑臧城的变迁都具有重要的参考价值。

发掘：钟长发　杨福　朱安　钟雅萍

执笔：朱安　钟雅萍

照片：杨福　钟长发

原文刊于《陇右文博》2003年第2期

武威西夏二号墓彩绘木版画中"金鸡""玉犬"新考

——兼论敦煌写本《葬书》

陈于柱　天水师范学院

一、"金鸡玉犬"木版画的明器性质

1977 年甘肃武威西郊林场西夏二号墓出土多件木版画，其中两幅图绘鸡与犬的形象。前者侧面墨书"金鸡"；后者为一卧狗，浅白色彩绘，朱红点眼、舌，因朽而未见题记。[①]陈育宁、汤晓芳《西夏艺术史》认为："画中动物有鸡、狗、马，没有牛、羊、骆驼，说明当时凉州地区的经济生活以农业为主。这些画又是西夏官员的生活的真实写照。"[②]似意鸡、犬木版画是西夏凉州地区家畜家禽在墓葬中的反映。此说尽管是学界目前对以上两幅图像所作的首次解释，功不可没，然笔者认为其说甚乖，武威西夏二号墓鸡、犬木板画实是中国古代墓葬中的明器"金鸡"和"玉犬"。

考古发现的金鸡、玉犬，此前大多见于南方江西、广东等地的宋元墓葬中。江西南丰桑田北宋墓的金鸡和玉犬俑，金鸡俑昂首张嘴，羽尾上扬，底座下墨书"金鸡"；犬俑翘首，四肢平伏作曲卧状，底座墨书"玉犬"。[③]江西临川南宋墓鸡俑、犬俑各有两件，金鸡高冠长尾；玉犬四肢伏地。[④]江西高安元墓出土的金鸡玉犬俑，金鸡仰首直冠；玉犬作平卧状。[⑤]广东海康元墓出土砖刻金鸡玉犬，金鸡作直立状，张嘴翘尾；玉犬四肢作行走状，尾向上卷。图上方分别阴刻"金鸡""玉犬"题铭。[⑥]武威西夏二号墓鸡、犬木版画在图像上与以上金鸡、玉犬俑极为相近，既然其中一幅墨书"金鸡"，那么另一幅必为"玉犬"无疑。

成书于金元时期的《大汉原陵秘葬经》，其《盟器神煞篇》详细规定了天子、亲王至庶人墓葬中的各种冥器，文中有《天子山陵用盟器神煞法》："金鸡长二尺二寸，安于酉地。玉犬

---

① 宁笃学、钟长发：《甘肃武威西郊林场西夏墓清理简报》，《考古与文物》1980 年第 3 期。

② 陈育宁、汤晓芳：《西夏艺术史》，上海：上海三联书店，2010 年，第 126 页。

③ 江西省文物工作队、南丰县博物馆：《南丰县桑田宋墓》，《江西历史文物》1986 年第 1 期，第 37 页。

④ 临川县文物管理所：《临川温泉乡宋墓》，《江西历史文物》1986 年第 2 期，第 45 页。

⑤ 冯晋仁：《俑》，贵阳：贵州人民出版社，1998 年，第 40 页。

⑥ 曹腾騑、阮应祺、邓杰昌：《广东海康元墓出土的阴线砖刻》，《考古学辑刊》（2），北京：中国社会科学出版社，1982 年，第 175 页。

一只，长二尺二寸，安戌地。"《亲王盟器神煞法》："金鸡一个，高一尺二寸，安酉地。玉犬一只，高一尺九寸，安戌地。"《公侯卿相盟器神煞法》："金鸡高二尺二寸安酉地。玉犬高二尺二寸安戌地。"《大夫以下至庶人盟器神煞法》："金鸡高一尺二寸，安酉地。玉犬长二尺九寸，高一尺，安戌地。"并规定"凡大葬后墓内不立盟器神，亡灵不安，天曹不管，地府不收，恍惚不定，生人不吉，大殃咎也。"①

由此是以确定，武威西夏墓彩绘木版画"金鸡""玉犬"当属明器之一种，常以成对的形式安置在古代墓葬之中。该组木版画的出土，改变了学界过去多认为此对冥器主要流行于中国南方的看法，有助于重新审视古代中国丧葬文化与习俗的地域分布问题。

二、知天时与知人来——"金鸡玉犬"的信仰功能

金鸡、玉犬何以成为墓葬明器？就这一问题，早在清乾隆年间修订的《协纪辨方书》中即已提出。该书引《神煞起历》曰："金鸡鸣玉犬吠并鸣吠对日，相传始于郭公而定于邵子，举世用之，大葬日曰金鸡鸣玉犬吠，小葬日曰鸣吠对。试问何为金鸡玉犬，何为对？则莫知所由来也。盖生人之礼属于阳，葬者藏也，则属于阴。夫人身有生死，一世之阴阳也。阳取乎阳阴取乎阴，各从其类，道本自然耳。时日之阴阳分于日之出没，日出东方为阳，生人之事也；日入西方为阴，送终之事也。金鸡者酉，为日入之门；玉犬者戌，为闭物之会。然埋藏于土而不敢犯土。凡支干属土者，如戊己名都天，辰、戌、丑、未名大墓，皆所不宜，故不用戌而用酉。溯酉而上至午而止。午乃一阴之始，过午而巳，则六阳之卦也。用五酉以为主。巳阴土属酉，故亦不忌。是谓金鸡也。"②《神煞起历》主要从术数的角度将金鸡、玉犬解释为"金鸡者酉，为日入之门；玉犬者戌，为闭物之会"。而《协纪辨方书》编者则认为："相传始自郭璞，谓之金鸡鸣玉犬吠日，而不知其所由。……何以为鸣吠耶？曰一行之言金鸡鸣、玉犬吠，上下相呼，亡魂安稳。人之葬也，归于土。戌为终万物之地，至亥则又为始矣，故亥曰登明。然则戌者指葬地而非指葬日也。言择日必以酉为主，则是金鸡鸣于上，而地下之玉犬与之吠应；上下相呼，而亡魂安稳矣。酉，辛也。然辛不居酉而居辛，辛金也，玉金之精也，故有金鸡玉犬之号。人事行于地上，魂魄安于地下，正以地上之金鸡呼地下之玉犬，而非用鸡日、犬日之谓也。"③《协纪辨方书》虽同意《神煞起历》的术数化解释，但认为金鸡、玉犬主要取于"地上之金鸡呼地之玉犬""上下相呼，而亡魂安稳"之义。

笔者按，《神煞起历》与《协纪辨方书》针对金鸡、玉犬的术数解读并非毫无道理，特别提出"戌者指葬地而非指葬日"的观点，在一定程度上还原了玉犬的明器性质。不过，由于《协纪辨方书》更侧重讨论鸣吠日和鸣吠对日等与金鸡、玉犬相关联的丧葬时日择吉，故就金

---

① 《永乐大典》第 91 册，北京：中华书局，1959 年，第 3828—3829 页。
② 李零：《中国方术概观·选择卷》，北京：人民中国出版社，1993 年，第 222 页。
③ 李零：《中国方术概观·选择卷》，第 223 页。

鸡玉犬的解释仍语焉不详。虽然金鸡鸣玉犬吠始于东晋郭公乃清人传说，但确有材料表明，古代丧葬中的金鸡玉犬之说至迟在南朝时期即已形成。《太平广记》卷 461 引南朝宋《齐谐记》："广州刺史丧还，其大儿安吉，元嘉三年病死，第二儿，四年复病死。或教以一雄鸡置棺中，此鸡每至天欲晓，辄在棺里鸣三声，甚悲彻，不异栖中鸣，一月日后，不复闻声。"[1] 南朝梁《述异记》卷上："济阳山麻姑登仙处，俗说山上千年金鸡鸣玉犬吠。"金鸡与死亡的关系，在北朝谶谣中也有所体现，《隋书·五行志》载："周初有童谣曰：'白杨树头金鸡鸣，只有阿舅无外甥。'静帝隋氏之外甥，既逊位而崩，诸舅强盛。"[2]

敦煌藏经洞出土 P.3647《葬书（拟）》是目前所知最早介绍金鸡、玉犬信仰功能的资料，写卷记载："徵姓宜乾冢甲穴，凡诸一步麒麟，为主守狗，用大吉……宫角二姓宜用艮冢丙穴，凡诸三步合丙穴，丙为凤凰，凤凰，亡人鸡鸣，大吉。"卷中麒麟、凤凰，为古代丧葬择吉中的神祇，编纂于宋金间的《重校正地理新书》引《冢记》云："麒麟为守狗，使我知人来。凤凰为鸣鸡，使我知天时。章光为奴婢，给使我钱财。玉堂为庐宅、仓廪及高堂。四神皆备，魂魄宁。"[3] 这里的"我"即为 P.3647《葬书（拟）》中的"亡人"墓主，"守狗""鸣鸡"当即"玉犬"与"金鸡"。由此是知，金鸡、玉犬在墓葬中主要起着使墓主"知天时""知人来"的作用，唯有如此，方能让墓主"魂魄宁"。隋《五行大义》称："西为鸡、雉、鸟者，西为金，威武之用……《说题辞》云：'鸡为积阳，南方之象。火，阳精，物炎上，故阳出则鸡鸣，以类感也。'……《方伎传》云：'太白扬光则鸡鸣，荧惑流燿则雉惊。'……戌为狗、狼、豺，戌为黄昏，乾为天门，戌既属乾，昏暗之时，以［警］备也。《京氏别对》曰：'狗为主行，以防奸也。'《易》曰：'艮为狗。'艮既是门阙，狗以防守也。"[4] 或许正因作为十二生肖的鸡、犬在人间生活中具有司时和警备的功能，从而能够以明器的形式进入墓葬，为亡者"知天时"和"知人来"。

三、"金鸡鸣玉犬吠"与古代中国的丧葬择吉

与金鸡玉犬信仰伴随产生的可能还有金鸡鸣玉犬吠日以及鸣吠对日等丧葬时日择吉，因为前揭南朝《述异记》既已提到"千年金鸡鸣玉犬吠"之说。所谓鸣吠日、鸣吠对日，按照《协纪辨方书》的说法，分别为每月之中的庚午、壬申、癸酉、壬午、甲申、乙酉、庚寅、丙申、丁酉、壬寅、丙午、己酉、庚申、辛酉以及丙寅、丁卯、丙子、辛卯、甲午、庚子、癸卯、壬子、甲寅、乙卯。不过《协纪辨方书》对丧葬活动之所以选择鸣吠日、鸣吠对日的缘由

① 李昉等编：《太平广记》，北京：中华书局，1961 年，第 3783 页。

② 《隋书》，北京：中华书局，1973 年，第 638 页。

③ 王洙撰，毕履道、张谦整理：《重校正地理新书》，《续修四库全书》第 1054 册，上海：上海古籍出版社，2002 年，第 98 页。

④ 萧吉著，钱杭点校：《五行大义》，上海：上海书店出版社，2001 年，第 152、153 页。

却已发生了误解，这出要表现在两个方面：

一是《协纪辨方书》认为选择鸣吠日进行丧事活动，必会产生"上下相呼，而亡灵安稳"之效应。其中"上下相呼"实应为"上下不相呼"或"上下不呼"，敦煌写本 P.2534《阴阳书·葬事》对此有明确记载，如：

> 壬寅日，金，定，地下壬申，金鸡鸣玉狗吠，上下不呼。此日葬及殡埋，神灵安宁，宜子孙富贵，大吉昌。起殡、发故、斩草、起土，大吉。角徵二姓用之，凶。
>
> 丙午日，水，成，地下丙辰。金鸡鸣玉狗吠，上下不呼。此日葬及殡埋，神灵安宁，子孙富贵，起殡、发故、斩草、起土，大吉，宫徵二姓用之凶。
>
> 辛酉日，木，开，地下辛丑。金鸡鸣玉狗吠，上下不呼。此日葬及殡埋，神灵安宁，宜子孙，福隆后嗣。起殡、发故、斩草、起土、除服，吉。宫商二姓用之凶。

《重校正地理新书》也明确提到"旧说金鸡鸣玉犬吠，上下不相呼"大概古代葬书在宋明之际的传播过程中，原本"上下不相呼"中的"不"字逐渐被脱漏了，以致形成《协纪辨方书》中"上下相呼"的误说。

二是《协纪辨方书》将"上下不相呼"的双方对象理解为"地上之金鸡呼地下之玉犬"，此乃又一误解。所谓上下是指人间与阴间，不相呼动作发出者实为阴间亡者和人间生者。《重校正地理新书·三甲子图》将六十甲子分为"天上甲子""人中甲子""地下甲子"，[1] 鸣吠日既是人中甲子，而 P.2534《阴阳书·葬事》中各鸣吠日对应的"地下壬申"等则为地下甲子，因此"上下不相呼"中的"上下"意为阴阳两界。在古人的思想观念中，人亡之后会因冢讼等种种原因注害生人，所以古代多买地券或镇墓文，都纷纷强调人鬼隔绝、人鬼分离，否则就必定发生注害等危险。如《东汉光和五年（182年）蒲阴县刘公买地券》称："生死异路，不得相妨。死人归蒿里戊己。地上地下，不得前□。"[2]《隋大业六年（610年）临湘县陶智洪买地陶券》强调："生恋皇天，死居地泉。生死异域，勿延山川。"[3] 此种观念同样表现于古代笔记小说中。《太平广记》卷293引《搜神记》，说胡母班因曾替泰山府君送信，第二次来到地府，他发现亡父要"着械徒作"三年，便向泰山府君求情，让亡父到家乡作一"社公"。岂料，此后胡母班的儿子"死亡略尽"。他向泰山府君叩问缘由，泰山府君答以"生死异路，不可相近"。原来正是在家乡为"社公"的亡父思念孙子，"召"之亲近，才招致如此后果。于是胡母班不得不请求泰山府君"撤"了亡父的"社公"之职，才保住以后再有儿子皆安然无恙。此则故事生动地展示了古代社会对于"死亡世界"的一个根本观念：来自阴间的鬼魂对于阳间的生者是有

① 王洙撰，毕履道、张谦整理：《重校正地理新书》，第75页。
② 张传玺：《中国历代契约汇编考释》，北京：北京大学出版社，1995年，第54页。
③ 张传玺：《中国历代契约汇编考释》，第248页。

害的。故事中作为危害方式的"召"，正是胡毋班亡父对其诸孙的一种"呼"。"呼"在中国古代信仰世界中多指亡魂对生者的一种危害，宋傅洞真《太上玄灵北斗本命延生经注》卷中《注解经文》云："征呼者，因阴司考谪，乃追及生人。"敦煌写本 P.2534《阴阳书·葬事》："庚午日，土，危，地下庚辰日，金鸡鸣玉狗吠。此日葬及殡埋，有黑鸟应，神灵安宁，子孙吉昌。启殡、发故、斩草、起土，吉。角羽而姓用之，呼人，凶。……丙寅日，火，满，地下丙申日，金鸡鸣玉狗吠。此日殡埋、启殡、发故、斩草、起土，吉。商羽二姓用之，呼人，凶。"《重校正地理新书·五姓墓内神祇方位傍通》："墓耗，犯之，呼人口，大凶。"这也正是前文提出古代葬书原文应为"上下不相呼""上下不呼"，而不是如《协纪辨方书》所说"上下相呼"的另一理由。

所以中国古代丧葬择吉之所以选择鸣吠日、鸣吠对日的真正缘由，乃是古人认为唯有在这些特定的时间里从事丧事活动，方能产生"金鸡鸣玉狗吠，上下不呼"的效应，强化人鬼隔绝，进以达到"生死异路，不得相妨"的终极目的。这一思想既是一种信仰，更是古人生命医疗观念的鲜活展示。[①] 而以上效应的产生，端赖于墓葬中作为明器的金鸡、玉犬，可以为亡者"知天时"和"知人来"，确保墓主"魂魄宁"。武威西夏二号墓木版画"金鸡"和"玉犬"，正是这一历史文脉下的产物。

原文刊于《敦煌学辑刊》2011 年第 3 期

---

① 陈于柱：《武威西夏二号墓彩绘木版画"蒿里老人"考论》，《西夏学》(5)，上海：上海古籍出版社，2010 年，第 232 页。

武威西夏二号墓彩绘木版画"蒿里老人"考论

陈于柱　天水师范学院

一、"蒿里老人"非墓主肖像

1977 年甘肃武威西郊林场西夏二号墓出土一件长 28 厘米、宽 10.5 厘米的木版画，画中人物正面像，细胡须，头戴峨冠，身着交领宽袖长衫，腰束带，挂竹杖，形象庄重；侧面墨书"蒿里老人"。就此画像，史金波、白滨、吴峰云编著《西夏文物》认为："一说为土地神，一说为墓主人肖像。按古代挽歌中称人死后魂魄归宿为'蒿里'，墓主人说似可信。"[①] 在随后长达二十年的时间里，有关"蒿里老人"画像为墓主人的观点不时得到学界认同和肯定。[②] 笔者认为，"蒿里老人"实系中国古代冥界神祇之一，因属以世间政治体系为模型而建立的地府官僚，以及被古人视为遣祟致疾的重要病源，为古代中国社会长期信仰。武威西夏二号墓"蒿里老人"木版画即是这一神祇的珍贵图像，而非墓主人肖像。

二、古代墓葬中的"蒿里老人"

学界关于"蒿里"的讨论颇多，目前比较确定的是，蒿里在中国古代被视为"死人里"，至迟在东汉晚期蒿里已成为冥府的代称之一。[③] 就这一点来讲，《西夏文物》一书的解释是正确的。老人，在古时又称"丈人""父老""耆老""耆寿""老翁"等。余欣先生最早注意到武威西夏二号墓"蒿里老人"与古代镇墓文、买地券见载"蒿里丈人""蒿里父老"的等同，[④] 功不可没；惜未能对《西夏文物》的既有解说予以辨别。而有关古代"蒿里老人"，无论是史料挖掘，还是研究认识，都尚有较大空间有待开掘和深入。

在东汉晚期的镇墓文中曾出现过"蒿里伍长"[⑤] 或曰"蒿里君"[⑥] 者，未见有"蒿里老人"。

①　史金波、白滨、吴峰云编著：《西夏文物》，文物出版社 1988 年，第 295、296 页。

②　杨福主编：《甘肃武威西夏二号墓木版画》，重庆：重庆出版社，2000 年；陈丽伶、余隋怀《武威西夏木版画的遗存及其特征》，《西北工业大学学报》（社会科学版），2008 年第 1 期，第 25 页。

③　蒲慕州：《墓葬与生死——中国古代宗教之省思》，北京：中华书局 2008 年，第 205 页。

④　余欣：《神道人心——唐宋之际敦煌民生宗教社会史研究》，北京：中华书局 2006 年，第 123 页。

⑤　刘屹：《敬天与崇道——中古经教道教形成的思想史背景》所引《东汉熹平二年十二月张叔敬镇墓文》，北京：中华书局 2005 年，第 261 页。

⑥　唐金裕：《汉初平四年王氏朱书陶瓶》，《文物》1980 年第 1 期，第 95 页。

目前所知，"蒿里老人"最早见于《晋某年（四世纪）蛇程氏葬父母镇墓券》：

> 告立之印，恩在墓皇、墓伯、墓长、墓令、丘丞、地下二千石、地下都尉、延门伯史、蒿里父老。[1]

这里的"蒿里父老"即是"蒿里老人"，此后在南朝、五代、宋的镇墓文、墓葬祭神文、买地券中频频出现，其中代表性文本主要有《元嘉十年湖南长沙徐副墓券》：

> 宋元嘉十年太岁癸酉十一月丙申朔廿七任戌辰时。新出太上老君符敕：天一地二，孟仲四季，黄神后土，土皇土祖，土营土府，土文土武，土墓上墓下、墓左墓右、墓中央五墓主者，丘丞墓伯，冢中二千石，左右冢侯，丘墓掾史，营土将军，土中都邮，安都丞，武夷王，道上游逻将军，道左将军，道右将军，三道将军，蒿里父老，都集伯长，营域亭部，墓门亭长，天罡、太一、登明、功曹、传送随斗十二神等：荆州长沙郡临湘县北乡白石里男官祭酒、代元治黄书契令徐副，年五十九岁，以去壬申年十二月廿六日，醉酒寿终，神归三天，身归三泉、长安蒿里。副先人丘者旧墓，乃在三河之中，地宅狭窄，新创立此，本郡县乡里立作丘冢，在此山岗中。尊奉太上诸君丈人道法，不敢选时择日，不避地下禁忌，道行正真，不问龟筮，今已于此山岗为副立作宅兆。丘丞营域，东极甲乙，南至丙丁，西接庚辛，北到壬癸，上及青天，下座黄泉，东阡陌，各有丈尺，东西南北地皆属副。日月为证，星宿为明，即日葬送。板到之日，丘墓之神，地下禁忌，不得禁呵志讶，坟墓宅兆，营域冢郭，闭系亡者魂魄，使道理开通，丘墓诸神，咸当奉板，开示亡人道地，安其尸形，沐浴冠带，亡者开通道理，使无忧患，利护生人。至三会吉日，当为丘丞诸神言功举迁，各加其秩禄，如天曹科比。若有禁呵，不承天法，志志讶冢宅，不安亡人，依玄都鬼律治罪。各慎天宪，明永奉行。[2]

《广东始兴元嘉十九年买地券》：

> 兴郡始兴县东乡新城里名村前掘土冢作丘墓，乡亭里邑、地下先人、蒿里父老、墓乡有（右）秩、左右冢侯、丘丞墓伯、地下二千石、安都丞、武夷王，买此冢地，

---

① 《书道全集》第三卷，东京：平凡社，1931 年，第 15、17 页。转引自余欣《神道人心——唐之宋际敦煌民生宗教社会史研究》，第 116 页。

② 王育成：《徐副地券中天师道史料考释》，《考古》1993 年 6 期，第 572 页；刘屹《敬天与崇道——中古经教道教形成的思想史背景》，第 122、123 页。

纵广五亩。^①

敦煌文献上博 48（41379）《清泰四年曹元深为曹议金葬后谢墓祭神祝仪抄》：

维大唐清泰四年岁次丁酉八月辛巳朔十九日己亥，孤子归义军行军司马、银青光禄大夫、检校国子祭酒、兼御史大夫、上柱国、谁（谯）郡曹元深等，敢昭告于后土地神祇、五方帝、五岳四渎、山川百灵、廿四气、七十二候、四时八节、太岁将军、十二时神、墓左墓右、守土冢大夫、丘承（丞）墓伯、四封都尉、魂门停（亭）长、地下府君、阡陌、游击、三丘五墓、家亲丈人；今既吉晨（辰）良日，奉设微诚，五彩信弊（币），金银宝玉，清酒肥羊，鹿脯鲜果，三屠上味。惟愿诸神留恩降福，率领所部，次第就座，领纳微献，赐以嘉福。主人再拜，行酒上香。奉请东方苍龙甲乙墓左之神，奉请南方朱雀丙丁墓前之神，奉请西方白虎庚辛墓右之神，奉请北方玄武壬癸墓后之神，奉请中央黄帝后土戊己墓内之神，奉请乾、坤、震、巽、离、兑、坎、艮八卦神君、元曹、墓曲、墓录、墓鬼、殃祸、墓耗之神，童子、宝藏、金印、金柜、玉信、黄泉都尉、蒿里丈人，一切诸神等，各依率所部，降临就位，依次而坐，听师具陈。主人再拜，行酒上香。重启诸神百官等：今既日好时良，宿值天仓，主人尊父大王灵柩，去乙未年二月十日，于此沙州莫高乡阳开之里，依案阴阳典礼，安厝宅兆，修荣（营）坟墓，至今月十九日毕功葬了。当时良师巽（选）择，并皆众吉。上顺天文，下依地理，四神当位，八将依行，倾（顷）亩足数，阡陌无差，麒麟、凤凰、章光、玉堂，各在本穴；功曹、传送，皆乘利道；金柜玉堂，安图不失；明堂炳烛，百神定职。加以合会天仓，百福所集，万善来臻。又恐营选之日，掘凿筑治，惊动地神，发泄上气，工匠不谨，触犯幽祇；或侵阴阳，九坎八煞，非意相妨；或罗天网，或犯魁罡，或惊二府，或越辛光，或逆岁时，横忏死祥。今日谢过，百殃消亡，死者得安，生者吉□（祥）。^②

《宋淳祐三年福州黄氏买地券》：

维淳佑三年岁次癸卯朔二十二日甲子辰时末，以符告：天一地二，孟仲四季，黄泉后土，工文武，土历土伯，土星土宿，土下二千石，神蒿里父老，武夷山王，玄武鬼律，地女星照，今有大宋国福州怀安县人坐乡观凤里殁故黄氏五二孺人，元

① 廖晋雄：《广东始兴发现南朝买地券》，《考古》1989 年第 6 期，第 566 页。
② 刘屹：《上博本〈曹元深祭神文〉的几个问题》，国家图书馆善本特藏部敦煌吐鲁番学资料研究中心编：《敦煌学国际研讨会论文集》，北京：北京图书馆出版社，2005 年，第 151、152 页。

命丁亥四月二十五日午时受生，不幸于今年七月初十日酉时身亡，享年一十七岁。生居城郭，死居窀穸，音利吉方，于本县忠信里地名浮仓山，坤山坐丁向癸，利居安厝，用伸安厝此岗，更不迁移，不改村名，谨赍银钱壹万玖仟玖百玖拾玖贯文，分付地主张坚固、保人李定度卖得此山乙所，东至甲乙，南至丙丁，西望庚辛，北至壬癸，上至青天，下至黄泉，内至陈分壁。今以牲羊酒食其为信契，或有无道思神，不得干犯亡灵，先有居者，永避万里。若违此约，直符使者自当其祸。保护亡魂安稳，荫佑生人平康。五帝使者奉太上勅，急急如律令。①

在上述镇墓文与买地券中，蒿里父老或曰蒿里丈人，与丘丞墓伯、冢中二千石、武夷王、黄泉都尉等，共同构成了所谓"丘墓之神"。《赤松子章历》卷五也明确提出："丘丞、墓伯、地下二千石、苍林君、武夷君、左右冢侯、地中司激、墓卿右秩、蒿里父老，诸是地狱所典主者。"大概因为具有"保护亡魂安稳，荫佑生人平康"的职能，所以"蒿里老人"渐成为古代墓葬中的明器之一，《宋会要辑稿》礼二九记宋太宗永熙陵和宋真宗永定陵中有"仰观、伏听、清道、蒿里老人、鲵鱼各一"。成书于金元时期的《大汉原陵秘葬经》，其《盟器神煞篇》详细规定了天子、亲王至庶人墓葬中的各种明器，②天子陵墓所用明器有"蒿里老翁长五尺九寸，安西北角"，大夫以下至庶人墓内亦设"蒿里老公，长一尺五寸，安堂西北角"。编撰于宋金间的《重校正地理新书》卷十五《送葬避忌·推五姓墓内神祇方位傍通》还规定了蒿里老人在墓葬中的具体位置："丈人，去墓十二丈。"③这条材料不仅可使我们了解"蒿里老人"在古代墓葬中的放置距离，而且还可认识到"蒿里丈人"在古时又可简称曰"丈人"，这将有助于我们扩展对"蒿里老人"的认识。

通过以上可以确定，甘肃武威西夏二号墓木版画"蒿里老人"，实系中国古代丘墓之神，即墓葬神祇之一，学术界将其考定为墓主人的观点是错误的，需加更正。"蒿里老人"刻绘于木版画之上，以及仅28厘米的长度，与上述诸种历史记载相较，其形式无疑显得极为独特。这种特殊性是由地域引起，还是西夏社会的特殊性使然？抑或两者兼而有之？对此问题尚有待作进一步探讨。

三、敦煌数术文献中的"丈人"

当学术界把"蒿里老人"多放置于古代墓葬层面考察时，却普遍忽视了该神祇在地上世界

① 陈进国：《考古材料所记录的福建"买地券"习俗》，《民俗研究》2006年第1期，第170、171页。

② 徐苹芳：《唐宋墓葬中的"明器神煞"与"墓仪"制度——读〈读大汉原陵秘葬经〉札记》，《考古》1963年第2期，第88页。

③ 王洙撰，毕履道、张谦整理《重校正地理新书》影印北大图书馆藏金刻本，载《续修四库全书》子部"术数类"，第1054册，上海：上海古籍出版社2002年，第116页。

的活跃，敦煌遗书中的数术类文献如《发病书》《卜法》《逆刺占》等，对此即有丰富的记载和描述。法藏敦煌文献 P.2865《发病书》"推年立法"载：

年立子，忌十一月五月，带此府（符）大吉。年立子黑色人衰，十一月□夜半时，五月午时，若其日时得病，十死一生，非其日时，不死。病者唯苦头痛，谈吐逆食不可下，胸胁疼痛，恍惚有时。祟在君、土公、丈人、司命、星死鬼，旦以大神食不净，病从南北因酒食中得，不死，子者，神后，天长女，主生人命，故知不死。病者忌五月十一月子午日。

············

年立寅，忌正月七月，带此府（符）大吉。年立寅青色人衰，正月寅日七月申日，若其日得病者，十死一生，非其日时，不死。病唯苦头痛，胸胁满，短气，见血，恍惚不食。祟在山神、树木（神？）、狂死鬼及断后兵鬼、不葬鬼所作，宅中有猪鼠怪，忧小口，及水上神明、丈人，急解之急。

············

年立辰，黄色人衰，带此符吉。三月九月辰戌日，若其时日病，十死一生，非其日时，不死。唯苦头痛，心腹胀满，腰背挂强，手足不仁，身体热，卧不安，梦误颠到（倒），饮食不下，祟在树神、北君、司命、丈人、兵死无后鬼、东南土公不赛，令人失魂，病从西方，釜鸣为怪，不死。解之吉，忌三月九月辰戌日。

年立巳，忌四月十月，带此符大吉。［赤］色人衰，忌四月巳日十月亥日，若其时日得病，十死一生，非其日，不死。病者唯苦头痛，心腹满，日（咽）喉不利，乍寒乍热，饮食不下，手足烦疼，祟在社公及灶不赛，丈人、鸡狗为怪，六五日不吉，病者不死。忌十月四月亥巳日。

············

年立未，忌六月十二月，带此符吉。黄色人衰，忌六月未丑（衍）日十二月丑日，若其日时得病，十死一生，非其日时，不死。病者唯苦头痛，四支（肢）腰背咽喉不利，［乍］寒乍热，吐逆饮食不下，祟在社公、灶君、天神不赛，北君有言，遣绝后鬼、丈人、狗□□□□乍来去，朝差暮剧，祟在天神不赛，西南角土公所作，鬼兵、蛟（绞）死不葬鬼、溺死鬼，解之吉。

············

年立酉，带此符吉。［白］色人衰，二月卯日八月酉日，若其日时得病，十死一生，非其日时，不死。病者唯苦头痛，股中急，心下两胁痛，吐逆食饮不下，乍来乍去，手足烦疼，祟在天神、丈人，从外得之，北方有人惊动，宅神、无后鬼、狱死鬼，令人魂魄分散，解之吉。忌二月八月卯酉日。

年立戌，带此符吉。黄色人衰，九月戌日三月辰日，若其日时得病，十死一生，非其日时，不死。病者头目耳痛，孔穴不利，咽喉不通，吐逆不食，心腹胀满，身唤不眠，祟在丈人、土公、天神、星死不葬鬼、女子鬼祟病者，解之吉，不死。忌三月九月辰戌日。

俄藏敦煌文献 Дx01258 + 01259+01289+02977+03162+03165+03829《天牢鬼镜图并推得日法》亦有：

64. 推得病日法。

65. 建日病者，犯东方土公丈人，索食祀

66. 祭不了，有龙蛇为怪，家亲所为。

67. 解之吉，七日差。除日病者，客死鬼

68. 为祟，来去有时，耗人财物，令人□

69. 讼，急须安宅解之吉，五日差。满日

70. 病者，断后不葬鬼与人为祟，病者 ·

（中缺）

71. 寒热，解送之吉，七日小降，十日大差。

72. 平日病者，西南有造作，犯触神树（后缺）

73. 不葬鬼为之，急谢之，五日小降，七日（后缺）

74. 定日病者，大神并司命鬼为祟，病

75. 者心肠胀满，须谢饲（祀）之吉，七日小降，

76. 十日大差。执日病者，有大神及宿

77. 愿不赛，丈人将新死鬼为祟，解

78. 送之吉，七日小降，十日大差。破日病者，

79. 犯触家废灶，土公丈人欲得□

80. 并星死鬼为之，解送之吉，五日小降，

81. 七日大差。危日病者，犯触□

82. 南树神，丈人嗔责，遣客死鬼为祟，

83. 解谢送吉，七日小降，十日大差。

英藏敦煌文献 S.3724v《李老君周易十二钱卜法》：

易曰，二文十缓，坎上离下，火土之卦，母子相生，祸害不起，卜身吉，病者

差，祟是灶、丈人……

　　易曰，三文九缓，震上离下，火木之卦，□□有喜，田蚕大得，卜身吉，所求如意，囚系无罪，诉讼得通，蒙恩欣喜，病者不死，祟在灶君、丈人……

尾题"州学阴阳子弟吕弁均本，是天复肆载，岁在甲子浃钟润三月十二日，吕弁均书写也"的 P.2859《逆刺占一卷》：

　　占十二时来法。子时来占，病苦腹胀热，丈人所作，坐祠不赛，病者不死，许乞土公。……卯时来占，病人苦胸肋，四肢不举，时祟在丈人、土公，急解之。辰时来占，病苦头、心闷、吐逆，坐犯东南土公、丈人来所，急谢解之。

　　诚如前述，古时"蒿里丈人"又可简称"丈人"，因此，敦煌数术文献中的"丈人"正是古代墓葬中的"蒿里老人"。不过，与在墓葬中"保护亡魂安稳，荫佑生人平康"的表现不同，敦煌数术文献中的蒿里丈人更多是与司命、社公、土公、树神、灶君、星（腥）死鬼、新死鬼等其他神祇或鬼怪一起，共同被描绘成了遣祟致疾的病源，成为世人罹患的重要病因。在这里，丈人作祟致疾的方式主要可概括为三种：一是与众神鬼共同作祟，如"病者头目耳痛，孔穴不利，咽喉不通，吐逆不食，心腹胀满，身唤不眠，祟在丈人、土公、天神、星死不葬鬼、女子鬼祟病者"（P.2865《发病书》）；二是受北君等大神遣派，如"病者唯苦头痛，四支（肢）腰背咽喉不利，［乍］寒乍热，吐逆饮食不下，祟在社公、灶君、天神不赛，北君有言，遣绝后鬼、丈人、狗□□□□乍来去，朝差暮剧"（P.2865《发病书》）；三是率领或派遣诸鬼怪作祟，如"执日病者，有大神及宿愿不赛，丈人将新死鬼为祟，解送之吉，七日小降，十日大差""危日病者，犯触□南树神，丈人嗔责，遣客死鬼为[祟]，解谢送吉，七日小降，十日大差"。[1]而在古人的思想世界中，唯有通过向丈人等神祇献祭、解谢，方能使病家转危为安。

　　敦煌各类占卜书对蒿里老人或者说蒿里丈人的丰富记述，表明古代社会对蒿里老人的崇信，不仅存在于关涉死亡的地下世界，而且还存在于关乎疾病健康的现实生活之中。这或许正是对蒿里老人在镇墓文中"保护亡魂安稳，荫佑生人平康"功能的完整诠释。

四、"蒿里老人"信仰的社会与医史背景

　　古人对死后世界有着丰富的想象与设计，两汉以来普遍认为地下世界的结构乃是人间社会的"翻版"，冥界也有一套以泰山府君为中心的官僚机构。学界根据出土镇墓文认为：地下二千石，相当于汉制的郡守；冢丞冢令，相当于县之令丞；丘丞墓伯、蒿里父老、墓门亭长

---

① 见俄藏敦煌文献 Дx01258+01259+01289+02977+03162+03165+03829《天牢鬼镜图并推得日法》。

等等，这些官名多是以汉代官制为范本"仿制"的，其中父老、亭长等相当于乡里小吏。① 就蒿里老人而言，余欣先生指出，此神虽然沉沦下僚，但职权甚重，可执行太上老君指令，斩杀妄图侵犯墓地之鬼神。② 但对源自于乡间小吏的蒿里老人，为何在冥界地府拥有如此之执事大权却未加解释。

乡里作为中国帝制社会最为基层的地方管理组织，颇为稳定和持久，对古代地方社会产生深远影响。乡里组织的官吏虽职级较低，但却与编户百姓直接打交道，承担着征收赋税、摊派徭役等重要事宜，因此乡官对基层民众的现实生活与精神世界均有着相当大的影响。《后汉书·爰延传》评论百姓们"但闻啬夫，不知郡县"，以及王梵志诗《当乡何物贵》云"当乡何物贵，不过五里官"，③ 都是对这一影响力的生动记述。而在中国古代乡级管理体系中始终存在一个独特的乡老或曰"三老系统"，《通典·乡官》就此有详细介绍：

> 《周礼》有乡师、乡老、乡大夫之职，其任大矣。……秦制，大率十里一亭，亭有长；十亭一乡，乡有三老、有秩、啬夫、游徼。三老掌教化，啬夫职听讼，收赋税，游徼徼循禁盗贼。
>
> 汉乡、亭及官皆依秦制也。……至文帝十二年，又置三老及孝悌、力田，无常员。……
>
> 后汉乡官与汉同。……三老掌教化，凡有孝子、顺孙、贞女、义妇、让财、救患及学士为民式者，皆扁表其门，以兴善行。……
>
> 宋……十亭为乡，乡有乡佐、三老、有秩、啬夫、游徼各一人，所职与秦汉同。
>
> 大唐凡百户为一里，里置正一人，五里为一乡，乡置耆老一人，以耆年平谨者，县补之，亦曰父老。④

学术界目前普遍关注到了乡老、父老、耆寿在古代乡里社会中主管教化。⑤ 不过笔者认为，特定时代的社会环境下，乡老职权往往会出现超越教化的变动。我们以晚唐五代敦煌地区为例，在曹氏归义军中后期，敦煌县管辖十个乡，S.1366《归义军衙内面油破历》载："十乡老面二斗、油一升。"归义军地方政权向十个乡的乡老们供给油面，说明乡老亦是归义军政权的基层乡官。P.3633《辛未年（911 年）七月沙州百姓一万人上回鹘天可汗状》记载张承奉建立的金山国被甘州回鹘打败后，"狄银令天子出拜，即于言约。城隍耆寿百姓再三商量，可

① 韦凤娟：《从"地府"到"地狱"——论魏晋南北朝鬼话中冥界观念的演变》，《文学遗产》2007 年第 1 期。第 16—25 页。
② 余欣：《神道人心——唐宋之际敦煌民生宗教社会史研究》，第 123 页。
③ 项楚：《王梵志诗校注》卷 2，上海：上海古籍出版社，1991 年，第 129 页。
④ 《通典·职官十五》，北京：中华书局，1988 年，第 922、923 页。
⑤ 李浩：《论里正在唐代乡村行政中的地位》，《山东大学学报》（哲学社会科学版）2003 年第 2 期。

汗是父，天子是子。和断若定，此即差大宰相、僧中大德、敦煌贵族耆寿赍持国信、设盟文状，便到甘州"，展示出敦煌归义军乡老耆寿在处理政权外交事务上同样发挥着积极作用，而非仅限于教化乡里。类似情况同样发生在五代时期的武威，《旧五代史·外国传》载："长兴四年，凉州留后孙超遣大将拓拔承谦及僧道士耆老杨通信等至京师。"表明耆老亦是五代凉州武威政权建构地方社会秩序必须仰仗的重要阶层。蒲慕州先生明确提出地下官僚所掌何事，大约亦比照地上之职掌。① 古代墓葬中的"蒿里老人"即为中国帝制社会中乡老、父老、耆寿在冥界之翻版，与其说蒿里老人在地府职低而权重，毋宁说是传统基层乡老系统的重要作用与影响在古人死后世界中的一种精神延续。至于余欣先生提出以蒿里老人信仰为代表的"民生宗教"何以具有高度"凝固性"问题，② 其实上述的爬梳亦可从某种角度对此作部分回答，即：所谓的凝固性，其实是一种持久性，而这种持久性正像蒿里老人信仰一样，主要导源于中国古代基层政体的稳固与持久。

敦煌数术文献有关蒿里丈人的书写提醒我们，古代蒿里老人信仰除受到现实基层官僚体制的影响外，该神祇对生者遣祟致疾的医史背景亦不应忽视。神鬼作祟乃是中国古代社会的主要病因观念之一，睡虎地秦简《日书》"病"篇既已提出父母、王父、外鬼等为致病之祟：

> 甲乙有疾，父母为祟，得之于肉，从东方来，裹以漆器。戊己病，庚有间，辛酢。若不酢，烦居东方，岁在东方，青色死。丙丁有疾，王父为祟，得之赤肉、雄鸡、酒。……戊己有疾，巫堪行，王母为祟，得之于黄色索鱼、酒。……庚辛有疾，外鬼殇死为祟，得之犬肉，鲜卵白色。……壬癸有疾，毋逢人，外鬼为祟，得之于酒脯修节肉。（甲种）③

中古医界同样将其视为民众染疾罹患的致病之源。譬如《肘后备急方》认为"凡五尸即身中尸鬼接引也，共为病害"，"年岁中有疠气兼挟鬼毒相注，名为温病"。④《诸病源候论》指出卒忤死候肇自"客邪鬼气卒急伤人"，鬼注候系因"忽被鬼排击"，毒注候源于"鬼毒之气"，注忤候起自于"触犯鬼邪之毒气"，诸注候乃"卒犯鬼物之精"所致，小儿注候导自"为鬼气所伤"。《范汪方》"治鬼疟方"更是罗列了多种致病鬼魅："平旦发者，市死鬼，恒山主之，服药讫持刀；食时发者，缢死鬼，蜀木主之，服药讫，持索；日中发者，溺死鬼，大黄主之，晡时发者，舍长鬼，麻黄主之，服药讫，持磨衡；黄昏发者，妇人鬼，细辛主之，服药讫，持明镜；夜半发者，厌死鬼，黄芩主之，服药讫，持车轸；鸡鸣发者，小儿鬼，附子主之，

---

① 蒲慕州：《墓葬与生死——中国古代宗教之省思》，第207页。
② 余欣：《神道人心——唐之宋际敦煌民生宗教社会史研究》，第130页。
③ 李零主编：《中国方术概观·选择卷》，人民中国出版社1993年，第25、26页。
④ 葛洪：《肘后备急方》卷1，人民卫生出版社1983年，第18、19、37页。

服药讫，持小儿墓上折草木。"此外还有客死鬼、盗死鬼、囚死鬼、寒死鬼、乳死鬼等等，[1]其中某些鬼物与敦煌《发病书》所记完全相同。

《礼记·祭法》称"人死曰鬼"，而"鬼有所归，乃不为厉"，故古人多希望进入地下世界的亡人能够"亡魂安稳"，大概因为乡老耆寿在古代基层发挥着稳定社会秩序的重要职能，从而把冥界社会秩序稳定的希望同样寄托于包括蒿里老人在内的地府官僚。于是《赤松子章历》卷五不仅强调"丘丞、墓伯、地下二千石、苍林君、武夷君、左右冢侯、地中司激、墓卿右秩、蒿里父老，诸是地狱所典主者"，而且要求众冥神需"严加断绝某家冢讼之气，复注之鬼"。冢讼，主要是亡人因种种原因，在冥界发动的针对生人的各种诉讼，冢讼发生后，会使生人生病；复注之鬼，则指鬼注，《肘后备急方》卷一言："尸注鬼注病者，葛云：即是五尸之中尸注又挟诸鬼邪为怪也……死后复传之旁人，乃至灭门。"这样一来，以蒿里老人为代表的地府官僚就成为掌控冥界众鬼的关键，成为确保人鬼隔绝、人鬼分离的关键，否则类似"冢讼"与"鬼注"这样危害地上生者生命健康的危险就会难免发生。而在古人的思想观念中，冥界地府有着与现实人间一样的人情世故。[2]正因如此，所以如敦煌数术文献所描述的那样，一旦丈人等神祇"索食祀祭不了"，[3]就会通过各种方式向地上人间遣祟致疾；唯有像清泰四年曹元深为曹议金葬后谢墓祭神那样，"奉设微诚，五彩信弊（币），金银宝玉，清酒肥羊，鹿脯鲜果，三屠上味"献祭于众冥神，方能实现"死者得安，生者吉祥"。当然，对蒿里老人的不敬更是极度危险的，《地理新书》卷十五《送葬避忌》即认为："丈人，去墓十二丈，犯之，主贫困，少子息。"[4]

蒿里老人关乎生者生命健康的观念，一直持续到近世，顾颉刚先生在20世纪20年代考察北京东岳庙时，曾注意到这座建成于元英宗至治二年（1322年）的东岳行宫中有蒿里丈人祠堂。[5]至今祠堂正中端坐与武威西夏二号墓木版画"蒿里老人"相似一长者，门联左书"修镇崇道惠泽苍黎"，右书"采药疗疴普济世众"，中挂"蒿里丈人"牌匾，堂内蒿里丈人头顶横批"悬壶在世"。这一历史遗存，充分证实了前述古代蒿里老人信仰具有医史背景的言说绝非虚构。武威西夏二号墓"蒿里老人"木版画似乎也应有着相似的历史文脉。

原文刊于《西夏学》2010年第2期

① 丹波康赖著，高文铸等校注：《医心方》，北京：华夏出版社，1996年，第295—296页。
② 韦凤娟：《从"地府"到"地狱"——论魏晋南北朝鬼话中冥界观念的演变》，第18页。
③ 见俄藏敦煌文献 Дx01258+01259+01289+02977+03162+03165+03829《天牢鬼镜图并推得日法》。
④ 王洙撰，毕履道、张谦整理：《重校正地理新书》，影印北大图书馆藏金刻本，第116页。
⑤ 王煦华编选：《顾颉刚选集》，天津：天津人民出版社，1988年，第391页。

江苏扬州市曹庄隋炀帝墓出土双人首蛇身俑研究

——兼论武威西夏二号墓中的双龙首木版画

张福慧　甘肃省博物馆

陈于柱　兰州大学敦煌学研究所

一、隋炀帝墓出土双人首蛇身俑非"伏羲女娲"

入选"2013 年度全国十大考古新发现"的江苏扬州市曹庄隋唐墓（隋炀帝墓），是中国近年来重大考古成果之一。该墓葬主要由隋炀帝墓与萧皇后墓两座砖室墓构成，在萧皇后墓出土的随葬品中有一件双人首蛇身陶俑（图一），曾一度受到学界和大众媒体的普遍关注。束家平等学者在 2014 年首次公布了此件陶俑的出土情况，并介绍了同类陶俑的墓葬分布特点。[①]同时期的大众媒体则多将此件陶俑释作"伏羲女娲"。可以说，时至目前学界关于此件陶俑的名称问题尚未落实或取得统一认识，对其性质、功用及历史演变亦未进行详尽探究。以上问题的厘清，不仅有助于解决隋炀帝墓随葬品的定名等相关问题，而且有助于进一步加深学界对古代中国丧葬礼俗与社会历史的认识。

双人首蛇身俑在古代墓葬中时有出土，目前所知，最早出现此类明器的墓葬是北齐武平四年（573 年）的临淄崔博墓[②]，最晚者当是广东海康元墓，其他则主要集中在唐、五代、宋时期的墓葬之中，主要包括：山西长治宋家庄唐范澄墓、河北清和丘家那唐孙建墓、辽宁朝阳唐左才墓、河北文安唐董满墓、河南安阳唐杨偘墓、河北南和东贾郭唐墓、山西长治北郊唐崔拿墓、山西长治唐冯廓墓、湖南长沙牛角塘唐墓、湖北武汉石碑岭唐墓、辽宁朝阳黄河路唐墓、山西太原金胜村 3 号墓、天津军粮城刘家台子唐墓、河北献县唐墓、河南巩义孝西村唐墓、山西长治唐王休泰墓、四川彭山后蜀宋琳墓、江苏邗江五代墓、福建福州五代刘华墓、福建漳浦五代墓、四川邛崃宋墓、四川蒲江五星镇宋墓、四川广汉雒城镇宋墓、四川成都宋

---

①　南京博物院、扬州市文物考古研究所、苏州市考古研究所：《江苏扬州市曹庄隋炀帝墓》，《考古》2014 年第 7 期，第 71—77 页。

②　山东文物考古研究所：《临淄北朝崔氏墓》，《考古学报》1984 年第 2 期，第 242 页。

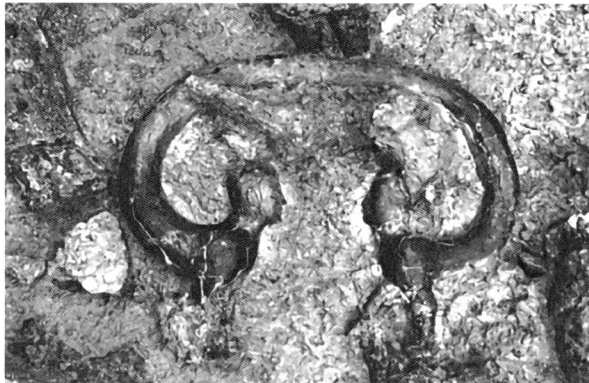

图一　出土双人首蛇身陶俑①

图二　地轴②

张确夫妇合葬墓、江西进贤宋吴助墓、湖北罗田宋墓、四川绵阳宋墓。③此类明器的形象一般是两人首共一蛇身或龙身，蛇（龙）身平卧，人首一般为男性，有的为一男一女。江苏江阴北宋孙四娘子墓所出者略显特殊，系双蛇头共一蛇身。

---

① 南京博物院、扬州市文物考古研究所、苏州市考古研究所：《江苏扬州市曹庄隋炀帝墓》，《考古》2014年第7期，第71—77页。

② 曹腾騑、阮应祺、邓杰昌：《广东海康元墓出土的阴线砖刻》；《考古》编辑部编辑：《考古学集刊》2，北京：中国社会科学出版社，1982年，第175页。

③ 以上考古报告分别参见，长治市博物馆：《长治县宋家庄唐代范澄夫妇墓》，《文物》1989年第6期，第58—65页；辛明伟、李振奇：《河北清丘家那唐墓》，《文物》1990年第7期，第47—54页；辽宁省博物馆文物队：《辽宁朝阳唐左才墓》，《文物资料丛刊》6，北京：文物出版社，1982年，第104—105页；廊坊市文物管理所、文安县文物管理所：《河北文安麻各庄唐墓》，《文物》1994年第1期，第87—92页；杨宝顺、王清晨：《唐杨偘墓清理简报》，《文物资料丛刊》第6期，第130—131页；李振高、辛明伟：《河北南和东贾郭唐墓》，《文物》1993年第6期，第28—33页；王进先：《山西长治市北郊唐崔拿墓》，《文物》1987年第8期，第43页；长治市博物馆：《山西长治市唐代冯廓墓》，《文物》1989年第6期，第52—54页；何介钧、文道义：《湖南长沙牛角塘唐墓》，《考古》1964年第12期，第633页；武汉市文物管理处：《武昌石碑岭唐墓清理简报》，《江汉考古》1985年第2期，第40—44页；李新全、于俊玉：《辽宁朝阳市黄河路唐墓的清理》，《考古》2001年第8期，第61—66页；山西省文物管理委员会：《太原南郊金胜村三号唐墓》，《考古》1960年第1期，第37—39页；云希正：《天津军粮城发现的唐代墓葬》，《考古》1963年第3期，第148页；王敏之、高良谟、张长虹：《河北献县唐墓清理简报》，《文物》1990年第5期，第28—32页；郑州市文物考古研究所、巩阳市文物保护管理所：《河南省巩义市孝西村唐墓发掘简报》，《文物》1998年第11期，第37—45页；沈振中：《山西长治唐王休泰墓》，《考古》1965年第8期，第391—392页；任锡光《四川彭山后蜀宋琳墓清理简报》，《考古》1958年第5期，第24页；扬州博物馆：《江苏邗江蔡庄五代墓清理简报》，《文物》1980年第8期，第43页；福建省博物馆：《五代闽国刘华墓发掘报告》，《文物》1975年第1期，第64—67页；王文径《漳浦县湖西会族乡五代墓》，《福建文博》1988年第1期，第29—30页；邛崃县文管所：《邛崃县发现一座北宋墓》，《成都文物》1987年第4期，第61—62页；陈显双、廖启清：《四川蒲江五星镇宋墓清理记》，《考古与文物》1986年第3期，第37—47页；翁善良、罗伟光：《四川广汉县雒城宋墓清理简报》，《考古》1990年第2期，第124—128页；成都市博物馆考古队：《成都东郊北宋张确夫妇墓》，《文物》1990年第3期，第2—10页；彭适凡、唐昌朴：《江西发现几座北宋纪年墓》，《文物》1980年第5期，第30页；罗田县文管所：《罗田县汪家桥宋墓发掘记》，《江汉考古》1985年第2期，第39—40页；何志国：《四川绵阳杨家宋墓》，《考古与文物》1988年第1期，第69—72页。

20世纪50年代，蒋缵初先生最早考察了南唐二陵出土的双人首蛇身俑，认为其形象很可能代表的是伏羲、女娲。[1]60年代，徐苹芳先生推测该明器即《大汉原陵秘葬经》所记天子至庶人墓葬中的"墓龙"。[2]或许受徐苹芳先生观点的影响，此后不少考古报告把双人首蛇（龙）身俑考定为"墓龙"。笔者按：广东海康元墓出土多件有题名之阴线刻砖，其中一件为双人首共一龙（蛇）身，身体平卧，其旁题铭曰"地轴"（图二）；另一件亦是两人首共一龙（蛇）身，但龙（蛇）身不像前件直接相连，而是呈相互缠绕状，其旁题铭曰"勾陈"。以上两件阴线刻砖具有极为重要的学术价值，其题铭清晰地表明在宋元时期，双人首蛇（龙）身俑直接相连者被称作"地轴"，相互缠绕者被称作"勾陈"。故白彬先生提出双人首蛇（龙）身俑并非学界此前所认为的"墓龙"，而是"地轴"或"勾陈"。[3]江苏扬州隋炀帝墓出土双人首蛇身陶俑呈倒U字型通体相连，未缠绕交尾，据此笔者认为此件陶俑的正确定名应是"地轴"，目前尚未有直接证据能够表明此件双人首蛇身陶俑可以被考定为"伏羲女娲"。

二、武威西夏墓中的双龙首木版画定名再探

需加注意的是，在古代墓葬中还出土有双龙首龙身木版画（图三）。该件木版画在20世纪70年代发现于甘肃武威西夏二号墓中，木板长9.5厘米、宽4.5厘米[4]，以土红色打底，用青、黄、红等色绘成呈U字型的双头连体龙，龙身平躺在下、通身连为一体，双龙首相向而视，龙首有耳无角，龙发向后飘扬，动感极强[5]。关于此件木版画的性质与定名问题，于光建先生据《大汉原陵秘葬经》以及出土双人首蛇（龙）身俑，认为是古代墓葬中的"墓龙"。[6]笔者按：诚如前文所述，白彬先生早在2006年即已指出，古代墓葬中的双人首蛇（龙）身俑并不是《大汉原陵秘葬经》记载的"墓龙"，而应是"地轴"或"勾陈"。因此，于光建先生使用的诸多论据已不能成立。此外，虽然作为古代墓仪制度重要文献之一的《大汉原陵秘葬经》记载到了"墓龙"，学界

图三　双首龙[7]

---

① 南京博物院：《南唐二陵发掘报告》，北京：文物出版社，1957年，第74页。
② 徐苹芳：《唐宋墓葬中的"明器神煞"与"墓仪"制度——读〈读大汉原陵秘葬经〉札记》，《考古》1963年第2期，第94页。
③ 白彬：《雷神俑考》，《四川文物》2006年第6期，第68页。
④ 宁笃学、钟长发：《甘肃武威西郊林场西夏墓清理简报》，《考古与文物》1980年第3期，第65页。
⑤ 关于其形象描述参见陈育宁、汤晓芳：《西夏艺术史》，上海：上海三联书店，2010年，第125页。
⑥ 于光建：《武威西郊西夏2号墓出土木版画内涵新解》，《西夏研究》2014年第3期，第69页。
⑦ 张宝玺编：《武威西夏木版画》，兰州：甘肃人民美术出版社，2001年，第24页。

为此也进行了不懈追索①，但时至目前却始终未能发现能够明确定名为"墓龙"的出土文物。在此背景下，武威西夏二号墓中的双龙首木版画就不应被贸然判定为"墓龙"。笔者认为，此件木版画很可能正是与隋炀帝墓中双人首蛇身俑性质相同的"地轴"，因为"地轴"的变相之一就是"龙首"（详见后文）。

三、"地轴"的本形、变相及其他

"地轴"在历史文献中存有多个义项，一是指古代传说中大地的轴②；二是指墓葬中的随葬明器，《唐六典》卷二十三"甄官令"条记载当时丧葬所用明器即有"当圹、当野、祖明、地轴、鞍马偶人，其高各一尺"。③《宋史·礼志二七》载："入坟有当圹、当野、祖思、祖明、地轴、十二时神、志石、券石、铁券各一。"成书于金元时期的《大汉原陵秘葬经》，其《盟器神煞篇》详细规定了天子、亲王至庶人墓葬中的各种明器，文中有《天子山陵用盟器神煞法》："地轴二个，长四尺，安东西界各似本相也。"《亲王盟器神煞法》："地轴二个，长二尺三寸，以本形安卯酉地。"《公侯卿相盟器神煞法》："地轴二个，长二尺二寸，安卯酉地。"《大夫以下至庶人盟器神煞法》："地轴二个，长一尺二寸，安堂东西界上"。并强调"凡大葬后墓内不立盟器神，亡灵不安，天曹不管，地府不收，恍惚不定，生人不吉，大殃咎也"。④上述文献有力呼应了前揭墓葬考古发现，进一步证明了"地轴"确是中国古代丧葬礼俗中常设明器之一，主要摆放在墓葬的东、西位置，同时揭示出"地轴"的规格尺寸在这一时期呈现逐渐扩大的发展趋势。隋炀帝墓出土"地轴"的尺寸数据，笔者目前尚未掌握，待相关单位正式公布后，可与唐、宋元时期的"地轴"规格相比较。

特别值得注意的是，《大汉原陵秘葬经》有两处强调安放的"地轴"应"似本相""以本形安"。"本相""本形"同义，均是指本来面目或原形，《大汉原陵秘葬经》强调"本形"的背后无疑暗示着"地轴"还有其他的样貌。那么"地轴"的本形究竟是什么样？程义先生研究指出"蛇"正是"地轴"的本形。⑤笔者认为其说可从，前揭江苏江阴北宋孙四娘子墓所出双蛇头共一蛇身俑即是明证。那么双人首蛇身俑自然就应是"地轴"的另一种表现形式或者说变相，而且不排除还有其他变相，而"龙首"就是其中之一。对此，《太平经合校·佚文》收录《太上说玄天大圣真武本传神咒妙经》有明确记载：

> 《太平经》载：真君受元始符命神光宝书，统领天丁，收天关地轴。二魔王忽一

---

① 易立：《略论成都近郊宋墓中的龙形俑》，《四川文物》2009年第2期，第84—86页。
② 如晋张华：《博物志》卷1载"地有三千六百轴，犬牙相举"。
③ 李林甫等撰，陈仲夫点校：《唐六典》，北京：中华书局，1992年，第597页。
④ 《永乐大典》第91册，北京：中华书局，1959年，第3828—3829页。
⑤ 程义：《唐宋墓葬里的"四神"和天关、地轴》，《大众考古》2015年第6期，第67页。

见如鼍苍龟，其形五变。一现万丈巨蛇，其形三变。……谨显二魔变相：苍龟，一变色若金光，甲缝苍青；二变色如碧玉，甲缝含金；三变色若苍黄，甲纹光青；四变色如碧绿，甲缝含银；五变龙首鼍身，出紫金光，甲间碧玉。巨蛇，初变状若金色，鳞如赤丹；次变体现青碧色，鳞络金线緅；末变首如螭龙，身色苍黄，鳞间金玉。①

据《太平经》所记，"地轴"与"天关"作为二魔王被真君降服时，分别现其本形，地轴为"巨蛇"，天关是"苍龟"，其中地轴即"巨蛇"有三种变相，最后一变的形象为"首如螭龙，身色苍黄，鳞间金玉"。所谓"螭龙"，《后汉书·张衡传》载："伏灵龟以负坻兮，亘螭龙之飞梁。"李贤注引《广雅》曰"无角曰螭龙"。武威西夏墓中的双龙首木版画中的龙头恰是有耳无角，其图像与《太平经》对地轴末变形象的文字记录完全一致，因此该件木版画系墓葬明器"地轴"的可能性极大。

接下来的问题是，以"蛇"为本形的"地轴"为何能够进入墓葬之中？作为明器又具有何种信仰功能？白彬《雷神俑考》一文认为"地轴"是雷神俑体系之一，雷神俑的出现是与道教雷法的兴起有关，炼度幽魂是雷法的主要使命之一，因此将掌管三界九地的雷神置于墓葬之中，其意义在于炼度幽魂，以保护亡者灵魂免受邪魔精怪的侵扰。② 笔者按：该观点确实可备一说，但雷法的兴起大约是在北宋末年，记载"地轴"的道教文献也多在宋元时期，而北朝临淄崔氏墓与隋炀帝墓中也已出现了"地轴"，因此笔者认为道教雷法的兴起不应是"地轴"等明器进入墓葬的唯一缘由，很可能还有更为久远的历史渊源。而这一问题将是笔者另篇探究的课题，在此不赘。

原文刊于《天水师范学院学报》2022年第3期

---

① 王明编：《太平经合校》，北京：中华书局，1960年，第737页。

② 白彬：《雷神俑考》，《四川文物》2006年第6期，第68页。

武威亥母寺遗址出土擦擦类型学研究

蒋超年　赵雪野　甘肃文物考古研究所

亥母寺遗址位于武威市凉州区新华镇缠山村七组西南侧的祁连山余脉北麓，由四座洞窟及窟前建筑遗存组成，面积 98000 平方米。该遗址是我国现存较早的一处藏传佛教遗址，创凿于西夏崇尊正德四年（1130 年），元、明、清延续。四座洞窟开凿于祁连山北侧卵砾石及坡积物覆盖的红砂岩山梁东坡半山腰处，窟区内岩土体有二叠系下统大黄沟群紫红色粗砂岩和残坡积物。窟区位于祁连山褶皱系的走廊过渡带，地处九条岭中古凹陷带东侧的大沙沟中凹陷带内，构造十分复杂。山体北侧为缓坡状的山前台地，多处分布灰白色的土丘状山包。遗址窟前呈平台，平台以下坡底为干涸的季节性自然冲沟，地属石羊河流域。

一、出土概况

2016—2018 年，甘肃省文物考古研究所对亥母寺遗址进行了连续三个年度的考古发掘，共清理发掘洞窟三座（01、02、03 窟），01、02 窟出土塔型类擦擦 113729 枚。这批擦擦只有少量为采集，发现时装在编织袋内，堆放于 01 窟前室的北壁处，共计 3420 枚，占出土总量的 3%；其余均出自龛、坑和擦擦堆积等遗迹，合计 110309 枚，占出土总量的 97%；另有极少量出自地层、墙体和窟壁间隙。这些遗迹均是亥母寺 1927 年武威大地震后形成的，其埋藏受近现代人为扰动较大，窟内堆积均非原生堆积，失去了地层学年代判断的依据。因此只有对擦擦进行类型划分，通过类型学研究，才能科学地推定其年代。

经整理，依据这批擦擦的装饰题材，可分为一百零八塔、八塔、四塔和宝阶塔四类。每一类按胎泥质地差异，可分为红泥胎、山泥胎、红砂土胎和掺杂物胎四种。每一种胎泥的擦擦按照个体大小和塔身、塔座等形制的差异，又分为不同的型、亚型、次亚型和次次亚型。从题材类型看，八塔数量最多，计 57691 枚，占总量的 50.7%；一百零八塔次之，有 45734 枚，占 40.2%；四塔 5675 枚，占 5.1%；宝阶塔 4629 枚，占 4%。从制作胎泥看，红砂土胎数量最多，计 80284 枚，占总量的 70.5%；山泥胎次之，计 19526 枚，占 17.2%；红泥胎 13852 枚，占 12.2%；掺杂物胎数量最少，计 67 枚，占 0.1%。

二、类型划分

擦擦（tsha-tsha）是藏语的音译，源于印度，是按印和脱模制作的小型泥造像和泥佛塔，也有少量是藏文或梵文经咒[1]。武威亥母寺出土擦擦均为模印制成的小型泥佛塔，由塔座、塔身和塔刹三部分构成。根据模印于塔身的塔形题材，这批擦擦可分为一百零八塔、八塔、四塔和宝阶塔四类。制作擦擦的泥土基本是就地取材，土质不同而使擦擦颜色各异[2]。每一类题材的擦擦根据其土质颜色的差异又可分为红泥胎、山泥胎、红砂土胎和掺杂物胎四种。每一种胎泥的擦擦按照个体大小和塔座的形制差异，将其分为不同的型、亚型、次亚型和次次亚型。

（一）一百零八塔

1.山泥胎（表1）

此类胎体的擦擦胎质细腻，呈灰白色。按照塔身模具的不同，分两型。

表1　一百零八塔·山泥胎

型	A 型			B 型	
亚型	Aa 型		Ab 型	Ba 型	Bb 型
次亚型	Aaa 型	Aab 型			
照片					
线图	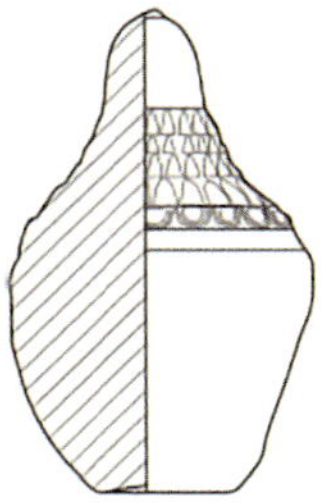	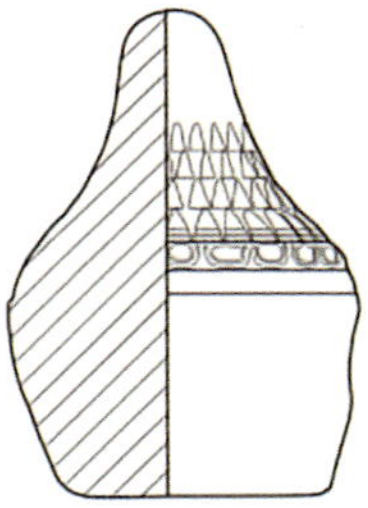	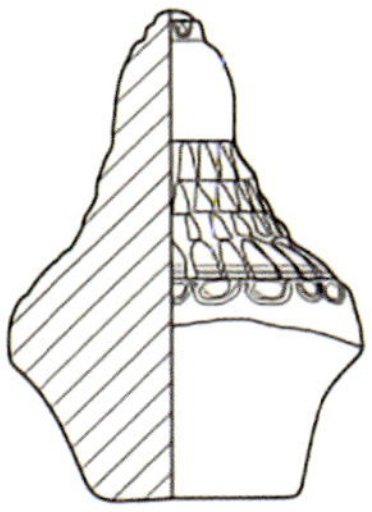	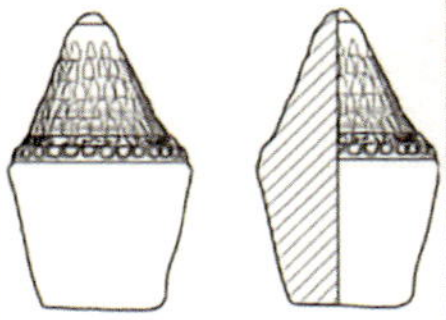	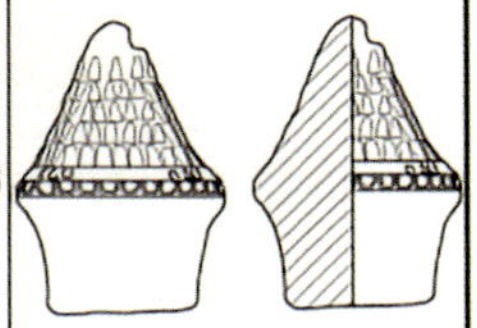

A 型　圆锥形塔身。绕塔身有四周小佛塔，与主体合计一百零八尊，小佛塔下饰一周覆莲，平底。根据座壁的收束，又分两个亚型。

Aa 型　座壁弧收。按塔座高低，又分两个次亚型。

Aaa 型　153 枚，高座。通高 9.1 厘米，塔座高 4.7 厘米，塔身底径 5.3 厘米，塔座顶端

---

[1]　郭萌，张建林：《敦煌莫高窟北区出土擦擦研究》，《文博》2015 年第 5 期，第 34—41 页。

[2]　张建林：《擦擦的起源及早期在中国的流传》，《收藏》2016 年第 19 期，第 119—123 页。

直径 5.6 厘米、底径 2.5 厘米。

Aab 型　194 枚，低座。通高 7.7 厘米，塔座高 3.2 厘米，塔身底径 5.3 厘米，塔座顶端直径 5.4 厘米、底径 3.7 厘米。

Ab 型　1284 枚，座壁折收，塔身与塔座折收明显。通高 7.3 厘米，塔座高 2.6 厘米，塔身底径 5.0 厘米，塔座顶端直径 5.1 厘米、底径 2.8 厘米。

B 型　四面带棱形塔身。塔身四面带棱呈三角状坡形，四面相接处有一个象征性的阶梯，每面皆有五层小佛塔，下有一圈经咒，经咒下饰一周覆莲。此种类型的一百零八塔也称千佛塔，发现数量较少。依其塔座高低，又分两个亚型。

Ba 型　449 枚，高座。塔座上端与塔身结合处形成一周窄棱台，座壁斜收。通高 6.3 厘米，塔座高 3.1 厘米，塔身底径 3.6 厘米，座顶端直径 3.8 厘米、底径 2.4 厘米。

Bb 型　353 枚，低座。座壁自腰部向下急剧变细，略折弧。通高 5.3 厘米，塔座高 2.1 厘米，塔身底径 3.7 厘米，塔座顶端直径 3.6 厘米、底径 2.6 厘米。

2. 红泥胎（表 2）

表 2　一百零八塔·红泥胎

型	A 型					B 型
亚型	Aa 型		Ab 型	Ac 型		
次亚型	Aaa 型	Aab 型		Aca 型	Acb 型	
照片						
线图						

此类擦擦胎土经过筛选，胎质细腻致密，呈红褐色。塔身小佛塔下或饰覆莲或饰经咒，部分擦擦塔身与座壁连接处，有模具按印留下的外翻泥沿。按有无塔座，分两型。

A 型　有塔座。根据座壁的收束，又分三个亚型。

Aa 型　座壁斜收。按塔座及个体大小，又分两个次亚型。

Aaa 型　28 枚，高座，个体较大。通高 9.1 厘米，塔座高 3.2 厘米，塔身底径 5.6 厘米，塔座顶端直径 5.5 厘米、底径 4.1 厘米。

Aab 型　35 枚，低座，个体较小。通高 7.0 厘米，塔座高 1.7 厘米，塔身底径 5.2 厘米，塔座顶端直径 5.3 厘米、底径 3.9 厘米。

Ab 型　47 枚，座壁直收。呈平直的高台。通高 9.2 厘米，塔座高 3.7 厘米，塔身底径 5.4 厘米，塔座顶端直径 5.6 厘米、底径 4.4 厘米。

Ac 型　座壁折收。按塔座高低，又分两个次亚型。

Aca 型　73 枚，高座。通高 7.0 厘米，塔座高 1.5 厘米，塔身底径 5.6 厘米，塔座顶端直径 5.5 厘米、底径 4.2 厘米。

Acb 型　22 枚，低座。通高 7.0 厘米，塔座高 1.2 厘米，塔身底径 5.9 厘米，塔座顶端直径 5.8 厘米、底径 4.3 厘米。

B 型　31 枚，无座。塔底略内凹。通高 5.7 厘米，塔身底径 5.5 厘米。

3. 红砂土胎（表 3）

表 3　一百零八塔·红砂土胎

型	A 型				B 型			C 型		D 型
亚型	Aa 型		Ab 型		Ba 型	Bb 型	Bc 型	Ca 型	Cb 型	
次亚型	Aaa 型	Aab 型	Aba 型	Abb 型						
照片										
线图										

此类擦擦胎土含有大量砂土颗粒，胎质粗疏，呈红褐色。塔身小佛塔下皆饰一周覆莲，有些在小佛塔与覆莲间饰有经咒。部分擦擦因按印而在塔身与座壁处存有卷起的泥沿。根据塔底形制，分四型。

A 型　平底。根据塔座高低，又分两个亚型。

Aa 型　高座。座壁平直，按个体大小，又分两个次亚型。

Aaa 型　4272 枚，个体较大。通高 9.7 厘米，塔座高 4.6 厘米，塔身底径 5.2 厘米，塔座顶端直径 6.1 厘米、底径 5.4 厘米。

Aab 型　7589 枚，个体较小。通高 9.0 厘米，塔座高 3.5 厘米，塔身底径 5.4 厘米，塔座顶端直径 5.9 厘米、底径 4.6 厘米。

Ab 型　低座。座壁微弧，按个体大小，又分两个次亚型。

Aba 型　4477 枚，个体较大。通高 7.5 厘米，塔座高 2.3 厘米，塔身底径 5.2 厘米，塔座顶端直径 6.6 厘米、底径 5.9 厘米。

Abb 型　10866 枚，个体较小。通高 7.5 厘米，塔座高 1.5 厘米，塔身底径 5.6 厘米，塔座顶端直径 5.7 厘米、底径 5.0 厘米。

B 型　凹底。按座壁收束及个体大小，又分三个亚型。

Ba 型　4070 枚，座壁平直，个体较大。通高 8.2 厘米，塔座高 3.0 厘米，塔身底径 5.1 厘米，塔座顶端直径 6.0 厘米、底径 5.8 厘米。

Bb 型　9014 枚，座壁微弧，个体中等。通高 7.5 厘米，塔座高 2.1 厘米，塔身底径 5.6 厘米，塔座顶端直径 5.7 厘米、底径 4.8 厘米。

Bc 型　1524 枚，座壁微斜，个体较小。通高 6.4 厘米，塔座高 1.2 厘米，塔身底径 5.2 厘米，塔座顶端直径 5.1 厘米、底径 4.1 厘米。

C 型　圜底。座壁弧收，按个体大小，又分两个亚型。

Ca 型　291 枚，个体较大。通高 9.0 厘米，塔座高 3.7 厘米，塔身底径 5.7 厘米，塔座顶端直径 7.6 厘米、底径 2.2 厘米。

Cb 型　316 枚，个体较小。通高 8.0 厘米，塔座高 2.5 厘米，塔身底径 5.4 厘米，塔座顶端直径 5.5 厘米、底径 3.3 厘米。

D 型　41 枚，不规则底。弧壁，底部凹凸不平，残存手指印。通高 8.3 厘米，塔座高 3.5 厘米，塔身底径 5.1 厘米，塔座顶端直径 5.7 厘米、底径 3.8 厘米。

4. 掺杂物胎（表 4）

表 4　一百零八塔·掺杂物胎

型	A 型		B 型		C 型
亚型	Aa 型	Ab 型	Ba 型	Bb 型	
照片					
线图					

发现较少，根据掺杂物的不同，分三型。

A 型　掺杂白色颗粒状物质，整体呈红褐色。根据胎质的疏密，又分两个亚型。

Aa 型　1 枚，胎质致密细腻。通高 6.4 厘米，塔座高 2.8 厘米，塔身底径 6.3 厘米，塔座顶端直径 6.9 厘米、底径 6.8 厘米。

Ab 型　1 枚，胎质疏松粗糙。通高 5.7 厘米，塔座高 2.4 厘米，塔身底径 6.1 厘米，塔座顶端直径 6.7 厘米、底径 5.3 厘米。

B 型　掺杂灰色物质，整体呈灰白色。根据胎质的疏密，又分两个亚型。

Ba 型　1 枚，胎质致密细腻。通高 5.2 厘米，塔座高 2.5 厘米，塔身底径 7.3 厘米，塔座顶端直径 7.6 厘米、底径 4.9 厘米。

Bb 型　1 枚，胎质疏松粗糙。通高 5.4 厘米，塔座高 1.5 厘米，塔身底径 5.5 厘米，塔座顶端直径 5.6 厘米、底径 2.9 厘米。

C 型　1 枚，掺杂红色物质，呈红色，胎质细腻较致密。通高 7.4 厘米，塔座高 4.0 厘米，塔身底径 6.6 厘米，塔座顶端直径 7.4 厘米、底径 5.1 厘米。

（二）八塔

1. 山泥胎（表 5）

根据八塔塔身小塔的形制，分两型。

A 型　塔身小塔各不相同。八塔上装饰拱形盖，小塔之间装饰四层倒三角状阶梯，其下饰一周经咒和覆莲，塔身各部分之间结合处各饰一周凸棱。按个体大小，又分两个亚型。

Aa 型　个体较大。根据塔座高低，又分两个次亚型。

表 5　八塔·山泥胎

型	A 型				B 型		
亚型	Aa 型		Ab 型	Ac 型	Ba 型	Bb 型	Bc 型
次亚型	Aaa 型	Aab 型					
照片							
线图							

Aaa 型　2811 枚，高座。座壁平直微外弧，整体瘦高细长，平底。通高 5.0 厘米，塔座高 2.5 厘米，塔身底径 3.0 厘米，塔座顶端直径 3.1 厘米、底径 2.4 厘米。

Aab 型　2621 枚，低座。座壁弧收，塔座矮胖，平底。通高 4.1 厘米，塔座高 2.1 厘米，塔身底径 3.0 厘米，塔座顶端直径 3.3 厘米、底径 2.0 厘米。

Ab 型　8 枚，个体中等。座壁微弧，底微凹。通高 3.5 厘米，塔座高 1.6 厘米，塔身底径 2.4 厘米，塔座顶端直径 2.5 厘米、底径 2.1 厘米。

Ac 型　33 枚，个体较小。座壁斜收，底部刻字。通高 2.1 厘米，塔座高 0.9 厘米，塔身底径 1.5 厘米，塔座顶端直径 1.6 厘米、底径 1.9 厘米。

B 型　八个小塔形制相同，如蚕蛹状，座壁弧收。根据塔座高低，又分三个亚型。

Ba 型　3988 枚，高座。通高 4.9 厘米，塔座高 2.6 厘米，塔身底径 3.2 厘米，塔座顶端直径 3.4 厘米、底径 2.4 厘米。

Bb 型　2486 枚，中座。通高 4.5cm，塔座高 2.4 厘米，塔身底径 3.0 厘米，塔座顶端直径 3.5 厘米、底径 2.6 厘米。

Bc 型　3467 枚，低座。通高 3.9 厘米，塔座高 1.6 厘米，塔身底径 3.1 厘米，塔座顶端直径 3.0 厘米、底径 2.4 厘米。

2. 红泥胎（表 6）

根据八塔的个体大小，分两型。

A 型　个体较大，八个小塔状如三角。根据塔座高低，又分两个亚型。

Aa 型　5808 枚，高座。座壁斜收微弧，底微凹。通高 4.2 厘米，塔座高 2.0 厘米，塔身

表 6　八塔·红泥胎

型	A 型		B 型	
亚型	Aa 型	Ab 型	Ba 型	Bb 型
照片				
线图				

底径 3.5 厘米，塔座顶端直径 3.8 厘米、底径 2.9 厘米。

Ab 型　3987 枚，低座。座壁平直略弧，塔座扁平，底微凹。通高 3.4 厘米，塔座高 1.6 厘米，塔身底径 3.0 厘米，塔座顶端直径 3.6 厘米、底径 3.2 厘米。

B 型　个体较小，八个小塔较模糊。据塔底形制，又分两个亚型。

Ba 型　69 枚，平底。通高 3.0 厘米，塔座高 1.1 厘米，塔身底径 2.4 厘米，塔座顶端直径 2.5 厘米、底径 1.8 厘米。

Bb 型　171 枚，凹底。通高 3.1 厘米，塔座高 1.1 厘米，塔身底径 2.2 厘米，塔座顶端直径 2.3 厘米、底径 2.0 厘米。

3. 红砂土胎（表 7）

根据胎质疏密，分三型。

A 型　胎质致密。按个体大小，又分两个亚型。

Aa 型　576 枚，个体较大。座壁弧收，塔座略高。通高 5.6 厘米，塔座高 1.9 厘米，塔身底径 4.8 厘米，塔座顶端直径 5.3 厘米、底径 3.7 厘米。

Ab 型　726 枚，个体较小。座壁弧收，塔座低矮扁平。通高 4.7 厘米，塔座高 0.9 厘米，塔身底径 4.9 厘米，塔座顶端直径 5.1 厘米、底径 4.5 厘米。

B 型　胎质疏松。按个体大小，又分两个亚型。

Ba 型　个体较大。按塔座高低，又分两个次亚型。

Baa 型　12209 枚，高座。通高 5.9 厘米，塔座高 2.2 厘米，塔身底径 5.3 厘米，塔座顶端直径 5.5 厘米、底径 3.6 厘米。

Bab 型　13449 枚，低座。通高 5.2 厘米，塔座高 1.8 厘米，塔身底径 4.5 厘米，塔座顶

表 7　八塔·红砂土胎

型	A 型		B 型						C 型	
亚型	Aa 型	Ab 型	Ba 型		Bb 型				Ca 型	Cb 型
次亚型			Baa 型	Bab 型	Bba 型		Bbb 型			
次次亚型					Bbaa 型	Bbab 型	Bbba 型	Bbbb 型		
照片										
线图										

端直径 5.1 厘米、底径 3.0 厘米。

Bb 型　个体较小。按塔座底部有无圆孔，又分两个次亚型。

Bba 型　无孔。按塔座高低，又分两个次次亚型。

Bbaa 型　2642 枚，高座。通高 5.0 厘米，塔座高 2.4 厘米，塔身底径 3.2 厘米，塔座顶端直径 4.4 厘米、底径 3.2 厘米。

Bbab 型　2530 枚，低座。通高 4.0 厘米，塔座高 1.6 厘米，塔身底径 2.9 厘米，塔座顶端直径 3.5 厘米、底径 2.9 厘米。

Bbb 型　有孔。按塔身有无经咒，又分两个次次亚型。

Bbba 型　16 枚，有经咒。通高 4.2 厘米，塔座高 1.4 厘米，塔身底径 3.3 厘米，塔座顶端直径 3.5 厘米、底径 3.1 厘米。

Bbbb 型　15 枚，无经咒。通高 3.4 厘米，塔座高 1.2 厘米，塔身底径 2.7 厘米，塔座顶端直径 2.8 厘米、底径 2.0 厘米。

C 型　胎体外部光细，内部粗疏。按个体大小，又分两个亚型。

Ca 型　23 枚，个体较大。通高 7.2 厘米，塔座高 3.5 厘米，塔身底径 4.7 厘米，塔座顶端直径 4.8 厘米、底径 3.7 厘米。

Cb 型　27 枚，个体较小。通高 6.4 厘米，塔座高 2.8 厘米，塔身底径 4.8 厘米，塔座顶端直径 4.5 厘米、底径 3.3 厘米。

4. 掺杂物泥胎（表 8）

根据掺杂物的不同，分四型。

A 型　4 枚，掺杂白色颗粒物。塔身八塔状如蚕蛹，塔身与塔座相接处有翻卷的泥沿，座壁弧收。通高 5.0 厘米，塔座高 2.7 厘米，塔身底径 2.9 厘米，塔座顶端直径 3.7 厘米、底径

表 8　八塔·掺杂物泥胎

型	A 型	B 型			C 型	D 型
亚型		Ba 型	Bb 型	Bc 型		
照片						
线图						

2.4 厘米。

B 型　掺杂纸浆纤维物。塔身八塔均较模糊，按塔座高低，又分三个亚型。

Ba 型　6 枚，高座。通高 5.8 厘米，塔座高 2.7 厘米，塔身底径 4.9 厘米，塔座顶端直径 5.1 厘米、底径 3.2 厘米。

Bb 型　4 枚，中座。通高 5.3 厘米，塔座高 2.1 厘米，塔身底径 4.9 厘米，塔座顶端直径 5.0 厘米、底径 2.9 厘米。

Bc 型　7 枚，低座。通高 4.0 厘米，塔座高 1.1 厘米，塔身底径 4.7 厘米，塔座顶端直径 4.8 厘米、底径 3.8 厘米。

C 型　7 枚，掺杂麻类纤维物，表面涂黄色物质。个体较小，座壁平直微弧。通高 3.2 厘米，塔座高 1.2 厘米，塔身底径 2.2 厘米，塔座顶端直径 2.3 厘米、底径 2.1 厘米。

D 型　1 枚，掺杂黄色物质。个体较大，座壁弧收。通高 5.7 厘米，塔座高 2.4 厘米，塔身底径 5.3 厘米，塔座顶端直径 6.1 厘米、底径 4.1 厘米。

（三）四塔

1. 山泥胎（表 9）

根据个体大小，分三型。

A 型　个体较大。按塔座高低，又分两个亚型。

Aa 型　166 枚，高座。通高 6.5 厘米，塔座高 4.0 厘米，塔身底径 4.3 厘米，塔座顶端直径 4.6 厘米、底径 2.9 厘米。

Ab 型　850 枚，低座。通高 6.0 厘米，塔座高 2.9 厘米，塔身底径 4.6 厘米，塔座顶端直

表 9　四塔·山泥胎

型	A 型		B 型	C 型
亚型	Aa 型	Ab 型		
照片				
线图				

径 4.5 厘米、底径 2.9 厘米。

B 型　18 枚，个体中等。与 A 型相近，但无经咒带。通高 4.4 厘米，塔座高 2.0 厘米，塔身底径 4.3 厘米，塔座顶端直径 4.7 厘米、底径 3.1 厘米。

C 型　18 枚，个体较小。通高 4.8 厘米，塔座高 2.5 厘米，塔身底径 3.3 厘米，塔座顶端直径 3.6 厘米、底径 2.0 厘米。

2. 红泥胎（表 10）

根据个体大小，分两型。

A 型　个体较大。按塔座高低，又分两个亚型。

Aa 型　1491 枚，高座。通高 5.2 厘米，塔座高 2.4 厘米，塔身底径 4.4 厘米，塔座顶端直径 4.3 厘米、底径 3.3 厘米。

Ab 型　866 枚，低座。通高 4.8 厘米，塔座高 1.8 厘米，塔身底径 4.3 厘米，塔座顶端直径 4.2 厘米、底径 2.9 厘米。

B 型　个体较小。按塔座座壁形制，又分三个亚型。

Ba 型　座壁弧收。按胎泥特点，又分两个次亚型。

Baa 型　66 枚，胎泥色泛灰白，胎质疏松，含极少量细沙、碎草和纤维类物质。通高 4.5 厘米，塔座高 2.0 厘米，塔身底径 3.7 厘米，塔座顶端直径 4.2 厘米、底径 2.8 厘米。

Bab 型　43 枚，胎泥色红，胎质致密、纯净。通高 4.2 厘米，塔座高 1.6 厘米，塔身底径 3.7 厘米，塔座顶端直径 4.0 厘米、底径 2.6 厘米。

Bb 型　座壁不规则。按塔座高低，又分两个次亚型。

Bba 型　10 枚，高座。通高 5.1 厘米，塔座高 2.6 厘米，塔身底径 3.1 厘米，塔座顶端直

表 10　四塔・红泥胎

型	A 型		B 型					
亚型	Aa 型	Ab 型	Ba 型		Bb 型		Bc 型	
次亚型			Baa 型	Bab 型	Bba 型	Bbb 型	Bca 型	Bcb 型
照片								
线图								

径 3.6 厘米、底径 3.2 厘米。

Bbb 型　21 枚，低座。通高 3.8 厘米，塔座高 1.4 厘米，塔身底径 3.7 厘米，塔座顶端直径 4.0 厘米、底径 3.2 厘米。

Bc 型　座壁折收。按塔座高低，又分两个次亚型。

Bca 型　149 枚，高座。通高 5.1 厘米，塔座高 2.4 厘米，塔身底径 3.3 厘米，塔座顶端直径 3.7 厘米、底径 2.3 厘米。

Bcb 型　107 枚，低座。通高 4.2 厘米，塔座高 1.6 厘米，塔身底径 3.3 厘米，塔座顶端直径 3.7 厘米、底径 2.2 厘米。

3. 红砂土胎（表 11）

根据塔身模具，分两型。

A 型　四个小塔形制相同。按个体大小，又分两个亚型。

Aa 型　334 枚，个体较大。通高 6.4 厘米，塔座高 1.6 厘米，塔身底径 6.0 厘米，塔座顶端直径 5.9 厘米、底径 3.8 厘米。

Ab 型　1367 枚，个体较小。通高 6.2 厘米，塔座高 1.4 厘米，塔身底径 5.5 厘米，塔座顶端直径 5.3 厘米、底径 2.7 厘米。

B 型　四个小塔形制不同。按个体大小，又分两个亚型。

Ba 型　99 枚，个体较大。通高 5.5 厘米，塔座高 2.1 厘米，塔身底径 5.1 厘米，塔座顶端直径 5.4 厘米、底径 4.4 厘米。

Bb 型　43 枚，个体较小。通高 4.4 厘米，塔座高 1.3 厘米，塔身底径 5.0 厘米，塔座顶

表 11　四塔·红砂土胎

型	A 型		B 型	
亚型	Aa 型	Ab 型	Ba 型	Bb 型
照片				
线图				

端直径 4.9 厘米、底径 2.9 厘米。

4.掺杂物胎（表 12）

表 12　四塔·掺杂物胎

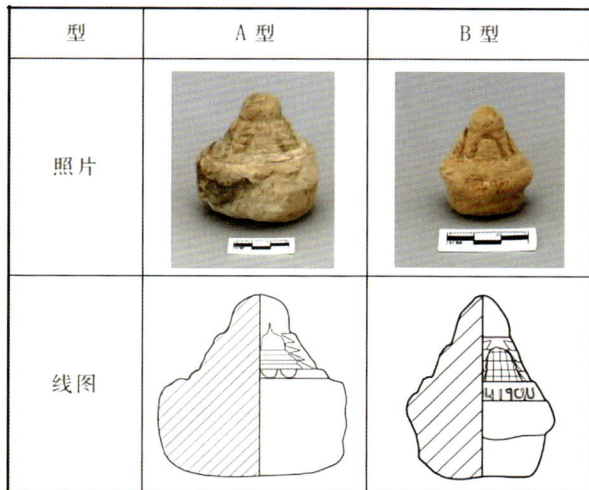

型	A 型	B 型
照片		
线图		

表 13　宝阶塔·山泥胎

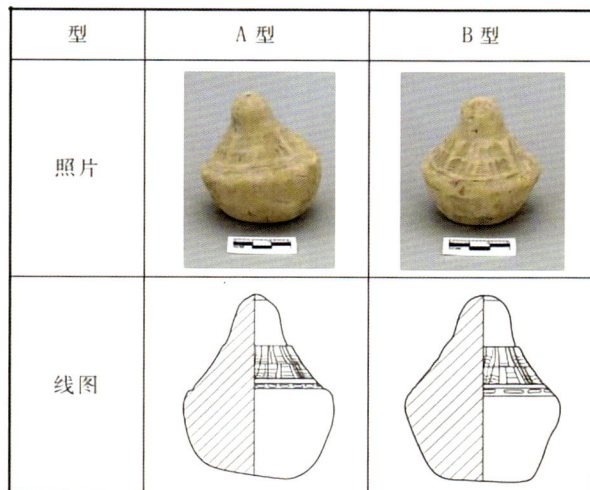

型	A 型	B 型
照片		
线图		

根据掺杂物的不同，分两型。

A 型　5 枚，掺杂白色颗粒物质。四塔相同，个体大，座壁圆台状，平底。通高 5.4 厘米，塔座高 2.5 厘米，塔身底径 4.4 厘米，塔座顶端直径 4.9 厘米、底径 3.8 厘米。

B 型　22 枚，掺杂纸浆纤维物。四塔不同，个体小，座壁圆折收，平底。通高 4.3 厘米，塔座高 1.8 厘米，塔身底径 3.2 厘米，塔座顶端直径 3.4 厘米、底径 2.0 厘米。

（四）宝阶塔（表 13）

1.山泥胎

根据个体大小，分两型。

A 型　13 枚，个体较大。通高 7.7 厘米，塔座高 3.4 厘米，塔身底径 5.4 厘米，塔座顶端直径 5.9 厘米、底径 5.2 厘米。

B 型　14 枚，个体较小。通高 6.6 厘米，塔座高 3.0 厘米，塔身底径 5.1 厘米，塔座顶端直径 5.3 厘米、底径 3.0 厘米。

2.红泥胎（表 14）

根据塔身有无莲座和经咒带，分两型。

A 型　有经咒带和莲座。按塔座高低，又分三个亚型。

Aa 型　60 枚，高座。通高 14.7 厘米，塔座高 8.9 厘米，塔身底径 7.2 厘米，塔座顶端直径 7.8 厘米、底径 5.4 厘米。

Ab 型　38 枚，中座。通高 11.0 厘米，塔座高 5.0 厘米，塔身底径 6.6 厘米，塔座顶端直径 6.4 厘米、底径 4.1 厘米。

表 14　宝阶塔·红泥胎

型	A 型			B 型		
亚型	Aa 型	Ab 型	Ac 型	Ba 型		Bb 型
次亚型				Baa 型	Bab 型	
照片						
线图						

　　Ac 型　55 枚，低座。通高 9.7 厘米，塔座高 3.7 厘米，塔身底径 6.5 厘米，塔座顶端直径 6.6 厘米、底径 3.7 厘米。

　　B 型　无经咒带和莲座。按个体大小，又分两个亚型。

　　Ba 型　个体较大。按塔座高低，又分两个次亚型。

　　Baa 型　42 枚，高座。通高 9.1 厘米，塔座高 1.7 厘米，塔身底径 7.2 厘米，塔座顶端直径 7.8 厘米、底径 5.7 厘米。

　　Bab 型　515 枚，低座。通高 7.4 厘米，塔座高 1.6 厘米，塔身底径 7.1 厘米，塔座顶端直径 7.3 厘米、底径 5.6 厘米。

　　Bb 型　118 枚，个体较小。通高 5.5 厘米，塔座高 1.7 厘米，塔身底径 4.9 厘米，塔座顶端直径 5.0 厘米、底径 3.9 厘米。

　　3. 红砂土胎（表 15）

　　根据塔身形制的差异，分两型。

　　A 型　塔身斜直。按个体大小，又分三个亚型。

　　Aa 型　127 枚，个体较大。通高 7.4 厘米，塔座高 3.5 厘米，塔身底径 5.2 厘米，塔座顶端直径 5.9 厘米、底径 4.0 厘米。

　　Ab 型　412 枚，个体中等。通高 6.0 厘米，塔座高 2.6 厘米，塔身底径 4.4 厘米，塔座顶端直径 5.3 厘米、底径 4.3 厘米。

　　Ac 型　1712 枚，个体较小。通高 6.8 厘米，塔座高 2.1 厘米，塔身底径 4.8 厘米，塔座顶端直径 4.7 厘米、底径 3.6 厘米。

表 15　宝阶塔·红砂土胎

型	A 型			B 型	
亚型	Aa 型	Ab 型	Ac 型	Ba 型	Bb 型
照片					
线图					

B 型　塔身中部内折。按个体大小，又分两个亚型。

Ba 型　81 枚，个体较大。通高 5.9 厘米，塔座高 2.3 厘米，塔身底径 4.3 厘米，塔座顶端直径 4.9 厘米、底径 3.7 厘米。

Bb 型　936 枚，个体较小。通高 5.5 厘米，塔座高 1.7 厘米，塔身底径 4.3 厘米，塔座顶端直径 4.5 厘米、底径 2.9 厘米。

4. 掺杂物胎（表 16）

根据掺杂物表现特征的差异，分两型。

A 型　掺杂白色颗粒物。按个体大小，又分两个亚型。

Aa 型　1 枚，个体较大，有彩绘漆金。通高 6.9 厘米，直径 5.5 厘米。

Ab 型　个体较小。按照掺杂物的多少，又分两个次亚型。

Aba 型　1 枚，掺杂物较多。通高 5.6 厘米，塔座高 2.5 厘米，塔身底径 6.6 厘米，塔座顶端直径 6.9 厘米、底径 4.4 厘米。

Abb 型　1 枚，掺杂物较少。通高 6.9 厘米，塔座高 2.8 厘米，塔身底径 5.5 厘米，塔座顶端直径 5.9 厘米、底径 5.4 厘米。

B 型　掺杂纸浆纤维类物质。按个体大小，又分两个亚型。

Ba 型　1 枚，个体较大。通高 8.5 厘米，塔座高 2.4 厘米，塔身底径 8.5 厘米，塔座顶端直径 8.6 厘米、底径 7.7 厘米。

Bb 型　2 枚，个体较小。通高 6.8 厘米，塔座高 2.8 厘米，塔身底径 5.6 厘米，塔座顶端直径 5.8 厘米、底径 3.5 厘米。

三、擦擦的特征与年代

（一）特征

武威亥母寺遗址出土的这批擦擦，主要有这几方面特征：

从出土数量看，数量巨大，计11万余枚。擦擦为一种装藏，多在佛塔塔基和佛像腹内；作为佛教信众的礼拜物，一般藏于名山，聚之旷野，承载着信众的誓愿与虔诚，久而久之，便形成巨大的擦擦堆。亥母寺遗址的这批擦擦，集中出土于01、02窟，正是藏于名山，表明亥母寺为一处重要的藏传佛教遗址，受到了信众的长期供养和虔诚礼拜。

从擦擦题材来看，一百零八在佛教中是一个神圣的数字，佛教认为人生烦恼有一百零八种。一百零八，有烦恼无穷之意，为除去人生的众多烦恼，贯佛珠一百零八颗，念经一百零八遍等。一百零八塔题材的擦擦有解除人生烦恼，带来吉祥和好运的寓意[①]。八相成道题材的八塔擦擦，塔身八个小塔分别为菩提塔、聚莲塔、吉祥多门塔、神变塔、天降塔、离合塔、尊胜塔、涅槃塔，象征着佛祖诞生、成道、弘法、降魔、天降、和好、法身、涅槃等一生的八大功德。与八塔相类似，四塔是四相成道题材的擦擦，而宝阶塔也蕴含着与之相应的佛教教义。这表明，塔与佛教教义及相关圣迹有关，信徒们为了显示与此相关的佛教义理，便将与之相关的内容具象为不同题材的塔型擦擦，成为积善业、做功德的佛教用物。

从擦擦质地来看，这批擦擦有山泥胎、红泥胎、红砂土胎和掺杂物胎四种。制作擦擦的泥土，基本上都是就地取材，土质土色的不同而使擦擦的颜色各异[②]。亥母寺遗址所在山体的岩土体类型主要为二叠系下统大黄沟群紫红色粗砂岩，为红褐色砂土，山下为灰白色的土丘状山包。通过对这批擦擦胎土质地的观察，可知这批擦擦大部分为当地制作。红砂土胎的擦擦系直接用亥母寺山体砂土制成，红泥胎擦擦是亥母寺山体砂土经加工筛选后制成，山泥胎擦擦选用山下土丘状山包土，掺杂物胎擦擦或从外地传入。

从擦擦形式来看，每类题材每种胎泥下，根据擦擦的大小、塔身和塔座形制，可分为不同的型、亚型、次亚型和次次亚型。这表明，亥母寺的擦擦具有相同题材的多样化特点，应该是由不同模具、不同时间、不同地点制作，不同批次长时期供奉累积，风格具有一定的相似性和延续性。

从制作技法上看，均为模印略经修饰，制作简单，略显粗疏。大多数擦擦均有胎藏，体现出宗教器物的庄严和神圣。胎藏物为印制或书写有梵文、藏文经咒的小纸条，有些为小麦、青稞、石子和麦草等。佛教经文咒语代表法身舍利，"一切吉祥真言，竭力安之更佳。藏中所用真言，或梵字，或汉文，皆宜横书"[③]。加入麦粒、青稞或"因各种因缘而掺入青稞或小麦也

---

① 陈育宁，汤晓芳：《西夏艺术史》，上海：上海三联书店，2014年，第198页。

② 张建林：《中国藏传佛教雕塑全集：擦擦》，北京：北京美术摄影出版社，2002年，第3页。

③ 郭萌，张建林：《敦煌莫高窟北区出土擦擦研究》，《文博》2015年第5期，第34—41页。

不稀罕：他们或用于开光，或用于祈求丰年，或用于还愿"[1]。加入石子、麦草当如青稞、小麦，用于祈求还愿，只是加入的物品不同而已。

（二）年代

亥母寺遗址创凿于西夏崇尊正德四年（1130年），历元、明、清延续至民国，这批擦擦的年代当在12世纪至20世纪之间。通过类型比对，一百零八塔山泥胎Aaa型与银川西夏陵管理处同类擦擦相似[2]，Aab型与内蒙古所见擦擦相似[3]，均为西夏时期。Ab型与敦煌莫高窟北区石窟B97：4相似[4]，为西夏或元代。Ba型与Bb型未见与其形制相同的擦擦，但这种四面带棱呈三角坡状的塔身形制在西藏西部[5]和四川阿坝[6]均有发现，其时代在公元10至13世纪，结合亥母寺遗址年代上限，推断Ba型、Bb型擦擦年代当在12至13世纪。一百零八塔红泥胎Aaa型、Aab和Ab型与宁夏博物馆藏出土于青铜峡一百零八塔的擦擦相似[7]，Aca型与青铜峡一百零八塔001号塔出土擦擦相似[8]，Acb型和B型与拜寺沟西夏方塔F073：3、F073：2相似[9]，均为西夏时期。一百零八塔红砂土胎A型和B型各类擦擦均能在贺兰县宏佛塔找到与之相似的类型[10]，时代为西夏。Ca型与莫高窟北区石窟B200：6相似[11]，为元代或稍晚。Cb型与东千佛洞采集擦擦相似，元代。D型与西夏陵区管理处征集的一件擦擦相似[12]，西夏。掺杂物胎的擦擦除了制作时在胎泥中掺入不同类的物质，其形制结构与其他类型的一百零八塔并无二致，故其年代也应在西夏至元代。

八塔和四塔擦擦，表现的是八相成道和四相成道，在西夏和元代的佛教遗址中多有发现。但受公布材料的限制，能用来进行比对分析且有年代依据的八塔和四塔擦擦数量较少。刘栋在《擦擦：藏传佛教模制泥佛像》一书中，公布了一批八塔和四塔擦擦，其时代自9世纪至

① 图齐：《梵天佛地》（第1卷），上海：上海古籍出版社，2009年，第32—33页。
② 李进增：《西夏文物》（宁夏编：十一），北京：中华书局，天津：天津古籍出版社，2016年，第4812页。
③ 塔拉，李丽雅：《西夏文物》（内蒙古编：四），北京：中华书局，天津：天津古籍出版社，2015年，第1278页。
④ 彭金章，王建军：《敦煌莫高窟北区石窟》（第2卷），北京：文物出版社，2004年，第19页。
⑤ 图齐：《梵天佛地》（第1卷），上海：上海古籍出版社，2009年，第165页。
⑥ 刘栋：《擦擦：藏传佛教模制泥佛像》，天津：天津人民美术出版社，2000年，第151页。
⑦ 李进增：《西夏文物》（宁夏编），北京：中华书局，天津：天津古籍出版社，2016年，第4785页。
⑧ 宁夏回族自治区文物管理委员会办公室，雷润泽，于存海等：《青铜峡市一百零八塔》，《西夏佛塔》，北京：文物出版社，1995年，第106页。
⑨ 宁夏文物考古研究所：《拜寺沟西夏方塔》，北京：文物出版社，2005年，第302页，图版一八（ⅩⅧ）.
⑩ 李进增：《西夏文物》（宁夏编：十一），北京：中华书局，天津：天津古籍出版社，2016年，第4768页。
⑪ 彭金章，王建军：《敦煌莫高窟北区石窟》（第3卷），北京：文物出版社，2004年，第268页。
⑫ 李进增：《西夏文物》（宁夏编：十一），北京：中华书局，天津：天津古籍出版社，2016年，第4803页。

17 世纪 [1]，但没有明确这些擦擦每种类型的具体年代。目前，仅在内蒙古 [2] 和武威市博物馆，发现有年代依据的八塔和四塔擦擦，其形制类型与亥母寺遗址出土的该类擦擦基本一致，时代为西夏时期。另据牛达生统计，这类八塔和四塔擦擦，集中发现于内蒙古、甘肃和宁夏等西夏故地，其时代以西夏、元为主 [3]。另外，在札达县札布让遗址出土的八塔 [4]，其形制同于山泥胎 Aa 型，时代为公元 15 至 16 世纪。基于此，结合与这批八塔和四塔共出的一百零八塔擦擦的时代，初步推断这批八塔和四塔题材类型的擦擦，时代当在 13 至 15 世纪。这其中，有两类八塔擦擦较为特殊，即山泥胎 Ac 型和红泥胎 Bbb 型，底部均有一个藏文"阿"字。其中，Ac 型个体较小，状若拇指，其制作历史可追溯至宗喀巴 [5]，这类直径或高度不足 2 厘米的微型擦擦，出现于 16 世纪及以后 [6]。

宝阶塔红泥胎 Aa 型与莫高窟北区石窟 B192：2 一致 [7]，Ac 型与青铜峡一百零八塔出土同类擦擦相似 [8]，Baa 型与银川西夏陵区管理处征集同类擦擦相似 [9]，红砂土胎 Aa 型与额济纳绿城采集到的同类擦擦相似 [10]，均为西夏时期。其他类型虽未找到与之相似且有年代依据的对应物，但根据其相近的塔身形制及与已判明年代范围的一百零八塔、八塔和四塔共存的特点，判断这批宝阶塔擦擦年代相近，也应为西夏至元代。

通过多类型比对，基本判明这批擦擦年代最早的为山泥胎一百零八塔 Ba 型和 Bb 型，年代在 12 至 13 世纪；年代最晚的为山泥胎八塔 Ac 型和红泥胎 Bbb 型，为 16 世纪；其余擦擦均集中在西夏、元或稍晚时段，我们将这一时期的擦擦年代限定在 13 至 15 世纪。因此说，亥母寺遗址出土的这批塔型类擦擦年代在 12 至 16 世纪。根据其数量和形制，将这批擦擦分为三个阶段：第一阶段为 12 至 13 世纪，以西夏擦擦为主；第二阶段为 13 至 15 世纪，以西夏晚期、元代擦擦为主；第三阶段为 16 世纪，以明代擦擦为主。

[1] 刘栋：《擦擦：藏传佛教模制泥佛像》，天津：天津人民美术出版社，2000 年，第 28 页。

[2] 塔拉，李丽雅：《西夏文物》（内蒙古编：四），北京：中华书局，天津：天津古籍出版社，2015 年，第 1281—1283 页。

[3] 牛达生：《方塔出土小泥佛、小泥塔及汉地是物研究》，《西夏考古论稿》，上海：上海古籍出版社，2013 年，第 145—171 页。

[4] 熊文彬，李逸之：《西藏古格擦擦艺术》，北京：中国藏学出版社，2016 年，第 197 页。

[5] 刘栋：《擦擦：藏传佛教模制泥佛像》，天津：天津人民美术出版社，2000 年，第 19 页。

[6] 张建林：《中国藏传佛教雕塑全集：擦擦》，北京：北京美术摄影出版社，2002 年，第 10 页。

[7] 彭金章，王建军：《敦煌莫高窟北区石窟》（第 3 卷），北京：文物出版社，2004 年，第 249 页。

[8] 李进增：《西夏文物》（宁夏编：十一），北京：中华书局，天津：天津古籍出版社，2016 年，第 4787 页。

[9] 李进增：《西夏文物》（宁夏编：十一），北京：中华书局，天津：天津古籍出版社，2016 年，第 4804 页。

[10] 塔拉，李丽雅：《西夏文物》（内蒙古编：四），北京：中华书局，天津：天津古籍出版社，2015 年，第 1266 页。

四、与西藏擦擦的关系

擦擦这种佛教艺术形式，自印度传入中国，以西藏地区的发展传布最为繁盛。自后弘期始，西藏佛教进入了大发展阶段，作为其艺术载体的擦擦，也进入一个快速发展的时期。12至13世纪是擦擦发展史的过渡期，13至15世纪是其发展的成熟期。成熟期的藏地擦擦向各地广为传播，并逐渐出现了川藏、青藏、甘藏、蒙藏、滇藏等略有差异、初步形成地域风格的擦擦[①]。此阶段藏传佛教艺术品中的印度风格逐渐消失，有关擦擦的各类题材一经出现就迅速被规范化[②]。这一点，在亥母寺擦擦上体现得较为明显。每类题材虽有多种类型，但塔身的形制基本是相近的，风格具有很强的一致性和延续性，符合规范化生产的特点。此外，这种一百零八塔、八塔、四塔和宝阶塔的组合形式，虽在其他遗址也有发现，但没有亥母寺遗址这样的规模和数量，这应该也是擦擦这种佛教艺术在武威亥母寺地域化的一种体现。

亥母寺遗址擦擦与莫高窟北区石窟发现的擦擦多有相似，且以西夏擦擦为主体。莫高窟的擦擦和西夏擦擦均来自西藏，艺术风格受到了西藏擦擦的影响[③]。西夏中、后期，藏传佛教迅速传播，武威作为西夏的陪都，受藏传佛教影响尤甚，与之相关的佛教遗物，多有藏地艺术风格。基于此，这批擦擦也应受到了西藏擦擦的影响，是藏传佛教在武威地区传播和发展的史证。

五、结语

亥母寺遗址出土的擦擦，数量大、类型多，具有制作的简洁性和多样性。这批擦擦从12世纪延续至16世纪，以西夏、元时期的擦擦为主体，艺术风格具有一定的相似性和延续性。其胎藏反映了佛教装藏的制作工艺和宗教仪轨。其艺术风格受到了西藏擦擦的影响，擦擦艺术在武威地区地域化，反映出西夏、元时期，藏传佛教在武威地区传播影响的艺术成就。

原文刊于《敦煌研究》2020年第3期

---

① 刘栋：《擦擦：藏传佛教模制泥佛像》，天津：天津人民美术出版社，2000年，第31—32页。

② 张建林：《中国藏传佛教雕塑全集：擦擦》，北京：北京美术摄影出版社，2002年，第9页。

③ 郭萌，张建林：《敦煌莫高窟北区出土擦擦研究》，《文博》，2015年第5期，第34—41页。

甘肃武威西郊林场西夏墓清理简报

宁笃学　钟长发　武威地区博物馆

武威西郊林场，在县城偏西北约 250 米处。1977 年 6—10 月间，该场在平田整地中，先后发现了西夏天庆年间的墓葬两座。武威地区博物馆闻讯对这两座墓葬进行了清理，编号 77.W.X.M1、2。现简述如下：

一

两座墓均为单室砖墓，规模较小，相距 10 米。M1 在北，墓门向南；M2 在南，墓门向东。两座墓室长 1.3—1.6、宽 1.2—1.3、高 1.2—1.7 米。墓室四壁均为平砖叠砌，底部一层平砖，作人字形铺法。墓门高 75—80、宽 68—90、进深 33—39 厘米。墓门为单层砖拱形券顶，以较大的卵石封门。墓顶呈圆锥形，顶距地表约 1.5 米。土质系砂土。两墓后壁底部均设二层台，宽度与墓室相等，长 60、高 14 厘米，台上用石灰抹面。

二

根据出土的木塔顶部题记，知这两座墓是属于刘氏家族的墓，其形制和随葬品虽有繁简，形制则基本相同，主要以木器为主。大部分木器因久为淤泥浸蚀，腐朽严重，其位置也未能保持原貌了。经过整理，约半数以上尚能复原和辨清形制，现以 M2 为例，将随葬器物分述于后：

（一）木条桌　一件，长 54、宽 30、高 29 厘米，基本完好，四足尖端略有腐朽，用当地杨木制成。表面通涂赭石色，色泽鲜艳。桌面四面打磨光滑，并施凹形线一道。四足均施桌牙，前后为双撑，两侧为单撑。

（二）木衣架　二件（一架已残），高 43、宽 39、横杆长 56、两座各长 25、宽 3.5 厘米。横杆两端翘起，雕成云头，通身赭色。

（三）小木塔　四件，规格一样，圆形塔座，径 7.5、通高 10.5 厘米，面饰黄色，除塔刹腐朽不存外，余均完好。

（四）木笔架　一件，长 8、宽 4、通高 6 厘米，呈长方形槽状，底部两端附加衬垫，上面开二圆孔，一孔内插一木质笔，笔杆长 13、径 1.2、笔尖长 3.5 厘米，尖端有墨迹。

（五）木宝瓶　二件，M1 中的一件，平沿，有带塞盖，高 13.5、口径 2、腹径 5.5、底径

3.7厘米，宽肩瘦身，表面涂红色，制作精细（图一）。

（六）木缘塔　一件，通高76厘米，置于二层台上。塔分塔座、塔身、塔顶和刹四部分。塔座四级八角形，饰红色；塔身用长34、宽12.5、厚2厘米的八块木板合成，合缝处以长方形四角带钉的铁片上下两道联接（铁片已锈蚀）。整个塔身表面涂兰色，用黄色书写梵文咒文，计有"一切如来咒""一切如来百字咒""药师琉璃光千佛咒""圣□光天母心咒""皈依三宝咒"等。塔身顶部另有长12.5、宽3.5、厚2厘米的八块小木板作榫卯与塔身相连接，表面涂饰红色，画有斗拱图案；塔顶也为八块近三角形弯曲的木板组成，骑缝上有同样曲形的木

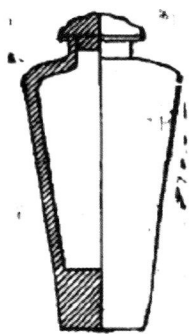

图一　木宝瓶

条粘接，每块木板表面上下部绘有云气纹，中间书写朱红色梵文一字；塔刹底部周围由八块小木板组成围栏，面涂红色。刹另制，中心有圆轴与塔顶串连，底座周围面绘卷草纹饰，上有二道相轮，刹顶略残。在塔顶八角木板上的内面墨书"故考任西经略司都案刘德仁，寿六旬有八，于天庆五年岁次戊午四月十六日亡殁，至天庆七年岁次庚辰（申）□夏十五日兴工建缘塔，至中秋十三日入课讫。"此塔除底部略有腐朽，大体尚完好，制作精致。

（七）版画　共二十九块，其中有五块腐朽太甚，不易辨认。版画一般长10—28、宽5—10、厚1—2厘米。据了解，版画放在墓门内两侧、左右两壁和后壁的墙角下。从画面内容、脸部方向和版画大小，可推测原先皆对称排列。版画内容有：重甲武士、男女侍从、牵马人和鸡、狗、猪家禽家畜等。个别版画的背面或侧面还有墨书题榜：如"蒿里老人""童子""二童子""大六""天关""太阳""金鸡"等（详见版画统计表）。

武威西夏二号墓版画（77W.X.M2）统计表

编号	版画内容	版画规格		保存情况	附　注
		长（cm）	宽（cm）		
M2：1	"蒿里老人"，头戴黑漆高冠，服交领右衽宽袖长衫，束腰带，持竹杖。	28	10.5	完整	
M2：2	"大六"，披发，服短衣，束腰带，执鞭，牵鞍马。	14	8	部分朽蚀	
M2：3	五男侍，服不同色彩的拖地长衫，头戴幞头，分别佩剑、执包袱、托盘、捧唾壶、披巾。	21.5	12	完整	
M2：4	五女侍，内梳高发髻者四，戴幞头巾者一，服不同色彩并有梅花纹样的交领右衽窄袖衫，第五人着圆领窄袖长衫。分别捧盒、托盘、持拂尘、挎包、披巾等。	21.5	11.5	部分已朽	
M2：5	"童子"，头梳环髻，服交领右衽长衫，束腰，双手捧盘。	15.5	7	完好	

编号	版画内容	版画规格		保存情况	附注
		长（cm）	宽（cm）		
M2：6	"二童子"，头梳双环髻，着交领右衽长衫，束腰，双手捧盘。	16	7	完好	
M2：7	男侍，头戴幞头，着兰色圆领长衫。	10	6	腐朽严重	
M2：8	女侍，梳发髻，着黄色长衫，作拱手状	10.5	5	已朽	
M2：9	男侍，着长衫，作拱手状。	14	7	完好	
M2：10	贵妇，服圆领绯红长衫，头戴黑冠。	10.5	5.5	朽蚀严重	
M2：11	男侍，披发，衣着不清。	14	6.5	朽蚀严重	
M2：12	屈腰男侍，服长衫。	16	6.5	完好	
M2：13	武卫，毡冠，红结授，衣重甲，手持解锥。	17	9	朽蚀严重	
M2：14	武卫，毡冠，红结授，重甲。	17	9	朽蚀严重	
M2：15	武卫，毡冠，红结授，重甲。	15.5	7.6	部分已朽	
M2：16	武卫，毡冠，红结授，重甲。	15.5	7.5	部分已朽	
M2：17	武卫，毡冠，红结授，重甲。	15	7.4	朽蚀严重	
M2：18	形象，衣饰不清。	17	9	朽蚀严重	
M2：19	"天关"男侍，衣着不清。	15.8	6.5	朽蚀严重	
M2：20	画有"太阳"，居中有鸡，太阳下面绘卷云。	15	7	已朽蚀	
M2：21	"金鸡"，羽黄色，作行走状。	8.5	6	已朽蚀	
M2：22	卧猪，黑色彩绘。	12.2	7.3	已朽蚀	
M2：23	双龙首盒，椭圆形，两端绘彩色龙首。	9.5	4.5	完好	
M2：24	卧狗，浅白色彩绘，朱红点眼、舌。	10.5	5.5	已朽	
M2：25—29					

（八）瓷碗一件，口径16、底径5.5、高6厘米，素面，内施白色釉。

三

西夏为党项族，本魏拓拔氏后。党项从唐末起，就割据在黄河上游贺兰山一带，到公元1038年，党项族的首领李元昊，为了向外掠夺和镇压被统治各民族人民的需要，称帝自立，国号大夏，因位于宋西北，又通称为西夏，建都兴庆府（今宁夏回族自治区银川市）。辖今宁夏、甘肃的全部，陕西西北部和内蒙古的部分地区。西夏到元昊时期，就采用了汉字的偏旁部首，创造了自己的文字，"字形体方整，一字一音，共有六千多字"，并用西夏文字翻译了不少的汉文书籍。西夏在书法、绘画等方面，也有一定的成就。西夏自元昊称帝，到最后覆灭，共传十世，历时一百九十四年。

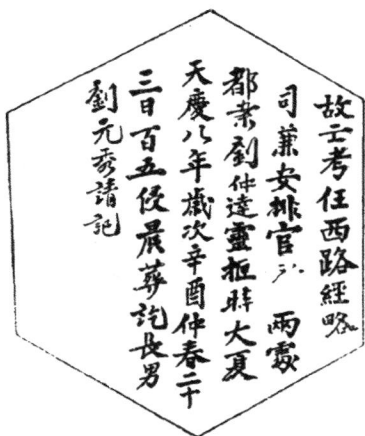

图二　M1 塔顶题记摹本（1/4）　　　　图三　M1 题记摹本（1/4）　　　　图四　M1 塔顶题记摹本（1/4）

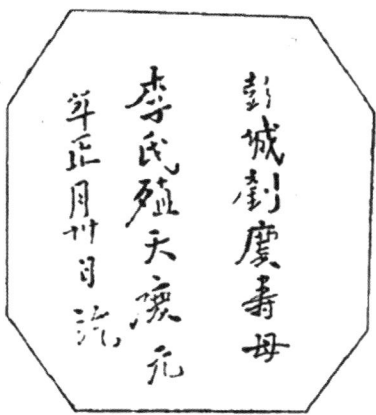

西夏统治时期，武威一带比较安定，曾置西凉府。这一时期的文物遗存，据我们了解的有武威文庙今保存的全国重点文物保护单位"重修护国寺感应塔碑"（也称西夏碑）；武威张义公社 1973 年发现的西夏文籍（见《考古》1974 年第 3 期）；永昌县后大寺石壁阴刻西夏文经，还有敦煌榆林窟西夏壁画锻铁图等。说明西夏时期在政治、经济、文化各方面都有一定的发展。

这次我们清理的两座西夏墓，时代很接近。一号墓出土残木缘塔顶部题记为："故亡考任西路经略司兼安排官□两处都案刘仲达灵匣，时大夏天庆八年（1201 年）岁次辛酉仲春二十三日百五侵晨葬讫，长男刘元秀请记。"（图二）还有"彭城刘庆寿母李氏，殖天庆元年正月卅日讫"，是写在一块未经加工的木板上的（图三）。另有"彭城刘庆寿母李氏顺娇，殖大夏天庆元年正月卅日身殁，夫刘仲达讫"，是写在木缘塔内作为盖子的六角形木板上的（图四）。二号墓主人，根据题记，生前任西经略司都案，名刘德仁，年六十八岁，殁于大夏天庆五年（1198 年），比一号墓早三年，到天庆七年（1200 年），为墓主人建了缘塔，随葬于墓中。根据一号墓残木塔顶部题记，墓主原籍系彭城人（今江苏省徐州市）。根据版画中有相当数量的重甲武卫看，这两座墓的墓主，当西夏政权处于分裂垂危的状况下，盘踞在河西走廊一带，拥有一定的武力。

西夏墓葬的发现，在武威是首次，可贵的是两墓都有随葬木塔顶部墨书题记。我们不仅知道墓葬的确切年代，而且更可了解墓主的身世，特别重要的是，二号墓内出土的制作精美的彩绘木制缘塔和数量较多的彩绘版画，对研究西夏的文化、经济、军事、建筑技术以及绘画艺术等方面都提供了重要的资料。

原文刊于《考古与文物》1980 年第 3 期

武威发现国内最早的泥活字版西夏文佛经

孙寿岭　武威市博物馆

1987 年 5 月，武威市新华乡缠山村群众在亥母洞寺遗址施工中，挖出了一批西夏文经卷，其中有一件西夏文泥活字版佛经《维摩诘所说经下集》，经折装，长卷，54 面，面长 28、宽 12 厘米，7 行，每行 17 字，计 6400 多字。这是国内迄今发现的第一件泥活字版本。

印刷术是我国古代劳动人民的伟大发明之一，历史悠久，源远流长。从五千年前新石器时代的印陶纹饰到春秋战国、两汉以来的印玺、拓碑、印花艺术，开创了印刷术的先河。到了东晋时期，道家首先雕刻了"反字阳文"符咒大印，上刻一百二十个字，犹如一篇短文。这块大木版符印的首创，就是雕版的雏形，因而世界上第一个雕版印刷者是道家。后经南北朝发展到隋朝，开始印刷小件的佛像、经咒等。据说隋文帝还下令雕版印刷过书籍。

到唐代，雕版印刷开始流行，以印刷佛经、咒语、佛像为多。唐太宗亲自颁行印刷书籍，印刷名人诗集。西安唐墓出土的《陀罗尼经咒》可能是存世最早的印刷品。还有《白居易诗集》等。有的印刷品已流传到邻国，尤其是朝鲜。1966 年韩国出土的《无垢净光大陀罗尼经》应是唐王朝的版本。

雕版印刷发展到了宋代，已达高潮，杭州、成都、福州等许多地方形成了印刷中心，并且彼此争魁斗胜。据史料记载：北宋教育机关印刷经史书籍，一次雕版达 10 万块。又在成都雕印全部汉文佛经《大藏经》，花了 12 年的时间，用雕版 13 万块，发展很快。但也正好暴露出其固有的缺陷——几年、十几年方能雕出一部佛经，却只印一次就废置了，堆积如山的雕版又极难保存，这惊人的浪费，造成书价的高昂，严重阻碍着刻书业的发展及文化传播。就在这个时期，北宋仁宗庆历年间（公元 1041—1048 年），布衣毕昇在雕版印刷的基础上，发明了活字印刷术。

据宋人沈括《梦溪笔谈》记载："……庆历中，有布衣毕昇，又为活板。其法：用胶泥刻字，薄如钱唇，每字为一印，火烧令坚。先设一铁板、其上松脂、蜡和纸灰之类冒之。欲印，则以一铁范置铁板上，乃密布字印，每铁范为一板，持就火炀之，药稍熔，则以一平板按其面，则字平如砥。若止印三二本，未为简易；若印数十百千本，则极为神速。常作二铁板，一板印刷，一板自布字，此印者才毕，则第二板已具，更互用之，瞬息可就……。"

毕昇发明活字印刷，在印刷业上是个划时代的技术创新，是我国劳动人民对世界印刷事业的重大贡献。根据毕昇泥活字的发明原理，后来人们又创造出木活字、锡活字、铜活字等，推动了世界文化事业的向前发展。只可惜一直未发现宋代时期的泥活字实物。现在有了武威出土的佛经，可以弥补这个空白。

泥活字版《维摩诘所说经下集》尚存后三卷四品，即第八卷香积佛品第十；第九卷菩萨行品第十一，见阿閦佛品第十二；第十卷法供养品第十三。以上四品除十三品后半部分有遗失外，其余三品均完整无损，页面次序亦无错乱。

《维摩诘所说经》是西夏时的版本。因为根据经文第二行西夏文题款"奉天显道耀武宣文神谋睿智制义去邪惇睦懿恭皇帝御校"，该经最早应是西夏仁宗嵬名仁孝（1141—1195 年）时的版本。但同时出土的还有西夏乾定申年（1224 年）、乾定酉年（1225 年）、乾定戌年（1226 年）的契约和记账单等文物，再无发现以后的物品及纪年。说明这几卷《维摩诘所说经》印本最迟不晚于西夏乾定年间。

西夏人笃信佛教，需要大量佛经，手抄难以做到。后来向宋朝学会雕版印刷术在其建国的一百九十年间，用本民族的文字，翻译、雕版印刷了大量的佛经，它的种类之多，数量之大，都是空前的。据西夏文献记载，元昊称帝之年起（1038 年），西夏请回鹘高僧白法信等翻译佛经，甚至皇帝、皇太后亲自带头译经。到夏崇宗天祐民安元年（1090 年），五十三年的时间里，前后经由 32 位高僧，共译出佛经 63 帙 812 部 3579 卷，基本上完成了大藏经的选译工作，时间之快，数量之大，史所罕见。在仁宗仁孝时期，无论从所印佛经数量，佛事活动内容之丰富，以及作法会的规模之大都堪称鼎盛，在一次大法会上施西夏文、汉文佛经共达 20 万卷。但是，泥活字印刷术是否传入西夏呢？没有文献记载，也从未发现实物，只好存疑。现在，武威出土了西夏文《维摩诘所说经》可以解决这个问题了。

首先，它具有一般活字的特点：

1.经面印墨有轻有重，背透深浅不一。墨色浓淡不匀，不仅反映在印本正面，印本背面更为清楚。有的字体肥大，字面略高，印墨厚重并有晕染现象，呈黑白斑驳状，经背透印也很明显。有的字体略小，低于平面，背透清淡。仅以首页为例：

第 1 行"下集"最下面二字印墨较重，背透明显。

第 2 行西夏文题款："神谋睿智制义去邪惇睦懿恭"字迹漫漶模糊，行距歪斜。

第 3 行第 1 字"香"，第 4 行第 9 字"为"，第 5 行第 6、7 字"时、维"，第 6 行第 11 字"由"，第 7 行的第 10、11 字"以、欲"等字墨迹浑厚映散，背透明显。相反，1 至 7 行"维、闻、至、十、念、立即、饮食"等字印墨轻淡，背透模糊，有的根本未透墨。

从整体来看首页还是可以的，第 4、18、25、39、47、49、50 页等背透深重，更为漫漶模糊。第 5、12、14、27、28、35 页等背透极轻淡，有的甚至未透。

2.标题用字混乱，错排多见。如第十品之"品"与十二品之"品"字，误排成守护之"守"。品与守二字，只有一笔之差，看来是排字工疏忽造成的。

3.有的字因字模放置不平、不端，印出的字一半轻、一半重，或字体歪斜。如：第 1 页的"摩""诘""为此""一切""不"等字吃墨一半浓，一半清淡，印出的字也半轻半重。还有的页面整版放置不平，半轻半重，如33、34、35、36页等。

4.由于字体歪斜，大小不一，造成页面行格的歪斜。竖不成行，横不成线，行距宽窄也极不规则，有的行宽1厘米，有的仅3毫米。如第2页的6、7两行，第3页5、6两行，第4页1、2两行，第8页5、6两行，第9页2、3两行之间……。

5.行字间空格大小也不一样，有的大于一个字，有的不足一个字，均因字大则空格小，字小则空格大，在雕版中是不会有这种现象的。从以上几方面可以看出《维摩诘所说经》是活字版本，而不是雕版印刷。

《维摩诘所说经》不是木活字，而是泥活字。因为：

第一，大多数字笔画生硬变形，竖不垂直，横不连贯，方不成方，角不成角，中间断折，半隐半现，或者笔画极为薄俏，均因雕刻所致。雕刻泥字在一定湿度下分块雕刻，否则会因泥胎松而崩毁。所以有的字因刀刃挤占而向内、向外偏斜，形成不规则之方、角、多边形，刀痕犹存，字形清晰，一目了然。

第二，有的字有明显掉边角、断划、剥落之痕迹。因在泥胎上刻好后入窑烧制，待陶化后取出，方可使用，所以质坚而性脆，容易破碎损伤。如第3页之"诘、诸、其、山"；第4页之"佛、国"；第9页之"菩萨、界"；第14页之"上、言"；第16页之"是、为、内"等字……皆掉边、剥落、断折严重。要么上下部残缺，要么左右笔画断折，或者四周剥落只剩中间部分，字呈圆形。尤其是交角与方框处呈不规则多边形。

第三，有的字边缘有流釉现象，形成蜡泪状，印出的字模糊一片。如第18页之"内、生慧"；第22页之"宝、上、过"；第49页之"王、者、有、日"字等，因烧制火候过高，造成流釉现象，使字体结墨成块，漫漶斑驳。如在木质上刻字就不会有此现象。

第四，从印刷特征来看，陶字压痕特别明显，积墨厚重处压痕更深、更显，边缘纸陡起，并有粘纸拉毛现象，有的压痕为刀楞形，字体皱摺。可以看出为硬物所致，非木版印刷。

第五，还有的字笔画边缘积墨厚重，中间轻淡，皆因陶字易吸水，中心部分失水较快，边缘蓄墨多，不易渗失，印刷后则形成中心浅淡，边缘浓厚。如首页之"维、摩、诘、品、十"等字均有此特点。有的页面更显。

第六、从雕版顺序看，一般是先刻左，后刻右。先用刀者边缘参差或者模糊歪斜，后用刀者清晰、端直，竖、横交叉处更清楚。有时用刀相反。

第七，上下边栏线断断续续空缺较多，有的地方歪歪扭扭粗细不一，有的细到消失，有的宽达8毫米。

第八，上下边栏线之间的宽距也不一样，有的宽23厘米，有的宽21.5厘米。尤为突出的是随字的大小边栏线内收或外扩。行字大则边栏线外扩，行字小则边栏线内收。这也是泥活字烧造定形，无法改变其特征。当然这与刻工多而字杂也有关。

第九，另外从本经来看，未发现翻铸字样，可能与笔画多而复杂，易断折、变形，不好翻铸有关。

第十，一般每行 17 字，有的多至 18 字，甚至还有的多达 19 字，在雕版印刷中是绝对不可能的。

从上述可以看出，《维摩诘所说经》是泥活字版本，而不是木活字版本。

这次武威发现的国内第一件泥活字佛经《维摩诘所说经》，填补了我国泥活字版本的空白，对研究我国的印刷术、版本学，提供了第一手的、极为珍贵的资料。同时，因为它是少数民族政权西夏用西夏文字刻印的，对研究西夏的文化、佛教，也具有重要价值。

笔者《西夏文泥活字佛经》一文在《中国文物报》（1994 年 3 月 27 日）报道后，曾得到宿白、史金波、白彬、牛达生诸位老师的关心、指导、肯定与鼓励，特别是受到了陈炳应老师自始至终的指教，借此机会深表衷心的感谢。

原文刊于《陇右文博》1997 年第 1 期

甘肃武威塔儿湾西夏遗址调查简报

于光建　宁夏大学

黎大祥　武威市博物馆

2008 年 8 月，为配合凉州区杂木寺水电站工程施工，由武威市文化局、武威市博物馆文物专家组成的考察组，就该工程配套道路绕行省级文物保护单位塔儿湾西夏遗址进行现场调研。由于该遗址紧挨古城镇塔儿湾村居民住宅，且由于常年受到附近村民取土和农田灌溉水渠冲刷，常有早期人类活动灰层暴露于台地压面，经常会有西夏瓷器发现。考察组在对村庄东南部杂木河二级台地一处暴露灰层的崖面进行勘察时，在地表 1 米多的一处灰层中发现了一批摆放整齐的铜钱币和瓷器。经初步清理，此次出土的钱币涉及唐、北宋、南宋、西夏时期近 30 个种类。据此断定，这次出土的这批文物属于西夏时期遗物。

一、遗址概况

武威塔儿湾西夏遗址位于甘肃省武威市城南 35 公里的古城乡上河村一组，这里地处杂木河上游，两岸依山。遗址分布在南岸的山坡和一片台地上，其中部分辟为农田，现已耕种。遗址东西长约 500 米，南北宽 260 米，以西为草木茂盛的山区牧场，以东杂木河两岸是开阔的平原农田。该遗址发现于 20 世纪 80 年代，因当地农民在遗址范围内取土，陆续出土一些西夏瓷器，后武威博物馆对该遗址进行了调查，先后发现有白釉高足盘、碗、黑釉扁壶、瓶、灯、黑釉瓷罐、剔刻花酿造瓮以及宋代及西夏货币等一批文物。[①] 另外，还在此地陆续发现了许多窑具和窑址留下的灰层堆积物。经国家文物局批准，1992 年下半年和 1993 年上半年，甘肃省文物考古研究所对该遗址进行了抢救性发掘，发现这里主要为一处西夏瓷窑作坊遗址，但是在山脚下及山坡上的西夏遗址下层，发现有少量的新石器时代遗迹和遗物。[②] 村庄南边的山坡和沿山坡的土层里露出的许多烧焦或腐朽的木头也都是西夏人当初住过的房屋留下的痕迹。由此可知，西夏时期，这里是党项族放牧、从事手工业生产和居住的地方。由于武威塔儿湾遗址发现的西夏瓷器器型、数量众多，花纹、釉色特别，引起了考古学界和西夏学界的高度重视，赢得了"武威塔儿湾西夏遗址""国内保存最完整的西夏村落遗址"等赞誉。2003

---

① 党寿山：《武威文物考述》，武威光明印刷公司印制，2001 年，第 115—125 页。

② 甘肃省文物考古研究所：《武威塔儿湾新石器时代遗址及五坝山墓葬发掘简报》，《考古与文物》，2004 年第 3 期。

年，被甘肃省人民政府公布为省级重点文物保护单位。

二、出土文物

（一）古钱币

此次发现古钱币共计259枚，除有2枚因锈蚀严重难以识别外，其余古钱币经专家专业清洗后，钱文皆清晰可辨。兹将本次出土的钱币种类及数量按所属朝代做一分类介绍：

1. 唐代铜钱

唐代铜钱共计27枚。其中背廓无饰纹的开元通宝24枚；唐肃宗乾元时期的乾元重宝3枚。钱径2.4厘米，重3.6—3.8克，边阔肉厚，钱文字体为隶书。

2. 北宋铜钱

宋太祖时期的宋元通宝1枚。钱文字体为楷体。据清乾隆五十二年纪昀、陆锡熊、孙士毅所纂《钦定钱录》卷十载："宋太祖宋元通宝钱，《宋史·食货志》太祖初，铸钱文曰宋通元宝，今按唐铸开元钱《旧唐书》言：欧阳询制词曰开元流俗读为开通元宝，然则此钱亦当自上及下读之，而史緣淳化以下诸钱多右旋读，故并此称为宋通元宝也"。[①] 故按时俗此钱文应为"宋通元宝"。

宋太宗时期的太平通宝2枚，钱文字体为楷体。其顺序自上而下为直读。太宗淳化元宝钱2枚。钱文体为行体，其文序为右旋读。据《钦定钱录》卷十淳化元宝钱文为太宗御书作真行草三体。

宋真宗时期的景德元宝24枚，钱文楷体，右旋读。天禧通宝8枚，钱文楷体，右旋读。祥符元宝15枚，钱文楷体，右旋读。据《钦定钱录》卷十祥符钱有元宝和通宝两种，此次未发现有祥符通宝钱。但1983年7月，在武威地区师范学校院内，民工修地下水管时，发现的一批窖藏货币中祥符元宝与通宝钱都有。[②]

宋仁宗时期天圣元宝14枚，钱文有楷体与篆体两类，文序自上及下为对读，据《钦定钱录》卷十图录：天圣元宝钱有楷篆体两类，为对制钱。景祐元宝6枚，钱文楷体，右旋读。《钦定钱录》图录此钱亦为楷篆二体对制钱，此次亦未发现篆体形制类。明道元宝1枚，钱文楷体，右旋读。至元通宝4枚，钱文为楷行两种体，为对制钱。至和元宝2枚，有楷篆两种钱文类型，右旋读，属对制钱。至和通宝1枚，钱文楷体，自上及下对读。嘉祐钱6枚，有元宝和通宝两类，钱文皆有楷、篆两种文体。皇宋通宝25枚，钱文有楷篆两种字体，楷体中又有笔画粗细两类，文序对读。据《宋史·食货志》载，仁宗景祐五年改元宝元，新铸钱币文当为宝元元宝，宋仁宗鉴于此特命以皇宋通宝为钱文。宋英宗时期治平通宝8枚，楷篆二体

---

① 梁诗正等：《钦定钱录》卷十，文渊阁四库全书，迪志文化出版社、中文大学出版社、台湾商务印书馆，1999年。

② 黎大祥：《甘肃武威出土一批西夏铜钱》，《甘肃钱币研究》，1986年。

皆有，文序为自上及下对读。

宋神宗时期的元丰通宝32枚，钱文有行体和篆体两种。熙宁钱有元宝和重宝两种，钱文都是篆体且旋读。其值都为当十大钱。

宋哲宗时期的元符通宝1枚，钱文为行体，右旋读。绍圣元宝3枚，钱文行篆二体都有，旋读。

宋徽宗时期，圣宋元宝6枚，钱文篆行二体，右旋读，为当五大钱。崇宁重宝1枚，字体为楷体，右旋读，其值为当十大钱。政和通宝5枚，钱文为瘦金体，自上及下对读。

3. 南宋铜钱

高宗绍兴元宝1枚，钱文楷体，文序旋读。

4. 西夏铜钱

在这次塔儿湾遗址中所发现的众多铜钱中，西夏铸造的铜钱仅仅发现了两类，其中西夏仁宗时期的"天盛元宝"1枚。钱径2.4厘米，重3.8克（照一）。此外还有西夏神宗时期的"光定元宝"1枚，钱径2.5厘米，重4.2克（照二），钱文皆为汉文楷体，右旋读。

表：2008年8月12日，甘肃武威市古城塔儿湾出土钱币统计表（单位：枚）

朝代	钱文	数量	朝代	钱文	数量	朝代	钱文	数量
唐	开元通宝	24	北宋	至元通宝	4	北宋	元祐通宝	29
	乾元重宝	3		景祐元宝	6		元符通宝	1
北宋	宋元通宝	1		至和元宝	2		绍圣元宝	3
	太平通宝	2		嘉祐元（通）宝	6		圣宋元宝	6
	淳化元宝	2		至和通宝	1		政和通宝	5
	天禧通宝	8		明道元宝	1		崇宁重宝	1
	熙宁元宝	29		皇宋通宝	25	南宋	绍兴元宝	1
	祥符元宝	15		治平通宝	8	西夏	天盛元宝	1
	景德元宝	24		元丰通宝	32		光定元宝	1
	天圣元宝	14		熙宁重宝	2		■■■■	2

注：总计259枚，其中■为无法辨识者。

（二）瓷器

1. 白瓷马头

马头长3.5厘米，头宽2厘米，颈长2.5厘米，颈宽2厘米，耳长8毫米。整个马头为白釉底色，黑斑点缀，马眼炯炯有神，活灵活现，造型十分精致。这件瓷器既像是浮雕，又像是两个单面瓷器中的一半。马头造型逼真，体格健美，飘逸洒脱，在马的脖子上还有几个圆形的"豹斑"。其做工技艺精湛，该种造型的西夏瓷器尚属首次发现。（照三）

照一　天盛元宝　　　　　　　　　　照二　光定元宝　　　　　　　　　　照三　白瓷马头

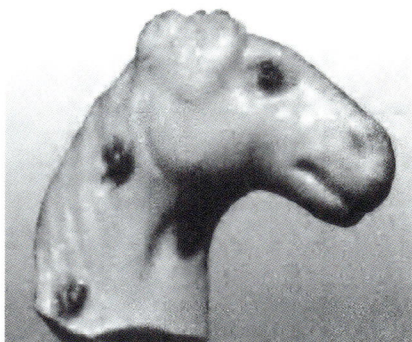

2. 绿釉瓷罐

瓷罐　口径 19 厘米，底径 12.5 厘米，高 26 厘米；胎质较粗，施绿釉且不到底；平沿，下腹斜收，矮平圈足，足底中心有一突起，外壁近底处有一直径约一厘米的小孔，应为西夏酿造器。器物除底有四处磕痕外基本完整。（照四）

3. 黑釉瓷臼

瓷臼　口径 15 厘米，底径 14 厘米，高 17 厘米；通体黑釉；圆唇，厚壁，齿轮底，身有数道突起弦纹。器物除口部有三处磕痕外，基本完整。（照五）

4. 残瓷片

在该灰层中，还发现数片较为珍贵的瓷片。

Ⅰ型

黑釉残瓷片，从残存器型看，与 20 世纪 80 年代塔儿湾出土的黑釉四系酿造瓮相似，将数片颜色相同的瓷片粘接后，正好是一个黑釉酿造瓮的底部。

Ⅱ型

白釉绘花残瓷片。此次出土的白釉瓷片中有两片为瓷罐口沿残件，剩余的几片白釉瓷片表面还绘有黑色缠枝花纹，粘结后为瓷罐腹部残件。

照四　绿釉瓷罐　　　　　　　　照五　黑釉瓷臼　　　　　　　　照六　石磙

（三）石磑

在对塔儿湾东北约 1 公里的上古城西夏遗址调查时，在一崖面处距地表约 1 米处发现一石磑残件，为断裂后遗留的一半，砂石质，残长约 80 厘米，界面呈六边形，对角线长约 25 厘米。石磑表面凿锻出六个凸起的棱柱，截面端中心有一凿锻出的孔洞，用于安放木轴。（照六）

三、结语

塔儿湾地处祁连山北麓，石羊河支流杂木河河谷地带，气候温凉，历史时期为天然的山地草原景观，植被覆盖良好，是游牧民族的理想牧场。据考古发现，早在新石器时代这里就有人类在活动。20 世纪 80 年代初、1984 年、1987 年、1990 年、1992 年至 1993 年，武威市文物管理部门与甘肃省考古研究所先后数次在此进行考古发掘，发现了大量的西夏时期的瓷器、房屋等聚落遗址以及唐、宋、西夏铜钱。在西夏时期，在这里党项族放牧、从事手工业生产和居住的好地方。[①]

1. 虽然先前在塔儿湾遗址也曾发现有铜钱，但此次发现的铜钱币有以下特点：首先，数量之多，种类之众。此次塔儿湾遗址出土的铜钱，数量多达 259 枚，类型有 30 余种，上起唐代，下迄西夏神宗时期，尤其是北宋钱币，类型达 25 种之多，涵盖了整个北宋一代。出土的钱币中，圣宋元宝、宋通元宝、皇宋元宝为非年号钱，其余都是年号钱。而且根据钱文多种书体，证明了宋代钱币多为对制钱的特征。在这次出土的北宋货币中，较之其他币种，数量最多的是宋神宗元丰通宝，共 32 枚。之所以元丰通宝较多，是因为神宗熙宁七年颁布新规"删去旧条，削除钱禁"，[②]允许沿边州军钱出外界，但是每贯要征收一定的税额。其次，出土钱币中宋代钱币共计 227 枚，占 87.6% 之多。西夏铸造的钱币虽然仅有天盛元宝和光定元宝两类各一枚，但铸造工艺相当精细，轮廓规整，书体端正，为铜钱中的精品。钱币最晚为西夏神宗时期，从时间推断，这一时期正好是西夏统治河西的晚期，由此可以肯定，这批出土钱币为西夏时期流通的货币类型。与先前其他遗址出土的西夏窖藏货币比较，也是西夏自己所铸货币仅占极少数，宋币占绝对多数，这也再次清楚地证明，西夏政权主要流通货币不是自己的货币，而是北宋钱币。虽然西夏自元昊建国至被蒙古灭亡，共历十帝，除元昊、献宗、末帝未曾铸钱，其余各帝都铸有钱币，但数量都不多，这是因为西夏统治的区域严重缺乏铜矿，其铸币原料依赖宋辽，但宋辽对西夏铜铁物资的限禁也是非常严格，所以在出土货币中宋币占多数，夏币仅数枚而已，进一步证明西夏经济对宋朝的依赖。

2. 在甘肃、宁夏、内蒙古西夏故地发现的西夏瓷器除了碗、罐、碟、瓶、瓮、缸等日常

---

① 黎大祥：《武威塔儿湾西夏遗址》，《武威文史资料》（第六辑）。

② 脱脱等：《宋史》卷一百八十《食货志下二·钱币》。北京：中华书局，1977 年。

生活用品外，也发现有马、狗、骆驼、人物等造型。这次调查发现的白瓷马头，正面为一造型生动，栩栩如生的马头，背面则是光滑平整的平面，从整体复原来看，这件瓷马应该是有同样造型的另一半组合而成，或者是粘接在某一瓷器上马形装饰。该种造型和制作工艺的瓷马还属国内西夏瓷器中首次发现。西夏工匠如此精心制作该件瓷马，从另一方面说明了马在西夏社会中的重要性。畜牧业是西夏社会的重要产业，也是西夏时期凉州畜牧甲于天下情况的反映。

3. 在黑水城出土的夏汉字典《番汉合时掌中珠》记载的农业生产工具中，农器以下第一个工具为"碾碡"，对应的汉文为"碡碌"，[①] 这应该就是用于碾压平整土地和谷麦成熟后用于碾压收获的石碡。石碡出土于一处瓷窑遗址，且周围山体上就是蕴藏量丰富的瓷土，器物表面并不是光滑的平面，而是凹凸相间的棱柱，该石碡极有可能是西夏时期瓷窑生产瓷器时用于碾碎瓷土的工具。本次调查发现的石碡虽然为一残件，但这是国内西夏文物中所仅见，这为研究西夏时期的农业生产和瓷器生产工艺提供了重要的实物资料。

综上所述，从历次考古发现来看，甘肃武威塔儿湾遗址是我国西夏考古史上迄今发现出土西夏瓷器数量和种类最多，釉色、花纹繁杂的一处遗址，遗址规模之大，应该是西夏在河西地区的一处重要官办瓷窑。据1990年出土的、在瓷器上墨书汉文"光定四年四月卅日郭善狗家瓷"、西夏文"斜毁发酵有裂伤下速斜，小"等铭文以及数次出土的大量货币，说明塔儿湾遗址不仅是西夏瓷器生产的窑址，生产定做各类瓷器，它还销售各类瓷器。此外，在遗址上还发现了房屋遗址、被烧毁的房屋木构件以及人体骨骼残件。所以，极有可能塔儿湾在西夏时期是西凉府南部的一个集瓷器生产加工、贸易为一体的集市。塔儿湾西夏遗址的发现，为进一步研究西夏手工业生产、社会经济形态等提供了重要的证据，为研究这一时期西北少数民族与中原王朝的经济往来以及商品货币流通提供了新的实物资料。

原文刊于《陇右文博》2013 年第 1 期

---

① 骨勒茂才：《番汉合时掌中珠》。史金波、魏同贤主编：《俄藏黑书城文献》第 10 册，上海：上海古籍出版社，1994 年第 14 期。

武威市凉州区谢河镇张氏家族墓葬调查与研究

朱　安　武威市文物考古研究所

黎大祥　武威市博物馆

2001 年、2004 年，武威市文物考古研究所、市博物馆曾两次就武威市凉州区谢河镇武家寨村清代康熙开封府通判张俊哲家族墓进行了调查了解，现将调查及与此相关历史问题的研究做如下介绍。（图一）

一、墓地保存状况及遗物

张俊哲家族墓地位于武威市城东 25 公里的凉州区谢河镇武家寨村张家大墩，地处黄羊河冲积绿洲上，北临兰新铁路，南 3 公里处为国道 312 线。墓地占地面积约 250 平方米。墓葬分布于墓地西南部，坐南朝北，四周为农田和农家宅院。原墓地规模比现存的大，后来逐渐缩小，特别是在文革期间遭受破坏，部分墓地现已辟为农田。现存的地面遗物主要有神道碑、墓表、石坊、石羊、张俊哲父母墓碑及其夫妇合葬墓碑和分布的六个封土堆等。（图二）

现将遗物保存状况、石刻碑文内容介绍如下：

1. 神道碑

位于墓地最北端，据当地耆老讲：该碑原先立于离此地不远的旧官道旁，20 世纪 50 年代修兰新铁路，铁道由此经过，神道碑紧靠铁路，因此 60 年代初其后代将其

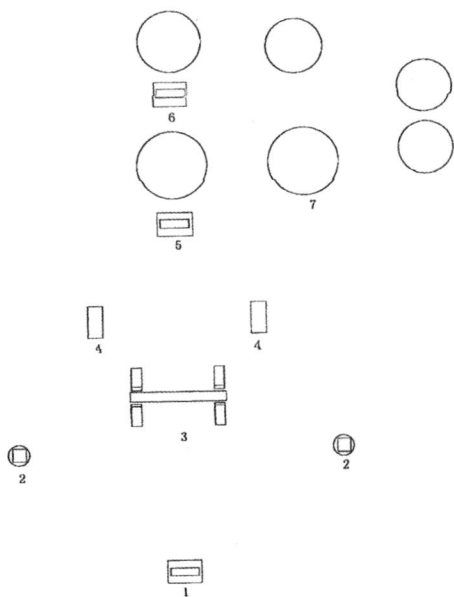

图一　张俊哲墓葬地面建筑布局图

1. 神道碑 2. 墓表 3. 石坊 4. 石羊 5. 张俊哲夫妇合葬墓碑
6. 张俊哲父母合葬墓碑 7. 墓葬

图二

图三

图四

移置于此。碑为砂石质，通高2.5米。碑首高0.7米，宽0.67米，厚0.2米，前后两面高浮雕二龙戏珠图案，图案背向对称，中间有菱形镂空，二龙身躯盘曲缠绕于碑首四周，二龙昂首相对于中间，两爪抱一圆球，两爪着地，圆球下吊一六瓣团花。图案雕刻精致细腻，龙鳞历历可数。碑首下端有一长方座，座前后两面均雕刻卷草纹，四周刻有边框。碑首正面团花下方刻楷书"皇清"二字，背面相对处有篆书"诰封"二字。碑首原嵌于碑身上端，现跌落于地上。碑身高1.62米，宽0.75米，厚0.2米，中间横向有一道裂缝，右上角残缺。正面中间镌刻"承德郎任河南开封府督理漕粮通判张公神道"一行大字，碑身四边刻钩曲纹，有双线边框，背素面，嵌置于碑座上。碑座为矩形，四角刻为斜坡状，长0.78米，高0.3米，宽0.6米，四面雕刻莲花、鹿纹等图案。（图三）

2. 墓表

位于神道碑南侧，左右对称排列，两柱相距10米左右。砂石质。底有圆柱形石柱础，侧面微鼓，上嵌方形石柱，四棱刻为斜坡状，柱高1.65米，边长0.3米，表面雕有折线纹，顶端各置一石狮，石狮作蹲立状，前两腿直立，后两腿着地，昂首侧视前方，左右两狮相互对应，雕刻精细，形象传神。由于长期受风雨侵蚀，石刻表面风化严重，石狮表面有部分剥落。（图四）

3. 石坊

位于墓表南侧正中间，砂石质。高2.17米，宽2.2米。门梁上雕刻双线水波纹和卷叶纹，门楣正面镌刻篆书"天赐宠荣"四个大字，背面线刻仕绅人物图案，门梁下方雕为连弧形。坊柱截面呈方形，边长0.28米，高2.17米，四面刻为斜坡状，表面雕刻折线纹。坊柱底部有对称圆鼓形石托撑，置于一长方形石板上，以两块长方形的石板贴靠于石坊前后两侧。鼓形石

图五　　　　　　　　　　　　　　　　　　图六

两侧面分别雕刻莲花、菊花、麒麟、奔兔等图案，雕工精细。鼓形石上端各圆雕一蟾蜍，前后相背对称排列。石刻表面风化侵蚀严重。（图五）

4. 石羊

位于石坊南左右两侧，砂石质，长 0.75 米，宽 0.35 米，高 0.45 米，置于一长方形座上。羊呈跪卧姿，头朝北，绵羊体形肥硕，形象传神，其中左边一只一角残缺，石羊表面侵蚀严重，部分表面有剥落。（图六）

5. 张俊哲父母合葬墓碑

位于张俊哲夫妇墓南边。碑为砂石质，通高 2 米，宽 0.71 米，厚 0.2 米。碑上端呈半圆形，正面中间镌刻篆书"诰封"二字，周围线刻缠枝花纹，背面中间镌刻"勒碑记略"两行四字，中间线刻卷草纹。碑身正面中间刻"承德郎任河南开封府通判张公讳希颜，号仁宇，安人王氏之墓"二行字，边刻卷草纹，有双线边框（图七）；背面碑文内容共 15 行，满行 26 字。碑身周边刻卷草纹，有双线边框。碑座为矩形，长 0.75 米，宽 0.6 米，厚 0.3 米，四周有麒麟、奔鹿、莲花图案。（图八）

碑文全录于下：

予家南京应天府人也，始祖景，因从戎籍凉焉。历二世，曾祖讳荣生，予祖讳炳，号如焕，敏异孝友，得补邑庠，复先业，振家声，于乐安堡南又创新居，规模宏敞，优与缙绅，游郎今业，立父母茔者是。生子五：希曾、希孔、希孟、希闵；长郎先君讳希颜，号仁宇，易儒业而事仁术。娶母王氏，生予兄弟四：长俊德、次俊才、遗幼子谨耕祖地，以继嗣祀。四弟少亡，止遗女一。母生女四：长适经纬陈生员，次适菖蔡生员，三适生梧田生员，四适尔立乃镇番卫之康千户也。予行三，甫十六二背父，离祖时才十龄耳。忆祖于诸孙中以光显为予望，临终郎以无惧，读书为予父嘱。予不才，由明年经选膺，今职会章，圣帝统一告成，大封群臣，奈予官卑，不能荣祖奉父母，得沐褒封典。予期凛四知，归囊不足仁族，敢冀撰文乎。惟遵循典章，建墓碑石坊供器等件，用光祖父母积善之征，垂子若孙，耕读之籍，岂曰侈大美观云哉，为年月是记。同茔者亦勒名述于左。

长兄德生子我惠，孙耀辰、□□兄才生子我声、我泽。叔闵生子俊魁生员，孙我猷生员，玄孙诩辰。

康熙拾壹年壬子桂月吉任河南开封府督理漕粮通判俊哲谨志。

图七　　　　　　　图八　　　　　　　图九　　　　　　　图一〇

6. 张俊哲墓碑

位于石羊南边一坟堆前，立于康熙二十一年（1682年）。砂石质，为张俊哲与夫人的合葬墓碑，碑通高2.9米，碑首高0.7米，宽0.76米，厚0.2米。前后两面高浮雕二龙戏珠图案，图案背向对称，中间有菱形镂空，二龙身躯盘曲缠绕于碑首四周，二龙昂首相对于中间，各用一爪抱一圆球，一爪着地，圆球下吊一六瓣团花。图案雕刻精细，龙鳞历历可数。碑首下方为一长方座，前后两面雕刻有卷草纹，四周刻有边框。碑首正面团花下方镌刻有篆书"诰封"二字，背面相对处有楷书"皇清"二字。碑首嵌于碑身上端，碑身高1.9米，宽0.75米，厚0.2米，正面镌刻楷书"承德郎任河南开封府督理漕粮通判讳俊哲，字颖我（图九），号乐庵，私谥文惠张公，正六品安人张氏之墓"三行字。碑身四边刻卷草纹，有双线边框。（图一〇）碑身背面为碑文，共16行，满行63字。其碑文最后镌刻两方印，字迹漫漶，不易辨认。四边刻卷草纹，有双线边框。碑身嵌置于碑座上。碑座为矩形，长0.78米，宽0.6米，高0.3米。前后两侧雕刻麒麟、鹿纹图案，左右两侧雕刻莲花图案。碑体表面侵蚀严重。（图一一）

其碑文全录于下：

皇清诰封承德郎河南开封府通判乐庵张老先生墓碑

王韫山而林茂，珠含源而水明，盖毓霸不偶，则登进斯珍。惟人亦然，德积厥躬，名芳于世，在家称孝，在国为桢，莅民社则号神君，居里闲则推祭酒，余于汴与乐庵张老先生见之。先生祖籍秣陵，大王父讳炳，始迁武威，洎为凉庠裕士。王父讳希颜，以儒业种杏举，男嗣三，先生其季也。总角时，大王父器之，谓光显门闾者千里驹乎，既而王父云殂。先生事母至孝，安贫笃学，弱冠游□，以舌耕承欢，比食饩定，省有资，令闻日著，凉之秀杰半出门墙。先生秉慈训，□祖业，精行谊，大母□□病，侍汤药，无闻他务，终营殡殓，罔不竭力。遵遗命迁父柩合葬，以尽子道。巡案王公，郡守乔君，协镇徐君，见其母节子孝，咸表其闾，云无可伯仲继隆。先生抚孤□，行动告诫，毕婚嫁，均财产，弗异近子。乡有义举，辄以身任之如频。业师为楚宦，高年乏嗣，于其卒也，倡诸后备殓，葬丰礼祭。明季闻贼犯境，则称贷市马，置器械，率亲朋子弟为堵截□，迨我国家，疆域河西，嗣有逆回作难，先生集乡党，陈大义，协心图围。逆回不得肆掠。

王师克成扫荡，先生与有力焉。官吏欲上其功，泊然恬退。乃两赴棘闱，数奇未遇，竟以岁贡入雍教为正蓝旗教习，端师范，使贵介知礼。乙亥春，除授开封别驾，督运漕粮，折冗费，剔陋规。总漕朱公首腾荐剡，抚军贾公重加奖赐，值属邑延津缺令，当事者调先生摄之。民方苦旱，致祷即霖，随请弊，甦民困，修学官，劝课艺，兴□截运。辛丑春，又值祥符缺令，复调先生摄之，兴利除害。誉颂籍于延津，二邑绅衿四民俱有歌恩实录。厥后许州乏牧，士民慕其慈惠，效二邑上请，先生坚意□□。既赋归来，课督儿孙，选文撰记，未尝践迹公庭。暇则啸咏林泉，颐养情性。虽大□如芝年也。予尝有"藏宰相于山中，行神仙于地上"文句赠之。忽于庚申岁间□月二十五日乘槎奄逝，辛酉九月下浣祔葬于乐安堡祖茔侧。其男嗣我道、我僕、我绅辈皆予拔取士也，以行状请墓碑于余。余在典郡，悉先生素履，恭期宦迹，若期安得不亟来诸贞珉，使彼诸人士有所观感焉。而景行维贤，使其文子文孙有所绳武焉。而箕裘克绍，于以作祯，皇国是予之职也。先生讳君哲，字颖我，号乐庵，谥文惠，以开封别驾致仕。男嗣四，男孙九，曾孙二，孙女六，俱详在志铭中。颂曰："山岳降神，实维天民，天民如何？儿孝□仁，里扬孝子，国籍能臣，卓哉乐庵，德音熇熇，寻趣孔颜，自号曰乐，行藏特达，贻谋式谷。"

康熙二十一年岁次壬戌署整饬分守凉庄道事监督凉州等处仓场同知加三级陕关文武分考前明广衡州府理刑推官黄肇熙顿首拜撰。

7. 墓葬及其他遗物

除以上这些遗迹外，墓地中有六个大小不等的封土堆，直径1.8—2.5米不等。另外，墓地上还散乱地放置一些残破的石刻残件。其中有两件石刻台灯，高0.52米，腹径0.3米，砂石质，鼓形腹，有对称兽面衔环，顶端有一凹坑，表面侵蚀，风化严重。（图一二）还有一块残缺的石板，上镌刻鹿、龙等图案。（图一三）

图一二

图一一　　　　　　　　　　　　　　　　图一三

二、与张俊哲有关的文字史料

与张俊哲有关的文字史料，除上述两块碑文外，还有清嘉庆二十四年（1819年）进士、任吏部考功司主事的武威名士潘挹奎（1784—1830年）在其所著的《武威耆旧传》一书中为张俊哲写的传记，名为《张别驾传》，其内容摘录如下：

> 别驾张姓，名俊哲，字颖我，武威人。先家于城东乡乐安堡。别驾始为诸生，设教城之龙门街以养母。母王氏，尝谓别驾："吾世居乐安堡，吾魂魄尤应恋此。"别驾愀然受命，岁储馆谷，复先人之产在乐安堡者，并迁其父葬自天梯山以来，而母氏祔焉。爰自号乐安。国初由贡生征为旗学教习，时以学者率皆勋戚家子，见先

生不拜。别驾言于总裁官："师之尊与君亲同，苟不拜则已，如君亲而必拜也，师乌可不拜乎？且朝廷偃武修文，所以示教，师且不拜，教将安施？"众于是折服，拜如仪。无何，除河南开封通判。故事通判专督漕运，所辖州县供张甚盛，而取办于民，民苦之。又每冬诣直隶小滩盐兑运粮，小滩向无粮厅，行署凡以督运至者，馆舍费往往二三百金，胥役复藉以求索，耗民财无算。别驾请葺粮道废衙为久远计，而革以从来陋规。当是时，四方多警，王师每往来于豫，牧令苟不善部署，比户骚然。贾抚军汉复以别驾贤，可任艰巨，遂令摄延津县篆。延津地方六里，兵燹之余，重以水旱，凋敝逾于他县。别驾莅任，裁驿站私派及养马草料，帮银定鞒，贡夫役工，食革庄头，柴车禁衙，蠹市集抽，丰销河工，堤夫每月换单，诸凡有病于民，振刷不遗余力，期月百复业者千有余家，县以大治。久之，祥符王令暴殂，其民闻别驾之治延津也，请于抚军，愿借张别驾一年，抚军不能沮，遂令篆祥符。王令逋有帑项，眷属羁不能去，别驾代偿官亏，且助资令送其孥南归。为政一如延津时，而精勤倍之，祥符又治。先是，开封遭崇祯壬午之灾，众生昏垫，原野流离，民间无复弦诵。别驾所历，进秀良而诱掖之，若父兄之训于子弟者。于是修复祥符孔庙于泥淖中，又纂辑县志，俾中州文物，不致湮没，别驾之力实多。然不乐久仕，遽解组归方。别驾之未归也，抚军将令摄许州牧，别驾闻之，莞尔曰："知足不辱，知止不殆，生遭沧桑，意复不见太平，今天下大定，归为太平民足矣，何低眉降心促促若辕下驹供人鞭策为耶？"比归，卜筑南山之麓，谢客课子孙，园中植名花百本，徜徉其间，如是者二十年，未尝践履城市。郡守黄肇熙，闽中名士，高其义，欲见之，别驾终不愿见。黄投以书，有云："绝口不谈朝市，藏宰相于山中，坦腹只话桑麻，行神仙于地上。"为所倾慕如此。少时慷慨有大志，喜言兵。当崇祯癸未冬，流寇犯河西，别驾号召乡邻市马治器械，躬先团练，御贼于县之头坝堡，适首土者迎降，众遂解而去。旋闻甲申之变，白衣冠北向哀号，几以身殉。于是退而就田间，与耕夫牧竖杂作，名其庐曰南阳，盖以诸葛自况也。顺治戊子，丁国栋、米喇印作乱，河西震动，武威尤遭屠戮。别驾乃复议团练，誓众于关，壮缪之庙，树神袍为帜以拒贼，贼为之却，而孟忠毅公乔芳兵至，讨平之。忠毅欲上其功于朝，别驾谢不见。岁丁酉始就征，凡官河南八年而归，年七十九，卒于家，私谥文惠，长子我道诸生，以孝称。

《武威耆旧传》还载：

向予乡居所居，与乐安堡近，父老皆称张氏秉礼，又尝过别驾墓，慨想其人，复以不睹其言论行事为憾。及嘉庆壬戌（1802年）肄业天梯书院，始得交于张孝廉储文。储文别驾六世孙也，好学深思，予深喜焉，今年乙酉（1805年）储文偕入都。予适有旧传之作，储文以别驾宦迹见示，予读之终卷而叹别驾之贤不可及，储文之孝尤有足。多者十室必有忠信，矧武威为河西大都会乎！惟后人不克表彰前哲，往往子孙无复称述其先世。呜呼！废高曾之矩蠖当亦风俗之忧也。储文抱残守阙，俾别驾立身治民之道烂然复著人耳目间。吴门金房有言：别驾仕非为名，隐非行遁，可以讽矣！

另外，乾隆年间编修的《五凉考治六德集全志》中《智集武威县志》人物志，选举贡生条下有"张俊哲，开封通判"一句。[①] 梁新民先生《武威历史人物》一书中也有张俊哲事迹介绍。[②]

三、墓碑及史料所涉及的相关历史问题研究

根据墓碑碑文和有关史料记载，对所涉及的有关历史问题略加探讨。

1. 张俊哲的生平

根据上述记载，张俊哲（1601—1680年），字颖我，号乐庵，武威东乡乐安堡（今武威市凉州区谢河乡武家寨村）人。明万历二十九年（1601年）生。二十多岁做了秀才，因家贫在武威县城北龙门街设馆教授学生，挣钱养活母亲，后来在乐安堡恢复了先人的家业。年轻时慷慨有大志，明末李自成农民起义军贺锦部进军河西时，曾组织团练抵抗。清朝顺治年间，甘州米喇印、丁国栋起义经过凉州时，复设团练抵抗。后来以岁贡被调入旗学任教师，教授贵介子弟。顺治十六年（1659年）任河南开封府通判（通判为正六品官，初授承直郎，升授承德郎，月俸米十石。通判又称别驾，故人称张别驾），督办漕运。其间废除了一些陈规陋习，革除了老百姓的不合理负担。不久，先后代理延津、祥符二县县令，裁减了给老百姓的不合理摊派，使两县得到大治。他所到之处，还发现和培养了一些有作为的年轻人。他还主持修复了祥符县孔庙，纂修了《祥符县志》，使中州文物不致湮没。他在河南为官八年，为河南人民做了许多好事，政绩卓著，上司准备提拔他担任许州牧，但他不愿长久为官，因此辞官回乡，在家乡定居下来，终日谢绝会客，修身养性，教子孙读书，十几年中从未进过县城，过着恬淡、平静的田园式生活。康熙十九年（1680年）79岁时卒于家中。第二年与其夫人合葬于乐安堡祖茔中（即今武威市城东25公里处的凉州区谢河镇武家寨村张家大墩张氏墓地）。康熙二十一年（1682年），他的三个儿子请凉州同知黄肇熙写了碑文，请人镌刻立于墓前。

2. 张俊哲家族世系

根据碑文和史料记载，张俊哲祖籍为南京应天府人，即今江苏南京市人。其始祖张景是

---

① 张珝美编：《武威县志》，木刻版。

② 梁新民：《武威历史人物》，兰州：兰州大学出版社，1997年。

"从戎"至凉州的。据推断，从张景至张俊哲，共历七世，若以30年为一世，则张景当在明洪武末年到了凉州。根据史料记载，明初为了开发河西，曾实行军屯，而大量的屯垦军人则来自江、浙、皖一带，张景很可能就是因此而来凉州的。而其祖张炳大约是在明嘉靖年间，脱离了军籍，正式落籍武威，成为地方绅士，定居于城东乡乐安堡的。其父张希颜最初也是一个信奉儒业的秀才，后改从医道，张俊哲兄弟三人，有子四，孙九，曾孙二；又据潘挹奎在《武威耆旧传》中记载，清嘉庆壬戌（1805年）肄业天梯书院（清代凉州四大书院之一），始得交识张俊哲六世孙张储文。所以根据墓碑和史料记载，张俊哲家族世系可列下表：

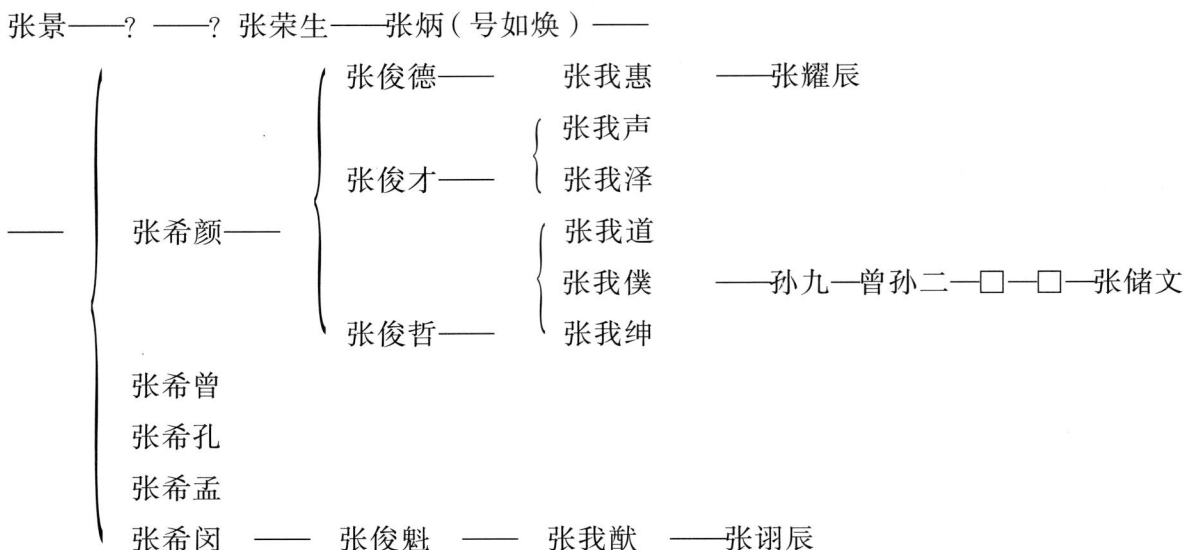

张景——？——？张荣生——张炳（号如焕）——

		张俊德——	张我惠	——张耀辰
		张俊才——	张我声	
			张我泽	
——	张希颜——		张我道	
		张俊哲——	张我僕	——孙九—曾孙二—□—□—张储文
			张我绅	
	张希曾			
	张希孔			
	张希孟			
	张希闵 —— 张俊魁 —— 张我猷 ——张诩辰			

3. 关于明末李自成起义军余部贺锦西征攻占凉州的情况

《张俊哲墓碑》载："明季闯贼犯境，则称贷市马，置器械，率亲朋子弟为堵截□。"《武威耆旧传·张别驾传》载："当崇祯癸未冬，流寇犯河西，别驾号召乡邻市马治器械，躬先团练，御贼于县之头坝堡，适守土者迎降，众遂解而去。旋闻甲申之变，白衣冠北向哀号，几以身殉。于是退而就田间，与耕夫牧竖杂作，名其庐曰南阳，盖以诸葛自况也。"经翻阅有关历史资料，关于这些历史事件，在《镇番遗事历鉴》[①]一书中有详细记载。在明朝灭亡的前一年，即1643年12月，李自成起义军在攻占山西的同时，派部将贺锦西征。陕西凤翔、兰州等地开门迎降，起义军很快渡过黄河，刘宗敏以精骑攻克庄浪（即今永登），凉州危在旦夕，总兵郭天吉飞骑救援，调集凉州、永昌、镇番兵力集中于凉州城，誓师以死守。当时，凉州卫职官刘彻率领凉军守东门、南二门，永昌卫职官王繇飞统领永军守北门，镇番卫职官陈大年统领镇军守西门。城上枪炮火药堆积如山，城内贮足三月粮草。起义军到后，城上一齐放炮，继而瓦砾碎石如雷雨而下，起义军暂时退却。不久贺锦重兵至，鼙鼓震天响，顷刻间将城团团包围。刘彻惧，弃城投降。城内市民，燃炬呐喊，如卸巨负，纷纷拥至城门，焚香，

① 谢树森、谢广恩等著，1999年李玉寿校订，香港天马图书有限公司出版。

持牛酒款迎。城内官兵见大势已去，纷纷出城迎降。镇番卫职官陈大年乘隙逃走，飞驰蔡旗堡。本地军民得知起义军已攻陷了凉州城，各作打算，特别是民间谣传四起，人心惶惶。不久，贺锦攻陷甘州，甘肃巡抚林日瑞、总兵郭天吉、同知蓝台皆被杀，居民死者四万七千余人。几天以后，起义军在凉州设官治理，号令各卫从属。凉州城内打击富豪，开仓放粮，曰"济恤贫贱"。此时镇番卫仍然坚守不从。蔡旗、重兴、红崖诸堡均有重兵坚守，如金汤铁固。月底，起义军以五千骑，激攻蔡旗堡，眼看就要攻下了，陈大年大呼："杨公联芳，马公良御，均死贼手，我等不与报仇，其可忍乎？"于是歃血盟师，誓死以拼之。起义军攻蔡旗堡未成，乃拔军北上，攻占了红崖堡，杀指挥马国涛。过了几日，镇番卫城郊数千乡民燃炬入城，更有一些舞枪弄棒者，聚众卫所，大呼："天下已姓李，何因怀亡明？"守备刘声远害怕而听之任之，派人夺取了城守赴凉州议降。第二天，起义军传令牌至镇番卫，被指挥陈朝纪砸碎，曰："流贼犯肆，竟敢冒传伪牌，蛊惑民心，是可忍，孰不可忍？"众人都愿以死效力。于是陈朝纪与众人共誓不降。直到清朝入主中原，清军消灭了李自成起义军后，镇番卫守军及民众才如释重负，这样，镇番卫始终没有被起义军占领。碑文和传记中均明确提到明崇祯癸未（1643年）冬，李自成起义军到武威后，张俊哲曾组织团练抵抗，后来因为凉州卫职官刘彻迎降才作罢。这与《镇番遗事历鉴》所记相合。张俊哲作为一个明末慷慨有大志的热血青年，积极组织团练来准备奋力抵抗被当时认为是"流寇"的起义军残部，表现了他报效祖国的远大志向。号召乡邻买马，购置器械，组织团练抵抗，听到甲申之变，白衣冠北向哀号，几以身殉。这些举措确保了凉州一方的安全，从而反映了凉州及河西一带对李自成起义军残部的看法和采取的抵抗行动。碑文和这些相关的资料是研究关于明末李自成起义军余部贺锦西征的状况以及地方史的珍贵的第一手实物资料。

4. 关于清初米喇印、丁国栋起义事件

根据《张俊哲墓碑》记载，当时河西地区爆发农民起义。《武威耆旧传·张别驾传》载："顺治戊子，丁国栋、米喇印作乱，河西震动，武威尤遭屠戮。别驾乃复议团练，誓众于关，壮缪之庙，树神袍为帜以拒贼，贼为之却。"米喇印和丁国栋为清初农民起义的首领。米喇印行伍出身，起义前是甘州副总兵，是清军驻甘州的重要武官。清初，清政府在河西推行"剃发令"，实行压迫政策，并多次从河西等地征调粮食和民夫，使河西"庐舍以空，有土无人"[1]，民力衰竭。顺治三年（1646年），清廷又准备征调河西兵丁征讨四川，更引起河西非满族官兵的不满。

顺治五年（1648年）三月，米喇印佯言兵变，亟需安抚，以商议消弥兵变为由，将甘肃巡抚张文衡分巡西宁道副使林维造，甘肃总兵官刘良臣，凉州副将毛镔，肃州副将潘云腾，游击黄得成，金印、都司王之等人骗至甘州北城楼，俵尽数逮捕杀害，并当即宣布起义，占

① 清《西宁府新志》。

领了甘州城。米喇印以此为据点，立即挥师东进，各地蜂起响应，队伍迅速大，连克凉州、古浪、庄浪，并渡过黄河于四月十九日攻克兰州，金县（今榆中）民众纷纷响应，占据县城，临洮和渭源城内外的民众也相继起事，占据县城，起义军声势更加壮大，起义队伍直逼巩昌（今陇西）、河州（今临夏）、岷州（今岷县）、伏羌（今甘谷），各地民众亦纷纷响应，遂使"关陇大震"。① 这时，陕西三边总督孟乔芳一面将事件上报朝廷，请求援兵，一面亲自率部驻秦州（今天水），并派兵增援巩昌。起义军进攻巩昌受阻，并在清军内外夹击下溃败，只好撤离巩昌，向西转移。清军兵分三路，乘胜追击，一路攻克安定（今定西）；一路攻取临洮，一路攻占岷州，洮州，河州，三路清军于闰四月下旬会师兰州。此时，由傅喀禅、额塞率领的满族八旗军和绿营军亦由西安增援，与孟乔芳合兵于兰州，清军兵力更盛，兰州一役，起义军遭受重大损失。

米喇印在兰州战败后，即焚毁黄河铁桥西撤。五月，退至凉州，总督孟乔芳率部将刘友元追击，丁国栋、米喇印继续向西撤退，派部将马腾金据凉州城坚守。刘友元组织民兵数万至凉州城下围困，后设奇计攻入城中，起义军半数损伤，余众逃往深山。五月底，米喇印在永昌西水泉战斗中牺牲，剩余部队由丁国栋率领退保甘州。

八月，清军进逼，围困甘州，起义军与清军斗智斗勇，坚持到顺治六年（1649 年）正月，终因寡不敌众，甘州城被清军攻陷，丁国栋、黑承印出奔肃州，并联合新疆哈密、吐鲁番地区的民众组成新的反清大军，拥立巴拜汗之子土伦泰为王，军威复振。但是，起义军与尾追而来的清军相比终显得势单力孤。六月，清军大兵云集肃州，起义军困守肃州城，坚持战斗半年。十一月，张勇等所率清军攻破肃州，土伦泰阵亡，丁国栋、黑承印被俘，英勇就义，起义终于失败。

这次起义坚持了近两年，沉重地打击了清政府在河西的统治，迫使清政府以后在河西不得不注意招抚流民，鼓励垦荒，废除各种摊派。起义打着反清复明的旗号，拥戴明宗室延长王朱识锛（被张勇在马家坪擒获杀害）为首，公文往来用"大明戊子"年号字样，对吸引原明朝官吏参加起义队伍起了一定作用。起义军广泛吸收群众，凉州知州徐自砺、参将蒋国泰等都参加了起义。②

关于这次起义在凉州活动的情况，《镇番遗事历鉴》一书顺治五年条中有记载："……顺治五年，……米喇印、丁国栋、马腾金等在秦陇、甘山间啸聚，……推伪帅米喇印为盟主，自甘东向，所过屠掠，戮逐官僚，僭据曹署，搜刮富室，涂炭生民，凉州总兵张鹏翼，副将毛镔死之。……贴请泰，逐镇番参将马玘自立。"镇番卫举人何孔述与被逐将马玘等纠集乡绅，组织民兵数千人里应外合，于五月初二杀入城内。何孔述等人又以招安为名，诱骗起义军至玄真观，西关帝庙内放火烧之，"复沿街剿杀"，起义军被杀殆尽。后来，何孔述又率众向前

---

① 清《甘州府志·国初辑略》。

② 杨建新：《西北少数民族史》，银川：宁夏人民出版社，1988 年。

南，"凉郡闻风，亦以乡民应之。"起义军据凉州城坚守，这时陕西之边总督孟乔芳率大兵到，合兵一处围困，丁国栋西撤，马腾金据城固守，"阴谋佯降，狡志百出，后设奇计剿之，城社宴安。"碑文和传记中提到农民起义时，张俊哲组织团练抵抗一事，于此记载可相印证。顺治五年（1648年）张俊哲已经47岁，他作为凉州地方任教的一位知识分子，将当时米喇印、丁国栋发动的起义视为一次叛乱，为维护地方人民的利益和安全，积极组织复议团练，誓众拒贼。从《张俊哲墓碑》和《武威耆旧传·张别驾传》的记载中，体现了当时他对清政府的忠诚及誓死卫国的精神，这些史料是研究这一历史事件和地方史志的珍贵实物资料。

5. 关于孟忠毅公乔芳

《武威耆旧传·张别驾传》载："……而孟忠毅公乔芳兵至，计平之。忠毅欲上其功于朝，别驾谢不见。"《张俊哲墓碑》也载："王师克成扫荡，先生与有力焉。官吏欲上其功，泊然恬退。"孟忠毅公，即孟乔芳，当时任陕西总督，直隶永平（治所在卢龙，辖境相当于今河北省长城以南的陡河以东地）人，清初著名的将领。其父孟国用，为明朝宁夏总兵官。孟乔芳曾任明朝副将，天聪四年，清太宗皇太极攻克永平，孟乔芳归降，仍任副将。后受到皇太极召见，跟随大军还师，隶属乌真超哈为佐领。天聪五年，孟乔芳被任命为刑部汉承政，授世职二等参将。

崇德七年，孟乔芳随清大军进攻明朝，攻克塔山城，乌真超哈八旗析置为八固山，他改任镶红旗副都统，遂为汉军镶红旗人。

顺治元年，清军入关，孟乔芳改任左侍郎，他随诸军西征。顺治二年，以兵部左侍郎兼右副都御使，任陕西三边总督。先后率军平定关中、固原、兴安、环庆一带的先后率军平定关中、固原、兴安、环庆一带的反叛势力，不久又率军平定河西米喇印、丁国栋起义以及山西一带反叛势力。顺治七年，以功加授兵部尚书，进世职一等达哈哈番（即参将）。孟乔芳总督陕西（清初的陕西相当于今陕、甘、宁、青四省境）十年，先后消灭各种反叛势力，收复其余党前后十七万六千多人。其间，他提拔重用了一批将领，不限论其资历，如张勇、马宁、赵光瑞、陈德、狄应魁、刘友元等人，都是由偏裨小将成为独当一面的将才。平定各种叛乱后，他上书皇帝："陕西寇剧，多荒地，请蠲其赋，分兵徕民，行屯田法。"于是他派诸将白土麟等在延庆、平固等地屯田，一岁得粟二千多石，补充了军粮。因此累进封三等阿思哈尼哈番（即副将），加太子太保。

顺治十年二月，孟乔芳兼督四川兵马钱粮，他上书裁减陕西七镇兵饷，并倡议在四川实行军屯，以为持久之计，受到皇帝的褒奖。十月，平定了西宁祁敖、牙固子等的叛乱。他曾多次上书乞退，此时才以疾病告准，加授太子少保，召还京师。顺治十一年正月，诏命未至而卒。谥号为"忠毅"。

孟乔芳是清太宗皇太极提拔重用的诸降将中，在出领方面成绩最显著的一个。康熙皇帝也曾对汉军诸官吏说："祖宗定鼎初，委任汉军诸官吏，与满洲一体，期间颇有宣猷效力如乔芳、荐仁辈，朝廷亦得其用。"给孟乔芳以很高评价。在镇压清初丁国栋、米喇印农民起义中，孟乔芳起了决定性作用。在当时各地民众蜂拥而起、向东挺进、迅速扩大时，时任陕西三边总督的他，一方面将事件积极和向朝廷申报，请求援兵，另一方面亲临现场，与朝廷派遣的援兵勠力作战，取得了兰州战役的决定性胜利，起义战败后，退至凉州，孟乔芳等乘胜追击。在凉州追击战中，起义军部将马腾金据凉州坚守。孟乔芳部将刘友元组织民兵数万至凉州城下围困，后设奇计攻入城中，取得了攻取凉州城的胜利。碑文和史料记载，其间张俊哲俱有战功，孟乔芳要上表朝廷表彰时，他却谢绝不见，泊然恬退，表现了张俊哲效忠朝廷，有功而不居的思想情操和胸怀品格。这些都是研究这一时期历史的珍贵实物资料。

四、简单的结语

武威市凉州区谢河镇张氏墓地是保存较为完整的清代早期地方名士的墓葬，1987 年 5 月，被武威市人民政府（现为凉州区人民政府）公布为县级文物保护单位。其地面建筑、石刻保存完整程度在同时期墓葬中是武威乃至河西绝无仅有的，它为研究明代早期移民、明末李自成起义残部西征、清代早期地方史等提供了可供借鉴的第一手实物及文字资料。因此具有较为重要的历史价值。但由于年久日废，其中一些石刻及碑文长期遭受日晒雨淋及风蚀等因素的影响，已经出现严重风化剥落现象，有些碑文已漫漶不清。希望有关部门予以重视，抢救性地进行维修保护。

参加调查人员：朱安、黎大祥、宁生银等。

原文刊于《甘肃省博物馆学术论文集》，2006 年

张俊哲家族墓地远景

张俊哲家族墓地

张俊哲家族墓地，位于武威市城东 25 公里的凉州区谢河镇武家寨村张家大墩，地处黄羊河冲积绿洲上，北临兰新铁路，南 3 公里处为国道 312 线。墓地占地面积约 250 平方米。墓葬分布于墓地西南部，座南朝北，四周为农田和农家宅院。原墓地规模比现存的大，后来逐渐缩小，特别是在"文革"期间遭受破坏，部分墓地现已辟为农田。现存的地面遗物主要有神道碑、墓表、石坊、石羊、张俊哲父母墓碑及其与夫人合葬墓。

张俊哲家族墓地是保存较为完整的清代早期地方名士墓葬，它为研究明代早期移民、明末李自成起义残部西征、清代早期地方史等提供了第一手资料。1987 年 5 月，张俊哲家族墓地被武威市人民政府公布为县级文物保护单位。

文字：编者

摄影：王曙

武威亥母洞寺石窟调查报告

梁继红　高　辉　武威市博物馆

一、前言

武威亥母洞石窟遗址，是我国现存较早的一座藏传佛教遗址，也是我国现存唯一的、最原始的金刚亥母洞遗址。遗址自1985年发现以来，陆续清理出土了一大批西夏、元、明、清时期的遗物，数量多达上百件，其中很多文物是国内仅见。经1996年国家文物局专家鉴定组鉴定，共有49件文物被分别定为国家一、二、三级文物。2003年，亥母洞石窟遗址被甘肃省人民政府公布为省级文物保护单位。

遗址和文物的发现、出土，引起了国内外专家学者和佛教信徒的密切关注。社会各界希望全面了解石窟及出土文物的愿望越来越迫切。笔者通过多方实地考察和搜集相关资料，不揣冒昧撰写此文，以期全面介绍石窟及出土遗物，以满足社会各界的愿望，为学术领域增添更多新的研究资料，使外界更深入地了解武威、研究武威，为武威文化旅游事业的发展和经济开发献策献力。

二、遗址的地理位置和保存现状

亥母洞石窟位于甘肃省武威市城南15公里处的新华乡缠山村。祁连山在这里呈南北走向，石窟就开凿在缠山村七组西南祁连山半山腰上。石窟北侧有一条东西走向的杂木河斗渠，向东二公里处为著名的武威磨咀子汉墓群，向西三公里处为省级文物保护单位茂林山遗址，向北三公里处为新华乡人民政府所在地。石窟共四座，坐西向东并列建造，均为穹隆顶式。从北到南分别编号为1、2、3、4号，各窟之间的距离约为6米、19米、20米不等。由于山体为疏松的红砂岩石结构，自创凿以来，经过多次地震，每次都有塌陷和震毁，各代均曾在震毁的洞窟上继续修建，直到清末废弃，现洞窟已经塌陷。窟前为寺院遗址，现在地面上还保留部分方砖，砖边长为38厘米。

1号窟相对保存完整。窟高约3.2米，宽约3米，深约9米。窟室内壁尚存少量壁画，窟内保存有四座藏式喇嘛塔，塔高约2米。经清理发现，窟中遗物多达上百件，还发现有被掩埋的木梯和人骨架。遗物多散布在塔周围的铺地砖下。其余三窟塌陷严重，勉强能钻进一人。据探察可知洞窟很深，其中2号窟深达13米。这三个洞窟均未做过详细清理，仅发现藏文经残页、泥擦擦等少量遗物，窟室内壁存有少量壁画。

三、石窟的开凿与沿革

亥母洞石窟创凿于西夏正德年间（1127—1134 年）。据清乾隆十四年（1749 年）编修的《武威县志》记载："亥母洞，城南三十里，山上有洞，深数丈，正德四年修。"历史上使用过"正德"年号并超过四年的有西夏崇宗李乾顺和明武宗朱厚照。从洞中发现的大量西夏文物。特别是有确切纪年的几件西夏乾定年间的西夏文契约可以断定，县志所载"正德"，为西夏正德年，石窟的创凿年代当为西夏崇宗时期。由于石窟所在地的石质不佳，自创凿以来历经元、明、清各代，都曾遭到地震的破坏，各代皆有重修。

元代，西藏佛教领袖萨迦班智达和蒙古西凉王阔端"凉州会谈"的成功，使西藏顺利归属蒙古汗国。从此，藏传佛教被尊为国教，在元朝统治者的大力推崇下，得到了前所未有的发展。凉州藏传佛教的发展则具有更深厚的历史文化渊源和民族基础。石窟中发现的大量遗物中，也有大量的元代泥擦擦等遗物，说明亥母洞石窟在元代仍有佛教活动。

据明代嘉靖年间所立的武威《北斗宫新创藏经楼碑记》载："郡之城南有古亥母洞寺。适有比丘桑儿加领占及拾剌僧吉往来，北斗宫以为禅定处。"从这一记载可以看出，明代亥母洞寺的僧丘与城内北斗宫的僧丘，在佛事活动上，相互往来，关系甚密。出土遗物中有明代的唐卡等，也是这一时期亥母洞寺佛教活动兴盛的实物证明。

清雍正年间，亥母洞石窟寺进行过大规模重修。据现存清雍正《重修亥母寺石碣》所载和现存洞外的建筑遗址看，这次修复除了对洞内进行修整外，在洞外还增修了建筑，并且建筑规模较大。在洞外建筑遗址的清理中，发现瓦当等寺庙建筑构件，这些建筑材料属于清代早期遗物。清代同治年间的著作《安多政教史》中也记载了当时亥母洞寺的现状：洞中有塑像，洞口建有佛堂。还记载了当地人对石窟寺的虔诚敬信活动。遗址中出土的清代遗物较多，其中有一件藏文织锦，工艺精美，据专家考证，当为清代乾隆年间宫廷用品，其来历，极有可能是章嘉活佛从内地带来赠送给寺院的礼品。由此推断，这一时期亥母洞石窟寺的社会地位和影响相当高。

1927 年，武威发生大地震，洞窟全被震塌，洞外建筑也基本被毁。1938 年，当地村民又在震毁的遗址上重修了七间殿宇，1951 年被拆。此后，亥母洞寺便成为一片废墟，被人遗忘。

1985 年，当地信教徒挖开 1 号洞口，在洞中搞佛事活动时，发现了一大批古代遗物，有西夏文和藏文佛经、唐卡、绣花鞋等。1989 年 8 月，武威市博物馆文物工作人员对暴露的洞窟及窟前寺庙遗址进行了初步清理，并发现了另外三个洞窟，每个洞窟中均有藏文经卷残页、泥佛塔、瓦当等文物出土。特别是 1 号洞窟，除出土以上文物外，还有各类泥石造像、瓷器、铁器、藏文石碣、残碑、泥陶范、壁画残片、丝织物等，还发现了四座喇嘛塔和被掩埋的木梯、人骨架等。

20世纪九十年代以来，当地群众自发募捐，重修亥母洞寺，建成办公用房三间。2003年，北京丹霞慧海影视公司董事长孙吉英女士发愿并出资保护亥母洞寺遗址，又在洞窟附近进行开发建设。在距离原寺院和石窟遗址约1公里的山顶上，建成金刚亥母大殿及东西配殿各一座，殿内泥塑一身金刚亥母金身像、五身不同身色的五方佛母像和张屠夫像，殿前建成藏式喇嘛塔一座。武威市政府对亥母洞石窟的开发建设给予了大力支持和援助，投资修建了通往石窟的公路，山体及公路两旁的绿化带也初具规模。

四、亥母洞出土文物介绍

（一）西夏文文献

亥母洞石窟遗址发现的西夏文文献中，佛经占绝大部分，但也有不少世俗文献。在这批西夏文文献中，有不少是国内仅存，有的还是海内孤本，具有重要的学术研究价值和文物价值。2005年，由宁夏大学西夏学研究中心组织整理编辑，甘肃人民出版社和敦煌文艺出版社出版的《中国藏西夏文献》一书中，收录了亥母洞出土的大部分西夏文文献，并进行了统一的编号和较为准确的定名。本文所用文献的编号和定名，基本以《中国藏西夏文献》为准，对不同的编号和定名，均做了详细说明。

1. 西夏世俗书籍

《同音》是西夏时期编修刊印的韵书之一。全书共56页，有序和跋，正文共收6100余西夏文字，几乎囊括了全部西夏文。《同音》全书按声母类别分为九品，依次为重唇音一品，轻唇音二品，舌头音三品，舌上音四品，牙音五品，齿头音六品，正齿音七品，喉音八品，单风音九品。亥母洞出土《同音》仅存一页，页面及文字内容保存基本完整。页面高25厘米，宽17.5厘米。黄色麻纸，木刻本，上、下、右三边有粗黑双栏线。左边残，应为此页的版心，印有二字，残缺不全，疑为页码。文字竖行，行间有细黑线界格。页面保存文字七行，每行八个大字，每个大字下均附小字，一至二个不等。共计大字五十六个，小字六十一个。五十六个大字均属喉音八品。（照一）

2. 西夏社会文书

官方文件、籍帐、契约等社会文书，反映一个时期、一个地区社会生活的实际状况，是研究当时社会历史状况极有价值的资料。亥母洞共出土了九件社会文书，其内容对了解和研究西夏时期凉州的社会政治、经济现状具有重大价值。

乾定戌年卖驴契及帐　浅黄色麻纸，手写本，单页。高17厘米，宽55厘米。正面草书文字十二行，每行五至十六字不等。保存基本完好。首行译为"乾定戌年（1226年）四月八日作文状"。（照二）

乾定酉年卖牛契　浅黄色麻纸，手写本，单页。高30厘米，宽39厘米。正面草书文字九行，每行六至十九字不等。第七、第八两行后有画押。左下角粘附长方形小纸条，高18厘米，

宽 6 厘米, 上面草书三行, 行末有画押。全文首行译为"乾定酉年（1225 年）九月"。（照三）

乾定申年典糜契　浅黄色麻纸, 手写本, 单页。高 18 厘米, 宽 26 厘米。正面楷书文字十一行。满行十五字, 其中正文七行, 签名四行, 每行签名后均有不同的画押。首行译为"乾定申年（1224 年）二月二十五日作文状"。（照四）

文书残页　浅黄色麻纸, 手写本, 单页。高 18 厘米, 宽 15.5 厘米。正面草书文字六行, 满行十三字。页面有皱折和破损, 字迹漫漶不清。（照五）

乾定酉年文书　黄色麻纸, 手写本, 单页。高 17.5 厘米, 宽 13 厘米。草书, 两面书写, 正面文字八行, 有画押及四字西夏文朱印一方, 背面文字两行, 有画押。页面皱折, 字迹模糊。（照六）

文书残页　黄色麻纸, 手写本。单页。高 19 厘米, 宽 13.5 厘米。草书, 正面文字两行, 有画押及四字西夏文朱印一方, 背面画押两处。页面有破损和皱折, 字迹模糊。（照七）

3. 西夏刻本佛经

星宿母陀罗尼　浅黄色麻纸, 木刻本。经折装, 有上下黑色单栏线。单页高 18.5 厘米, 宽 8.5 厘米。存一页。每页文字五行, 满行十四字。首行译为"……星宿母陀罗尼咒颂能使一切满足"。（照八）

金刚般若波罗蜜经残页　浅黄色麻纸, 木刻本, 经折装, 有上下黑色单栏。单页高 19 厘米, 宽 8.2 厘米。存两页, 页面有残缺。每页文字六行, 满行十四字。中间有标题, 译为"一合理相分第三十"。（照九）

金刚般若波罗蜜经残页　浅黄色麻纸, 木刻本, 经折装, 有上下黑色单栏。单页高 19.8 厘米, 宽 8.6 厘米。残存两页, 页面残半。每页六行, 每行最多十四个字。中间有标题, 译为"不受不贪分第二十八"。（照一〇）

金刚般若波罗蜜经残页　浅黄色麻纸, 木刻本, 经折装, 有上下黑色栏线。单页高 19 厘米, 宽 8.5 厘米。存三页, 每页七行, 满行十七字。中间标题译为"口业清净真实言"。一页背面裱贴白纸, 纸上有手写西夏文字。（照一一）

金刚般若波罗蜜经残页　浅黄色麻纸, 木刻本, 经折装, 有上下黑色单栏线。单页高 19.5 厘米, 宽 9 厘米。存两页, 每页文字七行, 每行八至二十一字不等。文字内容分两部分, 页面上半部分是标题, 下半部分是解释, 中间有墨线勾连。首页共四个标题, 分别译为"一信证序""二发起序""一戒""二定"。（说明:《中国藏西夏文献》中, 此经编号为 G31.012〔6729〕, 有误。）（照一二）

金刚般若波罗蜜经残页　浅黄色麻纸, 木刻本, 经折装, 有上下黑色单栏线。单页高 18 厘米, 宽 9 厘米。存五页, 每页文字六行, 满行十五字, 中间有标题, 分别译为"大乘正宗分第三""妙行无住分第四"。（照一三）

金刚般若波罗蜜经残页　浅黄色麻纸, 木刻本, 经折装, 有上下黑色单栏线。单页高 20

厘米，宽9厘米。存三页。每页文字六行，满行十四字。首页首行译为"假若有人得知此经典时，不惊不怖不畏，则……"。应是《金刚经》内容"离相寂灭分第十四"。（照一四）

金刚般若波罗蜜经残页　浅黄色麻纸，木刻本，经折装，有上下黑色单栏。单页高19.5厘米，宽9厘米。残存五页，每页文字六行，满行十四字。文中有标题，译为"知见不生分第三十一""应化非真分第三十二"。行末印一朵五瓣梅花。（照一五）

金刚般若波罗蜜经残页　浅黄色麻纸，木刻本，经折装，有上下黑色单栏线。单页高28厘米，宽12厘米。存两页。每页文字六行，满行十五字。首页首行译为"有众生相及寿者相，应生嗔恨……"。应是《金刚经》内容"离相寂灭分第十四"。（照一六）

《金刚般若波罗蜜经》，简称《金刚经》，是佛教重要经典。公元前994年间成书于印度，是释迦牟尼尊者在世时与众弟子及长老须菩提等人的对话记录。在中国自东晋到唐朝共有六千个译本，均存于《大藏经》中，以鸠摩罗什所译最流行。《金刚经》谓世界上一切事物空幻不实，认为对现实世界不应执着留恋，从而达到体认般若识相的境地。1900年，在敦煌莫高窟17窟藏经洞中，发现了题有"咸通九年四月十五日"的《金刚经》印本，它也是迄今所知世界上最早的有明确刊印日期的印刷品。惜1907年被英国人斯坦因盗骗，现藏大英图书馆。《金刚经》流传广泛，影响很大。西夏将此经译为西夏文本，有多种版本传世。亥母洞出土的多种版本的西夏文《金刚经》，不仅增加了我国现存《金刚经》文字种类，也为研究武威地区《金刚经》的流传和发展提供了新的资料。

佛说大白伞盖总持陀罗尼经　浅黄色麻纸，木刻本，经折装，有上下黑色单栏线。单页高18.5厘米，宽9厘米。存六页，每页文字六行，满行十四字。内容有"往昔罪业皆灭尽。假若女人欲求子……"等。（照一七）

佛说百寿怨结解陀罗尼经残页　浅黄色麻纸，木刻本，经折装，有上下黑色双栏。单页高17厘米，宽9厘米。存五页，每页文字五行，满行十字。内容有"国王、大臣及诸施主、父母亲、上师、一切有情生老病死养""佛说百寿怨结解陀罗尼"等。栏线外上下有墨笔画写的各种符号。（照一八）

佛说百寿怨结解陀罗尼经残页　浅黄色麻纸，木刻本，经折装，有上下黑色双栏。单页高20厘米，宽8.3厘米。存七页，每页文字五行，满行九字。背后有粘接痕迹。（照一九）

佛说佛名经残页　浅黄色麻纸，木刻本，经折装，有上下黑色双栏线，单页高19厘米，宽8厘米。存四页，每页五行，满行八字。每行字上端均印一尊跏趺坐佛像，佛像下端为佛名。从左起分别译为："南无红光帝幢王佛，南无称善扬功德佛，南无思德佛，南无财功德佛，南无莲花光游戏佛，南无华功德佛，南无那罗延佛，南无思无德佛，南无光明德佛，南无无量威德光佛，南无旃昙功德佛，南无□德佛，南无水火佛，南无琉璃佛，南无施清净佛，南无清净佛，南无施勇佛，南无离垢佛，南无无垢佛，南无□月佛。"（照二〇）

《千佛名经》，佛名经，有《过去庄严劫千佛名经》《现在贤劫千佛名经》《未来星宿劫千佛名经》三种，各一卷，阙译。参照三千佛名经条所作。《现在贤劫千佛名经》，又名《集诸佛大功德山》。北京国家图书馆收藏有一件西夏文《现在贤劫千佛名经》印本残件，与亥母洞出土极为相似。上下双栏，每面五行，满行十三字，每一佛名上有佛像。共四十面，经文二十二面，余为空白。卷首附有一幅木刻版西夏译经图并有榜题，图中绘有国师白智光主译，十六高僧助译，而且有惠宗秉常和梁太后亲临译经场所听讲、监督的庄严盛大的译经场面。

净国求生礼佛盛赞颂经　浅黄色麻纸，木刻本，经折装，有上下黑色粗栏线。单页高21厘米，宽9厘米。存七页，每页六行，每行六至二十二字不等，多以七言形式排列。中间有标题和集录者，翻译为"净国求生礼佛盛赞颂经山林闲良国师集"。（照二一）

毗卢遮那法身顶相印轮文众生三灾怖畏令物取作恶业救援经　浅黄色麻纸，木刻本，经折装，有上下黑色单栏线。单页高18.5厘米，宽9厘米。存13页半。每页文字六行，满行十二字。首行译为"仁众生大凡天生……"。（照二二）

圣胜慧到彼岸功德宝集偈残卷　浅黄色麻纸，木刻本，经折装，有上下黑色单栏线。单页高17.5厘米，宽8.5厘米。存十页，每页文字六行，每行十一字。个别页面之间有汉文页码"下七"。中间有标题，分别译为"真心集颂中第二十七终""散布花集颂中第二十八品终"。（说明：《中国藏西夏文献》中，此经定名为《佛经残页》。本文中的定名以杜建录主编，宁夏人民出版社出版的中国藏西夏文献出版纪念专号，《西夏学》第三辑中段玉泉老师的定名为准。）（照二三）

佛经残页　浅黄色麻纸，木刻本，经折装，有上下黑色粗栏线。单页高18.4厘米，宽8.4厘米。存四页，每页六行，每行十二字。首行翻译为"皆如所见……"。（照二四）

佛经残页　浅黄色麻纸，木刻本，经折装，有上下黑色单栏线。单页高18.3厘米，宽7厘米。存两页，每页文字六行，满行十一字。（照二五）

圣胜慧到彼岸功德宝集偈残卷　浅黄色麻纸，木刻本，经折装，有上下黑色双栏线。单页高18.4厘米，宽9.2厘米。存十二页，每页文字六行，满行十一字。个别页面之间有汉文页码"中十一，中十二，中十三"。中间有标题，译为"魔业集颂中第二十一品"。（说明：《中国藏西夏文献》中，此经定名为《佛经残页》。本文中的定名以杜建录主编，宁夏人民出版社出版的中国藏西夏文献出版纪念专号，《西夏学》第三辑中段玉泉老师的定名为准。）（照二六）

佛经残页　浅黄色麻纸，木刻本，经折装，有上下黑色单栏线。单页高18厘米，宽8.5厘米。存五页。每页文字六行，满行十二字。后三页文字多以五言形式排列，五言首行翻译为"若人亲眼见，百万安□劫"。（照二七）

佛经残页　浅黄色麻纸，木刻本，经折装，有上下黑色单栏线。单页高18.5厘米，宽9厘米。存四页。每页文字六行，满行十四字。（照二八）

4.西夏泥活字版佛经

维摩诘所说经下集　浅黄色麻纸，泥活字印本，经折装，有上下黑色单栏线。共五十四面，单页高 28.5 厘米，宽 11.6 厘米。每页文字七行，满行十八字，共计六千四百多字。经文有首无尾，内容尚存后三卷四品，即第八卷香积佛品第十，第九卷菩萨行品第十一，见阿閦佛品第十二，第十卷法供养品第十三。以上四品除十三品后半部分有遗失外，其余三品均完整无损，页面次序亦无错乱。（照二九）

经文第二行西夏文题款翻译为"奉天显道耀武宣文神谋睿智制义去邪惇睦懿恭"，这是西夏仁宗帝号，据此判断，该经最早应是西夏仁宗嵬名仁孝时期（1141—1195 年）的版本。同时出土的还有西夏乾定年间的三件契约和籍帐单，说明印经时间最迟不晚于西夏乾定年间。这是我国现存最早的唯一一件泥活字版本实物。它不仅填补了我国印刷史上的空白，也有力地证明了北宋科学家沈括《梦溪笔谈》中关于泥活字印刷记载，证明了泥活字是中国古代劳动人民的发明创造。在中国印刷史和版本学研究方面，具有极高的科学研究价值和文物价值。

泥活字佛经残页　浅黄色麻纸，泥活字印本，经折装，有上下黑色单栏线。共两页，均残半，残页文字七行。（照三〇）

5. 西夏写本佛经

呼金刚王八智变化八天母为生顺等多种经集　浅黄色麻纸，写本，合页装，两页合背，用黄色细麻线线装。共五十三页一百零六面，单页高 14 厘米，宽 11 厘米。每页文字五行，满行十二字。首尾不全，首句译为"大千品盛经卷中说"。（照三一）

佛经残页　浅黄色麻纸，手写本，单页。高 18 厘米，宽 32 厘米，正面行书文字十六行，满行十四字。（照三二）

佛教文献残卷　黄色麻纸，写本，长卷。高 17 厘米，宽 120 厘米。首全尾缺，前半部分文字保存完好，后半部残缺严重。西夏文楷书，共存大字六十六行，每行字数不等，第一、二行分别译为"至功大师十二时歌注解""国道宗师时敬经典以解"。从第三行开始，每行大字下均有两行注解，字数不等。内容是用十二地支配以十二生肖来记时，如"寅虎、午马，卯兔"等，又从自然规律和佛教教义出发，解释一天的不同时辰中，人产生烦恼困惑的原因，并指出贪欲是烦恼的根本，摈弃私心杂念，常持以佛心，则会减少祸端。诗中不乏经典之句，如"心田烦恼乃生烽火""持小财沉迷海"等，也有用成语作为诗句的注解，言简意赅，如"弄巧成拙""是非取舍"等。（照三三）

佛经残页　浅黄色麻纸，手写本，单页。高 28 厘米，宽 35 厘米。行书文字分上下两栏，上栏十九行，下栏十七行，每行字数不等。行与行间有墨线勾连。（照三四）

佛经残页　浅黄色麻纸，手写本，单页。高 18.5 厘米，宽 31 厘米。正面楷书文字十四行，每行十四字，以七言形式排列。（照三五）

佛经残卷　浅黄色麻纸，手写本，合页装，两页合背，用黄色细麻线线装。共 11 页 22 面，残半，单页残高 14 厘米，宽 12 厘米。每面文字五至八行不等，首尾不全。（说明：此文献也出土于亥母洞，现存武威市文物考古研究所，《中国藏西夏文献》一书中未收录。）

（二）藏文佛经

清·祈祷文藏文织锦　白色，残断，仅存首尾两截。通长 61.5 厘米，宽 24 厘米。现存藏文十四行，内容为"祈祷文"，文中提及"宗喀巴"之名及格鲁派教化兴盛长久之祈愿。两端绣连续变体万字不断装饰图案。关于织锦的年代，专家鉴定认为，其字体规则与乾隆时字体相似，应为清代所造。工艺也很漂亮，属于宫廷用品。（照三六）

清·布地印本经文　两件，残缺。尺寸分别为 127×36 厘米和 136×35 厘米。白粗布地，正反两面为黑色印刷体藏文或梵文经。所用雕版尺寸为 38×8 厘米。在布地上连续印刷文字，正面为藏文《驱恶经》，背面为梵文《十相自在》，布地边缘有手写藏文一行。（照三七）

清·布底手抄经文　共四件，均为藏文经幡，残缺。（照三八）

其一，长 130 厘米，宽 34 厘米。正面手抄藏文，内容为《佛说无能胜幡王如来庄严陀罗尼经》和《摧破金刚经》。

其二，长 72.5 厘米，宽 30 厘米，内容为《三怙主颂》。

其三，长 47 厘米，宽 27 厘米，内容为《消灾经》，首尾齐全。

其四，长 102 厘米，宽 35 厘米，内容为六字真言。

藏文写经　纸质。长 19.5，宽 8.5 厘米。正反两面墨书藏文，正面五行。

卷子式藏文印经　纸质。全长 10.75 米，宽 3.3 厘米。由数截粘接而成。每截长 47 厘米。纸白色，部分有染成的黄色痕迹。黑色印刷体，藏文三行。有上下栏线。（照三九）

（三）泥石造像

西夏弟子头像　青石质，高 17 厘米，面宽 10.5 厘米。面部残缺，双耳完好，轮廓清晰，雕琢手法细腻。

西夏弟子头像　黑陶质，高 6 厘米，宽 3.5 厘米。大耳，棱鼻，双眼微眯，面目清秀，秃发。（照四〇）

西夏泥塑头像　红陶质，高 5.7 厘米，宽 2.5 厘米。高髻，五官清秀，轮廓清晰。面部涂粉红彩，有残留的金粉痕迹。彩绘脱落严重。（照四一）

西夏童子头像　高 4 厘米，宽 3 厘米。红唇，白彩，墨绘眉、眼、发，眼睛大而有神。髡发，有明显的党项人特征。（照四二）

西夏米拉日巴泥造像　泥质，通高 30 厘米，肩宽 11 厘米。散跏坐，右手举放在耳旁，头略偏，作唱道歌状，这是他传教的独特方式。瘦骨嶙峋，面带微笑，面部布满皱纹。身着袒右袈裟，长发披散在双肩上，全身涂金。（照四三）

米拉日巴是藏传佛教噶举派第二代祖师，以苦修而著称。他传教采用歌唱的形式，运用比喻、夸张等通俗易懂、易于为百姓接受的方式来传教。《道歌集》就是后人整理的这种传教精华的荟萃。米拉日巴被认为是西藏宗教诗和风景诗的开创人。

（四）唐卡

西夏文殊菩萨像唐卡　纵 67 厘米，宽 46 厘米，绢地彩绘。中心主尊为文殊菩萨，主尊周围设上、下、左、右对称的三十四个方格，方格内分别安置佛教和世俗人物。主尊文殊菩萨头戴三叶冠，黄色身相，观自在式坐于青鬃白狮子所驮莲座上，双手作说法印。菩萨左肩饰莲花梵箧，右肩饰莲花宝剑。主尊周围人物，从上到下，从左到右依次为：第一行，以左手指日的大成就者毗缕波，黄、蓝、白、红、绿不同身色的五方如来；第二行，蓝色身相，手持铃杵的金刚萨埵，手持乌巴拉花的绿度母，三世佛阿弥陀佛、释迦佛、药师佛，戴黄色冠帽的西夏上师，着蓝色僧衣的噶举派上师；第三行，骑白象的文殊菩萨，着右祖红袈裟、戴红帽的萨迦派上师，着红色僧衣的噶举派上师，骑狮子的文殊菩萨；第四行，四面八臂的顶髻尊胜佛母，着红衣的僧人，着白衣、束红色腰带、戴金边黑帽的西夏官员，黄色身相的八臂观音；第五行，绿色身相的佛母，善财童子，黄色须发、面目凶狠的文殊菩萨御狮武士，白色身相的四臂观音；第六行，蓝色身相、举金刚杵的金刚手护法，红色身相的马头金刚护法，蓝色身相的护法，黄色身相的多闻天王护法，蓝色身相的二臂持梃大黑天，蓝色身相，一手举剑的四臂班丹拉姆，手持花茎的黄衣男供养僧人，手持花茎、半跪的绿衣西夏女供养人。此幅唐卡因火烧而局部残缺，第五行主尊文殊菩萨的坐骑狮子身体缺失，只剩狮头部，御狮武士身体缺失，仅剩头部；第六行，一、二、三尊护法残缺，画面模糊。其余画面基本完整。据说发现后被人用洗衣粉水清过，颜色有少量脱落。（照四四）

西夏十一面观音像唐卡　纵 65 厘米，宽 47 厘米，绢地彩绘，金线和黑线勾边，中心主尊为十一面观音，主尊周围设左右对称的二十六个方格，方格内分别安置佛教和世俗人物。主尊十一面观音，赤足立于莲座上，裸上身，着长裙。观音十一面四十二臂，中心主手合十举胸前，其余四十手作放射状，手中各持莲花、如来佛像、宝镜、玉斧、拂尘、宝剑、箭、法轮、塔，钵等物品。观音身体两侧各饰三层佛八宝图案，上层为螺和宝伞，中层为莲花和盘长，下层为白盖和法轮。主尊周围人物，从上到下，从左到右依次为：第一行，双手作禅定印的阿弥陀佛，双手作说法印的弥勒佛，右手降魔印、左手禅定印的释迦佛，右手与愿印、左手禅定印的释迦佛，右手说法印、左手禅定印的燃灯佛，右手与愿印、左手捧黑钵的药师佛；第二行，戴三叶宝冠，祖上身系红裙，手举佛珠、花束的四臂观音，着右祖红色僧衣、骑花豹的上师，作说法印的两尊莲卧观音（面向主尊，置于主尊佛龛上方左右），戴尖顶红帽、骑花豹的萨迦派上师，手持莲花的四臂观音（白象头）；第三行、第四行、第五行，每行各设两尊四臂观音位于主尊身体左右，三行共六尊；第六行，黑色身相、持长剑的南方增长天王，红色身相的马头金刚，黑色身相的护法金刚，红色身相、手持金色宝塔和蛇的西方广目天王；第七行，戴三叶宝冠的天王，两位供养僧人、天王。此幅唐卡保存基本完整，只是因油渍污染，画面模糊。唐卡背面，与正面佛像相对应处，分别墨书梵文咒语，共二十七组。（照四五）

西夏上乐金刚与金刚亥母如意轮坛城唐卡　纵 65 厘米，横 47 厘米，绢地彩绘。唐卡的构图是典型的圆形坛城构图样式，外圆内方，方形中央又设五个同心圆。中心圆内绘密教本尊神上乐金刚和明妃金刚亥母双身像。蓝色身相的十二臂上乐金刚立姿，主手怀抱红色的明妃金刚亥母，其余各手持不同法器。围绕本尊神的同心圆和方形坛城内，共安置三十六位神灵，分别是：第二同心圆内代表东、西、南、北四大方的四位神灵；依次往外的三个同心圆分别象征身轮，语轮和意轮，其间各有代表四大方和次四方的八位神灵；同心圆外是方形坛城，上、下、左、右分别开设四个城门，其间各有代表四大门和次四方的八位神灵。方形坛城与外围圆形之间，描绘八大尸林的景象。外围圆形坛城左右各设置五行共分为十三格，分别安置神灵和高僧以及花卉。唐卡最上方安置一行共十一尊上乐金刚化身，最下方安置一行十五尊金刚亥母化身。此幅唐卡下半部特别是最后一行残缺严重，油渍污染严重，画面模糊。（照四六）

明代宗喀巴像唐卡　高 49 厘米，宽 39 厘米，绢地彩绘，中心主尊为宗喀巴。主尊周围设上、下、左、右对称的八个方格，方格内分别是八位高僧。主尊宗喀巴头戴黄色尖顶帽，着红色袈裟，结跏趺坐于莲座上，双手牵莲花蔓作说法印。双肩饰莲花梵箧，有莲花形墨绿色头光和身光，莲座底部绘饰绿色荷叶。主尊头光上方左右各安置两行共四位僧人，第一行是两位头戴黄帽的高僧，应该是宗喀巴的两位弟子贾曹杰和克朱杰。第二行是着右袒红色袈裟的僧人。主尊身体左右各安置一位着红色袈裟、半跏坐、手捧书籍的僧人，主尊下方左右各安置一位僧人。此幅唐卡除右下角火烧残缺外，基本保存完整，色彩鲜艳。（照四七）

明代观音像唐卡　高 53 厘米，宽 38 厘米。绢地彩绘。油渍污染严重，画面不清。似为观音坐像，有花冠、头光和身光。

明代观音像唐卡　高 44 厘米，宽 35 厘米。绢地彩绘。油渍污染严重，画面不清。主尊白面、黑发、戴头冠、黑胡须，有头光和身光，疑是西方三圣中的观音（画像也有胡须）。

明代观音像唐卡　高 58 厘米，宽 60 厘米。绢地彩绘。唐卡从观音像额头处截裁，仅余额头以下部分。画面以主尊观音和左右胁侍僧人为中心，左、右、下三方设置方格，方格内绘佛教和世俗人物说法故事。主尊观音身披披巾，着红衣，跏趺坐。左右两边各立一位红衣僧人，三位脚下绘一排七朵莲花。主尊左右手、下方（上方缺失）满绘佛教和僧俗人物说法故事和朝拜内容。主尊左边从上到下依次是四僧论法、一佛二弟子说法、城楼、十二臂护法和善财童子，高僧说法等。主尊右边从上到下依次是佛僧谈法、一佛二弟子在上说法、二僧在下闻听，三僧围坐藏式塔前论法，佛与弟子、四僧谈法等。主尊下方两行图像，有佛与黄帽僧人、三弟子拜佛、僧人与戴红色斗笠者交谈、树下弟子论法等。

此幅唐卡上端截裁缺佚，油渍污染，画面模糊不清。

（五）佛教用品

藏文经版　两件。一块长 24 厘米，宽 7.5 厘米，松木制，正面刻藏文四行；另一块长 23

厘米，宽7厘米，松木制，正面刻藏文四行。（照四八）

藏文石刻　　两件。不规则自然形成的灰砂岩石。一件长36厘米，宽24厘米，厚7厘米，正面刻藏文一行。另一件长34厘米，宽24.5厘米，正面刻藏文一行，内容为六字真言。（照四九）

梵文碑残件　　灰砂岩石残件，长28厘米，宽19厘米，厚12厘米。正面刻梵文。

方天戟（或三叉戟）　　铁制，长35厘米，宽28厘米。分两部分锻打后焊接而成。（说明：此器形象类似三叉戟，三叉戟是观音手执法器，十面观音，不空羂索观音常执此器。）（照五○）

大轮金刚手善业泥　　共10件。高8厘米，宽5.8厘米。红泥模制，呈莲瓣形。正面为三头六臂的大轮金刚手，金刚弓步立于莲台上，面目狰狞。四手各执法器，中间两手正舞动一条长蛇索子，蛇两端握手中，蛇中断从嘴中通过，大蛇索子形成一个小轮形，形象很怪诞。（照五一）

释迦佛像善业泥　　共30件，高5.5厘米，宽4.3厘米。红泥模制，呈桃形。正面为释迦佛像，结跏趺坐于莲台上，双手禅定印。莲座两侧各设二小佛塔。（照五二）

释迦佛像善业泥　　共30件，高5.5厘米，宽4.3厘米。红泥模制，呈圆形。正面为释迦佛像，结跏趺坐于莲台上，双手禅定印。莲座两侧各设二小佛塔。（照五三）

菩萨像善业泥　　共20件，高9厘米，宽5厘米。红泥模制，呈马蹄形。正面为结跏趺坐菩萨，头戴三叶冠，作说法印。（照五四）

泥佛塔　　两种。A种高9.5厘米，底径5厘米，68件；B种高7厘米，底径3.8厘米，44件。红泥模制，塔形，塔尖有圆形，也有方形。塔身模压纹饰不同，有的通身压制小佛塔纹，有的通身棱纹，也有的压制一圈塔形纹饰。（照五五，A、B）

泥金佛塔　　5件，高8厘米，底径5厘米。塔形，通体涂金，纹饰与泥佛塔相同。（照五六）

云纹泥范　　长15厘米，宽8.6厘米。2件。泥制模范，云纹。（照五七）

水波纹泥范　　长9厘米，宽5.2厘米，2件。泥制模范，水波纹。纹路纤细卷曲，右旋后呈旋涡状。（照五八）

莲花纹泥范　　长12.5厘米，宽4.9厘米，3件。泥制模范，三朵连续莲瓣，似压印莲座纹饰之用。（照五九）

火焰纹泥范　　长19厘米，宽18厘米，5件。泥制模范，火焰纹。（照六○）

宝莲纹泥范　　长12厘米，宽4.3厘米。泥制模范。两朵宝莲相对呈亚腰葫芦形。（照六一）

缠枝卷叶纹泥范　　长18厘米，宽4.5厘米，2件。泥制模范。缠枝卷叶纹。（照六二）

西夏五佛冠残件　　纸夹本，由多层纸叠加裱合成莲瓣状。仅存两页，折叠式，每页高15厘米，宽9厘米。正面彩绘结跏趺坐佛像，一页上绘金黄色身相的南方宝生佛，右手施与愿印，左手禅定印，手心有摩尼宝珠。宝生佛双肩上方各站立一只白鸟，头向外。另一页上绘

青色身相的东方阿閦佛，右手施触地印。两页背面有一行墨书的少数民族文字。（照六三）

（六）生活用品

绣花鞋　两只，长14.7厘米，宽3.5厘米。丝质，蓝色鞋面，白色衬里，鞋面上绣五彩花鸟纹。一只鞋尖上翘，呈鸳鸯回首的姿势，鞋两面依势绣对称的鸳鸯纹饰，上翘的鞋尖恰成鸳鸯嘴巴，构图生动形象。另一只鞋面上绣对称的缠枝花叶，两只鞋后帮内外加包一层白布。（照六四）

粗布鞋　长26.5厘米，宽5.5厘米。粗布质，蓝面白里，鞋尖上翘，鞋面上有4×3厘米的白粗布补丁。这是一只男式粗布鞋，使用痕迹明显。（照六五）

西夏酱釉瓷扁壶　高7厘米，壶口内径1.7×1.2厘米，底径4.3×3.6厘米。椭圆形口，平沿厚唇，束颈，平肩，腹扁呈心形，台形底座，肩有桥形双耳。壶腹部正反两面有相同的模制纹饰，中间纹饰模糊，周边为一圈连珠纹。（照六六）

西夏团花蓝绸　丝绸残片。长26厘米，宽15厘米。黑蓝色，上有白色印花两处，一处残，一处完好。印花圆团形，中心为法轮。四周分别为双鱼、盘长、花和罐等佛八宝。（照六七）

五、石窟与文物的价值评估

1.亥母洞石窟是西夏时期创凿的藏传密教静修之地，是我国现存较早的藏传佛教遗址，也是我国现存唯一的、最原始的金刚亥母洞遗址。洞中发现的西夏时期的唐卡"上乐金刚和金刚亥母如意轮坛城"，也清楚的表明，寺窟中尊奉的确实是噶玛噶举派本尊之一金刚亥母。另一件"文殊菩萨"像唐卡，在主尊文殊菩萨的左右上方两个重要位置上，分别安置着藏传佛教萨迦派和噶举派的上师，说明在西夏时期，藏传佛教萨迦派特别是噶举派在凉州藏传佛教的传播中占有重要地位。

2.亥母洞出土文物数量多，内容丰富，具有重要的艺术价值和科学研究价值。

亥母洞出土的大批西夏文印本和写本佛经，是弥足珍贵的我国早期少数民族书籍版本，为研究西夏语言文字、佛教传播、印刷技术提供了第一手资料。特别是泥活字版西夏文佛经《维摩诘所说经》，它是目前国内仅存的最早的泥活字版实物，填补了我国泥活字版本的空白，在研究我国印刷技术，版本学方面都具有重要价值。

亥母洞出土的八件西夏文契约和官方文书，大都有确切的西夏纪年和西夏文官印，是国内罕见的西夏时期的社会文书，反映了这一时期凉州地区的实际社会生活状况，具有极高的学术研究价值。

亥母洞出土的七件西夏、明时期的唐卡，不仅反映了当时高超的绘画艺术水平，也揭示了极为重要的历史内容。特别是西夏时期的三件唐卡，不仅反映了西夏时期藏传佛教在凉州的传播和发展，也反映出西夏时期藏传佛教各派，特别是萨迦派和噶举派在西夏佛教中所占有的重要地位，以及各派在凉州的活动情况。同时，还揭示了元代西藏佛教领袖萨迦班智达与蒙古西凉王阔端在凉州会谈成功，西藏归属蒙古汗国的重要历史背景。这一历史事实在藏汉史籍中都缺乏记载，它为我们研究这段历史提供了重要的依据。

亥母洞还出土了不少西夏时期的世俗书籍和西夏、元、明、清时期的藏文佛经、泥石造像，大量佛教用品和生活用品。这些遗物不但反映了凉州各时期的社会生活状况和民俗民风，也是历史上凉州地区佛教兴盛并延续不断的有力实物证明。

参考文献：

[1] 史金波、陈育宁：《中国藏西夏文献》，兰州：甘肃人民出版社，兰州：敦煌文艺出版社，2005 年。

[2] 段玉泉：《中国藏西夏文文献未定名残卷考补》，《西夏学》（第三辑），2008 年。

[3] 张昭美总修，张克复等校注：《五凉全志校注·武威县志》，兰州：甘肃人民出版社，1999 年。

[4] 谢继胜：《西夏藏传绘画》，石家庄：河北教育出版社，2002 年。

[5] 王其英：《武威金石录》，兰州：兰州大学出版社，2000 年。

[6] 察仓·杂藏才旦：《中国藏传佛教》，北京：宗教文化出版社，2000 年。

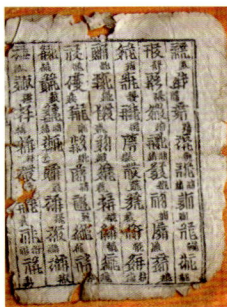

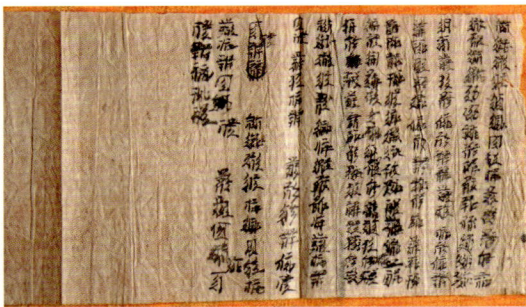

照一　同音　　　　　照二　乾定戌年买驴契及账　　　　照三　乾定酉年买牛契

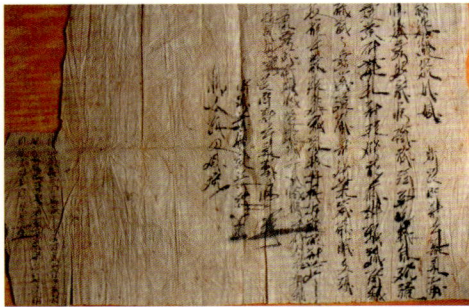

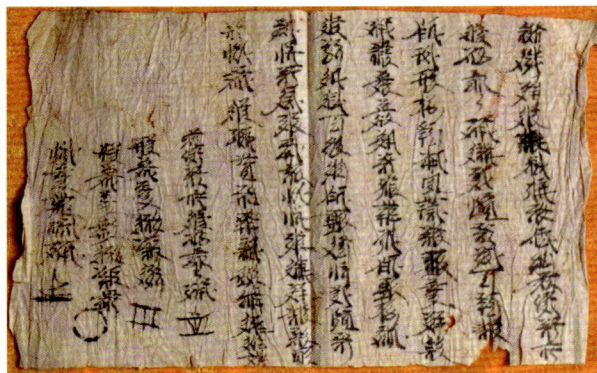

照四　乾定申年典糜契　　　　　照五　文书残页　　　照六　乾定酉年文书

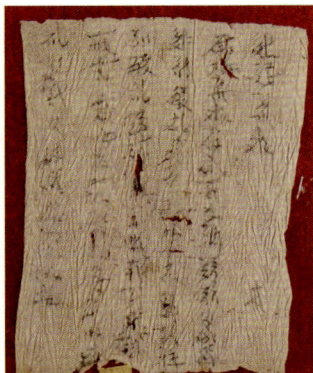

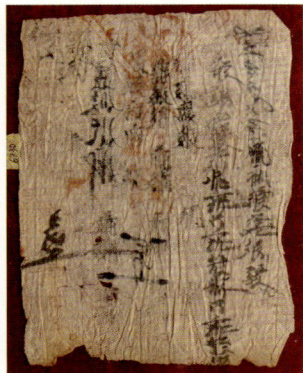

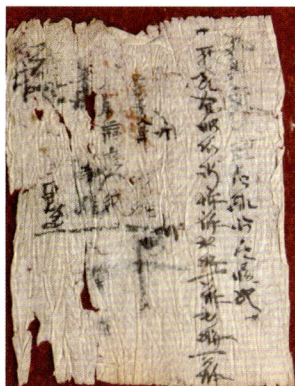

照七　文书残页

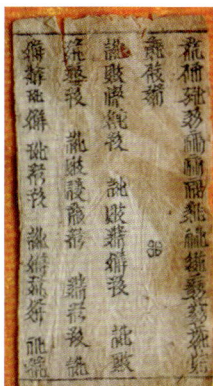

照八　星宿母陀
　　　罗尼

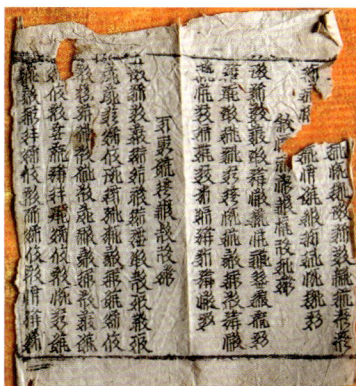

照九　金刚般若
　　　波罗蜜经残页

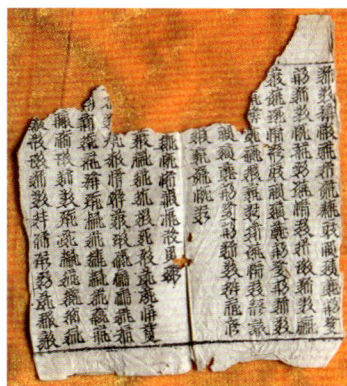

照一〇　金刚般若
　　　　波罗蜜经残页

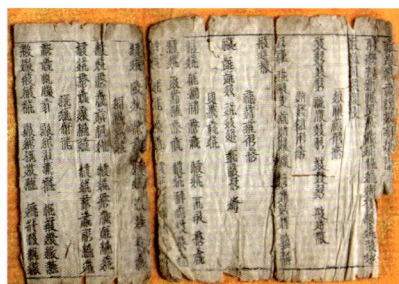

照一一　金刚般若波罗蜜经残页

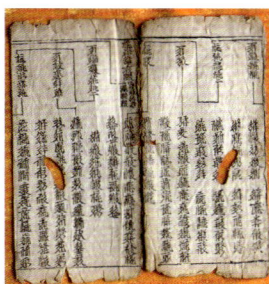

照一二　金刚般若菠萝
　　　　蜜经残页

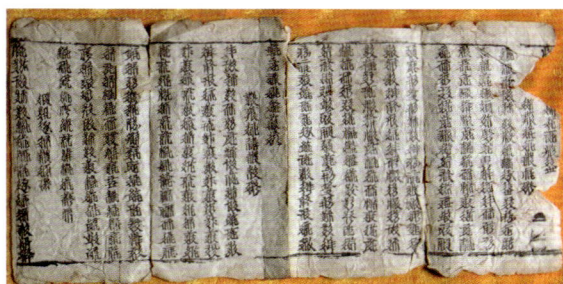

照一三　金刚般若波罗蜜经残页

照一四　金刚般若波罗蜜经残页

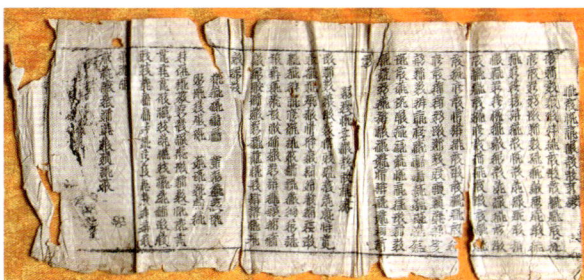

照一五　金刚波罗蜜经残页

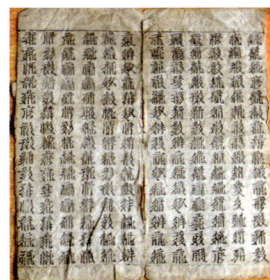

照一六　金刚般若波罗
　　　　蜜经残页

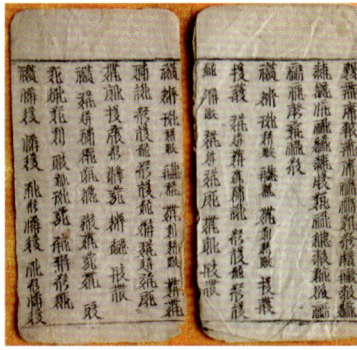

照一七　佛说大白伞盖总持陀罗尼经

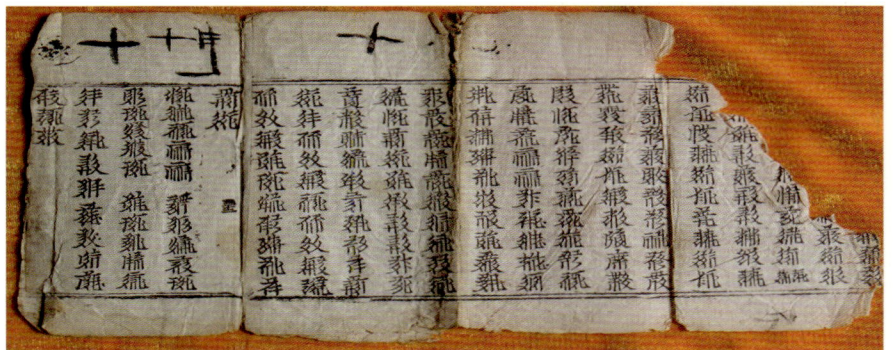

照一八　佛说百寿怨结解陀罗尼经残页

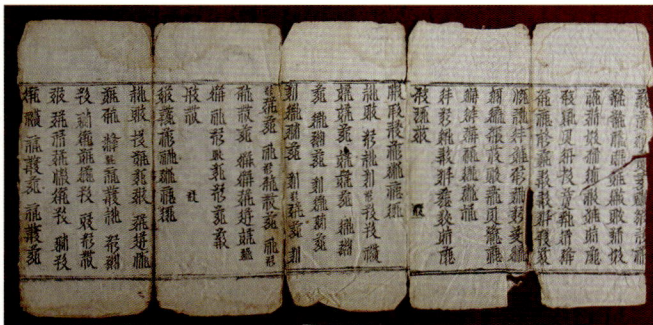

照一九　佛说百寿怨结解陀罗尼经残页

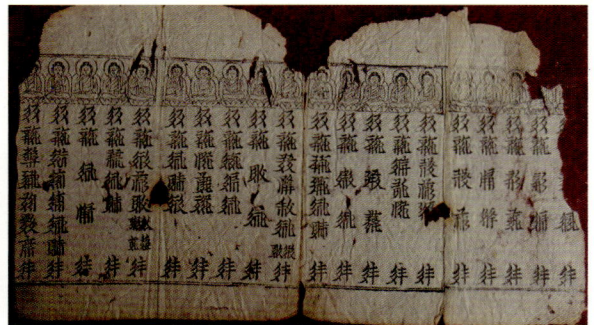

照二〇　佛说佛名经残页

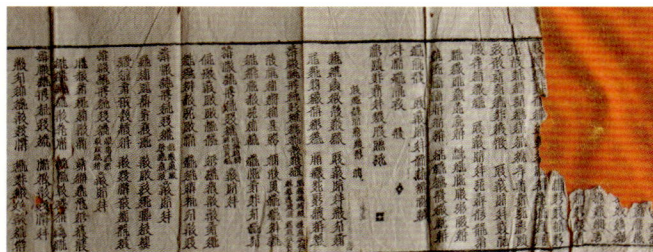

照二一　净国求生礼佛盛赞颂经

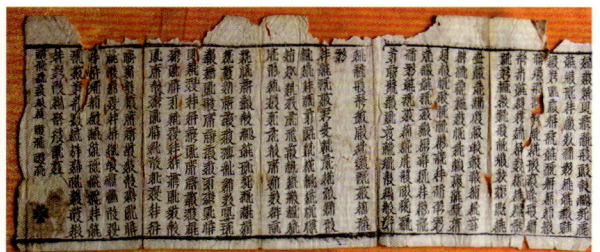

照二二　毗卢遮那法身顶相印轮文众生之灾怖畏令物
取作恶业救拔经

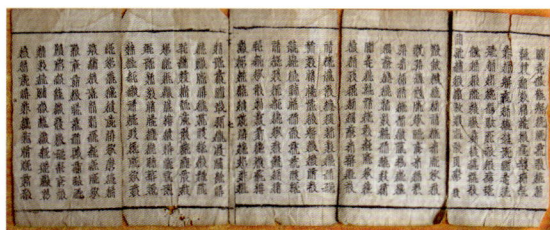

照二三　圣胜慧到彼岸功德宝集偈残卷

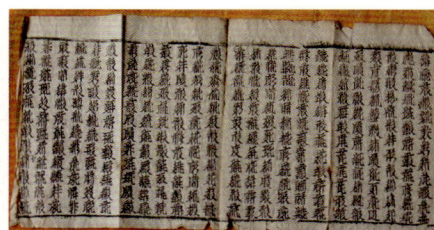

照二四　佛经残页

照二五　佛经残页

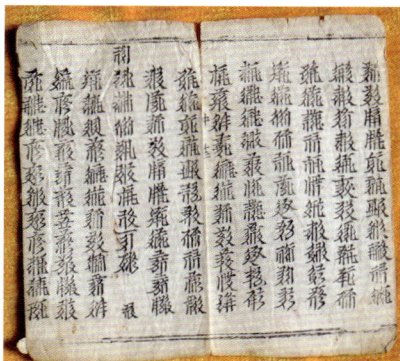

照二六　圣胜慧到彼岸功德宝集
　　　　偈残卷

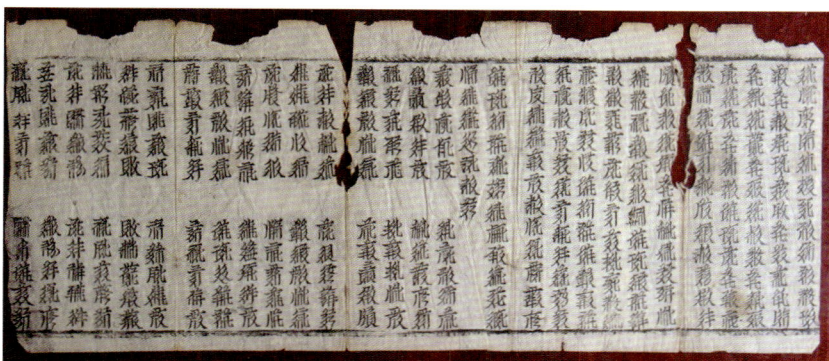

照二七　佛经残页

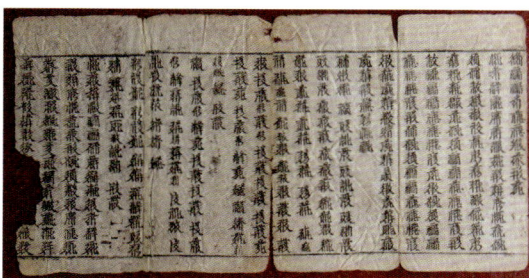

照二八　佛经残页

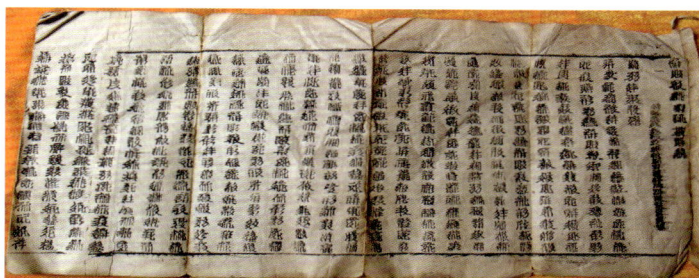

照二九　维摩诘所说经下集

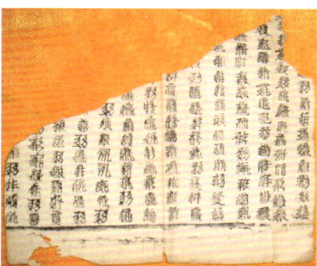

照三〇　泥活字佛经残页

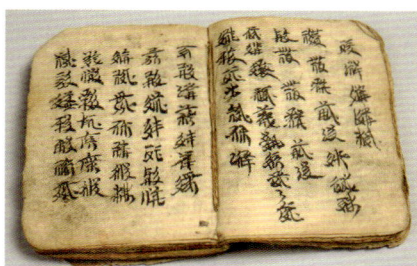

照三一　呼金刚王八智变化八天母为
　　　　生顺等多种经集

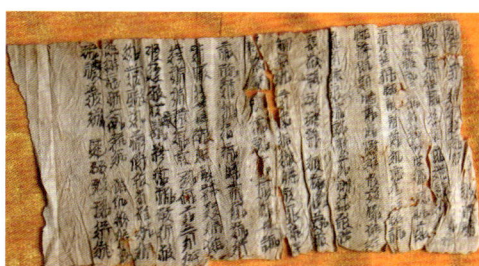

照三二　佛经残页

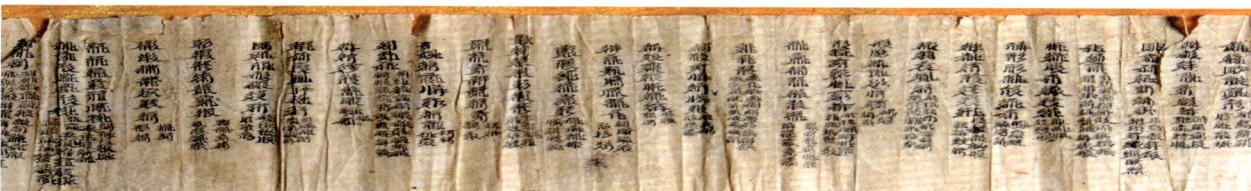

照三三　佛教文献残卷

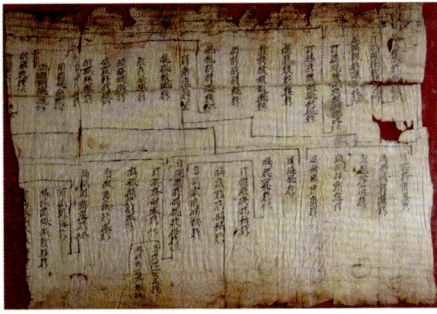

照三四　佛经残页

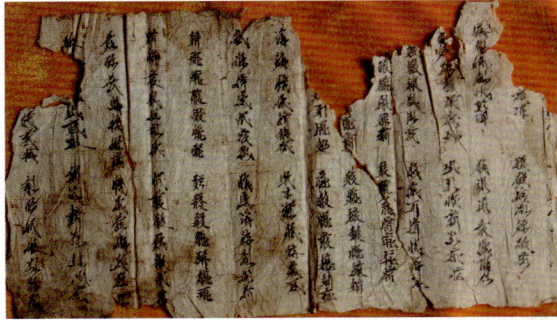

照三五　佛经残页

照三六　清·祈祷文藏文织锦

照三七　清·布地印本经文

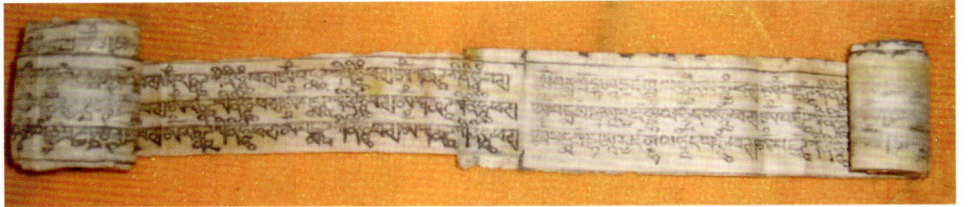

照三九　卷子式藏文印经

照三八　清·布底手抄经文

照四〇　西夏弟子头像

照四一　西夏泥塑头像

照四二　西夏童子头像

照四三　西夏米拉日巴泥造像

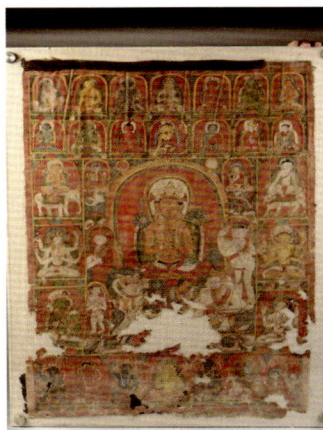

照四四　西夏文殊菩萨像唐卡

照四五　西夏十一面观音像唐卡

照四六　西夏上乐金刚与金刚亥母如意轮坛城唐卡

照四八　藏文经版

照四七　明代宗喀巴
　　　　像唐卡

照四九　藏文石刻

照五〇　方天戟（或三叉戟）

照五一　大轮金刚手善业泥

照五二　释迦佛像善业泥

照五三　释迦佛像善业泥

照五四　菩萨像善业泥

照五五 A　泥佛塔

照五五 B　泥佛塔

照五六　泥金佛塔

照五七　云纹泥范

照五八　水波纹泥范

照五九　莲花纹泥范

照六〇　火焰纹泥范

照六一　宝莲纹泥范

照六二　缠枝卷叶纹泥范

照六三　西夏五佛冠残件

照六四　绣花鞋

照六五　粗布鞋

照六六　西夏酱釉瓷扁壶

照六七　西夏团花蓝绸

原文刊于《陇右文博》2010 年第 2 期

亥母寺石窟远景

亥母寺石窟

亥母寺石窟，位于武威市凉州区新华镇缠山村西南的山顶上，洞窟开凿于南北走向的山梁东坡半山腰处，由 4 个洞窟及窟前建筑遗存组成，东西长 490 米，南北宽 200 米，面积 9.8 万平方米。亥母寺石窟创凿于西夏崇宗正德四年 (1130 年)，元、明、清各代均有延续，现存窟前建筑主体为清中晚期建筑。该遗址自 1985 年发现以来，陆续清理出土了一大批西夏、元、明、清时期的文物，数量多达上万件，其中很多文物是国内罕见。2016—2019 年，甘肃省文物考古研究所对亥母寺石窟遗址进行了系统的考古发掘。洞窟中发现有藏文经卷、残页、塔婆、瓦当等文物。特别是一号洞窟，除发现以上大批西夏文物外，还有各种擦擦、瓷器、铁器、藏文石碣、残碑、各种陶范、丝织物以及壁画残片等，尤其出土的 10 万多枚擦擦，是甘肃境内藏传佛教寺院发现数量最多的一批。该遗址出土文物数量多，内容丰富，涵盖西夏语言文字、社会历史、文献整理、文物考古、科学技术，佛教艺术等各个方面，具有较高的艺术价值、历史价值和科学研究价值，也促进了西夏学学科体系的健全和发展。2003 年，亥母寺石窟遗址被甘肃省人民政府公布为省级文物保护单位。

文字：编者

摄影：王曙

武威元墓清理简报

梁继红　武威市博物馆

　　1998 年 6 月 25 日，甘肃武威永昌镇刘沛村村民在平田整地时发现一座古代墓葬。武威市文体局和市博物馆接到报告后立即派工作人员赶赴现场，对已遭破坏的墓葬进行了清理发掘。经清理发现，该墓为元代至元二十六年（1289 年）的墓葬。现将清理结果公布如下：

一、墓葬形制

　　该墓为八角形砖塔式结构墓，规模较小，棺椁俱全。墓距地表 0.5 米。塔高约 1 米，塔内面积约 1.7 平方米。塔砖长 37、宽 18.5、厚 7 厘米。墓室已被扰乱，塔内有散落的碎骨数块。

二、随葬品

　　墓中共清理出文物 4 件，主要为木器。古钱币 16 枚。

　　1. 木板买地券（图一）：1 件，纵 57.5，横 22，厚 2 厘米。长方形，松木质，已残锈，虫蚀现象严重，字迹有缺损。木板正面自右至左竖写朱红色汉字楷书题记，字迹清晰，字体端庄秀美，遒劲有力。共 11 行，内容录下：

> 给往故蒲法先□□
> 太岁巳丑至元二十六年三月庚辰旦初五日甲申□吉时告下
> 女青诏书律令
> 主人内外存立爱皆安吉急急一如
> 不得干扰先有居者永避万里若遣此约地府主吏自当其祸
> 安厝已后永保休吉知见人岁月主保人今日直符故气邪精
> □□牲牢酒饭百味香新共为信契财地相交分付工匠修营
> 阡陌千秋万岁永无殃咎若辄侵犯诃禁者将军亭长收付何伯
> 北置玄□内方勾陈分掌四域丘承墓旧封部界畔道路将军齐□
> 九十九贯文兼五铢信币买地一段东至青龙西至白虎南（至玄武）
> □壬辰相今卜不山之下神后之原安厝□□护用钱九万九千九百

图一　木板买地券　　　　　　　　图二　素面棺　　　　　　　　　图三　彩绘木棺

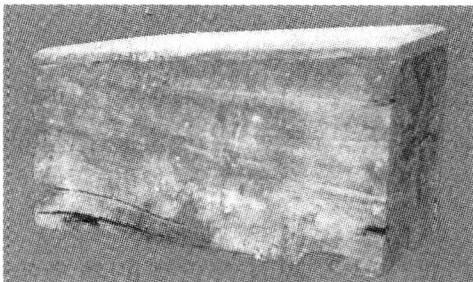

……国永长府君致祭□男蒲文中……以□□故父蒲法先存

2. 木棺（图二）：棺身前大后小，通长41厘米，前档高24.5，宽23厘米，后档高21，宽22厘米。柏木质，共用六块木板，由铁钉和木榫卯合钉而成，铁钉已锈，木质完好。素面无纹饰。

3. 彩绘木椁（图三）：椁身前大后小，通长50.5厘米，前面大头高27，宽28厘米，后面小头高24，宽23.5厘米。松木质，由六块木板组成。除底部残朽缺失外，其余五面均以白色饰地，再用朱砂和赭石粉彩绘，主题纹饰为缠枝牡丹和缠枝莲花。大头正面，除赭色花卉外，还有墨书题记三行，内容为："戊子年十月廿四日"，"蒲法先"，"身亡系从化街住"（图四）。

4. 双耳灰陶罐（图五）：口径15，底径11.5，高20厘米，圆口，卷唇，短颈，深弧腹，腹上部双耳，平底。灰胎素面。

5. 古钱币共16枚，均为小平钱，锈蚀严重。除楷书唐开元通宝2枚外，其余均为北宋钱币。其中熙宁元宝3枚，钱文篆书。嘉□通宝2枚，篆书1枚，楷书1枚。元符通宝1枚，行书。至和元宝1枚，楷书。景德元宝1枚，楷书。其余5枚钱文模糊不清。

图四　彩绘木椁正面　　　　　　　　　　图五　双耳灰陶罐

三、结语

1. 从木遣册记载和木椁题记可知，这是一座元代早期的墓葬，有明确纪年。木椁题记载，墓主蒲法先亡于"戊子年"，即至元二十五年（1288年）10月24日。木遣册又载，墓主人的儿子蒲文中于至元二十六年（1289年）三月初五日为其父买地入葬。根据两棺大小及不同装饰判断，这是一座棺椁俱全的塔式墓葬。死者是被火化后，其遗骨连同骨灰装入木棺椁中埋葬。木棺应为盛放骨灰的"灵匣"。这种葬俗沿袭了西夏时期少数民族的丧葬形式。

2. 买地券和木椁题记上都提到了"永昌府"。永昌府为武威元代故城，位于武威城北15公里处，建于元朝。公元1239年，元太宗窝阔台之子阔端带大军驻扎西凉府，期间，他与西藏著名宗教领袖萨班举行了具有重大历史意义的"凉州商谈"，奠定了元朝中央政权对西藏的行政管理权限。阔端死后，他的第三个儿子只必铁木儿在永昌筑新城，元世祖忽必烈赐名"永昌府"，只必铁木儿又称"永昌王"。后来元政府又以永昌王宫殿所在地，设立了永昌路，凉州遂隶属于永昌路，从此，永昌路城成为元朝管辖河西及附近地区政治、经济、文化的中心，直到元朝灭亡。

3. 买地券是我国古代墓葬中常用的随葬品，东汉时期出现，宋元以后甚为流行。券文内容多记死者所买墓地的范围、地价、证人及不许侵犯等语，往往充满道教迷信色彩。它是由买地契约发展而来的，反映了土地私有制的发展和土地买卖的盛行，同时，也是古代宗教信仰和鬼神崇拜在丧葬中的反映。该墓中出土的木板买地券，其形制和内容与武威西夏墓中出土的几乎完全相同，说明宋元时期，各少数民族的信仰、所使用的丧葬方式都是一样的。

4. 木棺上的彩绘，反映了当时人们的审美观念和绘画艺术。以缠枝牡丹和莲花为题材的绘画，在元代非常流行，是人们对幸福美好生活的追求和向往。

该墓葬的发现，为研究元代的宗教、葬俗、绘画艺术以及武威永昌故城的地理变迁都具有重要的参考价值。

原文刊于《陇右文博》2003年第2期

西夏木缘塔考补

刘茂德　武威市雷台汉文化博物馆

1977 年，在甘肃武威县（今武威市凉州区）西郊林场（现为西郊公园）发现了两座西夏天庆时期（1194—1201）的墓葬，墓内出土有彩绘木版画、木器、瓷器等珍贵遗物，为研究西夏的社会生活提供了丰富的实物资料，尤其是墓中随葬的木缘塔，为研究西夏宗教、葬俗、建筑、文化、艺术等提供了重要的实物例证。

一、木缘塔的造型特征

甘肃省武威市发现的两座西夏墓均为小型单室砖墓，墓中随葬有木条桌、木衣架、小木塔、木笔架、木宝瓶、木缘塔、木版画、瓷碗等珍贵文物共 40 多件。其中，作为葬具的木缘塔就置于墓室正壁二层台的中央。[①]

两座墓出土有四座木缘塔，均由柏木加工而成，其中仅有一座保存较为完整，另外三座因腐朽而残缺不全。从造型看，四座木缘塔盖顶有八角形和六角形之分，尽管有体量大小的不同，但其制作工艺极其相似。保存较为完整、体量最大的一座木缘塔出土于 2 号墓中，通高 76 厘米，分塔座、塔身、塔顶和塔刹四个部分。塔座为四级八角形，表面饰红色；塔身用长 34 厘米、宽 12.5 厘米、厚 2 厘米的八块木板合成，合缝处以长方形四角带钉的铁片固定，上下各一片。木板表面涂深蓝色，上书黄色梵、汉文，塔身顶部另有长 12.5 厘米、宽 3.5 厘米、厚 2 厘米的八块小木板作榫卯，与塔身相连接，表面涂饰红色，上画斗拱图案。塔顶由八块近三角形弯曲的木板组成，骑缝处用同样曲形的木条粘接，每块木板上下部都绘有云气纹，中间用朱红色书写梵文。塔刹底部周围由八块小木板组成围栏，上涂红色。塔刹另制，中心有圆轴与塔顶串连，底座周围绘卷草纹，上有两道相轮。[②]

二、木缘塔的墨书题记

四座木缘塔均有墨书题记，其中 1 号墓木缘塔有三处，两处分别写在两座木缘塔的六角形盖内，题记内容为"彭城刘庆寿母李氏顺娇殖大夏天庆元年正月卅日身殁，夫刘仲达讫"和

---

① 宁笃学、钟长发：《甘肃武威西郊林场西夏墓清理简报》，《考古与文物》，1980 年第 3 期。

② 宁笃学、钟长发：《甘肃武威西郊林场西夏墓清理简报》，《考古与文物》，1980 年第 3 期。

"故亡考任西路经略司兼安排官□两处都案刘仲达灵匣，时大夏天庆八年岁次辛酉仲春二十三日百五侵晨葬讫，长男刘元秀请记"，题记后书有一行梵文，汉文音译为"唵嘛呢叭咪吽"，是佛教的六字真言。另一处是写在一块尚未加工成型的木板之上，题记内容为"彭城刘庆寿母李氏殂天庆元年正月卅日讫"。2号墓有一处，写在木缘塔的八角形盖内，题记内容为"故考妣，西经略司都案刘德仁，寿六旬有八，于天庆五年岁次戊午四月十六日亡殁，至天庆七年岁次庚辰（据甘肃省博物馆的陈炳应先生考订，"辰"字应为"申"字之误）十五日兴工建缘塔，至中秋十三日入课讫"。

从四处题记看，1号墓既有男主人死亡的题记，又有女主人死亡的题记；2号墓虽只有男主人身份和死亡、埋葬日期，但开头提到的"故考妣"提及女主人。由此证明两座墓都为夫妻合葬墓，每人各配有一座木缘塔。墓主人都姓刘，族属为汉，祖籍彭城（今江苏徐州），在西夏朝廷任职，刘仲达生前任"西路经略司兼安排官□两处都案"，刘德仁则任职"西经略司都案"。但刘德仁殁于西夏天庆五年（1198年），直到天庆七年（1200年）才为他建了木缘塔[①]并随葬于墓中。

题记中提及的"缘塔"和"灵匣"，都应为盛放死者骨灰的葬具。这是因为四处题记都写在木缘塔内的盖子上，这也与全国其他地方出土的西夏时期的火葬墓题记写在骨灰匣上相类似，而且木缘塔体积小，适于装骨灰。当然，也有可能是将骨灰装在匣子里，然后将匣子放入塔内进行埋葬。[②]

三、木缘塔上的梵字和汉字

除墨书题记外，木缘塔塔表还书写有黄色的梵、汉字。梵语没有固定的文字且种类很多，多为拼音的音节符号。塔表书写的梵字通称"兰查字"，多见于西藏等地的梵文写本、碑铭以及寺院建筑物上。笔者查阅相关资料并请教中国社会科学院南亚研究所的蒋忠新先生，对随葬于2号墓的木缘塔塔表文字篇数、排序以及部分咒文读法作了较为详细的考订。

塔表汉字通常是梵语咒文的译名，作为标题写在梵语咒文之前，标题以下即是梵语咒文的本文。塔表各表面即为一个书写页，每面从左至右横写十排，前一面第十排最右端的字与下一面第一排最左端的字相衔接。八个面按逆时针方向排列成八棱体。

塔面所显示的五篇梵语咒文的汉译名均位于梵语原文之首，其中《归依三宝》写在一面的开端，其余四个都夹在一面的中间。因此，将《归依三宝》开头的一面确定为八面的首面，而最后一面的"svāhā"作为梵语咒文中常用的结尾词被确定为第五篇咒文的结尾。总之，将

---

① 陈炳应：《甘肃武威西郊林场西夏墓题记、葬俗略说》，载白滨编：《西夏史论文集》，银川：宁夏人民出版社，1984年。

② 陈炳应：《甘肃武威西郊林场西夏墓题记、葬俗略说》，载白滨编：《西夏史论文集》，银川：宁夏人民出版社，1984年。

八个面首尾的文字衔接起来从文义上可以说通。

塔表个别汉字模糊不清，但经考订基本可以释读或补订。从梵文汉译名来看，塔表八面依次有五篇咒文：《归依三宝》《圣无量寿一百八名陀罗尼》《一切如来百字咒》《药师瑠璃光王佛咒》《圣日光天母心咒》等。

《归依三宝》（第1—8排），照原格式，以音节符号为单位转写的读法是：

	归			
第一排	依	na	mo	sa	rva
	三			
	宝			
第二排	bu	ddha ṃ	śa	ra	na ṃ
第三排	ga	cchā	mi		na
第四排	mo	sa	rva	dha	rma ṃ
第五排	śa	ra	na ṃ	ga	cchā
第六排	mi	na	ma	ssa	
第七排	rva	sa	ṅgha ṃ	śa	ra
第八排	na ṃ	ga	cchā	mi	

汉语译文是："敬礼！我归依一切佛。敬礼！我归依一切法。敬礼！我归一切僧。"

《药师瑠璃光王佛咒》，塔表第六面的第3排开始至第七面的第5排结束，共13排，照原格式，以音节符号为单位转写的读法是：

		药 光		
		师 王		
第三排		瑠 佛	oṃ	nā
		璃 咒		
第四排	mo	bha	ga	va	te
第五排	ba i sa	jya	gu	ru	va i
第六排	dū	rya	pra	bha	rā
第七排	jā	ya	ta	thā	ga
第八排	tā	rha	te	sa	mya
第九排	ksa ṃ	bu	ddhā	ya	
第十排	ta	dya	thā	oṃ	ba i

第一排	sa		jye	+	+
第二排	+	+	+	bha i sa	
第三排	jye	bha i sa	jya	rā	
第四排	ja	sa	mu	dga	te
第五排	svā	hā			

（注："+"表示未能确认的音节符号）

汉语译文是："唵！南无世尊药师瑠璃光王如来罗汉正等佛！其法如下：唵！祝福药王、某某药王、超药王！"

塔顶梵文文字按顺序排列可确定属于《阿弥陀佛咒》的片段，梵语原文为"om a mi tā bha rīh svā hā"。这是一个常见的梵文咒语。

四、西夏的塔葬习俗

通过文献记载可知，西夏的葬俗包括火葬、天葬、土葬、塔葬等种类，这些葬俗、包含有不同民族文化的因素，其中火葬与天葬是古代羌人的葬俗，土葬则源于汉族的葬俗和观念，[①] 而塔葬又深受了佛教的影响。

西夏主体民族党项人属古羌人的一支，因此其历来就有火葬的习俗，而且火葬的葬具也是多种多样，极具特色，有长方形木棺，八边形或六边形木椽塔和黑釉瓷灵骨瓶等。其中，在武威发现有盖长方形的梯形木棺，盖弧形带把手的梯形木棺，盖弧形、两端镂雕云气纹和弧形纹、底座镂雕壶门的木棺等。据《旧唐书·党项传》和《通典·边防》记载，党项人"死者焚尸，名为火葬"。西夏文宫廷颂诗中有"黑头石城漠水畔，赤面祖坟白河上"的记录。据《文海》可知党项人将尸体火化处理后，还埋葬骨殖，建丘墓或坟地，说明其祖先早有埋葬建坟的习俗。这种习俗已从宁夏银川发掘的西夏皇陵及其附近的陪葬墓和甘肃武威发掘清理的数座西夏墓得到证实。

除武威外，西夏塔葬习俗在内蒙古的黑水城也有发现。黑水城墓地中死者尸骨置于佛塔内的一个台座上，而武威墓地中死者骨灰放置于木椽塔内；黑水城佛塔内发现有大量西夏文献与文物，而武威木椽塔仅有塔表佛经咒语，没有西夏文字。但两处墓葬都属于西夏塔葬则无可置疑。所谓塔葬是先将死者遗体火化处理，然后将其骨殖或骨灰放置于修建好的塔内的一种葬俗。西夏塔葬深受印度佛教葬俗的影响，佛教的创始人释迦牟尼涅槃后火焚，其骨灰被分到各地建塔供奉，叫做舍利塔，此后供奉舍利之风渐在印度盛行。《大唐西域记》记载，印度"送终殡葬，其仪有三：一曰火葬，积薪焚燎……"塔葬风俗后来随佛教一起传入中国，如最早建造于凉州的姑洗塔，就是一座供奉释迦牟尼佛骨的舍利塔。一些外来传教僧人在中国圆寂后通常"依外国法，以火焚尸"。[②]《文献通考·氏族考》记载，天竺人的葬俗是"死者燔骨，取灰建窣堵"，窣堵即塔。

西夏塔葬深受印度佛教葬俗影响，武威两墓木椽塔塔表书写的梵文佛经咒语，目的是超度死者的亡灵，希望其灵魂升天。同时，木椽塔计年方法也可能仿照印度葬俗，刘德仁死亡的日期是天庆五年四月十六日，而兴工建塔的日期则在七年四月十五日，这就是说木椽塔是

---

① 陈炳应：《西夏探古》，兰州：甘肃文化出版社，2002年版，第150页。

② 释慧皎著、汤用彤校：《高僧传》，北京：中华书局，1992年。

在刘德仁死后两年才建造的，这种计年方法可能也是印度式的。[①]而据《大唐西域记》记载，印度以正月十六日到第二年正月十五为一年，计月、计季也是如此。除此之外，与木缘塔一起随葬出土的木版画和小木塔等器物经考证也与佛教习俗有关。总之，武威西夏墓塔葬习俗必然受印度葬俗的影响，这与西夏人笃信佛教有一定的联系。

原文刊于《丝绸之路》2013 年第 14 期

---

① 陈炳应：《甘肃武威西郊林场西夏墓题记、葬俗略说》，载白滨编：《西夏史论文集》，银川：宁夏人民出版社，1984 年。

《重修凉州广善寺碑》考释

卢秀善　武威天梯山石窟管理处

　　天梯山石窟，即凉州石窟，俗名大佛寺，又名广善寺。该石窟始凿于北凉沮渠蒙逊时期，位于甘肃省武威市东南50公里的天梯山北麓。《重修凉州广善寺碑》现保存于武威天梯山石窟管理处，此碑采用祁连山一带出产的青石制成，碑身通高2.25米，宽1.15米，厚0.26米。碑额和碑座已失。碑阳用汉字书写，碑阴用藏文书写。正面汉文自右向左刻，共29行，共计843字，藏文自上而下24行。碑文虽经风吹日晒，部分脱落，但基本可辨认（如下图所示）。据此碑铭汉文部分末尾书"大明正统十三年岁次戊辰九月吉日"，知此碑立于公元1448年。现附《重修凉州广善寺碑》汉文录文如下，并对此碑作考证分析，望方家指正。

　　佛之法，本自西域流入中土，中土之人，无男女少长，咸崇信之，迄今千有余年矣。圣朝之有天下，所在有司，皆设殿宇，以置佛像，择其徒术精行修者官之，俾领其众，内而有僧录司，莫不崇且重也。盖其法以慈爱为本，而圣人之治天下，咸欲民之趋于善也，民之奉佛，苟有慈爱之心，则风俗岂有不善者耶？凉州古武威郡，去西域为近，而事佛者尤广。郡东南百三十里，地名黄羊川，有古刹遗址，中有石佛像，高九丈，为菩萨者四，金刚者二，诸佛之龛二十有六。前镇守官尝欲崇修其寺，志未就也。正统九年，上命御马监太监大名刘永诚，镇守甘肃。公于城池兵甲米粟之务既毕，乃考图寻胜，相其旧址，则曰："前人有欲为之志，而未就也，我则承之。"于是出己金，鸠材聚工，凿山架楹，筑宫于其间，凡八层，高十有六丈，有钟鼓二楼，两庑三门，与夫诸僧禅诵之室，休宿之庐，瓦壁黝□，漆举以法。又于寺东高阜处，建塔一座，高二丈三尺，壮观实大。经始于乙丑三月毂旦，而落成戊辰八月望日。郡人争先观之，其□奉佛者，时送日献，罔有虚日。先时，有番僧伊尔畸，居于此，能以其法动人，赐号通慧国师，赐名广善。伊尔畸弟子锁南黑叭复嗣国师之号，阐其法焉。夫武威为边境之冲，去中州数千里，自昔以来，人皆习弓矢战斗，为御侮计，诗书之数，罕有习者。迨我朝建治立学，而人有士行，况朝夕事佛，渐磨慈爱，其于事亲敬长之道，无不尽力以赴之，习静之暇，又能重修其宇，则佛之法，其有以□□边人而翊皇明之教也，夫皇明之教，孝弟而已。人能孝弟，则亲其上，死其长矣。吾见却匈奴有如反掌也。御侮云乎？承公之命，不获辞，谨拜手而为铭曰：于戏我佛，慈爱为心。流入中土，岁月惟深。中土之人，不分男女，诵佛之典，曰亿万数。况乎武威，国之西陲，封信佛法，罔不归依。郡之东南，百三十里，崇修佛宇，严殿森邃。石像之高，俨乎清标。菩萨金刚，参列云霄。凉人虔恭，焚香稽首，舍资捐金，朝奔夕走。圣明之教，曰善曰良。佛翊皇庭，益振慈祥。岂惟化我，亦以卫我。千载西凉，居民安妥。

内有常住田地四至：东至小坡，西至大山，南至乱冢堆，北至峡口，各有暗记。

大明正统十三年岁次戊辰九月吉日。

钦差镇守甘肃太监刘永诚，奉御阮和、福保。

总兵官平羌将军宁远伯任礼。

参赞军务都察院右副都御史马昂、右参将都督佥事王喜。

副总兵右军都督府署佥事王敬。

右参将副都指挥同知刘法贵、协副都指挥使汪寿，署都指挥佥事萧敬。

赐进士出身前湖广道监察御史牟伦撰，潜江杨广书丹篆额并镌。

一

《重修凉州广善寺碑》由明代赐进士出身、前湖广道监察御史牟伦撰，潜江杨广书丹篆额并镌。全文可分六部分，第一部分记述了佛教从西域传入中原以来，信众颇多，而凉州自古以来就崇信佛教的历史背景。"佛之法，本自西域流入中土，中土之人，无男女少长，咸崇信之，迄今千有余年矣。"佛教艺术从西域向东传播，首及河西地区。河西的政治、经济、文化中心，魏晋以来在武威，即凉州。凉州自张轨以来，世信佛教。[①]"圣朝之有天下，所在有司，皆设殿宇，以置佛像，择其徒术精行修者官之，俾领其众，内而有僧录司，莫不崇且重也。"明朝时，设僧录司，掌管有关佛教徒事务。并在各省均设分支机构，如府设僧纲司，州设僧正司，县设僧会司。这些机构都重视在地方设殿置佛，尊崇佛教。

第二部分记述凉州广善寺的地理位置，重修广善寺缘由。"郡东南，百三十里，地名黄羊川，中有石佛像，高九丈，为菩萨者四，金刚者二，诸佛之龛二十有六。"明时凉州广善寺所在地名称黄羊川，当时天梯山石窟有洞窟26个，其中大佛窟有7尊造像。广善寺的重修"前镇守官尝欲崇修其寺，志未就也"，御马监太监刘永诚则承之。

第三部分记述凉州广善寺重修的经过、建成时间和规模。"于是出己金，鸠材聚工，凿山架楹，筑宫于其间，凡八层，高十有六丈……又于寺东高阜处，建塔一座，高二丈三尺，壮观实大。经始于乙丑三月毂旦，而落成戊辰八月望日。"广善寺的重修从明正统十年（1445

---

① 宿白：《凉州石窟遗迹和"凉州模式"》，《考古学报》，1986 年第 10 期，第 435—436 页。

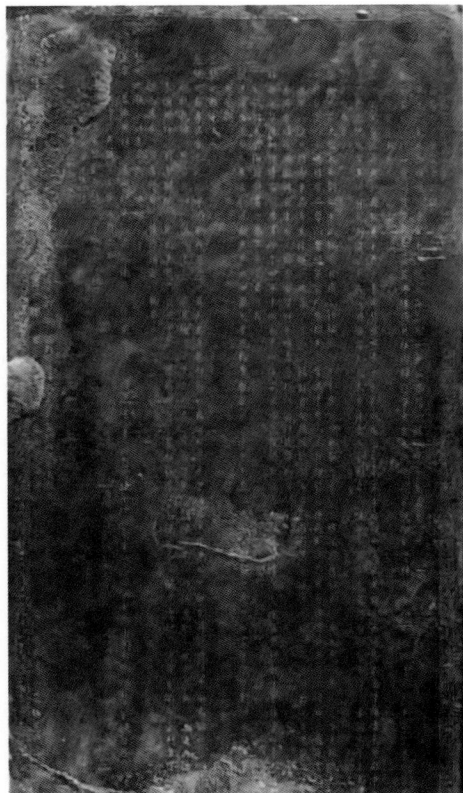

《重修凉州广善寺碑》（汉文）

年）三月开工，正统十三年（1448年）八月十五日竣工。建成后的广善寺楼阁高八层，在寺的东面土山上修建一座高二丈三尺的佛塔。据李喇嘛老人讲述，天梯山大佛窟原有九层大楼，楼前还有厢房，每面四间，外有围墙和角楼，他就住在天梯小学后面的依山建筑的四合院内，1927年时全部被地震震毁，寺院内的玉佛、玛瑙供器等物，已同时被毁坏，现在的小学，便是用大楼和寺院坍塌后的材料修建的。[①] 现今，大佛窟前的遗存木构和窟顶的遗迹、散落在旁边的残破砖瓦，足以说明当时的广善寺规模的宏大。至于"九层大楼"的盛况，应该与阁楼顶加在一起为九层。解放后，由于黄羊河水库的修建，寺院被拆除。

第四部分说明广善寺名的由来。"先时，有番僧伊尔畸，居于此，能以其法动人，赐号通慧国师，赐寺名广善。"广善寺由此而得名。

第五部分从"夫武威为边境之冲"至"千载西凉，居民安妥"，讲述了重修广善寺的重大意义。凉州由于地处边塞要冲，远离中原数千里，为防外敌匈奴，习武者多而习文者少。而"圣明之教，曰善曰良。佛翊皇庭，益振慈祥。岂惟化我，亦以卫我。千载西凉，居民安妥"。明王朝以佛教来教化民众，实现安居乐业。

第六部分记述广善寺寺属田产四至："东至小坡，西至大山，南至乱冢堆，北至峡口，各有暗记。"这与现在的天梯山石窟保护规划范围基本相吻合。

二

《重修凉州广善寺碑》补充了天梯山石窟乃至凉州地区明代以前的历史资料，反映了当时凉州佛教发展的盛况，印证了天梯山石窟即"凉州石窟"。此碑于1927年古浪大地震时掩埋地下，直至1959年11月29日由天梯山石窟勘察搬迁工作队发掘清理。在我国早期史书后魏崔鸿撰《十六国春秋·北凉录》、唐释道世撰《法苑珠林》、唐道宣撰《神州三宝感通录》等佛教史书中，对天梯山石窟进行了记载或转述。然而，自唐以后，凉州石窟由于不再见于史书著录，许多佛教史学家和美术史专家在谈到东晋十六国的佛教和佛教艺术时，总要按照上述

---

① 敦煌研究院、甘肃省博物馆编著：《武威天梯山石窟》，北京：文物出版社，2000年，第180页、第9—10页。

历史记载提上几句，对它以后的发展情况如何，一直再未有人作过肯定而详细的记述。[①] 解放前后，许多专家和学者，如向达、夏鼐、阎文儒、冯国瑞、史岩对天梯山石窟做过考察，根据当时石窟的规模，有些专家对天梯山石窟即"凉州石窟"提出质疑。《重修凉州广善寺碑》的发现，回应了专家、学者的质疑，印证了崔鸿及道宣等人所谓的"于凉州南百里崖中大造形象"更是凉州石窟无疑。

三

《重修凉州广善寺碑》刻于明代，碑文以藏、汉两种文字记述，且碑文中提到了"先时，有番僧伊尔畸，居于此，能以其法动人，赐号通慧国师，赐寺名广善。伊尔畸弟子锁南黑叭复嗣国师之号，阐其法焉"。碑铭中出现的番僧伊尔畸，当时在天梯山石窟任主持。据此碑藏文记载：此僧曾获妙善通慧国师。其弟子锁南黑叭，即嗣国师位。从宋元始，皇帝为积极扶植藏传佛教，封授大批藏传高僧为上师、国师等。而天梯山石窟在搬迁时剥出珍贵的西夏、元时期壁画菩萨像和童女像，其人物造型凝重，色彩浓厚单纯，色调和谐，几乎都受到了藏传佛教的影响。

凉州石窟寺，从西夏起，至迟明代就已经是喇嘛教寺院了。[②] 现在紧邻天梯山石窟的天祝藏族自治县哈溪镇是一个藏民聚居区，那里仍有大、小红沟寺喇嘛教寺院。此碑对研究该地区当时的民族构成提供了证据。天梯山石窟所处地曾是藏人聚居地的情况，清乾隆《五凉考制六德集全志》记载，武威将番民"编隶于民"，其中番民集中安插地有六处，天梯山石窟附近就有张义堡、沙沟（现行政区划属凉州区张义镇）两处。其中安插地张义堡：大头目一名，小头目两名，人口男 269，女 225。沙沟：乡约一名，■长三名，人口男 143，女 182。[③] 到清代，这里还是卖力干部落的驻牧之地，后来不少藏人改奉汉姓，逐渐汉化，至今难以辨识。

四

《重修凉州广善寺碑》记载："正统九年，上命御马监太监大名刘永诚，镇守甘肃。"明代，在全国实行太监制度。明王朝为了更好地维护统治，建立了镇守太监调任制度，由皇帝派出亲信太监，到各省和各个重要城市长期驻留，这是政治性举措。太监制度早在 8 世纪时，唐朝就已有之，这一制度一直沿袭至明朝。到了 15 世纪，明朝又设立了镇守太监，即如税务太监、矿务太监、采办太监、织造太监等，与监军太监并驾齐驱管理公务。到 16 世纪，这一制

---

① 敦煌研究院、甘肃省博物馆编著：《武威天梯山石窟》，北京：文物出版社，2000 年，第 180 页、第 9—10 页。

② 胡宗秘：《凉州石窟》，第 8—9 页。

③ 李静：《乾隆年间武威县的民族构成及其分布大势》，载李并成、张力仁著：《河西走廊人地关系演变研究》，西安：三秦出版社 2011 年版，第 32—33 页。

度已成为一种永不变更的"祖制"。碑文记述天梯山石窟正是由明代钦差镇守甘肃太监刘永诚主持重修的，在当时的制度和条件下，这样大兴土木，主持修建寺院，唯有这些亲信官吏才能组织实施。《重修凉州广善寺碑》的发现，将极大地丰富天梯山石窟的人文景观。对此碑文的考证分析，有助于推动天梯山石窟相关研究的深入。

参考文献

[1] 史岩:《凉州天梯山石窟的现存情况和保存问题》,《文物考察资料》, 1955 年第 2 期。

[2] 刘慧达:《北魏石窟与禅》,《考古学报》, 1978 年第 3 期。

[3] 王尧, 陈践:《"凉州广善寺碑文"藏汉文释读》,《中国藏学》, 1990 年第 4 期。

[4] 张学荣:《凉州石窟及有关问题》,《敦煌研究》, 1993 年第 4 期。

原文刊于《丝绸之路》2017 年 12 期

河西走廊藏传佛教美术遗存研究

张有国　武威市凉州区百塔寺管理处

前言

河西走廊在历史发展长河中占据着重要的位置，其主要原因就在于河西走廊的地理位置临近青藏高原，并与蒙古相互接壤，是连接东西部的重要枢纽。在河西走廊发展的历史长河中遗存了很多珍贵的文化遗产。尤其是在藏传佛教引入中原时，河西走廊中就遗存了很多关于藏传佛教的美术遗存，这些藏传佛教美术遗存对于现在研究佛教文化具有着重要的意义，为研究河西走廊藏传佛教美术遗存提供着重要的参考依据。

一、藏传佛教在河西走廊的发展特点

随着藏传佛教进入河西走廊以后，藏传佛教文化在当地就快速传播开来。在藏传佛教文化传播的过程当中也逐渐地形成了很多重要的佛教美术作品，例如敦煌莫高窟、炳灵寺石窟、武威天梯山石窟等保存的塑像、壁画等，从这些美术作品上看，部分遗存不论是在人物的刻画、人物的舞蹈动作、人物的服饰上都体现着藏传佛教文化的独特魅力，这些美术遗产不仅仅单纯代表着佛教文化的文化精髓，也代表着当时社会人们通过双手创造生活的重要精神文化特征。在藏传佛教发展中，其最大的特色就是藏传佛教整体的发展趋向是逐渐向外发展。这主要受到河西走廊独特的地理位置和历来是少数民族聚居的地方等影响，这就使得河西走廊成为了佛教文化传播的重要途径，正是这样的缘故使得佛教在传播的过程当中受到了很多佛教弟子的重视。另一个重要的发展特点就是，藏传佛教在河西走廊地区得到了极大的传播与融合，藏传佛教对河西地区的不同民族的文化、政治、社会生活都产生了深远影响①。在河西走廊佛教文化传承的过程当中，促使着很多思想文化与当地本土文化相互的融合，例如乔典堂，乔典堂最初是属于唐代吐蕃建筑的寺院，后随着藏传佛教的引入并逐渐发展，后被命名为乔典堂也就是佛家弟子所说的噶举派寺院。

---

① 范召全：《藏传佛教在康区传播与发展历史三段论》，《西藏研究》，2013 年第 1 期，第 33—47 页。

二、河西走廊藏传佛教美术遗存研究

河西走廊有着悠久的文化历史，文化的起源来自于各族人民的共同努力，虽然曾经存在过很多的民族和政权，但其民族文化所带来的影响实际上是不可估量的，藏传佛教文化就是民族文化长久发展中的沉淀。佛教艺术的出现最早可以追溯到中唐时期，当时的藏传佛教文化通过吸收各种外来文化来进行创新，形成了相对完整的宗教艺术体系。后期随着吐蕃的东征和敦煌艺术的实现，使藏传佛教伴随时代的发展在十二世纪后开始逐渐成形并成熟。西夏时期，藏传佛教遗迹开始遍布河西走廊的各地，比如莫高窟、亥母洞石窟等等诸多寺庙群当中的一些雕塑和绘画作品在藏传佛教艺术的影响下得以流行，很多上乘之作逐渐被更多的人所关注，也正是在此时期，西藏艺术彻底东传，西夏政权在西北部的崛起奠定了藏传佛教艺术的根基。元代藏传佛教萨迦派的流行和明永乐年间藏传佛教格鲁派的兴起，涌现了大量的美术作品，很多寺庙中的美术都已经应用于佛殿内外的装饰构建上面，还有很多的美术形式都开始使用木雕和砖雕和唐卡等，使汉族和藏族文化充分融合，不同的艺术风格构成了多元化的艺术体系，成为了藏传佛教美术艺术的典范。除此之外，仍有大量遗迹遗存于寺庙或者民间，基本都是考古所发现，目前还有待进一步的发掘[①]。正是这些藏传佛教美术遗存，使人们更容易发现佛教艺术的发展和传播脉络，书写着文化历史的特殊符号。

三、藏传佛教美术在河西走廊的发展

对上述研究进行总结能够得出这样的结论，首先，经济的发展促进了文化的交流，正是这样的背景赋予了河西走廊藏传佛教的美术以丰富的内涵，因此能够总结出，促进文化艺术不断发展的有效推动力量就是多元文化和民族文化艺术之间的差异性互补。其次，藏传佛教的美术文化之所以有着当前的发展趋势，很大程度上依赖于藏传佛教的创造性，这种创造建立在了充分吸取其他艺术元素的基础之上，由此引申生成的多元化表现风格和艺术手法，促使藏传佛教美术的各种题材得以最大范围拓展，彰显了藏传佛教美术强大的文化力量，并充分发扬了其丰富的文化内涵。最后，河西走廊的藏传佛教美术遗迹不仅仅是一种艺术形式的发展反映，更是作为一种文化来为人们呈现出了藏传佛教图像学的发展历程，在当前时代来看，具有重要的现实意义。由此可见，河西走廊藏传佛教在美术艺术史上具有着其他文化艺术所不可比拟的作用。这些藏传佛教美术遗存在不断的发展过程当中因其自身文化海纳百川的特点，集百家之长，吸收借鉴其他美术艺术的特点，将自身的魅力发挥到极致，并在逐渐创新的基础之上推陈出新，使得藏传佛教文化逐渐向大众生活所靠拢，为藏传佛教拓宽发展路线，也正是因为藏传佛教的具有这样强大的生命力，使得藏传佛教的美术遗存也独具特色，

---

① 贾玉平：《藏传佛教美术风格问题的反思——以西藏夏鲁寺美术为例》，《贵州民族研究》，2012 年第 2 期，第 143—146 页。

在藏传佛教的美术遗存中展现出来的实际上是美术艺术形式在藏传佛教文化中的不断演变的一种历程。

结论

综上所述，河西走廊藏传佛教美术遗存是整个艺术历史文化中的重要组成部分，也是中国美术史的瑰宝，更是民族文化进一步交流的桥梁，值得进行更为深入的研究。

原文刊于《黑龙江史志》2015 年第 5 期

武威校尉乡珍珠台窖藏元代铜器铭文辨析

党菊红　武威市博物馆

西凉报慈安国禅寺位于今甘肃省武威市凉州区校尉乡珍珠台。1982年7月，当地村民在寺院遗址挖窖储草时，发现了一批元代文物，经清理后送往乡政府保管，后由武威县文管会征集保存，现藏于武威市博物馆。这批文物分为铜器、铁器、瓷器、建筑构件四大类，共23件。其中四件铜壶、一件铜熏鼎、一件铁钟上皆有铭文，铁钟生锈严重，铭文已模糊不清。铜器上铭文大部分清晰可辨，《武威金石录》（简称《金石录》）对至正款铜壶铭文做了著录[①]，《陇右文博》做了简要报道（简称《简报》）[②]。这对推介武威文物，研究元代宗教信仰、民族交往、冶金铸造等方面都提供了十分珍贵的资料。这批文物最重要的是铜器上的铭文，美中不足的是《金石录》和《简报》对这批重要文物的铭文识读是有问题的。本文就这些铜器铭文的识读以及铭文中反映的几个问题，谈点个人看法，与《金石录》《简报》作者商榷。

一、铜器简介

1. 至元款铜壶 I

国家一级文物。口径9厘米，底径17厘米，高43.5厘米，重6750克。直口，折沿内收，长颈，斜肩，鼓腹，下腹斜收，喇叭形圈足，足端下折。颈、腹套接，颈腹处焊接衔环龙首耳，左耳缺一环。口沿下线刻"至元丙戌西凉报慈安国禅寺僧仁敏置"字样；颈中部、下腹、足胫处饰规则的云雷纹，其间点缀五瓣梅花，云雷纹上下各饰两道弦纹。铸造精细，体态秀美（图一）。

2. 至元款铜壶 II

残，仅存颈肩部。残高21厘米，口径16.7厘米，肩部底径11.5厘米，重1650克。口沿下同样线刻"至元丙戌西凉报慈安国禅寺僧仁敏置"1行16字（图二）。

图一　至元款铜壶 I　元代

---

① 王其英：《武威金石录：元至正款铜壶2件》，兰州：兰州大学出版社，2001年，第94—95页。
② 梁继红：《武威校尉乡元代窖藏清理简报》，《陇右文博：武威专辑》，2004年，第26—29页。

图二　至元款铜壶Ⅱ　元代

图三　至正款铜壶Ⅰ
元代

图四　至正款铜壶Ⅱ
元代

3. 至正款高圈足铜壶

2件，国家一级文物。至正款铜壶Ⅰ，口径18厘米，底径24厘米，高55厘米，重11250克。至正款铜壶Ⅱ，口径15.5厘米，底径23.7厘米，高57.5厘米，重14250克。两件造型相同，侈口方唇，口沿内敛，高束颈，平肩，鼓腹，喇叭形高圈足。颈上部饰龙首形耳，耳衔环。通体饰纹：颈部为四片花瓣组成的连续图案，花瓣中间饰云头纹，颈中部为一道凸弦纹；腹部分三组，腹上部为云头纹，中部为三条线组成的锯齿纹，下部为上下交错的三线锯齿纹，中下部锯齿纹之间满饰云头纹。三组纹饰之间以带状回纹间隔。圈足一周铸铭文，镌刻信士弟子姓名，还有官衔、铸造者和铸造时间等。铸造粗犷古朴，合范痕迹明显（图三、四）。

4. 铜熏鼎

1件，国家一级文物。口径51.5厘米，高65厘米。盘口，直颈，双耳，溜肩，鼓腹，腹部双系，弧形底，三足中空，为虎头形。盘口四周为镂空缠枝梅花，颈部两面各有一条浮雕龙，顶部为弧形的双层两耳，高于盘口，内层空，内外之间为镂空缠枝梅花。腹两侧为象鼻衔镂空双层环，中间饰菊花。腹部一周有四方长方形开窗，窗内饰镂空折枝牡丹。每两方长方形开窗之间又饰菱形开窗，窗内有不同姿态的人物、动物浮雕造像。熏鼎底部模铸三枚镂空金钱纹饰。熏鼎所有纹饰均涂彩：花卉部分花瓣涂红白二彩，花叶涂绿彩，菱形开窗周边涂红白二彩；肩腹间用红线勾勒；颈部浮雕龙上涂金。肩部一周铸铭文，为信士弟子姓名及其官职（图五）。

5. 铜锅

1件，口径87.5厘米，高37厘米。圆口，上折

图五　铜熏鼎　元代

沿，深直腹，圆底，底残缺。口沿下焊接四个长方形耳。

二、铜器铭文辨识

（一）至元款铜壶铭文

至元款铜壶Ⅰ、至元款铜壶Ⅱ都在口沿下刻有相同的铭文1行16字："至元丙戌西凉报慈安国禅寺僧仁敏置"（图六）。

《简报》却识读为"至凶丙戌西凉报慈安寺僧仁敏昼"。"至元"作"至凶"，当是校对上的问题；"报慈安国禅寺"作"报慈安寺"，掉"国禅"二字，当是作者大意；"僧仁敏置"作"僧仁敏昼"，把"置"作"昼"，就是识读上的错误。

（二）至正款铜壶铭文

中国古代直至近代，要在竖长方形块面上书写名单，多是分几列排成行，从右向左书，先写上列，再写下列。识读起来，自然也是自右向左，先从上列一行读到末行，再从下列一行读到尾。珍珠台出土的两件至正年款铜壶，底足部由于范缝明显，分别形成三个梯形块面，每个块面都有人名，除一个块面铭文为一列外，其余每个块面都为两列铭文。上列稍窄，铭文少，下列微宽，铭文多，识读铭文也应从少到多，先读上列，再读下列。

图六，1.至元款铜壶口沿下铭文之一

图六，2.至元款铜壶口沿下铭文之二

图六，3.至元款铜壶口沿下铭文之三

《金石录》及《简报》在铭文的识读上可能是一时疏忽，犯了一个常识性的错误，恰好违背了这个规律：读完上列第一行，接着读下列第一行，依次类推。这样，不但每一行因宽窄不等，不能相互对接，即使勉强拼凑起来，也文理不通，一片混乱。

首先，人名与人名混淆。如至正铜壶Ⅰ铭文"众家奴""车二""小的""吴纳儿"，按照先上后下顺序，应分别为两个人名，即"众家奴""车二"和"小的""吴纳儿"。而《简报》却均作一个人名。

其次，人名与职务混淆。如至正铜壶Ⅱ铭文"苟五　史敬臣　李文进"，"匠人　苟文进"，按照先上后下顺序，"苟五"后应接另一个人名"史敬臣"，而"匠人"后应接人名"苟文进"，因为"匠人苟文进"是指苟文进的身份为"匠人"，匠人不是人名。而《金石录》《简报》却识读为"苟五　匠人　史敬臣　苟文进　李文进"，误。

第三，人名与年代混淆。至正铜壶的铸造年代为"至正元年七月廿五日"；而《金石录》

《简报》则识读为"至正元周五十三年七月廿五日"，其中的"至正元"为下列第三行，"周五十三"为上列第四行，是一人名，与下列第四行的"年七月"是不相关的。由于《简报》把人名与年代混在一起，因此得出结论："北元势力在和林一带，且亦不再使用'至正'年号，但铜壶上铸有'至正元周五十三年'纪年，说明至少在河西地区，依然有元朝的残余势力在活动，而且一直沿用'至正'年号，至少沿用到'至正五十三年'（1393年，这时已经是明朝洪武二十六年）。"如果真是这样，这是中国历史上的一大新发现，可以补正《元史》《明史》记载的不足。然而事实并非如此，是我们识读铭文时出现了明显错误。

第四，人名与活动内容混淆。Ⅱ式铜壶铭文"至正元年七月廿五日"下面为"铸就"二字，是说铜壶是在此时铸成的，这是至正铜壶铭文的结语，而《简报》将"铸就"误识为人名"锡龙"，因此在年代后面又接人名"苟金刚宝　锡龙　苟润□奴"，使读者难以理解。

另外在块面铭文的先后排列和其他铭文的识读上也多处存在错识、漏识的问题。下面以笔者之见逐一予以订正。

1. 至正款铜壶Ⅰ铭文辨识

（1）第一梯形块面铭文按正确顺序应先读上列7行："邹宗禄　车安安　邓才贵　众家奴　王提举　何同和　韩文进"7人，后读下列11行："曹大　何文德　崔友义　小的　吴纳儿　车二撒的迷失　宋德寿　宋世荣　刘信家奴　宋德亮"11人（图七）。

而《简报》却将此块面作为最后一块，除上下两列相混外，其中"车安安"作"车安定"，"崔友义"作"崔友和"，"小的"和"吴纳儿"作"小的吴纳儿"，"众家奴"和"车二"作"众家奴车二"，"王提举"作"王提"，"刘信家奴"作"刘□家奴"，"宋德亮"作"宋德范"，误。

（2）第二梯形块面铭文按正确顺序应先读上列9行："赵庭秀　宋世革　刘夫寿　何二　范子和　耒三　李荣"7人，再读下列8行："张五十　王□才　王六十三　齐大平　李五　恩吉祥　李氏三姐　八十"8人（图八）。

而《简报》却将此块面作为第一块，除两列相混外，其中"张五十"作"张□□"，"王□

图七　至正款铜壶Ⅰ第一梯形块面铭文拓片　　　　图八　至正款铜壶Ⅰ第二梯形块面铭文拓片

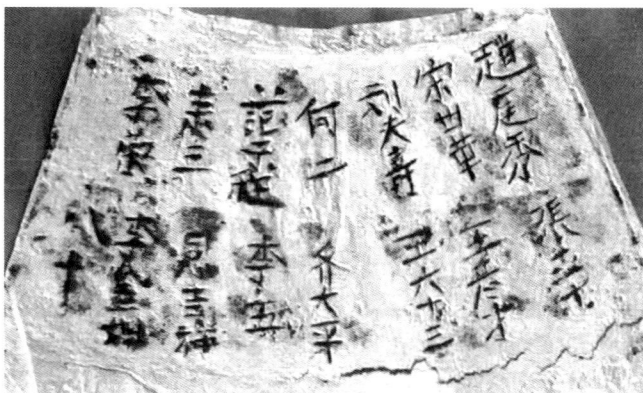

才"作"王兵才"，"范子和"作"范玉和"，"李氏三姐"作"李□□"，误。

（3）第三梯形块面铭文按正确顺序应先读上列8行："王宅善儿　赵黑女儿　扬（杨）府判　张总管　赵经历　扬（杨）曾□□　马世忠　车三"8人；再读下列10行："蒲氏住姐　大平奴　李仲德　赵三　李宅唐氏　李宅周氏　王三　王永德　王党兀　徐大"10人（图九）。

而《简报》却将此块面作为第二块，除两列相混外，其中"蒲氏住姐"作"蒲□□姐"，"赵黑女儿"作"赵□□儿"，"扬（杨）府判"作"杨府□□"，"李宅唐氏"作"李宅□"，"李宅周氏"作"李宅周白氏"，"扬（杨）曾□□"作"杨□□□"，误。另外还漏录"李仲德"一人。

2.至正款铜壶Ⅱ铭文辨识

（1）第一梯形块面铭文为一列6行6人："蒙德信　景克柔　同义　李文贵　赵文德　赵文富"（图一〇）。

《简报》也为一列6行6人，其中"蒙德信"作"蒙德年"，"景克柔"作"侯克桑"，误。

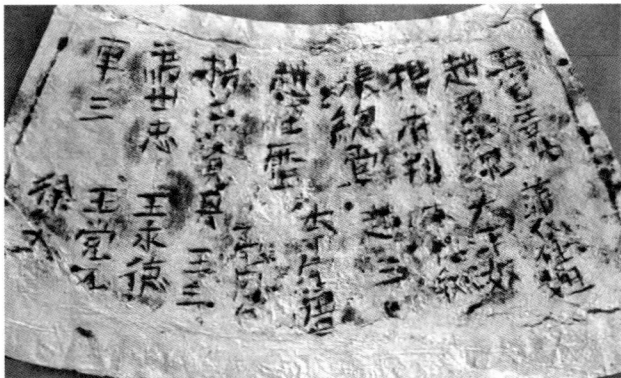

图九　至正款铜壶Ⅰ第三梯形块面铭文拓片

图一〇　至正款铜壶Ⅱ第一梯形块面铭文拓片

（2）第二梯形块面铭文按正确顺序应先读上列7行："马文贵　车夫寿　何狗儿子　何仲安　钦从道　扬（杨）文贵　姚仲和"7人，再读下列7行："钦从禄　张伯明　淳六月姐　雍巴儿　李花严奴　赵文贵　李宅王氏"7人（图一一）。

而《简报》除两列相混外，其中"马文贵"作"高文贵"，"钦从禄"作"钦徒禄"，"钦从道"作"钦徒道"，误。

图一一　至正款铜壶Ⅱ第二梯形块面铭文拓片

（3）第三梯形块面铭文按正确顺序应先读上列6行："苟五　史敬臣　李文进　周

图一二　至正款铜壶Ⅱ第三梯形块面铭文拓片

五十三　苟金刚宝　苟润僧奴"为6人；再读下列6行"匠人／苟文进／至正元／年（七）月／廿五日／铸就"。上列为人名，下列为铸造者和铸造时间（图一二）。

而《简报》两列相混，识读为："苟五　匠人史敬臣　苟文进　李文进　至正元周五十三年七月廿五日　苟金刚宝　锡龙　苟润□奴"，误。

至正款铜壶Ⅰ和Ⅱ铭文连读起来如下：

邹宗禄　车安安　邓才贵　众家奴　王提举　何同和　韩文进　曹大　何文德　崔友义　小的　吴纳儿　车二　撒的迷失　宋德寿　宋世荣　刘信家奴　宋德亮／／赵庭秀　宋世革　刘夫寿　何二　范子和　末三　李荣　张五十　王□才　王六十三　齐大平　李五　恩吉祥　李氏三姐　八十／／王宅善儿　赵黑□儿　扬（杨）府判　张总管　赵经历　扬（杨）曾□□　马世忠　车三　蒲氏住姐　大平奴　李仲德　赵三　李宅唐氏　李宅周氏　王三　王永德　王党兀　徐大

蒙德信　景克柔　同义　李文贵　赵文德　赵文富／／马文贵　车夫寿　何狗儿子　何仲安　钦从道　杨文贵　姚仲和　钦从禄　张伯明　淳六月姐　雍巴儿　李花严奴　赵文贵　李宅王氏／／苟五　史敬臣　李文进　周五十三　苟金刚宝　苟润僧奴　匠人苟文进　至正元年七月廿五日铸就

（三）铜熏鼎铭文辨识

铜熏鼎是由四个模范合范而成，肩部一周铸铭文，腹部两侧象鼻衔环。因此，铜熏鼎上的铭文也由四个块面分成六个部分：即中间正、背面两大部分，两个象鼻两侧又各分为两个部分。正确识读应从正面中间开始，而《简报》铭文识读则由铜熏鼎的象鼻耳旁边开始从右往左辨识录文，这样就造成识读铭文的困难。

（1）铜熏鼎正面中间部分铭文为17行："会首　右录　建都／班／府尉　蒲都　波罗泽／监司　脱因／黑汉总管　薛长史　完者帖木／大使　李同知　蒙德信　景克柔　同义　李文贵"（图一三）。

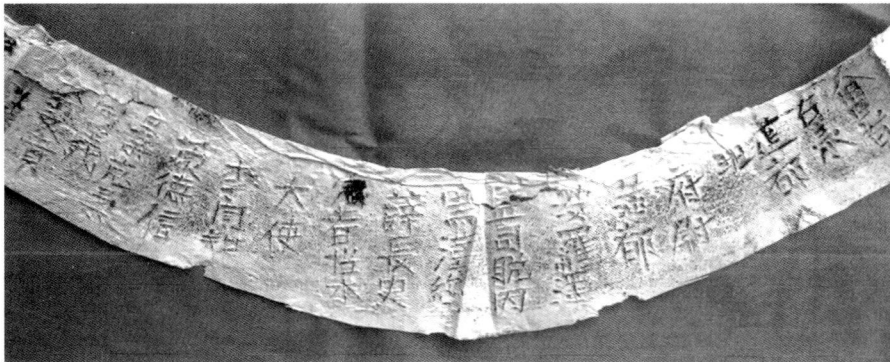

图一三　铜熏鼎正面中间部分铭文拓片

《简报》识读为："府尉　□都　□罗汉　监司脱因　黑汉总□　薛长史　□者世水　大使　李同扬　荣德信　□克柔　同义　李文贵"。

《简报》在这一面上，主要有四个问题：

一是漏录：其中"府尉"前还有铭文"会首　右录　建都班"，漏录七字。二是错录："□都"应为"蒲都"，"□罗汉"应为"波罗泽"，"黑汉总□"应为"黑汉总管"，"□者世水"应为"完者帖木"，"李同扬"应为"李同知"，"荣德信"应为"蒙德信"，"□克柔"应为"景克柔"。三是把一个人名分割成几个单字、单词：人名"蒲都波罗泽"，《简报》分割为"□都"和"□罗汉"，"脱因黑汉"分割成"脱因"和"黑汉"。四是把人名和官职混淆："建都班府尉"，"建都班"是人名，"府尉"是官职，《简报》只录"府尉"作人名，误。"蒲都波罗泽监司"，"蒲都波罗泽"为人名，"监司"是官职。又"脱因黑汉总管"，"脱因黑汉"是人名，"总管"是官职。《简报》全部作为人名，误。另外，漏录的"会首　右录"四字，"会首"即会长，"右录"，指上面所录的官职和人名，作为结尾部分，应在整圈铭文的最后。

（2）铜熏鼎正面左侧铭文后紧接人名；"赵文德　赵文富　牟朝迷　姚仲仁　贤讲主　□吉祥"6人（图一四）。

《简报》漏录"贤讲主　□吉祥"两人名。

（3）铜熏鼎背面右侧铭文为："里思　伯家奴　曾付　薛文胜　扬（杨）明义　央都"（图一五）。

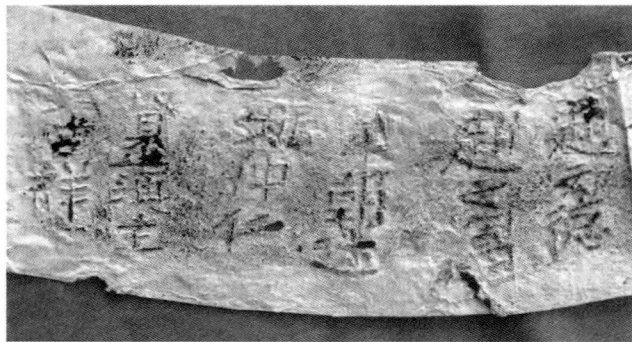

图一四　铜熏鼎正面左侧铭文拓片　　　　　图一五　铜熏鼎背面右侧铭文拓片

《简报》将"伯家奴"作"旧家奴"，"曾付"作"冒付"，"薛文胜"作"韩文胜"，误。

（4）铜熏鼎背面中间铭文全为人名，16行16人："任才贵　毛提举　刑德显　何文义　高世安　高阿旧多　令真巴　扬（杨）氏妹妹　蒙宅李氏　景宅姚氏　张令真思　蛮买驴　张宅严氏　李氏引儿　瞿宅玉娥　扬（杨）宅亦柔"（图一六）。

《简报》将"毛提举"作"手提"，"毛"字错铸为"手"，"刑德显"作"刖德显"，"何文义"作"何文茂"，"高阿旧多"作"高向伯"，"令真巴"作"今贞巴"，"扬（杨）氏妹妹"作"姚氏妹妹"，"蒙宅李氏"作"家宅李氏"，"景宝姚氏"作"景宅姚氏"，"张令真思"作"张

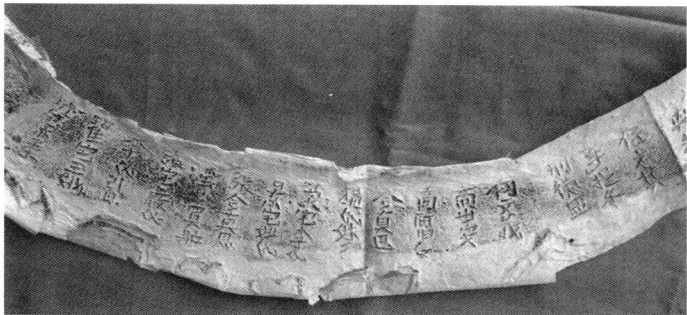

图一六　铜熏鼎背面中间部分铭文拓片

图一七　铜熏鼎背面左侧铭文拓片

真思"，"蛮买驴"作"□买□"，"李氏引儿"作"李氏□□"，"瞿宅玉娥"作"瞿宅玉姚"，"扬（杨）宅亦柔"作"□宅赤柔"，误。

（5）铜熏鼎背面左侧接着铭文："严达之　喜吉祥　扬（杨）元瑞　郭二　薛十月　薛吉祥"6人（图一七）。

《简报》将"严达之"作"□廷之"；"喜吉祥"作"□义"，误。漏录"薛十月　薛吉祥"二人。

（6）铜熏鼎正面右侧铭文有6个人名："景文才　樊文义　王国义　忽都的斤　黄宅秀直　顺二嫂"（图一八）。《简报》没有录入。

铜熏鼎铭文连读起来如下：

建都班府尉　蒲都波罗泽监司　脱因黑汉总管　薛长史　完者帖木大使　李同知　蒙德信　景克柔　同义　李文贵 // 赵文德　赵文富　牟朝迷　姚仲仁　贤讲主　□吉祥 // 里思　伯家奴　曾付　薛文胜　扬（杨）明义　央都 // 任才贵　毛提举　刑德显　何文义　高

图一八　铜熏鼎正面右侧铭文拓片

世安　高阿旧多　令真巴　扬（杨）氏妹妹　蒙宅李氏　景宅姚氏　张令真思　蛮买驴　张宅严氏　李氏引儿　瞿宅玉娥　扬（杨）宅亦柔 // 严达之　喜吉祥　扬（杨）元瑞　郭二　薛十月　薛吉祥 // 景文才　樊文义　王国义　忽都的斤　黄宅秀直　顺二嫂　会首右录

三、出土文物中所反映的几个问题

1.这批窖藏铜器，器形大、铭文多、装饰华丽、造型各具特色，反映了元代高超的铸造工艺

（1）器形大。最高的铜熏鼎为65厘米，最低的至元款铜壶也有43.5厘米。

（2）铭文多。至元款两件铜壶口沿下各有一行16字，而至正款两件铜壶圈足一周都有铭文。其中至正款铜壶 I 有铭文151字，至正款铜壶 II 有铭文99字，两件共250字。铜熏鼎肩部一圈有铭文172字。5件铜器共计有铭文454字。

（3）装饰华丽。装饰题材有云雷纹、锯齿纹、回纹、弦纹等几何纹样，有梅花、菊花、牡丹等植物纹样，还有人物与动物等浮雕造像。装饰手法有线刻、浮雕、镂空等技法。装饰色彩有红、白、绿、金等多色。铜熏鼎镂空处白色为底，花卉饰红彩，绿叶饰绿彩，镂空边缘及线条连接处红色勾线，浮雕龙上饰金色。

（4）造型各具特色。既有壶，又有鼎。壶与壶各不相同。至元款铜壶铸造细腻，造型秀美，铭文与纹饰少；而至正款铜壶及铜熏炉不仅铭文多，内容丰富，而且装饰图案多样，铸造工艺粗犷、豪放，合范明显。至元时的壶与至正时的壶与鼎，两者形成鲜明对比。

2.铜熏鼎与至正款铜壶为同时铸造的器物

至正款铜壶 II 上铸有人名26人，其中依次有"蒙德信　景克柔　同义　李文贵　赵文德　赵文富"6人，铜壶上最后铸"至正元年七月廿五日铸就"。

上述6个人名，既出现在至正款铜壶 II 上，又出现在铜熏鼎上，人名排列顺序完全一样。两种铜器同时同地出土，虽造型各异，风格却完全一样，说明铜熏鼎与至正款铜壶应该是同一时期器物，即铜熏鼎也应该是"至正元年七月廿五日铸就"。

3.西凉报慈安国禅寺为元时凉州重要的佛教寺院

至元款铜壶上的"西凉"铭文为当时的西凉州。元占领凉州初期，仍沿袭宋、夏旧制，以凉州为西凉府。"至元十五年（1278年），以永昌王宫殿所在，立永昌路，降西凉府为州隶焉。"[①]这批窖藏文物中，至元款铜壶铭文为"至元丙戌西凉报慈安国禅寺僧仁敏置"。"至元丙戌"为元至元二十三年（1286年）。这里的"西凉"，即为当时已从"凉州西凉府"降为"永昌路西凉州"的"西凉州"了。

经检索文献资料，没发现有关"西凉报慈安国禅寺"的记载。但根据至元丙戌年款铜壶，

---

① 宋濂：《元史》，卷60，北京：中华书局，1976年，第1450页。

可知今武威校尉乡珍珠台在当时应有寺院"报慈安国禅寺"存在。同时该遗址还出土了大型琉璃垂兽、套兽、瓦当、滴水、板瓦等建筑构件。从这些建筑构件的特征来看，它们与西夏王陵出土的琉璃垂兽、套兽极为相似。并在遗址中还发现了西夏瓷器残片。因此，此寺院极有可能在西夏时期就存在，一直延续到元代。在这里未发现元代以后的遗物，说明该寺院毁于元末明初的战争。明清以来一直未曾重修和复建，使该遗址淹没在荒野中而人未知。

寺院遗址出土的屋顶建筑构件有黄色和绿色的琉璃垂兽、套兽、筒瓦等。琉璃瓦自北魏宫殿建筑始用，发展到唐宋时期仍然是高级别建筑才能使用的专用构件。由此说明，当时的西凉报慈安国禅寺是一座级别比较高的寺院。

西凉报慈安国禅寺寺院遗址窖藏的大型佛教礼器铜壶、铜熏鼎、铁钟，以及生活用具铜锅、铁锅等的出土，反映出这座佛教寺院规模大，僧侣众多，香火旺盛。铜器铭文中有不少政府官员参与该寺院的礼器铸造等佛事活动，可以想见当时报慈安国禅寺是当地非常重要的佛教寺院。

4. 从铭文中可看出元朝武威多民族杂聚的特点更加明显

元朝是我国规模空前的多民族统一政权。当时大量汉族人被迁徙到边地去开垦，边疆多民族的人也大量迁入内地定居，原有的地域观念逐渐减弱。由于长期以来武威一直是各族人民共同居住的地方，在元朝，民族关系更加复杂，有处于统治地位的蒙古族，还有回鹘族、汉族、藏族，以及原西夏统治者党项族等。

校尉乡窖藏器物铭文中，有蒙古族建都班、完者帖木、撒的迷失、蛮买驴等，有党项族恩吉祥、喜吉祥、薛吉祥、吴纳儿、何狗儿子、王党兀、王宅善儿、李宅唐氏等，有回鹘族大平奴、伯家奴、众家奴、刘信家奴、李花严奴、苟润僧奴等，还有吐蕃族、汉族人名等。各族人民在这里相互通婚，友好相处，文化上互相渗透，互相学习，使当时武威这种多民族统一的关系更加得到了融合和发展。

5. 从铭文中可以看出，信教者中不仅有庶民百姓，而且有不少达官贵族，反映出元朝政府对佛教的崇信和重视

铭文中主要是捐资铸造铜器的一般平民，但也有不少政府官员。元朝的中央一级机构，主要由中书省、枢密院和御史台组成。中书省和行省以下的行政区划，依次为路、府、州、县。路设总管府，有达鲁花赤、总管，是为长官；有同知、治中、判官、推官，是为正官；还有经历、知事、照磨等。

铭文中有军政长官或管理专门事务长官的"总管"，如至正款铜壶Ⅰ铭文中的"张总管"，如铜熏鼎铭文中的"脱因黑汉总管"；有掌通判府、州事的"同知"，如铜熏鼎铭文中的"李同知"；有总领六曹、职掌案牍的首领官"经历"，如至正款铜壶Ⅰ铭文中的"赵经历"；有总管王府内日常事务的"府尉""长史"，如铜熏鼎铭文中的"建都班府尉""薛长史"；有管理制造、税务、仓库等事的"大使"，如铜熏鼎铭文中的"完者帖木大使"；有监察州县地方

官吏之责的"监司"，如铜熏鼎铭文中的"蒲都波罗泽监司"；还有"王提举、毛提举、杨府判"等地方官员。

有这么多的地方官吏与各族人民一起捐资铸造铜质礼器及食用器，不但反映出元朝政府对佛教的崇信和重视，而且由于朝廷官员的加入，使得元时的西凉州佛教更加发展，寺院越来越兴盛。

6.从铭文中可以看出官居高位的建都班与武威人民有着不解之缘

铜熏鼎铭文中有"建都班"其人，据《孙都思氏世勋碑》记载，建都班为赤老温五世孙。赤老温，蒙古国大将，孙都思氏锁儿罕失剌之子，以雄勇善战著称，为蒙古"四杰"之一。世任"怯薛"（护卫军）之长，并世袭"答剌罕"之号。太宗皇帝时，命太子阔端镇守河西。阔端太子死后，只必帖木儿成为永昌王，封建都班之父唐兀为"怯薛"官，对内管理王府事务，对外处理边境纠纷，直至76岁去世，埋葬于西凉州。建都班即为唐兀之长子，碑文说唐兀"子男凡几人，建都班其长子也"。历任朝列大夫、永昌路总管、永昌路达鲁花赤、亚中大夫、王傅府尉、奉议大夫、监察御史、中书省左司员外郎、御史台经历、侍御史等职[1]。

建都班府尉在铭文中的出现，进一步印证了《孙都思氏世勋碑》所记建都班在永昌路西凉州的活动情况。建都班父子生活在西凉州，因此他对西凉州有着深厚的感情。作为朝廷重臣，又为永昌路达鲁花赤、总管及永昌王王傅府尉，既管理王府事务，又管理永昌路及下属西凉州的各项事务，以他为首的地方官吏，与西凉州人民一起，积极参与西凉州的佛事活动，从一个侧面也反映了他与西凉州人民的密切关系。

元代文物国内出土较少，尤其有铭文的铜器更是难得。西凉报慈安国禅寺遗址窖藏铭文铜器的发现，为研究元代宗教信仰、民族交往、冶金铸造等方面提供了十分珍贵的实物资料。

原文刊于《敦煌研究》2015年第1期

---

① 张维：《陇右金石录》卷5，兰州：兰州俊华印书馆，1943年，第63—65页。

清代古浪张氏碑刻考释

杨文科　古浪县博物馆

在甘肃省古浪县城以北五公里处，有一个村庄名叫小桥村，这里居住的村民大多数都姓张，这些张姓后裔自称他们都是天津道台的后人。他们说的天津道台，历史上确有其人，名叫张起鹓。现有资料显示，从清乾隆四十五年（1780 年）开始，张起鹓家族成员中先后有一人考中进士，四人中过举人，多人考取贡生。有四人先后任过道台、知府、知县，家族成员因此多次受到朝廷诰封，现在诰封文书已不存在，只有部分碑刻存世，介绍如下：

一、碑刻内容

1.《旌表张门节孝三世同操合建碑》：

沙石质，碑通高 260 厘米，宽 76 厘米，厚约 14 厘米。碑额为圆形，高 79 厘米，碑额浮雕双龙图案，正中下方阴刻竖行楷书"圣旨"二字。碑边缘刻卷云纹。座为梯形，上宽 77 厘米，下宽 87 厘米，出土部分高 31 厘米，边缘是双线花纹，中间刻浮雕花朵。文字为阴刻楷书，按竖行排列，中间姓名按横行从右到左排列。碑文：

皇清旌表张门节孝：故处士维寅之妻职员育琳之母唐孺人、处士育璠之妻翰林编修潋之母王孺人、处士灏之妻增广生员耀祖之母李孺人，三世同操合建碑。左为：光绪三十二年三月上旬吉日立。右为：李孺人之子张耀祖、述祖率孙崇德、崇儒、崇仁、崇智、崇信、崇勋，曾孙启铭、东铭建。

2.《顺天府府尹张公神道碑》：

砂石质，碑通高 249 厘米，宽 92 厘米，厚约 20 厘米。碑额为圆形，碑边缘刻双线卷云纹。文字为阴刻楷书，按竖行排列。碑文：

皇清诰授通奉大夫、赏戴花翎、布政使衔、顺天府府尹张公之神道。

上述两碑现树石于古浪镇西沟村。

3.墓碑六通，均为阴刻，竖行楷书。树石于古浪镇八里营后庄子山坡下张氏松树坟。

（1）《张进南夫妻墓碑》：

碑为圆顶，砂石质，高约80厘米，宽70厘米，厚约10厘米，四周饰卷云坟。碑文：

　　皇清敕封文林郎、晋封奉政大夫、安徽祁门县知县平山祖考之墓。左为：晋封宜人祖妣曹太宜人，右为：承重孙张育琳、不孝男张起鹍、起鹓、起鹏奉祀。

立碑时间已剥落。

（2）《张起鹓夫妻墓碑》：

碑形质同上。碑文：

　　皇清敕授通奉大夫显考子斑府君、诰封夫人显妣尹太夫人之墓，左为：光绪岁次壬戌十二月吉日立，右为：男张珩、琛、璠、璟、玙、瑜、琪、珹奉祀。

（3）《张维寅夫妻墓碑》：

形质同上，高70厘米，宽48厘米。碑文：

　　皇清诰授中宪大夫显考强寿行一清斋府君，恭人、旌表节孝显妣稀寿唐太宜人，左为：道光二十六年二月上浣吉旦立，右为：男张育琳奉祀。

（4）《张博九夫妻墓碑》：

形质同上。碑文：

　　皇清诰授朝议大夫显考博九府君，敕封安人、诰赠太恭人、显妣贾太恭人之墓。左为：光绪岁次壬午十一月吉旦立，右为：男张瑸、珊、球、瑚、玫奉祀。

（5）《田太恭人墓碑》：

形质同上。碑文：

　　皇清敕赠安人、诰赠太恭人、强寿显妣田太恭人之墓，左为：咸丰岁次戊午七月吉日立，右为：男张瑸、珊、球、瑚、玫奉祀。

（6）《杨恭人墓碑》：

碑额为梯形，形质同上。碑文：

皇清诰封恭人显妣杨恭人之墓，左为：光绪岁次壬午十一月立，右为：男张作初、作书奉祀。

（7）《张瑸墓碑》：

碑形质同上。碑文：

皇清例授登仕佐郎先考行四讳瑸字也云府君之墓，左为：咸丰十一年清和月谷旦立，右为：男张瀚奉祀。

二、内容考释

1. 张进南：字赋文，号平山，乾隆四十五年（1780 年）庚子科举人，任安徽祁门县知县，后任太和、颍上等县知县。方志称他"政平讼里，卓卓有声"。[①]

最近，在安徽祁门县发现两份清代诉讼档案，其中一份就是当时的祁门知县张进南判决的。文书反映的是，嘉庆十七年（1812 年），祁门县离城四十里的陈家坦村民方贵等四人毁碑图占山业，业主陈文义、陈松如将方贵等四人告到县衙，知县予以公平判决，平息了这场纠纷。档案印有"祁门县正堂张"字样，在文书批示中写有"江南徽州府祁门县正堂加五级记录五次张"，据《祁门县志》记载，这位知县就是张进南。[②]

2. 唐氏、王氏、李氏：据《古浪县志》（民国二十七年著）记载：唐氏，处士张维寅之妻，守节三十一年，道光十年请旌；王氏，处士张育璠之妻，翰林院编修张澂之母，守节三十年，光绪六年请旌；李氏，童生张灏之妻，守节三十二年，光绪十八年请旌。这三人在辈分上是祖孙三代，在当时，祖孙三代妇女受到旌表的极为罕见，所以，张氏后裔引以为荣，树碑纪念。

3. 张维寅：字清斋。强寿是指四十岁左右去世的人。

4. 张起鹓：《顺天府府尹张公神道碑》是为张起鹓所立。据张氏后裔保存的神主、家谱等资料反映，张起鹓（1806—1858 年），字子斑，张进南次子，参加科考情况不明，历任永定河道、顺天府府尹、直隶天津道道台等。他在天津道道台职位上，体恤民情，勤于政事。据《续天津县志》记载，咸丰三年（1853 年）九月的一天夜里，天津城西北芥园河堤决口，天津道道台张起鹓率领众人堵筑决口。人们盛赞他："尚气节，崇礼仪，尽忠国事，所至有声，士民感戴，河北知名。"[③]后被人诬陷，获罪遇害。约在光绪八年（1882 年）平反昭雪，朝廷为此

---

① 唐海云：《民国古浪县志》，民国二十七年（1938 年）。
② 邵名川：《祁门清代诉讼档案解读》，《西祠胡同》，2006 年 2 月 7 日。
③ 朱应昌：《古浪县志》，兰州：甘肃文化出版社，1992 年。

敕封树碑。另有相关记事碑毁于七十年代。一起遇害的可能还有下文提到的张博九夫妇、杨恭人,这几个人墓碑树立时间也在光绪八年(1882年)十一月、十二月。张起鹓被诰封为通奉大夫、赏戴花翎、布政使衔,通奉大夫、布政使衔均为从二品,顺天府府尹为正三品。

5. 张博九:不见记载,博九是字而不是名,古人名、字同意,结合张进南、张起鹓墓碑和他的官衔考虑,他应该是张起鸥或张起鹏。

6. 张琛:在道光二十九年(1849年)己酉科考中副贡,后参加顺天府乡试荐任广西柳州府知府、候补道。①

7. 张球:咸丰元年(1851年)辛亥科举人,任江苏淮安府知府。②

8. 张澂:字雁初,是张育璠之子,地方志记述脱一"育"字,应该以碑刻为准,他在光绪元年(1875年)乙亥科考中副贡,光绪十一年(1885年)乙酉科中举人,光绪十五年(1889年)己丑科中进士,任翰林院庶吉士,授编修,历任福建泉州、建宁知府等职。是古浪唯一一位进士及第者。县志评价他:"心殷报国,志在爱民。"③

9. 张瀚:字海楼,据县志和张氏后裔保存的宣统二年行幛记述,他是道光十七年(1837年)丁酉科拔贡,朝考一等,除授小京官,任军机章京存擢司员、户部山西司员外郎,诰授奉直大夫(从五品)。

10. 张启铭:道光元年(1821年)八月树立的《兴文社碑记》上有"武威举人沦渠张启铭撰文"的记述。④

11. 赏戴花翎:在清代,官员顶戴的翎毛分花翎和蓝翎,花翎用孔雀羽毛制作,蓝翎以染成蓝色的鹖鸟羽毛制作。"凡孔雀翎,翎端三眼者,贝子戴之。二眼者,镇国公、辅国公、和硕额附戴之。一眼者,内大臣、一、二、三、四等侍卫、前锋、护军各统领、参领、前锋侍卫、诸王府长史、散骑郎、二等护卫、均得戴之。翎根并缀蓝翎。贝勒府司仪长,亲王以下二、三等护卫及前锋、亲军、护军校均戴染蓝翎。"⑤眼是指孔雀羽毛上的圆形图案,一个圆圈就算做一眼,蓝翎无眼。从乾隆年间开始,赏戴花翎的条件适当放宽,亲王、郡王、贝勒也开始佩戴三眼花翎。大臣中只有极少数重臣被赐予三眼花翎,部分大臣被赐予双眼花翎,道光后期,各方面功勋卓著者都可以赏戴花翎。总体来说,被赏戴花翎是一件特别荣耀的事,人数不多。以张起鹓的官衔看,应为一眼花翎。

12. 夫人、恭人、宜人、安人:《清史稿·志七十八》:一、二品官员妻母封夫人,四品官员妻母封恭人,五品官员妻母封宜人,六品官员妻母封安人。尹太夫人、贾太恭人、田太恭

---

① 唐海云:《民国古浪县志》,民国二十七年(1938年)。
② 唐海云:《民国古浪县志》,民国二十七年(1938年)。
③ 唐海云:《民国古浪县志》,民国二十七年(1938年)。
④ 唐海云:《民国古浪县志》,民国二十七年(1938年)。
⑤ 《清史稿·志七十八》。

人、杨恭人、唐太宜人的诰封级别都与其丈夫相同。

三、有关问题

1.关于张起鹨遇害。咸丰三年（1853年），张起鹨正在天津道道台任上。5月，太平天国林凤祥、李开芳率领二万部属从扬州出发，直扑北京。9月太平军进入直隶，迫近天津。战事一触即发，整个天津城人心惶惶。不久，天津城西北芥园河堤决口。这次决口，一方面大片村庄淹没，百姓受灾，战前人心不稳；另一方面，道路被淹，客观上阻挡了太平军的进攻。张起鹨率领众人堵筑决口，虽然是在履行职责，受到百姓称赞，但是也受到军方的指责。

10月29日，太平军攻克了距天津四十里的静海县和独流镇，后面直隶总督胜保率部尾追而至。前面天津知县谢子澄掘开南运河堤岸，天津城外成为湖泽，太平军进攻受阻。[①]12月23日，副都统佟鉴、知县谢子澄被太平军杀死，清军大败。咸丰大怒，直隶总督胜保、将领德勒克色棱被摘去花翎，降四级留任，将领达洪阿被查封家产，革职留用。张起鹨很可能在这两次事件中被人诬陷，获罪遇害。

2.张氏家族的教育。古浪县张氏家族，祖籍山东安丘。约在明末迁居于今古浪县古浪镇暖泉村后庄西沟一带。明清时期，是古浪开发的一个高峰期，人们休生养息，经济发展较快。特别是康熙时期，为了平定新疆准噶尔叛乱，"整个河西作为出征清军的必经之地和军需供应地而倍受重视"，[②]朝廷颁布了许多优惠政策，位于河西走廊东端的古浪由于土地肥沃，水源充沛，移民众多，逐渐形成人口蓄盛，经济繁荣，文化快速发展的局面。张氏家族在相对稳定的社会环境下，经过几辈人的辛勤努力，家庭逐渐富足，有了实施家庭教育的条件。再加上张氏家族有重视教育的传统，张氏子弟也能刻苦读书，积极上进，整个家族形成了一个良好的教育氛围。一开始，只有个别家庭有条件送子弟到附近私塾读书，后来条件转好，家族内开始延请教师，设立家塾，因此，许多子弟从小就受到了良好的文化教育。一些优秀学子脱颖而出，考中举人、进士，外出做官，光宗耀祖，实现了"学而优则仕"的理想，张氏家族也成为清代当地显赫家族。

张进南在乾隆四十五年（1780年）考中举人做官后，家族内就开设了家塾，许多子弟因此有机会读书而受益。其后，张起鹨、张琛、张球、张澂、张瀚、张启铭、张若琴等脱颖而出。这些人在当地学子中产生了巨大影响，一方面他们成为青年学子的楷模，激励学子们刻苦学习，积极参加科举考试；另一方面，他们做官后，关心支持地方文化教育，筹办官学、私塾，又直接推动了地方教育的发展。《兴文社碑记》记述了包括张进南在内的当地官绅捐资助学的情况，就反映了这一现象。

---

① 李建智：《武鸣双雄：林凤翔与李开芳》，《南宁日报》。

② 吴廷祯，郭厚安：《河西开发研究》，兰州：甘肃教育出版社，1993年。

四、结语

张氏一门一进士、四举人，任职道台、知府、知县，权重一方，显赫一时，特别是张起鹓、张澂，名盛地方，士民仰慕。张氏家族人才辈出，家族兴旺，在当地极为罕见。反映了封建社会下层士民通过科举考试向官僚阶层转变的过程，也是当时大多数平民家庭向官僚家庭成功转变的一个缩影，从中可以看出当时一个普通家庭成为世家大族的轨迹，带有明显的时代痕迹，有一定的代表性。同时，了解张起鹓遇害案，对研究太平军攻打天津的历史有着重要意义。这些碑刻记录了古浪张氏家族在清代的部分历史，证实了史书的记载，也弥补了史料的相关空白，纠正了地方史的相关错误，是研究清代科举、职官、礼仪和地方史的珍贵资料。

原文刊于《陇右文博》2009 年第 1 期

武威西郊西夏墓清理简报

姚永春　武威市博物馆

1998 年 9 月 21 日，在武威城西郊响水河煤矿家属院内打地平时，发现一座完整的西夏双人合葬墓。文化局及博物馆闻讯后即派人到现场进行抢救性清理。现将清理结果介绍如下。

一、墓葬结构

墓为长方形。长 123 厘米，宽 95 厘米，高 97 厘米。用砖叠砌而成，为单层砖拱形券顶，平砖铺地。砖 22×17×3.4 厘米。墓门向北，呈 "人" 字形拱顶，高 67 厘米，宽 44 厘米，大卵石封门。该墓出土了两具完整的灵骨匣和一件木牍，以及木质的桌子一张，椅子两把和供器、酒壶、酒杯等 7 件随葬品。

两具灵骨匣为寿棺状，均为松木制。1 件大头为 21.5×23 厘米，小头为 17.5×22.5 厘米，匣棺长为 33.5 厘米。盖长 43 厘米，厚 6.5 厘米，在大头正面盖向外伸 10.5 厘米（照五）。另一件大头为 20×21 厘米，小头为 18×19 厘米，匣棺长 41.5 厘米，盖长 59.5 厘米，厚 1.5 厘米，盖向外延伸了 18 厘米，并成梅花瓣形（照一）。前案头正面竖写墨书西夏文字，译文意思是：墓主人儿子为其母亲所供葬。灵骨匣是由铁钉和木榫卯合钉而成，素面无纹饰，铁钉已锈。除底部有些朽外，其余几面基本完好。

二、随葬品

1.汉文朱书木牍（照二）：松木质，长 31.5 厘米，宽 17.5 厘米，竖书 16 行，原文如，下：

维大夏乾祐廿三年岁次壬□二月
二十九日壬寅直祭主男窦依□□於西苑
外咩布勒嵬卖地壹段殁故龟至□
相地袭吉安厝宅兆谨用银□九万九仟
九百九十九贯文兼五□信帛□卖地□

照一　寿棺状灵骨匣

照二　汉文朱书木牍

东西七步南北七步东至青龙西至白

虎南至朱雀北至玄武内分四陈分壁

掌四城丘冢墓伯封畔道路将军□

千秋佰万岁永无殃咎□於□河禁者

将军亭长收付何佰今姓□洒□

香新共为信契财地交於分付工匠修营

安厝宅兆以后永保休吉知冗人岁一保人

今日直符故气邪精不得忤恢先有

居者永避万皇若遗此新地府主

使自当其祸主人内外存亡悉皆吉□

总如五帝使者如青律令

2.木桌1件：松木，桌面26×31厘米，高21厘米（照六）。

3.木椅2件：松木，椅面25×26厘米，椅背高34厘米，座高19厘米（照三，照八）

4.木供器1件：松木质，口径5厘米，高11.5厘米，底径6.5厘米（照九）

5.木酒壶：敞口，有唇，细颈，高5.2厘米，鼓腹，台座，口径4厘米，通高12厘米，底径5.5厘米（照四）

6.木盏托2件：残，口径7厘米，高5.5厘米（照七）。

照三　木椅

照四　木酒壶

照五　寿棺状灵骨匣

照六　木桌

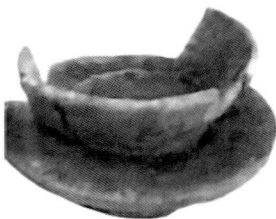

照七　木盏托

照八　木椅

照九　木供器

三、结语

这次发现的西夏墓是武威西郊林场西夏墓群中的又一座。其造型规模和以往发现的基本相同，为研究西夏的历史、文化、宗教、民族风情和丧葬风俗补充了新的实物资料。尤其是这次出土的木器，做工精细，为研究西夏时的雕刻工艺提供了依据。

本文在孙寿龄馆长的指导下写成，在此表示衷心感谢。

发掘：姚永春、胡爱玲

摄影：马玲玲

原文刊于《陇右文博》2000 年第 2 期

后 记

　　为充分展示近一个世纪以来武威文物考古研究的优秀成果，了解武威考古的过去，展望武威考古的未来，更好传承弘扬武威悠久灿烂的历史文化，在武威市文体广电和旅游局的亲切关怀和大力支持下，武威市文物考古研究所组织编辑了《武威考古研究文集》一书。本书收集了与武威相关的调查发掘简报和研究性文章共89篇，集中展示了各个时期的考古成果和重要学术论著。

　　在本书的编辑过程中，我们始终遵循科学严谨的态度。本书所收录文章撰写时间跨度较大，且体例不一，为了统一格式，此次编辑过程中对部分图片进行了重新编排，对注释及参考文献格式进行了规范，因此可能会与原文略有出入。本书在收录简报和论著之外，还增加了编者对部分重要遗址的简介和现状照片，方便读者更好了解遗址概况。

　　本书策划出版，得到了武威市文体广电和旅游局局长魏红霞、副局长冯知朝的指导和帮助，魏局长还应邀撰写了序言，在此表示衷心的感谢。

　　感谢甘肃省博物馆、甘肃省文物考古研究所、武威市各文博单位及文章原作者的大力支持。本书的出版还得到了读者出版社的全力协助，武威市博物馆原馆长黎大祥、武威市五凉文化博物馆馆长黎树科审阅了文集目录，蔡正矾老师题写了书名，王曙、高辉、蔡建宏、黄琇等老师提供了部分照片，在此一并表示感谢。

　　由于时间仓促，加之编者水平有限，疏漏之处在所难免，恳请专家学者及广大读者批评指正。

编　者